酆都歷代方志集成

上册

〔康熙〕酆都縣志

〔嘉慶〕酆都縣志

〔同治〕重修酆都縣志附典禮備考

〔同治〕酆都縣新志

〔光緒〕酆都縣志附典禮備考（卷首—卷二）

酆都縣檔案館（酆都縣地方志編修中心）編

U0884572

國家圖書館出版社

圖書在版編目(CIP)數據

酆都歷代方志集成：全二册 / 酆都縣檔案館(酆都縣地方志編修中心)編. —北京：國家圖書館出版社,2021. 5

ISBN 978 -7 -5013 -5204 -3

Ⅰ. ①酆… Ⅱ. ①酆… Ⅲ. ①酆都縣—地方志—彙編 Ⅳ. ①K297. 194

中國版本圖書館 CIP 數據核字(2021)第 067550 號

ISBN 978-7-5013-5204-3

國家圖書館出版社
官方微信

書　　名　酆都歷代方志集成(全二册)
著　　者　酆都縣檔案館(酆都縣地方志編修中心)　編
責任編輯　程魯潔
封面設計　翁　涌

出版發行　國家圖書館出版社(北京市西城區文津街 7 號　100034)
(原書目文獻出版社　北京圖書館出版社)
010 -66114536　63802249　nlcpress@ nlc. cn(郵購)
網　　址　http://www. nlcpress. com
印　　裝　北京華藝齋古籍印務有限公司
版次印次　2021 年 5 月第 1 版　2021 年 5 月第 1 次印刷

開　　本　880 × 1230(毫米)　1/16
印　　張　72
書　　號　ISBN 978 -7 -5013 -5204 -3
定　　價　1800. 00 圓

版權所有　侵權必究

本書如有印裝質量問題,請與讀者服務部(010 -66126156)聯繫調换。

出版説明

酆都縣位於長江上游、重慶市東部，是一座依山面水的古城。酆都在先秦時期屬於巴國，秦漢時期屬巴郡；漢和帝永元二年（九〇），分置平都縣，這是酆都建縣之始；明清時期，酆都隸屬忠州。一九九七年六月，酆都縣隸屬重慶直轄市。

酆都有悠久的歷史文化，也一直注重方志的編修。明代以來酆都已編纂完成多部方志，目前已知最早的縣志爲明代弘治年間纂修，但因兵燹遺失，僅存序文。現存酆都舊志共有八種，分别爲《［康熙］酆都縣志八卷補遺一卷》《［嘉慶］酆都縣志》《［同治］重修酆都縣志四卷附典禮備考八卷》《［同治］酆都縣新志》《［光緒］酆都縣志四卷附典禮備考八卷》《［民國］重修酆都縣志十四卷》《［民國］酆都縣鄉土志不分卷》《［民國］酆都縣通省志采訪册四卷》。酆都縣檔案館（酆都縣地方志編修中心）對現存的酆都古籍方志加以整理，將這八種酆都舊志依照纂修年代排序，影印出版，并將書名定爲《酆都歷代方志集成》。這套書的出版，不僅爲全面瞭解酆都的歷史人文提供了豐富資料，更爲酆都新方志的編寫提供了有益參考。

國家圖書館出版社

二〇二一年四月

總目録

上册

下册

上册目録

[康熙]酆都縣志八卷補遺一卷　（清）王廷獻 纂修　（清）朱象鼎 續修　清康熙四十九年（1710）刻本

[嘉慶]酆都縣志　(清)瞿頡 纂修　清嘉慶十五年(1810)刻本

[同治]重修酆都縣志四卷附典禮備考八卷　(清)田秀栗 (清)徐濬鏞 修　(清)徐昌緒 纂　清同治八年(1869)刻本

〔康熙〕酆都縣志八卷補遺一卷

（清）王廷獻 纂修 （清）朱象鼎 續修

清康熙四十九年（1710）刻本

酆都縣志

酆都縣志

序

酆都縣舊志兵燹後無存

今

上御極之二十六年海寓蕩

平

敕徵天下郡縣志乘酆邑孝

廉林稚庵先生應

詔纂輯旬日告竣雖戒期迫促勿克大備然當文獻無徵時存什一於千百而後人得以踵事增華謂非此志之篳路藍縷耶我浙王

文在先生以名進士分符枳水八年久任苦心蒐討排纂成帙蔚乎足觀焉乙酉閏夏先生內擢部曹 象

閤受代瀕行手授志藁謂
閤曰余未敢即付之剞劂
者以山川人物古蹟勝事
沿革建置分野開方之類

不暇詳校襲誤而時賢之
詩歌亦未經決擇其姑待
之閤深服先生之虛懷卓
識且日望其釐正之本鄷

寄來酆也不意先生遷乘
箕尾有志莫逮良可慨矣
閤猥以謭陋竊祿茲土祿
祿簿書方救過之不遑又

何能從事鉛槧而當校讎
之任哉客春奉
憲檄徵志書爰取先生所
授藁本抄錄以應其間偶

爲耳目所及若年來戶口之增添田野之開闢廢墜之修舉科貢之踵興悉爲訂補第恐抄本傳沿日久

或致魯魚亥豕之訛乃與諸同寅暨邑中紳士重加商畧捐俸鋟梓非敢掠美誠不欲前人之烈泯滅故也至於疑殆之闕如尚期博雅君子核据㸃定俾信而可據庶幾昭垂于不朽云爾 時

康熙四十九年龍集庚寅天中節日知酆都縣事秀水朱象彤題于官署之聽鹿軒

酆都縣志跋

浙禾　朱公蒞酆六載案牘之暇取舊志抄本手自校勘既定付梓工告竣余竊不揣固陋序諸末簡曰天下省郡州縣莫不有志凡以存掌故示昭鑒茂與

國史方駕亦綦重矣我蜀疊遭寇變乘籍散失

皇朝定鼎承平日久官斯土者往往搜索文獻纂集成書然欲求其完美可傳葢不啻十之一二焉酆志創藁於邑人林孝廉蔚輯于海昌王令君較諸他州縣志固已稱翹楚矣茲者公復核正而增删之直而信謹而該醇而不縟質而不俚簡金汰沙彬彬乎良史才之匹也且其叙劍謙冲雅不欲居功於已而歸美

前烈又何其古道照人如斯耶昔宋梁周翰筮仕虞城宰相范魯公王文康公聞其善屬文擅史家之三長交薦于朝謂不當任外邑召爲秘書郎直史館後歷翰林學士工部侍郎論者以

嘉祐治平文章之盛實胚胎於此今余於公之大手筆有足徵焉至於公之出身加民純一無僞尤非晚近之所能及者人皆知之固不得疑余爲阿其所好云

峕

康熙四十九年歲次庚寅孟秋月鄰治年家晚生古祥嚴履泰頓首拜跋

纂修酆都縣志姓氏

明

邑紳楊孟瑛　弘治年間修原本兵火後遺失今僅存序文一篇載藝文志

皇朝

邑孝廉林堅本　康熙丁卯年修

邑令海鹽王廷獻　康熙甲申年修

邑令秀水朱象鬯　康熙庚寅年修

同校

邑學博黃錫策　嚴履泰

邑孝廉林敬修

邑明經戴　天

邑庠生余壽裕　朱華袞　劉文鋭　湛先昌

郎輿立　李如垣　李　昌　陳洽表

湛先辰　楊廷碩　譚思默　鍾　穎

董事

縣尉劉啓武

酆都縣志目録

縣城圖

縣署圖

學宮圖

平都山圖

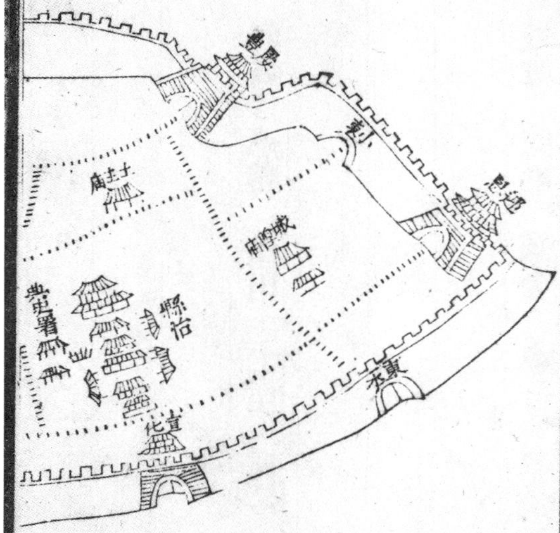

縣城圖

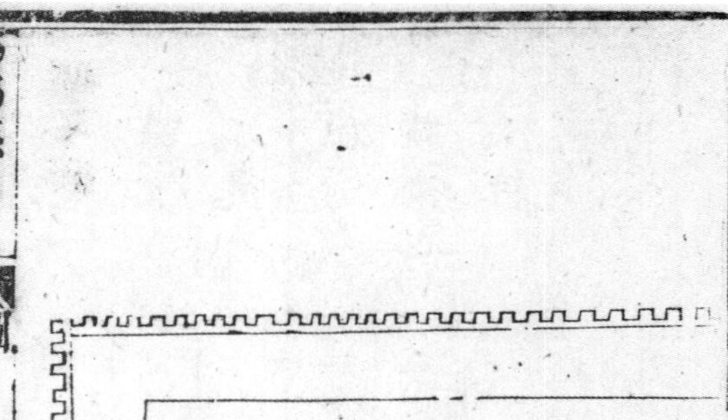

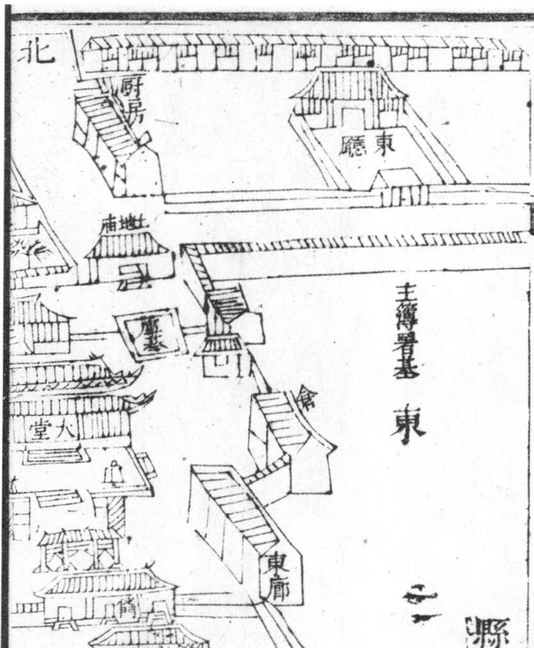

縣署圖

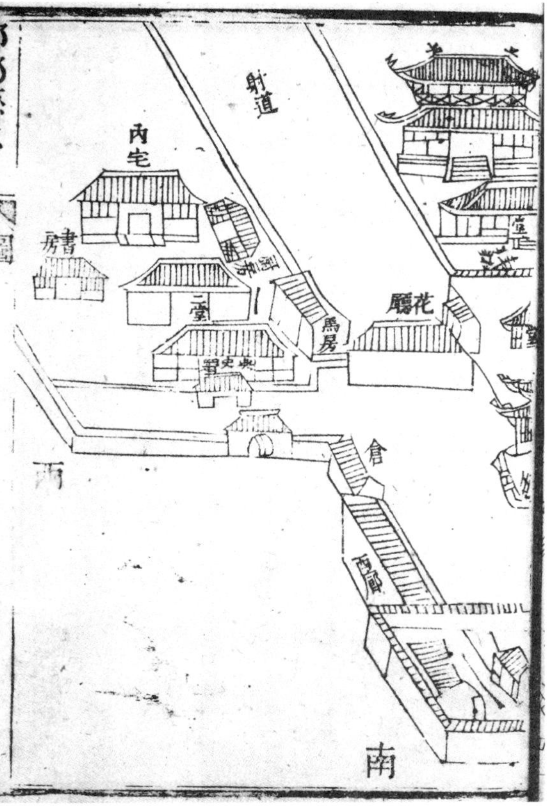

酆都縣志

圖

三

學宮圖

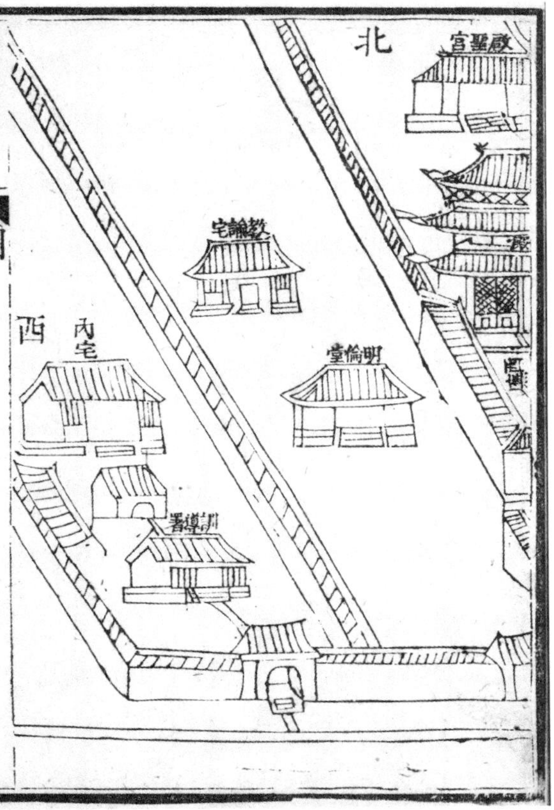

酆都縣志

圖

四

平都山圖

都縣志　圖

縣境誌應列圖因酆邑與楚省諸土司接壤處兵後深山窮谷盡成大箐爲毒虫猛獸窟穴人跡罕到向來繪寫皆屬臆度形勢未符故不列圖僅載四至道路若干於後

共計志板一百三十六塊

文水歐陽天篤
班士梓
宗文士

酆都縣志

凡例

一楊溫甫舊志凡例次第自成一書茲編以備史館採擇悉循省志條例云

一林穉庵所定抄本以綱統目分爲十卷輿地一建置二賦役三祀典四秩官五選舉六名宦七人物八名勝九藝文十王文在則以祀典并入建置名宦附于秩官人物附于選舉又取涪州志載賊變始末及金臺勳舊家乘另緝外紀年表一卷藝文則分前朝文

國朝文兩卷詩一卷共十卷門謂忠孝節義文章政事皆稱人物已經分目可不必重附鄉賢乃

朝廷典禮古所謂鄉先生歿而祭于社者也自應補入至

川省遭賊寇蹂躪

王師平復稗野傳聞舛譌甚夥即世家誌表所載子孫欲顯揚其祖父不無潤飾恐與

國史未恊又致失眞故爲乙去其近時題咏亦未暇決擇

不敢濫登致貽指摘乃以新舊紀事之文暨前代

名賢詩歌分作藝文上下卷共爲八卷

一酆學建自元末故科第顯自明初從前俱載忠州

志

一志書所以傳信直道而行茲編筆削慎重不敢一

毫私假

一枳邑之爲豐都蓋取義于巴子之别都而命名也

鄷都縣志　凡例　二

自明初敀豐爲酆而怪誕不經之說起讀書明理

者亦不免爲所惑是編澄汰務盡亦斥邪崇正之

意云爾

一舊志小序係林穉菴創藁王文在訂輯簡而有則

詞義包括今仍因之

秀水朱象咼禹州甫識

鄷都縣志

知縣事秀水朱象咼修刊

卷之一

輿地志

自禹貢奠高山大川釐爲九州天官書以星野辯

九州之地而風土占驗各隨其方酆于梁州下邑

同連參井分野豈必强爲别異然俗産災祥間亦

有不同者慎固封守修省應徵非有土者責歟作

鄷都縣志　卷一　一

輿地志

壻崔王畿

姪　應熊校字

男　紹熙

星野

井鬼之次入參三度

史記天官書二十八舍主十二州畢觜觿參益州東井輿鬼雍州前漢書益州無觜晉書自畢十二度至東井十五度爲實沉次於辰在申魏之分野屬益州雍州乃鬼井之分自漢中而南皆井也而蜀近之荊州乃翼軫之分自夔陵而上則參也而酆近之

按諸葛武侯二十八宿分野巴郡入參八度隋書天市

西垣第四星曰巴宋史益梓利夔四路分井鬼又曰東井輿鬼鶉首也盡巴蜀漢中之地

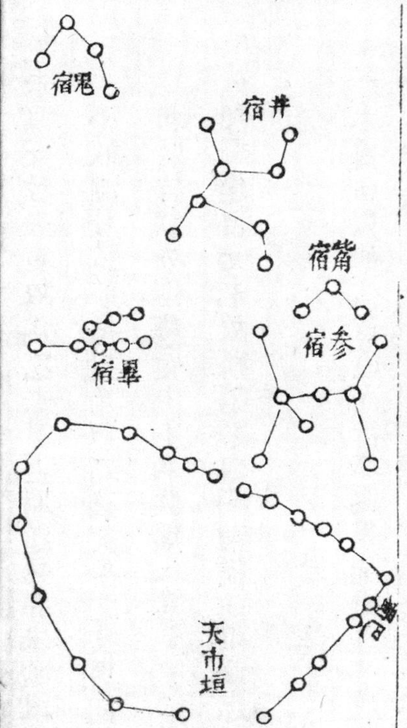

疆域

東西二百里南北三百六十里

水路東到忠州治一百四十里　四十里十字口交界

東北到梁山縣治三百五十里　一百一十里丁溪舖交忠界

北到墊江縣治一百一十里　六十里青岡丫交界

西北到長壽縣治二百里　五十里西高山交涪州界

水路西到涪州治一百一十里　三十里三華山蒲池舖交

界

按涪志開載東至酆都縣界九十里則以北岸觀音橋陸路計算也

西南到武隆縣治二百里　九十里魚子灘交界

南到彭水縣治二百五十里　六十里牛皮箐交界

東南到石砫司治三百五十里　六十里江池交界

此乃石砫舊治也今司城爲舊南賓縣基離酆治九十里明末始移治于此酆治過石砫東南又百餘里抵忠

路司界至於道里遠近俱係平算其實登涉高下行五六十里即有百里矣

按土司考石砫司西至酆都南至武隆各一百里

形勝

肚涪關之左衛控臨江之上遊扼石砫之咽喉亘壍江之屏蔽舊志而江倚山中衍平川黄牛左峙白鹿右蹲

蔣夔記左跨黄牛右縈白馬前臨月鏡後擁五魚

山川

石龜山治北五十里華陽國志巴子又立市於龜亭今新市里是也水經注曰平都縣有市肆四日一會舊志龜山在縣東五十里其下有村墟

平都山治東北一里方輿勝覽云自酆都東行二里許始登山石徑縈廻林木幽深翠栢夾逕十數株殆千年物也鹿麑出没林間頗與人狎漢王方平陰長生煉丹於此白日冲舉奕臺丹灶尚存麻姑純陽遊此俱有留題道書號爲平都福地紫府眞仙之居故爲八景稱首焉

雞公嘴山治東北三十里

大峰山治東隔江五十里東壁文峯

周城山治南七十里

燈盞窩山治西南七十里

大峰門山治東隔江六十里兩崖壁立中通行人有古壘

紅花山治南三十里春來多花嬌艷娛目

金盤山治北三十里形若金盤

白鹿山治西北一里舊志自平都西去一里林樹叢鬱者

白鹿山也蘇轍詩序云至豐都縣將遊仙都觀見知縣李長官云固知君之將至也此山有鹿甚老而猛獸獵人終莫能害將有客來遊鹿輒夜鳴故常以此候之而未嘗失余聞而異之乃爲作詩

蔣夔記右縈白馬象形也八景載白鹿夜鳴

青牛山治東三里大江縈遶峰巒環護道經云老子騎青牛度函谷將息駕于平都今在平都左故名林志

蔣夔記左跨黄牛故舊志稱黄牛山亦象形也八景載

青牛對峭

萬聚山治東南七十里一山高聳衆山環聚故名

花聚山治南二十里學宮之錦屏

石壁山治西七十里舊志稱西高山峭壁千仞老樹萬株有仙人修煉於上鑄鐵符藏之又名鐵符巖

銅鼓山治西南六十里狀若銅鼓

珠簾山治東二十五里北岸平岡叠翠形若珠簾朝旭初出倒影入江彩霞奪目八景載珠簾映日

五魚山治北二里蔣夔記後擁五魚

鏵頭山治南八十里

大仙巖平都山半

仙姑巖在五雲洞後因麻姑過此得名

岷江治南江水東流自涪州入本境三十里經縣治南門外環繞若襟帶東注五十里入忠州界

水經曰江水又逕東望峽東歷平都東望峽疑卽觀音灘也

附江源出岷山實自西蜀萬山來至嘉定而沫水自巂州合大渡河穿夔界千山以會之至叙州而馬湖江會之又十五里而南廣江會之至瀘州而內江又自資簡會之至重慶而嘉陵江自利閬果合等州會之至涪州而黔江合南夔諸水會之至萬縣而開江自開達等州會之然後總而入峽是峽以西受大水凡八也及出峽而下岳陽則會之者洞庭所受湖南北諸水也下鄂渚則會之者漢口所受興元諸水也又下黄州東四十五

里則會之者巴河也又下九江則會之者彭蠡所受江東西諸郡水也受大水凡五然後總而入海故曰江源其出如甕而能滔滔萬里以達於海其所受者衆也

蜀之三江外水岷江中水涪江內水

宋劉裕遣朱齡石伐譙縱衆軍悉從外水取成都臧僖從中水取廣漢老弱乘艦從內水向黄虎

按外水卽岷江自重慶上瀘叙嘉眉也內水卽涪江自重慶上合果利閬也中水卽沱江自瀘州上富順資簡

金堂漢州也沈約宋書資江爲中水涪江爲內水
曰四川者則取岷江沱江黑水白水以爲名耳
江灘之外其名不一疾流曰洞流沙上曰瀨出尾下曰
濮回流旋轉曰漩石積水淺曰磧水疾崖傾曰碥灘磧
相湊曰林音子水轉轂曰漕水漫不流曰沱石下急流
曰灘
南賓河治南一百里自石砫司來大山阻之水從山底伏
流曰沁上經龍河出葫蘆溪口入大江

渠溪河治北六十里自忠州塗井發源西流經縣界出涪
州深溪口入江
碧溪河治西三十里北岸自金盤山後發源西南流出涪
州北背入江
流杯溪治北一里白鹿山之陰趙村澗水流出磐石平坦
昔人鑿池九曲引水以流觴焉相傳平都之仙常燕集
於此八景載流杯池泛下流出通仙橋入江俗稱小福
溪

龍潭溪治東二里北岸自政河垻山谷發源南流十五里
至古家田垻入大江
梛溪治東十里北岸山上有魏夫人墓未詳何代
羅雲溪治西三十里南岸溪心爲涪酆分界
白水治西二十里南岸
葫蘆溪治東南二里由南賓河來溪口形圓似鏡邃窈莫
測青螺綠髻上下相映所謂月鏡潭也八景載月鏡凝
山　舊志載馬祖得太上冊訣雖通大道未即飛昇乃

隱釣於此晦夜忽見霞光烜耀空中墮一葫蘆內有五
金八石之藥馬祖得之仙去馬祖陰長生師也
塗溪治南七十里溪在古南賓地今爲南賓里鄰石砫司
油峯溪治南一百里爲石砫司分界詳見興福寺下
諸溪之外北岸尚有瓦窯溪南客溪洗脚溪龍洞溪九
溪子赤溪老蛇溪丁溪雙溪鑿溪南岸尚有夫子溪瑶
溪丁庄溪刀水溪沙溪曹溪泥垻溪木屑溪石板溪文
溪高家溪

靈泉　省志平都山景德觀中水味甘寒相傳爲王眞人所鑿清濁增減與江水相應

仙姑崖下有方井爲草萊湮没疑即此

丹井　在平都山頂陰長生煉丹井也

玉鳴泉　白鹿山之陽翠微掩翳有泉盈尺冬夏不竭滴瀝作琴音清瑩如玉故名

龍墩俗稱綠水池濱江北岸水涸始見石盤滚下注水若塘波影蕩漾瑩綠如染春來士女多泛觴於此黄白水

詩勒石壁

觀音灘治西十里險冠全蜀萬曆甲辰廵按黔人李時華開漕以利行舟崖上鐫澄清倚績四大字又有石碑鐫李公詩黄輝作平險碑記

礬石灘治西南二里岷江中流其石如礬疑即綠水池外灘也

送客堆治西三里江中石盤高十丈許流水縈廻清波蕩漾日麗長空映耀可愛八景載送客晴瀾

龍牀治南江中石盤聳出流水旋繞洶湧晝晦疑是蛟龍窟也刻石紀遊多宋元遺跡石面勒龍牀春玩又石槎二大字徐壽愷書紀年紹興大德端平諸號今尚存亦稱筆架石傍横勒八大字曰天下文章莫大於是又一聯曰闔乾坤之大筆寫江漢之雄才冬盡水淺則見八景載龍牀暮雨

豐稔壩治東二里大江近南岸長洲綿亘數里可容民居數百家形勝作縣治下臂實鎖石砫水口也里人以兆

豐年故名

土產

百穀　香稻俗名寸穀米

蔬菜　雞㙡　蒻頭

果品　梅　桃　李　石榴　龍眼

樹木　黄葛　烏楊　槿　楠　刺竹　棕竹

花卉　水仙　茉莉　芙蓉　鳳仙　鳳尾松　淨梔　牡丹　山茶　海棠　美人蕉

覇王鞭　仙人掌　棠棣

藥物　黄蘗　黄連　五倍子

飛禽　錦雞　鸂鶒　吐綬鷄　桐花鳳

毛蟲　獏　山羊　土貂

水族　細鱗魚　孩兒魚

日用　茶　桃竹簟　石硯

飛潛動植凡物之類若者俱不開載其酆産之較異於他處者列之如右

風俗

士民有信義之風

士頗倜儻常懷忠信

服食儉約男女别塗耕不失時壅不逾期

士勤耕讀民多椎魯

婦女不妝飾雖衣綺羅必外加靑布衣掩之謂之大衣喪禮稱家有無人死不久停七日内即瘞

民間凡有戶婚錢債小事不能决者輒赴城隍廟或閻羅殿斫雞刎狗以白其心甚有置經於地裸體踏踐者謂之開藏經

酆邑山多田少有潤水可蓄一經栽插不事耘耨坐待秋成謂之靠天故收穫亦薄凡高坡大麓儘可開闢悉皆荒棄雖曰土瘠民貧地力亦未盡也

兵火後士鮮師傳寖致沿訛又土瘠家寒多親操耒耜及學使將到乃咿唔月餘試畢即置高閣山川秀異英俊頗多特揣摩未熟耳

酆人多製咂嘛酒用秫米拌製貯小磁罎中黍稷粱粟皆可入釀月餘始熟客至以熱水滿貯酒不上浮用細竹通竅入罎底吸飲上可添水一杯則下去酒一杯矣或剪綵爲旗臥罎面以旗轉爲度傳飲至味淡乃止杜詩曰酒憶郫筒不用沽盖郫人截大竹爲筒以盛酒酆之咂酒亦郫筒遺意也香山詩悶取藤枝吸酒嘗東坡詩浮蛆艷金盌放翁詩滿注浮蛆甕皆謂此也

時序

立春及元日前剪綵絲作錢樣遍貼門戶
元日遲明燃九燭於門外謂之九品燭
元旦用醃肉雞子滿貯碗內加酒食之人一盞曰投醪
元旦拜賀三日醵金置酒寺觀歡飲謂之大辦年
上元日食粉團街市張社火鬧元宵唱秧歌採茶歌
二月三日都人士集文昌宮作會賽神飲福
寒食掃墓清明揷柳踏青
端陽食角黍懸蒲艾飲雄黃酒泛蒲道家送朱符貼中堂

十三日集関祠祭賽散福俗稱单刀會
十五日俗謂大端陽泛龍舟歡聚飲酒與五日同
七夕童稚以鳳仙花染指婦女用瓜菓對月穿針乞巧
中元日祀先薦亡菴寺建盂蘭會
中秋製月餅設席玩月
九月九日登高食重陽糕
十月朔祭掃與清明同
十二月八日用糯米雜菓蔬辛物煑糜曰臘八粥
二十四日用糖餅祀竈

祥異

宋紹興二一年旱
十年彗星見參度
明嘉靖七年大旱
萬曆二年蝻蟲生禾根如刈
二十八年大疫
崇禎十七年日中有赤氣數道下豐上銳自東指西長

竟天經年乃滅
國朝康熙十一年大水
十八年七月初二日申時有星自西南來隕於平
都山後其聲如雷火光數十丈照耀數里
十九年七月蚩尤旗見於西方
二十三年大旱
二十九年七月二十八日大火城內民居盡燬
祥異外紀

稻異　玉格酆都稻名重思米如石榴子稍大味如菱杜瓊作賦曰霏霏春暮孳矣重思靈氣爰披嘉穀應時眞諳酆都山有稻名重思亦以上獻仙官杜瓊作賦云

鹿異　治北仙都山舊有白鹿每隹客至輒夜鳴老泉遊酆都知縣李長官曰固知君之將至也

雲異　平都山陰長生冊井宋淳熙十三年七夕井中五色雲現馴鹿羣集前高密丁尉侯作詩紀其事

國朝康熙二十五年六月十一日酉刻五色祥雲復見於玉峯山巔經時始散

樹異　學宮後圃黃葛幹圍三丈其上如蓋蔭數十步蓋數百年物也甲申兵火樹枯死康熙初知縣湯䕶重建學宮復生枝葉今倍加秀盛

縣署中雙桂左黃右白在左者結子並高十丈許圍可合抱秋時花放滿城皆香我

朝開城建署始植地氣鍾靈不及百年遂擅勝川東蓋非凡枿也

酆都縣志

知縣事秀水朱象昺修刊

卷之二

建置志

自封建之不復而郡縣之建置於是乎不可已也漢唐以下有軍道路省之不同要之敗物立法亦隨時制宜耳全蜀蹂躪之餘舊觀未復振舉廢墜端賴後賢修明者其可無所考鏡哉作建置志

增生王　識

姪　應熊校字

男　紹熙

沿革

禹貢　梁州之域

周　巴子別都

水經曰江水又逕東望峽東歷平都註云峽對豐民洲舊巴子別都也華陽記曰巴子雖都江平州又治平都即此處也

秦　屬巴郡

舊志秦惠文王與楚共滅巴置巴郡

漢　枳縣地屬巴郡

水經注江之南岸有枳縣華陽記曰枳縣在江州巴郡東四百里治涪陵水會庾仲雍謂有別江出武陵者也又曰枳東四百里東接朐䏰縣有鹽官云云按以道里計之酆都實在重慶東四百里又東四百里則雲陽鹽井乃接朐䏰今夔州也特水經誤以枳縣注涪州條下以鹽官注臨江今忠州條下耳若謂枳在涪州則西至江州東至臨江俱無四百里而臨江亦不接朐䏰武隆志曰枳縣故基在治東上流二十里省志古蹟枳縣城在府城西一百一十五里史記楚得枳而國亡即此晉桓溫伐蜀移枳縣於臨溪此城遂廢云云廣輿記因之而又云酆都漢枳縣地按府城西亦無枳城舊址而酆邑道里舊志俱從忠計算則府字乃州字之誤於道遠近俱合如謂桓溫移枳於臨溪則溪字或江字之誤然亦無府西一百一十五里東移至五百里外之理闕疑以備考可也

東漢和帝永元二年分枳縣置平都縣

水經注有平都縣爲巴郡之隸邑

東漢　屬永寧郡

獻帝初平元年分巴爲二自江州至臨江爲永寧郡

蜀漢　併入臨江縣

晉　屬巴東郡　按晉書巴郡江州墊江臨江枳四屬則枳爲酆之舊名應屬巴郡而不屬巴東郡矣

宋齊　屬巴郡

梁　爲臨江郡

後周　爲臨州

隋　爲臨江縣屬巴東郡後仍改臨州析臨州置豐都縣舊志載義寧二年析臨州置豐都縣屬忠州查恭帝爲李淵所立不過數月西蜀聲教不通奚暇析置州縣乎史載隋文帝開皇三年廢諸郡以州治民九年廓定江表以戶口滋多析置州縣豐都之分當在此時也

按隋文帝開皇三年廢諸郡以州治民　煬帝大業三

年改州爲郡　唐武德初改郡爲州　武德元年即煬帝大業十三年　恭帝義寧二年也

舊志載明初改豐爲酆東坡集豐傍亦無邑而廣輿記誤作隋酆都今改正

按春陵楊齊賢註李靑蓮詩下咲世上士沉魂北酆都句云涪州酆都觀乃北都羅酆所治名平都福地則改豐爲酆明之先已添邑傍且亦曾分隸涪州矣

唐　屬山南東道南賓郡忠州

貞觀八年改臨江爲忠州以巴蔓子嚴顏也

按唐書忠州隸南賓郡而豐都屬忠州則是忠豐俱統轄於南賓矣

宋高宗建炎初增設豐都縣屬忠州咸淳初因度宗潛邸陞忠州爲咸淳府豐都仍隸焉宋史忠州舊三縣臨江墊江南賓南渡增設豐都龍渠二縣而北宋蘇詩猶有豐都之名豈仍隨唐之舊耶

按土司考云唐改施州爲清江郡宋改清江郡爲南賓縣按唐武德二年分浦州武寧縣置南賓縣今石砫司城是也

元　仍屬忠州至元中罷墊江縣並入豐都別於墊江設臨江鎮巡檢司

爲夏竊據復分置墊江縣

明洪武四年明昇歸附九年併入涪州十四年復置縣改豐爲酆又以南賓縣併入焉屬重慶府帶忠州銜

國朝因之

按豐都分於隋忠州啟於唐豐之名視忠較古唐宋以來俱屬忠州其在有明不過帶銜而已自康熙三十四年知縣馬騰雲始詳請不帶忠州銜

城池

石城高二丈周六百丈門五東南曰宣化東曰迎恩南曰會川西曰陽和北曰屡豐明天順中知縣柴廣築弘治中知縣李毅明紳重修

按五門之外又有四門曰東水門西水門今開所以便

樵汲也曰小東門小西門今閉所以慎封守也

關梁

沙子關　詳廨舍

鄷陵驛　詳廨舍

高家鎮　治東四十里

本朝定鼎之初官民衙舍先俱燬于兵燹恭薦縣縣官僑住此鎮

董家場　治東北一百一十里

忠鄷交界民居輻輳

社壇場　治西北四十里

水經注曰平都縣有市肆四日一會今鄷民一四七日集其場二五八日集其場三六九日集其場亦古遺意也

長仙鎮　治東北一里俗名長壩子

昇仙橋　省志作天仙橋鄷都觀前

通仙橋　治東一里

溪水自趙村發源三里經白鹿山平都山至長壩子入大江上亘石梁平坦壯麗橋上爲亭朱闌玉砌綠樹陰翳近城佳境也按碑石明嚴官重修故亦稱嚴公橋

總真橋　治北平都山下

按此當是北門橋也蔣夔記有總仙橋即此

觀音橋　治西三十里

居民稠密田疇平衍爲鄷邑沃壤今有場集

石板橋　治西三十里見舊志

大平橋 治西六十里見林志

錫福橋 治南二十里

通黔彭小道相傳明萬曆間止獨板橋也邑人冉必勤醉後跨驢經過乃發願於故址東十步重建新石橋規模閎壯上爲亭以覆蔭後患物力不繼其子婦脫簪珥足之故名媳婦橋俗訛石佛橋以乙酉正月知縣王廷獻過此乃改今名

鋪舍

縣門鋪　伏溪鋪　栁溪鋪　赤溪鋪

三溪鋪　丁溪鋪　石板鋪　蒲池鋪

廨舍

縣治　東南向洪武四年知縣桂仲拳創立十四年知縣竇谷署重修嘉靖三十二年知縣王朴又重修明季初舊治俱燬今大堂三間後堂三間順治庚子委署知縣商起予建後廳五間左右司房各四間康熙庚戌知縣李如滂建後樓三間康熙丙辰僞知縣金九鄉建頭門鐘鼓樓三間康熙乙丑知縣王鑣建大堂前軒三間戒石牌坊西花廳三間康熙乙亥知縣馬騰雲建署中東隅有書室三間雖鞠爲茂草遺址尚存康熙四十五年九月知縣朱象明緣其故址重建

主簿治　治東今燬

典史治　治西康熙二十年典史王大倫重建

儒學治　文廟傍西

酆陵水驛　治東北一里洪武十四年知縣竇谷署改立

於治西故會川門亦稱館驛明舊設驛丞今裁署燬

沙子關巡檢司　治南二百里地逾石硅司鄰忠路司今裁署燬

駐防千百總所　國朝康熙初設舊在山王廟康熙三十四年知縣馬騰雲就舘驛舊址廓地别建三間

陰陽學　醫學　治東洪武二十一年知縣楊謙立今燬

申明亭　治西洪武十五年知縣桂仲拳立今燬

旌善亭　治西洪武十八年知縣竇谷署立今燬

康熙四十五年知縣朱象鼎於儀門左右廂改建旌善申明二亭

僧會司

道會司

養濟院　治北洪武二十五年知縣彭用禮建今燬

演武廳　治南江濱俗稱教場壩今燬

布政司分司　治東八十步景泰二年知縣周尚文立今燬

按察司分司　治東洪武十四年知縣竇谷署立今燬

永豐倉　治東洪武十五年二月十六日知縣桂仲拳立今燬

義倉二所縣堂東西康熙癸丑知縣李如滂建

學校

元至正十六年知縣達魯花赤完者帖木兒學官饒克容創立在治正東後因兵燬明洪武八年知縣桂仲拳於舊基重修九年併入涪州學基爲按察司分司十四年復設酆都縣二十一年知縣楊謙與史邢志教諭王必祈訓導張友仁改建於治西黃常爲之記弘治中重慶知府南陽毛泰屬知縣李毅重修俱有碑記載藝文明末兵燬

國朝定鼎次第修建

舊志洪武十四年知縣竇谷署改設於治西八十步地勢平衍規模弘壯實爲育才之地而黃常碑記則稱楊謙云云今改正

大成殿　康熙元年知縣湯濩建止一間兩側廟宇湫隘

康熙癸未知縣王廷獻重建大殿三間周以廻廊規模弘敞督學道劉謙爲之記

啓聖祠　舊在明倫堂西康熙庚戌知縣李如滂建室宇卑隘康熙癸未知縣王廷獻於廟後敬一亭舊址培土重建

兩廡　左右各五間

名宦祠　廟門左

鄉賢祠　廟門右

廟門三間　以上俱李如滂建

東西兩廡名宦鄉賢二祠廟門卑隘正殿啓聖祠知縣王廷獻啟造巍聳左右勢不相稱且年久傾圮康熙四十五年知縣朱象㫖重建

櫺星門

泮池　櫺星門內石橋三洞崇禎十六年啟一洞

玉帶街　櫺星門前

黄甲鼇英坊　列進士名

青雲接武坊　列舉人名以上俱萬曆七年知縣左應麟建

明倫堂　廟右李如滂建

敬一亭　廟後今燬有嘉靖御書范氏心箴程子四箴碑現存康熙癸未知縣王廷獻於亭址建啓聖宮乃葺碑置聖廟後廊北向

射圃　啓聖宮西

號房　射圃前舊有號房十六間後傾爲民居隆慶間訓導何宗中詳憲請復蓋畊爲之記甲申變後復爲民居康熙四十二年教諭黄錫策詳請知縣王廷獻通詳各憲清理歸學

學基東北一隅向爲李紳住宅益前朝移建學宮時限於界址而然也雖經兵燬遺基尚爲李氏管業康熙四十四年知縣朱象㫖捐俸十二金與李紳裔孫生員李夌雲炤依時值憑中契買歸學印炤存案

祭器　明弘治間重慶知府毛泰捐俸置楊孟瑛爲之記

碑尚存而祭器亡矣

銅爵一百二十　錫籩一百五十四　錫豆一百五十四　錫簠三十六　錫和羹一十七　錫盤一十七　登一十六　罍六　筐五　銅鐏四　銅釜四　壺十罩十二

社學　舊志一在治東絃歌坊一在治西城外疑即山斗社也

附康熙三十四年知縣馬騰雲建義學三間在學西康

熈三十五年訓導無署遂移居焉康熈三十九年又將啓聖祠左廡改作前廳門額亦易矣

山斗祠　天福宮之右　林志

文筆峯塔　對江丙峯崇禎辛巳年建

學田　酆都舊有學田在九甲包鸞垻地方康熈十六年報部內斗租谷七斗五升折銀二兩錢九分四釐因日久無佃幾遭傍人報墾康熈乙酉知縣王廷獻同儒學教諭黄錫策親詣其地清理歸學又八甲楊家溝田一處共

一百三十七坵爲僧人姓洪叔鑾其師靜悟於康熈癸未首充學田每年二處俱招佃收穀除起解學租並完正賦外餘以爲諸生會課供給之費

祠祀

社稷壇　治西一里

洪武十四年知縣竇谷署立每歲二八月上戊日致祭俗稱上壇社稷壇神位石碑兵燹無存康熈四十五年知縣朱象旹重立

風雲雷雨山川壇　治東北一里

洪武十四年知縣竇谷署建每二八月擇日致祭今俱於戊日碑係萬曆七年知縣左應麟建立

厲壇

舊有二處一在治東長垻鎮一在治西上壇右久荒莫辨康熈庚申知縣張鳳翋重爲立碑今亦無存每年祭無祀壇多在下壇也

城隍廟　治東七十步

兵燹後康熈丙午年知縣湯濩建康熈四十六年知縣朱象旹重建後殿三間

文昌祠　治北一里

舊志在縣西八十步今在平都山麓明萬曆十三年知縣張守剛建戴文亨爲之記兵火後康熈壬子知縣李如滂重建林堅本爲之記每逢丁祭日有司備牲醴致祭

漢壽亭侯祠

平都山頂即五雲洞舊址明萬曆初建兵火後康熙乙巳知縣湯溭重建每丁祭日有司致祭如文昌祠

巖顏祠

省志在治西北祀漢嚴顏

按平都西北嚴祠故址已不可考然顏係巴守而酆係巴分出者祠亦所應有

余玠祠

平都山頂祀宋余玠考亭夫子爲之記見府志記今燬

胡平表祠　治北一里通仙橋北

康熙三十九年知縣王廷獻建有序康熙四十七年知縣朱象咼重修

萬谷祠

平都山麓有萬谷祠培人黎元爲之記康熙四十四年知縣王廷獻重建

寶希顏祠

並祀於萬谷祠詹貞吉爲之記康熙四十四年知縣王廷獻重建顏曰崇報祠

土主廟　祀周巴蔓子治北門內今燬

舊志載每年三月初七日致祭今廢有明成化年鑄鐘現存曰土主紫霄大帝

川主廟　祀秦李氷治西一里

元至正間重修碑記載舊志今廢有明成化七年鑄鐘現存曰川主崇應惠民大帝按省志嘉靖名宦載隋趙昱青城人與道士李珏遊累辭徵聘後煬帝徵爲嘉州

太守時州有蛟爲害昱令民羼舡数百率千餘人臨江鼓譟自披髮仗劍入水有七人亦披髮仗劍入水隨之天地晦冥少傾雲霧歛收七人不復出惟昱左手持劍右手提蛟首奮波而出河水盡赤蛟害遂除開皇乃隋文年號也二字誤間其家入山踪跡不見後有運餉者見昱乘白馬引白犬一童子腰弓挾弾以隨騶從如平生焉唐太宗封爲神勇大將軍廟祀灌口明皇幸蜀進封赤城王宋張詠治蜀之亂禱祀得神助蜀平事聞封川主清源

妙道眞君蜀所祀川主即此今碑記用鑿離堆事則指秦李冰也

酆都縣志　卷之二　七七

京師圖書館藏書印

酆都縣志

酆都縣志

知縣事秀水朱象凰修刊

北京圖書館藏

卷之三

賦役志

三代分田代有定制而什一之法罔或重輕也唐制租庸調猶爲近古歴宋及明襲兩稅之遺意合丁畝而稅之以致工作郵傳[illegible]取給於是自獻賊入蜀酆民無孑遺迨

國朝丁酉甫入版圖旋爲譚逆叛據洲諸全盛十不得一爲生聚而撫循之伊誰之責[illegible]賦役志

壻崔王𣪍

姪　應熊校字

男　紹熙

里甲

明編戶四里每里十甲

豐樂上里十甲何熊孫李文熊戴彭劉張

豐樂下里十甲湛馮胡余蔣林余周陳曾

市廓里十甲陳譚陳黃冉陳陳李楊冉

南賓里十甲丘周陶余徐羅隆向戴劉

國朝康熙六年編戶一里十二甲

安仁里一甲秦一姓　二甲秦譚周　三甲陳徐陶戴

四甲江孫李　五甲隆文熊　六甲彭戴　七甲陳一姓　八甲湛向　九甲傅何陳　十甲高孫楊許　十一甲余馮張　十二甲曾蔣陳

康熙三十一年奉陳東省一案不許朋名各自立戶就地編甲永爲定制

按編審定例十年一推收所以便民也但川省錢糧未復舊額隱漏者多就地立甲尚難稽查若推收過甲則影射全無稽考矣康熙四十年編審凡民間田地買賣

止許更名不准過甲差爲得法

戶口

明洪武二十四年人戶四百八十一戶

男婦三千九百九十六名口男子一千八百三十名婦

女二千一百六十六口

永樂十年人戶五百二十二戶

男婦三千九百四十五名口男子一千八百二十名婦

女二千一百二十五口

萬曆以後戶口仍永樂數因糧數日增照糧編丁凡二千

五十八丁每糧一石一斗一合六勺口抄三撮五圭九

粒七粟載丁一丁

國朝康熙六年人戶五百零三戶

照糧編丁二十三丁三分四釐二毫三絲二忽

康熙二十一年增投誠兵丁四戶

編丁二分四毫一絲六忽

康熙二十六年曉諭蜀民一案曾奉儒人等七十七戶

編丁二十三丁八分七釐六毫二絲八忽

康熙二十八年申諭墾荒一案曾仕俊等六戶報墾

編丁一分五釐六毫四絲八忽

康熙三十一年眞陳東省一案不許朋名清查戴帝德等

新舊共二千一百四十九戶

編丁二百二十丁五分五釐三毫六忽

康熙三十三年陳天應等一百四十戶墾荒

編丁二丁九分一釐七毫二絲三忽

康熙三十四年秦昌茂等二百八十二戶墾荒

編丁一十丁七分四釐四毫八絲三忽

康熙三十六年向大有等一百四十一戶墾荒

編丁二丁七分七釐四毫五絲

康熙三十七年王正明等二百八十一戶墾荒

編丁五丁二分七釐七毫三絲五忽

康熙三十八年陳學先等七戶墾荒

編丁三分四釐六毫六絲七忽

康熙三十九年秦應坤等一十二戶墾荒
編丁一分九釐八毫六絲二忽
康熙四十年杜廷楷等五十七戶墾荒
編丁六丁六分八釐四毫一絲八忽
康熙四十一年撫臣奇貪一案陳天應等二百戶自首
編丁四丁三分三釐一毫八絲二忽
康熙四十二年撫臣奇貪一案孫藍田等一十二戶自首
編丁四分四釐五毫八絲九忽

康熙四十二年古戴熊等一十二戶墾荒
編丁四分六釐四忽
康熙四十三年傅應雄等十二戶墾荒
編丁四分三釐九毫九絲
康熙四十四年江大海等一十二戶墾荒
編丁二分一釐五毫八絲八忽
康熙四十四年撫臣奇貪案內杜先貴等百二十六戶自首
編丁一十三丁九分三毫九絲九忽

康熙四十五年陳明志等十五戶墾荒
編丁八分七釐一毫七絲七忽
康熙四十六年黃申荣等十五戶墾荒
編丁七分四毫六絲一忽
康熙四十八年鄭成宗等墾荒
編丁八分一釐五毫八絲三忽

田賦

明洪武二十四年田地塘一百八十二項九十六畝八分

二釐五毫稅糧共二千一百七十石六斗三升七合三勺九抄九撮
夏稅米七百六十石六斗二升
秋糧一千四百一十石一升七合三勺九抄九撮
棉花三十八斤六錢折織大布九疋零花二斤六錢
茶二萬二千二百七十株徵茶二百七十八斤六兩
芽茶三十四斤一十二兩七錢五分
葉茶二百四十三斤九兩二錢五分

永樂十年田地塘一百九十頃二十畝四分[illegible]夏秋糧共
二千二百四十八石五升一合五勺四抄（此田畝糧額疑有舛誤）
夏稅米七百八十三石二合小麥五石五斗六升四合
稅絲一百一十三斤六兩一錢九分折米三百六十二
石八斗三升八合桑絲一百二十九斤九兩折米四百
一十四石六斗
秋糧一千四百六十五石四升九合五勺四抄火米一
千四百五十八石三斗六升六合三勺四抄芒麻六十

二斤一十兩折米六石六斗八升三合二勺
棉花三十八斤一十二兩六錢折織布九疋零花二斤
一十二兩六錢
茶四萬三千五百八十四株徵芽茶五百四十四斤一
十二兩八錢
商稅課程鈔七百九十一貫二百文
歲辦各色課程一千二百五貫三百六十文
魚課鈔一百一十一貫五百二十文

房屋地賃鈔八貫六百四十文
酒醋課鈔一十四貫
魚油折收桐油四十六斤七兩五錢九分五釐
魚鰾一十四兩七錢九分五釐
翎毛四百八十五根
生熟等項麂皮四百五十一張內硝軟麂皮三十張帶
毛硝熟麂皮六十九張生麂皮三百五十二張
萬曆元年額稅糧二千四百六十四石八斗八升八合二

勺九抄八撮一圭內石砫司寄庄糧一百九十五石六
斗四升七合七勺八抄八撮五圭本縣止二千二百六
十九石二斗四升五勺九撮七圭
夏稅起運布政司廣濟庫荒絲米一十四石三斗七升
五合每石折絲一斤每斤折銀五錢有閏加三分萬曆
三十二年加絲價二兩四錢六分四釐八毫八絲八忽
二微九塵八纖二沙
秋糧起運工部科米四百二十二石一升三合二勺九

抄八撮二圭每石徵銀五錢後加茶添銀硃水脚銀共
一十二兩九錢五釐一毫二絲七忽七微一塵三纖四
沙松潘新塘倉米二百石每石價脚銀二兩二錢二分
威州安遠倉米八百石以二石折本色米一石每石折
銀一兩二錢一分二釐五毫九絲七忽五微撥運忠州
祿盈倉米五百九十八石五斗每石折銀五錢存留本
縣存儒■倉四百三十石每石折銀七錢有閏加三
本府永昌庫棉花三十八斤一十二兩六錢每斤折銀

六分
原編戶口銀三十四兩四錢二分起運布政司二十一
兩四錢六分遇閏加銀二兩八錢三分八釐存留本縣
一十二兩九錢六分有閏加銀一兩四錢三分八釐
按此乃明初所謂役也萬曆後定爲一條鞭併入田賦矣
驛傳銀三百五十八兩九錢七分一毫七絲五忽二微
六塵一纖九沙加增二十九兩七錢起運布政司二十
八兩四錢一分本府三百五十四兩二錢六分一毫七

絲五忽二微六塵一纖九沙遇閏加銀二兩三釐五絲
丁糧額銀一千八十八兩四錢三分一釐三毫除增減
抵算外減去一百四十四兩三錢八分一釐八忽一微
三塵實編銀九百四十四兩五分二釐一毫九絲一忽
八微七塵
魚課銀四錢四分七釐四毫有閏加銀三分七釐二毫
魚油翎鰾銀一兩六錢六分三釐三絲三忽三微四塵
遇閏加銀一錢二分八毫一絲六忽

商稅銀一兩一錢九分七釐六毫有閏加銀九分九釐
八毫
茶課銀一十兩三錢三釐三毫舊志茶山十二處
起運布政司料銀三十兩南京虎皮銀二十六兩四錢
殷實銀二十兩黃蠟銀二十三兩四錢白蠟銀四十二
兩進士坊銀一兩六錢四分九釐七毫六絲一忽一微
支給春秋祭祀銀五十兩鄉飲銀八兩歲貢盤纏銀二
十二兩五錢舉人會試盤纏銀八兩本府兮兵銀六兩

三錢六分九釐二毫三絲七微七塵巴縣募夫銀一兩
分守道棹衣銀一十二兩學道考試修理衙舍銀一兩
本府公費表箋舉人酒席新任祭儀門正佐領油燭棹
衣什物曆日等銀共二千一兩五錢三分八釐三絲五
忽存留本縣各色公費銀一百九十七兩一分三毫一
忽設七十二行以應雜用
國朝康熙六年起科照達州例上田每畝七合四勺六抄
中田六合五勺二抄八撮二圭下田五合五勺九抄六

撮一圭上地二合三勺中地二合一抄二撮三圭下地
一合七勺三抄四撮七圭每糧一升徵大糧九釐八毫
八絲四微八塵九纖零條銀七釐七毫九絲八忽五微
九塵七纖零丁銀七釐七絲二忽九微一塵三纖零丁
糧條共徵銀二分四釐七毫五絲二忽遇閏加銀一釐
二毫二忽是年清查田地五十四頃四十三畝九釐六
毫載糧二十五石七斗三升八合二勺二抄八撮四圭
八粒七粟 解布政司

茶課六名半蹇清魁名半譚成應秦登耀譚德賢譚德
仁譚本資各一名每名八錢共銀五兩二錢 解按察司
魚課銀四錢四分七釐四毫遇閏加銀三分七釐二毫
解布政司
學田一畝二分二釐五毫租穀京斗七斗四升五合折
銀二錢九分四釐 解督學道
每年春秋祭祀支銀一十六兩 赴布政司請領
康熙二十一年增投誠兵田地五十九畝九分六釐八毫

載糧二斗二升五合一勺一抄九圭六粒二粟
康熙二十六年曉諭蜀民一案定例次年起科增田地五
十五項六十六畝三分五釐六毫載糧二十六石三斗
二升七合二抄九撮九粒七粟
康熙二十八年申論墾荒一案定例六年後起科知縣常
紳勸墾田地二十八畝三分五釐三毫載糧一斗七升
二合五勺一抄八撮六圭五粒九粟 凡墾荒者俱六年
起科

康熙三十年貢陳東省一案清查田地四百八十五項六十六畝二分五釐二毫六絲載糧二百四十三石一斗九升一合四勺一抄四撮七圭四粒七粟此案本年起科

康熙三十三年知縣馬騰雲勸墾田地六項五畝三分載糧三石二斗一升六合六勺六抄二撮二圭四粒五粟

康熙三十四年知縣馬騰雲勸墾田地一十九項九十五畝二分七釐三毫載糧一十一石八斗四升七合七勺四撮一圭一粒五粟

康熙三十六年知縣王廷獻勸墾田地五項七十四畝九分六釐四毫載糧三石五升九合二勺八抄一撮九圭八粒二粟

康熙三十七年知縣王廷獻勸墾田地一十項三十畝四分二釐七毫載糧五石八斗一升九合四抄一撮三圭六粒四粟

康熙三十八年知縣王廷獻勸墾田地六十七畝七分二釐七毫載糧三斗八升二合二勺六抄二撮二圭八粒二粟

康熙三十九年知縣王廷獻勸墾田地三十七畝八分二釐九毫載糧二斗一升九合四撮七圭一粒四粟

康熙四十年知縣王廷獻勸墾田地一十一項三十二畝五分三毫載糧六石二斗六升八合二勺八抄九撮九圭八粒一粟

康熙四十一年撫臣奇貪一案知縣王廷獻勸首田地八項二十九畝六分五釐五毫載糧四石七斗六升五合三勺一抄七撮二圭七粟凡自首者本年起科

康熙四十二年撫臣奇貪一案知縣王廷獻勸首田地七十九畝七分載糧四斗九升一合六勺五抄八撮二圭四粒

康熙四十二年知縣王廷獻勸墾田地八十一畝四分載糧五斗七合二勺七抄一撮七圭三粒

康熙四十三年知縣王廷獻勸墾田地八十五畝九分七釐七毫載糧四斗八升五合五抄三撮七圭五粒四粟

康熙四十四年知縣朱象畀勸墾田地四十畝二分一釐六毫載糧二斗三升八合四抄九撮八圭五粒七粟

又本年分撫臣奇會案內勸首田地共二十七頃五分四釐三毫載糧一十五石三斗三升一合一勺五抄二撮一粒一粟

康熙四十五年知縣朱象畀勸墾田地一頃六十畝五分二釐五毫載糧九斗六升一合二勺五抄六撮五圭一粒

康熙四十六年知縣朱象畀勸墾田地一頃三十七畝八分九釐八毫載糧七斗七升六合九勺三抄五撮四圭二粒四粟

康熙四十八年知縣朱象畀勸墾田地一頃五十畝四分六釐一毫載糧八斗九升九合五勺七抄五撮四圭二粒

徭役

明萬曆初額例

本府弓兵一名　燈籠夫二名

本縣柴薪夫七名　馬夫三名　門子四名

弓兵皂隸共十八名　庫子一名

禁子四名　典吏十三名　燈籠夫七名

走差人役一百六十五名　應役書手五十名

拚夫二百名　上分司看司一名

下分司看司一名　鋪兵九名

沙子關弓兵十八名　仵作二名

裱褙刷印匠二名　民壯二百一十九名

撥下川東團練五十名

儒學攢典二名　膳夫六名　馬夫二名

門子庫子廟夫共五名　以上各役工食銀兩舊誌失傳全書闕載亦多闕略俟考正補入

主簿巡檢典史驛丞衙役兵燹後舊案無考

國朝因蜀省凋殘奉

旨酌裁額設

本縣典吏三名

門子二名
皂隸一十六名
馬快八名
燈籠夫四名
轎傘扇夫七名
以上除典吏外共三十七名歲支工食七兩二錢康熙八年起每名歲支工食六兩共銀二百二十二兩四錢糧不敷每名自正月初一日至三月初九日止領工食

一兩一錢五分共四十二兩五錢五分
典史衙門門子一名　書手一名
皂隸四名
馬夫一名
以上除書手外共六名工食同縣役共領六兩九錢
儒學攢典一名
門斗二名
膳夫二名

以上除攢典外共四名工食同縣役共領四兩六錢

倉儲

常平倉二所詳廨舍康熙庚申年恢復後重農積粟一案勸官紳士民捐穀備荒又欽奉
上諭一案勸民捐輸又積貯天下本計一案許捐穀加級入監讀書現貯倉穀開左
康熙二十二年知府孫世澤等捐穀六十二石
康熙二十三年布政司劉顯第等捐穀七十二石一斗

五升
康熙二十四年知府孫世澤等捐穀二十石四斗四升
康熙二十五年知縣王鑣等捐穀八石
康熙二十六年知縣王鑣等捐穀三石
康熙二十七年知縣王鑣等捐穀二石
康熙二十八年知縣蕭紳等捐穀六石
康熙二十九年知縣蕭紳等捐穀二十一石
康熙三十年典史流國璋等捐穀四石八斗

康熙三十一年知縣□儀世等捐穀七石
康熙三十二年署縣事忠州知州武烈等捐穀八石里
民孫珏等捐穀三十石七斗
康熙三十三年知府祝兆麒捐穀四百石知縣馬騰雲
等捐穀五十四石
康熙三十四年知縣馬騰雲等捐穀一十石
康熙三十五年布政司高起龍捐穀八百石
康熙三十六年知縣王廷獻等捐穀一十一石

康熙三十七年知縣王廷獻等捐穀一十石
康熙三十八年知縣王廷獻等捐穀四石
康熙三十九年知縣王廷獻捐穀三石
康熙四十年知縣王廷獻捐穀三石
康熙四十四年知縣朱象旹捐穀十石
康熙四十五年知縣朱象旹捐穀五石
康熙四十六年知縣朱象旹捐穀五石

鹽課

明永樂十年
鹽井三座
修人井治北五十里坐落豐樂上里歲辨鹽課四萬
五千五百六十一斤貼辨龍泉井支数隷郁山井鹽
課司在舊武隆縣東一百五十里
觀音井豐樂上里歲辨鹽課四萬三千五百六十一
斤隷郁山井鹽課司
楠木井封塞未開

鉛場一座
銅場一座
鐵場一座
以上三場元末荒蕪未開洪武十三年開煎
國朝鹽井鉛銅鐵場俱封閉未開

驛郵

自縣治至重慶府陸路四百里水路六驛四百三十里
六十里東津驛六十里涪陵驛六十里蔺市驛六十里

長壽龍津驛一百里木洞驛九十里巴縣朝天驛
自縣治至成都府陸路一千五百五十里水路四十驛一
千八百二十里
四百三十里朝天驛六十里魚洞驛六十里銅灌驛六
十里江津僰溪驛[illegible]里石羊驛六十里石門驛六十
里溪東驛六十里史壩驛六十里牛[illegible]驛六十里嶺山
驛六十里黃犧驛六十里瀘州驛四十里納溪[illegible]六
十里江安縣六十里南溪六十里李江驛六十里宜賓

汶川驛六十里平口驛六十里真溪驛[illegible]十里宣化驛
[illegible]十里月波驛六十里下垻驛六十里犍爲沉犀驛六
十里三聖驛六十里嘉定平羌驛七十里封門驛六十
里青神驛七十里石佛驛六十里武陽驛七十里龍爪
驛六十里木馬驛六十里廣都驛九十里成都錦官驛
自縣治至順天陸路五千五百里水路九十六驛七千四
百八十里
自縣治至江寧府陸路四千[illegible]百里水路四十九驛四千

四十九里
明萬曆初額制　陸站遞馬六匹夫六十名　水站夫三
十名水手十名
國朝康熙初　陸站未設　水站額設六橈船三隻水手六
十名每名支工食銀二十八兩八錢共銀一百七十二兩
八錢橈夫一十八名每名歲支工食銀一十八兩共銀
三百二十四兩以上水橈共四百九十六兩八錢康熙
二十一年四月欽奉

恩詔一欵內開驛站錢糧裁減四分今着復增二分該水
橈工食三百九十七兩四錢四分康熙二十三年奉文
爲驛遞之差使甚少等事照江南之例裁銀三百二十
四兩給銀一百七十八兩每年赴按察司請領遇閏加
銀一十四兩四錢如遇小建按日扣除每年具領赴按
察司庫收貯請撥銀內請領支給
站船三隻各長六丈濶六尺每三年小修工料銀一兩
八錢一分共五兩四錢三分五年大修工料銀七兩四

錢五分五釐共二十二兩三錢六分五釐十年折造工料銀二十五兩三錢一分五釐共七十五兩九錢四分五釐

康熙四十八年分奉文裁減六槳船一隻水手二名槳夫六名其船扠變價■兩■錢申解泉庫開銷

舊制上至東津驛六十里下至花陵驛六十里

今制上送涪州一百二十里下送忠州一百五十里

陸站舊制俱用鋪遞上自縣門鋪至蒲池鋪交涪州界下自縣門鋪至丁溪鋪交忠州界今廢

酆都縣志

卷之四　知縣事秀水朱象咢修刊

秩官志

班固作循吏傳詳守相而畧於令然親民之官莫有切於縣令者自令以下各有分司

國朝裁汰冗員惟教職仍全設焉所以專考成而崇文治也酆雖僻處下邑然頌召杜繼孫胡者代有其人宗思覗淚長留不竊考古者其循名而責實也作秩官志名宦附焉

壻崔玉識

姪　燃熊校字

男　[illegible]熙

知縣

宋　李長官

牟虛心 平都提點

元至正達魯花赤完者帖木兒 始建學校

張傑

按川主廟記二人乃同時者達魯稱侯張稱尹查元百官志路府州縣長官皆蒙古人而漢人南人貳焉縣志達魯花赤一人以蒙古色目人爲之縣尹一人

主簿典史各一人儒學教諭一人傑於此時亦縣佐也

明洪武桂仲拳

竇咨署

楊　謙

彭用禮

曾　冑

永樂余元亨

李元敎 湖廣鄖縣人

杜思敬

蘋原浩

宣德栁　儼

正統陳[illegible]

景泰周尚文

天順柴　廣

成化陳　冑

胡　璉

弘治李　毅

明　紳

曾　琮 江西人進士

正德姚　臣 陝西洋縣人

嘉靖張　機

金　坦

王　朴

周包元湖廣興國人

魯[illegible]見九蟒碑

萬　杏

隆慶劉孟桓湖廣通城人

萬曆左應麟湖廣夷陵人

蔣思忠貴州貴陽人

張守剛

張　霈

郭　魁

廖[illegible]

蕭宗禹

林　梅

龔自成

嚴　官

天啓周延甲

冉夢齡

文廷高

張邦衡

崇禎江文亨湖廣鄖陽人舉人陞商州知州

陶宗孔

周大紀浙江人舉人

楊有培雲南人貢生

張欽明廣西桂林人

國朝順治商起予陝西階州人十七年委署重建縣堂

湯　蘷十八年任

康熙李如䓲九年任

張鳳翀陝西中部人癸丑進士十九年任

曹慎獨北直景州人甲午舉人二十一年任

王　鑣山西曲沃人甲午舉人二十三年任

常　紳北直雄縣人壬戌進士二十八年任

霍儀世北直清苑人甲午舉人三十年任

馬騰雲奉天人歲貢三十三年任

王廷獻 浙江海寧人辛未進士三十六年任

朱象冔 浙江秀水人戊午舉人內閣中書改授四十四年任

主簿

明弘治孫　敬

正德馬世儁 秦州人

嘉靖蔣　璣

陳一度

王友直

吳　貴

隆慶衛　田

萬曆張四術 唐縣人

尹學士

紀幼悌

魯[illegible]

楊宗貴

楊朝恩

沈　濱

金鳳鳴

葉大綱

天啓沈東夔

陳啓鳳

崇禎黃漢啓

施可久

貢國士

劉一首

王　俊

余仕俊

國朝欽裁

典史

元　湯　忠

明洪武邢　志 山東寧陽人

景泰謝　瓚 湖廣邵陽人

天順劉從善 河南歸德人

成化廣 倫

楊田卷

弘治謝彥昂

嘉靖范 俊

王世昌

馬 山

王孟才

萬曆彭 鎡 江西臨川人

張一鳳

周國材

紀養蒙

敖廷言

唐應聘 湖廣沅州人

蔣時中

天啓王繼成

李世英

崇禎陳應昌 浙江會稽人

王國秀

唐堯典

王國卿

杜永年

曾道弘

黃爲龍

國朝康熙樓門魁 浙江人吏員九年任

羅 薦 陝西富平人吏員十九年任

王大倫 浙江人吏員二十一年任

沈國璋 順天武清籍浙江蕭山人吏員三十年任

劉啓武 北直保定左衛籍江西安福人吏員四十二年任

廵檢

明嘉靖黃道克

萬曆范永旬

崇禎張思誠

國朝缺裁

驛丞

明正統李宗志湖廣華容人

天順張子銘

成化楊　榮

楊　篆

弘治雷洪滚

嘉靖薛守恒

呂　盛

隆慶羅　榮

萬曆黄　葵

陳　藎

張有望

天啓趙之璧

崇禎周之盛

高廷舉

國朝缺裁

教諭

元至正饒克容

明洪武王必祁温陵人

宣德余　鐸江西人

正統翁　佐

成化陳　巘應天人

弘治虞　書

正德程　鵬陝西咸寧人

嘉靖沈繼芳

孟　賢

張　思

李秀華

馬艮臣

隆慶李　裕舉人

萬曆劉用簡

竇希顏

朱棠

劉寅

李春敷

黄世卿

朱霖

李席龍

楊特階

崇禎劉承易

楊起鵬

常炳然

國朝鈇裁康熙三十三年復設

康熙黄錫策射洪人癸酉舉人三十三年任

訓導

明洪武張漢賓樂温人

張友仁漢賓子

張海沅陽人

宣德陳壽冉臨武人

天順向成顏平江人

成化劉銓

李銓雲南人

弘治唐本湖廣蒲圻人

嘉靖何大倫鎮南人

馬元經

劉爵

伍[illegible]

何宗中

隆慶藍畊湖廣岳陽人

萬曆周易施州衞人

莫子仁

熊文

董維藩
吳觀周
黄守清
竹可上
熊文壽
天啓李繼齡
崇禎周昌運
陳應珪

劉楊鳳
國朝康熙劉　塤平武人貢生十一年任
楊國柱永寧人貢生未到任
胡公瑜崇慶人貢生二十四年任
何　修遵義人貢生二十七年任
傅　珩廣安人貢生三十年任
屈先逵納谿人貢生三十八年任
嚴履泰慶符人貢生四十四年任

駐防
國朝舊制忠州營額兵四百七十五名設遊擊一員守備一千總二把總四屬重慶鎮康熙四十一年西爐用兵裁去遊擊止存守備一員千總一員把總二員兵止二百五十名酆邑駐防係忠州營外委分汛
康熙劉秉智千總二十　年委
況朝輔千總三十五年委
周世海千總四十年委

張　龍把總四十二年委
許成位千總四十六年委

名宦

知縣

宋
李長官以慈惠異政聞

明
桂仲拳創立縣治學宫課士愛民
竇谷暱應天人建學校均田畝定版籍
楊　謙陝西人查黄崇記今學乃謙建也

余元亨 浙江東陽人監生廉以潔己惠以愛人

柳　儼 巴陵人有惠政

周尚文 湖廣道州人監生廉能愛民均徭平賦

柴　廣 祥符人修學定賦勞心惠民陞漢州知州

李　穀 修城

明　紳 修城修學

萬　谷 清查田糧釐定徭役

周延甲 字弱父湖廣開武人重士愛民暇則講武沓首之變親率鄉勇克之授監軍同知

呂夢齡 江南如皋人貢士清廉愛民陞寧州知州

陶宗孔 廣西人舉人聽訟有異才陞岳州府推官

張欽明 廣西桂林人清勤愛民崇獎士類賞拔有奇識

國朝

湯　濩 江南清河人巳亥進士有惠政陞晉州知州

李如澍 北直高陽人巳亥進士造明倫堂兩廡廟門啓聖宮與逆叛抗節潛歸

王廷猷 重建大成殿啓聖祠修輯志書查復學基學田陞戶部陝西主事

教諭

元

饒克容 初建學

明

翁　佐 浙江諸暨人舉人操履端方教約嚴正

竇希顏 詳載藝文

訓導

明

何宗中 重立號房

以上酆邑崇祀

國朝

李國英 四川總督

郎廷相 四川布政使司

周　㷊 陝西臨潼人巳亥進士四川督學副使

姚締虞 四川巡撫

劉德芳 四川按察司

南朱馬喇 光祿大夫率師平川

南伊馬喇 光祿大夫率師平川

噶爾圖 四川巡撫

高起龍 四川布政使司

王　騭 松茂道

郝　浴 四川巡按

知縣事秀水朱家門修刊

卷之五

選舉志

古者立賢無方惟制科得人最盛凡以明體而後可達用也進取不一途而
聖天子注意科目畸與疏遍酆邑科貢接踵而登仕途者不少槩見遐稽曩昔或以政績顯或以忠節著或

以文學彰皆制科所得而孝義節烈出於里巷巾幗者不少孔子曰十室之邑必有忠信乎都負山面江流峙高深山川之鍾靈性情之感發良有由矣作選舉志

壻崔王鐩
姪 應熊校字
男 紹熙

進士

明天順丁丑楊大榮 見政績
成化丁未楊孟瑛 見政績文學
正德辛未黃景星 河東鹽運使
甲戌黃景夔 見文學

舉人

明洪武己卯余 亨 貴州黎平通判
焉 麟 陝西延長知縣

永樂辛卯曾添麟 戶部郎中
何 青 雲南浪穹知縣
黃 憲
甲午劉 濟
陳 懋
宣德壬子王 瓚 湖廣興山訓導
乙卯羅 中 陝西華昌推官
景泰庚午鄭 貴

楊大榮 見進士

天順壬午胡 廉

成化辛卯禹 祐

庚子楊孟瑛 見進士

熊永昌

癸卯陳 濟 雲南曲靖通判

王 樹

弘治己酉黃景學 見進士

乙卯向子俊 廣西桂林同知

戊午胡一德 雲南按察司經歷

正德丁卯黃景夔 見進士

庚午楊 東 貴州麻哈知州

楊 偉

癸酉杜友才

嘉靖戊子黃 洵 湖廣鄖陽推官

己酉古養敬 見文學

乙卯陳 榮

戊午秦 範

辛酉楊叔京 雲南曲靖知府

甲子陳 栗 陜西藍田知縣

黃 著 [illegible]推官

曾繼先 [illegible]知縣

黃世修

隆慶庚午林啓鳳 涪州學

萬曆癸酉戴文亨

己卯楊 銓

壬午楊心傳 [illegible]知縣

辛卯黃常德

癸卯陳載寬 山西[illegible]知縣

天啓辛酉熊 京

丁卯李方開 陜西[illegible]道僉事

崇禎庚午熊暘徵

丙子古　心見政績文學

壬午李如星解元見文學

國朝順治庚子熊文蔚二名

康熙癸卯譚毗穀三名

壬子林堅本十六名府學

辛酉柯允芳█名癸亥年補行鄉試

丁卯古梏四三十八名鄰水教諭

楊　汲四十二名筠連教諭

己卯古毓英以眉州訓導中式二名遵義縣教諭

李馥樞二十名廣安州學正

是科廣額中五十六名副榜十一名永著爲例又

另廣七名後不爲例

壬午馮　軏十七名

李仙齡五十二名

乙酉林敬修鹽亭教諭五經中式十二名

曾上哲三十名

戊子李孟修二十一名

貢監

明洪武己巳黃應祥雲南鶴慶同知

辛未花　綬交阯古龍知縣

甲戌羅　忠北直靜海知縣

丁丑馮文貴浙江湖州同知

庚辰程　鵬湖廣茶陵衛經歷

永樂癸未范有成湖廣襄陽照磨

甲申徐　智湖廣寶慶檢校

乙酉湛　清浙江嘉興通判

丙戌黃守正山西汾州同知

戊子蕭　琦河南平鄉縣丞

己丑古志學上林署丞

庚寅李　忠交阯眞利知縣

辛卯鄒　晟雲南白納司吏目

壬辰郎　贇交阯唐安縣

癸巳吳　綱
甲午王惟清
乙未張　純
丙申楊　善
丁酉許　贇
戊戌蔣僉舉江西萬安主簿
己亥李　斌
庚子熊志弘

辛丑張　霖
甲辰劉存智
宣德戊申李　節陝西西寧衛經歷
庚戌陳　賁
壬子杜　謙
癸丑傅　潮
正統戊午杜　諒浙江湖州府[illegible]縣丞
庚申李　茂

壬戌陳　瑢
甲子黄　鍾雲南建水州吏目
丙寅范　信[illegible]留守司經歷
戊辰蔡　璘
景泰辛未傅　中
壬申羅　亨
癸酉余　宣
甲戌胡　璉

乙亥嚴仲謙
天順丁丑陳　能
己卯余　善廣西平樂經歷
辛巳湛　階
壬午侯　信
黄　弼湖廣長沙主簿
曾友道
癸未李　布直隸南陵縣丞

成化乙酉黄　玉

　　　　　瑶　盛

　　　　　李　恭

　　　　　范　祥

　　　　　蔣　智

　　　　　楊　高

　　　　　曾　倫

丙戌朱　經　例

　　余伯洪　例湖廣攸縣主簿

　　楊孟琦　例江南崑山縣丞

　　余光達　例

丁亥許　富

己丑陳　慶

辛卯黄　端

甲午李　祥　知縣

丙申王永年　訓導

戊戌戴　綱　廣西潯州府推官

庚子曾　德　湖廣寶慶府訓導

壬寅熊　經

甲辰李伯順

丙午楊景春

弘治戊申黄　曉　陝西文縣教諭

庚戌向克寬

壬子楊　玄　湖廣湘鄉訓導

甲寅杜　觀　貴州布政司都事

丙辰陳　勉

丁巳林文振　江西九江府同知

己未湛永海　湖廣監利訓導

　　王　翔

庚申徐白祥

辛酉黄田清

壬戌李　棟

甲子朱本定陝西鳳翔府經歷

王承孝

正德丙寅黃尚儒陝西麟遊教諭

戊辰黃尚綱湖廣襄陽訓導

己巳陳　可例

楊孟瑜例湖廣按察司照磨

陳　言例

庚午李向陽陝西富平縣丞

壬申楊孟惠陝西岷州衛訓導

甲戌楊　茂永興王府教授

丙子楊孟芳陝西寧夏右屯衛經歷

楊　節例光祿署丞

秦　弁

戊寅楊孟訓廣東惠來知縣

庚辰楊　乾陝西金縣訓導

辛巳戴　吉江南宿州衛經歷

楊　晉例

嘉靖壬午熊顯德陝西靈臺訓導

癸未王　寅湖廣漢陽訓導

李　遷

甲申楊孟詔

丙戌楊　寅陝西乾州訓導

丁亥鄒嘉典河南盧氏訓導

李朝陽

楊孟璦

戴文星例貴州普安州州判

甲午熊唐臣雲南景東府通判

癸巳[illegible]信

丙申楊　履例棗陽知縣

徐　騰陝西[illegible]訓導

楊　嵱蘄州荊王府訓導

侯　綿

丁酉殷秉忠

楊試春

巳亥楊　褒 直隸順義知縣

庚子黄嘉誥

辛丑楊　觀 湖廣辰州府訓導

陶　賢 江西玉山教諭

丙午黄　爽 陝西寧羌州學正

丁未胡仲璞 湖廣南陽訓導

巳酉余文燦 陝西洋縣知縣

楊一鶚

楊　第

楊叔亮 例見崔奇勳重修酆都縣治碑記及天福寺碑

按此中有缺失

乙丑古嘉猷 達州學正

隆慶丁卯余自修

周　冕 北陰寺碑文有載周冕未知是一人否

隆　壽

楊鍾秀

陳　魯

楊　咸

楊　忭 戎縣教諭

萬曆巳卯冉以毅

甲申楊　頎 湖廣麻城訓導

戊子楊一遜 馬湖訓導

癸巳楊一通

按隆慶以前俱有題名在學宮萬曆以後散失無稽間從各寺觀碑記查出若干人崇禎以後循林志之舊備列於左然歲次俱不可考矣

孫尚恪 例

楊　隨 例

楊　禮 例

陳　蒙

楊　續例見世祀菴碑
楊鍾元
冉　斐以上見萬谷碑
楊叔末任陝西鞏昌府通判
戴　葵
余　祚
楊叔言
戴唐民

冉　仲
楊懋舉以上見竇希顏碑
戴嘉樂恩選
陳志伊
冉　祐
毛如德
毛之麟
余子義

楊光啓例
楊遇春例
余子祥
楊師震例以上見嚴公橋碑
楊茂學見文昌宮碑
楊　鎮見閔祠碑
楊延春例
楊逢春例見閔祠

李　逵訓導
譚　旦以上見修路碑
余子州
王承寵例見川主廟碑
秦獻廷見九蟒殿碑
陳冔祚見孝義
楊凌雲見孝義
李方郁劍州學正

涂安宅 內江教諭

楊堯欽

黃毓章

熊居寅 慶符訓導

毛宗德

李樹聲

姚映黃

徐觀成

熊蘭徵

戴大禮 山東壽光知縣

林明儁 兵部職方司主事

李如旭 浙江都司經歷

郎新秩 江南海州同知

冉芳奕 例

申俊甲 例貴州畢節衛經歷

國朝康熙庚戌陶　蒙 平武訓導

壬子冉德乾

林建本 援貢

癸丑黃耀初

甲子秦懋倬 仁懷縣教諭

丙寅古毓英 見舉人

湛　迥 拔貢安縣教諭

丁卯林敬修 副榜一名見舉人

戊辰郎　位 九姓司訓導

庚午毛自修

陳天眷 副榜二名

壬申湛　霦

甲戌余何讓

林慎修 廩監

丙子李龢樞 見舉人

李仙齡 副榜見舉人

戊寅侯維垣

巳卯林懋修 副榜二名

庚辰戴 天

壬午湛同淇

甲申彭 鈞

丙戌曾德升

傅應元 例

戊子曾 撰 以恩貢

戴子元

庚寅林用修

武科

國朝康熙丙子李正花 十一名

高 曜 十二名

李如楠 三十名

封贈

明楊弘道 以子大榮封大理寺評事

古嘉表 以子養敬封工部員外郎

楊 緒 以子叔京贈南京國子監助教晉贈福建延平府同知

政績

明楊大榮

剛毅多政績詳見學士程敏政傳墓傍有王鏊墓碑

楊孟瑛

知杭州府濬復西湖嚴毅不畏疆禦居鄉人服其介工文章舊縣志其手筆也

古 心

字貌符處繼母異弟篤行孝友崇禎壬午任雲南雲龍知州値沙賊之變親率士兵恢復大理全活生命以萬計擅文學邑中士子多從之著有怙廬集四書讀抄

文學

明周 瑄

字公桓洪武時庠生文行無玷嘗輯酆都八景爲之

註序

楊孟瑛　再見

黃景夔

戶部主事歴兵部員外有白水集

古養敬

字[illegible]宜山教諭工部員外以文章名

陳樂

字韶峯英敏積學文名冠全蜀

古心　再見

李如星

字井仙奇姿積學負不羈才甲申後孫可望欲羅致之不屈遣偽將軍張啓殺之

熊蘭徵

原名元徵字克起生頴異七歲能屬文崇禎壬午中副榜甲申應薦舉事孀母以孝聞國變後隱居教授從游者多知名之士著述甚富其註南華離騷常得別解至於講學則宗金溪姚江云

林明儁

字位旃慷慨有大志少時即能爲詩古文辭甲申蜀陷闖部王應熊承制試賦膺薦舉第一人授兵部職方司主政屢遷貴州驛鹽副使　本朝巳亥題授副使以病不仕後舉博學鴻詞復不赴隱居著述三十餘年有澹遠堂文集巴字園詩集梧桐居近集行世

忠孝

明朱英

史繼卒於官扶柩歸母桑氏孀居茹蔬誦經日祝母壽至老不倦家貧冶鉄作供甘旨有司表其門

陳禹祚

字方壺任內江教諭流賊入境官吏望風逃竄禹祚着官服坐明倫堂駡賊不絕口全家死難

楊凌雲

字台真任蓬溪教諭流賊入境誘降不屈死之

戴孝子

失名奉祖母至孝有司表其門

古養浩

字健菴貢生偕妻陰氏事親至孝諺稱古氏孝子吮癰嘗糞兩兼之矣

李如星 再見　李嗣靖

如星次子孫可望疾不爲已用遣人殺之嗣靖請代不從以身衛父手指迹殆皆斷抱父屍同死

國朝熊應鳳

字碧山順治初從定南將軍下浙留守溫州以功陞磐石營游擊戊戌海寇犯郡攻圍半月城破戰死事聞贈副將賜祭葬廕其子天琳世職註衛籍

熊天琳

字玉立襲父廕食祿溫州衛耿精忠反王師南下遣天琳諭僞將曾養性歸順爲養性所殺事聞贈遊

節烈

明羅氏

光祿寺署丞楊節妻有坊曰貞節

蔣氏

庠生徐懋卿繼妻未期年而懋卿卒遺腹六月生子貞毓事姑尤篤孝刲股療病御史郭公旌其門曰節孝之門

熊氏

生員戴昌應祖母有坊今燬

黄洵妻　氏子世修妻楊氏

黄洵妻暨其子世修妻兩世守節捐貲建世祀菴以奉父母翁姑香火雲南巡撫巴人劉世曾爲之記有司旌其門曰一門雙節

古氏楊氏

古氏古養浩女適儒士楊同春三年生一女而夫歿女長適生員佘子化未二年而夫亦歿母女奉二姓舅姑及夫柩葬白鹿山下築室墓前俱削髮爲尼歷

數十年親隣絶跡有司申請旌獎古心有雙節歌竹雪菴記門革後里人斬刈荆棘墓前石碑如人拜者三垂倒而不朴衆異之仍故地立菴隔其基于垣外隨成隨倒衆曰必氏靈未安也爲築垣內

余　氏

楊漢堯妻

國朝徐三姑

村民徐正林女年十四家貧赴井汲水鄰人逼姦不從以旁人救護得免越六日丈歸泣以告自縊死知縣王廷獻旌其墓

戴　氏

民人孫之永妻失所天時年方十八即誓栢舟守節四載强暴欲奪之度難與持遂投環而死知縣王廷獻表其墓並旌其門曰窮鄉奇烈

鄉賢

明楊大榮江西按察司僉事

楊孟瑛杭州府知府順天府府丞

黄景星河東鹽運使

黄景夔兵部員外郎

古養敬工部員外郎

楊叔京雲南曲靖府知府

陳　濟雲南曲靖府通判

戴　星欽授儒官

古　心雲南雲龍知州

陳門祚内江教諭

楊凌雲蓬溪縣教諭

酆都縣志

卷之六　　　　知縣事秀水朱象湖修刊

名勝志

名勝以適遊觀原無關於政治也至佛老之教尤吾儒所不道然平都本以仙蹟著相沿成訛幽冥荒誕之說得掩本來面目紀其勝所以黜其妄也況遊覽亦性情之寄巖壑之勝非博物者所務詳與作名勝志

壻崔王畿

姪　應熊校字

男　紹熙

古蹟

五雲亭　平都山上即陰長生丹井也日久無泉遂成土穴舊有八角亭宋淳熙十三年七夕井中五色雲見天花繽紛馴鹿羣集前高密丁尉侯作詩紀其事仍爲亭以覆之因號五雲洞明宣德間通判游和重修萬曆初好事者立関祠於上井口鑿石作爐狀客至山僧輒爇照之日就淤塞邑人楊維新有五雲洞悲歌

凌雲臺　平都山頂舊有石碑鐫凌雲二字相傳王陰對

奕處今亭址石枰猶存

凌虚閣　凌雲臺前俗稱二仙樓有明御史盧雍隸書東坡平都山詩碑及雍詩碑兵燹後平都寺觀俱燼也巋然獨存省志作凌雲閣

五雲樓　樓壁有唐書瑶池樂部四字按蔣夔記五雲樓在靈星門前樓下峙三級臺當今石坊處省志則稱景德觀後唐段文昌建廣輿記因之且誤作五雲樓

爾朱洞　平都山半爾朱仙修煉處

挹翠樓　治右今廢

拱辰樓　治北今廢按挹翠拱辰當是城樓南城樓亦稱薰風樓可類推也

沐浴亭　流杯池側有萬曆時蔣侯勸農碑字跡漫漶不可考矣

平山書院　明邑人楊孟瑛立家塾王守仁爲之記今故址猶存

凌雲書院　明知縣萬谷建即今文昌宮基址

魁星樓　在治東隔江豊稔垻今燬

枳江亭　在東門內今廢

丙峯塔　治南今燬故址猶存

石坊

惠愛坊　治前一步

登科坊　治西九十步

折桂坊　治西一百步

今俱燬

天下名山坊　酆都觀前萬曆九年典史彭鎡建古養敬

楊忭爲之記

碑碣

平都山仙都觀唐碑十

按唐曰仙都觀宋改景德觀舊志冠之以景德觀唐碑十者似誤蓋李吉甫唐人也而可作景德觀二眞君碑記乎

段丞相修觀記碑記載藝文志

段少監修齋記碑

天尊石像記碑

老君石像記碑

感應碑

張大理詩碑

杜光庭石函記碑

李吉甫陰眞人影堂記碑

李吉甫景德觀二眞君碑　石瑩潤號玉石碑

平都二仙碑　景雲二年李處之撰

平都山二仙君銘碑　景雲二年薛湜撰

豊都三官堂碑　中和元年忠州刺史陳侁撰

道山洞天碑　唐李陽冰書見蔣夔記舊志作純陽書誤矣以上諸碑日久無存

吳道子觀音像碑　在白鹿山玉鳴泉旁洪武初勒石

比干銅盤銘　唐開元間偃師縣掘地得銅盤上有十六字字畫奇古其釋文曰左林右泉後岡前道萬世之銘兹焉是寶地後五步比干墓也重刻於平都山

仙釋

漢王方平　名遠前漢中散大夫棄官學仙隱於太尉陳耽家戶辭避地平都山魏青龍初道成蒸黃土数十甑以丹藥洒之盡成黃金有五色雲裂地而出捧足仙去杜成爲作神仙傳稱總眞眞人

按列仙傳後漢王遠字方平東海人舉孝廉除郎中明天文圖讖學桓帝問以災祥題宮門四百餘字帝令人削

之墨入板裡後棄官隱去魏青龍初飛升於平都山

陰長生　新野人漢和帝后之曾祖不好榮仕從馬明生得度世法相携入青城山太清金液神丹成著書九篇以延光元年於平都山白日昇天

麻姑　魏青龍七夕訪王方平過此有詩曰王子求仙月滿臺玉簫清轉鶴徘徊一聲飛過不知處山上碧桃花自開今平都山後有仙姑崖

呂純陽　訪王陰二仙過此有詩曰孟蘭情曉過平都天

下名山所不如两口單行人不識王陰空使馬蹄虛又曰一鳴白鶴出青城再謁王陰二友人口口惟思三島樂撞聵已過洞庭春

爾朱仙　唐僖懿間落魄成都市取白石投江中衆莫識後白果至合賣丹於市價十二萬刺史召問其值更增十倍怒其反覆以酒醉之沉於江流至涪州漁人白姓石名者舉網得之擊磬方醒相携至平都山修煉後乘白鶴仙去故涪州有白鶴灘酆仙都觀亦稱曰白鶴觀也

按列仙傳載爾朱仙名通微別號歸元子僞蜀廣政間僑寓渝州嘗一日遍遊成都新都廣都間至晚即還人皆異之有朝遊成都暮宿金雞之諺喜飲酒食猪臟自言遇異人贈藥一丸囑令見浮石而後服之則得成仙矣故每取石之有異者即投諸水冀其浮而服藥也人雖咲以爲痴不顧也渝州守惡其妖妄惑人以竹籠沉于江順流至涪爲漁人網得問其姓氏曰石氏此地何所

曰涪州遂豁然悟曰浮石之言驗矣因服前藥便覺輕舉乃採涪州所產之矢鏃砂止平都山白鶴觀煉丹數年竟仙去云爾朱先生還丹歌曰欲究丹砂訣幽伭無處尋不離丹與汞無出水中金金欲制時須得水水遇土分終不起但知火候不參差自得還丹微妙理人世分明知有死劉只留心戀朱紫豈知光景片時間將謂人生長似此何不回心師至道免逐年光虛自老臨樽只貪醉醺酣對鏡不知漸枯槁一郎二郎聽我語仙鄉

咫尺無寒暑與君說盡只如斯莫戀驕奢不肯去感君恩義言方苦火急回頭尋出路吟成數句贈君詞不覺便成今與古

附古今詩話蜀道觀中渫井得一碑刻似賦似贊有隱士言是漢陰長生所著鍊丹法語意深遠學道者不得其門戶也其文曰有物有物可大可久挾乎蠶食之前用乎火化之後成湯自上而臨下姹女歷中而見受氣應朝光功參夜漏白英聚而雪懈黃酥凝而金醜轉制

不已神趣鬼驟金與玉與天年上壽無著於文訣之在口輿地紀勝云仙都觀有陰長生詩天成四年書通攷云陰真人將刻詩三章乃真元中刺史李貽孫書元豐四年轉運判官許安世過祠下閱石定爲陰仙之作乃屬夔州吳師孟書石送置觀中其一章曰惟予之先佐命唐虞爰逮漢世紫艾重紆予獨好道而爲匹夫高尚素志不事王侯貪生得生亦又何求超跡蒼霄乘飛鶖浮青鸞來翼與我爲讐入火不灼蹈波不濡逍遙太極何慮何憂遨戲仙都顧閔羣愚年命之逝如彼川流奄忽未幾泥土爲儔奔馳索死不肯暫休二章曰予之聖師体道之真升降變化喬松爲鄰惟予同學十有二人寒苦求道歷二十年中多怠惰志行不堅痛乎諸子命也自天天不妄授道必歸賢身殁幽壤何時可還嗟爾將來勤修精研勿爲流俗富貴所牽神丹一成升彼九天壽同三光何但億千三章曰唯予束髮少好道德棄家隨師東西南北委放五濁避世自匿三十餘年名山

之側寒不遑衣饑不暇食思不敢歸勞不敢息奉事聖師承顏悅色面垢足胝乃見哀識遂受要訣恩深不測妻子延年咸享無極黃白已成貨財千億役使鬼神玉女侍側予得度世神丹之力

按仙都山陰君洞驗記云君將欲昇天謂門人劉位遠曰此山孤峙勢若龍蟠其首東向必當吐雲送我言訖有五色雲從地湧出乘雲昇天出雲之處呼成洞穴水旱祈禱立有感通大曆九年七月十五日邑人宇文萬年

女阿仵等一十五人以元節之晨奉香花於洞門禮拜忽見洞中波濤湧溢出一金手一玉手其大如扇良久乃隱水波亦不復見長慶元年江陵傳緗聞洞中雷吼之聲咸通初道士王芳芝聞洞中聲如羣鳥飛異香紛郁徧於山頂鄉人常以之占歲鶴翔必年豐鹿鳴必歲歉不棲凡鳥每有二烏廣明辛丑歲刺史陳侁修置道場有祥雲天樂之應甘露泫於叢林寵詔褒美中和甲辰年賜紫大德曹用言准詔齋醮有鄉雲瑞雪之祥時

既畢黃籙道場未撤門纂有神人見曰雲山齋醮必命神祇土主張我即近廟之神差衛壇壝齋功畢門纂未移我不敢輒還本廟道衆聞言睹異遽折門纂其神見形媿謝而去

附東坡養生訣曰予治平末泝峽還蜀泊舟仙都山下有道士持陰眞君長生金丹訣石本示予問之曰不知也然士大夫過此必以問之庶有知之者予嘉其意試問以燒煉事對曰養生有內外金丹精氣內也非金石所能堅凝四肢百骸外也非精氣所能變化欲事內必調養精氣極而後內丹成則不能死矣隱然居人間久之或託尸解而去來變化輕舉不可得也蓋四大本外物和合而成非精氣所能易也惟外丹成然後可以點瓦礫化皮骨飛行無礙矣積枯艸敝絮而寘火其下無弗焚者予甚善其說告之曰昔人有服金丹不幸赴罪而死既而五臟皆化爲黃金者又有服玉泉死於盛夏而尸不敗壞者皆無內丹以主之予之說信然哉後十

餘歲官於南京張公安道家有一道人陝人也爲公養金丹其法用紫金丹砂費數百千期年乃成公喜告予曰吾藥成可服矣吾謂公何以知其藥成也公曰抱朴子言藥成以手握之如泥出指間者藥成也今吾藥如是知其成無疑矣吾爲公道仙都所聞謂公曰自知內丹成然後此藥可服猶未也姑俟之若何公笑曰我姑俟之

酆都道士未詳何許人相傳自平都棲隱雪峰山仙去

按蜀中廣記云元大德時有道士隱雪峰山一日召集道友曰吾化矣大道坦然皎如日月雖由人弘豈隨人往諸生宜遵道而行毋令半途而廢偈曰朴庵寄住有年東西南北依然裏面渾無一物只有佐文数篇今日草亭朽腐須要改換棟椽眼底風波太惡不容久住山巔選得幽居去處和區移上十六天端坐而逝酆都人也

寺觀

酆都觀　在平都山頂唐曰仙都觀宋改景德亦稱白鶴

省志作城内誤　舊志有景福宮昭應宮救苦宮景靈宮府記有通明殿四聖殿俱燬不可考

按水經注曰縣有天師治兼建佛寺甚清靈知山上寺觀其來舊矣

寥陽殿

玉皇殿

王母殿

觀音閣

凌靈殿　有碑二一在凌虛閣下一在殿後壁

龍虎君殿　以上俱平都山頂

九蟒殿　亦稱九烝樓平都山半

東嶽殿

北陰殿

石佛殿

接引殿

玄天宮　今廢碑存　以上俱平都山麓

竺國寺

十方堂

關帝宮　天啓初胡公平表討奢賊禱於平都關祠臨陣獲神助事平乃於平山之陰更立廟鑄金爲像祀之俗稱聖帝宮　以上俱平都山陰

玉鳴寺　白鹿山頂天順閒邑人楊大榮捐建忠州進士李靑霄碑記本因玉鳴泉得名曰老泉事前知縣𦙍夢齡勒坊曰來蘋前鑿石作白鹿狀遂訛爲鹿鳴寺也

五顯祠　城內
天福寺　治西二里
金盤寺　治北三十里
觀音寺　治西四里岷江西岸今廢
華嚴寺　治西十里
望月寺　流杯池北
浮藏寺　治北五十里
悟感寺　治南十五里

峰頂寺　治南十里舊志治東北二十里今燬
長溪寺　治南九十里
鹿門寺　治南二十里
世祀菴　萬曆丙戌節婦楊氏建俗稱黃菩薩寺
竹雪菴　崇禎初節婦樊氏建
匪石菴　崇禎末節婦[illegible]氏建今廢碑存
憇雲菴　金盤山右
興福寺　在油峰溪與石柱司接壤萬曆間知縣蕭宗禹

主薄尹學土題梁現存康熙三十四年改歸[illegible]司不
雖石砫府縣衙削去另列司衙且以強鄰倡撫等事詳
司府康熙三十六年知縣王廷獻查明原係縣地詳改縣
衙司府俱有成案

冢墓

楊御史墓　公巡按至豐登平都山忽九蟒繞車而化遂
瘞焉邑人建殿墓前肖像祀之第其名號碑記失載
蔣夔景德觀記在永樂二十二年云大仙巖內有九蟒

之神周延甲記云是宋慶曆時人而林穉[illegible]志則謂弘
治二年事郡志因之竊意九蟒隨車亦未盡實蓋山僧
喜作詭異之語以炫愚俗耳
楊孟瑛墓　附葬父大榮墓右墓前有費宏傳及田汝成
濬湖事蹟石碑
魏夫人墓　在根溪未詳年代

知縣事秀水朱象昺修刊

卷之七

藝文志

藝文之例有以文傳者然昌黎眉州志不載韓蘇全集也有以人傳者乃陳壽作孔明傳識者謂非公論矣有以事傳者而一代興亡之故政教損益之宜一隅豈有異同乎州縣之藝文大率以地傳

耳平都為名勝之地而藝文之可傳者前志無幾間從殘碑斷碣中搜輯訂正亦彬彬乎其可觀焉作藝文志

壻崔王談

姪　應熊校字

男　紹熙

修仙都觀記　唐太和元年　段文昌

平都山最高頂即漢時王陰二真人蟬脫之所也峭壁千仞下臨湍波老樹萬株上摎峯嶺靈花彩羽皆非圖志中所載者皆且萬狀信非人境貞元十五年余西遊岷蜀停舟江岸振衣度潔詣諸洞所石巖靈竇蒼然相次苔龕古書依稀可辨時與道侶數人坐於松下須臾天籟不起萬簌風息山光耀於耳目烟霞拂於襟袖相顧神竦若在紫府元圃矣牽於行役不得淹久瞻眺惆悵書名而去邇來

已三十四年太和庚戌歲自淮南移鎮荆門有客由峽中來者皆言當時題記文字猶在觀宇歲久臺殿荒毀不出數年必盡摧没松巖墊矣乃捐一月秩俸俾令修葺子來同力浹旬報就去年冬十一月詔命換麾幢再領全蜀泝三峽歷舊遊依然景物重喜登覽聞泉聲而緩步愛松色而難別遂命筆硯志於巖谷時太和七年正月五日劍南西川節度使知節度事管內觀察處置統押近界諸蠻及西山八國雲南安撫等使金紫光祿大使檢校尚書左僕

射同中書門下平章事兼成都府上柱國鄜平郡開國公食邑三千戶良文昌記

敗建縣學記

明洪武二十四年　黃常

天有四時至教彰焉人有五常恒教立焉則天之序因人之經以垂教萬古惟吾夫子之道所爲集羣聖之大成立百世之標準故歷代學校遍於天下所以崇教化之本厚風俗之基譬猶布帛菽粟生民日用之不可闕者也酆都學舊在縣治之東地喧而隘兵火後僅存遺址聖朝混一

幾十餘年未能頓復惟草屋三間以奉神設主識者病之洪武二十一年春縣令楊公與史邢公教諭王公相繼到任顧瞻廢墜慨然曰學校乃國家大事今若是何以淑人心與教化哉廼議考卜於縣治之西山下命訓導張友仁董治之木植材用咸出於土產籍民力以致之陰陽向背一倣舊制越明年殿成而楊公以考滿去邢與張互襄厥事就殿之前建東西廡廡之外正門中聯而三關之右爲明倫堂堂之前四齋屬焉櫺星有門祭器有庫廩祿有儲庖湢有所緣以周垣樹以嘉木土爽而塏室大以崇視舊制加三之二焉雖費而不爲煩雖勞而不怨可謂用之以禮動之以義者矣又明年秋功落成張公遣人來求余一言紀其事余曰聖人之道在天下千萬載猶一日雖時有治亂而天命民彝終無可泯之理惟在人爲之耳酆都之學既有楊邢二公倡始之又有吾子以成厥功可謂有功聖門矣勒之堅珉垂之永久其孰曰不可遂爲紀其始末特加詳焉楊公謙陝西人邢公志山東臨陽人王公必祁

溫陵人張公重慶之樂溫人其父漢賓嘗爲學訓導卒友仁繼之實能成父之志是可嘉也

重修平都山景德觀記

永樂二十二年　蔣夔

平都山在今四川重慶府忠州酆都縣之東北山有觀額曰景德相傳漢王方平陰長生煉道登仙之所呂純陽嘗遊歷其間題二詩刻石尚存其一曰孟蘭清曉過平都天下名山所不如兩口單行人不識王陰空使馬蹄虛其二曰一鳴白鳥出青城再謁王陰二友人口口惟思三島好

撻辟已過洞庭春覽其山水名勝則左跨黃牛右縈白馬前臨月鏡後擁五魚𪊲其遺址則惟册𪉳宛然舊有寥陽大殿及通明殿酆都宮救苦宮至峯頂有凌雲臺余公玠生祠在焉考亭朱夫子爲之記亭後乃閻王殿極其東則有土穴深可數丈名曰五雲洞曩時洞口嘗出五色祥雲及天華繽紛因是得名洞之南懸崖之極則曰仙姑崖崖上鏤岷嶽二大書由寥陽殿西出則有藏殿殿爲又爲四聖殿殿之前爲龍虎君殿旁附趙帥祠又其前則爲[illegible]尾

門五雲樓樓下峙三級臺山之麓則有飛[illegible]觀沐浴亭大仙巖巖內有九蟒之神靈官土地各有祠山門之左祠泰山右[illegible]北陰此其大槩惜乎棟宇悉燬於火久矣環抱山澗谿其橋曰總仙大江東下江之心有石曰龍牀堆水落之時則見長洲綿亘數里名豊稔壩歸然有古碑立於山之陽其文曰總真總仙之府又曰道山洞天蓋唐李陽冰書也嘗聞太上老君賜方平以九轉靈丹號總真真人領仙官萬五千人故府以總真總仙名本諸此與今成都府

道紀司都紀何悟囦當大明永樂元年癸未蒙欽差道士李進道啓奏蜀獻王令旨住持是山領焚修事悟囦初授業郡城之三靈宮精通佐學行檢端方聞乎郡邑至是奉教以供乃職蒞事之始以重刱三清殿爲先務於是廣募檀施命媽工入山掄材濱水陶甓經畫營繕歲經數寒暑乃克落成黝堊丹雘金碧煇煌元[illegible]歸依真靈肸蠁鐘鼓鏗鍧神龍呵護至左右廊廡亦次第就緒演法會膳俱有堂廡庖湢圊溷咸一新之仙巖元壇做舊立祠遶門曲澗跨以修虹往來車馬之士肩摩踵接於塗造無弗達悟囦

復欲修古制恢拓前業莊嚴林觀顧力有不逮耳有司竟以悟囦舉充今職兼領青羊萬壽宮事間以其始末徵余記之余觀悟囦身處青羊而心存景德雖未復於初制然有賴於後人有徒若干領合州道正曰雷希常夔府都紀曰熊希賢從余遊則曰劉希範也悟囦積功累行非一朝夕矣天監厥成諸徒紹襲焉知其不大興於他日而壯觀於西蜀者乎余往年以公事道經其邑艤舟林樾適逢悟

囦引登峯頂縱觀遐矚襟懷豁如天風冷冷恍若笙籟在耳非人間世眞神仙之境也既而又獲誦坡仙之句有日午夢任隨鳩喚覺早朝又聽鹿催班謂山中鹿鳴必有異人至徵諸前輩云自昔距今巳数十載回思舊遊如隔蓬瀛矣悟囦將磨石琢辭以示後來垂永久塵刼可盡而悟囦崇眞樹教之心爲無窮繼自今尚亦有心悟囦之心嗣而葺之其敬勿忽則是山觀雖與天地日月同其悠久可也

儒學科貢題名記 宣德九年　余鐸

科貢之得人尚矣粤自成周以鄉三物教萬民而賓興之三年大比考其德行道義與其賢者能者其原昉於此焉漢有孝弟力田賢良方正之科則董賈輩相繼而出唐如龍虎榜之得韓昌黎詞科之得陸贄宋如韓范歐富文章政事炳耀當時此皆科目之得人也聖朝開國建學以育才設科以取士士之有成效者薦之春官升之胄監作養造就咸適於用何其至歟酆都縣儒學自洪武紀元初李於今日得人之盛超軼他邑由科第發身者余公亨曾公添麟以至王公璜膺歲貢而出者自黃公應祥至於傅公潮凡若干輩咸譽髦之選也巳仕者皆立津要而政聲洋溢人耳目未仕者咸砥節勵行而自期顯榮於方來彬彬輩出猗歟盛哉余以膺學典教是邑竊以諸公文學政事足以鳴一代之盛固可嘉矣然而代遠世移姓名其不致於泯滅而無聞者幾希於是大尹栁公暨同寅陳先生輩詢謀僉同刻石以永其傳俾千載而下芳聲偉烈耿耿不

磨是亦君子樂道人善之意也噫斯舉也不惟使前烈垂譽於無窮亦以使後學激昂而奮發有志事竟成者登名是列比跡前修使董賈韓范歐富之儔不專美於前而相與同芳百世可也余既爲之記乃復頌曰堂堂黌泮洙泗之趾文物衣冠惟蜀斯美有杏其壇有栢其門山迎文筆水湧詞源人傑地靈賢髦挺生漸摩膏澤際遇文明累捷名科迭膺歲貢捿武亨衢朝陽鳴鳳希蹤棫樸媲美卷阿勒諸珉石亘古不磨以啓來學以昭後世百千萬億永垂

弗替

學鐘銘 成化二年

報讀書之曉鳴飲食之節立明倫堂之右並講鼓之列振斯文之罷豈錚錚之鐵

平山書院記

王守仁

平山在鄷陵之北三里今杭郡守楊公温甫早歲嘗讀書其下鄷人之舉進士者自温甫之父僉憲始而温甫承之温甫既貴建以書院曰使吾鄉之秀與吾楊氏之子弟誦

讀其間翹翹焉相繼而興以無忘吾先君之澤於是其鄉多文士而温甫之子晉復學成有罷識將紹温甫而起蓋書院爲有力焉温甫始爲秋官郎予時實爲僚佐相懷甚得也温甫時時爲予言平山之勝聳秀奇特比於峨嵋望之巖厲壁削若無所容而其上乃寬衍平博有老氏宮焉殿閣魁傑偉麗聞於天下俯瞰大江煙雲杳靄暇輒從朋儕往遊其間鳴湍絶壑拂雲千仞之木蔭翳蔽書院當其麓其高可以眺其邃可以隱其芳可以采其淸可以濯其幽可以棲吾因而望之以含遠之樓聳之以寒香之塢揭之以秋芳之亭澄之以洗月之池息之以棲雲之窩四時交變風雨晦明之朝花月澄芬之夕光景超忽千態萬狀而吾誦讀於其間者冥然與世相忘若將終身焉而不知其他也今吾汨没於簿書案牘思平山之勝而庶幾夢寐焉何可得耶既而余以病告歸陽明温甫尋亦出守杭郡錢塘波濤之洶怪西湖山水之秀麗天下之言名勝者無過焉噫温甫之居是地當無憾於平山耳矣今年與温

甫相見於杭而亹亹於平山者猶昔也吁亦異矣豈其沉溺於此山果有不能忘情也哉温甫好學不倦其爲文章追古人而並之方其讀書於平山也優悠自得固將發爲事業以顯於世及其施諸政事沛然有餘矣則又益思致力於問學而其間又自有不暇者則其眷戀於茲山也有以哉温甫既已成已則不能忘於成物而建爲書院以倡其鄉人處行義之時則不能忘其隱居之地而拳拳於求其志者無窮已也子思子曰成已仁也成物知也温甫其

仁且知歟孔子曰隱居求志行義達道聞其語也未見其人也温甫殆其人也非歟温甫屬余記余未嘗一至平山而平山巖巖之氣象嶄然壁立而不可犯者因可想而知其不異温甫之爲人也以温甫之語子者記之

懷仙吟序

吳用先

酆都山世所傳爲司冥者余意其地必陰森蕭瑟過之而愁然動人也洎抵茲境閱縣志知古稱仙都肇昔迄宋代不乏靈乃躡舟登眺睪盤舟磴逶迤悦人及登絕頂見王

陰二仙對奕處爽然會心仰絕巘之聳漢撫大江之環流眞壯觀矣載謁琳宮瑤宇儼若聚眞祥雲時繞白鶴可乘三島十洲誰謂弱水隔之飈馭太虛且不知復有人間世何問冥府噫業由識造境惟心生淨其心則升騰清都穢其心則沉淪幽獄然則蜴立覽之致者安能滯迹於塵塗希步虛之蹤者胡不游心於物外慨焉有感投筆作懷仙吟二章以質之方平長生二老云爾

重修文廟記 弘治四年

失名

昔人云天不生宣尼萬古如長夜蓋以世至春秋綱常淪沒而人道盡廢天使孔子有帝王之德無帝王之位意固欲其扶綱常正人道挽頹風以復還淳古之風使孔子得位不過行道於當世耳不過顯治業於一時耳後世之人知尊知親孰知有綱常而盡人道也哉所謂萬古長夜正以此也我朝列聖相承君師宇內咸立文廟以帝王之禮尊祀孔子袞冕爲服宮懸爲樂從遊弟子列爵以侍左右又建學校儲養髦士以備當世之用是文廟之重有自來

矣酆都重慶之屬邑也廟學舊在縣治之東我朝洪武初徙縣治之西百有餘年矣歷歲既久文廟滋敝不足以棲神起敬爲令者每欲修葺間以他故竟不果中州毛侯彝以戶部郎中知府事弘治庚戌仲冬按行是邑首謁文廟顧瞻咨嗟慨然曰是風教之所先禮義之所自其敢後乎惕然有振弊起廢之思乃發府中所積材木屬李令更新之李令體德意經營締搆偕耆民仗義者捐資以助鳩工掄材而大成殿東西廡樑棟榱桷瓦甓墻壁之毀者易之

帷幙以及籩豆簠簋罍爵之罷獘者新之缺者補之邑紳士僉謂此盛事不可無述請予執筆予維孔子之道與天地同其覆載與日月並其照臨有天下者克行其道於以正已而化民爲士大夫者克行其道於以立身而用世曷可忘其所自而不知其所以報本乎是役也固毛侯盛舉而李令成之矣竊有告焉崇其祀者文也崇其道者實也文至而實不從聖人之羞也吾願士之儲養於斯者進瞻聖容有所觀感退而致力端其趨嚮崇德義以敦實行去

枝葉以求本根則能明體達用建功立業以上報國家庶不負朝廷養士之恩守令作人之意矣謹記之以詔將來

酆都志目録序　楊孟瑛

武王賜太公履東至於海西於河南於穆陵北於無棣孟子亦曰域民以封疆之界蓋都分土守而爲邑以是爲守也故首疆域疆域之內有山川故次山川山川險阨邑恃以固故次形勝九州皆有分星不以是辨野何以察妖祥故次星野世易物改則邑有併有割故次沿革邑以民爲本故次戶口有人此有土故次田賦有財故次土産山川土田戶口貢賦必治以官故次官治三里之城七里之郭與民守之故次城郭街與坊巷皆城中之途市則鄉民市賣以粟與械器相易所謂以羨補不足者也故次街市坊巷城有坊鄉有里所以區別民居故次鄉里郵驛宜令津梁通往來皆政之不可闕也故次郵驛次津梁政有所宜先莫若哀窮故次惠政歲有豊凶不可無備故次荒政足食足兵事相維繫故次武備民爲貴社稷次之故次祀典

民治神事政備修矣又何加焉曰教之故次學校科貢學校所成也故次科貢茂才異等或行業名世科貢之英也故次人物教化與行賢哲作則風動於上習變於下故次風俗大都以廉耻節義爲重故次貞節次隱逸然必一邑之間得賢長吏爲之父母師帥休養以厚生化導以教俗乃有賴焉故次名宦推封以勸孝故次高年崇爵敬長亦風化之餘世改人亡遺跡未泯皆人物之餘故次恩典次古蹟次丘墓次楼臺惟釋老之教於吾道別爲一端故次

釋老文所以紀一邑之事詩則咏歌之者也故以爲終邑有志猶國有史史掌於史官日有記歲有錄代有書郡邑得人則志修否則廢廢文則事皆逸文獻不足徵矣豈細故哉吾邑之志毀於兵燹且百年成化甲午教諭陳先生瓛嘗有事編纂未脫稿滿去弘治丙辰麻城明侯紳雅意修緝請於郡宋公甫公以屬孟瑛瑛延長壽孔蓋臣與同事按實於稗官質疑於故老事以類分例以義立類例之間各著臆說雖才乏三長而事備條目覽疆域則見經畫

閱廢置則見盛衰稽戶口田賦則見貧富考風俗人物則見政教吾鄉之文獻蓋庶幾焉凡治邑者取一編置案牘之間仕優而讀之因文以求義因事以求鑒興廢補敝因革從時吾民尚亦有利哉瑛成是書板行十餘年矣自病寡陋恐多闕遺項備官天府特乘餘暇刪定而更刻之序此於目錄左方

重修酆都縣治記

崔奇勳

酆陵蜀之名區凡所建置因循久而[illegible]以東至有遺址空存者鮮與之多可徵已小溪王侯樸貴陽望族也擢嘉靖辛卯上第兩握文符廣收譽髦以課最來尹茲土視篆之初慨然有鼎新之志顧給焉則匱圖焉則耗躁動而本之弗培其誰與我乃聰稽沃焦櫛奸薙梗孜孜以民瘼爲圖未幾而風以清弊以絕元元咸乂始措[illegible]費材規㧾庶功盡取其舊而經營之先譙樓氣象雄偉樹表正也次廳事具瞻肅整端本則也次後寢崇以高閣兩廂書屋左右列峙時燕息也吏廊六儀門一陰醫學二一餉常制也郭門之

外繞以月城拱以樓堞嚴障隔也至於闢通衢以造舍而上林攸躋罷用於公署而積困以蘇此尤全蜀所僅見者焉若夫大修學宮輪奐熒煌自天順以來所未備者咸捐俸以成之則冠山夏公之記可考也夫靈臺築而頌章華築而怨興情爾殊耶存乎所感焉爾侯之總權綱持風裁不專於寬而樽節愛養一以保字爲主故行禱而時雨降除壤而井泉湧擢德而裔夷同天人協應理有固然者况無病爾氓無傷爾財而登是峻功焉酆之人在所頌乎

在所怨乎夫不動聲色而庶績凝大畧也工費宏而下無損大惠也振百年之廢墜增三巴之壯觀大義也一舉而衆善具焉人品才識何如耶少尹王子子上舍楊子持狀告予曰吾邑之弊甚矣得吾侯而新之曠世一事也願乞一言以永其傳予覽而嘉之曰循良國之禎也興作國之庸也庸之弗紀奚以昭禎禎之弗章奚以示勸治才隱而清議熄矣因次第成篇將以勵官師於方來云

泮池銘　　黃景夔

泳作陬居儋雍之如誰乖厥初藝風塞荒士訛皇皇言此否藏其乖斯何易以其差匪以其訛制良冶堅弓盈月紘首事時還駕虹飛危石檻雲垂貫虛誇奇春水浤浤風行煥文翠委牵芹山英海靈秀脉潛生肆發光晶一士豪豪雄長朋曹德言功高青衿忭懽我銘緒完列永永觀

啟建天福寺記　嘉靖乙酉　　黃洵

浮屠法本出西域其後布衍中夏濫觴於魏晉建蕭梁厥風益熾名山勝區多爲蟠踞雖高明之士猶崇信而崇奉之奚罪愚俗哉我朝龍興衛道斥邪凡二氏宫刹在山野者毀之其附麗城郭者不設苛禁固有所用之也酆都故有天福寺爲歲時朝賀所遠在西郊弗便趨蹌兵燹後僅存荒趾至假公署行禮殊乖於制嘉靖庚子僉謀修復會邑人冉希有願捐地營寺獻諸官司遂以其事屬之沙門宗寧募貲搆材不憚劬勤越明年寺成又建門楼以居鐘鼓起廊廡以備致齋更衣有室厨湢有所獨臺墀猶鞠茂草値雨潦則泥淖濺衣未能致敬歲在巳酉縣大夫清平

王侯捐俸伐石甃治衆皆樂赴兩閱月而工訖整潔宏敞可拜可趨又以寺門旁入弗稱儀觀乃易隙地闢正道焉每萬壽千秋之辰履端踐長之節長官率羣僚諸生演而行之肅肅雍雍無愆儀焉一日寧來白余謂侯之績不可泯請爲記余因進而語之曰上古之世巢居而穴處土堦而茅茨若知之乎方今時雍迓衡黎民莫居余與若也榱而棲逸豫而嬉者秋毫皆帝力也其可忘所自耶浮屠者緇而傲頽弗臣弗子若屬惑於其教蔽也久矣余方論

法孔子固當麾而闢之烏可助其長也對曰然則廢習儀輿曰何可廢也余前固已言之矣且幸於是得觀禮焉鹵簿既成天威咫尺執玉鳴珂勃如躩如睹吾君臣等威之辨聲容文物之章知先王仁義禮樂於是乎在而三綱五典無所逃於天地之間將愓然省悟去墨而儒若是則化浮屠爲忠義之歸者必自茲始矣以余觀盍若行狷潔戒律甚嚴盍用力於固守者也其以余言爲逆耳哉既爲紀其歲月與凡佐費者之名氏而又繫之頌曰奕奕平都古

縣開先𡑞𡑞梵宮堂陛有嚴香火昕昏鼓鐘震宣宰臣舉禮稽首揭虔忭舞呼嵩歡聲徹天岷江西來朝宗綿綿刻此祝辭天子萬年

平都山御路記 隆慶六年　宇文湛

本邑平都山自两漢王陰二眞昇霄於此仙蹤靈跡冠絶巴賓其峰秀拔其宇幽潔登臨於此者靡不洗塵累而清天君也於是乎知神仙猶可以學而至矣邇者監察御史安公判曹此方按察之暇亦嘗造焉而此山頗崔嵬土而戴石故昔之遊者有赤脚勁遺砭之句則其塗可知矣公以其登陟之有未善也命邑劉公相其地籌其費礡石而梯甃之自山足至五雲洞四百餘丈踰月而工就焉

知縣萬公生祠記 隆慶壬申　黎元

生祠何祀也今忠州刺史永昌萬公也公嘗爲酆邑大夫酆人德之去思業有碑矣復即平山之麓搆堂而肖像焉愛公之無巳也維持捐貲飭財衆志競勸凡兩閱月而堂成諸鄉先生函書遣使詰余而請記焉酆涪鄰壤密邇余

歲時往還知公之賢稔矣廉峻之操敏肅之政一時令長鮮出其右者遂膺殊調俾侯本郡而膏澤餘波恒惓惓於舊治宜乎民之不能忘也傳曰有功德於民者則祀之公歷年漸久而施澤於酆甚厚揆之法不亦當乎紹公而治者守而勿失雖百年可也或曰公之廉常恐人知而其愛民也勞而不伐祠而像之豈其所樂哉余應之曰公所弗樂而民乃樂爲之固並行而莫禦者也恒情企慕其人則必詢其爵里與夫容貌之詳肖像以永其思酆人報德之

誠也宋儒眞西山帥潭州百姓愛而戴之爲作生祠時有歌詠其事者曰舉世知公不愛名潭人苦欲置册青不須更作生祠記四海蒼生口是銘余不佞敬誦斯語以復諸君之請公諱谷字本清別號遯齋滇人丙午進士

竇公生祠碑記 萬曆九年　詹貞吉

辛巳初夏余轉官北上舟次酆陵庠友壽生雲路李生茂楊生茹熊生祐逵持先生祠狀懇余誌其事於石余業有論文之雅弗克辭按蜀志漢王堂守巴郡肩陳易從守彭

州兩郡立生祠祀之類是者固多然皆處權位功易樹而民易懷也先生則儒官間秩何酆人亦生祀於祠及閱狀先生楚人也做秀才時即有大志慨然以天下自任先授西寧學訓承委丈民田不避豪右界在王室者亦公以從事自令童僕携鹽纖芥不以擾民縣餽公廩封還弗受三載以課最遷酆身率諸士章之教言大都以黜浮靡敦實行爲尚月嚴考校甄別無錯衆皆服其明敏燕居必正衣冠皐比不撤坐出則振響鳴鐸人不敢干以私諸士凡有所爲於其鄉閭於及其家皆曰吾先生聞之得無不合於意否莫不忖度而後從事寒士有餽遺者弗受兩遇始進隨束修多寡絶不啓閱甚至豚肩罇酒亦欣然納之橐中靡有藏物攝教鄰庠所至有氷蘖聲督學郭公命附集大學衍義綜覈往古參以時務足裨經濟實用督學公旌之庚辰秋縣簿剝民膏脂辱及士類有無辜而遭梏禁者八九相與泣訴於堂艴然曰吾所領子弟狼狽至此詎忍默爲乃亶陳其事於臺省或曰寨官悍吏終非敵也且訟興獄

結力憊財傷非可處分於旦夕盍隱忍先生曰吾家世廿貧苦濫竽教柄非爲榮私計苟有培於士氣雖弗官可也利害不顧竟求直焉覊渝州閱月載轉省城衝寒跋涉始終無一怨言歲暮歸任聞報擢襄府教授官轉録事適有耆賓舉鄉飲者酬以兼金先生嘆曰茲盛典也吾以之市恩可乎揮勿顧檄催頒憑先生以事未竟不苟於去求伸夙志其賢不可盡述也邑士民德之肖像立祠以生祀焉祠在平都山麓前有溪流與萬侯並先生諱希顔字子愚

家於永之祁陽縣號祁北別號亦人子所著有五倫纂要淮南摘粹發明河洛太極理数河源圖註洎前大學衍義等書傳世文章德行可爲蓬也矣余遂銘之曰平都巖巖溪流潺潺先生之風激懦廉頑尚以丹青爲表儀型可圖白髮難繪丹心數陳苜蓿香飄絳幄祝公之年壽而且富

遊山紀畧 萬曆十年　張啓明

豐都治臨大河東二里許有山平都盤曲而上衆山環堵漢王方平陰長生修煉於此丹爐尚存基跡上建小亭塑

二仙對局像山高里許一井口圓三尺源深莫測高下與江水相應峻嶺堅石殆非人力所成二仙丹就井中五色雲起乘之上升洞賓訪二仙山中麻姑亦於此會方平俱有留題眞山對峯曰白鹿山宋時白鹿出鳴人異之父老云此不爲異當有賢人來此適老泉來遊慭匝月里人遂於此建鹿鳴寺東坡遊平都留題二絕正德戊寅冬御史東吳盧公雍按臨訪東坡遺事適里人興工建凌虛閣公乃隸書勒石閣前夫名山大川天下不少此山以王陰二仙稱名尤勝純陽子亦謂天下名山不如況其他乎辛巳春予以公委過縣辱賢侯蔣君相携登臨因謁閣上佳韻勉步一律嗟乎此山本名平都饒有仙蹟何世人惑於揚壘之教率以道佛相先繪塑土木愚夫婦信尚之不暇至於仙井覆以闋祠者投之香紙填塞其中竭澤不通惜哉雖然愚人之無怪也當日名縣且捨平都而曰酆都則惑之甚者也更名請印將有待於來者

啓建文昌宮記 萬曆壬午　戴文亨

平都山麓觀宇隣比若民居然矣當羣宇之中有地一區

岡脉隆然江城環抱平麓之勝此其輿焉識者嘗謂其有待也隆慶初兵憲喬公登而異之稱爲文明之區廼屬邑侯萬公創爲凌雲書院太史曹公記之矣是時人文濟濟卓有凌雲氣頌二公之遠覽而嘉惠者籍籍也萬曆巳卯奉議撤毀巋然堂序一旦鞠圃艮可慨夫壬午之冬貞菴鍾先生名煥富順人來署吾邑顧其墟而嘆曰噫嘻名山有遺址哉溪流縈廻宛若七曲蔚哉文章府也而墟之可

乎爰命僧人性月募修文昌宮殿卽捐俸金百兩以爲倡士人附之民之仗義者輕百餘金以助之不逾年而工乃就正殿巍峩坊楼翼翼其規制氣象彷彿費宮視昔之建立者徑庭矣嗚呼是地之勝寂寂於前古後今者不知幾歲月矣前此一顧乃曰文明繼此一顧乃曰文府前此有作以造多士繼此有作以祀文衡盖山岳之靈古今旦暮而此心之靈在智謀遠大之士者所見同也由是士人振奮于德業事功以求無負庶此宮之建大有裨於文運而平山增重矣

宜指李公平險碑記萬曆甲辰　黃輝

西於平都可十里許豎巖衡梁交環東江江怒而戰灘激崖竦怪石鼓猛礮霆互吞戈鋋鱗鱗饞涎波歷舟一無幸立入鲊甕黔南李公昔司渝李行役過之躬嘗厥險謂灘毋頑鏟若必我姑視吾力盍爾久貸後十餘載果來按蜀亟檄治灘毋養餘橫時維萬曆卅有餘載役始春中人賈厥勇灘石慚懼未裂先泣沃膏而來邪許傾山水礫金流不見鹽痕江舒以前穀如熨如凡五閱月遂告成事舟檣往來望之歡蹋昔我由茲五色靡土灘聲激天鼓榜不聞萬斛粟浮千指髮懸若廹無措羣號大士謂惟大慈能救斯苦是故字灘曰觀世音赫赫李公應聲濟世砥茲巨阻若梹柁轉匪神所相易詎乃爾神不敢居歸之我公公莞爾曰功則何有茲灘昔年鬱於予懷雖不去心敢謂必償予鑿予誠竟夬以流脊如不西其柰灘何必云有功歸諸國家僉曰洵哉昔崇伯子實產我蜀塗山家門鑿峽如新

公昔爲理囊蜀利害今重我涖若還厥鄉探懷施仁福利潛蔭如出金簡奔走百靈若茲灘險匪水匪石假合成監乃于公斧無心猶爾況有心者凡茲伏慝有如此灘勿謂灘衆無暇盡斧公斧在心不依形立非故平之由險自取有險有平猶云相待灘待公來乃平茲險一灘就平百灘震驚不霜而栗維仁生威昔漕江淮載澄河海斧無難夷皆立底績於衣帶水解結何有若平都者又帶之縷何況其灘而敢恃險公矢平灘初念無負由灘以往報國何極

尚輔明德遠追伯禹百爾神人當矢如公務平乃心無負
帝命心本自平何故而險心所造灘險百於水毋謂無傷
必有斧者禹亦人耳獨平水土思日孜孜爲不平故能平
一險一險之禹公功匪灘即灘功在以灘功公如管窺天
天豈在管亦不離管故樹斯碑表公平心以平神人如鑄
九畤爲神狩故北[illegible]若孰爲畤者嗚呼念哉各護乃心
如護公碑無險可容無灘可平是謂太平蕩蕩岷江公功
常存維公即緒公落以詩巴人和焉勒石亭之亭依於堂

有臺有坊輔以仁祠毖勿守之並在灘岈灘去名存維觀
自在常與公俱預斯役者守令而下凡若干人附書碑陰
永示來禩

九蟒亭記 天啓甲子 周延中

嘗讀山海經云宇內洞天福地四十有二豐之平都厥焉
人人耳食山靈遂埒於蓬萊三神山之屬余曩即未領畧
其勝心實向往之叨命來撫茲土愜所願矣登山憑眺兒
峯巒插天芙蓉削翠江波映目檜栢千霄烟嵐藹藹恍若
羽化去幾不知身在人世間也揖柯亭訪爐灶問古探幽
隱若青牛道士孤劍仙人相與語者玄賞久之既而憇息
山腰又睹蒼巖削壁鬼鑿丁剜卅篆蘚碑葛天蓊鬱中有
九蟒之亭焉住持僧云御史楊公之神也宋慶曆二載生
於西湖長於洛陽勅受御史顯靈茲土有年矣夢告里中
陳生有若欲成名必日月倒懸之語及鄉闈本生葩經獲
售果符月恒日升之驗事之可異不止此考其創修圈洞
嘉靖戊午也既而重飾亭臺隆慶辛未也規制湫隘亭榭

甲小傾圮頹廢砌道崎嶇余心悒悒爲之惻焉曰噫若此
則巖壑不靈樹石無色何以肅明威而妥赫翼也傳云以
禦大災則祀以安大患則祀楊公之神福庇一方則崇祀
而重新之無非爲斯民計固非淫祀者比適有僧以是請
爰給印捐貲與僧遍募甲子之歲鳩工掄材拓基運石葺
見廟宇傑出臺洞敞觀非復向之湫而隘也丹堊陸離金
碧照耀非復向之俚而晦也雲磴天梯周行坦徑非復向
之欹而側也治像以鋼非復向之土偶而脫卸也快睹暈

飛欒由砥矢不仰止盜新哉丹竈石枰之間五雲六埜之勝又增佳話矣工役告成僧乞言勒堅珉以誌不朽爰拈筆書之

竹雪庵記 崇禎辛巳 古心

竹雪庵成表姊楊氏索予記予曰姊之所圖者金石萬年之計乃責筆墨於錐鈍之手竊恐靈巖一片石未必不爲山鬼所笑也姊曰事屬不經者乞於人未必言即言矣而情不極切者言之未必盡且走幣以千非望之譽豈兄富

僧之事非我未亡人之事也予不獲已唯唯余氏於邑爲腴族擁高貲肥足以自澤池山公姊之翁也一子子祥號今吾故絶一子子化號成吾省祭不仕高情盛氣時時脫露衡宇蓋賢而俠於隱者也先是吾姑古氏適楊同春科第世其家姊生未幾歲姑丈就木姑撫姊曰天不祚我蚤亡吾夫幸有吾女亦天祚我也及長適成吾生子胤生而成吾物故胤生及遺腹子孝友亦殤𥾐𥾐兩嫠欲留此一塊肉不可得不亦難乎賴姊性慧捷嫺禮義居恒語及古

今節烈大義確有承當間有以權宜之說進者輒曰權非婦人可用其在今日但得苟活料理以完其心之所不安以報吾夫於地下而已矣於是自城西移鹿鳴山麟穴以掩其姑若夫毋若子並掩其身且曰荒塚壘壘玉是恐作湛盧飛去欲垂不朽須仗佛力所憾成吾在日多訟多病簪珥俱充藥貲孀居二十年來差繁役苦綠林兩遭衣囊如洗乃每年減膳忍寒以寸積之餘作廣墓前李吏部匡山先生題曰竹雪姑與姊聊克住持姑名徑竹姊名寒雪

總取孤冷自傲之意斷除葷酒朝夕經咒爲法罷世世守之並集田地若干作香燈費庵後數武碣余氏宗祖於上合祀之土木一切恰中其度夫世之所謂婦人者偶得一端即無佳嗣亦可長世吾姊以此耿然未死之身直擔余氏數百年欲墜之緒以一楊氏無甚關要之女而並報若父若毋已斷欲絶之息即世之奇男子不過是矣直指上其事併余姑合表之姓名且傳靑史於不墜是未死其夫也未死其子也未死其父未死其祖也余氏紛紛浪死似

無一抔可安而姊能衍之無既也邑多素封望牛山而湮隕者不知凡幾余氏獨得此絶烈女子是則可敬也傳之貞珉以示來禩夫豈偶然哉

忠烈三賢列傳

林明儁

忠烈三賢者何川撫陳公士奇渝守王公行儉巴令王公錫同事渝爲三賢也逆獻寇蜀三人復同難蜀人哀其死烈甚稱爲忠烈三賢也陳公福州人字平人天啓乙丑舉於禮部爲人掀鼻昂顙有大節爲文多奇氣不屑於一切

海内人艷稱之在部以忤忠賢謫居會天下更始復起辛未分節上川東兵憲察吏親民課士典戎咸籍籍誦遷貴州學使者庚辰復視學於蜀校士最當人意時獻大亂楚延荊歸逼蜀蜀人恐公典文事退而治罷散金募士以備朝廷知公兵畧屬以蜀撫軍公撫蜀值蜀兵久弛將以名應兵隸於府者多市人不習戰束於功令餉又不繼四方胥有事寡援靡一趙雲貴授以兵柄氣驕常把劍挾文吏弗馴公知不足恃常有憂容圖所以待獻未一日少佚也

王公字質行宜興人崇禎丁丑與進士年少姿玉立尤與於文以部郎出守渝州渝治開渝社以文章節義勸士士之遇於公先不洗浮囂力及古始攝兵憲嚴武備檄屬從事保隘凡要害令以圖進披圖而覽覽而畫不啻身履其處捐募死士抑驕養氣毋敢嬉遊於市備敵曩曩如也王公字子美豊城人庚辰廷對以文章節孝名於時爲巴令所至民安樂之甲申逆獻去楚窺蜀入峽夔師失利遂屠夔城焚殺無遺飛書馳至適姚黃賊乘釁大肆擄掠徧渝

屬忠酆長涪北境公率親信擊之以殲姚黃聞夔報馳返巴同王公質行請增兵堵獻一戰於小江再戰於曹溪再戰於黃草峽再戰於明月峽舟師數捷陸道失險躪入江北以斷我右臂水路兵與將遂逸去三公擁孤城城兵可指數賊至城下三公分道登陴分布颷火罷飛矢石賊多中死益倍力攻城城中砲與矢盡三公仰天計無所出六月十日賊虹霓炮大發城奔裂遂入城先執三公於獻所不屈目夔夔以睨獻獻一笑殺人一蘽礫人而下三公欲

奇其志也陰戒賊部婉轉誘導語出一以掌擊賊一攫賊冠碎之一厲聲大作獻始恣睢暴發命豬解之罵訶與氣同絶正作怒皎日風雷大作雪塊如車輪震瓦断椽賊衆偃仆傷斃獻恐命亟収殮煆煉賊遂不敢留於渝揩成都而去逸史氏曰余覧編年嘆執筆之惧且闕畧荒陋不逮甚矣書張獻忠由成都順流取重慶推官王行儉死難事莫大於億萬生靈官莫重於伏節之吏書順流而下何其惧也書守爲理而司理鄭問玄間出未死何其荒陋不稽

也傳之後世何足徵哉孔子曰吾猶及史之闕文也又曰斯民也三代之直道而行也史文闕直在人心我蜀孑遺存者歲時僉曰忠烈三賢尤怪世俗之言曰文士鮮行以概天下賢者謂文章不得與節義同齒輒詆文人一切無用而不知關於名教舍文章未由也文者道之著節義所從出也三公以封疆之臣値未造兵孤餉絶戰不勝守弗克不得已以身殉死臨死張舌欲飲賊一斗血氣盡罵訶始歇上感天怒賊用落胆俾人紀永植天常不墜豈非文章之教哉維彼其說不知晚近來稱伏節志不辱委徇至慘極於身而猶詆詬者屬何輩也三公方駕格澤驂賓於帝所正氣拂鬱於天壤死且稱快不以吏爲重輕而傳多荒舛無以篤俗訓人疑議於茲也余以渝人習聞而見表而出之方賊來蜀無三尺童子乞降蜀人較天下禍更烈而卒死不投賊亦未始非三公之教也悲夫撫軍鄧倀余諸生辱文章知遇甚厚既梓余文公天下以示勸後相深於後誼今茲之言非私也夫亦何嫌屈原爲宋玉師原死

玉作些以招原是傳余之些也而出於蜀人之同私亦公也

重修明倫堂序　林明儁

事有爲吾及見者一變而爲吾不及見者及見者吾也不及見者吾也生而有兩吾耶閱世而有兩世也重之感也夫及見變而爲不及見置諸可也必欲謀爲再見誰將許我多不述余生乎酆長三十年蜀始亂始無蜀無蜀而始無酆吾所及見之酆變而爲不及見之酆於外几十五年

大清混一亡人自外歸見酆非復向及見之酆心甚疑恐以爲事之變至於此吾生適遭之洵一人而兩吾一吾而兩世也嗟乎酆之及見不及見置諸可也湯侯王歷才吏之勤勞而又有酆何其能也雖然終非吾向及見之酆也嗟乎酆之及見不及見置諸可也往往嘆息不欲置諸衡邑之本末先後緩急風化之係爲最大者僉議修學然不無格於勢限於力爲之奈何夫邑之有學猶人之兩目人無目不能行邑無學致遠能行之材於何取乎古之爲學

吾不及見即所及見皆近世之學也明三百年蕞爾酆邑列鄉校中者常四百餘人應鄉舉里選者若干人舉進士者若干人鄉射飲酒春秋合樂養老尊賓陵夷至衰敝之季仍未廢而士之勵廉恥勤服習其時上下貴賤名分屹然無亂俗至大傷風化者以有學在也頻年以來朝廷詔立學再三僅存十餘人皆皤首鮐背沐新恩與進三涉科歲比不下二十餘人會僉議謀諸湯明府捐立先師廟粗具規模春秋釋奠舊明倫堂次廟之左爲琴瑟鐘鼓羽籥師徒講習肄業之處左右齋庫藏祭器經書典籍粟錢有論有導署必備今不及見所見粗具之一廟有廟無堂生徒不至名存而實廢夫古之爲學不及見也即吾所及見之學亦不敢期其全而再見之惟堂與廟之相爲倚重願量力稍立規模而從事焉邑子弟望鄉校而奔趨爲數漸廣里人各愛其子弟各敬其長老鄉射飲酒春秋合樂養老尊賓事可漸復里俗勤生博施不吝其材義風未盡絕衡邑之本末先後緩急於此爲最大者幸勿猶諉爲儒怪

浮屠羽室不勞謀議旦夕觀成非責其官之俊則民力焉反以爲當然獨修學多異同遲久不效其故不知其所以也以云愛子弟敬長老勤生而博施然與否與誠力爲之不變今之法不失古之遺當事一乘往焉風行自上下民尤而效之又何旦夕之不可觀成乎庶生而有兩吾之長老輩少慰惓惓也矣

重修平都山記 康熙壬寅　林明儁

平山僊山也而雜傳幽怪飄忽之說聞於天下集古今稱

山之所有其說不馴布滿山中半神祠半羽屋半釋室詣其由來天下將亂人喜談怪嘗其無事樂爲非常可喜之議神仙之說不足以厭之而幽險深渺之說相繼鼞起以意穿鑿山遂聽人修飾至極盛無以加而精靈一派爲其藪塞豈非穿鑿太過反爲山累與蓋其初立說其意不至於此而其後牽合附會遂至於此也亦云勢焉而已矣前不及考歷漢唐宋元明以迄於今不知幾興廢存毀甲申一變咸陽烈炬山中一無有存者獨五雲樓巋然屹於靈

光康熙元年湯侯蒞來令茲土值酆都破裂垂絕後孑遺散失侯力㧺一時孑獨比於誼以廉能著動物本於誠酆人信之後其誠而安居酆又自此始侯秉正不喜爲異論蕩惑人心教化酆人其言平易正直而不可易茲山集古今流傳雖不出自學士掌故吾度其始指酆都爲幽都或者性情功效之微旨凡民不曉六經之言尋常難喻聖人禮樂刑政賞罰是非有時而窮不得已托杳冥雜出悚動人心曰獄成於此勿錯履至層層不出也其亦憂之深慮

之切乎皆教也不然告今思昔豈無故哉先王正誼明道如昌黎谷永輩卒無有正之以義者其辨以曉天下而天下之人咸知有酆都由其說雖驚愚夫婦未始不可以悍奸雄已於未萌止於將動又皆權也教與權俱以補聖人禮樂刑政賞罰是非所不及又安在非性情功效六經之所變而出也故湯侯入其邑汲汲不欲聽其盡廢勵意修舉夫廉能者吏治之望者也有舉輒信命山中住持僧性學往爲文武羣相感發酆人亦樂風行之自上不敢極蓋

歲越二年而完閻君殿以拜弗馴也越三年而完玉皇觀存帝鑒於伊邇也閔祠之役明忠義以篤俗也平都山又自此始至仙蹟存於五雲樓無事修舉余編氓中之一民耳棄官老歸目睹心動討山時讀書山中以此山極盛爲憂慮其勢至於不足恃而變生焉今果後效之不爽豈非其勢使然哉一山之興廢酆人不及見多矣而余見之感而爲記永遺愛於弗替表茲役而出之後來增加至於極盛又不知在何年所也聖人在上明以禮樂幽以鬼神雖

百世可知也

甲辰掃墓記　林明儁

儁爲兒時隨先府君至墓下尾拜起末既奠先府君命子弟扶長老有服者次序列坐其處舉酒盡驩愛長老戒幼少敢有蹈于非匆使近墓辱先人子弟好修而賢也多飲之吾門薫俗期匆隕先訓拜掃匆數如此今老矣幸得生還賭曠然一坏土而已富貴何足羡于兹獨有感也感而有言詳吾之所出也言之而有不及親盡故也林之籍于

酆前自閩入蜀姑不紀自六世祖文振公在酆以歲進士官武昌二郡贈奉政大夫傳至明儁皆力耕讀書既無車馬赫奕婢妾靚麗蕩惑鄉里亦無官爵貨力動揺府縣凡親未盡與親既盡子姓頗敦尚禮讓崇勵廉耻無敢有脅官司者走訟者安鄉宄者矯詐修飾言語欺罔君子與夫亂俗者由今思昔猶有近古之遺甲申一變禍亂踵于蜀獻賊賊其半姚黃賊其半亂兵賊其半蜀亡而淪隨之林族子姓千餘室無有存者余倖領乙酉辱徵辟濫入官路

携從弟明佑明偉明倬暨兒堅本姪約有七八人于外幸免耳於乎毛羽之屬尚知報本余獨非人子忍捐棄墳墓遠遊哉以其輕者較其重者功名利禄非所論也以其緩者較其急者全其身及子弟以存祀田園廬墓姑置之也置之而曠闕于心如烽炯道阻儞若絶國何取年歲考之二十載始得于歲甲辰秋九月携有生三閲月之弱子撫成二十一歲與姪厚本健本堅本同伏墓下偕東坦劉沛遠徐爾強暨族一長老鄉隣之猶有存者席艸列坐焉於

乎時移事換萬族寡鮮十里一犬吠聲牲殺祭告之餘不知泣之何從也儁德薄邀先人厚庇其可幸者猶有三焉賊發塚盜取無遺而祖塋石宛先府君墓獨無恙歸掃如故一也子若姪猶能讀先世書立功名繼遺烈二也昔人以官爲家眉山丈于當天下無事飄若萍梗究卒于官不得生還西川死猶有餘恨余値滄桑之幻身經百變携其主婦並子若女弟若姪破淡阻而浩然歸里詣墓而掃招族亡人指数耕祭田修祠宇三也三者之賜皆祖若丈之積

先祖府君在鄉校齋長中型邑多士先府君生有完行孝友著聞輕財慕義重然諾君子長者常以不得交爲恨實庇時儁年十有七歲倚先恭人壯游老歸齒髮俱變臺閒首數廻而腸折又不知泣之何從也畧其事不書無以示鄉黨隣里垂後世子孫伐石記諸于茲尤有感也能爲儁者如儁而止猶不失爲中人擴儁而大將等而上之不能爲儁對墓而熱內慚汗出食不下庶其愼所不能而戒之哉

湯侯重修平都山詩序　康熙元年　熊蘭徵

從來名山水不獨可以娛性情並可以善吏治如羊叔子之鎭吳愛遊峴山又如歐陽永叔醉翁亭之官民皆樂蘓長公之治杭兼治西湖若此者未易更僕數獨是山水之緣每多鈌陷或遠在百里近數十里輪蹄供億之煩與未盡而先憊則不快甚者猱狠之声鼓鼉之宫護之風雨怖之險阻不能愷豫山靈則亦不快若平都峙在城北纔里許目所得而仰止步所得而登假不必後安石之費也亦不[illegible]必王佐仲之舉炯爲信韓昌黎之慟哭縋書也凡朝暮晴雨開落寒燠無不可遊者第此山荒廢已久自湯侯來遂重開生面政事之暇乘輿而往冊嵒翠壁之上於以廉南畝耕穫覘城炯生聚從遊子衿更得執經問業焉豈與輟幾務狎山盟者同語哉

重建文廟記　康熙十二年　劉如漢

高陽李侯涖枳之三年政洽民和百廢修舉而學宫首成甲申以後兵燹頻仍禮樂絃誦之場鞠爲茂草牧兒蕘豎

薪刈其間兎葵燕麥漫滅其址官於斯者曾未過而問焉李侯下車惻然嘆曰讀聖賢書而坐視鐘鼓銷沉俎豆墜地忍乎爰檢氷囊率作經始自庚戌之冬至癸丑之春閱三歲月而竣事爲殿爲堂爲廡爲門爲齋舍爲庖湢爲垣圃煥然復其舊觀厥費不下数百金而未嘗以絲毫累民間也邑人士歡欣鼓舞既樂先聖廟貌之崇又嘆侯之有功於文教爲不可泯走書萬里徵記於予予惟古之記學宫者多矣而家弦戶誦獨圻江李泰伯袁州一記其故何

哉以其詞絶枝蔓而一本於忠孝也夫爲臣盡忠爲子盡孝宣尼立教之大指故元祭酒李本魯翀以此二句爲夫子戒斯言卓矣竊怪世之儒者高談性命後口程朱各謂得千聖不傳之絶學而考其實有愧于人倫之大者不少是豈郡縣立學之初意歟李侯學問淵博家世忠孝雖牛刀小試所以訓俗化人者不可殫述斯舉也揚

聖主作人之化繼文翁政教之美創十六邑已墜之緒不可謂非善政之首焉多士于焉藏修于焉息遊出而用世必

有眞忠眞孝建三不朽以答侯貺者矣予與侯爲已亥同門友平時以道義相砥礪故喜而記之如此

重修文昌宮碑記

林堅本

文昌懸諸天闕司籙之神詳於晋志備載王氏聞見諸書吾蜀越嶲梓潼人士至今能言之不具悉而論者謂六星開闢已然必族吾蜀百千億年後之人主之其説近誕不知上古士風靜一魏晋以來鑿殺成風士多變易學術俯仰以求合於當世或者帝心憫憂特簡司籙之神進賢退不肖未可知也而當日之立爲是説者吾知尤有深意焉以天下之最難治者士心也無端而使有志設誠之士竊祿如或遇之無端而使側身修行之士言動如或糾之無端而使致齋蠲吉之士君蒿悽愴如或見之朝廷三物六行禮樂刑政不盡及帝君之神能及之則神之所治幽獨也豈神能取士之幽獨而治之夫亦士自愼其獨與神明相見於隱微之際故曰最難治者士心也而能治士心者帝君之神也士各治其心與神合漠則士心各有一帝君神

祠不必從廟祠作觧也吾邑平都山浮屠羽室經咸陽烈炬後修復踵相接也非民之力則官之餘貌兹上下文昌宮廟蕪衍弗治其故維何蓋責諸晨星落落之寒流歷久不睹成效當世非不右文而士坐以文弱祠坐以文廢往往而然幸菑畬弗輟庠之以清幹見稱者若神啓之毅然議修遺書山中行僧眞一與之約付以永遠住持焉邑紳古秤叟先生爲文以集衆志先生恐行之不逮也捐宿構作室材木六十餘頭以促之闔邑紳士及凡業儒子弟均

樂玩焉年月日落成爰載筆而泐於石治心之教帝君之
靈其在斯乎其在斯乎

重修酆都縣學廟記　劉謙

漢文翁爲蜀守仁愛好教化選開敏有材者遣詣京師受
業博士減省少府用度買刀布[illegible]物遺博士數歲蜀生皆
成就修起學宫於成都市招學官弟子除更繇由是蜀地
學於京師者比齊魯史稱郡國立學自蜀始厥功懋矣予
至蜀見所在學舍廢於兵燹者概未能興喟焉太息謂古
人不復作也居數月知酆都事王侯以修學告酆都之學
剏始元達魯花赤完者怗木兒在治之東明初知縣楊謙
改治西中更廢興後燬於賊
國初禹新文命敷四海壬寅知縣湯君始建大成殿纔一楹
庚戌知縣李君又建啓聖祠於明倫堂右亦湫隘不如制
王侯下車見而病之毅然以爲己任天鑒厥忱大木浮江
下乃與教諭黃錫策訓導屈先達典史劉啓武經營廣殿
三楹而移祠殿後敬一亭址跂矢鳥革翬飛乎奐如經始於

癸未六月命庶丕作士紳以次更焉而副榜林君敬修武
舉高君曜監生林君愼修圖功攸終尤勤甲申六月余適
按部至縣獲謁廟而遍觀焉自東西廡名宦鄉賢祠欞星
戟門泮水橋堂齋靡不備垣墉塗塈茨靡不飾其貲自諸
生廩餼及民譚心湛本源等樂輸餘皆出王侯俸餘與文
翁減少府用度遣博士無以異又聳齋舍之久假者歸之
宫墻視起學市隙難不啻倍屣至爲諸生親正句讀則庶
幾程夫子之在晉城無遣詣京師受業之煩而教過之以
此倡諸郡邑將學之廢者盡興使史氏執簡書曰蜀今興
學自酆始奚不可也於時諸生請予記之乃升堂鼓鍾而
告之曰爾知
朝廷建學意乎天生蒸民有仁義禮知信之性有君臣父子
夫婦長幼朋友之倫修乎此則果貴且靈於物而爲人悖
乎此無以遠遠於禽獸此學校之設聖人所爲繼天立極
導之以明人倫而復其性也古者家有塾黨有庠州有序
國有學以三物教萬民賓興之而後爲士是故天下無無

學之地無不敎之人以此化民成俗比戶可封今之升於
學者皆民之秀也
朝廷所以教育之者恩至渥制加詳
皇上復頒訓辭昭示中外以士先德行而後文藝之意深切著明矣今王侯豈爲爾取科名邀榮膴計哉願學於斯者勿汲汲於利祿苟圖進取務遜志於聖賢義理之學體驗於日用收益於身心所謂明倫復性於是焉存有不特祿在其中者夫班固之稱文黨不過曰見蜀俗僻陋誘進以

文雅而已誠盡心於斯今日蜀生之所成就又寧止如固所云耶諸生唯唯受教爰書以爲之記

重修夫子廟贊　王廷獻

天覆地載日照月臨萬古長夜聖人篤生羲農黃帝堯舜禹湯文武周公統歸素王誨人不倦吐辭成經千秋木鐸未喪斯文經明於漢文盛於唐宋詔郡邑咸立宮墻有元至正學建酆都迨明洪武移西城隅甲申兵燹慘罹一炬淸河重搆高陽繼緒廟制卑隘未復舊觀僉謀重建撥一爲三後圃低下築土成壇宮移啓聖用稱巖瞻歲在癸未鳩工庀材多士奮興庶民子來季夏經始建子落成謹識歲月勒諸貞珉

重建胡公祠序　王廷獻

丁丑夏余初抵是邑慕平山之勝選暇一登甫至山麓見鐵像露處榛莽間兜鍪而擐甲疑是羽流所鑄天君像殊不介意歸詢諸從者則云此地舊有胡公祠毀華時燬於兵此其遺像也考邑乘列有公祠而名氏及立祠故俱不

詳明經毛自修告予曰公名平表字不波以忠州判破奢賊授監軍道晉爵太僕卿貴州布政使當奢酋之擾重慶也變起倉卒公徒步詣石砫司效秦庭之哭請兵西向禱於平山關祠臨陣獲神助遂破賊乃冶金爲像築宮平山之陰即俗稱聖帝宮也鄷人德公堵截之賜亦冶金爲像築祠祀公夫祀典所載有功德於民則祀之公之血食於鄷寧有愧哉而舊志胡缺焉弗紀也巳卯冬承乏涪纂閱州志見孝廉陳計長所作生祠記則載公始末極詳記云

公滇南人舉鄉進士初選授縣令改忠州判因得署涪守事先後淹於宦途而居官始終不苟餽遺纖悉必却尤恤於刑縉紳有過力爲保全夏旱公禱立雨春雨公禱又立晴渝城破遠近騷動公親詣石砫請兵堵截復躬率義勇圍殺月餘奢寅就擒論公錫爵漸陟方岳而名不酬實公亦脫然名利外矣天啓丁卯涪人立祠北門祀公而計長爲之記然涪北門實無公祠矣嗟乎以公之功即使酬以高位如酆故老所傳聞何多讓焉乃竟名不酬實豈策勳

之公論與酆人立祠祀公而紀載不詳涪志詳載公功而舊祠莫考其不至日久湮没也幾希矣余乃捐俸屬聖帝宮僧宗貴仍立祠故址位遺像于中使千百世後廟祀弗替以視前賢之費斗金修平山寺觀以邀冥福者於名教不無少補云癸未秋落成乃爲序勒石以紀之

相傳公善堪輿于酆邑杜家坝擇地以塟先人營天地人三穴塟其中穴留上下以有待焉公雲南人

按崇禎長編云藺賊奢崇明之據重慶也貴州布政司叅議胡平表方以忠州判官在圍城中縋城徒跣走石砫司秦良玉乞兵援成都目把紛囂不肯應平表慷慨號泣不飲食者五日良玉感動乃起兵平表百方激勸措處以餉秦兵一戰而復新都再戰而成都之圍解四川撫按授之監軍兼副總兵職銜平表得以統束易置諸將白市驛之戰俘斬千餘馬廟之戰俘斬萬餘占據兩嶺酣戰一日在斬首千餘奪據二郎關擒黑蓬頭廹降樊龍復重慶奢寅糾土府水西復集十萬我五路應之四路皆敗總兵楊愈

茂死之平表以六千兵人囊米五升截苗獞賊無不一當百十萬衆潰敗如掃生擒僞元帥巨賊四十餘人獲其僞印敕僞號錦冊及各縣印五顆救出被擄生靈數萬

書內江教諭陳方壺死事傳後　王廷獻

余讀酆志至陳方壺內江死節事未嘗不掩卷太息也國君死社稷大夫死封疆廣文死于學校非特敬一時之官守亦以立百世之倫常也然鼎革之際紀載多闕若此類名湮没而不傳者可勝道哉志曰陳畀祚字方壺由貢生

任內江教諭流賊入境官吏望風逃竄先衿着官服坐明倫堂罵賊不絕口全家死難夫士君子立身行已志節自負殺身成仁亦期返裏不愧耳事之傳不傳曷所計哉林明儁者酆之志節士也献忠之亂梁益陸沉故相王應熊承制討賊考拔人才擢明儁第一授兵部職方主政後遷驛鹽觀察使蜀川入我版圖引病不復仕悲方壺之死於官而不得傳也貽內江友人書曰昨與足下話敝邑方壺先生司鐸貴庠會逆獻屠蜀先生集義旅不下五百人扼

守孤城逆獻攻破內江執先生誘降不屈臠解之臨死罵不絕口明紀荒畧大者不書而書及狥節廣文無有也足下爲貴邑人望僕是以諄諄有以屬足下夜即夢先生過我撫其脣曰君今在閬州亦知姚洪巳事乎忽不見及寤大驚乃取五代史閱之洪爲唐指揮使長興中將千人戍閬州董璋叛以書招洪洪投之厠中璋破閬執洪洪罵曰爾昔爲李十郎奴掃馬糞得一臠殘肉感恩不巳今天子用爾爲節度何苦叛耶璋怒然鑊令壯士刲食之至死大罵明宗聞而泣謂大臣失節反不如也血烈如此與廣文抗節無異然得染汗青數行無憾而先生湮沒無聞僕賤久絕意通顯脩野史可也足下行將爲史館中人以邑人號邑事庶不負方壺先生以蔓感也書載巴字園集中同時有楊麦雲者亦酆產也以明經任蓬溪教諭流賊入境不屈死之然考內江蓬溪志兩人俱不傳

外史氏曰余閱舊志謂士頗倜儻常懷忠信心竊疑之葢近時之風氣或有不盡然者然前輩楊温甫守我杭重濬

西湖至今民食其利而當時不惜以斂怨去迨至晚季方壺台眞各死所事舊志所云良不我欺位㢑晚年逊名石鶴志節何矯矯耶弘之叛堅卧不出良由識見卓越也其孫敬修篤學好古更爲余言方壺死事時曾背城一戰葢祖父常所稱述知非謬矣

酆邑楊氏人文序

王廷獻

自古山川靈異必有魁傑之才出而應之然有名世之才有不世出之才孝友足以厚宗黨智能足以稱一職文章

足以華當代名世之才也若川嶽之所鍾靈間世不一遘或與大利以濟蒼生或秉大節以維名教則不世出之才矣平都聳秀江濱道書稱爲福地縣負山設治蓋自隋始而唐宋以來名人不少槩見及閲志乘則知元至正末始建學校從前雖有作者亦散見於臨江矣故衡才於酆當自明始也明初科貢接踵自楊大棨孟爽父子始崛起成進士靜軒僉憲九江發奸摘伏稱神明焉而温甫守我杭重濬西湖則與李鄴侯之濬六井蘇長公之築六橋經濟

並垂不朽且其一門羣季皆能以詩文名世而曾孫叔京以孝廉任曲靖守更舉前業而光大之逮及明季裔孫㚁雲復以學博死難蓮溪嗚呼如温甫父子殆所謂與大利以濟蒼生者耶如台真者其所謂秉大節以維名教者耶楊氏詩古文詞余採入縣志者甚夥其苗裔廷碩復搜緝殘編彙爲專集且喜酆邑之人文不終泯没而更嘉廷碩之克成維新之志也故爲之序

秋山拾遺記　王廷獻

辛巳重九前三日訟庭無事公餘退食念舊志荒畧未足傳信乃携二童子乘欵段重爲平山之遊出迎恩門外二十步下水濱爲三佛廟夏秋水漲治前礬石灘險客舟多泊於此有黄葛數十株各圍三丈許是日也天氣晴爽龍床水波不興緑蔭相接清風徐來緩轡過山王廟爲酆陵故驛溪流阻之乃折而北可百步長虹亘其上曰通仙橋有亭巋然朱闌憑眺頗耐幽賞橋北有嚴官碑萬曆時修橋以紀月日者摸讀之際黄學博受符來赴予約乃命僕

夫引馬候於挹翠樓下余兩人則捫蘿而登得位天宫舊址明邑令張守剛三碑焉東數武爲胡公祠公名平表天啓間平奢賊里人治像祠祀之兵火後露處榛莽余捐俸重建特册蘐未施耳東爲夌雲書院創於明知縣萬谷萬曆初廷議撤毁因即故地建文昌宫就東隙地有谷生祠碑相對爲明學博竇希顔碑北陰殿門亦有斷碣載隆萬間捐修紳士姓名與北陰並者東嶽天齊行宫立春前一日有司迎勾芒於此蔣夔平都山記左祠太山右府北陰

今猶仍舊貫也沿溪綠樹參差與金碧相映啼鳥上下合人應接不暇又東爲石佛寺寺中石佛高二丈許左爲山川風雨壇臨江爲長壩子故明有塲集與山王廟止隔一溪乃循舊路過東嶽廟西始登山路側有修路碑碑高爲萬曆年碑陰則嘉靖萘後人重修用舊碑而前人遺跡亦未盡泯焉爾陟級而西可六十歩折旋陟級而東又五十歩巨碣倚山積蘚護之諦視得六字曰南無阿彌陀佛臺上即大仙巖巖有九蟒之亭中塑神像後有圈石相傳爲

楊御史墓亭右有天啓甲子碑載神始末極詳匠於碑足鑿三魚中共一首俱肖士人指曰三魚碑也上層臺逶迤而西者半里許折而東石坊西向額曰總真福地下視即佐天宮高不過三十丈山勢陡峻紆折迨二里矣考蔣記此爲五雲樓故址坊內二碑相距一古養敬碑一楊怵碑俱屹立一傍砌欹臥者爲竇希顏五塊石修路碑蓋石上舊鐫李陽書道三洞天遺跡巉巖道路彼時尚未治耳石臺上龍虎君殿北向又上有寥陽殿碑寥陽殿者故明蜀

獻王香火前爲三石橋以肅觀瞻殿有樓可登一覽城郭無遺縣署門廡室庭中雙桂歷歷可指歷階而上爲玉皇殿遠人歲致巨蠟可然一年銀缸猶燦燦也路右爲王母殿前有楊宜慰重修景德觀碑登山過觀音殿則凌虛閣巋然出焉閣前有碑隸書東坡留題二絕明巡按盧雍筆也雍亦有八景五言絕及遊平山詩平山祠宇明末俱遭一炬惟此閣獨存不減魯靈光俗稱二仙樓楚黄黎時舉顏之曰有仙則名神仙洵有異哉凭欄南望下臨無地隔

江豐稔壩近若襟帶葫蘆溪樹隱現鬱葱恍然月鏡中遊也邑人林明儁一聯曰飛閣靜涵天尚餘雲氣奔城腳娟峯妙挿水猶帶江聲掛樹枝斯樓之盛槩可想矣閣後即凌雲臺爲平山絕頂相傳王陰對奕處亭址石圩猶存或曰舊以銅爲二仙像各高三四尺李鷂子之亂迭亡去矣後即[illegible]殿殿東向榜其額曰幽都幽都本見水經注鄷愚援此爲陰司實証也王端冕摺奏前蠟炬如玉皇[illegible]業鏡圍逾丈日久蒙昧而奸邪過此猶凜凜不敢正視[illegible]

十餘步爲漢壽亭侯祠山僧即五雲洞覆石爲爐狀客至然紙投之井涸無泉地風旋轉謂羣鬼攫金錢也則誕甚矣前殿石碣鐫侯像印式及王鳳洲贊於上邑紳楊叔京爲之有大碑臥地勒前忠州守孫芝倪伯麒遊平山詩筆法雋逸予命匠琢其後將以有待焉小樓數楹下視江渚足與虔虛閣競美祠後爲仙姑崖相傳景龍中麻姑訪方平於此隅溪青牛山層岡細草宛然在目東望珠簾隱隱嵐霧間可望而不可即也平山往蹟其搜抉無遺憾哉乃

循舊路趓而下至五塊石傍有小徑通山後茂林修竹繞蔽梵宇曰竺國寺又西二十步亦有闕祠胡公討奢賊禱於五雲洞得神助事平築宮以報焉寺僧宗貴即余命修公祠者北望五魚此中殆有佳氣乎循山西出至半嶺江明如練小憩樹下適與酆署花齋相對可呼而應下至山麓兩山相對趙村之澗水中出爲九曲名流多泛觴於此乃攝衣登白鹿山石磴修縈呈許抵寺寺東向對二仙樓山門有石鹿倪伯麒題詩猶存石坊曰來蘋以老泉來此

鹿夜鳴也寺爲明僉憲楊大棨剏造相傳卜生壙掘地雙魚飛去乃捨作寺以泉故本名玉鳴時人競稱鹿鳴將所謂地以人重者耶泉方盈尺羣薇隱翳瀝滴如戛玉聲冬夏不竭歲旱士人取泉以禱巳卯夏余亦試之良驗左有吳道子觀音像碑稍下隙地丈餘可搆數椽石欄抱之山僧告余曰此古氏書院也或又曰爲楊氏旁有僻徑可乘險下足不能留瞬息達竹雪庵讀古心碑更正訛字數則時則夕陽在山驫影萬丈出翠竹間此地舊有楊温甫平

山書院亭池遺址半湮田陌乃由頹垣出上文昌宮一望瓦礫所存者陳載寬一碑耳西爲天福宮歲時朝賀之所詳舊志黃孝廉碑緩步至社稷壇西得川主廟遺鐘爲成化七年事暮靄蒼然仰見新月望送客之晴瀾渺乎不可覩矣嗟夫自後漢迄今平都之名由來舊矣考唐宋之遺跡百不得一焉八景題咏肇於明初舊志所載亦永樂間事然三百年來祠宇之廢興留題之存沒又閱幾變遷也余來酆四載耳間以公委跋涉於涪陵桂水間奔走錦里

者再平山之遊或月一至或歲三四至眼前好景書而忘之矣駒影西流頹波東逝王陰二仙將無嘆拯溺之無從哉僕夫牽馬促歸乃酌酒索筆為平都懷古詩以紀之其詞曰巴子東都治枳城平都[illegible]是為方平只因炎漢留仙蹟遂使春秋掩政聲九蟒精[illegible]歸劫火五雲人鬼未分明隔山惟有來蘱寺白鹿呦呦夜氣清

楊氏世録序

劉　謙

楊氏酆都世家也其先仕元為萬戶統軍自湖廣孝感徙

酆都家焉邑故無舉進士者靜軒公始以天順丁丑進士官至江西僉事温甫繼之中禮部第八人由戶部郎守杭入為京府丞杭人至今頌之不衰其濬西湖功尤永賴事載杭志可考也厥後或仕或隱代有顯者舉於鄉六人貢太學四十五人百餘年間子衿半庠庠彬彬盛矣累世所著詩若文不啻充棟歷兵燹人與文俱亡五湖碩果僅存晚節寫其胸臆於詩蒼凉悲壯有少陵風每痛先世著述散軼其孫廷碩邑學生也遺囑搜輯乃斷自靜軒温甫以至五湖詩文共載如干首名曰楊氏世録蓋孔叢子之遺也編依世次而以萬曆誥命及守溪所為靜軒墓表新建所為平山書院記冠其首述祖德尊王言而徵信於賢者之褒評誠得體要矣嗚乎蜀之先達漢唐宋尚已至明猶盛其文章事業顯當時而不傳於後者寔特酆都之楊氏哉夫表彰前賢以示後之人俾觀感而興起此不獨其子若孫之責也楊生之為此録可不[illegible]為生才敏行飭特以蓄妻子憂饑寒荒其學殖有能與[illegible]繼絕教育之長養

之以成其材則傳其家學使靜軒温甫有後於酆都者必楊生也楊生勉乎哉

楊氏世録題辭

王奕清

酆陵楊氏世族也其先仕元有勳閥官于蜀因家焉凡十有餘世以文章事功節行表著者甚衆康熙戊子歲余視學茲土有慨於蜀之文獻莫徵典籍散軼而前哲之嘉言懿行弗傳于後也下教郡縣訪求境內遺書久之無所得獨楊氏諸生曰廷碩者以其所輯家乘來上前列世系僅

九世纔及萬曆初年後載靜軒僉憲温甫京兆数公事蹟及所著詩文若干篇亦皆掇拾叢殘存什一于千百而已因以歎蜀之叠罹鞠訩民靡孑遺而前賢之述作已熏歇嚮絶蕩爲刼灰無復存者良可歎也而楊生承其家學獨能捜輯遺緒俾勿廢墜闡祖德而振家聲績雖未宏意則勤矣因爲弁其端且望生益奮其學克有樹立以繼其前修然後潤色兹集勒爲成書他日有徵考故實於華陽黒水間以備蘭臺石室之藏者將必有取焉楊生勉乎哉

楊氏世録䟦　朱象鼎

楊氏爲平都望族考其譜自明初大榮孟瑛舉進士第始靜軒僉憲九江剛毅多治績學士程公敏政爲之傳而王文恪公鏊表其墓温甫守西泠時濬復西湖功侔蘇白事詳鉛山費公宏傳及田汝成西湖誌其後子孫蕃衍科貢不絶如叔京之任曲靖刺史夌雲之司鐸蓬溪更爲表表嗟乎之数公者或發奸以表特行或興利以濟民生或光前人之業或堅節義之操固皆一代之名臣而千秋之傑士也父子昆弟師承家學凡詩古文詞之膾炙人口者往往採入縣志兵後遺稿散失裔孫茂才廷碩勿忘先志捜輯成集余下車甫越月即出以相質夫平都夙推名勝江山環帶鍾秀鍾靈弁冕三巴其間奇才偉行鴻篇大作代不乏人而吾獨於楊氏人文之盛尤有企焉

酆都縣志序　劉德芳

漢以枳地分治平都爲酆都設邑之始初平以後代有廢置隋開皇間析臨州置酆都相沿至今而疆域之廣袤山

川道里之遠近人物之盛衰土風之淳漓固已劃然區別而不可假易一邑之志定有成書以傳信而承久往往紀載家好夸多以侈美盛名賢生産不詳里居古蹟勝概半借他境甚至荒誕不經之談亦入卷帙綱目失倫尚可以資考訂儲采擇乎蜀中經蹂躪之後典籍散亡求其斷簡殘編已不可得康熙丁卯有抄本酆都縣志成書倉卒尚屬梗槩海昌王子令兹土七年自受事來政事餘暇無日不以網羅編纂爲汲汲取抄本中之依據蔡雜捃摭詿漏

語近稗史別集者悉加芟除采獲積以歲月其或未悉自山鄄旅亭僧房寺壁荒疇野冢古碑瞻刻故老之所傳聞記憶捜剔討論靡有遺缺敢增抄本存者僅十之一二王令用心良苦矣書成質於余猶必反覆商定乃授之梓王令文學吏事皆能不負生平是書典雅詳核尤檀所長序而行之庶使好學淡思之士知傳信爲足貴而述作之不可苟爲已也

酆都志序

林敬修

昔考亭夫子一代大儒宦車所至必先修志蓋欲使一方之山川人物政教風化披卷而知以爲因革損益之地教戒勸懲之資非僅脩紀載侈觀美已也吾邑縣志其在有明成於楊溫甫先輩溫甫脩宦天府採輯極博又得樂溫孔藎臣佐之以故炳然成書日久散軼省志中僅載序目一篇可慨也

今天子車書混一合十五國之圖籍纂修一統志我蜀獨後乙丑歲邑侯曲沃王公以禮屬先君子受簡未踰月郡大夫三韓孫公有府志之命稽則書郡邑乘雖就梗概而已未暇付梓文在王父臺先生起家經術以巍科宰平都六載而政成焉風清惠浹士恬民熙皡皡氣象幾見於今琴堂清暇間取志藁披閱見其中脫簡甚多慨然修輯旁披猾覈補其罅漏句比字櫛不使有毫髮遺恨其體簡而嚴其事詳而核其詞質而達彬彬乎有典有則也周志有之周官小史掌邦國之志外史掌四方之志具此制作之才載筆承明三長寔有遺憾哉抑予因之有感也昔溫甫守

杭州修荒政開西湖杭人食其德與三賢並祀不衰公杭人治酆六載教化淪洽致酆人前有李父後有王母之謠似公與溫甫易地而政事同酆之乘溫甫藻飾於前公復修輯於後後先輝映異世而文章同兩相待適兩相酬何其巧相值也公爲文壇名宿時稱古文辭膾炙人口是書成天下讀之奕世讀之昌黎序滕王閣云附名三王之右與榮施焉此則先君之幸也

重修縣學兩廡名宦鄉賢祠記

李仙齡

室之有廡猶鳥之有翼焉鳥無翼則不能奮飛室無廡則
失其夾輔而況
文廟之兩廡尤爲羽翼聖道之所托乎且也名宦以報功鄉賢
以昭德治教中誠有缺一不可者
聖天子尊師重道昌明絶學辟雍而外廣勵人才尤愼簡賢良
振興學校以此奏最誠哉極漢唐而追虞周之盛也吾酆
邑學宮前此草創湫隘自海昌王夫子來守兹土恢擴舊
制正殿告成啓聖有祠四配有位規模固已宏遠矣旋陞

部郎尚多缺畧秀水　禹州朱老父臺先生理學名家以
巍科授內閣中書而改令吾豐本學道愛人之訓弘至誠
動物之風士民之沐浴膏澤者不啻佩仇覽之教劉矩之
治也蒞豐以來修廢舉墜百度維新乃朔望告虔覩兩廡
之風雨不擋兩祠之蓍牖就敝慨然者久之遂捐清俸命
工鳩作越明年而告竣役動而民不擾工成而士不煩夫
事難於創始尤難於成終前之狹隘無論也幸而更新而
制有未備傾圮相半何以成美富之觀耶今也巍然煥然

者大成殿也鳥斯翼而跂斯革者兩廡也整而肅敞而明
者名宦鄉賢祠也是宮墻之美富也大矣哉我
侯以羽翼聖學者羽翼
聖廟宜其處爲純儒出爲良吏而吾豐適受其賜焉至於鄉之
中多士奮興爭自濯磨不忍以不肖自待望聖域而躋賢
閾者將不乏人也况乎年來鶚薦鵬飛齊驅並轡巳拜我
邑侯之賜矣即此而爲
盛世揚休爲　賢侯紀績無不可也是爲記

重建城隍祠寢殿記

曾　撰

今夫舉一事而事在此意即在此苟有關於風教君子弗
緩也舉一事而事在此意不止於此苟有關於風教尤君
子所必急也吾邑城隍祠在治之東僅三間創於楚州
湯侯歲時讀法咸於是焉我　朱老夫子以巍科名家來
宰斯土興利去弊百廢修舉幾幾乎比戶可封矣乃猶朔
望宣講
聖諭不惜親爲開導耳提面命雖寒暑勿輟間者周行祠後見

有寢殿遺址曰是不可以重建乎爰減俸獨吉告神庀材鳩工未嘗與民間一役兩越月而工竣邑之聚而觀者莫不曰斯舉也可以肅觀瞻妥神明矣余曰似也而未盡也盖民義之與鬼神其途雖分而聖人之所以務而敬者其義又未嘗不合所謂舉一事在此而意不止於此者也易曰先王以神道設教而天下服不信然乎且當朔望宣講之期邑之大夫士庶少長咸集先時而至者自郊自野俾得息於斯以肅其氣後時而去者言慈言孝俾得息於此

以闡其言廟貌之事新敬鬼神正所以務民義也則夫風教有関固君子之所必急也抑又聞之召伯之巡南國也後人於茇憩之處賦芾棠焉今我 夫子朔望布化於此則是祠之寢殿也公之芾棠也異日者豊人其亦咏歌於無已乎 撰以楞材深蒙雨化賭兹營建之實有裨益於吾邑也可無揚言以誌其事耶爰拜手以爲之記

重建玉鳴山吳道子畫觀音大士閣記 戴 天

豊有玉鳴山在邑之右即府記之所謂右縈白馬者也東北有來蘋石坊而南有石巖巖下有玉鳴泉四時清瑩不溢不涸嘗聞滴瀝之聲鳴戛如玉泉左有觀音大士石碑乃唐吳道子筆也久沒於荒烟蔓艸中 邑侯禹州朱老父臺先生秀水名賢以內翰政授來豊揮絃而理琴堂清暇簿書之餘寄情於山水間每一登臨覩道子遺筆未嘗不致歎於風雨之薄蝕也於是鳩工庀材不踰時而閣復新噫 公之搆斯閣也其在升高而望遠歟抑亦玉山可登清泉可挹將淡泊以明志歟不然者道濟之心惓惓靡

斁適形於普濟之大士歟 天追陪之下不揣弇鄙遂援筆而志之且爲之歌曰玉山蒼蒼玉水鏘鏘大士慈雲與公俱長

重修九蟒神亭碑記 李黻樞

平都道書所謂仙山也王方平而後陰長生上昇其修煉之蹟爲最著自敀平爲豊鬼神之道興而黃冠緇衣迭相雄長由趾及頂琳宮梵宇以百数九蟒亭適當山腰神狀若天君九蟒着體矯尾揚首瞻拜者鮮不慄慄然肅也遡

所由建父老之傳聞其說多不雅馴明周延甲三魚碑則述住持僧云謂神楊姓宋慶曆二年生于西湖長于洛陽勅受御史顯異茲土蔣蘷景德觀碑只云大仙巖內有九蟒之亭林稺菴志載九蟒亭亦稱九烝樓其名甚古是說也予嘗疑之及按雲笈七籤馬明生授陰長生以太清金液神册即欲別去長生跪致詞曰昔太歲庚辰先生與南嶽眞人洪崖公雲成公瀛洲仙女共論傳授應禱祀九老仙都九烝丈人授之大藥乃靈不禱祀而授爲之不成云

云因恍然曰是卽陰眞君之所以禱祀九烝丈人者乎東漢以來樓名古矣御史楊公九蟒化身遂以名亭而主其祠也其在神道設教後乎楊公之行事不少概見意其人必仁明正直著惠此邦適歿于此酆人尸而祀焉猶桐鄉意也九蟒隨車之說毋亦有所托而云然夫神仙不足以厭之而假以鬼神鬼神不足以厭之而鑿爲隱怪甚矣人情之好異也獨是亭也負崇結撰前岸客無賸地左逼巉削右當山徑斗折處堦圮甃甓最易傾圮極其勢山徑將爲中斷秀水　禹翁朱老父臺治酆之四年登而嘆曰此亭之興廢平山以之聽其傾圮可乎捐俸爲倡鳩工庀材三閱月而工畢亭與山共永于磐石矣然不曰九烝而曰九蟒則禦災捍患隨禱著靈神之功于平都可知也一倡而集無假督趣則民氣和樂百廢修舉　侯之所以治平都者亦又可知也

縣署古井記　林敬修

邑侯禹州朱老父臺先生治豐之明年豐民皡皡豐年穰

穰案無牘積庭有花香因以其暇課圃丁治畦於署之荒隅顧坎窞處石頭犖确欄榦隱然　侯曰試鍬之則甃甓層層矣　侯曰試浚之迄三丈許泉水趵突盎然盈墄瑩冽丰寒時無陸鴻漸張又新輩未品其居何等也邑之紳士父老聚而觀之咸曰吾父若祖未之前聞是昆明之刼灰非近代之堙也今爲　侯出當爲　侯瑞且　侯之治我豐也一絲一粟無所假於民僅飲枳江一杯水積汲役之傭値足爲清俸累今挹彼注茲不踰數武坡公謂水之

符可不有也晨瓶蘚甕澄澈一色少陵汲多之詩可不作也地不愛寶爲廉吏省一汲之費焉林子其記之勿辭余曰唯唯瑞應圖云王者治道清淨則浪井出又漢賴鄉侯井年湮淤塞後復闢有銘曰不三百年應運而闢時以爲瑞亦名曰浪井豊爲巴子別都豊署非其故宮歟抑以啟邑不啟井之經殆千有餘年矣爲　侯出爲　侯瑞誰曰非宜然　侯理學名家正誼明道尋常瑞應之說不當爲侯稱引余則有取於釋文焉井者清也兼有取於易傳焉

井者通也由乎清之義　侯秋水玉山其神清一琴一鶴其風清綱舉目張其政清草臥析楊其刑清化成乎清象應乎清云爾由乎通之義　侯通惠于民而衣食足通德于民而禮讓興通其情疾苦不壅于上聞通其氣太和屢召乎大有化成乎通象應乎通云爾漢世祖曰井露醴泉吾不貴也吏治民安乃吾瑞耳信斯言也我　侯之治理謂即盛世之浪井可也或以井之去江坂衍而下何止數百步胡爲增減與江水相應余爲述東坡惠山泉詩此山定空中乳水滿其腹遇隙則發見臭味寔一族爰走筆而記之時丙戌長至也

申明亭記

曾德升

嘗聞天之號令曰風天之所不能行者風以入之王之號令曰政王之所不能至者政以及之然非徒有其法制禁令也易巽象曰隨風巽君子以申命行事凡以居位設政欲率民於禮教必丁寧反覆申其命令斯有以深入人心而無不信從亦如天之號令吹噓萬物而無微不入也若

是則申明一亭其關於王政非小矣　邑侯朱夫子奉
天子命來宰吾邑是操天之號令以號令斯民也深慮夫愚夫愚婦不能家論戶曉也於儀門之左建亭以申明法令雖曰仍舊貫然舉前之所未行者而行之其功實與創同每朔望集縉紳士庶宣講
上諭十六條畢復進父老子弟而命之曰我
皇上撫有萬方惟恐一民失所故命邑長來牧吾民俾爾民宅爾宅田爾田使各有寧宇也毋怠爾業毋侈爾費毋滅禮

義而罹法網毋輕孝弟而蹈侮逆各惜廉耻共敦仁讓以
無負
聖天子加惠元元之意至再至三丁寍反覆其勤勤懇懇必欲
人人曉然循而行之合愚夫愚婦之倫無不蒸蒸向化焉
以是知申明一亭其關於王政大矣雖然致此者亦有由
我　夫子蚤歲學易及居官設政即以易道治民凡申命
行事皆巽以入之體天命而出以王者之治故其政之無
不信從也亦風之無微不入也然則是亭之建王道也即

天道也丹毋集亭前從諸縉紳後聽講律令因悉其事退
而爲之記

旌善亭記　李孟修

亭以旌善示勸也亦以示賞也嘗考周禮予以馭其幸幸
謂言行偶合于善則予之以勸後故在朝有懋賞之例下
至州縣立亭旌善俾人人望而趨之羣思立善以表著始
先王旌德勸賞鼓舞一世之微權也酆陵下邑叠經兵燹
先王舊制久矣廢墜無聞　邑侯朱夫子暫辟薇省來涖
花封六年之間興廢起墜綱舉目張賢士大夫之過枳江
者皆曰善哉朱公之爲政也然善其政而未識其所以善
也接薦紳以謙待士子以禮善也尤有進對寮屬以平和
御吏胥以整肅善也尤有進至於役不下鄉犬不夜吠人
人遊於春風和氣之中風俗丕變日遷善而不知誰爲爲
之此我　夫子躬行善故其善政善教有以深入人心也
而猶不以此自足也復於儀門之西修建旌善亭民有言
行合於善者則旌之以示勸蓋本先王旌德勸賞之旨爲

鼓舞斯民之術使民之過亭下者望而驚曰我何不爲善
人也我何日得以善而旌於此亭也於是一邑之父老子
弟轉相告語咸以爲善爲樂而爭趨恐後矣夫不動聲色
而勸民爲善乃五帝無言之化我　夫子能以躬行之而
示其意於不言之表何難躋斯民於雍熙之盛哉從此勸
賞立而樂善不倦則周禮之予以馭其幸者端在此亭矣
孟修　栽同桃李扶感蓬麻惟日砥躬礪行勉勉於善不致
隕越於下以戾我　夫子之教耳敢冀片長足錄耶書之

於石以待善人

洪崖山莊記

黃錫策

洪崖山莊曾子侶恒别業也曾子昔居城市與予往來講性命學相與切劘無虛日不事剽末惟務鞭辟近裏故習舉子業功不患其妨志不患其奪屢困場屋初不少動於中戊子膺歲薦慨然遠塵囂卜居洪崖之麓爲山莊結茀爲廬治田爲業樂山水秀麗手植桃李数株緑竹遶舍忘乎世外之榮浩浩乎若將終身焉者獨是山莊其常也何乃於曾子而異之異夫茅屋數間以蔽風雨與人同也不美人之夏屋廣廈田数十畝以供饘粥與人同也不慕人之鍾鼎列食鴦鳥飛鳴游魚潛躍人弟見爲鳥也魚也而不知有活潑潑趣桃李繽紛衆卉爭妍人共賞其妖艷也而不知萬紫千紅都是春意河流於下江漢潛花之所滙也亟稱其不舍晝夜由原泉而放乎海山峙於後層巒疊嶂挺然聳翠使人氣概磊落可以壁立千仞可以砥砫狂瀾此皆所以同乎人而異乎人也是豈地靈而人傑歟抑亦人傑而地靈耶我思古人實獲我心矣昔濂溪圖太極横渠著西銘伊洛繼絶學紫陽集大成象山先立大慈湖作巳易白沙體自然陽明致良知他若草廬若龍谿若近溪若一峯若東郭涇野若洛村波石其間地以人名者不知凡幾吾不知自有洪崖以來曾有此人亦話此事否耶今曾子居於斯處於斯燕笑語於斯詩酒陶情於斯存心養性於斯與朋友講學於斯課子弟肄業於斯殆將有與洪崖同不朽者在也予不揣固陋樂爲之紀其事於石壁

附春日陪朱禹州明府過洪崖山莊訪曾子侶恒

政成庭靜景陽和萬彙昭蘇訪澗阿刺艇尋芳花夾岸扶筇挹翠鳥迎歌山中雅致隨心賞世上浮名經眼過我愛洪崖曾有記風光偏向洪崖多

考槃高尚有伊人邁軸悠悠樂性真蒲架圖書堪賞玩盈筵蔬菓不愁貧情歸淡處雲相伴機到忘時鳥與親飛鳥雅崇緇衣好我來豈直爲尋春

聽鹿軒記

朱應熊

平都官署之東西各有廳事焉軒除朗暢雜植卉木原夫創者之意亦擬韓魏公之典故問東廳文學問西廳之說也自明顧不遠哉吾 仲父禹州來宰是邑芟其蕪穢補

其鋒漏於政事之暇日坐西廳與戚友沈子虞嘉王子酉
韓暨子觴詠其間幾忘羇旅之寂寂也因邑乘載李長官
夜聞仙鹿長鳴而異之使人徃山踪跡遇一老人云無他
異當有賢人晋謁令君耳翌日而蘇老泉過訪焉相與道
其事傳爲豐陵八景之一焉乃顏西廳曰聽鹿軒與有如
老泉者續成佳話也年來諸君先後東歸空庭閴靜坐卧
於斯者能不思是山之鹿復鳴乎今春適崔子敬哉過署
乃子妹倩也其偕來者爲賢兄禹甸暨子中表鍾子孟諸

也飛觥角律日集斯軒中又頓釋離索之感矣嗟乎韓蘇
二公文章功業照耀千古即一廳事令人遥企罙殷焉子
與諸君子先後集於斯軒顧名思義能無興起於中也乎
緣年來喧寂攸殊有未可意計定者故不揣弇陋援筆爲
記且以識我　仲父高山景行之慕者有足多焉
爾

重建縣署東廳記　鄭德昌

今
天子出震御極以仁天下爲先務有
旨親民之吏槩行
引見訓以子惠元元之意焉凡在臣工罔不祇遵故能久道化
成好生之德洽于民心猗歟盛哉亘古所未有也我
舅父禹州以甲申嘉平中浣一日
陛辭之任酆邑不棄謭劣挈隨來川得朝夕侍左右竊悉其立
心行政即一事之微皆禀體
聖主仁民之訓誠如參前倚衡勿稍斁諸寤寐者矣縣署之東隅

有廳三間年久傾圮鞠爲茂草　舅父緣其基址捐俸金
數笏重構椽楹落成列圖書筆硯于中公餘以爲退息之
所而仍其舊名曰東廳焉余惟東之爲方震也日至冬而
入度周天三百六十有五度升于東而爲旦則旣晦而明
光耀聿新是一日之所始生也歲歷冬而終日周天三百
六十有五復旋于東而爲春則旣寒而迴元氣旁達是一
歲之所始生也嗚呼天地生生之道莫盛于東而爲萬物
之毋故四方之位必首言東四德之性必首言生物之仁

而麗諸東焉今　舅父堂構重新而仍其舊名是誠一事
之微不忘
聖主仁民之訓意有在矣抑又聞之岱居四岳之宗海受百川
之歸蓋山之峙于東者唯岱水之會于東者惟海吾
舅父他日報最恭膺
特簡廻翔旃厦黼黻昇平以仁一邑者而仁一世俾生民仰之
如四岳之岱百川之海克其東之義育者不兆端于斯耶
爰拜手爲之記而揭諸壁

酆都縣志

知縣事秀水朱象賢修刊

卷之八

詩

詩之經緯昭晰於三百篇中用諸閨門鄉黨邦國俾知有勸懲焉邑乘之詩大抵遊覽寄興居多而性情之邪正亦即於斯而稽得之以故豊志取歷朝名作叙於藝文之次而時賢題咏尚期采風者

之點定蓋闕如也

壻崔王畿

姪　應熊校字

男　紹熙

平都山　青城道士

萬仞峯巒揷太清麻姑曾此會方平一從晏罷乘雲去玉殿珠樓空月明

九日題塗谿　唐白居易

蕃草席鋪楓葉岸竹枝歌送菊花杯明年尚作南賓守或可重陽更一來

送酆都李尉　李商隱

萬古商於地憑君泣路歧固難尋綺季可得信張儀雨氣

燕先覺葉陰蟬遷知望鄉尤忌晚山曉更參差

仙都山鹿　宋蘇　軾

日月何促促塵世若拘束仙子去無踪故山遺白鹿仙人已去鹿無家孤棲悵望層城霞至今聞有遊洞客夜來江市叫平沙長松千樹風蕭瑟仙宮去人無咫尺夜鳴白鹿安在哉滿山秋草無形跡

題平都山

足躡平都古洞天此身不覺到雲間撞胛四顧乾坤濶日

月星辰任我攀
平都天下古名山自信山中歲月閒午夢任隨鴝鵒覺早
朝又聽鹿催班

平都山

山前江水流浩浩山上蒼蒼松栢老舟中行客去紛紛古
今換易如秋草空山樓觀何崢嶸眞人王遠陰長生飛符
御氣朝百靈悟道不復誦黄庭龍車虎駕來下迎去如旋
風搏紫清眞人厭世不回顧世間生死如朝暮學仙度世

豈無人餐霞絶粒常辛苦安得獨從逍遥君洽然乘風駕
浮雲超世無有我獨存

題平都山　趙　遇

酆都有山縣之東岡勢崛起如游龍盤盤層級上絶頂爵
爵巨栢凌蒼穹秘殿梁唐制作古絳氣縹緲浮琳宮自昔
王陰駕鶴去至今爽氣飄仙風爾朱先生繼其後百煉沖
舉遊瀉漾五雲破地巳靈異白石水峅遺遐踪大江渾渾
復東注南嶺趨伏而朝宗溪流山足重巘抱千古福地平

都雄神仙與宅異凡境樓觀窈窕丹霞濃遊人到此意超
詣如在蓬萊渤海中是詩本二十八韻古碑殘缺不得全録紀其存者

五雲樓　牟虛心

窗開四面納虛明水色山光畫不成輸與蹁躚老黄鶴飄
然物外自心清

五雲洞歌　丁尉侯

君不見呂公昔日飛過青草湖獨有老柳物色南城隅仙
人來去無定所東風嫋嫋飛雲孤江上靈秀鍾平都巍然

眞仙之所居王陰得道幾千載白鹿長生還自如今年七
夕知何自牽鹿來遊崖穴匿有氣如虹起洞口天花芳馥
蒲芋盧總眞眞人住洞府出入必有神明俱有時一笑下
塵世坎離刀圭覺凡愚仙家從來多異事予亦愛之巨屢
書二仙邈矣不復見誰云五雲佳氣無

題仙都觀　蜀杜光庭

往歲眞人朝玉皇四眞三代住繁陽初開九門丹華熟繼
躡五雲天路長烟鎖翠嵐迷舊隱池凝寒鏡貯秋光時來

白鹿巖前後應許潛遁不死鄉

白鹿夜鳴　　明曾　問

白鹿知何代空山月夜鳴至今崖畔路猶見紫芝生

月鏡凝山

空潭澄皓月孤影落前川夜半銀蟾浴青鸞下九天

珠簾映日

一簾秋草碧倒映大江流日暮浮雲捲青天掛玉鈎

送客晴瀾

送客晴瀾上停杯發棹歌水流無盡處還似別情多

遊仙都觀

覽勝琳宮一吐奇山靈應笑我來遲天開地闢壺中景月白風清畫裏詩桂樹小山招隱處桃花流水遇仙時登臨自是平生興不用楊州借鶴騎

遊平都　　嚴　真

琳宮翼翼鎮豐陵石磴縈紆上幾層對客好山清氣迥傍崖修竹翠雲蒸風塵異地悲存沒祠宇千年感廢興歸路藍輿扶落日蒼茫烟霧望中增

仙都觀　　劉成德

福地標題古雲岑曉望遥玄都雲裏認羽旆月中搖細草依蒼壑長松蔭碧霄廢垣鳴埜鹿殘雨剥山蕉白日丹爐火青牛絳節朝層城連上苑蓬海隱同潮在嘯瑶壇月春吹玉洞簫有田堪種秫無客可觀桃溪暖花爭發江寒雪平消凌雲亭北樹流水澗邊橋絕境通崖谷澄江匹練綃舟乘思太乙柯爛憶王樵陂杖看龍化天門見虎跳芟虛

聲蝴蝴飛馭路迢迢樓閣青霞杳衣冠紫府高乘鸞誰不羨去鶴故難招空有谷神傳仙人久寂寥

謁耀靈殿　　魏　瀚

萬疊青山列畫圖偶逢塵[illegible]謁清都生祠碑古人何在業鏡臺空事有無瑶艸生香緣玉洞碧雲流影護丹爐神明威望森如許公道於今伏力扶

平都山　　李　本

叠巘層巒遠近宗平都天表削芙蓉西連岷嶺三千界東

接巫山十二峯瑶草琪花開野鹿琳宫貝闕擁蒼龍十年五度經遊此聊賦新詩紀舊踪

白鹿山次韻　　馮　禋

青山無盡頭白雲苦拘束酆都天下名青牛對白鹿内有仙人王陰家洞口桃花飛紫霞仙人一去不復返空餘明月籠寒沙峯巒峩峩山瑟瑟上去太虚纔一尺今日我來尋二仙踏破烟雲滿山跡

平都山　　倪朝賓

平都絶頂古丹丘爲訪仙蹤六月遊洞口千年鳴白鹿閑前幾度駕青牛石牀夜雨閑棋局庭樹春風送管簇枯坐談滄天籟發白雲點綴萬山秋

月鏡凝山　　楊大榮

潭面浮霜月正圓葫蘆此夕墜中天一輪金彩層霄外萬頃銀輝叠嶂前清湛蓬壺眞太極白生虚室見虞淵興來更欲騰雙翼飛伴吹笙跨鶴仙

題平都山　　朱之臣

眞仙不可望所得在孤岑地既近而遠人惟王與陰石靈尚餘琴松氣有遺音幽洞其誰力高雲非衆心遥知山寂寂下視水深深吾得相宜有悠然共遠尋

平都山　　王　稽

昔聞酆都名今到酆都山碧水流不住白雲去復還閒花飄古洞深殿鎖重關興罷欲歸去徘徊霄漢間

白鶴觀禮眞　　吳用先

仙都標異界名勝冠巴賨宛轉百盤磴登臨一杖節峯頭

雲渺渺山下水淙淙靈岳涵眞色瑶壇肅聖容蕊書翠靄閣玉牒紫泥封鳳吹排空度鸞旌帶月逢齋心香寂曆敷疏語虔恭微尚師黄石幽期訪赤松敢云宦况淡衹覺野情濃願解區中縛還希塵外蹤凌霄擬控鶴攀霧欲騎龍至訣不輕授玄言自可宗春風鳴衆籟誰與扣洪鐘

平都山　　莫　琚

王陰當日舊仙蹤芒屐雲紆路幾重紅露臺高凌碧漢青蓮崖直引蒼松鹿因羽化留遺跡館爲丹成守故封我亦

登臨毛骨爽飄然身在五雲峯

流杯池泛　陳　瓛

九曲池邊倒玉瓶綠茵鋪地水痕青輕浮香液和雲溜細遶泉流觸岍停客醉坐間爭得句官閒塵外且忘形風前何物添淸興黃鳥啼春在石屏

送客晴瀾

客泛靈槎江上行江頭霽色擁仙旌一聲環珮雲程遠三叠滄浪別恨生影動金璃波浩渺光搖銀漢影澄淸至今石激灘鳴處似訴當年不盡情

平都山　胡　璉

作邑乘淸暇來登第一山乘驄行覺近飛鳥漸知還仙跡應已久塵氛了不關翻思市朝客擾擾利名間

題總眞橋　楊孟瑛

艸樹玲瓏鬱殿臺烟霞繚繞似蓬萊總眞橋上人行處流水胡麻莫浪猜

流杯池泛　熊永昌

何年鑿石引流泉幾曲淸流泛酒船幽艸有情依坐畔閒花無語落尊前令行不必誇壺矢歸詠何須憂管絃策馬悠悠星月上春風隨袖舞褊褼

靑牛野嘯　黃景夔

薄厥西遊稅駕年靑牛老結碧山緣徑深雲樹不知處洞外桃花別有天友鹿紫芝湮露草呼龍瑤艸伴畊烟牧林何處聞橫笛吹向東風播穀前

遊龍墩

春日出郊江上行白沙翠岍照新晴憑城樓閣花中出轉浦帆檣鳥外明擬買釣舟存晚計謬通朝籍尚虛名塵冠却對滄浪水笑掬淸漪爲濯纓

珠簾映日

珠簾垂處絳雲開寶藏蝦鬚亦浪猜影動江璃驚白失風翻山燕去仍廻霽林穿旭聯金鎖霞浦搖空瀁碧洄復有玉繩低永夜也隨鉤月上瑤臺

平都山　楊　東

平都四十二福地石室丹梯險絕通紛郁烟霞迷綠樹嵯峨宮闕倚蒼穹玉臺春暖蟠龍起古洞雲閒宿鳥逢幾度徘徊山月出細吹鐵笛和松風

遊平都　楊晉

青蓮碧漢五雲峰闕殿躋攀又幾重烏兔閃爐無火候龍蛇碑刻有苔封仙祠荒落悲吟壯石壁淋漓醉墨濃爲愛登臨歸興晚徘徊星月傍長松

遊平都　楊節

空山踏翠馬蹄寒十二芙蓉面面看洞口白雲千載住江南黃鶴幾時還瑤臺冊冷烟霞護石磴苔深歲月閒到此塵消胸次豁不知身寄畫圖間

龍床夜雨　黃洵

此地當年起臥龍洞口深鎖石牀空不知子夜千山雨飛向雲天第幾重漏轉江樓催急溜夢回漁父濕孤蓬至今鯨吼清灘下宜答仙都觀裏鐘

送客晴瀾

錦波如織漾新晴送客灘頭去住分夾岸樹移青雀舫中流歌起白鷗羣蒲江行色濃春酒千里懷人隔暮雲却憶河梁攜手處遺風穠李至今聞

春日登平都山　古養敬

尋春剛及早春時風景撩人不搆思高閣憑虛飛鳥度連峯極目過雲遲臥龍潭僻斜通徑野鶴巢傾欲墮枝好與風光共延賞莫將公事惱癡兒

平都仙蹟　曾繼先

江峯擁翠逼諸天隱隱雲中石磴穿不定烟嵐浮澗壑多情花鳥共林泉丹鉛化氣從何日金碧開山不記年早晚再來登絕頂王陰亦似有前緣

遊平都山　楊履

杖屨謁清都危峰揷晴昊仙人好樓居渺然城郭小耿耿懷王陰學道苦未早欲效玉女闈何由托青鳥望望三神山劃然一長嘯

平都山　黃進

平山何峯華天下說各山福地開三島仙冊練九還樓迷
青鳥度洞詩白雲閑拂石蘚題字失蓉紫翠間

平都山　宋　文

仙山屹屹倚蒼穹躡蹬捫蘿一徑通曉鶴烟霞迷古洞參差宮闕隱林叢詞人記述碑猶在仙子昇騰跡已空幾度登臨傷往事碧桃歲歲領春風

龍床暮雨　盧　雍

神龍久化去水底石床平月冷江空濶風聲作雨聲

白鹿夜鳴

仙質玉無塵人間亦久馴一聲江月白應是報嘉賓

同致仕金華守劉薦遊平都山

平都福地偶登臨回首斜陽感慨興輕拂苔碑磨篆刻細聽羽士說飛昇神仙可學恐無益幽懷欲書何所憑江上寒峯孤月出劃然長嘯白雲層

遊平都山　周包荒

人言此地有蓬萊我來覽勝忙青鞋洞口五雲安在哉藤蘿烟霧藏樓臺古碑剥落生莓苔登臨絕頂疑天台凡骨愧非劉阮儕我聞至道絕塵埃徑思脫屣離形骸欲向王陰覓梯階王陰一去不復回人間滄桑幾劫灰短歌激烈持酒杯日落尊前返照來長松老鶴鳴清泉山靈爲我增徘徊

平都山　李秀華

平都勝境快人遊乘暇登臨豁倦眸石洞有泉通巨海冊爐無火傍危樓亭凌碧漢雲常鎖山枕清江水自流坐久

松梢天籟發恍疑仙馭過峰頭

五雲樓　譚良相

仙閣靈臺草木蒼回梯曲磴與天長溪風撼竹千重雨暖日薫花百和香閱盡人天餘鶴鹿經殘灰劫問滄桑蓬萊欲覓知何處疑在烟霞弱水傍

三仙樓夜坐　戴文星

仙都古名勝洞口紫霞浮老樹擎雲霧層樓礙斗牛豪吟江月起清嘯海天秋獨坐忽長憶蓬萊閣上遊

仙都觀　黃世修

道院清虛畢起遲閒時瞻眺醉吟詩捫崖摩刻雲生屐開
逕分春月墮巵夜永只聞風戛竹日長惟見鳥争枝悠然
自謂羲皇侶問到羲皇總不知

靈崖泉　劉孟桓

蒼崖石罅瀉流泉幻出乾坤太始前冷射天邊雲掩護竅
通仙頂氣盤旋濯纓自是清堪掬洗耳還無俗可捐閒把
春瓢貯江月不妨隨口到丹田

白鹿山用蘋韻　冉果

古洞樹盤曲亭深雲飲東依鶴去不還蒼崖鳴白鹿仙人
遲誦太虛家斡旋造化凌飛霞浮雲一去今千載星壇金
閑生塵沙陂巘尋真更空寂睥睨乾坤下盈尺欲求絕粒
上天衢茫茫仙杖無蹤跡

遊平都山　孫芝

巴山春色鶯啼老總為惜春常起早春去明年還復來客
子羈愁何日掃平都風景似位都上接瑤臺下幽島槐陰
日午匝空庭窗外輕風動疎篠噫吁不是看花人試把芒
鞵踏芳艸功成白日生羽翰回首巴山一拳小

九日登九炁樓用杜甫韻　戴文亨

醉倚高樓眼界寬碧雲深處罄君歡西風無賴多情帽孟
雨其如早掛冠興到不妨詩韻窄懷閒未許酒杯寒呼童
薄採山中菊留取來朝醒眼看

白鹿　倪伯麒

匡廬素質向來聞又逐仙蹤伴白雲皓魄奪將瓊島色野

心眠穩石幢芹空林露鶴傳天籟永夜呦呦發性氤幸有
青羊猶在肆平都知爾結為羣

平都山

茫茫人代幾平都踏遍名山總不如洞口薜蘿春自老宮
前棋局月同孤空餘白鹿人何在悟到黃粱夢已虛我亦
烟霞塵外客心隨雲樹渺蒼梧

觀音灘平險詩　李時華

觀音險灘有聲于蜀舊矣上下船甚苦之余昔司李

淺扼擘于此頃奉命巡方檄巡東道嫣工鑿之僅成
両舟便因爲詩以志之
錦水東來擁急湍操舟絶險膽皆寒怒濤彭湃蛟龍泣怪石嵯岈艫舳殘却憶平成思聖績故先開鑿駐征瀾酆陵從此風波息穩棹長年任往還

初夏遊平都山　　毛之麟

冪入平都山更幽不辭十日兩三遊林稍潤帶黃梅雨砌草清分刈麥秋鳥語叮嚀雲外笛風濤起伏海邊舟黃昏

不盡登臨興月色山靈爲我留

仙都觀次韻　　黃常德

層樓傑閣臨窮巖洞裡有人學黃老玉爐伏火烏兎爍黃石浚松茹芝草九還七返煉丹成服餌換骨能長生驅神役鬼攝萬靈呼日吸月守内庭幢旌羽節時奔迎雲軿杳忽歸太清故山寂寂無復顧鶴來如怨鳴朝暮煉形養氣世滔滔入室乖位心獨苦我欲乞靈總真君憑空御虛蹈紫雲道侔天地身長存

平都山　　李樹揆

誰道王陰去不來瑤池宴向此山開青牛駐轍雲爲護白鹿吹笙韻克諧曲水霞觴從地湧洞天位記有仙栽一春兩觀桃花會回首蘭亭更異哉

平都山　　竹可上

斜暉萬丈映澄瀾樹色蔥蘢碧洞寒翠嶺[illegible][illegible]來白鶴丹臺縹緲下青鸞苔蘚騰有猶龍氣爐灶長虛捧露盤我欲乘風排玉宇冰輪初下滿琅玕

平都山放歌　　陳載寬

名山聳秀大江隈叠嶂從天推出來山中有境看不盡乘暇登臨亦快哉我聞疇昔多仙侶披褐幽崖同穴處只云數息度春秋誰識還丹待冲舉仙童採藥出荊扉青青箬笠綠蓑衣直向白雲窩裡過長挑日月担頭歸相府歲月倏飛昇繽紛古洞五雲蒸次第蹁躚何處去蓬萊弱水任飛騰一去無踪增感慨至今惟有琳宮在爲鬼爲神天府雄位闕呵護百千載接踵增修臺榭多金鋪碧瓦麗山阿

華閣亭亭傍日影長[illegible][illegible]接天河此地逍遥無曆日年去年來人不識琪花瑶草洩春輝白鴠黄鸝調玉律松檜參差不記春幾番風雨長[illegible][illegible]招得鶴來丹室甚依稀仙子稅颷輪颷輪鸛鶴終難挽且把樓頭簾幕捲不如長嘯淩空去但覺天津爲未遠騷客品題無了期烟水雲山色色奇若將好景包羅得後人何用强裁詩

平都山　范文光

萃山特孤援蘊靈復秀奇尋眞多仙客丹竈尚有遺何爲

宅幽都鬼魅得踞之古人有深意[illegible]子自[illegible][illegible]黄鶴下相招身世兩見疑目睹老牛頭拜縛入湯池方始得輪廻追恨煉丹遲故知閻羅老王陰之導師囹圄爲福堂洞天此相宜

平都四時詩　張邦衡

簾垂春院靜梁上燕飛來入座花香細殘紅點綠苔

深林來好鳥幽澗古泉鳴客至琴聲寂餘香繞座清

雲封秋嶂碧小院倍深幽木葉蕭蕭下螢光牽一鈎

柴門逈靄雪石罅煮寒泉漏下山頭月看經夜不眠

二仙閣　曾祐

危樓倚霄漢仙客杰爽猶萬樹摩蒼壁千峰擁碧流天空元氣合江淨楚雲浮徙倚雕欄上閒看麋鹿遊

二仙奕處　楊延春

身世渾忘得大還機心何事寄枰間橘中樂趣無人識只許同仙帶醉看

酆陵紀勝吟

岷峨迢遞平都結秀聳巃嵸擅奇絶遥觀宛爾峙江中近歷方知與塵別雲樹靑松上下封樓觀巍峩前後列淺溪瑶草伏珍禽穹碑墨妙傳丹訣品題歷代屬名家蜕化千年有仙客曾傳柱史跨青牛又報蘋公鳴鹿白石床如雨帶雲封懸知江滸躍神龍隔岸蘆花秋瑟瑟映潭月鏡夜溶溶曈曨初上東郊日影射珠簾光四溢西踏梁石泊舟航酌斝歌驪旅懷逸蘭亭勝事已千秋九曲流觴迹尚留猶有同仙飛白字大書巧搆等琳球余生夙抱烟霞僻五

岳卅遊志氣適𥨊當啓迺有丹丘雅與飛浮能自斁披襟正際風光好洞口桃開春不老恍接王陰向碧雲何必偓佺駐蓬島新編山誌古今傳聯附名公長不掃

二仙對奕處　楊夌雲

春滿山桃雨紅雲雲裡長松梢掛月仰摩篆碣斗牛寒閒臥烟霞天地別都中風景各爭奇曲徑斜穿好採芝漢時仙子今何在萬古敲殘一局棋

平都山　楊凌斗

平都深處五雲臺紫氣東浮入望來不盡江聲天外落無邊山色洞前開捫蘿爭訪飛仙跡洗篆咸誇學士才我欲乘風覓真侶逍遥同步玉京回

遊折絲巖拳庵得拳字　古心

山情惟任石欹眠山不入塵石亦顛絲折巖頭簾掛壁宇浮江面水爲箋閒消僧話三竿日遠隔人家萬點烟真道香臺僅一納乾坤到此只如拳

雙節歌

天地非渺小聖賢何孤獨譬彼麟與鳳眞空羽毛族所以大名節未敢許男兒徒自美儀表早已愧鬚眉世趨日以汙中流誰作砥鐵骨石心肝乃至讓女子賢女亦罕遇秤叟實有姑十六爲人婦十九喪厥夫股爲夫子割耳爲夫子削豈不欲同歸有女年方二撫女愁不大教女愁不嚴相依得其所母意亦忻忻女命如母命借聚不借老未忍衆鬼餓遺腹爲夫保不辰遭禍烈夫去兒隨亡豈不欲同歸有母鬢如霜朝夕奉老母春秋祀遠祖築剎守孤墳香

烟慧淨土昔年女伴母孱孱袂相牽今日母並女雙雙影共憐官司闡幽貞僉以兩氏告堅辭不敢當詔恩已先到我見世間衆骨少柔情多忠孝無二理聽取雙節歌

五雲洞悲歌　楊維新

吁嗟古福地倏化爲異類不獨鬼夜號仙人想涕淚名山仙蹟掃地無掩殺丹井毫無忌不知王陰二仙人清修學道功不易功成巧奪化工心山頭忽着丹井遂一竅直透江之湄百千懸綆猶不至匪同峭壁與巉岩下視深深不

敢覬仙人一去不復還反爲鬼神幻其事渺渺洞口白雲飛妙有仙風原不墜跳出浩刼三十年宮觀盡變爲僧寺興金輦碧鑄山銅積丈六莊嚴爐錘者二白晝林麓妨有人強將洞口一朝閉吁嗟乎縹緲之鄉窈窕之地有口無心塡胸抗背安得人人似古人啓我胸豁我臆髣髴乎五雲洞口出雲吐霞之爲亟

續白鹿賦　林明儁

吾邑先達黄白水先生曾賦白鹿載縣志今湮没失傳余續賦焉

瞻青牛之尾從兮勢崒嵂而動仰止辱老聃之税駕兮乘紫氣而盛游蝠起於西峯之壁立兮直與平都之山爲㟁峙緣産奇毛兮在山之阿餟茲嘉卉兮羈彼薜蘿飲玉液之芳泉兮長飽清波緑此靜氣如神兮臧否無訛藉雙眸之烱鑑兮堪作名流之綱羅高賢將至兮燭照澄清報達明府兮呦呦送聲似囑將迎兮預洩殷勤除舍效洽兮式燕嘉賓庶山靈免寘頑之誚兮毛蟲顯先覺之名獨是人

酆都縣志補遺

唐昭宗乾寧二年夏荆南節度使成汭遣其將許存泝江略地盡取濱江州縣武泰節度使王建肇棄黔州收餘衆保豐都存又引兵取渝涪二州汭以其將趙武爲黔中留後武數攻豐都建肇不能守降於王建

皇朝順治十五年戊戌二月酆都歸順

康熙十二年癸丑十二月逆藩吳三桂反遣陶劉二僞將軍徇蜀下重慶十三年甲寅正月二日陷酆都康熙十九

年庚申八月　王師復酆都閏八月逆鎮譚弘叛再陷酆都康熙二十年辛酉正月　王師敗譚弘於巴地百丈梁乘勝東下重復酆都

以上附建置

明

貢監

王　宮　蜀王府典膳

楊　奎　王府典膳

楊　貢　[illegible]學訓導

冉宗孔

徐鳴岐

杜子賦

楊 範 [illegible] 主簿

楊士吉 例 [illegible] 州同知

戴琮

李 岱

古有年

王繼成

張繼藩

楊 鉉 都司經歷

馬 翼

王者佐

楊遵春

李廷桂

熊周佐

尹若準

冉之升

陳三聘

古澄然

陳祖智

古惟一 例

徐爾强 例

元 武勳

楊德言 萬戶統軍

國朝

余祥國 廣東廣州營叅將

秦應雄 廣東雷州營叅將

余名成 [illegible] 營守備

明 掾辟

楊 棨 [illegible] 驛丞

楊一致 [illegible] 州吏目

楊廷埜　貴州[illegible]州吏目

楊壽慶　[illegible]州吏目

楊光容　[illegible]州吏目

國朝

楊大逵　軍功題授開縣典史

國朝節婦

毛　氏　李嗣靖妻守節三十四年

馬　氏　生員郎書妻守節三十八年

李　氏　楊進孝妻守節三十五年前知縣王廷獻表其墓並旌其門曰氷心鐵烈

毛　氏　即本立妻守節二十三年

秦　氏　曾元海妻守節三十三年

余　氏　生員林樹本妻守節三十年

林　氏　儒士古三登妻守節三十年前任知縣王廷獻旌其門曰淚閨大節

以上附選舉

江西按察司僉事靜軒楊公墓表　明王　鏊

楊世家孝感有諱德言者仕元爲萬戸統軍泣蜀家忠州之酆都至於君五世矣君諱大榮字崇仁曾祖諱繼祖祖諱文興俱不仕考諱弘道贈大理寺右評事君登景泰庚午鄉試天順丁丑進士酆都故無舉進士者君始自出一家機軸作爲文章聯取科第酆人始皆嚮學君自進士授大理寺評事獄稱平允廬陵王恭毅公長大理所屬罕當其意顧獨才君可大用成化初詔大臣各舉所知恭毅以

公名上遂擢江西僉事會寧縣盜羅萬珪等殺將吏陷城邑衆殆愕計無所出君督甲士擒萬珪等七十一人餘黨出沒南昌君發其下密獲五十二人又擒九江盜舒原一等三十五人脅從者一無所問南昌有盜入權貴家弗得誣平民數十人在獄君悉驅出之曰不欲以民命事權勢衆謂不然無何盜得衆乃服楊洪三者武斷一鄉張甚君抵於法闔郡快之九江指揮李貴賺百戸田春御史鍜成之春自誣服君知寃狀因爭之御史曰案成矣君爲鞫

於朝春等十七人皆得釋江西俗健訟所至牒盈庭君據案剖決各饜其意而去才名發聞同列有忌之者媒孼於當道君因引去吏民數千遮道乞留當道方思還君君曰尚可仕乎哉竟去不顧歸蜀且老矣見州縣事不平民冤官橫猶歷爲上官言之君家居仁義善出財以賑貧困葬廢墜蜀人德焉弘治甲寅八月卒年七十三君好學能文喜爲詩吏事尤所長顧以剛直不能與世俯仰官不甚達其生平才有不盡施者此世之所惜也娶吳氏子五六孟琦

孟瑛孟琳孟瓊孟瑶孟瑜女十孫男十四曾孫男二十君之子孫多且有立而孟瑛方以文學政事有名於時嗚呼君可謂有後矣其所未施者將亦有時而行乎君之世系行歷吏部侍郎長洲吳公已誌之墓予獨書其大者揭之墓上以示後之人其尚有考也墓在酆都龍亭山之原葬之日爲弘治八年十月二十日也

楊温甫傳

明　費宏

楊君孟瑛字温甫號平山四川酆都人也酆都初無甲科舉者譆大榮始登丁丑進士歷官江西按察司僉事僉事公在任時故諭德安成晉軒劉先生猶未第因禮聘敎君君天姿穎異方治舉子業已能縱觀羣書作爲古文詞伸紙立就數百言先生愼許可獨於君亟加歎賞以遠大期之君以庚子領薦丁未會試中禮部第八人刻文爲程入對大廷同學皆推遜以爲必登上第既而賜同進士出身則又皆爲之稱屈而君未嘗意動初授戶部主事連遭大夫人及僉憲之喪先後服闋皆改刑部才名日起陞員

外郎未幾陞雲南司郎中雲南爲刑部劇署銓曹知公茂才援於九人之後人無敢心競者司統邦圻法恒撓於勢婦有戕夫者權貴爲之地積歲不能決公始至而正其辜京兆府屬官貪贓敗露欲怙求出罪卒顯黜之一戚畹奪民田有司不敢問公取歸之民淸强之聲溢於朝宁會杭政久敝冀得賢守冢宰鈞陽馬公疏君以聞制報可君至郡値歲祲高邛之成災者爲賦十三萬四千八百餘石戶部聽攤稅於隣郡貸銀於公帑而其實皆不能辦勢必以

巖刑督之君上疏當恤災以防意外之變得蠲十五萬弘
治癸亥歲也明年兩浙復旱饑詔以淮揚鹽課銀二萬五
千兩屬僉都御史王公璟使克□之用而其半猶未至
也君以贓罰銀克之民遂無殍凡荒政之可用者又縷白
於王公不以爲嫌時郡廩類無實積君曰荒而無備吾可
以罪歲乎哉增築廩六十楹發郡帑糴諸民間前後凡得
粟七十萬石蓋他郡莫及西湖濬於蘇公且四百年豪右
日侵其傍以爲桑田蓮蕩綺錯星布不知其所有也君因

御史以重濬請既報可募民興役不半歲而功訖湖西之
復幾四千畝其所畚除之土西薄山築堤以爲界東附蘇
堤增其崇與廣焉於是六橋炯水悉還舊觀而上塘數千
頃之田可無旱暵之憂矣方肇事謗議籍籍君曰天下事
未有不任怨而能立功者況是非久當自定苟利吾民吾
何恤哉及功成而謗亦息士民覩偉蹟且云與時當與蘇
白同垂不朽逸少傳謝公紀事刻之石驛傳之夫法當調
於田稅故有戶頭貼頭多市籍奸豪據之假符牒索修船
買馬諸費於鄉之貧弱害及雞豚其桀黠者能以稅竄於
官家於竈戶則幸而免君因民之怨計產輸銀畝若干無
敢欺隱凡傭者請官受值歲有常度自是橫索頓除羨餘
日積修湖之費蓋取諸此而民無與焉福建守臣貢方物
移文趣杭郡造舟三十艘以待君考諸故牘則前此閩貢
嘗至浙易舟費皆自辦杭特以篙工助之耳將疏請民勞
當閔之故當道用君議以其舟均於浙之列郡而杭僅十
之二省費歲六十餘緡安溪茶關貧民興販竹木爲朝夕

計與通津巨賈不同成化初奸民網利請隸於工部分司
錐刀之末至與民爭非國體也君奏罷之郡之商稅前政
輒因公而取之課緣是不足君懲其弊務宜至降黜而攬
戶配邊者又十餘人追理積欠得鏹楮數十萬軍衛俸廩
賴以少給藥局之官多舊族苟冒冠裳士於診療亦漫不
杏省自君至官必守職士知方技日更番在局以待病者
而民始受其惠君孜孜官事未嘗苟且皆此類也贈修撰
太學生徐應鑣墓在錢塘方家峪歲久蕪沒君謂當宋之

亡上自宰執下至三學諸生皆隨三宮降虜而獨應鑣不屈闔室死節可以激勸來者宜立祠墓下有司以春秋致祭詔下禮官議而行之孤山有三賢祠祀蘇公及白樂天林和靖君謂六井之浚養而不窮作新宮併祀李泌自爲記亂以迎送神文辭義甚美蓋君之才識英敏氣度恢弘視天下之事無難爲者斂而施之一郡特其緒餘耳故處盤錯紛糾之中從容整暇恢恢乎有遊刃之地加以文章妙麗緣飾有餘所謂儒而通吏而華者也然君自負逸氣

與世落落顧篤許宏爲知己宏淺陋何能爲役第嘗載筆從史氏後於賢儁之事功不忍使其無傳乃姑載其治政之績他日傳循吏未必無取於此云君春秋鼎盛其所以爲不朽者固不止此也

贊曰吾聞楊平山自杭郡入丞京府民歌之曰楊君來西湖開西湖清楊君陞蓋民同欲固有先事而託諸黃竭者況樂成於既復之後乎驛傳之役自平山始均杭民慮其既去而訟更相率請其建議之牘刻諸堅珉以垂示永久是亦非肆其吞鯨之威而强之使然也易曰不見是而無悶平山邃於易者肯以毀譽得喪動其中乎

林位旃先生文集跋　　朱象鼎

古今人之可傳者文章與志節而已然而非二焉蓋古之人文章本諸志節蓄于中而發于外理明辭達若川之紆徐曲折而驚濤駭浪乍激而横驅若山之平遠四出而層巒叠嶂屢變以爭奇今之人志節遺于文章竊其貌而梔其言上者好爲新異可喜剽取二氏遺言高遠而欲窮乎

神詭誕而不根乎經下者不出尋常之見襲蹈兎園册子支離以鬭靡骫骳而無氣其眞僞得失不能爲知言者易也平都　林位旃先生博學工文章有澹遠堂巴字園諸集若干卷余承乏兹土與其孫蓮儒孝廉游獲見而卒業且悉其生平蓋曾膺有明王閣部首荐板授監司適丁神州陸沉時未克大展其經綸爲迨

皇朝定蜀再受知于　太保李總制以儒服偹和門之問對畫策奇中欲拜疏叙功辭不可遂歸閉門卻掃著述益富而

韜晦益甚今讀其上　太保二書忠烈三賢列傳樂府諸篇其志節之可想見者有如此嗚呼先生之文章自五經子史靡不通究其造理也精其命意也遠悉鏟今人之陋習直入古人之堂奧雖不欲自明其志節爲何若要必有知言者尚論而得之斯　能大中丞文節之褒所自來歟余惟蜀中儒先以文章志節而傳者漢唐而上無論已近代如宋之三蘇元之虞文靖明之楊用修皆策名盛時黼黻昇平而先生僅于干戈擾攘之際畧露一斑終老林泉

雖顯晦升沉其跡不同其趨一也余卒讀先生之集微窺先生之旨深有感于　能大中丞之爲知言焉不揣弇鄙而綴諸末簡

書楊五湖先生集後　朱象喦

余嘗讀歐陽公五代史一行傳喟然嘆曰古賢人君子風世之意抑何重以周也唐末五季仳離生民塗炭苟息殘喘遑暇討綱常名教之不可陵遲也乎之數人者非有王公之貴社稷之寄民生休戚之係於萬死一生中獨行其是力挽頽風雖曰一行而天下後世人心天理不絕如綫者未必不爲之興起焉斯公之所以亟先其潛德也楊氏爲平都世族有隱君子　五湖先生者少即肆力詩古文詞書法倣顏魯公帖雖遭兵亂弃命必擕[illegible]與俱勿釋長補博士弟子員意氣豪邁凌厲無前明末闖部王公承制討賊拔人才第一欲授以職先生知時事不可爲固辭免喪亂後絕意仕進當塗者雖知其賢屢徵不起偶於刼燼之餘獲宋克殘碑築寶宋廬三間置其中晨夕摩玩讀書

固窮怡然自足酒酣耳熱尚論古今來臧否興亡事輒娓娓不倦雖年齒衰暮後生輩勿逮也其孫邑庠生廷碩出遺集示余皆短什大抵激昂慷慨寄託遥深覩彼東皋舒嘯西臺慟哭者實先後同揆焉廷碩以余曾厠名內史今又待罪令長欲丐鄙言登諸家乘以光潛德且援歐陽公史傳之例不克辭而諾其請然先生華胄弘儒抗志千秋大義終身肥遯固高出一行之儔第余東海末學才識淺陋未得夢見歐陽公脚汗氣徦以風世念切覥顏濡筆

九京可作其不至啞余謂東家施者幾希焉矣

學庸圖說序　　朱象冑

玉峰曾子潛心道學以其所著學庸圖說惠教于余而問序焉繫惟庖羲一畫啟乾坤之緼立圖書之祖而五帝三王作君作師聖人相傳之心法遂燦著于詩書禮樂之中迨周室東遷異端邪說壞人心術宇宙幾同長夜天生我孔子起而經綸之俾萬世之君臣父子夫婦昆弟朋友之倫秩然以序讙然以親其微言大義散見于六經而聖人

之心法則在學庸一書自曾子子思遞傳至孟子沒後遭暴秦一炬簡策殘失漢唐箋釋雖曰羽翼經傳其實穿鑿附會者不少有宋代興周程張朱大儒蜚出相與講究而折衷始定元時有倪氏通義彙輯羣言以詮釋之每章後列圖說條分支析脉絡貫通頗爲得解即明永樂間楊胡諸公奉詔撰行大全之藍本也第未識當時何意盡汰其圖說而不傳毋怪乎明通之士以去其精華存其糟粕譏之耳玉峰沉潛玩索於學庸二書有得諸心著爲圖說多與倪氏脗合精而確正而通全部分章萬殊一本不覺聖人之心法瞭然于目前矣周子曰文者所以載道也輪轅餙而人勿庸徒餙也况虛車乎若此者非載道之罷乎吾知人人之是庸矣雖然學者能得意忘象則六經皆屬註脚苟或按圖索驥爲足以語絕塵而奔者耶吁斯又失玉峰立言之旨矣

酆都縣志

卷八

京師圖書館藏書記

［嘉慶］酆都縣志

（清）瞿頡　纂修

清嘉慶十五年（1810）刻本

職官志

知縣事聕文瞿　頡重修

班固作循吏傳詳守相而畧於令然親民之官莫有切於令者酆雖僻處下邑然頌召杜繼孫胡者代有其人棠思峴淚長留不窮攷古者其循名而責實也作職官志名宦附焉

職官名宦附

知縣

宋

李長官見名宦

牟虛心平都提點

元

達魯花赤完者帖木兒始建學校

張傑

按川主廟記二人乃同時者達魯稱侯張稱尹查元百官志路府州縣長官皆蒙古人而漢人南人貳焉縣志達魯花赤一人以蒙古色目人爲之縣尹一人主簿典史各一人儒學教諭一人傑於此時亦縣佐也

明洪武桂仲拳見名宦

竇谷暑見名宦

楊謙見名宦

彭用禮

曾鼎

永樂余元亨見名宦
李元敷湖廣酃縣人
杜思敬
蘇原浩
宣德柳儼見名宦
正統陳
景泰周尙文見名宦
天順柴廣見名宦

成化陳鼎
胡璉
宏治李毅見名宦
明紳見名宦
曾琮江西人進士
正德姚臣陝西洋縣人
嘉靖張機
金坦

王朴
周包荒湖廣興國人
曾見九蟒碑
萬谷見名宦
隆慶劉孟桓湖廣通城人
萬歷左應麟湖廣夔陵人
蔣思忠貴州貴陽人
張守剛

張霈
郭魁
廖
蕭宗禹
林梅
龔自成
嚴官
天啟周延甲見名宦

冒夢齡見名宦

文廷高

張邦衡

崇禎江文亨湖廣鄖陽人舉人陞商州知州

陶宗孔見名宦

周大紀浙江人舉人

楊有培雲南人貢生

張欽明廣西桂林人見名宦

國

朝順治商起予陝西階州人十七年委署重建縣堂

湯　濩十八年任見名宦

康熙李如滂九年任見名宦

張鳳翔陝西中部人癸丑進士十九年任

曹慎獨北直景州人甲午舉人二十一年任

王　鑣山西曲沃人甲午舉人二十三年任

常　紳北直雄縣人壬戌進士二十八年任

霍儀世北直清苑人甲午舉人三十年任

馬騰雲奉天人歲貢三十三年任

王廷獻浙江海寧人辛未進士三十六年任見名宦

朱象鼎浙江秀水人戊午舉人內閣中書改授四十四年任

謹按自康熙四十九年至雍正六年歷任各官卷宗於乾隆五十三年江水泛漲漂失無考

雍正朝何可如陝西三水縣人雍正甲辰舉人雍正七年任

乾隆朝田朝鼎乾隆六年任

吳　璉雲南蒙化縣人乾隆丙辰進士七年任

陳邦器山西長子縣人貢生乾隆十六年八月任

蕭宗元貴州都勻縣人乾隆己未進士十七年任

王國模

邊　鏞江西峽江縣人乾隆乙丑進士十九年任

孫　豫浙江上虞縣人乾隆二十五年任

黄　鐘江西新城縣人舉人乾隆二十五年任

王縈緒山東諸城縣人乾隆丁丑進士三十二年任

曾自伊江西長寧縣人貢生乾隆三十五年任

楊夢槎江蘇金匱縣人乾隆丙子舉人三十七年任

章汝楠浙江會稽縣人乾隆丙子舉人三十七年任

劉伯勳直隷任邱縣人乾隆辛未進士三十八年任

王思恭

唐仕瑾江蘇江都縣人貢生乾隆三十九年任

詹世适湖北黄陂縣人乾隆壬申進士三十九年任

柯支樹廣西北流縣人乾隆戊辰進士四十一年任

張　偉貴州平遠州人乾隆丁丑進士四十二年任

潘邦和浙江仁和縣附監生乾隆四十四年任

張　偉四十五年回任

李　元

何　禎福建汀州府人乾隆壬午舉人五十四年三月任

張　偉五十四年七月回任

徐仕林順天通州人廩生五十六年任

李祖悦廣東化州人乾隆丁酉拔貢五十七年任

饒覲光湖北長陽縣人乾隆丁酉舉人五十八年任

楊　燮雲南趙州人乾隆乙酉舉人五十八年任

黄昭蘇湖南桂東縣人乾隆丁酉拔貢五十九年任

楊　燮六十年二月回任

嘉慶朝

李毓璣貴州普安縣人乾隆壬午舉人嘉慶四年任

葛若煒山東濮州人監生嘉慶五年任

陳汝秋江蘇寶山縣人乾隆己酉進士嘉慶七年署任

幸　翰江西奉新縣人嘉慶丙辰進士九年任十一年三月以憂去

李　鑄河南柘城縣人乾隆丁酉拔貢十一年三月以忠州州判署任

陳作琴湖北天門縣人嘉慶辛酉拔貢十一年四月署任

瞿　頡江蘇昭文縣人乾隆戊子舉人十一年八月任十三年七月奉調入闈

李　鑄十三年七月署任

瞿　頡十三年十一月回任

李應元雲南晉寧州人壬子舉人十四年四月署任

瞿　頡十四年十一月回任

主簿

明宏治孫　敬

正德馬世偉秦州人

嘉靖蔣　曉

陳一度

王友亶

吳　貴

隆慶衛　田

萬歷張四術唐縣人

尹學士

紀幼悌

曾

楊宗貴

楊朝思

沈　濵

金鳳鳴

葉大剛

天啟沈東虞

陳啟鳳

崇禎黃漢啟

施可久

貢國士

劉一首

王　復

酆都縣志

金仕俊

國朝鈌裁

典史

元　湯　忠

明洪武邢　志山東寧陽人

景泰譚　瓚湖廣邵陽人

天順劉從善河南歸德人

成化廣　倫

楊田卷

宏治謝彥昂

嘉靖范　俊

王世昌

馬　山

王孟才

萬歷彭　鎡江西臨川人

張一鳳

周國材

紀養蒙

敖廷言

唐應聘湖南沅州府人

蔣時中

天啟王繼成

李世英

崇禎陳應昌浙江會稽人

王國秀

唐堯典

王國卿

杜永年

曾道宏

黄爲龍

國朝康熙樓鼎魁浙江人吏員九年任

羅　薦陝西富平人吏員十九年任

王大倫浙江人吏員二十一年任

沈國璋順天武清籍浙江蕭山人吏員三十年任

劉啓武北直保定左衛籍江西安福人吏員四十二年任

雍正朝王　緒直隸大興縣人六年任

乾隆朝姚廷會浙江山陰縣人乾隆二年任

曾曰瑞六年任

崔作鎮甘肅碾伯縣人六年任

李延鳳正紅旗監生十二年任

王　淳順天大興縣人十九年任

徐永緯江蘇崑山縣人二十八年任

王　璜順天宛平縣監生二十九年任

吳　榮江西高安縣監生三十一年任

戚祖夔湖北江夏縣監生三十二年任

屠　烜湖北孝感縣監生四十八年任

李　英江西金谿縣人四十九年任

嘉慶朝楊　愷浙江鎮海縣人元年任

章春遇浙江會稽縣人三年二月任

陳先甲江蘇武進縣人九年任

劉　椿江蘇太湖廳監生九年任

孫集鳳浙江山陰縣監生十年任

歐陽璧江西彭澤縣人禮部儒士十年六月任

馬　延浙江會稽縣人十三年七月任

張爲垿陝西華陰縣人十四年八月任

歐陽璧嘉慶十五年二月回任

巡檢

明嘉靖黄道克

萬歷范永甸

崇禎張思誠

國朝鈌裁

驛丞

明正統李宗志湖廣華容

天順張子銘

成化楊　榮

楊　篆

宏治雷洪深

嘉靖薛守恒

呂　盛

隆慶羅　榮

萬歷黄　葵

陳　藎

張有望

天啟趙之璧

崇禎周之盛

高廷舉

國朝鈌裁

教諭

元至正饒克容

明洪武王必祁温陵人

宣德余　鐸江西人

正統翁　佐

成化陳　巘應天人

宏治虞　晝

正德程　鵬陝西咸寧人

嘉靖沈繼芳

孟　賢

張　思、

李秀華

馬良佐

隆慶李　裕舉人

萬歷劉用簡

竇希顔

朱　棠

劉　寅

李春敷

黄世卿

朱　霖

李席龍

楊時隆

崇禎劉承易

楊起鵬

韋炳然

國朝缺裁康熙三十三年復設

康熙朝黄錫策射洪人癸酉舉人三十三年任

訓導

明洪武張漢賓樂溫人

張友仁漢賓子

張海沅陽人

宣德陳壽鼎臨武人

天順向成顏平江人

成化劉銓

李銓雲南人

宏治唐本湖北蒲圻人

嘉靖何大倫

馬元經

劉爵

伍

何宗中

隆慶藍畊湖南岳陽人

萬歷周易施州衛人

莫子仁

熊文

董維藩

吳觀周

董守清

竹可上

熊文爵

天啟李繼齡

崇禎周昌暹

陳應珪

劉楊鳳

國朝康熙朝劉垻平武人貢生十五年任

楊國柱永寧人貢生未到任

胡公瑜崇慶人貢生二十四年任

何修遵義人貢生二十七年任

傅珩廣安人三十年任

屈先達納谿人貢生三十八年任

嚴履泰慶符人貢生四十四年任

雍正朝岳　亮南江縣人歲貢六年任

蒲在湄名山縣人歲貢十二年任

乾隆朝王艮謨安岳縣人歲貢二年任

楊　簡四年任

陳其詣大竹縣人歲貢十年任

黃應垣巴縣人歲貢十一年任

朱仕建閬中縣人乾隆辛酉舉人十三年署任

范　昂羅江縣人歲貢十三年任

姚　璠大寧縣人歲貢十九年六月署任

孫丞寧黔江縣拔貢二十一年任

洪爾禔三十八年署任

文在人合州人乾隆壬午舉人三十八年任

楊　泗射洪縣人乾隆丁酉舉人五十三年署任

杜丞齡南充縣人乾隆丁酉舉人五十三年任

馮灼文慶符縣人乾隆己酉拔貢五十八年署任

王　謙石泉縣人歲貢生五十九年任

嘉慶朝屈朝泰樂至縣廩貢生嘉慶十一年署任

向明學雲陽縣歲貢生十二年六月任

韓際昌岳池縣廩貢生十三年正月署任

陳九經崇慶州人乾隆丙午舉人十四年三月任

駐防

國朝舊制忠州營額兵四百七十五名設遊擊一員守備一千總二把總四屬重慶鎮康熙四十一年西藏用兵裁去遊擊止有守備一員千總一員把總二員兵止二百五十名酆邑駐防係忠州營外委分汛

康熙劉秉智千總二十年委

況朝輔千總三十五年委

周世海千總四十年委

張龍河南開封府人行伍

許成位千總

郭文王忠州人行伍

吳學孟成都縣人行伍

駱吉巴縣人行伍

張耀

張貴陝西浦城縣人行伍

周宗孟黔江縣人行伍

劉尚義

徐國仁巴縣人行伍

徐文達陝西人行伍

張君相巴縣人行伍

戴榮陞成都縣人行伍

名宦

知縣

宋　李長官　以慈惠異政聞

明　桂仲拳　創立縣治學宫課士愛民

竇谷曙　應天人建學校均田畝定版籍

楊　謙　陝西人查黄常記今學乃謙建也

余元亨　浙江東陽人監生廉以潔己惠以愛人

郴　儼　巴陵人有惠政

周倘文　湖廣道州人監生廉能愛民均徭平賦

柴　廣　祥符人修學定賦勞心惠民陞漢州知州

李　敎　修城

明　紳　修城修學

萬　谷　清查田糧釐定徭役

周延甲　字弱父湖廣開武人重士愛民暇則講武奢會之變親率鄉勇克之授監軍同知

冒夢齡　江南如皋人貢士清廉愛民陞寧州知州

陶宗孔　廣西人舉人聽訟存異才陞岳州府推官

張欽明　廣西桂林人清勤愛民崇奬士類嘗拔有奇識

國朝　湯　濩　江西清和人已亥進士有惠政陞晋州知州

李如滂　北直高陽人已亥進士造明倫堂兩廡戟門啟聖宫吳逆叛抗節潜歸

王廷獻　重建大成殿啟聖祠修輯志書查復學基學田陞戶部陝西司主事

教諭

元　饒克容　初建學

明　翁　佐　浙江諸暨人舉人操履端方教約嚴正

竇希顏　詳載藝文

訓導

明　何宗中　重立號房

以上酆邑崇祀

國朝　李國英　四川總督

郎廷相　四川布政司

周　燦　陝西臨潼人已亥進士四川督學副使

姚締虞　四川巡撫

劉德芳　四川按察使

南朱馬喇　光祿大夫率師平川

南伊馬喇　光祿大夫率師平川

噶爾圖　四川巡撫

高起龍　四川布政司

王　隲　松茂道

郝　浴　四川巡按

以上通省崇祀

選舉志

知縣事珞文瞿　頡重修

古者立賢無方惟制科得人最盛凡以明體而後可達用也進取不一途而

聖天子注意科目三載舉掄才之典

特簡儒臣主試其文章一以清眞雅正爲宗端文品即所以正人心也酆邑自有明以來科貢接踵追楊大榮父子先後成進士黃氏弟兄繼之而科名始盛文章政事胥出乎其中固不容没也作選舉志

進士

明天順丁丑楊大榮見政績

成化丁未楊孟瑛見政績文學

正德辛未黃景星河東鹽運使

甲戌黃景夔見文學

國朝康熙壬辰易　簡翰林院編修

舉人

明洪武己卯余　亨貴州黎平通判

馮　麟陝西延長知縣

永樂辛卯曾添麟戶部郎中

何　青雲南浪穹知縣按省志作何清係涪州人未知孰是

黃　憲

甲午劉　濟

陳　懋

宣德壬子王　瓚湖廣興山訓導

乙卯羅　中陝西肇昌推官

景泰庚午鄭　貴

楊大榮見進士

天順壬午胡　廉按省志係合州人未知孰是

成化辛卯馮　祐按省志作馮祜

庚子楊孟瑛見進士

熊永昌

癸卯陳　濟雲南曲靖通判

王　羽、

宏治己酉黃景星見進士

乙卯向子俊廣西桂林同知按省志作何子俊

戊子胡一德雲南按察司經歷按省志無此人

正德丁卯黃景夔見進士

庚午楊　東貴州麻哈知

楊　偉

癸酉杜友才

嘉靖戊子黃　洵湖廣鄖陽推官

己酉古養敬見文學按省志作忠州人

乙卯陳　棨

戊午秦　範

辛酉楊叔京雲南曲靖知府

甲子陳　栗陝西藍田知縣按省志作陳栗

黃　著、推官

曾繼先、知縣

黃世脩、

隆慶庚午林啟鳳涪州學按省志作林起鳳亦註涪州人

萬歷癸酉戴文亨按省志作戴友亨

己卯楊　銓

壬午楊心傳　知縣

辛卯黃常德按省志作黃尙德

癸卯陳載寬山西　知縣

天啟辛酉熊　京

丁卯李方開陝西道僉事按省志無此二人

崇禎庚午熊陽徵

丙子古　心見政績文學

壬午李如星解元見文學

國朝順治庚子熊文蔚二名

康熙癸卯譚戩穀三名

壬子林豎本十六名府學

辛酉柯允芳四十名癸亥年補行鄉試
丁卯古懎四三十八名鄰水教諭
楊　汲四十二名筠連教諭
巳卯古毓英以眉州訓導中式四名遵義教諭
李鱥樞二十名廣安州學正
是科廣額中五十六名副榜十一名永著爲例又
另廣七名後不爲例
壬午馮　軌十七名

李仙齡五十二名按省志作新都縣人誤
乙酉林敬脩鹽亭教諭五經中式十二名
曾上哲三十名
戊子李孟脩二十一名
辛卯易　簡三十三名
古可法
癸巳恩科羅彌素
甲午李寶鰲二十一名

雍正癸卯恩科朱華袞五十七名
羅彌高
甲辰恩科羅彌敬
乾隆戊午易龍圖甘肅燉煌縣知縣
湛　玥浙江縉雲縣知縣
甲子王　怡浙江寧波府同知
曾友伋廣東德慶州知州
壬申恩科楊　芝眉州學正

酆都縣志

楊顯仁丹稜縣教諭
癸酉傅昌前
蔡念祖陝西韓城縣知縣
壬午高　慎直隸長垣縣知縣
戊子郎士貴廣西武宣縣知縣
癸卯楊　瑛
戊申恩科許金芝
乙卯恩科李存周

副榜

明崇禎壬申熊蘭徵一名

國朝康熙丁卯林敬修一名

庚午陳天春二名

丙子李仙齡

乾隆辛酉秦　泰

甲子馮廼駰江津縣教諭

王廷旦

庚午楊　芝

戊子曾一貫東鄉縣教諭

丙午李秀發

貢生

明洪武己巳葛應祥雲南鶴慶州州同

辛未花　綬交趾古龍縣知縣

羅　忠直隸靜海縣知縣

丁丑馮文貴浙江湖州府同知

庚辰程　鵬湖廣茶陵衛經歷

永樂癸未范有成湖廣襄陽府照磨

甲申徐　智湖廣寶慶府檢校

乙酉湛　清浙江嘉興府通判

丙戌黃守正山西汾州府同知

戊子嚴　琦河南平鄉縣縣丞

己丑古志學上林院署丞

庚寅李　忠交趾真利縣知縣

辛卯鄒　晟雲南白納司吏目

壬辰郎　贊交趾唐安縣知縣

癸巳吳　綱

甲午王惟清

乙未張　繩

丙申楊　善

丁酉許　贇

戊戌蔣僉舉江西萬安縣主簿

己亥李　斌

庚子熊志宏

辛丑張　霖

甲辰劉存智

宣德戊申李　節陝西西寧衛經歷

庚戌陳　資

壬子杜　謙

癸丑傅　潮

正統戊午杜　諒浙江湖州府縣丞

庚申李　茂

壬戌陳　瑢

甲子黄　鐘雲南建水州吏

丙寅范　信留守司經歷

戊辰蔡　璘

景泰辛未傅　中

壬申羅　亨

癸酉余　宣

甲戌胡　璉

乙亥嚴仲謙

天順丁丑陳　能

己卯余　善廣西平樂府經歷

辛巳湛　隆

壬午侯　信

黄　弼湖廣長沙縣主簿

曾友道

癸未李　布直隸南陵縣丞

成化乙酉黄　王

隆 盛
李 恭
范 祥
蔣 智
楊 高
曾 倫
丙戌朱 經 例
余伯洪 例 湖廣攸縣主簿

楊孟琦 例 江南崑山縣縣丞
余光遠 例
丁亥許 富
巳丑陳 慶
辛卯黃 端
甲午李 祥 知縣
丙申王永年 訓導
戊戌戴 珂 廣西潯州府推官

庚子曾 德 湖廣寶慶府訓導
壬寅熊 經
甲辰李伯順
丙午楊景春
宏治戊申黃 曉 陝西文縣教諭
庚戌向克寬
壬子楊 元 湖廣湘鄉訓導
甲寅杜 觀 貴州布政司都事

丙辰陳 勉
丁巳林文振 江西九江府同知
巳未湛永海 湖廣監利訓導
王 翔
庚申徐白祥
辛酉黃田清
壬戌李 棟
甲子朱本定 陝西鳳翔府經歷

王承孝

正德丙寅黄尚儒　陝西麟遊縣教諭

戊辰黄尚綱　湖廣襄陽縣訓導

陳　可　例

楊孟瑜　例　湖廣按察司照磨

陳　言　例

庚午李向陽　陝西富平縣丞

壬申楊孟惠　陝西岷州衛訓導

甲戌楊　茂　承奉王府教授

丙子楊孟芳　陝西寧夏右屯衛經歷

楊　節　例　光祿寺署丞

秦　弁

戊寅楊孟訓　廣東惠來縣知縣

庚辰楊　乾　陝西金縣訓導

辛巳戴　吉　江西宿州衛經歷

楊　晉　例

嘉靖壬午熊顯德　陝西靈臺縣訓導

癸未王　寅　湖廣漢陽縣訓導

李　遷

甲申楊孟詒

丙戌楊　寅　陝西乾州訓導

丁亥鄒嘉典　河南盧氏縣訓導

李朝陽

楊孟瓊

戴文星　例　貴州普安州州判

癸巳　信

甲午熊唐臣　雲南景東府通判

丙申楊　履　例　棗陽知縣

徐　騰　陝西　訓導

楊　容　蘄州荆王府訓導

侯　緯

丁酉殷秉忠

楊試春
巳亥楊　衮 直隸順義縣知縣
庚子黃嘉詒
辛丑楊　觀 湖廣辰州府訓導
陶　賢 江西玉山縣教諭
丙午黃　鑾 陝西寧羌州學正
丁未胡仲璞 湖廣南陽縣訓導
巳酉余文燦 陝西洋縣知縣

楊一鶚
楊　第
楊叔亮 俱見崔奇勳重修酆都縣治碑記及天福寺碑
按此中有缺失
乙丑古嘉表 達州學正
隆慶丁卯余自修
周　冕 北陰寺碑文有載周冕未知是一人否
隆　壽

楊鍾秀
陳　魯
楊　咸
楊　忭 戎縣教諭
萬曆巳卯冉以毅
甲申楊　願 湖廣麻城縣訓導
戊子楊一遜 馬湖訓導
癸巳楊一通

按隆慶以前俱有題名在學宮萬歷以後散失無稽間從各寺觀碑記查出若干人崇禎以後循林志之舊備列於左然歲次俱不可考矣
孫尙恪 俱
楊　隨 俱
楊　禮 俱
陳　蒙
楊　纘 俱見世祀菴碑

楊鍾元
冉　斐以上見萬谷碑
楊叔永任陝西鞏昌府通判
戴　葵
余　祚
楊叔言
戴唐民
冉　仲

楊懋學以上見竇希顏碑
戴嘉樂恩選
陳志伊
冉　祐
毛如德
毛之麟
余子義
楊光啟

楊遇春例
余子祥
楊師震例以上見嚴公橋碑
楊茂學見文昌宮碑
楊　鎮見關祠碑
楊延春例
楊逢春例見關祀
李　達訓導

酆都縣志

譚　旦以上見修路碑
余子州
王承寵例見川主廟碑
秦獻廷見九蟒殿碑
陳鼎祚見邑人
楊凌雲見邑人
李方郁劍州學正
涂安宅內江縣教諭

楊堯欽
黃毓章
熊居寅 慶符縣訓導
毛宗德
李樹聲
姚駛黃
徐觀成
戴大禮 山東壽光縣知縣

林明儁 兵部職方司主事見邑人
李如旭 浙江都司經歷
郎新秩 江南海州州同
冉芳奕 例
申俊甲 例貴州畢節衛經歷

國朝康熙庚戌陶 蒙 平武縣訓導
壬子冉德乾
林建本 拔貢

癸丑黃耀初
甲子秦懋倬 仁懷縣教諭
丙寅古毓英 見舉人
湛 迥 拔貢安縣教諭
戊辰郎 位 九姓司訓導
庚午毛自修
壬申湛 霖
甲戌余何讓

林愼修 廪監
丙子李薇樞 見舉人
戊寅侯維垣
庚辰戴 天
壬午湛同淇 巫山縣訓導
甲申彭 鈞
丙戌曾德升
傅應元 例

戊子曾　撰以恩貢
戴子元
庚寅林用修
壬辰陳治表
甲午王　前
丙申徐宗麟瀘州訓導
戊戌李　炯彭縣訓導
庚子秦永思

壬寅曾　沂
李　昌新寧縣訓導
雍正癸卯李如聰龍安府教授
甲辰湛光昌大寧縣訓導
丙午劉文饒
戊申郎與立內江縣訓導
己酉王廷棟選拔
庚戌徐　超

壬子余樂天重慶府訓導
甲寅李如咀彭水縣訓導
高人第石泉縣教諭
乾隆丙辰張同夔
孫詒燕
戊午熊　玨
庚申李　坤
許賀來

壬戌楊　澳
甲子郎王璉大竹縣訓導
丙寅李其焜
丁卯徐　昂
庚午林　過
霍鍾秀
壬申孫尊賢
傅永祚

癸酉王　恒安徽蕪湖縣知縣

甲戌劉廷鑑安岳縣訓導

丙子向陽亨

戊寅郎奎章樂至縣訓導

庚辰郎璧章

壬午曾立道

甲申孫鍾賢

乙酉湛露濤温江縣教諭

丙戌李　斌

戊子郎士能

庚寅楊　涥

壬辰古愛昌

甲午殷良佐

曾一元例廣西融縣知縣

丙申牟　佩

戊戌孫　麟

庚子張　涵

孫耀祖

壬寅冉　夔達縣訓導

甲辰馬洪釗雅州府訓導

丙午李　瞪

戊申李　潤

董承芳珙縣訓導

己酉湛　銘選拔

庚戌曾　玢恩

胡　昂

壬子傅宗武

郎文煥例貴州試用吏目

甲寅李正泰

嘉慶丙辰秦　璠

郎文燦

戊午郎文燈

曾嵩齡例注選縣丞

庚申邱永達

李蹐泰

辛酉郎官清選拔

壬戌余之麟

甲子楊鍾桂

丙寅湛汝珍

戊辰廖翔南

庚午杜　枚

陳英賢

武科

國朝康熙丙子李正花十一名

高　曜十二名

李如楠三十名

雍正壬子李春槃湖北宜昌鎮右哨千總

封贈

明楊宏道　以子大榮封大理寺評事

古嘉表　以子養敬封工部員外郎

楊　緒　以子叔京贈南京國子監助教晋贈福建延平府同知

郎應宿　以子新秩贈承德郎

國朝曾道堅　以孫友伋貤贈文林郎河南登封縣知縣

曾先轍　以子友伋　贈文林郎河南登封縣知縣

王　琚　以孫怡貤贈奉政大夫

王廷旦　以子怡贈奉政大夫

馮　綸　以子廼騆貤贈修職郎江津縣教諭

楊　渙　以子顯仁貤贈修職郎丹稜縣教諭

蔡奕葉　以孫念祖貤贈文林郎陝西韓城縣知縣

蔡知蘭　以子念祖贈文林郎陝西韓城縣知縣

高　曜　以孫愼貤贈文林郎直隸東明縣知縣

高人志　以子愼貤贈文林郎直隸東明縣知縣

郎萬鐘　以孫士貴貤贈文林郎廣西武宣縣知縣

郎　權　以子士貴贈文林郎廣西武宣縣知縣

湛　崟　以子露濤貤贈修職郎營山縣教諭

知縣事昭文瞿　頡重修

邑人志列女附

宣聖有言十室之邑必有忠信况乎都負山面江山川靈淑之氣豈無鍾於斯民者哉觀舊志所載或以政績顯或以忠孝著或以文學彰皆班班可考而

聖朝治化隆洽非特學士大夫立名砥行即巾幗者流亦深知大義以志節相先是可嘉也作邑人志列女附焉

邑人

明楊大榮

字崇仁天順丁丑進士由大理寺評士擢江西僉察司僉事剛毅多政績詳見王鏊墓碑

楊孟瑛

字溫甫大榮仲子也成化丁未進士由刑曹出守杭州濬復西湖嚴毅不畏彊禦居鄉人服其介工文章舊縣志其手筆也詳見費宏所爲楊溫甫傳

古心

字貌符事繼母撫異母弟以孝友著崇禎壬午任雲南雲龍知州值沙賊之變親率士兵恢復大理全活以萬計擅文學邑中士子多從之著有恬廬集四書讀抄

周瑄

字公桓洪武時庠生有文行

黃景夔

字　戶部主事陞兵部員外有白水集

古養敬

字　宜山教諭歷官工部員外以文章名

陳　樂

字韶峯英敏積學文名冠全蜀

李如星

字井仙貢不羈才甲申後孫可望欲羅致之不屈爲僞將軍張敵所殺

朱　英

事母以孝聞有司表其門

陳鼎祚

字方壺貢生任內江教諭流賊入境官吏望風遁鼎祚著官服坐明倫堂罵賊不絕口全家死之

楊凌雲

字台眞貢生任蓬溪教諭流賊陷城死之

戴孝子

失名奉祖母至孝有司表其門

古養浩

字健菴貢生偕妻隆氏事親至孝諺稱古氏孝子吮癰嘗糞兩兼之矣

李嗣靖

如星次子孫可望疾如星不爲已用遣人殺之嗣靖請代不從以身衛父手指逕歹皆斷抱屍同死

國朝熊應鳳

字碧山順治初從定南將軍下浙留守溫州以功陞磐石營游擊戊戌海寇犯郡攻圍半月城破戰死事聞贈副將賜祭葬廕其子天琳世職註衛籍

熊蘭徵

原名元徵字克趄生頴異七歲能屬文明崇禎壬午中副榜甲申膺薦舉事孀母以孝聞國變後隱居教授從游者多名士著述甚富註南華離騷得別解其講學則宗金溪姚江云

熊天琳

字玉立襲父廕食祿温州衛耿精忠反王師南下遣天琳諭降僞將曾養性爲所殺事聞贈遊擊

林明儁

字位旃慷慨有大志少時即能爲詩古文辭明崇禎甲申蜀陷闖部王應熊承制討賊膺荐舉第一人授兵部職方司主事屢遷貴州驛鹽副使　本朝已亥題授副使以病不仕後舉博學鴻詞復不赴隱居著述三十餘年有澹遠堂文集巴字圖詩集梧桐居近集行世

易　簡

號半山康熙壬辰進士選庶吉士散館授職編修酆邑之入詞林者簡一人而已澹於仕進引疾歸爲渝城書院山長課士有法著有詩文集若干卷藏於家

曾文佼

字同甫乾隆甲子舉人爲河南登封令公餘勤於課士文風丕變歲飢盡心賑濟全活甚衆戊戌大旱文佼步禱嵩岳雨立沛民獲有秋再任廣東瓊山令値洋寇滋事設方略擒其渠魁擢德慶州牧子一元字子開以例貢爲廣西融縣令著有政聲

馮廼騆

字祥麟少孤母李氏以節自誓廼騆下帷攻苦中乾隆甲子副榜事母以孝聞母歿哀毀特甚服闋髮白齒落頹然老矣爲江津教諭課士有法以老乞休居鄉十餘年爲里黨所矜式

王　怡

字達亭乾隆甲子舉人辛巳揀發山西試用知縣太谷縣饑民數萬將爲亂撫軍檄怡往且欲以兵隨之怡曰是趣之叛也請單騎往至則諭之曰若輩苦饑耳賑且至矣衆悉解散治其黨魁十餘人安邑民有誣其叔謀叛者其外兄劉實嗾之怡廉得其情逮劉

至立杖殺之或謂劉罪名未定奈何遽致之死怡曰吾知爲天理所不容耳他非所計也其剛果類如是擢浙江寧波府同知以病免著有竹軒詩文集若干卷

郎奎章

以歲貢任樂至縣訓導篤學勵行著有四書纂要卒年九十四

郎士貴

字眞儒乾隆戊子舉人爲廣西武宣令攝來賓篆一年獄爲之空以疾歸卒于夔府貧不能治喪人以是知其廉也

曾文廣

母余氏年逾六旬病篤文廣割股和藥以進母遂瘳壽臻九十人謂誠孝所感

例選附

國朝乾隆

楊映階 監生雲南鶴慶州觀音山巡檢

郎斗章 監生候選州吏目

李騰霄 監生廣東湖州府通判

嘉慶

曾一元 貢生廣西融縣知縣

曾文選 直隸元城縣典史

曾一鶴 監生候選府經歷

郎文煥 附貢生貴州試用吏目

曾嵩齡 貢生候選縣丞

高躬玉 監生候選從九品

郎文烜 廩貢生試用訓導

林　簡 監生候選從九品

郎官堂 監生湖北試用從九品

楊　駿 監生候選從九品

李騰龍廣東試用從九品

鍾大鈴監生候選從九品

曾嵩秀監生候選未入流

掾吏

國朝乾隆

李如芳江蘇宿遷縣峒峿司巡檢

隆于禮福建永春州吏目

列女

明羅　氏

光祿寺署丞楊節妻有坊曰貞節

蔣　氏

庠生徐懋卿繼妻歸未期年而懋卿卒生遺腹子貞毓事姑孝嘗割股療病御史郭公旌其廬曰節孝之門

熊　氏

生員戴昌應祖母有坊今燬

黄淌妻　氏子世脩妻楊氏

黄淌妻暨其子世脩妻兩世守節捐資建世祀菴以祀父母翁姑雲南巡撫巴人劉世曾爲之記有司旌其閭曰一門雙節

古氏楊氏

古氏古養浩女適儒士楊同春生一女而孀女長適生員余子化亦早孀母女奉二姓舅姑及夫柩葬白

鹿山下築室墓前俱削髮爲尼歷數十年親隣絕跡
有司爲之請旌古心有雙節歌竹雪菴記鼎革後里
人斬刈荆棘墓前石碑如人拜者三再倒而不仆衆
異之仍故地立菴隔其墓于垣外隨成隨倒衆曰必
氏靈未安也爲築垣內

余　氏

楊漢堯妻

國朝徐三姑

村民徐正林女年十四汲於井鄰人欲污之不從以
救免越六日父歸泣以告遂縊知縣王廷獻旌其墓

毛　氏

李嗣靖妻守節三十四年

馬　氏

生員郎書妻守節三十八年

李　氏

楊進孝妻守節三十五年

毛　氏

郎本立妻守節三十三年

秦　氏

曾元海妻守節三十三年

余　氏

生員林樹本妻守節三十年

林　氏

儒士古三魁妻守節三十年知縣王廷獻旌其門曰

深閨大節

楊　氏

秦人珊妻乾隆二十三年　旌

李　氏

貤贈修職郎馮輪妻輪早卒氏撫孤延駟中乾隆甲
子副榜爲江津縣教諭氏　貤贈孺人乾隆二十四
年　旌

李　氏

曾上珍妻乾隆二十四年　旌

易　氏

隆于麟妻乾隆二十五年　旌

王　氏

侯之紳妻乾隆二十八年　旌

王　氏

曾德裕妻乾隆二十九年　旌

湯　氏

湛大合妻嘉慶十一年　旌

余　氏

雷春和妻苦節五十餘年

向　氏

歲貢生湛汝珍妻嘗割股以愈姑疾

楊　氏

李松齡妻守節五十年

曾　氏

雷春厚妻苦節三十餘年

孫　氏

陳　文妻守節三十餘年

陳　氏

徐世福妻嘉慶四年四月遇匪於蒲池垻欲犯之駡賊死按今坊上無氏名意者當時未聞之官歟

熊　氏

余廷揚妻守節四十二年

李　氏

余廷遷妻守節三十一年

石　氏

張天欲妻守節四十四年

郎　氏

秦先聲妻守節四十餘年

郎　氏

武生馮之瑞妻守節四十三年

向　氏

武生甘艮相妻守節三十二年

高　氏

李若楡妻守節五十二年知縣柯友樹旌其閭孫存

周中乾隆乙卯舉人人謂苦節之報云

王　氏

生員湛汝琛妻嘗割股療疾不愈氏悲悼死

王　氏

生員徐天德妻守節四十七年

王　氏

武生陳儀妻守節五十餘年

陳　氏

李乾健妻嘉慶十四年請　旌

龔　氏

楊焯妻守節二十八年

過匪殉難節烈婦女共七十一名嘉慶八年奉

吉旌表

張文妻杜氏

賈秀章妻李氏

孫玉文妻張氏

梁興華妻周氏

向天喜妻李氏

張學全妻向氏

向國臣妻孫氏

向善祥妻周氏

徐自任妻王氏

黄開位妻董氏

杜奇明女長姑

杜正美女二妹

易世久女易姑

古時開女古姑

隆德芳妻王氏

劉光文妻李氏
古國俊妻伯氏
李建妻余氏
古國相妻杜氏
杜奇明嫂向氏
王紹唐女大姑
柯天級女柯姑
李福女李姑

李世倫女么姑
李洪常女小妹
石明祥女石姑
戴倖瓊妻向氏
張鳳岐妻熊氏
戴進遂妻周氏
戴進田妻向氏
戴倖文妻王氏

戴倖武妻向氏
范文林女范姑
江會端女江姑
隆德述女隆姑
傅明珠妻高氏
熊文才妻秦氏
陳王書妻張氏
陳思道妻余氏

蔣懷順妻秦氏
陳棟妻劉氏
李文遂妻蔡氏
陳堅王妻蔡氏
萬呂仁妻何氏
孫啟明妻蔣氏
李文貴妻江氏
李耀祖女李姑

李文才女大姑

李時芳女三妹

黃道遠妻王氏

許文龍妻蔡氏

黃之禮妻何氏

舒連妻陶氏

魯文遠妻余氏

熊成先妻孫氏

張懷祥女張姑

柯元倖女柯姑

蔣學志女蔣姑

李法祖女李姑

隆在富女隆姑

秦世傑妻羅氏

熊天明妻余氏

陳廷魁妻李氏

隆思堯妻朱氏

余志岐妻李氏

楊文妻張氏

劉仕茂妻蔣氏

王應祖妻秦氏

熊朝貴女熊姑

傅昴女三妹

頡按自嘉慶三年五月逆匪犯酆先後蹂躪數次北岸

村庄無不被其焚掠而張杜氏等能知大義抗節捐軀

是可嘉也嘉慶十三年十二月遵

旨共建一坊於城西梧桐街奉木主入祀節孝祠足以慰

貞魂於地下矣

余秦氏

村人余仁會之妻夫亡無子矢志守節翁憫其無依

也欲嫁之會小姑許字氏疑爲已受聘攜七歲女投

水死知縣瞿頡爲之請

旌建坊平都山下

劉　氏

曾道堅繼妻守節五十五年乾隆丙寅知縣吳漣表其門曰貞慈毓俊

王　氏

郎官均繼妻嘗割股療夫疾

鄉賢

明楊大榮江西按察司僉事

楊孟瑛杭州府知府順天府府丞

黃景星河東鹽運使

黃景夔兵部員外郎

古養敬工部員外郎

楊叔京雲南曲靖府知府

陳　濟雲南曲靖府通判

戴　星欽授儒官

古　心雲南龍州知州

陳鼎祚內江縣教諭

楊凌雲蓬溪縣教諭

忠義

記曰能執干戈以衛社稷雖欲勿殤可乎酆邑自嘉慶戊午五月逆匪犯境迄於壬戌十二月先後禦賊被戕者共七十餘人非忠義性生而能奮不顧身若此乎雖朝廷卹賞或未能徧及然稽諸案牘彰彰可考其姓名固不容没也作忠義志

閔正川

王嘉瑞

藍世遠

藍盛王

藍王安

王大仕

王述

王成

巳上八人於嘉慶三年五月均在煙墩口禦賊死

文正相

何正道

熊朝碧

陶金富

李文朝

李國相

李時可

李天元

李天玥

李天富

邱正祥

古正容

巳上十二人均於嘉慶三年五月在棕家溝禦賊死

武生胡星嘉慶三年五月禦賊於灘山壩衆寡不敵力盡被擒罵不絕口賊斷其手足而殺之

吳廷魁

彭祚模

姚永寧
李乾層
霍文元
黄國龍
羅仲昆
鄒世俸
冉仕元
彭自成

徐正常
曾　貴
譚光清
楊繩儒
陳紹虞
張志元
陳紹唐
朱　山

張正祿
李見遠
鞠志仁
李　芳
彭紹獻
楊光泰
彭世魁
巳上二十五人皆從胡星力戰死

隆復周
袁　安
張　甫
譚延見
譚光星
張　順
黄傣仁
黄德遠

戴進友
向萬彥
李汝瓌
李汝林
戴俸音
向應爵
以上十四人均於嘉慶七年六月在戴家山禦賊死
蔣明斗

熊宇安
熊啟
何國文
劉長義
蔣文槐
熊瑞華
以上七人均於嘉慶七年十二月在冠子山禦賊死
陳朝熙嘉慶八年二月在青崗子禦賊死

戴灼然嘉慶八年二月在涼碌禦賊死
陶思才
謹按忠義七十八人均經紳士設位於胡公祠內而奉
吉郵賞者則又有羅貴黃學明喬金昆胡文貴李貴黃一
貴熊時寬秦世佐等八人附誌之以備稽考
附載
歲貢生張涵素行端方教匪至涵責以大義賊脅之降
不屈罵賊而死

酆都縣志

耆壽

國朝乾隆朝

許文修增生年八十五歲妻李氏年八十四歲五世同堂乾隆四十九年知縣張偉詳請具

題奏

旨賞銀二十四兩

賜額曰寰寓熙春

嘉慶朝

廖鄭氏廖象琬妻廩生廖光極母年九十九歲五世同堂嘉慶十四年知縣瞿頡詳請具

題奏

旨賞銀八兩緞一疋

賜額曰慶衍期頤十五年壽屆百齡知縣瞿頡又爲請

旌

酆都縣志

知縣事昭文瞿　頡重修

名勝志

名勝以適遊觀原無關於政治也至佛老之教尤吾儒所不道然平都本以仙蹟著相沿成訛而幽冥荒誕之說起紀其勝所以黜其妄也況遊覽亦性情所寄巖壑之勝非博物者所務詳歟作名勝志

酆都縣志

古蹟

五雲亭　平都山上即陰長生丹井也日久無泉遂成土穴舊有八角亭宋淳熙十三年七夕井中五色雲見天花繽紛馴鹿羣集前高密丁尉侯作詩紀其事仍爲亭覆之因號五雲洞明宣德間通判游和重修萬歷初立關祠於上井口鑿石作爐狀客至山僧輒燃紙照之日就淤塞邑人楊維新有五雲洞悲歌

凌雲臺　平都山頂舊有石碑鐫凌雲二字相傳王陰對

凌處今亭址石枰猶存

凌虛閣　凌雲臺前俗稱二仙樓有明御史盧雍隸書東坡平都山詩碑及雍時碑兵燹後平都寺觀俱燼此樓巋然獨存省志作凌雲閣

五雲樓　樓壁有唐書瑤池樂部四字按蔣夔記五雲樓在靈星門前樓下峙三級臺當今石坊處省志則稱景德觀後唐段文昌建廣輿記因之且誤作五雲樓

國朝嘉慶九年忠州知州周景福顏曰五雲深處十一年九月知縣瞿頡偕僚友登高於此題曰水天一色樓在平都山頂規模宏敞俯視城郭井里歷歷在目大江襟帶其左洵一邑之鉅觀也

爾朱洞　平都山半爾朱仙修煉處

挹翠樓　治右今廢

拱辰樓　治北今廢按挹翠拱辰當是城樓南城樓亦稱薰風樓可類推也

沐浴亭　流杯池側有萬歷時蔣侯勸農碑字跡漫漶不

可考

平山書院　明邑人楊孟瑛立家塾王守仁爲之記今廢故址猶存

凌雲書院　明知縣萬谷建即今文昌宮基址

魁星閣　舊在　文廟前西南隅後燬邑人移建于治東隅江豐稔垻而文風始衰嘉慶十二年六月知縣瞿頡率邑人重建於　文廟之東北梧桐街而孝廉許金苙之等又請修豐稔垻魁星閣亦有舉不廢之意也

枧江亭　在東門内今廢

丙峯塔　治南今燬故址猶存

石坊

惠愛坊　治前一步

登科坊　治西九十步

折桂坊　治西一百步

今俱燬

天下名山坊　酆都觀前明萬歷九年典史彭鎡建古養

敬楊忭爲之記

誥勅聯褒坊　治西二百步爲邑人楊叔京建

碑碣

平都山仙都觀唐碑十

按唐曰仙都觀宋改景德觀舊志冠之以景德觀唐碑十者似誤蓋李吉甫唐人也而可作景德觀二眞君碑記乎

段丞相觀碑記載藝文志

段少監修齋記碑

天尊石像記碑

老君石像記碑

感應碑

張大理詩碑

杜光庭石函記碑

李吉甫陰眞人影堂記碑

李吉甫景德觀二眞碑　石堂澗號王石碑

平都二仙碑　景雲二年李虔之撰

平都山二仙君銘碑　景雲二年薛湜撰

酆都三官堂碑　中和元年忠州刺史陳撰

道山洞天碑　唐李陽氷書見蔣蘷記舊志作純陽書誤矣以上諸碑日久無存

吳道子觀音像碑　在白鹿山玉鳴泉旁洪武初勒石

比干銅盤銘　唐開元間偃師縣掘地得銅盤上有十六字字畫奇古其釋文曰左林右泉後岡前道萬世之

銘茲焉是寶地後五步比干墓也重刻於平都山

仙釋

漢王方平　名遠前漢中散大夫棄官學仙隱於太尉陳躭家尸解避地平都山魏青龍初道成蒸黄土數十甑以丹藥洒之盡成黄金有五色雲裂地而出捧足仙去杜成爲作神仙傳稱總眞眞人

按列仙傳後漢王遠字方平東海人舉孝廉除郎中明天文圖讖學桓帝問以灾祥題宫門四百餘字帝令人削之墨入板裡後棄官隱去魏青龍初飛昇於平都山

陰長生　新野人漢和帝后之曾祖不好榮仕從馬明生得度世法相攜入青城山丹成著書九篇以延光元年於平都山白日昇天

麻姑　魏青龍某年七夕訪王方平過此有詩曰王子求仙月滿臺玉簫清轉鶴徘徊一聲飛過不知處山上碧桃花自開今平都山後有仙姑崖

頡按漢魏以前七言詩僅有栢梁體未聞有絶句也後人附會無疑

呂純陽　名岩唐宗室嘗舉進士第從鍾離權得道訪王陰二仙過此有詩曰盂蘭清曉過平都天下名山所不如爾口單行人不識王陰空使馬蹄虛又曰一鳴白鶴出青城再謁王陰二友人口口惟思三島樂擡眸已過洞庭春

爾朱仙　唐僖懿間落魄成都市取白石投江中衆莫識後自果至合賣丹於市價十二萬刺史名問其值更增十倍怒其反覆醉以酒沉之江流至涪州漁人白姓石

名者舉網得之擊磬方醒相攜至平都山修煉後乘白鶴仙去故涪州有白鶴灘酆仙都觀亦稱白鶴觀也

按列仙傳載爾朱仙名通微別號歸元子僞蜀廣政間僑寓渝州嘗一日遍遊成都新都廣都間至晚即還人皆異之有朝遊成都暮宿金雞之謗嘗飲酒食豬臟自言遇異人贈藥一丸囑令見浮石而後服之則成仙矣每取石之有異者即投諸水而冀其浮人雖笑之不顧也渝州守惡其妖妄以竹籠沉于江順流至涪爲漁人網得問其姓氏曰石氏此地何所曰涪州遂豁然悟曰浮石之言驗矣因服前藥便覺輕舉乃採涪州所産天鏃砂止平都山白鶴觀煉丹數年竟仙去云爾朱先生還丹歌曰欲究丹砂訣幽元無處尋不離丹與汞無出水中金金欲制時須得水水遇土分終不起但知火候不參差自得還丹微妙理人世分明知有死劉只留心戀朱紫豈知光景片時間將謂人生長似此何不回心師至道免逐年光虛自老臨樽只覺醉醺酣對鏡不知漸枯槁二郎二郎聽我語仙鄉咫尺無寒暑與君說盡

只如斯莫戀驕奢不肯去感君恩義言方苦火急回頭尋出路吟成數句贈君詞不覺便成今與古

按仙都山陰君洞驗記云君將欲昇天謂門人劉元達曰此山孤峙勢若龍蟠其首東向必當吐雲送我言訖有五色雲從地湧出乘雲昇天出雲之處呀成洞穴水旱祈禱立有感通大歷九年七月十五日邑人宇文萬年女阿仵等一十五人以元節之晨奉香花於洞門禮

拜忽見洞中波濤湧溢出一金手一玉手其大如扇良久乃隱水波亦不復見長慶元年江陵傅緗聞洞中雷吼之聲咸通初道士王芳芝聞洞中聲如羣鳥飛異香紛郁徧於山頂鄉人常以之占歲鶴翔必年豐鹿鳴必歲歉不棲凡鳥每有二鳥廣明辛丑歲刺史陳侁修置道場有祥雲天樂之應甘露泣於藪林寵詔褒美中和甲辰年賜紫大德曹用言淮詔齋醮有卿雲瑞雪之祥時旣畢黃籙道場未撤門纂有神人見曰雲山齋醮必

命神祇主張我郎近廟之神差衛壇壝齋功卽畢門纂未移我不敢輒還本廟道衆聞言睹異遽折門纂其神見形媿謝而去

附東坡養生訣曰予治平末泝峽還蜀泊舟仙都山下有道士持陰眞君長生金丹訣石本示予問之曰不知也然士大夫過此必以問之庶有知之者予嘉其意試問以燒煉事對曰養生有內外金丹精氣內也非金石所能堅凝四肢百骸外也非精氣所能變化欲事內必調養精氣極而後內丹成則不能死矣隱然居人間久之或託尸解而去來變化輕舉不可得也盖四大本外物和合而成非精氣所能易也惟外丹成然後可以點瓦礫化皮骨飛行無礙矣積枯草敝絮而置火其下無弗焚者予甚善其說告之曰昔人有服金丹不幸赴罪而死旣而五臟皆化爲黃金者又有服玉泉死於盛夏而尸不敗壞者皆無內丹以主之子之說信然哉後十餘歲官於南京張公安道家有一道人陝人也爲公養

金丹其法用紫金丹砂費數百千期年乃成公喜告予曰吾藥成可服矣吾謂公何以知其藥成也公曰抱朴子言藥成以手握之如泥出指間者藥成也今吾藥如是知其成無疑矣吾爲公道仙都所聞謂公曰自知內丹成然後此藥可服猶未也姑俟之若何公笑曰我姑俟之

酆都道士未詳何許人相傳自平都棲隱雪峰山仙去

按蜀中廣記云元大德時有道士隱雪峰山一日名集

道友曰吾化矣大道坦然皎如日月雖由人宏豈隨人徃諸生宜遵道而行毋令半塗而廢偈曰朴菴寄住有年東西南北依然裏面渾無一物只有元文數篇今日草茅朽腐須要改換棟椽眼底風波太惡不容久住山巔選得幽居去處和區移上六天端坐而逝道士酆都人也

寺觀

酆都觀　在平都山頂唐曰仙都觀宋改景德亦稱白鶴省志作城內誤　舊志有景福宮昭應宮救苦宮景靈宮蔣記有通明殿四聖殿俱燬不可考

按水經注曰縣有天師治兼建佛寺甚清靈知山上寺觀其來舊矣

寥陽殿

玉皇殿

王母殿

觀音閣

曜靈殿　有碑二一在凌虛閣下一在殿後壁

龍虎君殿　以上俱平都山頂

九蟒殿　亦稱九烝樓平都山半

東嶽殿

北嶽殿

石佛殿

接引殿
元天宮　今廢碑存以上俱平都山麓
笠國寺
十方寺
關帝宮　天啟初胡公平表討奢賊禱於平都關祠臨陣獲神助事平乃於平山之陰更立廟治金爲像祀之俗稱聖帝宮　以上俱平都山陰
王鳴寺　白鹿山頂天順間邑人楊大榮捌建忠州進士李青霄碑記本因王鳴泉得名因老泉事前知縣冐夢齡作亭曰來蘇前鑿石作白鹿狀遂訛爲鹿鳴寺也
五顯祠　城內
天福寺　治西一里
金盤寺　治北三十里
觀音寺　治西四里岷江西岸今廢
華巖寺　治西十里
望月寺　流杯池北

浮藏寺　治北五十里
悟慼寺　治南十五里
峰頂寺　治南十里
長溪寺　治南九十里
鹿門寺、治南二十里
世祀菴　明萬歷丙戌節婦楊氏建俗稱黃菩薩寺
竹雲寺　明崇禎初節婦楊氏建
匯石寺　明崇禎末節婦冉氏建今廢碑存
慈雲菴　金盤山右
興福寺　在油峰溪與石砫司接壤萬歷間知縣蕭宗禹主簿尹學士題梁現存康熙三十四年改建因縣司不睦石砫將縣衙剷去另列司衙且以強隣猖獗等事詳司府康熙三十六年知縣王廷獻查明原係縣地詳改縣衙司府俱有案

塚墓

楊御史墓　公巡按至豐登平都山忽九蟒繞車而化遂葬焉邑人建殿墓前肖像祀之第其名號碑記失載蔣夔貴德觀記在明永樂二十二年云大仙巖內有九蟒之神周延甲記云是宋慶歷時人而林穆菴志則謂明宏治二年事郡志因之竊意九蟒隨車亦未盡實蓋山僧壽作詭異之語以惑愚俗耳

楊孟瑛墓　葬父大樂　右墓前有費宏傳及田汝成

湧湖事蹟

魏夫人墓　在穰溪未詳年代

知縣事聑文瞿　頡重修

藝文志

藝文之例有以文傳者然昌黎眉州志不載韓蘇全集也有以人傳者乃陳壽作孔明傳識者謂非公論矣有以事傳者而一代興亡之故政教損益之宜一隅豈有異同乎州縣之藝文大率以地傳耳平之地而詩文之可傳者前志無幾

聞從中搜輯訂正亦彬彬乎其可觀焉

作藝文志

HARVARD-YENCHING INST. WEST CHINA UNION UNIVERSITY

修仙都觀記 唐太和元年　段文昌

平都山最高頂卽漢時王陰二眞人蟬蛻之所也峭壁千仞下臨湍波老樹萬株上挿峰嶺靈花彩羽皆非圖志中所載者昏旦萬狀信非人境貞元十五年余西遊岷蜀停舟江岸振衣虔潔詣諸洞所石巖靈竇蒼然相次苔龕古書依稀可辨時與道侶數人坐於松下須臾天籟不起萬竅風息山光耀於耳目烟霞拂於襟袖相顧神竦若在紫府元圃矣牽於行役不得淹久瞻眺惆悵書名而去邇來已三十四年太和庚戌歲自淮南移鎭荆門有客由峽中來者皆言當時題記文字猶在觀宇歲久臺殿荒毁不出數年必盡摧没於巖壑矣乃捐一月秩俸俾令修葺子來同力浹旬報就去年冬十一月詔命換麾幢再領全蜀泝三峽歷舊遊依然景物重喜登覽聞泉聲而緩步愛松色而難别遂命筆硯志於巖谷時太和七年正月五日劍南西川節度使知節度事管内觀察處置統轄近界諸蠻及西山八國雲南安撫等使金紫光禄大使檢校尚書左僕射同中書門下平章事兼成都府上柱國鄒平郡開國公食邑三千戸段文昌記

攺建縣學記 明洪武二十四年

天有四時至教彰焉人有五常恒教立焉則天之序因人之經以垂教萬古惟吾夫子之道所爲集羣聖之大成立百世之標準故歷代學校遍於天下所以崇教化之本厚風俗之基譬猶布帛菽粟生民日用之不可闕者也酆都學舊在縣治之東地喧而隘兵火後僅存遺址聖朝混一幾十餘年未能頓復惟草屋三間以奉神設主識者病之洪武二十一年春縣令楊公典史邢公教諭王公相繼到任顧瞻廢墜慨然曰學校乃國家大事今若是何以淑人心與教化哉廼議者卜於縣治之西山下命訓導張友仁董治之木植材用咸出於土產藉民力以致之陰陽向背一倣舊制越明年殿成而楊公以考滿去邢與張互襄厥事就殿之前建東西廡廡之外正門中聯而三闢之右爲明倫堂堂之前四齋屬焉櫺星有門祭器有庫廩禄有儲

庖湢有所繚以周垣樹以嘉木土爽而塏室大以崇視舊制加三之二焉雖費而不爲煩雖勞而不怨可謂用之以禮動之以義者矣又明年秋功落成張公遣人來求余一言紀其事余曰聖人之道在天下千萬載猶一日雖時有治亂而天命民彝終無可泯之理惟在人爲之耳酆都之學既有楊邢二公倡始之又有吾子以成厥功可謂有功聖門矣勒之堅珉垂之永久其孰曰不可遂爲紀其始末特加詳焉楊公謙陝西人邢公志山東臨陽人王公必祁

温陵人張公重慶之樂温人其父漢賓嘗爲學訓導卒文仁繼之實能成父之志是可嘉也

重修平都山景德觀記 明永樂二十二年 蔣夔

平都山在今四川重慶府忠州酆都縣之東北山有觀額曰景德相傳漢王方平陰長生煉道登仙之所呂純陽嘗遊歷其間題二詩刻石尚存其一曰孟蘭清曉過平都天下名山所不如兩口單行人不識王陰空使馬蹄虛其二曰一鳴白鳥出青城再謁王陰二友人口口惟思三島好

樓驛已過洞庭春覽其山水名勝則左跨黃牛右縈白馬前臨月鏡後擁五魚踵其遺地則惟丹竈宛然舊有寥陽大殿及通明殿酆都宮救苦宮至峯頂有淩雲臺余公玠生祠在焉考亭朱夫子爲之記亭後乃閻王殿極其東則有土穴深可數丈名曰五雲洞曩時洞口嘗出五色祥雲及天華繽紛因是得名洞之南懸崖之極則曰仙姑崖崖上鐫岷嶽二大書由寥陽殿西出則有藏殿西廡又爲四聖殿殿之前爲龍虎君殿旁附趙帥祠又其前則爲靈星

門五雲樓樓下峙三級臺山之麓則有流杯池沐浴亭大仙巖巖内有九蟒之神靈官土地各有祠山門之左祠泰山右祠北陰此其大槩惜乎棟宇悉燬於火久矣環抱山澗榜其橋曰總仙大江東下江之心有石曰龍牀堆水落之時則見長洲綿亘數里名豐稔塤歸然有古碑立於山之陽其文曰總眞總仙之府又曰道山洞天蓋唐李陽冰書也嘗聞太上老君賜方平以九轉霧丹號總眞眞人領仙官萬五千人故府以總眞總仙名本諸此與今成都府

道紀司都紀何悟囦當大明永樂元年癸未蒙欽差道士李進道敬奏蜀獻王令旨住持是山領焚修事悟囦初授業郡城之三靈宮精通元學行檢端方聞乎郡邑至是奉敎以供乃職涖事之始以重刱三清殿爲先務於是廣募檀施命鳩工入山掄材濱水陶甓經畫營繕幾經數寒暑乃克落成黝堊丹雘金碧煇煌元 歸依眞靈肸蠁鐘鼓鏘鍧神龍呵護至左右廊廡亦次第就緒演法會膳俱有堂廡庖湢圊浴咸一新之仙巖元壇倣舊立祠迤門出澗

跨以修虹往來車馬之士肩摩踵接於塗造無弗達悟囦復欲修古制恢拓前業莊嚴林觀碩力有不逮耳有司竟以悟囦舉充今職兼領青羊萬壽宮事問以其始末徵余記之余觀悟囦身處青羊而心存景德雖未復於初制然有賴於後人有徒若干領合州道正曰雷希常夔府都紀曰熊希賢從余遊則曰劉希範也悟囦積功累行非一朝夕矣天監厥成諸徒紹襲焉知其不大興於他日而壯觀於西蜀者乎余往年以公事道經其邑艤舟林樾適逢悟囦引登峯頂縱觀遐矚襟懷豁如天風泠泠恍若笙籟在耳非人間世眞神仙之境也既而又獲誦坡仙之句有曰午夢任隨鳩喚覺早朝又聽鹿催班謂山中鹿鳴必有異人至徵諸前輩云自昔距今已數十載回思舊遊如隔蓬瀛矣悟囦將磨石琢辭以示後來垂永久塵刼可盡而悟囦崇眞樹敎之心爲無窮繼自今尚亦有心悟囦之心嗣而葺之其敬勿忽則是山觀雖與天地日月同其悠久可也

儒學科貢題名記 明宣德九年

余鐸

科貢之得人尚矣粤自成周以鄉三物教萬民而賓興之三年大比考其德行道義與其賢者能者其原昉於此焉漢有孝弟力田賢良方正之科則賈董輩相繼而出唐如龍虎榜之得韓昌黎制科之得陸贄宋如韓范歐富文章政事炳耀當時此皆科目之得人也聖朝開國建學以育才設科以取士士之有成效者薦之春官升之胄監作養造就咸適於用何其至歟酆都縣儒學自洪武紀元初至

於今日得人之盛超軼他邑由科第發身者余公亨曾公添麟以至王公瓚膺歲貢而出者自黃公應祥至於傅公潮凡若干輩咸譽髦之選也已仕者皆立津要而政聲洋溢人耳目未仕者咸砥節勵行而自期顯榮於方來彬彬輩出猗歟盛哉余以膚學典教是邑竊以諸公文學政事足以鳴一代之盛固可嘉矣然而代遠世移姓名其不致於泯滅而無聞者幾希於是大尹柳公暨同寅陳先生輩詢謀僉同刻石以永其傳俾千載而下芳聲偉烈耿耿不

磨是亦君子樂道人善之意也噫斯舉也不惟使前烈垂譽於無窮亦以使後學激昂而奮發有志事竟成者登名是列比跡前修使賈董韓范歐富之儔不專美於前而相與同芳百世可也余既爲之記乃復頌曰堂堂賢泮洙泗之趾文物衣冠惟蜀斯美有杏其壇有栢其門山迎文筆水湧詞源人傑地靈賢髦挺生漸摩膏澤際遇文明累掇名科迭膺歲貢接武亨衢朝陽鳴鳳希蹤棫樸媲美卷阿勒諸珉石亘古不磨以啟來學以貽後世百千萬億永垂弗替

學鐘銘 明成化二年

報讀書之曉鳴飲食之節立明倫堂之右並講鼓之列振斯文之器豈錚錚之鐵

平山書院記 王守仁

平山在酆陵之北三里今杭郡守楊公溫甫早歲嘗讀書其下酆人之舉進士者自溫甫之父僉憲始而溫甫承之溫甫既貴建以書院曰使吾鄉之秀與吾楊氏之子弟誦

讀其間翹翹焉相繼而興以無忘吾先君之澤於是其鄉多文士而溫甫之子晋復學成有器識將紹溫甫而起蓋書院爲有力焉溫甫始爲秋官郎予時實爲僚佐相懷甚得也溫甫時時爲予言平山之勝聳秀奇特比於峨嵋望之巖厲壁削若無所容而其上乃寬衍平博有老氏宮焉殿閣魁傑偉麗聞於天下俯瞰大江煙雲杳靄暇輒從朋儕往遊其間鳴湍絕壑拂雲千仭之木蔭翳虧蔽書院當其麓其高可以眺其遠可以隱其芳可以采其清可以濯

其幽可以棲吾囚而望之以會遠之樓藝之以寒香之塢揭之以秋芳之亭澄之以洗月之池息之以棲雲之窩四時交變風雨晦明之朝花月澄芬之夕光景趍忽千態萬狀而吾誦讀於其間若冥然與世相忘若將終身焉而不知其他也今吾汩没於簿書案牘思平山之勝而庶幾夢寐焉何可得耶既而余以病告歸陽明温甫尋亦出守杭郡錢塘波濤之洶怪西湖山水之秀麗天下之言名勝者無過焉噫温甫之居是地當無憾於平山耳矣今年與温

甫相見於杭而亹亹於平山者猶昔也吁亦異矣豈其沉溺於此山果有不能忘情也哉温甫好學不倦其爲文章追古人而並之方其讀書於平山也優悠自得固將發爲事業以顯於世及其施諸政事沛然有餘矣則又益思致力於問學而其問又自有不暇者則其眷戀於茲山也有以哉温甫既已成已則不能忘於成物而建爲書院以倡其鄉人處行義之時則不能忘其隱居之地而拳拳於求其志者無窮已也子思子曰成已仁也成物知也温甫其仁且知歟孔子曰隱居求志行義達道聞其語也未見其人也温甫殆其人也非歟温甫屬余記余未嘗一至平山而平山巖巖之氣象嶄然壁立而不可犯者因可想而知其不異温甫之爲人也以温甫之語予者記之

懷仙吟序　吳用先

酆都山世所傳爲司冥者余意其地必陰森蕭瑟過之而愀然動人也洎抵茲境閱縣志知古稱仙都肇　晋迄宋代不乏靈乃艤舟登眺翠盤丹磴透迤悅人及登絕頂見

王陰二仙對奕處爽然會心仰絕巘之聳漢撫大江之環流眞壯觀矣載謁琳宮瑤宇儼若聚眞祥雲時繞白鶴可乘三島十洲誰謂弱水隔之飇馭太虛且不知復有人間世何問冥府噫業由識造境惟心生淨其心則升騰清都穢其心則沉淪幽獄然則暢元覽之致者安能滯迹於塵塗希步虛之蹤者胡不游心於物外慨焉有感投筆作懷仙吟二章以質之方平長生二老云爾

重修文廟記　明宏治四年

昔人云天不生宣尼萬古如長夜蓋以世至春秋綱常淪沒而人道盡廢天使孔子有帝王之德無帝王之位意固欲其扶綱常正人道挽頹風以復還淳古之風使孔子得位不過行道於當世耳不過顯治業於一時耳後世之人如聾如瞶孰知有綱常而盡人道也哉所謂萬古長夜正以此也我朝列聖相承君師宇內咸立文廟以帝王之禮尊祀孔子衮冕爲服宮縣爲樂從遊弟子列爵以侍左右又建學校儲養髦士以備當世之用是文廟之重有自來

矣酆都重慶之屬邑也廟學舊在縣治之東我朝洪武初徙縣治之西百有餘年矣歷歲既久文廟滋敝不足以棲神起敬爲令者每欲修葺間以他故竟不果中州毛侯泰以戶部郎中知府事宏治庚戌仲冬按行是邑首謁文廟顧瞻咨嗟慨然曰是風敎之所先禮義之所自其敢後乎惕然有振弊起舊之思乃發府中所積材木屬李令更新之李令體德意經營締構偕耆民仗義者捐貲以助鳩工掄材而大成殿東西廡楶棟榱桷瓦甓墻壁之毀者易之帷幔以及籩豆簠簋罍爵之器弊者新之缺者補之邑紳士僉謂此盛事不可無述請予執筆予維孔子之道與天地同其覆載與日月並其照臨有天下者克行其道於以正己而化民爲士大夫者克行其道於以立身而用世烏可忘其所自而不知其所以報本乎是役也固毛侯盛舉而李令成之矣竊有告焉崇其祀者文也崇其道者實也文至而實不從聖人之羞也吾願士之儲養於斯者進瞻聖容有所觀感退而致力端其趨嚮崇德義以敦實行去

枝葉以求本根則能明體達用建功立業以上報國家庶不負朝廷養士之恩守令作人之意矣謹記之以詔將來

酆都志目錄序　　楊孟瑛

武王賜太公履東至於海西於河南於穆陵北於無棣孟子亦曰域民以封疆之界益都分土守而爲邑以是爲守也故首疆域疆域之內有山川故次山川山川險阨邑恃以固故次形勝九州皆有分星不以是辨野何以察妖祥故次星野世易物改則邑有併有割故次沿革邑以民爲

本故次戶口有人此有土故次田賦有財故次土產山川土田戶口貢賦必治以官故次官治三里之域七里之郭與民守之故次城郭街與坊巷皆城中之途市則鄉民市買以粟與械器相易所謂以羨補不足者也故次街市坊巷城有坊鄉有里所以區別民居故次鄉里郵驛宣令津梁通往來皆政之不可闕也故次郵驛次津梁政有所宜先莫若哀窮故次惠政歲有豐凶不可無備故次荒政足食足兵事相維繫故次武備民爲貴社稷次之故次祀典

民治神事政備修矣又何加焉曰教之故次學校科貢學校所成也故次科貢茂才異等或行業名世科貢之英也故次人物教化與行賢哲作則風動於上習變於下故次風俗大都以廉恥節義爲重故次貞節次隱逸然必一邑之間得賢長吏爲之父母師帥休養以厚生化導以敦俗乃有賴焉故次名宦推封以勸孝故次高年崇爵敬長亦風化之餘世改人亡遺跡未泯皆人物之餘故次恩典次古蹟次邱墓次樓臺惟釋老之教於吾道別爲一端故次

釋老文所以紀一邑之事詩則咏歌之者也故以爲終邑有志猶國有史史掌於史官日有記歲有錄代有書郡邑得人則志修否則廢廢文則事皆逸文獻不足徵矣豈細故哉吾邑之志毀於兵燹且百年成化甲午教諭陳先生瓛嘗有事編纂未脫稿滿去宏治丙辰麻城明侯紳雅意修輯請於郡宋公甫公以屬孟瑛瑛延長壽孔藎臣與同事按實於稗官質疑於故老事以類分例以義立類例之間各著臆說雖才乏三長而事備條目覽疆域則見經畫

閱廢置則見盛衰稽戶口田賦則見貧富考風俗人物則見政教吾鄉之文獻蓋庶幾焉凡治邑者取一編置案牘之間仕優而讀之因文以求義因事以求鑒興廢補儆因革從時吾民尚亦有利哉瑛成是書板行十餘年矣自病寡陋恐多闕遺頃備官天府特乘餘暇删定而更刻之序此於目錄左方

重修酆都縣治記

崔奇勳

酆陵蜀之名區凡所建置因循久而 以隳至有遺址亦

存者缺典之多可徵已小溪王侯樸貴陽望族也擢嘉靖辛卯上第兩握文符廣收譽髦以課最來尹茲土覩篆之初慨然有鼎新之志顧帑焉則匱圖焉則耗躁動而本之茀培其誰與我乃煦稿沃焦櫛奸薅梗孜孜以民瘼爲圖未幾而風以清弊以絕元元咸乂始措　畫材規愜庶功蠱取其舊而經營之先譙樓氣象雄偉樹表正也次廳事具瞻肅整端本則也次後寢崇以高閣兩廂書屋左右列時時燕息也吏廊六儀門一陰醫學二飭常制也郭門之

外繞以月城拱以樓堞嚴障隔也至於開通衢以造舍而士林攸躋置器用於公署而積困以蘇此尤全蜀所僅見者焉若夫大修學宮輪奐熒煌自天順以來所未備者咸捐俸以成之則冠山夏公之記可考也夫靈臺築而頌章華築而怨興情爾殊耶存乎所感焉爾侯之總權綱持風裁不專於寬而樽節愛養一以保字爲主故行禱而時雨降除壤而甘泉湧耀德而裔夷同天人協應理有固然者況無癘爾氓無傷爾財而登是峻功焉酆之人在所頌乎在所怨乎夫不動聲色而庶績凝大畧也工費宏而下無損大惠也振百年之廢墜增三巴之壯觀大義也一舉而衆善具焉人品才識何如耶少尹王子上舍楊子持狀告予曰吾邑之弊甚矣得吾侯而新之曠世一事也願乞一言以永其傳予覽而嘉之曰循良國之禎也興作國之庸也庸之弗紀奚以昭禎禎之弗章奚以示觀治才隱而清議熄矣因次第成篇將以勵官師於方來云

改建天福寺記 明嘉靖乙酉年

黄洵

浮屠法本出西域其後布衍中夏濫觴於魏晉逮蕭梁厥風益熾名山勝區多爲蟠踞雖高明之士猶篤信而崇奉之奚罪愚俗哉我朝龍興衛道斥邪凡二氏宫刹在山野者毀之其附麗城郭者不設苛禁固有所用之也酆都故有天福寺爲歲時朝賀所遠在西郊弗便趨蹌兵燹後僅存荒址至假公署行禮殊乖於制嘉靖庚子僉謀修復會邑人冉希有願捐地營寺獻諸官司遂以其事屬之沙門宗寧募貲構材不憚劬勤越明年寺成又建門樓以居鐘

鼓起廊廡以脩致齋更衣有室廚湢有所獨臺墀犹鞠茂草偪雨潦則泥淖濺衣未能致敬歲在巳酉縣大夫清平王侯捐俸伐石甃治衆皆樂赴兩閱月而工訖整潔宏敞可拜可趨又以寺門旁入弗稱儀觀乃易隙地闢正道焉每萬壽千秋之辰履端踐長之節長官率羣僚諸生演而行之肅肅雍雍無愆儀焉一日率來白余謂侯之績不可泯請爲記余因進而語之曰上古之世巢居而穴處土堦而茅茨若知之乎方今時雍迓衡黎民奠居余與若也栫

幪而棲逸豫而嬉者秋毫皆帝力也其可忘所自耶浮屠者緇而傲頽弗臣弗子若屬惑於其教蔽也久矣余方誦法孔子固當麾而闢之烏可助其長也對曰然則廢習儀與曰何可廢也余前固已言之矣且幸於是得觀禮焉國簿既成天威咫尺執玉鳴珂勃如躩如睹吾君臣等威之辨聲容文物之章知先王仁義禮樂於是乎在而三綱五典無所逃於天地之間將憬然省悟去墨而儒若是則化浮屠爲忠義之歸者必自兹始矣以余觀寧苦行獨潔戒律甚嚴蓋用力於固守者也其以余言爲逆耳哉既爲紀其歲月與凡佐貲者之名氏而又繫之頌曰奕奕平都古縣開先翼翼梵宮堂陛有嚴香火昕昏鼓鐘震宣宰臣舉禮稽首揭虔忭舞呼嵩歡聲徹天岷江西來朝宗綿綿刻此祝辭天子萬年

平都山砌路記 明隆慶六年　宇文湛

本邑平都山自兩漢王陰二眞昇霄於此仙蹤靈跡冠絕巴賨其峰秀拔其宇幽潔登臨於此者靡不洗塵累而清

天君也於是乎知神仙猶可以學而至矣邇者監察御史安公判曹此方按察之暇亦嘗造焉而此山頗崔嵬土而戴石故昔之遊者有赤脚動遭砭之句則其塗可知矣公以其登陟之有未善也命邑侯劉公相其地籌其費磚石而榜甃之自山足至五雲洞四百餘丈踰月而工就焉

知縣萬公生祠記 明隆慶壬申　黎　元

生祠何祀也今忠州刺史永昌萬公也公嘗爲酆邑大夫酆人德之去思業有碑矣復即平山之麓搆堂而肖像焉

愛公之無已也維持捐貲飭財衆志競勸凡兩閱月而堂成諸鄉先生函書遣使詣余而請記焉酆涪鄰壤密邇余歲時往還知公之賢稔矣廉峻之操敏肅之政一時令長鮮出其右者遂膺殊調俾侯本郡而膏澤餘波恒惓惓於舊治宜乎民之不能忘也傳曰有功德於民者則祀之公歷年瀕久而施澤於酆甚厚揆之法不亦當乎紹公而治者守而勿失雖百年可也或曰公之廉常恐人知而其愛民也勞而不伐祠而像之豈其所樂哉余應之曰公所弗樂而民乃樂爲之固並行而莫禦者也恒情企慕其人則必詢其爵里與夫容貌之詳肖像以永其思酆人報德之誠也宋儒眞西山帥潭州百姓愛而戴之爲作生祠時有歌詠其事者曰舉世知公不愛名潭人苦欲置丹青不須更作生祠記四海蒼生口是銘余不佞敬誦斯語以復諸君之請公諱谷字本清别號遯齋滇人丙午進士

竇公生祠碑記　明萬曆九年　詹貞吉

辛巳初夏余轉官北上舟次酆倰庠友蔣生雲路李生茂

楊生茹熊生祐遑持先生祠狀懇余誌其事於石余業有論文之雅弗克辭按蜀志漢王堂守巴州唐陳易從守彭州兩郡立生祠祀之類是者固多然皆處權位功易樹而民易懷也先生則儒官閑秩何酆人亦生祀於祠及閱狀先生楚人也倣秀才時即有大志慨然以天下自任先授西寧學訓承委丈民田不避豪右界在王室者亦公以從事自令童僕携饁纖芥不以擾民縣饋公廩封還弗受三載以課最遷酆身率諸士章之教言大都以黜浮靡敦實行爲尚月嚴考校甄别無錯衆皆服其明敏燕居必正衣冠皋比不撤坐出則振響鳴鐸人不敢干以私諸士凡有所爲於其鄉閭及於其家皆曰吾先生聞之得無不合於意否莫不忖度而後從事寒士有餽遺者弗受兩遇始進隨束修多寡絶不啟閱甚至豚肩罇酒亦欣然納之橐中靡有藏物攝教鄰庠所至有冰蘗聲督學郭公命附集大學衍義綜覈往古參以時務足裨經濟實用督學公旌之庚辰秋縣簿剥民膏脂辱及士類有無辜而遭拷禁者八九

相與泣訴於堂艴然曰吾所領子弟狼狽至此詎忍默爲乃直陳其事於臺省或曰寒官悍吏終非敵也且訟興獄結力憊財傷非可處分於旦夕盍隱忍先生曰吾家世甘貧苦濫竽教柄非爲營私計苟有培於士氣雖弗官可也利害不顧竟求直焉覊渝州閱月載轉省城衝寒跋涉始終無一怨言歲暮歸任聞報擢襄府教授官轉錄事適有耆賓舉鄉飲者酬以兼金先生嘆曰茲盛事也吾以之市恩可乎揮匆顧檄催領憑先生以事未竟不苟於去求伸

夙志其賢不可盡述也邑士民德之肖像立祠以生祀焉祠在平都山麓前有溪流與萬侯僉先生諱希顏字子愚家於永之祁陽縣號祁北別號亦人子所著有五倫纂要淮南摘粹發明河洛太極理數河源圖註洎前大學衍義等書傳世文章德行可爲達也矣余遂銘之曰平都巖巖溪流潺潺先生之風激懦廉頑尚以丹青爲表儀型可圖白髮難繪丹心敷陳苜蓿香飄絳幄祝公之年壽而且富

遊山紀畧 明萬歷十年 張敬明

豐都治臨大河東二里許有山平都盤曲而上衆山環堵漢王方平陰長生修煉於此丹爐尚存基跡上建小亭塑二仙對局像山高里許一井口圓三尺源深莫測高下與江水相應峻嶺堅石殆非人力所成二仙丹就井中五色雲起乘之上升洞賓訪二仙山中麻姑亦於此會方平俱有留題其山對峯曰白鹿山宋時白鹿出鳴人異之父老云此不爲異當有賢人來此適老泉來遊憩匝月里人遂於此建鹿鳴寺東坡遊平都留題二絶正德戊寅冬御史

東吳盧公雍按臨訪東坡遺蹟適里人與工建淩虛閣公乃隸書勒石閣前夫名山大川天下不少此山以王陰二仙稱名尤勝純陽子亦謂天下名山不如況其他乎辛巳春予以公委過縣辱賢侯蔣君相攜登臨因誦閣上佳韻勉步一律嗟乎此山本名平都饒有仙蹟何世人惑於楊墨之教率以道佛相先繪塑土木愚夫婦信尚之不暇至於仙井覆以關祠者投之香紙塡塞其中竭澤不通惜哉雖然愚人之無惟也當日名縣且捨平都而曰酆都則惑

之甚者也更名請印將有待於來者

敀建文昌宫記　明萬歷壬午　戴文亨

平都山麓觀宇隣比若民居然矣當羣宇之中有地一區岡脉隆然江城環抱平麓之勝此其奥焉識者嘗謂其有待也隆慶初兵憲喬公登而異之稱爲文明之區廼屬邑侯萬公創爲淩雲書院太史曹公記之矣是時人文濟濟卓有淩雲氣頫二公之遠覽而嘉惠者籍籍也萬歷巳卯奉議撤毁巋然堂序一旦鞠圃艮可慨夫壬午之冬貞菴鍾先生名焕富順人來署吾邑顧其墟而嘆曰噫嘻名山有遺址哉溪流瀠洄宛若七曲蔚哉文章府也而墟之可乎爰命僧人性月募修文昌宫殿卽捐俸金百兩以爲倡士人附之民之仗義者輕百餘金以助之不逾年而工乃就正殿巍峩坊樓翼翼其規制氣象彷彿竇宫覩昔之建立者徑庭矣嗚呼是地之勝寂寂於前古後今者不知幾歲月矣前此一顧乃曰文明繼此一顧乃曰文府前此有作以造多士繼此有作以祀文衡盖山岳之靈古今旦暮而此心之靈在智謀遠大之士者所見同也由是士人振奮于德業事功以求無負庶此宫之建大有裨於文運而平山增重矣

九蟒亭記　明天啟甲子　周延申

嘗讀山海經云宇內洞天福地四十有二酆之平都厠焉人人耳食山靈逺埒於蓬萊三神山之屬余曩卽未領畧其勝心竇向往之叨命來撫茲土愜所願矣登山憑眺見峯巒插天芙蓉削翠江波映日檜柏干霄烟嵐藹藹恍若羽化去幾不知身在人世間也揖柯亭訪爐竈問古探幽隱若靑牛道士孤劍仙人相與語者亢賞久之旣而憩息山腰又睹蒼巖削壁嵬鑿丁剜丹篆蘚碑葛天蓊翳中有九蟒之亭焉住持僧云御史楊公之神也宋慶歷二載生於西湖長於洛陽勅授御史顯異茲土有年矣夢告里中陳生有若欲成名必日月倒縣之語及鄉闈本生䖏經獲售果符月恒日升之驗事之可異不止此考其創修圈洞嘉靖戊午也旣而重飾亭臺隆慶辛未也規制湫隘亭榭

早小傾圯頽廢砌道崎嶇余心悒悒爲之惻焉曰噫若此則巖壑不靈樹石無色何以肅明威而妥赫翼也傳云以禦大災則祀以安大患則祀楊公之神福庇一方則崇祀而重新之無非爲斯民計固非淫祀者比適有僧以是請爰給印捐貲與僧遍募甲子之歲鳩工掄材拓基運石剏見廟宇傑出臺洞攻觀非復向之湫而隘也丹堊陸離金碧照耀非復向之俚而晦也雲磴天梯周行坦徑非復向之欹而側也治像以銅非復向之土偶而脫郤也快睹翬

飛樂由砥矢不佛止益新哉丹竈石枰之間五雲六埜之勝又增佳話矣工役告成僧乞言勒堅珉以誌不朽爰拈筆書之

竹雪菴記　明崇禎辛巳　古心

竹雪菴成表姊楊氏索予記予曰姊之所圖者金石萬年之計乃責筆墨於錐鈍之手竊恐靈巖一片石未必不爲山鬼所笑也姊曰事屬不經者乞於人未必言即言矣而情不極切者言之未必盡且走幣以干非望之譽豐兒富僧之事非我未亡人之事也予不獲已唯唯余氏於邑爲腴族擁高齒肥足以自澤池山公姊之翁也一子子祥號今吾故絕一子子化號成吾省祭不仕高情盛氣時時脫露衞宇蓋賢而俠於隱者也先是吾姑古氏適楊同春科第世其家姊生未幾歲姑丈就木姑撫姊曰天不祚我早亡吾夫幸有吾女亦天祚我也及長適成吾生子允生而成吾物故允生及遺腹子孝友亦殤煢煢兩嫠欲留此一塊肉不可得不亦難乎賴姊性慧捷嫻禮義居恒語及古

今節烈大義確有乘當閒有以權宜之說進者輙曰權非婦人可用其在今日但得苟活料理以完其心之所不安以報吾夫於地下而已矣於是自城西移鹿鳴山遂穴以掩其姑若夫毋若子僉掩其身且荒荒塚壘壘王烏恐作湛廬飛去欲垂不朽須仗佛力所憾成吾在日多訟多病簪珥俱充藥貲孀居二十年來差繁役苦緣林兩遭衣囊如洗乃每年减膳忍寒以寸積之餘作廬墓前李吏部匡山先生題曰竹雪姑與姊聊克住持姑名徑竹姊名寒雪

總取孤冷自傲之意斷除葷酒朝夕經咒爲法器世世守之並集田地若干作香燈費菴後數武碣余氏宗祖於上合祀之土木一切恰中其度夫世之所謂婦人者偶得一端卽無雀嗣亦可長世吾姊以此耻然未死之身直擔余氏數百年欲墜之緒以一楊氏無甚緊要之女而並報若父若母已斷欲絶之恩卽世之奇男子不過是矣直指上其事併余姑合表之姓名且傳青史於不墜是未死其夫也未死其子也未死其父未死其祖也余氏紛紛浪死似無一坏可安而姊能衍之無旣也邑多素封望牛山而滂隕者不知凡幾余氏獨得此絶烈女子是則可敬也傳之貞珉以示來禩夫豈偶然哉

重修明倫堂序

林明儁

事有爲吾及見者一變而爲吾不及見者及見者吾也不及見者吾也生而有兩吾耶閲世而有兩世也重之感也夫及見變而爲不及見置諸可也必欲謀爲再見誰將許我多不述余生乎酆長三十年蜀始亂始無蜀無蜀而始無酆吾所及見之酆變而爲不及見之酆於外凡十五年

大清混一亡人自外歸見酆非復向及見之酆心甚疑恐其爲事之變至於此吾生適遭之洵一人而兩吾一吾而兩世也嗟乎酆之及見不及見置諸可也湯侯至歷才吏之勤勞而又有酆何其能也雖然終非吾向及見之酆也嗟乎酆之及見不及見置諸可也往往嘆息不欲置諸衡邑之本末先後緩急風化之係爲最大者僉議修學然不無格於勢限於力爲之柰何夫邑之有學猶人之兩目人無目不能行邑無學致遠能行之材於何取乎古之爲學吾不及見卽所及見皆近世之學也明三百年嵗爾酆邑列鄉校中者常四百餘人應鄉舉里選者若干人舉進士者若干人鄉射飲酒春秋合樂養老尊賓陵夷至衰敝之季仍未廢而士之勵廉恥勤服習其時上下貴賤名分屹然無亂俗至大傷風化者以有學在也頻年以來

朝廷詔立學再三僅存十餘人皆皤首鮐背沐新恩與進三涉科嵗比不下二十餘人會僉議謀諸湯明府捐立先

師廟粗具規模春秋釋奠舊明倫堂次廟之左爲琴瑟鐘鼓羽籥師徒講習肄業之處左右齋庫藏祭器經書典籍秉鐸有論有導署必備今不及見所見粗具之一廟有廟無堂生徒不至名存而實廢夫古之爲學不及見也即吾所及見之學亦不敢期其全而再見之惟堂與廟之相爲倚重顧量力稍立規模而從事焉邑子弟望鄉校而奔趨爲數漸廣里人各愛其子弟各敬其長老鄉射飲酒春秋合樂養老尊賓事可漸復里俗勤生博施不吝其財義風

未盡絶衡邑之本末先後緩急於此爲最大者幸匆猶豫焉獨怪浮屠羽室不勞謀議旦夕觀成非資其官之侈則民力焉及以爲當然獨修學多異同遲久不效其故不知其所以也以云愛子弟敬長老勤生而博施然與否與誠力爲之不變今之法不失古之遺當事一垂注焉風行自上下民尤而效之又何旦夕之不可觀成乎庶生而有兩吾之長老輩少慰惓惓也矣

重修平都山記 康熙壬寅 林明儁

平山仙山也而雜傳幽怪飄忽之説聞於天下集古今稱山之所有其説不馴而滿山中半神祠半羽屋半釋室詰其由來天下將亂人喜談怪當其無事樂爲非常可喜之議神仙之説不足以厭之而幽險深渺之説相繼蠭起以意穿鑿山遂聽人修飾至極盛無以加而清虛一派爲其蔽塞豈非穿鑿太過反爲山累與蓋其初立説其意不至於此而其後牽合附會遂至於此也亦云勢焉而已矣前不及考歷漢唐宋元明以迄於今不知幾興廢存毀甲申

一變咸陽烈炬山中一無有存者獨五雲樓巋然屹於靈光康熙元年湯侯濩來令茲土值酆都破裂垂絶後孑遺散失侯力洗一時汙濁比於諠以廉能著動物本於誠酆人信之復其誠而安居酆又自此始侯秉正不喜爲異論蕩惑人心教化酆人其言平易正直而不可易茲山集古今流傳雖不出自學士掌故吾度其始指酆都爲幽都或者性情功效之微旨凡民不曉六經之言尋常難喻聖人禮樂刑政賞罰是非有時而窮不得已托杳冥禨祥以悚動

人心日獄成於此勿錯履至曆曆不出也其亦憂之深慮之切乎皆教也不然由今思昔豈無頒法先王正誼明道如昌黎谷永輩卒無有正之以義著其辨以曉天下而天下之人咸知有酆都由其說雖驚愚夫婦未始不可以懾奸雄已於未萌止於將動又皆權也教與權俱以補聖人禮樂刑政賞罰是非所不及又安在非性情功效六經之所變而出也故湯侯入其邑汲汲不欲聽其盡廢勵意修舉夫廉能者吏治之望者也有舉輒信命山中住持僧性

學往焉文武羣相感發酆人亦樂風行之自上不敢私盖藏越二年而完閻君殿以拜弗馴也越三年而完玉皇觀存帝鑒於伊邇也關祠之役明忠義以篤俗也平都山又自此始至仙蹟存於五雲樓無事修舉余編氓中之一民耳棄官老歸目睹心動計少時讀書山中以此山極盛爲憂慮其勢至於不足恃而變生焉今果後效之不爽豈非其勢使然哉一山之興廢酆人不及見多矣而余見之感而爲記示遺愛於弗替表茲役而出之後來增加至於極盛又不知在何年所也聖人在上明以禮樂幽以鬼神雖百世可知也

甲辰掃墓記　　林明儁

儁爲兒時隨先府君至墓下尾拜起末既奠先府君命子弟扶長老有服者次序列坐其處舉酒盡驩愛長老戒幼少敢有蹈于非勿使近墓辱先人子弟好修而賢也多飲之吾門篤俗期勿隕先訓拜掃勿斁如此今老矣幸得生還睹曠然一坯土而已富貴何足羨于茲獨有感也感而

有言詳吾之所出也言之而有不及親盡故也林之籍于酆前自閩入蜀姑不紀自六世祖文振公在酆以歲進士官武昌二郡贈奉政大夫傳至明儁皆力耕讀書既無車馬赫奕婢妾靚麗蕩惑鄉里亦無官爵貲力動揺府縣凡親未盡與親既盡子姓頗敦尚禮讓崇勵廉耻無敢有胥官司者走訟者安鄉宄者矯詐修飾言語欺罔君子與夫亂俗者由今思昔猶有近古之遺甲申一變禍亂踵于蜀獻賊賊其半姚黄賊其半亂兵賊其半蜀亡而渝隨之林

族子姪千餘室無有存者余倖領乙酉辱徵辟濫入官路攜從弟明佑明偉明倬暨兒堅本姪約有七八人于外幸免耳嗚呼毛羽之屬尚知報本余獨非人子忍捐棄墳墓遠遊哉以其輕者較其重者功名利祿非所論也以其緩者較其急者全其身及子弟以存祀田園廬墓姑置之也置之而曠闕于心如烽烟道阻隔若絕國何取年歲考之二十載始得于歲甲辰秋九月攜有生三閱月之弱子撫成二十一歲與姪厚本徤本堅本同伏墓下偕東坦劉沛

遠徐爾強暨族一長老鄉鄰之猶有存者席艸列坐焉嗚呼時移事換萬族寡鮮十里一犬吠聲牲殺祭告之餘不知泣之何從也傷德薄遜先人厚庇其可幸者猶有三焉賊發塚盜取無遺而祖塋石瘞先府君墓獨無恙歸掃如故一也子若姪猶能讀先世書立功名繼遺烈二也昔人以官爲家眉山父子當天下無事飄若萍梗究卒于官不得生還西川死猶有餘恨余值滄桑之幻身經百變攜其主婦並子若女弟若姪破深阻而浩然歸里詣墓而掃招族亡人指數耕祭田修祠宇三也三者之賜皆祖若父之積先祖府君在鄉校齋長中型邑多士先府君生有完行孝友著聞輕財慕義董然諾君子長者常以不得交爲恨賈庇時傷年十有七歲倚先恭人壯遊老歸齒髮俱變墓閭首數廻而腸折又不知泣之何從也畧其事不書無以示鄉黨隣里垂後世子孫伐石記諸于茲尤有感也能爲傷者如傷而止猶不失爲中人擴傷而大將等而上之不能爲傷對墓面熱內慚汗出食不下廢其慎所不能而戒之哉

酆都縣志

湯侯重修平都山詩序 康熙元年 熊蘭徵

從來名山水不獨可以娛性情並可以善吏治如羊叔子之鎮吳愛遊峴山又如歐陽永叔醉翁亭之官民同樂蘇長公之治杭兼治西湖若此者未易更僕數獨是山水之緣每多缺陷或遠在百里近數十里輪蹄供億之煩興未盡而先懊則亦不快甚者猿狼之穴蛟鼉之宮護之風雨倫之險阻不能愷豫山靈則亦不快若平都峙在城北纔里

許目所得而仰止步所得而登假不必後安石之費也亦不必王元仲之舉烟爲信韓昌黎之慟哭縋書也凡朝暮晴雨開落寒燠無不可遊者第此山荒廢已久自湯侯來遂重開生面政事之暇乘輿而往丹宮翠壁之上於以廉南畝耕穫覘城烟生聚從遊子衿更得執經問業焉豈與輟幾務狎山盟者同語哉

重建文廟記 康熙十二年 劉如漢

高陽李侯蒞枳之三年政治民和百廢修舉而學宮首成

甲申以後兵燹頹仍禮樂絃誦之場鞠爲茂草牧兒蕘豎薪刈其間兎葵燕麥漫滅其址官於斯者曾未過而問焉李侯下車惻然嘆曰讀聖賢書而坐視鐘鼓銷沉俎豆墜地忍乎爰檢氷囊率作經始自庚戌之冬至癸丑之春閱三歲月而峻事爲殿爲堂爲廡爲門爲齋舍爲庖湢爲垣圍煥然復其舊觀廠費不下數百金而未嘗以絲毫累民間也邑人士歡欣鼓舞既樂先聖廟貌之崇又嘆侯之有功於文教爲不可泯走書萬里徵記於予予惟古之記學宮者多矣而家弦户誦獨盱江李泰伯袁州一記其故何哉以其詞絶枝蔓而一本於忠孝也夫爲臣盡忠爲子盡孝宣尼立教之大指故元祭酒李木魯翀以此二句爲夫子戒斯言卓矣竊惟世之儒者高談性命侈口程朱各謂得千聖不傳之絶學而考其實有愧于人倫之大者不少是豈郡縣立學之初意歟李侯學問淵博家世忠孝雖牛刀小試所以訓俗化人者不可殫述斯舉也揚

聖主作人之化繼文翁政教之美劃十六邑已墜之緒不

可謂非善政之首焉多士于焉藏修于焉息遊出而用世必有眞忠眞孝建三不朽以答侯覘者矣予與侯爲己亥同門友平時以道義相砥勵故喜而記之如此

重修文昌宮碑記 林堅本

文昌懸諸天闕司籙之神詳於晉志備載王氏聞見諸書吾蜀越嶲梓潼人士至今能言之不具悉而論者謂六星開闢已然必竢吾蜀百千億年後之人主之其說近誕不知上古士風靜一魏晉以來纂殺成風士多變易學術偷

卬以求合於當世或者帝心憫憂特簡司籙之神進賢退不肖未可知也而當日之立爲是說者吾知尤有深意焉以天下之最難治者士心也無端而使有志設誠之士寤寐如或遇之無端而使側身修行之士言動如或糾之無端而使致齋蠲吉之士焄蒿悽愴如或見之朝廷三物六行禮樂刑政不盡及帝君之神能及之則神之所治幽獨也豈神能取士之幽獨而治之夫亦士自慎其獨與神明相見於隱微之際故曰最難治者士心也而能治士心者

帝君之神也士各治其心與神合漠則士心各有一帝君神祠不必從廟祠作解也吾邑平都山浮屠羽室經咸陽烈炬後修復踵相接也非民之力則官之餘藐茲上下文昌宮廟莽衍弗治其故維何盖責諸晨星落落之寒流歷久不睹成效當世非不右文而士坐以文弱祠坐以文廢往往而然幸苗裔弗輟庠之以清幹見稱者若神敔之毅然議修遺書山中行僧眞一與之約付以永遠住持丙邑紳古秤嬰先生爲文以集衆志先生恐行之不逮也捐籀搆作室材木六十餘頭以倪之闔邑紳士及凡業儒子弟均樂助焉年月日落成爰載筆而泐於石治心之教帝君之靈其在斯乎其在斯乎

重修酆都縣學碑記　劉謙

漢文翁爲蜀守仁愛好教化選開敏有材者遣詣京師受業博士減省少府用度買刀布　物遺博士數歲蜀生皆成就修起學宮於成都市招學官弟子除更繇由是蜀地學於京師者比齊魯史稱郡國立學自蜀始厥功懋矣予

至蜀見所在學舍廢於兵燹者槪未能興喟焉太息謂古人不復作也居數月知酆都事王侯以修學告酆都之學剏始元達魯花赤完者帖木兒在治之東明初知縣楊謙改治西中更廢與後燬於賊

國初鼎新文命敷四海壬寅知縣湯君始建大成殿纔一楹庚戌知縣李君又建啟聖祠於明倫堂右亦湫隘不如制王侯下車見而痛之毅然以爲已任天鑒厥忱大木浮江下乃與教諭黃錫策訓導屈先達典史劉敬武經營廣

殿三楹而移祠殿後敬一亭址跂矢鳥翬巍乎奐如經始於癸未六月命庶丕作士紳以次更直而副榜林君敬修武舉高君曜監生林君愼修圖功攸終尤勤甲申六月余適按部至縣獲謁廟而遍觀焉自東西廡名宦鄉賢祠櫺星戟門泮水橋堂齋靡不脩垣墉塗塈茨靡不飾其費自諸生廩糈及民譚心湛本源等樂輸餘皆出王侯俸餘與文翁減少府用度遺博士無以異又聳齋舍之久假者歸之宮墻視起學市隙難不啻倍蓰至爲諸生親正句讀則

庶幾程夫子之在晉城無遺詣京師受業之煩而教過之以此倡諸郡邑將學之廢者盡興使史氏執簡書曰蜀今興學自鄷始奚不可也於時諸生請予記之乃升堂皷鐘而告之曰爾知

朝廷建學意乎天生蒸民有仁義禮知信之性有君臣父子夫婦長幼朋友之倫修乎此則果貴且靈於物而爲人悖乎此無以逺違於禽獸此學校之設聖人所爲繼天立極導之以明人倫而復其性也古者家有塾黨有庠州有序國有學以三物教萬民賓興之而後爲士是故天下無無學之地無不教之人以此化民成俗比戶可封今之升於學者皆民之秀也

朝廷所以教育之者恩至渥制加詳

皇上復頒訓辭昭示中外以士先德行而後文藝之意深切著明矣今王侯豈爲爾取科名邀榮膴計哉願學於斯者勿汲汲於利祿苟圖進取務遜志於聖賢義理之學體驗於日用收益於身心所謂明倫復性於是焉存有不特

祿在其中者夫班固之稱文黨不過曰見蜀俗僻陋誘進以文雅而已誠盡心於斯今日蜀生之所成就又寧止如固所云耶諸生唯唯受教爰書以爲之記

重修夫子廟贊　王廷獻

天覆地載日照月臨萬古長夜聖人篤生羲農黃帝堯舜禹湯文武周公統歸素王誨人不倦吐辭成經千秋木鐸未喪斯文經明於漢文盛於唐宋詔郡邑咸立宮墻有元至正學建鄷都迨明洪武移西城隅甲申兵燹慘罹一炬

清和重搆高陽繼緒廟制卑隘。未復舊觀僉謀重建擴一
爲三後圍低下築土成壇宮移啟聖用稱巖瞻歲在癸未
鳩工庀材多士奮興庶民子來季夏經始建子落成謹識
歲月勒諸貞珉

重建胡公祠序　王廷獻

丁丑夏余初抵是邑慕平山之勝選暇一登甫至山麓見
鐵像露處榛莽間兜鍪而擐甲疑是羽流所鑄天君像殊
不介意歸詢諸從者則云此地舊有胡公祠鼎革時燬於

兵此其遺像也考邑乘列有公祠而名氏及立祠故俱不
詳明經毛自修告予曰公名平表字不波以忠州判破奢
賊授監軍道晉爵太僕卿貴州布政使當奢酋之據重慶
也變起倉卒公徒步詣石砫司妳秦庭之哭請兵西向禱
於平山關祠臨陣獲神助遂破賊乃冶金爲像築宮平山
之陰卽俗稱聖帝宮也酆人德公堵截之賜亦冶金爲像
築祠祀公夫祀典所載有功德於民則祀之公之血食於
酆寧有愧哉而舊志胡缺焉弗紀也巳卯冬承乏涪纂閱
州志見孝廉陳計長所作生祠記。則載公始末極詳記云
公滇南人舉鄉進士初選授縣令改忠州判因得署涪守
事先後淹於宦途而居官始終不苟餽遺纖悉必郤尤恤
於刑搢紳有過力爲保全夏旱公禱立雨春雨公禱又立
晴渝城破遠近騷動公親詣石砫請兵堵截後躬率義勇
圍殺月餘奢寅就擒論功錫爵游陟方岳而名不酬實公
亦脫然名利外矣天啟丁卯涪人立祠北門祀公而計長
爲之記然涪北門實無公祠矣嗟乎以公之功卽使酬以

高位如酆故老所傳聞何多讓焉乃竟名不酬實豈棄勳
之公論與酆人立祠祀公而紀載不詳涪志詳載公功而
舊祠莫考其不至日久湮沒也幾希矣余乃捐俸屬聖帝
宮僧宗貴仍立祠故址位遺像于中使千百世後廟祀弗
替以視前賢之費斗金修平山寺觀以邀冥福者於名教
不無少補云癸未秋落成乃爲序勒石以紀之
相傳公善堪輿于酆邑杜家埧擇地以塟先人營天地人
三穴塟其中穴留上下以有待焉公雲南人

按崇禎長編云蘭賊奪崇明之據重慶也貴州布政司參議胡平表方以忠州判官在圍城中縋城徒跣走石砫司秦良玉乞兵援成都目把紛囂不肯應平表慷慨號泣不飲食者五日良玉感動乃起兵平表百方激勸措處以餉秦兵一戰而復新都再戰而成都之圍解四川撫按授之監軍兼副總兵職銜平表得以統束易置諸將白市驛之戰俘斬千餘馬廟之戰俘斬萬餘占據兩嶺酣戰一日夜斬首千餘奪擄二郎關搶黑蓬頭迫降樊龍復重慶奪寅

斜土府水西復集十萬我五路應之四路皆敗總兵楊愈茂死之平表以六千兵人囊米五升截苗殲賊無不一當百十萬衆潰敗如掃生擒僞元帥巨賊四十餘人獲其僞印勅僞號錦册及各縣印五顆救出被擄生靈數萬

書內江教諭陳方壺死事傳後　王廷獻

余讀酆志至陳方壺內江死節事未嘗不掩卷太息也國君死社稷大夫死封疆廣文死于學校非特敬一時之官守亦以立百世之倫常也然鼎革之際紀載多闕若此類者湮沒而不傳者可勝道哉志曰陳鼎祚字方壺由貢生任內江教諭流賊入境官吏望風逃竄鼎祚着官服坐明倫堂駡賊不絕口全家死難夫士君子立身行己志節自負殺身成仁亦期返衷不愧耳事之傳不傳烏所計哉林明儁著酆之志節士也獻忠之亂梁益陸沉故相王應熊承制討賊考拔人才擢明儁第一授兵部職方主政後遷驛鹽觀察使蜀川入我版圖引病不復仕悲方壺之死於官而不得傳也貽內江友人書曰昨與足下話敝邑方壺

先生司鐸貴庠會逆獻屠蜀先生集義旅不下五百人扼守孤城逆獻攻破內江執先生誘降不屈臠解之臨死駡不絕口明紀荒畧大者不書而書及狥節廣文無有也足下爲貴邑人望僕是以諄諄有以屬足下夜即夢先生過我撫其背曰君今在閬州亦知姚洪已事乎忽不見及寤大驚乃取五代史閱之洪爲唐指揮使長興中將千人戍閬州董璋反以書招洪洪投之厠中璋破閬執洪洪駡曰爾昔爲李十郎奴掃馬糞得一臠殘內感恩不已今天子

居爾爲節度何苦反耶璋怒然鑊令壯士刲食之至死大駡明宗聞而泣謂大臣失節反不如也血烈如此與廣文抗節無異然得染汗青數行無憾而先生湮没無聞僕賤久絶意通顯備對史可也足下行將爲史館中人以邑人蹟邑事庶不負方壺先生以夢感也書載巴字園集中同時有楊凌雲者亦酆產也以明經任蓬溪教諭流賊入境不屈死之然考內江蓬溪志兩人俱不傳

外史氏曰余閱舊志謂士頗倜儻常懷忠信心竊疑之蓋

近時之風氣或有不盡然者然前輩楊溫甫守我杭重濬西湖至今民食其利而當時不惜以斂怨去迨至晚季方壺台眞各死所事舊志所云良不我欺位旃晚年逃名石鶴志節何矯矯耶宏之叛堅卧不出良由識見卓越也其孫敬脩篤學好古更爲余言方壺死事時曾背城一戰蓋祖父常所稱述知非謬矣

酆邑楊氏八文序

王廷獻

自古山川靈異必有魁傑之才出而應之然有名世之才有不世出之才孝友足以厚宗黨智能足以稱一職文章足以華當代名世之才也若川嶽之所鍾靈間世不一遘或與大利以濟蒼生或秉大節以維名教則不世出之才矣平都聳秀江濱道書稱爲福地縣負山設治蓋自隋始而唐宋以來名人不少槩見及閱志乘則知元至正末始建學校從前雖有作者亦散見於臨江矣故衛才於酆當自明始也明初科貢接踵自楊大榮孟瑛父子始崛起成進士靜軒僉憲九江發奸摘伏稱神明焉而溫甫守我杭

重濬西湖則與李鄴侯之濬六井蘇長公之築六橋經濟金垂不朽且其一門羣季皆能以詩文名世而曾孫叔京以孝廉任曲靖守更舉前業而光大之逮及明季裔孫凌雲復以學博死難蓬溪嗚呼如溫甫父子殆所謂興大利以濟蒼生者耶如台眞者其所謂秉大節以維名教者耶楊氏詩古文詞余採入縣志者甚夥其苗裔廷碩復搜緝殘編彙爲專集且喜酆邑之人文不終泯没而更嘉廷碩之克成維新之志也故爲之序

秋山拾遺記　王廷獻

辛巳重九前三日訟廷無事公餘退食念舊志荒略未足傳信乃攜二童子乘欵段重爲平山之遊出迎恩門外二十步下水濵爲三佛廟夏秋水漲泊前礬石灘險客舟多泊於此有黄葛數十株各圍三丈許是日也天氣晴爽龍床水波不興綠蔭相接清風徐來緩轡過山王廟爲酆陵故驛溪流阻之乃折而北可百步長虹亘其上曰通仙橋有亭翼然朱闌懸眺頗耐幽賞橋北有巖官碑萬歷時修橋以紀月日者摸讀之際黄學博愛符來赴予約乃命僕夫刋馬候於挹翠樓下余兩人則捫蘿而登得元天宫舊址明邑令張守剛三碑焉東數武爲胡公祠公名平表天啟間平奢賊里人肖像祠祀之兵火後露處榛莽余捐俸重建特丹雘未施耳東爲淩雲書院剏於明知縣萬谷萬歷初廷議撤毁因即故地建文昌宫就東隙地有谷生祠碑相對爲明學博竇希顔碑北陰殿門亦有斷碣載隆萬間捐修紳士姓名與北陰僉者東嶽天齊行宫立春前一

日有司迎勾芒於此蔣夔平都山記左祠太山右府北陰今猶仍舊貫也沿溪綠樹參差與金碧相映啼鳥上下令人應接不暇又東爲石佛寺寺中石佛高二丈許左爲山川風雨壇臨江爲長垻子故明有場集與山王廟止隔一溪乃循舊路過東嶽廟西始登山路側有修路碑碑面爲萬歷年碑陰則嘉靖盖後人重修用舊碑而前人遺跡亦未盡泯焉爾陟級而西可六十步折旋陟級而東又五十步巨碣倚山積蘚護之諦視得六字曰南無阿彌陀佛臺上即大仙巖巖有九蟒之亭中塑神像後有圓石相傳爲楊御史墓亭右有天啟甲子碑載神始末極詳匠於碑足鑿三魚中共一首俱肖土人指曰三魚碑也上層臺迤邐而西者半里許折而東石坊西向額曰總真福地下視即元天宫高不過三十丈山勢陡峻紆折迨二里矣考蔣記此爲五雲樓故址坊内二碑相距一古義敬碑一楊忭碑俱屹立一傍砌欹臥者爲竇希顔五塊石修路碑盖石上舊鐫李陽書道三洞天遺跡巉巖道路彼時尚未治耳石

臺上龍虎君殿北向又上有冢陽殿碑冢陽殿者故明蜀獻王香火前爲三石橋以肅觀瞻殿有樓可登一覽城郭無遺縣署門廡室庭中雙桂歷歷可指歷堦而上爲玉皇殿遠人歲致巨蠟可然一年銀釭猶燦燦也路右爲王母殿前有楊宣慰重修景德觀碑登山過觀音殿則淩虛閣巋然出焉閣前有碑隸書東坡留題二絶明廵按盧雍筆也雍亦有八景五言絶及遊平山詩平山祠宇明末俱遭一炬惟此閣獨存不減魯靈光俗稱二仙樓楚黄黎時舉

顔之日有仙則名神仙洵有異哉凭欄南望下臨無地隔江豐稔壩近若襟帶葫蘆溪樹隱現欝葱恍然月鏡中遊也邑人林明儁一聯曰飛閣靜涵天尚餘雲氣奔城腳娟峯妙挿水猶帶江聲掛樹枝斯樓之盛概可想矣閣後即淩雲臺爲平山絶頂相傳王陰對奕處亭址石枰猶存或曰舊以銅爲二仙像各高三四尺李鷂子之亂遂亡去臺後即曜靈殿殿東向榜其額曰幽都幽都本見水經注鄉愚援此爲陰司實証也王端冕搢圭案前蠟炬如玉皇殿

業鏡圍逾丈日久蒙昧而奸邪過此猶凜凜不敢正視東十餘步爲漢壽亭侯祠山僧即五雲洞覆石爲爐狀客至燃紙投之井洄無泉地風旋轉謂羣鬼攫金錢也則誕甚矣前殿石碣鐫侯像印式及王鳳洲贊於上邑紳楊叔京爲之有大碑臥地勒前忠州守孫芝倪伯麒遊平山詩筆法雋逸予命匠琢其後將以有待焉小樓數楹下視江渚是與淩虛閣競美祠後爲仙姑崖相傳景龍中麻姑訪方平於此隔溪青牛山層岡細草宛然在目東望珠簾隱隱

嵐霧間可望而不可即也平山徃蹟其捜抉無遺恨哉乃循舊路趨而下至五塊石傍有小徑通山後茂林修竹繞蔽梵宇曰竺國寺又西二十步亦有關祠胡公討賊禱於五雲洞得神助事平築宮以報焉寺僧宗貫即余命修公祠者北望五魚此中殆有隹氣乎循山西出至半嶺江明知練小憇樹下適與酆署花齋相對可呼而應下至山麓兩山相對趙村之澗水中出爲九曲名流多泛觴於此乃攝衣登白鹿山石磴修縈里許抵寺寺東向對二仙樓

山門有石鹿倪伯麒題詩猶存石坊曰來蘇以老泉來此鹿夜鳴也寺爲明僉憲楊大榮刱造相傳卜生壙掘地雙魚飛去乃捨作寺以泉故本名玉鳴時人競稱鹿鳴將所謂地以人重者耶泉方盈尺翠微隱翳瀝滴如戛玉聲冬夏不竭歲旱土人取泉以禱巳卯夏余亦試之良驗左有吳道子觀音像碑稍下隙地丈餘可搆數椽石欄抱之山僧告余曰此古氏書院也或又曰爲楊氏旁有僻徑可乘險下是不能留瞬息達竹雪菴讀古心碑更正訛字數則

時則夕陽在山照影萬丈出翠竹間此地舊有楊溫甫平山書院亭池遺址半湮田陌乃由頹垣出上文昌宮一望瓦礫所存者陳載寬一碑耳西爲天福宮歲時朝賀之所詳舊志黄孝廉碑緩步至社稷壇西得川主廟遺鐘爲成化七年事暮靄蒼然仰見新月望送客之晴瀾渺乎不可覩矣嗟夫自後漢迄今平都之名由來舊矣考唐宋之遺跡百不得一焉八景題咏肇於明初舊志所載亦永樂間事然三百年來祠宇之廢興留題之存没又閱幾變遷也余來酆四載耳間以公委跋涉於涪陵桂水間奔走錦里者再平山之遊或月一至或歲三四至眼前好景習而忘之矣駒影西流頹波東逝王陰二仙將無嘆拯溺之無從哉僕夫牽馬促歸乃酌酒索筆爲平都懷古詩以紀之其詞曰巳子東都治枳城平都豈是爲方平只因炎漢留仙蹟遂使春秋掩政聲九蟒精靈歸刼火五雲人鬼未分明隔山惟有來蘇寺白鹿呦呦夜氣清

楊氏世錄序

劉　謙

楊氏酆都世家也其先仕元爲萬戶統軍自湖廣孝感徙酆都家焉邑故無舉進士者靜軒公始以天順丁丑進士官至江西僉事溫甫繼之中禮部第八人由戶部郎守杭入爲京府丞杭人至今頌之不衰其濬西湖功尤永賴事載杭志可考也厥後或仕或隱代有顯者舉於鄉六人貢太學四十五人百餘年間子衿半庠序彬彬盛矣累世所著詩若文不啻克棟歷兵燹人與文俱亡五湖碩果僅存晚節寫其胸臆於詩蒼涼悲壯有少陵風每痛先世著述

散軼其孫廷碩邑學生也遺囑搜輯乃斷自靜軒温甫以至五湖詩文共載若干首名曰楊氏世錄蓋孔叢子之遺也編依世次而以萬歷誥命及守溪所爲靜軒墓表新建所爲平山書院記冠其首述祖德尊王言而徵信於賢者之褒言誠得體要矣嗚呼蜀之先達漢唐宋尚已至明猶盛其文章事業顯當時而不傳於後者寔特酆都之楊氏哉夫表彰前賢以示後之人俾觀感而興起此不獨其子若孫之責也楊生之爲此錄可不謂賢焉生才敏行飭特

以畜妻子憂饑寒荒其學殖有能與滅繼絶教育之長養之以成其材則傳其家學使靜軒温甫有後於酆都者必楊生也楊生勉乎哉

楊氏世錄題辭　　王奕清

酆陵楊氏世族也其先仕元有勳閥官于蜀因家焉凡十有餘世以文章事功節行表著者甚衆康熙戊子歲余視學茲土有慨於蜀之文獻莫徵典籍散軼而前哲之嘉言懿行弗傳于後也下教郡縣訪求境内遺書久之無所得獨楊氏諸生曰廷碩者以其所輯家乘來上前列世系僅九世纔及萬歷初年後載靜軒僉憲温甫京兆數公事蹟及所著詩文若干篇亦皆掇拾叢殘存什一于千百而已因以歎蜀之叠罹鞠訌民靡孑遺而前賢之述作已薰歇響絶蕩爲刼灰無復存者良可歎也而楊生承其家學獨能搜輯遺緒俾勿隳墜闡祖德而振家聲績雖未宏意則勤矣因爲弁其端且望生益奮其學克自樹立以繼其前修然後潤色茲集勒爲成書他日有徵考故實於華陽黑

水間以備蘭臺石室之藏者將必有取焉楊生勉乎哉

楊氏世錄跋　　朱象鼎

楊氏爲平都望族考其譜自明初大榮孟瑛舉進士第始靜軒僉憲九江剛毅多治績學士程公敏政爲之傳而王文恪公鏊表其墓温甫守西泠時濬復西湖功侔蘇白事詳鉛山費公宏傳及田汝成西湖誌其後子孫蕃衍科貢不絶如叔京之任曲靖刺史凌雲之司鐸蓬溪更爲表表嗟乎之數公者或發奸以表特行或興利以濟民生或光

前人之業或堅節義之操固皆一代之名臣而千秋之傑士也父子昆弟師承家學凡詩古文詞之膾炙人口者往往採入縣志兵後遺稿散失裔孫茂才廷碩勿忘先志搜輯成集余下車甫越月卽出以相質夫平都夙推名勝江山環帶標秀鍾靈弁冕三巴其間奇才偉行鴻篇大作代不乏人而吾獨於楊氏人文之盛尤有企焉

酆都縣志序　劉德芳

漢以枳地分治平都爲酆都設邑之始初平以後代有廢置隋開皇間析臨州置酆都相沿至今而疆域之廣袤山川道里之遠近人物之盛衰土風之淳漓固已劃然區別而不可假易一邑之志定有成書以傳信而永久往往紀載家好夸多以侈美盛名賢生產不詳里居古蹟勝槪半借他境甚至荒誕不經之談亦入卷帙觸目生憎尚可以資考訂備采擇乎蜀中經蹂躪之後典籍散亡求其斷簡殘編已不可得康熙丁卯有抄本酆都縣志成書倉卒尙屬梗槩海昌王子令茲土七年自受事來政事餘暇無日

不以綱羅編纂爲汲汲取抄本中之依據彙雜捃摭註漏譌近稗史别集者悉加芟除采獲積以歲月其或未悉自山郵旅亭僧房寺壁荒疇野塚古碑謄刻故老之所傳聞記憶撥剔討論靡有遺鈌攷增抄本存者僅十之一二王令用心良苦矣書成質於余猶必反覆商定乃授之梓王令文學吏事皆能不負生平是書典雅詳核尤擅所長序而行之庶使好學深思之士知傳信爲足貴而述作之不可苟焉已也

酆都縣志

酆都縣志序　林敬修

昔考亭夫子一代大儒官車所至必先修志蓋欲使一方之山川人物政教風化披卷而知以爲因革損益之地教戒勸懲之資非僅備紀載侈觀美已也吾邑縣志其在有明成於楊溫甫先輩溫甫備官天府採輯極博又得樂溫孔蓋臣佐之以故炳然成書日久散軼省志中僅載序目一篇可慨也

今天子車書混一合十五國之圖籍纂修一統志我蜀獨

後乙丑歲邑侯曲沃王公以禮屬先君子受簡未踰月郡大夫三韓孫公有府志之命程期苦廹邑乘雖就梗概而巳未暇付梓文在王父臺先生起家經術以巍科宰平都六載而政成焉風清惠浹士恬民熙嘽嘽氣象幾見於今琴堂清暇間取志槀披閱見其中脫簡甚多慨然修輯旁披精覈補其罅漏句比字櫛不使有毫髪遺恨其體簡而嚴其事詳而核其詞質而達彬彬乎有典有則也周志有之周官小史掌邦國之志外史掌四方之志具此制作之

才載筆承明三長寧有遺憾哉抑予因之有感也昔溫甫守杭州修荒政開西湖杭人食其德與三賢並祀不衰公杭人治酆六載教化淪洽致酆人前有李父後有王母之謠似公與溫甫易地而政事同酆之乘溫甫藻飾於前公復修輯於後後先輝映異世而文章同兩相待適兩相酬何其巧相値也公爲文壇名宿時蒓古文辭膾炙人口是書成天下讀之奕世讀之昌黎序滕王閣云附名三王之右與榮施焉此則先君之幸也

重修縣學兩廡名宦鄉賢祠記　李仙齡

室之有廡猶鳥之有翼焉鳥無翼則不能奮飛室無廡則失其夾輔而況

文廟之兩廡尤爲羽翼聖道之所托乎且也名宦以報功鄉賢以昭德治教中誠有缺一不可者

聖天子尊師重道昌明絕學辟雍而外廣勵人才尤愼簡賢良振興學校以此奏最誠哉陋漢唐而追虞周之盛也吾酆邑學宮前此草剏湫隘自海昌王夫子來守茲土慨擴舊制正殿告成啟聖有祠四配有位規模固已宏遠矣

旋陞部郎倘多缺畧秀水禹州朱老父臺先生理學名家以巍科授內閣中書而改令吾酆本學道愛人之訓宏至誠動物之風士民之沐浴膏澤者不啻佩仇覽之教劉矩之治也蒞酆以來修廢舉墜百廢維新乃朔望告虔覩兩廡之風雨不撐兩祠之簷牖就敝慨然者久之遂捐清俸命工鳩作越明年而告竣役動而民不擾工成而士不煩夫事難於創始尤難於成終前之狹隘無論也幸而更新

而制有未備傾仄相半何以成美富之觀耶今也巍然煥然者大成殿也鳥斯翼而跂斯華者兩廡也整而肅敞而明者名宦鄉賢祠也是宮墻之美富也大矣哉我侯以羽翼聖學者羽翼

聖廟宜其處爲純儒出爲良吏而吾酆適受其賜焉至於鄉之中多士奮興爭自濯磨不忍以不肖自待望聖域而躋賢關者將不乏人也況乎年來鶚薦鵬飛齊驅並轡已拜我邑侯之賜矣卽此而爲

盛世揚休爲賢侯紀績無不可也是爲記

重建城隍祠寢殿記　　曾　撰

今夫舉一事而事在此意卽在此苟有關於風教君子弗緩也舉一事而事在此意不止於此苟有關於風教尤君子所必急也吾邑城隍祠在治之東僅三間創於楚州湯侯歲時讀法咸於是焉我朱老夫子以巍科名家來宰斯土興利去弊百廢修舉幾幾乎比戶可封矣乃循朔望宣講

聖諭不惜親爲開導耳提面命雖寒暑勿輟間者周行祠後見有寢殿遺址曰是不可以重建乎爰減俸蠲吉告神庀材鳩工未嘗與民間一役兩越月而工竣邑之聚而觀者莫不曰斯舉也可以肅觀瞻妥神明矣余曰似也而未盡也蓋民義之與鬼神其途雖分而聖人之所以務而敬者其義又未嘗不合所謂舉一事在此而意不止於此者也易曰先王以神道設教而天下服不信然乎且當朔望宣講之期邑之大夫士庶少長咸集先時而至者自郊自野俾得息於斯以肅其氣後時而去者言慈言孝俾得息於此以闡其吉廟貌之事新敬鬼神正所以務民義也則夫風教有關固君子之所必急也抑又聞之召伯之經南國也後人於茇憩之處賦甘棠焉今我夫子朔望布化於此則是祠之寢殿也公之甘棠也異日者酆人其亦詠歌於無已乎撰以穆材深蒙雨化贈茲營建之實有裨益於吾邑也可無揚言以誌其事耶爰拜手以爲之記

重建玉鳴山吳道子畫觀音大士閣記　戴天

酆有王鳴山在邑之右卽蔣記之所謂石樂白馬者也東北有來蘇石坊面南有石巖巖下有王鳴泉四時清瑩不溢不涸常聞滴瀝之聲鳴戞如王泉左有觀音大士石碑乃唐吳道子筆也久沒於荒烟蔓艸中邑侯禹州朱老父臺先生秀水名賢以內翰改授來酆揮絃而理琴堂清暇簿言之餘寄情於山水間每一登臨覩道子遺筆未嘗不致嘆於風雨之薄蝕也於是鳩工庀材不踰時而閣復新噫公之搆斯閣也其在升高而望遠歟抑亦王山可登清

眾直攬將澹泊以明志歟不然者道濟之心惓惓靡斁適形於會濟之大士歟天追陪之下不揣弇陋遂援筆而志之且爲之歌曰王山蒼蒼王水鏘鏘大士慈雲與公俱長

重修九蟒神亭碑記　李巖樞

平都道書所謂仙山也王方平而後陰長生上昇其修煉之蹟爲最著自改平爲酆鬼神之道興而黃冠緇衣迭相雄長由趾及頂琳宫梵宇以百數九蟒亭適當山腰神狀若天君九蟒着體矯尾揚首瞻拜者鮮不慄慄然肅也遡所由建父老之傳聞其說多不雅馴明周延甲三魚碑則述住持僧云謂神楊姓宋慶歷二年生於西湖長于洛陽勅授御史顯異茲土蔣夔景德觀碑只云大仙巖內有九蟒之亭林穉菴志載九蟒亭亦稱九烝樓其名甚古是說也予嘗疑之及按雲笈七籤馬明生授陰長生以太清金液神丹卽欲別去長生跪致詞曰昔太歲庚辰先生與南嶽眞人洪崖公雲成公瀛洲仙女共論傳授應禱祀九老仙都九烝丈人授之大藥乃靈不禱祀而授爲之不成云

云因恍然曰是卽陰眞君之所以禱祀九烝丈人者乎東漢以來樓名古矣御史楊公九蟒化身遂以名亭而主其祠也其在神道設教後乎楊公之行事不少概見意其人必仁明正直著惠此邦適歿於此酆人尸而祀焉猶桐鄉意也九蟒隨車之說毋亦有所托而云然夫神仙不足以厭之而假以鬼神鬼神不足以厭之而鑿爲隱怪甚矣人情之好異也猶是亭也負崿結撰前岩客無賸地左逼巉削右當山徑斗折處堦戺甃甓最易傾圮極其勢山徑將

為中斷秀水禹翁朱老父臺治酆之四年登而嘆曰此亭之興廢平山以之聽其傾圮可乎捐俸為倡鳩工庀材三閱月而工畢亭與山共永于磐石矣然不曰九烝而曰九嶸則禦灾捍患隨禱著靈神之功于平都可知也一倡而集無假督迫則民氣和樂百廢修舉侯之所以治平都者亦又可知也

縣署古井記　林敬修

邑侯禹州朱老父臺先生治酆之明年酆民皞皞豐年穰穰案無牘積庭有花香因以其暇課園丁治畦於署之荒隅顧坎窞處石頭犖确欄榦隱然侯曰試鍬之則甃甃層層矣侯曰試浚之迄三丈許泉水趵突盎然盈城瑩洌甘寒時無陸鴻漸張又新輩未品其居何等也邑之紳士父老聚而觀之咸曰吾父若祖未之前聞是昆明之劫灰非近代之堙也今為侯出當為侯瑞且侯之治我酆也一絲一粟無所假於民僅飲枳江一杯水積汲役之傭值足為清俸累今挹彼注茲不踰數武坡公調水之符可不有也晨瓶暮罋澄澈一色少陵汲多之詩可不作也地不愛寶為廉吏省一汲之費焉林子其記之勿辭余曰唯唯瑞應圖云王者治道清淨則浪井出又漢穎陰侯井年深淤塞後復闢有銘曰不三百年應運而開時以為瑞亦名曰浪井酆為巴子別都酆署非其故宮歟揆以改邑不改井之經殆千有餘年矣為侯出為侯瑞誰曰非宜然侯理學名家正誼明道尋常瑞應之說不當為侯稱引余則有取於釋文焉井者清也兼有取於易傳焉井者通也由乎清之義侯秋水玉山其神清一琴一鶴其風清綱舉目張其政清草臥桁楊其刑清化成乎清象應乎清云爾由乎通之義侯通惠于民而衣食足通德于民而禮讓興通其情疾苦不壅于上聞通其氣太和屢召乎大有化成乎通象應乎通云爾漢世祖曰甘露醴泉吾不貴也吏治民安乃吾瑞耳信斯言也我侯之治理謂即盛世之浪井可也或以井之去江坂衍而下何止數百步胡為增減與江水相應余為述東坡惠山泉詩此山定空中乳水滿其腹遇隙則

酆都縣志

發見奥味實一族爰走筆而記之時丙戌長至也

申明亭記

曾德升

嘗聞天之號令曰風天之所不能行者風以入之王之號令曰政王之所不能至者政以及之然非徒有其法制禁令也易巽象曰隨風巽君子以申命行事凡以居位設政欲率民於禮教必丁寧反覆申其命令斯有以深入人心而無不信從亦如天之號令吹噓萬物而無微不入也若是則申明一亭其關於王政非小矣邑侯朱夫子奉

天子命來宰吾邑是操天之號令以號令斯民也深慮夫愚夫愚婦不能家諭戶曉也於儀門之左建亭以申明法令雖曰仍舊貫然舉前之所未行者而行之其功實與創同每朔望集搢紳士庶宣講

上諭十六條畢復進父老子弟而命之曰我

皇上撫有萬方惟恐一民失所故命邑長來牧吾民俾爾民宅爾宅田爾田使各有寧宇也毋怠爾業毋侈爾費毋滅禮義而罹法綱毋輕孝弟而蹈侮逆各惜廉耻共敦仁讓以無負

聖天子加惠元元之意至再至三丁寧反覆其勤勤懇懇必欲人人曉然循而行之合愚夫愚婦之倫無不蒸蒸向化焉以是知申明一亭其關於王政大矣雖然致此者亦有由我夫子蚤歲學易及居官設政即以易道治民凡申命行事皆巽以入之體天命而出以王者之治故其政之無不信從也亦風之無微不入也然則是亭之建王道也即天道也升每集亭前從諸搢紳後聽講律令因悉其事退而爲之記

旌善亭記

李孟修

亭以旌善示勸也亦以示賞也嘗攷周禮予以馭其幸幸謂言行偶合于善則予之以勸後故在朝有懋賞之例下至州縣立亭旌善俾人人望而趨之羣思立善以表著宛

先王旌德勸賞鼓舞一世之微權也酆陵下邑疊經兵燹

先王舊制久矣廢墜無聞邑侯朱夫子暫辭薇省來蒞花封六年之間興廢起墜綱舉目張賢士大夫之過枳江者

皆日善哉朱公之爲政也然善其政而未識其所以善也接薦紳以謙待士子以禮善也尤有進對寮屬以和平御吏胥以整肅善也尤有進至於役不下鄉犬不夜吠人人遊於春風和氣之中風俗丕變日遷善而不知誰爲爲之此我夫子躬行善故其善政善教有以深入人心也而猶不以此自足也復於儀門之西修建旌善亭民有言行合於善者則旌之以示勸蓋本先王旌德勸賞之旨爲鼓舞斯民之術使民之過亭下者望而驚曰我何不爲善人也

我何日得以善而旌於此亭也於是一邑之父老子弟轉相告語咸以爲善爲樂而爭趨恐後矣夫不動聲色而勸民爲善乃五帝無言之化我夫子能以躬行之而示其意於不言之表何難躋斯民於雍熙之盛哉從此勸賞立而樂善不倦則周禮之予以馭其幸者端在此亭矣孟修栽同桃李扶感蓬麻惟日祗躬勵行勉勉於善不致隕越於下以辱我夫子之教耳敢冀片長足錄耶書之於右以待善人

洪崖山莊記

黃錫策

洪崖山莊曾子侶恒別業也曾子昔居城市與予往來講性命學相與切劘無虛日不事剽末惟務鞭辟近裏故習舉子業功不患其妨志不患其奪屢困場屋初不少動於中戊子膺歲薦慨然遠塵囂卜居洪崖之麓爲山莊結茆爲廬治田爲業樂山水秀麗手植桃李數株綠竹遶舍忘乎世外之榮浩浩乎若將終身焉者獨是山莊其常也何乃於曾子而興之異夫茆屋數間以蔽風雨與人同也不

羨人之夏屋廣廈田數十畝以供饘粥與人同也不慕人之鐘鼎列食禽鳥飛鳴游魚潛躍人第見爲鳥也魚也而不知有活潑潑趣桃李繽紛衆卉爭妍人共賞其妖艷也而不知萬紫千紅都是春意河流於下江漢潛沱之所滙也亟稱其不舍晝夜由原泉而放乎海山峙於後層巒疊嶂挺然聳翠使人氣概磊落可以壁立千仞可以砥柱狂瀾此皆所以同乎人而異乎人也是豈地靈而人傑歟抑亦人傑而地靈耶我思古人實獲我心矣昔濂溪圖太極

横渠著西銘伊洛繼絶學紫陽集大成象山先立大慈湖作已易白沙體自然陽明致良知他若草廬若龍谿若近溪若一峯若東郭涇野若洛材波石其間地以人名者不知凡幾吾不知自有洪崖以來曾有此人亦話此事否耶今曾子居於斯處於斯燕笑語於斯詩酒陶情於斯存心養性於斯與朋友講學於斯課子弟肄業於斯殆將有與洪崖同不朽者在也乎不揣固陋樂爲之記其事於石壁

聽鹿軒記　朱應熊

平都官署之東西各有廳事焉軒除朗暢榛楹卉木原夫創者之意亦擬韓魏公之典故問東廳文學問西廳之説也自期顧不遠哉吾仲父禹州來宰是邑芟其草萊補其罅漏於政事之暇日坐西廳與戚友沈子虛嘉王子西韓暨予觴咏其間幾忘羈旅之寂寂也因邑乘載李長官夜聞仙鹿長鳴而異之使人徃山踪跡遇一老人云無他異當有賢人晋謁令君耳翌日而蘇老泉過訪焉相與道其事傳爲酆陵八景之一焉乃顔西廳曰聽鹿軒曩有如老泉者續成佳話也年來諸君先後東歸空庭閴靜坐臥於斯者能不思是山之鹿復鳴乎今春適崔子敬哉過署乃予姊倩也其偕來者爲賢兄禹甸暨予中表鍾子孟諸也飛觥角律日集斯軒中又頓釋離索之感矣嗟乎韓蘇二公文章功業照耀千古即一廳事今人遂企彌殷焉予與諸君子先後集於斯軒顧名思義能無興起於中也乎緣年來喧寂攸殊有未可意計定者故不揣弇鄙援筆爲記且以識我仲父高山景行之慕者有足多焉爾

重建縣署東廳記　鄭德昌

今

天子出震御極以仁天下爲先務有

旨親民之吏縣行

引見訓以子惠元元之意焉凡在臣工罔不祗遵故能久道化成好生之德洽于民心猗歟盛哉亘古所未有也我舅父禹州以甲申嘉平中浣一日

陛辭之任酆邑不棄謭劣挈隨來川得朝夕侍左右竊悉

其立心行政卽一事之微皆仰體
聖主仁民之訓誠如參前倚衡勿稍斁諸寤寐者矣縣署之東隅有廳三間年久傾圯鞠爲茂草舅父緣其基址捐俸金數匆重構椽楹落成列圖書筆硯于中公餘以爲退息之所而仍其舊名曰東廳焉余惟東之爲方震也日至夕而入度周天三百六十有五復升於東而爲旦則旣晦而明光耀聿新是一日之所始生也歲歷冬而終日周天三百六十有五復旋於東而爲春則旣塞而通元氣旁達

是一歲之所始生也嗚呼天地生生之道莫盛于東而爲萬物之母故四方之位必首言東四德之性必首言生物之仁而麗諸東焉今舅父堂構重新而仍其舊名是誠一事之微不忘
聖主仁民之訓意有在矣抑又聞之岱居四岳之宗海受百川之歸葢山之峙于東者惟岱水之會于東者惟海吾舅父他日報最恭膺
特簡廻翔旃廈黼黻昇平以仁一邑者而仁一世俾生民仰之如四岳之岱百川之海克其東之義旨者不兆端于斯耶爰拜手爲之記而揭諸壁

酆都縣志序

朱象鼎

酆都縣舊志兵燹後無存今
上御極之二十六年海寓蕩平
敕徵天下郡縣志乘酆邑孝廉林穉菴先生應
詔纂輯旬日告竣雖戒期廹促勿克大備然當文獻無徵時存什一於千百而後人得以踵事增華謂非此志之篳

路藍縷耶我浙王文在先生以名進士分符枳水八年久任苦心蒐討排纂成帙蔚乎足觀焉乙酉閏夏先生內擢部曹象鼎受代瀕行手授志稿謂鼎曰余未敢卽付之剞劂者以山川人物古蹟勝事沿革建置分野開方之類不假詳校襲誤而時賢之詩歌亦未經決擇其姑待之鼎深服先生之虛懷卓識且日望其釐正之本郵寄來酆也不意先生遽乘箕尾有志莫逮良可慨矣鼎猥以譾陋竊祿兹土碌碌簿書方救過之不遑又何能從事鉛槧而當校

讎之任哉客春奉
憲檄徵志書爰取先生所授稿本抄錄以應其間偶爲耳目所及若年來戶口之增添田野之開闢廢墜之修舉科貢之踵興悉爲補訂第恐抄本傳沿日久或致魯魚亥豕之訛乃與諸同寅暨邑中紳士重加商畧捐俸鋟梓非敢掠美誠不欲前人之烈泯滅故也至於疑殆之闕如尚期博雅君子核据㸃定俾信而可據庶幾聪垂于不朽云爾

酆都縣志跋　嚴履泰

曾氏五代同堂序　汪士鋐

人壽以百年爲期得乎氣之厚而不伐其夭者皆能至是而至于子孫曾元遞傳於不絕未必于百年之內皆及見之故有父子之近不克覩其成立者矣有祖孫之遠不克覩其纘承者矣高曾之與曾元其世代相去又遠即有孝慈之後能光大前人之業者不過樽酒豆籩告之祖廟而巳酆都曾氏其先江右人爲文定公後明初遷居酆邑世業詩書家傳孝友十傳至道堅生先徹又傳曾子同甫有志學古而能文以邑廪生登甲子鄉薦即余主試所取士也榜發來謁知其家世甚悉辛未復來京試禮部語余曰王父煥王公孝友著聞爲鄉黨推重父履斯公忠信醇謹事母以孝聞生友伋兄弟四人長友昌次友日次友虞伋其季也俱各生子友旦仲子一貫生子天錦天鈞俱就外傳而王母劉氏青年守節年巳八十有四矣王母子一人孫四人曾孫十三人元孫二人由子下逮元孫由子婦下逮曾孫婦俱無恙五代相聚各盡孝慈天倫之樂求一言以序之按昔太邱朗陵子孫之賢而多者也德星之聚亦不過子事其父孫侍其祖汾陽有孫數十人至不能盡識有問安者頷之而巳一時傳爲僅有之事唐長慶間蕭愿不以入相爲喜而以壽考得見曾孫爲樂其時曾孫尚㓜今曾母年開九十而其子亦俱老若孫若曾若元繞于膝且親見孫友伋登賢書將出爲民牧服勤
王家正未有艾于以嘆曾氏之壽臧昌熾而一堂五世振振繩繩爲古人所未及也所謂子孫曾元遞傳不絕未至

百年而已皆及見况于百年之後乎

新建龍神祠移建諸葛忠武侯祠記　瞿　頡

酆邑自縣治外皆山也所蓺黍稷穜稑大抵在巉巖峭石之閒土瘠而薄經旬不雨其苗立槁民之所賴於雨澤者顧不重歟余至之旬日適屆秋祭吏白於余曰邑有龍神廟在北山之巔曩者春秋祭祀皆以屬之縣尉敢請余曰惡是何言也龍神爲一邑水旱之主其所係于生民者甚大可以祀典之重而憚一行乎雖然廟在山巔艱于登陟

[illegible]也再建一祠容邇城郭不特朔望可以展禮設遇祈晴禱雨斯夕顧請不亦便乎會邑西雙桂山有武侯祠僻陬城中形家謂不利於居民而東郊舊有萬寶二公祠廢久而廢余乃謀之紳士移武侯祠于其地即于祠前建屋三楹以奉龍神而祀萬寶二公于東偏僉曰美哉斯役也龍神武侯與萬寶二公之靈各得其所一舉而三善備矣迺裒罰鍰錢若干緡鳩工庀材經始於丙寅臘月落成于丁卯仲秋不傷財不病民而厥工用蕆邑人請記於余余不佞備員茲土下車之始秋霖爲患禱于神而立霽今兩載以來上賴天地之和雨暘咸若而獄訟日衰盜賊弗熾得與斯民優游以卒歲者皆神庥之所被也至於武侯功在全蜀民不可諼固非獨區區下邑所當崇祀而萬寶二公爲酆邑循良之冠比于中牟之魯桐鄉之朱所當亟爲表章以慰萬民到今之思以勵後此守土之官者也今合爲一祠以妥以侑享祀不忒庶幾哉佑我烝民錫之膏澤歲則大有家用平康匪特酆都之民陰受其賜即余不佞奉

酆都縣志

職無狀弗至隕越于下以貽神人羞者實于是乎在矣是爲記

重建萬壽橋碑記　瞿　頡

酆邑南岸二十里曰馬齒巖南北往來孔道也有溪焉寬廣十有餘丈溪流洶涌勢若奔馬夏秋雨後行旅苦之前令幸君董勸庶民造石梁于溪上邑人德之以幸公名其橋不旋踵而圮丙寅冬余因公事過其地老僧法鑑年八十矣請余相度形勢謀鼎新焉余曰若知橋之所以圮乎

齧礎之承上流者未嘗銳其末也末銳則水勢分而無衝擊之患矣僧曰誠哉是言也然非公莫能興是役者余曰徹爾言固將圖之既而命僧董其事方鳩工匠人先架木爲梁板弗固有顛而殞者衆人咸咎僧僧亦老且病績用弗成戊辰冬余從省中還首以橋工未竣爲念而視僧所築橋基伐石甚小慮不能勝水力乃易以巨石而於上流作八字形以殺水勢七閱月而工蕆邑人請命名余以是歲十月恭遇

聖天子五旬萬壽

錫福庶民遂以萬壽名橋志慶也凡費金錢若干緡不可以弗記夫子產以乘輿濟人子輿氏譏其惠而不知爲政而道茀不可行單子卽以卜陳之將亡故成杠成梁皆王政之所宜亟也斯役也法鑑以大耋之年猶引爲已任雖未觀厥成而始事之功終不可泯余不佞承乏茲邑於凊理庶獄而外惟以城郭道路橋梁爲先務之急遇有廢壞隨時治之弗敢緩也又豈特是橋爲然哉至于樂輸姓氏及董斯役者例得附書碑陰云

重修蕭曹祠碑　瞿頡

三代以前五刑之設其詳不可得而考矣自秦任衛鞅李斯以峻法繩民天下畔之漢祖入關除秦之暴與民約法三章及天下已定乃命丞相酇侯更定律令平陽繼之載以淸靜守而勿失後世雖有損益總以漢律爲權衡故言律法者必自蕭曹始我

國家

列聖相承愼重刑罰一秉大公至正歸於盡善盡美較之癸劉所定更無毫髮遺恨而各州縣設有衙神祠以奉蕭曹二公之祀不忘其朔也酆都之有蕭曹祠昉於乾隆三十八年迨嘉慶九年廟宇傾頹於是徐正安董率書役從而新之落成于丙寅歲之孟冬凡正殿廊廡以及樓臺庖湢罔弗整肅又二年而繪畫堊黝之事大備工既訖功衆書役請記于余余雖未嘗讀律然一行作吏無日不以明刑弼教爲務公餘之暇恒與幕友孜孜講貫期於無枉無

縱每遇朔望亦必展禮於祠今廟貌聿新規模宏整匪特足以壯觀瞻將見神庥永被所謂有倫有要咸中有慶監于兹祥刑者余不佞實有厚望焉爰不辭而爲之記

跋郎于硎萃洪草　瞿　頡

余治酆之明年因修邑志廣徵文獻於是郎君文煐以其祖于硎先生萃洪草一卷見示且曰先祖詩篇甚富遭乾隆戊申江水泛溢刊板漂没卷什殘闕是編也得諸腐爛之餘略見一斑而已煐將重付剞劂氏以揚先人之清芬願

得一言以垂不朽余讀其詩雄渾高秀直逼岑嘉州高常侍一派不落盛唐以下風格君家士元不足道也吉光片羽彌足珍惜矣因思古今來凡物之足以傳世者必有鬼神爲之呵護雖水火不能爲灾也今是詩經江水之患而斷簡殘編猶堪掇拾豈非先生之靈爽實式憑之哉宜郎氏世世萬子孫永以爲寶也夫

廣西潯州府武宣縣知縣郎公墓碣　瞿　頡

大令郎公偉堂殁後十餘年其孤文煦以狀泣白於余曰先君子績學砥行以乙科筮仕西粤所至皆有政績卓卓可稱迺不幸以疾告歸殁於旅次不肖輩愚幼無知弗能闡揚先德又家貧不克治喪誌銘闕如兹幸我公辱莅斯邑其文章足以信今而傳後願丐一言以表於其阡不肖世子孫感且不朽余與偉堂有同年之雅義弗可辭按狀公姓郎氏諱士貴字眞儒偉堂其自號也先世籍隸浙江前明有仕於蜀之梁山者遂家於酆代有聞人祖萬鍾隱居不仕父權增廣生皆以

聖恩贈如公官公自幼穎敏補博士弟子中乾隆戊子科舉人屢試春官不第辛丑

大挑一等揀發廣西以知縣試用補潯州府武宣令其地民猺雜處號爲難治公有清操勤於治事四境敉寧大修書院禮聘名士爲之主講文風翕然丕變先是地多竊盜公嚴飭伍伯偵緝閭閻安堵歲歉請糶常平倉穀以濟貧之民懷其惠久之以廉能稱鄰封有大獄輒命公會鞫必得其情嘗代理桂平縣貴縣又嘗兼攝來賓縣事獄爲之

空將擢西隆州牧而公以觸犯瘴癘得風痺之疾遙告歸冊次夔府遂不起貧甚幾無以殮云遺孤文照等以某年月日奉公之柩葬於郎家坪之　子三人文照文麟文麒孫九人官恒官軫官楨餘尚幼余雖未識公面然聞公之歸也宦橐蕭然無纖毫儲蓄其清操有過人者矣文照懼潛德之弗彰而惓惓於十數年之後乞余文以表其阡其孝思亦有足多者是固余之所樂爲載筆也若夫子孫蕃衍詵詵繩繩他日必有能大公之門者斯又循吏之報可據券俟之矣

詩　　知縣事貽文瞿　頡　重修

詩之經緯昭垂於三百篇中用諸閨門鄉黨邦國俾知有勸懲焉邑乘之詩大抵遊覽寄興居多而性情之邪正亦即於斯而稽得之以故酆志取歷朝名作敘於藝文之次而時賢題咏尚期采風者之黜定蓋闕如也

HARVARD-YENCHING INST. WEST CHINA UNION UNIVERSITY

平都山　　青城道士

萬仞峯巒插太清麻姑曾此會方平一從宴罷乘雲去玉殿珠樓空月明

九日題塗谿　　白居易

蕃草席鋪楓葉岸竹枝歌送菊花杯明年尚作南賓守或可重陽更一來

送豐都李尉　　李商隱

萬古商於地憑君泣路岐固難尋綺季可得信張儀雨氣燕先覺葉陰蟬遽知望鄉尤忌晚山晚更參差

仙都山鹿　　蘇軾

日月何促促塵世苦拘束仙子去無蹤故山遺白鹿仙人已去鹿無家孤棲悵望層城霞至今聞有遊洞客夜來江市叫平沙長松千樹風蕭瑟仙宮去人無咫尺夜鳴白鹿安在哉滿山秋草無形跡

題平都山

足躡平都古洞天此身不覺到雲間擡眸四顧乾坤濶日月星辰任我攀

平都天下古名山自信山中歲月閑午夢任隨鳩喚覺早朝又聽鹿催班

平都山

山前江水流浩浩山上蒼蒼松柏老舟中行客去紛紛古今換易如秋草空山樓觀何崢嶸真人王遠陰長生飛符御氣朝百靈悟道不復誦黃庭龍車虎駕來下迎去如旋風搏紫清真人厭世不回顧世間生死如朝暮學仙度世豈無人餐霞絕粒常辛苦安得獨從逍遙君泠然乘風駕浮雲超世無有我獨存

題平都山　　趙遇

酆都有山縣之東崗勢崛起如游龍盤盤層級上絕頂鬱鬱巨柏凌蒼穹秘殿梁唐制作古絳氣縹渺浮琳宮自昔王陰駕鶴去至今爽氣飄仙風爾朱先生繼其後百煉冲舉遊鴻濛五雲破地已靈異白石水岸遺遐踪大江渾渾復東注南嶺趨伏而朝宗溪流山足重巘抱千古福地平

都箍神仙與宅異凡境樓觀窈窕丹霞濃遊人到此意超詣如在蓬萊渤海中是詩本二十八韻古碑殘缺不得全錄紀其存者

五雲樓　牟虛心

窗開四面納虛明水色山光畫不成輪奐蹁躚老黃鶴飄然物外自心清

五雲洞歌　丁尉侯

君不見呂公昔日飛過青草湖獨有老柳物色南城隅仙人來去無定所東風婀娜飛雲孤江上靈秀鍾平都巍然

眞仙之所居王陰得道幾千載白鹿長生還自如今年七夕知何自尋鹿來遊崖穴虛有氣如虹起洞口天花芳馥蒲茅廬總眞眞人住洞府出入必有神明俱有時一笑下塵世坎離刀圭覺凡愚仙家從來多異事予亦愛之因屢書二仙邈矣不復見誰云五雲徒氣無

題仙都觀　杜光庭

往歲眞人朝玉皇四眞三代住繁陽初開九鼎丹華熟繼躡五雲天路長烟鎖翠嵐迷舊隱池凝寒鏡貯秋光時來白鹿巖前後應許潛通不死鄉

白鹿夜鳴　曾鼎

白鹿知何代空山月夜鳴至今崖畔路猶見紫芝生

月鏡凝山

空潭澄皓月孤影落前川夜半銀蟾浴青鸞下九天

珠簾映日

一簾秋草碧倒映大江流日暮浮雲捲青天掛玉鈎

送客晴瀾

送客晴瀾上停杯發棹歌水流無盡處還似別情多

遊仙都觀

覽勝珠宮一吐奇山靈應笑我來遲天開地闢壺中景月白風清畫裏詩桂樹小山招隱處桃花流水遇仙時登臨自是平生興不用揚州借鶴騎

遊平都　嚴眞

琳宮翠鑿鎮豐陵石磴縈紆上幾層對客好山清氣逈傍崖修竹翠雲蒸風塵異地悲存沒祠宇千年感廢興歸路

籃輿扶落日蒼茫煙霧望中增

謁耀靈殿　魏澣

萬疊青山列畫圖偶逢塵　謁清都生祠碑古人何在業鏡臺空事有無瑤艸生香緣玉洞碧雲流影護丹爐神明威望森如許公道於今仗力扶

平都山　李本

叠巘層巒遠近宗平都天表削芙蓉西連岷嶺三千界東接巫山十二峯瑤草琪花閒野鹿琳宮貝闕擁蒼龍十年

五度經遊此聊賦新詩紀舊踪

白鹿山次蘇韻　馮禋

青山無盡頭白雲苦拘束酆都天下名青牛對白鹿內有仙人王陰家洞口桃花飛紫霞仙人一去不復返空餘明月籠寒沙峰巒巍巍山瑟瑟上去太虛纔一尺今日我來尋二仙踏破烟雲滿山跡

平都山　倪朝賓

平都絕頂古丹邱爲訪仙蹤六月遊洞口千年鳴白鹿闕前幾度駕青牛石牀夜雨閒棋局庭樹春風送管篌枯坐談深天籟發白雲點綴萬山秋

月鏡凝山　楊大榮

潭面浮霜月正圓葫蘆此夕墜中天一輪金彩層霄外萬頃銀輝疊嶂前清湛蓬壺眞太極白生虛室見虞淵興來更欲騰雙翼飛伴吹笙跨鶴仙

題平都山　朱之臣

眞仙不可望所得在孤岑地既近而遠人惟王與陰石霞

尙餘翠松氣有遺音幽洞其誰力高雲非衆心遙知山寂寂下視水深深每得相宜者悠然共遠尋

平都山　王稽

昔聞酆都名今到酆都山碧水流不住白雲去復還閒花飄古洞深殿鎖重關興罷欲歸去徘徊霄漢間

白鶴觀禮眞　吳用先

仙都標異界名勝冠巴賓宛轉百盤磴登臨一杖筇峰頭雲渺渺山下水淙淙靈岳涵眞色瑤壇肅聖容韮書翠靄

閬王牒紫泥封鳳吹排空度鸞旌帶月逢齋心香寂歷愁跡語虔恭微尚師黃石幽期訪赤松敢云宦況淡祇覺野情濃願解區中縛還希塵外蹤淩霄擬控鶴攀霧欲騎龍至訣不輕授元言自可宗春風鳴梟籟誰與扣洪鐘

平都山　莫　琚

王陰當日舊仙蹤芒履雲紆路幾重紅露臺高凌碧漢青蓮崖回引蒼松鹿因羽化留遺跡龍爲丹成守故封我亦登臨毛骨爽飄然身在五雲峰

流杯池泛　陳　瓛

九曲池邊倒玉瓶綠茵鋪地水痕青輕浮香液和雲溜細透泉流觸岸停客醉坐間爭得句官閒塵外且忘形風前何物添清興黃鳥啼春在石屛

送客晴瀾

客泛靈槎江上行江頭霽色擁仙旌一聲環珮雲程遠三疊滄浪別恨生影動金螭波浩渺光搖銀漢影澄清至今石激灘鳴處似訴當年不盡情

平都山　胡　璉

作邑乘清暇來登第一山乘驄行覺近飛鳥漸知還仙跡靡巳久塵氛了不關嚮思市朝客擾擾利名間

題總眞橋　楊孟瑛

草樹玲瓏鬱殿臺烟霞繚繞似蓬萊總眞殿上人行處流水胡麻莫浪猜

流杯池泛　熊永昌

何年鑿石引流泉幾曲清流泛酒船幽艸有情依坐畔閒花無語落尊前令行不必資壺矢歸詠何須戛管絃策馬悠悠星月上春風隨袖舞蹁躚

青牛野宿　黃景夔

簿版西遊税駕年青牛老結碧山緣徑深雲樹不知處洞外桃花別有天友鹿紫芝湮露草呼龍瑤草伴畊煙牧林何處閒横笛吹向東風播穀前

遊龍墩

春日出郊江上行白沙翠岸照新晴憑城樓閣花中出轉

浦帆檣烏外明擬買釣舟存晚計謬通朝籍尚虛名塵冠却對滄浪水笑掬清漪爲濯纓

珠簾映日

珠簾垂處絳雲開寶藏蝦鬚亦浪猜影動江螭驚自失風翻山獎去仍廻霽林穿旭聯金鎖霞浦搖空漾碧洞復有玉繩低承夜也隨鈎月上瑤臺

平都山　楊東

平都四十二福地石室丹梯險絕通紛郁烟霞迷綠樹嵯

峨宮闕倚蒼穹玉臺春暖蟠龍起古洞雲閒宿鳥逢幾度徘徊山月出細吹鐵笛和松風

遊平都　楊晋

青蓮碧漢五雲峰闕殿躋攀又幾重烏兎鼎爐無火候龍蛇碑刻有昔封仙祠荒落悲吟壯石壁淋漓醉墨濃爲愛登臨歸興晚徘徊星月傍長松

遊平都　楊節

空山踏翠馬蹄寒十二芙蓉面面看洞口白雲千載住江南黃鶴幾時還瑤臺丹冷烟霞護石磴苔深歲月閒到此塵消胸次豁不知身寄畫圖閒

龍牀夜雨　黃洵

此地當年起卧龍洞門深鎖石牀空不知子夜千山雨飛向雲天第幾重漏轉江流催急溜夢回漁父濕孤篷至今鯨吼清灘下宜答仙都觀裏鐘

送客瑞瀾

錦波如織漾新晴送客灘頭去住分夾岸樹移青雀舫中

流歌起白鷗羣滿江行色濃春酒千里懷人隔暮雲却憶河梁攜手處遺風蘇李至今聞

春日登平都山　古養敬

尋春剛及早春時風景撩人不搆思高閣憑虛飛鳥度連峰極目過雲遲卧龍潭僻斜通徑野雀巢傾欲墮枝好與風光共延賞莫將公事惱癡兒

平都仙蹟　曾繼先

江峯擁翠逼諸天隱隱雲中石磴穿不定烟嵐浮澗壑多

情花鳥共林泉丹鉛化氣從何日金碧開山不記年早晚每來登絶頂王陰亦似有前緣

遊平都山　楊　履

杖履謁清都危峰揷晴昊仙人好樓居渺然城郭小耿耿懷王陰學道苦未早欲款王女閨何由托青鳥望望三神山劃然一長嘯

平都山　黄　進

平山何崒嵂天下說名山福地開三島仙丹煉九還棲憑青鳥度洞許白雲關拂石尋題字芙蓉紫翠間

平都山　宋　文

仙山屹屹倚蒼穹躡蹬捫蘿一徑通晻靄烟霞迷古洞參差宮闕隱林叢詞人記述碑猶在仙子昇騰跡已空幾度登臨傷往事碧桃歲歲領春風

龍床暮雨　盧　雍

神龍久化去水底石牀平月冷江空濶風聲作雨聲

白鹿夜鳴

仙質王無塵人間亦久馴一聲江月白應是報嘉賓

同致仕金華守劉蒞遊平都山

平都福地偶登臨回首斜陽感慨興輕拂苔碑磨篆刻細聽羽士說飛昇神仙可學恐無益幽怪欲書何所憑江上寒峰孤月出劃然長嘯白雲層

遊平都山　周包荒

人言此地有蓬萊我來覽勝忙青鞋洞口五雲安在哉藤蘿烟霧藏樓臺古碑剝落生莓苔登臨絶頂疑天台凡骨愧非劉阮儕我聞至道殊塵埃徑思脫履離形骸欲向王陰覓榜階王陰一去不復回人間滄桑幾刼灰短歌激烈持酒杯日落尊前返照來長松老鶴鳴清哀山靈爲我增徘徊

平都山　李秀華

平都勝境快人遊乘暇登臨豁倦眸石洞有泉通巨海丹爐無火傍危樓亭凌碧漢雲常鎖山枕清江水自流坐久松梢天籟發恍疑仙馭過峰頭

五雲樓　譚艮相

仙閣靈臺艸木蒼同梯曲磴與天長深風撼竹千重雨暖日薰花百和香閲盡人天餘鶴鹿經殘灰刼問滄桑蓬萊欲覔知何處疑是烟霞弱水傍

二仙樓夜坐　戴文星

仙都古名勝洞口紫霞浮老樹孥雲霧層樓礙斗牛豪吟江月起清嘯海天秋獨坐忽長憶蓬萊閣上遊

仙都觀　黄世修

道院清虛睡起遲閒時瞻眺醉吟詩捫崖摩刻雲生履開甕分春月頭卮夜永只聞風弄竹日長惟見鳥爭枝悠然自謂羲皇侶問到羲皇總不知

靈崖泉　劉孟桓

蒼崖石罅瀉流泉幻出乾坤太始前冷射天邊雲掩護竅通仙頂氣盤旋濯纓自是清堪掬洗耳還無俗可捐閒把春瓢貯江月不妨隨口到丹田

白鹿山用蘇韻　冉果

古洞樹盤曲亭深雲歛束元鶴去不還蒼崖鳴白鹿仙人遥詣太虛家斡旋造化淩飛霞浮雲一去今千載星壇金鼎生塵沙陟巘尋真更岑寂睥睨乾坤下盈尺欲來絶粒上天衢茫茫仙杖無蹤跡

遊平都山　孫芝

巴山春色鶯啼老總爲惜春常起早春去明年還復來客子羈愁何日掃平都風景似元都上接瑶臺下幽島槐陰日午匝空庭窗外輕風動踈篠嘻乎不是看花人試把芒鞵蹈芳草功成白日生羽翰回首巴山一拳小

九日登九霄樓用杜甫韻　戴文亨

醉倚高樓眼界寬碧雲深處磬君歡西風無賴多情帽急雨其如早掛冠興到不妨詩韻窄懷開未許酒杯寒呼童薄採山中菊留取來朝醒眼看

白鹿　倪伯鯕

匡廬素質向來聞又逐仙踪伴白雲皓皛奪將瑶島色野心眠穩石幢芹空林露霧傳天籟永夜呦呦發性氤幸有

青羊猶在肆平都知爾結爲羣

觀音灘平險詩　　李時華

觀音險灘有聲于蜀舊矣上下船甚苦之余昔司李深扼孥于此頃奉命廵方檄廵東道鳩工鑿之漕成而舟便因爲詩以志之

錦水東來擁急湍操舟絕險膽皆寒怒濤澎湃蛟龍泣怪石嵯岈艦舴殘却憶平成思聖績故先開鑿駐狂瀾酆陵從此風波息穩棹長年任往還

初夏遊平都山　　毛之麟

景入平都山更幽不辭十日兩三遊林稍潤帶黃梅雨砌草清分刈麥秋鳥語叮嚀雲外笛風濤起伏海邊舟黃昏不盡登臨興月色山靈爲我留

仙都觀次蘇韻　　黃常德

層樓傑閣路窈窕洞裡有人學黃老玉爐伏火烏兎懸煮石飡松茹芝草九還七反煉丹成服餌换骨能長生駈神役鬼攝萬靈呼日吸月守內庭幢旌羽節時奔迎雲軿杳忽歸太淸故山寂寂無復顧鶴來如怨嗚朝暮煉形養氣世滔滔入室泰元心獨晢我欲乞靈總眞君憑空御虛躡紫雲道伴天地身長存

平都山放歌　　李載寛

名山聳秀大江隈叠嶂從天推出來山中有境看不盡乘暇登臨亦快哉我聞疇昔多仙侶披褐幽崖同穴處只云數息度春秋誰識還丹待沖舉仙童採葯出荆扉青青箬笠綠簑衣直向白雲窩裡過長挑日月擔頭歸相將歲月

修飛昇繽紛古洞五雲烝次第蹁躚何處去蓬萊弱水任騫騰一去無踪增感慨至今惟有琳宫在爲鬼爲神天將雄元關呵護百千載接踵增修臺榭多金鋪碧瓦麗山阿華閣亭亭侵日影長橋隱隱接天河此地逍遙無歷日年去年來人不識琪花瑤草洩春輝白鵙黃鸝調玉律松檜參差不記春幾番風雨長龍鱗招得鶴來丹室憇依稀仙子税飈輪飈輪寉駕終難挽且把樓頭簾幕捲不如長嘯凌空去但覺天津爲未遠騷客品題無了期烟水雲山色

色奇若將好景包羅得後人何用强裁詩

平都山　范文光

兹山特孤拔蘊靈復秀奇壽眞多仙客丹竈尙有遺何爲宅幽都鬼魅得踞之古人有深意俗子自愚癡黄鶴下相拚身世兩相疑目睹老牛頭捽縛入湯池乃始悔輪廻追恨煉丹遲故知閻羅老王陰之導師囹圄爲福堂洞天此相宜

平都四時詩　張邦衡

簾垂春院静梁上燕飛來入座花香細殘紅點綠苔

深林來好鳥幽澗古泉鳴客至琴聲寂餘香繞座清

雲封秋嶂碧小院倍深幽木葉蕭蕭下簾光翠一鈎

柴門迥霽雪石鼎煮寒泉漏下山頭月看經夜不眠

二仙閣　曾祐

危樓倚霄漢仙客恣夷猶萬樹摩蒼壁千峰擁碧流天空元氣合江淨楚雲浮徙倚雕欄上閒看麋鹿遊

二仙奕處　楊延春

身世渾忘得大還機心何事寄枰間橘中樂趣無人識只許回仙帶醉看

酆陵紀勝吟

岷峨迤邐平都結秀聳巃嵸擅奇絶遥觀宛爾峙江中近歷方知與塵别雲樹青松上下封樓觀巍峩前後列深溪瑶草伏珍禽穹碑墨妙傳丹訣品題歷代屬名家蜕化千年有仙客曾傳柱史跨牛青又報蘇公鳴鹿白石床如雨帶雲封懸知江滸躍神龍隔岸蘆花秋瑟瑟映潭月鏡夜溶溶曈曨初上東郊日影射珠簾光四溢西蟠梁石泊舟航酌笋歌驪旅懷逸蘭亭勝事已千秋九曲流觴迹尙留獨有回仙飛白字大書巧搆等琳球余生夙抱烟霞癖五岳壯遊志氣適剡當容邇有丹邱雅興飛浮能自數披襟正際風光好洞口桃開春不老恍接至陰向碧雲何必偓佺駐蓬島新編山誌古今傳驥附名公長不掃

二仙對奕處　楊淩雲

春滿山桃雨紅雪雲裡長松稍掛月仰摩篆碣斗牛寒鬧

臥烟霞天地別都中風景各爭奇曲徑斜穿好採芝漢時仙子今何在萬古鬪殘一局棋

平都山　　楊凌斗

平都深處五雲臺紫氣東浮入望來不盡江聲天外落無邊山色洞門開捫蘿爭訪飛仙跡洗篆咸誇學士才我欲乘風竟與侶逍遙同步玉京回

遊折絲巖拳菴得拳字　　古心

山慵惟任石欹眠山不入塵石亦顛絲折巖頭簾掛壁字

浮江面水爲箋閑消僧話三竿日遠隔人家萬點烟莫道香臺僅一納乾坤到此只如拳

雙節歌

天地非渺小聖賢何孤獨譬彼麟與鳳眞空羽毛族所以大名節未敢許男兒徒自美儀表早已愧鬚眉世趨日以汙中流誰作砥鐵骨石心肝乃至讓女子賢女亦罕遇秤叟實有姑十六爲人婦十九喪厥夫服爲夫子割耳爲夫子刈豈不欲同歸有女年方二撫女愁不大教女愁不嚴

相依得其所母意亦忻忻女命如母寡偕聚不偕老未忍衆兒饑遺腹爲夫保不辰遭禍烈夫去兒隨亡豈不欲同歸有母鬢如霜朝夕奉老母春秋祀遠祖築剎守孤墳香烟憑淨土昔年女伴母孱孱袂相牽今日母並女雙雙影共憐官司闡幽貞命以兩氏告堅辭不敢當詒恩已先到我見世間衆骨少柔情多忠孝無二理聽取雙節歌

五雲洞悲歌　　楊維新

吁嗟古福地倏化爲異類不獨鬼夜號仙人想涕淚名山

仙跡掃地無掩殺丹井毫無忌不知王陰二仙人清修學道功不易功成巧奪化工心山頭忽著丹井邃一竅直透江之湄百千懸綆猶不至匪同峭壁與巉巖下視深深不敢覘仙人一去不復還反爲鬼神幻其事渺渺洞口白雲飛妙有仙風原不墜跳出浩劫三十年宮觀盡變爲僧寺與金輦碧鑄山銅積丈六莊嚴爐錘者二白晝林麓妨有人强將洞口一朝閉吁嗟乎縹緲之鄉窈窕之地有口無心塡胸抗背安得人人似古人敵我胸豁我臆歟歸乎五

雲洞口出雲吐霞之爲亟亟

續白鹿賦　　林明儁

吾邑先達黄白水先生曾賦白鹿載縣志今湮沒失傳余續賦焉

瞻青牛之扈從兮勢崒嵂而動仰止辱老聃之稅駕兮乘紫氣而盛游崛起矧西峰之壁立兮直與平都之山爲鼎峙緣產奇毛兮在山之阿餟茲嘉卉兮囓彼薜蘿飲玉液之芳泉兮長飽清波緣此靜氣如神兮臧否無訛藉雙眸之

燗鑑兮堪作名流之綱羅高賢將至兮燭照澄清報達明府兮呦呦送聲似囑將迎兮預渤殷勤除舍欵洽兮式燕嘉賓厥山靈免寞禎之誚兮毛蟲顯先覺之名獨是人不知而鹿知之豈人反昧於鹿耶鹿先知而人甘不知豈鹿之好賢反優於人耶斯又人事之不可解而物理之不足憑者也夫鹿白者百歲元者千年彼人倫之月旦不愆於信宿意知覺之清明早得於先天嗚呼人君有此明哲兮何版築飛熊之猶勞夢卜宰相有此器識兮豈抱關獻訟之向有遺賢昔人作賦以紀盛兮慨相見之無期矧於今無舊籍之可考兮但聞風而心儀聊攄闇陋以學步兮志景仰乎前徽鹿有知兮將毋誚刻畫無鹽而唐突西施

麻姑洞　　王士正

神仙官府事紛然懶漫誰能更學仙但乞麻姑爬背癢餘杭兒酒此中眠

洞口無人蘚自青蓬萊清淺幾曾停他時小別三千載又似當年過蔡經

按先生蜀道驛程記云康熙壬子歲十月十二日抵酆都縣肩輿上平都山訪仙都觀故址觀王方平麻姑二洞按仙都觀爲王方平陰長生蟬蛻之所段文昌有記所云石函靈寶蒼然相次苔龕古書依稀可辨皆言平都山之勝及觀呂純陽蘇子由范至能諸詩無一語及麻姑者麻姑洞在今城都府新都縣之繁陽山其云在平都者當因方平而及之耳

郭才士還人遺金歌　　易簡

人言世上無好人以余所聞定不爾豫章郭君字才士不知何歲來吾里館驛門外大江邊盤飧飯客爲生理去年有客自楚來匆匆一飯抽身起遺金在床人弗知主人得之不色喜置諸篋中坐而待黄昏客來面色死床頭摸索走蹌踉頓足搥胸泪如洮求利未得本先失逝將薄命投江水郭君挽之笑而問失金何數封何紙客言一一都脗合郎憑三老開而視緣如縲文色如雪舉以還之輕若屣客願瓜分主則辭義聲從此騰遐邇我從山中聞此事置

身如遊古人裏世人於利競刀錐壟斷從來在廛市何況百金中人産匿而不與恒情耳郭君慷慨厲末俗臨財不苟偏知禮我聞爲善不求名鬼神黙佑天咫尺願君貨殖似端木高賢曾作千金子義利何嘗定背馳報施善人必有以恨我多年返故園無由珥筆書其美何以傳之俾不朽爲作長歌垂野史

九日登三仙樓次李廣文韻　易簡

杖策鄷陵第一山且將醇酒醉童顔試思苜蓿堆盤裡何似葉爽綴簾間秋別關河鴻共遠人歸城郭寉重還誰能更得金丹力絳雪元霜又下頒

遊平都山　胡德琳

道書七十二洞天我來平都訪眞仙仙人王陰去已八佰聞神君身姓邊我非皇甫規乃是黄初平君方乘車我戴笠我未往拜君從何處知我倒屣延憐我愛山劇愁我孅腳頳贈以綠王杖載之碧雲軿山署落日黯將夕橋下春水纔涓涓古柏蘢篁夾石磴稍喜紆折能寛便寺觀櫛比

迤次序獨愛縹渺之閣空中懸俯瞰城郭揖飛鳥楚蜀興廢紛目前巴子別都舊枳縣古豐去邑誰當鐫（鄷古作豐）西望峨峨東巫峽濛濛一氣靑相連我時凌虚不覺一回首聳身已到崑崙巔神仙窟宅足官府福地好客孰能如子賢柯亭對奕者樵夫同周旋一着欲下猶未下忘機豈復爭機先對坐妙語窺眞諦輸贏結局仍空盤摸碑下讀坡老作健句鐵篆虬龍纏再上五雲洞丹井飛紫煙蓬萊海水幾清淺文昌樓記何有焉五魚可佩青牛可鞭返照半映

珠垂簾大江送客堆晴瀾流觴曲水空廻沿此時龍床抱
珠眠月鏡乍缺弓下弦金支翠旗有無間雲車颯沓風蕭
然恍惚詭譎草草不可以恣紀餘生憂患頓覺人世盧熬
煎只恨不到麻姑岩桃花洞口有路留結他日緣頗聞白
鹿山中飛玉鳴泉異人欲至鹿爲傳來蘇亭上重握手何
如銅駝陌上一笑三千年

阮亭先生爲一代斯文宗主乃其過平都山所爲詩攷
之邑乘紀載缺如亦一恨事歲戊寅晤予賓友書巢胡

君於酆陵舟次相與讀先生之詩因摘錄先生蜀道驛
程紀一則並勒諸石而以書巢詩附於後蓋山岳之靈
與筆墨之精相需甚殷山以詩顯詩亦以山傳也時令
平都者豫章邊鏞樂得而誌之乾隆二十四年季夏月
黔江孫承寧書

題二仙樓

顧光旭

王方平陰長生沽濁酒與爾傾爾騎白鶴吾長鯨爾吹鐵
笛吾鳳笙江風吹起江月明吾欲醉爾自醒醒時應憶醉
時事醉中可以忘吾情日月星辰挂巖戸不知戸外蛟龍
雲唯有一枰與終古吾將與爾終一枰一着饒爾先天行
憑闌大喚局中急江水無波空自聲

平都山歌

王榮緒

老氏貪生釋畏死千古卓識歐陽子平都山稱一洞天王
方平陰長生學仙曾在此葯爐丹竈以引年區區小術安足齒
傳言飛昇朝玉京玉京茫茫何所指漢魏以降佛法揚輪
廻之說更荒唐畏死郎以死畏人菩薩變爲閻羅王閻羅

分治學仙地地獄裝飾棋局旁釜烹磨碎已酷哉未見何
鬼受刑傷二千年來邪說積人心久惑無以葦貪生猶恐
仙難成畏死預求免罪責作奸犯科自知明不愛身命愛
魂魄趨諂閻羅供香火男女襍沓周道窄我承
天子命知酆公餘遊覽來山中二仙樓頭閱大江五雲洞
口探蟄龍化日光天眼前在陰陽何曾界西東淫祠當毀
力未逮自顧德位媿梁公是用作歌告我民陰司陽世孰
爲眞地獄杳冥不可攷囹圄之苦苦無倫

國家彰癉聲赫赫事鬼毋寧爲好人噫胡不移畏閻羅之心畏國法噫胡不移敬閻羅之心敬爾親

頡按此詩見於石砫廳志盖王君宰酆都時所作也顧山上並無碑碣錄之以破幻妄

登平都山懷古　　五爾卿格

捫蘿躡破露苔香幾度崚嶒到上方羽客已隨丸轉化丹樓空倚五雲長荒祠冷落埋煙草斷碣模糊昧漢唐江上

青峯山下水終朝滚滚日蒼蒼

大寨坎　　張　偉

萬丈危梯九曲盤驚魂飛上碧雲端祗緣民事皆王事那顧崎嶇蜀道難

再過大寨坎　　張　偉

蕭蕭木葉下寒溪重過山腰駐馬蹄恰待揮毫拈數字回頭忽見舊時題

庚申正月偕吳景東司馬由平都山至白鹿寺率成三十韵呈維模和尚　　閔守誠

江水動微綠山樹逗春色使星自南來庚申月之吉慨思古詞臣學問半遊歷山水况絶勝登臨宜幷力維予解健游探景約窮日初來水之湄鼓浪盪胷臆漸過通仙橋九蟒雲亭遏水流山不盡相於扶筇入觀宇如疊床高下分苔級只知屋前行不覺雲深窖石欄依祇林蘚碑留殘刻雪嶺尚凝寒龍牀疑敢蟄風流輸白老瀟酒餘蘇軾好景摠緣情深情仍景出放眼天地寛搜奇入層閾神遙塞無

礙有鏡如漆黑赫赫耀靈殿王陰奕其側椎曾信幽冥敝悟問仙域地府不可知天上渺難測仙佛兩空空循名誰責實孰如對面山瞰恣儘秀特聯袂下危坡接踵上岁崱巉巖不可思縹緲不可即假彼青雲梯豈造峯之極拂拂靈風來欲到維摩室中有老僧閒理葯鋤圃急爲言石鹿存賢者不易得高閣記來蘇雙桂從對立古人迹已遙老成今偶值非佛亦非仙景仰存師則

初至酆都即事述懷　　瞿　頡

三載春明夢欲迷鷓鴣剛得一枝棲函關月落聞鷄唱劍
閣雲深信馬蹄堪笑仙山成鬼國（城外平都山本王方平陰長生修眞之所今設閻羅殿訛傳爲地獄矣）須憐瘠土有窮黎我來正值清秋候怕聽哀
猿午夜啼

岷江東去水湯湯斗大山城繞綠楊剩有蚩氓爭芋菽更
無學士論文章甫經兵燹田廬燬未返流亡隴畝荒爲語
皤皤諸父老好將疾苦愬琴堂

鹿鳴書院好談經鳧舃飛來此暫停馬首爭看皆僰女仗
前歡迓逴羋溪丁當堦老檜參天碧捲幔遙山入座青素食
敢嫌清俸薄細思何以報　朝廷

漫誇甘雨霓隨車（時苦秋旱余至日適得甘霖）美錦深慙學製初訓俗
有方惟讀法（每遇朔望必恭宣　聖諭）放衙無事且繙書思將菜甲
克朝膳爲課圃丁蒔晚蔬花落訟庭春草長他年報政定
何如

過大寨坎見石壁上鐫張大令詩次韻和之

瞿　頡

石棧天梯路百盤我來曾蹈白雲端（入蜀時經過棧道已極險峻）今朝
勒馬危崖上蜀道方知未是難

聒耳泉聲瀉碧溪綠陰深處信歸蹄蘚痕拂拭吟佳句張
載曾將劍閣題

丁卯九日平都山偕諸同人登高卽送舍姪芝雲訒
菴衡材旋里

平都仙境接雲霄九日登臨敢憚勞初地樓臺宜載酒故
鄉風味憶持螯閣中人去秋容澹江上帆飛雁影高最是
驪歌聲動處竹林何日再題糕

戊辰新正二日郊行卽事

不爲班春有此行獻芹偏感野人情（所過場市爭獻果酒）兒童竹馬
拋何處一路吹笙打鼓迎

爆竹聲喧萬井煙家家社鼓慶新年村姬要識長官面襁
負兒童拜馬前

得得行來不憚遥夕陽影裡馬蹄驕梅花一樹横斜處流水空山有斷橋

封篆後巡視四鄉

臘鼓聲中市肆囂周巡四野敢辭勞梅花雪後香噴鼻草色春前綠映袍歲稔兒童皆抃舞山深姦宄易逋逃丁寧說與村農聽買犢先應賣爾刀

酆都縣賦　瞿頡

稽故治於南賓在炎劉爲枳縣星分井鬼之墟地接巴渝

之甸枕巉巖以爲城控長江於南面俗則五方雜處豫章之客尤多壤則千里周遭謝公之屐難徧江上舳艫銜接人事紛來境中寒燠區分天時忽變爾其城如斗大衙似蜂喧吏胥雜遝案牘紛繁利競錙銖鼠雀之爭易起士荒筆硯鯤鵬之翮難騫地豈桑中爭解江臯之珮邦非洙土舉開月下之樽此民風之所以難變而吏治之所以難言也若夫春郊葱蒨桃艷千林夏日舒長荷薰十里吟官閣之梅花落天香之桂子山禽則栐囀黄鸝珍果則盤堆朱李童思著嘉穀之名啞麻襲郫筒之美聽鹿鳴於五魚釣龍牀之尺鯉玩斜陽於送客堆前泛春觴於流杯池裏亦足以寄遥情歌樂只不必栽潘岳河陽之花載蘇軾西湖之妓爾乃幅員所屆形勢袤延達彭水通利川忠涪隣比石墊交聯黔江壤接長壽境連與夫武隆之舊治鶴遊之新阡莫不互聞柝擊相望炊煙其東則高家雄鎮實惟舊城奎廬稠密闤闠縱横粟帛晨集燈火宵明市饒魚鹽之利家聞機杼之聲庶里仁之爲美而樂土之堪名其南則

有崇山峻嶺沙子之關捫蘿登陟扶霧躋攀通一線之鳥道擁萬叠之螺鬟地雖隸於巴蜀疆已介乎荆蠻非養慝而喬野即驚傲而寘頑其西則逵徧四達徑是三叉場通箐口寺號林家實姦宄所出没而草竊之紛挐然而殘臘春回村村簫鼓平疇雨足處處桑麻喜道途之平砥樂山水之清嘉每税勞農之駕時停巡野之車其北則灘山古壩桂溪是隣人煙寥落山勢嶙峋經寇氛之疊擾憐烽燧之巳頻嗟元氣兮未復悲赤子兮長貧苟勞心於撫字宜

加意爲搆循王於平都之山則王方平陰長生之所棲息
也搆傑閣之崔巍倚靈岩之崱屴樓頭之老樹虬蟠壁角
之殘碑蘚蝕遙瞻遠岫蒼翠千重俯瞰長江水天一色二
仙亭古此間合住高人五雲洞明其下何來鬼國蓋自洪
武之代始有酆都之稱假神道以惑衆創邪說於妖僧致
名山之叠叠爲地獄之層層加以愚夫愚婦之篤信聊齋
簡齋之可徵茍非目擊夫化日光天羅刹夜叉之安在叉
寧知子虛烏有稗官野史之無憑方今

聖天子開明堂
覲岳牧敎孝弟勵風俗懾
天威於南蠻鎮重臣於西蜀雖茲土之遐荒亦
大化所亭毒將見黎民有於變之休婦子享盈寧之福豈
不足以登兆姓於春臺而調萬年之玉燭也哉

酆都縣志補遺

唐昭宗乾寧二年夏荆南節度使成汭與其將許存泝江
畧地盡取濱江州縣武大節度使王建肇棄黔州收餘衆
保豐都存又引兵取渝涪二州汭以其將趙武爲黔中留
後武數攻豐都建肇不能守降於王建
皇朝順治十五年戊戌二月酆都歸順
康熙十二年癸丑十二月逆藩吳三桂反遣隨劉二一僞將
軍徇蜀下重慶十三年甲寅正月二日陷酆都康熙十九

年庚申八月　王師復酆都閏八月逆鎮譚宏叛再陷酆
都康熙二十年辛酉正月　王師敗譚宏於巴地百丈梁
乘勝東下重復酆都

以上附建置

明　貢監

王宮　蜀王府典膳
楊奎　王府典膳
楊貢　學訓導

冉宗孔
徐鳴岐
杜子賦 主簿
楊範
楊士吉 例 州同知
戴琮
李岱
古有年

王繼成
張維藩
楊鉉
馬翼
王者佐
楊遵春
李廷桂
熊周佐

尹若準
冉之升
陳三聘
古澄然
陳祖智
古惟一 例
徐邇強 例

元 武勳

楊德吉 萬戶統軍

國朝

余祥國 廣東廣州營參將
秦應雄 廣東雷州營參將
余名成 營守備

明

掾辟

楊桀 驛丞
楊一致 州吏目

楊廷埜 貴州州吏目

楊壽慶 州吏目

楊光容 州吏目

、國朝武勲

楊大逵 軍功題授開縣典史康熙四十二年勦奮賊有功擢大昌縣知縣賜運餉功著匾額

郎文炬 廩貢生候選訓導捍禦教匪有功嘉慶十一年奉旨給義衛鄉閭匾額於補官日加一級

高國珍 武生候選千總捍禦教匪有功嘉慶十一年奉旨給義衛鄉閭匾額於補官日加一級

秦世德 在忠州率領鄉勇捡獲萬縣亂民郭朝虎又在石硅同龍山捡獲賊首馬光祥奉經畧額勒登保賞給六品頂戴

江西按察司僉事靜軒楊公墓表　王　鏊

楊世家孝感有諱德言者仕元爲萬戶統軍莅蜀家忠州之酆都至於君五世矣君諱大榮字崇仁曾祖諱繼祖祖諱文興俱不仕考諱宏道贈大理寺右評事君登景泰庚午鄉試天順丁丑進士酆都故無舉進士者君始自出一家機軸作爲文章聯取科第酆人始皆嚮學君自進士授大理寺評事獄稱平允廬陵王恭毅公長大理所屬罕當其意顧獨才君可大用成化初詔大臣各舉所知恭毅以

公名上遂擢江西僉事會寧縣盜羅萬珪等殺將吏將陷城邑衆貽愕計無所出君督甲士捡萬珪等七十一人餘孽出沒南昌君戒其下密獲五十二人又捡九江盜舒原一等三十五人脇從者一無所問南昌有盜入權貴家弗得誣平民數十人在獄君悉驅出之曰不欲以民命事權勢衆謂不然無何盜得衆乃服楊洪三者武斷一鄉張甚君抵於法闔郡快之九江指揮李貴嗛百戶田春御史鍜成之春自誣服君知寃狀固爭之御史曰案成矣君爲疏

於朝春等十七人皆得釋江西俗健訟所至牒盈庭君據案剖決各饜其意而去才名發聞同列有忌之者媒孽於當道君因引去吏民數千遮道乞留當道方思還君君曰尚可仕乎哉竟去不顧歸蜀且老矣見州縣事不平民寃官橫猶歷爲上官言之君家居仁義喜出財以賑貧困舉廢隆蜀人德焉宏治甲寅八月卒年七十三君好學能文喜爲詩吏事尤所長顧以剛直不能與世俛仰官不甚遂其生平才有不盡施者此世之所惜也娶吳氏子六孟琦

孟瑛孟琳孟璟孟瑤孟瑜女十孫男十四曾孫男二十君之子孫多且有立而孟瑛方以文學政事有名於時嗚呼君可謂有後矣其所未施者將亦有時而行乎君之世系行歷吏部侍郎長洲吳公已誌之墓予獨書其大者揭之墓上以示後之人其尚有攷也墓在酆都龍亭山之原葬之日爲宏治八年十月二十日也

楊温甫傳　費宏

楊君孟瑛字温甫號平山四川酆都人也酆都初無甲科君顯考諱大榮始登丁丑進士歷官江西按察司僉事僉事公在任時故諭德安成晋軒劉先生猶未第因禮聘教君君天姿穎異方治舉子業已能縱觀羣書作爲古文詞伸紙立就數百言先生愼許可獨於君亟加歎賞以遠大期之君以庚子領薦丁未會試中禮部第八人刻文爲程入對大廷同學皆推遜以爲必登上第既而賜同進士出身則又皆爲之稱屈而君未嘗意動初授戶部主事連遭太夫人及僉憲之喪先後服闋皆改刑部才名日起陞員

外郎未幾陞雲南司郎中雲南爲刑部劇署銓曹知公茂才拔於九人之後人無敢心競者司統邦圻法恒撓於勢婦有戕夫者權貴爲之地積歲不能決公始至而正其辜京兆府屬官貪贜敗露欲恬求出罪卒顯黜之一戚畹奪民田有司不敢問公取歸之民清强之聲溢於朝宁會杭政久敝冀得賢守冢宰鈞陽馬公疏君以聞制報可君至郡値歲祲高卬之成災者爲賦十三萬四千八百餘石戶部聽攤稅於鄰郡貸銀於公帑而其實皆不能辦勢必以

嚴刑督之君上疏當恤灾以防意外之變得蠲十五蓋宏治癸亥歲也明年兩浙復旱饑詔以淮揚鹽課銀二萬五千兩屬僉都御史王公璟使充賑濟之用而其半猶未至也君以贓罰銀充之民遂無殍凡荒政之可用者又縷白於王公不以爲嫌時郡廩類無實積君曰荒而無備吾可以罪歲乎哉增築廩六十楹發郡帑糴諸民間前後凡得粟七十萬石蓋他郡莫及西湖濬於蘇公且四百年豪右日侵其傍以爲桑田蓮蕩綺錯星布不知其所有也君因

御史以重濬請既報可募民興役不半歲而功訖湖面之復幾四千畝其所畚除之土西薄山築堤以爲界東附蘇堤增其崇與廣焉於是六橋烟水悉還舊觀而上塘數千頃之田可無旱暵之憂矣方肇事謗議籍籍君曰天下事未有不任怨而能立功者况是非久當自定苟利吾民吾何恤哉及功成而謗亦息士民覩儒蹟且云異時當與蘇白同垂不朽逸少傳謝公紀事刻之石驛傳之夫法當調於田稅故有戶頭貼頭多市籍奸豪踞之假符牒索修船買馬諸費於鄉之貧弱害及雞豚其桀黠者能以税竄於官家於竈戶則幸而免君因民之愬計產輸銀畝若干無敢欺隱凡傭者詣官受值歲有常度自是橫索頓除羨餘日積修湖之費蓋取諸此而民無與焉福建守臣貢方物移文趣杭郡造舟三十艘以待君考諸故牘則前此閩貢嘗至浙易舟費皆自辦杭特以篙工助之耳將疏請民勞當憫之故當道用君議以其舟均於浙之列郡而杭僅十之二省費歲六十餘緡安溪等關貧民興販竹木爲朝夕

計與通津巨賈不同成化初奸民網利請隸於工部分司錐刀之末至與民爭非國體也君奏罷之郡之商税前政輒因公而取之課緣是不足君懲其獘務官至降黜而攬戶配邊者又十餘人追理積欠得鏹楮數十萬軍衛俸廩賴以少給藥局之官多舊族苟冒冠裳士於診療亦漫不咨省自君至官必守職士知方技日更番在局以待病者而民始受其惠君孜孜官事未嘗苟且皆此類也贈修撰太學生徐應鑣墓在錢塘方家峪歲久蕪沒君謂當宋之

亡上自宰執下至三學諸生皆隨三宮降虜而獨應鐮不屈闔室死節可以激勸來者宜立祠墓下有司以春秋致祭詔下禮官議而行之孤山有三賢祠祀蘇公及白樂天林和靖君謂六井之浚養而不窮作新宮併祀李泌自爲記亂以迎送神文辭義甚美蓋君之才識英敏氣度恢宏視天下之事無難爲者歛而施之一郡特其緒餘耳故處盤錯紛糾之中從容整暇恢恢乎有遊刃之地加以文章妙麗緣飾有餘所謂儒而通吏而華者也然君自負逸氣與世落落顧篤許宏爲知己宏淺陋何能爲役苐嘗載筆從史氏後於賢儁之事功不忍使其無傳乃始載其治政之績他日傳循吏未必無取於此云君春秋鼎盛其所以爲不朽者固不止此也

贊曰吾聞楊平山自杭郡入丞京府民歌之曰楊君來西湖開西湖清楊君陞蓋民同欲固有先事而託諸黄鵠者況樂成於既復之後乎驛傳之役自平山始均杭民慮其既去而訟更相率請其建議之牘刻諸堅珉以昭示永久是亦非肆其吞鯨之威而强之使然也易曰不見是而無悶平山遂於易者肯以毁譽得喪動其中乎

林位旃先生文集跋　　朱象鼎

古今人之可傳者文章與志節而已然而非一焉蓋古之人文章本諸志節蓄於中而發于外理明辭達若川之紆徐曲折而驚濤駭浪乍激而横驅若山之平遠四出而層巒叠嶂屢變以爭奇今之人志節遜于文章獵其貌而危其言上者好爲新異可喜剽取二氏遺言高遠而欲窮乎神詭誕而不根乎經下者不出尋常之見襲蹈兎園册子支離以闘靡骫骳而無氣其眞僞得失不能爲知言者易也平都林位旃先生博學工文章有澹遠堂巴字園諸集若干卷余承乏兹土與其孫遠儒孝廉游獲見而卒業且悉其生平蓋嘗膺有明王閣部首荐板授監司遭丁神州陸沉時未克大展其經綸焉迨

酆都縣志

皇朝定蜀再受知于　太保李總制以儒服偹和門之間對畫策奇中欲拜疏敘功辭不可遂歸閉門卻掃著述益

富而韜晦益甚今讀其上　太保二書忠烈三賢列傳欒府諸篇其志節之可想見者有如此嗚呼先生之文章自五經子史靡不通究其造理也精其命意也遠悉鏟今人之陋習直入古人之堂奥雖不欲自明其志節爲何若要必有知言者尚論而得之斯能大中丞文節之褒所自來歟余惟蜀中儒先以文章志節而傳者漢唐而上無論已近代如宋之三蘇元之虞文靖明之楊用修皆策名盛時黼黻昇平而先生僅于干戈擾攘之際暑露一斑終老林

泉雖顯晦升沉其跡不同其趨一也余卒讀先生之集徵窺先生之旨深有感于能大中丞之爲知言焉不揣弇鄙而綴諸末簡

書楊五湖先生集後

朱象鼎

余嘗讀歐陽公五代史一行傳喟然嘆曰古賢人君子風世之意抑何重以周也唐末五季仳離生民塗炭苟息殘喘遑暇計綱常名教之不可陵遲也乎之數人者非有王公之貴社稷之寄民生休戚之係於萬死一生中獨行其是力挽頹風雖曰一行而天下後世人心天理不絕如綫者未必不爲之興起焉斯公之所以亟光其潛德也楊氏爲平都世族有隱君子五湖先生者少即肆力詩古文詞書法倣顏魯公帖雖遭兵亂奔命必擔簦與俱勿釋長補博士弟子負意氣豪邁淩厲無前明末閣部王公承制討賊拔人才第一欲授以職先生知時事不可爲固辭免鼎革後絕意仕進當塗者廉知其賢屢徵不起偶於劫燼之餘獲宋克殘碑築寶字廬三間置其中晨夕摩玩讀書

固窮怡然自足酒酣耳熱尚論古今來臧否興亡事輒娓娓不倦雖年齒衰暮後生輩勿逮也其孫邑庠生廷碩出遺集示余長篇短什大抵激昂慷慨寄託遥深覩彼東皋舒嘯西臺慟哭者實先後同揆焉廷碩以余曾厠名内史今又待罪令長欲丐鄙言登諸邑乘以光潛德且援歐陽公史傳之例不克辭而諾其請然先生華胄宏儒抗志千秋大義終身肥遯固高出一行之儔第余東海末學才識淺陋未得夢見歐陽公脚汗氣猥以風世念切靦顔濡筆

九京可作其不至啞余爲東家施者幾希焉矣

學庸圖說序　朱象鼎

王峰曾子潛心道學以其所著學庸圖說意教于余而問序焉緊惟庖羲一畫啟乾坤之藴立圖書之祖而五帝三王作君作師聖人相傳之心法遂燦著于詩書禮樂之中迨周室東遷異端邪說壞人心術宇宙幾同長夜天生我孔子起而經綸之俾萬世之君臣父子夫婦昆弟朋友之倫秩然以序藹然以親其微言大義散見于六經而聖人

之心法則在學庸二書自曾子子思遞傳至孟子没後遭暴秦一炬簡策殘失漢唐箋釋雖曰羽翼經傳其實穿鑿附會者不少有宋代興周程張朱大儒輩出相與講究而折衷始定元時有倪氏通義彙輯羣言以詮釋之每章後列圖說條分支析脈絡貫通頗爲得解卽明永樂間楊胡諸公奉詔撰行大全之藍本也第未識當時何意盡汰其圖說而不傳毋恠乎明通之士以去其精華存其糟粕譏之耳王峰沉潛玩索於學庸二書有得諸心著爲圖說多

與倪氏脗合精而確正而通全部分章萬殊一本不覺聖人之心法瞭然於目前矣周子曰文者所以載道也輪轅飾而人勿庸徒飾也況虛車乎若此者非載道之器乎吾知人人之是庸矣雖然學者能得意忘象則六經皆屬註脚苟或按圖索驥烏足以語絶塵而奔者耶吁斯又失王峰立言之旨矣

與何使君論祈雨書　易簡

就館年餘廩肉無虛月及辭別又蒙寵送西郊禮數崇重

非簡薄劣所克當　歸家後未及遣人謝不敏小見於五日前從陸路赴渝入省亦未遣入城拜辭疎曠之罪多矣旱魃爲虐鄷涪同患然觀音橋南山澤焦而鄷地於十三日雨二十二日又雨非使君德政所感何以有此又聞爲民憂旱所以祈雨者倏至而雨未霑遍者蓋鄉中惡俗恃彊侵弱倚衆暴寡或毀人禾穗斫人棉花縱心驕亢既足招旱而被害者又以使君專意祈雨不敢以鬨然其心不能無鬱鬱則生熱亦足增旱雨之未遍或在於此昔衛人

伐邪師興而雨愚以爲恃强倚衆害人稼穡者亦宜懲其太甚以儆凶頑故息心以求雨又不若治事使人氣平而雨自通也且使君所以憂旱者重農功也其重農功皐民之衣食也今强梗之人至於毁禾斫棉是絶民衣食之原也若是而不懲倘更大旱有不爲亂者乎及今之時因其所犯重其懲創使其雨降固足以安民即雨終不降秋無收亦不足以生亂矣書生不諳治體感知已之德不敢自外輒獻芻蕘以備

（清）田秀栗 （清）徐濬鏞 修 （清）徐昌緒 纂

[同治]重修酆都縣志四卷附典禮備考八卷

清同治八年（1869）刻本

重修酆都縣志

同治八年鐫

酆都縣志

板存試院

[illegible]縣志序

酆都[illegible]傳其地有冥府乃不經之
論乙巳秋[illegible]
命按事四川取道萬縣未獲過酆都冬月
自成都還次重慶東川書院山長徐琴舫
學士以所修酆都縣志見示爲書四卷子
目十二意在備掌故[illegible]院塞表忠節正人
[illegible]俗而神異[illegible]刑爲志餘力加辯證
一洒流言丹青之惑蓋數易草而成又奉
庭訓而始定故其文簡其事覈其體例矜
愼發凡序說詳矣余嘗學於舊史氏知篇
家鴻筆非徒以才學見長必有過人之識
焉大用之足以任天下之重小用之亦足
以徹古今之蔀也昌黎氏文起八代之衰
而不敢當修史之任所撰順宗實錄且有
遺議良史如左邱明司馬遷而浮夸荒怪

異於春秋之謹嚴識者猶訾之若夫屬辭比事而不亂者其惟涑水紫陽乎琴舫秩在史官具此卓識將充實光輝之蘄至古先哲人更出其彌綸滂渟之才之學之識以任天下之事濟時局之艱尤不佞所望於賢者而不第以邑志傳也方事之殷不遑啟處蕆斯役也溯游東下道出平都一覽山川人物則此志又余之導師也夫

同治八年仲冬月既望

太子太保協辦大學士兵部尚書兼都察院右都御史銜湖廣總督一等肅毅伯加騎都尉世職合肥李鴻章序

重修酆都縣志序

邑之有志尚矣山川之險易風俗之良莠建置之沿革往蹟之真僞胥於志而徵信焉使非良有司勤於採訪賢士大夫慎於纂述雖有成書而文則因陋就簡事則踵僞沿訛其不足以信今傳後而資

國史之取材明矣忠州之屬酆都川東巖邑也邑志屢經修葺迄無完書同治丁卯

戊辰令尹田君秀栗徐君濬鏞先後攝篆是邑慨然以修志爲己任而邑人徐太史昌緒實董其成六閱月而竣事郵寄省垣索余弁言於簡端余取而閱之見其體例謹嚴考證詳核彬彬然良史裁也夫酆都漢爲平都隋爲豐都明初始改豐爲酆後人因李白之詩誤以爲鬼國神道設教泯泯棼棼不可復辨是志也屏祥異斥仙蹟

重修酆都縣志序

從來莅政施敎必因地制宜以利導之故信史而外各郡縣咸有方志藉以知山川之險易疆域之廣狹民俗之美惡人事之得失用資考鏡以爲措施固不僅以文章誇嫺雅才也余自甲子之春仰奉

恩命出守渝州旋攝巡符卽邀除授計紆轍於此邦者已五年於茲矣嘗念川東爲全蜀

酆都縣志卷一　序　一

門戶扼吳楚上游水複山重夙稱形勝且濱江千里鱗次皆灘因思區畫衝要爲有備無患之方利濟帆檣設補弊救偏之策爰徵各屬方志冀可稽古揆今力圖修舉廼繙閱旣徧雖存文獻可徵之名殆多謏衍軼矩之作或矜淵博而鬥靡誇多或尙神奇而幽渺附會或因陋就簡如吏胥之簿籍或狥名溢美皆紳貴之詞章求其體

可以破愚俗之沈迷息二氏之附會矣其他志營建知典章之重而例不嫌創志輿地知承平之世而防不可弛志忠節知鄉曲之愚而志不能奪是蓋其識卓其學閎其才肆以史體爲志扶世教正人心埒於良史而以信今傳後也誰曰不宜田徐二令尹庽民社之寄而汲汲焉網羅故實俾數十百年未竟之鉅典一旦聿觀厥成亦

酆都縣志卷一　序　二

良有司也是爲序

賜進士出身前翰林學士戶部侍郎　欽

差大臣兼署四川總督鎭守成都等處

將軍完顏崇實撰

例不背於古與則可信於今要言不煩實事求是者曾未嘗數覯焉夫乃嘆志雖小道非有良史才誠未易漫爲紀載也伊古邈固斷代鄭馬編年都無方隅之限惟盛宏之荆州記及辛氏三秦羅含湘中迺分區域而開其先者實惟常道將華陽國志道將故蜀人也以蜀人言蜀事故詳核精當夐尚一時生道將之後繼道將而有言

誠戛戛乎難矣雖然難者其才茍得其才古今人何遽不相及哉同治巳巳余延徐琴舫學士來主川東講席過從之次袖酆都縣志稿見示並告余曰是書爲田子實徐錦笙二邑宰相屬迄久未以應也緣以酆人言酆事恐未能如道將之志之見信於千古也旋奉封君命始秉筆爲之成書四卷余受而讀之取法則如網如網立

言則有典有則削繁摘要歛華責實炳炳麟麟無愧作者益學士以魁偉絕特之才早掇甲第入校秘書奄有三長兼習庭誥故其詣力所至迥非時流所可企及而余尤所服膺於學士者如書中志關隘必詳道里使人知牧圉之宜捍志險灘必加疏註使人知趨避之有方指導迷津綢繆未雨仁言利溥先得我心且酆邑爲巴國別

都漢爲枳縣地後漢分置平都後於延熙中省入臨江隋義興二年改置豐都明洪武初始改豐爲酆則酆都之名明時始定後人不詳沿革輙因李白一詩目爲鬼國轉相傳播習而不知學士特爲釐正無一字及隱怪之說尤可爲敦勵浮俗之助若夫修墜繼絕彰善癉幽之功學士與田徐二令尹固相得益彰名與是編共堪不朽

矣爰弁數語促付手民使他日者家置一
編將披核圖籍可思患以爲預防景行前
㵐更奮興由於觀感上以鞏
皇圖於勿替下以躋風俗於大同是匪特都人
士之榮抑亦守土者之深幸耳是爲序
誥授通奉大夫鹽運使銜川東備兵使者錫珮
拜撰

重修酆都縣志序

志外史也周禮外史掌四方之志即今直
省通志與各府州縣志所以資考鏡備採
風者也無郡邑志不能成一代之史非良
史才不能成一邑之志昔人論之詳矣龍
門蘭臺而後若常道將志華陽康對山志
武功韓五泉志朝邑陸稼書志靈壽嘖嘖
人口者古今幾人哉同治戊辰夏余承乏

酆都徵求掌故而圖籍缺如詢知舊志佚
於水火歲久未輯前署令田子實延平山
書院山長徐琴舫學士秉筆甫建議而田
君去學士又以訓課無暇辭余訪諸邑人
固謂非學士莫可屬者適其　封翁雲嵒
廣文假歸里余與邑人開局復屬以禮而
請焉　封翁命學士始終厥事於是昕夕
纂輯余亦公餘過從往還商搉六閱月書

成余受而讀之體嚴義正文簡事覈疆里之廣袤山川之險隘與夫丁籍賦算之繁賾人情物產之細微莫不井井有條瞭如指掌而於風教所繫防守所資尤復思深慮遠三致意焉是誠守土者有用之書不當以尋常紀載目之也學士夙擅三長十年史館故是編出入於武功朝邑之間卓然自樹一幟而學士猶以舊聞多佚搜羅

未周兢兢焉疏漏是懼其識量不又度越尋常歟抑余謂古稱良史據事直書文獻無徵雖聖不述史之闕文固不害為良史也後之作者誠踵而增益之以期於大備是則余與學士所厚望也夫

同治己巳春正人日四川候補直隸州牧知酆都縣事湘南徐濬鏞譔

酆都縣志序

從來作述之事非其人莫能成得其人或亦未能遽成是殆有數焉遲速先後於其間又非人之所能為也同治丙寅余攝篆酆都下車索閱志乘僅得胥抄殘本蕪雜缺略莫可補綴山川道里半多舛譌蓋自嘉慶間舊志蕩於水前令巴陵方君纂刊後又燬於火於是酆之文獻等諸杞宋無

徵焉余惻然思所以復之顧未得其人且力不逮明年徐琴舫學士讀禮回籍邑人延主書院講席戊辰余與邑人謀建試院落成眾請以其羨貲纂刊邑乘即延學士秉筆僉謂得人方設局集眾分任採訪各事而余以代滿去酆屬諸新令尹徐君錦笙後聞酆人以余去弛乃事學士亦訓課無餘閒余竊悵然謂此志成無日矣既又

聞錦笙與酆人復開局延學士爻雲嵒廣文總纂竊意廣文秉鐸梓州去酆千里安能分心纂輯遂益疑此志之未必果成洎己巳春余權攝酉陽行李次渝錦笙緘其邑乘來索余序倚裝展讀則學士承其父命爲之落落十萬言綱舉目張文簡事覈俾數十年就湮之文獻一旦復照人耳目之間而其闡發幽光足以維風厲俗指陳

經畫尤足使守土者循圖按籍因地制宜是書之功亦偉矣哉昔司馬史記世業於談遷班氏漢書溯源於彪固下至武功一志藝林豔稱要亦長公對山父作子述今廣文喬梓作述同時以古方今復何多讓余謂非其人莫能成者於茲信焉夫是書也肇議於余以爲得學士可以成而不成必待錦笙而後成之錦笙得學士可以成而不遽成必待廣文歸詔學士而後成之此成於一人之手而遲速先後異焉者果孰爲之歟余故謂有數焉非人之所能爲也余以斯志之成爲錦笙喜爲酆人喜爰寄語以爲之序皆

同治八年正月既望署酉陽州知州陞用

知府前署酆都縣事城固田秀栗譔

重修酆都縣志序

常道將有言善爲志者述而不作酆都縣志作自明京兆尹楊君其書不傳　國朝康熙嘉慶間縣大夫朱瞿方三君嘗先後述之今缺有間矣同治戊辰邑人將有事於蒐輯余適里居令長田侯徐侯以次來屬編纂未敢輒以陋劣應是年秋　家大人自潼川學署假歸因徐侯之請詔昌緒曰古人處父母之邦桑梓恭敬矧其人文典物將卽湮墜而恐漠置乎史

官汝職也而可辭乎昌緒惶懼領命稟受例義條流甫立　大人復如潼昌緒羅其案牘訪稟夙夜掇拾以爲　朝廷疆圉封守綦嚴諸侯寶三首曰土地述輿地第一先王體國經野次以設官分職述官師第二官以釐事大事先祀春秋昭格厥有典常述典祀第三事神莅民用奠厥居頹壞具營斯利居守述營建第四凡厥興作視力與財賦算丁籍會計必當述賦役第五旣庶旣富教亦宜之述學校第六陶淑漸久儲才貢登述選舉第七登明選公賢俊斯出述人物第八今人與居不廢稽古述古蹟第九往蹟譌傳流爲荒怪區辨人鬼以破愚惑述祠廟第十理明於言先民有作文以紀之詩以詠之述藝文第十一有文事者必有武備所以衞其土地人民典章圖籍者也故述武備綴焉自秋徂冬得書四卷未及裁飾徐侯趣以付梓夫採略則漏收博則濫無文則俚多撫則浮繁引則支鮮據則陋數者交譏何以志爲江文

通謂修史莫難於志信矣舊聞多佚小子何述縣境遂廓搜採難周謂無蕪漏昌緒不敢慊然然亦無可如何也大雅君子取其節焉而補綴之罪我者其庶可逭乎

同治己巳元日前侍講學士銜翰林院編修邑人

徐昌緒謹撰

重修酆都縣志目錄

卷一

卷二

卷三

卷四

重修酆都縣志職名

主修

特用知府　賞戴花翎前署酆都縣知縣田秀栗號子實陝西城固人增貢生

特用同知直隸州　賞戴花翎酆都縣知縣徐濬鏞號錦笙湖南清泉人寄籍順天大興監生

總纂

欽加　國子監典籍銜潼川府儒學教授徐其岱號雲喦邑人道光丁酉科拔貢

編纂

欽加侍講學士銜賞戴花翎　國史館纂修　文淵閣校理　武英殿纂修本衙門撰文協辦院事翰林院編修加八級徐昌緒號琴舫邑人丙辰科翰林

協纂

湖北候補知縣前正黃旗官學教習王元會號桂珊邑人同治甲子科舉人

揀選知縣李濟川號蘭舟邑人同治丁卯科舉人

參閱

候選訓導秦棣號萼樓邑人歲貢生

候選訓導高文檢號晴窗邑人增貢生

分輯

候選州判佘燮號菊裳邑人恩貢生

候選訓導王功普號鶴汀邑人附生

候選訓導項貞奎號子垣邑人歲貢生

邑附貢生劉壽圖號蘭亭

謄錄

候選訓導曾洪德號懋菴邑人廪生

邑附生林光宇號華軒

校勘

候選訓導傅世華號春圃邑人增生

候選教諭李鴻鈞號春元邑人廪生

邑附生徐降盛號松如

邑附生余元章號琴雅

採訪

馮學濂邑文生　李鴻儀邑廪生　杜正中邑廪生　曾恕邑文生　王鳳庭邑文生　陳瑞徵邑文生　曾士琦邑文生　張金鼇邑文生　毛奇玥邑貢生　周顯楷邑貢生　傅永昌邑文生　廖青芝邑廪生　盧錫齡邑廪生　秦之璲邑廪生　戴彥清邑文生　曾光成邑文生　雷登高邑文生　鄧大志邑貢生　湛漸逵邑貢生　劉少庾邑文生　蔡春芳邑廪生　楊鍾苑邑廪生　張炳勳邑廪生　彭登漢邑廪生　傅培元邑廪生　劉壽益邑文生　孫羽赤邑廪生　蔣紹琬邑文生　余作霖邑文生　余嘉猷邑廪生　高錫嘏邑附貢生　項允恭邑文生　李本深邑文生　秦燦雲邑文生　秦春元邑武生　朱文炳邑監生　譚朝楷邑監生　蔡愜裕邑監生　譚朝模邑廪生

監鐫

酆都縣典史盛恩澤號春海順天大興監生

邑職員劉輝遠　監生張祥珊　布政司都事銜戴亭　詹事府主簿銜高正基　分發湖北知縣余維垣　分發湖南知縣余燨　增生高正濬　許仲樞　職員萬枝碧　彭宣信　監生曾洪範

繪圖邑人汪之紀

承梓涪州梓人胡開俸

酆都縣舊志先後修纂職名

明宏治間創修

浙江杭州府知府順天府府丞楊孟瑛字温甫邑人成化丁未進士

國朝康熙間重修

酆都縣知縣王廷獻浙江海甯人

酆都縣知縣朱象鼎浙江秀水人

編纂

舉人林堅本號磚菴邑人康熙壬子科舉人

嘉慶間先後重修

酆都縣知縣瞿頡江蘇昭文人乾隆戊子科舉人

酆都縣知縣方宗敬湖南巴陵人嘉慶戊午科舉人

編纂

候選知縣劉維理湖南巴陵人嘉慶庚午科舉人

候選訓導王五總涪州貢生

參閱

酆都縣訓導陳九經崇慶州人乾隆丙午科舉人

温江縣教諭湛露淸邑人乾隆乙酉科拔貢

候選知縣許金芝邑人乾隆戊申科舉人

分輯

湛銘邑人乾隆己酉科拔貢西充縣教諭 張有光邑廩生 高榮安邑貢生 佘兆豐邑庠生 冉善祿邑監生

校勘

郎官淸邑人嘉慶辛酉科拔貢 王五桂邑廩生 曾嵩齡邑貢生候選縣丞 許艮潮湖南巴陵監生

採訪

郎文燦邑歲貢 陳英賢邑歲貢 林竹邑歲貢 徐世澤邑職員 李文露邑庠生 郎官墉邑廩生 高國珍邑候選千總 孫桂芳邑庠生 高永甯邑庠生 李杰邑庠生 徐心德邑庠生 郎官應邑庠生 王銑邑庠生 曾嵩桂邑監生 許金楹邑監生 張聯繩邑監生

監鐫

酆都縣典史王楚賢順天大興人

重修酆都縣志凡例

一酆都舊志疊經兵燹水火蕩佚無存前令張公紹齡張公香海雖採訪有稿而未輯輒去蕪雜缺略不可編次徧訪父老僅覓得舊刊殘本是編名曰重修實同草創如云館備請俟君子

一舊志可存者或備錄全文或少加汰減或注正文下或附每篇末仍標注舊志於行間不敢沒人善也其有管見所及則以愚按或按字起例別之偶有證辨非敢妄訾前人實取班孟堅斟酌前史譏正得失之意

一舊志林稱菴孝廉創稿十卷昔人謂有典則今僅存其序目而已茲編仍依林例而小易之爲十二志以綱統目俾閱者易檢

一舊志序文他邑志或以弁首夫志既重修例義自別若仍冠舊序轉令閱者目迷茲編移舊志諸序並歸藝文既具舊章亦便省覽

一舊志各門以小序冠首雖倣通考例而未免鋪張又嫌繁冗今倣班史敘傳爲四言韻語弁之期簡易也

一天文分野古今度數變遷不敢臆測謹遵

國朝一統志並臚述往史所載以備參考

一府縣志或列表傳今人物志即傳也而表則缺如者酆圖籍散佚舊聞互異故疑則傳疑謹守闕文之誠倣康對山武功志陸稼書靈壽志例爲志而不爲表

一志乘建置沿革往往併爲一門舊志以建置載本縣興作今嫌與沿革混改曰營建

一山川道里舊志誤載者訪明更正至山水今無可考仍存其舊以俟參稽

一境內著名險灘屢爲行舟患者詳著於篇附山川類以示趨避

一關隘爲防守所資實守土切務舊志此門竟缺無可參稽酆城低且狹三面逼山故守險尤要惟疆域遼廓邊隘紀不勝紀訪諸近年團防諸君狀其近隘足資防守者詳著於篇其遼險則分南北而載其名或亦慎守之一助

一奉行典禮天下同遵非酆所獨者茲不備載亦鑒史通譏班史志天文意也然會典則例鄉曲或未周知依范廣文泰衡萬縣志例別刊一册備考

一邑人已古宦績可稽者固當備載至近今宦業自應恪遵

本朝史例俟葢棺論定乃得增入若其人現存不敢立傳

一邑人禦賊捐軀或賊執不屈被害無論貴賤曾否

旌䘏者均得備載如有事蹟可徵繫以小傳其隨同陣亡者亦

存其姓名以彰忠義

一節烈婦女遇賊不辱被害及守身自盡奇烈苦貞者各繫

以小傳其無事蹟可徵及彝常守節年例相符者無論曾

否

旌表槪存其名以勵風化

一人物惟孝友忠義及節孝婦女合例待

旌者壽民八十以上曾蒙

錫賚者存沒均載至鄉里善士其人現存者例不得立專傳留

俟異日

一邑乘與家乘異凡壽言墓誌及酬應文字例不得入藝文

又邑人現存藝文雖佳不錄惟事關典要偶引一二語證

之者不在此例

一邑自明初改豐爲酆與唐李白詩適符釋氏遂附會其說

故傳聞多不經茲特爲考辨不敢以邪說誣民惟仙蹟荒

異舊志詳載者㨿難删汰別爲志餘載之外怪誕也

星野圖

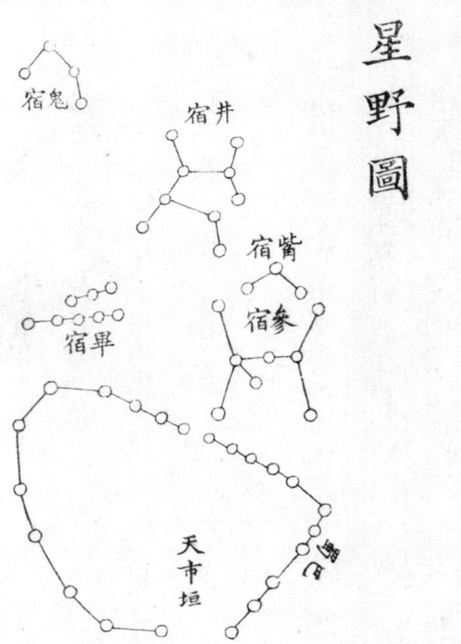

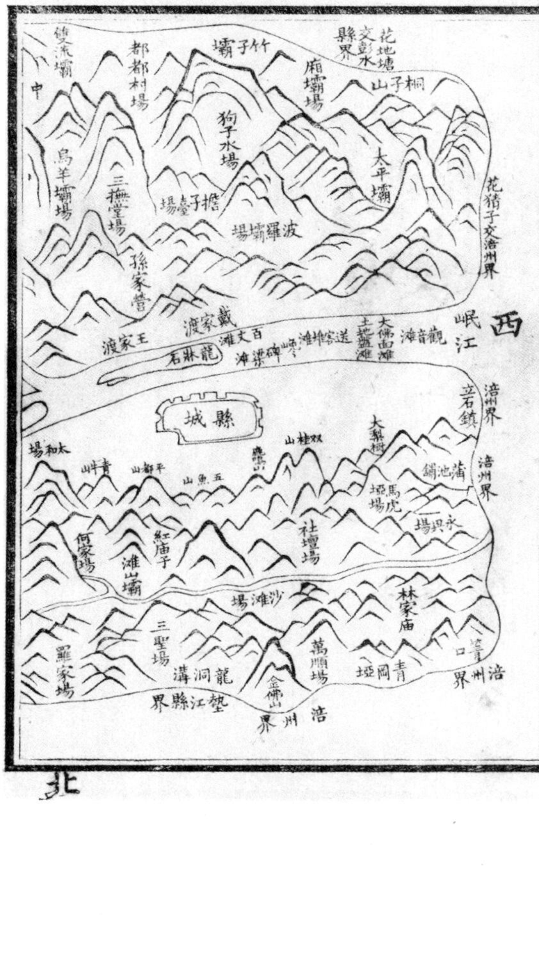

北

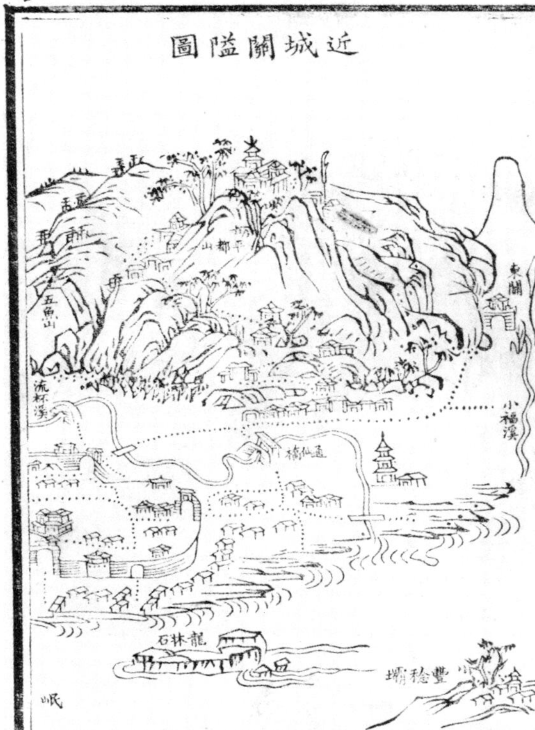

南

酆都縣志卷一　縣境圖　二

南

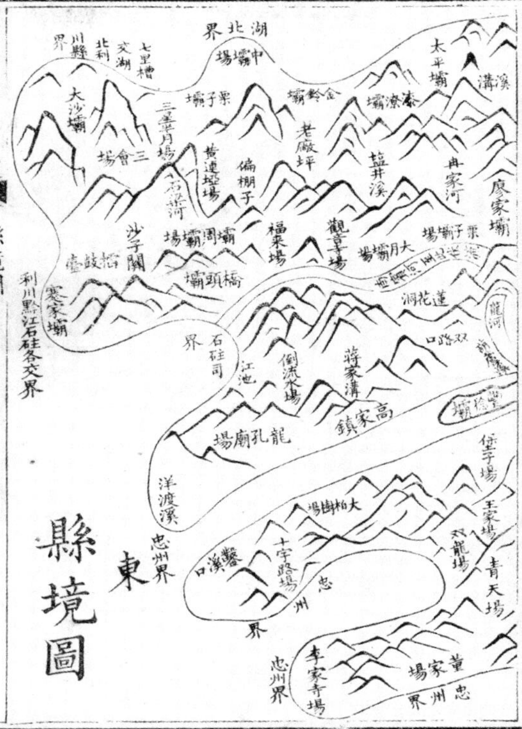

北

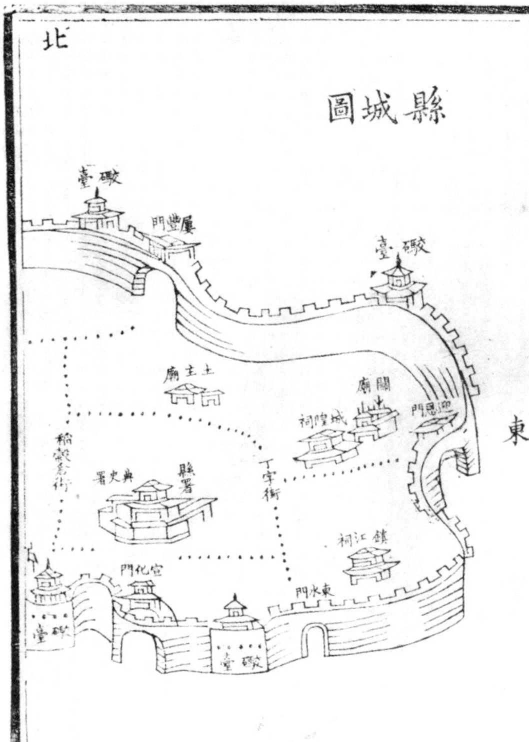

南

酆都縣志卷一　西　三

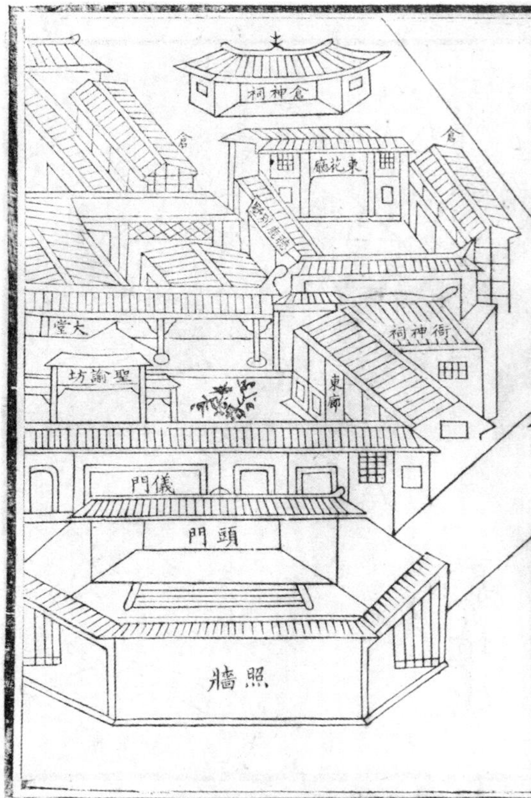

倉神祠
東花廳
衙神祠
大堂
聖諭坊
東廊
儀門
頭門
照牆

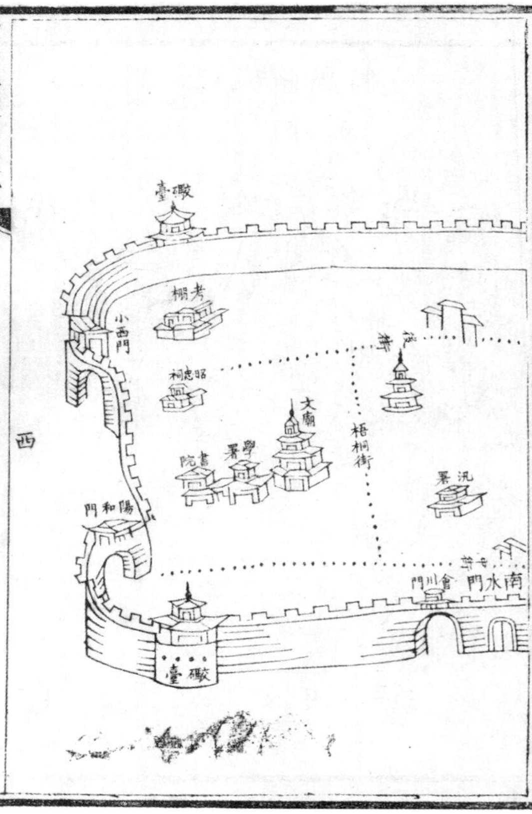

墩臺
考棚
小西門
昭忠祠
大廟
學署
書院
梧桐街
汛署
陽和門
會川門
南水門
墩臺
西

學宮圖

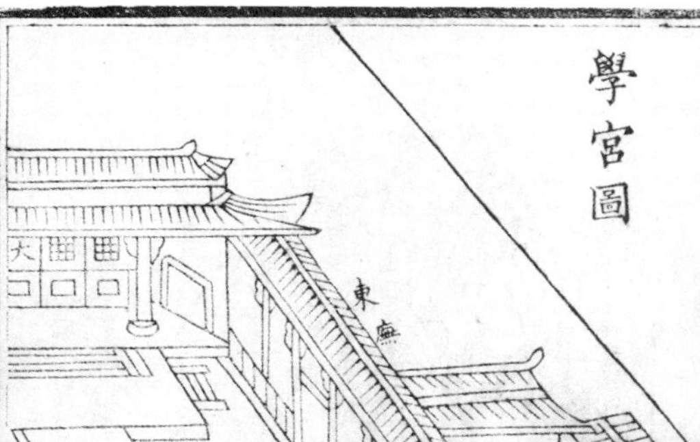

東廡
儀門
欞星門
泮池
聖域
下馬碑
宮牆萬仞

學宮圖

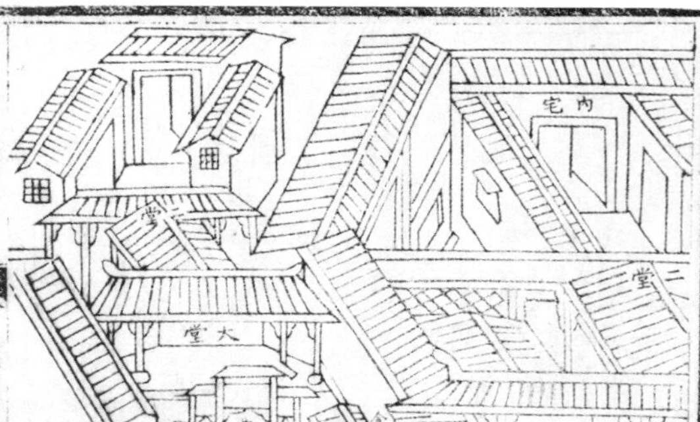

內宅
二堂
大堂
典史署

縣署圖

平山書院圖

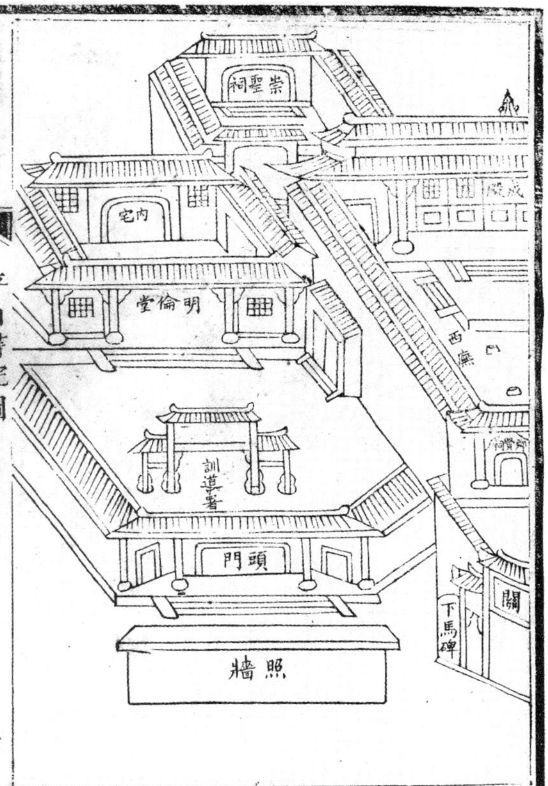

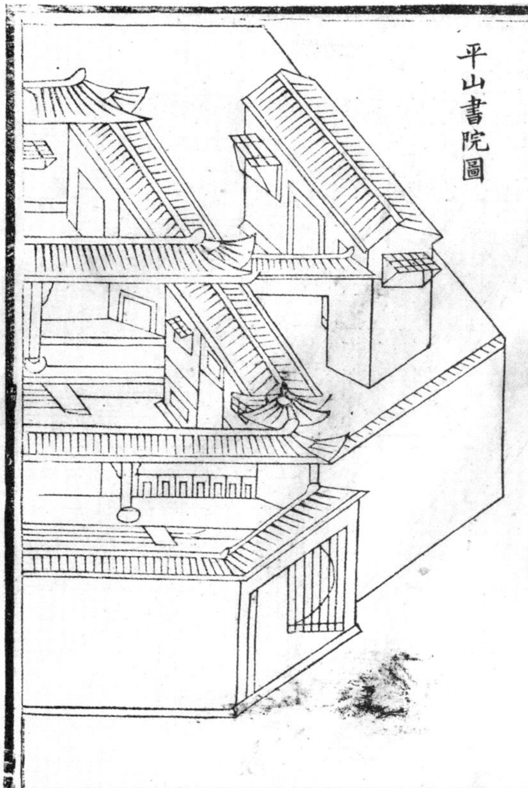

平山書院圖

考棚圖

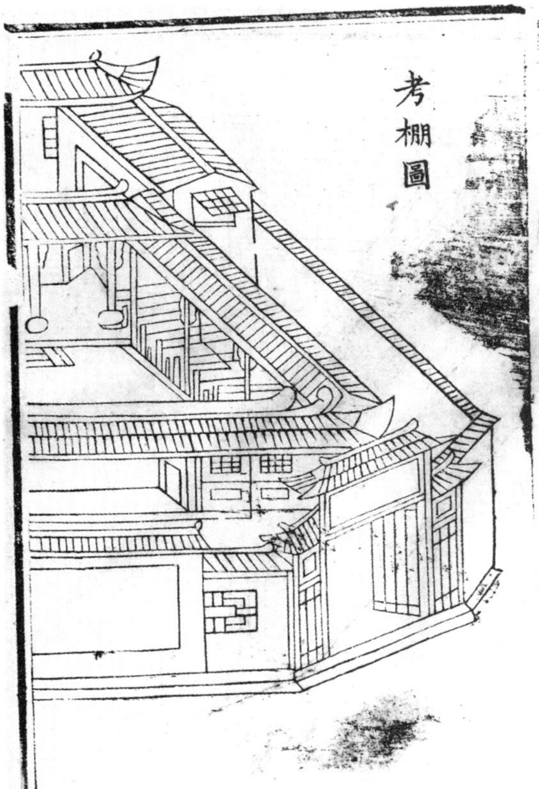

考棚圖

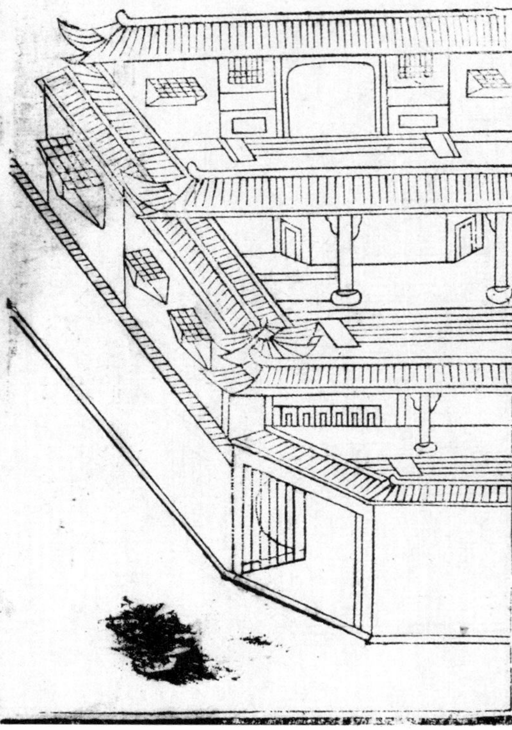

白鹿夜鳴

龍脉夜雨

酆都縣志卷一

平都山曉

十

酆都縣志卷一

送客晴瀾

十一

送客晴瀾
酆都縣志卷一
青牛野陷
十二
青牛野陷

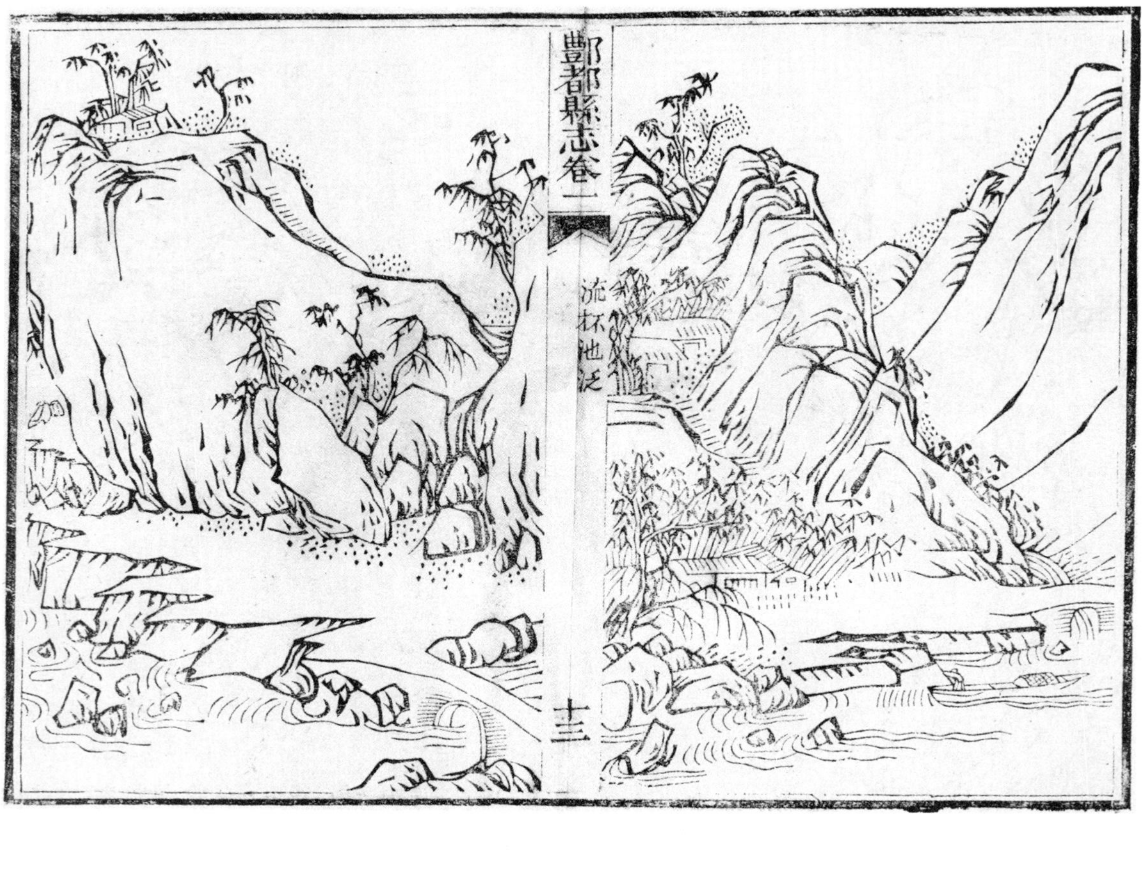
酆都縣志卷一
流杯池泛
十三

鄷都縣志卷一

珠簾映日

十四

鄷都縣志卷一

月鏡凝山

十五

重修酆都縣志卷一

輿地志

禹貢梁州周分巴國躔星井參跨江南北在明之初曰酆之邑

聖代是因幅幀日闢物土別宜維有司職慎固封守拱衛

皇極志輿地

星野

舊志井鬼之次入參三度　雍州乃井鬼之分自漢中而南皆井也而蜀近之荊州乃翼軫之分自夔陵而上則參也而

酆近之按諸葛武侯二十八宿分野巴郡入參八度隋書天市西垣第四星曰巴宋史益梓利夔四路分井鬼又曰東井輿鬼鶉首也盡巴蜀漢中之地

愚按史記天官書益州爲參分前漢書天文志觜觽參主益州地理志以井鬼屬秦兼屬巴蜀華陽國志巴志御稟參伐又云其分野輿鬼東井晉書天文志則以觜參屬魏而兼屬巴益地理志又謂蜀郡巴郡總爲鶉首分五代史謂鶉首秦分也前世火入鬼其應多在秦是鶉首屬秦不屬蜀矣隋書天文志梁州於天官上應參宿前史紀載互

異類皆指全省言之未聞析某星爲某縣分次也惟明史天文志謂四川惟絲州嶲分合州參分餘皆井鬼我

朝璣衡精審度越前代

大清一統志四川全省惟夔州府達州翼軫分餘皆井鬼分昔人謂新唐書推步精當其地理志謂開忠萬涪爲鶉首分酆屬忠州則舊志謂井鬼之次確矣前史載陳卓范蠡鬼谷先生張良諸葛亮譙周京房張衡並云巴郡入參八度而舊志謂酆入參三度考博雅在天一度統地二千九百三十二里酆在漢屬巴郡以里計之其推步得失可知已

沿革

酆都禹貢梁州之域周爲巴子別都水經曰江水又逕東望峽東歷平都注云峽對豐民洲舊巴子別都也華陽記曰巴子雖都江平洲又治平都舊志以爲即此處　秦屬巴郡舊志秦惠文王與楚共滅巴置巴郡　漢置枳縣仍屬巴水經注江之南岸有枳縣華陽記曰枳縣在江州巴郡東四百里治涪陵水會庾仲雍謂有別江出武陵者也又曰枳東四百里東接朐䏰縣有鹽官武隆志曰枳縣故基在治東上流二十里省志古跡枳縣城在府城西一百一十五里史記楚得枳而國亡即此晉桓溫伐蜀移枳縣於臨溪此城遂廢廣輿記云酆都漢枳縣地　舊志按以道里計之酆都在重慶東四百里又東四百里則雲陽鹽井乃接朐䏰今夔州也特水經誤以枳縣注涪州條下以鹽官注臨江條下耳若謂枳在涪州則西至江州東至臨江俱無四百里而臨江亦不接朐䏰又按府城西亦無枳城舊址而酆邑道里舊志俱從忠計算則府字乃州字之誤於道遠近俱合如謂桓溫移枳於臨溪則溪字或江字之誤然亦無府西一百十五里東移至五百里外之理　愚按前漢書地理志巴郡縣十一臨州臨江枳閬中墊江朐䏰安漢宕渠魚復充國涪陵後漢書郡國志巴郡十四城江州宕渠朐䏰閬中魚復臨江枳涪陵墊江安漢平都充國宣漢漢昌續漢志朐䏰屬巴郡

大清一統志表萬縣漢朐䏰縣地則舊志謂朐䏰爲今夔州誤矣又按舊志注臨江即今忠州忠萬實鄰焉有不接朐䏰者世代變遷山川陵谷古人載籍當必有據若但以今之道里計吾烏乎知之　東漢和帝永元二年分枳縣置平都縣水經注有平都縣爲巴郡之隸邑　獻帝初平元年分巴爲二自江州至臨江爲永甯郡平都隸焉蜀漢延熙中省平都入臨江縣晉宋齊屬巴郡舊志謂晉屬巴東郡　按晉書巴郡四屬江州墊江臨江枳酆在漢爲枳晉仍舊名應屬巴郡而非屬巴東郡　梁爲臨江郡後州爲臨州隋爲臨江縣屬巴東郡後仍改臨州析臨州

置豐都縣舊志載義甯二年析臨州置豐都縣按恭帝爲李淵所立不過數月西蜀聲教不通奚暇置析州縣史載隋文帝開皇三年廢諸郡以州治民九年廓定江表以戶口滋多析置州縣豐都之分當在此時　唐貞觀八年改臨江爲忠州屬山南東道南賓郡豐都隸之舊志唐武德二年析普州之武定縣地置屬臨州尋屬忠州宋元因之明初省入酆都縣按唐書忠州隸南賓郡而豐都屬忠州是忠豐俱統隸於南賓矣　昭宗乾甯二年荆南節度使成汭盡取濱江州縣豐都不能守降於王建舊志　宋高宗建炎初仍設豐都縣屬忠州咸淳初因度宗潛邸升忠州爲咸淳府豐都仍隸焉按宋史忠州舊縣三臨江墊江南賓南渡後增設豐都龍渠二縣而北宋蘇詩猶有豐都之名豈仍隋唐之舊耶　舊志按土司考云唐改施州爲清江郡宋改清江郡爲南賓縣按唐武德二年分浦州武甯縣置南賓縣今石砫廳城是也　元仍

隸忠州至元中罷墊江並入豐都縣則於墊江設臨江鎮巡檢司舊志僞夏竊據復分置墊江縣明洪武四年明昇歸附九年併入涪州十四年復置縣改豐爲酆又以南賓併入焉屬重慶府帶忠州銜

國朝順治十三年二月酆都歸順仍隸重慶康熙十二年十二月逆藩吳三桂反十三年正月陷酆都十九年八月

王師復酆都閏八月逆鎮譚宏叛酆都再陷二十年正月

王師克譚宏於百丈梁乘勝東下重復酆都雍正十一年升忠州爲直隸州劃重慶府之酆都墊江二縣並夔州府之梁山一

縣隸焉今遂爲忠州屬

按舊志豐都分於隋忠州改於唐豐之名視忠較古唐宋以來俱屬忠州其在前明帶銜而已康熙三十四年酆都知縣馬騰雲始祥請不帶忠州銜

疆域

縣治在忠州西南地廣二百里袤三百六十里東至忠州水陸一百八十里西至省陸路一千五百五十里水程一千八百二十里至

京師陸路五千五百里水程七千四百八十里

北岸

東陸路九十里十字路場忠州界又九十里忠州城 水程九十里羊渡溪忠州界 北陸路九十里董家場忠州界

西北陸路四十里蒲池舖涪州界又一百里涪州城 西水程四十里立石鎮涪州界又一百里涪州城

北陸路一百六十里龍洞溝墊江縣界又一百四十里墊江縣城

南岸

南陸路一百八十里花猜子涪州界

東南陸路三百六十里蹇家壩黔江縣界舊志圖

東南陸路一百六十里江池石砫司界又四十里石砫司治

南陸路二百四十里花地塘彭水縣界又一百八十里彭水縣城

南陸路四百二十里七里槽湖北施南府利川縣界又二百四十里利川縣城

按舊志計里與今迥異當是沿南賓志乘之舊古今遷徙異地故道里遠近懸殊今並更正

山川 灘險 溪流 井泉並附

平都山　治東北一里石徑縈紆林木幽秀梵宇層出舊志謂平都福地紫府真仙之居漢仙人王方平陰長生鍊形於此呂仙麻姑過之皆有留題則沿道書附會之說也

大仙巖　在平都山半

仙姑巖　在平都山五雲洞後舊志謂麻姑過此得名

鹿鳴山　治西北一里舊志引蘇詩序謂此山有鹿客將至輒鳴故以名山蔣夔記右縈白馬肖形也

按東坡年譜嘉祐四年冬公及弟子由同侍老蘇自蜀舟行至楚過豐都縣有留題仙都觀及仙都山鹿二詩據蘇

詩全集白鹿詩注舊志所引係老蘇詩序而嘉祐集無此序亦無此詩或老蘇過此別有詩而偶逸之歟存以俟考

青牛山　治東五里大江下縈峰巒環繞狀似蹲牛故蔣夔記左跨黃牛舊志亦稱牛山

五魚山　治北一里蔣夔記後擁五魚

雙桂山　治西一里雙峰對峙高俯羣山

南北壇山　治西二里山南北舊有社厲兩壇故名今俗訛爲南北臺

買郭山　治東九十里十字路場北

花聚山　治南二十里舊志謂爲　學宮錦屏

珠簾山　治南二十里朝旭初上山翠倒影入江狀若珠簾

雞公嘴山　治東北三十里

紅花山　治南三十里春時多花

金盤山　治北五十里形似金盤

鏵頭山　治南八十里

大峰山　治東南五十里舊志謂東壁文峰

交頭山　治南一百二十里

石龜山　治北五十里華陽國志巴子又市於龜亭舊志謂

即此

靈應山　治東六十里北岸對高家鎮

大峰門山　治東南六十里兩壁峭立中通行人舊志謂有古壘

燈盞窩山　治西七十里

鷹嘴巖山　治西七十里

石壁山　治西七十里峭壁千仞舊志謂老樹萬株昔有仙人鍊形於上鑄鐵符藏之故又名鐵符巖

萬聚山　治東南七十里萬山環拱故名

獅子山　治南六十里波羅壩西北
銅鼓山　治西南六十里對波羅壩場
鳳山　治南六十里狀若銅鼓
高石山　治南百里地名擔子臺石壁無土草木不枯石鼻下垂泉自中出大旱不涸旁有垂石俗呼白鶴老鷹巖
碧巖山　治南六十里波羅壩中
金佛山　治西北一百四十里俗呼涼磉磴高極雲霄漸下迤邐而東邑人謂羣山之祖西麓接涪州鶴遊坪
岷江　治南江水東經涪州一百里入縣境徑南門外若襟

帶又東九十里入忠州境
按蜀三江外水岷江中水沱江內水涪江
竈門子灘　治西四十里立石鎮東江水半漲下水船險
捲蓬子灘　治西三十里竈門灘東江水滿時船上下俱險
觀音灘　治西十五里江水滿時船上下俱險舊志謂險冠全蜀明萬歷間巡按御史李時華鑿以利行舟黃輝爲作平險記
大佛面灘　治西上連觀音灘江水滿時船上下俱險
土地盤灘　治西五里江半漲時下水船險舟人至此最宜傍北放棹
送客堆灘　治西上連土地盤江半漲時下水船險
巉碑梁灘　治西上連送客堆境內第一險灘石梁亘江心水滿則沒半漲時下水船險舟人或避險而南則又駛入百丈灘矣舊設救生船二隻水手十二名
百丈灘　治西南三里斜對巉碑梁江半漲時下水船險
按酆都上游諸灘實屏蔽縣城障水使南故城處北岸無恙諸灘平則水勢直注縣城入其魚矣比年石工或取灘石城東山隄數崩是其一驗平險者固利彼而不利此也

龍牀石灘　治南江中石盤聳出流水激湧冬盡水落下水船險石面鐫大字曰石樣傍有題刻水落輒見
闞石灘　治東五里江半漲時下水船險
林閣老灘　治東南五里江水微漲下水船險
碧溪河　治西三十里自金盤山發源西南流遶涪州背入江
南賓河　治南一百里自石砫司來大山阻之伏流山底經龍河出葫蘆溪口入江
渠溪河　治北六十里自忠州倉井發源西流經縣境出涪

州珍溪口入江

豐稔壩　治東二里江中長洲緜亘可容數百家爲縣城下臂舊志謂鎖石硋司水口邑人以兆豐年故名

葫蘆溪　治東南二里溪口平圓似鏡所謂月鏡潭也舊志謂陰長生師馬明生鍊形於此得葫蘆丹藥仙去

流杯溪　治北一里鹿鳴山陰澗水緣石而下迤邐出通仙橋入江舊志謂昔人鑿池九曲引水流觴故名

龍洞溪　治東二里自老栢溝山谷發源經平都山陰入江

小福溪　治東五里自黃韓堰山谷發源經趙村壩繞北關

後澗犀溪滙之環流至東關下入江

洗腳溪　治西三里自北關內山谷發源環流至西關下入江

椰溪　治東十里

羅雲溪　治西南三十里溪心爲酆涪分界

白水溪　治西南二十里

塗溪　治南七十里

油峰溪　治南一百里

按諸溪外北岸有瓦陶溪南客溪九溪子赤溪老蚱溪子溪雙溪鑿溪南岸有夫子溪瑤溪丁莊溪刀水溪沙溪曹溪泥壩溪木屑溪石板溪文溪高家溪

龍塘　在治南六十里日照壩四時不涸土人引以漑兩岸田歲旱祈雨或應

老龍潭　在治南六十里波羅壩廣三十餘步漑田數頃

泉井

靈泉　平都山景德觀舊志謂仙人王方平鑿清濁增減與江應

玉鳴泉　鹿鳴山陽石泉滴瀝作琴音瑩潔如玉故名

丹井　平都山頂舊志謂陰長生鍊丹處

八角井　西門外數武明洪武二年鑿　國朝咸豐庚申坍邑人重浚

按縣城少井官民皆汲於江惟城北西馬道有二井同治元年髮逆警城閉邑人爭汲於此多不給或穴城底引田水飲馬守土者若附城築水道屬江則人心安定進退自如矣

關隘

東關　治東五里古佛巖畔臨小福溪口溪東爲青牛山嘉

慶五年典史章春遇築以禦匪城郭人民賴以無恙同治
元年邑人補修

西關　治西三里南北壇山麓臨洗腳溪口溪西土阜對峙
俗呼莜坡嘴與東關同時修

北關　治北八里内俯近城諸山外臨峭壁環以深澗澗外
達山縣亘層壘如屏同治元年邑人創修

貓兒關　北關山梁東邑人築以防山谷小徑者

宋家埡口石卡　北關西山梁微凹可徑咸豐二年邑人築
石防之

按縣城形勢面臨長江背負羣山平都在其東五魚在其
北鹿鳴雙桂在其西而雙桂特峻右挈南北壇山微凹處
爲彭家埡口有徑宜防自雙桂峰背蜿蜒而北更上七里
許石峰巉起峭峙千尋俗呼老鴉坡其東畔少下北關在
焉外繞澗壑山梁環匝如堵牆回望近城諸山盡歸包裹
緣山梁而東石徑高低越貓兒關約八里許爲東關緣山
梁而西迤邐漸下繞出西關外爲莜坡頂銅罐廟莜坡嘴
可與西關犄角故附城要隘惟北關第一以其高覘遠矚
援應東西也

北岸近隘

大梨樹治西北三十里最要　馬虎埡治西北四十里　煙墩山治西北四十里　三星埡
口治北四十里　涼風埡治北四十里　鸚鵡巖治北五十里　蔣家山治北四十里　雞
公嶺治東北二十五里　關口治東北四十五里最要　溜沙坡治東四十里

北岸邊隘

界牌埡治西四十里交涪州界　金莊山治西五十里　箐口治西一百四十里最要　大地
埡治西一百六十里　寨子埡治西一百六十里　青岡埡治北一百四十里最要　金佛山
治北一百四十里最要　龍洞溝治北一百四十里　大營盤治北一百四十里　猴子巖治北
一百四十里　擱馬坎治東北一百五十里　劉家哨治東北一百六十里　大成寨治東北一百六

十里最要　李家寺治東北一百六十里　柏巖口治東九十里　劍峰埡治東六十里　金
銀坎治東六十里　鑿溪口治東七十五里

南岸近隘

白水溪治西南二十里　亭子埡治西南三十里　波羅壩治南六十里波羅俗呼包鸞　孫家
營治南六十里　古佛洞治南七十里最要　青岡埡治南六十里最要　蓮花洞治南七十
里　大月壩治東南一百四十里　小月壩治東南一百三十里　大山坪治東一百四十里俗呼橫
梁子最要　蔣家溝治東一百里　倒流水治東一百三十里　龍究廟治東九十里

南岸邊隘

橦子山治南二百四十里　大木峽治南一百六十里　分水嶺治南一百里　梅子凹

治南一百二十里交頭山治南一百二十里竹子壩治南二百二十里龍莊坎治南二百三十里小坪治南三百里老楓岡治南二百八十五里梯子巖治南二六十里廂壩治南二百五十里豬捲門治南三百里南天門治南三百里大寨坎治東南二百四十里
金鈴壩治東南四百里交湖北咸來界梨子壩治東南三百六十里交湖北利川界倉巖溝治東二百六十里即壩周壩交石砫司界福來場治東二百二十里最要擂鼓臺治東三百六十里嘉慶五年設卡交石砫司界長坡嶺治東一百二十里交石砫司界

附舊志形勝　而江倚山中衍平川黃牛左峙白鹿右蹲壯涪關之左衛控臨江之上游扼石砫之咽喉亘墊江之屏蔽

江防江隘宜防者

立石鎮治上游四十里黑石梁治南岸上游十五里對觀音灘最要青牛山治下游對東關

豐稔壩治下游詳山川高家鎮治下游南岸六十里丁溪治下游對高家鎮

附舊設水卡　縣上游四　立石鎮北岸胡家沱北岸酢房沱北岸白沙沱北岸縣下游八　塞欄溪南岸泡巴店北岸赤溪北岸老蛇溪北岸高家鎮南岸丁溪北岸鱉溪口北岸田家嘴南岸共十二卡卡各遣役三名更代以守

里甲場市附

明編戶四里曰豐樂上里豐樂下里市郭里南賓里里各十甲

國朝康熙六年編戶一里曰安仁里凡十二甲守土者以疆域遼廓又於十二甲以內外區之

首甲場市六

萬聖場離城一百六十里三六九集董家場離城一百八十里二五八集大河場離城一百八十里三六九集青天場離城一百一十里二五八集太平場離城一百六十里二五八集三元場離城二百里三六九集

二甲場市六

十字路場離城七十里三六九集萬勝場離城一百二十里二五八集雙龍場離城一百二十里一四七集馬家場離城一百一十里二五八集羅家場離城一百二十里二五八集李

家寺場離城一百六十里一四七集

三甲場市五

三聖場離城九十里三六九集灘山壩場離城一百二十里三六九集培龍場離城一百四十里二五八集觀音場離城一百六十里三六九集上元場離城一百六十里三六九集

四甲場市三

大栢樹場離城四十里一四七集何家場離城一百里一四七集堡興場離城七十里二五八集

五甲場市四本城內外亦屬焉

太和場離城三十里三六九集王家場離城六十里二五八集堡子場離城八十里一四

七集沙灘場離城一百二十里二五八集

六甲場市二

馬虎埡場離城四十里二五八集社壇場離城八十里一四七集

七甲場市三

萬順場離城一百二十里三六九集大安場離城一百二十里一四七集林家廟場離城一百二十里二五八集

八甲場市二

立石鎮場離城三十里一四七集永興場離城六十里三六九集

九甲場市七

擔子台場離城一百二十里一四七集廂壩場離城一百三十里三六九集竹子壩場離城一百二十里三六九集黃沙壩場離城一百里三六九集孫家營場離城六十里二五八集波羅壩場離城六十里三六九集波羅俗謂爲包鸞馬蝗沖場離城十五里三六九集

十甲場市十二

大河壩場離城一百二十里二五八集雙龍壩場離城一百六十里二五八集烏羊壩場離城二百里三六九集迴龍場離城二百四十里三六九集太坪壩場離城二百四十里二五八集都都村場離城二百四十里二五八集狗子水場離城一百二十里一四七集三撫堂場離城九十里三六九集雙桂場離城一百二十里一四七集復興場離城二十里二五八集雙路口場離城二十里一四七集栗子灣場離城一百四十里一四七集

十一甲場市十

石佛場離城三十里三六九集興龍場離城三十五里一四七集五龍場離場六十里一四七集雙龍場離城一百二十里二五八集福來場離城二百二十里二五八集三根樹場離城二百四十里二五八集觀音寺場離城一百二十里一四七集小月壩場離城一百九十里二五八集三星半月場離城二百四十里三六九集悅來場離城一百二十里三六九集

內十二甲場市十

大沙壩場離城三百二十里三六九集橋頭壩場離城三百二十里二五八集三益場離城三百二十里二五八集中壩場離城三百六十里一四七集沙子關場離城三百六十里三六九集

栗子壩場離城四百里一四七集新場離城四百二十里二五八集石梁河場離城四百里三六九集三會場離城四百四十里二五八集黃連埡場離城四百四十里一四七集

外十二甲場市五

高家鎮場離城六十里二五八集復興場離城一百二十里三六九集蔣家溝場離城一百里三六九集倒流水場離城一百八十里二五八集龍究廟場離城九十里一四七集

寨洞

首甲

大坪寨　尖山寨　福德寨　安全寨　三合寨　八和寨

長壽寨　高興寨　和心寨　九安寨　安樂寨　太平寨
鷹嘴巖寨　高官寺寨　大山寺寨　天城寨　風巖頭寨
天心寨　擂鼓寨
飛龍洞　水滴洞　響水洞

二甲

大屋寨　印合寨　天保寨　石窖坡寨　天和寨　天祺
寨　人和寨　虎城寨　得勝寨　平安寨　順天寨　天
星寨　天合寨　仁合寨　爐塘坡寨　傅家山寨　協成
寨　天平寨　雙堡寨　金子臺寨　天成寨　太平寨

天馬山寨　梧桐寨　興隆寨　大仙寨　范家寨　三合
寨　山王寨　挖斷山寨　老君寨　三元寨　天心寨
豹子寨　大城寨　慶雲寨　小城寨　關聖寨　石嶺寨
蝦蟇石寨　龍角巖寨　天保寨李家寺場
觀音洞　神匡洞　梭子洞　白鶴洞　福興洞　萬全洞
和尚洞　天心洞　大東巖洞

三甲

獅子寨　盤石寨　太平寨　馬鞍寨　天池壩寨　鳳凰
寨　人和寨　花巖寨　安和寨　天福寨　觀音寨　毡

帽山寨　花地堡寨　仙人寨　紙筆山寨　平安寨　楊
家寨　和順寨　昇平寨
金龜洞

四甲

罐子山寨　清平寨　天祐寨　德壽山寨　獅子寨　七
星寨　涼風寨　永甯寨　壁山寨　福祿寨　和順寨
人和寨　石龍寨　老鸛寨　鐵牆寨　蔣家寨
水魔洞

五甲

雙龍寨　永固寨　大峰寨　昇平寨　高洞寨　金佛寨
白石嶺寨
仙人洞　老龍洞

六甲

鸚鵡巖寨　平安寨　大寶寨　窠塘寨　小寶寨　華家
山寨　萬勝寨　涼礫磴寨　天城寨　打穀坪寨　尖山
子寨

七甲

高峰寨　關聖寨　平安寨　中興寨　石崗寨　萬順寨

萬勝寨　大順寨　平安寨大安場　安集寨　福興寨　安合寨　石龍寨　石堡寨　長安寨　石壁寨　青龍寨　鳳凰寨　龍鳳寨　仙佛寨　太平寨　大佛寨　天池寨

雙河寨

青煙洞

八甲

崇福寨　平安寨　大聖寨　永安寨　合興寨　永清寨

印合寨　高興寨　砂平寨　鳳凰寨

望天洞

九甲

太安寨　玉蟾寨

石全洞　石壁洞　淩雲洞　得勝洞　平安洞　天險洞

吉安洞　人和洞　地利洞　保安洞　偏安洞　治安洞

古佛洞　獅口洞　飛仙洞

十甲

三仙寨　金龍寨　黄草嶺寨　昇平寨　夜梨坪寨　栗子寨　同心寨

蓮花洞　山王洞　觀音洞　四方洞　老龍洞　巖風洞

十一甲

高壽寨　同興寨　乾元寨　天福寨　安福寨　天星寨

白虎洞　寨子巖洞　觀音洞　大洞　山羊洞　貓子洞

金子洞　白山洞　冰洞　飛水洞

內十二甲

麻旺寨

響水洞　高龍洞

外十二甲

天保寨　太平寨　人和寨

水簾洞

津梁

首甲

雙龍橋　趙家河橋　雙河口橋

二甲

安仁橋　順天橋　金龍橋　雙鳳橋　八福橋　象鼻橋

三甲

二龍橋　聚賢橋　復興橋　長壽橋

四甲

接龍橋

五甲

昇仙橋省志作天仙橋酆都觀前　逼仙橋　總真橋　瑞林橋　平心橋

觀音橋　七里橋　安隆橋

七里

萬壽橋　曾家橋　蔣家橋　雙龍橋　太平橋　捲洞橋

高橋　石龍橋　方石橋　雙河橋　聚緣橋　清水溪橋

八甲

大橋　萬壽橋　星橋　觀音橋

九甲

五福橋　利濟橋　平治橋　便宜橋　自生橋　通利橋

永定橋　錫福橋

十一甲

三元橋　福壽橋　獨善橋　萬壽橋

內十二甲

度生橋　四也橋　遇仙木橋　石拱橋　涼橋　雙會橋

外十二甲

長春橋　大有橋　萬壽橋

風俗

民有信義之風

士頗倜儻常懷忠信

服食儉約男女別塗耕不失時喪禮稱家有無葬不逾期

婦女不妝飾雖衣綺羅必外加青布衣掩之謂之大衣

邑人多製咂嘛酒黍稷粱粟皆可入釀貯小罋中月餘始熟客至以沸水注滿插細竹入罋底吸飲香山詩閒取籐枝吸酒嘗東坡詩浮蛆豔金盌涪翁詩滿注浮蛆甕皆謂此也

立春及元日翦綵紙作錢徧貼門戶

元日遲明燃九燭於門外謂之品燭

元日用醃肉雞子滿貯盌內加酒食之人一盞曰撥醪新春拜賀三日醵金置酒寺觀歡飲謂之大拜年

上元日食粉團街市張社火鬧元宵唱秧歌採茶歌

二月三日都人士集文昌宮作會賽神飲福

寒食掃墓插柳踏青

端陽食角黍懸蒲艾飲雄黃酒泛蒲道家送朱符貼中堂

十三日集關祠祭賽散福俗稱單刀會

十五日謂之大端陽泛龍舟歡聚飲酒與五日同

七夕童稚以鳳仙花染指婦女用瓜菓對月穿鍼乞巧

中元日祀先薦亡菴寺建盂蘭會

中秋製月餅設席玩月

九月九日登高食重陽糕

十二月祭掃與清明同

十二月八日用糯米雜菓蔬煑糜曰臘八粥

二十四日用糖餅祀竈

物產

百穀皆可藝惟稻尤宜糯而長腰者俗謂之寸穀蔬菓無品異舊志載雞㙮蒟頭蘢眼桃李梅石榴謂異於他處　按雞㙮土菌也高腳纖頭出滇南見字彙蒟頭蒟蒻也見左思蜀都賦又本草蒟蒻一名鬼芋俗呼魔芋又名南星今各縣皆有龍眼出南方閩廣見嵇含草木狀今蜀他縣亦有之至桃李梅榴尤非酆特產何得謂異木宜松柏桔㯉俗呼黃葛棕皮可為繩槿梧桐烏楊橦皮可為布卉竹有壯丹芍藥蘭水仙芙蓉山茶海棠蕉棠棣鳳尾松刺竹棕竹葉棕類可適用者曰桃竹篔白木棉禽獸不育珍奇亦有貘山羊土貂鸜鵒吐綬雞桐花鳳然時一見之非恆產也藥稱黃連天麻厚樸五倍子黃蘗近年細民逐利盛種罌粟謂秋種春刈不傷農田而土氣宜泄穀不堅好無大旱澇比歲不登酆十年以前常餘米可濟外縣食今穀貴過倍往者嘉穀

不可復見輒待食於他邑矣

重修酆都縣志卷一

官師志

建官分職任重有司親民惟宰牽士惟師置尹佐理設防
衞持德威惟畏文武兼資
朝廷祿養名實攸宜留固稱詠去亦見思志官師

知縣

祟祀名宦者十八人

宋

李長官 舊志謂以慈惠異政聞

明

桂仲拳 創廨署立學校課士愛民

竇谷暋 應天人修學校均田畝定版籍

楊謙 陝西人重建學校

余元亨 浙江東陽人潔己愛人

柳儀 湖南巴陵人有惠政

周尙文 湖南道州人廉能愛民均徭平賦

柴廣 祥符人築城修學定賦勞心惠民升漢州知州

李毅 修城修學

明紳 修城修學

萬谷 清查田糧釐定徭役

周延甲 湖廣開武人重士愛民暇則講武答苗之變親師
民兵克之授監軍同知

冒夢齡 江南如皋人清廉愛民升甯州知州

陶宗孔 廣西人聽訟有異才升岳州府推官

張欽明 廣西桂林人清勤愛民宏奬士類

國朝

湯濩 江南清河人順治己亥進士有惠政升晉州知州

李如滂 北直高陽人己亥進士創學校吳逆叛抗節潛歸

王廷獻 重建學校修輯縣志升戶部陝西司主事

前朝歷任知縣

宋牟虛心平都提點 元達魯花赤完者帖木兒始建學校 明
彭用禮 曾鼎 李元敷 杜思敬 蘇原浩 陳鼎 胡
璉 曾琮 姚臣 張機 金坦 王樸 周包荒 劉孟
桓 左應麟 蔣思忠 張守剛 張霈 郭魁 蕭宗高
林梅 龔目成 嚴官 文廷高 張邦衡 江文亨
周大紀 楊有培

國朝歷任知縣

商起予　陝西階州人順治十七年署任建縣署堂

張鳳翽　陝西中部人癸丑進士康熙十九年任

曹慎獨　北直景州人甲午舉人康熙二十一年任

王鑣　山西曲沃人甲午舉人康熙二十三年任

常紳　北直雄縣人壬戌進士康熙二十八年任

霍儀世　北直清苑人甲午舉人康熙三十年任

馬騰雲　奉天人歲貢康熙三十三年任

朱象鼎　浙江秀水人戊午舉人內閣中書改授康熙四十

四年任修署修學

周潤　山東歲貢康熙五十二年任

汪德修　江南監生康熙五十七年任

曹源郜　浙江拔貢雍正二年任

何可如　陝西三水人雍正甲辰舉人七年任

田朝鼎　乾隆六年任

吳璉　雲南蒙化人乾隆丙辰進士七年任

陳邦器　山西長子人貢生乾隆十六年任

蕭宗元　貴州都匀人乾隆己未進士十七年任

王國模

邊鏞　江西峽江人乾隆乙丑進士十九年任修學署

孫豫　浙江上虞人乾隆二十五年任

黃鐘　江西新城人乾隆二十五年任

王縈緒　山東諸城人乾隆丁丑進士三十二年任

晉自伊　江西長甯人乾隆三十五年任

楊夢槎　字載騫江西金匱人丙子舉人乾隆三十六年任

金川軍興檄赴西路軍營管礮局木果木之變降番蜂聚

四山圍合先劫礮局夢槎紿賊築礮多實子藥反擊殺賊

數十人賊怒磔之死狀甚烈事聞

贈道銜祭葬賚蔭如例

劉伯勲　直隸任邱人乾隆辛未進士三十二年任

章汝楠　浙江會稽人乾隆丙子舉人三十七年任

王思恭

唐仕瑾　江蘇江都人貢生乾隆三十九年任

詹世适　湖北黃陂人乾隆壬申進士三十九年任

柯支樹　廣西北流人乾隆戊辰進士四十一年任

張偉　貴州平遠人乾隆丁丑進士四十三年任

潘邦和　浙江仁和人附監生乾隆四十四年任
李元　湖北京山人舉人乾隆五十三年任
何楨　福建汀州府人乾隆壬午舉人五十四年任
徐仕林　順天通州人廪生五十六年任
李祖悅　廣東化州人乾隆丁酉拔貢五十七年任
饒覲光　湖北長陽人乾隆丁酉舉人五十八年任
楊燮　雲南趙州人乾隆乙酉舉人五十八年任
黃昭蘇　湖南桂東人乾隆丁酉拔貢五十九年任
李毓璣　貴州普安人乾隆壬午舉人嘉慶四年任

葛若煒　山東濮州人監生嘉慶五年任
陳汝秋　江蘇寶山人乾隆己酉進士嘉慶七年署任
幸翰　江西奉新人嘉慶丙辰進士九年任時四川困於軍需酆歲頻歉民無所措翰權挪常平倉穀發用俟秋採補民甚德之邑義學久廢翰至捐俸延師王講士習爲之一變邑故多訟或自鬻兒女以爲詐索甚或骨肉爭控不休翰動以天性維以法絕其風遂息持己以儉毋出騶從無過三四人邑人歌之曰山路肩輿只二人一茶一飯不關民鄉間不解官來到認作尋常行路人丙寅以憂去酆人攀轅泣送爲建生祠祀之
李鑄　河南柘城人乾隆丁酉拔貢嘉慶十一年以忠州州判署任
陳作琴　湖北天門人嘉慶辛酉拔貢十一年署任
瞿頡　江蘇昭文人乾隆戊子舉人嘉慶十一年任修學修志
李應元　雲南晉甯州人壬子舉人嘉慶十四年署任
李自超　直隸遵化州舉人嘉慶十七年署任
方宗敬　湖南巴陵人嘉慶戊午舉人十八年任修署修學
何賜年　嘉慶二十一年署任

趙秉濂　江西南豐舉人道光四年署任
何蔚然　廣西平樂府舉人道光四年署任
孫熙　河南夏邑貢生道光五年署任
黃礽　雲南永北廳進士道光五年任
朱琦　順天宛平進士道光八年署任
車申田　山東海陽進士道光十年署任
薛丙勳　浙江會稽監生道光十一年署任
聞金策　浙江錢塘副貢道光十二年署任
李盤　陝西洋縣舉人道光十二年署任

李謙　甘肅秦安進士道光十三年任十六年五月以事去十月回任崇獎士類增置書院膏火田畝後告養歸卒於家

王培荀　山東淄川舉人道光十六年署任

黄懋祺　福建閩縣進士道光二十年署任好學愛士

姜廷燦　江蘇元和廕生道光二十一年任

張紹齡　直隸天津舉人道光二十二年任二十四年調署昭化二十六年回任重修　學宮

朱有章　浙江麗水拔貢道光二十四年署任惠愛士民政平訟理建培元塔以補文峰後科第果盛邑人呼爲朱公塔補大邑縣令告養歸

福奎　滿洲鑲藍旗人道光三十年署任

周樹棠　湖南長沙進士咸豐二年署任

吳錦銓　貴州畢節舉人咸豐三年任四年以事去七年回任八年去九年六月回任十一月又去同治元年回任

張香海　山東蓬萊舉人咸豐四年署任籌防費飭團練置軍械創火藥局去任後連年賊警賴以防守邑人感之調安縣禦滇匪遇害

黄奉槐　福建侯官人道光癸卯科舉人咸豐八年署任潔己愛民胥丁不擾增置義學嘉惠士林治酆僅九月去任士民攀戀競爲詩歌送之歲貢毛奇玥句云官易鄉民見長官候選訓導秦棣有到來惟飲一杯水歸去仍攜兩袖風之句衆以爲實錄後告養歸酆民時或跋涉詣其家同治甲子卒於鄉邑人聞者莫不悼惜

王志棠　浙江歸安人咸豐九年署任

孟書城　直隸東光人道光己亥科舉人咸豐十年署任

曹紹樾　安徽歙縣舉人同治三年署任

張嗣成　浙江餘姚舉人同治四年署任

田秀栗　陝西城固增貢生同治五年署任以靖邊功保升知府在任年餘創建考棚置賓興田畝

教諭

崇祀名宦者三人

元

饒克容

明

翁佐　浙江諸暨舉人操履端方教約嚴正

竇希顔　湖北祁陽人詳見藝文詹貞吉竇公生祠記

前朝歷任教諭

明王必祁　余鐸　陳巘　虞書　程鵬　沈繼芳　孟賢

張思　李秀華　馬艮佐　李裕　劉用簡　朱棠　劉寅

李春敷　黄世卿　朱霖　李席龍　楊時隆　劉承易

楊起鵬　韋炳然

國朝　黄錫策　射洪舉人康熙三十三年任

按教諭缺今裁

訓導

崇祀名宦者一人

明

何宗中　重立號房

前朝歷任訓導

明張漢賓　張友仁　張海　陳壽鼎　向成顔　劉銓

李銓　唐本　何大倫　馬元經　劉爵　藍耕　周易

莫子仁　熊文　董維藩　吳觀周　董守清　竹可上

熊文爵　李繼齡　周昌運　陳應珪　劉揚鳳

國朝歷任訓導

劉塤　平武貢生康熙十五年任

胡公瑜　重慶貢生康熙二十四年任

何修　遵義貢生康熙二十七年任

傅珩　廣安人康熙三十年任

屈先逵　納溪貢生康熙三十八年任

嚴履泰　慶符貢生康熙四十四年任

岳亮　南江歲貢雍正六年任

蒲在湄　名山歲貢雍正十二年任

王艮謨　安岳歲貢乾隆二年任

楊簡　乾隆四年任

陳其請　大竹歲貢乾隆十年任

黄應垣　巴縣歲貢乾隆十二年任

朱仕建　閬中人乾隆辛酉舉人

范昂　羅江歲貢乾隆十三年任

姚璠　大甯歲貢乾隆十九年署任

孫永甯　黔江拔貢乾隆二十一年任

洪爾禔　乾隆三十八年署任

文在人　合州人乾隆壬午舉人三十八年署任

楊洄　射洪人乾隆丁酉舉人五十三年署任

杜永齡　南充人乾隆丁酉舉人五十三年任

馮灼文　慶符人乾隆己酉拔貢五十八年署任

王謙　石泉歲貢乾隆五十九年任

屈朝泰　樂至廩貢生嘉慶十一年署任

向明學　雲陽歲貢嘉慶十二年任

韓際昌　岳池廩貢生嘉慶十三年署任

陳九經　崇慶州人乾隆丙午舉人嘉慶十四年任

陳郁蘭　嘉慶二十三年署任

譚言藻　安岳舉人嘉慶二十四年任

楊沖霄　閬中貢生道光三十年署任

韓煋　長壽優貢道光十年署任

宋瑄　灌縣舉人道光十年署任

鄒桂林　巴縣舉人道光十年任

彭敦吉　成都廩生咸豐四年署任

劉本愚　宜賓舉人咸豐五年署任

何鳳瑞　南部廩生咸豐五年署任

謝紹伯　射洪舉人咸豐六年任

邱炳章　郫縣增貢生由軍功保舉教諭同治三年署任

前朝歷任主簿

明　孫敬　馬世偉　蔣曉　陳一度　王友置　吳貫　衛田　張四術　尹學士　紀幼悌　楊宗貫　沈濱　金鳳鳴　葉大剛　沈東虞　陳啟鳳　黄漢啟　施可八　貢國士　劉一首　王復　金仕俊

國朝主簿缺裁

前朝歷任巡檢

明黄道克　范永旬　張思誠

國朝巡檢缺裁

前朝歷任典史

元張傑　湯忠

明祁志　譚瓚　劉從善　廣倫　楊田卷　謝彥昂　范俊　王世昌　馬山　王孟才　彭鐵　張一鳳　周萬材　紀養蒙　敖廷言　唐應聘　蔣時中　王繼成　李世英　陳應昌　王國秀　唐堯典　曾宏道　黄爲龍

國朝歷任典史

樓鼎魁　浙江人吏員康熙九年任

羅薦　陝西富平人吏員康熙十九年任
王大倫　浙江人吏員康熙二十一年任
沈國璋　浙江蕭山人吏員康熙三十年任
劉啟武　江西安福人吏員康熙四十二年任
王緒　直隸大興人雍正六年任
姚廷會　浙江山陰人乾隆二年任
晉四瑞　乾隆六年任
崔作鎮　甘肅碾伯人乾隆六年任
李延鳳　正紅旗監生乾隆十二年任

王涫　順天大興人乾隆十九年任
徐永緯　江蘇崑山人乾隆二十八年任
王璜　順天苑平人監生乾隆二十九年任
吳榮　江西高安人監生乾隆三十一年任
戚祖夔　湖北江夏人監生乾隆三十二年任
屠炬　湖北孝感人監生乾隆四十八年任
李英　江西金谿人乾隆四十九年任
楊愷　浙江鎮海人嘉慶元年署任
章春遇　浙江會稽人嘉慶二年任三年教匪逼近縣境尉
捐款募勇擒獲教匪嚴學海等八名五年尉籌設東西二
關四月賊逼城西附郭民居得免焚燬事竣保升縣丞
陳先甲　江蘇武進人嘉慶九年署任
劉椿　江蘇太湖人監生嘉慶九年署任
孫集鳳　浙江山陰人監生嘉慶十年署任
歐陽壁　江西彭澤人嘉慶十年任
馬延　浙江會稽人嘉慶十三年署任
張爲垿　陝西華陰人嘉慶十四年署任
夏森　江甯人嘉慶十八年署任

魯榮惠　大興人嘉慶十九年署任
王楚賢　大興人嘉慶十九年任
李在春　嘉慶二十三年署任
沈宗惠　道光四年署任
傅振宗　河南汲縣人道光七年署任
趙永祿　直隸清苑人道光八年署任
劉斌　陝西富平人道光十三年任
潘世昌　順天大興人道光十九年署任
張力廷　順天大興人道光二十六年署任

祝純禧　順天大興人道光二十六年署任
胡景春　順天大興人道光二十八年任
張廷熙　安徽婺源人道光二十九年署任
張錫垣　咸豐三年任
洪賢景　湖北黃岡人咸豐九年署任
蕭沛霖　順天大興人咸豐十年任
王尚德　山西靈石人同治五年署任
邵元璞　安徽桐城人同治六年署任

前朝歷任驛丞

明李宗志　張子銘　楊榮　楊篆　雷洪　蔣守恒　呂盛　羅榮　黃葵　陳盡　張有望　趙之璧　周之盛
高廷舉

國朝驛丞缺裁

歷任駐防把總

劉秉智　千總
況朝輔　千總
周世海　千總
張龍　河南開封人行伍
許成位　千總
郭文玉　忠州人行伍
吳學孟　成都人行伍
駱吉　巴縣人行伍
張耀
張貴　陝西蒲城人行伍
周宗孟　黔江人行伍
劉尚義
徐國仁　巴縣人行伍

徐文達　陝西人行伍
張君相　巴縣人行伍
戴榮陞　成都人行伍
侯理　忠州人世襲恩騎尉
伯占魁　成都人行伍
楊應宗　合州人行伍
余永貴　長壽人行伍
梁志品　成都人行伍
陳有才　忠州人行伍

劉艮超　巴縣人行伍

王宗林　忠州人世襲雲騎尉

譚報國　忠州人世襲恩騎尉

朱榮魁　巴縣人行伍

陳洪疇　成都人行伍

陳治安　巴縣人行伍

馬春芳　巴縣人世襲雲騎尉

吳啟貴　巴縣人

嚴繼寬　本邑人行伍

汪燀祖　巴縣人行伍

駱洪順　三台人行伍

金魁　巴縣人行伍

闕志清　忠州人行伍

任萬春　巴縣人行伍

張廷獻　新甯人行伍

邱士彪　璧山人行伍

徐忠鈺　巴縣人行伍

典祀志

國之大事惟祀爲先報功崇德吉禮斯傳上下神祇古昔聖賢忠孝貞烈大節凜然俎豆既具馨香告虔神降之福綏邦豐年志典祀

社稷壇　舊在治西一里今在治東山王廟後

風雲雷雨壇　治東北一里

先農壇　治東山王廟後

厲壇　治西一里

文廟在學署東明初在縣署東知縣桂仲拳建洪武十四年知縣竇谷曙重修二十一年知縣楊謙改建於縣署西黃常爲之記宏治中知縣李毅明紳萬歷七年知縣左應麟重修兵燹

國朝康熙元年知縣湯濩建九年知縣李如芳四十二年知縣王廷獻四十四年知縣朱象鼎嘉慶十二年知縣瞿頡二十一年知縣方宗敬重修道光二十七年知縣張紹齡改修

崇聖祠在　大成殿後同時修

欽頒匾額　康熙二十三年

御書萬世師表匾額一道雍正三年

御書生民未有匾額一道乾隆三年
御書與天地參匾額一道嘉慶七年
御書聖集大成匾額一道道光二年
御書聖協時中匾額一道咸豐二年
御書德齊幬載匾額一道同治二年
欽頒聖神天縱匾額一道先後奉到欽遵建立於 大成殿

欽定祀位

大成殿位

至聖先師孔子正中南面

東配

復聖顏子名回字子淵魯人

述聖子思子名伋字子思

西配

宗聖曾子名參字子輿魯武城人

亞聖孟子名軻字子輿鄒人

東哲

先賢閔子名損字子騫魯人

先賢冉子名雍字仲弓魯人

先賢端木子名賜字子貢衛人

先賢仲子名由字子路魯卞人

先賢卜子名商字子夏衛人

先賢有子名若字子若魯人

西哲

先賢冉子名耕字伯牛魯人

先賢宰子名予字子我魯人

先賢冉子名求字子有

先賢言子名偃字子游吳人

先賢顓孫子名師字子張陳人

先賢朱子名熹字元晦婺源人

東廡先賢

先賢公孫僑字子產鄭公族

先賢林放字子邱魯人

先賢原憲字子思魯人

先賢南宮适字子容魯人

先賢商瞿字子木魯人

先賢漆雕開字子若一作憑字子開蔡人

先賢司馬耕字伯牛宋人

先賢梁鱣字子魚齊人

先賢冉孺字子魯魯人

先賢伯虔字子析魯人

先賢冉季字子產一字子達魯人

先賢漆雕徒父字子有魯人

先賢漆雕哆字子斂魯人

先賢公西赤字子華魯人

先賢任不齊字子選楚人

先賢公良孺字子正陳人

先賢公肩定字子中衛人

先賢鄡單字子家魯人

先賢罕父黑字子素魯人

先賢榮旂字子旗魯人

先賢左人郢字子行魯人

先賢鄭國字子徒魯人

先賢原亢字子籍魯人

先賢廉潔字子庸衛人

先賢叔仲會字子期魯人

先賢公西輿如字子上魯人

先賢邽巽字子斂魯人

先賢陳亢字子禽陳人

先賢琴張字子開一字子張衛人

先賢步叔乘字子車齊人

先賢秦非字子之魯人

先賢顏噲字子聲魯人

先賢顏何字子冉魯人

先賢縣亶字子象魯人

先賢牧皮力牧之後

先賢樂正克周人孟子弟子

先賢萬章齊人

先賢周敦頤字茂叔宋湖廣道州人

先賢程顥字伯淳宋河南洛陽人

先賢邵雍字堯夫宋河南人

西廡先賢

先賢蘧瑗字伯玉衛人

先賢澹臺滅明 字子羽魯武城人
先賢宓不齊 字子賤魯人
先賢公冶長 字子長魯人
先賢公晳哀 字季次齊人
先賢高柴 字子羔齊人
先賢樊須 字子遲魯人
先賢商澤 字子季魯人
先賢巫馬施 字子期陳人
先賢顏辛 字子柳魯人

先賢曹卹 字子循蔡人
先賢公孫龍 字子石衛人
先賢秦商 字子丕魯人
先賢顏高 字子驕魯人
先賢壤駟赤 字子徒秦人
先賢石作蜀 字子明秦成紀人
先賢公夏首 字子乘魯人
先賢后處 字子里齊人
先賢奚容蒧 字子偕魯人

先賢顏祖 字子襄魯人
先賢句井疆 字子疆衛人
先賢秦祖 字子南魯人
先賢縣成 字子棋魯人
先賢公祖句茲 字子之魯人
先賢燕伋 字子思秦人
先賢樂欬 字子聲魯人
先賢狄黑 字子晳衛人
先賢孔忠 字子蔑史記作孔子兄孟皮之子

先賢公西蒧 字子尚魯人
先賢顏之僕 字子叔魯人
先賢施之常 字子恆魯人
先賢申棖 字子周魯人
先賢左邱明 魯人楚左史倚相之後
先賢秦冉 字開魯人
先賢公明儀 魯南武城人
先賢公都子 齊人孟子弟子
先賢公孫丑 齊人孟子弟子

先賢張載字子厚宋郿縣人

先賢程頤字正叔伯淳之弟

東廡先儒

先儒公羊高齊人

先儒伏勝字子賤漢濟南人

先儒毛亨漢魯人

先儒孔安國字子國漢兖州人

先儒后倉字近君漢東海郯人

先儒鄭康成漢北海高密人

先儒范甯字武子晉鄢陵人

先儒陸贄字敬輿唐嘉興人

先儒范仲淹字希文吳縣人

先儒歐陽修字永叔宋廬陵人

先儒司馬光字君實宋夏縣人

先儒謝良佐字顯道宋上蔡人

先儒羅從彥字仲素宋南劍州人

先儒李綱字伯紀宋邵武人

先儒張栻字敬夫宋緜竹人

先儒陸九淵字子靜宋金谿人

先儒陳淳字安卿宋漳州龍溪人

先儒真德秀字景元宋浦城人

先儒何基字子恭宋金華人

先儒文天祥字宋端一字履善宋吉水人

先儒趙復字仁甫元德安人

先儒金履祥字吉父元蘭谿人

先儒陳澔字可大宋江西南昌人

先儒方孝孺字希直明甯海人

先儒薛瑄字德温明河津人

先儒胡居仁字叔心明餘千人

先儒羅欽順字允升明泰和人

先儒呂柟明涇野人

先儒劉宗周明浙江山陰人

先儒孫奇逢字鍾元　國朝河南人

先儒陸隴其字稼書　國朝平湖人

西廡先儒

先儒穀梁赤字元始魯人

先儒高堂生字伯漢初魯人
先儒董仲舒漢廣州人
先儒毛萇字長公漢趙人
先儒杜子春漢河南緱氏人
先儒諸葛亮字孔明漢襄陽人
先儒王通字仲淹隋龍門人
先儒韓愈字退之唐南陽人
先儒胡瑗字翼之宋海陵人
先儒韓琦字稚圭宋相州安陽人

先儒楊時字中立宋將樂人
先儒尹焞字彥明一字德充宋洛陽人
先儒胡安國字康侯宋崇安人
先儒李侗字愿中宋延平人
先儒呂祖謙字伯恭宋婺州人
先儒黃榦字直卿宋福州閩縣人
先儒蔡沈字仲默宋建陽人
先儒魏了翁字華甫宋卭州蒲江人
先儒王柏字子恭宋金華人

先儒陸秀夫字君實鹽城人
先儒許衡字平仲元河內人
先儒吳澄字幼清宋崇仁人
先儒許謙字益之元金華人
先儒曹端字月川明澠勉人
先儒陳獻章字公甫明新會人
先儒蔡清字介夫明晉江人
先儒王守仁字伯安明餘姚人
先儒呂坤字叔簡明甯陵人

先儒黃道周字石齋明福建漳浦人
先儒湯斌號潛菴 國朝河南睢州人

崇聖祠正殿

肇聖王木金父公正中
裕聖王祈父公左
詒聖王防叔公右
昌聖王伯夏公左次
啟聖王叔梁公右次均南向

東配

先賢孔氏孟皮一字伯尼

先賢顏氏名無繇字路

先賢孔氏名鯉字伯魚

西配

先賢曾氏名點字皙

先賢孟孫氏名激字公宜魯公族孟孫之後

東廡先儒

先儒周氏名輔成周子敦頤之父

先儒程氏名珦字伯温二程子顥頤之父

先儒蔡氏名元定字季通蔡氏沈之父

西廡先儒

先儒張氏名迪張子載之父

先儒朱氏名松字喬年朱子熹之父

文昌廟　治東平都山麓康熙十一年知縣李如溁建

關帝廟　在東門內乾隆四十八年知縣章汝楠建

城隍廟　在東門內

龍神祠　在治東山王廟後

火神祠　在治東山王廟後

名宦祠在　學宮戟門左所祀之人見官師志

鄉賢祠在　學宮戟門右所祀之人見人物志

忠義節孝祠在　學宮櫺星門左所祀之人見人物志

昭忠祠　在小西門內所祀之人見人物志

重修酆都縣志卷二

營建志

穀梁有言民勤工鮮所止修葺春秋稱善邑載閈廛城嚴關鍵職思其居儲材慎選凡厥興行惟其急緩廢墜經營守者斯典志營建

城池

酆都石城明天順中知縣柴廣築高二丈周六百丈門五東南曰宣化東曰迎恩一名守智南曰會川一名驛館西曰陽和北曰屢豐又別闢門四以便樵汲曰東水門西水門今閉小東門今閉小西門宏治中知縣李毅明紳重修

國朝乾隆五十三年江水漲浸城塌半嘉慶元年教匪之亂知縣楊燮募修十八年知縣方宗敬重繕始置埤堄咸豐四年滇匪警城歲久就圮知縣吳錫銓募修未完以事去十年六月江溢入城塌二百丈有奇會川門將圮八月錫銓復任葺完始易堞以甎又附城置空心礮臺六同治三年城又塌百丈有奇宣化門將圮六年署知縣田秀栗籌貲完葺更增堞五百六十六雉以慎封守

按酆都縣城前俯長江峻坂不可以池江水以爲池可耳後枕高山形似勝矣然而山高且逼迤亘三面下瞰城郭纖毫呈露動靜可覘火器可及雖有礮臺豈利仰攻有城守責者盍於山以外圖之

公署

知縣署　城東南宣化門內順治庚子署知縣商起子建大堂三間後堂三間康熙九年知縣李知滂建後廳五間左右司房各四間二十四年知縣王鑣建頭門鐘鼓樓三間三十四年知縣馬騰雲建大堂前軒三間戒石坊一座西花廳三間四十五年知縣朱象鼎建東廳三間嘉慶十九年知縣方宗敬重修有重修廨宇記見藝文志同治七年知縣徐濬鏞改修東花廳顏曰聽鹿別墅增建長軒六間於內宅西偏繞以迴廊

上諭亭　在大堂前嘉慶十九年知縣方宗敬建

蕭曹祠　在大堂東偏嘉慶九年知縣瞿頡建

土地祠　倉神祠　在東花廳後知縣方宗敬改修

按舊志縣署創自前明洪武四年知縣桂仲拳十四年知縣竇谷曙嘉靖三十二年知縣王樸重修明末燬　國朝康熙四十五年知縣朱象鼎建旌善申明二亭今亦燬

訓導署在　學宮西康熙庚戌知縣李如㳪建明倫堂三間乾隆二十三年知縣邊鏞重修訓導孫永甯有記見藝文志

典史署　縣署西康熙二十年典史王大倫重建

駐防把總署　初在山王廟康熙三十四年知縣馬騰雲就館驛舊址建

陰陽學　醫學　縣署東明洪武二十一年知縣楊謙立今燬

僧會司　道紀司

按舊志載布政司分司署按察司分司署並前明建在縣署東今燬主簿署在縣署東教諭署在訓導署西驛丞署在會川門故會川亦稱館驛門巡檢署在城南二百里沙子關缺並裁署廢

考棚

初童試在縣署道光九年知縣黃初遷試於城東火神祠同治七年署知縣田秀栗就小西門內公地募建詳見創修考棚碑記載藝文志

校場

舊日演武廳在城南濱江今燬署知縣田秀栗以募建考棚餘貲置地七畝八分小西門外竹雪菴前建廳四間顏曰射圃廳前築馬道爲三年大比童試馬射地間年佃耕以歲租爲考棚歲修貲有記見藝文

按田君又置地二畝屢豐門外爲歲修考棚貲

奎星閣　一在治東山王廟後道光二年知縣方宗敬建一在城內梧桐街道光十五年知縣李謙重修

培元塔　在治東十里許南岸大沙溪道光二十六年知縣朱有章建

賦役志

崎嶇山邑敝自前明田荒於石民燹於兵不堪租挈遑問
踐更
聖朝休養人物方生
書頒賦役置復均平吏胥勿擾算事長清志賦役

戶口

明季壘經兵燹民人轉徙圖籍散佚以前戶口無徵
國朝休養生息歲有加增至同治七年報部合計新舊共二萬一千四百五十四戶男四萬四千六百六十三丁婦三萬七千四百九十二口共八萬二千一百五十五丁口

按前令張香海志稿咸豐四年報部共編一萬八千五百七十一戶計男婦七萬三千九百三十三丁口

田賦

明以前田賦無考
國朝康熙六年四川田地皆分上中下三等按畝徵糧詳載賦役全書雍正七年奉文丈量丁條糧銀合併積算酆都除耤田四畝九分不徵丁糧外　上田四百五十七頃三十畝九分一毫三纖每畝徵丁條糧銀一分八釐四毫六絲四忽七微八塵五纖應徵銀八百四十四兩四錢一分一釐二毫五絲四忽八微二塵一纖八沙三渺八漠九埃　中田四百六十五頃三十三畝五釐八毫九絲九忽九微九塵六纖每畝徵丁條糧銀一分六釐一毫五絲八忽四微二塵應徵銀七百五十一兩九錢七毫一絲一忽二微六纖一沙三渺三漠六埃　下田四百二十一頃八十九畝九分五毫每畝徵丁條糧銀一分三釐八毫五絲一忽三微一塵二纖應徵銀五百八十四兩三錢八分五釐五毫三絲七忽四微五纖三沙六渺　上地一百五十八頃三十六畝七分三毫每畝徵丁條

糧銀五釐六毫九絲二忽八微九塵六纖應徵銀九十兩一錢五分六釐七毫三忽一微六塵一纖八沙八渺八漠　中地二百七十四頃八十五畝一分四釐六毫三絲三忽三微三塵三纖每畝徵丁條糧銀四釐九毫八絲七微八塵九纖應徵銀一百三十六兩八錢九分七釐一毫一絲四忽五微二塵六沙三渺九漠六埃　下地一百九十八頃五十三畝二分一釐九毫三絲四忽二微三塵一纖每畝徵丁條糧銀四釐二毫六絲八忽九微二塵應徵銀八十四兩七錢六分五毫四絲一忽五微六纖九沙六渺七漠四埃　上中下田

地共一千九百七十六頃三十畝九分三釐三毫六絲七忽五微六塵七纖歲額共徵地丁條糧銀二千四百九十二兩五錢一分二釐四毫六絲二忽六微二塵二纖八沙二渺七漠五埃遇潤加徵銀一百二十一兩有奇加一五火耗徵解

同治六年四川總督駱秉章以縣屬糧戶因田地科則各分三等上田每畝徵正耗銀二分以外下地每畝僅徵正耗銀四釐九毫有奇相去懸殊參差瑣屑恐鄉愚未能分晰且縣境瀕河山多田少開墾變遷更易混淆爭競奏定簡便章程通勻計算無分上中下等田地共折合中田十五萬四千

一百七畝又請將絲忽以下細數加成一毫歲共徵地丁條糧銀二千四百九十二兩五錢一分二釐加一五火耗銀三百七十三兩八錢七分七釐遇閏加徵銀一百三十九兩一錢九分六釐

謹按乾隆五年

特詔四川所屬地處邊徼山多田少田賦向分上中下三等如上田中田不足五分下田與上地中地不足一畝以及山頭地角間石雜沙之瘠地不論頃畝悉聽開墾均免升科仰見

聖朝軫念民依無微弗至酆都地半磽确苦不耐旱然石巖少附微土者悉皆樹藝所以正供歷無逋欠無煩催科焉

支領各款

社稷山川各壇春秋祭銀六兩

文廟春秋祭銀二十六兩

文昌廟春秋祭銀十四兩鹽茶耗羨項內另支請領支給

武廟春秋祭銀十六兩

忠義節孝祠春秋祭銀二兩

厲壇歲祭三次銀二兩

知縣一員歲額俸銀四十五兩養廉銀六百兩額設衙役三十一名內門子二名皁隸十四名馬快八名轎傘夫七名每名歲支工食銀六兩共銀一百八十六兩改設仵作一名歲支工食銀六兩隨學仵作二名每名歲支工食銀三兩共銀十二兩民壯十六名每名歲支工食銀八兩共銀一百二十八兩禁卒八名更夫五名每名歲支工食銀六兩共銀七十八兩添設捕役二名每名歲支工食銀六兩共銀十二兩斗級一名倉夫二名每名歲支工食銀六兩共銀十八兩舖司兵四名每名歲支工食銀六兩共銀二十四兩救生水手十

二名內六名夏秋支工食銀二十一兩六錢餘六名四季全支每名月給工食銀六錢共銀四十三兩二錢歲共支銀六十四兩八錢遇閏加增

訓導一員歲額俸薪銀四十兩額設衙役四名內門斗二名膳夫二名每名歲支工食銀六兩共銀二十四兩

廩生原額二十名每名歲支餼糧銀三兩二錢共銀六十四兩遇閏每名加銀二錢六分六釐六毫六絲六忽六微六塵四纖

典史一員歲額俸銀三十一兩五錢二分養廉銀八十兩額設衙役六名內門子一名皁隸四名馬夫一名每名歲支工食銀六兩共銀三十六兩

孤貧男婦五十每名日給口糧銀一分歲共支銀一百七十七兩遇閏加增

舊額歲支銀一千六百八十八兩三錢二分嘉慶四年欽奉諭旨應支各款在本縣地丁銀內扣留支給年終造册奏銷所有支賸丁條糧銀起運布政司庫聽候撥支　今額歲支銀一千六百八十六兩三錢二分遵照新章丁條糧銀全數起運藩庫應支各款另文請領內惟　支昌祭銀一款在鹽茶耗羨銀內領支餘款皆在地丁銀內分案詳請領給

蠲政

康熙二十五年未完錢糧二十六年錢糧俱蠲免　三十三年應徵銀米俱蠲免　四十三年錢糧俱蠲免　五十年地丁銀並歷年舊欠俱免徵

雍正八年地丁銀俱蠲免

乾隆十一年地丁錢糧全行蠲免　十四年地丁錢糧蠲免十分之七　三十五年地丁錢糧全行蠲免　三十七年地丁錢糧分等蠲免　四十年緩徵錢糧全行蠲免　四十三年地丁錢糧全行蠲免　五十六年錢糧通行蠲免

嘉慶元年錢糧俱蠲免　三年錢糧緩徵　四年地丁錢糧俱蠲免其緩徵錢糧亦蠲免十分之三　五年應徵正閏火耗銀米全行蠲免　六年地丁火耗銀米全行蠲免　七年地丁正耗錢糧蠲免十分之三緩徵嘉慶三年正耗銀兩俱於嘉慶八年起分作二年帶徵　八年地丁錢糧緩至秋後開徵　二十五年正賦寬免十分之二

道光七年地丁錢糧蠲免十分之四

鹽政

雍正八年認銷水引七十二張後陸續請增三百八十五張内遂引二十九張射引二百零八張犍引二百二十一張合計水引四百五十八張每張徵稅銀三兩四錢五釐截角銀六錢遂引每張徵羨銀四兩四錢六分射引每張徵羨銀四兩八錢九分五釐犍引每張徵羨銀二兩二錢九分五釐歲徵稅羨截銀共三千四百八十四兩六錢三分五釐

茶課

舊額茶腹引三張咸豐元年派增九十七張合計茶腹引一百張隨引照票十張歲徵稅羨截票息銀共七十兩零一錢

魚課 歲徵銀四錢四分七釐四毫遇閏加徵銀四分二毫

田房稅契 歲徵解銀五百一十七兩一錢七分

倉儲

常平倉 五十八間環縣署東西十四間在典史署嘉慶二十年知縣方宗敬修原額貯倉斗穀二萬八千二百七十石道光七年奉文籌濟兵米糶穀三千七百五十石咸豐三年奉文糶穀一萬二千石解濟江南軍餉六年奉文糶穀七千五百十二石解濟京餉八年奉文仍由本縣籌填署知縣黃奉槐請自咸豐九年始分作四年按糧攤捐交紳承領採買貯倉咸豐九年填穀五千八百十五石後歲頻歉穀價倍昂歷任知縣詳請俟穀價稍平買足原額

社倉 舊在社壇波羅等場嘉慶三年教匪之亂移貯城東文昌宮後倉十一間原額貯倉斗穀五千一百石咸豐十年江水暴漲漂沒穀一百十二石一斗四升八勺八抄浸霉穀九百四十六石二斗六合四勺同治元年髮逆警署知縣孟書城碾穀二千二百六十一石三升六勺八抄為城守防隘勇食後歲歉米貴民飢幾變知縣吳錦銓以平價代賑糶穀八百零六石八斗二升三合一勺二抄交紳承領買補糶數貯倉此歲不登穀價益昂俟價平買貯

按社倉惟原存波羅場倉斗穀一百六十五石九斗尚未動支

義倉 嘉慶二十三年知縣方宗敬奉文攤捐置義田四處歲收田租倉斗穀一百五十四石二斗七升五合建倉四間在火神祠東道光十二年以前支放無存自十三年積至咸豐九年除支共存倉斗穀四千零四十八石八斗七升一合三勺七抄十年江溢入城霉變倉斗穀一千石有奇後陸續支放糶賑今實存倉斗穀五百九十七石一斗四升一合五勺四抄

置郵

明初額制陸驛馬六匹夫六十名水驛夫三十名水手十名

國朝陸驛未設水站額設六撓船三隻水手六名康熙四十八年奉文裁減六撓船一隻水手二名撓夫六名嘉慶十一年陸站改設舖司五兵各二名司遞文移來往咸豐四年奉文裁撤舖司以水程無驛酌留兵四名

郵惠

養濟院 舊在治北明洪武三十五年知縣彭用禮建後燬

國朝嘉慶十七年知縣李自超改建平都山麓十八年知縣方宗敬重修有碑記見藝文

棲流所 在治北孝義坊道光十四年知縣李謙置

學校志

巴蜀好文江流學宇川廣自源士日尚志八代粃糠六經鼓吹大雅實難人師匪易宏長風流許與氣類欲以明倫蔚爲

國器志學校

學宮 子山午兼壬丙向建修各官已詳典祀志茲載其制宮牆東西轅爲聖域賢關二門內爲泮池上爲 櫺星門內左偏爲官廳上爲 戟門內東西廡各七間中拱露臺上爲

大成殿三間東西偏攢閣二間鐘鼓樓各一間殿後爲迴廊緣廊下爲

崇聖祠三間東西偏迴廊各三間

學署 外照牆一堵 頭門三間 門斗房一間 牌坊一座 學書房三間 明倫堂三間左右經義治事房各一間 二堂三間爲儒學內宅 左右橫房各一間

學田 二處一在波羅壩歲租市斗穀三十石地課錢十一千六百文一在楊家溝歲租市斗穀三十四石地課錢六千文同治六年知縣田秀栗定案歲撥市斗米二石補春秋祭

銀之不足

學基　城內外房基凡六十二間

學額　原額小學歲試文武生各八名科試文生八名同治七年奉文永加廣額歲科文生各一名武生一名廩增額各二十名三年挨貢二名歲在酉拔貢一名

書院　明知縣萬谷建淩雲書院後廢即今文昌宮基址

平山書院　舊在平都山下明邑紳楊孟瑛家塾王文成守仁為之記　國朝乾隆四十三年知縣張偉於學署西建後堂五間左右廂各三間講堂五間左右齋舍各六間門房二

間周以繚垣顏曰鹿鳴書院道光十七年知縣李謙重修仍改名曰平山有記見藝文十八年訓導鄒桂林以教諭舊署一區增入書院

院田　知縣瞿頡方宗敬李謙先後置田地凡四十五處在南岸曰扈家溝買漆林坡買響水洞買舒家坪買十字路典黃村坪典觀音菴典華家坪典冷水溪典犁二灣典獅子坪典象鼻嘴買三星半月買石包灣典李家溝絲茅灣典萬家莊買胡家壩典大房典巖峯漕典吳七漕典官莊坪典薄蘆冲典甘水田典老水井典在北岸曰舒家山買沙灘買斑竹林嘴買冉家壩葫蘆坵典濫田灣典李家溝典柏樹塘大巖口買李家灣買團田典爐山買鳳凰嘴買余家坡典窖孔坵買磨子山典柿子灣買石塔冲典三葉筍灣典九溪子買半坡典硯臺石典野麥山典歲收租息錢三百四十五貫九百

院基　院東舖房三間　中街舖房一間　水巷子舖房一間　稻穀倉舖房三間　外典舖房四間　歲收賃貲錢一百六十貫　存戶房營息錢五百貫歲入息錢七十五貫

按書院田地舖舍多由典質而來聽其人以時贖取故租息多寡難為定額

山長聘禮銀四兩來往輿費銀八兩修金歲錢百六十八貫節敬錢十六貫八百月送火食錢四貫遇閏增送　歲助齋長薪水錢八貫　文生正課六名每名膏火錢一貫附課六名半之文童正課六名每名膏火錢八百附課六名半之　歲助忠義節孝祠春秋祭錢八貫　月給看守書院工食錢六百　壯役催繳租息者歲給工食錢六貫　有餘以備歲修書院及月課獎賞飯食等用

卷局　縣童試文武千餘人試卷紙工諸費向取於應試者

寔素或不能具同治元年知縣吳錦銓以邑紳之請籌費置田爲券費自是試者不給値　田凡五區在南岸曰石龍門同治元年典　江池同治二年買　栗子壪同治四年買　巖崙壩同治六年充　北岸曰踏水橋同治二年買　歲納租錢四百四十四貫　外存戶房錢一千貫歲取息一百三十貫　交紳承領錢三百五十串歲取息六十貫　歲入租息凡六百三十四貫

義學　本城上街　下街　東關　西關　二甲十字路場　三甲灘三壩場　五甲王家場　六甲社壇場　九甲擔子臺場　十甲三撫堂場　十一甲觀音寺場　外十二甲高

家鎭場　凡十二處官爲擇師教秀穎子弟之貧不能讀者

賓興局　縣至成都千有餘里試士往往無力具資斧故應鄉舉者絶少同治六年署知縣田秀栗籌置田畝取租息以贐邑之鄉會試者　田凡五區在南岸曰聖集菴歲納租錢二百二十貫　馬鹿寺歲納租穀二十石　北岸曰周家寺歲納租穀二十石　石祥寺歲納租穀十石　大柏樹寡婦劉敖氏充歲納租穀三石六斗　秀栗恐司事不得其人久或弛也定案以邑紳二十五人分三班歲一班職其事俾之互相糾查焉

重修酆都縣志卷二

選舉志

先王顴俊立賢無方

聖代作人科目特詳官以德懋士以言揚邑雖邊鄙輩出才良鳳雲豹變黻佩鸞翔稱茲名器爲

邦家光志選舉

進士

明

天順丁丑　楊大榮　江西按察司僉事崇祀鄉賢見人物宦績

成化丁未　楊孟瑛　浙江杭州府知府順天府丞祀鄉賢見文學

正德辛未　黃景星　河東鹽運使祀鄉賢

正德甲戌　黃景夔　兵部員外郎祀鄉賢見文學

國朝

康熙壬辰　易簡　翰林院編修見文學

嘉慶辛未　李存周　安徽舒城知縣

咸豐丙辰　徐昌緒　現官翰林院侍講學士銜編修

咸豐己未　傅世綸　戶部主事見人物忠義

舉人

明

洪武己卯余亨　貴州黎平通判

洪武己卯馮麟　陝西延長知縣

永樂辛卯曾添麟　戶部郎中

永樂辛卯何青　雲南浪穹知縣省志作何清涪州人

永樂辛卯黄憲

永樂甲午劉濟

永樂甲午陳懋

宣德壬子王瓚　湖廣興山訓導

宣德乙卯羅中　陝西鞏昌推官

景泰庚午鄭貴

景泰庚午楊太榮　見進士

天順壬午胡廉　省志作合州人

成化辛卯馮祐　省志作馮䄉

成化庚子熊永昌

成化庚子楊孟瑛　見進士

成化癸卯陳濟　雲南曲靖通判祀鄉賢

成化癸卯王羽

宏治己酉黄景星　見進士

宏治乙卯何子俊　廣西桂林同知省志作何子俊

宏治戊午胡一德　雲南按察司經歷省志無此人

正德丁卯黄景夔　見進士

正德庚午楊東　貴州麻哈知州

正德庚午楊偉

正德癸酉杜文才

嘉靖戊子黄洵　湖廣鄖陽推官

嘉靖己酉古養敬　工部員外郎見文學祀鄉賢

嘉靖乙卯陳棨

嘉靖戊午秦範

嘉靖辛酉楊叔京　雲南曲靖知府祀鄉賢

嘉靖甲子陳栗　陝西藍田知縣省志作陳粟

嘉靖甲子黄著　推官

嘉靖甲子曾繼先　知縣

嘉靖甲子黄世脩

隆慶庚午林啟鳳　涪州學省志作林起鳳涪州人

萬歷癸酉戴文亨　省志作戴友亨

萬曆己卯 楊銓

萬曆壬午 楊心傳 湖南安鄉知縣見人物

萬曆辛卯 黄常德 省志作黄尚德

萬曆癸卯 陳載寬 山西 知縣

天啟辛酉 熊京

天啟丁卯 李方開 陝西按察司僉事

崇禎庚午 熊陽徵

崇禎丙子 古心 雲南雲龍州知州見人物文學祀鄉賢

崇禎壬午 李如星 解元見人物忠義

國朝

順治庚子 熊文蔚

康熙癸卯 譚戩穀

康熙壬子 林堅本

康熙辛酉 柯允芳

康熙丁卯 古慥四 鄰水教諭

康熙丁卯 楊汲 筠連教諭

康熙己卯 古毓英 遵義教諭

康熙己卯 李𥟳樞 廣安學正

康熙己卯 羅雲師 涪州教諭

康熙壬午 馮軏

康熙壬午 李仙齡 省志作新都縣人誤

康熙乙酉 林敬脩 鹽亭教諭

康熙乙酉 曾上哲

康熙戊子 李孟修

康熙辛卯 易簡 見進士

康熙辛卯 古可法

康熙甲午 李實繁

雍正癸卯 宋華袞

雍正癸卯 羅彌高

雍正甲辰 羅彌敬

雍正丙午 羅彌元

乾隆戊午 易龍圖 甘肅燉煌知縣

乾隆戊午 湛玥 浙江縉雲知縣

乾隆甲子 王怡 浙江甯波府同知見人物宦績

乾隆甲子 曾友伋 廣東德慶州知州見人物宦績

乾隆壬申 楊芝 眉州學正

乾隆壬申楊顯仁　丹稜教諭
乾隆癸酉傅昌前
乾隆癸酉蔡念祖　陝西韓城知縣
乾隆壬午高愼　直隸東明知縣署宣化府同知
乾隆戊子郎士貫　廣西宣武知縣
乾隆癸卯楊瑛
乾隆戊申許金芝
乾隆乙卯李存周　見進士
嘉慶癸酉湛露清

嘉慶戊寅郎官陞　廣安州學正
道光甲午余兆登　新繁縣教諭
咸豐壬子徐昌緒　見進士
咸豐乙卯傅世綸　見進士
咸豐乙卯蘇爲楨　現官湖南知縣
同治甲子王元晉　現官湖北知縣
同治丁卯李濟川

副榜

明

崇禎壬子熊蘭徵

國朝

康熙丁卯林敬修　康熙庚午陳天眷　康熙丙子李仙齡　乾隆辛酉秦泰
乾隆甲子馮遒騆江津教諭見文學　乾隆甲子王廷旦　乾隆庚午楊芝　乾隆戊子晉一貫東鄉教諭見文學　乾隆丙午李秀發

拔貢

康熙壬子林建本　康熙丙寅湛迴安縣教諭　雍正癸卯李如曦龍安教授　雍正己酉王廷棟　雍正甲寅高人第石泉教諭　乾隆甲申李坤　乾隆癸酉王恆安徽蕪湖知縣　乾隆乙酉湛露清溫江教諭　乾隆己酉湛銘西充教諭　嘉慶辛酉郎官清

嘉慶癸酉郎官保　道光乙酉向世琳　道光丁酉徐其岱前任彭縣訓導現任潼川府教授　道光己酉徐昌緒七品京官戶部主事　同治辛酉王元晉正黃旗官學漢教習

歲貢 恩貢附

明

黃應祥雲南鶴慶州州同　花綬交趾古龍知縣　羅忠直隸靜海知縣　馮文貴浙江湖州府同知　程鵬湖廣茶陵衛經歷　范有成湖廣襄陽府經歷　徐智湖廣寶慶府檢校　湛清浙江嘉興府通判　黃守正山西汾州府同知　嚴琦河南平鄉縣丞　古志學上林院署丞　李忠交趾真利知縣　鄒晟雲南白納吏目　鄭贇交趾唐安知縣　吳絅　王維清　張綳　楊善　許贇　蔣僉舉

江西萬安王簿 李斌 熊志宏 張霖 劉存智 李節陝西西隴衛經
歷 陳資 杜謙 傅潮 杜諒浙江湖州縣丞 李茂 陳璐
黃鐘雲南建水吏目 范信留守司經歷 蔡璘 傅中 羅亨 余
宣 胡璉 嚴仲謙 陳能 余善廣西平樂府經歷 湛隆 侯
信 黃粥湖南長沙王簿 曾友道 李布直隸南陵縣丞 黃玉 隆盛
李恭 范祥 蔣智 楊高 曾倫 許富 陳慶 黃端
李祥知縣 王永年訓導 戴綱廣西潯州府推官 魯德湖廣寶慶府訓
導 熊經 李伯順 楊景春 黃曉陝西文縣教諭 向克寬
楊元湖廣湘鄉訓導 杜觀貴州布政司都事 陳勉 林文振江西九江府同知

鄷都縣志卷二 選舉志 歲貢 恩貢附 八

湛永海湖廣監利訓導 王翔 徐白祥 黃田清 李棟 朱本
定陝西鳳翔府經歷 王承孝 黃尚儒陝西麟遊教諭 黃尚綱湖廣襄陽訓導
李向陽陝西富平縣丞 楊孟惠陝西岷州衛訓導 楊茂永興王府教授 楊孟
芳陝西寧夏右屯衛經歷 秦升 楊孟訓廣東惠來知縣 楊乾陝西金縣訓導
戴吉江西宿州衛經歷 熊顯德陝西靈臺訓導 王寅湖廣漢陽訓導 李遷
楊孟詔 楊寅陝西乾州訓導 鄒嘉典河南盧氏訓導 李朝陽 楊孟
瓊 信舊志缺其姓 熊唐臣雲南景東府通判 徐騰陝西訓導 楊密
蘄州荆王府訓導 侯緯 殷秉忠 楊試春 楊衷直隸順義知縣 黃
嘉誥 楊觀湖廣長沙府訓導 陶賢江西玉山教諭 黃爕陝西甯羌州學正

胡仲璞湖廣南陽訓導 余文燦陝西洋縣知縣 楊一鶚 楊第 古嘉
表達州學正 余自修 周冕 隆壽 楊鐘秀 陳魯 楊咸
楊忭戎縣教諭 冉以毅 楊頎湖廣麻城訓導 楊一遜馬湖訓導 楊一
通 陳蒙 楊鍾元 冉斐 楊叔永陝西鞏昌府通判 戴葵
余祚 楊叔言 戴唐民 冉仲 楊懋學 戴嘉樂恩貢 陳
志伊 冉祐 毛如德 毛之麟 余子義 楊光啟 余
子祥 楊茂學 楊鎮 李達訓導 譚旦 余子州 秦
獻廷 陳鼎祚內江教諭祀鄉賢見人物忠義 楊淩雲遂溪教諭祀鄉賢見人物忠義
李方郁劍州學正 涂安宅內江教諭 楊堯欽 黃毓章 熊居寅

鄷都縣志卷二 選舉志 歲貢 恩貢附 九

慶符訓導 毛宗德 李樹聲 姚映黃 徐觀成 戴大禮山東
壽光知縣 林明儁兵部職方司主事貴州驛鹽副使見人物文學 李如旭浙江都司經歷
郎新秩江南海州州同歷直隸徐州知州 王宮蜀王府典膳 楊奎王府典膳 楊
貢訓導 冉孔宗 徐鳴岐 杜子賦 楊範主簿 戴琮
李岱 古有年 王繼成 張維藩 楊鉉都司經歷 馬翼
王者佐 楊遺春 李廷柱 熊周佐 尹若皋 冉之升
陳三聘 古澄然 陳祖智 古養浩見人物孝友
國朝
陶蒙 冉德乾 黃耀初 秦懋倬仁懷教諭 古毓英見舉人

郎位九姓司訓導　羅其章富順訓導　毛自修　湛霦　余何讓
李徽樞　侯維垣　戴天　湛同淇巫山訓導　彭鈞　曾德升
曾撰恩貢　戴子元　林用修　陳治表　王前　徐宗麟瀘州訓導
李炯彭縣訓導　秦永思　曾沂　李昌新甯訓導　湛光昌大甯訓導
劉文饒　郎興立內江訓導　徐超　余樂天重慶府訓導　李如胆
彭水訓導　張同夔　孫詒燕　熊珏　許賀來　楊澳　郎玉
璉大竹訓導　李其焜　徐昂　林過　霍鍾秀　孫曾賢　傅
永祚　劉廷鑑安岳訓導　向陽亨　郎奎章樂至訓導　郎璧章
曾立道　孫鍾賢　李斌　郎仕能　楊渟　古受昌　殷

艮佐　牟佩　孫麟　張涵恩貢　孫耀祖　冉夔達縣訓導　馬
洪釗雅州府訓導　李朏恩貢　董承芳珙縣訓導　李潤　曾玢恩貢
胡昂馬邊廳訓導　傅宗武　李正泰　秦璠恩貢　郎文燦會理州訓導　郎
文熞綿州訓導　邱永達恩貢　李躋泰華陽訓導　余之麟　楊鍾桂
湛汝珍　廖翔南　杜枚恩貢　陳英賢　林竹　廖光極恩貢
雷秉忠　杜泰　覃棟　曾永道　郎官墉恩貢　邱朝鵬
劉蘭恩貢　郎官墀　傅義鈞　余大鑑　王文鐸　郎官在
王五桂　黃雲錦　李遇春　陳朝模　周文冕　李名川
曾繼賢　冉瑞睿　余友甲恩貢　周顯楷　佘起鴻　鄧大

志　李士恂恩貢　王廷蘭　劉銓恩貢　秦棣　戴虎恩貢　蔡
集堂恩貢　湛漸逵　項貞奎　佘燮恩貢　毛奇玥　陳輔之
向步瀛恩貢　戴芴恩貢　李濟川見舉人　陳士冠　徐世俊

例貢

明

朱經　余仕洪湖廣主簿　楊孟琦江南昆山縣丞　余光達　陳可
楊孟瑜湖廣照磨　陳言　楊節光祿寺署正　楊晉　戴文星貴州普安
州判　楊櫰東陽知縣　楊叔亮　孫尚恪　楊隨　楊禮　楊纘
楊遇春　楊師震　楊延春　楊逢春　王承寵　冉芳奕

貴州經歷　申俊甲貴州經歷　楊士吉州同　古惟一　徐爾强

國朝

林慎修　傅應元　曾一元廣西融縣知縣　蔡奕葉　郎參章
蔡如蘭　馮之琦　楊景和　向第瑜　郎文烜訓導　高榮
安　郎文煐貴州獨山州吏目　曾嵩齡縣丞　余永修由成都教諭捐湖南知縣
高文彬　高文檢　彭光炘　高錫嘏　劉壽彭　陸紹達
馮有光　劉壽益　劉壽圖

例仕

李騰霄道銜廣東湖州府通判　徐昌裔光祿寺署正　余永修湖南石門知縣

羅彌大州同　羅彌綸州同　楊映階雲南鶴慶州觀音山巡檢　李騰龍廣東巡檢　湛光表主簿　曾文運直隸元城典史　郎官堂湖北典史　王任吏目

李如芝福建典史　郎錦湖北典史

掾階

明

楊盤驛丞　楊一致吏目　楊廷埜貴州吏目　楊壽慶吏目　楊光容吏目

國朝

李如芳廣東巡檢　隆于禮福建永春州吏目

武科

康熙丙子李正花　康熙丙子高曜　康熙丙子李如楠　同治丁卯楊耀廷

武職

元

楊德言萬戶統軍

國朝

余祥國廣東廣州營叅將　秦應雄廣東雷州營叅將　余名成守備　李春繁湖北宜昌鎮右哨千總　楊濂龍安營都司　胡星千總見人物忠義　徐定國花翎成都城守右營守備保升儘先叅將　余永倖守禦千總　湛騰芳把總

封蔭

明

楊宏道　以子大榮貴封大理寺評事

古嘉表　以子養敬貴封工部員外郎

楊緒　以子叔京貴贈南京國子監助教晉贈福建延平府同知

國朝

郎應宿　以子新秩貴贈承德郎復封奉直大夫

曾道堅　以孫友伋貴貤贈文林郎河南登封縣知縣妻蔡劉氏贈孺人

曾先轍　以子友伋貴贈文林郎妻熊氏贈孺人

王琚　以孫怡貴貤封奉政大夫浙江寗波府同知

王廷旦　以子怡貴封奉政大夫浙江寗波府同知

馮輪　以子迺駉貴貤贈修職郎江津縣教諭妻楊余李氏贈孺人

楊澳　以子顯仁貴貤贈修職郎丹稜縣教諭妻譚氏贈孺人

蔡奕葉　以孫念祖貴貤贈儒林郎陝西鄜州州同妻敖秦氏

贈安人

蔡如蘭　以子念祖貴贈儒林郎妻陳氏贈安人

高曜　以孫愼貴貤贈文林郎直隸東明縣知縣妻田氏贈孺人

高人志　以子愼貴貤贈文林郎妻曾氏贈孺人

郎萬鍾　以孫士貴貤贈文林郎廣西武宣縣知縣妻劉何氏贈孺人

郎權　以子士貴貤贈文林郎妻萬向氏贈孺人

湛峯　以子露清貴貤贈修職郎營山縣教諭妻李氏贈孺

人

郎位　以子與立貴貤贈修職佐郎內江縣訓導

郎與立　以子奎章貴貤贈修職佐郎樂至縣訓導

李登芳　以子瓛樞貴貤贈修職郎廣安州學正妻余傅氏贈孺人

李瓛樞　以子如瞦貴晉贈文林郎龍安府教授妻馮氏贈孺人

李如瞦　以任龍安府教授授文林郎妻廖氏貤贈孺人

李極　以子春繁貴贈奮武郎湖北宜昌鎮千總妻彭氏贈安人

李春繁　以任宜昌鎮千總授奮武郎妻鍾氏贈安人

徐世澤　以子其岱貴貤贈修職郎彭縣訓導後以孫昌緒封奉直大夫晉封朝議大夫翰林院侍講學士銜編修妻隆氏贈孺人晉封恭人

徐世榮　以姪其岱貴貤贈修職郎妻聶氏贈孺人

余大經　以子兆登貴貤贈修職郎新繁縣教諭妻劉氏贈孺人

徐其椿　以姪昌緒貴貤封朝議大夫妻馮氏封恭人

徐高氏　以子昌緒貴封宜人晉封恭人

高文煥　以外孫徐昌緒貴貤贈承德郎妻余氏贈安人

傅國瑚　以孫世綸貴貤封奉直大夫戶部主事妻秦吳周氏封宜人

傅永修　以子世綸貴封奉直大夫戶部主事妻余氏封宜人

余崇勳　以子永修貴貤贈修職郎成都縣教諭妻況氏贈孺人

余崇禮　以姪永修貴貤贈修職郎妻楊氏贈孺人　以上封

熊天琳　順治初以父游擊應鳳戰没蔭襲父職食祿温州衛詳人物忠義

傅正輿　以父戶部員外郎銜主事世綸戰没蔭入監讀書俟年滿授職世綸事見人物忠義同治七年奉文

高子德　以父文生正域戰没蔭雲騎尉世職襲次完時以恩騎尉世襲罔替正域事見忠義同治七年奉文

重修酆都縣志卷三

人物志

峨峨仙都代生賢哲師表彝倫綱維大節樹績循聲迪光往烈武達文通齒尊德傑俊髦既陳貞媛斯列用示來茲庶鼓前輶志人物

孝友

明

朱英　事父以孝聞有司旌其閭從祀忠孝祠

戴峻　奉祖母至孝有司旌其閭從祀忠孝祠

古養浩　字健菴貢生偕妻隆氏事親至孝人稱古孝子從祀忠孝祠

李嗣靖　邑紳李如星次子獻賊將孫可望疾如星不為己用遣賊殺之嗣靖請代不從以身衞父手臂迎刃皆斷抱屍同死

熊蘭徵　原名元徵崇禎壬申副貢事孀母以孝聞

國朝

馮迺駟　乾隆甲子副貢少失怙事母李氏以孝稱壯年毋沒哀毀踰恒服闋鬢白齒落頹然老矣

許金芝　乾隆戊申舉人事母至孝母老病隱居不仕嘗推己產與弟金藩而己甘疏薄非公不至縣署時人以澹臺滅明方之

孫文璉　文生孫學澧之父性友愛弟文映夫婦早沒遺子學灝甫四歲文璉撫如己出嘉慶教匪之亂負姪及子走險以避艱苦備嘗後積家至鉅貲命子姪均之更讓己宅與姪至今鄉人稱慕不衰

李春茂　廩生李發枝之子父早沒母郎氏久病澣洗湯藥不假妻孥手衣不解帶者數十年性嗜學屢困童試邑令

楊燮知其孝拔冠軍入邑庠

林樹蕃　歲貢林竹之子增生父性剛樹蕃引慝承順能得其歡事繼母吳氏曲盡孝養二十五年如一日吳病親侍湯藥不寐者數旬吳卒哀動鄰里待異母弟妹友愛誠篤年六十有六卒妻李氏扱繯焉

向宜琮珍琛　兄弟事親皆孝婦亦婉順母年五十患足疾不能行宜珍兄弟更代扶掖澣浴飲食不假他人歷三十餘年男婦悉無厭色母壽至八十有五

高廷玉　性孝友事繼母處人所難業醫供異母弟增讀不辭勞瘁增入邑庠食餼性曠達不事家人生業廷玉雖屢空而必使弟裕如後弟沒益厚遇其姪不令析炊年且八十存恤如故

鄭榮發　事母王氏至孝年七十不少懈同治元年髮逆突至母年九十病篤家人皆逃惟榮發與一老僕留侍不去賊倒懸榮發索貲不獲以刀砍其項未殊創甚昏絕賊退僕解下復甦仍侍母不去賊又至倒懸如前僕哀乞以身代賊義釋之母子竟無恙人以爲孝德所感云

李正英　家窶貧性篤孝父在倫雖五子獨正英傭工養親

不辭勞瘁同治元年周逆擾境母易氏適病家人皆逃惟正英死守不去賊入室憫其孝不擄踰三日母死賊又至與一棺正英不受賊亦弗害

范啟禎　鄉人范斗一之子以孝友稱斗一卒弟甫四齡啟禎撫之辛勞備至及長婚娶不以尺布勺粟入私房弟亦克承兄志時人賢之

秦天明星　兄弟友愛道光二十八年星子先禮與明子先倫游獵誤傷先倫旋斃天星拘其子將置之死天明云子姪一也傷一子更戕一子耶立命釋之友愛如初今兩家子

孫雍睦逾於他族

徐其昌　徐世堂次子兄其鑑早卒遺子昌隆甫五歲其昌撫如己出爲兄償鉅債置產與姪均會歲荒姪將鬻產其昌乃鬻己產以全姪業後孫隆盛入邑庠其昌年八十尚健人以爲厚德之報

毛奇玥　歲貢事親至孝養生喪死盡力盡哀待弟姪篤於友愛里黨無間言

楊榮斌　業賈事親先意承顏服食醫藥必身親之父瓔年七十五卒盡禮盡哀鄉里稱孝

蔡顯昭　孝順友愛鄉里稱之

甘存謨　以友愛稱弟存訓長厚不諳生業存謨獨力服賈儲積甚厚與弟姪均之亦爲時俗所難

熊應甲　性純孝父緜虞久病應甲方幼日侍湯藥衣不解帶後婚三載不入妻室父卒哀毀盡禮服闋始入內事其兄亦以悌稱

李元剛　家貧嘗置產與弟又獨建宗祠鄉里稱孝友

鄒世傑　號魯齋附生性孝友父學智命諸子析業世傑獨讓廣田與昆季後更出己財助諸姪婚嫁時或獨禦外侮鄉俗惑於異學世傑獨矯以正人多服焉

傅永福　以孝友聞壽至八十有七

傅文芝　廩生傅培元之父少失怙母趙氏病癲人莫敢近文芝曲意承顏飲食衣服必親奉之母年七十八卒後文芝又率族建宗祠置祭田

蔣必通　鄉農錫後子乾隆庚午大饑父憂甚必通甫十齡思有以解之隨人適射洪學治鹽井歷十八年積金歸置產與兄弟均沒齒無德色子懷烜懷煋懷鵬懷麟亦以孝友聞懷鵬嘗獨力建宗祠置祭田

田洪禎　性至孝母秦氏患臁創洪禎年十三親爲滌穢吮血者六年已而父又病洪禎親奉湯藥衣不解帶者五月父母卒哀毀三年乃止

彭文璸　父早沒事祖及母以孝聞

高雲鶴　文生事繼母至孝人無間言待異母弟友愛尤篤家人悉知禮讓嘗有貓失乳犬字之人謂和氣所感

秦汝霖　以孝友稱年八十有六

昝洪範　監生幼嗜學父成高早卒兩弟俱幼洪範孝事孀母廢書業賈供弟讀後兩弟皆游庠食餼以孝友誠篤爲

鄉里稱

郎廷臣　少操業甚微事母至孝雖乏家人生業而甘旨嘗豐人以爲難

晉文廣　母余氏年六旬病篤文廣刲股和藥以進遂瘳母壽至九十人謂誠孝所感

龔明一　事父母以孝聞母病嘗刲股和藥病旋愈後明一年九十有六子萬有年亦八十

秦先鳳　乾隆十二年母金氏患疫醫不治先鳳剜臂肉和藥以進病旋瘳乾隆四十一年金氏復病先鳳仍割臂進

之亦愈創痕宛然少曾充戶房書吏辭役奉母不離左右者數十年

敖金紫　業農父洪光性剛戾金紫曲意承志無難色母病篤金紫割股和藥病遂瘳妻孥悉化於孝

晉維卿　父寢疾數載維卿刲股和藥以進疾旋瘳

陶官顯　事祖母生母以孝稱嘗刲肝割股以療親疾創甚仍無恙邑令張紹齡有說見藝文

陳和東　性最孝母胡氏病篤和東禱天割左臂肉和藥以進病旋愈

徐文德　母病垂危文德刲股和藥飲之病即瘳

按昔人謂刲股傷生愚孝不可爲訓然匹夫未明書理急於救親而頓忘其軀天性亦良厚矣故備載之

忠義

明

李如星　字升仙崇禎壬午解元負不羈才甲申後賊將孫可望欲羅致之執至涪州不屈爲僞將軍張啟所殺從祀忠義祠

陳鼎祚　字方壺貢生內江縣教諭流賊陷城鼎祚公服坐

明倫堂罵賊不屈全家死之從祀忠義祠

楊凌雲　字台貞貢生蓬溪縣教諭流賊陷城死之從祀忠義祠

國朝

熊應鳳　字碧山順治初從定南將軍下浙留守溫州以功升碧石營游擊戊戌海寇犯郡圍攻半月城陷戰死事聞贈副將

賜祭葬廕其子天琳世職註衛籍從祀忠義祠

熊天琳　字玉立襲父廕食祿溫江衛耿精忠反

王師南下遣天琳諭降僞將曾養性爲所殺事
聞贈游擊從祀忠義祠

胡星　武生嘉慶三年教匪警星率鄉勇擊卻賊於邑之劉家哨復連捷於青岡埡大埡口等處擢千總後駐營灘山壩賊掩至軍單不敵潰星格殺數十人力盡而斃事
聞卹廕如例崇祀州縣昭忠祠

從胡星戰死以姓名傳者二十五人　吳廷魁　彭祚模　姚永甯　李乾睿　霍文元　黃國龍　羅仲昆　鄒世倖　冉仕元　彭自成　徐其常　曾貴　譚光清　楊純儒　陳紹虞　張志元　陳紹唐　朱山　張正祿　李見遠　鞠志仁　李芳　彭紹獻　楊光泰　彭世魁

嘉慶教匪之役禦賊煙墩山死者八人　閔正川　王嘉瑞　藍世遠　藍盛玉　藍玉安　王大任　王逑　王成　禦賊戴家山死者十四人　隆復周　袁安　張甫　譚廷見　譚光星　張順　黃倖仁　黃德達　戴進友　向萬彥　李汝瓊　李汝林　戴倖音　向應爵　禦賊棕家溝死者十二人　文正相　何正道　熊朝碧　陶金富　李文朝　李國相　李時可　李天元　李天玥

李天富　邱正祥　古正容　禦賊冠子山死者七人　蔣明斗　熊宇安　熊啟　何國文　劉長義　蔣文槐　熊瑞華　青岡埡戰沒者一人　陳朝熙　涼磉磴戰沒者二人　戴灼然　陶思才　陣亡蒙
卹賞者八人　羅貴　黃學明　喬金昆　胡文貴　李貴　黃一貴　熊時寬　秦世佐　又陣亡團勇事蹟無考者七十五人　李朝應　李作級　黃尚齒　李秀達　陳應嗣　李正華　黃自元　熊武倖　李秀瑜　李正榮　黃天倫　李榮　何正模　柯元亨　戴鳳海　邱才　李應洪　柯德倖　田仁洪　傅學　曹志華　柯天玉　戴大周　王朝宗　廖匡龍　戴鳳和　戴勝龍　張懷祥　戴鳳華　文紹祥　馮希祥　王文周　戴仕龍　鞠志林　周天華　文國清　余祖元　李倖　曾文佑　戴成龍　徐正常　彭朝飆　秦光達　陶思宣　丁學文　湛仕榮　李秀異　文尚第　柯正海　曾定一　彭文亮　杜大志　鄧隆昌　蔡三多　李登華　鄧成儒　張學貴　王文禮　陶心發　張朝剛　向萬朋　向萬齊　陳秀伸　向應鼎　劉學士　魏起壽　熊團

輔　李時保　李正海　朱貴　朱世甯　李明光　余
祖元　隆德章　匡時佑　此外罵賊被害以姓名傳者
三人　古思義　張涵歲貢　易太極
按胡星以下一百五十六人官紳設位於昭忠祠祀之
傅世綸　咸豐己未進士負不羈才爲孝廉時佐縣擒鉅匪
馬變昭等薦保知縣既成進士官戶部額外主事庚申奉
命回籍團練以功薦加員外郎銜同治元年髮逆石達開由湖北
竄至縣境世綸不知其悍賊也親率輕隊禦於高家鎮賊
衆且銳戰不敵被擒罵賊不屈死之事

聞加道銜䘏廕如例
高正域　文生同治元年隨傅世綸戰死　旌䘏如例
林大淮　軍功同治元年石逆之亂大淮原防北岸覘賊將
至高家鎮恐南岸無備渡江催戰而賊已及或有呼與同
遁者大淮唾罵之力戰被擒不屈死
秦聯登　武生同治元年高家鎮戰死
高家鎮之役汛兵戰死者二人　陶安邦　李廷模　勇目
戰死者三人　佘起鈞　曾文燦　秦之理　勇丁戰死
者四十一人　隆正維　曾子騫　佘元桐　冉登遂

秦之瑞　劉文明　柯興福　劉永亮　張洪福　秦大
謝天懷　周順　陳長壽　華正聯　黃朝禮　楊天福
孫學高　彭芝蘭　傅義順　晏子秀　馬家玉　羅仁
術　隆正邦　陳維和　秦之訓　譚世璠　陳維洪
陳學貴　范太品　傅世榮　傅義良　傅現柏　傅義
奎　傅現奎　秦文元　李永福　傅世佳　秦國貴
田洪壽　粟良順　傅世拔　團長戰死者五人　秦文
樑　余天統　秦先經　傅義明　陳玉順　團丁戰死
者六十二人　馬三興　蕭節柏　魏丁　蕭志純　李

萬蛟　李萬明　李萬成　陳朝陞　陳永緒　秦文思
黃天祥　黃天科　馬洪元　隆鱗甲　黃仕榮　李仕
爵　戴崇璠　鄭德明　李文清　譚文第　張玥　蕭
節柯　雷上霄　雷登濤　李萬鳴　李萬銀　郭宗斗
李文興　敖文科　譚文吉　毛天貴　譚文祥　譚正
義　譚正禮　曾春暘　陳和東　李官陞　秦寅壽
秦鈞　甘存珍　秦家楫　秦文藻　秦文章　譚仕菖
甘家隆　譚治麟　秦之德　向永童　彭萬福　戴貴
元　楊德川　陳必釗　秦正起　秦文寬　秦時芳

秦時煦　姚盛朝　姚世俊　秦家俊　馬光斌　李大
郭朝斗　團丁禦賊被執不屈死者九十人　廖應桂
秦時倖　向周璠　向周品　楊長青　郎興廷　秦時
輝　秦時燦　王詔　冉廣鍠　曾啟鳳　陳仕春　張
國達　廖澤遠　秦發　聶國順　殷仲梅　王德朝
彭芝蘭　甘于瑛　譚星灝　譚一富　徐恩施　楊通
明　傅現桂　嚴文仲　李應崇　瞿正宗　蔣仕鴻
余長學　李長壽　秦家珍　秦家倫　張國賢　譚中
厚　譚傳遂　徐永宗　黃正清　黃正河　譚先葵

楊地珊　楊地長　張五　曹國榮　陳和科　陳和祥
譚朝瑄　陳國林　胡朝欽　黎先富　周朝合　陳國
棟　譚文忠　陳國慶　陳必超　毛玉浩　陳必選
陳永現　陳文級　陳永英　陳永興　陳永藻　陳必
穎　郭正倖　陳必乾　陳國楨　秦志達　譚朝臣
唐永昌　李正銀　黃萬保　徐七　鄭五　黃萬朝
孫文清　譚玉童　馬冰貽　馬三　馬廷銘　郎宗趙
杜鶴壇　周恩普　周元普　郎宗派　李澤達　馬宗
連　鄧廷春　陳金玉　譚官保　羅先順

鄉民遇賊被執不屈死者三百一十七人　曹世萬　秦文
獻　冉正齊　周朝觀　向登禮　秦時瑛　郎國璽
王正清　傅心傳　冉顗　譚正發　郎國朝　甘存富
冉玉銘　張順　陳永泰　陳昌綿　熊啟清　陳國林
殷仕玥　殷仕煦　向世慶　冉萬祥　殷仕虞　楊通
維　譚天倫　向登智　辜仕先　楊永長　姚明鴻
姚明韜　胡天貴　嚴官岱　張文全　張成文　曾正
文　曾維慎　冉廷珊　冉廷椿　夏安周　夏昌榮
羅應貴　譚啟亮　譚代友　譚代明　譚先壽　譚正

保　戴正叶　殷萬署　熊正壽　余廷來　秦先俊
何世才　孫文清　譚先海　戴倖祿　周盛倖　羅永
林　羅文德　黃正邦　徐文輝　蕭宗臣　李人興
李人華　李萬貴　陳思豁　陳朝富　譚先賢　孫世
元　孫正朝　鄒和　鄒大發　向朝喜　向朝興　孫
秩然　孫沛然　鄒正寬　孫有才　孫有富　朱啟鳳
朱文魁　朱啟宇　朱啟昆　朱啟儒　隆舉　孫有萬
孫德安　孫芝椿　程開榮　程開緒　程發明　程開
柏　程登霄　吳長城　江朝瑄　徐中林　石文相

嚴以和　嚴以清　傅先鶴　傅金元　傅金貴　吳正
品　吳正益　吳大元　張天元　張國盛　張光才
譚文楚　秦文元　秦家賓　秦家富　張鳳寬　譚世
泰　譚萬選　姚盛鳳　譚先有　秦文貴　秦時瑤
譚先貴　譚洪寬　樵應興　秦家祿　秦士松　江元
貴　江文棟　秦文俊　秦文盛　姚盛龍　鍾先斗
楊玥　楊杰　楊位　楊朝玉　甘沛然　冉登奎
冉永蘭　甘文俸　甘文友　甘存瑜　鍾月智　秦文
富　鍾和　黃文才　秦正德　陳天耀　譚宗斌　秦

家貴　胡代貴　譚朝壽　陳先珩　譚先榮　譚文紀
楊天富　向文現　郎永清　蕭一朋　余太洪　余清
懷　譚學順　余太興　秦洪儀　秦洪宇　秦先彤
僧海涵　僧海玉　余國泰　華文科　蔡全中　石光
發　石懷玉　孫大金　孫大銀　蔡德中　楊星貴
蔡方貴　楊星彩　甘存華　秦文仕　譚宗舉　黃明
文　黃仕玥　黃仕智　莫芝元　譚景龍　羅大宇
陳永發　羅正紀　周正祥　羅洪銀　洪應書　洪星
富　郎先春　郎宗順　郎世發　馬喜昭　牟德橋

周盛敏　楊人應　馬粹銘　馬光庸　陳必級　陳文
藻　秦文枝　秦文章　嚴時玉　蔡苑　蕭一魁　蕭
聲奎　蕭聲龍　孫孟宗　梁永旺　譚文琳　陳朝昇
李宗發　譚文極　曾春惠　李應宗　陳世泰　陳宗
福　陳維禮　陳宗盛　陳萬德　楊在清　楊在林
冉永甯　秦先貢　杜奇斗　杜永貴　李大周　杜大
龍　戴學魯　蔡平貴　秦文仕　程世才　程時萬
程時文　程時中　程世舉　程登榜　程發斌　江清
陳學浩　汪世敏　程發達　程發元　程開元　程發

中　程開才　程開連　程開和　程廷鴻　程廷秀
程開盛　程開益　姚玉謙　姚玉寬　姚玉洪　程仕
才　程開奇　程發蛟　程開明　程開梅　陳發坤
程仕卿　張二　程開松　程義發　程廷才　程廷靈
李本仁　李世元　李泮然　李秩然　李沛然　程廷
榮　梅作科　程廷路　程十　周長榜　程發榮　楊
德榮　程天月　程時玉　程廷品　程開順　程開爐
程世坤　程開炤　程廷佐　程發科　程開卯　程發
揚　程登瀛　程世昆　程時太　程廷彩　鄒大奎

鄒世儒　吳正禮　吳正奇　吳學剛　舒申　嚴世常

蔣學奎　鄒敏　鄒大發　鄒大貴　鄒世瑛　鄒世璜

程章　程世奇　程發生　程開靈　程仕周　程廷明

罵賊最烈死者二人　孫之模武生　孫國楷

按酆雖瘠土民多嚮義賊警往往擐險守禦孱弱被擄亦甘死弗從故脅掠兩窮雖悍賊不敢久頓於境然而禍亦烈矣嘉慶教匪之亂舊聞缺佚僅載前志百數十人同治元年滇匪周藍兩逆擾北岸石逆大股突至其南鄉民靡所逃匿捐軀者不可數計茲僅據縣署存案及採訪信而有徵者備錄於篇而縣案併彙詳報未分南北又輾轉傳寫每有舛誤如戰死汛兵李廷模誤廷棋戰死勇丁曾子騫誤可騫陳學貴誤維貴范太品誤大品戰死團丁譚洺麟誤洺麒向周瑤誤月瑤被執不屈鄉民郎國朝誤國才戴正叶誤戴爲譚蕭宗臣誤臣爲成譚先賢誤賢爲誠之類今並確訪更正

邑人出師戰沒於外者二人　曾元魁駐防戰兵咸豐中出師湖南陣亡

曾泰璞五品軍功援陝西漢中府陣亡

附義僕

黃全忠　黃美秀之僕美秀四歲失怙家無長丁族人覬其所有將不利於美秀全忠及婦某氏撫育防衛至於成立婚配勺粟寸帛不敢自私年七十餘卒

文學

明

周瑄　字公桓洪武庠生有文行

楊孟瑛　成化進士博學能文纂縣志有序載楊升菴全蜀藝文志

黃景夔　戶部主事升兵部員外郎有白水集

古養敬　宜山教諭歷官工部員外郎有文名

陳樂　字韶峰英敏積學文名冠蜀

古心　字貌符積學能文著有怙廬集四書抄讀

熊蘭徵　崇禎副貢幼穎異七歲能屬文明鼎革隱居授徒著述甚富注莊子離騷常得別解講學則宗金溪姚江云

國朝

林明儁　字位旃慷慨有大志工文辭明季蜀亂閣部王應熊承制討賊薦其才授兵部主事遷貴州驛鹽副使本朝題授副使臥病不出後舉鴻博復不就隱居三十餘年著有

澹遠堂文集巴字園詩集梧桐居近集行世子堅本舉人能世其家學王漁洋門下士也

易簡　字位中號半山翰林院編修澹於仕進解組歸閉戶讀書不慕榮勢晚年主講錦江書院造士甚衆著有詩文集若干卷藏於家子龍圖舉人官甘肅燉煌知縣

馮廼騆　乾隆甲子副貢幼體孀母教力學攻苦才華贍博爲江津教諭課士有法以老乞休居鄉十餘年後學成就者衆

郎奎章　歲貢任樂至縣訓導篤學勵行著有四書撮要卒

年九十四

曾一貫　字子唯乾隆戊子副榜謹身勵行博通經史從游者衆所造就皆知名士著有梅峰稿藏於家選東鄉教諭卒年六十五

曾德升　字玉峰康熙歲貢生積學隱居洪崖著有學庸圖考邑令張香海爲鐫板行世又著有三省堂文集梅竹軒石竹園瓊瑤涪陵等詩集家藏未鐫

王五柱　字雙山道光歲貢以文行稱著有雙山詩集未鐫

楊鍾桂　歲貢生精理學長於易後學多所裁成

宦績

晉

毛楚　牂牁太守見華陽國志

唐

吳武陵　忠州刺史見通志

明

楊大榮　字崇仁天順丁丑進士由大理寺評事擢江西按察司僉事擒甯縣巨盜羅萬珪等七十一人餘黨擾南昌又捕獲之性明決不畏强禦冤抑多得雪理九江指揮李

貴嗾百戶田春御史鍛鍊成獄大榮爲疏白其冤春等得釋後爲當道所忌引退卒於家年七十有三

楊孟瑛　字溫甫大榮仲子成化丁未進士由刑曹出守杭州濬復西湖禁虩革弊士民稱歌費宏有傳見藝文

何宗魯　景泰間任雲南浪穹知縣剛而不苛歲荒出粟賑飢全活甚衆事載雲南通志

胡廉　天順壬午舉人嚴毅有識略成化中任湖廣石門知縣勸民耕桑鋤强梗革奸胥縣以大治事載湖南通志

楊心傳　字泗濱萬歷二十四年任湖南安鄉知縣招撫流

離革除常例築堤防修廨宇蒐輯志乘事載湖南通志

古心　崇禎壬午任雲南雲龍知州值沙賊之變親率士兵恢復大理全活以萬計

國朝

曾友伋　字同甫乾隆甲子舉人任河南登封縣勤於課士文風丕變歲饑賑濟全活甚衆戊戌大旱步禱嵩岳雨立沛民獲有秋再任廣東瓊山值洋盜滋事設方略擒其渠擢德慶州牧子一元以例貢官廣西融縣著有政聲

王憴　拔貢任安徽桐城知縣潔己愛民政聲丕著河決宿

州捐貲工築不事科歛士民喧頌尹文端公繼善高官保晉皆深器重調蕪湖旋署安慶同知以艱歸

王怡　字達亭乾隆甲子舉人任山西太谷知縣饑民數萬將亂大府檄怡安撫欲以兵隨之怡曰是趣之叛也請單騎往至則諭之曰若輩苦饑賑且至矣衆悉散治其魁十餘人安邑民有誣叔某叛者其外兄劉實嗾之怡廉得其情逮劉至立杖殺之或謂劉罪未定何遽致之死怡曰吾知爲天理所不容他非所計也其剛果類如是擢浙江甯波府同知以病免

高愼　乾隆壬午舉人任直隸東明知縣醕謹誠篤愛民如子丙辰夏旱愼禱雨輒沛飛蝗入境食葉而不食穀邑士大夫多歌詠之

郎士貴　字眞儒乾隆戊子舉人任廣西武宣知縣攝來賓篆一年獄爲之空以疾歸卒於夔府貧不能治喪人以是知其廉也

武勳

楊大逵　軍功康熙四十二年剿香賊有功擢大昌知縣

胡星　武生嘉慶初教匪之亂鄰縣悉被蹂躪將及於境星率鄉勇擊卻之復連捷於青岡埡大埡口等處擢千總後

陣亡詳見忠義

郎文烜　廩貢生候選訓導嘉慶十一年以捍禦教匪功題請俟補官日加一級

高國珍　武生候選千總嘉慶十一年城守禦匪著有勞勩題請俟補官日加一級

徐永韜　邑人性剛毅精武略縣令楊燮募令授丁壯技擊嘉慶教匪之役設策防禦全活多人偵知賊由間道趨城亟請於官率勇扼巉碑梁與城犄角賊逼西關永韜親然

亘礮殪賊前隊數人賊知有備遁事平丞韜不受賞以布衣終至今父老猶有道其事者

咸豐七年石涪土匪馬景明之亂酆界於二境邑紳佐縣捕獲首從多人同治元年周藍兩逆擾縣北岸石逆大股突竄其南縣城腹背受敵危於纍棋紳等百計禦防賊計窮而遁城以獲全事

聞得獎者二十四人　舉人傅世綸以知縣用　舉人蘇爲楨以知縣歸部即選　布經歷曾昌誥擢知縣並戴藍翎　從九品銜郎錦以本職歸部選　歲貢秦棣以訓導用　增

生高文檢以訓導儘先選　增生傅世華以訓導用　歲貢項貞奎以訓導用　文生王功普以訓導儘先選　廩生曾溥以訓導用　廩生李鴻鈞以訓導用　廩生蔣朝瑛以訓導用　同知銜許正炳以府經實職用　廩生蘇爲棫以訓導用　廩生曾洪德以訓導用　監生冉輝達以從九品用　監生陳聯瑞以從九品用　從九銜張金藻以本職歸部選　從九銜冉景祖以本職歸部選　從九銜唐永發以本職歸部選　從九銜劉璠以本職歸部選　從九銜魏蘭谷以本職歸部選　府經歷銜萬枝碧以從九實職選　從九品劉奎品以本職歸部即選

傅朝喜　邑高家鎮人善拳勇蹻捷有膽力少孤處昆季友愛同治元年髮逆石達開突逼鎮衆皇然朝喜年且五十獨持長刃與其徒張淩富挾弓矢出鎮伏隘禦之賊前隊數騎至朝喜躍起斬一人奪其馬過隘射殪數人賊隊繼至傅張憑隘並射矢注如雨賊不測衆寡勢稍卻鎮民得乘間逃者數百人賊覘知勢孤擁隊大至傅張矢亦盡趨江而泅朝喜衣贅不得前復登岸遇賊紿請解衣就縛賊愛其材欲生降許之朝喜忽奮臂斷縛拳撲賊脫走撲江

賊追及以長矛傷其股泅至中流遇救竟無恙衆以其非陣亡也弗聞於官朝喜亦不求賞夫以數萬之賊一二人禦之而數百人獲生是亦能捍大患者矣草莽細民奮然敵愾義不從賊豈必捐軀而始爲勇乎錄之以爲義勇者勸

義行

李彰鶚　監生飭行好義嘗偕蘇永泰等重修　學宮有勞勛匄貲立種福會（有記見藝文）　置義塚地若干區修男女丐所施棺拯溺力諸善舉至老不倦年八十卒

高國斌　監生性慷慨識大體道光丙戌迄己丑歲連饑疾疫並作國斌出粟賑濟全活甚衆嘗捐己田作義塚又以鉅貲貸貧之親鄰悉折券棄責年六十八卒至今人猶有稱其義者妻林氏嘗刲股療夫疾

按酆人多鄉義好行其德往往有之而採訪所進殊寥寥意者皆樂善不居其名歟

耆壽

李俊　年九十有一乾隆四十一年知縣詹世适詳報

許文修　增生年八十有五妻李氏年八十有四五世同堂

乾隆四十九年知縣張偉請

旌給寰宇熙春額銀二十四兩

晉友伋　舉人乾隆五十年友伋年七十謁選在京恭與

高宗純皇帝千叟宴

賞綵絹二端

李儒　年八十有八嘉慶十五年詳報

徐賢書　年百歲道光元年詳報

冉志清　年百歲道光二十五年詳報

楊文鳳　妻戴氏均年八十有一五世同堂道光二十七年詳報

李金樑　年九十四歲道光二十九年詳報

李方鑑　年百有四歲道光二十九年詳報

魯洪璽　妻唐氏年均百歲五世同堂咸豐元年詳報

李若蘭　增生咸豐戊午鄉試年八十有六

恩賜副榜

蘇福升　年百歲咸豐十一年詳報

郎學仁　年百歲五世同堂同治元年詳報

郎茂術　年百歲同治四年詳報

冉氏　廩生馮樂嘉之妻年九十有五康熙間知縣曹源請

旌賞黃絹肉米

鄭氏　廖象琬之妻節壽百歲嘉慶十四年請

旌給慶衍期頤額銀八兩緞一疋

甘氏　敖瓊之妻年百歲道光十八年請

旌建坊

冉氏　東明縣知縣高慎妻初慎赤貧氏以紡績佐讀後年八十有四請

旌

冉氏　秦世學之妻節壽百歲道光二十三年詳報

隱逸

楊維新　字五湖明崇禎丁丑附生篤學嗜古明鼎革隱居不仕嘯傲泉石著古文詩若干卷悉散佚歲貢曾德升爲立傳見藝文

秦茂林　隱居自樂以禮齊家鄉里稱善人年八十有四卒

夏崇儒　監生潔行好學與人無忤足不履城市者五十餘年卒年八十有二

曾繼賢　字輞齋歲貢生飭行篤學鄉試不售隱居授徒後

進多所裁成邑令張紹齡舉孝廉方正不就

余懌儒　字池村居家以孝友聞少積學篤行困於童試隱居授徒從游者多所成就年七十卒

曾僑周　文生曾炳奎之祖性仁厚隱居不求聲聞而能以詩書教其家人年八十有五

列女

明

羅氏　光祿寺署丞楊節妻有坊曰貞節

蔣氏　庠生徐懋卿妻歸懋卿期年夫卒生遺腹子貞毓氏守志撫孤事姑以孝聞嘗刲股療姑疾御史郭若旌其閭曰貞孝之門

熊氏　生員戴昌應祖母有坊今燬

黃洵妻楊氏子修妻朱氏　兩世守節鬻其奩建世祀菴以祀之父母翁姑雲南巡撫劉世曾爲之記有司旌其閭曰一門雙節

古氏　楊氏　古氏古養浩女適儒士楊同春生一女而夫沒女長適生員余子化甫逾年夫亦沒母女各奉舅姑及夫柩葬白鹿山下築室墓前俱祝髮爲尼歷數十年親鄰

罕覩其面有司爲之請旌古心有雙節歌竹雪菴記

余氏　楊漢堯妻旌表節孝

國朝

范氏　許成誥妻年二十成誥溺死氏悲泣投繯以殉

徐三姑　村民徐正林女年十四沒於井鄰人欲污之女號救以免父歸泣告遂自縊知縣王廷獻詳請　旌表

戴氏　民人孫之永妻年十八夫沒矢志守義有强暴欲脅之氏度難與持自經死知縣王廷獻表其墓並旌其門曰窮鄉奇烈

龐氏　蘇巨清妻夫沒守志有陳元魁者糾衆强娶氏不從墜輿死詳請　旌表

張氏　范金文妻夫弟金盈欲污之不從號呼爲所殺詳請　旌表

王氏　生員湛汝琛妻嘗刲股療夫疾不愈悲悼死

夏氏　生員湛汝璵妻病中刲股療夫疾夫愈氏因以死

秦氏　余仁普妻夫亡無子矢志守節翁憫其無依欲嫁之會小姑許字氏疑爲已受聘擕七歲女投水死詳請　旌表

王氏　江津舉人寶年女儒士郎官均妻均病篤氏刲股七次以進卒不救守志奉姑以母病歸甯復刲股救母母愈而氏竟以創重卒年二十有六

陳氏　徐世福妻嘉慶四年教匪之亂遇賊於蒲池壩欲犯之罵賊死

徐氏　儒士曾時泰妻教匪之亂擕幼女避於灘山壩被擄罵賊被害

譚氏　熊學魯妻嘉慶七年避賊獅子寨寨破氏駡賊刀殺賊傷其項爲衆賊所殺

余氏　戴氏　余曾天鈞妻戴鈞從弟天秀妻嘉慶七年遇賊不辱同時被害

嘉慶教匪之亂徇難節烈婦女請　旌建坊者七十二人

張文妻杜氏　賈秀章妻李氏　孫玉英妻張氏　梁興華妻周氏　向天喜妻李氏　張學全妻向氏　向國臣妻孫氏　向善祥妻周氏　徐自任妻王氏　黃開位妻董氏　杜奇明女大姑　二姑　杜正美女二姑　易世久女易姑　古時開女古姑　隆德芳妻王氏　劉光文妻李氏　古國俊妻伯氏　李建妻余氏　古國相妻杜

氏　杜奇明嫂向氏　王紹唐女大姑　柯天級女柯姑　李福女李姑　李世倫女幺姑　李洪常女小妹　石明祥女石姑　戴倖瓊妻向氏　張鳳岐妻熊氏　戴進達妻周氏　戴進田妻向氏　戴倖文妻王氏　戴倖武妻向氏　范友林女范姑　江魯端女江姑　隆德進女隆姑　傅明珠妻高氏　熊文才妻秦氏　陳玉書妻張氏　陳思道妻余氏　蔣懷順妻秦氏　陳棟妻劉氏　李文遂妻蔡氏　陳堅玉妻蔡氏　萬呂仁妻何氏　孫啟明妻蔣氏　李文貴妻江氏　李耀祖女李姑　李文才女

大姑　李時芳女三妹　黃道遠妻王氏　許文龍妻蔡
氏　黃之禮妻何氏　舒連妻陶氏　魯文遠妻余氏
熊成先妻孫氏　張懷祥女張姑　柯元俸女柯姑　蔣
學志女蔣姑　李法祖女李姑　隆在富女隆姑　秦世
傑妻羅氏　熊天明妻余氏　陳廷魁妻李氏　隆思堯
妻朱氏　余志岐妻李氏　楊文妻張氏　劉仕茂妻蔣
氏　王應祖妻秦氏　熊朝貴女熊姑　傅昂女三妹
張柄妻杜氏
舊志載節孝婦女　孝子李嗣靖妻毛氏守節三十四年生員郎書

妻馬氏守節三十八年楊進孝妻李氏守節三十五年郎本立妻毛氏守節
三十三年曾元海妻秦氏守節三十三年生員林樹本妻余氏守節三十年
古三登妻林氏守節三十年知縣王延獻旌其門曰深閨大節秦八珊妻楊氏乾隆
二十三年旌譚上珍妻李氏乾隆二十四年旌隆于麟妻易氏乾隆二十五年
旌侯之紳妻王氏乾隆二十九年旌見一統志曾德裕妻王氏乾隆二十九年
旌見一統志曾道堅繼妻劉氏年十七歸曾生子先輙撫前妻子先覺如己出二十八歲寡守
志五十九年壽八十有六五世一堂孫友伋登科子孫繼武人以爲皆苦節之報乾隆丙寅知縣吳璉表其門曰貞
慈毓俊湛太合妻湯氏守節四十八年七十六歲卒嘉慶十一年旌坊建窑溪王謨妻
龐氏　雷春和妻余氏苦節五十六年李崧齡妻楊氏守節五十年雷

春厚妻曾氏守節三十六年陳文妻孫氏守節三十五年余廷揚妻熊氏
守節四十三年嘉慶二十一年旌余廷遷妻李氏二十七歲夫故撫遺腹子大智成立守節四十
年嘉慶十五年旌張天欲妻石氏守節四十四年秦先聲妻郎氏守節四十六年
武生馮之瑞妻郎氏守節四十三年武生甘艮相妻向氏守節三十二年
李若瑜妻高氏守節五十二年知縣柯支樹旌其閭孫存周中乾隆甲戌進士人謂苦節之報生
員徐天德妻王氏守節四十七年武生陳儀妻王氏守節五十六年李乾
健妻陳氏嘉慶十四年旌楊焯妻龔氏守節三十三年增生郎文鑅妻杜
氏守節三十四年庠生郎文煥妻舒氏道光十一年旌杜昂妻劉氏
許金偉妻李氏年二十三寡守節四十六年道光十八年旌郎文爋妻李氏夫沒

以訪績養親撫子苦節三十五年子官清拔貢舉人楊瑛妻郎氏守節三十年道光三年旌
郎文燏妻李氏夫沒事姑以孝守節三十五年馮思皇妻譚氏年二十六歲寡子甫
二齡翁姑憐其少且貧勸改適氏辛勤堅守歷三十二年不渝高永崑妻李氏守節三十八年道光
十年旌曾天錦妻湛氏年二十六夫故奉翁姑敬愛兼至撫子學颺成立五十一歲卒守節二十
五年戴鳳翥繼妻馮氏少寡撫前妻子如己出守節三十年易行惠妻李氏年二
十四寡守節三十三年郎官智妻朱氏夫故子國彥甫數月守節三十年杜慶妻秦
氏年二十二寡守節四十三年郎志誠妻林氏年二十四寡無子以姪嗣守節三十年陳
永常妻秦氏年十七夫死於虎僅一女兄勸改嫁誓不再適守節四十六年冉文林妻杜
氏年二十八寡撫子慰祖武庠守節三十六年湛在畿妻夏氏少寡族人欲奪其志乃攜諸子

依母家紡績課讀長子然十六入邑庠氏壽至八十有四孫露湆中嘉慶癸酉舉人人以爲夏氏餘蔭云蔡顯
宗妻李氏苦節三十年事翁姑至孝鄰舍火先一夕神示以夢遷移獲免時人皆以爲節孝之報甘
克惠妻楊氏夫沒守節三十六年彭世煜妻鞠氏夫沒祖翁跌傷氏養之以孝稱守節三十年庠生陳見龍妻蔡氏年二十六寡守節四十一年馮輪妻李氏年二十九寡守節四十六年雷秉鑾妻陳氏守節三十八年馮迺驊妻冉氏年十八僅一子夫病革氏自縊姑救免夫卒又求死姑諭以身老子幼氏隱忍以生事姑撫幼叔及子孝愛兼至無何子又死且貧以紡績養姑苦節七十一年庠生郎功立妻徐氏余大鵬妻熊氏夫病嘗割股救之年二十寡矢志守節傅文瑞妻秦氏年二十五寡守節三十七年嘉慶十九年旌江文漪妻郎氏杜天成妻吳氏曾學文妻李氏夫病

割股救之愈生一子年二十二寡矢志撫孤嘉慶二十一年旌傅彬士妻文氏守節五十八年五世同堂道光十一年旌郎官峻妻王氏守節三十五年孫崑妻鄭氏守節四十二年道光十一年旌楊任妻余氏年二十六寡守節三十五年冉迺鎔妻余氏夫沒守節二十四年卒馮世武妻曾氏守節三十二年曾萬倫妻趙氏曾
世文妻羅氏曾尚賢妻余氏李維常妻余氏李正
華妻湛氏武生胡星妻彭氏年二十六星殉難家赤貧子幼姑病且瞽氏紡績奉姑撫孤終身不貳已旌趙天佑妻向氏守節三十五年郎官鏊妻易氏年二十五寡苦節二十年卒武生郎璠妻王氏年十六寡守節四十三年曾嵩秀妻王氏夫病嘗割股和藥夫沒矢志奉姑廩生湛鑑妻李氏夫沒無子以姪泰學嗣守節二十八年卒

傅世龍妻張氏年二十五寡守節三十三年卒孫文瑤妻林氏年二十九寡守節三十七年凌祖興妻余氏守節四十六年道光十八年旌傅之性妻黃氏年二十五寡守節三十六年林郎妻劉氏年二十二寡守節三十六年嘉慶二十四年旌孫桂
崇妻徐氏少寡守義事姑最孝道光十九年旌徐維剛妻朱氏年二十九寡家赤貧矢志不貳寄尼菴紡績以生守節四十年卒王聰妻鄭氏年二十四寡守節三十七年卒
賴氏 譚某妻夫性多疑常防氏有外遇氏實無他而疑不釋因服毒死以自明
易氏 曾亦杞妻新婚亦杞夜出有惡少竊宿遽去氏不知非夫也遲明夫歸始覺遂自投巖死越日惡少亦隕巖碎身人以爲氏靈不泯云
按自明以下節烈婦女一百八十三人均前令張君緝齡志稿所載略爲編輯如前

歷年旌表節孝婦女 胡澤普妻許氏 黃鳳儀妻楊氏
曾信妻曹氏 李榮枝妻孫氏 李文達妻吳氏 孫桂
馥妻李氏 孫思山妻鄧氏 馮思純妻李氏 湛文瑞
妻陳氏 秦先睿妻張氏 張洪烈妻黃氏 李如橋妻
蔣氏 余書賢妻鄒氏 郎官晉妻湛氏 鄧邦本妻徐
氏 郎官崙妻楊氏 王銘妻楊氏 李如棟妻冉氏

徐其崧妻李氏　曾元輔妻萬氏　王銑妻陳氏　李鳳
志妻江氏　杜柏妻李氏　曾先聲妻張氏　魯元國妻
王氏　郎官坦妻周氏　張萬清妻黃氏　鞠永富妻余
氏　冉文夔妻余氏　毛劉妻嚴氏　徐世應妻李氏
楊知全妻姚氏　曾上哲妻湛氏　劉時若妻李氏　傅
思正妻陳氏　白文星妻張氏　程煥章妻蔣氏　胡汝
鴻妻蔡氏　孫桂林妻楊氏　曾文瑄妻譚氏　袁世俊
妻楊氏　陳思柏妻曾氏　傅世榮妻曾氏　高文鑛妻
林氏　廖正榜妻曾氏　楊桂林妻張氏　余大椿妻王

氏　陳長渭妻郭氏　蘇華貴妻張氏　傅宗賢妻殷氏
范聯標妻李氏　陳千友妻胡氏　張廷興妻傅氏　徐
其嶽妻殷氏　湯揚賢妻黃氏　譚必華妻劉氏　李承
敏妻余氏　張吉連妻冉氏　胡正明妻陶氏　張玉妻
楊氏　蔣正文妻葉氏　譚璋妻許氏　吳漢盛妻盧氏
陶桂元妻陳氏　冉之煌妻李氏　嚴光裔妻何氏　蔣
學書妻胡氏　湛永松妻余氏　李奇達妻朱氏　郎廷
椿妻冉氏　陶思璠妻張氏　李宗海妻冉氏　黃世祥
妻孫氏　黃廷福妻徐氏　鍾金蕙妻胡氏　向洪元妻

徐氏　隆萬美妻楊氏　秦家樑妻冉氏　高文釗妻郎
氏　許正楷妻曾氏　秦文宗妻蔡氏　郎文璐妻沈氏
王汝棠妻余氏　胡世龍妻許氏　張金芝妻馮氏　蔡
永林妻李氏　彭宣華妻余氏　秦榛妻楊氏　陳宗明
妻曾氏　陳永仲妻譚氏　黎玉江妻陳氏　冉天恩妻
陳氏　李玉山妾王氏　陳必璠妻張氏　陶人傑妻李
氏　周世洛妻彭氏　李維朗妻何氏　程世興妻彭氏
隆大鑑妻李氏　朱明萱妻楊氏　曾昌儀妻朱氏　蔣
洪興妻張氏　陶文珠妻李氏　戴文珖妻楊氏　曾元

相妻朱氏　曾永明妻冉氏　袁位顯妻孫氏　傅國瑚
妾周氏　周氏　郎南平妻易氏　湛鍇之妻嚴氏
按胡許氏以下凡一百十八皆青年守志白守完貞始嘉
慶中訖同治六年前　旌者縣案名冊可稽而事蹟無考
其奇烈苦貞別據採訪所進無論已否請　旌列傳如左
傅貞女　傅義新女無兄弟孝事父母終身不字足不越閫
年七十有四卒
李二姑　廣東巡檢李如芳女幼隨父宦粵許字巫山向雲
鶴雲鶴亦隨父宦江南年十五病沒訃聞於粵如芳妻彭

氏以女性烈秘不使聞如芳解組歸蜀尋卒姑哀毁幾絶服闋年二十六矣母復以字同邑湛大賓聘禮至姑驚問始知雲鶴早沒悲泣誓死母防之嚴姑故改容謝之越旬月數囑其兄弟騰霄騰龍善事母衆以爲死志漸弛防懈姑探知湛氏親迎有日夜起拜父靈縊於殯側乾隆四十三年十一月十二日事也道光十一年　旌

梁姑　梁永亮女偶與無服族兄世亨論辯世亨不勝恚出言褻姑忿曰我女子也而以穢語污耳乎遂自縊道光二十六年　旌

王五姑　名壽英增生王正極女幼字同邑沈鳳三道光二十一年婚有日矣鳳三病故壽英聞告父母曰女已受聘如臣已策名義當不貳欲奔喪守節父母以其幼阻之壽英屢縊遇救不得死既而姑倪氏卒計至壽英遽自刎力弱不殊家人喻之曰汝死良是其如沈郎未立嗣何遂强起醫治父母審其志堅命適沈嗣姪鏞承祧事翁建章以孝稱翁卒哀喪盡禮鏞將成人又死壽英慟曰兩姪嗣其一而殞誰復以一兼祧者命也夫遂密結上下衣投於江又不得沈家人追拯起之同治七年病卒年四十有四邑人聞於官爲請　旌

項氏　冉興志妻歲貢項貞奎女道光二十五年適冉甫逾月興志病沒氏哀甚水漿不入口人有慰之者曰汝年固少何以哀爲氏益哀號泣三晝夜淚盡繼之以血夜靜投繯徇焉邑人爭爲輓詩知縣朱有章爲之請　旌並撰哀詞見藝文

李氏　林簡妻道光五年夫沒氏縊以徇待　旌

李氏　增生林樹蕃妻樹蕃卒氏自經待　旌

舒氏　李國棟妻年十九夫沒守義叔姑欲試其節偶以褻語聞之氏怒有毒死待　旌

朱氏　萬某妻少寡無子矢志守節人憐其貧勸之嫁氏忿然落髮爲尼五十餘年無玷待　旌

李氏　林樹芬妻少寡子大淮方七歲家貧無伯叔氏守志紡績撫孤教子以義大淮讀書能文童試輒蹟氏坦然既而大淮以捍患有軍功氏喜曰人生大節惟忠孝能執干戈以衛社稷吾有子矣髮逆之役大淮以縣檄防禦氏諭之曰臨陣無勇非孝也汝當立名節以慰父靈勿恤其他大淮禦賊於高家鎮力戰死氏初聞而悲既而曰有子若

是吾何憾焉氏故知書嘗自課諸孫讀長孫光宇已入邑庠待旌

易氏　羅氏　易李唐妻年二十九寡子文燦幼守節撫孤年八十有六羅其媳也年二十七夫文燦卒子甫四歲遺腹生次子霖川氏體姑志守節三十七年子皆成立霖川以禦匪得軍功均待旌

鄧氏　許正榮妻年十八寡無子矢志守節勸翁置妾生叔氏待叔生子始嗣承夫祧焉守節五十年已旌

陸氏　曾成高妻少寡家貧三子俱幼氏將死之人曰曷若

撫孤延夫嗣爲愈乎遂茹苦守義嚴課諸子嘗鬻奩具贄俾就外傳讀子皆成立兩入邑庠食餼名洪德者以武功薦訓導咸豐十年旌

黃氏　李文祿妻年二十一夫沒事翁姑至孝葬祭盡禮夫兄弟沒於外氏遣人覓其柩歸葬撫姪如子守節三十一年待旌

湛氏　李正緒妻年二十五夫沒僅一女氏孝事翁姑姑病嘗刲股遼之守節四十一年始終無渝待旌

陳氏　范氏　余氏　陳高樞妻范樞子國柱妻余國柱子文煥妻三世守義而余氏無子僅一女視陳范節尤苦撫從堂姪正基承祧正基幼人多爭其產業久搆訟氏歷諸艱阻矢志不回訟卒得理正基成立守業氏故知書明大義課其女詩禮若子然守節三十二年卒又三十年以外孫徐昌緒貴貤贈安人見選舉封廕

戴氏　田仁超妻年二十四夫沒無子翁以家貧數逼之嫁氏泣誓不貳以鍼黹自活守節六十一年待旌

楊氏　杜友餘妾年二十七友餘卒家亦貧嫡曾氏勸之嫁曰夫死無子我老可守汝尚艾曷亟圖之氏矢死靡他嫡

病氏侍養數年不懈嫡沒以紡績營葬喪哀盡禮以從堂姪芳珩承祧守節二十二年待旌

杜氏　黃維秀妻年十八夫沒子文顯幼足不良於行人勸之嫁氏曰子雖跛不能延夫嗣乎遂矢志守義後年八十卒待旌

鄭氏　魏淮奇妻年二十七夫沒無子僅一女夫兄嫂繼沒遺二子一女氏悉以紡績撫之成立守節三十三年待旌

李氏　魏河奇妻年二十寡無子以姪恒鼎承祧事翁姑以

孝問守節三十一年待旌

余氏　高文鑑妻年二十四夫沒無子家亦貧備紉守義後以紡績貲爲姪孫子明另娶冀續夫嗣守節三十八年待旌

陳氏　譚其禮妻年二十四寡一子德英幼氏守義事姑以孝稱姑死喪葬盡禮子將成立亦死氏煢獨無依守節三十年卒待旌

陳氏　楊天佑妻年十九寡無子家亦貧氏矢志不貳翁老且瞽姑病石逆大隊猝至氏負翁姑匿深箐中夜潛出覓

饘糧奉之姑聞礮驚斃氏哀甚不敢號七日賊退始負姑屍歸葬哀毀盡禮年五十有一待旌

徐氏　夏仕朝妻嫁二月而寡守節至六十二歲始終不渝待旌

陶氏　余大釗妻年二十九夫病氏刲股和藥以進病不起氏守義撫二子成立子懷芳孫作賓皆附生守節五十一年待旌

李氏　林大松妻年二十而寡無子以弟大樞子爲己子守節三十一年待旌

余氏　增生陳東曙妻年二十八夫沒無子以嫡堂姪興宗承祧守節三十三年待旌

曾氏　盛學相妻少寡家亦貧守節至八十二歲待旌

冉氏　鄭朝選妻年二十六夫沒子殤撫姪承祧守節五十一年待旌

秦氏　鄭文魁妻年二十四寡撫孤養親無異志同治元年石逆之亂懼辱投水賊追及刺以長矛氣絕遇救復甦守節三十四年待旌

鄧氏　熊明典妻年二十八夫沒子女繼殤氏以紡績養姑

守節三十二年待旌

余氏　湛震興妻年二十二寡震興無兄弟家貧僅一女氏以紡績奉孀姑苦節三十年待旌

張氏　雷秉元妻年二十夫沒無子以姪登俊嗣守節二十八年待旌

雷氏　李鳳鳴妻年二十九寡無子以姪萬宗爲子守節五十四年待旌

冉氏　秦世孝妻少寡以苦節聞有司旌其閭

杜氏　吳方珩妻少寡苦節三十三年已旌

楊氏　余騰榮妻年二十三夫沒僅遺一女氏守節三十年

待旌

馮氏　冉昭衞妻少寡無子僅一女矢志不貳已旌

採訪符例待旌節孝婦女　王榮極妻何氏二十八歲寡守節四十一年　田大榮妻戴氏二十二歲寡守節三十年　徐天相妻秦氏二十四歲寡守節三十七年　詹必祿妻李氏三十歲寡守節三十九年　雷先震妻譚氏貢生雷秉忠之母守節二十六年卒　余全榮妻譚氏二十四歲寡守節四十二年　傅義宗妻李氏二十八歲寡守節三十九年　監生譚鵬妻郎氏二十二歲寡守節三十年　劉壽開妻余氏二十八歲寡守節三十年　蔣朝瀛妻熊氏二十二歲寡守節三十年　文法順妻蔣氏二十九歲寡守節三十年　劉明德妻蔣氏二十二歲寡守節三十年　劉先裕妻鄧氏二十二歲寡守節四十六年　楊家升妻覃氏二十三歲寡守節四十八年　徐其鑑妻湛氏二十七歲寡守節三十七年　周盛祿妻楊氏二十九歲寡守節三十二年　周盛禮妻湛氏二十七歲寡守節三十一年　湛金華妻楊氏二十一歲寡守節三十六年　湛仕魯妻張氏二十八歲寡守節四十年　湛松妻覃氏二十七歲寡守節四十五年　李冠賢妻彭氏十九歲寡守節三十一年　鄭榮萱妻李氏二十二歲寡守節四十六年　許金侶妻李氏二十六歲寡守節三十六年　秦文捷妻唐氏二十歲寡守節五十二年　曾永高妻王氏二十三歲寡守節五十五年　鄧學超妻范氏二十二歲寡守節四十二年　李朝富妻王氏二十九歲寡守節三十三年　蔣鳳瑞妻

余氏二十九歲寡守節四十一年　李正玉妻陶氏二十九歲寡守節三十三年　余某妻馮氏二十七歲寡守節三十五年　羅仕昊妻陶氏二十六歲寡守節三十年　甘存琢妻蘇氏二十八歲寡守節二十一年　邱文周妻熊氏二十一歲寡守節三十九年　雷發霄妻李氏二十四歲寡守節二十五年　冉文洋妻楊氏二十二歲寡守節五十六年　譚文舉妻彭氏二十四歲寡守節三十年　黃正興妻郎氏十七歲寡守節三十年　彭朝才妻余氏二十九歲寡守節三十年　甘家儒妻高氏二十六歲寡守節三十年　劉廣嵫妻蕭氏二十八歲寡守節四十二年　李璠妻陳氏二十一歲寡守節五十三年　趙永茂妻曾氏二十五歲寡守節三十年　楊作超妻讓氏二十七歲寡守節四十五年　楊明元妻張氏二十一歲寡守節三十年　楊鍾德妻張氏二十四歲寡守節四十年　李光林妻馮氏二十七歲寡守節三十三年　張光先妻王氏二十九歲寡守節三十年　毛文詩妻廖氏二十六歲寡守節三十八年　田大明妻戴氏二十五歲寡守節三十年　秦仕書妻王氏二十九歲寡守節五十三年　曾永昭妻李氏十八歲寡守節五十五年　李鳳志妻江氏二十八歲寡守節六十三年　麇生孫祿妻曾氏二十七歲寡守節二十六年卒　許正倫妻林氏二十三歲寡守節四十三年　許金楹妻譚氏二十九歲寡守節三十二年　蘇永壽妻傅氏二十九歲寡守節三十年　文生李晴川妻冉氏二十三歲寡守節三十二年　王用極妻馮氏二十六歲寡守節三十四年　周元棟妻高氏少寡守節四十三年卒　隆正德妻蘇氏二十八歲寡守節十三年卒　周世泰母彭氏十七歲寡守節六十三年　傅艮圖妻謝

氏二十九歲寡守節三十一年　周元慶母高氏二十歲寡守節五十九年　徐在先妻熊氏二十九歲寡守節四十二年　劉三龍妻楊氏二十九歲寡守節二十一年　蔡靜安妻楊氏二十二歲寡守節二十四年卒　彭鏴妻毛氏十九歲寡守節三十七年　張體誠妻徐氏二十三歲寡守節六十一年卒　楊芝芳妻彭氏二十四歲寡守節三十年　彭永固妻陳氏二十三歲寡守節三十年　曾大受妻譚氏十九歲寡守節三十八年　張廷元妻楊氏二十九歲寡守節五十一年　石國緒妻易氏二十三歲寡守節六十三年　向國祠妻易氏二十歲寡守節五十六年　伍飛鵬妻江氏二十五歲寡守節四十年　廩生張廷相妻王氏二十八歲寡守節三十二年　彭朝定妻劉氏二十六歲寡守節五十八年卒　文生向國久妻成氏二十六歲寡守節四十六年　高應麟

妻孫氏三十歲寡守節六十九年卒　庠生李苑芳妻熊氏三十歲寡守節四十七年　李永江妻余氏二十九歲寡守節三十八年　許正斗妻湛氏二十一歲寡守節三十四年　范啟佑妻秦氏十九歲寡守節三十二年　郎煌妻湛氏二十二歲寡守節三十年　高正坊妻楊氏十八歲寡守節三十年　鄭廷鑑妻傅氏二十八歲寡守節四十七年　徐世榮妾李氏二十八歲寡守節三十二年　徐昌清妻張氏二十九歲寡守節二十一年

同治元年滇匪擾縣北岸鄉民多渡江而南而石逆擁衆忽至靡所逃匿婦女輩竟能潔身徇義抗節以死可嘉矣然而鄉民畏官往往省事不報必開諭數四始敢一言或終不敢以聞不又大可哀乎縣境遼廓敢信搜採者必無空谷遺芳乎據縣案及訪稿編次如左

江烈女　江正坤長女名長弟遇賊投溪水淺不得溺賊呼使出女罵曰吾死是求羞出見汝狗賊賊怒以長矛刺殺之同治元年旌

蕭二姑　蕭節旋女賊掠去欲犯之罵拒不辱死甚烈同治元年旌

曾烈女　賊至女急避叢莽中爲所窺逼使偕行女罵曰我良民女豈隨賊奴賊怒斷其十指罵益厲遂被殺惜採者

遺其父名無可考待旌

趙烈女　李瑛未婚妻賊至不及避誑賊醉以酒守身自縊待旌

譚烈女　譚德富妹年十六遇賊於文溪脅使同去至溪濱奮身投水死待旌

甘烈女　甘連城女名菊英賊脅不辱被殺待旌

高二姑　高成均女幼字楊久清賊警懼辱服毒死年十三待旌

冉姑　冉復旦女幼字何朝芳賊將至自毒死年十四待

旌
陳幺姑　陳昌綿女賊近投巖死同治元年　旌
高姑　高國信女賊逼隨母秦氏投塘死待　旌
李幺姑　李文清女賊警自刎同治元年　旌
遇賊不辱投水烈女　楊星煥女二姑　李宗傳女大姑
楊維林女招弟　譚廷獻女二姑　向學槐女八姑　曾
三俊女幺姑　冉玉銘女幺姑　廖澤濟女細姑　殷仲
連女福英　汪正坤次女來弟　秦家和女招妹　秦家
玢女幺姑　詹德獻女大姑　張國柄女大姑　彭芝瑞

女接弟　張立濱女幺姑縣案誤作趙立濱　李本固女丙弟　張
世奇女幺姑　秦文俊女果妹　福妹　甘文友女大姑
趙先倬女大姑　嚴長發女二姑　譚文紀女接弟　曹
國祥女幺姑　高正圓女大姑　張元亨女大姑　向學
先女大姑　傅汞滷女二姑　郎如冰女大姑　二姑
三姑　譚廷獻女大姑　張世華女瓊弟　陳宗友女丙
弟　陳宗福女有弟　嚴世朝女嚴姑
遇賊不辱被殺烈女　陳文藻女大姑　譚朝愷女大姑
李元陞女幺姑　秦朝女幺姑　曾正雙女招弟　楊地

久女細姑　陳國發女幺姑　曾學明女同弟　吳大元
女吳姑　自楊星煥女二姑以下烈女四十六人均同治
元年　旌
劉氏　鄭文志妻處士劉先桃女賊至急投於潭賊追及引
其衣氏突起奮臂捽賊墮水氏死賊亦斃數日屍浮猶牢
握賊髮爪透於拳邑人爭爲挽詩候選訓導秦棣有挽賊
不須操白刃潔身直欲到黃泉之句歲貢毛奇玥爲賦節
烈行中有云賊欲挾之使偕行殺賊無刀殺以水纖手捽
賊投重淵爪透拳脅齦穿齒皆實錄也同治元年　旌縣案誤作蔣氏

秦氏　楊登傑妻賊警登傑將逃與氏訣曰大難不能顧妻
室我之過也雖然汝青年有貌何處不生可勿懼氏泣跪
曰君速去我必不負君賊至氏匿於林賊搜得欲污之氏
罵曰死賊汝旦夕且碎屍尚行不義耶賊執見其酋氏罵
益厲割其舌猶怒目戟手賊剜目斷臂而磔之鄉民有被
擄者後逃歸言覩其死狀衆爲詩挽焉秦棣句云抗聲不
作低頭語噴血猶能振臂呼毛奇玥雙節烈行有云不願
從賊帳下生但願全節刀頭死剜眼何殊雷海青割舌直
同顏刺史刀光片片桃花飛玉骨冰肌等膾鯉同治元年　旌

鄭氏　秦文統妻賊猝至其家氏紿賊請入內遷賄與偕潛
出宅後溺於塘賊覺撈出已斃委之去後十八日夫歸面
如生也同治元年旌
譚氏　秦愷妻賊警兩女適歸甯愷扶父挈眷避賊陳家山
鄉入從者衆賊來奪隘愷率衆與戰賊大至衆懼逃過半
愷堅守隘賊繞後出入衆皆鬬死婦女悉被擄次及氏氏
手持二女罵曰汝殺吾翁與夫吾恨不斬汝食其肉肯從
賊耶毋女俱被殺賊去家人收殮猶牢執二女手有生氣
焉待旌

蔣氏　文生劉宇翔妻年二十八避周逆於南岸石逆又至
避賊蓮花洞轉遇賊執其髻氏拔刃斷髮牽裾又斷之賊
奪刃逼使偕行坐不前曰我儒家婦女不可辱速殺我賊
擲刃使自殺意仍脅使行也氏遽自刎死後十五日收殯
猶凜凜若未死者同治元年旌
李氏　鄒家龍妻攜女避匪擔子臺石逆警氏先縊其女而
後自縊死年三十六同治元年旌
敖氏　陳和東妻元年二月十三日賊近氏將死顧謂二幼
子曰汝父以孝聞不當令子陷賊辱父遂並溺水死和東

見孝友同治元年旌
譚氏　雷上霄妻賊急抱二子溺於文溪同治元年旌
朱氏　余學元妻賊入境負幼子投塘死同治元年旌
張氏　冉玉銘妻聞賊近負幼女投江死同治元年旌
孫氏　李元闓妻賊警挈子文清妻彭氏女孫三姑投江死
同治元年旌縣案作李文元誤
萬氏　孫昌燕妻藍逆破嚴家寨昌燕被擄氏攜子女撲火
賊攫之走罵賊不辱死待旌
秦氏　高國信妻石逆警挈媳周氏及女溺於塘待旌

遇賊不辱被殺烈婦　甘雙桂妻譚氏　甘廷級妻王氏
冉廷春妻陳氏　黃文玉妻張氏　胡興順妻程氏　鄒
大貴妻蔣氏　隆玢妻余氏　隆鳳鑑妻余氏　程時亨
妻楊氏　孫廷瑄妻朱氏　傅國貴妻龔氏　傅先鶴妻
嚴氏　朱啟宇妻王氏　孫泮然妻余氏　孫秩然妻楊
氏　冉永圖妻敖氏　蕭招賢妻匡氏　譚傳興妻戴氏
傅現瓊妻戴氏　譚明孝妻楊氏　梁世來妻陳氏　李
在鑾妻譚氏　廖學爵妻譚氏　秦文祿妻張氏　秦家
柳妻冉氏　張世富妻秦氏　秦之模妻黃氏　樵朝寬

妻秦氏　甘文友妻任氏　陳維相妻秦氏　梁世聰妻
張氏　鄭光明妻朱氏　郎如冰妻何氏　陳維明妻秦
氏　傅武壽妻陳氏　余正璉妻冉氏　傅升廷妻曾氏
傅永昌妻田氏　許正權妻王氏　胡朝瑄妻陳氏　鄧
成章妻徐氏　張文福妻甘氏　李大元妻江氏　李正
才妻劉氏　周盛有妻秦氏　秦長生妻譚氏　秦之茂
妻陳氏　劉光佑妻李氏　廖應柏妻高氏　廖應乾妻
楊氏　王紹文妻劉氏　陳永林妻戴氏　自甘譚氏以
下五十二人均同治元年　旌

秦壎妻張氏　楊儒珍妻敖氏　周盛友妻秦氏　程廷
秀妻葉氏　程發清妻余氏　程世才妻吳氏　陳文連
妻余氏　陳學浩妻孫氏　許某妻傅氏　楊在科妻秦
氏　湛元成妻徐氏　陳世泰妻譚氏　李鳳桐妻張氏
自秦張氏以下十三人　待　旌
賊警懼辱投水烈婦　胡明光妻殷氏　胡明光妾金氏
楊學林妻向氏　胡明政妻秦氏　殷正敏妻毛氏　殷
仕瑞妻熊氏　殷仕啟妻秦氏　殷仕上妻張氏　殷仕
品妻張氏　殷仕玥妻張氏　殷仕照妻秦氏　張奇從

妻向氏　譚碧輔妻陳氏　夏元魁妻甘氏　夏元魁妾
李氏　張占魁妻李氏　傅廷耀妻盧氏　傅升壽妻趙
氏　甘于沛妻朱氏　秦國瑚妻甘氏　甘于禮妻冉氏
譚仕忠妻張氏　傅升相妻秦氏　甘文濬妻陶氏　王
仕元妻張氏　李文柄妻劉氏　陳國政妻李氏　李大
妻彭氏　譚思祿妻孫氏　雷登榮妻傅氏　張祥瑞妻
鄧氏　張文元妻譚氏　秦德友妻何氏　余天起妻秦
氏　譚思慶妻陳氏　范先壽妻劉氏　詹德獻妻楊氏
曾春和妻秦氏　曾春暢妻譚氏　張世華妻陳氏　陳

之祥妻譚氏　馬宗玉妻甘氏　向文現妻戴氏　甘文
鳳妻王氏　向學先妻譚氏　楊地珊妻譚氏　曾正文
妻向氏　秦之德妻甘氏　田洪陞妻陳氏　趙先倬妻
余氏　胡鑑堂妻秦氏　譚朝臣妻秦氏　譚朝惠妻徐
氏　彭芝瑞妻高氏　李樹發妻彭氏　楊德川妻余氏
楊維林妻敖氏　楊維林妾秦氏　曹國祥妻徐氏　楊
在仁妻張氏　張永順妻彭氏　張玥妻詹氏　高正圖
妻張氏　徐昌福妻蔡氏　李紹元妻劉氏　秦鎬妻王
氏　曾永貴妻陳氏　郎如冰妻范氏　秦家陞妻張氏

姚盛福妻樵氏　馬洪元妻杜氏　黄天祥妻程氏　冉
友生妻張氏　張永德妻譚氏　向永發妻秦氏　向永
興妻張氏　高正圓妻譚氏　張元亨妻向氏　高太厚
妻廖氏　譚仕相妻楊氏　樵宗保妻秦氏　張奇釗妻
譚氏　徐其倖妻李氏　黄天科妻孫氏　劉朝選妻李
氏　李金鍹妻周氏　廖慶榮妻李氏　陳宗福妻秦氏
陳宗友妻秦氏　陳宗模妻任氏　李文炳妻劉氏　陳
國政妻李氏　譚思祿妻孫氏　秦紹祖妻譚氏　梁永
景妻秦氏　江天發妻楊氏　譚朝燦妻秦氏　楊景堂
妻徐氏　孫國瑞妻蕭氏　秦先奎妻傅氏　楊星貴妻
張氏　蕭朝元妻張氏　李宗傳妻林氏　陳思祿妻余
氏　徐永顯妻江氏　田太元妻殷氏　楊維樹妻陳氏
譚執興妻曹氏　黄正漢妻譚氏　周盛麟妻陳氏　譚
執佑妻彭氏　譚光福妻楊氏　楊地恆妻譚氏　秦家
政妻陳氏　蕭一魁妻向氏　向國友妻王氏　秦文童
妻鄭氏　劉朝登妻譚氏縣案作登朝誤　自胡殷氏以下一百
十八人均同治元年　旌　敖克聰母甘氏　劉春臺妻
譚氏　劉鎰軒妻李氏　甘廷吉妻王氏　曾永貴妻陳

氏　郎發科妻周氏　甘文奉妻王氏投蔡園沱死　黄光鏡妻
鄭氏投江死　鄭光明妻朱氏投塘死　以上九人待　旌
遇賊投巖烈婦　甘廷芝妻冉氏　陳永棟妻熊氏　傅升
瑚妻趙氏　秦聯妻曾氏　秦家儒妻張氏　余國泰妻
廖氏　以上六人均同治元年　旌　熊志崑妻李氏
李朝梁妻熊氏　以上二人待　旌
賊警自焚烈婦　杜文光妻劉氏　程世才妻吴氏　傅國
侯妻譚氏　張金蕙妻李氏守節十六年　以上四人同治元
年　旌　李鳳舉妻張氏　鄒玉妻曹氏　吴其泰妻劉
氏　嚴以發妻程氏　程廷揚妻董氏　程發達妻鄭氏
程時萬妻蔡氏　程開盛妻蔣氏　梅金海妻吴氏　萬
宗海妻黄氏　程開順妻楊氏　程開爐妻周氏　程開
昭妻文氏　程實泰妻熊氏　程廷彩妻周氏　程開榮
妻周氏　傅先鶴妻嚴氏　李金倫妻何氏　以上十八
人待　旌
賊警自縊烈婦　李在玉妻譚氏　李正開妻翟氏　李正
廷妻陳氏　余清明妻秦氏　余太洪妻鄧氏　秦德喜
妻白氏　徐世宦妻戴氏　姚盛發妻譚氏　譚先第妻

姚氏 以上九人同治元年 旌 張國彥妻江氏待
旌
遇賊自刎烈婦 文生譚炳元妻楊氏同治元年 旌

附孝婦

譚氏 雷登清妻事姑能得其歡姑年八十病喘不能眠徹夜負姑繞室走同治元年賊入境家人散失氏獨扶姑避於林賊搜得奪姑簪珥氏護之賊以刃傷氏額及手賊去忍痛負姑匿巖穴中三日復負姑匿於塜夜潛歸取飲食奉姑後竟無恙

徐氏 增生秦涵妻性至孝見翁病篤割股和藥越日復割臂病遂痊時涵弟婦沒遺男甫周歲氏撫如己出後翁復病篤氏祝天割股以血之有無卜吉凶果無血而病革卒哀毀幾絕忠州候選訓導伯受中爲撰孝行紀略入秦氏家乘

李氏 鄒學龍妻翁年七十病篤醫不效割股以進愈姑陳氏又病復割股救之處娣姒以睦稱

徐氏 監生湛炳章妻姑蔡氏病篤氏刲股和藥進之愈姑年八十有四侍奉不衰

監生高呈奇妻何氏 庠生高壬溥妻覃氏 監生高玉堂妻陳氏 事姑皆以孝稱姑病篤三人均刲股和藥以進病遂瘳

重修酆都縣志卷三

古蹟志

巴梁勝概始曰平都一訛仙蹟再誤佛閣地鍾靈秀人眩虛誣貞珉漫漶往迹模糊河山無恙風景不殊撫今弔古其有思乎志古蹟

五雲亭　在平都山頂舊志謂陰長生丹井泉涸成土穴宋高密丁尉侯爲亭覆之號五雲洞明宣德間通判游和重修萬歷初改建關祠好事者鑿石井口作鑪狀客至山僧輒然紙錢其中謂其下有冥府焉

沐浴亭　在流杯溪側有明萬歷時蔣侯勸農碑字跡漫漶不可考

淩虛閣　在平都山頂有王陰對奕像俗呼二仙閣舊志謂有明御史盧雍隸書東坡詩碑及雍詩碑兵燹後寺觀俱燬此閣巋然獨存省志作淩雲閣

五雲樓　在淩虛閣下層舊志謂有唐書瑶池樂部四字今無存省志謂在景德觀後唐段文昌建廣輿志因之　國朝嘉慶間忠州知州周景福顏曰五雲深處知縣瞿𩔊題曰水天一色樓規模宏敞俯見城郭井里大江襟帶其左洵鉅觀也

淩雲臺　在平都山頂舊有石碑鐫淩雲二字舊志謂王陰對奕處今石枰猶存當是好事者爲之

爾朱洞　在平都山半舊志謂爾朱仙鍊形處

舊志載縣八景　平都山曉見輿地山川　白鹿夜鳴見輿地山川　龍牀夜雨即龍牀石灘見輿地灘險　送客晴瀾即送客堆灘見灘險　青牛野啗即青牛山見山川　流杯池泛即流杯溪見輿地溪流　珠簾映日即珠簾山見山川　月鏡凝山月鏡潭在葫蘆溪口見溪流

龍墩　在治西北岸石盤下注水若塘縈綠如染水落則見俗呼綠水池游人多泛觴於此

石坊

科名坊　舊在　學宮兩轅分題自明以來邑人科名於上道光中重修　學宮坊遂斜置邑人擬遷之

天下名山坊　在　酆都觀前明萬歷九年典史彭鎡建古養敬楊忭爲之記

碑碣

平都山仙都觀唐碑十　段丞相修觀記碑見藝文　段少監修齋記碑　天尊石像記碑　老君石像記碑　感應碑

張大理詩碑　杜光廷石函記碑　李吉甫陰眞人影堂記碑　李吉甫眞君碑　仙公碑李吉甫三碑石光瑩潤號曰玉石碑

平都二仙公碑　唐景雲二年李虔之撰

平都山二仙君銘碑　唐景雲二年薛湜撰

豐都三官堂碑　唐中和元年忠州刺史陳侁撰

道山洞天碑　唐李陽冰書見蔣夔記舊志作呂仙書誤

吳道子畫觀音像碑　在鹿鳴山玉鳴泉側明洪武初泐石舊有亭地同治七年邑人重建

按以上諸碑蜀雅謂李吉甫三碑尤佳今惟吳道子畫像碑存耳

比干銅盤銘　舊志謂唐開元間偃師縣掘地得銅盤上有十六字字畫奇古其釋文云左林右泉後岡前道萬世之銘茲焉是寶地後五步比干墓也重泐於平都山今亦無存

塚墓

明

江西按察司僉事楊大榮墓在治東三里老柏溝龍亭山

浙江杭州知府順天府丞楊孟瑛墓在治東六里硯臺石龍潭溪

雲南曲靖府知府楊叔京墓在治西六十里大池

貴州布政司參議胡平表墓在杜家壩夾耳蕩平表事詳藝文

戸部郎中曾漆麟墓在社壇場兆曾家壩

魏夫人墓在根溪未詳年代

國朝

大昌知縣楊大逵墓在九嶺增

翰林院編修易簡墓在觀音橋

江津縣教諭馮迺騆墓在白沙沱

德慶知州曾友伋墓在曾家壩印星堡

蕪湖知縣王恆墓在羅雲溪

舒城知縣李存周墓在葫蘆溪

重修酆都縣志卷三

祠廟志

三代之書羣神無考後世好奇異說荒渺廣廈雲連幽軒水繞不被單寒乃詭佛老鬼非而祭天罪焉禱設教以神是惑一道志祠廟

酆都觀　在平都山頂唐曰仙都宋改景德亦稱白鶴觀省志作城內誤

按李唐祖老聃俗多好道相沿及宋季故道書附會謂仙人陰長生王方平鍊形於平都呂純陽有訪王陰不遇詩

釋氏誤將陰王連讀以爲陰司之王者遂附會爲地獄之說好事者又引李白詩下笑世上士沉魂北酆都二語證之於是皆信酆爲鬼國矣不知酆在唐爲豐明洪武十四年始加邑旁李白詩當是別有所指非謂蜀酆都也

九蟒御史廟　在平都山半舊志謂御史楊姓明宏治二年巡按至酆登平都山忽九蟒繞車而化遂葬焉邑人建廟墓前肖像祀之

按蔣夔景德觀記在明永樂二十二年云大仙巖有九蟒之神周延甲記謂宋慶歷時人而舊志則謂宏治二年事其誤可知且九蟒隨車事甚不經當亦出僧詭語惑人耳

平都山頂廟六　寥陽殿　玉皇殿　王母殿　觀音閣　曜靈殿　龍虎君殿　山麓廟五　東嶽殿　北嶽殿　石佛殿　接引殿　元天宮今廢碑存　山陰廟三　竺國寺　十方寺　崇報祠明天啟初胡平表討奢賊禱於平都關祠臨陣獲神助事平乃別立祠於山之陰顏曰崇報治金爲像置祭田祀之俗稱老關廟祠前有古柏二株

諸葛忠武侯祠在平都山麓　胡平表祠在平都山麓　竇希顏祠在平都山麓

玉鳴寺在鹿鳴山頂明天順間邑紳楊大榮建忠州進士李青霄作記本因玉鳴泉得名因老泉事前知縣肎夢齡作亭曰來蘇鑿石作白鹿狀於前今遂訛爲鹿鳴寺　禹王宮治西一里　萬壽宮治西一里　川主

廟治西一里　天福寺治西一里　金盤寺治北三十里　觀音寺治西四里岷江西岸今廢　華嚴寺治西十里　望月寺流杯池北　浮藏寺治北五十里　悟惑寺治南十五里　峰頂寺治南十里　長溪寺治南十里　鹿門寺治南二十里　世祀菴明萬歷丙戌節婦楊氏建　慧雲俗稱黃菩薩寺　竹雪菴明崇禎初節婦楊氏建　匪石寺明崇禎末節婦冉氏建今廢碑存　菴金盤山右　興福寺在油峰溪與石柱司接壤　社壇寺在社壇場　川主石廟在鄒家橋　開花寺在縣北岸　雙龍寺以左右山形得名中有大石空其中似橋下有水寺祀觀音大士　報國寺舊名常樂菴　湛家寺治南六里

重修酆都縣志卷四上

藝文志

班史志文但紀其目升菴蜀志備存篇幅跂踵前編採綜往牘或以人傳亦因地錄大江炳靈名山鍾淑代有瓌章其曰可讀志藝文

修仙都觀記 唐太和元年

平都山最高頂即漢時王陰二真人蟬蛻之所也峭壁千仞下臨湍波老樹萬株上插峰嶺靈光彩羽皆非圖志中所載者昏旦萬狀信非人境貞元十五年余西遊岷蜀停舟江岸振衣虔潔詣諸

洞所石巖靈竇蒼然相次苔龕古書依稀可辨時與道侶數人坐於松下須臾天籟不起萬竅風息山光耀於耳目煙霞拂於襟袖相顧神悚若在紫府元圃矣牽於行役不得淹久瞻眺惆悵書名而去邇來已三十四年太和庚戌歲自淮南移鎮荆門有客由峽中來者皆言當時題記文字猶在觀宇歲久臺殿荒毀不出數年必盡摧沒於巖壑矣乃捐一月秩俸俾令修葺子來同力浹旬報就去年冬十一月詔命換麾幢再領全蜀泝三峽歷舊遊依然景物重喜登覽聞泉聲而緩步愛松色而難別遂命筆硯志於巖谷時太和七年正月五日劍南西川節度使知節度事管內觀察處統轄近界諸蠻及西山八國雲南安撫等使金紫光祿大夫檢校尚書左僕射同中書門下平章事兼成都府上柱國鄒平郡開國公食邑三千戶段文昌記

改建縣學記 明洪武二十四年　黃常

天有四時至教彰焉人有五常恆教立焉則天之序因人之經以垂教萬古惟吾夫子之道所謂集羣聖之大成立百世之標準故歷代學校徧於天下所以崇教化之本登風俗之基譬猶布帛菽粟生民日用之不可闕者也酆都學舊在縣治之東地喧而隘兵火後僅存遺址聖朝混一幾十餘年未能頓復惟草屋三間以奉

神設主識者病之洪武二十一年春縣令楊公典史邢公教諭王公相繼到任顧瞻廢墜慨然曰學校乃國家大事今若是何以淑人心興教化哉迺議考卜於縣治之西山下命訓導張友仁董治之木植村用咸出於土產藉民力以致之陰陽向背一倣舊制越明年殿成而楊公以考滿去邢與張互襄厥事就殿之前建東西廡廡之外正門中聯而三闢之右為明倫堂堂之前四齋屬焉櫺星有門祭器有庫廩祿有儲庖湢有所繚以周垣樹以嘉木土爽而塏室大以崇視舊制加三之二焉雖費而不為煩雖勞而不怨可謂用之以禮動之以義者矣又明年秋工落成張公遣人來求

余一言紀其事余曰聖人之道在天下千萬載猶一日雖時有治亂而天命民彝終無可泯之理惟在人爲之耳酆都之學既有楊邢二公倡始之又有吾子以成厥功可謂有功聖門矣勒之堅珉垂之永久其孰曰不可遂爲紀其始末特加詳焉楊公謙陝西人邢公志山東臨陽人王公必祁温陵人張公重慶之樂温人其父漢賓嘗爲學訓導卒友仁繼之實能成父之志是可嘉也

重修平都山景德觀記 明永樂二十二年 蔣夔

平都山在今四川重慶府忠州酆都縣之東北山有觀額曰景德相傳漢王方平陰長生煉道登丹之所呂純陽嘗遊歷其間題二詩刻石尚存其一曰盂蘭清曉過平都天下名山所不如兩口單行人不識王陰空使馬蹴虛其二曰一鳴白鳥出青城再謁王陰二友人口口惟思三島好擡眸已過洞庭春覽其山水名勝則左跨黃牛右縈白馬前臨月鏡後擁五魚踵其遺地則惟丹竈宛然舊有寥陽大殿及通明殿酆都宫救苦宫至峰頂有淩雲臺余公玠生祠在焉考亭朱夫子爲之記臺後乃閻王殿極其東則由土穴深可數丈名曰五雲洞曩時洞口嘗出五色祥雲及天華繽紛因是得名洞之南懸巖之極則由仙姑巖巖上鏤岷嶽二大書由寥陽殿西出則有藏殿西廡又爲四聖殿殿之前爲龍虎君殿旁

附趙帥祠又其前則爲靈星門五雲樓樓下峙三級臺山之麓則有流杯池沐浴亭大仙巖巖內有九蟒之神靈官土地各有祠山門之左祠泰山右祠北陰此其大槩惜乎洞宇悉燬於火久矣環抱山澗榜其橋曰總仙大江東下江之心有石曰龍牀堆水落之時則見長洲綿亘數里名豐稔壩巋然有古碑立於山之陽其文曰總真總仙之府又曰道山洞天蓋唐李陽冰書也嘗聞太上老君賜方平以九轉靈丹號總真真人領仙官萬五千人故府以總真總仙名本諸此與今成都府道紀司都紀何悟國當大明永樂元年癸未繇欽差道士李進道啓奏蜀獻王令旨任持是山領焚修事悟國初授業郡城之三靈宫精通元學行檢端方聞乎郡邑至是奉教以供乃職蒞事之始以重剏三清殿爲先務於是廣募檀施命鳩工入山掄材濱水陶甓經畫營繕幾經數寒暑乃克落成黝堊丹雘金碧煇煌元教歸依真靈肸蠁鐘鼓鏘鍧神龍呵護至左右廊廡亦次第就緒演法會膳俱有堂廩庖湢圊浴咸一新之仙巖元壇倣舊立祠繞門曲澗跨以修虹往來輿馬之士肩摩踵接於塗造無弗達悟國復欲修古制恢拓前業莊嚴林觀顧力有不逮耳有司竟以悟國舉充今職兼領青羊萬壽宫事間以其始末徵余記之余觀悟國身處青陽而心存景德雖未復於初制

然有賴於後人有徒若干頜合州道正曰雷希常夔府都紀曰熊希賢從余遊則曰劉希範也悟幽積功累行非一朝夕矣天鑒厥誠諸徒紹襲焉知其不大興於他日而壯觀於西蜀者乎余往年以公事道經其邑艤舟林樾適逢悟幽引登峰頂縱觀遐矚襟懷豁如天風泠泠恍若笙籟在耳非人間世真神仙之境也既而又獲誦坡仙之句有曰午夢任隨鳩喚覺早朝又聽鹿催班謂山中鹿鳴必有異人至徵諸前輩云自昔距今已數十載回思舊遊如隔蓬瀛矣悟幽將磨石琢辭以示後來垂永久塵刼可盡而悟幽崇真樹教之心爲無窮繼自今尚亦有心悟幽之心嗣而葺之其

敬勿怨則是山觀雖與天地日月同其悠久可也

儒學科貢題名記 明宣德九年　余鐸

科貢之得人尚矣粵自成周以鄉三物教萬民而賓興之三年大比考其德行道義與其賢者能者其原昉於此焉漢有孝弟力田賢良方正之科則賈董輩相繼而出唐如龍虎榜之得韓昌黎制科之得陸贄宋如韓范歐富文章政事炳耀當時此皆科目之得人也聖朝開國建學以育才設科以取士士之有成效者薦之春官升之胄監作養造就咸適於用何其至歟酆都縣儒學自洪武紀元初至於今日得人之盛超軼他邑由科第出身者余公亨曾

公添麟以至王公瓚膺歲貢而出者自黃公應祥至於傅公潮凡若干輩咸譽髦之選也已仕者皆立津要而政聲洋溢人耳目未仕者咸砥節勵行而自期顯榮於方來彬彬輩出猗歟盛哉余以膚學典教是邑竊以諸公文學政事足以鳴一代之盛固可嘉矣然而代遠世移不致泯滅其姓名者幾希於是大尹柳公暨同寅陳先生輩詢謀僉同刻石以永其傳俾千載而下芳聲偉烈耿耿不磨是亦君子樂道人善之意也噫斯舉也不惟使前烈垂譽於無窮亦以使後學激昂而奮發有志竟成者登名是列跂跡前修使賈董韓范歐富之傳不專美於前而相與同芳百世可也余既

爲之記乃復頌曰堂堂黌泮洙泗之趾文物衣冠惟蜀斯美有杏其壇有柏其門山迎文筆水湧詞源人傑地靈賢髦挺生漸摩膏澤際遇文明累掇名科迭膺歲貢接武亨衢朝陽鳴鳳希蹤棫樸媲美卷阿勒諸珉石亘古不磨以啓來學以昭後世百千萬億永垂弗替

學鐘銘 明成化二年

報讀書之曉鳴飲食之節立明倫堂之右並講鼓之列振斯文之器豈錚錚之鐵

平山書院記　王守仁

平山在酆陵之北三里今杭郡守楊公温甫早歲嘗讀書其下酆人之舉進士者自温甫之父僉憲始而温甫承之温甫既貴建以書院曰使吾鄉之秀與吾楊氏之子弟誦讀其間翹翹焉相繼而興以無忘吾先君之澤於是其鄉多文士而温甫之子晉復學成有器識將紹温甫而起蓋書院爲有力焉温甫爲秋官郎予時實爲僚佐相懽甚得也温甫時時爲予言平山之勝聳秀奇特比於峨嵋望之巖厲壁削若無所容而其上乃寬衍平博有老氏宮焉殿閣魁傑偉麗聞於天下俯瞰大江煙雲杳靄暇輒從朋儕往游其間鳴湍絕壑拂雲千仞之木蔭翳蔚薈書院當其麓其高可以

眺其遠可以隱其芳可以採其清可以濯其幽可以棲吾因而望之以含遠之樓墊之以寒香之塢揭之以秋芳之亭澄之以洗月之池息之以棲雲之窩四時交變風雨晦明之朝花月澄芬之夕光景超忽千態萬狀而吾誦讀於其間若冥然與世相忘若將終身焉而不知其他也今吾汩沒於簿書案牘思平山之勝而庶幾夢寐焉何可得耶既而余以病告歸陽明温甫尋亦出守杭州錢塘波濤之洶怪西湖山水之秀麗天下之言名勝者無過焉噫温甫之居是地當無憾於平山耳矣今年與温甫相見於杭而亹亹於平山者猶昔也吁亦異矣豈其沉溺於此山果有不能忘情也哉温甫好學不倦其爲文章追古人而並之方其讀書於平山也優悠自得固將發爲事業以顯於世及其施諸政事沛然有餘矣則又益思於問學而其間又自有不暇者則其眷戀於茲山也有以哉温甫既已成己則不能忘於成物而建爲書院以倡其鄉人處行義之時則不能忘其隱居之地而拳拳於求其志者無窮已也子思子曰成己仁也成物知也温甫其仁且知歟孔子曰隱居求志行義達道聞其語也未見其人也温甫殆其人也非歟温甫屬余記余未嘗一至平山而平山巖巖之氣象嶄然壁立而不可犯者因可想而知其不異温甫之爲人也以温甫之語予者記之

懷仙吟序

吳用先

酆都山世所傳爲司冥者余意其地必陰森蕭瑟過之而愀然動也洎抵茲境閱縣志知古稱仙都肇晉迄宋代不乏靈乃艤舟登眺翠蓋丹磴透迤悅人及登絕頂見王陰二仙對奕處爽然會心仰絕巘之聳漢撫大江之環流真壯觀矣載謁琳宮瑤宇儼若聚真祥雲時繞白鶴可乘三島十洲誰謂弱水隔之飆馭太虛且不知復有人間世何問冥府噫業由識造境惟心生淨其心則升騰清都穢其心則沈淪幽獄然則暢元覽之致者安能滯迹於塵塗希步虛之蹤者胡不游心於物外慨焉有感援筆作懷仙吟二章

以質之方平長生二老云爾

重修文廟記

昔人云天不生宣尼萬古如長夜蓋以世至春秋綱常淪沒而人道盡廢天使孔子有帝王之德無帝王之位意固欲其扶綱常正人道挽頹風以復還淳古之風使孔子得位不過行道於當世耳不過顯治業於一時耳後世之人如聾如瞶孰知有綱常而盡人道也哉所謂萬古長夜正以此也我朝列聖相承君師宇內咸立文廟以帝王之禮尊祀孔子衮冕爲服宮縣爲樂從游弟子列爵以侍左右又建學校儲養髦士以備當世之用是文廟之重有自

來矣酆都重慶之屬邑也廟學舊在縣治之東我朝洪武初徙縣治之西百有餘年矣歷歲既久文廟滋敝不足以棲神起敬爲令者每欲修葺間以他故竟不果中州毛侯泰以戶部郎中知府事宏治庚戌仲冬按行是邑首謁文廟顧瞻咨嗟慨然曰是風教之所先禮義之所自其敢後乎惕然有振弊起舊之思乃發府中所積材木屬李令更新之李令體德意經營締搆偕耆民仗義者捐貲以助鳩工掄材而大成殿東西廡樑棟榱桷瓦甓牆壁之毀者易之帷幙以及籩豆簠簋罍爵之器敝者新之缺者補之邑紳士僉謂此盛事不可無述請予執筆予維孔子之道與天地同其覆載與日月並其照臨有天下者克行其道於以正己而化民爲士大夫者克行其道於是立身而用世烏可忘其所自而不知其所以報本乎是役也固毛侯盛舉而李令成之矣竊有告焉崇其祀者文也崇其道者實也文至而實不從聖人之羞也吾願士之儲養於斯者進瞻聖容有所觀感退而致力端其趨嚮崇德義以敦實行去枝葉以求本根則能明體達用建功立業以上報國家庶不負朝廷養士之恩守令作人之意矣謹記之以詔將來

楊溫甫傳

費宏

楊君孟瑛字溫甫號平山四川酆都人也酆都初無甲科君考諱

大榮始登丁丑進士歷官江西按察司僉事在任時故諭德安成晉軒劉先生猶未第因禮聘教君君天姿穎異方治舉子業已能縱觀羣書作爲古文詞伸紙立就數百言先生慎許可獨於君亟加欵賞以遠大期之君以庚子領薦丁未會試中禮部第八人刻文爲程入對大廷同學皆推遜以爲必登上第既而賜同進士出身則又皆爲之稱屈而君未嘗意動初授戶部主事連遭太夫人及僉憲之喪先後服闋皆改刑部才名日起陞員外郎未幾陞雲南司郎中雲南爲刑部劇署銓曹知公茂才拔於九人之後人無敢心競者司統邦圻法恆撓於勢婦有戕夫者權貴爲之地積歲

不能決公始至而正其辜京兆府屬官貪贓敗露欲怙求出罪卒顯黜之一戚畹奪民田有司不敢問公取歸之民清强之聲溢於朝會杭政久缺冀得賢守冢宰鈞陽馬公疏君以聞制報可君至郡值歲祲高郵之成災者爲賦十三萬四千八百餘石戶部聽攤稅於鄰郡貸銀於公帑而其實皆不能辦勢必以嚴刑督之君上疏當恤災以防意外之變得蠲十五蓋宏治癸亥歲也明年兩浙復旱饑詔以淮揚鹽課銀二萬五千兩蜀僉都御史王公璟使充賑濟之用而其半猶未至也君以贓罰銀充之民遂無殍凡荒政之可用者又縷白於王公不以爲嫌時郡廩類無餘積君曰荒

而無備吾可以罪歲乎哉增築廩六十楹發郡帑糴諸民間前後凡得粟七十萬石蓋他郡莫及西湖濬於蘇公且四百年豪右日侵其傍以爲桑田蓮蕩綺錯星布不知其所有也君因御史以重濬請既報可募化興役不半歲而功訖湖面之復幾四千畝其所畚除之土西薄山築堤以爲界東附蘇堤增其崇與廣焉於是六橋煙水悉還舊觀而上塘數千頃之田可無旱暵之憂矣方肇事謗議藉藉君曰天下事未有不任怨而能立功者況是非久當自定苟利吾民吾何恤哉及功成而謗亦息士民覩偉蹟且云異時當與蘇白同垂不朽浼少傳謝公紀事泐之石驛傳之夫法當調

於田稅故有戶頭貼頭多市籍奸豪踞之假符牒索修船買馬諸費於鄉之貧弱害及雞豚其桀黠者能以稅竄於宦家於竈戶則幸而免君因民之愬計產輸銀畝若干無敢欺隱凡傭者詣官受值歲有常度自是橫索頓除羨餘日積修湖之費蓋取諸此而民無與焉福建守臣貢方物移文趣杭郡造舟三十艘以待君考諸故牘則前此閩貢嘗至浙易舟費皆自辦杭特以篙工助之耳將疏請民勞當憫之故當道用君議以其舟均於浙之列郡而杭僅十之二省費歲六十餘緡安溪等闕貧民興販竹木爲朝夕計與過津巨賈不同成化初奸民網利請隸於工部分司錐刀之末至

與民爭非國體也君奏罷之郡之商稅前政輒因公而取之課緣是不足君懲其弊務官至降黜而攬戶配邊者又十餘人追理積欠得鏹楮數十萬軍衛俸廩賴以少給藥局之官多舊族苟冒冠裳士於診療亦漫不咨省自君至官必守職士知方技日更番在局以待病者而民始受其惠君孜孜官事未嘗苟且皆此類也贈修撰太學生徐應鑣墓在錢塘方家峪歲久蕪沒君謂當宋之亡上自宰執下至三學諸生皆相率降而獨應鑣不屈闔室一死節可以激勸來者宜立祠墓下有司以春秋致祭詔下禮官議而行之孤山有三賢祠祀蘇公及白樂天林和靖君謂六井之浚養而不

窮作新宮並祀李泌自爲記辭以迎送神文辭義甚美蓋君之才識英敏氣度恢宏視天下之事無難爲者斂而施之一郡特其緒餘耳故處盤錯紛糾之中從容整暇恢恢乎有游刃之地加以文章妙麗緣飾有餘所謂儒而通吏而華者也然君自負逸氣與世落落顧篤許宏爲知己宏淺陋何能爲役第嘗載筆從史氏從於賢僞之事功不忍使其無傳乃始載其治政之績他日傳循吏未必無取於此云君春秋鼎盛其所以爲不朽者固不止此也

贊曰吾聞楊平山自杭郡入丞京府民歌之曰楊君來西湖開西湖清楊君陞蓋民同欲固有先事而托諸黃鵠者況樂成於既復

之後乎驛傳之役自平山始均杭民慮其既去而訟吏相率請其建議之牘刻諸堅珉以垂示永久是亦非肆其吞鯨之威而强之使然也易曰不見是而無悶平山邃於易者肯以毀譽得喪動其中乎

重修酆都縣治記　崔奇勳

酆陵蜀之名區凡所建置因循久而因以廢至有遺址空存者鈌典之彖可徵巳小溪王侯樸貴陽望族也擢嘉靖辛卯上第兩提文符廣收譽髦以課最來尹茲土視篆之初慨然有鼎新之志顧帑焉則匱圖焉則耗躁動而本之弗培其誰與我乃煦槁沃焦櫛奸蠹梗孜孜以民瘼爲圖未幾而風以淸弊以絕元元咸乂始措置畫材規恢庶功盡取其舊而經營之先譙樓氣象雄偉樹表正也次廳事具瞻肅整端本則也次後寢崇以高閣兩廂書屋左右列峙時燕息也吏廊六儀門一陰醫學二飭常制也郭門之外繞以月城拱以樓堞嚴障隔也至於開通衢以造舍而士林攸躋置器用於公署而積困以蘇此尤全蜀所僅見者焉若夫大修學宮輪奐熒煌自天順以來所未備者咸捐俸以成之則冠山夏公之記可考也夫靈臺築而頌章華築而怨輿情爾殊耶存乎所感焉爾侯之總權綱持風裁不專於寬而撙節愛養一以保字爲主故

行禱而時雨降除壤而甘泉湧耀德而裔夷同天人協應理有固然者況無病爾民無傷爾財而登是峻功焉酆之人在所頌乎在所怨乎夫不動聲色而庶績凝大略也工費宏而下無損大惠也振百年之廢墜增三巴之壯觀大義也一舉而衆善具焉人品才識何如耶少尹王子上舍楊子持狀告予曰吾邑之弊甚矣得吾侯而新之曠世一事也願乞一言以示其傳予覽而嘉之曰循良國之楨也興作國之庸也庸之弗紀奚以昭楨楨之弗章奚以示觀治才隱而淸議熄矣因次第成篇將以勵官師於方來云

泮池銘　黃景夔

湫作陬居僧雍之如誰乖厥初藝風塞荒士訛皇皇言此否臧其乖斯何易以其差匪以其訛制艮冶堅弓盈月紱首事時遷駕虹飛危石檻雲垂貫虛誇奇春水沄沄風行煥文翠委韋芹山英海靈秀脈潛生肆發光晶一士豪豪雄長朋曹德言功高靑衿忭歡我銘緒完列永永觀

改建天福寺記 明嘉靖乙酉年 黃洵

浮屠法本出西域其後布衍中夏濫觴於魏晉逮蕭梁厥風益熾名山勝區多爲蟠踞雖高明之士猶專信而崇奉之奚罪愚俗哉我朝龍興衞道斥邪凡二氏宮剎在山野者毀之其附麗城郭者

不設苛禁固有所用之也酆都故有天福寺爲歲時朝賀所遑在西郊弗便趨蹌兵燹後僅存荒址至假公署行禮殊乖於制嘉靖庚子僉謀修復會邑人冉希有願捐地營寺獻諸官司遂以其事屬之沙門宗甯募貲搆材不憚劬勸越明年寺成又建門樓以居鐘鼓翼廊廡以備致齋更衣有室厨湢有所獨臺墀猶鞠茂草値雨潦則泥淖濺衣未能致敬歲在己酉縣大夫清平王侯捐俸伐石甃治衆皆樂赴兩閱月而工訖整潔宏敞可拜可趨又以寺門旁入弗稱儀觀乃易隙地闢正道焉每萬壽千秋之辰履端踐長之節長官率羣僚諸生演而行之肅肅雍雍無愆儀焉一日甯來白余謂侯之績不可泯請爲記余因進而語之曰上古之世巢居而穴處土階而茅茨若知之乎方今時雍迓衡黎民奠居余與若也帲幪而棲逸豫而嬉者秋毫皆帝力也其可忘所自耶浮屠者緇而傲頳弗臣弗子若屬惑於其教蔽也久矣余方謂法孔子固當麾而闢之烏可助其長也對曰然則廢習儀與曰何可廢也余前固已言之矣且幸於是得觀禮焉鹵簿既成天威咫尺執玉鳴珂勃如躩如睹吾君臣等威之辨聲容文物之章知先王仁義禮樂於是乎在而三綱五典無所逃於天地之間將憬然省悟去墨而儒若是則化浮屠爲忠義之歸者必自茲始矣以余觀甯若行

狷潔戒律甚嚴蓋用力於固守者也其以余言而逆耳哉既爲紀其歲月與凡佐費者之名氏而又繫之頌曰奕奕平都古縣開先翼翼梵宮堂陛有嚴香火昕昏鼓鐘震宣宰臣舉禮稽首揭虔忭舞呼嵩歡聲徹天岷江西來朝宗綿綿刻此祝辭天子萬年

知縣萬公生祠記 明隆慶壬申 黎元

生祠何祀也今忠州刺史永昌萬公也公嘗爲酆邑大夫酆人德之去思業有碑矣復卽平山之麓搆堂而肖像焉愛公之無已也維時捐貲飭材衆志競勸凡兩閱月而堂成諸鄉先生函書遣使詣余而請記焉酆涪鄰壤密邇余歲時往往知公之賢稔矣廉畯

之操斂肅之政一時令長鮮出其右者遂膺殊調俾侯本郡而嘗澤餘波恆惓惓於舊治宜乎民之不能忘也傳曰有功德於民者則祀之公歷年漸久而施澤於酆甚厚揆之法不亦當乎紹公而治者守而無失雖百年可也或曰公之廉常恐人知而其愛民也勞而不伐祠而像之豈其所樂哉余應之曰公所弗樂而民乃樂爲之固並行而莫禦者也愜情企慕其人則詢其爵里與夫容貌之詳肖像以永其思酆人報德之誠也宋儒眞西山帥潭州百姓愛而戴之爲作生祠時有歌詠其事者曰舉世知公不愛名潭人苦欲置丹青不須更作生祠記四海蒼生口是銘余不佞敬誦斯語以復諸君之請公諱谷字本清别號遯齋滇人丙午進士

酆都志目錄序

楊孟瑛

武王賜太公履東至於海西於河南於穆陵北於無棣孟子亦曰域民以封疆之界盆都分土守而爲邑以是爲守也故首疆域疆域之內有山川故次山川山川險阨邑恃以固故次形勝九州皆有分星不以是辨野何以察妖祥故次星野世易物改則邑有併有割故次沿革邑以民爲本故次戶口有人此有土故次田賦有財故次土產山川土田戶口貢賦必治以官故次官治三里之域七里之郭與民守之故次城郭街與坊巷皆城中之途市則鄉民市賈以粟與械器相易所謂以羨補不足者也故次街市坊巷城有坊鄉有里所以區別民居故次鄉里郵驛宜令津梁通往來皆政之不可闕也故次郵驛次津梁政有所宜先莫若哀窮故次惠政歲有豐凶不可無備故次荒政足食足兵事相維繫故次武備民爲貴社稷次之故次祀典民治神事政備修矣又何加焉曰教之故次學校科貢學校所成也故次科貢茂才異等或行業名世科貢之英也故次人物教化興行賢哲作則風動於上習變於下故次風俗大都以廉恥節義爲重故次貞節次隱逸然必一邑之間得賢長吏爲之父母師帥休養以厚生化導以敦俗乃有賴焉故次名宦推封以勸孝故次高年崇爵敬長亦風化之餘世改人

亡遺跡未泯皆人物之餘故次恩典次古蹟次邱墓次樓臺惟釋老之教於吾道別爲一端故次釋老文所以紀一邑之事詩則咏歌之者也故以爲終邑有志猶國有史史掌於史官日有記歲有錄代有書郡邑得人則志修否則廢廢文則事皆逸文獻不足徵矣豈細故哉吾邑之志燬於兵燹且百年成化甲午教諭陳先生瓛嘗有事編纂未脫稿滿去宏治丙辰麻城明侯紳雅意修輯請於郡宋公甫公以屬孟瑛瑛延長壽孔藎臣與同事按實於稗官質疑於故老事以類分例以義立類例之間各著臆說雖才乏三

長而事備條目覽疆域則見經畫閱廢置則見盛衰稽戶口田賦則見貧富考風俗人物則見政教吾鄉之文獻蓋庶幾焉凡治邑者取一編置案牘之間仕優而讀之因文以求義因事以求鑒興廢補敝因革從時吾民尚亦有利哉瑛成是書板行十餘年矣自病寡陋恐多闕遺頃備官天府特乘餘暇删定而更刻之序此於目錄左方

附楊孟瑛開杭州西湖條議　杭州地脉發自天目羣山飛翥駐於錢塘江湖夾抱之間山停水聚元氣融結故堪輿之書有云勢來形止是爲全氣形止氣蓄化生萬物又云外氣橫形內氣止生故杭州爲人物之都會財賦之奥區而前賢建立城郭南跨吳山北兜武林左帶長江右臨湖曲所以全形勢而固脉絡鍾靈毓秀於其中若西湖占塞則形勢破損

生殖不繁杭城東北二隅皆鑿壕塹南倚山嶺獨城西一隅瀕湖爲勢殆天塹也是以湧金門不設月城實倚外險若西湖占塞則膝衝綿連容奸資寇折衝禦侮之便何藉焉唐宋以來城中之水皆藉湖水充之今甘泉甚多固不全賴六井南井也然實湖水爲之本源陰相輸灌若西湖占塞水脉不通則一城將復鹵飲矣況前賢興利以便民而臣等不能纂已成之業非爲政之體也五代以前江湖直入運河無復遮捍錢氏有國乃置龍山浙江兩閘啓閉以時故泥水不入宋初傾廢遂至沉塞頻年挑濬蘇軾重修堰閘阻截江潮不放入城而城中諸河專用湖水爲一郡官民之利若西湖占塞則運河枯澁所謂南柴北米官商往來上下阻滯而闤闠貿易苦於擔負之勞生計亦窘矣杭城西南山多田少穀米蔬果之需全賴東北其上塘瀕河田地自仁和至海甯何止千頃皆藉湖水以救亢旱若西湖占塞則上塘之民緩急無所仰賴矣此五者西湖有無利害明甚第壞舊有之業以傷民心怨讟將起而臣等不敢顧忌者以所利於民者甚大也

開湖告諭　先賢利民深宏利本特濬西湖之浸用溉上塘之田多歷歲年漸成湮廢比者鄉賢侍郎何公生長是邦習知成事著爲三說辨析百端伏蒙當道俯念地方力圖濬復予又職司水土敢憚劬勞重惟湖上之園池盡是豪家之封殖一旦開毁百家咨怨民既傷心我亦動念但今民之產本昔官湖民侵於官以肥家固已干紀官取於民以復舊豈謂厲民又惟上塘萬頃之田夙仰西湖千畝之水水盡湮塞田漸荒蕪利歸於數十家害貽於千萬井況古人留利物之澤豈今日啟生事之端幸相導以平心勿相搖於異說有以占產自首事原情免罪奏請除糧查得銅錢局及崇興崇善禪智等廢寺田以畝計者數千地以頃計者盈百動連阡陌間附城闉膏沃可耕標換如數況在昔湖田皆揑糧之稅於今清籍有新增之糧新增者至九百而有奇揑報者幾八百而不足稍加查派不費更張决不累民無患虧稅予性知執法心在利民非勢力之可移惟鬼神之是質凡我父老幸爾鄉閭早爲遷移無肆頑梗

四賢祠碑記　孟瑛守杭部三年於今屬邑仁和海甯洊以旱告事聞於朝得復開西湖孟瑛任其事還往孤山見三賢祠棟橈樑壞懼神之不棲爾蓋吏之不恭也竊惟逋仙風節山崇湖深名教攸係白文公蘇東坡皆杭賢守石函一封時洩時鍾葑洲既闢千頃一碧爾邑

田殘溝斷漁莫匪遺澤民到於今賴之堂廡弗飾牓銜弗嚴何以格神明昭崇報耶又惟唐鄴侯李公泌亦嘗刺是州穿六井引湖波民始不食鹹苦雖功不在湖而以湖爲功與白公蘇公埒曷作新廟合而祀之更稱四賢神之靈人之情協順助信而杭民亦永有依歸矣乃具其事白於鎮守麥公劉公巡按車公程公張公暨藩臬諸公乃發帑鼎作之堂爲楹間者三樑棟旅楹悉以柟四隅之楹以石榱桷稱是門廡皆撤朽腐更用飭新漆丹堊黝甚麗以法斂剩材作思賢堂於祠西繚垣四周直湖啓門榜曰四賢且籍廢寺田地六十畝俾守者具歲事仰惟三公治杭事有美績人有遺愛幸應祭法六井一湖才一事耳然杭人祠文公必於孤山祠鄴侯必於湧金北城祠東坡必於湖隄鎖瀾之橋豈政以時易易則不傳愛與澤流流故終不可諼也今孤山之祠蓋以北城湖橋既廢故因文公之舊而合食於是至於推祀逋仙則宋秦定郎有之蓋義起也是役以三月八日肇事閱六月訖功孟瑛幸僚屬諸生釋奠祠下賦迎送神詞二章禮成因敘作祠始末刻諸石并書二辭遺杭人使歌以祀四君子云其辭曰

西山之瀦兮淸且漣漪春橋星柳兮秋風不腓誰汲綆兮六

井誰啓函兮上塘之陂緬三賢兮湖上招逋仙兮遊嬉考鐘鼓兮鏗鏘望君蒿兮杳微擁雲旗以來下見旌旛與裳衣散新宮兮並坐慰吾民兮永思孤山兮在水中央梅枝零落兮花有餘芳渺逋仙兮何在侶三賢兮一堂抗朱紱兮章布道同歸兮行藏於以奠兮芹藻肅郡守兮自將睠堂廡兮少留委吏民兮耿光幸顧步兮容與覽新湖之圓方千秋兮萬歲報事兮敢忘

楊五湖先生傳　　曾德升

先生諱維新字五湖姓楊氏世爲平都望族始祖諱德言仕元爲萬戶侯統軍入蜀遂居於酆二世祖諱繼祖襲封萬戶侯三世祖諱文興不仕四世祖諱宏道封大理寺評事五世祖諱大華不仕其從祖諱大榮登順天丁丑進士擢江西僉憲六世祖諱孟蕙以

明經任經歷其從祖諱孟瑛登成化丁未進士授順天府丞高祖諱汴應歲薦典教與文曾祖諱一通歲貢生父諱純仁庠生先生年十二遭太夫人喪事繼母以孝聞少好學以文章意氣自豪讀書喜秦漢讀詩愛少陵視時下帖括無足當其意者自顧不合於時遂發憤爲詩古文詞由是益與時不合而人之從其游者皆知愛先生落落足奇而不知其才之有以用也崇禎丁丑入邑庠甲申得拔貢會獻忠之亂巴蜀陸沈閣部王公應雄承制討賊考拔人才見先生意氣豪舉文章卓越遂授甕安縣令未仕後我

朝定鼎總制李公題敘先生引病弗仕家園築寶宇廬三間中置宋刻碑左右列圖史詩書教子若孫誦讀其間愉愉如也余以後進常詣先生論世事得失考古今成敗先生馳騁上下慷慨激昂余益嘆先生時雖塞而意氣自豪也後經南浦之變先生堅卧不出隱居山莊因石爲磊園終日於竹洲花塢間彈琴賦詩嘯歌自得戊辰秋余過小邱園先生出近集示余其文上追秦漢其詩遠逼少陵余又益嘆先生年雖衰而文章自健也惜其不合於時使有用之才賫志以沒悲夫迄今十餘年迴思往日寶宇廬中論世考古則杳乎不可得矣即重游磊園咏石上滄浪之句漠然徒見山高水深更百年後文章意氣鮮有能之者故筆之爲傳以付其

孫雪堂雪堂讀書爲文倜儻有大志異日珥筆史館敘傳亦得以有據云

建世祀菴碑記　　劉世曾

邑西二十里許有山名大池矚之蔚然深秀中有菴題曰世祀刱菴者誰里中黃孺人也孺人姓楊氏僉憲公大榮其高祖也仲子孟瑛第會魁累官至京兆其曾大父也大父節光祿丞父纘上舍孺人歸黃公世修修都運公景星孫郡憲公洵子也嘉靖甲子舉鄉進士迎孺人有年無子畜側室亦未夢蘭孺人不自得以鞠嗣息故亡何又丁乖感孺人愀然嘆曰人生荷兩儀二親劬勞覆載

以女流適人寄之宗祧今鬢已絲如後嗣何予未諗前世何因今生受者乃爾不預來世計竟誤矣遂減珠翠輟綺縠矢之天日曰吾持梁刺齒肥久矣自今從素食焉乃別居一静室繪大士相晨昏禮之起居食息輪珠誦佛號求爲弟子凡四相三乘類恆以悟得之爰諳大池山人地胥宇捐鏡梳衣幣出累年蠶績者和之置田二十畝餘建菴於上繞以垣牆厥費自己毫不呈於夫家毋家洎銅爲佛像祀之菴中妥皇帝萬歲牌位於座前寢內置都運郡憲公神主菴後隙地壘窀穸制若緇衣者流他日脫舍則歸形於穸歸主於寢雇僧二人主若菴佃若田歲入其租祗修醮事仗佛

力以報天地君親德黃氏宗祖洎孺人夫婦身後咸與薦焉醮事品物有額疏章有式主僧世度其徒歲遇春秋則按而行之餘租給僧徒衣鉢永充常住事竣亟幣走使屬余記之使者再拜曰吾主此舉期垂不朽恐後爲豪右所奪敢藉公言以昭勸戒余曰爾主其情誠哀其慮誠遠聞之佛氏功德無量即九幽亦能超度爾黃氏先人得尾蓮座庶幾萬年香火也世有有後嗣者一或不肖則擢先祖祀孰若孺人據若所爲可謂無佛而有佛無後而有後矣秉懿好德情所同然後人游支遁禪居則生善心瞻至尊牌位則生敬心復睹黃氏昭穆及孺人遺塔則又生不忍心矣固有增而修者敢奪之以蹈不仁耶當世戒菴僧勤修善果無令睥睨者乘釁焉爾主果了生死則異世輪迴仍其故業也顏其菴曰世祀斯名其稱情哉使者曰唯唯歸以之復吾主云於是爲記

寶公生祠碑記 明萬歷九年　詹貞吉

辛巳初夏余轉官北上舟次酆陵庠友蔣生雲路李生茂楊生茹熊生祐達持先生祠狀懇余誌其事於石余業有論文之雅弗克辭按蜀志漢王堂守巴州唐陳易從守彭州兩郡立祠祀之類是者罔多然皆處權位功易樹而民易懷也先生則儒官閒秩何酆人亦祀於祠及閱狀先生楚人也爲諸生即有大志慨然以天下

自任先授西甯學訓承委丈民田不避豪右界在王室者亦公以從事自令僮僕攜饍纖芥不以擾民縣餽公廩封還弗受三載以課最遷酆身率諸士章之教言大都以黜浮靡敦實行爲尚月嚴考校甄別無錯眾皆服其明敏燕居必正衣冠皋比不撤坐出則振響鳴鐸人不敢干以私諸士凡有所爲於其鄉閭及於其家皆曰吾先生聞之得無不合於意否莫不忖度而後從事寒士有餽遺者弗受兩過始進隨束修多寡絕不啓閱甚至豚肩樽酒亦欣然納之橐中靡有藏物攝教鄰庠所至有冰蘗聲督學郭公命附集大學衍義綜覈往古參以時務足裨經濟實用督學公旌之庚

辰秋縣簿剝民膏脂辱及士類有無辜而遭拷禁者八九相與泣訴於堂赧然曰吾所領子弟狼狽至此詎忍默默爲乃直陳其事於臺省或曰寒官悍吏終非敵也且訟興獄結力僨財傷非可慮分於旦夕盍隱忍先生曰吾家世甘貧苦濫竽教柄非爲營私計苟有培於士氣雖弗官可也利害不顧竟求直焉羈渝州閱月載轉省城衙參跋涉始終無一怨言歲暮歸任聞報擢襄府教授官轉錄事適有耆賓舉鄉飲者酬以兼金先生嘆曰茲盛事也吾以之市恩可乎揮勿顧檄催領憑先生以事未竟不苟於去求伸夙志其賢不可盡述也邑士民德之肖像立祠以祀焉祠在平都山麓

前有溪流與萬侯並先生諱希顏字子愚家於永之祁陽縣號祁北荆號亦八子所著有五倫纂要淮南摘粹發明河洛太極理數河源圖註洎前大學衍義等書傳世文章德行可爲遠也矣余遂銘之曰平都巖巖溪流潺潺先生之風激懦廉頑尚以丹青爲表儀型可圖白髮難繪丹心敷陳苜蓿香飄絳幄祝公之年壽而且富

啓建文昌宮記 明萬歷壬午　戴文亨

平都山麓觀宇鄰比若民居然矣當羣宇之中有地一區岡脈隆然江城環抱平麓之勝此其輿焉識者嘗謂其有待也隆慶初兵憲喬公登而異之稱爲文明之區迺屬邑侯萬公創爲凌雲書院太史曹公記之矣是時人文濟濟卓有凌雲氣頌二公之遠覽而嘉惠者藉藉也萬歷己卯奉議撤毀翼然堂序一旦鞠圃艮可慨夫壬午之冬貞菴鍾先生名煥富順人來署吾邑顧其墟而嘆曰噫嘻名山有遺址哉溪流潔洄宛若七曲蔚哉文章府也而墟之可乎爰命僧人性月募修文昌宮殿即捐俸金百兩以爲倡士人附之民之仗義者輕百餘金以助之不逾年而工乃就正殿巍峩坊樓翼翼其規制氣象彷彿黌宮視昔之建立者徑庭矣嗚呼是地之勝寂寂於前古後今者不知幾歲月矣前此一顧乃曰文明

繼此一顧乃曰文府前此有作以造多士繼此有作以祀文衡蓋山岳之靈古今旦暮而此心之靈在智謀遠大之士者所見同也由是士人振奮於德業事功以求無負庶此宮之建大有裨於文運而平山增重矣

直指李公平險灘碑記 萬歷甲辰　黃輝

西於平都可十里許豎巖衡梁交環束江江怒而戰灘激巖悚怪石鼓猛礮霆互吞戈鋋鱗鱗巉漩波阸舟一無幸立入鮓甕黔南李公昔司渝李行役過之躬嘗厥險謂灘毋頑鏟若必我姑視吾力窮爾久貸後十餘載果來按蜀亟檄治灘毋養餘橫時維萬歷

卅有餘載役始春中八賈厥勇灘石慚懼未裂先泣沃膏而來邪許傾山水礫金流不見鑿痕江舒以前縠如慰如凡五閱月遂告成事舟檣往來望之歡踴昔我由茲五色靡壬灘聲激天鼓榜不聞萬斛葉浮千指髮懸窘迫無措羣號大士謂惟大慈能救斯苦是故字灘曰觀世音赫赫李公應聲濟世祗茲巨阻若捩舵轉匪神所相易詎乃爾神不敢居歸之我公公莞爾曰功則何有茲灘昔年鬱於予懷雖不去心敢謂必償帝鑒予誠竟決以流斧如不西其奈灘何必云有功歸諸國家僉曰洵哉昔祟伯子實產我蜀塗山家門鑿峽如新公昔爲理囊蜀利害今重我蒞若還厥鄉探

懷施仁福利濟菑如出金簡奔走百靈若茲灘險匪水匪石假合成險乃於公斧無心猶爾況有心者凡茲伏慝有如此灘勿謂灘眾無瑕盡斧公斧在心不依形立非故平之由險自取有險有平猶云相待灘待公來乃平茲險一灘就平百灘震驚不霜而栗維仁生威昔漕江淮載澄河海斧無難夷皆立底績於衣帶水解結何有若平都者又帶之縷何況其灘而敢恃險公矢平灘初念無負由灘以往報國何極尚輔明德遠追伯禹百爾神人當矢如公務平乃心無負帝命心本自平何故而險心所造灘險百於水毋謂無傷必有斧者禹亦人耳獨平水土思日孜孜爲不平故能平

一險一險之禹公功匪灘卽灘功在以灘功公如管窺天天豈在管亦不離管故樹斯碑表公平心以平神人如鑄九鼎爲神奸故使弗若若孰爲鼎者嗚呼念哉各護乃心如護公碑無險可斧無灘可平是謂太平蕩蕩䃢江公功常存維公卽緒公落以詩巴人和焉勒石亭之亭依於空有臺有坊輔以仁祠茲舄守之并在灘岸灘去名存維觀自在常與公俱預斯役者守令而下凡若干人附書碑陰永垂來禩

九蟒亭記　明天啓甲子　周廷甲

嘗讀山海經云宇內洞天福地四十有二酆之平都預焉人人耳

食山靈邃埒於蓬萊三神山之屬余曩卽未領略其勝心實嚮往之叨命來撫斯土愜所願矣登山憑眺見峰巒插天芙蓉削翠江波映日檜柏干霄煙嵐藹藹恍若羽化去幾不知身在人世間也揖柯亭訪爐竈問古探幽隱若青牛道士孤劒仙人相與語者玩賞久之既而憩息山腰又睹蒼巖削壁鬼鑿丁剜丹篆蘚碑葛天蓊翳中有九蟒之亭焉住持僧云御史楊公之神也宋慶歷二載生於西湖長於洛陽勅授御史顯異茲土有年矣夢告里中陳生有若欲成名必日月倒縣之語及鄉闈本生葩經獲售果符月恒日升之驗事之可異不止此考其創修圖洞嘉靖戊午也既而重

飾亭臺隆慶辛未也規制湫隘亭榭卑小傾圮頹廢砌道崎嶇余心悒悒爲之惻焉曰噫若此則巖壑不靈樹石無色何以肅明威而妥赫翼也傳云以禦大災則祀以捍大患則祀楊公之神福庇一方則崇祀而重新之無非爲斯民計固非淫祀者比適有僧以是請爰給印捐貲與僧遍募甲子之歲鳩工掄材拓基運石第見廟宇傑出臺洞改觀非復向之湫而隘也丹堊陸離金碧照耀非復向之俚而晦也雲磴天梯周行坦徑非復向之欹而側也治像以銅非復向之土偶而脫卸也快睹翬飛樂由砥矢不仰止益新哉丹竈石枰之間五雲六埜之勝又增佳話矣工役告成僧乞言

勒堅珉以誌不朽爰拈筆書之

重修明倫堂序　林明儁

事有爲吾及見者一變而爲吾不及見者及見者吾也不及見者吾也生而有兩吾耶閱世而有兩世也重之感也夫及見變而爲不及見置諸可也必欲謀爲再見誰將許我多不述余生乎酆長三十年蜀始亂始無蜀無蜀而始無酆吾所及見之酆變而爲不及見之酆於外凡十五年

大清混一　亡人自外歸見酆非復向及見之酆心甚疑恐以爲事之變至於此吾生適遭之洵一人而兩吾一吾而兩世也嗟乎酆及見不及見置諸可也湯侯至歷才吏之勤勞而又有酆何其能也雖然終非吾向及見之酆也嗟乎酆之及見不及見置諸可也往往嘆息不欲置諸衡邑之本末先後緩急風化之係爲最大者僉議修學然不無格於勢限於力爲之奈何夫邑之有學猶人之兩目人無目不能行邑無學致遠能文之才於何取乎古之爲學吾不及見即所及見皆近世之學也明三百年蕞爾酆邑列鄉校中者常四百餘人應鄉舉里選者若干人舉進士者若干人鄉射飲酒春秋合樂養老尊賓陵夷至衰敝之季仍未廢而士之勵廉恥勤服習其時上下貴賤名分屹然無亂俗至大傷風化者以有

學在也頻年以來

朝廷詔立學再三僅存十餘人皆皤首鮐背沐新恩與進三涉科歲比不下二十餘人會僉議謀諸湯明府捐立先師廟粗具規模春秋釋奠舊明倫堂亦廟之左爲琴瑟鐘鼓羽籥師徒講習肄業之處左右齋庫藏祭器經書典籍秉鐸有論有導署必備今不及見所見粗具之一廟有廟無堂生徒不至名存而實廢大古之爲學不及見也即吾所及見之學亦不敢期其全而再見之惟堂與廟之相爲倚重願量力稍立規模而從事焉邑子弟望鄉校而奔趨爲數漸廣里人各愛其子弟各敬其長老鄉射飲酒春秋合樂

養老尊賓事可漸復里俗勤生博施不吝其財義風未盡絕衡邑之本末先後緩急於此爲最大者幸匆猶豫焉猶怪浮屠羽室不勞謀議旦夕觀成非資其官之侈則民力焉反以爲當然獨修學多異同遲久不效其故不知其所以也以云愛子弟敬長老勤生而博施然與否與誠力爲之不變今之法不失古之遺當事一垂淫焉風行自上下民尤而效之又何旦夕之不可觀成乎庶生而有兩吾之長老輩少慰惓惓也矣

舊志小序　林明儁

自禹貢奠高山大川釐爲九州天官書以星野辨九州之地而風

土占驗各隨其方酆於梁州下邑同連參井分野豈必强爲別異然俗產災祥間亦有不同者愼固封守修省庶徵非有土者責與

地輿

自封建之不復而郡縣之建置於是乎不可已也漢唐以下有軍道路省之不同要之改物立法亦隨時制宜耳全蜀蹂躪之餘舊觀未復振舉廢墜端賴後賢修明者其可無所考鏡哉 建置

三代分田代有定制而什一之法或重輕也唐制租庸調猶爲近古歷宋及明襲兩稅之遺意合丁畝而稅之以致工作郵傳無不取給於是自獻賊入蜀酆民無了遺逭

國朝丁酉甫入版圖旋爲譚逆叛據溯諸全盛十不得一焉生聚而撫循之伊誰之責哉 賦役

班固作循吏傳詳守相而略於令然親民之官莫有切於縣令者自令以下各有分司

國朝裁汰冗員惟教職仍全設焉所以專考成而崇文治也酆雖僻處下邑然頌召杜繼孫胡者代有其人棠思峴淚長留不窮考古者其循名而責實也 秩官

古者立賢無方惟制科得人最盛凡以明體而後可達用也進取不一途而

聖天子注意科目時與疏通酆邑科貢接踵而登仕途者不少概見遐稽曩哲或以政績顯或以忠節著或以文學彰皆制科所得而孝義節烈出於里巷巾幗者不少孔子曰十室之邑必有忠信平都負山面江流峙高潔山川之鍾靈性情之感發良有由矣 選舉

名勝以適游觀原無關於政治也至佛老之教尤吾儒所不道然平都本以仙蹟著相沿成訛遂使幽冥荒誕之說得掩本來面目紀其勝所以黜其妄也況游覽亦性情之寄巖壑之勝非博物者所務詳與 名勝

重修平都山記 康熙壬寅　林明儁

平山仙山也而雜傳幽怪飄忽之說聞於天下集古今稱山之所有其說不馴布滿山中半神祠半羽屋半釋室詰其由來人情好怪當其無事樂爲非常可喜之議神仙之說不足以厭之而幽險深渺之說相繼蠭起以意穿鑿山遂聽人修飾至極盛無以加而清虛一派爲其蔽塞豈非穿鑿太過反爲山累與蓋其初立說其意不至於此而其後牽合附會遂至於此也亦云勢焉而已矣前不及考歷漢唐宋元明以迄於今不知幾興廢存毀甲申一變咸陽烈炬山中一無有存者獨五雲樓巋然屹於靈光康熙元年湯侯濩來令茲土值酆都破裂垂絕後子遺散失侯力洗一時污濁

此於誼以廉能著動物本於誠酆人信之服其誠而安居酆又自此始侯秉正不喜爲異論蕩惑人心教化酆人其言平易正直而不可易茲山集古今流傳雖不出自學士掌故吾度其始指酆都爲幽都或者性情功效之微旨凡民不曉六經之言尋常難喻聖人禮樂刑政賞罰是非有時而窮不得已托杳冥雜出悚動人心曰獄成於此勿錯履至層層不出也其亦憂之深慮之切乎皆教也不然由今思昔豈無頌法先王正誼明道如昌黎谷永輩卒無有正之以義者其辨以曉天下而天下之人咸知有酆都由其說雖鶩愚夫婦未始不可以懾奸雄已於未萌止於將動又皆權也

教與權俱以補聖人禮樂刑政賞罰是非所不及又安在非性情功效六經之所變而出也故湯侯入其邑汲汲不欲聽其盡廢勵意修舉夫廉能者吏治之望者也有舉輒信命山中住持僧性學往焉文武羣相感發酆人亦樂風行之自上不敢私蓋藏越二年而完閻君殿以懾弗馴也越三年而完玉皇觀存帝鑒於伊邇也關祠之役明忠義以篤俗也平都山又自此始至仙蹟存於五雲樓無事修舉余編氓中之一民耳棄官老歸日睹心動計少時讀書山中以此山極盛爲憂慮其勢至於不足恃而變生焉今果後效之不爽豈非其勢使然哉一山之興廢酆人不及見多矣而余

見之感而爲記永遺愛於弗替表茲役而出之後來增加至於極盛又不知在何年所也聖人在上明以禮樂幽以鬼神雖百世可知也

甲辰掃墓記

林明儁

儁爲兒時隨先府君至墓下尾拜起末旣奠先府君命子弟扶長老有服者次序列坐其處舉酒盡歡愛長老戒幼少敢有蹈於非勿使近墓辱先人子弟好修而賢也多飲之吾門篤俗期勿隕先訓拜掃勿斁如此今老矣幸得生還睹曠然一坏土而已富貴何足談於茲獨有感也感而有言詳吾之所出也言之而有不及親

盡故也林之籍於酆蓋自閩入蜀姑不紀自六世祖文振公在酆以歲進士官武昌二郡贈奉政大夫傳至明儁皆力耕讀書既無車馬赫奕婢妾靚麗蕩惑鄉里亦無官爵貨力動揺府縣凡親未盡與親既盡子姓頗敦尚禮讓崇勵廉恥無敢有胥官司者走訟者安鄉宄者嬌詐修飾言語欺罔君子與夫亂俗者由今思昔猶有近古之遺甲申一變禍亂踵於蜀獻賊賊其半姚黃賊其半亂兵賊其半蜀亡而渝隨之林族子姪千餘室無有存者余倖領乙酉辱徵辟濫入官路攜從弟明佑明偉明倬暨兒堅本姪約有七八人於外幸免耳嗚呼毛羽之屬尚知報本余獨非人子忍捐棄

墳墓遠遊哉以其輕者較其重者功名利祿非所論也以其緩者較其急者全其身及子弟以存祀田園廬墓姑置之也置之而曠隔於心如烽煙道阻隔若絕國何取年歲考之二十載始得於歲甲辰秋九月攜有生三閱月之弱子撫成二十一歲與姪厚本健本堅本同伏墓下偕東坦劉沛遠徐爾强暨族一長老鄉鄰之猶有存者席草列坐焉嗚呼時移事換萬族寡鮮十里一犬吠聲牲殺祭告之餘不知泣之何從也儁德薄邀先人厚庇其可幸者猶有三焉賊發塚盜取無遺而祖塋石窕先府君墓獨無恙歸掃如故一也子若姪猶能讀先世書立功名繼遺烈二也昔人以官爲家眉山父子當天下無事飄若萍梗究卒於官不得生還西川死猶有餘恨余値滄桑之幻身經百變攜其主婦並子若女弟若姪破深阻而浩然歸里詣墓而掃招族亡人指數耕祭田修祠宇三也三者之賜皆祖若父之積先祖府君在鄉校齋長中型邑多士先府君生有完行孝友著聞輕財慕義重然諾君子長者常以不得交爲恨賫庇時儁年十有七歲倚先恭人壯遊老歸齒髮俱變墓間首數迴而腸折又不知泣之何從也略其事不書無以示鄉黨鄰里垂後世子孫伐石記諸於茲尤有感也能爲儁者如儁而止猶不失爲中人擴儁而大將等而上之不能爲儁對墓面熱內

慚汗出食不下庶其愼所不能而戒之哉

忠烈三賢傳　林明儁

忠烈三賢者何川撫陳公士奇渝守王公行儉巴令王公錫同事渝爲三賢也逆獻寇蜀三人復同難蜀人哀其死烈甚稱爲忠烈三賢也陳公福州人字平人天啓乙丑舉於禮部爲人掀鼻昂顙有大節爲文多奇氣不屑於一切海內人豔稱之在部以忤忠賢謫居會天下更始復起辛未分節上川東兵憲察吏親民課士典戎咸藉藉爭遷貴州學使者庚辰復視學於蜀校士最當人意時獻大亂楚延荆歸逼蜀蜀人恐公典文事退而治器散金募士以

備朝廷知公兵略屬以蜀撫軍公撫蜀值蜀兵久弛將以名應兵
隸於府者多市人不習戰束於功令餉又不繼四方胥有事寡援
糜一趙雲貴授以兵柄氣驕常把劒挾文吏弗馴公知不足恃常
有憂容圖所以待獻未一日少佚也王公字質行宜興人崇禎丁
丑舉進士年少丰姿玉立尤顯於文以部郎出守渝州渝治開渝
社以文章節義勸士士之遇於公者盡洗浮囂力反古始攝兵憲
嚴武備檄屬從事保隘凡要害令圖以進披圖而覽覽而畫不啻
身履其處捐募死士抑驕養氣毋敢嬉游於市備敵翼翼如也王
公字子美豐城人庚辰廷對以文章節孝名於時爲巴令所至民

安樂之甲申逆獻去楚竄蜀入峽夔師失利遂屠夔城焚殺無遺
飛書馳至適姚黃賊乘釁大肆擄掠徧渝屬忠酆長涪北境公率
親信擊之以殲姚黃聞夔報馳返巴同王公質行請增兵堵獻一
戰於小江再戰於曹溪再戰於黃草峽再戰於明月峽舟師數捷
陸道失險躪入江北以斷我右臂水路兵與將遂逸去三公擁孤
城城兵可指數賊至城下三公分道登陴分布颶火器飛矢石賊
多中死益倍力攻城城中器與矢盡三公仰天計無所出六月十
日賊虹霓礮大發城崩裂遂入城先執三公於獻所不屈目夔夔
以睨獻獻一笑殺人一纍礫人而下三公欲奪其志也陰戒賊部

婉轉誘導語出一以掌擊賊一攫賊冠碎之一厲聲大作獻始恣
睢暴發命臠解之罵訶與氣同絕正作怒皎日風雷大作雪塊如
車輪震瓦斷椽賊衆偃仆傷斃獻恐命亟收殮煆煉賊遂不敢留
於渝指成都而去逸史氏曰余覽編年嘆執筆之誤且闕略荒陋
不逮甚矣書張獻忠由成都順流取重慶推官王行儉死難事莫
大於億萬生靈官莫重於仗節之吏書順流而下何其誤也書守
爲理而司理鄭問元間出未死何其荒陋不稽也傳之後世何足
徵哉孔子曰吾猶及史之闕文也又曰斯民也三代之直道而行
也史文闕直在人心我蜀孑遺存者歲時僉曰忠烈三賢尤怪世

俗之言曰文士鮮行以概天下賢者謂文章不得與節義同齒輒
詆文人一切無用而不知關於名教舍文章末由也文者道之著
節義所從出也三公以封疆之臣值末造兵孤餉絕戰不勝守弗
克不得已以身殉死臨死張舌欲飲賊一斗血氣盡罵訶始歇上
感天怒賊用落膽俾人紀永植天常不墜豈非文章之教哉維彼
其說不知睨近來稱仗節志不辱委徇至慘極於身而猶詆訶者
屬何輩也三公方駕格澤驂賓於帝所正氣拂鬱於天壤死且稱
快不以死爲重輕而傳多荒舛無以篤俗訓人疑議於茲也余以
渝人習聞而見表而出之方賊來蜀無三尺童子乞降劉人較天

下禍更烈而甘死不拔賊亦未始非三公之教也悲夫撫軍郡侯余諸生辱文章知遇甚厚旣梓余文公天下以示勸復相深於行誼今茲之言非私也夫亦何嫌屈原爲宋玉師原死玉作些以招原是傳余之些也而出於蜀人之同私亦公也

修平都山二仙樓記 康熙十年　　蔡毓榮

余涉瞿塘灔澦遡夔關雲陽而上閱五百里始達酆都邑有平都山爲漢王方平陰長生棲眞之所道書所稱洞天福地也余艤舟攬轡登陟其上孤峰削成高插雲表俯看縉雲龍洞諸山直培塿耳碧波萬頃如堆琉璃黄葛蟠根石上大蔭數畝古柏千章皆非近代所植靈花綵羽滴翠流丹蓋自巫夔三峽崒嵂巉巖觀者目怪神搖至此則心曠意怡秀色蒼靄儼若赤城元圃別有天地非人間矣山固多奇勝舊有平都八景精舍古蹟不能悉記而其最勝爲二仙樓余顏其榜曰中天積翠又集唐人詩爲聯曰山隨平野盡天圍萬嶺低又曰薜荔搖青氣煙樓半紫虛此山眞境也樓遭獻賊所焚燬日漸傾圮余懼其久益摧蝕乃捐橐中貲爲修葺費樓後有關夫子像神氣威嚴凜然如生向有殿置五雲洞上今洞亦堙塞故移像於樓後余悉命改葺俾復舊觀未幾酆都尹李如澇以工竣告成余甚訝其速迨後復還楚經過其地則輪奐一

新令人有淩虛想益徘徊不能去因憶蜀志唐叚文昌嘗愛此山後三十餘年建庵幢再續舊游始得崇飾樓觀以畢疇昔之願余今一歲再游又工成不日得非方平與余家先世舊有夙緣故斯山之興若有所待而令尹董事之勤與百姓子來之義皆可嘉於是乎書藩臬長史捐俸佐工例得並書於左

重建文廟記 康熙十二年　　劉如漢

高陽李侯莅枳之三年政洽民和百廢修舉而學宮首成甲申以後兵燹頻仍禮樂絃誦之場鞠爲茂草牧兒蕘豎薪刈其間兔葵燕麥漫滅其址官於斯者曾未過而問焉李侯下車惻然嘆曰讀聖賢書而坐視鐘鼓銷沈俎豆墜地忍乎爰檢冰囊孳作經始自庚戌之冬至癸丑之春閱三歲月而竣事爲殿爲堂爲廡爲門爲齋舍爲庖湢爲垣圍煥然復其舊觀厥費不下數百金而未嘗以絲毫累民間也邑人士歡欣鼓舞旣樂先聖廟貌之崇又嘆侯之有功於文教爲不可泯郎君於硎走書萬里徵記於予予維古之記學宮者多矣而家絃戸誦獨盱江李泰伯袁州一記其故何哉以其詞絕支蔓而一本於忠孝也夫爲臣盡忠爲子盡孝宣尼立教之大指故元祭酒孛本魯翀以此二句爲夫子戒斯言卓矣竊怪世之儒者高談性命侈口程朱各謂得千聖不傳之絕學而考

其實有愧於人倫之大者不少是豈郡縣立學之初意歟李侯學問淵博家世忠孝雖牛刀小試所以訓俗化人者不可殫述斯舉也揚聖王作人之化繼文翁政教之美創十六邑已墜之緒不可謂非善政之首焉多士於焉藏修於焉息游出而用世必有眞忠眞孝建三不朽以答侯貺者矣予與侯爲已亥同門友平時以道義相砥礪敢竊而記之如此

重修文昌宮碑記　林堅本

文昌懸諸天闕司祿之神詳於晉志備載王氏聞見諸書吾蜀越

儁人士至今能言之不具悉而論者謂六星開闢已然必竢吾蜀百千億年後之人主之其說近誕不知上古士風靜一魏晉以來篡殺成風士多變易學術俯仰以求合於當世或者帝心憫憂特簡司祿之神進賢退不肖未可知也而當日之立爲是說者吾知尤有深意焉以天下之最難治者士心也無端而使有志設誠之士寤寐如或遇之無端而使側身修行之士言動如或糾之無端而使致齋禱吉之士焄蒿悽愴如或見之朝廷三物六行禮樂刑政不盡及帝君之神能及之則神之所治幽獨也豈神能取士之幽獨而治之夫亦士自愼其獨與神明相見於隱微之際故曰最難治者士心也而能治士心者帝君之神也士各治其心與神合漠則士心各有一帝君神祠不必從廟祠作解也吾邑平都山浮屠羽室經咸陽烈炬後修復踵相接也非民之力則官之餘窺茲上下文昌宮廟莽衍弗治其故維何蓋責諸晨星落落之寒流歷久不睹成效當世非不右文而士坐以文弱祠坐以文廢往往而然幸茁裔弗輟庠之以清幹見稱者若神啟之毅然議修遺書山中行僧眞一與之約付以永遠住持丐邑紳古秤叟先生爲文以集衆志先生恐行之不逮也捐宿搆作室材木六十餘頭以促之闔邑紳士及凡業儒子弟均樂助焉年月日落成爰載筆而泐於石治心之教帝君之靈其在斯乎其在斯乎

重修酆都縣學碑記　劉謙

漢文翁爲蜀守仁愛好教化選開敏有材者遣詣京師受業博士減省少府用度買刀布諸物遺博士數歲蜀生皆成就修起學宮於成都市招學官弟子除更繇由是蜀地學於京師者比齊魯史稱郡國立學自蜀始厥功懋矣予至蜀見所在學舍廢於兵燹者概未能興喟焉太息謂古人不復作也居數月知酆都縣王侯以修學告酆都縣學剏始元達魯花赤完者帖木兒在治之東明初知縣楊謙改治西中更廢興後燬於賊

國初鼎新文命敷於四海壬寅知縣湯君始建大成殿纔一楹庚戌知縣李君又建啟聖祠於明倫堂右亦湫隘不如制王侯下車見而痛之毅然以爲巳任天鑒厥忱大木浮江下乃與教諭黃錫策訓導屈先達典史劉啟武經營廣殿三楹而移祠殿後敬一亭址跂矢鳥翬巍乎奐如經始於癸未六月命庶丕作士紳以次更直而副榜林君敬修武舉高君曜監生林君慎修圖始愼終尤勤甲申六月余適按部至縣獲謁廟而遍觀焉自東西廡名宦鄉賢祠櫺星戟門泮水橋堂齋靡不備垣墉塗墍茨靡不飾其費自諸生廩糈及民譚心湛本源等樂輸餘皆出王侯俸餘與文翁減少府用度遣博士無以異又葺齋舍之久假者歸之宮牆視起學市

隙難不啻倍蓰至爲諸生親正句讀則庶幾程夫子之在晉城無遺詣京師受業之煩而教過之以此倡諸郡邑將學之廢者盡興使史氏執簡書曰蜀今興學自酆始奚不可也於時諸生請予記之乃升堂鐘鼓而告之曰爾知

朝廷建學意乎天生烝民有仁義禮知信之性有君臣父子夫婦長幼朋友之倫修乎此則爵貴且靈於物而爲人悖乎此無以遠遠於禽獸此學校之設聖人所爲繼天立極導之以明人倫而復其性也古者家有塾黨有庠州有序國有學以三物教萬民賓興之而後爲士是故天下無無學之地無不教之人以此化民成俗比戸可封今之升於學者皆民之秀也

朝廷所以教育之者恩至渥制加詳

皇上復頒訓辭昭示中外以士先德行而後文藝之意深切著明矣今王侯豈爲爾取科名邀榮膴計哉願學於斯者勿汲汲於利祿苟圖進取務遜志於聖賢義理之學體驗於日用收益於身心所謂明倫復性於是焉存有不特祿在其中者夫班固之稱文翁不過曰見蜀俗僻陋誘進以文雅而已誠盡心於斯今日蜀生之所成就又奚止如固所云耶諸生唯唯受教爰書以爲之記

重修夫子廟贊　王廷獻

天覆地載日照月臨萬古長夜聖人篤生羲農黃帝堯舜禹湯文武周公統歸素王誨人不倦吐辭成經千秋木鐸未喪斯文經明於漢文盛於唐宋詔郡邑咸立宮牆有元至正學建酆都迨明洪武移西城隅甲申兵燹慘罹一炬清和重搆高陽繼緒廟制卑隘未復舊觀僉謀重建擴一爲三後圃低下築土成壇宮移啟聖用稱嚴贍歲在癸未鳩工庀材多士奮興庶民子來季夏經始建子落成謹識歲月勒諸貞珉

重建胡公祠序　王廷獻

丁丑夏余初抵是邑慕平山之勝選暇一登甫至山麓見鐵像露處榛莽間兜鍪而擐甲疑是羽流所鑄天君像殊不介意歸詢諸從者則云此地舊有胡公祠鼎革時燬於兵此其遺像也考邑乘列有公祠而名氏及立祠故俱不詳明經毛自修告予曰公名平表字不滇以忠州判破奢賊授監軍道晉爵太僕卿貫州布政使當奢酋之據重慶也變起倉卒公徒步詣石砫司效秦庭之哭請兵西向禱於平山關祠臨陣獲神助遂破賊乃冶金爲像築宮平山之陰即俗稱聖帝宮也酆人德公堵截之賜亦冶金爲像築祠祀公夫祀典所載有功德於民則祀之公之血食於酆詎有愧哉

而舊志胡缺焉弗紀也己卯冬承乏涪篆閱州志見孝廉陳計長所作生祠記則載公始末極詳記云公滇南人舉鄉進士初選授縣令改忠州判因得署涪守事先後淹於宦途而居官始終不苟餽遺纖悉必卻尤恤於刑搢紳有過力爲保全夏旱公禱立雨春雨公禱又立晴渝城破遠近騷動公親詣石砫請兵堵截後躬率義勇圍殺月餘奢寅就擒論功錫爵洊陟方岳而名不酬實公亦脫然名利外矣天啓丁卯涪人立祠北門祀公而計長爲之記然涪北門實無公祠矣嗟乎以公之功即使酬以高位如酆故老所傳聞何多讓焉乃竟名不酬實豈策勳之公論與酆人立祠祀公而紀載不詳涪志詳載公功而舊祠莫考其不至日久湮沒也幾希矣余乃捐俸屬聖帝宮僧宗貫仍立祠故址位遺像於中使千百世後廟祀弗替以覩前賢之費斗金修平山寺觀以邀冥福者於名教不無少補云癸未秋落成乃爲序勒石以記之

相傳公善堪輿於酆都杜家壩擇地以葬先人營天地人三穴葬其中穴留上下以有待焉公雲南人

按崇禎長編云藺賊奢崇明之據重慶也貴州布政司參議胡平表方以忠州判官在圍城中縋城徒跣走石砫司秦良玉乞兵援成都目把紛囂不肯應平表慷慨號泣不飲食者

五日良玉感動乃起兵平表百方激勸措處以餉秦兵一戰而復新都再戰而成都之圍解四川撫按授之監軍兼副總兵職銜平表得以統束易置諸將白市驛之戰俘斬千餘馬廟之戰俘斬萬餘占據兩嶺鏖戰一日夜斬首千餘奪據二郎關擒黑蓬頭追降樊龍復重慶奢寅糾土府水西復集十萬我五路應之四路皆敗總兵楊愈茂死之平表以六千兵人囊米五升截苗殲賊無不一當百十萬眾潰敗如掃生擒僞元帥巨賊四十餘人獲其僞印敕僞號錦册及各縣印五顆救出被擄生靈數萬云

竹雪菴記　明崇禎辛巳　古心

竹雪菴成，表姊楊氏索予記。予曰：姊之所圖者，金石萬年之計，乃責筆墨於錐鈍之手，竊恐靈巖一片石未必不爲山鬼所笑也。姊曰：事屬不經者，乞於人未必言，即言矣，而情不極切者，言之未必盡。且走幣以干非望之譽，豐兒富僧之事，非我未亡人之事也。予不獲已，唯唯。余氏於邑爲腴族，擁高貲，肥足以自澤。池山公，姊之翁也。一子子祥，號今吾，故絕。一子子化，號成吾，省祭不仕，高情盛氣，時時脫露衡宇，蓋賢而俠於隱者也。先是吾姑古氏適楊同春，科第世其家。姊生未幾歲，姑丈就木，姑撫姊曰：天不祚我，早亡吾夫，幸有吾女，亦天祚我也。及長適成吾，生子允生，而成吾物故。允生及遺腹子孝友亦殤，煢煢兩嫠，欲留此一塊肉不可得，不亦難乎！賴姊性慧捷，嫻禮義，居恆語及古今節烈大義，確有承當。間有以權宜之說進者，輒曰：權非婦人可用，其在今日，但得苟活料理，以完其心之所不安，以報吾夫於地下而已矣。於是自城西移鹿鳴山，避穴以掩其姑若夫、母若子，並掩其身。且曰：荒塚纍纍，玉鳧恐作湛盧飛去，欲壽不朽，須仗佛力。所憾成吾在日多訟多病，簪珥俱充藥貲，孀居二十年來，差繇役苦，綠林兩遭，衣囊如洗。乃每年減膳忍寒，以寸積之餘作廬墓前，李吏部匡山先生題曰竹雪。

姑與姊聊充住持，姑名徑竹，姊名寒雪，總取孤冷自傲之意。斷除暈酒，朝夕經咒，爲法器，世世守之。並集田地若干，作香燈費。菴後數武，碣余氏宗祖於上，合祀之。土木一切，恰中其度。夫世之所謂婦人者，偶得一端，即無佳嗣，亦可長世。吾姊以此湫然未死之身，直擔余氏數百年欲墜之緒；以一楊氏無甚緊要之女，而並報若父若母已斷欲絕之恩，即世之奇男子不過是矣。直指上其事，併吾姑合表之，姓名且傳青史於不墜，是未死其夫也，未死其子也，未死其父，未死其祖也。余氏紛紛浪死，似無一坏可安，而姊能衍之無既也。邑多素封，望牛山而涕隕者不知凡幾，余氏獨得此絕烈女子，是則可敬也。傳之貞珉，以示來禩，夫豈偶然哉！

書內江教諭陳方壺死事傳後

王廷獻

余讀酆志至陳方壺內江死節事未嘗不掩卷太息也國君死社稷大夫死封疆廣文死於學校非特敬一時之官守亦以立百世之倫常也然鼎革之際紀載多闕若此類名湮没而不傳者可勝道哉志曰陳鼎祚字方壺由貢生任內江教諭流賊入境官吏望風逃竄鼎祚著官服坐明倫堂罵賊不絕口全家死難夫士君子立身行己志節自負殺身成仁亦期返衷不愧耳事之傳不傳烏所計哉林明儁者酆之志節士也獻忠之亂粱益陸沈故相王應熊承制討賊考拔人才擢明儁第一授兵部職方主政後遷驛鹽觀察使蜀川人我版圖引病不復仕悲方壺之死於官而不得傳也貽內江友人書曰昨與足下話敝邑方壺先生司鐸貴庠會逆獻屠蜀先生集義旅不下五百人扼守孤城逆獻攻破內江執先生誘降不屈臠解之臨死罵不絕口明紀荒略大者不書而書及殉節廣文無有也足下爲貴邑人望僕是以諄諄有以屬足下夜郎夢先生過我撫其背曰君今在閬州亦知姚洪巳事乎忽不見及寤大驚乃取五代史閱之洪爲唐指揮使長興中將千人戍閬口董璋反以書招洪洪投之厕中璋破閬執洪洪罵曰爾昔爲李十郎奴掃馬糞得一臠殘肉感恩不已今天子用爾爲節度何苦反耶璋怒然鑊令壯士剉食之至死大罵明宗聞而泣謂大臣失節反不如也血烈如此與廣文抗節無異然得染汗青數行無憾而先生湮没無聞僕賤久絕意通顯備野史可也足下行將爲史館中人以邑人疏邑事庶不負方壺先生以夢感也書載巴字園集中同時有楊淩雲者亦酆産也以明經任蓬溪教諭流賊入境不屈死之然考內江蓬溪志兩人俱不傳

外史氏曰余閱舊志謂士頗倜儻常懷忠信心竊疑之蓋近時之風氣或有不盡然者然前輩楊温甫守我杭重濬西湖至今民食其利而當時不惜以斂怨去迨至晚季方壺台眞各死所事舊志所云良不我欺位旃晚年逃名石鶴志節何矯矯耶宏之叛堅卧不出艮由識見卓越也其孫敬修篤學好古更爲余言方壺死事時曾背城一戰蓋祖父常所稱述知非謬矣

秋山拾遺記

王廷獻

辛巳重九前三日訟庭無事公餘退食念舊志荒略未足傳信乃攜二童子乘欵段重爲平山之游出迎恩門外二十步下水濱爲三撫廟夏秋水漲治前礬石灘險客舟多泊於此有黄葛數十株各圍三丈許是日也天氣晴爽龍牀水波不興緑蔭相接清風徐來緩轡過山王廟爲酆陵故驛溪流阻之乃折而北可百步長虹

亘其上曰通仙橋有亭翼然朱闌憑眺頗耐幽賞橋北有嚴官碑萬歷時修橋以紀月日者摸讀之際黃學博受符來赴予約乃命僕夫引馬候於挹翠樓下余兩人則捫蘿而登得九天宮舊址明邑令張守剛三碑焉東數武爲胡公祠公名平表天啓間平奢賊里人治像祠祭之兵火後露處榛莽余捐俸重建特丹雘未施耳東爲淩雲書院栖於明知縣萬谷萬歷初廷議撤毀因即故地建文昌宮就東隙地有谷生祠碑相對爲明學博竇希顏碑北陰殿門亦有斷碣載隆萬間捐修紳士姓名與北陰並者東嶽天齊行宮立春前一日有司迎勾芒於此蔣夔平都山記左祠大山右府

北陰今猶仍舊蹟也沿溪綠樹參差與金碧相映嘯鳥上下令人應接不暇又東爲石佛寺寺中石佛高二丈許左爲山川風雨壇臨江爲長壩子故明有場集與山王廟止隔一溪乃循舊路過東嶽廟西始登山路側有修路碑碑面爲萬歷年碑陰則嘉靖蓋後人重修用舊碑而前人遺跡亦未盡泯焉爾陟彼而西可六十步折旋陟級而東又五十步巨碣倚山積蘚護之諦視得六字曰南無阿彌陀佛臺上即大仙巖巖有九蟒之亭中塑神像後有圈石相傳爲楊御史墓亭右有天啓甲子碑載神始末極詳匠於碑足鐫三魚中共一首俱肖土人指曰三魚碑也上層臺逶迤而西者

半里許折而東石坊西向顏曰總眞福地下視即元天宮高不過三十丈山勢陡峻紆折迫二里矣考蔣記此爲五雲樓故址坊內二碑相距一古養敬碑一楊怵碑俱屹立一傍砌欹卧者爲竇希顏五塊石修路碑蓋石上舊鐫李陽冰書道山洞天遺跡巉巖道路彼時尚未治耳石臺上龍虎君殿北向又上有寥陽殿碑寥陽殿者故明蜀獻王香火前爲三石橋以肅觀瞻殿有樓可登一覽城郭無遺縣署門廡室庭中雙桂歷歷可指歷階而上爲玉皇殿遠人歲致巨蠟可然一年銀缸猶燦燦也路右爲王母殿前有楊宣慰重修景德觀碑登山過觀音殿則淩虛閣巋然出焉閣前有

碑隸書東坡留題二絕明巡按盧雍筆也雍亦有八景五言絕及游平山詩平山祠宇明末俱遭一炬惟此閣獨存不減魯靈光俗稱二仙樓楚黃黎時舉顏之曰有仙則名神山洵有異哉凭欄南望下臨無地隔江豐稔壩近若襟帶葫蘆溪樹隱現鬱葱怳然月鏡中游也邑人林明儁一聯曰飛閣靜涵天尚餘雲氣奔城腳娟峰妙插水猶帶江聲掛樹枝斯樓之盛概可想矣閣後即淩雲臺爲平山絕頂相傳王陰對奕處亭址石枰猶存或曰舊以銅爲二仙像各高三四尺李鷂子之亂遂亡去臺後即曜靈殿殿東向榜其額曰幽都本見水經注鄉愚援此爲陰司實證也王端冕楷主

案前巨蠟如玉皇殿業鏡圍逾丈日久蒙昧而奸邪過此猶凜凜不敢正視東十餘步爲漢壽亭侯祠山僧即五雲洞覆石爲爐狀容室然紙投之井涸無泉地風旋轉謂孽鬼攫金錢也則誕甚矣前殿石碣鐫侯像印式及王鳳洲贊於上邑紳楊叔京爲之有大碑臥地勒前忠州守孫芝倪伯麒游平山詩筆法雋逸予命匠琢其後將以有待焉小樓數楹下視江渚足與淩虛閣競美祠後爲仙姑巖相傳景龍中麻姑訪方平於此隔溪青牛山層岡細阜宛然在目東望珠簾隱隱嵐霧間可望而不可即也平山往蹟其搜抉無遺恨哉乃循舊路趨而下至五塊石傍有小徑通山後茂林

修竹繞蔽梵宇曰竺國寺又西二十步亦有關祠胡公討賊禱於五雲洞得神助事平築宮以報焉寺僧宗貫即余命修公祠者北望五魚此中殆有佳氣乎循山西去至半嶺江明如練小憩樹下適與酆署花齋相對可呼而應下至山麓兩山相對趙村之澗水中出爲九曲名流多泛觴於此乃攝衣登白鹿山石磴修縈里許抵寺寺東向對二仙樓山門有石鹿倪伯麒題詩猶存石坊曰來蘇以老泉來此鹿夜鳴也寺爲明僉憲楊大榮剏造相傳卜生壙掘地雙魚飛去乃捨作寺以泉故本名玉鳴時人競稱鹿鳴將所謂地以人重者耶泉方盈尺翠微隱翳瀝滴如戛玉聲冬夏不竭歲旱土人取泉以禱己卯夏余亦試之良驗左有吳道子觀音像碑稍下隙地丈餘可搆數椽石欄抱之山僧告余曰此古氏書院也或又曰爲楊氏旁有僻徑可乘險下足不能留瞬息達竹雪菴讀古心碑更正訛字數則時則夕陽在山瞟影高丈出翠竹間此地舊有楊溫甫平山書院亭池遺址半湮田陌乃由頹垣出上文昌宮一望瓦礫所存者陳寬一碑耳西爲天福宮歲時朝賀之所詳舊志黃孝廉碑緩步至社稷壇西得川主廟遺鐘爲成化七年事暮靄蒼然仰見新月望送客之睛瀾渺乎不可睹矣嗟夫自後漢迄今平都之名由來舊矣考唐宋之遺跡百不得一焉入景

題咏肇於明初舊志所載亦永樂間事然三百年來祠宇之廢興留題之存沒又閱幾變遷也今來酆四載耳間以公委跋涉於涪陵桂水間奔走錦里者再平山之游或月一至或歲三四至眼前好景習而忘之矣駒影西流頹波東逝王陰二仙將無嘆拯溺之無從哉僕夫牽馬促歸乃酌酒索筆爲平都懷古詩以紀之其詞曰巴子東都治枳城平都豈是爲方平只因炎漢留仙蹟遂使春秋掩政聲九蟒精靈歸刼火五雲人鬼未分明隔山惟有來蘇寺白鹿呦呦夜氣淸

酆都縣舊志序

朱象鼎

鄷都縣舊志兵燹後無存今
上御極之二十六年海㝢蕩平
敕徵天下郡縣志乘鄷邑孝廉林稺菴先生應
詔纂輯旬日告竣雖戒期迫促勿克大備然當文獻無徵時存什
一於千百而後人得以踵事增華謂非此志之篳路藍縷耶我浙
王文在先生以名進士分符枳水八年久任苦心蒐討排纂成帙
蔚乎足觀焉乙酉閏夏先生內擢部曹象鼎受代瀕行手授志稿
謂鼎曰余未敢即付之剞劂者以山川人物古蹟勝事沿革建置
分野開方之類不暇詳校襲誤而時賢之詩歌亦未經決擇其姑

待之鼎深服先生之虛懷卓識且日望其釐立之本郵寄來鄷也
不意先生遽乘箕尾有志莫逮艮可慨也鼎猥以藐陋竊祿茲土
碌碌薄書方救過之不遑又何能從事鉛槧而當校讐之任哉客
春奉憲檄徵志爰取先生所授稿本抄錄以應其間偶爲耳目所
及若年來戶口之增添田野之開闢廢墜之修舉科貢之踵興悉
爲補訂第恐抄本傳沿日久或致魯魚亥豕之訛乃與諸同寅暨
邑中紳士重加商略捐俸鋟梓非敢掠美誠不欲前人之刻泯滅
故也至於疑殆之闕如尚期博雅君子核据點定俾信而可據庶
幾昭垂於不朽云爾

學庸圖說序　朱象鼎

玉峰曾子潛心道學以其所著學庸圖說惠教於余而問序焉槩
惟庖羲一畫啓乾坤之蘊立圖書之祖而五帝三王作君作師聖
人相傳之心法遂燦著於詩書禮樂之中迨周室東遷異端邪說
壞人心術宇宙幾同長夜天生我孔子起而經綸之俾萬世之君
臣父子夫婦昆弟朋友之倫秩然以序藹然以親其微言大義散
見於六經而聖人之心法則在學庸二書自曾子子思遞傳至孟
子沒後遭暴秦一炬簡策殘失漢唐箋釋雖曰羽翼經傳其實穿
鑿附會者不少有宋代興周程張朱大儒輩出相與講究而折衷

始定元時有倪氏通義彙輯羣言以詮釋之每章後列圖說條分
支析脉絡貫通頗爲得解即明永樂間楊胡諸公奉詔撰行大全
之藍本也第未識當時何意盡汰其圖說而不傳毋怪乎明通之
士以去其精華存其糟粕譏之耳玉峰沈潛玩賞於學庸二書有
得諸心著爲圖說多與倪氏脗合精而確正而通全部分章萬殊
一本不覺聖人之心法瞭然於目前矣周子曰文者所以載道也
輪轅飾而人勿庸徒飾也況虛車乎若此者非載道之器乎吾知
人人皆是中庸也雖然學者能得意忘象則六經皆屬註腳苟或
按圖索驥烏足以語絕塵而奔者耶吁斯又失玉峰立言之旨矣

酆都縣舊志序

劉德芳

漢以枳地分治平都爲酆都設邑之始初平以後代有廢置隋開皇間析臨州置酆都相沿至今而疆域之廣袤山川道里之遠近人物之盛衰土風之淯漓固已劃然區別而不可假易一邑之志定有成書以傳信而永久往往紀載家好夸多以侈美盛名賢土產不詳里居古蹟勝概半借他境甚至荒誕不經之談亦入卷帙觸目生憎尙可以資考訂備采擇乎蜀中經蹂躪之後典籍故亡求其斷簡殘編已不可得康熙丁卯有抄本酆都縣志成書倉卒尙屬梗概海昌王子令玆土七年自受事來政事餘暇無日不以

網羅編纂爲汲汲取抄本中之依據蕪雜捃摭掛漏語近稗史別集者悉加芟除采獲積以歲月其或未悉自山郵旅亭僧房寺壁荒疇野冢古碑賸刻故老之所傳聞記憶捜剔討論靡有遺缺改增抄本存者僅十之一二王令用心良苦矣書成質於余猶必反覆商定乃授之梓王令文學吏事皆能不負生平是書典雅詳核尤擅所長序而行之庶使好學深思之士知傳信爲足貴而述作之不可苟焉已也

重修九蟒神亭碑記

李巘樞

平都道書所謂仙山也王方平而後陰長生上昇其修煉之蹟爲最著自改平爲酆鬼神之道興而黃冠緇衣迭相雄長由趾及頂琳宮梵宇以百數九蟒亭適當山腰神狀若天君九蟒著體蟠尾揚首瞻拜者鮮不慄慄然肅也遡所由建父老之傳聞其說多不雅馴明周延甲三魚碑則述住持僧云謂神楊姓宋慶歷二年生於西湖長於洛陽勅授御史顯異茲土蔣夔景德觀碑只云大仙巖內有九蟒之亭亦稱九烝樓其名甚古是說也予嘗疑之及按雲笈七籤馬明生授陰長生以太清金液神丹即欲別去長生跪致詞曰昔太歲庚辰先生與南嶽眞人洪巖公雲成公瀛洲仙女共論傳授應禱祀九老仙都九烝丈人授之大藥乃靈不禱祀而

授爲之不成云云因恍然曰是即陰眞君之所以禱祀九烝丈人者乎東漢以來樓名古矣御史楊公九蟒化身遂以名亭而主其祠也其在神道設教後乎楊公之行事不少概見意其人必仁明正直著惠此邦適歿於此酆人尸而祀焉猶桐鄉意也九蟒隨軍之說毋亦有所托而云然夫神仙不足以厭之而假以鬼神鬼神不足以厭之而鑿爲隱怪甚矣人情之好異也猶是亭也負巖結撰前岩客無賸地左逼巉削右當山徑斗折處階圮甃鬆最易傾圮極其勢山徑將爲中斷秀水禹翁朱老父臺治酆之四年登而嘆曰此亭之興廢平山以之聽其傾圮可乎捐俸爲倡鳩工庀材

三閱月而工畢亭與山共永於磐石矣然不曰九烝而曰九蛛則禦災捍患隨禱著靈神之功於平都可知也一倡而集無假督迫則民氣和樂百廢修舉侯之所以治平都者亦又可知也

縣署古井記　林敬修

邑侯朱禹州先生治酆之明年酆民皞皞豐年穰穰案無牘積庭有花香因以其暇課圃丁治畦於署之花隅顧坎窨處石頭犖确欄幹隱然侯曰試鍬之則甃甓層層矣侯曰試浚之迄三丈許泉水趵突盎然盈埦瑩洌甘寒時無陸鴻漸張又新輩未品其居何等也邑之紳士父老聚而觀之咸曰吾父若祖未之前聞是昆明

之坎灰非近代之堙也今爲侯出當爲侯瑞且侯之治我酆也一絲一粟無所假於民僅飲枳江一杯水積滅役之傭值足爲清俸累今挹彼注茲不踰數武坡公調水之符可不有也晨瓶暮罌澄澈一色少陵汲多之詩可不作也地不愛寶爲廉吏省一已之費焉林子其記之勿辭余曰唯唯瑞應圖云王者治道清靜則浪井出又漢潁陰侯井年深淤塞復復闢有銘曰不三百年應運而開時以爲瑞亦名曰浪井酆爲巴子別都酆署非其故宮歟揆以政邑不改井之經殆千有餘年矣爲侯出爲侯瑞誰曰非宜然侯理學名家正誼明道尋常瑞應之說不當爲侯稱引余則有取於釋文焉井者清也兼有取於易傳焉井者通也由乎清之義侯秋水玉山其神清一琴一鶴其風清綱舉目張其政清草卧枯楊其刑清化成乎清象應乎清云爾由乎通之義侯通惠於民而衣食足通德於民而禮讓興通其情疾苦不壅於上聞通其氣太和屢召乎大有化成乎通象應乎通云爾漢世祖曰甘露醴泉吾不貴也吏治民安乃吾瑞耳信斯言也我侯之治理謂即盛世之浪井可也或以井之去江坂衍而下何止數百步胡爲增減與江水相應余爲述東坡惠山泉詩此山定空中乳水滿其腹遇隙則發見臭味實一族爰走筆而記之時丙戌長至也

申明亭記　曾德升

嘗聞天之號令曰風天之所不能行者風以入之王之號令曰政王之所不能至者政以及之然非徒有其法制禁令也易巽象曰隨風巽君子以申命行事凡以居位設政欲率民於禮教必丁甯反覆申其命令斯有以深入人心而無不信從亦如天之號令吹噓萬物而無微不入也若是則申明一亭其關於王政非小矣邑侯朱夫子奉

天子命來宰吾邑是操天之號令以號令斯民也深慮夫愚夫愚婦不能家諭戶曉也於儀門之左建亭以申明法令雖曰仍舊貫

然舉前之所未行者而行之其功實與創同每朔望集搢紳士庶
宣講
上諭十六條畢復進父老子弟而命之曰我
皇上撫有萬方惟恐一民失所故命邑長來牧吾民俾爾民宅爾
宅田爾田使各有甯宇也毋怠爾業毋侈爾費毋滅禮義而罹法
網毋輕孝弟而蹈侮逆各惜廉恥共敦仁讓以無負
聖天子加惠元元之意至再至三丁甯反覆其勤勤懇懇必欲人
人曉然循而行之合愚夫愚婦之倫無不烝烝向化焉以是知申
明一亭其關於王政大矣雖然致此者亦有由我夫子蚤歲學易

及居官設政即以易道治民凡申命行事皆巽以入之體天命而
出以王者之治故其政之無不信從也亦風之無微不入也然則
是亭之建王道也即天道也升每集亭前從諸搢紳後聽講律令
因悉其事退而爲之記

旌善亭記　李孟修

亭以旌善示勸也亦以示賞也嘗攷周禮予以馭其幸幸謂言行
偶合於善則予之以勸後故在朝有懋賞之例下至州縣立亭旌
善俾人人望而趨之羣思立善以表著殆先王旌德勸賞鼓舞一
世之微權也酆陵下邑疊經兵燹先王舊制久矣廢墜無聞邑侯
朱夫子暫辭獬省來莅花封六年之間興廢起墜綱舉目張賢士
大夫之過枳江者皆曰善哉朱公之爲政也然善其政而未識其
所以善也接薦紳以謙待士子以禮善也尤有進對寮屬以和平
御吏胥以整肅善也尤有進至於役不下鄉犬不夜吠人人游於
春風和氣之中風俗丕變日遷善而不知誰爲爲之此我夫子躬
行善故其善政善教有以深入人心也而猶不以此自足也復於
儀門之西修建旌善亭民有言行合於善者則旌之以示勸蓋本
先王旌德勸賞之旨爲鼓舞斯民之術使民之過亭下者望而驚
曰我何不爲善人也我何日得一善而旌於此亭也於是一邑之

父老子弟轉相告語或以爲善爲樂而爭趨恐後矣夫不動聲色
而勸民爲善乃五帝無言之化我夫子能以躬行之而示其意於
不言之表何難躋斯民於雍熙之盛哉從此勸賞立而樂善不倦
則周禮之予以馭其幸者端在此亭矣孟修栽同桃李扶感遂庥
惟日砥躬勵行勉勉於善不致隕越於下以戻我夫子之教耳敢
冀片長足錄耶書之於右以待善人

洪巖山莊記　黃錫策

洪巖山莊曾子侶恆別業也曾子昔居城市與余往來講性命學
相與切劘無虛日不事剽末惟務鞭辟近裏故習舉子業功不患

其妨志不患其奪屢困場屋初不少動於中戊子膺歲薦慨然遠塵囂卜居洪巖之麓爲山莊結茆爲廬治田爲業樂山水秀麗手植桃李數株綠竹繞舍忘乎世外之榮浩浩乎若將終身焉者獨是山莊其常也何乃於曾子而異之異夫茆屋數間以蔽風雨與人同也不羨人之夏屋廣廈田數十畝以供饘粥與人同也不慕人之鐘鼎列食禽鳥飛鳴游魚潛躍人第見爲鳥也魚也而不知有活潑潑趣桃李繽紛衆卉爭妍人共賞其妖豔也而不知萬紫千紅都是春意河流於下江漢潛沱之所匯也亟稱其不舍晝夜由原泉而放乎海山峙於後層巒疊嶂挺然聳翠使人氣概磊落可以壁立千仞可以砥柱狂瀾此皆所以同乎人而異乎人也我思古人實獲我心矣昔濂溪圖太極橫渠著西銘伊洛繼正學紫陽集大成象山先生大慈湖作已易白沙體自然陽明致良知他若草廬若龍谿若近溪若一峰若東鄣涇野若洛村波石其間地以人名者不知凡幾吾不知自有洪巖以來曾有此人亦話此事否耶今曾子居於斯處於斯燕笑語於斯詩酒陶情於斯存心養性於斯與朋友講學於斯課子弟肄業於斯殆將有與洪巖同不朽者在也予不揣固陋樂爲之記其事於石壁

聽鹿軒記 朱應熊

平都官署之東西各有廳事焉軒除明塽雜植卉木原夫創者之意亦擬韓魏公之典故問東廳文學閒西廳之說也自朞顧不逮哉吾仲父禹州來宰是邑芟其草萊補其罅漏於政事之暇日坐西廳與戚友沈子虛嘉王子西韓暨予觴咏其間幾忘覊旅之寂也因邑乘載李長官夜聞仙鹿長鳴而異之使人往山蹤跡遇一老人云無他異當有賢人晉謁令君耳翌日而蘇老泉過訪焉相與道其事傳爲酆陵八景之一焉乃顏西廳曰聽鹿軒冀有如老泉者續成佳話也年來諸君先後東歸空庭閒靜坐臥於斯者能不思是山之鹿復鳴乎今春適崔子敬哉過署乃予妹倩也其偕來者爲賢兄禹甸暨予中表鍾子孟諸也飛觥角律日集軒中又頓釋離索之感矣嗟乎韓蘇二公文章功業昭耀千古即一廳事令人遙企彌殷焉予與諸君子先後集於斯軒顧名思義能無興起於中也乎緣年來喧寂攸殊有未可意計定者故不揣弇鄙援筆爲記且以識我仲父高山景行之慕者有足多焉爾

與何使君論祈雨書 易簡

就館年餘廩囪無虛月及辭別又蒙寵送西郊禮數崇重非簡薄劣所克當也歸家後未及遣人謝不敏小兒於五日前從陸路赴渝入省亦未遣入城拜辭疏曠之罪多矣旱魃爲虐酆涪同患然

觀音橋南山澤焦而酆地於十三日雨二十二日又雨非使君德政所感何以有此又聞爲民憂旱所以祈雨者備至而雨未霑遍者蓋鄉中惡俗恃強侵弱倚衆暴寡或毀人禾穗斫人木棉縱心驕亢既足招旱而被害者又以使君專意祈雨不敢以聞然其心不能無鬱鬱則生熱亦足增旱雨之未遍或在於此昔衞人伐邢師興而雨愚以爲恃強倚衆害人稼穡者亦宜懲其太甚以儆凶頑故息心以求雨又不若治事使人氣平而雨自通也且使君所以憂旱者重農功也其重農功阜民之衣食也今強梗之人至於毀禾斫棉是絕民衣食之源也若是而不懲倘更大旱有不爲亂首乎及今之時因其所犯重其懲創使其雨降固足以安民即雨終不降秋無雨亦不足以生亂矣書生不諳治體感知己之德不敢自外輒獻芻蕘以備採擇

重修關帝廟前殿碑記　羅其昌

凡建立祠廟足以植綱常扶名教世道人心重有賴者最大莫如孔聖人其次莫如關聖是二聖者如日月經天江河行地光無乎不照澤無乎不周以故郡縣建立關廟比於孔子由來舊矣況平都爲黔巓福地蜀東名勝之區哉余酆人也自先府君僑寓於遵酆都關廟余固不之見先君嘗言平都風景人物碑碣古蹟瞭如指掌而於關廟獨詳其廟左俯大江右掛五魚前臨白鹿後擁青牛中騰五雲前殿後閣爲廊爲廡翬翼壯麗甲乎一山余心焉識之不能忘歷數十年老於宦海始得退休林下歲甲寅自遵歸省祖塋而古先文獻無徵及登平山如歷夢境如過舊游迤邐而陟岣嶁之上關聖像巋然獨存兩旁壁立如削不知何時圮塌一至於此余甚異之邑人王珏爲余言庚戌之秋冰雹大作將前殿飛空而下聖像安然無恙余笑曰我

朝褒封關聖祀以太牢與孔子等此之圮塌或山靈嫌其湫隘欲舉而光大之且以鞏此基於磐石亘萬古如一日耳王珏云更新

恃其力圖成待其人邑長何公修廢舉墜百度維新特捐清俸以爲之倡衆善亦爲之助蓋將固其根厚其培以築以搆不日落成因丐記於余余曰汝知賢侯建廟意乎聖帝精忠大義炳耀寰宇是役也欲使爾民知有忠義耳知忠義則知禮讓知孝弟風益淳俗益厚未必不因乎此也其有裨於綱常名教世道人心者豈少也哉余既嘉賢侯之意而又喜所聞之獨得於所見因爲記

鹿鳴山記　譚明善

酆城後不里許即五魚山前控平都左枕眞武兀然聳異與二山屏列城則其麓也山半搆浮圖精舍題之曰鹿鳴鹿鳴者何相傳

蘇公將游酆有仙鹿夜鳴其後應之遂以名寺或曰此石鹿也以石像鹿鹿何以鳴卽鳴矣何以兆公之至豈其公爲宋名儒足跡所過山嶽獻靈如昌黎伯開衡山之雲故假於鹿以示異耶抑都人士幸公之來得以望見顏色欣瞻有道發其愛慕以爲公不常來而托之鹿以媚公耶夫酆地巉巖百出所在多山有蟠若蜿蜒者有蹲若虎豹者有形擬青牛狀類白馬者奇峰疊巘羅列於荒煙蔓草間漸成礮墟墨客騷人往往過而弗問顧茲山自蘇公之來幾百年矣經歷代兵燹之後猶自修葺薇日古木參天不失匡廬面目至於今登高作賦掃石留題者且踵相接焉不可謂非山

靈之幸也卽不可謂非蘇公之靈也故無論其爲仙鹿歟爲石鹿歟以蘇公之來而鳴歟不以蘇公之來而鳴歟而其人傳其地傳其靈異亦遂亘古今而不朽甯非蘇公之大有造於此山哉後之來游者尙其希蹤前哲出其事業文章以相輝映焉可也至於祇園福地之淸幽梵宇琳宮之瑰麗其興其廢又何足云

江廣兩省義塚碑記　　李存周

葬者何藏也所以藏其形而不露也念我吳楚諸人少年作客老大未歸先人之敝廬莫覩他年之旅魂焉依幸前有鄉先達於邑社壇之南置有官山一座凡老病不能歸櫬梓里者俱安厝於斯第年久地隘冢墓臚列後來者幾無以相容於是集我鄉人繼勷義舉各輸其財權運增息以爲將來增置義地之費更思此山有古柏數株蒼蒼翳翳非近代物形家謂茲山之祥泐石相戒勿許射利之徒擅爲翦伐庶幾哉懷此美舉覩斯古柏雖生前遠適異國不殊爲梗爲萍幸沒後聚首九泉依然爲桑爲梓也是爲記

建義學碑記　　向大成

聖王建國首重立學蓋欲使天下之人知禮義變氣質而不爲歧途所惑可以久安長治也至於家何獨不然我野鶴溪地雖偏僻各以勤儉治生衣食既足每歎先輩芳型莫覩咸思訓迪後昆以

光前緒爰協衆志各捐微金擇四達之區公建學館於麻地壩周以牆垣限以界址以爲衆姓延師課讀之所嗣是地主不得指爲私室衆人亦不得侵擾庶幾有志之士踴躍青雲卽愚懦者流亦克稍知禮義而不致蕩閑踰檢家道可以長保風俗由茲永正世世子孫恪守勿替是爲記

按野鶴溪在南岸十二甲距城幾三百里鄉俗樸陋農田桑麻而外無事詩書者間有秀穎慕學亦竟苦無師承鄉耆向大成監生向爲棟建義館延舉人高愼講學成就甚衆後兩人年皆八十子孫列庠序貢成均者若而人登之以爲振興斯文者勸

酆都縣舊志序

瞿頡

志與史相爲表裏凡忠義節烈禎祥災眚因革損益足以備太史輶軒之採者悉以邑志爲權輿焉非是則文獻無徵流傳鮮據史官載筆掌故闕如豈非守土者之咎歟酆之有志昉於前明邑人楊孟瑛厥後隨時修輯鮮有闕失自前令朱君象鼎重修之後廢而不舉其遺文故事雖耆老有所弗知蓋迄於今百年矣丙寅八月余始治酆閱舊志而喟然曰是余之責也夫乃網羅散失徵求軼事始於丁卯季春迄於庚午初夏凡三閱寒暑而後告蕆夫酆雖僻在巴渝而平都山爲道書七十二洞天之一王方平陰長生

之仙迹猶有存焉者又地濱大江爲舟楫往來要津騷人逸士宦游所經謳吟不絕而頻年以來邪匪肆擾烽煙屢警義士捐軀貞媛殉難俱足以垂光史乘風勵頑懦尤當大書特書以信今而傳後者也至於刪其繁蕪歸諸簡要則歐陽子所謂事增文省者庶幾無愧焉爾

新建龍神祠移建諸葛忠武侯祠記

酆邑自縣治外皆山也所藝黍稷穜稑大抵在巉巖削石之間土瘠而薄經旬不雨其苗立槁民之所賴於雨澤者顧不重歟余至之旬日適屆秋祭吏白於余曰邑有龍神廟在北山之巔曩者春秋祭祀皆以屬之縣尉敢請余曰惡是何言也龍神爲一邑水旱之主其所係於生民者甚大可以祀典之重而憚一行乎雖然廟在山巔艱於登陟必也再建一祠密邇城郭不特朔望可以展禮設遇祈晴禱雨昕夕籲請不亦便乎會邑西雙桂山有武侯祠俯瞰城中形家謂不利於居民而東郊舊有萬寳二公祠歲久而廢余乃謀之紳士移武侯祠於其地卽於祠前建屋三楹以奉龍神而祀萬寳二公於東偏僉曰美哉斯役也龍神武侯與萬寳二公之靈各得其所一舉而三善備矣適裒罰鍰錢若干緡鳩工庀材經始於丙寅臘月落成於丁卯仲秋不傷財不病民而厥工用蕆

邑人請記於余余不佞備員茲土下車之始秋霖爲患禱於神而立霽今兩載以來上賴天地之和雨暘咸若而訟獄日衰盜賊弗熾得與斯民優游以卒歲者皆神庥之所被也至於武侯功在全蜀民不可諼固非獨區區下邑所當崇祀而萬寳二公爲酆邑循良之規比於中牟之魯桐鄉之朱所當亟爲表章以慰萬民到今之思以勵後此守土之官者也今合爲一祠以妥以侑享祀不忒庶幾哉侑我烝民錫之膏澤歲則大有家用丕康匪特酆都之民陰受其賜卽余不佞奉職無狀弗至隕越於下以貽神人羞者實於是乎在矣是爲記

補修縣志舊序　方宗敬

邑之有志風俗之書也風俗與化移易或數十年而一變或數年而一變顧上所以風厲而化導之者何如若據一時所見登諸梨棗謂天下有一成不變之風俗無是理也酆邑故屬山鄉去京師九千餘里其在

國初數爲叛逆所據重岡深箐往往有人跡所不到之區歸化遲則被化較淺以故前志所載其風頗不雅馴迄自我

朝

聖聖相承重熙累洽嚴飭官方而於學臣守令尤諄諄加意凡所

以生養而教誨之者至詳且盡

德教所被雖瀕海以外莫不烝烝向化道一風同矧酆爲禹貢梁州之域猶在近畿數千里内哉余自嘉慶十八年奉

命來尹是都甫下車即索閱前志知自

國朝以前疊遭兵燹概經散失所存惟前令朱瞿二公所輯山川人物以及沿革建置諸大端梗概略具第念如所云云恐一時士習民風振起殊難爲力乃既而察其民蓋樸甚接其士亦秀甚下至商賈技藝無不各習其業各安其教一切把持官府武斷鄉曲及崇信左道之習不聞焉是古所稱易治之區殆不是過也前志云云特就

國初被化尚淺弁鄙無文之日言之豈必今不異於古耶比來莅此蓋三年矣仰賴

帝德上召天和風雨以時年穀豐稔盜賊訟獄之風漸以衰息而士之秀者亦各知敦品力學爭以進取相先可見積漸以深人文蔚起於以答累朝作育之化雪前志弁鄙之譏並不負莅斯土者殷殷屬望之意皆指盼事也邑人士其勉乎哉適紳士輩有補修邑志之請余以簿書故不暇兼及徐商之鹿鳴主教劉夔堂老師及枳江王容齋先生共爲編輯邑紳等分任採訪越十月而書成

非敢謂是書之續足以跨越前人實以見轉移風氣之責全在莅斯土者相機而利導之爲即前書而廣其見以俟後有作者得所裁定云爾是爲序

重修廨宇記

左氏載叔孫昭子于晉所止之舍有壞必葺春秋賢之矧邑令受天子命出宰百里凋瘵者宜綏以恩刁猾者宜懲以法顧乃休於公宇聽其門堂棟廡隳摧圮漏而不治甚非所以肅觀瞻而嚴體統也酆邑環城以外跬步皆山居分南北兩岸中界長江北岸遠者不過二百餘里南岸遠者不下四百餘里與各州縣接壤凡六

七處深山叢箐匪徒出沒不常大都非威克厥愛訖不能治余以再命來尹茲土下車伊始周覽城垣半就坍塌已乃入視公廨及內宅但見門塞若穴堂欹欲壓其廡偃其牆圮頹簷側楹風雨莫蔽攷其修建頭門鐘鼓樓凡三間修於前僞令王公鑣在康熙之二十四年二門三間修於前僞令金元卿在康熙之十有五年大堂則馬公騰雲所修在康熙之三十四年百餘年來風雨飄搖鳥鼠剝蝕固宜其倒移傾倚雖隸人之館不如也蓋自請帑之例久停尹茲土者率傳舍相視雖目擊頹敗略加以支撐赭堊得免覆壓之懼足矣余實不敢因其陋爰集書役議整飭而新之城垣以衛

民也修使完固增置女牆皆甃以石公廨以親民也頭門外地無可拓乃盡去其堆阜确犖爲之高其閈閎厚其垣牆復於儀門內累石爲

上諭亭恭錄

聖祖廣訓十六條於外便民觀覽內則恭錄

世宗元年上諭一則以作官箴大堂雖仍舊址而崇隆宏敞悉視往制有加由是塞者以通欹者以正偃者以起圮者以完門堂棟廡亦巍亦煥見者始懍然咸知爲令尹之堂也由宅門而入爲戸刑庫各一幕客及親屬人等分左右列屋而居上爲二堂即日視事處也由二堂而進設復門以別內外內即三堂合兩廊共爲居室凡十六間二堂東階之下舊有土地廟隣於湫隘非神所棲攷建於東花廳後與倉神合祀焉即其基爲小圃植花竹與東花廳通東花廳者前署忠州趙公所題聽鶯池館也規制頗小亦廓而新之後爲船亭顏曰辦蓮小坐取太乙蓮舟之義最後修仰山書屋遥望平都鹿鳴兩山銜接如在目前蓋至是而內舍亦略具矣是役也經始於嘉慶十八年六月落成於十九年二月約費二千金皆余捐廉修葺不取民間一木一石惟書役等輸錢一百七十緡亦踴躍急公意也既蕆事援筆記之俾勒石以告來者其鳩工

庀材吏胥江國文王廷壁與有力焉亦例得書

修養濟院記

養濟院之設所以惠天下顛連無告者也方今

聖天子子惠困窮鰥寡孤獨尤所加意以故溥海內外及各省州縣通飭建修以庇窮民每歲例准咨銷帑項按給口糧

恩至渥也查鄷邑地處偏隅向未舉修嘉慶十七年始據前署縣李公自超詳請設立即將前縣張公偉所建山王背瓦屋三間以作院宇余於十八年四月到任查看養濟院房舍湫隘難堪半就坍塌目擊窮黎露處風雨飄搖心甚惻然思欲爲廣廈之庇而不

可得也今年春得公項少許佐以廉俸爰將舊宅變置一廓而新
之上爲正屋三間兩廊左右各三間東西偏房各一間計共得屋
十一間前爲門樓榜泐院名中敞大院正廳恭懸
皇仁廣被匾額樸素渾堅亦整亦潔不匝月而落成夫事爲民之
所急未有不宜亟興者也宣廣
德化軫念窮黎守土之責也然或有意興之而不果成必遲之又
久而後成豈興廢固自有時與今而後無告窮民入此室處知我
皇上鞠人謀人之保居真不忍一夫失所感激當何如也守斯土
者敢不倍加矜恤以無負

王政必先之意也哉是爲序

重修禹王宮碑記

禹之明德遠也其在書曰地平天成六府三事允治萬世永賴時
乃功後之過河洛而思作南山而頌者無論已傳曰有功德於民
則祀之以故歷代古聖先賢其有功在社稷澤被生民者莫不犁
然載在祀典而禹廟獨未經官建惟吾楚宦游貿易於外者自京
師及各直省州縣其會館皆立禹廟亦莫考其由來蜀固大禹生
長之鄉也考紀傳所載禹生石紐爲古汶山郡或云廣柔或云汶
川實即今之石泉縣也石壁禹穴二字爲唐李太白書至今尚存

又嘗過渝之塗山有夏禹廟塗后故址錦官城有神禹坊忠州翠
屏山麓亦有禹廟相傳治水時經過於此故廟焉要之禹之功德
無所不在其靈爽亦無所不憑後之人思其德重其地不過如越
人指會稽爲禹之會稽楚人指宛委爲禹之宛委云爾酆邑舊有
禹王宮二皆在西門外上街其北爲吾楚執藝事者所建規模偪
仄其南爲吾楚寄籍於酆者所營基地較寬而廟制亦小 宗敬自
嘉慶十八年下車來謁即欲廓而新之因缺費不果越二年邑紳
等合詞請修遂忻然許之并捐廉以倡之昔夫子稱禹德之無間
其一曰卑宮室五子述皇祖之訓猶怵然以峻宇雕牆爲戒廟之
新不新於王心何有顧惟本儉德以垂訓者禹之所以自奉也瀕

王居以報功者後人之所以奉禹也矧岷山爲江水發源之地爲
雲貫楚蜀舟楫往來所必經每當夏秋水漲灘凶石惡而邑前巉
碑梁石脊橫亘與觀音灘比連尤爲最險稍有不戒輒遭沈沒人
力一無所施而新廟適當其上今而後歲時享祀妥侑多方於崇
德報功之中兼寓禦災捍患之請守土者之責也亦邑人士之心
也神其吐之乎是役也經始於乙亥六月落成於丁丑六月越三
載而告成正殿規制崇閎取材堅實爲房共六間前爲戲臺兩旁
爲看樓共費銀三千金其原廟改爲面市鋪舍歲收賃錢以爲修

聳之費及住持香火之需眞不朽事也於時宗敬實要其成而鳩
工庀材邑紳暨書役皆與有力於其泐石亦例得書

補修

聖廟碑記

昔端木氏之推尊我
夫子也曰
夫子之牆數仞不得其門而入不見宗廟之美百官之富蓋一時
罕譬以曉管窺者流也而歷代推廣
廟制以崇祀我

夫子者視之故自正殿四配兩廡戟門外更設櫺星一門門外爲
泮池池外則爲屏牆左右有門門上有坊所謂聖域賢關者是也
庀材則屏牆以甎門坊以木而櫺星一門則以石蓋是門設而不
闢露而不蔽惟石稍爲耐久歷代遵之由來舊矣酆邑學宮自康
熙癸未邑令王公廷獻重修規制始具距今蓋百有餘年凍雨炎
風嚴霜烈日剝蝕既久坍塌堪虞甚非所以肅觀瞻而嚴體統宗
敬自嘉慶十八年奉
命來宰是邑下車謁
廟惟正殿兩廡稍爲整肅餘若屏牆門坊之屬半就傾頹而櫺星
一門石皆瓦裂支以土牆殊爲不整禮畢即與學博陳豫前商之
豫前曰屏牆門坊之費自前任李公自超倡捐諸紳士輸助已得
二百餘金擬刻日興工匝月當可告成惟櫺星門費恐不足耳余
曰此易辦也隨飭工入山取石不數月任輦畢集琢磨並施既完
既整祇以鐲吉未就遲至本年二月十三日寅時始行建立度地
視前畧後數尺而樸素堅厚規模較壯麗矣竊維我
夫子道德文章師表萬世與天地同其覆載與日月共其照臨欣
逢我
朝

列聖相承崇文闡道自京師及各直省府廳州縣咸飭立文廟祀
以帝王之禮所以示崇師勸學之典者至矣至於缺者補之敝者
新之俾多士出入是門翹瞻美富於以端向往而敦實學以上儲
國家禎幹之用此守土之責也是役也並前共費銀四百餘金除
前任李公倡捐及紳士輸助外餘皆宗敬籌款捐修用克竣事而
趨事之敏成功之速則豫前就近監理督催之力爲多既蕆事屬
余聊綴數言並前役而合記之

重建奎星閣記　陳九經

自古文教之興端賴上之化導邑之賢士大夫復爲之倡率而後

可變弇鄙之習而復彬雅之風則立學宮設書院省試以督其程
升降以警其惰皆亟務也而凡可以培植而振起之者亦宜無乎
不舉焉此奎星閣之所由建與酆邑舊閣自有明建立文廟前燬
於兵燹
國朝鼎興改建於豐稔壩顧念我
聖天子右文興學洋溢海隅酆之鄰如漢平樂溫臨江朐䏰諸邑
登甲第入承明者指不勝屈而酆界在其中百有餘年館選僅一
人試秋闈者或數科始得一售是果執業者之未精與亦未必非
形勢之有咎也歲丁卯邑人高榮安等慨然有志改建適忠州張

牧伯星煒至酆履其地謂
文廟艮方低陷須改於梧桐街以鎮之遂措資畫材於是春基始
積工若干費若干閱明年夏落成請記於余余己巳歲始來司鐸
是邦已見層樓傑閣直矗霄漢癸酉甲戌春秋兩闈皆有售者因
歎諸君子之相與有成而益信廖賴諸人之說非盡誣也雖然猶
有說嘗考天官書魁枕參首平旦見者魁又曰斗魁帶匡六星曰
文昌其三曰貴相五曰司祿孝經援神契曰奎主文昌是固芹宮
太學之士所禱祀而尸祝之者然或媚之以圖弋科名拾青紫振
耀鄉邦侈科甲人文之盛則其志抑已隘矣夫士君子讀書稽古
當爲天地立心爲萬物立命處則獨善以樂其身出則行志以達
於世由是以道德而發爲文章如江河之流而無不通如日月之
明而無不照古之人臚傳得奇士則卿雲爛霄鶴禁有通儒則五
星聯璧何莫非靈臺一線之光芒有以上燭星斗也乎吾願邑人
士睹奎文之炳煥畬藻絲以高翔華實相符始終不懈當不徒以
科目爲輕重已也董其事者某某例得附書而益其費之不足則
高子之力也

建修鹿鳴書院記　湛露清

古有學校無書院唐開元間乃有書院名迄有明而寖廣而後世

所稱則以鹿洞鵝湖爲最盛要其宗旨不外講道德課文行與黨
庠術序之教同原而殊轍焉則書院者其古學校之遺意歟我
朝文教極盛凡省會府州縣各有書院教其境內俊秀而吾酆獨
缺焉蓋二百年於茲矣前任數公屢興斯議究難於創始不果成
歲丁酉我邑侯張公來涖茲土孜孜以造就人才爲首務戊戌夏
協學師文公縣尉戚公及邑紳士捐俸捐貲選地學宮旁鼎建大
門講堂東西書屋即延師督課其中閱三稔復建居室東西廂及
廚廁諸制俱舉今二月工竣顏曰鹿鳴書院因院後山名且取詩
歌鹿鳴之義云竊謂古循良之治莫重於教化若文翁之立學舍

衞颯之修教制其良法美意誠可爲後世法今書院之建我侯作其權興復勤於訓課將以振興文教而存古學校之遺其所關豈淺鮮哉自茲肄業者可以奮然興矣韓子謂業精於勤荒於嬉周子名勝恥也實勝善也尚其爭自琢磨共相砥礪發爲文章尤當崇實黜華不揣帖括聲律爲弋取科名之具而科名初不外是於以步雲攀桂作賓
王家享鑾賓酒醴之奉斯於鹿鳴之義有取焉又安在鹿洞鵝湖之盛不可復見於平都乎是爲記

重修平山書院記　李謙

邑之山曰平都秀出五魚雙桂之東前明進士楊君孟瑛少讀書其下建書院曰平山後邑令萬君谷更名曰淩雲
國朝初前令有王君廷獻者曾經修建而基址亦湮沒不可考今之鹿鳴書院則張君偉所首創也偉黔南人令斯邑於乾隆戊戌始擇地黌宮右構講堂齋舍共二十餘楹週以繚垣聚俊秀而絃誦之更肇嘉名今其殘碑尚存而字跡半蝕六十年來門垣就頽瓦礎缺落後之人非修舉振興其不鞠爲茂草而名存實亡也蓋亦僅矣余自癸巳莅斯邑亟謀修締念興教之有由懼前功之廢墜獨廉倡始而首事佘兆登孝廉王正極茂才等轉相勸諭都人士咸踴躍輸貲洊及三年經費以裕增山長之修脯添諸生之膏火條規次第舉矣乃庀材飭工葺其院宇蠹者易之缺者補之漫漶者新之湫隘者廣之經始於戊戌十一月越次年己亥四月而工告竣蕭然煥然規模較舊加閎於是董事諸君子以書院名屢易請仍顏曰平山示復古且請爲文勒石用垂永久余惟
國家以興賢育才爲亟諸生果志切觀摩修厥道藝於院名何擇焉抑既以斯山爲斯邑巨鎮欲標其名而不使他邑書院得襲也謂當崇經術懋實學相與講貫服習俾人材輩出而扶輿得効其靈其毋徒弋聲華使平山類終南之捷徑也又毋或作輟靡常舍

業而嬉使平山跡近於童且蒙不毛之誚也可無勉哉諸生以爲然遂輯其語以爲記斯役也諸寅好爲司鐸鄒君少尉劉君例得並書至於茲院之建於乾隆戊戌重修於道光戊戌其年前後偶合若有數焉非所知也修舉振興所重望於後之君子

種福會碑記　張紹齡

種福會者邑中諸君子之所立也先是蘇君東山湛君山泉有收葬浮屍之舉汎司劉古江暨同邑諸君子因議添設義冢推廣福田蘇君東山昆玉卽以其舊買西關外房屋熟土荒山一分捨爲公塋佘君禹門玉成其事竭力勸捐同邑好善者傾囊捐助共得

錢五百三十五千三百三十三文會衆收存營息嗣於道光二十四年首事復以本息增買鹿鳴寺後田地一分以廣義冢之地而李君舍軒李君[illegible]翁伯仲尤極爲慫慂特捐錢一百六十千文幫入會內以足買價旋因邑多險灘壞船累累諸君子並議於會內撥金救生歷年保全不少歲丁未春諸君子請余紀其事以垂久遠余惟善者福之本根福者善之枝葉本根茂而枝葉榮無邀福之心有種福之報理所必然無足異者余承乏斯邑案牘紛繁凡當爲之事缺略頗多得君子補而行之不但有益闔邑更以匡余所不逮是又余之所深幸也夫是爲記

陶孝子官顯封肝愈親說

昔人云天道遠人道邇吾謂邇莫邇於天道觀陶孝子封肝愈親一事而知天日在人耳目前直呼吸可以相通也夫傷腥者死何以穿膜傷肝而竟不死肝亦血塊耳何以其祖母與母服之而竟愈此非蒼蒼者默爲體護則必不生必不愈而竟生竟愈則天日在人耳目前直呼吸可以相通也何邇如之彼世之肆意妄行者直謂天道遠莫之聞莫之見也而豈其然哉觀陶孝子事知上帝刻刻相臨吾惴惴焉大有所懼更願人人皆惴惴焉大有所懼則庶幾其寡過矣乎

又

凡爲人子者身體髮膚受之父母不敢毀傷此禮之所謂孝也割股封肝甚於毀傷髮膚不大違於禮乎豈得謂之孝乎然而愚夫婦當父母垂危之時搶地呼天回生無術此時此情凡可以救吾親者雖赴湯蹈火不辭聞昔人有割股封肝以愈其親者號泣告天持刃自戕此其一念之肫誠大可憫矣卒之皇天鑒佑遂其志並保其身是其孝也天許之天下之人皆許之而必執禮以責之過矣雖然孝則孝矣其所以不列旌典者何也皇上以庸行教天下割股封肝奇也而非庸也驚世駭俗之行非

可教天下其不予以旌表宜也顧其事不必旌而其心不可沒有地方之責者聞其事而給匾以獎之凡以不忘其心云爾邑人陶官顯割股以愈祖母目疾又封肝以愈祖母與母之病而已亦無恙有舉其事者予既獎以愚孝格天四字而復爲之剖論其事云

建培元塔碑記　朱有章

今使議成一事難者見之謂之難雖易亦難易者見之謂之易雖難亦易凡事莫不類然而司土者之於民尤爲尤信甲辰冬余奉檄攝篆斯邑觀其山川奇麗實生賢才乙巳春考課平山書院接見諸生皆恂恂儒氣美秀而文閱其文清真雅正不墜先民

矩矱而何以邑之掇巍科登甲榜者竟復寥寥或曰昔年石工採石鑿傷地脈或曰近時披沙淘金竭盡英華科名之不振職是之故余聞之而疑信相半未遽謂然也旋因公赴鄉周覽環郭諸山惟東南隅地勢低窪參之術家之說恍然有會思欲建一塔以補其缺陷猶慮已見未協羣情因邀學博鄒小山汛官劉古江少尉劉允菴暨精習堪輿明經郎官在董事國學蘇永泰甘文玉廩生陳汝修張金品項貢奎增生王功豊等登高相度定厥基址衆謀僉同擬即鳩工營建以年向未利且帑金尚須籌畫緩以踰年官民捐助得二千金甎石悉備即於丙午年正月二十八日興工今

已三越月不日可告成工已以是知天下無難成之事也方塔之未建也預計其成功若何縻帑若何人誰曰不難及其成也層覆甫基圓階已就人誰曰不易譬之白屋之士思博一第以酬初志恆視爲階天之難轉瞬掇巍科登甲榜以漸至於狀元宰相直易易耳何難之有古人云有志者事竟成信不誣哉余卸篆在即略記其緣起以告來茲

新修火藥局記

張香海

聿攷軍火之製周秦後漸盛田單火牛武侯火箭尚已至鑄鐵爲礮明時佛郎機入中國方得其用之之法厥後大而抬鎗小而鳥鎗火毬火彈火礶火鼠名號不一皆以其術成功迅速若一切刀矛牌棍轉成護礮之具咸豐五年冬黔楚兩省賊氛不靖在在與酆邑毗連僕日與衆紳熟籌戰守僉以添辦礮鎗火藥爲要務舊雖有局早就傾圮爰擇於本城後街郎涫甫兄弟閒園隙地剏築藥局一所涫甫槪然允諾爰諏吉於五年十二月十三日興工至六年二月初五日工竣覆屋以瓦壘牆以甎地版高二尺餘上仍以甎佈滿內外門扇鐵片釘固凡貯藥五千餘觔計若干罈當諭令在近鐵匠木局各鋪剋日遷移以示慎重共用錢四百餘緡督工不假胥吏事得速成衆紳之力也爰泐以紀

創修考棚記

田秀粟

國家以制科取士三歲大比

詔有司擇地進退之試以古昔聖賢儒者之言使知貴經術右秀良非先王之法不得與爭而奇衺不至爲世患是故州縣上之府府上之督學使者舉之鄉貢之京師各爲之所以絕其弊以爲自是至於貢登

天府罔非佳士然則州縣之有考棚猶都會之有試院也同治乙丑冬余權篆酆都下車觀風試士問考棚所在僉曰無之後訪諸書院山長孝廉王君元會始知茲邑無考棚者且二百年先試於

縣署繼遷試城隅之火神祠湫隘囂塵士弗之便邑人顧謂其非大患也遂安其陋尹茲邑者謂邑人且無患也遂仍其舊嗟乎士失其寓久矣周末鄉舉里選之法壞楊墨老莊之徒競起而與周公孔子之道爭自漢以後科目選舉之法壞釋道荒誕不經之徒竝起而與漢宋諸儒之學爭遷流數百十年後之爭者或且勝於楊墨老莊釋道矣初酆人公置地扼西門之要深二十三丈廣半之欲有剏建而未果會有外來奪之者將搆爭爲邑人患衆乃以考棚辭余數與王君謀欲爲實其言輒窘於貲而爭之者方耽耽焉覘其無成衆又悻悻然陰設備以俟適徐學士昌緒以讀禮歸

來言曰聞俟謀建考棚此實吾輩夙有志而未逮者今以息爭弭患嘉惠士林一舉而三善備盍亟圖之余曰是吾責也爲捐廉五百緡學士與王君諸父老議之衆翕然各輸金錢爲鄉里先合詞請於　大府令余張示匃貲給册甲里長者使徧告以意於是闔境士民躍然輸將不浹旬而得白金三百九十兩錢一萬九千五百四十貫度其地後窪墝之址踰三丈衆方鳩工庀材江水忽湧至杉柏二十餘株皆可梁棟衆益懽舞勤事謂茲舉實有天焉又恐余速去乞　大府留余以終斯役余求去弗獲與都人士昕夕從事經始自同治六年丁卯七月以明年戊辰五月訖功得屋二百十有四楹倚城環墉以爲之範面街樹牆翼以兩轅牆內爲兩亭踵亭爲重門以肅關鍵中敞兩廊趾石載版以坐試士布地以砥以禦塵壒其上爲堂拓堂之右循垣爲箭道軒於堂後屋其兩頭爲校閱所樓於其上爲公餘眺遠地糜金錢一萬八千有奇旣成試期適及余得覩試士詠思乎其中僉稱便而以功歸之余請爲之記余謂是役也都人士實共襄厥成余何力之有且將以其餘貲纂刋縣志及於歲修賓興又分其羨置校場爲馬射地是樂善不已斯邑之風文通武達其未有艾余職所應盡不敢謂維持風化仰副

國家取士意而竊幸斯舉之成之速息爭弭患一如徐學士言也因大會邑人以落之紀其顛末如左

射圃碑記　田秀栗

酆都童試馬射向在城南江岸沙石确犖往往馬蹶傷人同治戊辰邑人既建考棚分其貲置地七畝八分西郭竹雪菴前築屋四楹設馬道於前顏曰射圃爲三年大比馬射地自茲以後試年始得除道校射不試年佃耕取租爲考棚歲修貲試士當思所自來平日勿得藉名習射傷人苗稼其泐石以示來茲

詩

平都山　唐　青城道士

萬仞峯巒插太清麻姑曾此會方平一從宴罷乘雲去玉殿珠樓空月明

九日題塗谿　白居易

蕃草席鋪楓葉岸竹枝歌送菊花杯明年尚作南賓守或可重陽更一來

送酆都李尉　李商隱

萬古商於地憑君泣路歧固難尋綺季可得信張儀雨氣燕先覺葉陰蟬遽知望鄉尤忌晚山曉更參差

仙都山鹿　宋　蘇軾

日月何促促塵世苦拘束仙子去無蹤故山遺白鹿仙人已去鹿無家孤棲悵望層城霞至今聞有游洞客夜來江市叫平沙長松千樹風蕭瑟仙宮去人無咫尺夜鳴白鹿安在哉滿山秋草無行跡

題平都山

足躡平都古洞天此身不覺到雲間擡眸四顧乾坤闊日月星辰任我攀

平都天下古名山自信山中歲月閒午夢任隨鳩喚覺早朝又聽鹿催班

平都山

山前江水流浩浩山上蒼蒼松柏老舟中行客去紛紛古今換易如秋草空山樓觀何崢嶸眞人王遠陰長生飛符御氣朝百靈悟道不復誦黃庭龍車虎駕來下迎去如旋風摶紫清眞人厭世不回顧世間生死如朝暮學仙度世豈無人餐霞絕粒常辛苦安得獨從逍遙君泠然乘風駕浮雲超世無有我獨存

龜山

我生飄蕩去何求再過龜山歲五周身行萬里半天下僧臥一菴初白頭地隔中原勞北望潮連滄海欲東游元嘉舊事無人記故壘摧頹今在不

平都觀　范大成

神仙得者王方平誰其繼之陰長生飄然空飛五雲輧上賓寥陽留玉京石爐丹氣常夜明龍光萬柏森年齡峽山偪側岷江瀠洞口福地古所銘云有北陰神帝庭太陰黒簿囚鬼靈自從仙都啟巖扃高霞流電飛伏精暉景下墮爍九冰塞絕苦道升無形至今臺殿棲岑嶸隋圬唐塈留丹青上仙恠寄溪如清瑶池仙仗紛娉

婷琅璈赴節鏘欲鳴我來秋暑如炊蒸汗流吁氣依枯藤摩挲衆
蹟不暇評聊記梗概知吾曾

題平都山　　趙　遇

酆都有山縣之東崗勢崛起如游龍盤盤層級上絕頂鬱鬱巨柏
凌蒼穹秘殿梁唐制作古繹氣縹緲浮琳宮自昔王陰駕鶴去至
今爽氣飄仙風爾朱先生繼其後百鍊沖舉猶鴻濛五雲破地巳
靈異白石水岸遺遐蹤大江渾渾復東注南嶺趨扶而朝宗溪流
山足重巘抱千古福地平都雄神仙奧宅異凡境樓觀窈窕丹霞
濃游人到此意超詣如在蓬萊渤海中是詩本二十八韻古碑殘缺今錄其存者

五雲樓　　牟虛心

窗開四面納虛明水色山光畫不成輸與蹁躚老黃鶴飄然物外
自心清

五雲洞歌　　丁尉侯

君不見呂公昔日飛過青草湖獨有老柳物色南城隅仙人來去
無定所東風嫋嫋飛雲孤江上靈秀鍾平都巍然眞仙之所居王
陰得道幾千載白鹿長生還自如今年七夕知何自羣鹿來游巖
穴虛有氣如虹起洞口天花芳馥滿茅廬總眞眞人任洞府出入
必有神明俱有時一笑下塵世坎離刀圭覺凡愚仙家從來多異

事予亦愛之因屢書二仙邈矣不復見誰云五雲往氣無

題仙都觀　　杜光庭

往歲眞人朝玉皇四眞三代住繁陽初開九鼎丹華熟繼躡五雲
天路長煙鎖翠嵐迷舊隱池凝寒鏡貯秋光時來白鹿巖前後應
許潛通不死鄉

白鹿夜鳴　　明　曾　鼎

白鹿知何代空山月夜鳴至今巖畔路猶見紫芝生

月鏡凝山

空潭澄皓月孤影落前川夜半銀蟾浴青鸞下九天

珠簾映日

一簾秋草碧倒映大江流日暮浮雲捲青天掛玉鈎

送客晴瀾

送客晴瀾上停杯發棹歌水流無盡處還似別情多

游仙都觀

覽勝珠宮一吐奇山靈應笑我來遲天開地闢壺中景月白風清
畫裏詩桂樹小山招隱處桃花流水遇仙時登臨自是平生興不
用揚州借鶴騎

游平都　　嚴　眞

珠宮翼翼鎮酆陵石凳縈紆上幾層對客好山清氣迴傍巖修竹翠雲蒸風塵異地悲存沒祠宇千年感廢興歸路籃輿扶落日蒼茫煙霧望中增

謁耀靈殿　　魏澣

萬疊青山列畫圖相逢塵侶謁清都生祠碑古人何在業鏡臺空事有無瑤草生香緣玉洞碧雲流彩護丹鑪神明威望森如許公道於今仗力扶

平都山　　李本

疊巘層巒遠近宗平都天表削芙蓉西連岷嶺三千界東接巫山

十二峯瑤草琪花開野鹿琳宮貝闕擁蒼龍十年五度經游此聊賦新詩記舊蹤

白鹿山次蘇詩韻　　馮禋

青山無盡頭白雲苦拘束酆都天下名青山對白鹿內有仙人王陰家洞口桃花飛紫霞仙人一去不復返空餘明月籠寒沙峯巒峩峩山瑟瑟上去太虛纔一尺今日我來尋二仙踏破煙雲滿山跡

平都山　　倪朝賓

平都絕頂古丹邱爲訪仙蹤亦月游洞口千年鳴白鹿關前幾度駕青牛石牀夜雨閒棋局庭樹春風送管篌枯坐談深天籟發白雲點綴萬山秋

月鏡凝山　　楊大榮

潭面浮霜月正圓葫蘆此夕墜中天一輪金彩層霄外萬頃銀輝疊嶂前清湛蓬壺眞太極白生虛室見虞淵興來更欲騰雙翼飛伴吹笙跨鶴仙

題平都山　　朱之臣

眞仙不可望所得在孤岑地既近而遠人惟王與陰石霞尙餘翠松氣有遺音幽洞其誰力高雲非衆心遙知山寂寂下視水深深

每得相宜者悠然共遠尋

平都山　　王稽

昔聞酆都名今到酆都山碧水流不住白雲去復還閒花飄古洞深殿鎖重關興罷欲歸去徘徊霄漢間

白鶴觀禮眞　　吳用先

仙都標異界名勝冠巴賓宛轉百盤凳登臨一杖笻峯頭雲渺渺山下水淙淙靈岳涵眞邑瑤壇肅聖容蕊書翠靄闕玉牒紫泥封風吹排空度鸞旌帶月逢齋心香寂歷敷疏語虔恭微尙師黃石幽期訪赤松敢云宦況淡祇覺野情濃願解區中縛還希塵外蹤

凌霄擬控鶴攀霧欲騎龍至訣不輕授元言自可宗春風鳴衆籟誰與扣洪鐘

平都山　莫琚

王陰當日舊仙蹤芒履雲紆路幾重紅露臺高凌碧漢青蓮巖直引蒼松鹿因羽化留遺跡龍爲丹成守故封我亦登臨毛骨爽飄然身在五雲峯

流杯池泛　陳巘

九曲池邊倒玉瓶綠茵鋪地水痕青輕浮香液和雲溜細遶泉流觸岸停客醉坐間爭得句官閒塵外且忘形風前何物添清興黃

鳥嗁春在石屏

送客晴瀾

客泛靈槎江上行江頭霽色擁仙旌一聲環珮雲程遠三疊滄浪別恨生影動金螭波浩渺光搖銀漢影澄清至今石激灘鳴處似訴當年不盡情

平都山　胡璉

作邑乘清暇來登第一山乘驄行覺近飛鳥漸知還仙跡廢已久塵氛了不關翻思市朝客擾擾利名間

題總眞橋　楊孟瑛

草樹玲瓏鬱殿臺煙霞繚繞似蓬萊總眞殿上人行處流水胡麻莫浪猜

流杯池泛　熊永昌

何年鑿石引流泉幾曲清流泛酒船幽草有情依坐畔閒花無語落尊前令行不必資壺矢歸詠何須戛管絃策馬悠悠星月上春風隨袖舞蹁躚

青牛野咯　黃景夔

薄版西游稅駕年青牛老結碧山緣徑深雲樹不知處洞外桃花別有天友鹿同街煙際草呼龍伴種石邊田牧林何處閒橫笛吹

向東風播穀前

游龍墩

春日出郊江上行白沙翠岸照新晴憑城樓閣花中出轉浦帆檣鳥外明擬買釣舟存晚計謬遛朝籍尙虛名塵冠却對滄浪水笑掬清漪爲濯纓

珠簾映日

珠簾垂處絳雲開寶藏蝦鬚貫亦浪猜影動江螭驚自失風翻山燕去仍迴霽林穿旭聯金鎖霞浦搖空漾碧洄復有玉繩低永夜也隨鉤月上瑤臺

平都山　楊東

平都四十二福地石室丹梯險絕逼紛郁煙霞迷綠樹嵯峨宮闕倚蒼穹玉臺春煖蟠龍起古洞雲閒宿鳥逢幾度徘徊山月出細吹鐵笛和松風

游平都　楊晉

青蓮碧漢五雲峯闕殿躋攀又幾重烏兔鼎爐無火候龍蛇碑刻有苔封仙祠荒落悲吟壯石壁淋漓醉墨濃爲愛登臨歸興晚徘徊星月傍長松

游平都　楊節

空山踏翠馬蹶寒十二芙蓉面面看洞口白雲千載任江南黃鶴幾時還瑶臺丹冷煙霞護石凳苔深歲月閒到此塵消胸次豁不知身寄畫圖間

龍牀夜雨　黃洵

此地當年起臥龍洞門深鎖石牀空不知子夜千山雨飛向雲天第幾重漏轉江流催急溜夢回漁父溼孤蓬至今鯨吼清灘下冥答仙都觀裏鐘

送客晴瀾

錦波如織漾新晴送客灘頭去任分夾岸樹移青雀舫中流歌起白鷗羣滿江行色濃春酒千里懷人隔暮雲却憶河梁攜手處遺風蘇李至今聞

春日登平都山　古養敬

尋春剛及早春時風景撩人不搆思高閣憑虛飛鳥度連峯極目過雲遲臥龍潭僻斜通徑野鶴巢傾欲墮枝好與風光共延賞莫將公事惱癡兒

平都仙蹟　曾繼先

江峯擁翠逼諸天隱隱雲中石凳穿不定煙嵐浮澗壑多情花鳥共林泉丹鉛化氣從何日金碧開山不記年早晚每來登絕頂王陰亦似有前緣

游平都山　楊履

杖履謁清都危峯插晴昊仙人好樓居渺然城郭小耿耿懷王陰學道苦未早欲款玉女閨何由托青鳥望望三神山劃然一長嘯

平都山　黃進

平山何崒嵂天下說名山福地開三島仙丹煉九還樓憑青鳥度洞許白雲關拂石尋題字芙蓉紫翠間

平都山　宋文

仙山屹屹倚蒼穹躡蹬捫蘿一徑通晻靄煙霞迷古洞參差宮闕

隱林叢詞人記述碑猶在仙子昇騰跡已空幾度登臨傷往事碧桃歲歲領春風

龍牀夜雨　盧雍

神龍久化去水底石牀平月冷江空闊風聲作雨聲

白鹿夜鳴

仙質玉無塵人間亦久馴一聲江月白應是報嘉賓

同致仕金華守劉菑游平都山

平都福地偶登臨回首斜陽感廢興輕拂苔碑磨篆刻細聽羽士說飛昇神仙可學恐無益幽怪欲書何所憑江上寒峯孤月出劃

然長嘯白雲層

游平都山　周包荒

人言此地有蓬萊我來覽勝忙青鞋洞口五雲安在哉藤蘿煙霞藏樓臺古碑剝落生莓苔登臨絕頂疑天台凡骨愧非劉阮儕我聞至道殊塵埃徑思脫履離形骸欲向王陰覓梯階王陰一去不復回人間滄桑幾刼灰短歌激烈持酒杯日落尊前返照來長松老鶴鳴清哀山靈爲我增徘徊

平都山　李秀華

平都勝境快人游乘暇登臨豁倦眸石洞有泉通巨海丹鑪無火傍危樓亭淩碧漢雲常鎖山枕清江水自流坐久松梢天籟發恍疑仙馭過峯頭

五雲樓　譚良相

仙閣靈臺草木蒼回梯曲凳與天長深風撼竹千重雨煖日薰花百和香閱盡人天餘鶴鹿經殘灰刼問滄桑蓬萊欲覓知何處疑是煙霞弱水傍

二仙樓夜坐　戴文星

仙都古名勝洞口紫霞浮老樹擎雲霧層樓礙斗牛豪吟江月起清嘯海天秋獨坐忽長憶蓬萊閣上游

仙都觀　黃世修

道院清虛睡起遲閒時瞻眺醉吟詩捫巖摩刻雲生履開甕分春月隨卮夜永只聞風弄竹日長惟見鳥爭枝悠然自謂羲皇侶問到羲皇總不知

靈巖泉　劉孟桓

蒼巖石罅瀉流泉幻出乾坤太始前冷射天邊雲掩護竅通仙頂氣盤旋濯纓自是清堪掬洗耳還無俗可捐閒把春瓢貯江月不妨隨口到丹田

白鹿山用蘇韻　冉果

古洞樹盤曲亭深雲斂東元鶴去不還蒼巖鳴白鹿仙人遥詣太虛家斡旋造化淩飛霞浮雲一去今千載星壇金鼎生塵沙陟巘尋眞更岑寂睥睨乾坤下盈尺欲來絶粒上天衢茫茫仙杖無蹤跡

游平都山　孫芝

巴山春色鶯啼老總爲惜春常起早春去明年還復來客子羈愁何日掃平都風景似元都上接瑶臺下幽島槐陰日午匝空庭窗外輕風動疎篠噫予不是看花人試把芒鞋踏芳草功成白日生羽翰回首巴山一拳小

九日登九烝樓用杜甫韻　戴文亨

醉倚高樓眼界寬碧雲深處罄君歡西風無賴多情帽急雨其如早掛冠興到不妨詩韻窄懷開未許酒杯寒呼童薄採山中菊留取來朝醒眼看

白鹿　倪伯鯕

匡廬素質向來聞又逐仙蹤伴白雲皓魄奪將瓊島色野心眠穩石幢芹空林靄靄傳天籟永夜呦呦發性氳幸有青羊猶在肆平都知爾結爲羣

觀音灘平險詩　李時華

觀音險灘有聲於蜀舊矣上下船甚苦之余昔司李深抵學於此頃奉命巡方檄巡東道鳩工鑿之漕成而舟便因爲詩以志之

錦水東來擁急湍操舟絶險膽皆寒怒濤澎湃蛟龍泣怪石嵯岈艫艣殘却憶平成思聖績故先開鑿駐狂瀾酆陵從此風波息穩棹長年任往還

初夏游平都山　毛之麟

景入平都山更幽不辭十日兩三游林梢潤帶黃梅雨砌草清分刈麥秋鳥語叮嚀雲外笛風濤起伏海邊舟黃昏不盡登臨興月色山靈爲我留

仙都觀次蘇韻　黃常德

層樓傑閣路窈窕洞裏有人學黃老玉爐伏火烏兎懸煑石飡松茹芝草九還七反煉丹成服餌換骨能長生駈神役鬼攝萬靈呼日吸月守内庭幢旌羽節時奔迎雲駢杳忽歸太清故山寂寂無復顧鶴來如怨鳴朝暮煉形養氣世滔滔入室參元心獨苦我欲乞靈總眞君憑空御虛蹈紫雲道侔天地身長存

平都山放歌　李載寛

名山聳秀大江隈疊嶂從天推出來山中有境看不盡乘暇登臨

亦快哉我聞疇昔多仙侶披褐幽巖同穴處只云數息度春秋誰識還丹待沖舉仙童採藥出荆扉青青箬笠綠蓑衣直向白雲窩裏過長挑日月擔頭歸相將歲月倏飛昇繽紛古洞五雲蒸次第蹁躚何處去蓬萊弱水任騫騰一去無跡增感慨至今惟有琳宮在爲鬼爲神天將雄元關呵護百千載接踵增修臺榭多金鋪碧瓦麗山阿華閣亭亭侵日影長橋隱隱接天河此地逍遙無歷日年去年來人不識琪花瑤草洩春輝白鷴黃鸝調玉律松檜參差不記春幾番風雨長龍鱗招得鶴來丹室憩依稀仙子稅飈輪飈輪鶴駕終難挽且把樓頭簾幕捲不如長嘯淩空去但覺天津爲未遠騷客品題無了期煙水雲山色色奇若將好景包羅得後人何用强裁詩

平都山　　范文光

茲山特孤拔蘊靈復秀奇尋真多仙客丹竈尚有遺何爲宅幽都鬼魅得踞之古人有深意俗子自愚癡黃鶴下相招身世兩相疑目睹老牛頭猝縛入湯池乃始悔輪迴追恨煉丹遲故知閻羅老王陰之導師囹圄爲福堂洞天此相宜

平都四時詩　　張邦衡

簾垂春院靜梁上燕飛來入座花香細殘紅點綠苔

深林來好鳥幽澗古泉鳴客至琴聲寂餘香繞座清

雲封秋嶂碧小院倍深幽木葉蕭蕭下簾光翠一鈎

柴門迴霽雪石鼎煮寒泉漏下山頭月看經夜不眠

二仙閣　　曾祐

危樓倚霄漢仙客恣夷猶萬樹摩蒼壁千峰擁碧流天空元氣合江淨楚雲浮徙倚雕闌上閒看麋鹿游

二仙奕處　　楊延春

身世渾忘得大還機心何事寄枰間橘中樂趣無人識只許回仙帶醉看

酆陵紀勝吟

岷峨迢遞平都結秀聳龍嵸擅奇絕遙觀宛爾峙江中近歷方知與塵別雲樹青松上下封樓觀巍峩前後列深溪瑤草伏珍禽窮碑墨妙傳丹訣品題歷代屬名家蛻化千年有仙客曾傳柱史跨牛青又報蘇公鳴鹿白石牀如雨帶雲封懸知江濟躍神龍隔岸蘆花秋瑟瑟映潭月鏡夜溶溶曈曨初上東郊日影射珠簾光四溢西蟠梁石泊舟航酌斝歌驪旅懷逸蘭亭勝事已千秋九曲流觴迹尚留獨有回仙飛白字大書巧搆等琳球余生夙抱煙霞癖五岳壯游志氣適矧當密邇有丹邱雅與飛浮能自數披襟正際

風光好洞口桃開春不老恍接王陰向碧雲何必偓佺駐蓬島新編山誌古今傳蹟附名公長不掃

二仙對奕處　楊淩雲

春滿山桃雨紅雪雲裏長松梢掛月仰摩篆碣斗牛寒閒臥煙霞天地別都中風景各爭奇曲徑斜穿好採芝漢時仙子今何在萬古敲殘一局棋

平都山　楊淩斗

平都深處五雲臺紫氣東浮入望來不盡江聲天外落無邊山色洞門開捫蘿爭訪飛仙跡洗篆咸誇學士才我欲乘風覓真侶道

遥同步玉京回

游折絲巖拳菴得拳字　古心

山慵惟任石欹眠山不入塵石亦顛絲折巖頭簾掛壁字浮江面水爲箋閒消僧語二竿日遠隔人家萬點煙莫道香臺僅一納乾坤到此只如拳

雙節歌

天地非渺小聖賢何孤獨譬彼麟與鳳真空羽毛族所以大名節未敢許男兒徒自美儀表早已愧鬚眉世趨日以汙中流誰作砥鐵骨石心肝乃至讓女子賢女亦罕遇秤叟實有姑十六爲人婦十九喪厥夫股爲夫子割耳爲夫子刈豈不欲同歸有女年方二撫女愁不大教女愁不嚴相攸得其所母意亦忻忻女命如母窮偕聚不偕老未忍衆鬼餓遺腹爲夫保不長遭禍烈夫去兒隨亡豈不欲同歸有母鬢如霜朝夕奉老母春秋祀遠祖桑梓守孤墳香煙憑淨土昔年女伴母屛房袂相牽今日母並女雙雙影共憐官司闡幽貞僉以兩氏告堅辭不敢當詔恩已先到我見世間衆骨少柔情多忠孝無二理聽取雙節歌

麻姑洞　王士禎

神仙官府事紛然懶漫誰能更學仙但乞麻姑爬臂癢餘杭兒酒

此中眠

洞口無人薜自青蓬萊清淺幾曾停他時小劫三千載又似當年過蔡經

攻先生蜀道驛程記云康熙壬子十月十二日抵酆都縣肩輿上平都山訪仙都觀故址觀王方平麻姑二洞按仙都觀爲王方平陰長生蟬蛻之所段文昌有記所云石巖靈竇蒼然相次苔龕古書依稀可辨皆言平都山之勝及觀呂純陽蘇子由范至能諸詩無一語及麻姑者麻姑洞在今成都府新都縣之繁陽山其云在平都者當因方平而及之耳

郭才士還人遺金歌　易簡

人言世上無好人以余所聞定不爾豫章郭君字才士不知何歲來吾里館驛門外大江邊盤飧飯客爲生理去年有客自楚來匆匆一飯抽身起遺金在牀人弗知主人得之不色喜置諸篋中坐而待黃昏客來面色死牀頭摸索走蹌踉頓足搥胸淚如洮求利未得本先失逝將薄命投江水郭君挽之笑而問失金何數封何紙客言一一都符合即還三老開而視絲如縲文色如雪舉以還之輕若屣客願瓜分主則辭義聲從此騰遐邇我從山中聞此事置身如游古人裏世人於利競刀錐壟斷從來在塵市何況百金

中人產匱而不與恆情耳郭君慷慨勵末俗臨財不苟偏知禮我聞爲善不求名鬼神默佑天咫尺願君貨殖似端木高賢會作千金子義利何嘗定背馳報施善人必有以恨我多年返故園無由珥筆書其美何以傳之俾不朽爲作長歌垂野史

九日登二仙樓次李廣文韻

杖策酆陵第一山且將醽酒醉童顏試思苜蓿堆盤裏何似茱萸綴席間秋刖關河鴻共達人歸城郭鶴重還誰能更得金丹力絳雪元霜又下頒

夏日雜感

百感非關暑氣侵故鄉羈緒擁煩襟北窗日臥陶元亮西寺時尋支道林賣藥入城無好價抱琴於野有知音此身到處無安著聊對薰風一苦吟

賦得峩眉翠掃雨餘天

峩眉經雨過前川回望風光倒夙煙兩岫翠鬟如帶沐千峰螺髻似爭妍照開白雪寒垂地幻出青霞氣接天却笑扶輿邱壑小也隨新霽鬭嬋娟

百花潭

去國離家老病身天涯何處不相親花卿好客才偏放嚴武多情

氣未醕萬里風塵空隕淚五陵裘馬漫傷神會須買棹夔門去瀼水東西理釣綸

題二仙樓　顧光旭

王方平陰長生沽濁酒與爾傾爾騎白鶴吾長鯨爾吹鐵笛吾鳳笙江風吹起江月明吾欲醉爾自醒醒時應憶醉時事醉中可以忘吾情日月星辰挂巖戸不知戸外蛟龍舞惟有一杯與終古吾將與爾終一杯一着饒爾先天行憑闌大喚局中急江水無波空自聲

平都山歌　王榮緒

老氏貪生釋畏死千古卓識歐陽子平都山稱一洞天王方平陰長生學仙曾在此藥爐丹竈以引年區區小術安足齒傳言飛昇朝玉京玉京茫茫何所指漢魏以降佛法揚輪迴之說更荒唐畏死卽以死畏人菩薩變爲閻羅王閻羅分佔學仙地地獄裝飾棋局旁釜烹磨碎已酷哉未見何鬼受刑傷二千年來邪說積人心久惑無以革貪生猶恐仙難成畏死預求免罪責作奸犯科自知明不愛身命愛魂魄趨諂閻羅供香火男女雜沓周道窄我承天子命知酆公餘游覽來山中二仙樓頭閲大江五雲洞口探蠶龍化日光天眼前在陰陽何曾界西東淫祠當毁力未逮自顧德

位媿梁公是用作歌告我民陰司陽世孰爲眞地獄杳冥不可考囹圄之苦苦無倫國家彰癉聲赫赫事鬼毋甯爲好人噫胡不移畏閻羅之心畏國法噫胡不移敬閻羅之心敬爾親

瞿志謂此詩見於石砫廳志蓋王君宰酆都時所作也顧山上無碑碣錄之以破幻妄

登平都山懷古　五爾卿格

捫蘿踏破露苔香殘废崚嶒到上方羽客已隨九轉化丹樓空倚五雲長荒祠冷落埋煙草斷碣糢糊昧漢唐江上青峰山下水終朝滾滾日蒼蒼

大寨坎　張偉

萬丈危梯九曲盤驚魂飛上碧雲端祇緣民事皆王事那顧崎嶇蜀道難

再過大寨坎

蕭蕭木葉下寒溪重過山腰駐馬蹏恰待揮毫拈數字回頭忽見舊時題

初至酆都卽事述懷　瞿頡

三載春明夢欲迷鷦鷯剛得一枝棲函關月落聞雞唱劍閣雲深

信馬蹏堪笑仙山成鬼國城外平都山本王方平陰長生修眞之所今設閻王殿訛傳爲地獄矣須憐瘠土有窮黎我來正值清秋候怕聽哀猿午夜啼

平都山仙都觀　張福標

地留仙闕在門瞰大江開花落五雲洞山青八卦臺松風巖半起鶴背玉簫來細把碑銘讀寒鐘莫亂催

二仙閣

仙翁何處去仙閣自崇巒只有閒雲在無心自往還

二仙奕處

花落石盤上巖飛洞口雲知他棋半局勝負幾時分

竹雪菴

地僻無人迹荒菴自夕陽雲還眠石凳春不到禪房古鼎添新蘚
殘碑臥短牆金鈴如有語風裏訴淒涼

重過定慧寺

路入叢林客漸稀暮煙多處是禪扉舊游沙岸江蘺淺轉眼寒山
橘柚肥半堵頹垣飢犬吠一肩孤米老僧歸看他底事清寒甚却
羨空門少是非

偕鍾積菴重游鹿鳴寺

六年人未扣松扃匹馬征衫此暫停雨長石苔橫鹿臂風吹落葉

上蘇亭殘陽鐘過數聲泠野水峰沈雙髻青最好平臺西北望紅
闌干映白沙汀

庚子三月作賑饑行以誌感

去年六月雨未足禾稼秋來竟不熟今春農夫手空束千錢難買
一斗穀饑腸轆轆面如鵠草根樹皮充枵腹老弱難行臥溝瀆嬰
孩拋去無人育縣門白米堆滿屋人來領米爭相逐土牆圍繞似
地獄役吏守門很如蝮只許人入不許出手執竹鞭亂敲扑男躍
女奔嬰兒伏屍骸徧野眞慘毒生者叫跳攔輿哭黑夜酸風聲悲
肅死者骷髏縛束束里長拋之塞荒谷惡犬噬臍豕嚙骨飢鷹飛
來食其肉道旁過者空側目凶年人反不如畜吁嗟乎賑饑救荒
身碌碌翻令無辜死更速斯時誰爲此鄉牧却教歡聲成怨讟君
不聽臨江百姓歌生佛

臥游武陵山　曾繼賢

幾載言探星宿海神游直達武陵山身從碧落空中下手向蓬萊
頂上攀俯首朝東看宇水昂頭望北認鄉關人間勝境無如此一
臥狂吟任往還

閒吟近體二章

一種消愁藥爐烹五字詩慣吟安分句不作怨人辭荊棘春風老

薔薇夜雨滋靈臺明鏡裏花落有誰知

家貧詩作友業盡硯爲田藥有流年債囊無隔夜錢一心惟愛靜
竟日只貪眠字拙書偏懶臨池每不全

題忠州向烈女灘　佘起鴻

竪眉一怒倒流驚甘與冤禽逐隊行無限波瀾推不動水心捧出
面如生

向平家法好門楣曾播花溪絕命詩從此竹枝添雅調巴歈齊唱
女貞辭

冉烈婦哀辭　朱有章

烈婦姓項氏平都冉興志妻也年二十一歸興志逾月夫死婦自經以徇余嘉其貞烈故作辭以哀之其辭曰

天鍾茲淑美之德兮迥遺俗而越常姿冰玉其堅貞兮質蘭蕙其芬芳幼敦詩而說禮兮笄靜一而端莊懔女誡而弗違兮率姆教之不忘憑媒氏以于歸兮百兩迎其鏘鏘宜允稱其室家兮譽交贊乎姑嫜曰難得此佳婦兮天作耦乎仙郎鼓琴調乎琴瑟兮曲遥引乎鳳凰信兩美之必合兮誓將地久與天長乃昊天之不惠兮身遽罹乎奇殃死生修短固有數兮歡樂忽改乎悲傷繄豈淑人之不淑兮繄豈良人之不良匹夫其志不可奪兮毋乃意氣之

激昂彼捐軀而不顧兮抑何其不相量甫兩月之新婚兮竟一旦而成嫠孀歎我生之不辰兮恨此身之未亡望夫君而不見兮妾復何心而守此空牀夫有兄弟以養親兮妾無兒女之在傍夫死可無虧乎子職兮妾生恐反累乎高堂願相從於地下兮奚畏冥路之茫茫遂慷慨以投繯兮覺一死其猶香亂曰凜凜正氣陰之陽兮侃侃大節柔而剛兮生死與同聖所臧兮雲魂月魄返彼蒼兮貞烈遺風聞家邦兮旌閭表墓發幽光兮

續白鹿賦　林明儁

吾邑先達黃白水先生曾賦白鹿載縣志今湮沒失傳余續賦焉

瞻青牛之扈從兮勢崒嵂而動仰止辱老明之稅駕兮乘紫氣而咸游崛起劍西峰之壁立兮直與平都之山爲鼎峙緣產奇毛兮在山之阿餟茲嘉卉兮羃彼薜蘿飲玉液之芳泉兮長飽清波緣此靜氣如神兮臧否無訛藉雙眸之炯鑑兮堪作名流之網羅高賢將至兮燭照澄清報達明府兮呦呦迻聲似囑將迎兮預測殷勤除舍款洽兮式燕嘉賓庶山靈免冥頑之誚兮毛蟲顯先覺之名獨是人不知而鹿知之豈人反昧於鹿耶鹿先知而人甘不知豈鹿之好賢反優於人耶斯又人事之不可解而物理之不足憑

者也夫鹿白者百歲元者千年彼人倫之月旦不徵於信宿意知覺之清明早得夫先天嗚呼人君有此明哲兮何版築飛熊之猶勞夢卜宰相有此器識兮豈抱關畎畝之尚有遺賢昔人作賦以紀盛兮慨相見之無期劍於今無舊籍之可考兮但聞風而心儀聊摭闡陋以學步兮志景仰乎前徽鹿有知兮將毋誚刻畫無鹽而唐突西施

登平都山賦　王五桂

雙山子壯志未酬雄心不紓容與徬徨莫知所以於時春和風煖柳媚花嬌微吟既倦兀坐無聊望城東之蒼翠攜良友以游遨踏

芳塵於紫陌迎淑氣於東郊曲徑盤旋而登上危樓煥赫而高標聯綿寺觀蔭翳林皐經翻貝葉磬響雲璈仙跡何代古蹟何朝感今昔之變更撫星物而逍遥况有漢南宿彥浙右名賢探幽接武選勝爭先較棋枰之勝負評粉黛之媸妍或倚闌而遠眺或危坐而高談佳殽列山海之錯同心極賓主之歡倒金罇而傾北海吐麗句而驚四筵共擊催花之鼓同揮拇戰之拳未幾斜日西沈晚鐘初起月影橫空星光映水餘勇之醉態難描後勁之豪情未巳客有飄然遐思穨然斜立者語雙山子曰樂哉今日之游也吾聞瀟湘之側雲夢之前天台之頂泰華之巔晴嵐瑞雪斜月寒煙安得置身於其間駕輕舠而往還雙山子曰嘻子何見之陋也吾以天地爲廬以乾坤爲宅以廣漠爲比鄰以陰陽爲過客不必御列子之車振夸父之策而渺然之虛靈自洞然而空闊也夫亦何時何地而不自得也哉且夫鷦鷯巢林不過一枝鼹鼠飲河不過滿腹何以含現在之眞機作無邊之馳逐君子隨遇達人順欲卿相奚榮草茅何辱遑吾目而一覽無餘快吾心而何所不足客曰子之言誠然而吾竊有所不解焉將子之經綸素裕耶何子之碌碌而自憐將子之肥遯自甘耶何子之栖栖而不閒將子之素位而行耶何子之鬱鬱而不歡子之才美矣恐難列屈宋之班子之志大矣而無如遇合之難雙山子喟然歎曰子何言哉夫巢由孤子皐夔逼顯道本同揆迹若相反甘童之得位猶遲尙父之逢時非晚屈子之忠兮傷澤畔之行吟賈生之才兮弔長沙之不返樊江淹之筆兮折劉蕡之管盜跖之殘而壽考伯夷之仁而偃蹇發孫登之長嘯兮開步兵之白眼彭何修兮殤何短客乃恍然而悟肅然而興同尋歸路萬籟無聲

重修酆都縣志卷四

武備志

昔人制兵以討不廷治勿忘亂古之善經講武於隙防患未形虎鈐豹略電紫霜青上紓宸眷下衛生靈百年不用一日常惺志武備

營制

駐防把總一員　忠州營分汛

兵額

戰守兵二十五名除派調塘遞駐藏實存戰兵四名守兵十五名

火藥局

火藥局　舊在中街郎氏後圃咸豐六年署知縣張香海建有記見藝文今移平都山陰崇報祠

火器

火器　咸豐十一年城守邑人籌置軍械甚備瑣細不勝載載其大而可久者　鐵大礮八尊　銅大礮十四尊　劈山礮五十五尊　九節靈礮九尊　擡槍五十四桿

愚按古者寓兵於農有備無患後世兵農分故武備易弛至於臨敵僱募其弊滋甚近惟團練法猶近古團練者戰不足守有餘洵防亂民制流賊之上兵也然而奉行不實任用非人必至武建驕悍矯之者不揣其本或竟去之是又因噎廢食者矣酆寨壘相望誠得其人以守則賊無所掠不戰自遁咸豐末迄同治元年賊警南北岸凡練二百五十七團賊退輒散非所時有故不備紀古人云安不忘危守土者曷留意焉

重修酆都縣志卷四

志餘

仙蹟

漢王方平　名遠前漢中散大夫棄官學仙隱於太尉陳躭冢戶解避地平都山魏青龍初道成爇黃土數十甔以丹藥灑之盡成黃金有五色雲裂地而出捧足仙去杜成爲作神仙傳稱總眞眞人

按列仙傳後漢王遠字方平東海人舉孝廉除郎中明天文圖讖學桓帝問以災祥題宮門四百餘字帝令人削之墨入板裏後棄官隱去魏青龍初飛昇於平都山

陰長生　新野人漢和帝后之曾祖不好榮仕從馬明生得度世法相攜入青城山丹成著書九篇以延光元年於平都山白日昇天

麻姑　魏青龍某年七夕訪王方平過此有詩曰王子求仙月滿臺玉簫清轉鶴徘徊一聲飛過不知處山上碧桃花自開今平都山後有仙姑巖

按漢魏以前七言詩僅有柏梁體未聞有絕句也後人附會無疑

呂純陽　名巖唐宗室嘗登進士第從鍾離權得道訪王陰二仙過此有詩曰盂蘭清曉過平都天下名山所不如兩口單行人不識王陰空使馬蹤虛又曰一鳴白鶴出青城再謁王陰二友人口口惟思三島藥撞脾已過洞庭春

爾朱仙　唐僖懿間落魄成都市取白石投江中衆莫識後自果至合賣丹於市價十二萬刺史召問其值更增十倍怒其反覆醉以酒沈之江流至涪州漁人白姓石名者舉網得之擊磬方醒相攜至平都山修煉後乘白鶴仙去故涪州有白鶴灘酆仙都觀亦稱白鶴觀也

按列仙傳載爾朱仙名通微別號歸元子僞蜀廣政間僑寓渝州嘗一日遍遊成都新都廣都間至晚即還人皆異之有朝遊成都暮宿金雞之諺喜飲酒食豬臟自言遇異人贈藥一丸囑令見浮石而後服之則成仙矣每取石之有異者即投諸水而冀其浮人雖笑之不顧也渝州守惡其妖妄以竹籠沈於江順流至涪爲漁人網得問其姓氏曰石氏此地何所曰涪州遂豁然悟曰浮石之言驗矣因服前藥便覺輕舉乃採涪州所產矢鏃砂止平都山白鶴觀煉丹數年竟仙去云爾朱先生還丹歌曰欲究丹砂訣

幽元無處尋不離丹與汞無出水中金金欲制時須得水水遇土兮終不起但知火候不參差自得還丹微妙理人世分明知有死剛只留心戀朱紫豈知光景片時間將謂人生長似此何不回心師至道免逐年光虛自老臨樽只覺醉醺酣對鏡不知漸枯槁二郎二郎聽我語仙鄉咫尺無寒暑與君說盡只如斯莫戀驕奢不肯去感君恩義言方苦火急回頭尋出路吟成數句贈君詞不覺便成今與古

按仙都山陰君洞驗記云君將欲昇天謂門人劉元遠曰

此山孤峙勢若龍蟠其首東向必當吐雲送我言訖有五色雲從地湧出乘雲昇天出雲之處呀成洞穴水旱祈禱立有感通大歷九年七月十五日邑人宇文萬年女何作等一十五人以元節之辰奉香花於洞門禮拜忽見洞中波濤湧溢出一金手一玉手其大如扇良久乃隱水波亦不復見長慶元年江陵傳緗聞洞中雷吼之聲咸通初道士王芳芝聞洞中聲如羣鳥飛異香紛郁徧於山頂鄉人常以之占歲鶴翔必年豐鹿鳴必歲歉不棲凡鳥每有二鳥廣明辛丑歲刺史陳侁修置道場有祥雲天樂之應甘露泫於叢林寵詔褒美中和甲辰年賜紫大德曹用言准詔齋醮有鄉雲瑞雪之祥時既畢黃籙道場未撤門纂有神人見曰雲山齋醮必命神祇主張我即近廟之神差衛壇壝齋功即畢門纂未移我不敢輒還本廟道衆聞言瞻異遽折門纂其神見形媿謝而去

附東坡養生訣曰予治平末泝峽還蜀泊舟仙都山下有道士持陰眞君長生金丹訣石本示予問之曰不知也然士大夫過此必以問之庶有知之者予嘉其意試問以燒煉事對曰養生有内外金丹精氣内也非金石所能堅凝

四肢百骸外也非精氣所能變化欲事内必調養精氣極而後内丹成則不能死矣隱然居人間久之或託尸解而去來變化輕舉不可得也蓋四大本外物和合而成非精氣所能易也惟外丹成然後可以點瓦礫化皮骨飛行無礙矣積枯草敝絮而置火其下無弗焚者予甚善其說告之曰昔人有服金丹不幸赴罪而死既而五臟皆化爲黃金者又有服玉泉死於盛夏而尸不敗壞者皆無内丹以主之子之說信然哉後十餘歲官於南京張公安道家有一道人陝人也爲公養金丹其法用紫金丹砂費數百千

期年乃成公喜告予曰吾藥成可服矣吾謂公何以知其藥成也公曰抱朴子言藥成以手握之如泥出指間者藥成也今吾藥如是知其成無疑矣吾爲公道仙都所聞謂公曰自知内丹成然後此藥可服猶未也姑俟之若何公笑曰我姑俟之

酆都道士未詳何許人相傳自平都棲隱雪峰山仙去

按蜀中廣記云元大德時有道士隱雪峰山一日召集道友曰吾化矣大道坦然皎如日月雖由人宏豈隨人往諸生宜遵道而行毋令半塗而廢偈曰朴菴寄住有年東西南北依然裏面渾無一物只有元文數篇今日草茅朽腐須要改換棟椽眼底風波太惡不容久住山巔選得幽居去處和區移上六天端坐而逝道士酆都人也

祥異

宋淳熙十三年七夕平都山頂陰長生丹井五色雲見馴鹿羣集　紹興二年旱　十年彗星見參度

明嘉靖七年大旱　萬歷二年螟蟲生禾根如刈　二十六年大疫　崇禎十七年日中有赤氣數道下豐上銳自東指西長竟天經年乃滅

國朝康熙十一年大水　十六年七月初二日申時有星自西南來隕於平都山後其聲如雷火光數十丈照耀數里　十九年七月蚩尤旗見於西方　二十三年大旱　二十五年六月十一日五色雲見於平都山頂　二十九年七月二十八日大火城内民居盡燬　乾隆五十三年六月江水暴漲入城溢於屋知縣李元孝居民登平都山避之三日水落不傷一人　嘉慶十五六七年均大旱　道光四年大火延縣署東科房文案盡燬城内外民宅燬者一百五十一戸　咸豐九年五月江漲溢城舟行於市　同治三年十一月朔甘露降於波羅場樹間

稻異　玉格酆都稻名重思米如石榴子稍大味如菱眞誥酆都山有稻名重思亦以上獻仙官杜瓊作賦曰霏霏春暮翠矣重思靈氣交拔嘉穀應時

樹異　學宫後圃黄葛幹圍三丈其上如蓋垂蔭數十步數百年物明甲申兵火樹枯　國朝康熙初知縣湯濩重建學宫枝葉復盛

補遺

孝友

王裕慶　邑人性孝友伯兄裕昆早卒遺孤正極幼裕慶撫如己子後正極成立舉秀才正極子亦皆貴始析產裕慶推田屋美者歸姪而己甘磽瘠晚年生子元會以咸豐辛酉拔貢中同治甲子順天舉人人以爲孝友之報

列女

熊貞女　熊紹謨女紹謨老病無子女守貞不字養其親以孝稱年五十一歲卒待　旌

胡氏　張朝位妻年二十七夫沒遺腹生子正榜氏守義撫孤成立守節二十四年卒待　旌

胡氏　張正榜妻少寡氏體姑教矢志不貳待　旌

古氏　黃碧健妻二十九歲寡守節四十三年卒待　旌

儲氏　黃秉祥妻年三十夫沒子國臣幼氏矢志靡他嘉慶教匪之亂氏奉孀姑攜幼子避賊各寨備歷艱苦守節四十五年卒待　旌

蔡氏　黃觀俊妻二十八歲寡家赤貧氏矢志以傭紉撫孤守節五十餘年待　旌

陳氏　黃氏　陳李俸妻二十四歲夫沒守義家貧仰紡績以活〻和春已成立又病死媳黃氏亦茹苦守節並五十餘年待　旌

張氏　李正義妻少寡無子女家赤貧氏丐食守節人勸之嫁輒厲色唾之嘗食藿衣草而志不渝守節三十一年卒待　旌

錢氏　谷氏　錢黃國樑妻谷國樑子王崑妻兩世皆少孀守節均四十餘年待　旌

冉氏　黃文相妻年二十寡守節四十年待　旌

余氏　何謨妻少寡守節三十九年卒待　旌

萬氏　徐天緒妻年二十三寡守節二十六年卒待　旌

古氏　監生蔣維烈妻年二十一寡守節三十三年待　旌

張氏　蔣朝珍妻二十歲寡守節三十五年待　旌

雷氏　熊文學妻二十七歲寡守節二十八年卒待　旌

熊氏　譚明道妻二十五歲寡守節三十七年待　旌

秦氏　孫啓麟妻年二十四夫沒無子矢志不貳守節六十六年卒待　旌

蕭氏　余國學妻年二十六寡守節三十六年待　旌

熊氏　余爲義妻年二十九夫沒子幼家赤貧氏采蕌以食撫孤成立守節五十一年待旌

陸氏　甘文品妻避髮匪於禾頭塘洞中賊薰之出撞石死待旌

甘氏　秦家成妻甘文品女賊急携兩幼女投水死待旌

譚氏　雷鳳鳴妻二十九歲寡守節三十九年待旌

沈氏　秦應元妻二十九歲寡守節十四年卒待旌

朱氏　孫國福妻　　李氏　孫王妻

義塚古栢記　　佘起鴻

古者爲宮室不斬於墓木墓之有木也所以蔭宅兆固基趾而堪

輿風水之説無與焉我社壇場夙多江廣兩省人客於此往往有貧而無歸骨所者我始祖永錫公自楚來見而傷之謀於衆置義塚以瘞旅骨而不得其所後夥買近場隙地中平衍而三面陡峻幸有巨栢數株深根美蔭地賴以固公又與衆增植數本且相約曰我等葬此後此樹即子孫之桑梓也命勿翦伐焉樹無翦伐之患則地無崩圮之憂而江廣人之瘞此者悉安夜台矣縣志載李公義塚坪云此山有古栢數株即此道光庚戌年有射利之徒謀糾衆伐樹經首士等禀官出示嚴禁在案首士等恐其久而遺忘或又有不肖輩復起覬覦命余勒石以傳永久因爰筆紀顛末焉

李二姑　李文震側室秦氏女前任福建江東司巡檢李如芝妹也文震早卒如芝宦閩家赤貧女以紡績鍼黹養其嫡母張氏矢志不字備嘗艱苦同治六年卒年二十二歲待旌

楊六姑　楊遂春女矢志養親不字以孝稱咸豐三年卒年七十有三待旌

萬氏　楊金貴妻同治元年石逆之亂金貴没於賊氏懼辱貞女投河死待旌

褚氏　范聯枝妻年二十六歲夫没無子撫姪儒榮承祧守

節三十一年待旌

陳氏　劉順安妻年二十四歲寡守節三十六年待旌

劉氏　張元興妻年二十八歲寡守節二十五年待旌

金氏　蔡芳蘭妻年二十八歲寡守節二十二年待旌

王氏　范學乾妻年二十三歲寡守節三十一年待旌

黃氏　蔡永固妻年二十九歲寡守節二十二年待旌

羅氏　高太融妻年二十九歲寡守節四十年待旌

目錄

典禮備考卷一　　酆都縣志局敬鐫

會典則例

祀典上

社稷壇

禮部則例凡直省府州縣各擇爽塏之地建

社稷壇均北向歲以春秋仲月上戊日爲民祈報府州縣皆正印

官將事以各學教官糾儀生員充禮生省會丞倅執事府州

縣掾吏執事

儀注　直省祭

社稷壇前期二日承祭陪祭各官各致齋於公所祭日豫陳祭品

每　神位前各帛一（黑色）鉶二（和羮）簠二（黍稷）簋二（稻粱）籩四（棗刑鹽栗藁魚）

豆四（韭菹鹿醢菁菹醓醢）爵三共羊一豕一尊一雞初鳴承祭官以下

朝服咸集黎明贊引禮生二人引承祭官詣盥洗所盥洗遍

贊禮生贊執事者各司其事贊引者引承祭官至階前拜位

立引班禮生二人分引陪祭官文東武西各就拜位序立乃

迎　神贊引者引承祭官升壇詣香案前司香跪捧香承祭

官三上香復位行三跪九叩禮陪祭各官皆隨行禮奠帛初

獻爵司帛捧篚進跪奠篚司爵捧爵進獻爵奠正中　皆退司

祝禮生至祝案前跪承祭官暨陪祭各官皆跪司祝讀祝畢
詣　神位前跪安於案叩如初退承祭官及陪祭各官行三
叩禮亞獻爵奠於左終獻爵奠於右均儀如初獻乃徹饌送
神承祭官行三跪九叩禮陪祭各官皆隨行禮司祝捧祝
司帛捧帛恭送瘞所承祭官轉立拜位西旁東面候祝帛過
復位引至望瘞位望瘞贊告禮成引退衆皆退祝文　維某
某年月日某官某致祭於
社稷之神曰維　神奠安九土粒食萬邦分五色以表封圻育三
農而蕃稼穡恭承守土肅展明禋時屆仲春秋敬修祀典庶丸

丸松栢鞏盤石於無疆翼翼黍苗佐神倉於不匱尚饗
神祇壇
禮部則例凡直省府州縣各建
神祇壇於春秋仲月祭　天神　地祇及本境　城隍之神在城
文武皆與祭雩祭及祭厲均詣壇將事例同儀注
神祇壇春秋仲月致祭設案一於壇正中南向　雲雨風雷神位
居中境內　山川神位居左　城隍神位居右陳鉶二簠二
簋二籩四豆四案前設俎陳羊一豕一又前設案一供祝版
陳香盤一鑪一鐙二西設案一陳帛七尊一爵二十有一陳

福酒胙肉於尊俎之次主祭官及陪祀官執事官序班並如
祭　社稷壇之儀引班引贊通贊及執事諸人以次序立質
明引班引陪祭官入引贊引主祭官入通贊贊執事者各司
其事贊就位引主祭官至階下盥手就拜位立陪祭官按班
就東西拜位立均北面迎　神上香讀祝行三獻禮飲福受
胙如儀餘與　社稷壇同
祝文　維某年月日某官某致祭於
雲雨風雷
山川城隍之神曰維　神贊襄天澤福佑蒼黎佐靈化以流行生

成永賴乘氣機而鼓盪溫肅攸宜磅礴高深長保安貞之吉
憑依鞏固實資捍禦之功幸民俗之殷盈仰神明之庇護恭
修歲祀正值良辰敬潔豆籩祗陳牲幣尚饗
禮部則例孟夏後諏吉行常雩禮陳設儀注同前若歲間不
雨守土長吏諏宜祀之辰具祝文隨時撰擬備脯醢果實香帛尊
爵鑪鐙之屬率屬素服祈禱行禮儀節與常祀同既應而報
陳設牲牢朝服行報祀禮與祈祀同
常雩祝文　恭膺
詔命撫育羣黎仰體

彤庭保赤之誠勸農勤稼俯維蔀屋資生之本力穡服田令甲
爰頒肅舉祈年之典惟寅將事用申守土之忱黍稷惟馨尚
冀昭明之受賜來牟率育庶俾豐稔於蓋藏尚饗

乾隆七年定旱歲祭雩祈雨潦則祭城門祈晴其禮俱同雩
祭旣應而報祀禮均同

祝文　具官恭承
詔命臨民職司守土惟兆人之攸賴並藉神功冀四序之調和聿
蒙福蔭必使雨暘應候爰占物阜而民安庶幾寒燠攸宜共
慶時和而歲稔仰靈樞之默運聿集嘉祥勷元化以流行俾
無災害尚饗

厲壇

禮部則例每歲三月清明節七月望十月朔日祭厲壇於城
北郊前期守土官飭所司具香燭公服詣
神祇壇以祭厲告本境
城隍之神上香跪三叩興退至日所司陳羊三豕三米飯三石
尊酒楮帛於祭所設燎爐於壇南黎明禮生奉請
城隍神位入壇設於正中香案一爐鐙具贊禮生二人引守土
官公服詣　神位前贊跪守土官跪贊上香守土官三上香

贊叩興守土官三叩興退執事者焚楮帛守土官詣燎爐前
祭酒三爵退禮生仍奉
城隍神位還　神祇壇退

告文　遵依禮部劄爲祭祀本境無祀鬼神事欽奉
皇帝聖旨普天之下后土之上無不有人無不有鬼人鬼之道幽
明雖殊其理則一故天下之廣兆民之眾必立君以主之君
總其大又設官分職爲府州縣以各長之又於每百戶設一
里長以統領之上下之職綱紀不紊此治人之法如此天子
祭天地神祇及天下山川王國各府州縣祭境內山川及祀

典神祇庶民祭其祖先及里社土穀之神上下之禮有等第
此治神之道如此尚念冥冥之中無祀鬼神昔爲生民未知
何故而沒其間有遭兵刃而損傷者有死於水火盜賊者有
被人取財而逼死者有被人强奪妻妾而死者有遭刑禍而
負屈死者有天災流行而疫死者有爲猛獸毒蟲所害死者
有爲凍餓而死者有爲戰鬬而殞身者有因危急而自縊者
有因墻屋傾頹而壓死者有遠行征旅死未歸籍者有死後
無子孫者此等鬼魂或終於前代或沒於後世或兵戈擾攘
流移他鄉或人烟斷絕久缺其祭姓氏泯沒於一世祀典無

聞而不載此等孤魂死無所依精魄未散結爲英靈或依草附木作爲妖怪悲號於星月之下呻吟於風雨之時凡遇人間令節心思陽世魂杳杳以無歸身墮沉淪意懸懸而望祭興言及此憐其慘悽故勅天下有司依時享祭在京都有泰厲之祭在王國有國厲之祭在府州有郡厲之祭在各縣有邑厲之祭在一里又各有鄉厲之祭期於神依人而血食人敬神而知禮仍命本處城隍以主此祭欽奉如此今某等不敢有違設壇於城西以某月某日設備牲醴羹飯專祭闔境內無祀鬼神等衆靈其不昧來享此祭尚饗

先農壇

禮部則例凡直省府州縣各建

先農壇歲以三月亥日致祭省會以總督或巡撫主祭有故則布政使攝陪祭文武官及各執事均與祭 社稷壇同

儀注 直省祭

先農壇以三月亥日主祭陪祭執事各官前期二日各致齋於公所掃除壇壝內外祭日雞初鳴執事人入設

先農神案於壇正中南向陳鉶一簠二簋二籩豆各四案前設俎陳羊一豕一又前設香案一陳祝文香盤爐鐙左設一案東向陳帛一尊一爵三陳福酒胙肉於尊俎之次設盥洗於階下之東質明引班引陪祭官入引贊引主祭官入通贊贊執事者各司其事贊就位引主祭官至階下盥手就拜位立陪祭官按班就東西拜位立均北面迎 神上香讀祝行三獻禮飲福受胙如儀餘與 社稷壇同

祝文 維某年月日某官某致祭於

先農之神曰維 神肇興稼穡粒我蒸民頌思文之德克配彼天念率育之功陳常時夏茲當東作咸服先疇洪維 九五之尊歲舉 三推之典恭膺守土敢忘勞民謹循彝章聿修祀

事惟願五風十雨嘉祥恆沐 神庥庶幾九穗雙歧上瑞頻書大有尚饗

禮部則例直省耕耤督撫以下與祭官皆朝服致祭 先農禮畢各官易蟒袍補服詣耤田通贊贊行耕耤禮督撫以下就耕所執事者授耒耜與鞭皆右秉耒左執鞭進耕督撫以府佐貳官一員執種箱一員播種布政使按察使以首領官執箱播種各道以州縣佐貳官執箱播種知府知縣以丞史執箱播種皆耆老一人牽牛農夫二人扶犂各九推九返畢釋鞭耒以次序立田首西面北上農夫遂終畝告畢事各官

望

闕立通贊贊齊班引班分引督撫以下至香案前按班序立重

行北面者老農夫少遠列行北面隨立贊跪叩興行三跪九

叩頭禮興各退若府不附省州縣衛不附府者正印官率佐

貳丞史耕耤各以耆老二人執箱播種餘與省會同

勾芒之祀（春在十二月望後芒神執策當牛肩在正月朔後當牛腰在正月望後當牛膝）

先立春一日長官朝服率僚屬於東郊祀勾芒之神禮畢迎

春歸駐署儀門外至日各官朝服祭勾芒用牲果酒醴四拜

禮畢長官擊鼓三聲執彩鞭率各官環擊土牛者三鄉人競

取其土以為宜年

迎春祝文維　神司令元春參贊化育祛除寒威漸回溫煥

雨順風調禾登麥熟百穀順成羣黎蒙福今於某日恭詣東

郊先期迎神駕敢告

鞭春祝文

化功造物無私勿慾雷動風散雨潤日暄以時宣布歲則有

年民維邦本食乃民天四時之序春令為先敢告尊神發動

春鞭

典禮備考卷二　　酆都縣志局敬鐫

會典則例

祀典中

文廟

禮部則例不隸省會之府州縣

文廟丁祭日有道員分駐者以道員為正獻無道員分駐者長官

正獻兩序以其貳及所屬兩廡以食餼學弟子員各一人分

獻

崇聖祠教諭正獻兩序訓導分獻兩廡皆食餼學弟子員各一

人分獻陳設器數行禮儀節與省會同月朔釋菜望日上香

亦與省會同

儀注

會典每歲仲春仲秋上丁日致祭前期二日各署設齋戒牌

承祭分獻官致齋二日宿別室不飲酒不食葱韭蒜薤不弔

喪問疾不聽樂理刑不判署刑殺文字不預穢惡事前二日

執事官補服至犧牲所省牲前一日承祭官簽榜由署中門

出鼓樂迎至

文廟前張掛執事者舉祝案送致齋所承祭官敬視畢送　前

殿安設行一跪三叩禮退承祭官率僚屬至明倫堂觀演樂
習儀畢引贊引執事官穿補服詣省牲所香案前立上香獻
爵奠酒三揖執事者牽牲過案前禮畢執事官監視宰牲並
供毛血執事生用小碟盛毛血捧送 神案前餘埋淨處承
祭官率僚屬至 廟丹墀前各一揖退祭日主祭分獻陪祭
各官至更衣所引贊唱更衣各官皆着朝服入兩旁門序立通贊
唱簽祝版引贊唱升堂引各官從東階上序爵序事請祝版至簽名各官
書名下堂從西階下通贊唱啓戶各門俱開樂舞生就位執事者
各司其事則例有文舞六佾進主祭官就位分獻官就位陪祭官就位

文東武西瘞毛血司毛血生將毛血碟捧從中門出埋於西北隅坎內啓牲饌蓋舉迎神樂
奏昭平之章樂作引贊唱眾官詣西北隅迎 神眾官打躬神
降復位則例無眾官詣西北隅復位語樂作下有上香贊禮部贊就上香位引承祭官升東階入 殿左門贊詣
先師香案前跪承祭官跪俯伏贊上香司香跪捧香承祭官三上香畢俯伏興以次詣四配位前跪上香儀同贊復
位引承祭官復位初迎 神時贊禮郎分引東西序分獻官各一員升東西階入 殿左右門詣十二哲位前跪上香
退復位引兩廡分獻官東西各二員分詣 先賢先儒位前跪上香均如前儀然後贊禮郎贊參 神視會典禮有加
通贊唱參神鳴贊唱跪叩首行三跪九叩禮興平身眾官俱立樂止通贊唱行初
獻禮舉初獻樂奏宣平之章樂作則例有舞羽籥之舞詣盥洗所浴手
淨巾詣酒尊所司爵者舉冪酌酒升壇導承祭官由東階上入 殿左詣

至聖先師孔子神位前跪行一跪一叩首禮興奠帛捧帛生以帛跪進承祭官接帛捧舉立獻
案上獻爵執爵生以爵跪進承祭官接爵拱舉立獻正中跪叩首興詣讀祝位則例有樂暫止
跪鳴贊唱眾官皆跪引贊唱讀祝文讀祝生至祝案前一跪三叩捧祝版立於案左跪讀
祝讀畢捧祝版至正位前跪安帛匣內三叩首退樂作引贊唱叩興承祭官及各官行三叩禮引贊唱
行分獻禮引贊唱詣
復聖顏子神位前跪叩興行一跪一叩禮奠帛執事生捧帛跪進於案左承祭官接帛拱舉立
獻案上獻爵執事生執爵跪進於案左承祭官立獻正中跪叩首行一跪一叩禮興詣
宗聖曾子神位前奠帛獻爵如前儀詣
述聖子思子神位前如前儀詣

亞聖孟子神位前如前儀十二哲 兩廡分獻官教職分獻東西哲典史分
獻東西廡升壇奠帛獻爵如承祭官儀行禮畢引贊唱復位承祭官出西門由西階下
分祭官各復位立樂止通贊唱行亞獻禮舉亞獻樂奏秩平之章樂作
則例有舞同初獻引贊唱升壇由東門入獻爵於左如初儀獻畢引贊唱復位承祭官出西門由西階下
及分獻官各復位立樂止通贊唱行終獻禮舉終獻樂奏叙平之章樂作
則例有舞同亞獻引贊唱升壇獻爵於右如亞獻儀畢復位各復位立樂止則例有文舞退通贊唱
飲福受胙引贊唱詣飲福受胙位承祭官至殿內立捧酒胙二人取正中一爵羊左一膊肖
正位案前拱舉至福胙位右旁跪接福胙二人在左旁跪引贊唱跪飲福酒承祭官受爵拱舉授接爵執事
受胙承祭官受胙拱舉授接胙執事由中門出正階下送獻官署叩興承祭官三叩首興復位通贊

唱謝神鳴贊唱跪興承祭分獻及陪祭各官俱行三跪九叩首禮通贊唱撤饌舉撤饌樂
奏懿平之章樂作牲饌稍為移動樂止通贊唱辭神舉送神樂奏德平
之章樂作通贊唱跪叩興承祭分獻各陪祭官俱行三跪九叩禮樂止則例下無送神詣送
神所打躬通贊唱送神引贊唱詣送神所眾官俱至戟門眾官打躬通贊唱捧祝
帛饌各恭詣燎前捧祝帛生至各位前一跪三叩捧起祝在前帛次之捧饌生跪不叩捧起各送至燎
所正位祝帛俱由中門承祭官退至兩旁候祝帛饌過仍復位立通贊唱望瘞舉望瘞樂與送神同樂
作引贊唱詣望瘞位舉柴焚祝帛復位樂止通贊唱闔戶鳴贊唱禮
畢撤班
祝文　維年月日某官致祭於

至聖先師孔子曰惟
先師德隆千古道冠百王揭日月以常行自生民所未有屬文教
昌明之會正禮節樂和之時辟雍鐘鼓咸恪薦以馨香泮水
膠庠益致嚴於籩豆茲當仲春秋祗率彝章肅展微忱聿將祀
典配以　復聖顏子　宗聖曾子　述聖子思子　亞聖孟
子尚饗
慤按禮部則例壇廟祭祀儀注與康熙會典互有異同蓋則
例十年一修禮制因時損益也則例直省　社稷　先農無
樂舞　社稷無飲福受胙　文廟三獻樂作俱有文舞迎神
有分詣上香無打躬送神亦無打躬乾隆五十二年裁去一
揖禮卽裁去送神打躬也皆增訂盡善者於　壇壝錄則例
於　文廟補則例遵循無誤升降益昭雝肅矣
崇聖祠朝服三跪九叩行三獻禮惟無樂舞無飲福受胙
祝文　維年月日某官致祭於
肇聖王
裕聖王
詒聖王
昌聖王

啓聖王曰維　王奕葉鍾祥光開聖緒盛德之後積久彌昌凡聲
教所覃敷率循源而溯本宜肅明禋之典用申守土之忱茲
屆仲春秋聿修祀典配以　先賢孔氏咸豐年增祀　先賢顏氏
先賢曾氏　先賢孔氏　先賢孟孫氏尚饗
執事俱於本學生員中選派預期示知令演習嫻熟
通贊立堂階左總贊禮節　鳴贊立堂階右與通贊對唱跪叩禮
引贊二人相對立於承祭官前引導贊禮　捧帛預實帛於篚候唱跪進接奠神前
迎神預執杯候唱灌地唱降神神降　讀祝預捧祝版候讀祝時跪承祭官左敬讀
司尊預實尊酒候唱舉冪以勺酌之　執爵預滌爵候唱捧以跪授接奠與捧帛同

盥洗掌匜槃巾帨候承祭分獻官滌爵拭手 香燭預以香燭謹候臨祭點炷爐臺

司戶殿上戟門各二人候唱以司啓閉 福胙一執爵一捧胙進於獻官仍接退

燔瘞候唱燔柴燎爐瘞毛血西北坎 撤饌祭時司啓各牲饌蓋候唱撤稍爲移動

祭前宰牲監宰監造饌及庶品灑掃殿宇堂陛陳設各案祭器牲饌俱派生員 以上各執事派定俱各敬謹襄承

佾舞生三十六名歌童四名在本邑童生中擇選教習 樂工五十二人預募教習

禮器 登一 鉶三十二 簠一百 簋一百 籩四百零二 豆四百零二 俎三十三 牲盤一百九十六 篚十八 白磁爵四十二 銅爵一百五十一 尊十九 冪十九 勺八 銅匜洗各一 祝版二 香爐燭臺隨案陳設

祭品 登盛太羹 鉶盛和羹 簠簋盛黍稷稻粱 籩豆盛形鹽鱐魚鹿脯鹿醢醓醢魚醢兔醢菁菹芹菹筍菹棗栗榛菱芡白餅黑餅脾析豚拍 俎盛牛羊豕 篚盛帛

太羹煮肉汁不用鹽醬 和羹肉汁鹽醬

黍稷稻粱各揀完好淘洗潔淨 形鹽印成虎形乾淨白鹽

鱐魚預用白魚鹽醃曬乾臨祭溫水泡洗切酒浸用

鹿脯預以鹿肉曬脯臨祭煮熟切條 醓醢用猪脊肉切小方塊如鹿醢烹酢

鹿醢用鮮鹿肉切小方塊滚水焯熟加鹽醋酒椒薑葱烹酢

魚醢用鮮魚肉製同前 兔醢用鮮兔肉製同前

韭菹以韭切去本末用中四寸 菁菹蔓菁摘洗淨切同前

芹菹芹菜摘洗淨切同前 筍菹不論乾鮮淨切同前

白餅白麪造 棗栗榛菱芡不論乾鮮須完好潔淨

黑餅蕎麪造 脾析用牛羊百葉細切湯熟鹽酒造

豚拍豚肩上肉 牛羊豕俱用牲純色

帛正位用綾餘絹練白色長尺二寸

陳設 正位中陳白磁爵三次登一太羹次篚一帛次俎三牛羊豕次香燭案鑪一鐙二登左簠二黍稷簠左鉶一和羹

鉶左籩十形鹽鱐魚棗栗榛菱芡鹿脯白餅黑餅登右簋二稻粱簋右鉶一和羹鉶右豆十韭菹醓醢菁菹鹿醢芹菹兔醢筍菹魚醢脾析豚拍 尊一醴疏布冪勺具 祝版一

四配每位帛一羊一豕一俎二鉶二左右和羹簠二黍稷簋二稻粱籩六刑鹽鱐魚鹿脯棗栗菱豆六菁菹鹿醢芹菹兔醢筍菹魚醢爵三初亞終獻鑪一鐙二尊二東西

十二哲東西各帛一羊一豕一鉶一和羹簠一黍簋一稷籩四形鹽棗栗鹿脯豆四菁菹鹿醢芹菹兔醢爵三初亞終獻尊一鑪一鐙二兩廡二位共一案每位爵一每案簠簋各一籩豆各四東西各羊三豕三尊三統設香案二每案帛一爵三鑪一鐙二

崇聖祠正位五案每案帛一（色幅篚同前殿）羊一豕一和羹二簠二簋二籩八豆八鑪一鐙二尊一祝版統一配位四案（今東配增祀孔氏應五案）（東西）帛各一羊豕各一簠簋各一籩豆各四爵每案各三兩廡兩案（東西）帛各一羊豕各一簠簋各一籩豆各四爵每位各一

樂器　麾旛一首　金鐘十六（郎古編鐘）　玉磬十六（郎古編磬）　楹鼓一（郎古應鼓）　搏拊鼓二（郎古鼗鼓）　柷一　敔一　琴六　瑟四

簫六　笛六　排簫二　笙六　壎二　篪二

舞器　旌節二　羽籥三十六

欽定文廟樂譜　春夾鐘清商立宮　倍應鐘清變宮主調

迎神昭平

簫譜　壎篪排簫同

大（清變宮 伬）哉（清商 仉）孔（清商 伏）子（清變徵 伍）先（清變宮 伬）覺（清羽 仩）先（清變徵 伍）知（清角 伏）

與（清商 仉）天（清角 伏）地（清羽 仩）參（清變徵 伍）萬（清變宮 伬）世（清羽 仩）之（清變徵 伍）師（清變徵 伍）

祥（清變徵 伍）徵（清羽 仩）麟（清商 仉）紱（清角 伏）韻（清商 仉）答（清羽 仩）金（清變宮 伬）絲（清羽 仩）

日（清商 仉）月（清角 伏）旣（清變宮 伬）揭（清變徵 伍）乾（清商 仉）坤（清角 伏）清（清商 仉）夷（清變宮 伬）

奠帛初獻宣平

予（清變宮 伬）懷（清商 仉）明（清角 伏）德（清變徵 伍）玉（清羽 仩）振（清商 仉）金（清變宮 伬）聲（清羽 仩）

生（清角 伏）民（清商 仉）未（清羽 仩）有（清變徵 伍）展（清商 仉）也（清角 伏）大（清變徵 伍）成（清角 伏）

俎（清變徵 伍）豆（清羽 仩）千（清變宮 伬）古（清變徵 伍）春（清角 伏）秋（清角 伏）上（清變徵 伍）丁（清角 伏）

清（清變宮 伬）酒（清羽 仩）旣（清商 仉）載（清變宮 伬）其（清商 仉）香（清角 伏）始（清商 仉）升（清變宮 伬）

亞獻秩平

式（清變宮 伬）禮（清商 仉）莫（清角 伏）愆（清變徵 伍）升（清羽 仩）堂（清變徵 伍）再（清商 仉）獻（清變宮 伬）

響（清羽 仩）協（清變徵 伍）鼓（清商 仉）鏞（清角 伏）誠（清變徵 伍）孚（清羽 仩）罍（清變徵 伍）甗（清變宮 伬）

肅（清變徵 伍）肅（清變徵 伍）雍（清角 伏）雍（清角 伏）譽（清商 仉）髦（清變宮 伬）斯（清羽 仩）彥（清變宮 伬）

禮（清羽 仩）陶（清變徵 伍）樂（清商 仉）淑（清角 伏）相（清變徵 伍）觀（清角 伏）而（清商 仉）善（清變宮 伬）

終獻叙平

自（清變宮 伬）古（清商 仉）在（清變徵 伍）昔（清角 伏）先（清羽 仩）民（清變徵 伍）有（清羽 仉）作（清角 伏）

皮（清變宮 伬）弁（清羽 仩）祭（清商 仉）菜（清變宮 伬）於（清羽 仩）論（清變徵 伍）思（清角 伏）樂（清商 仉）

惟（清變徵 伬）天（清羽 仩）牖（清變宮 伬）民（清變徵 伍）惟（清商 仉）聖（清羽 仩）時（清商 仉）若（清角 伏）

彝（清變徵 伍）倫（清變徵 伍）攸（清羽 仩）叙（清變宮 伬）至（清羽 仩）今（清變徵 伍）木（清商 仉）鐸（清變宮 伬）

撤饌懿平

先（清變宮 伬）師（清商 仉）有（清角 伏）言（清變徵 伍）祭（清變宮 伬）則（清羽 仩）受（清變宮 伬）福（清變徵 伍）

四（清商 仉）海（清變宮 伬）黌（清變徵 伍）宮（清羽 仩）疇（清商 仉）敢（清角 伏）不（清商 仉）肅（清變宮 伬）

禮（清變徵 伍）成（清羽 仩）告（清變宮 伬）徹（清變徵 伍）毋（清商 仉）疏（清角 伏）毋（清商 仉）瀆（清變宮 伬）

樂（清變徵 伍）所（清羽 仩）自（清商 仉）生（清變宮 伬）中（清變徵 伍）原（清角 伏）有（清商 仉）菽（清變宮 伬）

送神德平

鳧清變宮伬繹清商仉袞清角𠆾峩清變徵伍洙清羽仩泗清變宮伬洋清商仉洋清角𠆾

景清羽仩行清變徵伍行清變徵伍止清羽仩流清商仉澤清角𠆾無清變徵伍疆清角𠆾

聿清變徵伍昭清羽仩祀清商仉事清變宮伬祀清變宮伬事清羽仩孔清商仉明清角𠆾

化清變宮伬我清變徵伍蒸清變宮伬民清羽仩育清商仉我清角𠆾膠清商仉庠清變徵伬

笛譜　笙同

大清變宮𠆾哉清商亿孔清角仩子清變徵伬先清變宮𠆾覺清羽仉先清變徵伬知清角仩

與清商亿天清角仩地清羽仉參清變徵伬萬清變宮𠆾世清羽仉之清變徵伬師清變徵伬

祥清變徵伬徵清羽仉麟清商亿紱清角仩韻清商亿荅清羽仉金清變宮𠆾絲清羽仉

日清商亿月清角仩旣清變宮𠆾揭清變徵伬乾清商亿坤清角𠆾清清商亿夷清變宮𠆾

笛譜

予清變宮𠆾懷清商亿明清角仩德清變徵伬玉清羽仉振清商亿金清變宮𠆾聲清羽仉

生清角仩民清商亿未清羽仉有清變徵伬展清商亿也清角仩大清變徵伬成清角仩

俎清變徵伬豆清羽仉千清變宮𠆾古清變徵伬春清角仩秋清角仩上清變徵伬丁清角仩

清清變宮𠆾酒清羽仉旣清商亿載清變宮𠆾其清商亿香清角仩始清商亿升清變宮𠆾

笛譜

式清變宮𠆾德清羽亿莫清角仩愆清變徵伬升清羽仉堂清變徵伬再清商亿獻清變宮𠆾

響清羽仉協清變徵伬鼖清角亿鏞清角仩誠清變徵伬孚清羽仉罍清變徵伬獻清變宮𠆾

肅清變徵伬肅清變徵伬雝清角仩雝清角仩譽清商亿髦清變宮𠆾斯清羽仉彥清變宮𠆾

禮清羽仉陶清變徵伬樂清商亿淑清角仩相清變徵伬觀清角仩而清商亿善清變宮𠆾

笛譜

自清變宮𠆾古清商亿在清變徵伬昔清角仩先清羽仉民清變徵伬有清商亿作清角仩

皮清變徵伬弁清羽仉祭清商亿菜清變宮𠆾於清羽仉論清變徵伬思清角仩樂清商亿

惟清變徵伬天清羽仉牖清變宮𠆾民清變徵伬惟清商亿聖清羽仉時清商亿若清角仩

彝清變徵伬倫清變徵伬攸清羽仉敘清變宮𠆾至清羽仉今清變徵伬木清商亿鐸清變宮𠆾

笛譜

先清變宮𠆾師清商亿有清角仩言清變徵伬祭清變宮𠆾則清羽仉受清變宮𠆾福清變徵伬

四清商亿海清變宮𠆾黌清變徵伬宮清羽仉疇清商亿敢清角仩不清商亿肅清變宮𠆾

禮清變徵伬成清羽仉告清變宮𠆾徹清變徵伬毋清商亿疏清角仩毋清商亿瀆清變宮𠆾

樂清變徵伬所清羽仉自清商亿生清變宮𠆾中清變徵伬原清角仩有清商亿菽清變宮𠆾

笛譜

鳧清變宮𠆾繹清商亿袞清角仩峩清變徵伬洙清羽仉泗清變宮𠆾洋清商亿洋清角仩

景清羽仉行清變徵伬行清變徵伬止清羽仉流清商亿澤清角仩無清變徵伬疆清角仩

聿清變徵伬昭清羽仉祀清商亿事清變宮𠆾祀清變宮𠆾事清羽仉孔清商亿明清角仩

化清變宮𠆾我清變徵伬蒸清變宮𠆾民清羽仉育清商亿我清角仩膠清商亿庠清變宮𠆾

欽定文廟樂譜　秋南呂清徵立宮　仲呂清角主調

迎神昭平

簫譜　塤篪排簫同

大清角伕 哉清商亿 孔清羽仩 子清變宮伬 先清角伕 覺清商仉 先清變宮伬 知清羽仩

與清徵亿 天清羽仩 地清商仉 參清變宮伬 萬清角伕 世清商仉 之清變宮伬 師清變宮伬

祥清變宮伬 徵清商仉 麟清徵亿 紱清羽仩 韻清徵亿 答清商仉 金清角伕 絲清商仉

日清徵亿 月清羽仩 旣清角伕 揭清變宮伬 乾清徵亿 坤清羽仩 淸清徵亿 夷清角伕

奠帛初獻宣平

予清角伕 懷清徵亿 明清羽仩 德清變宮伬 玉清商仉 振清徵亿 金清角伕 聲清商仉

生清羽仩 民清徵亿 未清商仉 有清變宮伬 展清徵亿 也清羽仩 大清變宮伬 成清羽仩

俎清變宮伬 豆清商仉 千清角伕 古清變宮伬 春清羽仩 秋清羽仩 上清變宮伬 丁清羽仩

清清角伕 酒清商仉 旣清徵亿 載清角伕 其清徵亿 香清羽仩 始清徵亿 升清角伕

亞獻秩平

式清角伕 禮清徵亿 莫清羽仩 愆清變宮伬 升清商仉 堂清變宮伬 再清徵亿 獻清角伕

響清商仉 協清變宮伬 鼗清徵亿 鏞清羽仩 誠清變宮伬 孚清商仉 罍清變宮伬 甗清角伕

肅清變宮伬 肅清變宮伬 雍清羽仩 雍清羽仩 譽清徵亿 髦清角伕 斯清商仉 彥清角伕

禮清商仉 陶清變宮伬 樂清徵亿 淑清羽仩 相清變宮伬 觀清羽仩 而清徵亿 善清角伕

終獻敘平

自清角伕 古清徵亿 在清變宮伬 昔清羽仩 先清商仉 民清變宮伬 有清徵亿 作清羽仩

皮清變宮伬 弁清商仉 祭清徵亿 菜清角伕 於清商仉 論清變宮伬 思清羽仩 樂清徵亿

惟清變宮伬 天清商仉 牖清角伕 民清變宮伬 惟清徵亿 聖清商仉 時清徵亿 若清羽仩

彝清變宮伬 倫清變宮伬 攸清商仉 敘清角伕 至清商仉 今清變宮伬 木清徵亿 鐸清角伕

撤饌懿平

先清角伕 師清徵亿 有清羽仩 言清變宮伬 祭清角伕 則清商伬 受清角伕 福清變宮伬

四清徵亿 海清角伕 饗清變宮伬 宮清商仉 疇清徵亿 敢清羽仩 不清徵亿 肅清角伕

禮清變宮伬 成清商仉 告清角伕 徹清變宮伬 毋清徵亿 疏清羽仩 毋清徵亿 瀆清角伕

樂清變宮伬 所清商仉 自清徵亿 生清角伕 中清變宮伬 原清羽仩 有清徵亿 菽清角伕

送神德平

鳧清角伕 繹清徵亿 峩清羽仩 峩清變宮伬 洙清商仉 泗清角伕 洋清徵亿 洋清羽仩

景清商仉 行清變宮伬 行清變宮伬 止清商仉 流清徵亿 澤清羽仩 無清變宮伬 疆清羽仩

聿清變宮伬 昭清商仉 祀清徵亿 事清角伕 祀清角伕 事清商仉 孔清徵亿 明清羽仩

化清角伕 我清變宮伬 蒸清角伕 民清商仉 育清徵亿 我清羽仩 膠清徵亿 庠清角伕

笛譜　笙同

大清角仩 哉清徵仩 孔清羽仉 子清變宮伕 先清角仩 覺清商亿 先清變宮伕 知清羽仉

與清徵仩 天清羽仉 地清商亿 參清變宮伕 萬清角仩 世清商亿 之清變宮伕 師清變宮伕

祥清變宮仩 徵清商亿 麟清徵仩 紱清羽仉 韻清徵仩 答清商亿 金清角仩 絲清商亿

日清徵仩 月清羽仉 旣清角仩 揭清變宮伕 乾清徵仩 坤清羽仉 淸清徵仩 夷清角仩

笛譜

于清角仩 懷清徵仩 明清羽仉 德清變宮伬 王清商仜 振清徵仩 金清角仩 聲清商仜

生清羽仉 民清徵仩 未清商仜 有清變宮伬 展清徵仩 也清羽仉 大清變宮伬 成清羽仉

俎清變宮伬 豆清商仜 千清角仩 古清變宮伬 春清羽仉 秋清羽仉 上清變宮伬 丁清羽仉

清清角仩 酒清商仜 既清徵仩 載清角仩 其清徵仩 香清羽仉 始清徵仩 升清角仩

笛譜

式清角仩 禮清徵仩 莫清羽仉 愆清變宮伬 升清商仜 堂清變宮伬 再清徵仩 獻清角仩

響清商仜 協清變宮伬 鼓清徵仩 鏞清羽仉 誠清變宮伬 孚清商仩 罍清變宮伬 獻清角仩

肅清變宮伬 肅清變宮伬 雍清羽仉 雍清羽仉 譽清徵仩 髦清角仩 斯清商仜 彥清角仩

禮清商仜 陶清變宮伬 樂清徵仩 淑清羽凡 相清變宮伬 覲清羽仉 而清徵仩 善清角仩

笛譜

自清角仩 古清徵仩 在清變宮伬 昔清羽仉 先清商仜 民清變宮伬 有清徵仩 作清羽仉

皮清變宮伬 弁清商仜 祭清徵仩 菜清角仩 於清商仜 論清變宮伬 思清羽仉 樂清徵仩

惟清變宮伬 天清商仜 牖清角仩 民清變宮伬 惟清徵仩 聖清商仜 時清徵仩 若清羽仉

彝清變宮伬 倫清變宮伬 攸清商仜 敘清角仩 至清商仜 今清變宮伬 木清徵仩 鐸清角仩

笛譜

先清角仩 師清徵仩 有清羽仉 言清角仩 祭清角仩 則清商仜 受清角仩 福清變宮伬

四清徵仩 海清角仩 黌清變宮伬 宮清徵仩 疇清徵仩 敢清羽仉 不清徵仩 肅清角仩

禮清變宮伬 成清商仜 告清徵仩 徹清變宮伬 毋清徵仩 疏清羽仉 毋清徵仩 瀆清角仩

樂清變宮伬 所清商仜 自清徵仩 生清角仩 中清變宮伬 原清羽仉 有清徵仩 菽清角仩

笛譜 一

鳧清角仩 繹清徵仩 峩清羽仉 峩清變宮伬 洙清商仜 泗清角仩 洋清徵仩 洋清商仉

景清商仜 行清變宮伬 行清變宮伬 止清商仜 流清徵仩 澤清商仉 無清變宮伬 疆清商仉

聿清變宮伬 昭清商仜 祀清徵仩 事清角仩 祀清角仩 事清商仜 孔清徵仩 明清商仉

化清角仩 我清變宮伬 蒸清角仩 民清商仜 育清徵仩 我清羽仉 膠清徵仩 庠清角仩

舞譜 初獻作甯平舞

覺一舞 我二舞 生一別脚 民一扯圈

陶一召 鑄二召 前一揖 聖對面

巍兩舞 巍對面 泰一擺脚 山一灌耳

實一別脚 于二別脚 景一揖 行二擺手

禮一舞 備二舞 樂一擺脚 和二擺脚

豆對面一擺脚 籩對面二擺脚 惟一揖 靜朝上

既一別脚 述二別脚 六一提脚 經一扯圈

爰一擺手 斟二擺手 三三擺手 正一叩頭

亞獻作安平舞

大一舞 哉二舞 聖一別脚 師一扯圈

天一召　授二召　明一揖　德對面
木兩舞　鐸對面　萬一擺脚　世一灌耳
式一別脚　是二別脚　辜一揖　辟一拱手
清一舞　酒二舞　維一擺脚　酳二擺脚
言對面一擺脚　觀對面二擺脚　秉一揖　翟朝上
太一別脚　和二別脚　常一提脚　流一扯圈
英一擺手　材二擺手　斯三擺手　植一叩頭

終獻作景平舞

猗一舞　歟二舞　素一別脚　王一扯圈

示一看尖　予二看尖　物三看尖　軌一蹲身
瞻背一召　之背二召　在一別脚　前一扯圈
神對面一舞　其對面二舞　甯一揖　止一拱手
酌一看尖　彼二看尖　金一揖　罍一扯圈
惟一召　清二召　且一蹲身　旨二蹲身
登一擺手　獻二擺手　既三擺手　終朝上
弗一舒手　遐二舒手　有三舒手　喜二叩頭

歷代尊崇

先師祀學始末

周時魯哀公誄孔子曰尼父爲立廟舊宅置卒守立廟始此漢高帝十二年過魯以太牢祀孔子始此元帝詔諸侯王卿相至郡國先謁廟後從政自漢以來祀孔子始此元帝詔太師褒成君霸以所食邑八百戶祀孔子賜霸爵關內侯後裔封侯始此平帝元始元年謚孔子褒成宣尼公稱公始此後漢明帝永平二年詔學校皆祀周公孔子祀學始此十五年幸闕里宅祀仲尼及七十二弟子章帝元和二年祀孔子於闕里作六代之樂和帝封褒尊侯安帝延光三年祀孔子於闕里桓靈時詔孔廟置百戶卒史掌禮器春秋享禮出王家錢給大酒

直河南君給牛羊豕各一大司農給米靈帝元光元年置鴻都門學畫先聖及七十二弟子像畫像始此魏文帝黃初中詔起舊廟設卒守齊王正始七年令太常釋奠釋奠始此以太牢祀於辟雍以顏淵配釋奠於太學始此前皆祀於闕里晉武帝太始三年詔太學及魯國四時以三牲祀釋奠於中堂以顏子配七年皇太子親釋奠於太學太子釋奠始此元明成穆皆釋奠宋高祖永初中詔魯郡修葺墳廟文帝元嘉二十二年太子釋奠採晉故事舞八佾設軒懸之樂器用悉依上公釋奠用樂始此齊武帝永明三年學生釋奠於先聖

先師用元嘉故事北魏孝文帝太和十六年親修謁拜禮改謚文聖尼父封後人爲崇聖侯拜孔氏四人顔氏二人復給邑百戶與周公並饗文成帝詔宣尼之廟別敕有司薦享有司行薦享始此北齊天保閒制春秋二仲釋奠於先聖先師以時修葺祠廟每月朔制祭酒領博士弟子以下及國子諸生太學四門博士升堂助教以下太學諸生於階下拜孔聖揖顔回朔日行禮始此梁元帝承聖初於荆州建宣聖廟自圖聖像爲之贊書之南北五代崇祀不廢隋文帝開皇初贈孔子爲先師尼父周公爲先聖南面孔子東面制國學州縣

學春秋仲月上丁釋奠州縣春秋仲月釋奠始此唐高祖武德二年詔國學分立周公孔子廟周孔各廟始此太宗貞觀二年別祀周公尊孔子爲先聖顔子爲先師配焉四年詔州縣立廟四時致祭以左邱明等二十二人配徧祀天下郡邑學以先儒配始此二十年詔皇太子釋奠於先聖先師遣官釋奠州縣守令主祭始此高宗顯慶二年仍尊孔子爲先聖顔回爲先師乾封元年贈孔子太師總章元年贈顔子少師曾子少保弟子追贈以曾子配俱始此元宗開元七年詔春秋釋奠用牲牢屬縣用酒脯八年詔顔子十哲像俱侍坐從

祀曾參像侍坐十哲之次圖七十子及二十二賢於廟壁十三年封禪還幸孔子宅親奠以太牢祀墓置卒守復孔氏賦役令天下州縣立廟賜百戶充春秋享奠二十七年追謚孔子文宣王服袞冕樂用宮縣舞用八佾贈十哲公侯爵曾子以下六十七子爵皆伯夫子追王始此德宗貞元二年釋奠詔自宰臣以下畢集祝版自署名畢各北面肅拜後周高祖廣順二年奠闕里廟謁墓宋太祖建隆三年詔文廟門立戟十六親撰文宣王兗公二贊從祀賢哲命當時文人爲之太平興國中特免孔氏子孫庸調詔孔宣襲封文宣公眞宗咸

平三年追謚元聖文宣王大中祥符二年詔太常禮院定州縣釋奠禮器數先聖先師每座酒罇二籩八豆八簋二簠二俎三罍一洗一篚一罇皆加勺羃各置於坫巾共二燭一爵共四坫共二從祀諸座籩二豆二簋一簠一俎一燭一爵一五年詔改謚至聖文宣王執桓圭冕九旒服九章天禧元年詔釋奠儀注及祭器圖令崇文館雕印頒行下諸路仁宗景祐元年詔釋奠用登歌至和二年詔封孔子後爲衍聖公衍聖之稱始此神宗熙甯八年制文宣王冕十二旒兗國公顔子等皆依本朝郡國封爵品服徽宗崇甯元年詔追封孔鯉

爲泗水侯孔伋爲沂水侯大觀二年詔
文宣王執鎮圭並如王者之制廟門增戟二十四金章宗明
昌二年孔子廟門置下馬牌元世祖至元十年詔春秋二丁
釋奠執事官員各公服如其品陪位諸儒襴帶唐巾行禮丁
祭執事諸儒變常服始此成宗大德元年敕各官蒞任先詣
先聖廟拜謁方許以次詣神廟十一年七月武宗追封孔子
爲大成至聖文宣王祀以太牢文宗至順元年稱顏子復聖
曾子宗聖子思述聖孟子亞聖明太祖洪武二年詔文廟附
祀鄉賢名宦四年定祭置高案籩豆簠簋登鉶悉用磁牲用

襲樂用六奏十四年文廟成遣官以太牢祀詔神主不設像
上遂視學頒釋奠儀二十四年敕每月朔望太學祭酒以下
行釋菜禮郡縣學長吏以下詣學行香二十六年頒大成樂
器於郡州縣學成祖永樂四年視學服皮弁行一奠四拜禮
釋奠四拜始此八年正文廟繪像聖賢衣冠令合古制十二
年釋奠增十二籩豆憲宗成化二年增樂舞爲八佾世宗嘉
靖九年釐正祀典改稱至聖先師孔子四配稱復聖顏子宗
聖曾子述聖子思子亞聖孟子十哲以下皆稱先賢左邱明
以下稱先儒去塑像設木主罷封爵改大成殿爲先師廟門

爲廟門祭用籩豆十舞佾六郡邑學籩豆殺其二舞止六

國朝

世祖章皇帝順治二年定謚大成至聖文宣先師孔子十四年改謚
至聖先師孔子通行直省各學康熙十二年
御題萬世師表匾額頒立文廟
聖祖仁皇帝康熙三十五年
御製孔子贊顏曾思孟四子贊發直省立碑

孔子贊 并序碑置大成殿大學士張玉書奉　勅書

蓋自三才建而天地不居其功一中傳而聖人代宣其蘊有行道

之聖得位以綏猷有明道之聖立言以垂憲此正學所以常明而人
心所以不泯也粵稽往緒仰溯前徽堯舜禹湯文武達而在上兼
君師之寄行道之聖人也孔子不得位窮而在下秉删述之權明
道之聖人也行道者勳業炳於一朝明道者教思周於百世堯舜
文武之後不有孔子則學術紛淆仁義湮塞斯道之失傳也久矣
後之人而欲探二帝三王之心法以爲治國平天下之準其奚所
取衷焉然則孔子之爲萬古一人也審矣朕巡省東國謁祀闕里
景企滋深敬摛筆而爲之贊曰清濁有氣剛柔有質聖人參之人
極以立行著習察舍道莫由惟皇建極惟后綏猷作君作師垂統

萬古曰惟堯舜禹湯文武五百餘歲至聖挺生聲金振玉集厥大成序書刪詩定禮正樂旣窮象繫亦嚴筆削上紹往緒下示來型道不終晦秩然大經百家紛紜殊途異趣日月無踰羹牆可晤孔子之道惟中與庸此心此理千聖所同孔子之德仁義中正秉彝之好根本天性庶幾夙夜勗哉令圖迴源洙泗景躅唐虞載歷廷除覩禮器摛毫仰贊心焉遐企百世而上以聖爲歸百世而下以聖爲師非師夫子惟師於道統天御世惟道爲寶泰山巖巖東海泱泱牆高萬仞夫子之堂孰窺其藩孰窺其徑道不遠人克念作聖

顏子贊碑置大成殿大學士張玉書奉　勅書

聖道早聞天資獨粹約禮博文不遷不貳一善服膺萬德來萃能化而齊其樂一致禮樂四代治法兼備用舍行藏王佐之器

曾子贊碑置大成殿大學士張玉書奉　勅書

洙泗之傳魯以得之一貫曰唯聖學在茲明德新民止善爲期格致誠正均平以推至德要道百行所基纂成統緒修明訓辭

子思子贊碑置大成殿大學士張玉書奉　勅書

於穆天命道之大原靜養動察庸德庸言以育萬物以贊乾坤九經三重大法是存篤恭慎獨成德之門卷之藏密擴之無垠

孟子贊碑置大成殿大學士張玉書奉　勅書

哲人旣萎楊墨昌熾子輿闢之曰仁曰義性善獨闡知言養氣道稱堯舜學屏功利煌煌七篇並重六藝孔學攸傳禹功作配

五十五年升朱子於十哲之次以上見省志

世宗憲皇帝雍正三年

御書生民未有匾額頒立文廟

詔郡縣春秋仲月祭增用太牢

高宗純皇帝乾隆三年升有若於十哲移朱子於西哲末

至聖先師孔子神位居中正南面

御書與天地參匾額頒立文廟

仁宗睿皇帝嘉慶七年

御書聖集大成匾額頒立文廟

宣宗成皇帝道光元年

御書聖協時中匾額頒立文廟

文宗顯皇帝咸豐二年

御書德齊幬載匾額頒立文廟

皇上同治三年

欽頒聖神天縱匾額書建立文廟

後漢明帝永平十五年東巡祀仲尼七十二弟子靈帝光和元年置鴻都門學畫先聖及七十二弟子像魏齊王正始七年祀孔子於辟雍以顏淵配此弟子配祀之始此魏孝文太和間拜顏氏二人官宦弟子後裔始此唐太宗貞觀二十一年詔以左邱明卜子夏公羊高穀梁赤伏勝高堂生戴聖毛萇孔安國劉向鄭衆杜子春馬融盧植鄭元服虔何休王肅王弼杜預范甯賈逵二十二人配享尼父廟堂高宗永徽中贈孔子太師顏子少師曾子少師弟子追贈并曾子配享俱始此元宗開元八年圖畫七十二弟子及二十二賢於廟壁

令當朝文士分爲之贊二十七年詔追贈顏子兗國公閔子騫費侯冉伯牛鄆侯冉仲弓薄侯宰子我齊侯端木子貢黎侯冉子有徐侯仲子路衛侯言子游吳侯卜子夏魏侯曾參郕伯顓孫師陳伯澹臺滅明江伯虙子賤單伯原憲原伯公冶長莒伯南宮子容郯伯公晳哀郳伯曾點宿伯顏路杞伯商瞿蒙伯高柴共伯漆雕開滕伯公伯寮任伯司馬牛向伯樊遲凡伯有若卞伯公西赤郜伯巫馬期鄫伯梁鱣梁伯顏柳蕭伯冉孺紀伯曹卹曹伯伯虔聊伯公孫龍黃伯冉季東平伯秦子南少梁伯漆雕子斂武城伯顏子驕瑯琊伯漆雕

徒父須句伯壤駟赤北徵伯商澤睢陽伯石作蜀石邑伯任不齊任城伯公夏守亢父伯公良孺東牟伯后處營邱伯秦子開彭衙伯奚容蒧下邳伯公肩定新田伯顏襄臨沂伯鄡單銅鞮伯句井疆淇陽伯罕父黑乘邱伯秦商上洛伯申黨邵陵伯公祖句茲期思伯榮子期雩婁伯縣成鉅野伯左人郢臨淄伯燕伋魚陽伯鄭子徒滎陽伯顏之僕東武伯原亢萊蕪伯樂欬昌平伯廉潔莒父伯顏何開陽伯叔仲會瑕邱伯狄黑臨濟伯邽巽平陸伯孔忠汶陽伯公西輿如重邱伯公西蒧祝阿伯蘧瑗衛伯施常乘氏伯林放清河伯秦非汧

陽伯陳亢潁伯申棖魯伯琴牢南陵伯顏噲朱虛伯步叔乘淳于伯琴張南陵伯命所司奠祭如釋奠之儀贈五等爵始此後唐長興三年勅文宣三廟四壁諸賢每釋奠各陳酺醢諸物以祭宋初畫七十二賢及先儒二十二人像於東西廊之板壁命當時文臣爲之贊釋奠之禮如舊眞宗咸平三年詔追封兗公顏回兗國公費侯閔損瑯琊公鄆侯冉耕東平公薄侯冉雍下邳公齊侯宰予臨淄公黎侯端木賜黎陽公徐侯冉求彭城公衛侯仲由河內公吳侯言偃丹陽公魏侯卜商河東公郕伯曾參瑕邱侯陳伯顓孫師宛邱侯江伯澹

臺滅明金鄉侯單伯處不齊單父侯原伯原憲任城侯莒伯公冶長高密侯鄡伯南宮縚龔邱侯郳伯公晳哀北海侯宿伯曾點萊蕪侯杞伯顏無繇曲阜侯蒙伯商瞿須昌侯共伯高柴共城侯滕伯漆雕開平輿侯任伯公伯寮壽張侯向伯司馬牛楚邱侯凡伯樊遲益都侯郜伯公西赤鉅野侯卞伯有若平陰侯鄮伯巫馬期東阿侯頵伯陳亢南頓侯梁伯梁鱣千乘侯蕭伯顏辛陽穀侯紀伯冉孺臨沂侯東平伯冉季諸城侯郰伯伯虔沭陽侯黃伯公孫龍枝江侯彭衙伯秦冉新息侯少梁伯秦商鄄城侯武城伯漆雕哆濮陽侯瑯琊伯

顏驕雷澤侯須句伯漆雕徒父高苑侯北徵伯壤駟赤上邽侯清河伯林放長山侯雎陽伯商澤鄒平侯石邑伯石作蜀成紀侯任城伯任不齊當陽侯魯伯申棖文登侯東牟伯公良孺牟平侯曹伯曹䘏上蔡侯下邳伯奚容蒧濟陽侯淇陽伯句井疆滏陽侯邵陵伯申黨淄川侯期思伯公祖句茲即墨侯雩婁伯榮期厭次侯鉅野伯縣成城武侯臨淄伯左人郢南華侯漁陽伯燕伋汧源侯滎陽伯鄭國朐山侯汧陽伯秦非華亭侯乘氏伯施之常臨濮侯朱虛伯顏噲濟陰侯涫于伯步叔乘博昌侯東武伯顏之僕冤句侯衞伯蘧瑗內黃侯

瑕邱伯叔仲會博平侯開陽伯顏何堂邑侯臨濟伯狄黑林慮侯平陸伯邽巽高堂侯汶陽伯孔忠鄆城侯重邱伯公西輿如臨朐侯祝阿伯公西蒧徐城侯南陵伯琴張頓邱侯又詔封配饗先魯史左邱明瑕邱伯齊人公羊高臨淄伯魯人穀梁赤龔邱伯秦博士伏勝乘氏伯漢博士高堂生萊蕪伯九江太守戴聖楚邱伯河間博士毛萇樂壽伯臨淮太守孔安國曲阜伯中壘校尉劉向彭城伯後漢大司農鄭衆中牟伯河南杜子春緱氏伯南郡太守馬融扶風伯北中郎將盧植良鄉伯大司農鄭康成高密伯九江太守服虔滎陽伯侍中

賈逵岐陽伯諫議大夫何休任城伯魏衞將軍太常蘭陵亭侯王肅贈司空尚書郎王弼封偃師伯晉鎮南大將軍開府儀同三司當陽侯杜預贈司徒豫章太守范甯封鉅野伯命三司使兩制待制館閣官作贊神宗熙甯八年令七十二賢二十二先儒皆依本朝郡國縣公侯伯爵品冠服元豐六年詔封孟子鄒國公配享孟子配享始此七年詔鄒國公同顏子配食宣聖封荀况蘭陵伯楊雄成都伯韓愈昌黎伯並從祀於左邱明等二十二賢之間頒行天下學校塑像春秋釋奠行禮徽宗大觀二年封孔鯉泗水侯伋沂水侯詔躋子思

從祀崇甯四年詔公夏首封鉅平侯后處膠東侯公肩定梁父侯顏祖富陽侯鄡單聊城侯罕父黑祁鄉侯秦商馮翊侯原抗樂平侯樂欬建城侯廉潔胙城侯從祀從議禮局言史記皆有其名唐開元禮亦載祀典政和元年詔孔子弟子所封侯爵與宣聖名同改封瑕邱侯曾參武城侯宛邱侯顓孫師潁川侯龔邱侯南宮縚汶陽侯楚邱侯司馬耕睢陽侯顏邱侯琴張陽平侯瑕邱伯左邱明中都伯龔邱伯穀梁赤睢陵伯楚邱伯戴聖考城伯五年詔兖州鄒學孟子以樂正子配享公孫丑以下從祀封樂正子克利國侯公孫丑壽光伯

萬章博興伯浩不害東河伯孟仲子清泰伯陳臻蓬萊伯充虞昌樂伯屋廬連奉符伯徐辟仙源伯陳代沂水伯彭更雷澤伯公都子平陰伯咸邱蒙須城伯高子泗水伯桃應膠水伯盆城括萊陽伯季孫豐城伯子叔承陽伯理宗湻祐元年以周敦頤張載程顥程頤朱熹從祀景定二年以張栻呂祖謙從祀度宗咸湻三年以顏淵曾參孔伋孟軻配享進顓孫師於十哲邵雍司馬光從祀元仁宗皇慶二年以許衡從祀文宗至順元年以董仲舒從祀明太祖洪武二十九年黜楊雄從祀英宗正統二年以宋胡安國蔡沉眞德秀從祀八年

以元吳澄從祀孝宗宏治八年以宋楊時從祀世宗嘉靖九年詔聖門弟子皆稱先賢左邱明以下皆稱先儒撤塑像易木主樂舞仍用六佾樂章中稱王者並易爲師從祀中黜及申棖去黨存棖公伯寮秦冉顏何荀况戴聖劉向賈逵馬融何休王肅王弼杜預吳澄俱罷祀蘧瑗林放盧植鄭衆鄭康成服虔范甯俱各祀於其鄉以后蒼王通胡瑗歐陽修陸九淵從祀穆宗隆慶五年以薛瑄從祀神宗萬歷十二年以王守仁陳獻章胡居仁從祀四十二年以羅從彥李侗從祀

國朝

聖祖仁皇帝康熙五十三年升周敦頤張載程顥程頤朱熹邵雍爲

先賢又以范仲淹從祀

世宗憲皇帝雍正二年復以蘧瑗林放秦冉顏何鄭康成范甯從祀

增縣亶牧皮樂正克公都子萬章公孫丑諸葛亮尹焞魏了翁黃幹陳湻何基王柏趙復金履祥許謙陳澔羅欽順蔡清陸隴其從祀東廡首蘧瑗西廡首林放列叙先賢先儒共一百二十三人位次

高宗純皇帝乾隆三年升有子入殿次卜子夏移朱子於顓孫子下

復以吳澄從祀兩廡六年

欽頒定先賢先儒從祀位次以上省志

宣宗成皇帝道光二三年五六年八年先後以劉宗周湯斌黃道周吕坤陸贄孫奇逢從祀二十三年以文天祥從祀二十九年以謝良佐從祀

文宗顯皇帝咸豐元年以李綱從祀二年以韓琦從祀三年以公明儀從祀七年以公孫僑從祀九年以陸秀夫從祀十年以曹端從祀

今上同治元年以毛亨吕枬從祀二年以方孝孺從祀

崇聖祠

宋眞宗大中祥符元年東封幸叔梁紇堂詔封叔梁紇齊國公顔氏魯國太夫人幷官氏鄆國夫人遣都官員外郎王勵祭告仁宗慶歴八年詔聖父齊國公像易以九章之服立廟聖殿後元文宗至順元年加封聖父爲啟聖王聖母爲啟聖王夫人明世宗嘉靖九年詔加啟聖公封爵令天下學宫皆建啟聖祠祀叔梁父以先賢顔無繇曾點孔鯉孟孫激配享以先儒程珦朱松蔡元定從祀神宗萬歴二十三年以周輔成從祀啟聖祠

國朝雍正元年

諭内閣禮部追封

孔子先世五代

至聖先師孔子道冠古今德參天地樹百王之模範立萬世之宗師其爲功於天下者至矣而水源木本積厚流光有開必先克昌厥後則

聖人之祖考宜膺崇厚之褒封所以追溯前徽不忘所自也粤稽

舊制

孔子之父叔梁公於宋眞宗時追封啟聖公自宋以後歴代遵循而叔梁公以上則向來未加封號亦未奉祀祠庭朕仰體

皇考崇儒重道之盛心敬修崇德報功之典禮意欲追封五代竝享烝嘗用伸景仰之誠庶慰羹牆之慕内閣禮部可會確議具奏四月禮臣議奏

孔子先世五代應俱封公爵奉

上諭五倫爲百行之本天地君親師人所宜重而天地君親之義又賴師教以明自古師道無過於

孔子誠首出之聖者也我

皇考崇儒重道超軼千古凡遵崇

孔子典禮無不備至朕衆

皇考教育自幼讀書心切景仰欲再加尊崇更無可增之處故敕部

追封

孔子先世五代今部議封公上考歷代帝王皆有尊崇之典唐明

皇封

孔子爲文宣王宋眞宗加封至聖文宣王封

聖父叔梁紇爲齊國公元加封

孔子爲大成至聖文宣王加封齊國公爲啟聖王至明嘉靖時猶

以王係臣爵改稱爲

至聖先師孔子改啟聖王爲啟聖公王公雖屬尊稱朕意以爲王

爵較尊

孔子五世應否封王之處著諸大臣具奏遵

旨議定自叔梁公以上至木金父公凡五代並追封爲王爵

木金父爲肇聖王

祈父爲裕聖王

防叔爲詒聖王

伯夏爲昌聖王

叔梁紇爲啟聖王啟聖祠更名 崇聖祠春秋祭典照啟聖王

例陳設各直省府州縣衛學一體遵行

二年增張迪從祀咸豐七年增孟皮配享

禮器圖

簠

簠黍稷圓器也廣韻內方外圓曰簠儀禮簠有葢冪葢四隅微稜起如雲狀通葢重十三觔高七寸深二寸闊八寸一分腹徑長一尺一分古用陶後世範金爲之

簋

簋外方內圓有虞氏敦夏璉商瑚周簠簋考工記旅人爲簋瓦簋卽土簋也先儒云宗廟之簋用木天子飾以玉諸侯飾以象近制用銅儀禮啟簋會會葢也象龜形通葢重九觔高六寸七分深二寸八分闊五寸腹徑長七寸九分

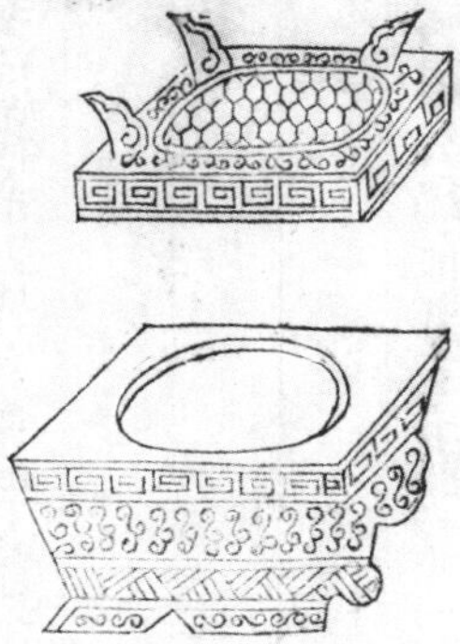

登

登似豆而高大用薦太羹詩曰于豆于登爾雅疏木曰豆瓦曰登字從夕卽內從又卽手葢以手持祭肉于豆之意與登降之登從癶不同高尺有四寸

鉶

鉶小鼎也用薦和羹周禮享人祭祀共太羹鉶羹儀禮疏據羹在器謂鉶羹據器言謂鉶鼎範銅爲之三足覆以葢施三組

籩

籩竹豆也口有藤緣形製如豆盛棗栗之屬口徑四寸九分通足高五寸九分足徑闊五寸一分上深寸有四分

豆

豆制不同夏揭豆殷玉豆周獻豆又魯王豆雕纂爾雅及鄭氏說以木周禮旅人說以瓦呂氏考古圖說及政和近制以銅鄭特牲曰鼎俎奇而籩豆偶陰陽之義也籩豆之實水土之品也■廣如籩式

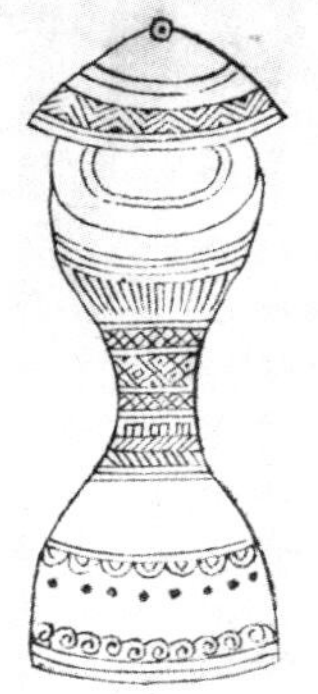

雲雷尊

雲雷尊銅製紐以螭首腹繪雲雷回旋狀用貯初獻酒重六觔四兩高九尺八分五釐口徑六寸七分五釐深七寸五分

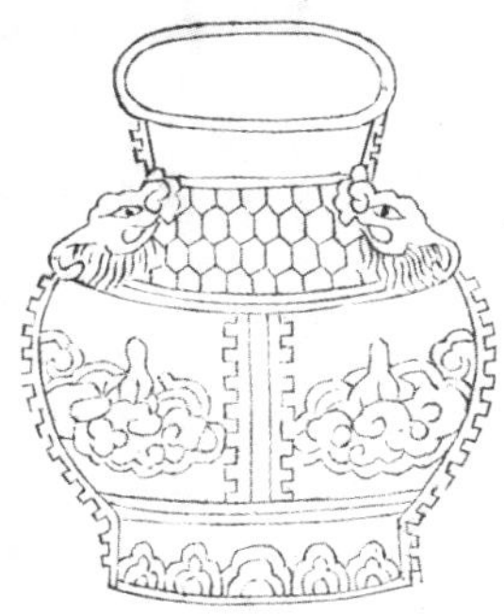

象尊

象尊取形於象以明旻德夏假也萬物之所由化[illegible]範金爲之穴其背覆以蓋受酒於腹瀉於鼻貯亞獻酒重十觔通足高六寸八分口徑寸有八分耳闊寸二分長寸有九分深四寸九分

犧尊

犧尊即獻尊周制也尊作牛形詩犧尊將將禮器犧尊疏布犧音娑取犧牲享食之義貯終獻酒範金爲之受酒同象尊重九觔十兩通足高六寸一分徑二寸四分頭去足高八寸二分耳高二寸一分五甕闊八分五甕深二寸七分

壺尊

壺尊尊作壺形脰飾饕餮腹著風雲示有節止而又施澤及時也夏商曰尊彝周制用壺重四觔一兩二錢高八寸四分口徑四寸五分腹徑六寸深七寸一分

大尊

大尊大從泰有虞氏之制貴本尚質瓦尊也通足高八寸一分口徑五寸七分腹徑六寸一分足徑三寸八分深六寸五分

著尊

著尊無足而底著地明堂位商尊也唐制先聖先師每座犧尊象尊雲雷尊各二今止設三尊闕里志釋奠乃備六尊有壺尊大尊著尊益周禮之舊歷代相沿者也著尊範銅爲之周身雷紋重四觔十兩高八寸四分五甕口徑四寸三分腹徑六寸三分深八寸二分

巾冪

巾冪用以覆尊絳帛方幅爲之中畫雲龍旁繪文綵四角綴以金錢十哲兩廡不元表纁裏不繪雲龍幅方尺有五寸

龍勺

勺所以酌酒而注之爵者範金爲之柄作龍首夏制也重一觔口闊二寸一分柄長一尺二寸九分

爵

爵以獻酒夏曰琖殷曰斝周曰爵說文禮器也象爵之形取其鳴節節足足也製用銅重一觔八兩兩柱三足有鋬通柱高八寸三分深三寸三分口徑長六寸二分闊二寸九分正殿爵以磁色純白制如之

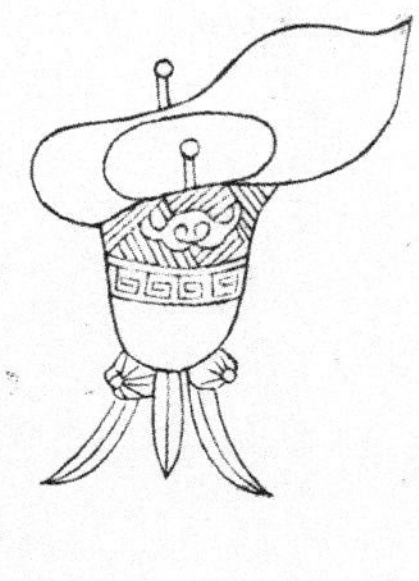

祝版

祝版木質粉塗高九寸闊尺有二寸架長尺三寸高二寸疏文用白紙楷書粘於木版之上以便捧讀祭畢揭而焚之

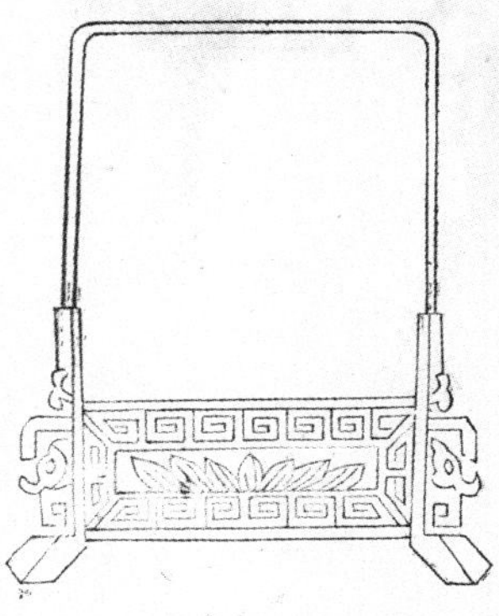

俎

俎以盛牲𩨨木爲之上有葢下有跗明堂位周以房俎鄭注足下加跗也字從仌不從夊仌即肉也臨祭起葢以致潔誠朱其外中以黑長二尺八寸五分寸闊尺八寸五分兩端施鐵環葢高四寸牲盤漆以黑方一尺高二寸

篚

篚盛帛通作匪象形也禹貢厥篚織文詩鹿鳴序實幣帛筐篚織竹爲之漆以朱方長有葢通足高五寸長二尺有八分闊五寸二分深四寸葢深二寸八分

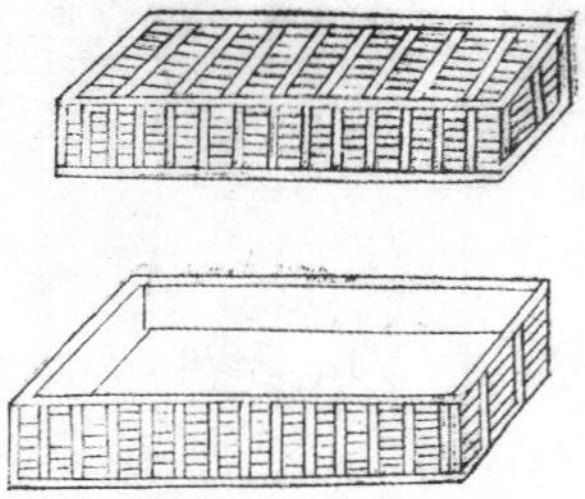

匜

匜盥器周禮凡祼事沃盥葢臨祭之時罍以盛水𢫬而洗致肅恭也匜猶罍銅質畫饕餮雷文重八觔八兩通足高五寸七分口徑一尺三寸六分深二寸九分

洗

洗盛棄水銅爲之高深如匜制兩旁有環中飾龜魚祭祀禮肅三獻三盥棄舊換新以洗盛之不欲其停污於地也

樂器圖

麾

麾旌旂之屬周禮巾車建大麾以田歷代命協律郎執之以令樂工制以絳帛爲之兩面繪螭前升後降輔以雲氣上下綴枚上繪雲下繪山懸以龍頭朱竿幅長十尺竿十有二尺朱架卓之起樂則舉麾則升螭見而樂作樂闋則偃偃則降螭見而樂止樂之起止視乎麾也

金鐘

金鐘十六枚謂之堵其懸橫曰簨縱曰簴八簨凡二層下簨起右首黃鐘次大呂次太簇次夾鐘次姑洗次仲呂次蕤賓次林鐘上簨起左首夷則次南呂次無射次應鐘次清黃鐘次清大呂清大簇清夾鐘鑄以精銅形如箭長九寸圍尺八寸遍身雷紋紐作夔龍輕重不齊以製之厚薄辨律之高下架上兩端施流蘇橫板刻崇牙直柱足作卧猊形

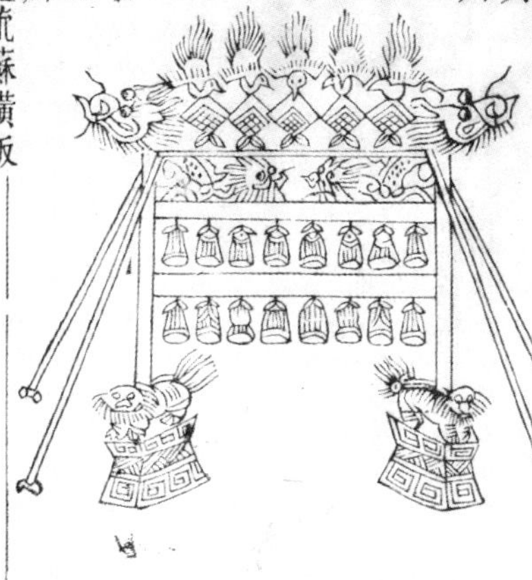

玉磬

玉磬亦十六枚爲堵鐘一堵磬一堵謂之肆取泗濱石琢製勾長六寸股長尺有二寸隅方象矩以磨之厚薄辨律之清濁架如鐘架足作浮鵞形擊以堅木槌竹柄音律與鐘同凡擊先鐘音闋擊磬收之所謂金聲而玉振也

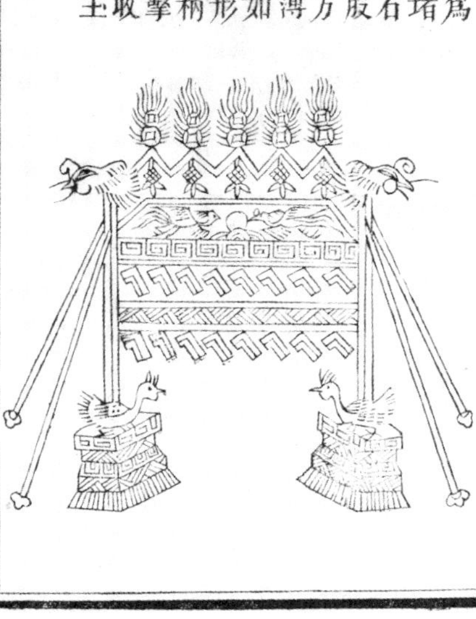

琴

琴材取桐梓漆以朱長三尺六寸六分闊六寸施七絃第一絃黃鐘律合字應左中指按右中指勾二絃太簇四字應左食指按右中指勾三絃林鐘尺字應左大指按右食指剔四絃七徽半仲呂上字應左無名指按右中指勾五絃南呂工字應左大指按右食指剔六絃黃鐘清律六字應左大指按右食指剔

瑟

瑟亦桐梓木斲繪雲雷龍鳳文長八尺一寸廣尺有八寸施二十五絃染以朱中黃外第一絃黃鐘律合字應右食指順勾凡鼓此字必與內第一絃六字並鼓清濁相應二三絃太簇四字應右食指連勾六絃仲吕上字應右食指順勾七八絃林鐘尺字應右食指連勾九十絃南吕工字應右食指連勾內一絃黃鐘清律六字應左食指順勾餘十一絃與外絃音律指法同凡鼓四上凡工字外內絃並鼓取清濁相應也

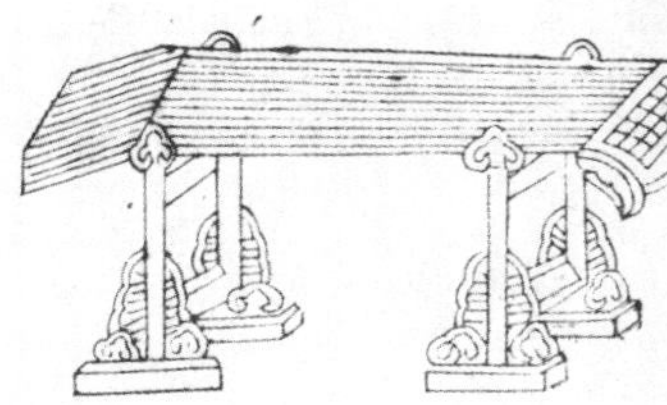

排簫

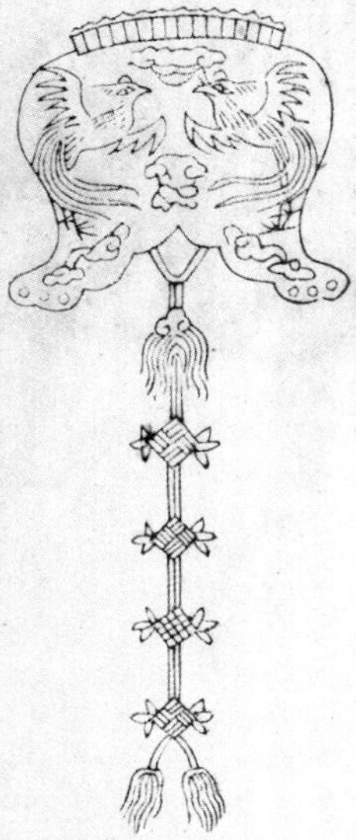

排簫即鳳簫長短排次名排簫其形參差象鳳翼音和鳴象鳳聲故亦名鳳簫片不爲架卷屈如龍頭下垂當其背鑿槽排管十有六修短合度每管一聲六律六吕兼四清聲移唇吹之架用朱漆飾以銷金鸞鳳

笛

笛截紫竹爲之長尺四寸七孔上一大孔徑二分吹竅也下六孔各徑分五釐頭安龍首飾以金下垂絲繸第一孔黃鐘清律六字應凡吹六字下五孔皆開第二孔南吕工字應凡吹工字此孔與下四孔皆開餘閉第三孔林鐘尺字應凡吹尺字此孔與下第二孔皆開餘閉第四孔仲吕上字應凡吹上字下二孔皆開餘閉第五孔太簇四字應凡吹四字下一孔開餘閉第六孔黃鐘合字應凡吹合字六孔皆閉末一孔相應

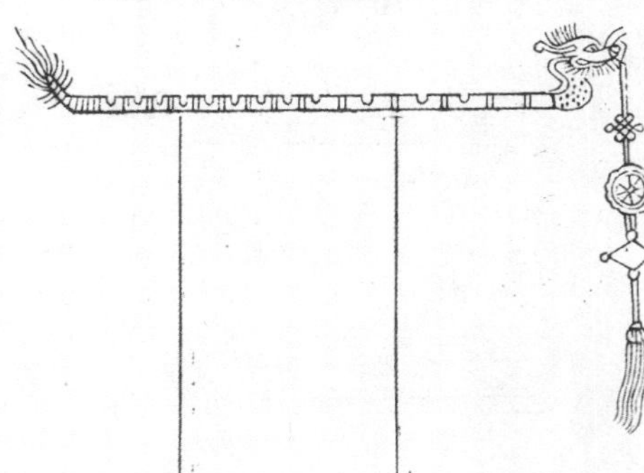

篪

篪截竹爲篇長尺四寸圓五寸三分上一大孔徑三分下五孔徑二分横而左吹音律與笛同輕氣吹之其聲乃和

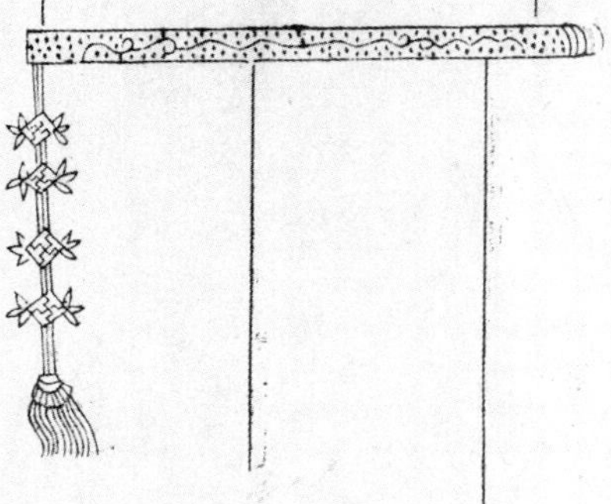

簫

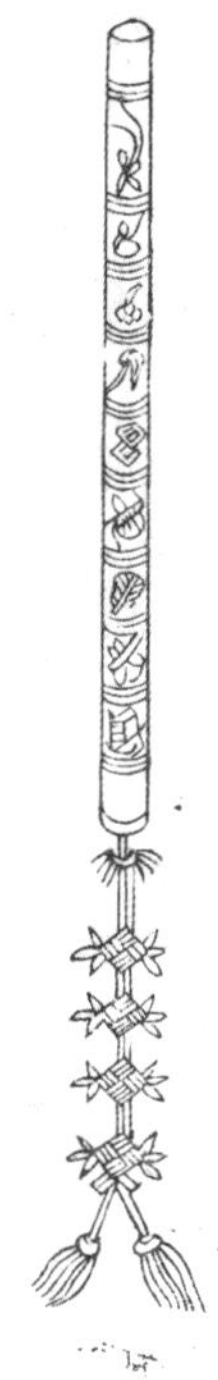

簫截竹爲之長尺九寸五分前五孔後一孔各徑一分五釐簫頭開半竅下垂絲絨䌓結直吹之緩取其音悠揚不廹

笙

笙匏爲巢覆以角鑽十九孔植紫竹管於孔施銅簧參差如鳥翼吹匏之端鼓舞其簧而發聲第一三七十一管皆南吕工字應凡工字以此四管用右大指及食指按餘孔皆開十二十五管林鐘尺字應凡尺字左食指按第二第十管仲吕上字應四八十一管太簇四字應十二十四管黃鐘清律合字六字應凡吹合字必吹六字吹六字必吹合字清濁相合也

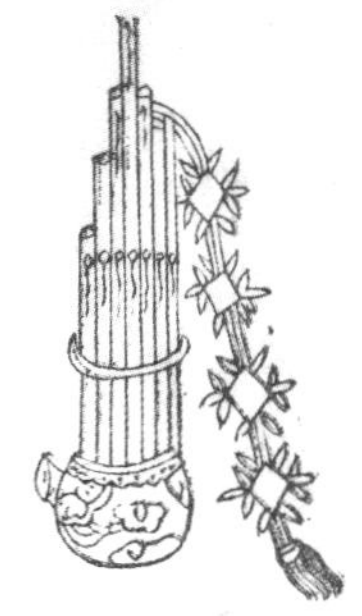

壎

壎膩土成圓五寸半長三寸四分上尖小圓頂開吹口徑三分前三孔後二孔各徑二分飾以雲氣上孔平吹大簇四字應向上稍仰黃鐘合字應下五孔俱閉左中指與食指二孔仲吕上字應凡上字止開此孔餘閉左食指孔並左手二孔俱開林鐘尺字應後二孔左大指孔南吕工字應凡工字此孔與前三孔俱開右大指孔黃鐘清律六字應凡六字前後各孔俱開吹者以兩手無名指小指托其底輕取其聲和爲佳

楹鼓

楹鼓朱漆綵繪長三尺五寸面闊二尺二寸柱穿其腰通高八尺頂張黃羅蓋銷金雲花層簷四角探出龍首垂流蘇柱頂立鳳鳥柱下跗足刻四狻猊首爪向外凡樂作先鼓以聲之連擊三通每通十二擊凡三十六擊三通畢又從容三擊衆樂作每奏樂一句三擊以爲節所謂五聲非鼓不和也

搏拊

搏拊鞹革爲之兩端張以薄皮長尺四寸五分八釐徑七寸二分九釐中實以糠周身繪花旁有二環繫紅絨絲施以北朱漆絲繪其用每奏樂一句聽楹鼓一擊拍以尾之三擊三拍初拍則左手再拍右手三拍兩手齊作以爲之節

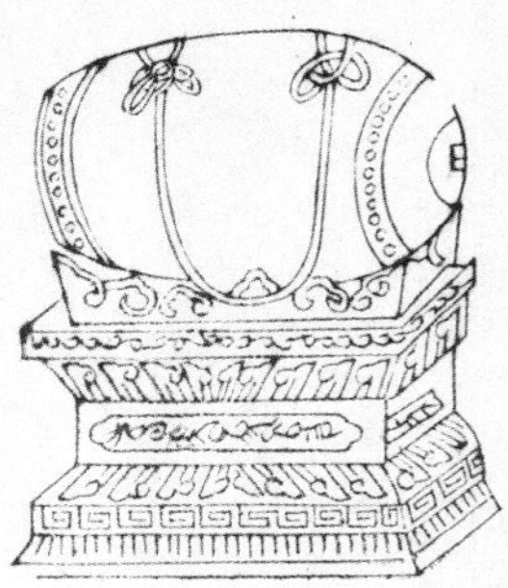

柷

柷製以桑木狀如斗上方二尺一寸八分七釐下一尺六寸九分零四毫深尺有八寸中虛有底以止擊之止即椎也柄高與心齊凡奏樂先以止撞底復擊左右共三聲以起樂

敔

敔刻木爲之狀如伏虎長二尺一寸八分七釐高一尺背刻二十七鉏鋙用竹析長二尺四寸析十二莖名曰籈櫟其背以止樂也

節

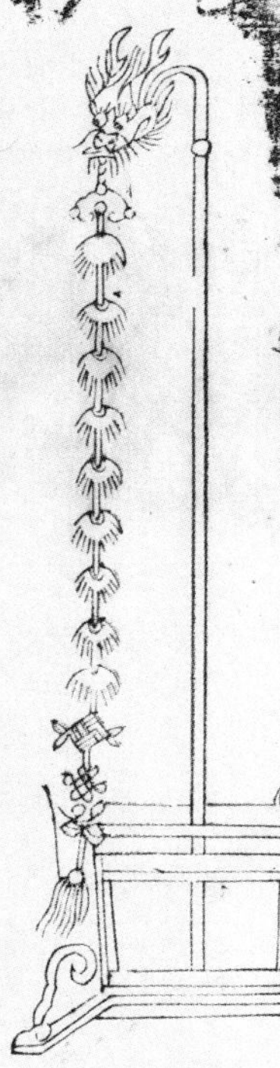

節引舞麾用犛牛毛簇九就每就飾金爲頳以紅絨絲貫而聯之綴以結繫竿長八尺五寸朱髹上安塗金龍首口啣寶蓋下垂紅纓朱架卓之俟舞生就列當舞時雙節前導行列綴兆執節立兩階以節其舞蓋樂之聲鼓以節之舞之容節以節之楚辭曰展詩兮會舞一律兮合節舞用節緩急應節之意也

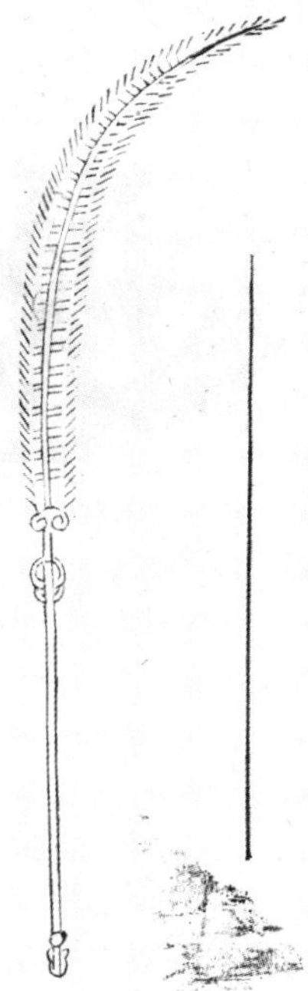

羽修長雉尾古用三羽束於柄今制止一羽柄長二尺漆以朱龍頭金飾周禮籥師掌教國子舞羽吹籥祭祀則鼓羽籥之舞五經通義文舞持羽毛武舞持干戚通典樂在日日容容藏於心難以貌覩故假干戚羽籥以表其容○會典文廟用文舞生不設干戚

籥

籥長二尺穿三孔朱飾洞其中便貫羽也古韋籥今以竹爲雅太籥謂之産中曰仲小曰箹廣雅七孔毛氏六孔鄭康成云籥如笛三孔葢舞具之有聲律者左手執籥右手秉翟籥以配羽用爲文舞葢文德聲教之象云

按古者天子禘祭九獻又加爵三自漢以後祭皆三獻祭統謂獻之屬莫重於祼査會典丁祭無祼禮與宗廟禮異牲血在内爲幽毛在外爲全瘞於祭前告幽全也奠帛即周禮所謂舍采帛長二丈八尺一說一尺八寸盛以篚行三跪九叩首禮即周禮太祝九拜之頓首也酒醴齊有五以泛齊醴齊設堂上事孔子以神道也以盎齊醍齊沈齊設堂下事諸賢以人道也牲用牛羊豕各一如太學禮從其隆也考祭禮分朝踐饋食籩豆有加有差初獻倣古朝事籩則刑鹽藳魚豆則韭菹醓醢亞獻終獻仿古饋食則以榛栗豚拍脾析次而加薦則菱芡芹筍次而羞薦餌餈酏糝今釋奠總爲一次陳設從其

簡也太羹鉶羹簠簋之實俱全而籩豆之實庶品稍減太學内祭用十籩十豆缺酏食糝食郡邑外祭止八籩形鹽藳魚棗栗榛菱芡魚脯並少白餅黑餅止八豆韭菹醓醢菁菹鹿醢芹菹兎醢筍菹魚醢並少豚拍脾析雖未備十二之數而禮已極隆矣登歌樂舞者以聲容相感格也蓋祭必有詩以頌功德樂章是也升歌堂上貴人聲歌詠其德舞以象之樂頌文德則舞羽籥歌武功則舞干戚舞以輔樂樂可以離舞舞不可以離樂八音缺一不和必鐘鼓琴瑟

簫管壎篪笙磬柷梧既備乃奏而後神人以和考孔庭釋奠漢章帝始用六代之樂南宋元嘉始用六佾之舞明洪武頒大成樂器於天下增用八佾嘉靖九年用張璁議謂魯用天子禮樂孔子不欲觀之遂定爲禮用三獻樂止六奏舞用六佾我

朝頒樂舞全圖通行禮亦三獻樂亦六奏舞六佾考樂一更始爲一奏又爲一成故九奏曰九成大祭九奏中祭六奏小祭三奏釋奠用六奏迎神一奏奠帛合初獻一奏亞獻一奏終獻一奏徹饌一奏送神合望燎一奏舊注奠帛另舉樂則七奏矣望燎另舉樂則八奏矣非定制也佾之人數有二說杜預謂六佾用三十六人此以縱横如數爲佾也服虔謂用四十八人此以八人一列爲佾也考春秋晉悼公納鄭女樂二八以女樂一八賜魏絳此八人爲列之明證自天子至士降殺以兩若如杜說士二佾止四人豈復成禮今舞圖從杜說用三十六人似宜從服說用四十八人較爲允協舊志闕典禮非獨饌品樂舞襲承簡陋並儀節亦多未嫻茲遵會典詳載儀注即臚祭品樂章舞譜並禮器樂器悉繪爲圖俾多士得遵據講習後之君子稽求備物亦足資考鏡焉道光間縣志

朔望釋菜上香

愚按禮部則例府州縣月朔釋菜望日上香學官行禮儀節與省會同省會與太學同查則例太學釋菜儀注朔日設案設洗陳菜棗栗各一豆鑪鐙香盤尊爵冪勺具質明祭酒率屬朝服諸生吉服引贊引由大成東側門入及廟庭通贊贊就位咸就位北面立祭酒司業爲一班師儒以位序諸生以齒序咸列於後通贊贊行三跪九叩禮興贊行釋菜禮引贊引祭酒詣東階盥手升階入　殿左門詣

先師位前贊跪俯伏通贊贊上香司香跪捧香祭酒三上香俯伏興退詣尊案前視注酒引贊引復詣

先師位前贊跪俯伏通贊贊獻爵司爵跪捧爵祭酒受爵拱舉授獻正中俯伏興以次詣　四配位上香獻爵儀同贊復位初行禮時引贊引兩序分獻官二員盥詣　十二哲位前上香獻爵復位均如儀引贊引分獻官各二員盥詣　先賢先儒位前上香獻爵復位均如儀通贊贊行三跪九叩禮畢各退望日上香儀注不設尊爵不陳菜棗栗質明祭酒司業率屬

朝服諸生吉服就位如釋菜儀上香

先師四配以司業兩序以助教二員兩廡以學正各二員

名宦祠

鄉賢祠

忠義孝弟祠

節孝祠

禮部則例一凡直省府州縣　文廟左右建名宦祠以祀仕於其土有功德者鄉賢祠以祀本地德行著聞之士忠義孝弟祠以祀本地忠臣義士孝子悌弟順孫節孝祠以祀節孝婦女每歲春秋致祭　一官員忠節著聞已入昭忠祠者仍准題請入忠義祠儀注

禮部則例每歲春秋釋奠禮畢教職一員公服詣祠致祭是日淸晨廟戶啟祠門拂拭神案執事者陳豕一羊一籩四豆四鑪一鐙二陳祝文於案左陳壺一爵三帛一香盤一於案右引贊二人引主祭官入詣案前北面立禮生自右捧香盤主祭官三上香訖引贊贊跪叩興主祭官三叩興禮生自右授帛主祭官受帛拱舉仍授禮生獻於案上禮生酌酒實爵自右跪授爵主祭官受爵拱舉仍授禮生興獻於正中讀祝者捧祝文跪案左引贊贊跪主祭官跪讀祝畢以祝文復於案退主祭官俯伏興執事者酌獻於左又酌酒獻於右退引贊贊跪叩興主祭官三叩興執事者以祝帛送燎引贊引主祭官出執事者咸退

名宦祝文　卓哉羣公懋修厥職澤被生民功垂社稷茲惟仲春秋謹以牲醴用申常祭尚饗

鄉賢祝文　於維羣公毓秀茲邦懿德卓行奕世流芳茲惟仲春秋謹以牲醴用申常祭尚饗

忠義孝弟祝文　維靈稟賦貞純躬行篤實忠誠奮發貫金石　義聞宣昭表鄉閭而共式祇事懋彝倫之敘性孳孝　天顯之親情殷棣萼楷模咸推大懿德　綸

其幽光祀宇維隆歲時式祀用陳尊簋來格几筵尚

節孝祝文　維靈純心皎潔令德柔嘉矢志完貞全閨中之亮節竭誠致敬彰闡內之芳型茹冰孳而彌堅淸操自勵奉盤匜而匪懈篤孝傳徽　絲綸特沛乎　殊恩祠宇昭垂於令典祇循歲祀式薦牲醪尚饗

典禮備考卷三　　酆都縣志局敬鐫

會典則例

祀典下

關帝廟

禮部則例一凡直省俱設立

關帝廟每歲春秋仲月諏吉雍正三年定及五月十三日順治元年定府州縣均致祭前殿以地方正印官主祭後殿以丞史將事執事以禮生祭日陳設牲牢器數及迎　神上香奠獻讀祝送

神視燎儀注均與

京師祭儀同

順治元年

封忠義神武

乾隆三十二年

加封靈佑

嘉慶十九年

加封仁勇

咸豐二三六七年

加封護國保民精誠綏靖七年

御書萬世人極匾額

諭旨摹勒頒發各直省

關帝廟一體懸挂

咸豐三年十一月二十四日內閣奉

上諭禮部等衙門議奏

關帝升入中祀禮節一摺我朝尊崇

關帝祀典攸隆仰荷　神威叠昭顯佑本年復加崇

封號並升中祀茲據禮部等衙門詳覆禮節謹擬具奏著照所議自明年春祭爲始悉照中祀禮舉行樂用六成舞用八佾以昭崇奉而答　神庥餘依議欽此

咸豐三年議准節錄直省遵行

一致祭前期齋戒二日　齋之日各佩齋戒牌不理刑名不宴會不作樂不入內寢不問疾弔喪不飲酒茹葷不祭神不掃墓有疾有服者勿與　一齋戒期內適遇素服日期承祭官及執事陪祀人員常服掛朝珠無執事不陪祭人員仍穿素服　一五月十三日告祭

關帝廟承祭遣官祀前致齋一日不作樂不徹饌供品鹿兔果酒其餘禮節與春秋二季禮同　一後殿各事宜均照舊例惟

五月十三日告祭禮節供品與　前殿同　一前殿位前籩豆案一陳設爵墊一爵三鐙一鉶二簠二簋二籩十豆十俎共一內陳牛一羊一豕一香案陳銅鑪一香靠其實炭　一銅燭台二上設六兩重黃蠟二枝

遣官行禮禮節

祭日承祭官穿朝服豫在遣官房候至時導引官二員引承祭官至　二門外贊引官對引官接引承祭官入　二門至盥洗處贊盥洗承祭官盥洗畢引承祭官由　殿左階至丹陛上正中行禮處立典儀官唱樂舞生就位執事官各司

其事陪祭官各就位贊引官贊就位承祭官就位立典儀官唱迎　神司香官捧香盒就前向上立唱樂官唱迎　神樂作贊引官贊就上香位引承祭官進　殿左門至　神位前立司香官豫跪贊引官贊跪承祭官跪贊上香承祭官先舉炷香安香靠內次三上瓣香畢興贊引官贊復位引承祭官至原行禮處立贊跪叩興承祭官行三跪九叩禮興樂止典禮官唱奠帛爵行初獻禮奉帛爵官各奉帛爵就前向上立唱樂官唱初獻樂作奉帛官就案前跪奠帛於案正中三叩退奉爵官立獻於案爵墊正中退讀祝官就讀祝案前跪三叩恭奉祝文至案左先跪樂暫止贊引官贊跪承祭官跪典儀官唱讀祝讀祝官讀祝畢恭奉祝文至　神位前跪安於帛匣內三叩退樂復作贊引官贊叩興承祭官行三叩禮興樂止典儀官唱行亞獻禮奉爵官奉爵就案前向上立唱樂官唱亞獻樂作奉爵官奉爵立獻於爵墊左退樂止典儀官唱行終獻禮奉爵官奉爵就案前向上立唱樂官唱終獻樂作奉爵官奉爵立獻於爵墊右退樂止典儀官唱徹饌唱樂官唱徹饌樂作樂止典儀官唱送　神唱樂官唱送　神樂作贊引官贊跪叩興承祭官行三跪九叩禮興樂止典儀官

唱奉祝帛饌恭送燎位奉祝香帛饌官詣　神位前跪奉祝帛官三叩奉香饌官不叩各奉起依次送往燎所贊引官引承祭官退至西旁立候祝帛饌香過畢仍引承祭官復位立樂作數帛官數帛贊引官贊禮畢仍引承祭官至原接引處導引官接引由原進門出樂止

關帝廟春秋二祭樂章　咸豐四年春月製譜

春秋樂章　春夾鐘清均　倍應鐘起調　簫俱除仕亿　笛俱除伍仜

迎神　格平之章

懿變宮仉鑠商仉兮角伬焜徵伍煌角伬　神徵伍威羽仩靈宮伬兮徵伍赫羽仩八
宮伬方羽仩　偉伕烈仉昭伍兮伕累仉禩伕　祀伬事仩明伍
兮伬永伍光仩　達仩精伍誠仉兮伕黍仉稷伕馨伬香仩
儼仉如伕在仩兮伕洋仉洋伬

奠帛初獻　翊平之章

英伬風仉颯伕兮伍　神伍格伍思仩紛仉綺伬蓋仩兮伍
龍仉旗伕輿仉桂伬醑仩兮伍盈伍卮仩香伕始仉升伍
兮伕明仉粢伕　惟伍降仩鑒伬兮伍在仉茲仩　流仉景
伬祚仩兮伍翊伕昌仉時伬

亞獻　怺平之章

觴伬再仉酌伕兮伍告伬虔伍　舞仉干伕戚伍兮仩合仉
宮伍懸伕　歆仩苾伍芬伬兮仩潔伍蠲仩　扇仉巍伬顯
仩翼伍兮仩　神伕功仉宣伬

終獻　靖平之章

鬱伬鬯仉兮伕三伍申伍　羅伬籩伬簋仩兮伍畢仉陳伕
儀伬卒伍度伍兮伕肅仉明伕禋伍　神伍降伬福仩兮
伍宜仉民伕宜仉人伬

徹饌　彝平之章

奠帛初獻　翊平之章

英伕風亿颯仩兮伬　神伬格伬思仉　紛亿綺伕蓋仉兮
伬龍亿旗仩輿亿桂伕醑凡兮伬盈伬卮仉　香仩始亿
升伬兮仩明亿粢仩　惟伬降仉鑒伕兮伬在伕茲仉　流
亿景伕祚伬兮伬翊仩昌亿時伕

亞獻　怺平之章

觴伕再亿酌仩兮伬告伕虔伬　舞亿干仩戚伬兮仉合亿
宮伬懸仩　歆仉苾伬芬伕兮仉潔伬蠲仉　扇亿巍伕顯
仉翼伬兮仉　神仩功亿宣伕

終獻　靖平之章

鬱伕鬯亿兮仩三伬申伬　羅伕籩伕簋仉兮伬畢亿陳仩
儀伕卒伬度伬兮仩肅亿明仩禋伬　神伬降伕福仉兮
伬宜亿民仩宜亿人伕

徹饌　彝平之章

物伕惟亿備伬兮仩咸亿有仩　明伬德伬惟伬馨伕兮仉
神伕其伬受仩　告伕徹仉兮伬禮伬終仉罔伕咎亿
佑伕我仉家伬邦伬兮仩孔亿厚伕

送神　康平之章其一

幢伕葆亿葳仩蕤伬兮仉　神伬葦伬歸仉　馭伕鳳伬軨
亿兮仩驂伬虬亿騑仩　降伕烟仉熅伬兮仉餘伬馚伕馡
仉顧亿回伕靈仉盼伬兮仉德亿洽仩明亿威伕

望燎　康平之章其二

焄伕蒿亿烈仩兮伬燎亿有仩輝伬　神伬光仉遥伬燭伕
兮仉祥亿雲伬霏仩　祭伕受伬福亿兮仩茂亿典仩無伬
遺仉庶亿揚伕駿仉烈伕兮仉永亿奠仩畺亿畿伕

關帝廟春秋二祭祝文

惟

神星日英靈乾坤正氣允文允武紹聖學於千秋至大至剛顯神
威於六合仰聲靈之赫濯崇典禮於馨香茲當仲春秋用昭時
饗惟祈昭格克鑒精虔

五月十三日告祭祝文

惟

神九宇承庥兩儀合撰崧生嶽降溯誕聖之靈辰日午中天屆恢
台之令節聰明正直壹者也千秋徵肸蠁之隆盛德大業至
矣哉六幕肅馨香之薦爰循懋典式展明禋苾芬時陳精誠
鑒格尚饗

咸豐四年萬縣奉文知照禮部咨行各直省主事及執事人
員均照中祀一體辦理

禮部則例同日祭　後殿每位前各設一案每案陳羊一豕
一鉶二簠簋各二籩豆各八鑪一鐙二殿中設一案少西北
向供祝版東西各設一案分陳禮神制帛三色白香盤三尊三
爵九俎篚冪勺具設洗於後垣門內甬道東承祭官位殿檐
下正中司祝司香司帛司爵典儀掌燎各以其職為位如常
儀質明承祭官由前左門入後垣中門盥手升階就位迎
神引詣正位前上香畢以次詣左右位前上香復位行二跪

六叩禮初獻讀祝如儀餘儀均如　前殿

雍正三年議准

關帝三代封爵　曾祖光昭公　祖裕昌公　父成忠公

咸豐五年內閣奉

上諭太常寺奏遵查
關帝先代封爵應否推崇加封請　旨一摺前以
關帝神威顯佑特加封號並升入中祀茲據太常寺查明
關帝先代封爵並應否援照　文廟崇聖祠加封請旨定奪自應
敬謹加封以示遵崇

關帝
曾祖光昭公著加封爲光昭王
祖裕昌公著加封爲裕昌王
父成忠公著加封爲成忠王所有應辦事宜著該衙門查例具奏
欽此
禮部准太常寺知照覆奏牲牢酒醴籩豆簠簋一切祭品均
與　文廟崇聖祠同
春秋二祭祝文
惟

王世澤覃庥令儀裕後靈鍾河嶽篤生神武之英誠溯淵源宜切
尊崇之報班爵超躬桓而上升香肅俎豆之陳茲際仲春秋爰
修祀事尚祈昭鑒式此苾芬
五月十三日告祭祝文
惟
王廸德承家累仁昌後崧生嶽降識毓聖之有基木本水源宜推
恩之及遠封爵特超於五等馨香永薦於千秋際仲夏之届
時命禮官而將事惟祈昭格鑒此精虔
文昌廟
禮部則例一凡直省春秋致祭
文昌廟均與　關帝廟祭儀同謹案嘉慶六年五月遵
旨奏准致祭
文昌帝君仿照　關帝定制列入祀典定以二月初三日聖誕爲
春祭秋祭另行擇吉一切儀注祭品等項均照　關帝典禮其
各直省春秋致祭之處亦照　關帝之例由該地方官敬謹
致祭
咸豐六年十一月十一日內閣奉
上諭嘉慶六年欽奉

諭旨
文昌帝君主持文運福國佑民崇正教闢邪說靈蹟最著海內崇
奉與　關聖大帝相同允宜列入祀典用光文治當經禮部太常
寺奏准一切禮節祭品均與　關帝廟同現在　關聖帝君已升
入中祀
文昌帝君應一體升入中祀以昭誠敬一切典禮著該衙門妥議
具奏欽此
二十六日內閣抄出奉
上諭禮部等衙門奏遵議

文昌帝君升入中祀典禮開單呈覽一摺

文昌帝君升入中祀前期一日著遣親郡王行告祭禮春秋二季俱著卜吉舉行二月初三日　聖誕即照

關帝聖誕照香禮節並毋庸禁止屠宰一切禮儀祭品樂章祝文均著照所議備辦應行酌改工程及預備各項著工部於明年春秋前趕緊辦齊以昭誠敬欽此

咸豐七年酆都縣奉文知照禮部咨行各直省主祭及執事人員均照中祀一體辦理

遣官行禮禮節

祭日承祭官朝服豫在遣官房候屆時導引官二員引承祭官至

魁星殿外贊引官對引官接引承祭官由東角門入至盥洗處贊盥洗承祭官盥洗畢引承祭官至　殿階下正中行禮處立典儀官唱樂舞生就位執事官各司其事陪祭官各就位贊引官贊就位承祭官就位立典儀官唱迎　神司香官捧香盒就前向上立唱樂官唱迎　神樂作贊引官贊就上香位引承祭官進　殿左門至　神位前立司香官豫跪贊引官贊跪承祭官跪贊上香承祭官先舉炷香安香爐內次三上瓣香畢興贊引官贊復位引承祭官至原行禮處立贊跪叩興承祭官行三跪九叩禮興樂止典儀官唱奠帛爵行初獻禮奉帛爵官各奉帛爵就前向上立唱樂官唱初獻樂作奉帛官就案前跪奠帛於案正中三叩退奉爵官立獻於案爵墊正中退讀祝官就祝案前跪三叩恭奉祝文至案左先跪樂暫止贊引官贊跪承祭官跪典儀官唱讀祝讀祝官讀祝畢恭奉祝文至　神位前跪安於帛匣內三叩退樂復作贊引官贊叩興承祭官行三叩禮興樂止典儀官唱行亞獻禮奉爵官奉爵就案前向上立唱樂官唱亞獻樂作奉爵官奉

爵立獻於爵墊左退樂止典儀官唱行終獻禮奉爵官奉爵就案前向上立唱樂官唱終獻樂作奉爵官奉爵立獻於爵墊右退樂止典儀官唱徹饌唱樂官唱徹饌樂作徹畢樂止典儀官唱送　神唱樂官唱送　神樂作贊引官贊跪叩興承祭官行三跪九叩禮興樂止典儀官唱奉祝帛饌恭送燎位奉祝香帛饌官詣　神位前跪奉祝帛官三叩奉香饌官不叩各奉起依次送往燎爐贊引官引承祭官退至西旁立候祝帛饌香過畢仍引承祭官復位立樂作數帛官數帛贊引官贊禮畢仍引承祭官至原接引處導引官接引由原進

門出樂止

文昌廟樂章　春夾鐘清均　倍應鐘起調　秋南呂清均

仲呂起調

迎神　丕平之章

秉伬氣仉兮伕靈伍躔仩　翊仉文伕運伍兮仩赫伍中伬

天仩　蜺伕旌仉兮伕戾仉止伕　雕伬俎仩兮伍告伍虔

仩逆仉神伕庥仩兮伍於仉萬伕斯仉年伬

初獻　俶平之章

神伬之仉來伍兮伕籩伍簋伍式仉陳伕　神伍之仩格伬

兮伍九仉筵伕式仩親伍極仉昭伬彰仩兮伍靈仉　覞伕

致仉蠲伕潔伍兮仩明仉禋伕　升伬香仩兮伍伊仉　始

伕居伬歆仩兮伍佑伍我伕人仉民伬

亞獻　煥平之章

再伬酌仉兮伕瑤伍觴仩　燦伕爛仉兮伕庭仉燎伕之伍

光仩　申仉虔伕禱仩兮伍神仉座伕　儼伍陟仩降伬兮

伍帝仉旁伕　粢伕醴仉潔伕兮仩齋仩遨仉將伕　綏伬

景仩運伍兮伕靈仉長伬

終獻　煜平之章

禮伬成仉三伕獻伍兮仩樂仉奏伕三伍終仩　覃仉敷伕

元伬化仩兮伍繁仉神伕功伍　馨伬香仉達伍兮仩肸仉

蠁伕通仉　歆仩明伍德伬兮仩昭仉察伕寅仉衷伬

徹饌　懿平之章

備伬物仉兮伕惟伍時仩　告伬徹仩兮伍終伕禮仉儀伕

神伬悅伕懌伍兮仩鑒仉在伬茲仩　垂伍鴻伍佑仉兮伕

累仉洽伕重仉熙伬

送神　蔚平之章

雲伬騈仉馭伕兮伍風仩旗仉招伕　神伍之仩歸伬兮伍

天伕路仉遙伕　瞻仩翠伬葆伍兮仩企伍丹伬霄仩　願

仉迴伬靈仩眷仩兮伍福仩我伕朝仉

望燎　平

烟伬爐仉降伍兮伕元伍氣仉和伕　神仉光伕爛伍兮仩

梓伬潼伕之伍阿伕　化仉成伕者伬定仩兮伍櫜仉弓伕

戢伍戈仩　文仩治伍光伬兮仩受仉福伕則仉那伬

文昌帝君廟春秋二祭祝文

維

神道闡苞符性敦孝友並行並育德侔天地以同流乃聖乃神

教炳日星而大顯仰鑒觀之有赫示明德之惟馨茲當仲春秋
用昭時享惟祈　歆格克鑒精虔

二月初三日告祭祝文

維

神功參纂籥撰合乾坤溯誕降之靈辰三台紀瑞慶中和之令節九宇承暉若日月之有光明闡大文於孝友如天地無不覆載感郅治於馨香爰舉上儀敬陳芳薦精禋罔斁　神鑒式昭尚饗

後殿二月初三日告祭祝文

維　文昌帝君道備中和神超亭毒稟貽謀而允紹欽毓聖之有基雲漢昭回際嶽降崧生之會馨香咸格興水源木本之思式肇明禋用光彝典尚祈　神鑒享此清芬

禮部則例謹案嘉慶六年太常寺奏准

文昌帝君三代姓名查無確據未便請加封號謹擬增製　神牌一分牌面書

文昌帝君先代神位字樣

禮部則例同日祭後殿

神位前設一案陳羊一豕一鉶二簠簋各二籩豆各八鑪一鐙二迎　神上香行禮奠獻送燎儀節悉與致祭　關帝後殿儀同

後殿原祝文　祭引先河之義禮崇返本之思矧夫世德彌光實延斯及祥鍾累代炯列宿之精靈化被千秋緯人文之主宰是尊後殿用答前庥茲當仲春秋肅將時祀用申告潔神其格歆尚饗

火神廟

歲以季夏月下旬三日致祭

祭品　羊一豕一果實五盤尊一爵三

儀注　主祭官蟒袍補服行二跪六叩禮迎神上香奠帛讀祝三獻爵送神望燎告禮成退

祝文

維

神德著離宮光昭午位廣陽亭之運象啟文明彰燮理之能功參化育土以生而水以濟丙丁之大用常昭府既修而事既和虞夏之九功惟叙釀茲萬物實賴化成乂我生民咸資利用仰邀神貺虔答鴻庥爰尊祀事之儀式叶春禋秋嘗之典肅陳牲幣敬布几筵尚饗

龍神祠

歲春秋諏吉致祭

祭品 帛一羊一豕一果實五盤尊一爵三

儀注 與 火神廟同

祝文

維

神德洋襄海澤潤蒼生允襄水土之平經流順軌膚濟泉源之用膏雨及時績奏安瀾占大川之利涉功資育物欣庶類之蕃昌仰藉神庥宜隆報享謹遵祀典式協良辰敬布几筵肅陳牲帛尚饗

城隍廟

歲以春秋仲月上戊設位祭於 神祇壇以三月清明七月望十月朔奉請 神位祭於厲壇儀注見 神祇壇 厲壇

愚按禮部則例直省壇廟祭祀無 火神廟 龍神祠惟京師祠祭歲以季夏月下旬三日致祭 火神廟承祭官拜位殿內正中 龍神祠則每歲春秋諏吉致祭承祭官拜位階上正中皆朝服行三跪九叩禮又直省無祀 城隍神禮蓋即祀於 神祇壇入蜡壇部議附祭於 先農亦不另建祠

典禮備考卷四

酆都縣志局敬鐫

會典

朝賀 迎詔 救護

聖誕元旦冬至三大節朝賀禮

省會守土官豫於公所正中設

萬壽龍亭南向設香案於亭之南其日五鼓有司設燎於庭設鐙於門廡教授訓導二人糾儀學弟子員二人通贊二人引班階下東西班位皆文東武西立位東西面北上拜位北面東班西上西班東上重行異等糾儀官位班行之北通贊引班位糾儀官之南皆東西面夜漏未盡羣官朝服畢會公所質明引班引入至丹墀內東西序立通贊贊齊班引班分引至拜位前立贊進少進贊跪叩興羣官行三跪九叩禮畢引退若府不附省州縣不附府者均以正貳教職各一人糾儀學弟子員各二人通贊引班在城文武官於公所按班行禮均如省會儀

迎詔禮

詔下直省之禮禮部按直省督撫駐劄之地行取閣部院寺筆帖式乘傳齎

詔前往頒布工部給龍旗繖仗前導所經府州縣五里之內文武官朝服跪迎軍民伏道右候過省會有司預於公廨設屏南向屏前設

詔案又前設香案案東設臺階下爲文武官拜位文東武西重行異等如朝賀儀詳見三大節朝賀禮紳士班於文官之末耆老軍民集於武官之末皆北面宣　詔官一人展　詔官二人立臺下西面通贊生立香案左右引禮生立百官班位左右皆東西面

詔及郡守土官備龍亭旗仗出迎使者承

詔書以架奉陳龍亭內乘馬後隨鼓樂前導總督暨同城文武大僚率所屬文武官朝服出迎道右跪候過輿先至公廨門外序立紳士耆老軍民畢會

詔至門跪迎如初禮使者下馬從龍亭入衆隨之入使者奉

詔書陳於案退立案東西面引禮生引羣官就位北面立通贊贊跪叩興衆行三跪九叩禮贊宣

詔使者奉

詔授宣　詔官復位立宣　詔官跪接登臺展　詔官二人從升均西面展

詔書宣讀訖復於案皆降衆聽贊復行三跪九叩禮如初退使者以

詔書授督撫恭鐫謄黃頒學政鹽政織造管關兩司道府轉頒所屬州縣衛將軍提鎮協將轉頒所屬營汛至日宣布軍民

詔書謄黃至府州縣各官恭迎宣讀均與省會儀同

救護禮

救護儀注直省府州縣衛遇日月食各按欽天監推定時刻分杪隨地救護省會於督撫署府州縣衛各於公署均以督撫及正官一人領班行禮正副教職二人糾儀學弟子員二

人通贊二人引班陰陽官一人報時至日陰陽官報初虧引衆官素服立拜位前序班贊行三跪九叩禮畢班首官進至香案前三上香畢復位皆跪執事奉鼓進跪於左班首官伐鼓三聲儀門外金鼓振作仍按班更番上香更番祗立陰陽官報復圓金鼓聲止衆官行三跪九叩禮退

日食遇元旦停止　朝賀筵宴日食月朔官員俱常服惟救護時素服

日月食遇穿朝服之期初虧復圓俱穿素服行禮

典禮備考卷五

會典　　　　酆都縣志局敬鐫

鄉飲酒

古飲酒之禮有四一則三年賓興賢能簡不率教者習鄉上齒飲酒一則鄉大夫飲國中賢者一則州長春秋以禮會民射於州序因而飲之一則歲十二月大蜡祭黨正以禮屬民飲酒於序以正齒位今所行即鄉大夫飲國中賢者之禮其義則尊讓潔敬以遠鬬辨免人禍先禮後財則民敬讓尊長養老而孝弟之行立所以感人心維風俗者典綦重也

儀注

歲孟春望日孟冬朔日舉行鄉飲酒禮於學宮　京師則禮部侍郎一人監禮順天府府尹為主人直省州縣則正印官為主人以鄉之年六十以上德厚望重輿論允協者一人為賓其次一人為介又其次為衆賓以士子中習禮者一人為司正二人司爵二人贊禮二人引禮一人讀律令僚佐皆與前期戒賓賓禮辭許戒亦如之

右謀賓介　戒賓介

先一日司正率執事者詣講堂肄儀設監禮席次於席東北向州縣以教職監禮布賓席於堂西北南向主人席於東南西向介席於西南東向衆賓之長三人席於賓西南向東上皆專席不屬衆賓席於西序東向僚佐席於東序西向皆北上司正席於主人之東北向設律令案一於主介間正中東西肆又設尊案一於序端南北肆樂部和聲署設樂懸於西階下如儀

右陳設布席

屆日質明執事者入具饌設尊於案實酒於尊加冪勺觶爵在尊北讀律者奉律令陳於中案既辦禮部侍郎朝服詣學

宮就次監禮主人率司正及僚屬咸朝服入乃速賓介主人立東階下西面僚佐序立於主人之後西面北上司正讀律令者立僚佐之南北面西上贊禮者一人立東階下又一人立庠門之外均西面屆時賓介盛服至序立於庠門外之右介居賓南衆賓居介南皆東面北上執事者以賓至告主人主人出迎賓西面揖賓介以下東面答揖主人入門左賓揖介介揖衆賓以次入門右當階主人揖及階揖賓皆答揖主人與賓讓升三讓賓三辭主人升賓乃升主人東階上賓西階上贊者贊拜主人北面再拜賓答拜興即席主人降階進

介一讓升介升拜如賓禮就位主人復揖衆賓衆以次皆升主人三揖賓長三人各答一揖衆賓皆就位主人率僚佐以下咸就位

右迎賓介

贊禮者贊揚觶執事者引司正由東階升詣堂中北面立贊揖司正揖賓介以下答揖司爵詣酒尊所舉冪酌酒於觶進授司正司正揚觶而語曰恭維

朝廷率由舊章敦崇禮教舉行鄉飲非爲飲食凡我長幼各相勸勉爲臣盡忠爲子盡孝長幼有序兄友弟恭内睦宗族外

和鄉里無或廢墜以忝所生語畢贊者贊司正飲酒司正立飲畢以觶授執事者反於案贊揖司正揖賓介以下皆揖司正復位

右揚觶

贊讀律令引禮引讀律令者就中案前北面立賓介主人以下聽贊咸起立族揖如司正揚觶禮乃讀律令曰律令凡鄉飲酒序長幼論賢良高年有德者居上其次序齒列坐有過犯者不得干豫違者罪以違制失儀則觶揚者以禮責之讀畢復位賓主以下皆坐

右讀律令

贊者贊舉饌執事者奉饌案於賓席次介次衆賓主人以下徧舉訖贊獻賓主人起離席北面立司爵詣酒尊所酌酒實爵授主人主人受爵詣賓席奠於案稍退賓避席立於主人之左贊拜主人主人再拜賓答拜皆復位立次獻介如獻賓之禮次獻衆賓之長者三人每獻一人主人揖賓長避席答揖皆復位執事者徧獻衆賓爵訖贊賓酢主人賓離席司爵酌酒授賓賓受爵介及賓長咸離席從詣主人席前拜送爵主人答拜如前儀復位皆坐

右獻賓賓酢主人

酒數行工升歌周詩鹿鳴之章卒歌笙奏

御製補南陔詩辭曰我逝南陔言陟其岵昔我行役瞻望有父欲養無由風木何補我逝南陔言陟其屺今我行役瞻望有母毋也倚廬歸則甯止南陔有筍韡實包之孳孳孩提孰噢咻之愼爾溫凊潔爾旨肴今爾不養日月其慆

閒歌周詩魚麗之章笙奏

御製補由庚詩辭曰由庚便便東西朔南六符調燮八風節宣由庚容容朔南西東維敬與勤百王道同由庚廓廓東西南朔先

憂而憂後樂而樂由庚恢恢南朔東西皇極孰建惟德之依

乃合樂歌周詩關雎之章卒歌工告備出執事者行酒主賓以下飲無算爵

右樂賓

贊禮贊徹饌案衆起離席主人率僚屬在東西上賓介在西東上皆北面賓拜主人再拜賓介以下皆再拜賓降西階出介及衆賓從立庠門外之右東面北上主人降東階出僚屬從送賓於庠門外之左西面皆再拜興賓介退禮卒無愆禮部侍郎出主人率僚屬送於庠門外皆退

右徹饌賓出

直省府州縣鄉飲酒之禮以守牧令爲主人省會及監司分駐之地皆以監司視其禮儀注同前

典禮備考卷六

會典

昏

官員昏禮

官員七品以上自昏及爲子孫主昏豫訪門第清白女年齒相當者使媒氏往通言俟許男年十六以上女年十四以上身及主昏者無朞以上服皆可行下士庶人同

右議昏

納采諏日主人具書書辭隨宜後做此請女爲誰氏出並問生年月

日別具昏者生年月日附於書使媒氏豫告女家屆日夙興以子弟一人爲介公服侍於廳事主人公服奉書出西向授介再拜介避拜受書出如女家其日女氏主人設案於廟灑掃廳事待賓亦使子弟一人爲擯公服以俟賓至擯告主人如賓服出迎於門外揖入升堂賓左主人右入堂少深賓東面奉書致詞從者陳禮物於庭主人北面再拜受書賓避拜請退俟命擯揖賓欵於別室主人以書入詣廟陳於案上啟櫝告事如常告儀乃具復書具女所出及生年月日附於書擯延賓升堂主人奉書出西面授賓再拜賓受書避拜授從

者請退主人請醴賓賓禮辭許饌者布席中堂賓東主西揖讓就坐進饌行酒三巡賓與離席告退揖主人答揖送賓於門外如初介還復命主人納書如授書儀醴介以家人之禮

右納采

納幣諏日具書備禮物一品章服一稱章如其品幣表裏各七兩以製衣服繒帛七兩以製衿裯布七兩容飾合二十事釵釧簪珥之屬二品至四品幣表裏各五兩繒帛五兩布五兩容飾合十六事餘同一品五品至七品幣表裏各三兩繒帛三兩容飾合十有二事餘同四品媒氏預告女家屆日夙興主人遣使奉書

及禮物入女家女氏主人受書及禮物告廟具復書授賓醴賓還復命主人禮介並同納采

右納幣

昏期諏吉具書備禮物三品以上羊酒四品以下鵝酒豫日主人遣使入女家女氏主人迎賓入賓致詞請期主人辭遜賓乃奉書告期主人拜受具復書授賓賓還復於主人皆如納幣儀

右請期

昏期前一日女家使人奉箕帚於壻室陳衾帷茵褥器用具至日壻家筵室中位東西向別設案於牖下陳壺一戔四合卺剖匏爲二合四戔以備三酳之用設醮爵於堂下之東壺戔具初昏壻公服俟於堂下有官者各以其服若其子孫則攝盛三品以上攝五品服五品以上攝七品服六品以下攝八品服儀從亦如之壻馬一乘二燭前馬婦輿一乘或車隨俗襜蓋飾采絹垂流蘇五品以上前後左右各二六品以下前二後二均俟於門外主人公服出醮子若自主昏則以有服尊長醮後倣此位於堂東西面昏者升自西階再拜執事者升授爵昏者跪受卒爵反於執事者

父命之迎應唯俯伏興降出乘馬執事隨以雁儀從在前婦輿在後入女家其日女父告於廟詞曰某之第幾女某將以今日歸某氏敢告餘如常告儀還醮女於內堂父東母西姆相女具服如飾服視壻之等出至父母前北面再拜侍者斟酒醴女如父醮子儀父訓女以宜家之道母爲之整冠裙申以父命女識之不唯壻既至主人迎於門外揖讓入壻執雁從入至廳事主人東階上西面壻西階上北面立奠雁再拜主人不答拜姆爲女加景蓋首出壻揖降女從主人不降送姆導女升輿二燭前輿壻乘馬先俟於門婦至降輿壻導升西階入室踰閾媵婦家送者布壻席於東御壻家迎者布婦席於西壻

婦交拜訖姆脫婦景媵御設匕箸醯醬壻揖婦就筵坐饌入卒食媵取琖實酒酳壻御取琖實酒酳婦三酳用巹卒酳壻出媵御施衾枕壻入燭出

右親迎

厥明婦夙興盥漱櫛總以棗栗服脩詣舅姑室姆入設席於堂中爲位舅東姑西均南向舅姑即席婦執笲實棗栗升自西階北面拜奠於席舅坐撫之婦興降階執笲實服脩升拜奠席姑坐撫之舅姑興入於室

右婦見舅姑

婦具酒饌設匕箸醯醬行盥饋禮舅姑就坐婦奉饌入獻舅姑視卒食乃酳酒酳舅姑送酒皆再拜舅姑卒飲興乃共饗婦侍者布婦席於阼階上西向具酒饌設匕箸醯醢舅姑於堂中臨之婦卒食姑酳之婦拜受卒飲舅姑先降自西階婦降自阼階退饗婦送者男於外女於內酬以布帛

右婦盥饋舅姑饗婦

三日婦見於廟厥明執事者設饌具主人啟櫝陳主如常祭禮主人布席階下之東昏者在後主婦布席階下之西婦在後各就位再拜主人升上香獻酒讀告詞曰某之第幾子某今已昏畢率新婦見餘詞如祭式俯伏興退立於東婦進當中階下北面再拜興復位主人復位及主婦以下行再拜禮畢納主徹退若同居有尊者婦見如見舅姑禮見夫之伯叔母與見姑同答以肅拜見姊姒小姑以夫之齒序拜皆答拜夫兄弟之子若女婦受拜答以肅揖

右廟見

廟見之明日昏者以贄（所親分應用）往見婦之父母主人迎於門外揖讓入升堂奠贄壻北面再拜主人西面答拜請見主婦主婦立於門內壻立於門外再拜主婦門內答拜出主人醴

以一獻之禮

右壻見婦父母

士昏禮（八品以下官同）

納采諏日具書媒氏告於女家主人使子弟一人爲介奉書入女氏女氏主人出迎賓揖讓入門升堂賓東面致詞奉書主人西面受書再拜賓避拜請退俟命主人使子弟待賓以書入告於寢如儀具復書出授賓賓受書主人布席禮賓畢賓揖辭主人送之如初介還復命主人拜受書禮介行家人禮諏日納幣具書備禮物章服一稱（八品以下官如其品士視九品）布帛各

五兩容飾八事食品六器媒氏告於女家主人遣使奉書物行禮女家受禮告寢復書禮賓賓復主人均如納采昏有日主人備鵝酒書昏期於東使媒氏奉如女家告女氏主人報東授媒氏復昏前一日主人使人以奩具張陳壻室至日壻家筵於室中位東西面别以案陳合巹器設醮爵於堂東初昏壻攝公服竢於堂下壻馬一乘二燭前馬婦輿一乘禬蓋前飾采絹二竢於門外主人盛服醮子於堂東命之迎壻出乘馬如女家雁及婦輿從其日女氏主人告於寢如儀畢主人位內堂東主婦位內堂西父醮女如壻儀壻至女家門外

主人出迎壻執雁從入主人東階上西面壻西階上北面奠雁再拜主人不答拜姆加女景蓋首出壻揖之降主人不降送姆導女升輿女家亦以二燭前輿壻乘馬先俟於門婦至降輿壻導婦入室踰閾媵布壻席於東御布婦席於西壻婦交拜訖姆脫婦景壻揖婦即席壻東婦西坐行合巹禮厥明婦夙興俟見舅位堂東姑位堂西皆南向婦以贄見於舅姑再拜舅姑受贄婦具酒饌行盥饋禮舅姑就位婦拜饌舅姑卒食一酳婦再拜送酒舅姑卒飲共饗婦於阼階及饗婦送者均與官員禮同三日婦見祖禰於寢陳設如薦儀主人在

東昏者從主婦在西婦從參神再拜主人升詣香案前上香奠酒告畢俯伏興退位於東婦進當中闌再拜興復位主人復位及主婦以下皆再拜興禮畢退見祖禰之明日壻以贄見婦之父母迎入奠贄再拜主人答拜見主婦壻拜於寢門外主婦答拜於門內出主人醴壻皆如儀

庶人昏禮

庶人昏禮納采諏日書昏者生年月日以授媒氏奉如女家女氏主人受書告於寢書女爲誰氏出及生年月日授媒氏道遠具饌近則否媒氏復命主人禮之納幣備禮物服一稱

用帛無章布五兩容飾六事或四事食品四器媒氏奉如女家女氏主人受之饗媒氏復命如納采禮昏有期備鵞書昏期於東使媒氏奉如女家告女氏主人許使媒氏復昏前一日女家使人以奩具陳於壻室至日壻家筵於室中東西爲位別以案陳合巹器設醮爵於廳事東序初昏壻盛服飾於階下壻馬一乘二燭前馬婦輿一乘禬蓋無飾竢於門外主人盛服至廳事東位西面壻升主人醮之命之迎壻再拜出乘馬如女家雁及婦輿從其日女家告於寢醮女以竢壻既至主人出迎於門外導入壻執雁從入升堂主人東階上西

面壻西階上北面奠雁再拜姆加女景蓋首出壻揖之降婦從降姆以女登輿二燭前輿壻乘馬先俟於門婦至降輿壻揖入室踰閾布席壻婦交拜訖姆脫婦景壻揖婦就位坐壻東婦西行合卺禮婦夙興盛服以贄見舅姑於堂拜獻如禮饋酒食於舅姑舅姑饗婦及婦送者三日婦見祖禰於寢如堂薦禮明日壻往見婦之父母婦父設酒食醴壻如儀

典禮備考卷七

酆都縣志局敬鐫

會典

喪

官員喪禮（凡公侯伯視一品子男各視其等）

有疾居正寢（女居內寢）疾革遺疏（三品以上官得具遺書）遺言皆書之既終子號哭擗踊去冠被髮徒跣諸婦女去笄朞功以下丈夫素冠婦人去首飾皆易素服男哭牀東女哭牀西巽向作魂帛（結白絹爲之）爲位於尸東前設案奠閤餘（生前食飲所餘）脯醢酒果用吉器立喪主（以適長子無則長孫承重）主婦（以亡者之妻無妻及母之喪則以喪主之妻當之）護喪司賓司書贊祝諸執事人治棺及凡喪具護喪者使人上遺疏訃於有司及親屬僚友

右初終

越日小殮侍者於寢室施幃設浴牀於尸牀前牀東置案陳沐浴巾櫛含具三品以上含用小珠玉五七品以上用金玉屑五襲牀在浴牀西襲事陳其旁常服一稱朝衣冠靴各以其等侍者遷尸浴牀南首諸子哭踊婦人出（女喪則男出）乃去尸衣覆以殮衾侍者奉湯入哭止沐髮櫛之晞以巾束之抗衾而浴拭以巾訖結襲衣縱置於牀南領舉尸易牀徹浴牀浴

具埋巾櫛及餘水於屛處乃去衾襲常服朝服加面巾喪主以下爲位而哭喪主及諸子坐於牀東奠北同姓丈夫以服爲序坐諸子後西面主婦及諸婦女子坐於牀西同姓婦女以服爲序坐諸婦後婢妾又在其後東面均南上尊行丈夫坐東北壁下西上尊行婦女坐西北壁下東上異姓丈夫坐於帷外之東西上異姓婦女坐於幃外之西東上若內喪則同姓丈夫皆坐幃外之東異姓丈夫皆坐幃外之西執事者執含具前喪主起盥親含尸訖哭復位

右襲

是日執事者帷堂如寢陳殮牀於堂東加殮衣三品以上五稱複三禪二五品以上三稱複二禪一六品以下二稱複一禪一皆以綃複衾一二品以上色絳四品以上色緇五品色青六品色紺七品色灰紟絞皆素帛既辨乃遷尸牀於堂中行殮事畢喪主暨諸子括髮加首絰腰絰皆以麻婦麻髽餘同

右小殮

三日大殮執事者以棺入承以兩橙棺內奠七星版藉茵褥施綿衾垂其裔於四外屆時奉尸入棺實生時所落齒髮卷衣以塞空處令充實平滿喪主以下憑棺哭踊盡哀乃蓋棺加錠施桼三品以上比葬每月三桼五品以上月再桼七品以上月一桼徹殮牀遷柩其處柩東設靈牀施幃帳枕衾衣冠帶屨之屬設類盆帨巾於靈牀側皆如生時柩前設靈座奉魂帛几筵供器具以絳帛爲銘旌三品以上長九尺五品以上八尺七品以上七尺題曰某官某公（內喪書某封某氏）之柩懸於竹杠依靈右執事者陳饌案食品用素器啟帷行殮奠禮內外就位如寢司祝焚香奠酒喪主以下哭盡哀畢下帷（每奠皆同）及夜奉魂帛復牀諸子次於中門之外寢苫枕塊不脫絰

帶諸婦女次於中門之內帷幔枕衾皆布素哀至則哭晝夜無時

右大殮

是日成服五服各以親疏爲等斬衰三年子爲父母爲繼母慈母（妾子無母父命他妾養之者）養母（自幼出繼與人者）子之妻同庶子爲嫡母所生母庶子之妻同爲人後者爲所後父母爲人後者之妻同女在室及已嫁被出而反在室者爲父母嫡孫承重爲祖父母（若祖父俱亡爲高曾祖後者同）承重者之妻同妻爲夫妾爲家長服生麻布旁及下際不緝麻冠絰菅屨竹杖婦人麻屨不杖餘同齊

衰杖期嫡子衆子爲庶母謂父妾有子者嫡子衆子之妻同子爲嫁母親生母父卒而改嫁者出母親生母爲父所出者嫡孫祖在爲祖母承重夫爲妻服熟麻布旁及下際緝之麻冠絰草屨桐杖父母在夫爲妻不杖婦人麻屨餘同齊衰不杖期爲父卒繼母改嫁而已從之者爲改嫁繼母爲同居繼父兩無大功以上親者爲伯叔父母及姑在室者爲兄弟及姊妹在室者爲兄弟之子及女在室者祖爲嫡孫父母爲嫡長子衆子及嫡長子之妻爲女在室者爲子之爲人後者繼母爲長子衆子孫爲祖父母孫女在室出嫁同女出嫁爲父母爲人後者爲本生父母女在室及雖

適人而無夫與子者爲其兄弟姊妹及兄弟之子與兄弟之女在室者女適人爲兄弟之爲父後者婦爲夫兄弟之子及女在室者妾爲家長之父母家長之妻家長之長子衆子與其所生子冠絰屨同上齊衰五月孫及女孫爲曾祖父母服熟桐麻布冠絰如其服草屨婦人麻屨齊衰三月爲繼父先同居後不同居者爲同居繼父兩有大功以上親者孫及女孫爲高祖父母冠絰屨同上大功九月爲從兄弟及姊妹在室者爲姑及姊妹已嫁者爲人後者爲其兄弟及姑姊妹在室者爲兄弟之子爲人後者祖爲衆孫及孫女在室者祖母爲嫡孫衆孫父母爲衆子婦及女已嫁者伯叔父母爲從子婦及兄弟之女已嫁者婦爲夫祖父母本生父母伯叔父母女出嫁爲本宗伯叔父母本宗兄弟及兄弟之子本宗姑姊妹及兄弟之女在室者服麤白布冠絰如其服繐布緣屨小功五月爲伯叔祖父母爲從伯叔父母及從姊妹已嫁者爲再從兄弟及姊妹在室者爲從兄弟之子及女在室者爲祖之姊妹在室者爲父從姊妹在室者爲兄弟之妻爲兄弟之孫爲兄弟之孫女在室者爲外祖父母爲母之兄弟及母之姊妹爲姊妹之子祖爲嫡孫之婦爲人後者爲其姑及姊妹

之已嫁者婦爲夫兄弟之孫及孫女在室者爲夫之姑姊妹兄弟及兄弟之妻爲夫從兄弟之子及女在室者女出嫁爲本宗從兄弟及從姊妹之在室者服稍細白布冠絰如其服屨同上緦麻三月爲乳母爲曾祖兄弟及曾祖兄弟之妻爲祖從兄弟及祖從兄弟之妻爲父再從兄弟及父再從兄弟之妻爲三從兄弟及姊妹在室者爲曾祖之姊妹在室者爲祖之從姊妹在室者爲父之再從姊妹在室者爲兄弟之曾孫及曾孫女之在室者爲兄弟之孫女已嫁者爲從兄弟之孫及孫女在室者爲再從兄弟之子及女在室者爲祖之姊

妹父之從姊妹及已之再從姊妹已嫁者爲從兄弟之女已嫁者爲父姊妹之子爲母兄弟姊妹之子爲妻之父母爲女之夫女之子若女爲兄弟孫之妻爲從兄弟子之妻爲從兄弟之妻祖爲衆孫婦祖母爲嫡孫衆孫婦曾祖父母爲曾孫高祖父母爲元孫婦爲夫高曾祖父母爲夫之伯叔祖父母及夫祖姑在室者爲夫之從伯叔父母及夫從姑在室者爲夫之從兄弟姊妹在室出嫁同及從兄弟之妻爲夫再從兄弟之子及女在室者爲夫從兄弟之女已嫁者爲夫從兄弟子之妻從兄弟之孫及孫女在室者爲夫兄弟孫之妻兄弟之孫

女已嫁者爲夫兄弟之曾孫及曾孫女之在室者女出嫁爲本宗伯叔祖父母及祖姑之在室者爲本宗從伯叔父母及從姑在室者爲本宗從兄弟之子及女在室者服細白布絰帶如其服素屨無飾凡喪三年者百日薙髮在喪不飲酒不食肉不處內不入公門不與吉事期之喪二月薙髮在喪不昏嫁九月五月者踰月薙髮三月者踰旬薙髮在喪均不與燕樂

右成服

大殮翼日喪主以下夙興侍者設頮水櫛具於靈牀側五服之人各服其服就位侍者收頮櫛具奉魂帛出就靈座朝奠衆哭執事者設果蔬酒饌如生時祝焚香斟酒點茶喪主以下詣案前再拜哭盡哀各以其服爲序皆男先女後宗親先外姻後復位哭止日中設果筵奠酒及夕又奠均如朝奠儀侍者詣靈牀舒衾枕奉魂帛於牀上退諸子婦哭盡哀乃止夕奠皆如之朔望則設奠具盛饌於朝奠行之遇新物則薦如朝奠儀

右朝夕奠

親賓聞訃告弔於喪主之家未殮至者入門易素服司賓待

於廳事以賻儀物授司書入臨尸哭盡哀遂弔喪主持哭喪主以下哭稽顙無辭賓出司賓送　成服以後至者各以至者各以其服弔具酒果香燭厚則加貲財皆書於狀先使從者持狀通名司書籍記之以禮物入陳靈前喪主以下就位哭司賓出迎賓入詣靈座前舉哀哀止跪焚香酹酒再拜興喪主出帷稽顙哭謝賓答拜慰唁出喪主哭入司賓延客侍茶賓退司賓送於門外

右親賓弔奠賻

若一二品官奉

特恩遣官致奠其日喪家設使者奠位於靈前喪主及諸子跪位
於靈右主婦跪位於帷內使者素服至喪主率諸子免絰去
杖止哭出迎於大門外道右先入就位跪俯伏贊者引使者
升中階就位上香執事者酌茶使者立受茶奠茶復授酒使
者奠爵三訖少退喪主率諸子降西階下北面三跪九叩謝
恩仍至大門外竢使者出跪送乃還苫次若
賜謚及
恩卹遣官致祭者其日喪家設讀祝位於靈几之左餘如前位執
事者豫陳祭物齋

諭祭文從使者至喪主出迎入就位跪俯伏使者就位上香司祝
就讀祝位立讀祭文訖復於案退使者奠爵三畢少退喪主
以下向
闕謝
恩送使者與遣官致奠儀同
右遣官祭奠
品官卒於位與在任遭父母喪者初喪成服朝夕奠皆如前
儀擇日扶櫬還家（卒於京者兵部給郵符夫馬）備行轝儀從各視其品告
啟期於親戚僚友啟行前一日行啟奠禮喪主以下就位哭

祝詣靈前跪告曰今擇某日奉靈柩還故鄉敬告俯伏興喪
主以下稽顙哭再拜興復位盡哀止厥明遷奠告遷於柩前
禮亦如之徹祝納魂帛於櫝役人舉轝入遷柩就轝主人以
下轅哭視載出大門加幃蓋發引儀從在前銘旌魂帛從喪
主以下杖哭隨柩及郊親戚僚友祖者向柩設祖奠役人停
轝賓向柩再拜主人稽顙哭謝賓退飲儀從遂行主人乘素
車途次止宿奉魂帛銘旌於靈柩前（凡柩暫停同）水行則設奠陸
行則上食及朝啟行亦如之至家前一日遣僕戒家人豫於
十里外布幕具奠以待至日五服之人各服其服以迎柩至

暫駐幕內設奠祝焚香斟酒跪告曰靈輀遠歸將至家親屬
來迎敢告俯伏興衆序哭再拜興柩行咸徒步哭從至家安
靈牀於殯所男女各就位哭設奠祝焚香斟酒跪告曰靈輀
遠歸至家敢告俯伏興衆拜哭如初受弔朝夕設奠並如前
儀
右扶喪
官員在外聞喪三年者訃至哭對使者問故又哭盡哀易服
如初喪儀訃於有司遂奔喪戴星而行見星而止途中哀至
則哭哭辟市邑將至家望其境其城其鄉皆哭自家哭入門

升自西階憑棺西面哭踊婦人東面哭踊無算少頃尊卑相
向哭細問病終之故復哭乃披髮徒跣婦人不徒跣翼日成
服括髮婦人髽皆加麻經喪期以聞訃日始餘如在家之儀
期以下聞訃者易服爲位而哭若奔喪則至家成服若官員
在職非本生父母喪雖期猶從政不奔喪聞訃易素服爲位
而哭各持其服於私家入公門治事仍常服期喪者一年不
與祭祀之事服滿日於私家爲位哭除之

右聞喪奔喪

三月而葬營葬地及葬具凡墳塋一品九十步（五尺爲步）二品八

十步封皆丈有四尺三品七十步封丈有二尺石獸皆六四
品六十步五品五十步封皆八尺石獸四六品七品四十步
封皆六尺墓門勒石書某官某公之墓（婦人則書某封某氏若合葬則並書之）
五品以上用碑龜趺螭首六品七品用碣方趺圓首刻壙誌
用石二一書如碑碣一詳記姓諱謚字（無謚則止書字）州邑里居服
官遷次及其生卒年月日時葬處坐向所遺子女石字內向
以鐵合而束之作神主及主櫝製柩轝下爲方牀上編竹格
爲蓋四出簷垂流蘇繪荒繪帷五品以上畫雲氣爲飾六品
七品素繪無飾五品以上障翣畫翣四六品五品畫翣二皆

引布二功布一靈車塴土爲明器鑑餅燭槃五事儀從各從
其品

右治喪具

擇日開兆喪主率諸子適兆所以宗親或姻賓一人告於土
神執事者設案兆左陳酒饌置祝文告諸吉服至盥詣案前
立執事者二人奉香執壺琖隨立左右告者跪上香再拜酹
酒如儀祝奉祝文跪於告者之左讀曰維某年月日某官某
敢告於司土之神今爲某官某營建宅兆神其保佑俾無後
艱謹以淸酌庶羞祗薦於神尚饗讀畢興退告者俯伏興復

再拜退遂開壙隨地所宜使子弟幹事者一人留視之喪主
以下還

右開兆祀土神

葬有日豫以啟期告於親戚僚友發引前一日厥明五服之
人各服其服入就位哭朝奠訖祝跪告於殯前曰今以吉辰
遷柩敢告俯伏興喪主以下哭盡哀再拜役人徹帘遷柩障
以翣侍者移靈牀於堂正中靈座几筵仍設祝奉魂帛前柩
喪主以下哭從及外堂布席置柩祝奉魂帛跪告曰請朝祖
俯伏興執事者布席於廟兩楹間祝奉魂帛詣廟喪主以下

哭從及門止哭入序立階下祝奉魂帛置席北正中再拜興奉魂帛遷靈座喪主以下從出廟門哭從如初

右遷柩朝祖

日夕祖奠設饌如朝奠儀喪主以下舉哀祝盥詣靈座前喪主以下止哀祝焚香奠酒畢告曰永遷之禮靈辰不留今奉靈車式遵祖道俯伏興喪主以下再拜哭盡哀親賓致奠行禮如成服致奠儀賓出喪主以下代哭如在殯時

右祖奠

厥明五服之人會葬者畢會執事者陳明器吉凶儀從於大

門外納靈車於門內之右役人舉轝入設於堂上喪主以下哭踊乃載喪主輟哭視載周圍以絙令平正牢實執事者設奠於庭如祖奠儀祝跪告曰靈輀既駕往即幽宅載陳遣禮永訣終天俯伏興徹役人舁轝祝奉魂帛就靈車奉主櫝設魂帛後柩出大門施幃蓋屬引遂發前儀從次明器次銘旌次靈車次功布次轝外親分挽引布在前喪主以下絰杖衰服男在柩旁步從女在柩後輿從哭不絕聲尊行者皆乘車馬出城門若里門親賓不至墓者於前途立向柩再拜役人權停轝乘者皆下喪主哭 謝賓退柩行如初若墓遠主人以下皆乘素車從望塋而下道中哀至則哭每宿設靈座置奠如在殯儀次日啟柩亦如之

右遣奠發引

葬之日執事者豫張靈幃於墓道右中置几一設藉柩席薦於壙外鋪陳壙中之事設婦人行幃於羨道之右靈車至幄外止祝奉魂帛置几上奉主櫝置魂帛側設奠如儀柩車至壙前役人脫載去帷蓋方牀下於藉席祝取銘旌去杠縱加柩上喪主以下憑棺哭踊盡哀親賓送者再拜辭歸喪主及諸子稽顙謝賓退屆時將窆內外五服之親以次再拜辭訣

丈夫哭羨道東婦人哭羨道西擗踊無算遂窆喪主輟哭臨視執事者整銘旌藏誌石設明器掩壙復土喪主以下哭盡哀退就靈幄序立

右窆

是日祀土神於墓左如開兆祭儀惟祝辭營建宅兆改爲窆兆擇宗親善書者一人題主執事者設題主案於靈座東南西向筆墨具對案設盥二一祝盥一題主者盥喪主以下序哭於靈座側祝盥啟櫝出木版卧置案上題主者盥就位書某封謚某官顯考某公母則稱顯妣某氏神位訖祝奉木主置靈案上焚香奠酒喪主以下

再拜祝跪讀告詞於靈座之右曰哀子某謹告於先考某公封謚府君（母則稱先妣某封氏）形歸窀穸神返堂室神主既成伏惟精靈舍舊從新是憑是依讀畢興復於案喪主以下再拜哭盡哀祝焚告詞奉魂帛埋墓側奉主納櫝置靈車而還在途不驅喪主以下哭從如來儀

右祀土神題主

靈車至家喪主以下哭從入大門及庭止祝奉木主出車茲櫝奉之設几上南向喪主及諸子在寢東西向親屬以服輕重爲序在諸子後婦人哭於房中有弔者如在殯儀乃修虞

事執事者具牲饌品數各視其等陳設如祭禮（見吉禮官員家祭）祝啓櫝陳主於靈座主人以下就位哭哭止贊參神主人盥洗詣香案前跪執事者二人一奉香盤一把尊酌酒詣主人左右跪左進香主人三上香右進爵主人酹酒於地以爵奠於案退復拜位及諸子親屬行一跪三叩禮贊初獻主婦率諸婦出於房薦匕箸醯醬於几前案北跪一叩興退入於房執人解牲體實於俎執事者奉以升薦於供案執爵者奉爵主人獻爵於正中跪叩興復拜位立贊讀祝主人以下跪祝詣祝案之左跪讀文曰維某年月日朔孤子某敢告於先考某官（妣則稱先妣某封某氏）日月不居奄及初虞夙興夜處哀慕不寧謹以潔牲庶羞粢盛醴齊哀薦虞事尚饗讀畢興復於案退主人以下哭一叩興贊亞獻主婦率諸婦和羹實於鉶實飯於敦出薦於案及腊肉炙胾叩興退如初主人獻爵於左贊三獻主婦率諸婦出於房薦餅餌果蔬叩退主人獻爵於右如初獻儀贊送神主人以下一跪三叩興哭祝焚祝文主人奉神主納櫝徹哭止至夕奉神主於靈牀朝奉諸靈座朝夕朔望奠如初遇柔日再虞遇剛日三虞如初虞禮（祝文易初虞爲再虞三虞）餘同

右反哭虞

百日卒哭儀同虞祭（祝文改虞事爲成事）卒哭之明日夙興執事者詣廟具饌陳設如常祭禮設亡者案於祖考神案東南西向祝啓室奉四世神主以次設於几如時薦之位主人率衆先哭於几筵前奉亡者之祖詣廟諸子以下哭從及廟門止哭主人陳主於東南案上序立階下焚香進饌祝讀告辭曰維某年月日孝曾孫某謹以潔牲庶羞粢盛醴齊適於顯曾祖考某官府君躋祔孫某官府君某尚饗次讀祝於亡者位前曰孝子某謹以潔牲庶羞粢盛醴齊哀薦祔事於顯考某官府

君婦則稱妣某封氏適於顯曾祖考某官府君尙饗餘行禮儀節與
常祭同畢祝焚告文奉神主復於室徹主人奉亡者之主復
寢諸子以下從出廟門哭隨至几筵前納於櫝訖哭止衆退
護喪者代喪主爲書使人徧謝親賓弔賻者

右卒哭祔

期而小祥於忌日行事質明祝啟櫝出主諸子及期親就內
外位哭盡哀焚香進饌酒讀祝辭同卒哭惟改卒哭日小祥成事日常事行禮與
卒哭同

右小祥

再期大祥忌日行事先一日告遷於廟執事者具果酒如常
儀設案於東序西序前各一主人盥詣廟啟櫝陳諸神主焚
香進果酒如常告儀祝讀告辭曰維某年月日孝孫某謹告
於某官府君某封某氏四代備書茲以先考某官府君大祥已屆
禮當遷主入廟某官某府君某封某氏神主親盡當祧某官
某府君某封某氏以下神主宜改題世次遞遷不勝感愴謹
以果酒用申虔告尙饗讀畢焚祝主人以下俯伏興再拜奉
各神主臥置東案上子弟善書者一人改題高曾祖神主訖
以紙裹應祧神主陳於西序案奉改題主遞遷於室虛左一
位以俟闔室衆退厥明諸子諸婦女子致祭於几筵前陳設
行禮如初期儀惟祝辭改小祥曰大祥常事曰祥事諸子從喪主奉亡者之主
詣廟設於東室再拜奉祧主藏於夾室闔門出乃徹寢室靈
牀靈座罷朝夕奠徹几筵斷杖棄之屏處

右大祥

中月而禫二十七月既周之日行事屆日夙興執事者設几
案於寢堂之中主人率諸子入廟詣考位前啟室焚香再拜
跪告曰孝子某將祗薦禫事敢請神主出就正寢俯伏興奉
主至寢堂陳於案執事者陳饌案於前喪主及諸子於東壁

下就位舉哀婦人哀於房中焚香進果饌酒醴如常儀祝讀
告辭曰維某年月日孝子某謹告於顯考某官府君神主禫
制有期追遠無及謹以清酌庶羞祗薦禫事尙饗主人以下
俯伏興再拜祝焚告文訖奉主復於廟闔室皆退諸子素服
終月始復常服

右禫

歲逢忌日前期齋厥明主人及子弟素服詣廟設案於所薦
神主室前主人盥啟室奉主就案焚香薦蔬果酒饌告曰茲
以某官某府君避諱之辰妣稱某封某氏謹備庶羞淸酌恭伸追慕

俯伏興及子弟皆再拜如時節薦新之儀禮畢徹納主閣室

退

右忌日奠

歲寒食或霜降節拜掃壙塋其日主人夙興率子弟素服詣墳塋執事者具酒饌僕人備芟鬋草木之器從旣至主人周視封樹僕人鬋除荆草訖以次序立墓前焚香供酒饌再拜在列者皆再拜興遂祭土神陳饌墓左上香酹酒主人以下序立再拜退

右拜掃

士喪禮

疾革書遺言旣終子號哭擗踊去冠被髮徒跣諸婦女子去笄髽功以下丈夫素冠婦人去首飾皆素服立喪主主婦護喪贊祝諸執事人治棺及凡喪具護喪者使人訃於有司及親友執事者帷寢設沐牀於尸牀前襲牀在浴牀西東陳沐浴巾櫛含具含用金銀屑三襲事陳其旁常服一稱冠及禮服各以其等帶韠皆備侍者遷尸浴牀南首諸子哭踊婦人出（女喪則男出）迺去尸衣覆以殮衾侍者奉湯及巾櫛入沐浴訖主及諸子止哭視執事者結襲衣縱置於牀南領舉尸易[illegible]

徹浴牀浴具埋巾櫛及餘水於屏處迺去衾襲常服禮服加面巾卽牀前爲位立魂帛設奠陳生前所食脯醢酒果用吉器喪主以下爲位序哭如禮（位詳見官員喪儀後同）執事者奉含具前喪主啟盥含尸訖哭復位越日小殮執事者帷堂陳殮牀於堂東加殮衣複一禪一複禪一紟絞皆備殮畢遷尸於堂喪主及諸子麻括髮加首絰腰絰皆以麻婦麻髽餘同三日大殮執事者以棺入陳以兩凳棺內奠七星版藉茵褥施綿衾垂其裔於四外屆時奉尸入棺實生時所落齒髮卷衣以塞空處喪主以下憑棺哭踊盡哀乃蓋棺加錠施桼比葬月再

桼徹殮牀遷柩其處柩東設靈牀施幃帳枕衾衣冠帶履之屬設頮盆帨巾皆如生時柩前設靈座奉魂帛几筵供器具以絳帛爲銘旌長五尺題曰某官封（未仕則否）顯考某府君之柩（婦則書顯妣某氏）依靈座之右設殮奠內外序哭如儀及夜奉魂帛復牀諸子次於中門之外寢苫枕塊不脫絰帶諸婦女子次中門之內帷幔枕衾皆布素哀至則哭晝夜無時

右初終襲殮

是日成服輕重以親疎爲等（詳見官員喪禮）厥明喪主以下夙興侍者設頮水櫛具於靈牀側五服之人各服其服就位侍者[illegible]

頫櫛具奉魂帛出就靈座設奠焚香斟酒點茶喪主以下哭叩盡哀及夕如朝奠禮侍者詣靈牀舒枕衾奉魂帛於牀上衆哭盡哀迺止夕奠皆同朔望則具殷饌於朝奠行之親賓弔奠如禮（見官員喪禮）

右成服朝夕奠

士卒於其職（八品九品官以下同）或在職遭喪者扶櫬還家聞喪奔喪皆如品官之禮

右喪奔喪

三月而葬營葬地及葬具墳塋周三十步封高六尺墓門石碣員首方趺勒曰某官某之墓無官則書庶士某之墓（婦則稱某封氏無封則稱某氏）刻壙誌（式見官員喪儀）作神主及櫝製柩轝下爲方牀上編竹格爲蓋四出檐垂流蘇緆荒緆帷無翣引布二靈車一明器鑪槃皆具開兆喪主率諸子適兆所以親賓一人告土神執事者陳酒饌於兆左告者吉服盥就位上香酹酒讀祝（祝辭均見官員喪儀下同）行禮如儀遂開壙使子弟一人涖視之喪主以下還葬有期豫以啟期告於戚友發引前一日厥明五服之人各服其服入就位朝奠訖告遷柩於殯前喪主以下再拜哭盡哀役人入遷柩祝奉魂帛前喪主以下哭從及外堂仍

設座於柩前奉魂帛辭於祖禰復靈座從哭如初及夕祖奠如朝奠儀喪主以下再拜哭盡哀親賓致奠行禮如成服致奠儀賓出喪主以下代哭如初質明五服之人會葬者畢會執事者陳明器於大門外納靈車於門內之右役人舉轝入設於廳事正中喪主以下哭踊迺載喪主輟哭視載牢實載訖設遣奠如祖奠儀役人舁轝祝奉魂帛就靈車奉木版櫝設魂帛後柩出大門施帷蓋屬引遂發前明器次銘旌次靈車轝從外親分執引布在前喪主以下絰杖衰服男在柩旁步從女在柩後輿從哭不絕聲出城門若里門親賓不至墓者於前途立向柩再拜役人暫停轝喪主哭謝賓退柩行如初及墓執事者豫張靈帷於墓右置靈座几筵設題主案於右設藉柩席薦於壙前鋪陳壙中之事設婦女行帷於羨道之右靈車至帷外止祝奉魂帛於几上奉主櫝置魂帛側柩車至脫載去帷蓋方牀下於藉席祝取銘旌縱加柩上喪主及諸子憑棺哭婦女哭羨道西屆時男女以次哭叩辭訣親賓送者再拜辭歸喪主及諸子哭謝遂窆喪主輟哭視執事者整銘旌藏誌石明器復土喪主以下哭盡哀執事者陳饌於墓左致祭土神如開兆祭儀喪主以下退就靈帷之左序

立祝盥復魂帛於廂啟櫝出木版臥置案上宗親善書者一人盥就位題主訖祝奉木主於几上設奠焚香奠酒讀告辭喪主以下哭叩盡哀祝焚告辭奉魂帛埋於墓側奉主納櫝置靈車而返在途不驅喪主以下哭從如來儀

右啟殯至葬

靈車至家喪主以下哭從入門祝奉木主設几上諸子在寢東服親序在諸子後婦女哭於房中有弔者如在殯儀迺修虞事執事者具饌品數各以其等主人以下就位哭主婦薦羹飯主人獻爵讀祝行禮如時薦儀畢主人奉主納櫝徹哭

止眾退百日卒哭儀同虞祭厥明執事者具饌於寢室如常薦禮設亡者案於祖考神案東南啟室陳神主主人率眾先哭於几筵前奉亡者之主如寢諸子以下哭從及寢門止哭陳主於東南案上眾序立焚香進饌讀告辭行禮如常薦儀祝焚告文奉神主復室徹主人奉亡者之主復寢哭隨至几筵前納櫝訖哭止眾退

右反哭至祔

期而小祥於忌日行事厥明喪主以下及期親就內外位哭盡哀焚香進饌酒讀祝行禮儀與卒哭同再期而大祥先忌一日設案於寢堂東西各一主人率諸子詣寢堂啟室以遷遷改題之事告於祖陳設讀祝行禮如時薦儀迺以紙裹應祧神主陳於西案奉曾祖以下神主臥置東案使子弟善書者一人改題訖復於室遞遷其位虛室中下級以俟闔門出質明主人以下就几筵前序哭陳設行禮如初期儀主人奉亡者之主躋於寢室再拜闔門徹靈牀靈座罷朝夕奠徹几筵斷杖棄之屏處奉祧主於墓祭而埋於側如儀二十七月既周設几筵於廳事正中主人以下如寢堂啟室奉新祔神主陳於廳事几上祇薦禫事主人及諸子位東壁下舉哀婦

女哀於房中焚香薦果饌酒醴讀祝如儀畢奉主復於寢室闔門退諸子素服終月始復常服

右祥禫

歲逢忌日前期齋厥明主人及子弟素服如寢堂啟室出專薦之主於案焚香薦酒饌讀祝行禮如時節薦新之儀禮畢徹納主闔室退

右忌日奠

歲寒食節或霜降節日主人夙興率子弟素服具酒饌詣墓拜掃既至芟除荆草設饌於墓前主人以下序立焚香再拜

輿別陳饌於墓左祀土神行禮如儀

右拜埽

庶人喪禮

疾革書遺言既終子號哭躃踊去冠被髮徒跣諸婦女子去笄素服期功以下丈夫去冠婦人去飾男東女西異向環牀哭立喪主主婦使子弟護喪事治襲殮之具訃於親友踰時子弟奉湯及巾櫛入婦女出（婦喪則男出）洛沐喪主及諸子止哭周視徹巾櫛及餘水埋之設襲牀於尸牀前陳衣冠帶舄遷尸於牀襲喪主以下哭踊即牀前爲位立魂帛設奠陳生前

所食酒饌內外序哭如禮喪主起盥含尸以銀屑三既襲帷堂設殮牀於堂東加殮衣複衾一皆以絹紟絞皆備殮畢遷尸於堂執事者以棺入棺內奠七星版藉褥施綿衾垂其裔於四外届時奉尸入棺實生時所落齒髮以衣實其空處喪主以下憑棺哭踊盡哀迺蓋棺加錠施桼比葬一桼徹殮牀遷柩其處柩東設靈牀施枕衾衣被之屬設頮盆帨巾如生時柩前設靈座奉魂帛几筵供器具設奠內外序哭如儀及夜奉魂帛於牀諸子居柩側寢苫枕塊不脫絰帶諸婦女子易常次帷幔枕席用布素哀至則哭晝夜無時

右初終襲殮

是日成服（服制見上）厥明五服之人各服其服就位子弟設頮水帨巾於靈牀側斂枕衾奉魂帛出就靈座設奠焚香斟酒點茶喪主以下哭叩盡哀及夕設奠亦如之舒枕衾復魂帛於牀徹頮具衆哭盡哀迺止以至於虞朝夕同親賓弔奠如禮若在外聞訃者奔喪成服均如士喪之禮

右成服朝夕奠

踰月而葬營葬地及葬具壙塋周十八步封四尺有誌無碣擇吉開壙祀土神作神主備靈車一柩轝一別製布衾衣柩

不施帷蓋發引前一日喪主以下就位哭朝奠訖奉魂帛辭於祖禰還靈座哺時設祖奠以永遷告喪主以下再拜哭盡哀厥明五服之人畢會納靈車於大門內之右納柩轝於廳事內外各就位哭徹幃遷靈座役人舉柩就轝衣以大衾喪主以下哭視載訖設奠柩前如祖奠禮奉魂帛就靈車置主櫝於後迺發引男女以次哭從及墓執事者豫設藉席於壙前設靈座於墓道之右設奠案於座前設題主案於奠案右靈車至奉魂帛於座柩至脫載下於藉席喪主以下憑棺哭婦女哭墓右届時男女以次哭叩辭訣諸親會葬者均以次

哭叩辭歸喪主及諸子哭謝適窆納柩於壙下誌石復土祀土神如儀喪主以下退就靈座之側序立子弟啟櫝奉木版卧置案上宗親善書者一人題主訖子弟奉置靈座納魂帛於匣設奠讀告辭畢喪主以下哭叩盡哀祝焚告辭奉魂帛埋於墓側奉主納櫝遂行喪主以下哭從如來儀

右啟殯至葬

靈車至家子弟豫設几筵於殯寢故處奉木主陳之喪主以下序哭如士喪反哭之位適虞饌品器數視薦禮主人以下就位哭主婦薦羹飯主人薦酒饌讀祝行禮如時薦儀畢主

人奉神主納櫝徹哀止衆退百日卒哭設奠行禮儀同虞祭厥明喪主以下夙興哭於几筵前奉主詣寢陳於祖考神室東南以祔告啟室陳設行禮如時薦儀畢仍奉主復於几筵納櫝退

右反哭虞祔

期而小祥於忌日行事厥明喪主以下及期親就內外位設奠哭叩如卒哭儀再期大祥先一日詣寢以改題告遷於祖考如士喪告遷之儀屆日夙興喪主以下就几筵前序哭設奠行禮儀同初朞主人奉亡者之主躋祔於祖再拜闔門出

徹靈牀靈座几筵罷朝夕奠斷杖棄之屏處奉祧主埋於墓側如庶士儀二十七月既周設几案於廳事奉新祔神主陳士喪主以下就內外位哭奠行禮如常薦儀禮畢復主於寢闔門退諸子素服終月始服常服

右祥禫

忌日主人具饌羞羹飯夙興及子弟素服啟寢室出專薦之主於案焚香薦酒饌行禮如常薦儀畢納主闔室退

右忌日奠

歲寒食或霜降節具饌主人率子弟素服拜埽墳墓既至芟

除荆草訖設饌於墓前主人以下焚香再拜興陳饌於墓左祀土神行禮如儀

右拜埽

會典　　鄷都縣志局敬鐫

祭

品官家祭禮

品官家祭之禮於居室之東立家廟一品至三品官廟五間中三間爲堂左右各一間隔以牆北爲夾室南爲房堂南檐三門房南檐各一門階五級庭東西廡各三間東藏遺衣服西藏祭器庭繚以垣南爲中門又南爲外門左右各設側門四品至七品官廟三間中爲堂左右爲夾室爲房階三級東西廡各一間餘制與三品以上同（世爵公侯伯子視一品男以下按品爲差等）八九品廟三間中廣左右狹階一級堂及垣皆一門庭無廡以篋分藏遺衣物祭器陳於東西房餘與七品以上同（在籍進士舉人視七品恩拔副歲貢生視九品）堂後楣北設四室奉高曾祖禰四世皆昭左穆右妣以適配南向高祖以上親盡則祧由昭祧者藏主於東夾室由穆祧者藏主於西夾室遷室祔廟均依昭穆之次東序西序爲祔位伯叔祖之成人無後者伯叔父之成人無後及其長殤（十六歲至十九）者兄弟成人無後及其長殤中殤（十二歲至十五）者妻先歿者子姪成人無後及其長殤中殤下殤（九歲至十一歲）

者皆以版按行輩墨書男統於東女統於西東西向歲以春夏秋冬仲月擇吉致祭戒子弟讀祝一人贊禮一人執爵每案二人分薦祔位東西各一人凡在廟所出子孫年及冠以上者皆會行禮

右廟制祭期

先祭三日主人及在事者咸致齋前一日主人率子弟盛服入廟視潔除拂拭畢執事者於各室前設几几前供案堂南總香案一鑪案具祔位東西各統設一案設祝案於香案之西設尊爵案於東序設盥槃於東階上視割牲一品至三品官羊一豕一四品至七品特豕八品以下豚肩不特殺視滌祭器三品以上每案俎二鉶二敦二籩六豆六七品以上籩四豆四八品以下籩二豆二皆俎一鉶敦數同（代以時用槃椀者聽）辦祭器之實俎實牲體鉶實羹敦實飯籩實時果餅餌魚腊獸腊之屬豆實炙胾時蔬之屬

右致齋具牲饌

屆日五鼓主人朝服與祭執事者盛服入廟主人竢於東階下族姓竢庭東西以昭穆世次爲序執事者陳鑪鐙於供案南陳尊爵於東序案（代以壺琖者聽）陳祭文於祝案實水於盥槃加

巾主婦率諸婦盛服入詣爨所視烹飪羹定入於東房治籩
豆之實陳鉶敦七箸醓醬以竢質明子弟之長者盥詣各室
前跪一叩興啟室奉主以次設於几昭位考右妣左穆位考
左妣右分薦者設東西祔位畢贊禮立堂東檐下西面諸執
事分立東西序端相向贊就位主人升自東階盥詣中檐拜
位立族姓行尊者立於東西階上卑者立於階下皆重行北
面贊參神主人入堂左門詣香案前跪執事二人（司爵者充）一奉
香檠一挹尊酌酒詣主人左右跪左進香主人三上香右進
爵主人酹酒於地以爵奠於案興退出右門復拜位及族姓

行一跪三叩禮贊初獻主婦率諸婦出於房薦七箸醓醬於
几前案北跪一叩興徧及祔位退入於房庖人解牲體實於
俎執事者奉以升各薦於供案主人詣高祖考案前執爵者
奉爵主人獻爵奠於正中跪叩興以次詣曾祖祖禰案前獻
爵如前儀分薦者徧獻祔位酒訖退立於拜位贊讀祭文主
人跪族姓皆跪祝詣祝案之左跪讀祭文曰維某年月日孝
孫某謹告於某考某官府君某妣某氏之靈曰氣序流易時
維仲（春秋夏冬）追感歲時不勝永慕謹以潔牲庶品粢盛醴齊敬
薦歲時以某親某氏等祔食尚饗讀訖興以祭文復於案退

主人以下一叩興贊亞獻庖人納羹飯於東房主婦率諸婦和
羹實於鉶實飯於敦出薦於案及腊肉炙胾徧跪叩興退如
初禮主人獻爵於各位之左贊三獻主婦率諸婦出於房薦
餅餌果蔬叩退主人獻爵於各位之右分薦者偏獻祔位酒
均如初獻儀贊受嘏祝取高祖供案酒饌降至香案旁主人
詣香案前跪祝代祖考致嘏於主人主人啐酒嘗食反器於
祝接以興主人一叩興復位贊送神主人以下一跪三叩贊
望燎祝取祭文由中門出送燎主人退避東階下行輩長者
咸降階主人詣燎位視燎畢與祭者出主人率子弟納神主

上香行禮徹祭器傳於燕器潔滌謹藏之闔門各退

右祭儀

日中乃餕三品以上時祭徧舉四品至七品春秋二舉八品
九品春一舉庖人熱酒饌僕人布餕席於堂東西北上陳醓
醬於席四隅琖楪匙箸之屬皆辦與祭者尊卑咸在從曾祖
諸父居東第一席從祖諸父居西第一席諸父次東一席諸
昆弟次西一席諸子諸孫在東西之末各一席序定主人肅
尊者入席從曾祖諸父卽席從祖諸父東向尊者肅揖就位
諸父東向揖西向揖就位諸昆弟揖如之復揖諸父就位諸

子揖如諸父復揖諸昆弟諸孫揖如諸子復揖諸子皆就位
主人離席僕執壺實酒從主人酌諸尊長酒每酌一人肅揖
尊長答揖徧就位子弟之長者離席僕人執壺從敬酌主人
諸子弟咸避席揖主人答揖復位主人命諸子弟徧酌酒席
中少者舉壺各酌於其長者既徧皆坐主人興舉酒請於尊
長坐尊長乃嘗酒卒爵衆嘗酒卒爵僕人進食主人興請於
尊長坐尊長舉箸嘗食乃皆食每進食子孫開行酒三巡長
幼獻酬交錯飲無算爵湯飯畢長者起主人請留長者告飽
遂離席諸子弟咸隨離席以次出主人送長者於門外入命

徹席餕庖人僕人皆盡

右餕

焚黃告祭之禮

制書至主人以黃紙恭謄一通奉於廳事正中諏吉日擇同姓或
戚屬已仕者一人宣
制戒子弟引贊二人通贊二人徧戒族姓屆期會行禮前一日齋
戒備告文祝文牲饌視新贈之爵爲等至日夙興灑掃堂宇
供張設饌案以追贈所及世數爲準香案棹架如儀設改題神主案於
堂東西向使人宿宣 制者主人朝服率子弟盛服入廟諸
與祭者皆會主人詣贈主室前啟室焚香跪子弟一人奉告
文跪於主人之左讀告文辭曰維某年月日孝子某或稱孝孫隨宜
謹告於某考某官府君某妣某封某氏之靈曰某幸得列於
位恭逢
恩命
贈及先人敬請神主祇受
制書改題奉祀謹告讀訖興主人叩興奉考主子弟奉妣主及族
姓出廟門竢於道左宣 制者奉
制書前引二人導行至廟衆跪接

制書入中門升中階南向立衆皆隨入至階下序立主人奉考主
在東子弟奉妣主在西族姓重行立其後皆北面通贊分立
東西柱前贊宣
制主人以下皆跪聽宣
制畢奉主行三跪九叩禮衆隨行禮宣 制官以
制書供香案架上主人奉主置改題案上揖勞宣 制者宣 制
者答揖復揖辭降自西階主人從至廟大門外揖送入改題
神主爵位訖奉主復位序立參神讀祝三獻酒如時祭之儀
祝辭曰維某年月日孝子某謹告於顯考某府君顯妣某氏

之靈曰某恭承庭訓列位於
朝仰荷
皇仁推恩所生贈考爲某銜妣爲某銜感念先澤祿弗逮養茲以
焚黃謹備牲醴用伸薦告尚饗祭畢焚黃並祝文奉主復於
室闔室出主人以下皆退頒胙於宜制者餕族姓如儀
右焚黃告祭
歲逢令節薦新物一二三品官每案時果四庶羞四羹飯具
四品至七品官每案時果二庶羞四八品九品官每案時果
庶羞各二餘同是日夙興主婦潔辦果饌主人盛服率族姓

子弟入廟然燈灑掃設案室前訖盥洗啟室子弟分陳匙箸
壺琖之屬於案北主人序立於香案前族姓以次序列於主
人之後主人跪焚香訖叩興子弟奉果羞從主人詣高祖考
妣位前薦果薦羞畢子弟舉壺取琖酌酒進於主人主人奠
酒訖子弟復奉羹飯從主人薦羹飯訖以次詣各案薦奠如
前儀退至香案前率族姓子弟一跪三叩興子弟徹饌主人
闔室皆退
右時節薦新
月朔望日主人豫備茶食之屬每案二器主人夙興盥洗盛
服率族姓子弟入廟灑掃潔神案啟室序位於香案前主人
跪焚香訖叩興子弟奉茶食從主人詣各神案前以次供食
供茶畢退復位率族姓子弟行禮如時薦之儀徹主人闔室
皆退
右朔望獻茶
庶士家祭禮
庶士（貢監生員有頂帶者）家祭之禮於寢室之北爲龕以版別爲四室
奉高曾祖禰皆以妣配位如前儀南向前設香案總一服親
男女成人無後者按輩行書紙位祔食男東女西相向事至

則陳已事焚之不立版歲以春夏秋冬節日出主而薦粢盛
二槃肉食果蔬之屬四器羹二飯二前期主人及與祭者咸
齋戒薦之前夕主婦盛服治饌於房中厥明夙興主人吉服
率子弟設香案於南然燭置祭文堂北設供案二昭東穆西
均以妣配位均南向設祔案於兩序下各一男東女西東西
向主人以下盥奉木主設於案設祔位於兩序案訖主人東
階下立衆各依行輩東西序立主人詣香案前上香畢率在
位者一跪三叩興主婦率諸婦出房中薦匕箸醯醬跪叩如
儀退子弟奉壺主人詣神案以次斟酒薦熟訖皆就案南跪

叩興子弟薦祔位畢主人跪在位者皆跪祝進至香案之右讀祭文辭見品官祭禮減潔牲二字餘同訖興退主人以下叩興再獻主婦薦羹飯三獻主婦薦餌餅時蔬主人斟酒跪叩均如初儀畢主人率族姓一跪三叩興祝取祭文及祔食紙位焚於庭衆出主人納木主徹退日中而餕春一舉布席於堂東西北上陳椅琖匙箸如其人數傳祭食於燕器熱酒饌族姓至主人肅入序位以行輩年齒爲等旅揖卽席進酒饌酬酢如禮湯飯畢長者離席告退主人送於門外諸子弟皆隨以出徹僕人餕餘食皆盡月朔望日主人及家衆夙興盥洗啓寢室然燭詣香案前依行輩序立主人上香訖子弟奉茶主人獻茶復位率衆一跪三叩興徹茶闔室衆退若家有吉事主人盥洗啓室然燭焚香以其事告行禮如朔望儀

庶人寢薦

庶人家祭之禮於正寢之北爲龕奉高曾祖禰神位歲逢節序薦果蔬新物每案不過四器羹飯具其日夙興主婦治饌主人率子弟設案然燈啓室奉神主於案上以昭穆序主人立於香案前家衆序立於主人下以行輩爲先後主人上香一跪三叩興主婦陳匕箸醯醬薦羹飯果羞跪叩如儀主人

(清)馬佩玖 纂修

[同治]酆都縣新志

清同治十二年(1873)刻本

酆都縣新治

同治癸酉年鐫

本衙藏板

二

酆都縣輿圖序

按縣志古地名平都隋以後始置酆都均未詳所在水經注曰江水又逕東望峽東歷平都峽對豐民洲舊巴子別都也縣舊城對岸豐稔壩綿亘大江中流足容數百家恐即豐民洲舊志以今之酆都即古平都不爲無見豐民洲既見於水經注是此地以豐得名在北魏時已然其所由來者遠矣惟其地因何名豐於義未詳以巴子別都之義證之意者巴子會周慕周之豐而因以豐首號其別都歟然不可考矣縣志又以明洪武十四年改豐爲酆恐未盡然古人作字於地名往往加邑說文解字豐豆之豐滿者也酆周文王所都是酆都之酆正作酆又何必加於前明哉今所築城距舊城三里均濱大江中隔巉碑梁下爲舊城上爲今城巉碑梁東西長三百四十三丈子貽識

敬稟者竊卑縣城工業將開工及工竣各日期先後具稟

憲鑒在案惟以前各稟祇就一時一事言之而於遷城之原委並未議及茲謹爲我

憲台縷陳之伏查卑縣同治九年六月之被水患也水始至人俱奔入城城内水漲則登屋而號其時船爲城限民命只在呼吸之間城頹船入人始得免既出俱奔赴城北平都鹿鳴二山未幾而水高於城矣登山下視全城俱在洪波巨浸之中惟奎星閣絶頂於微茫中露一黑點耳水退後城垣坍塌殆盡屋宇頹敗無遺其險也如此張令原稟以爲城北溪田一道每江水盛漲輒由溪口漫入環繞城郭又謂縣城以上游土地盤諸灘爲屏蔽近年民間取用灘石日久石平灘低水勢漸北直注縣城又謂北岸臨江坡土多半滌爲峭壁南岸泥沙轉高地勢迥非昔比又謂難以復修誠恐江水一發又復傾圮則所費盡屬虛糜各等語皆係實在情形加以次年三次火災漂没之餘又成灰燼地方彫敝誠不可一朝居酆都之宜遷不待智者而後知也按縣志舊城爲明天順中人祀名宦知縣河南祥符人柴公廣檗且謂東西北三面逼近高山不利防守良然南面濱江又復窪下地形實不見佳棄之似無足惜惟是遷之一字談何容易書曰非知之艱行之惟艱天下事不必

酆都縣新治　一

顛倒是非足以取禍即揆時度勢實有益於國家而亦有禍不旋
踵者往往然也張令於九年九月稟請遷城十年二月經
鍾道憲勘定是年經費叁萬貫全數收齊董事七十六人盡行派
定而直至八月瓜代時尚未動工並城基亦未買定其故何也言
易而行難也卑職到任時體察情形極知張令所見甚是而遍加
採訪無男婦老幼智愚賢不肖異口同聲皆以遷城爲不便翻閱
卷宗雖有紳士稟請遷城一詞而阻繞遷城之稟則不一而足即
詢之向之具稟遷城諸紳亦並無一人直下斷語何則安土重遷
本有牢不可破之積習事體太大其成敗亦實不可以逆料也卑職

需次川省十有餘年四權縣篆備員讞局其所見見而聞聞者更
僕難數茲蒙
憲恩來司此土以前吳令徐令兩實任相繼褫職去後來者本有戒
心今復欲於大災之後甫經到任之時斂民間無數之財辦民心
最忌之事雖甚下愚亦知其無成其不蹈吳徐之覆轍者幾希城
豈易言遷哉雖然城誠不易遷而非遷則實無以保其城不遷則
要譽於一時而實則爲隱憂之所伏遷焉則防患於未至而不免
爲衆怨之所歸衆怨所歸禍在一身其患小隱憂所伏禍在後世
其患大後世之禍不能保其必無一身之禍則容或可以幸免言

念及此而遷城之計決矣卑職統籌全局自先以估工爲要估工
則以城垣爲先然而城不同價亦不同則估工亦未可執一按
聖武記以爲石不如磚磚不如土土又不如沙專爲禦炮而言非
篤論也若以堅固經久言之自以洴澼百金方土不如磚磚不如
石爲正論川省山多土少土城不宜山土性硬淘覺多裂磚城亦
不宜城自以石爲正城定以石可以估價矣乎猶未也石價之高
低以取石之遠近爲定愈近愈賤愈遠愈貴相去甚爲懸絶川省
遍地皆山亦遍山皆石石何以有遠近之分緣川省山石多腐鑿
之成器不久自毁土人謂之風化石石之堅硬者甚不易得非盡

俯拾即是也若並不問石之遠近而第按向例以爲酆都石每寬
厚一尺長一丈合銀五錢六分六釐直扣盤捫鑰之談耳石價既
以遠近而定是非定地即不能估工則擇地爲尤要也張令原稟
定地茲坡然而茲坡之爲地有未敢曲爲之諱者其地山飛水走
於富貴二字無一可問猶以爲堪輿家言未足憑信即以人事言
之原稟雖稱南面大江縈廻而相距五六里平日取水不便一旦
有警直是涸轍而待西江其地前曾鑿井二口今日皆成眢井此
外別無有源之水原稟以爲深二三尺即有泉水隨取隨出足供
民食者非也且當日並未議及取石處所附近無處得石取石於

遠則原估銀數又成空談矣種種不便斷難遷就自不得不另擇吉地且夫擇地非徒事目前而已要必統治亂興衰而並計之設城所以備兵川省南面有警足設江防江防設而大江以南竟成贅疣矣北岸距省雖遠究與本省呼吸一氣故立城以北岸為要今之遷城避水患也故又以地勢高峻為要雖然堪輿不可不講也酆境江勢直下險灘即其關鎖巉碑梁險灘也在舊城上游其舊城之下嫌無關鎖故立城以舊城之上游為要上游北岸之山處處背南而向北臨江一面開陽處甚少即如舊城後之鹿鳴山壁立如削草木不植亦背面也城枕山背其無氣可知且山勢背

內而向外主人心不齊故向來官與紳不一氣城之人與鄉之人不一氣南岸之人與北岸之人亦不一氣地勢使然也故立城又以山勢內向為要曦初到任時相度地勢既不以蔹坡為然衆謂原城在下游十二里之杜家壩又謂南賓舊治在南岸皆臆說無據地勢於縣城均不宜遂登城北十里外之飛蛾山跟脈南行一起一伏為老鴉山至此分二支左結平都山即俗傳酆都陰府右一支叠起叠伏尋行而下至臨江處忽然開陽在蔹坡東南舊城之西名三里許係傳姓業因有土包名傳家包登土包望之四面朝拱真奇格也其地東南西三面懸岩岩各數十丈因岩為城南

面岩下即是大江東西岩下各有溪溝一道溪水四時長流不必濬井而水已足用惟東面溝外山勢覺高可以下窺城中虛實然川省依山為城者十居八九豈能盡避即舊城亦然此處山下是溝溝內是岩岩上是城地勢本險再於山頂建修炮臺益保無虞西南溝外為李家山擄石工云此山石色絕佳鑿而試之其色豆青其質堅硬取之不盡用之不竭尤為天造地設之奇然猶不敢自信其地之果可用與否仁壽縣有廩生葉湘南者精於堪輿曦前署威遠時延之改修文廟等處次年庚午科即中式舉人二名並得榜首可謂應驗如神是時越千餘里而延之葉生至復與之

溯洄沿江上下歷登飛蛾老鴉諸山跟脈直至所擇之傳家包葉生拱手稱賀以為此地高據北岸在巉碑梁上游山環水抱秀削天成建城於此真是青錢萬選萬選萬中矣巉碑梁現用匠尺量東西長三百四十三丈上為新城下為舊城相距甚近遷徙無難於民尤便繼復與之商城基之大小訂城門之部位畫街道之縱橫審祠廟衙署之方向卜開工上樑移署各日期斯其地始定地定矣可以估工矣乎而猶未也草昧初開之時諸事茫然登高一望滿目水田亚不知從何處下手且高者為陵深者為谷塹山堙谷勢費無等即令精於修造地面以上尚有形跡可尋地面以下

豈可揣測而知估工誠非易事不過以地定斯石定石定斯價定此間稍有把握耳顧石近而價可估而或百人可了之事而以一二人爲之一二日可了之事而百日爲之遷延遺誤浮費滋多其要訣尤在於速夫速非叱咤所能爲力也尤非鞭撲所能爲功也經費足而不少其數支發時而不誤其期斯工匠奮勇而事始可速則籌款爲尤要矣以現定之地卽用其地之石畧去地面以下但就地面以上工程計之經費不誤而又出以速大約得錢十萬貫以上方可經始夫以酆都彈丸之區又值大災之後安所得十萬貫之多以任其供億哉張令派每畝錢二百已是恰好之數不

能再加此外無庫款可領又非如夔府有屬縣可派有釐金可提此時此地而舉此事眞是無米之炊因念張令移交已有二萬七千之數次年照辦三萬貫已得半矣遍加搜索復得庫存紳領穀價共錢二萬餘貫此外實無可搜索再四思維必須借徵一年經費方符十萬之數但借徵非遇豐年不可又除念川省穀貴已十有餘年安知來年不十二分豐收倘遇豐收借徵一年斯可以集事矣此事俟秋後再酌籌款之大畧如此卑職開工原稟謂工程非十年不可若依卑職籌畫則來春卽可望成等語正謂此也但責任太大事前不敢直言耳定地難籌款難而更有難於此者則

爲用人張令原派首事七十六人謀夫孔多是用不集固不足爲訓卽以薪水言之每年須錢五六千貫之多亦非節省之道自以大加裁汰爲是然人已卸肩猶得延攬之譽吾方發軔便有排擠之嫌卽此一端已大不得手且甫經到任賢否本不盡知去取從何而定不得已爲調停之計俾原派七十六人照舊皆爲首事但不必到局到局辦事者方議薪水嗣於原派中擇出十二人又益之以四人共十六人摘盤庚予若顲懷玆新邑亦惟汝故以丕從厥志十六字每字刻一小戳每局紳各給一戳凡銀錢出入皆憑此戳以專責成此亦不過一時急就章以爲有眞知灼見是大不

然以爲酆都人材盡於此數人是更不然用人之大畧又如此用人定而遷城之事乃可舉行矣此同治十年臘底事也遂帖請城鄉紳糧於次年正月初九日來城面議遷城事件初議遷城而人心惶惶定計遷城而人心更惶惶卑職任内具禀阻撓者一人爲恩賜年老舉人余懷芳蒙加批飭投匿名揭帖者一人查出爲封成玉重責示衆尤可駭者正月初五日有勢監伏其黨於土娼之家而計誘門丁在遊將及門伏發就縛袒而毆之夜半負之舟中下駛六十里之高家鎮聲言赴忠州上控卑職在署聞之卽另派門丁絕口不言外事越二日若輩計窮將該丁髮辮割去縱之胥

逅羣兇鳥獸散上控亦未果當是時城中人心益洶洶莫知所爲卑職亦自分不可測必繼吳徐二令而爲三矣然而遷城大局已定豈能中止且亦斷無因此小憒而致廢大局之理故只得以鎮定出之遷城之事仍舉行無異議及初九日城鄉紳糧來者約百人招至署而論之曰以理與勢論之縣城萬不可不遷而以人情言之則無一人願遷此事吾計之稔矣推其不願遷之意以爲戾午水患上而合州下而夔州與酆邑同何以彼皆不遷而酆獨遷殊不知夔州關稅所在合州收兩河之利皆不可遷酆都旣無關稅又無小河之利大江上下擇利而處之何必株守又謂大水數

十百年而一見豈能常常如此此言尤非人不可以自誤尤不可以自誤而誤人數十百年以前之人旣誤我輩我輩豈可復誤數十百年以後之人且其所誤又安知不卽在目前何可一誤再誤又謂吾不能保其水之不復來來則避之焉耳向因無俻故多喪失今將俻之何必遷殊不知避水之害流弊甚大卽如縣署案卷漂沒過半凡九年以前之事多不可考書吏因緣爲奸何從防範就令嗣後案卷可以預俻搬運倉穀粗重之物豈可倏去倏來不特縣署爲然卽民間帳簿借劵爲九年水災遺失因而成訟者不下數十起錢以數十萬貫計至今轇轕不清非空言也且吾聞上年自四月後人人收拾行李家家預備船隻直至九月始罷以安土重遷之士著而年年有朝不保夕之隱憂亦甚非處常之道避水之害可一不可再何可執迷不悟又謂民間修造移徙尙費無窮氣力何況縣城所費動以數十萬計爲時必須十來年一切出自民力蕞爾下邑焉能源源接濟此言誠是殊不知遺大投艱亦視其自任何如耳慮其費大可力求其省慮其久延可力求其速惟速與省是誠在我抑更有進者不遷亦無費斯已耳今舊城傾頽殆盡署廟或庀丸無存勢不得不復加修整所費亦必以數萬計與其不遷而費置民財於不可知之地何若費焉而遷爲一勞

永逸之計反覆萬言實非遷不可因將現定之傅家包如何雄壯如何險峻一一具道其詳並諭以諏吉於二月十三日開工衆紳糧聞言始而色動繼而首肯舉座隨聲言遷者多無一人阻撓者然窺其隱終是疑心多而信心少也隨傳傅家包業戶蘇爲柏蘇忠宣蘇合興項寅齋傅於齋林松茂楊嘉賓楊嘉祿楊嘉瑞楊光禮楊家字徐星亭項伯莊蘇德山等齊赴公所飭局紳公同照時議價其錢壹萬伍千四百餘串當卽如數付訖取具認領各狀俻案開工之日率衆紳齊至傅家包處所順岩撒石灰以定城基又畫出城門四座畫出各街道歷指某廟在某處某署在某處均撒

石灰爲記並依樣繪圖井井有條歷歷在目衆紳喜色以爲天生
一座縣城又私相謂因城基踏破芒鞋嗣定莜坡無數人往返經
此地不下數十次何皆視若無覩今一指出天然生成真怪事也
踰溝登李家山觀取石處衆紳益喜以爲色潤質堅多而且近尤
爲天湊奇巧復與之計效程功大要期於成期於堅期於省尤期
於速衆紳殊有難色此時雖覺信心多而疑心終不能無也因宣
諭於衆曰工分兩班以一班挖城基以一班趕修縣署准於四月
二十四日移駐新署以便就近督工局紳漫應之曰諾聞私相議
曰民間造屋動輒經年今欲兩箇月而修成衙門此必無之事適

春雨連緜局紳請改期不可再請再拒之曰卽造屋半間亦當移
駐期則萬不可改局紳於是乃添工募匠晝夜趕修四月半粗有
規模移駐之計始定於是遠近喧傳僉謂向祇以遷城爲空設耳
今則眞遷矣咸嘖嘖稱爲異事屆期卑職辭舊署辭舊城入新城
入新署皆自作祝文潔齋盡禮是日紳糧來賀者數百人聚而觀
者萬人人聲如沸炮聲如雷極熱鬧喧闐之盛雖蚩氓下情無足
深述然亦可見民心轉移之捷也卑職知民心之可用也五月初
旬於是乎有挪用穀價之請新署既移以後就近監工尤爲得力
正在督催間忽於縣署西南隅得泉二眼水湧如矢紳民聚觀莫

測所由亟命因泉作方池一區廣深各一丈七八尺上蓋石板作
井六眼命名靈泉作文勒石記之嗣復於城內南北各得大泉一
處因泉作池大與靈泉等其他石罅山縫隨處有小泉湧出因地
砌池各從其便凡此泉水皆因勢利導並不費淘挖之力民間益
神奇之是時學泮廳署亦次第興工工匠之多每日至六七千人
或四五千人最稱大觀而催挖城脚尤爲要務五六月間大雨時
行或挖至數尺而土復合或挖至丈許而土復合隨挖隨合亦隨
合隨挖總以挖至石底爲止好在周圍俱是石底由石底砌石直
上異常堅固此時用力極多直至七八月間始得一律出土爾時

已奉准挪穀價之文庫存者隨卽支發紳領者籤差催繳因九十
兩年經費業已用訖此外或捐或借又得錢壹萬餘串亦隨到隨
用穀價恐一時難以繳齊縱繳齊亦不敷用其勢非辦借徵不可
恰好雨暘應時秋稼十二分豐收米價日賤一日竟爲十五年以
來所未有之奇似借徵尚屬可辦惟是借徵爲前明弊政我
朝嚴禁不行咸豐年間海內用兵
廷議於山西試辦經　山西撫憲恒力爭至再至三卒得收回
成命其杜漸防微至於如此之嚴卑職以微末之員而妄爲於彈丸之地自
問何克當此重咎無奈舍此別無善策得此便可成功傳曰大夫

在外苟忠於君利社稷者專之可也利害何計焉况所借者經費
尚非正供且暫借一年則大工已成下年必不再借何致誤於殷
鑒但欲辦借徵非先免捐輸不可欲免捐輸尤非十年不可正欲
上陳而未有路適
憲臺督憲廵閱川東卑職兼程走叩晉謁之下禀明城工情形即以免
派十年捐輸爲請幸荷
俯允並蒙温語奬藉其時不敢言借徵也然私心竊幸以爲捐輸
免而借徵可辦矣猶恐事未可必復面禀
憲臺廵憲請以印領借用庫欵次年夏秋繳還亦蒙

允諾至此則心胆俱壯已胸有成竹矣緣酆都民情本甚敦厚上
年春詣勘縣境雹災周歷幾遍親見窮鄉僻壤中人樸誠可愛饒
有無懷葛天之風向只一二黠者藉把持地方官以便其私圖地
方官偏予以可乘之隙黠者乘隙而入衆因附和其中亦有不敢
不附和之苦苟痛自檢束而力制黠者鄉閭良民斷無梗化之理
卑職於此間亦未嘗不稍有把握九月半回縣即出示宣揚
憲恩已准免十年捐輸繼則諭以借徵一年城工經費以期速成即
於九月底開徵細察民間尚無怨讟陸續上納視若固然於是具
禀請免捐輸即於禀內申明借徵情形方恐被飭乃蒙

憲臺一併批准照辦真喜出望外於是二次出示再揚
憲恩是時催工益急工程則月異日新冬月以後百姓見城工日有
起色羣情踴躍爭納借徵每日竟收錢三四百串或四五百串截
至封印共收錢壹萬四千餘串皆隨時發訖此時工程十分得手
有王濬艘船風利不得泊之勢惟用數太鉅此時不特公項用訖
即卑職歷年鼠積亦傾囊倒囷而出之至除夕無論在官在私皆
空諸所有矣本年正月初四日開工庫中實無一錢前於臘底再
以借領庫欵具禀
憲臺廵憲請示亦再奉函諭准領然猶不遽領也開工時復集富紳示

以來函諭之曰上恩如此爾等何可坐視吾官此土傳舍耳猶效
綿力何况爾等且旋借旋還不過數月間事耳試思之衆紳瞿然
允借旬日之間又借得錢壹萬貫有奇本年仍復照派開徵後新
舊並收故得源源接濟工匠鼓舞遂於本年三月十三日城垣並
各署一律告竣其城垣修法也周圍深挖或數尺或丈許多者竟
至二丈許必見石底而後止將底石剷平上安粗方石厚一丈二
尺出土而止是爲城脚出土城身內外墻石皆直安例載酆都石
寬厚各一尺長一丈合銀若干係横安不如此之堅固多矣外墻
石直長三尺不滿三尺者不用內墻石直長二尺不滿二尺者不

用俱五寸鑲縫一寸三鑽內外墻石向外一面不計尺不滿一尺者不用中間五六尺滿用粗石靠鑲塡土土中參用細沙取法聖武記土不如沙之說由城脚一丈二尺以次收縮高二丈五六尺及一丈四五尺不等滿用板石海面寬弍一丈零弍九尺零不等跟外墻直上爲腰墻厚一尺二寸高三尺三寸垛高二尺二寸寬二尺八寸連垛口腰墻城身高處三丈零低處亦二丈一二尺垛眼仿洴澼百金方成式開挖共一千二百六十二垛周圍長六百零三丈七尺四寸俱係匠尺量捫城門四各有樓曰東作曰西成曰南化曰朔易俱切豐字取義酆本作豐後人始加邑旁水門

二此城垣修法及其形勢之大畧也外修縣署內外一百零一間倉神祠一間倉厫八間學署二十五間汛署十七間廳署二十三間衙神廟一座監獄一座水井三處補修

關帝

文昌

水神

火神各廟共四座又購

大成殿磚瓦木石等料截至三月底止連業價通共用錢拾四萬伍千貫有奇此以前工程及用數之實在情形也此外尚有

聖廟

城隍廟

武侯祠倉厫以及炮臺橋梁道路等未修各工總計所需連將來撥還穀價發還借項大約再派十三四五等年經費儘可敷用大工一律完竣其十六年以後卽無庸再派經費捐輸免至十九年爲止此四年中民間止完地丁津貼較他處爲輕亦足以紓數年以前之力而稍培元氣若能永免捐輸尤爲至幸然非所敢望此又預計將來之大概情形也而遷城之全局實不外乎此告成之日復集衆紳而宴飲以落之因諭之曰是役也閱時十三箇月無有

速於此者用錢拾四萬貫無有省於此者其所以速且省者非皆人力實神助也衆紳深以爲然夫神之功之豈眞叱石而使之趨助城而使之長哉蓋有道焉第一要訣在得地利今傳家包西南城外卽溝溝外卽石本極近而易致其尤妙處在用拖衆人呼之曰拖船緣城之近石處地勢最高餘皆低下拖船之法用厚板寬二尺上平下圓釘以鐵環繫以長繩板上堆石二三千觔前用七八人挽之後以一二人扶之拖船經過處地面微鏠一槽槽內潑水自上而下十餘人挽運如飛眞一日而作十日之事其所以速且省者實在於此閩奉節萬縣城工皆取石於百數十里之外其

相去天淵矣卽原定之茈坡距今取石處不過三四里而一路上坡不能用拖而用抬卽須費數倍之力而欲如此之省且速難矣此等妙處豈人力所能致哉雖有地利枵腹亦難從公設使米價仍如上年之貴卽督催何益乃交秋後米價日減一日較之上年直減去十成之六工匠獲有利益自然爭先恐後日起有功此次城工尤賴豐年豐年又豈人力所能致哉遷城以水爲要卜地之初只以城外南臨大江東西兩溝水已足用至掘井及泉焉能搽券而得卽幸而得之亦不能多乃開工之初竟於署西南隅得泉水一處繼復於南北門內各得泉水一處三井之旺源源而來其

他小井更多自開工以來每日匠作數千人從未向大江汲水是其明徵此則神助之顯而易見者也天時地利不如人和自創議遷城以來物議沸騰及本任內不徒托之空言直將見之實事怨望益多乃自移駐新署以後民情之向背前後迥殊穀價則收得十之八借徵則收得十之九勸捐勸借毫無滯碍卽正月初五日溢事各兇徒亦皆歛跡不預修城事聞竟有力改前非者年餘以來並無一人以城工上控是其明徵不特此也任內並無盜案詞訟直減去三之二此尤神助之徵而莫名者也神助之說衆紳敬服遂合詞懇請轉達庶下邑盛事不致湮於上聞因附及之抑更

有請者現在修城之傳家包實非張令原稟之茈坡而前此所以不稟者以稟明則請協請勘則增費增費仍無益且一經稟明勢必力翻前議恐另生枝節反致議論多而成功少而前已稟准立案亦未便改換面目此等重大事其成與敗在事前實不敢預定幸而成猶可自解萬一不成不但獲咎且爲識者所笑因其與茈坡接壤也故以前各稟遂仍以茈坡名之卽以後報部亦不防仍名茈坡一邱一壑有何主名通融何妨今必稟明者其實不可誣也請免十年捐輸實爲借徵而設借徵志在必行卽捐輸必不可不免恐其不能必免也故先面求而後具稟以期於必免若借徵

並未面求亦未稟請實於辦有成效之後始行具稟祇於請免捐輸稟內連類及之以徼倖邀准其所以費盡苦心而爲此者以非此不能速非此不能省豈有他哉然亦幸而成功耳設使不成雖喙長三尺何以自解言之心悸報用銀二十萬兩者統全局計之舉大數也舉大數奈何爲請廣額計也請廣額何以得舉大數卑職節制局紳私毫不敢苟卽一木一石亦算及錙銖其所省者多矣若以向來公事言之卽現在工程已不止二十萬兩之數何待統計全局工程自在非徒以口舌爭也奉節工程雖大補修耳與酆都之創修不同奉節估銀十六七萬兩酆都只估銀拾萬兩未免

縣殊太甚况奉節提簽全派屬縣酆都則一切出之於民民氣尤爲可嘉民情尤爲可憫夫以區區百里之地於年餘之間輸此鉅數爲
國家奠鞏固之基而欲邀異數於將來宜也非幸也不可拒也以新章言不但永廣不符即廣額亦不盡符若以地方實在情形言之不但請廣額並應請永廣伏乞
憲臺重念遷城之難籌款之難成工之難破格
奏請永廣酆都縣學額三四名或一二名不特酆人世世蒙庥即卑職亦感戴不忘矣以上各情諸多權宜之計殊失公事之常太史公

曰漢興網漏於吞舟之魚而吏治蒸蒸不至於奸是西漢吏治之盛實由於法網之寬然汲黯之治東海也不拘文法龔遂之治渤海也曰願丞相御史無拘臣以文法以法網極寬之世出治者猶恐爲文法所拘何况後代卑職雖不敢自附於古之良吏而今此辦理城工亦實不堪律以成法苟以成法律之則罪戾滋多因素荷
恩施尚不以樗櫟見棄叚於大工告竣之時謹將其事之原委據實縷陳而不敢稍涉以文飾伏乞
憲恩高厚鑒其愚戇而曲賜矜全則幸甚再前奉通飭不用夾單因以稟呈合併聲明並繪圖呈
覽恭候
指示除遇稟鹽藩督臬各
憲及本州外爲此具稟須至稟者

右工竣後通稟稿也於本年四月十三日繕發繕發後二日余即以憂去官行有日矣邑紳請爲文記之嗟苦塊餘生何敢言文因以稟稿倪貢生劉公壽圖作書勒石以當碑記時 督憲爲吳公棠藩憲爲王公德固臬憲爲英公祥鹽道憲爲傳公慶貽川東道憲爲姚公覲元本州憲爲慶公徵同事爲縣學博楊公聰把總廖公昌奎典史唐公庚在籍翰林院編修徐公昌緒貴州候補知縣李公鴻鈞在局董事爲舉人湛文堂國子監典籍銜曾洪範封翁傅永言貢生劉壽圖武生陳先進監生劉壽岱鄭廷臣萬枝碧冉輝遠田清玉陳獻廷劉輝遠彭宜信何椿堂候選訓導蘇爲栻

同治十二年七月朔日卸任酆都縣知縣馬佩玖初稿并跋

靈泉記

城以水爲要彰彰然矣然水本乎天地之自然非可以人力致而傍水爲城俾一城無乏水之虞則猶人力可致之水惟無意於求水而竟得其水於無水之地斯其水乃真非人力所能致而後歎

天之位置爲獨奇也酆都因庚午水患議移城於高阜高阜每無從覔水以故久未決辛未秋余到官乃始得其地於舊城西三里之傳家包其地東西南三面懸岩因岩爲城岩各數十丈南臨大江東西岩下各有澗溪源遠而流長地高可以避水患近水復可以收水利僉以爲美且備矣今年春役作先治縣署署西南隅舊爲陂塘一區將汲之使涸涸之不可徐乃得泉二眼水湧如矢擲而嘗之甘洌沁心脾詢之父老無一知者觀者如堵咸嘖嘖稱爲異事余亟命因泉砌池廣深各一丈七八尺上覆以石分井爲六經始於四月癸酉閱五旬而告成董事劉君壽岱等以名請囑名以制義而義取其宜彼漢之甘泉唐之醴泉儒臣競頌今我

朝不傒符瑞蕞爾下邑亦不足以賚休明於萬一惟卜地之初只恃城外之水今更得其水於城內而其水又莫測所自來其靈異有未可沒者名以靈泉其誰曰不宜嗣復於城內得大泉二眼其他石罅山縫中處處有細水流出各令隨其大小因泉爲井以倫民用則夫靈泉之支分派別更有不可測者夫臺曰靈臺沼曰靈沼靈以其人也今泉之靈則靈以其地地之靈天爲之敢以人事自多乎哉同治壬申夏月之朔邑令馬佩玖謹記并書

辭舊署文

歲在壬申四月丁丑玖謹致祭於

酆都縣舊署之神曰邑之有城保民是賴城之有署聽政所居既千古以相沿豈一朝而忍去惟治貴相時而動法原因地制宜坎入水鄉民皆欲去升如虛邑官豈獨留爰奉

命以興工將遷城以出治茲當移從用荐馨香曠宅弗居豈流連於飛閣層巒之麗樂郊將適益繾綣於頹垣敗壁之餘尚饗

辭舊城文

歲在壬申四月丁丑玖等謹致祭於

酆都縣舊城之神曰十二甲會歸之所敢謂此地弗良千百年保障之功豈忍一朝遽去祇以庚歲而災生洪水子民則人歎無家大官疏奏於

九重

天子命移之高阜玖等諏吉移徙謹薦馨香去者匪他不過存祉席斯民之意留者尚衆依然仗屏藩我

國之功尚饗

入新城文

歲在壬申四月丁丑玖等謹致祭於

酆都縣新城之神曰大王邑岐山之下式廓興歌文王遷豐水之濆

維垣致祓是築城者不必遷地而遷地則無不築城者也酆邑舊
城爲柴名宦所修當平都山之麓自庚午水患雉堞全頹子舍星
稀鼠嚙將去大吏飛章於
天子小民卜吉於山靈玖下邑備官新城從役大工之蕆數月於茲時雨
降於天甘泉湧於地嘉祥之應昭著非虛加以紳董督催敏追不
懈若手舞足蹈動於不自知匠作修築踴躍爭先直月異日新出
於惡可已如捄如度如築如削屢百堵皆興曰升曰望曰景曰降
觀卜云其吉衙署移居之日紳民和會而來佳氣滿前歡聲載道
玖諏吉偕同城官員在籍紳士以及縣屬軍民人等恭入新城伏

酆都縣新治 三

願入居以後士則詩書敦禮甲第蟬聯農則孝弟力田辛盤魚夢
因方圓以設規矩工用高曾畫孝養而牽車牛賈知父母草野莘
刁頑之習鬪鬩敦仁讓之風歲歲時和年豐處處家殷人足相與
同登於仁壽共官乎太平凡此休徵本皆邑宰職司之事自慚德
薄惟伏
神明護佑之功敬薦馨香用伸悃忱尙饗

入新署文

歲在壬申四月丁丑玖謹致祭於
酆都縣新署之神曰秩開幕府高牙大旆之儀節建將壇郤月橫雲
之勢重維藩於徼省時陳臬於栢臺下及縣尹之臨民皆莅堂皇
以聽政酆城旣徙縣署自移吉叶元龜歡騰竹馬春仲經興以力
役夏初已具大規模卽石成基無畫棟雕梁之麗向明而治有祛
邪崇正之思今者率民而諏吉入城佩印而竭誠進署伏願移居
以後
神保無疆吏不舞文役知畏法士有詩書之氣民多仁讓之風頑譊
化於不自知刑罰措而不復用玖敢不自勉以仰副
聖天子愛民如子之心更乞
神恩以下鑒賤有司事

酆都縣新治 三

君未能之志敢陳香帛敬達悃忱尙饗

頭門對

鐵郭比堅金城比固幽谷出而喬木遷豈徒以跂翼矢棘鳥革飛
翬自詡壯麗
隰原必度流泉必觀詢謀同亦卜筮吉願從此兄友弟恭父慈子
孝共樂昇平

儀門對

這一重門還是不來的好
那三尺法莫以苟免爲能

儀門後簷對

其有衆咸造

既爰宅于兹

大堂對

大吏施仁一旦通九重天以呼籲拯此羣生是皆前令尹有才有識思患預防承其後者何功足述

小民好義每年輸三萬貫之貲財助斯盛舉又賴各縉紳任怨任勞和衷共濟總其成者虛譽滋慚

煖閣對

民碞可畏

天鑒在兹

二堂匾額有跋

慎思堂

歲丁卯余攝篆威遠得讀李青峰先生慎思錄一書心爲之折先生甘肅通渭舉人乾隆年間宰威遠修縣城至今完好如故昔人以爲蜀中第一城長然今余宰酆都因水患遷縣治祠廟衙署一律更新不特修城而已但不知其城果能如威遠之固且久否耳二堂落成顏其額曰慎思志景仰焉慎思錄不徒爲爲政作要之爲政亦不外是子產之論政曰行無越思如農之有畔其卽慎思之謂歟　同治壬申四月丁丑中州馬佩玖書并跋

二堂對

莫笑山城如斗大

欲遷澤國必升高

内宅門對

格汝衆各恭爾事

重我民永建乃家

城工局對

民脂民膏敢從手縫中漏去

一木一石都打心坎上過來

平都山二仙樓對有跋

是何處飛來奇峰岸南岸北須臾便覺改觀世外逍遥孰不羨洞天福地

到絶頂追尋仙跡棋輸棋贏千古原無定局箇中消息我欲問方平長生

平都山人間蓬萊也舟中遠望覽在南岸稍近則矗立江心抵麓實在北岸邑人林位旃先生聯娟峰妙挿水句極盡形容之

妙相傳山爲漢王方平陰長生得道飛昇處今絕頂供二仙對奕像其他傳聞仙跡甚多山境靈異宜其爲神仙之宅也後世侈爲鬼府之說益涉荒渺矣公餘登覽爲長聯識之山在縣舊治東里許在今治東三里許今治爲余本年所改建也

同治壬申十月朔三日酆都令馬佩玖題并跋

磨岩隸書在城東南隅懸岩

仁壽字高三尺五寸

余因水患遷縣治於此工竣志喜

同治癸酉莫春酆都令馬佩玖書

[光緒]酆都縣志四卷附典禮備考八卷（卷首—卷二）

（清）田秀栗（清）徐濬鏞 修 （清）蔣履泰 增纂

清光緒十九年（1893）增續重刻同治本

酆都縣志

酆都縣志

光緒拾玖年仲冬月續纂

續修酆都縣志序

皇上御極之十有八載文被六合德綏四裔道一風同於斯極盛矣詔史館詞臣纂修地志將合諸路內外徵文考獻典至鉅也余於癸巳之春擢授平都甫二年適大府飭屬修邑乘貢之史館備采擇酆自宋至今舊志刊版蕩然無存雖因邑之有志邦之文獻系焉況是邦五嶽稱雙桂鍾靈異累代生人材輩出碩久湮沒無以備稽輯蒐

擇於是覆諏紳耆訪物色民間始得舊本考是編成於邑之侍琴鶴學士以輿地官師祀典營建賦役學校選舉人物古跡祠廟藝文武備為十二志區規模大約已備於是嗟夫書刊於雍正己巳距今二十有餘載數以名目增益倘仍沿舊志識墜遺漏滋多商之同事焉與松石廣文馬貝配五千戎僉曰重修之便寰鶴謂作志圖雖重修亦不易近今作者林立古體今

載異撥分軌取法咸備茲作如康對山之撰武功志韓五泉之撰朝邑志疏瑩瑋達昕亟貽覆瓿譏乎能才雖未逮而責召難辭爰就案牘所載暨鄉采訪所及者衷而

集之依類條分於後亟付梓人刊版以行俾是編仍以存而不廢墜焉至所深求美夫撰述宏博務臻美備更以俟之大雅君子是為序

光緒癸巳冬十月花翎運同銜補用同知直隸州雲騎尉知酆都縣事山陰王壽儀泰敬撰并書

續脩酆都縣志序

天下良吏難良史亦難以良吏而爲良史則尤難求其任良吏則召杜齊名任良史則馬班濟美上下古今恆落落乎不數覯焉　邑侯蔣石生先生浙郡名流今官蜀省歷膺民社卓著政聲癸巳春來守斯土

下車期年百廢具舉爲賓興置產業爲書院增膏火定書役規費培名勝方輿種種循良不堪枚舉而于邑乘一事尤能竟廿餘年未成之志而傳諸數千百年攷酆志創自明京兆尹楊君而成于邑學士徐琴舫先生自庚午水患版籍飄零於是舊志一書至等諸無徵文獻欲脩明而補綴之亦綦難矣前令長何侯雖慨然有志補脩卒未獲告成而去是非書之難成亦成書者之未得其人耳或曰　先生之成是書也蓋就徐氏原書補訂故不勞而成耳余曰嘻子不聞常道將言善爲志者述而不

作乎試問宣聖因魯史成春秋非就魯史原書而撰述乎如必自成一家者言以爲志是華士誇多鬬靡而不足以信今傳後也不見淵雅如左氏而不免浮誇浩瀚如史遷而不無荒誕乎即綱舉目張如紫陽孰非就周秦以後諸史而參訂乎且是書

體例仍舊其中所留意者尤在山水圖隘全圖又豈非於原書外自樹一幟而實與原書異曲同工乎後之讀是書者閲輿圖可以固封疆之守閲紀載可以知人物之繁閲典禮藝文可以進和聲鳴盛之雅即是書以學先生爲良吏也可學先生爲良史也可學先生以良吏而兼爲良史也亦無不可是爲序

光緒甲午春孟既望賜進士出身翰林院庶吉士邑人郎承謨拜撰

酆都縣志

總目

酆都縣志

目錄

卷一

輿地志

星野　沿革　疆域　山川（灘險溪流泉井並附）　關隘（形勝附）

江防（水卡附）　里甲（場市附）　寨洞　津梁　風俗　物產

官師志

知縣　教諭　訓導　主簿　巡檢　典史

驛丞　駐防把總

卷二

典祀志

壇壝　文廟　各祠

營建志

城池　公署　考棚　校場　雜記

賦役志

戶口　田賦　支領各欵　蠲政　鹽茶

雜課　倉儲　置郵　卹惠

學校志

學宮　學署　學田　學基　學額　書院

院田　卷局　義學　賓興

選舉志

進士　舉人　副貢　拔貢　歲貢（恩貢附）　例貢

例仕　掾階　武科　武職　封蔭

卷三

人物志

孝友　忠義（義僕附）　文學　宦績　武勳　義行

耆壽　隱逸　列女

古蹟志

古蹟　石坊　碑碣　冢墓

祠廟志

凡寺觀祠廟之不列祀典者

卷四

藝文志

文　詩　賦

武備志

營制　兵額　火藥局　火器

李序

酆都古縣也俗傳其地有冥府乃不經之論己巳秋余奉
命按事四川取道萬縣未獲過酆都冬月自成都還次重慶東川書院山長徐琴舫學士以所修酆都縣志見示爲書四卷子目十二意在備掌故謹阸塞表忠節正人心維風俗而神異則別爲志餘力加辯證一洒流言丹青之惑蓋數易草而成又奉庭訓而始定故其文簡其事覈其體例矜慎發凡序說詳矣余嘗學於舊史氏知篇家鴻筆非徒以才學見長必有過人之識焉大用之足以任天下之重小用之亦足以徹古今之蘊也昌黎氏文起八代之衰而不敢當修史之任所撰順宗實錄且有遺議良史如左邱明司馬遷而浮夸荒怪異於春秋之謹嚴識者猶訾之若夫屬辭比事而不亂者其惟涑水紫陽乎琴舫秩在史官具此卓識將充實光輝之蘄至古先哲人更出其彌綸滂溥之才之學之識以任天下之事濟時局之艱尤不負所望於賢者而不第以邑志傳也方事之殷不遑啟處蔵斯役也溯游東下道出平都一覽山川人物則此志又余之導師也夫

同治八年仲冬月既望

太子太保協辦大學士兵部尚書兼都察院右都御史銜湖廣總督一等肅毅伯加騎都尉世職合肥李鴻章序

崇序

邑之有志尚矣山川之險易風俗之良莠建置之沿革往蹟之眞僞胥於志而徵信焉使非良有司勤於採訪賢士大夫愼於纂述雖有成書而文則因陋就簡事則踵僞沿訛其不足以信今傳後而資

國史之取材明矣忠州之屬酆都川東巖邑也邑志屢經修葺迄無完書同治丁卯戊辰令尹田君秀栗徐君濬鏞先後攝篆是邑慨然以修志爲己任而邑人徐太史昌緒實董其成六閱月而竣事郵寄省垣索余弁言於簡端余取而閱之見其體例謹嚴考證詳核彬彬然良史裁也夫酆都漢爲平都隋爲豐都明初始改豐爲酆後人因李白之詩誤以爲鬼國神道設教泯泯棼棼不可復辨是志也屏祥異斥仙蹟可以破愚俗之沈迷息二氏之附會矣其他志營建知典章之重而例不嫌創志輿地知承平之世而防不可弛志忠節知鄉曲之愚而志不能奪是蓋其識卓其學閎其才肆以史體爲

志扶世教正人心埒於良史而以信今傳後也誰曰不宜田徐二令尹膺民社之寄而汲汲焉網羅故實俾數十百年未竟之鉅典一旦聿觀厥成亦良有司也是爲序

賜進士出身前翰林學士戶部侍郎　欽差大臣兼署四川總督鎭守成都等處將軍完顏崇實撰

錫序

從來蒞政施教必因地制宜以利導之故信史而外各郡縣咸有方志藉以知山川之險易疆域之廣狹民俗之美惡人事之得失用資考鏡以爲措施固不僅以文章誇嫺雅才也

余自甲子之春仰奉

恩命出守渝州旋攝巡符卽邀除授計紆轍於此邦者已五年於兹矣嘗念川東爲全蜀門戶扼吳楚上游水復山重夙稱形勝且濱江千里鱗次皆灘因思區畫衝要爲有備無患之方利濟帆檣設補弊救偏之策爰徵各屬方志冀可稽古揆今力圖修舉迺繙閱既徧雖存文獻可徵之名殆多謾衍軼矩之作或矜淵博而闘靡誇多或尚神奇而幽渺附會或因陋就簡如吏胥之簿籍或徇名溢美皆紳貴之詞章求其體例不背於古典則可信於今要言不煩實事求是者曾未嘗數

覩焉夫乃嘆志雖小道非有良史才誠未易漫爲紀載也伊古遷固斷代鄭馬編年都無方隅之限惟盛宏之荆州記及辛氏三秦羅含湘中迺分區域而開其先者實惟常道將華陽國志道將故蜀人也以蜀人言蜀事故詳核精當負尙一時生道將之後繼道將而有言誠戛戛乎難矣雖然難者其才苟得其才古今人何遠不相及哉同治己巳余延

徐琴舫學士來主川東講席過從之次袖酆都縣志稿見示並告余曰是書爲田子實徐錦笙二邑宰相屬迄久未以應也緣以酆人言酆事恐未能如道將之志之見信於千古也

旋奉封君命始秉筆爲之成書四卷余受而讀之取法則如綱如綱立言則有典有則削繁摘要斂華實炳炳麟麟無愧作者蓋學士以魁偉絕特之才早掇甲第入校秘書奄有三長兼習庭誥故其詣力所至迥非時流所可企及而余尤所服膺於學士者如書中志關隘必詳道里使人知牧圉之宜捍志險灘必加疏註使人知趨避之有方指導迷津綢繆未雨仁言利溥先得我心且酆邑爲巴國別都漢爲枳縣地後漢分置平都後於延熙中省入臨江隋義興二年改置豐都明洪武初始改豐爲酆則酆都之名明時始定後人不詳沿革輒因李白一詩目爲鬼國轉相傳播習而不知學士特爲釐正無一字及隱怪之說尤可爲敦厲澆俗之助若夫修墜繼絕彰善癉幽之功學士與田徐二令尹固相得益彰名與是編共堪不朽矣爰弁數語促付手民使他日者家置一編將披核圖籍可思患以爲預防景行前徽更奮興由於觀感上以肇

皇圖於勿替下以躋風俗於大同是匪特都人士之榮抑亦守土者之深幸耳是爲序

誥授通奉大夫鹽運使銜川東備兵使者錫珮拜撰

徐序

志外史也周禮外史掌四方之志即今直省通志與各府州縣志所以資考鏡備採風者也無郡邑志不能成一代之史非良史才不能成一邑之志昔人論之詳矣龍門蘭臺而後若常道將志華陽康對山志武功韓五泉志朝邑陸稼書志靈壽嘖嘖人口者古今幾人哉同治戊辰夏余承乏酆都徵求掌故而圖籍缺如詢知舊志佚於水火歲久未輯前署令田子實延平山書院山長徐琴舫學士秉筆甫建議而田君去學士又以訓課無暇辭余訪諸邑人固謂非學士莫可屬

者適其　封翁雲嵒廣文假歸里余與邑人開局復屬以禮而請焉　封翁命學士始終厥事於是昕夕纂輯余亦公餘過從往還商榷六閱月書成余受而讀之體嚴義正文簡事覈疆里之廣袤山川之險隘與夫丁籍賦算之繁賾人情物產之細微莫不井井有條瞭如指掌而於風教所繫防守所資尤復思深慮遠三致意焉是誠守土者有用之書不當以尋常紀載目之也學士夙擅三長十年史館故是編出入於武功朝邑之間卓然自樹一幟而學士猶以舊聞多佚搜羅未周兢兢焉疏漏是懼其識量不又度越尋常歟抑余謂古稱良史據事直書文獻無徵雖聖不述史之闕文固不害為良史也後之作者誠踵而增益之以期於大備是則余與學士所厚望也夫

同治己巳　特用知府儘先卽補直隸州牧知酆都縣事湘南徐濬鏞譔

田序

從來作述之事非其人莫能成得其人或亦未能遽成是殆有數焉遲速先後於其間又非人之所能為也同治丙寅余攝篆酆都下車索閱志乘僅得胥抄殘本蕪雜缺略莫可補綴山川道里半多舛譌蓋自嘉慶間舊志燬於水前令巴陵方君纂刊後又燬於火於是酆之文獻等諸杞宋無徵焉余惻然思所以復之顧未得其人且力不逮明年徐琴舫學士讀禮回籍邑人延主書院講席戊辰余與邑人捐建試院落成眾請以其羨貲纂刊邑乘卽延學士秉筆僉謂得人方設局集眾分任採訪各事而余以代滿去酆屬諸新令尹徐君錦筌後聞酆人以余去弛乃事學士亦訓課無餘閒余竊悵然謂此志成無日矣旣又聞錦筌與酆人復開局延學士父雲嵒廣文總纂竊意廣文秉鐸梓州去酆千里安能分心纂輯遂益疑此志之未必果成洎己巳春余權攝酉陽行李次渝錦筌緘其邑乘來索余序倚裝展讀則學士承其父命為之落落十萬言綱舉目張文簡事覈俾數十年就湮之文獻一旦復照人耳目之間而其闡發幽光足以維風勵俗指陳經畫尤足使守土者循圖按籍因地制宜是書之功亦偉矣哉昔司馬史記世業於談遷班氏漢書溯源於彪固下至武功一志藝林豔稱要亦長公對山父作子述今廣文喬梓作述同時以古方今復何多讓余謂非其人莫能成者於茲信焉夫是書也肇議於余以為得學士可以成而不成必待錦

筆而後成之錦筆得學士可以成而不遽成必待廣文歸詔學士而後成之此成於一人之手而遲速先後異焉者果孰爲之歟余故謂有數焉非人之所能爲也余以斯志之成爲錦筆喜爲酆人喜爰寄語以爲之序旹

同治八年正月既望署酉陽州知州陞用知府前署酆都縣事城固田秀栗譔

徐序

常道將有言善爲志者述而不作酆都縣志作自明京兆尹楊君其書不傳

國朝康熙嘉慶間縣大夫朱瞿方三君嘗先後述之今缺有間矣同治戊辰邑人將有事於蒐輯余適里居令長田侯徐侯以次來屬編纂未敢輒以陋劣應是年秋家大人自潼川學署假歸因徐侯之請詔昌緒曰古人處父母之邦桑梓恭敬矧其人文典物將即湮墜而忍漠置乎史官汝職也而可辭乎昌緒惶懼領命稟受例義條流甫立大人復如潼昌緒羅其案牘訪稾夙夜掇拾以爲

朝廷疆圉封守綦嚴諸侯寶三首曰土地述輿地第一先王體國經野次以設官分職述官師第二官以蒞事大事先祀春秋昭格厥有典常述典祀第三事神蒞民用奠厥居頹壞具營斯利居守述營建第四凡厥興作視力與財賦算丁籍會計必當述賦役第五既庶既富教亦宜之述學校第六陶淑漸久儲才貢登述選舉第七登明選公賢俊斯出述人物第八今人與居不廢稽古述古蹟第九往蹟譌傳流爲荒怪區辨人鬼以破愚惑述祠廟第十理明於言先民有作文以紀之詩以詠之述藝文第十一有文事者必有武備所以衞其土地人民典章圖籍者也故述武備終焉自秋徂冬得書四卷末及裁飾徐侯趣以付梓夫採略則漏收博則濫無文則

俚多摭則浮繁引則支鮮據則陋數者交譏何以志爲江文通謂修史莫難於志信矣舊聞多佚小子何述縣境遂廓搜採難周謂無蕪漏昌緒不敢慊然然亦無可如何也大雅君子取其節焉而補綴之罪我者其庶可逭乎

同治己巳元日前侍講學士銜翰林院編修邑人徐昌緒撰

續纂酆都縣志職名

花翎運同銜補用同知直隸州酆都縣知縣世襲雲騎尉蔣履泰號石生大興縣人原籍浙江山陰縣

酆都縣儒學訓導喬松號根石華陽縣舉人

花翎補用守備酆都汛駐防把總馬正常號配五巴縣人

六品銜酆都縣典史吳經畬號誠齋浙江歸安縣監生

校勘

候選訓導陸聯芳　邑廩生戴堯天

邑廩生陶發育　邑增生李芳洲

邑廩生劉乙青　邑附生何道奎

邑附生胡定祥　邑廩生陳樹藩

採訪

宜賓縣訓導李鴻儀　邑舉人胡應涵

貴州知縣曾輝祖　貴州知縣王　緯

邑貢生李瑞元　邑職員萬枝碧

邑職員蔣登峻　邑職員李德發

邑職員江作霖　邑職員曾洪範

邑貢生劉壽祺　邑貢生張炳靈

邑監生傅可熺　邑監生傅天楨

邑監生張學淵　邑監生吳炳三

邑監生曾繩武　石砫廩生秦淮月

邑增生蔣紹琬　邑增生陳慶虞

邑附生秦文苑　邑附生劉正元

邑附生曾炳奎　邑附生黃鶴鳴

邑附生曾乙九　邑附生秦廣霖

邑附生譚　塤　邑武生曾定魁

重修酆都縣志職名

主修

特用知府　賞戴花翎前署酆都縣知縣田秀栗 號子實陝西城固人增貢生

特用知府卽補直隸州　賞戴花翎酆都縣知縣徐濬鏞 號錦笙湖南清泉人寄籍順天大興監生

總纂

欽加　國子監典籍銜潼川府儒學教授徐其岱 號雲嵒邑人道光丁酉科拔貢

編纂

欽加侍講學士銜 賞戴花翎 國史館纂修 文淵閣校理 武英殿纂修本衙撰文協辦院事翰林院編修加八級 徐昌緒 號琴舫邑人丙辰科翰林

協纂

湖北候補知縣前正黃旗官學教習王元曾 號桂珊邑人同治甲子科舉人

揀選知縣李濟川 號蘭舟邑人同治丁卯科舉人

參閱

候選訓導秦棣 號萼樓邑人歲貢生

候選訓導高文檢 號晴窗邑人增貢生

分輯

候選州判佘夔 號菊裳邑人恩貢生

候選訓導王功普 號鶴汀邑人附生

候選訓導項貞奎 號子垣邑人歲貢生

邑附貢生劉壽圖 號蘭亭

謄錄

候選訓導曾洪德 號懋菴邑人廪生

邑附生林光宇 號華軒

校勘

候選訓導傅世華 號春圃邑人增生

候選教諭李鴻鈞 號春元邑人廪生

邑附生徐隆盛 號松如

邑附生佘元章 號琴雅

採訪

馮學濂 邑文生　李鴻儀 邑廪生　杜正中 邑廪生　曾恕 邑文生

王鳳庭 邑文生　陳瑞徵 邑文生　曾士琦 邑文生　張金鼇 邑文生

毛奇玥 邑貢生　周顯楷 邑貢生　傅永昌 邑文生　廖青芝 邑廪生

盧錫齡 邑廪生　秦之璲 邑廪生　戴彥淸 邑文生　曾光成 邑文生

雷登高 邑文生　鄧大志 邑貢生　湛漸逵 邑貢生　劉少庚 邑文生

蔡春芳 邑廪生　楊鍾菀 邑廪生　張炳勲 邑廪生　彭登漢 邑廪生

傅培元 邑廪生　劉壽益 邑文生　孫羽赤 邑廪生　蔣紹琬 邑文生

余作霖 邑文生　余嘉猷 邑廪生　高錫嘏 邑附貢生　項允恭 邑文生

李本深邑文生　秦燦雲邑文生　秦春元邑武生　朱文炳邑監生
譚朝楷邑監生　蔡恆裕邑監生
監鐫
酆都縣典史盛恩澤號春海順天大興監生
布政司都事銜戴庠
詹事府主簿銜高正基
分發湖北知縣余維垣
分發湖南知縣余燨
邑職員劉輝遠

邑職員萬枝碧
邑監生張祥珊
邑增生高正濬
邑監生曾洪範
邑增生許仲樞
邑職員彭宣信
繪圖邑人汪之紀
承梓涪州梓人胡開俸

酆都縣舊志先後修纂職名
明宏治間創修
浙江杭州府知府順天府府丞楊孟瑛字溫甫邑人成化丁未進士
國朝康熙間重修
酆都縣知縣王廷獻浙江海寧人
酆都縣知縣朱象鼎浙江秀水人
編纂
舉人林堅本號穉菴邑人康熙壬子科舉人
嘉慶間先後重修

酆都縣知縣瞿頡江蘇昭文人乾隆戊子科舉人
酆都縣知縣方宗敬湖南巴陵人嘉慶戊午科舉人
編纂
候選知縣劉維理湖南巴陵人嘉慶庚午科舉人
候選訓導王五總涪州貢生
參閱
酆都縣訓導陳九經崇慶州人乾隆丙午科舉人
溫江縣教諭湛露清邑人乾隆乙酉科拔貢
候選知縣許金芝邑人乾隆戊申科舉人

分輯

湛　銘邑人乾隆己酉科拔貢西充縣教諭　張有光邑廩生　高榮安邑貢生

佘兆豐邑庠生　冉善祿邑監生

校勘

郎官清邑人嘉慶辛酉科拔貢　曾嵩齡邑貢生候選縣丞

許良潮湖南巴陵監生　王五桂邑廩生

採訪

郎文燦邑歲貢　陳英賢邑歲貢　林　竹邑歲貢　徐世澤邑職員

李文露邑庠生　郎官埔邑廩生　高國珍邑候選千總　孫桂芳邑庠生

高永甯邑庠生　李　杰邑庠生　徐心德邑庠生　郎官應邑庠生

王　銑邑庠生　曾嵩桂邑監生　許金楹邑監生　張聯繩邑監生

監鐫

酆　都　縣　典史　王楚賢順天大興人

重修酆都縣志凡例

一酆都舊志壘經兵燹水火蕩佚無存前令張公紹齡張公香海雖採訪有稿而未輯輒去蕪雜缺略不可編次徧訪父老僅覓得舊刊殘本是編名曰重修實同草創如云酯備請俟君子

一舊志可存者或備錄全文或少加汰減或注正文下或附每篇末仍標注舊志於行間不敢没人善也其有管見所及則以愚按或按字起例別之偶有證辨非敢妄訾前人實取班孟堅斟酌前史譏正得失之意

一舊志林稚菴孝廉創稿十卷昔人謂有典則今僅存其序目而已茲編仍依林例而小易之為十二志以綱統目俾閱者易檢

一舊志序文他邑志或以弁首夫志既重修例義自別若仍冠舊序轉令閱者目迷茲編移舊志諸序並歸藝文既具舊章亦便省覽

一舊志各門以小序冠首雖倣通考例而未免鋪張又嫌繁冗今倣班史叙傳為四言韻語弁之期簡易也

一天文分野古今度數變遷不敢臆測謹遵

國朝一統志並臚述往史所載以備參考

一府縣志或列表傳今人物志卽傳也而表則缺如者酆圖籍散佚舊聞互異故疑則傳疑謹守闕文之誠倣康對山武功志陸稼書靈壽志例爲志而不爲表

一志乘建置沿革往往併爲一門舊志以建置載本縣興作今嫌與沿革混改曰營建

一山川道里舊志誤載者訪明更正至山水今無可考仍存其舊以俟參稽

一境內著名險灘屢爲行舟患[illegible]詳著於篇附山川類以示

趨避

一關隘爲防守所資實守土切務舊志此門竟缺無可參稽酆城低且狹三面逼山故守險尤要惟疆域遼廓邊隘紀不勝紀訪諸近年團防諸君狀其近險足資防守者詳著於篇其遠險則分南北而載其名或亦愼守之一助

一奉行典禮天下同遵非酆所獨者玆不備載亦鑒史通譏班史志天文意也然會典則例鄉曲或未周知依范廣文泰衡萬縣志例別刊一册備考

一邑人已古宦績可稽者固當備載至近今宦業自應恪遵本朝史例俟蓋棺論定乃得增入若其人現存不敢立傳

一邑人禦賊捐軀或賊執不屈被害無論貴賤曾否旌䘏者均得備載如有事蹟可徵繫以小傳其隨同陣亡者亦存其姓名以彰忠義

一節烈婦女遇賊不辱被害及守身自盡奇烈苦貞者各繫以小傳其無事蹟可徵及尋常守節年例相符者無論曾否旌表槪存其名以勵風化

一人物惟孝友忠義及節孝婦女合例待旌者壽民八十以上曾蒙錫賚者存沒均載至鄉里善士其人現存者例不得立專傳留俟異日

一邑乘與家乘異凡壽言墓誌及酬應文字例不得入藝文又邑人現存藝文雖佳不錄惟事關典要偶引一二語證之者不在此例

一邑自明初改豐爲酆史唐李白詩適符釋氏遂附會其說故傳聞多不經玆特爲考辨不敢以邪說誣民惟仙蹟詳異舊志詳載者礙難刪汰別爲志餘載之外怪誕也

續纂凡例

一舊志成於邑之徐琴舫學士規模具備嗣因同治庚午邑遭大水原刻板片淹没無存其成書見存者亦寥寥無幾因恐歷年愈久掺輯愈難迺取原本重爲校刊體例胥仍其舊惟加總目勒原序迄圖考爲卷首增列新城及一十三甲諸圖解字則繪從今式其原刻間有訛誤則爲更正選舉志有互見之例茲則依類各注其人不爲複列人物志列女姓名年代略加編排字數並未增減碑記祠廟則分行平列以歸一律此外別無更改實於原書一字不易閲者鑒之

一徐志體例舊序應歸藝文以志既重修例義自别也茲僅採輯續纂不謂重修原書具在體例未更故諸序仍列卷首

一原本刻於同治己巳歷今二十有餘年其間採輯者例應補入均照原目十二志依類條列於每類之後以續纂二字别之每條之下有應補輯者則並列續纂二字以别之庶覽者既免淆混亦便檢閲

一新治城垣衙署今已漸廢茲仍增列諸圖用誌規模

一同光以降從祀先儒例應編入典祀今爲依次條列並增刻歷朝從祀年代以誌欽崇

一水災以後城郭衙署移新返舊殊費經營茲略誌其始末俾覽者得以知其安危得失

一賦役向有定額惟鹽政今歸官運倉穀存儲多寡不同茲皆核算精確以期一律

一人物志列女一類凡節婦貞女例合旌表者但經採輯胥予編入其他孝友各門略有區擇以昭矜愼

一藝文原刻頗富續採則仍取合於志乘足備徵考者始予刋刻並於篇首增刻目錄以便檢閲

一是編向有補遺茲已依類移刋於每類之後注明原本補遺字樣以便尋覽

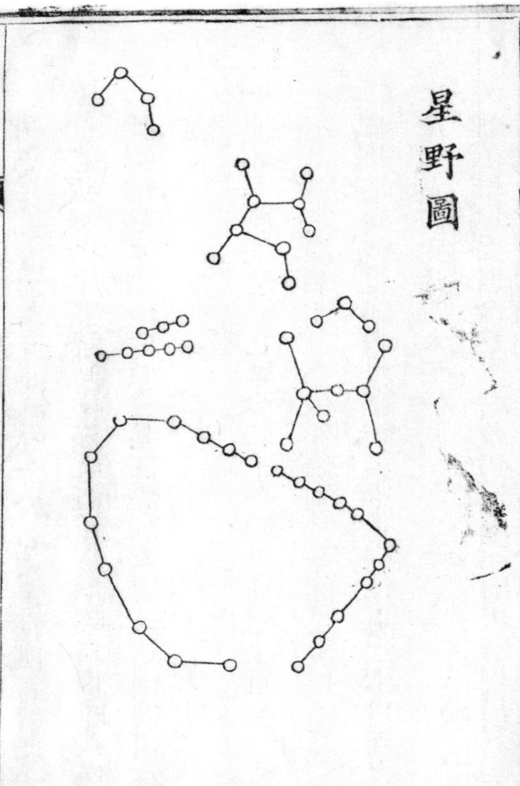

酆都縣志 卷首 圖考 二四

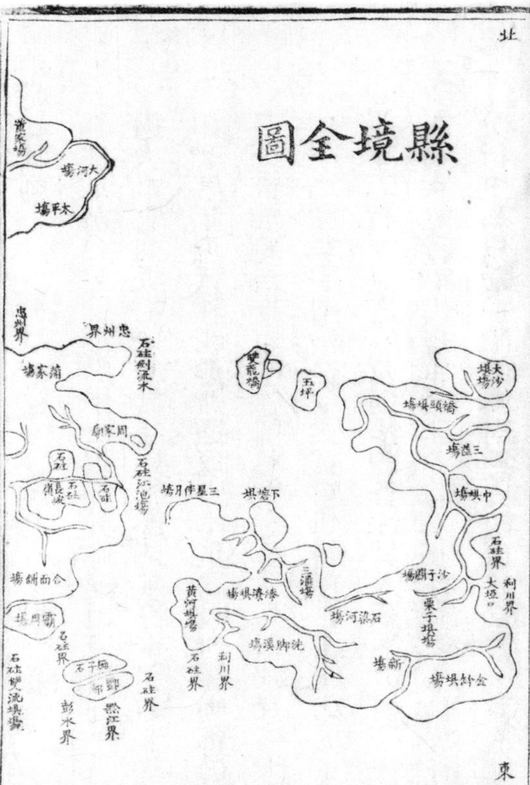

酆都縣志 卷首 圖考 二五

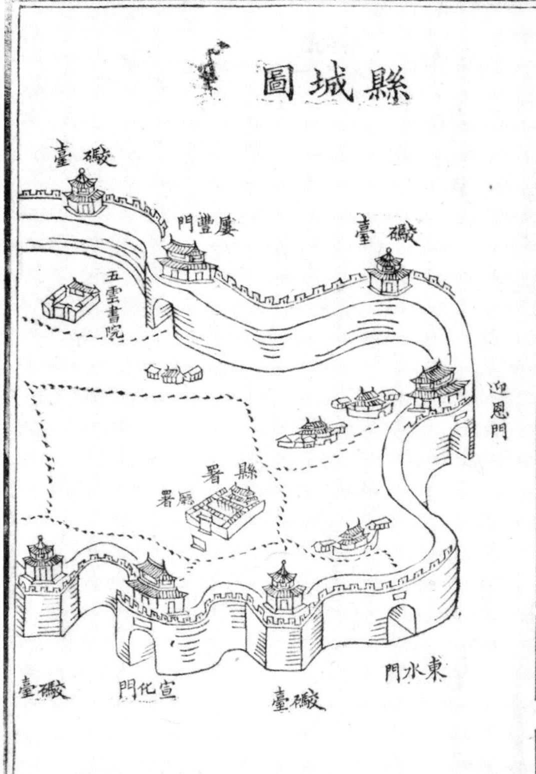

酆都縣志　卷首　圖考　三六

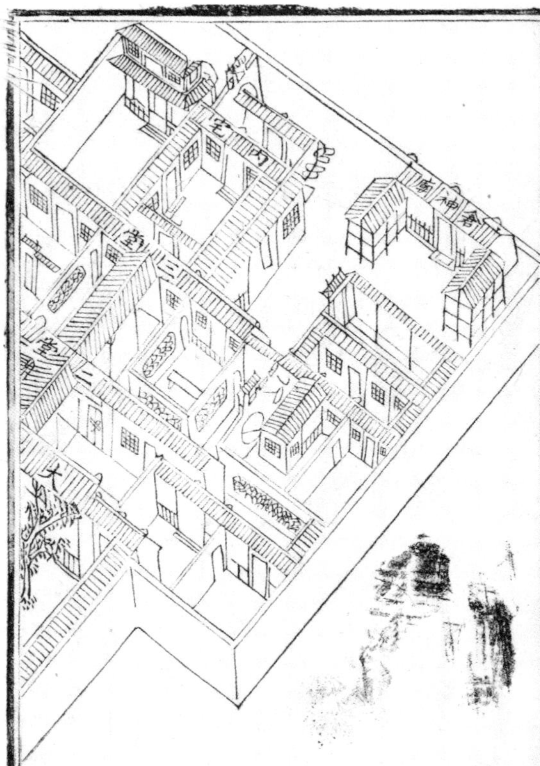

酆都縣志　卷首　圖考　三七

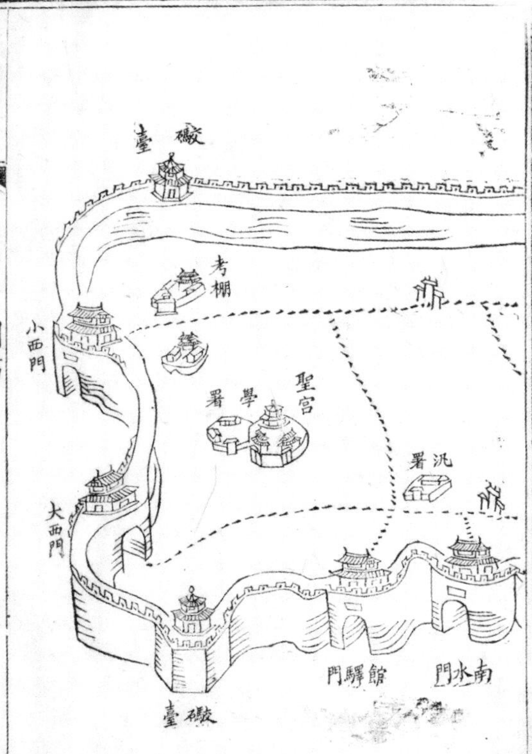

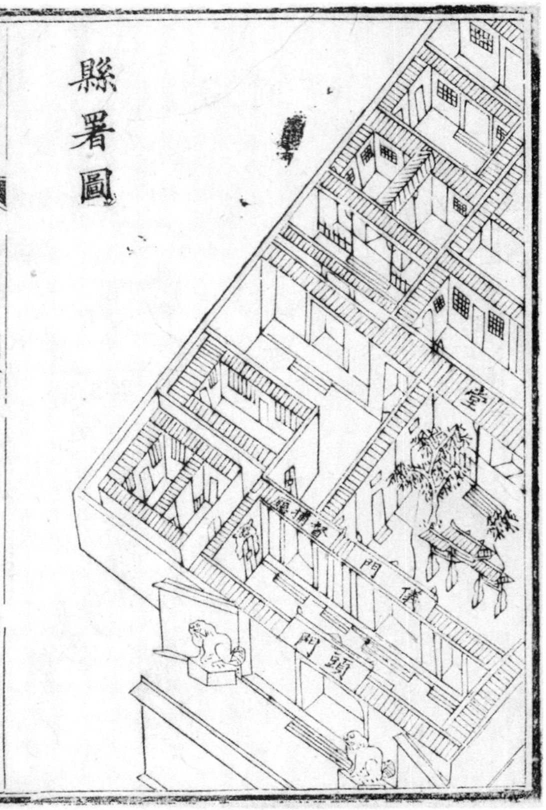

酆都縣志 卷首 圖考 卅八

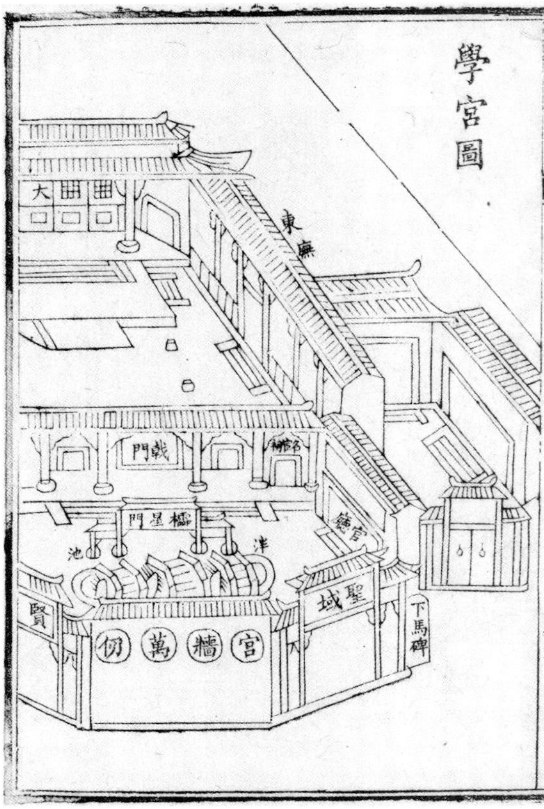

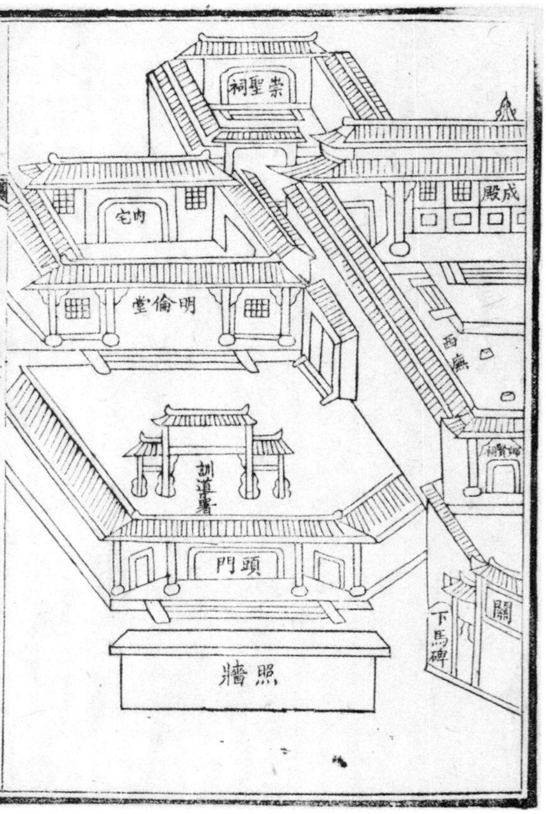

酆都縣志 卷首 圖考 卅九

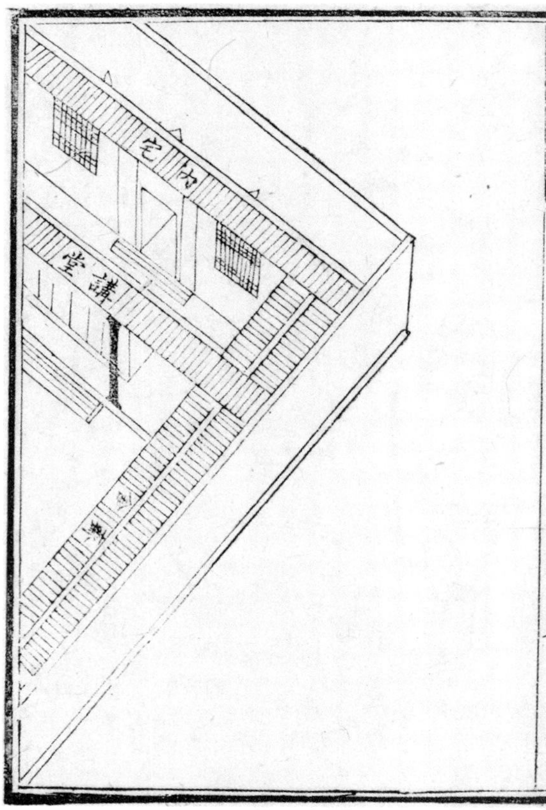

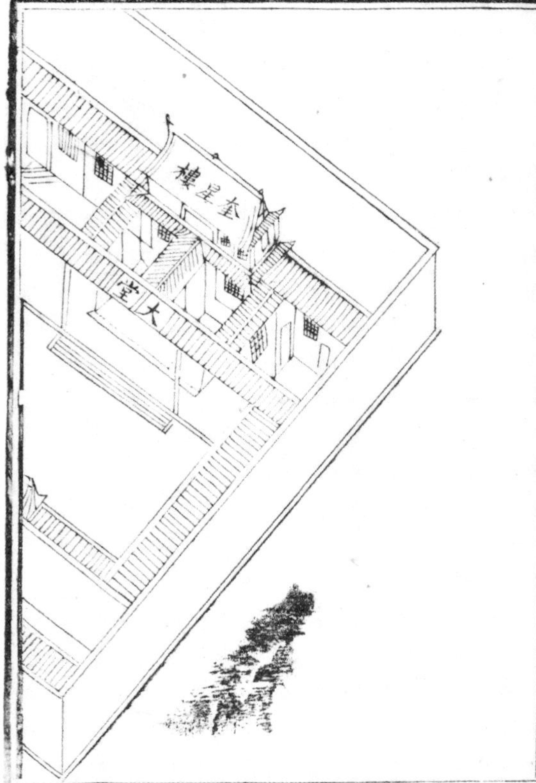

酆都縣志　卷首　圖考　二十

五雲書院圖

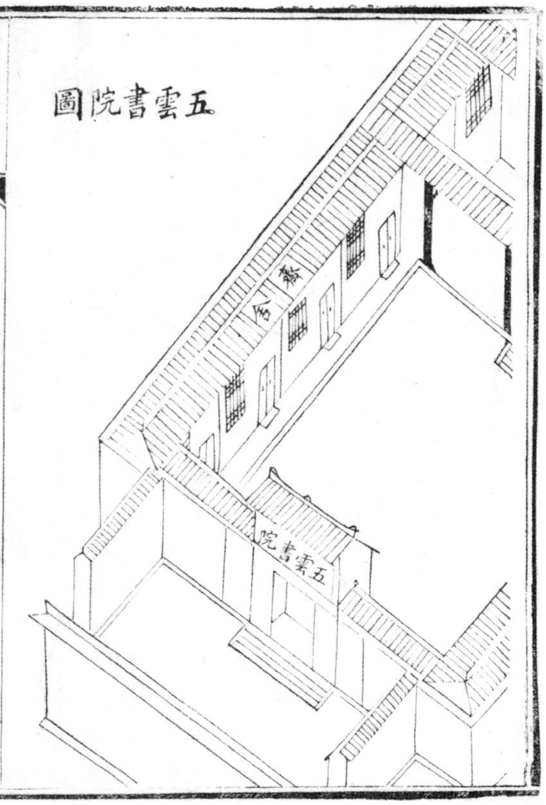

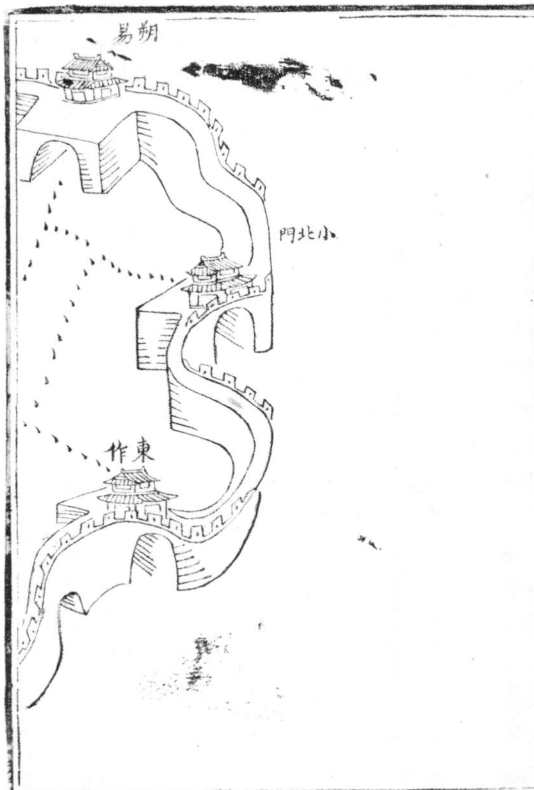

酆都縣志　卷首　圖考　二十一

考棚圖

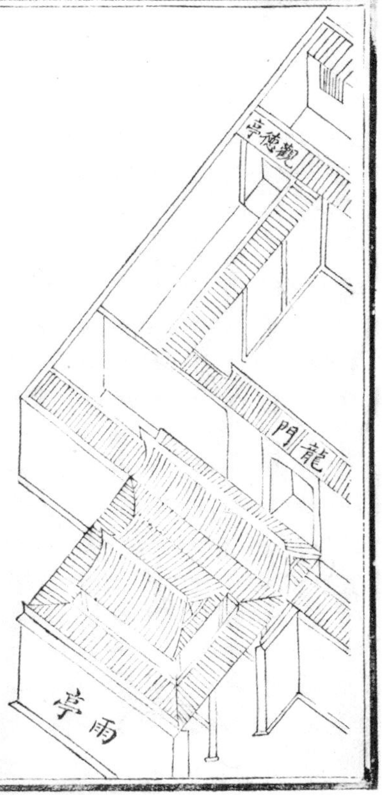

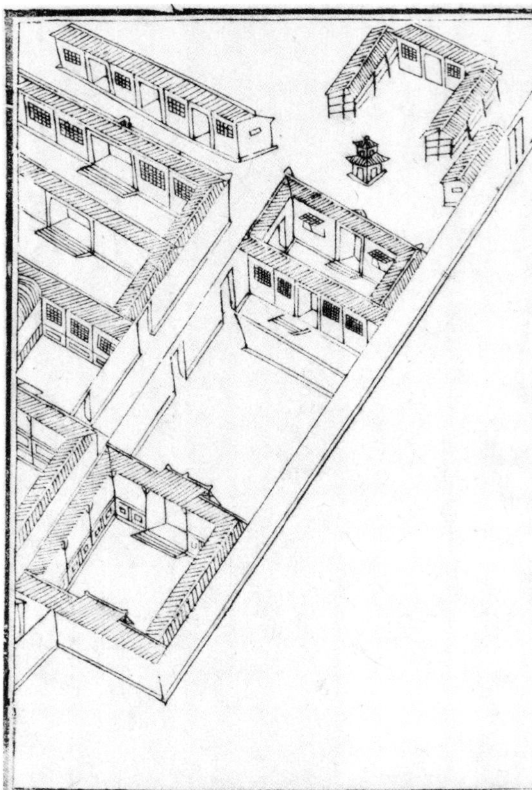

續增新城圖

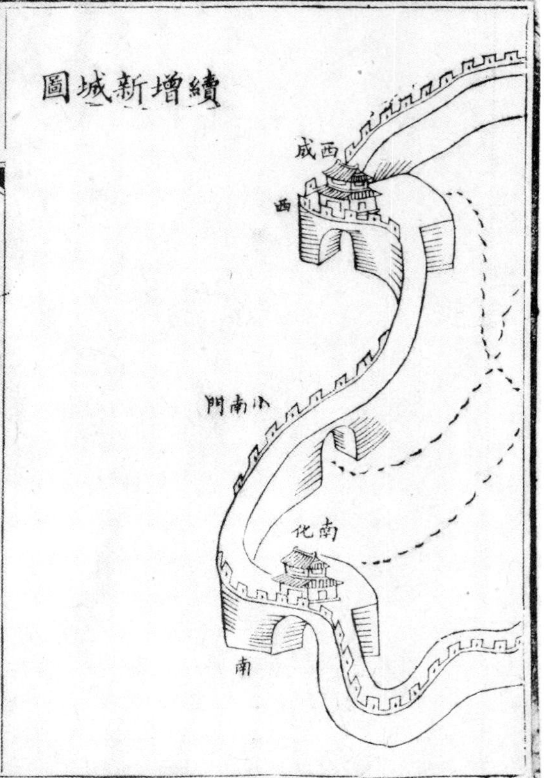

酆都縣志　卷首　圖考　二十三

續增新城縣署圖

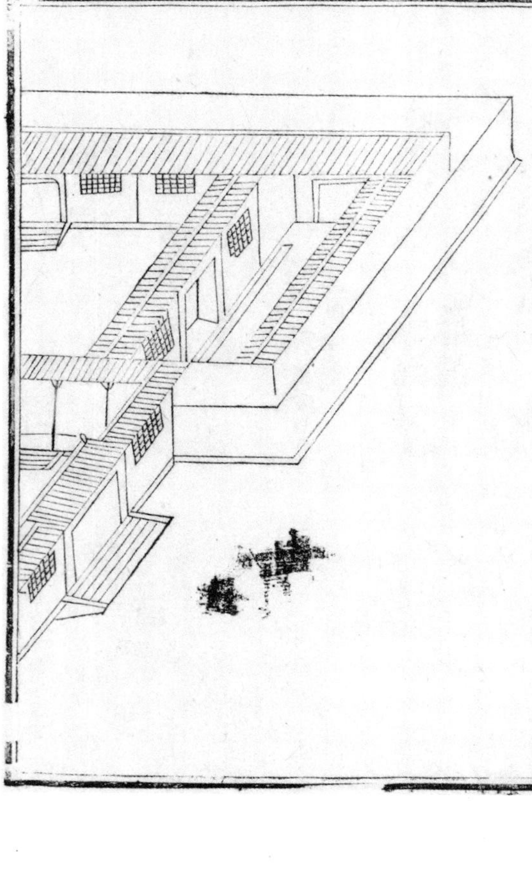

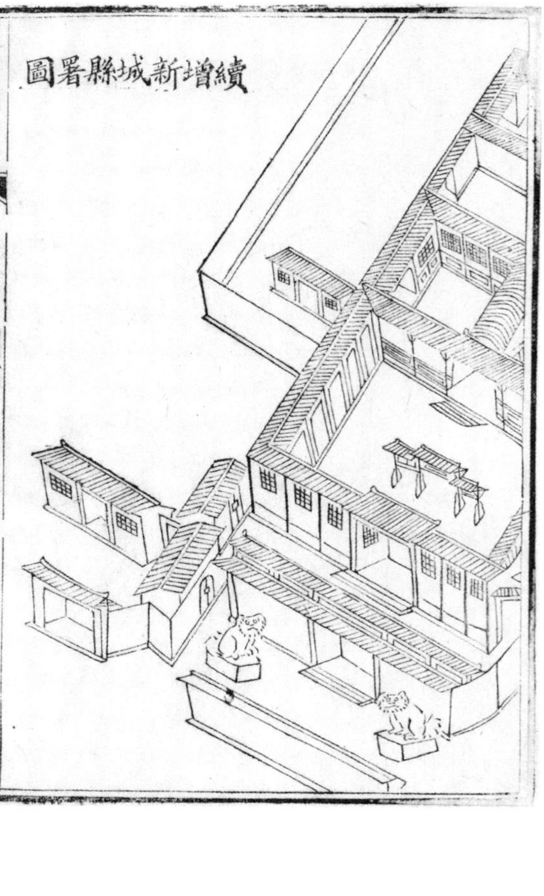

酆都縣志　卷首　圖考　三十三

續增新城學署圖

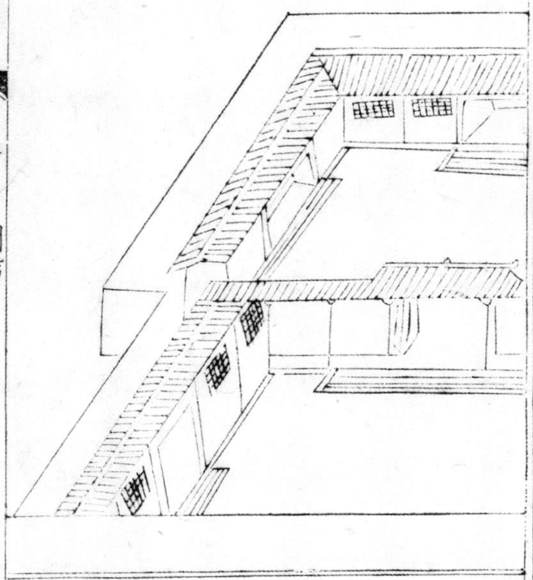

續增新城廳署圖

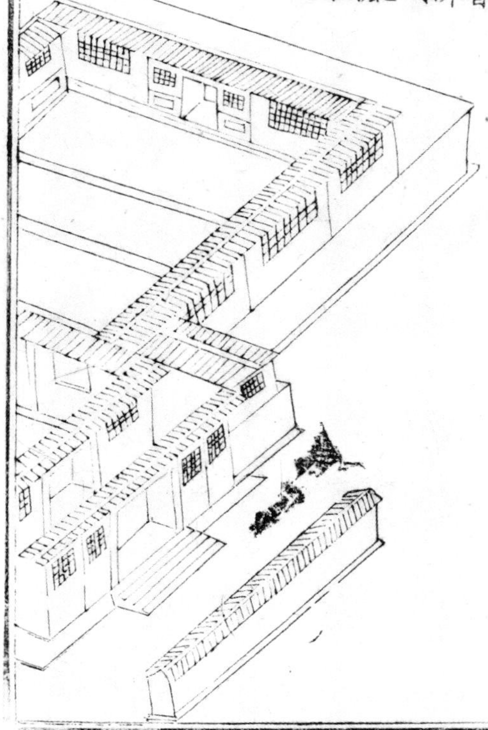

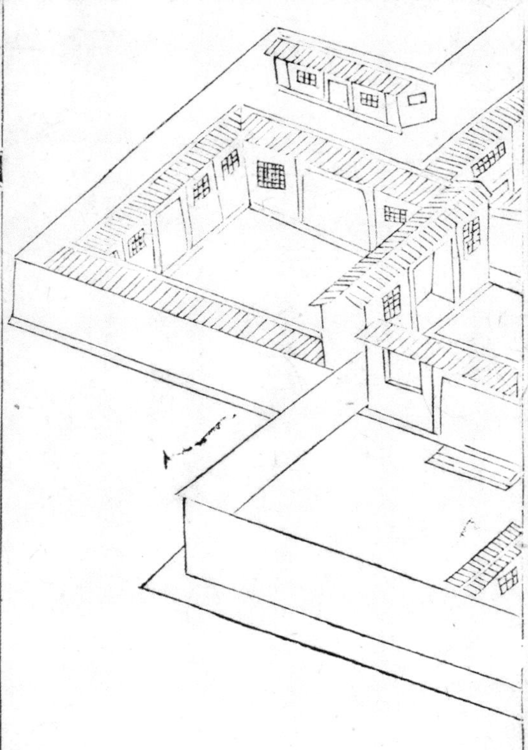

續增新城汎署圖

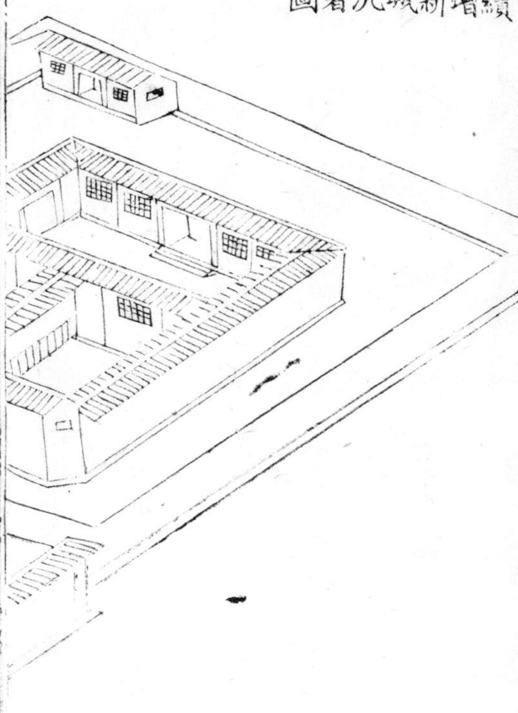

白鹿夜鳴

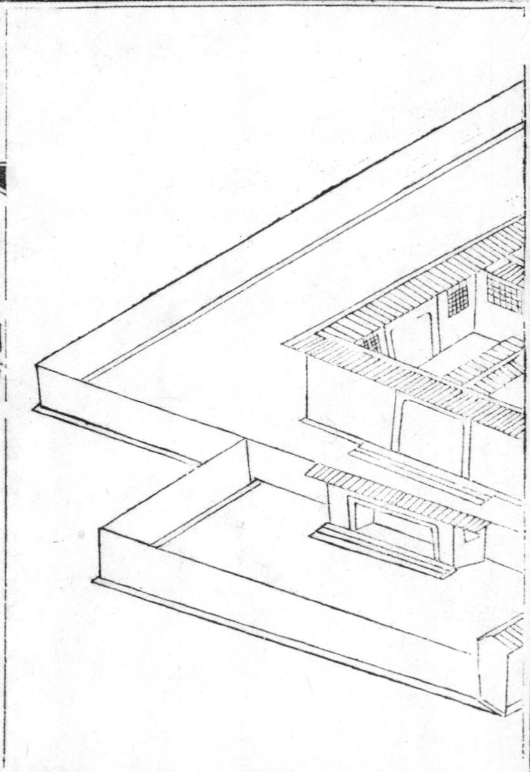

龍牀夜雨

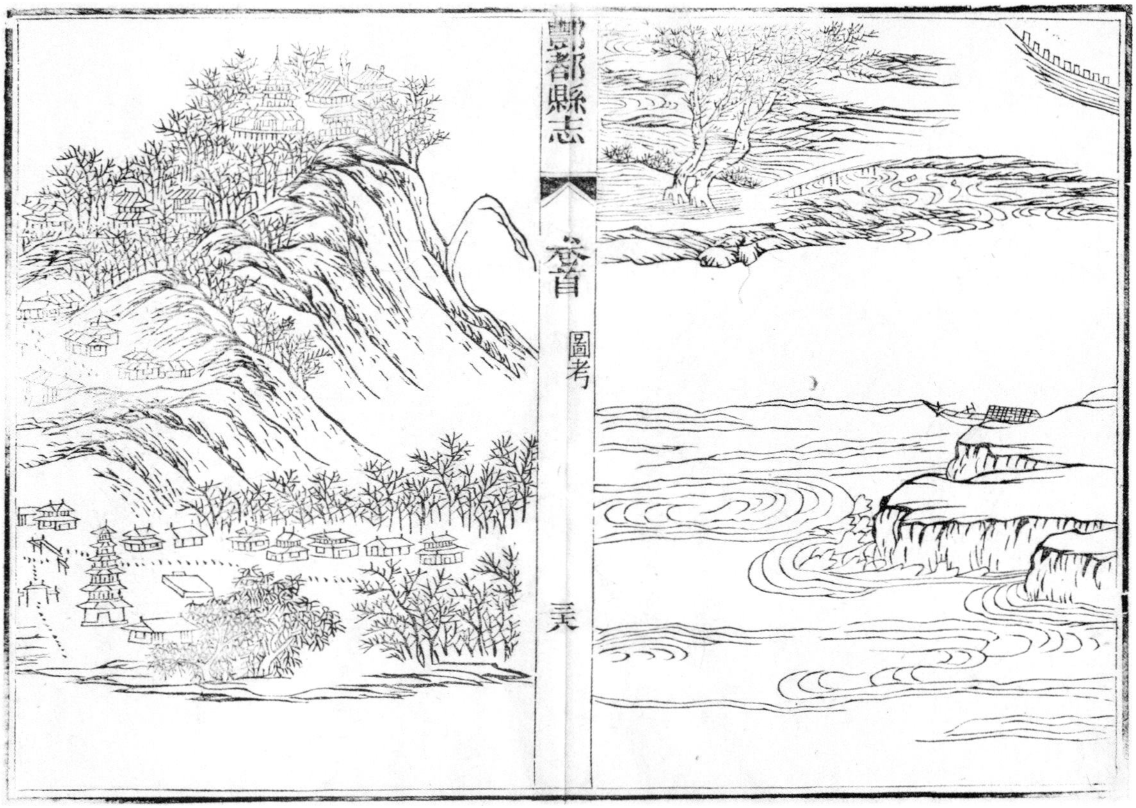
酆都縣志
卷首
圖考

平都山曉
酆都縣志
卷首
圖考
送客晴瀾

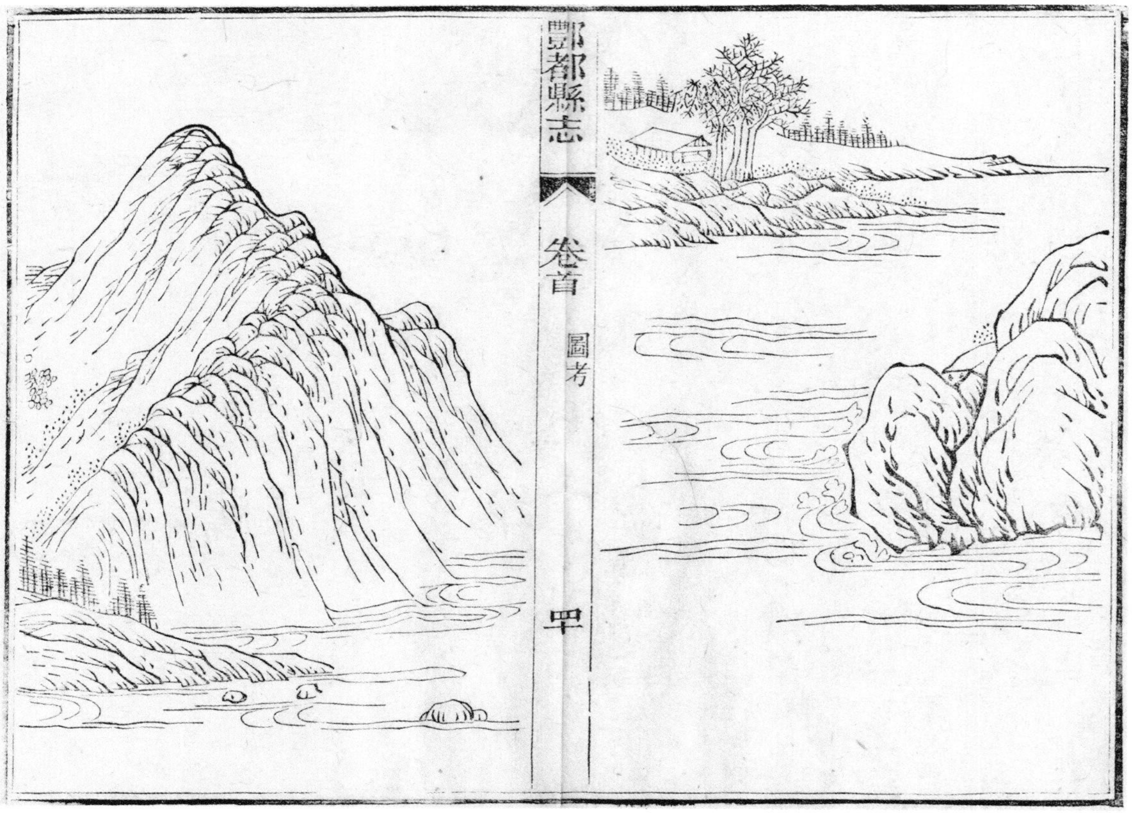
酆都縣志
卷首
圖考
四十

酆都縣志
卷首
圖考
四十一
青牛野啗

酆都縣志 卷首 圖考 四十二

酆都縣志 卷首 圖考 四十三

首甲三元場距城二百九十里
首甲董家場距城二百八十里
首甲大河場距城一百六十里
首甲太平場距城一百四十里
兩河口

續增首甲圖

續增二甲圖

二甲萬勝場距城一百二十里
二甲十字路場距城七十里
老蛇溪水由東子塘山水發源
丁溪水由開花寺山口水發源

鄷都縣志
卷首
圖考
三甲觀音堂場距城一百六十里
烏龜洞水源
河由雙叉河出長江
三甲縣家場距城一百四十里
三甲灘山壩場距城一百二十里
河由雙龍場來
白家壩山水源
龍溪場山水
二甲李家壩距城二百六十里
老鷹洞龍水發源
河出雙叉
河由灘山壩去
二甲雙龍場距城一百二十里
洞井場
三渡嘴

鄷都縣志
卷首
圖考
續增三甲圖
四甲何家場距城九十里
四甲馬家場距城一百二十里
四甲大柏樹場距城四十里
三甲龍場距城一百六十里
河水由石灰山大發源
河由沙灘場去
三甲牟家場距城八十里

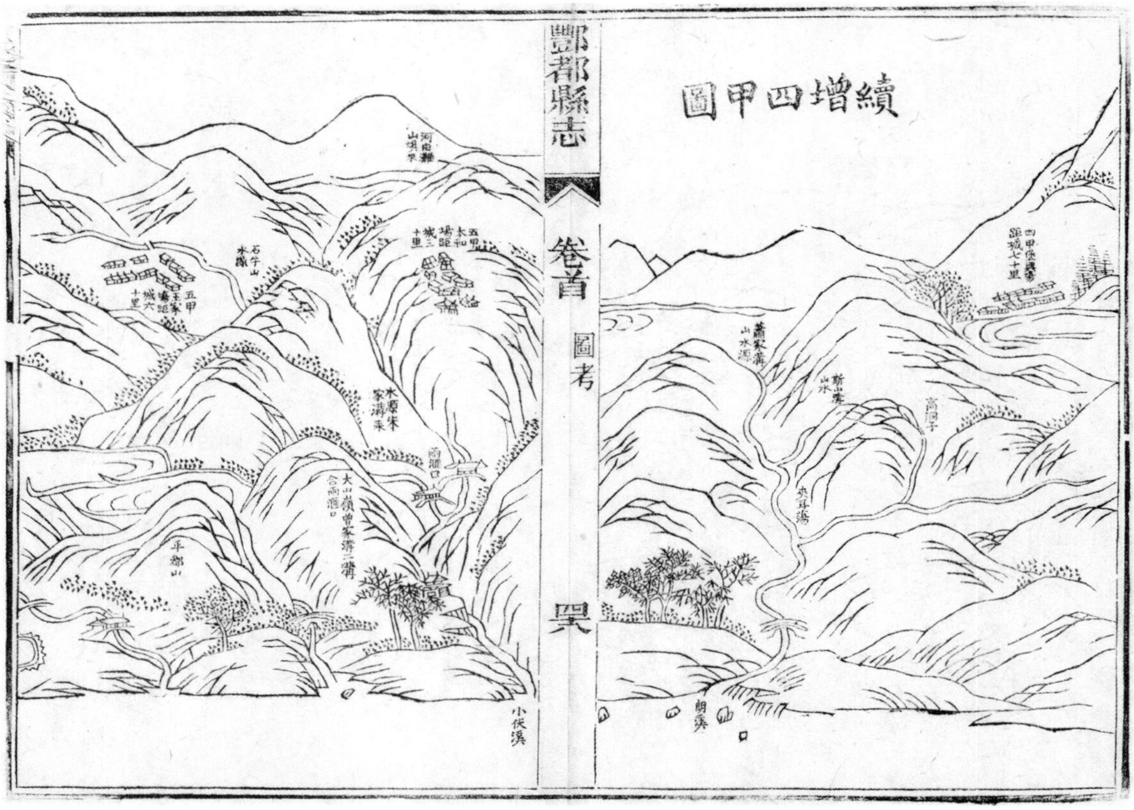
續增四甲圖
酆都縣志
卷首
圖考
平都山
小伏溪

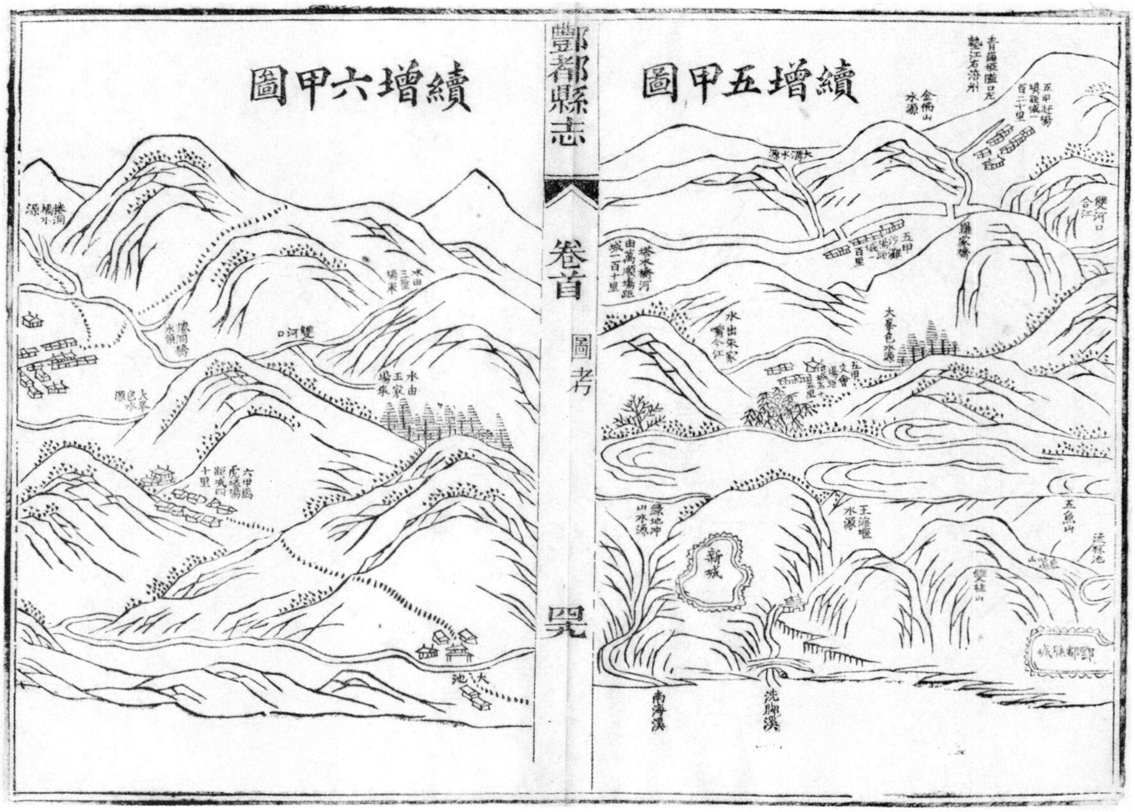
續增六甲圖
續增五甲圖
酆都縣志
卷首
圖考
新城
南海溪
洗腳溪

續增七甲圖
酆都縣志
卷首
圖考

續增八甲圖
酆都縣志
卷首
圖考

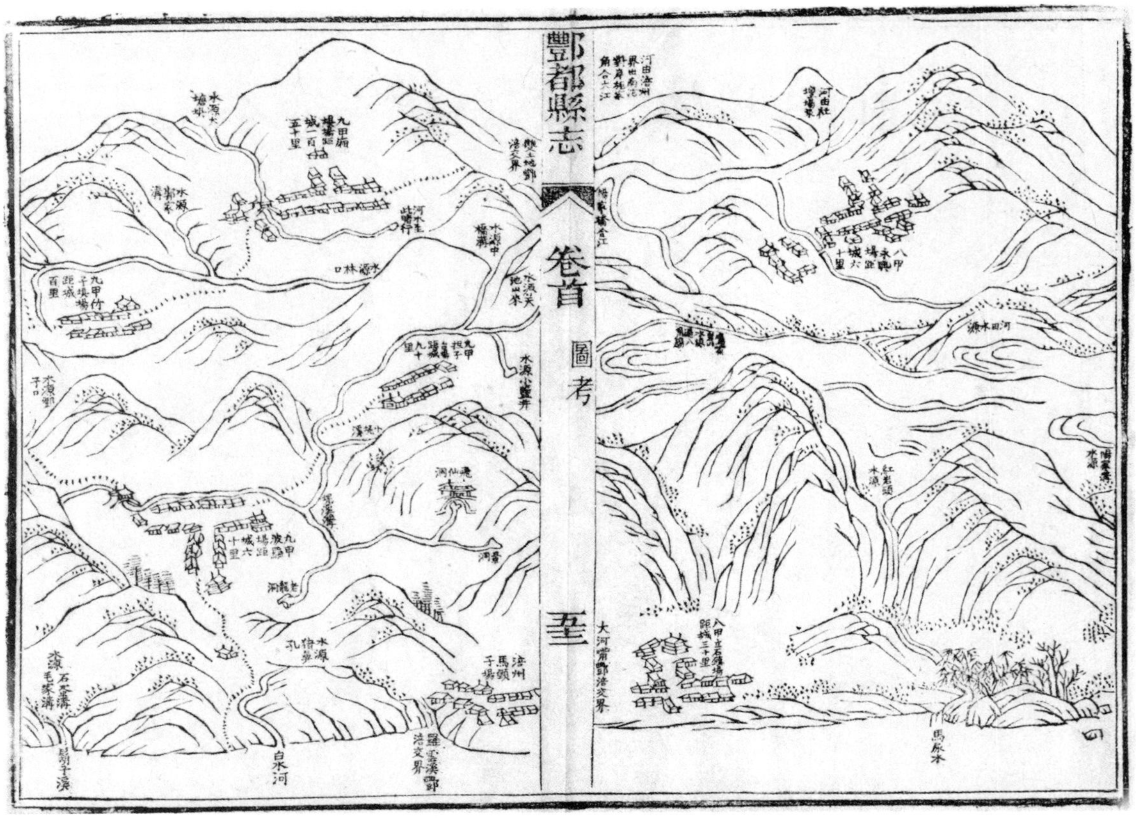
酆都縣志
卷首
圖考

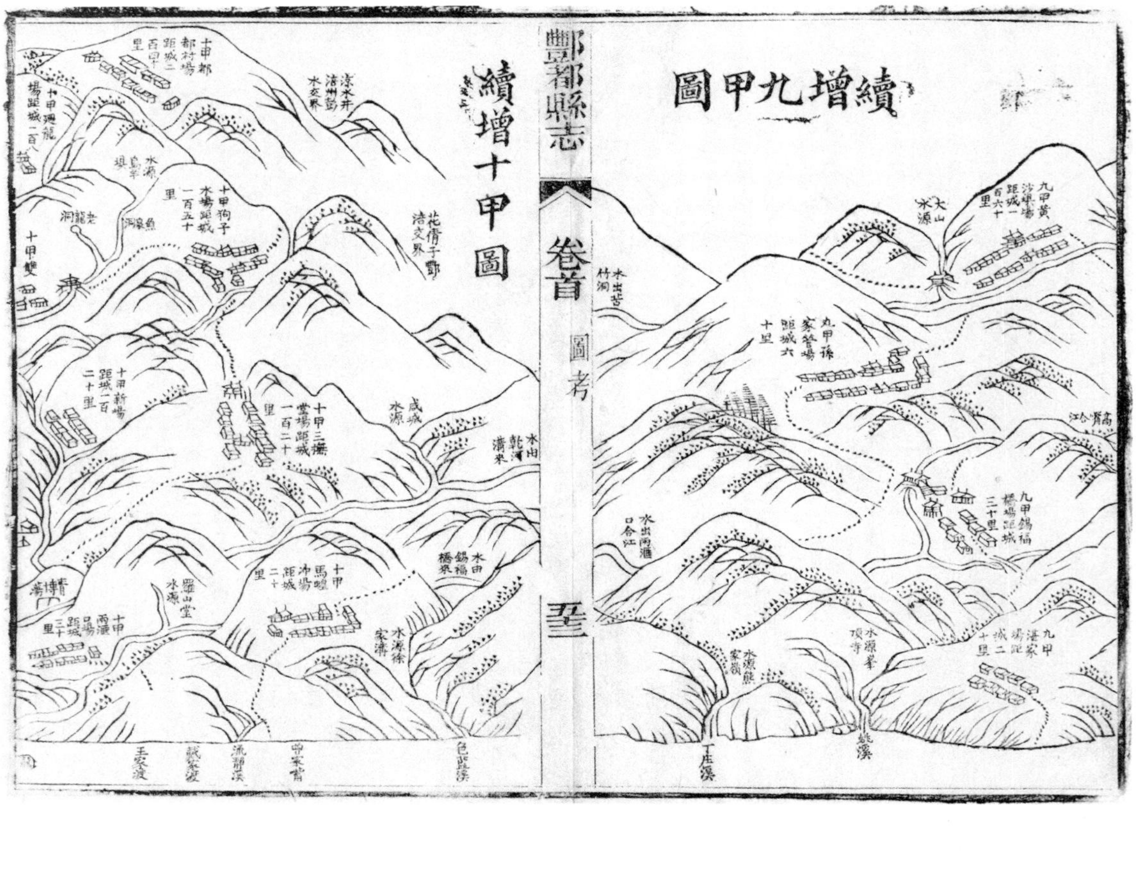
續增九甲圖
酆都縣志
卷首
圖考
續增十甲圖

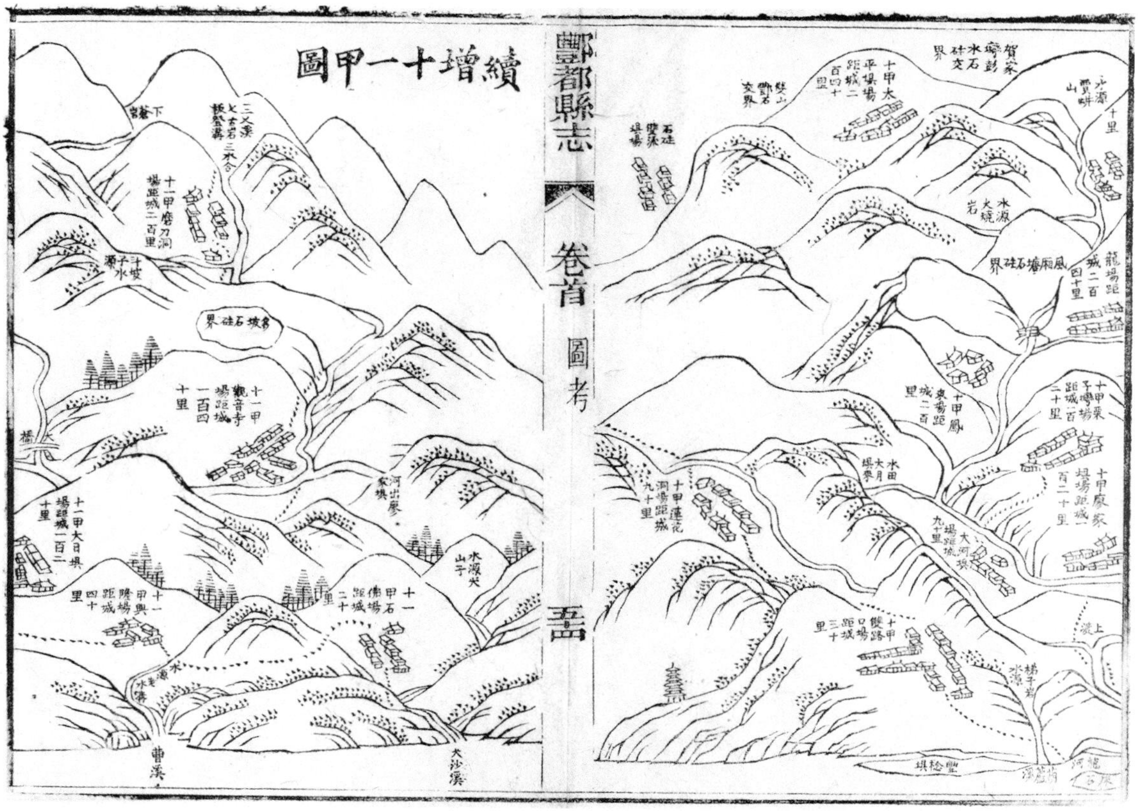
續增十一甲圖
酆都縣志
卷首
圖考
五四

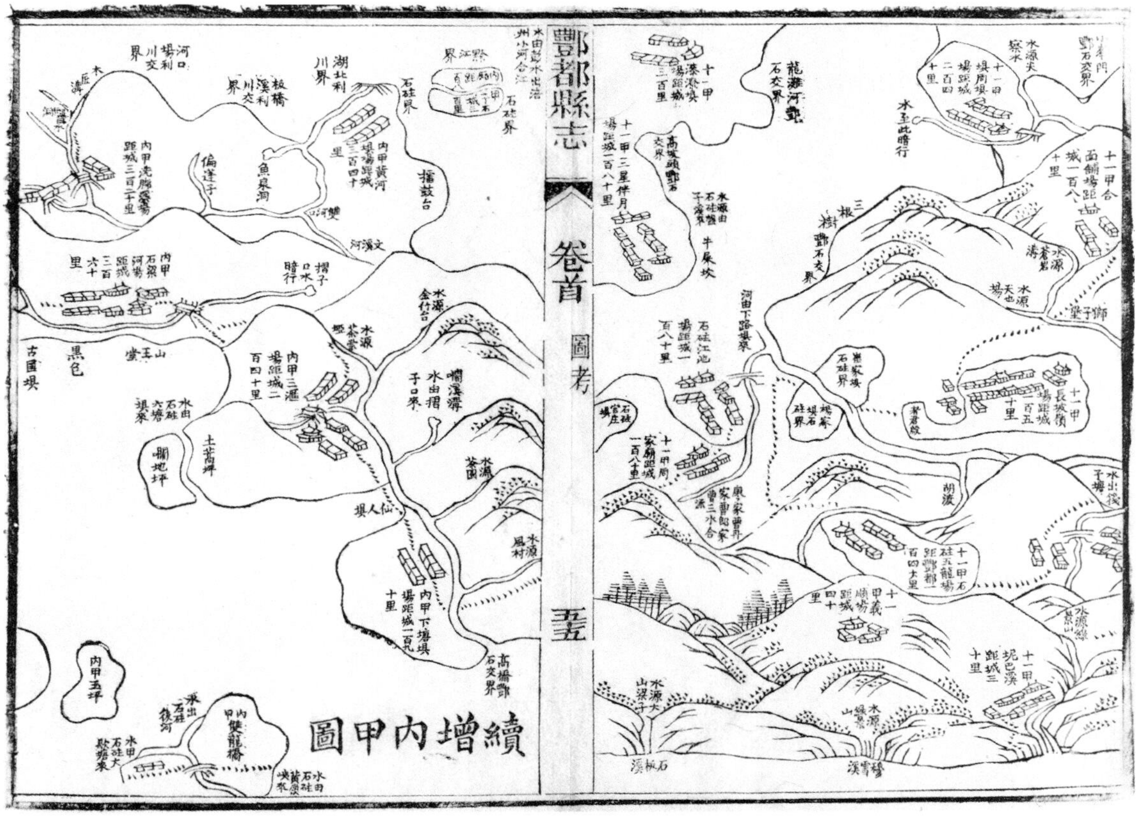
續增内甲圖
酆都縣志
卷首
圖考
五五

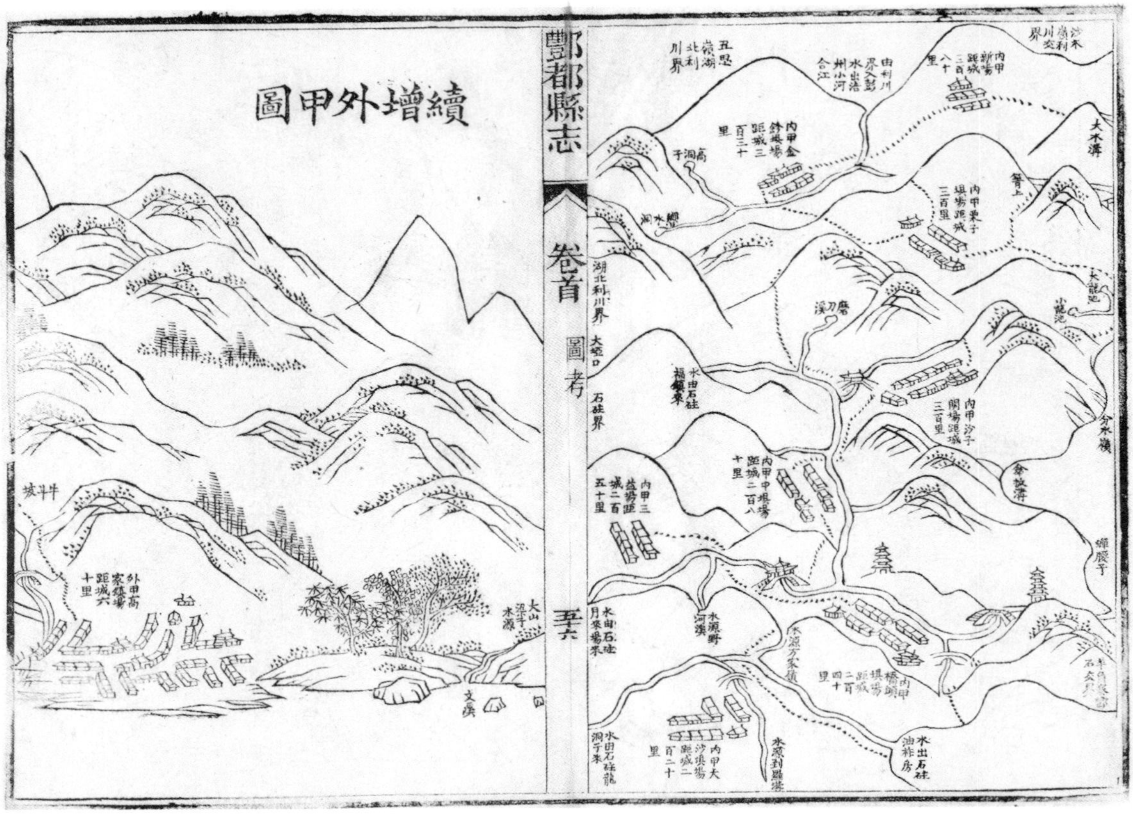
續增外甲圖
酆都縣志
卷首
圖考
湖北利川界
大木溝
分水嶺

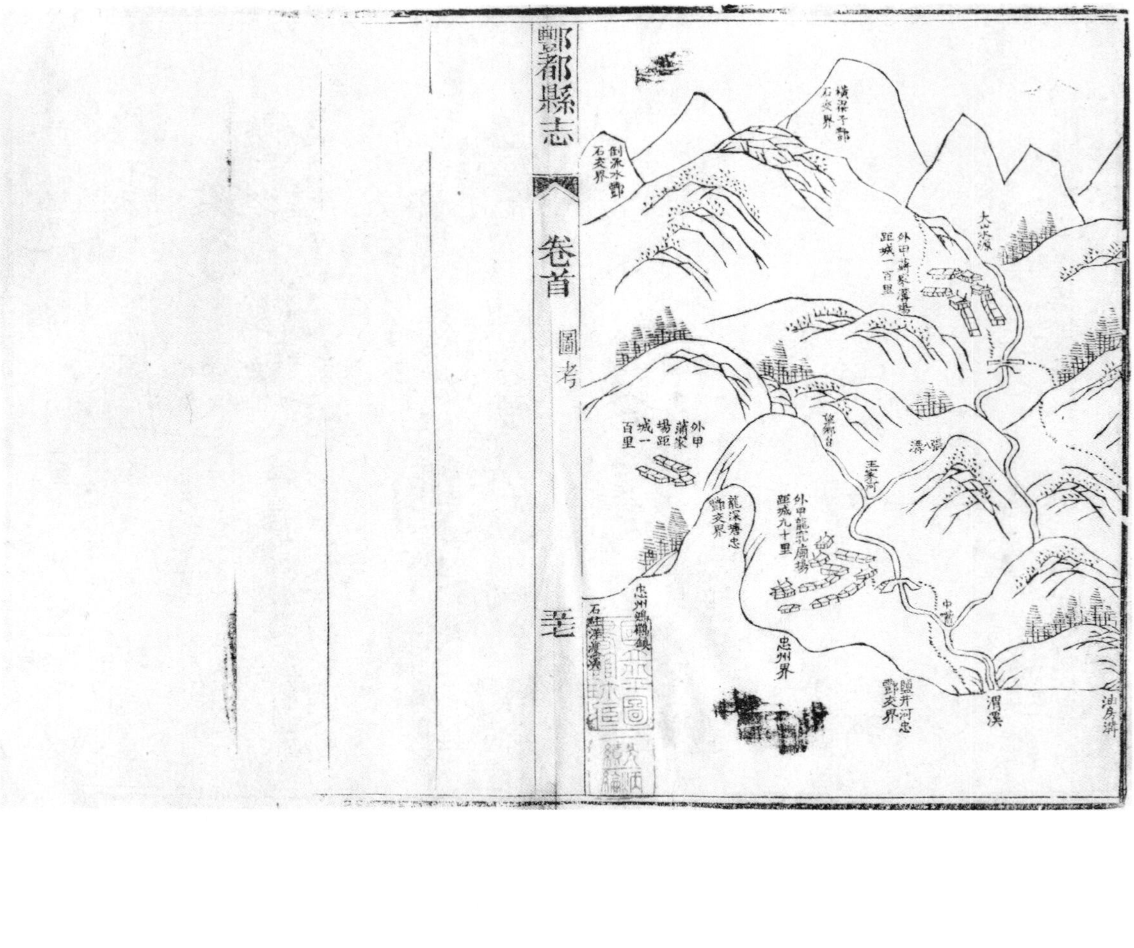
酆都縣志
卷首
圖考
忠州界
渭溪

酆都縣志

酆都縣志卷一

輿地志

禹貢梁州周分巴國躔星井參跨江南北在明之初曰酆之邑

聖代是因幅幀日闢物土別宜維有司職愼固封守拱衛

皇極志輿地

星野

舊志井鬼之次入參三度　雍州乃井鬼之分自漢中而南皆井也而蜀近之荆州乃翼軫之分自夔陵而上則參也而酆近之按諸葛武侯二十八宿分野巴郡入參八度隋書天市西垣第四星曰巴宋史益梓利夔四路分井鬼又曰東井輿鬼鶉首也盡巴蜀漢中之地

愚按史記天官書益州爲參分前漢書天文志觜觽參主益州地理志以井鬼屬秦兼屬巴蜀華陽國志巴志仰稟參伐又云其分野輿鬼東井晉書天文志則以觜參屬魏而兼屬巴益地理志又謂蜀郡巴郡總爲鶉首分五代史謂鶉首秦分也前世火入鬼其應多在秦是鶉首屬秦不屬蜀矣隋書天文志梁州於天官上應參宿前史紀載互

異類皆指全省言之未聞析某星爲某縣分次也惟明史天文志謂四川惟縣州觜分合州參分餘皆井鬼我

朝璣衡精審度越前代

大淸一統志四川全省惟夔州府達州翼軫分餘皆井鬼分昔人謂新唐書推步精當其地理志謂開忠萬涪爲鶉首分酆屬忠州則舊志謂井鬼之次確矣前史載陳卓范蠡鬼谷先生張良諸葛亮譙周京房張衡並云巴郡入參八度而舊志謂酆入參三度考博雅在天一度統地二千九百三十二里酆在漢屬巴郡以里計之其推步得失可知巳

沿革

酆都禹貢梁州之域周爲巴子別都水經曰江水又逕東望峽東歷平都注云峽對豐民洲舊巴子別都也華陽記曰巴子雖都江平洲又治平都舊志以爲卽此處秦屬巴郡舊志秦惠文王與楚共滅巴置巴郡漢置枳縣仍屬巴水經注江之南岸有枳縣華陽記曰枳縣在江州巴郡東四百里治涪陵水會庾仲雍謂有別江出武陵者也又曰枳東四百里東接朐䏰縣有鹽官武隆志曰枳縣故基在治東上流二十里省志古跡枳縣城在府城西一百一十五里史記楚得枳而國亡卽此晉桓溫伐蜀移枳縣於臨溪此城遂廢廣輿記云酆都漢枳縣地　舊志按以道里計之酆都在重慶東四百里又東四百里則雲陽鹽井乃接朐䏰今夔州也特水經誤以枳縣在涪州條下以鹽官涪臨江條下耳若謂枳在涪州則西至江州東至臨江俱無四百里而臨江亦不接朐䏰又按府城西亦無枳城舊址而酆邑道里舊志俱從忠計算則府字乃州字之誤於道遠近俱合如謂桓溫移枳於臨溪則溪字或江字之誤然亦無府西一百十五里東移至五百里外之理〃愚按前漢書地理志巴郡縣十一臨州臨江枳閬中墊江朐䏰安漢宕渠魚復充國涪陵後漢書郡國志巴郡十四城江州宕渠朐䏰閬中魚復臨江枳涪陵墊江安漢平都充國宣漢漢昌續漢志朐䏰屬巴郡

大淸一統志表萬縣漢朐䏰縣地則舊志謂朐䏰爲今夔州誤矣又按舊志注臨江卽今忠州忠萬實鄰焉有不接朐䏰者世代變遷山川陵谷古人載籍當必有據若但以今之道里計吾烏乎知之東漢和帝永元二年分枳縣置平都縣水經注有平都縣爲巴郡之隸邑獻帝初平元年分巴爲二自江州至臨江爲永甯郡平都隸焉蜀漢延熙中省平都入臨江縣晉宋齊屬巴郡舊志謂晉屬巴東郡按晉書巴郡四屬江州墊江臨江枳酆在漢爲枳晉仍舊名應屬巴郡而非屬巴東郡梁爲臨江郡後周爲臨州隋爲臨江縣屬巴東郡後仍改臨州析臨州

置豐都縣舊志載義甯二年析臨州置豐都縣按恭帝爲李淵所立不過數月西蜀聲教不通奚暇置析州縣史載隋文帝開皇三年廢諸郡以州治民九年廓定江表以戶口滋多析置州縣豐都之分當在此時唐貞觀八年改臨江爲忠州屬山南東道南賓郡豐都隸之舊志唐志武德二年析晉州之武定縣地置屬臨州尋屬忠州宋元因之明初省入酆都縣按唐書忠州隸南賓郡而豐都屬忠州是忠豐俱統隸於南賓矣昭宗乾甯二年荆南節度使成汭盡取濱江州縣豐都不能守降於王建舊志宋高宗建炎初仍設豐都縣屬忠州咸淳初因度宗潛邸升忠州爲咸淳府豐都仍隸焉按宋史忠州舊縣三臨江墊江南賓南渡後增設豐都龍渠二縣而北宋蘇詩猶有豐都之名豈仍隋唐之舊耶　舊志按土司考云唐改施州爲淸江郡宋改淸江郡爲南賓縣按唐武德二年分浦州武甯縣置南賓縣今石砫廳城是也元仍

隸忠州至元中罷墊江並入豐都縣別於墊江設臨江鎮巡檢司舊志僞夏竊據復分置墊江縣明洪武四年明昇歸附九年併入涪州十四年復置縣改豐爲酆又以南賓併入焉屬重慶府帶忠州銜

國朝順治十三年二月酆都歸順仍隸重慶康熙十二年十二月逆藩吳三桂反十三年正月陷酆都十九年八月

王師復酆都閏八月逆鎮譚宏叛酆都再陷二十年正月

王師克譚宏於百丈梁乘勝東下重復酆都雍正十一年升忠州爲直隸州割重慶府之酆都墊江二縣並夔州府之梁山一

縣隸焉今遂爲忠州屬

按舊志豐都分於隋忠州改於唐豐之名視忠較古唐宋以來俱屬忠州其在前明帶銜而已康熙三十四年酆都知縣馬騰雲始詳請不帶忠州銜

疆域

縣治在忠州西南地廣二百里袤三百六十里東至忠州水陸一百八十里西至省陸路一千五百五十里水程一千八百二十里至

京師陸路五千五百里水程七千四百八十里

北岸

東陸路九十里十字路場忠州界又九十里忠州城　水程九十里羊渡溪忠州界　北陸路九十里董家場忠州界

西北陸路四十里蒲池舖涪州界又一百里涪州城　西水程四十里立石鎮涪州界又一百里涪州城

北陸路一百六十里龍洞溝墊江縣界又一百四十里墊江縣城

南岸

南陸路一百八十里花猜子涪州界

東南陸路三百六十里蹇家壩黔江縣界舊志圖

東南陸路一百六十里江池石硁司界又四十里石硁司治

南陸路二百四十里花地塘彭水縣界又一百八十里彭水縣城

南陸路四百二十里七里槽湖北施南府利川縣界又二百四十里利川縣城

按舊志計里與今迥異當是沿南賓志乘之舊古今遷徙異地故道里遠近懸殊今並更正

山川灘險　溪流　井泉並附

平都山　治東北一里石徑縈紆林木幽秀梵宇層出舊志謂平都福地紫府真仙之居漢仙人王方平陰長生鍊形於此呂仙麻姑過之皆有留題則沿道書附會之說也

大仙巖　在平都山半

仙姑巖　在平都山五雲洞後舊志謂麻姑過此得名

鹿鳴山　治西北一里舊志引蘇詩序謂此山有鹿客將至輒鳴故以名山蔣夔記右縈白馬肖形也

按東坡年譜嘉祐四年冬公及弟子由同侍老蘇自蜀舟行至楚過豐都縣有留題仙都觀及仙都山鹿二詩據蘇

詩全集白鹿詩注舊志所引係老蘇詩序而嘉祐集無此序亦無此詩或老蘇過此别有詩而偶逸之歟存以俟考

青牛山　治東五里大江下縈峰巒環繞狀似蹲牛故蔣夔記左跨黃牛舊志亦稱牛山

五魚山　治北一里蔣夔記後擁五魚

雙桂山　治西一里雙峰對峙高俯羣山

南北壇山　治西二里山南北舊有社厲兩壇故名今俗訛為南北臺

賈郭山　治東九十里十字路場北

花聚山　治南二十里舊志謂為　學宮錦屏

珠簾山　治南二十里朝旭初上山翠倒影入江狀若珠簾

雞公嘴山　治東北三十里

紅花山　治南三十里春時多花

金盤山　治北五十里形似金盤

鏵頭山　治南八十里

大峰山　治東南五十里舊志謂東壁文峰

交頭山　治南一百二十里

石龜山　治北五十里華陽國志巴子又市於龜亭舊志謂

即此

靈應山　治東六十里北岸對高家鎮

大峰門山　治東南六十里兩壁峭立中通行人舊志謂有古壘

燈盞窩山　治西七十里

鷹嘴巖山　治西七十里

石壁山　治西七十里峭壁千仞舊志謂老樹萬株昔有仙人鍊形於上鑄鐵符藏之故又名鐵符巖

萬聚山　治東南七十里萬山環拱故名

獅子山　治南六十里波羅壩西北
銅鼓山　治西南六十里狀若銅鼓
鳳山　治南六十里對波羅壩場
高石山　治南百里地名擠子臺石壁無土草木不枯石壁下垂泉自中出大旱不涸旁有垂石俗呼白鶴老鷹巖
續纂按高石山俗名象鼻巖以形似得名白鶴巖老鷹巖相距各四五里非一地一名也
碧巖山　治南六十里波羅壩中
金佛山　治西北一百四十里俗呼涼磉磴高極雲霄漸下迤邐而東邑人謂羣山之祖西麓接涪州鶴遊坪

岷江　治南江水東經涪州一百里入縣境徑南門外若襟帶又東九十里入忠州境
按蜀三江外水岷江中水沱江內水涪江
竈門子灘　治西四十里立石鎮東江水半漲下水船險
捲蓬子灘　治西三十里竈門灘東江水滿時船上下俱險
觀音灘　治西十五里江水滿時船上下俱險舊志謂險冠全蜀明萬歷間巡按御史李時華鑿以利行舟黃輝爲作平險記

大佛面灘　治西上連觀音灘江水滿時船上下俱險
土地盤灘　治西五里江半漲時下水船險舟人至此最宜傍北放棹
送客堆灘　治西上連土地盤江半漲時下水船險
巉碑梁灘　治西上連送客堆境內第一險灘石梁亙江心水滿則沒半漲時下水船險舟人或避險而南則又駛入百丈灘矣舊設救生船二隻水手十二名續纂按灘東西長三百四十三丈
百丈灘　治西南三里斜對巉碑梁江半漲時下水船險

按酆都上游諸灘實屏蔽縣城障水使南故城處北岸無恙諸灘平則水勢直注縣城人其魚矣比年石工或取灘石城東山隄數崩是其一驗平險者固利彼而不利此也
龍牀石灘　治南江中石盤聳出流水激湧冬盡水落下水船險石面鐫大字曰石槎傍有題刻水落輒見
闞石灘　治東五里江半漲時下水船險
林閣老灘　治東南五里江水微漲下水船險
碧溪河　治西三十里自金盤山發源西南流遶涪州背入江

南賓河　治南一百里自石砫司來大山阻之伏流出底經龍河出葫蘆溪口入江

渠溪河　治北六十里自忠州㽏井發源西流經縣境出涪州珍溪口入江

豐稔壩　治東二里江中長洲縣亙可容數百家爲縣城下臂舊志謂鎖石砫司水口邑人以兆豐年故名

葫蘆溪　治東南二里溪口平圓似鏡所謂月鏡潭也舊志謂陰長生師馬明生鍊形於此得葫蘆丹藥仙去

流杯溪　治北一里鹿鳴山陰澗水緣石而下迤邐出通仙橋入江舊志謂昔人鑿池九曲引水流觴故名

龍洞溪　治東二里自老栢溝山谷發源經平都山陰入江

小福溪　治東五里自黃韓堰山谷發源經趙村壩繞北關後澗彙溪滙之環流至東關下入江

洗腳溪　治西三里自北關內山谷發源環流至西關下入江

椰溪　治東十里

羅雲溪　治西南三十里溪心爲酆涪分界

白水溪　治西南二十里

塗溪　治南七十里

油峰溪　治南一百里

按諸溪外北岸有瓦陶溪南客溪九溪子赤溪老蛇溪丁溪雙溪鑿溪南岸有夫子溪瑤溪丁莊溪刀水溪沙溪曹溪泥壩溪木屑溪石板溪文溪高家溪

龍塘　在治南六十里日照壩四時不涸土人引以溉兩岸田歲旱祈雨或應

老龍潭　在治南六十里波羅壩廣三十餘步溉田數頃

泉井

靈泉　平都山景德觀舊志謂仙人王方平鑿清濁增減與

江應

玉鳴泉　鹿鳴山陽石泉滴瀝作琴音瑩潔如玉故名

丹井　平都山頂舊志謂陰長生煉丹處

八角井　西門外數武明洪武二年鑿　國朝咸豐庚申坍邑人重浚

按縣城少井官民皆汲於江惟城北內馬道有二井同治元年髮逆警城閉邑人爭汲於此多不給或穴城底引田水飲焉守土者若附城築水道屬江則人心安定進退自

如矣

續纂 新城靈泉　邑令馬佩玖濬

關隘

東關　治東五里古佛巖畔臨小福溪口溪東爲靑牛山嘉慶五年典史章春遇築以禦匪城郭人民賴以無恙同治元年邑人補修

西關　治西三里南北壇山麓臨洗脚溪口溪西土阜對峙俗呼莪坡嘴與東關同時修

北關　治北八里內俯近城諸山外臨峭壁環以深澗澗外遠山縣亙層巒如屏同治元年邑人創修

貓兒關　北關山梁東邑人築以防山谷小徑者

宋家埡口石卡　北關西山梁微凹可徑咸豐二年邑人築石防之

按縣城形勢面臨長江背負羣山平都在其東五魚在其北鹿鳴雙桂在其西而雙桂特峻右挈南北壇山微凹處爲彭家埡口有徑宜防自雙桂峰背蜿蜒而北更上七里許石峰巉起峭峙千尋俗呼老鴉坡其東畔少下北關在

焉外繞澗壑山梁環匝如堵牆回望近城諸山盡歸包裹緣山梁而東石徑高低越貓兒關約八里許爲東關緣山梁而西迤邐漸下繞出西關外爲莪坡頂銅鑵廟莪坡嘴可與西關犄角故附城要隘惟此關第一以其高覘遠矚援應東西也

北岸近隘

大梨樹 治西北三十里 最要　馬虎埡 治西北四十里

煙墩山 治西北四十里　三星埡口 治北四十里

涼風埡 治北四十里　鸚鵡巖 治北五十里

蔣家山 治北四十里　雞公嶺 治東北二十五里

關口 治東北四十五里 最要　溜沙坡 治東四十里

北岸邊隘

界牌埡 治西四十里 交涪州界　金莊山 治西五十里

箐口 治西一百四十里 最要　大地埡 治西一百六十里

寨子埡 治西一百六十里　靑岡埡 治北一百四十里 最要

金佛山 治北一百四十里 最要　龍洞溝 治北一百四十里

大營盤 治北一百四十里　猴子巖 治北一百四十里

攔馬坎 治東北一百五十里　劉家哨 治東北一百六十里

大成寨治東北一百六十里最要　李家寺治東北一百六十里

栢巖口治東九十里　劍峰埡治東六十里

金銀坎治東六十里　鑿溪口治東七十五里

南岸近隘

白水溪治西南二十里　亭子埡治西南三十里

波羅壩治南六十里波羅俗呼包鸞　孫家營治南六十里

古佛洞治南七十里最要　青岡埡治南六十里最要

蓮花洞治南七十里　大月壩治東南一百四十里

小月壩治東南一百三十里　大山坪治東一百四十里俗呼横梁子最要

蔣家溝治東一百里　倒流水治東一百三十里

龍究廟治東九十里

南岸邊隘

橦子山治南二百四十里　大木峽治南一百六十里

分水嶺治南一百里　梅子凹治南一百二十里

交頭山治南一百二十里　竹子壩治南二百二十里

龍莊坎治南二百三十里　小坪治南三百里

老楓岡治南二百八十五里　梯子巖治南二百六十里

廂壩治南二百五十里　豬榱門治南三百里

南天門治南三百里　大寨坎治東南二百四十里

金鈴壩治東南四百里交湖北咸來界　梨子壩治東南三百六十里交湖北利川界

福來場治東二百二十里最要　倉巖溝治東二百六十里郎壩周壩交石砫司界

長坡嶺治東一百二十里交石砫司界　擂鼓臺治東三百六十里嘉慶五年設卡交石砫司界

附舊志形勝　面江倚山中衍平川黄牛左峙白鹿右蹲壯涪關之左衞控臨江之上游扼石砫之咽喉互墊江之屏蔽

江防江險宜防者

立石鎮治上游四十里　黑石梁治南岸上游十五里對觀音灘最要

青牛山治下游對東關　豐稔壩治下游詳山川

高家鎮治下游南岸六十里　丁溪治下游對高家鎮

附舊設水卡　縣上游四　立石鎮北岸　胡家沱北岸　酢房沱北岸　白沙沱北岸　縣下游八　塞欄溪南岸　泡巴店北岸　赤溪北岸　老蛇溪北岸　高家鎮南岸　丁溪北岸　鑿溪口北岸　田家嘴南岸　共十二卡卡各遣役三名更代以守

里甲場市附

明編戸四里曰豐樂上里豐樂下里市郭里南賓里里各十甲

國朝康熙六年編戸一里曰安仁里凡十二甲守土者以疆域遼

廓又於十二甲以內外區之

首甲場市六

萬聖場離城一百六十里三六九集　董家場離城一百八十里二五八集

大河場離城一百八十里三六九集　靑天場離城一百二十里二五八集【續纂】改三六九集

太平場離城一百六十里二五八集　三元場離城二百里三六九集

二甲場市六

十字路場離城七十里三六九集　萬勝場離城一百二十里二五八集

雙龍場離城一百二十里一四七集　馬家場離城一百一十里二五八集

羅家場離城一百二十里二五八集　李家寺場離城一百六十里一四七集

三甲場市五【續纂】一

三聖場離城九十里三六九集　灘山壩場離城一百二十里三六九集

培龍場離城一百四十里二五八集　觀音場離城一百三十里三六十集

上元場離城一百六十里三六十集　【續纂】牟家場廢場復興離城八十里二五八集

四甲場市三【續纂】一

大栢樹場離城四十里一四七集　堡興場離城七十里二五八集【續纂】改三六十集

何家場離城一百里一四七集　【續纂】三元場新設離城五十里二六十集

五甲場市四本城內外亦屬焉【續纂】二

太和場離城三十里三六九集　王家場離城六十里二五八集

堡子場離城八十里一四七集　沙灘場離城一百二十里二五八集

【續纂】文會場新設離城六十里三六十集　興勝場新設離城一百二十里一四七集

六甲場市二

馬虎埡場離城四十里二五八集　社壇場離城八十里一四七集【續纂】社壇場實隸七甲

七甲場市三【續纂】一

萬順場離城一百二十里三六九集　林家廟場離城一百二十里二五八集

大安場離城一百二十里一四七集　【續纂】社壇場離城八十里一四七集舊志誤列六甲

八甲場市二

永興場離城六十里三六九集　立石鎮場離城三十里一四七集【續纂】改三六九集

九甲場市七【續纂】二

擔子台場離城一百二十里一四七集　竹子壩場離城一百二十里三六九集

黃沙壩場離城一百里三六九集　廂壩場離城一百三十里三六九集

孫家營場離城六十里二五八集　波羅壩場離城六十里三六九集波羅俗譌爲包鸞

馬蝗沖場離城十五里三六九集【續纂】馬蝗沖實隸十甲

【續纂】湛家場新設離城十五里二五八集　錫福橋場新設離城四十里一四七集

十甲場市十二【續纂】三

大河壩場離城一百二十里二五八集　烏牟壩場離城二百里三六九集【續纂】廢

雙龍壩場離城一百六十里二五八集　迴龍場離城二百四十里三六九集

都都村場離城二百四十里二五八集　栗子灣場離城一百四十里一四七集
狗子水場離城一百二十里一四七集　雙路口場離城二十里一四七集
三撫堂場離城九十里三六九集　太平壩場離城二百六十里一四七集
復興場離城二十里二五八集　雙桂場離城一百二十里一四七集
續纂馬蝗冲場離城十五里三六九集舊志誤列九甲
鳳來場新設離城一百六十里三六九集　廖家壩離城一百六十里一四七集舊志漏載
十一甲場市十續纂四
石佛場離城三十里三六九集　興龍場離城三十五里一四七集
五龍場離城六十里一四七集　雙龍場離城一百二十里二五八集

福來場離城二百二十里二五八集　三根樹場離城二百四十里二五八集
觀音寺場離城一百二十里一四七集　小月壩場離城一百九十里二五八集
悅來場離城一百二十里三六九集　三星半月場離城二百四十里三六九集
續纂義順場新設離城四十里三六九集　合商舖場新設離城一百八十里三六九集
泥壩溪場新設離城三十里一四七集　周家廟場新設離城一百八十里三六九集
丙十二甲場市十
大沙壩場離城三百二十里三六九集　橋頭壩場離城三百二十里二五八集
三益場離城三百二十里二五八集　中壩場離城三百六十里一四七集
沙子關場離城三百六十里三六九集　栗子壩場離城四百里一四七集

新場離城四百二十里二五八集　石梁河場離城四百里三六九集
三會場離城四百四十里二五八集　黃連埡場離城四百四十里一四七集
外十二甲場市五
高家鎮場離城六十里二五八集　復興場離城一百二十里三六九集
蔣家溝場離城一百里三六九集　倒流水場離城一百八十里二五八集
龍窕廟場離城九十里一四七集

寨洞

首甲

大坪寨　尖山寨　安全寨　福德寨

三合寨　人和寨　長壽寨　高興寨
和心寨　九安寨　安樂寨　太平寨
鷹嘴巖寨　天城寨　天心寨　高官寺寨
大山寺寨　風巖頭寨　擂鼓寨
飛龍洞　水滴洞　響水洞

二甲

大屋寨　印合寨　天保寨　石窖坡寨
天和寨　天祺寨　人和寨　虎城寨
得勝寨　平安寨　順天寨　天星寨

天合寨　仁合寨　爐塘坡寨　傅家山寨
協成寨　天平寨　雙堡寨　金子臺寨
天成寨　太平寨　天馬山寨　梧桐寨
興隆寨　大仙寨　范家寨　三合寨
山王寨　挖斷山寨　老君寨　三元寨
天心寨　豹子寨　大城寨　慶雲寨
小城寨　關聖寨　石嶺寨　蝦蟇石寨
龍角巖寨　天保寨李家寺場
觀音洞　神匡洞　梭子洞　白鶴洞

福興洞　萬全洞　和尚洞　天心洞
大東巖洞
三甲
獅子寨　盤石寨　太平寨　馬鞍寨
天池壩寨　鳳凰寨　人和寨　花巖寨
安和寨　天福寨　觀音寨　毡帽山寨
花地堡寨　仙人寨　紙筆山寨　平安寨
楊家寨　和順寨　昇平寨
金龜洞

四甲
罐子山寨　清平寨　天祐寨　德壽山寨
獅子寨　七星寨　涼風寨　永甯寨
壁山寨　福祿寨　和順寨　人和寨
石龍寨　老鶴寨　鐵牆寨　蔣家寨
水魔洞
五甲
雙龍寨　永固寨　大峰寨　昇平寨
高洞寨　金佛寨　白石嶺寨

仙人洞　老龍洞
六甲
鸚鵡巖寨　平安寨　大寶寨　窠塘寨
小寶寨　華家山寨　萬勝寨　涼磜磴寨
天城寨　打穀坪寨　尖山子寨
七甲
高峰寨　關聖寨　平安寨　中興寨
石嵛寨　萬順寨　萬勝寨　大順寨
平安寨大安場　安集寨　福興寨　安合寨

石龍寨　石堡寨　長安寨　石壁寨
青龍寨　鳳凰寨　龍鳳寨　仙佛寨
太平寨　大佛寨　天池寨　雙河寨
青煙洞
八甲
崇福寨　大聖寨　平安寨　永安寨
合興寨　永清寨　印合寨　高興寨
砂平寨　鳳凰寨
望天洞

九甲
太安寨　玉蟾寨
石全洞　石壁洞　凌雲洞　得勝洞
平安洞　天險洞　吉安洞　人和洞
地利洞　保安洞　偏安洞　治安洞
古佛洞　獅口洞　飛仙洞
十甲
三仙寨　金龍寨　黃草嶺寨　昇平寨
夜梨坪寨　栗子寨　同心寨

蓮花洞　山王洞　觀音洞　四方洞
老龍洞　巖風洞
十一甲
高壽寨　同興寨　乾元寨　天福寨
安福寨　天星寨
白虎洞　寨子巖洞　觀音洞　大洞
山羊洞　貓子洞　金子洞　白山洞
冰洞　飛水洞
內十二甲

麻旺寨
響水洞　高龍洞
外十二甲
天保寨　太平寨　人和寨
水簾洞

津梁
首甲
雙龍橋　趙家河橋　雙河口橋
二甲

安仁橋　順天橋　金龍橋　雙鳳橋

八福橋　象鼻橋

三甲

二龍橋　聚賢橋　復興橋　長壽橋

四甲

接龍橋　續纂萬壽橋在大柏樹場東北十里赴忠要路道光丁酉年建

五甲

通仙橋　總眞橋　瑞林橋　昇仙橋省志作天仙橋酆都觀前

平心橋　觀音橋　七里橋　安隆橋

七甲

萬壽橋　曾家橋　蔣家橋　雙龍橋

太平橋　捲洞橋　高橋　石龍橋

方石橋　雙河橋　聚緣橋　清水溪橋

八甲

大橋　萬壽橋　星橋　觀音橋

九甲

五福橋　利濟橋　平治橋　便宜橋

自生橋　通利橋　永定橋　錫福橋

十一甲

三元橋　福壽橋　獨善橋　萬壽橋

內十二甲

度生橋　四也橋　遇仙木橋　石拱橋

涼橋　雙會橋　續纂三多橋川楚通衢光緒六年重建

外十二甲

長春橋　大有橋　萬壽橋

風俗

民有信義之風

士頗倜儻常懷忠信

服食儉約男女別塗耕不失時喪禮稱家有無葬不逾期

婦女不妝飾雖衣綺羅必外加青布衣掩之謂之大衣

邑人多製咂嘛酒黍稷粱粟皆可入釀貯小罏中月餘始熟客至以沸水注滿插細竹入罏底吸飲香山詩悶取藤枝吸酒嘗東坡詩浮蛆豔金盌涪翁詩滿注浮蛆甕皆謂此也

立春及元日翦綵紙作錢徧貼門戶

元日遲明燃九燭於門外謂之品燭

元日用醃肉雞子滿貯盌內加酒食之人一盞曰投醪新春

拜賀三日醵金置酒寺觀歡飲謂之大拜年

上元日食粉團街市張社火鬧元宵唱秧歌採茶歌

二月三日都人士集文昌宮作會賽神飲福

寒食掃墓插柳踏青

端陽食角黍懸蒲艾飲雄黃酒泛蒲道家送朱符貼中堂

十三日集關祠祭賽散福俗稱單刀會

十五日謂之大端陽泛龍舟歡聚飲酒與五日同

七夕童稚以鳳仙花染指婦女用瓜菓對月穿鍼乞巧

中元日祀先薦亡菴寺建盂蘭會

中秋製月餅設席玩月

九月九日登高食重陽糕

十二月祭掃與清明同

十二月八日用糯米雜菓蔬煑糜曰臘八粥

二十四日用糖餅祀竈

物產

百穀皆可藝惟稻尤宜（糯而長腰者俗謂之寸穀）蔬菓無品異（舊志載雞樅蒟蒻頭龍眼桃李梅石榴謂異於他處　按雞樅土菌也高腳繖頭出滇南見字彙蒟蒻頭蒟蒻也見左思蜀都賦又本草蒟蒻一名鬼芋俗呼魔芋又名南星今各縣皆有龍眼出南方閩廣見稽含草木狀今蜀他縣亦有之至桃李梅榴尤非酆特產何得謂異）木宜松柏栝榕（俗呼黃葛）棕（皮可為繩）槿梧桐烏楊橦（皮可為布）卉竹有牡丹芍藥蘭水仙芙蓉山茶海棠蕉棠棣鳳尾松刺竹棕竹（葉類棕）可適用者曰桃竹箽曰木棉禽獸不育珍奇亦有貘山羊土貂鸜鵒吐綬雞桐花鳳然時一見之非恆產也藥稱黃連天麻厚樸五倍子黃蘖近年細民逐利盛種罌粟謂秋種春刈不傷農田而土氣宣泄穀不堅好無大旱澇比歲不登酆十年以前常餘米可濟外縣食今穀貴過倍往者嘉穀不可復見轉待食於他邑焉

官師志

建官分職任重有司親民惟宰率士惟師置尹佐理設防衞持德威惟畏文武兼資朝廷祿養名實攸宜留固稱詠去亦見思志官師

知縣

崇祀名宦者十八人

宋

李長官 舊志謂以慈惠異政聞

明

桂仲拳 創廨署立學校課士愛民

竇谷曙 應天人修學校均田畝定版籍

楊 謙 陝西人重建學校

余元亨 浙江東陽人潔己愛人

郴 儼 湖南巴陵人有惠政

周尚文 湖南道州人廉能愛民均徭平賦

柴 廣 祥符人築城修學定賦勞心惠民升漢州知州

李 毅 修城修學

明 紳 修城修學

萬 谷 清查田糧釐定徭役

周延甲 湖廣開武人重士愛民暇則講武脅苗之變親師民兵克之授監軍同知

冒夢齡 江南如皋人清廉愛民升甯州知州

陶宗孔 廣西人聽訟有異才升岳州府推官

張欽明 廣西桂林人清勤愛民宏獎士類

國朝

湯 濩 江南清河人順治己亥進士有惠政升晉州知州

李如澇 北直高陽人己亥進士創學校吳逆叛抗節潛歸

王廷獻 重建學校修輯縣志升戶部陝西司主事

前朝歷任知縣

宋

牟虛心 平都提點

元

曾達花赤完者帖木兒 始建學校

明

彭用禮 曾 鼎 李元敷 杜思敬 蘇原浩 陳 鼎

胡 璉 曾 琮 姚 臣 張 機 金 坦 王 樸

周包荒　劉孟桓　左應麟　蔣思忠　張守剛　張　霈
郭　魁　蕭宗高　林　梅　龔目成　嚴　官　文廷高
張邦衡　江文亨　周大紀　楊有培

國朝歷任知縣

商起予　陝西階州人順治十七年署任建縣署堂
張鳳狍　陝西中部人癸丑進士康熙十九年任
曹慎獨　北直景州人甲午舉人康熙二十一年任
王　鑣　山西曲沃人甲午舉人康熙二十三年任
常　紳　北直雄縣人壬戌進士康熙二十八年任

霍儀世　北直清苑人甲午舉人康熙三十年任
馬騰雲　奉天人歲貢康熙三十三年任
朱象鼎　浙江秀水人戊午舉人內閣中書改授康熙四十
四年任修署修學
周　潤　山東歲貢康熙五十二年任
汪德修　江南監生康熙五十七年任
曹源邰　浙江拔貢雍正二年任
何可如　陝西三水人雍正甲辰舉人七年任
田朝鼎　乾隆六年任

吳　璉　雲南蒙化人乾隆丙辰進士七年任
陳邦器　山西長子人貢生乾隆十六年任
蕭宗元　貴州都勻人乾隆己未進士十七年任
王國模
邊　鏞　江西峽江人乾隆乙丑進士十九年任修學署
孫　豫　浙江上虞人乾隆二十五年任
黃　鐘　江西新城人乾隆二十五年任
王縈緒　山東諸城人乾隆丁丑進士三十二年任
曾自伊　江西長甯人乾隆三十五年任

楊夢槎　字載騫江西金匱人丙子舉人乾隆三十六年任
金川軍興檄赴西路軍營管礮局木果木之變降番蜂聚
四山闔合先敂礮局夢槎紿賊築礮多實子藥反擊殺賊
數十人賊怒磔之死狀甚烈事聞
贈道銜祭葬賚蔭如例
劉伯勲　直隸任邱人乾隆辛未進士三十二年任
章汝楠　浙江會稽人乾隆丙子舉人三十七年任
王思恭
唐仕璉　江蘇江都人貢生乾隆三十九年任

詹世适　湖北黃陂人乾隆壬申進士三十九年任
柯支樹　廣西北流人乾隆戊辰進士四十一年任
張偉　貴州平遠人乾隆丁丑進士四十三年任
潘邦和　浙江仁和人附監生乾隆四十四年任
李元　湖北京山人舉人乾隆五十三年任
何楨　福建汀州府人乾隆壬午舉人五十四年任
徐仕林　順天通州人廩生五十六年任
李祖悅　廣東化州人乾隆丁酉拔貢五十七年任
饒覲光　湖北長陽人乾隆丁酉舉人五十八年任

楊燮　雲南趙州人乾隆乙酉舉人五十八年任
黃昭蘇　湖南桂東人乾隆丁酉拔貢五十九年任
李毓璣　貴州普安人乾隆壬午舉人嘉慶四年任
葛若煒　山東濮州人監生嘉慶五年任
陳汝秋　江蘇寶山人乾隆己酉進士嘉慶七年署任
辛翰　江西奉新人嘉慶丙辰進士九年任時四川困於軍需酆歲頻歉民無所措翰權挪常平倉穀發用俟秋採補民甚德之邑義學久廢翰至捐俸延師主講士習爲之一變邑故多訟或自鬻兒女以爲詐索甚或骨肉爭控不休翰動以天性維以法紀其風遂息持己以儉每出騶從無過三四人邑人歌之曰山路肩輿只二人一茶一飯不關民鄉間不解官來到認作尋常行路人丙寅以憂去酆人攀轅泣送爲建生祠祀之
李鑄　河南柘城人乾隆丁酉拔貢嘉慶十一年以忠州州判署任
陳作琴　湖北天門人嘉慶辛酉拔貢十一年署任
瞿頡　江蘇昭文人戊子舉人嘉慶十一年任修學修志
李應元　雲南晉甯州人壬子舉人嘉慶十四年署任

李自超　直隸遵化州舉人嘉慶十七年署任
方宗敬　湖南巴陵人嘉慶戊午舉人十八年任修署修學
何賜年　嘉慶二十一年署任
趙秉濂　江西南豐舉人道光四年署任
何蔚然　廣西平樂府舉人道光四年署任
孫熙　河南夏邑貢生道光五年署任
黃礽　雲南永北廳進士道光五年任
朱琦　順天宛平進士道光八年署任
車申田　山東海陽進士道光十年署任

薛丙勳　浙江會稽監生道光十一年署任

聞金策　浙江錢塘副貢道光十二年署任

李盤　陝西洋縣舉人道光十二年署任

李謙　甘肅秦安進士道光十三年任十六年五月以事去十月回任崇奬士類增置書院膏火田畝後告養歸卒於家

王培荀　山東淄川舉人道光十六年署任

黃懋祺　福建閩縣進士道光二十年署任好學愛士

姜廷燦　江蘇元和蔭生道光二十一年任

張紹齡　直隸天津舉人道光二十二年任二十四年調署昭化二十六年回任重修　學宮

朱有章　浙江麗水拔貢道光二十四年署任惠愛士民政平訟理建培元塔以補文峰後科第果盛邑人呼爲朱公塔補大邑縣令告養歸

福奎　滿洲鑲藍旗人道光三十年署任

周樹棠　湖南長沙進士咸豐二年署任

吳錦銓　貴州畢節舉人咸豐三年任四年以事去七年回任八年去九年六月回任十一月又去同治元年回任

張香海　山東蓬萊舉人咸豐四年署任籌防費飭團練置軍械創火藥局去任後連年賊警賴以防守邑人感之調安縣禦滇匪遇害

黃奉櫆　福建侯官人道光癸卯科舉人咸豐八年署任潔已愛民胥丁不擾增置義學嘉惠士林治酆僅九月去任士民攀戀競爲詩歌送之歲貢毛奇玥句云容易鄉民見長官候選訓導秦棣有到來惟飲一杯水歸去仍攜兩袖風之句衆以爲實録後告養歸酆民時或跋涉詣其家同治甲子卒於鄉邑人聞者莫不悼惜

王志棠　浙江歸安人咸豐九年署任

孟書城　直隸東光人道光己亥科舉人咸豐十年署任

曹紹樾　安徽歙縣舉人同治三年署任

張嗣成　浙江餘姚舉人同治四年署任

田秀栗　陝西城固增貢生同治五年署任以靖邊功保升知府在任年餘創建考棚置賓興田畝

【續纂】徐濬鏞　湖南清泉人同治七年任重修縣志

張瑞麟　山東高苑進士同治九年署稟遷縣治

馬佩玖　河南光州人咸豐己未科舉人同治十年任遷修

縣治城垣衙署

梅震煦　陝西長安縣廩貢生同治十二年署

劉樹義　雲南保山人同治十三年任

孔慶齡　貴州貴筑縣舉人光緒二年署稟請復還縣治

陸　鎔　安徽蕪湖人光緒三年署遷復舊治補修衙署

喬世清　湖北孝感人光緒四年署

錫　綸　漢軍正白旗人光緒六年署

何詒孫　雲南晉甯州人光緒四年任六年以事去七年回

任九年去十三年回任十六年去創立學田院費

黃際飛　廣東文昌人光緒九年署

傅亦舟　湖南湘潭人光緒十一年署

彭　脩　湖北潛江人光緒庚辰科進士十二年署

沈全脩　安徽石埭人光緒十七年署詳定學田章程

傅達源　貴州貴筑人光緒十八年署創設經古課刊定學

田章程

教諭

崇祀名宦者三人

元

饒克容

明

翁　佐　浙江諸暨舉人操履端方教約嚴正

竇希顏　湖北祁陽人詳見藝文詹貞吉竇公生祠記

前朝歷任教諭

明

王必祁　余　鐸　陳　巘　盧　書　程　鵬　沈繼芳

孟　賢　張　思　李秀華　馬良佐　李　裕　劉用簡

朱　棠　劉　寅　李春敷　黃世卿　朱　霖　李席龍

楊時隆　劉承易　楊起鵬　韋炳然

國朝

黃錫策　射洪舉人康熙三十三年任　按教諭缺今裁

訓導

崇祀名宦者一人

明

何宗中　重立號房

前朝歷任訓導

明

張漢賓　張友仁　張　海　陳壽鼎　向成顔　劉　銓

李　銓　唐　本　何大倫　馬元經　劉　爵　藍　耕

周　易　莫子仁　熊　文　董維藩　吳觀周　董守清

竹可上　熊文爵　李繼齡　周昌運　陳應珪　劉揚鳳

國朝歷任訓導

劉　塤　平武貢生康熙十五年任

胡公瑜　重慶貢生康熙二十四年任

何　修　遵義貢生康熙二十七年任

傅　珩　廣安人康熙三十年任

屈先達　納溪貢生康熙三十八年任

嚴履泰　慶符貢生康熙四十四年任

岳　亮　南江歲貢雍正六年任

蒲在湄　名山歲貢雍正十二年任

王艮讃　安岳歲貢乾隆二年任

楊　箇　乾隆四年任

陳其詣　大竹歲貢乾隆十年任

黃應垣　巴縣歲貢乾隆十二年任

朱仕建　閬中人乾隆辛酉舉人

范　昂　羅江歲貢乾隆十三年任

姚　璠　大甯歲貢乾隆十九年署任

孫永甯　黔江拔貢乾隆二十一年任

洪爾禔　乾隆三十八年署任

文在人　合州人乾隆壬午舉人三十八年署任

楊　洄　射洪人乾隆丁酉舉人五十三年署任

杜永齡　南充人乾隆丁酉舉人五十三年任

馮灼文　慶符人乾隆己酉拔貢五十八年署任

王　謙　石泉歲貢乾隆五十九年任

屈朝泰　樂至廩貢生嘉慶十一年署任

向明學　雲陽歲貢嘉慶十二年任

韓際昌　岳池廩貢生嘉慶十三年署任

陳九經　崇慶州人乾隆丙午舉人嘉慶十四年任

陳郁蘭　嘉慶二十三年署任

譚言藻　安岳舉人嘉慶二十四年任

鄒桂林　巴縣舉人道光十年任

韓　熼　長壽優貢道光十年署任

宋瑄　灌縣舉人道光十年署任
楊冲霄　閬中貢生道光三十年署任
彭敦吉　成都廩生咸豐四年署任
劉本愚　宜賓舉人咸豐五年署任
何鳳瑞　南部廩生咸豐五年署任
謝紹伯　射洪舉人咸豐六年任
邱炳章　郫縣增貢生由軍功保舉教諭同治三年署任

續纂

王恂　新繁廩生同治六年署

廖樹三　新都增貢同治八年署
楊聰　綿竹舉人同治九年任光緒元年以事去三年回任
胡肇祺　成都廩生光緒元年代理
劉象清　簡州舉人光緒四年署
薛銓善　興文拔貢光緒七年任
衛烈　劍州廩生光緒九年署

前朝歷任主簿

明

孫薇　馬世偉　蔣曉　陳一度　王友直　吳貴
衛田　張四術　尹學士　紀幼僑　楊宗貴　沈濱
金鳳鳴　葉大剛　沈東虞　陳啟鳳　黃啟漢　施可久
賈國士　劉一首　王復　金仕俊

國朝主簿缺裁

前朝歷任巡檢

明

黃道克　范永旬　張思誠

國朝巡檢缺裁

前朝歷任典史

元

張傑　湯忠

明

祁志　譚瓚　劉從善　廣倫　楊田卷　謝彥昂
范俊　王世昌　馬山　王孟才　彭鎡　張一鳳
周萬材　紀養蒙　敖廷言　唐應聘　蔣時中　王繼成
李世英　陳應昌　王國秀　唐堯典　曾宏道　黃爲龍

國朝歷任典史

樓鼎魁　浙江人吏員康熙九年任
羅　薦　陝西富平人吏員康熙十九年任
王大倫　浙江人吏員康熙二十一年任
沈國璋　浙江蕭山人吏員康熙三十年任
劉啟武　江西安福人吏員康熙四十二年任
王　緒　直隸大興人雍正六年任
姚廷會　浙江山陰人乾隆二年任
曾四瑞　乾隆六年任
崔作鎮　甘肅碾伯人乾隆六年任

李延鳳　正紅旗監生乾隆十二年任
王　渲　順天大興人乾隆十九年任
徐永緯　江蘇崑山人乾隆二十八年任
王　瓚　順天宛平人監生乾隆二十九年任
吳　棨　江西高安人監生乾隆三十一年任
戚祖夔　湖北江夏人監生乾隆三十二年任
屠　炬　湖北孝感人監生乾隆四十八年任
李　英　江西金谿人乾隆四十九年任
楊　愷　浙江鎮海人嘉慶元年署任

章春遇　浙江會稽人嘉慶二年任三年教匪逼近縣境尉捐款募勇擒獲教匪嚴學海等八名五年尉籌設東西二關四月賊逼城西附郭民居得免焚燬事竣保升縣丞
陳先甲　江蘇武進人嘉慶九年署任
劉　椿　江蘇太湖人監生嘉慶九年署任
孫集鳳　浙江山陰人監生嘉慶十年署任
歐陽璧　江西彭澤人嘉慶十年任
馬　延　浙江會稽人嘉慶十三年署任
張爲婷　陝西華陰人嘉慶十四年署任

夏　森　江甯人嘉慶十八年署任
曾榮惠　大興人嘉慶十九年署任
王楚賢　大興人嘉慶十九年任
李在春　嘉慶二十三年署任
沈宗惠　道光四年署任
傅振宗　河南汲縣人道光七年署任
趙永祿　直隸清苑人道光八年署任
劉　斌　陝西富平人道光十三年任
潘世昌　順天大興人道光十九年署任

張力延　順天大興人道光二十六年署任
祝純禧　順天大興人道光二十六年署任
胡景春　順天大興人道光二十八年任
張廷熙　安徽婺源人道光二十九年署任
張錫垣　咸豐三年任
洪賢景　湖北黃岡人咸豐九年署任
蕭沛霖　順天大興人咸豐十年任
王尙德　山西靈石人同治五年署任
邵元瑛　安徽桐城人同治六年署任

續纂

盛恩澤　順天大興人同治八年任監鐫縣志
丁逢熙　福建閩縣人同治九年署
查文星　安徽懷甯人同治十年署
唐庚　浙江慈谿人同治十二年任
曹聯晋　江蘇上元人光緒四年代理
唐濬源　貴州松桃人光緒十一年代理
姚文錦　順天大興人光緒十二年代理
胡慶恩　浙江山陰人光緒十二年署

前朝歷任驛丞

明

李宗志　張子銘　楊榮　楊篆　雷洪　蔣守恆
呂盛　羅榮　黃葵　陳藎　張有望　趙之璧
周之盛　高廷舉

國朝驛丞鈌裁

歷任駐防把總

劉秉智　千總
況朝輔　千總
周世海　千總

張龍　河南開封人行伍
許成位　千總
郭文玉　忠州人行伍
吳學孟　成都人行伍
駱吉　巴縣人行伍
張耀
張貴　陝西蒲城人行伍
周宗孟　黔江人行伍

劉尙義
徐國仁　巴縣人行伍
徐文達　陝西人行伍
張君相　巴縣人行伍
戴榮陞　成都人行伍
侯　理　忠州人世襲恩騎尉
伯占魁　成都人行伍
楊應宗　合州人行伍
余永貴　長壽人行伍

梁志品　成都人行伍
陳有才　忠州人行伍
劉良超　巴縣人行伍
王宗林　忠州人世襲雲騎尉
譚報國　忠州人世襲恩騎尉
朱榮魁　巴縣人行伍
陳洪疇　成都人行伍
陳治安　巴縣人行伍
馬春芳　巴縣人世襲雲騎尉

吳啟貴　巴縣人
嚴繼寬　本邑人行伍
汪輝祖　巴縣人行伍
駱洪順　三台人行伍
金　魁　巴縣人行伍
闞志清　忠州人行伍
任萬春　巴縣人行伍
張廷獻　新甯人行伍
邱士彪　璧山人行伍

徐忠鈺　巴縣人行伍

續纂

廖昌奎　灌縣人武舉
曾洪元　秀山人行伍
幹雲程　華陽人行伍
何三級　巴縣人行伍
馬應福　巴縣人行伍
周開基　長壽人行伍
蘇嘉珥　本邑人行伍

酆都縣志

酆都縣志卷二

典祀志

國之大事惟祀爲先報功崇德吉禮斯傳上下神祇古昔聖賢忠孝貞烈大節凜然俎豆旣具馨香告虔神降之福綏邦豐年志典祀

社稷壇　舊在治西一里今在治東山王廟後

風雲雷雨壇　治東北一里

先農壇　治東山王廟後

厲壇　治西一里續纂舊在城西光緒七年知縣何詒孫移建北門外平都山麓山王廟側十八年署知縣傅達源移建山王廟左

文廟在學署東明初在縣署東知縣桂仲拳建洪武十四年知縣竇谷曙重修二十一年知縣楊謙改建於縣署西黃常爲之記宏治中知縣李毅明紳萬歷七年知縣左應麟重修兵燬國朝康熙元年知縣湯濩建九年知縣李如蒡四十二年知縣王廷獻四十四年知縣朱象鼎嘉慶十二年知縣瞿頔二十一年知縣方宗薇重修道光二十七年知縣張紹齡改修續纂同治九年毁於水光緒元年知縣劉樹義修復邑人王元曾

爲之記

崇聖祠在

大成殿後同時修

欽頒匾額　康熙二十三年

御書萬世師表匾額一道雍正三年

御書生民未有匾額一道乾隆三年

御書與天地參匾額一道嘉慶七年

御書聖集大成匾額一道道光二年

御書聖協時中匾額一道咸豐二年

御書德齊幬載匾額一道同治二年

欽頒聖神天縱匾額一道先後奉到欽遵建立於

大成殿（續纂）光緒元年

欽頒斯文在茲匾額一道亦欽遵恭製懸掛

大成殿

欽定祀位

大成殿位

至聖先師孔子正中南面

東配

復聖顏子　名回字子淵魯人　漢永平十五年祀七十二弟子顏子位第一魏晉祀孔子均以顏子配唐貞觀二年以孔子爲先聖顏子配饗

述聖子思子　名伋字子思　宋大觀二年從祀端平三年升列哲位咸淳三年配饗

西配

宗聖曾子　名參字子輿魯武城人　唐開元八年從祀宋咸淳三年配饗

亞聖孟子　名軻字子輿鄒人宋元豐七年配饗

東哲

先賢閔子　名損字子騫魯人唐開元八年從祀

先賢冉子　名雍字仲弓魯人唐開元八年從祀

先賢端木子　名賜字子貢衞人唐開元八年從祀

先賢仲子　名由字子路魯卞人唐開元八年從祀

先賢卜子　名商字子夏衞人　唐貞觀二十一年以經師從祀開元八年以十哲從祀

先賢有子　名若字子若魯人　唐開元八年從祀　國朝乾隆三年升列哲位

西哲

先賢冉子　名耕字伯牛魯人唐開元八年從祀

先賢宰子　名予字子我魯人唐開元八年從祀

先賢冉子　名求字子有　唐開元八年從祀

先賢言子　名偃字子游吳人唐開元八年從祀

先賢顓孫子　名師字子張陳人　唐開元八年從祀　宋咸淳三年升列哲位

先賢朱子　名熹字元晦婺源人　宋建炎四年生慶元六年卒年七十一淳祐元年從祀　國朝康熙五十一年升列哲位

東廡先賢

先賢公孫僑　字子産鄭公族　左傳魯襄公八年始見昭公八年卒　國朝咸豐七年從祀

先賢林放　字子邱魯人　唐開元二十七年從祀　明嘉靖九年改祀於鄉　國朝雍正二年復祀

先賢原憲　字子思魯人　唐開元二十七年從祀

先賢南公适　字子容魯人　唐開元二十七年從祀

先賢商瞿　字子木魯人　唐開元二十七年從祀

先賢漆雕開　字子若一作憑字子開蔡人　唐開元二十七年從祀

先賢司馬耕　字伯牛宋人　唐開元二十七年從祀

先賢梁鱣　字子魚齊人　唐開元二十七年從祀

先賢冉孺　字子魯魯人　唐開元二十七年從祀

先賢伯虔　字子析魯人　唐開元二十七年從祀

先賢冉季　字子産一字子達魯人　唐開元二十七年從祀

先賢漆雕徒父　字子有魯人　唐開元二十七年從祀

先賢漆雕哆　字子斂魯人　唐開元二十七年從祀

先賢公西赤　字子華魯人　唐開元二十七年從祀

先賢任不齊　字子選楚人　唐開元二十七年從祀

先賢公良孺　字子正陳人　唐開元二十七年從祀

先賢公肩定　字子中衞人　唐開元二十七年從祀

先賢鄡單　字子家魯人　唐開元二十七年從祀

先賢罕父黑　字子索魯人　唐開元二十七年從祀

先賢榮旂　字子旗魯人　唐開元二十七年從祀

先賢左人郢　字子行魯人　唐開元二十七年從祀

先賢鄭國　字子徒魯人　唐開元二十七年從祀

先賢原亢　字子籍魯人　唐開元二十七年從祀

先賢廉潔　字子庸衞人　唐開元二十七年從祀

先賢叔仲會　字子期魯人　唐開元二十七年從祀

先賢公西輿如　字子上魯人　唐開元二十七年從祀

先賢邽巽　字子斂魯人　唐開元二十七年從祀

先賢陳亢　字子禽陳人　唐開元二十七年從祀

先賢琴張　字子開一字子張衞人　唐開元二十七年從祀

先賢步叔乘　字子車齊人　唐開元二十七年從祀

先賢秦非　字子之魯人　唐開元二十七年從祀

先賢顔噲　字子聲魯人　唐開元二十七年從祀

先賢顏何字子冉魯人　唐開元二十七年從祀　明嘉靖九年罷　國朝雍正二年復祀

先賢縣亶字子象魯人　國朝雍正二年從祀

先賢牧皮力牧之後　國朝雍正二年從祀

先賢樂正克周人孟子弟子　國朝雍正二年從祀

先賢萬章齊人孟子弟子　國朝雍正二年從祀

先賢周敦頤字茂叔湖廣道州人　宋天禧元年生　熙甯六年卒年五十七　淳祐元年從祀

先賢程顥字伯淳河南洛陽人　宋明道元年生　元豐八年卒年五十四　淳祐元年從祀

先賢邵雍字堯夫河南人　宋大中祥符四年生　熙甯十年卒年六十七　咸淳三年從祀

西廡先賢

先賢蘧瑗字伯玉衛人　左傳魯襄公十四年始見　卒年無考　史記定公十四年孔子猶主蘧伯玉家　其卒後於公孫僑蓋三十餘年　唐開元二十七年從祀　明嘉靖九年改祀於鄉　國朝雍正二年復祀

先賢澹臺滅明字子羽魯武城人　唐開元二十七年從祀

先賢宓不齊字子賤魯人　唐開元二十七年從祀

先賢公冶長字子長魯人　唐開元二十七年從祀

先賢公晳哀字季次齊人　唐開元二十七年從祀

先賢高柴字子羔齊人　唐開元二十七年從祀

先賢樊須字子遲魯人　唐開元二十七年從祀

先賢商澤字子季魯人　唐開元二十七年從祀

先賢巫馬施字子期陳人　唐開元二十七年從祀

先賢顏辛字子柳魯人　唐開元二十七年從祀

先賢曹卹字子循蔡人　唐開元二十七年從祀

先賢公孫龍字子石衛人　唐開元二十七年從祀

先賢秦商字子丕魯人　唐開元二十七年從祀

先賢顏高字子驕魯人　唐開元二十七年從祀

先賢壤駟赤字子徒秦人　唐開元二十七年從祀

先賢石作蜀字子明秦成紀人　唐開元二十七年從祀

先賢公夏首字子乘魯人　唐開元二十七年從祀

先賢后處字子里齊人　唐開元二十七年從祀

先賢奚容蒧字子皙魯人　唐開元二十七年從祀

先賢顏祖字子襄魯人　唐開元二十七年從祀

先賢句井疆字子疆衛人　唐開元二十七年從祀

先賢秦祖字子南魯人　唐開元二十七年從祀

先賢縣成字子棋魯人　唐開元二十七年從祀

先賢公祖句茲字子之魯人　唐開元二十七年從祀

先賢燕伋字子思秦人　唐開元二十七年從祀

先賢樂欬字子聲魯人　唐開元二十七年從祀

先賢狄黑　字子哲衞人唐開元二十七年從祀

先賢孔忠　字子蔑史記作孔子兄孟皮之子唐開元二十七年從祀

先賢公西葴　字子尙魯人唐開元二十七年從祀

先賢顏之僕　字子叔魯人唐開元二十七年從祀

先賢施之常　字子恆魯人唐開元二十七年從祀

先賢申棖　字子周魯人唐開元二十七年從祀

先賢左邱明　魯人楚左史倚相之後唐貞觀二十一年以經師從祀

先賢秦冉　字開魯人唐開元二十七年從祀明嘉靖九年罷國朝雍正二年復祀

先賢公明儀　魯南武城人國朝咸豐三年從祀

先賢公都子　齊人孟子弟子國朝雍正二年從祀

先賢公孫丑　齊人孟子弟子國朝雍正二年從祀

先賢張載　字子厚宋郿縣人宋天禧四年生熙甯十年卒年五十八淳祐元年從祀

先賢程頤　字正叔伯淳之弟宋明道二年生大觀元年卒年七十五淳祐元年從祀

東廡先儒

先儒公羊高　齊人子夏弟子唐貞觀二十一年從祀

先儒伏勝　字子賤漢濟南人秦博士唐貞觀二十一年從祀

先儒毛亨　漢魯人年無考受詩於荀卿以授毛萇按史記楚考列王二十五年荀卿廢居蘭陵距漢興三十二年太平御覽引毛詩正義云荀卿授漢人魯國毛亨則是秦漢間人國朝同治二年從祀

先儒孔安國　字子國兗州人漢武帝時爲博士侍中唐貞觀二十一年從祀

先儒后蒼　字近君東海郯人漢宣帝時爲博士明嘉靖九年從祀

先儒許愼　字叔重漢汝南人國朝光緒二年從祀

先儒鄭康成　北海高密人漢永建二年生建安五年卒年七十四唐貞觀二十一年從祀明嘉靖九年改祀於鄉國朝雍正二年復祀

先儒范甯　字武子鄢陵人晉咸康五年生隆安五年卒年九十三唐貞觀二十一年從祀明嘉靖九年改祀於鄉國朝雍正二年復祀

先儒陸贄　字敬輿嘉興人唐天寶十三年生永貞元年卒年五十二國朝道光六年從祀

先儒范仲淹　字希文吳縣人宋端拱二年生皇祐四年卒年六十四國朝康熙五十四年從祀

先儒歐陽修　字永叔廬陵人宋景德四年生熙甯五年卒年六十六明嘉靖九年從祀

先儒司馬光　字君實夏縣人宋天禧三年生元祐元年卒年六十八咸淳三年從祀

先儒謝良佐　字顯道上蔡人宋元豐八年進士生卒年無考與楊時同稱程門四先生國朝道光二十九年從祀

先儒羅從彥　字仲素南劍州人宋熙甯五年生紹興五年卒年六十四明萬歷四十二年從祀

先儒李綱　字伯紀邵武人宋元豐六年生紹興十年卒年五十八國朝咸豐元年從祀

先儒張栻　字敬夫緜竹人宋紹興三年生淳熙七年卒年四十八景定二年從祀

先儒陸九淵　字子靜金谿人宋紹興九年生紹熙三年卒年五十四明嘉靖九年從祀

先儒陳淳　字安卿漳州龍溪人宋紹興二十三年生嘉定十年卒年六十五國朝雍正二年從祀

先儒眞德秀 字景元浦城人 宋淳熙五年生端平二年卒年五十八明正統二年從祀

先儒何基 字子恭金華人 宋淳熙十五年生咸淳四年卒年八十一 國朝雍正二年從祀

先儒文天祥 字宋瑞一字履善吉水人 宋端平三年五月二日生元至元十九年卒年四十七 國朝道光二十三年從祀

先儒趙復 字仁甫德安人 生卒年無考以宋端平二年至北庭當列元儒之首 國朝雍正二年從祀

先儒金履祥 字吉父蘭谿人 宋紹定五年生元大德七年卒年七十二 國朝雍正二年從祀

先儒陳澔 字可大江西南昌人 宋景定二年生元至正元年卒年八十一 國朝雍正二年從祀

先儒方孝孺 字希直甯海人 元至正十七年生明建文四年卒年四十六 國朝同治二年從祀

先儒薛瑄 字德溫河津人 明洪武二十二年生天順八年卒年七十六隆慶五年從祀

先儒胡居仁 字叔心餘干人 明宣德九年生成化二十年卒年五十一萬歷十二年從祀

先儒羅欽順 字允升泰和人 明成化元年生嘉靖二十六年卒年八十三 國朝雍正二年從祀

先儒呂柟 涇野人 明成化十五年生嘉靖二十一年卒年六十四 國朝同治二年從祀

先儒劉宗周 浙江山陰人 明萬歷六年生 國朝順治二年卒年六十八道光二年從祀

先儒孫奇逢 字鍾元河南人 明萬歷十二年生 國朝康熙十四年卒年九十二道光八年從祀

先儒張履祥 字考夫 國朝人 同治十年從祀

先儒陸隴其 字稼書平湖人 明崇禎三年生 國朝康熙三十一年卒年六十三雍正二年從祀

先儒張伯行 字孝先 國朝人 光緒四年從祀

西廡先儒

先儒穀梁赤 字元始魯人 子夏弟子 唐貞觀二十一年從祀

先儒高堂生 字伯 秦末漢初人 唐貞觀二十一年從祀

先儒董仲舒 廣州人 漢武帝初年對策爲江都相元至順元年從祀

先儒劉德 漢河間獻王 國朝光緒三年從祀

先儒毛萇 字長公趙人 漢河間獻王博士唐貞觀二十一年從祀

先儒杜子春 河南緱氏人 漢永平初年年九十唐貞觀二十一年從祀

先儒諸葛亮 字孔明襄陽人 漢光和四年生建興十二年卒年五十四 國朝雍正二年從祀

先儒王通 字仲淹龍門人 陳至德二年生隋義甯二年卒年三十五一作開皇二年生明嘉靖九年從祀

先儒韓愈 字退之南陽人 唐太歷三年生長慶三年卒年五十七宋元豐七年從祀

先儒胡瑗 字翼之海陵人 宋淳化四年生嘉祐四年卒年六十七明嘉靖九年從祀

先儒韓琦 字稚圭相州安陽人 宋大中祥符元年生熙甯八年卒年六十八 國朝咸豐二年從祀

先儒楊時 字中立將樂人 宋皇祐五年生紹興五年卒年六十八 國朝咸豐二年從祀

先儒游酢 字定夫宋建陽人 國朝光緒十九年從祀

先儒尹焞 字彥明一字德充洛陽人 宋熙甯四年生紹興十二年卒年七十二 國朝雍正二年從祀

先儒胡安國 字康侯崇安人 宋熙甯七年生紹興八年卒年六十五明正統二年從祀

先儒李侗 字愿中延平人 宋元祐八年生隆興元年卒年七十一明萬歷四十二年從祀

先儒呂祖謙 字伯恭婺州人 宋紹興七年生淳熙八年卒年四十五 景定二年從祀

先儒袁燮 字和叔宋鄞縣人 國朝同治七年從祀

先儒黃幹 字直卿福州閩縣人 宋紹興二十二年生嘉定十四年卒年七十 國朝雍正二年從祀

先儒輔廣 字漢卿宋人 國朝光緒五年從祀

先儒蔡沈 字仲默建陽人 宋乾道三年生紹定三年卒年六十四 明正統二年從祀

先儒魏了翁 字華甫邛州蒲江人 宋淳熙五年生嘉熙元年卒年六十 國朝雍正二年從祀

先儒王柏 字子恭金華人 宋慶元三年生咸淳十年卒年七十八 國朝雍正二年從祀

先儒陸秀夫 字君實鹽城人 宋端平三年十月八日生祥興二年卽元至元十六年卒年四十四 國朝咸豐九年從祀

先儒許衡 字平仲河內人 宋嘉定二年生元至元十八年卒年七十三 皇慶二年從祀

先儒吳澄 字幼清崇仁人 宋淳祐九年生元元統元年卒年八十五 明正統八年從祀 嘉靖九年罷 國朝乾隆二年復祀

先儒許謙 字益之金華人 元至元七年生後至元三年卒年六十八 國朝雍正二年從祀

先儒曹端 字月川澠池人 明洪武九年生宣德九年卒年五十九 國朝咸豐十年從祀

先儒陳獻章 字公甫新會人 明宣德三年生宏治十三年卒年七十三 萬歷十二年從祀

先儒蔡清 字介夫晉江人 明景泰四年生正德三年卒年五十六 國朝雍正二年從祀

先儒王守仁 字伯安明餘姚人 明成化八年生嘉靖七年卒年五十七 萬歷十二年從祀

先儒呂坤 字叔簡甯陵人 明嘉靖十五年生萬歷四十六年卒年八十三 國朝道光六年從祀

先儒黃道周 字石齋福建漳浦人 明萬歷十三年生國朝順治三年卒年六十二 道光五年從祀

先儒陸世儀 字道威 國朝江蘇太倉人光緒元年從祀

先儒湯斌 字孔伯河南睢州人 明天啟七年生 國朝康熙二十六年卒年六十一 道光三年從祀

崇聖祠 正殿

肇聖王 木金父公正中

裕聖王 祈父公左

詒聖王 防叔公右

昌聖王 伯夏公左次

啟聖王 叔梁公右次 均南向

東配

先賢孔氏孟皮 字伯尼 國朝咸豐七年配饗

先賢顏氏 名無繇字路 唐開元二十七年從祀 明嘉靖九年配饗

先賢孔氏 名鯉字伯魚 宋咸淳三年從祀 明嘉靖九年配饗

西配

先賢曾氏 名點字晳 唐開元二十七年從祀 明嘉靖九年配饗

先賢孟孫氏 名激字公宜魯公族孟孫之後 明嘉靖九年配饗

東廡先儒

先儒周氏 名輔成周子敦頤之父年無考 明萬歷二十三年從祀

先儒程氏 名珦字伯溫二程子顥之父 宋景德三年生元祐五年卒年八十五 明嘉靖九年從祀

先儒蔡氏 名元定字季通蔡氏沈之父 宋紹興五年生慶元四年卒年六十四 明嘉靖九年從祀

西廡先儒

先儒張氏名廸張子載之父年無考國朝雍正二年從祀

先儒朱氏名松字喬年朱子熹之父宋紹聖四年生紹興十三年卒年四十七明嘉靖九年從祀

續纂按自同治七年以來從祀先儒凡八位均照頒定位次敬謹增入歷朝從祀年代並各先儒生卒亦俱增列以誌欽崇

文昌廟　治東平都山麓康熙十一年知縣李如蒡建續纂同治九年毀於水光緒八年知縣何詒孫重建

關帝廟　在東門內乾隆四十八年知縣章汝楠建續纂同治九年毀於水十一年知縣馬佩玖補修

城隍廟　在東門內

龍神祠　在治東山王廟後續纂同治九年毀於水光緒元年知縣劉樹義補修

火神祠　在治東山王廟後續纂同治九年毀於水十一年知縣馬佩玖補修

名宦祠　在學宮戟門左所祀之人見官師志續纂同治九年毀於水光緒元年知縣劉樹義補修

鄉賢祠　在學宮戟門右所祀之人見人物志續纂同治九年毀於水光緒元年知縣劉樹義修復

忠義節孝祠　在學宮櫺星門左所祀之人見人物志續纂先是並建一祠同治九年毀於水光緒元年知縣劉樹義重建

忠義祠於原址移建

節孝祠於櫺星門之右

昭忠祠　在小西門內所祀之人見人物志續纂同治九年大水漂沒祠因修復舊治移祀新城典史署光緒十九年移祀忠義祠

續纂

純陽觀　在縣治西門外雙桂山麓光緒十五年知縣何詒孫建

營建志

穀梁有言民勤工鮮所止修葺春秋稱善邑載閈廬城嚴關鍵職思其居儲材愼選凡厥興行惟其急緩廢墜經營守者斯典志營建

城池

酆都石城明天順中知縣柴廣築高二丈周六百丈門五東南曰宣化東曰迎恩（一名守智）南曰會川（一名館驛）西曰陽和北曰屢豐又別闢門四以便樵汲曰東水門西水門（今閉）小東門（今閉）小西門宏治中知縣李毅明紳重修

國朝乾隆五十三年江水漲浸城塌半嘉慶元年教匪之亂知縣楊夔募修十八年知縣方宗敬重繕始置埤堄咸豐四年滇匪警城歲久就坍知縣吳錫銓募修未完以事去十年六月江溢入城塌二百丈有奇會川門將圮八月錫銓復任葺完始易堞以甎又附城置空心礮臺六同治三年城又塌百丈有奇宣化門將圮六年署知縣田秀粟籌貲完葺更增堞五百六十六雉以愼封守【續纂】九年毀於水光緒三年署知縣陸鎔復加葺繕

按酆都縣城前俯長江峻坂不可以池江水以爲池可耳後枕高山形似勝矣然而山高且逼連亘三面下瞰城郭纖毫呈露動靜可覘火器可及雖有礮臺豈利仰攻有城守責者盍於山以外圖之

【續纂】

新城在治西三里許同治十一年知縣馬佩玖築壘石爲垣周六百七十六丈高二丈餘亥丈六七尺堞一千二百六十二門四曰東作曰西成曰南化曰朔易各有樓別闢水門二是年四月遷治民不便光緒三年署知縣陸鎔復葺舊治徙還新城今漸廢

按同治九年六月水大至舊城全沒人民蕩析知縣徐濬鏞因以罷署知縣張瑞麟議遷莪坡知縣馬佩玖別城於傅家包旣遷稟論始末甚詳謂城東西北近山不利守南面江窪下城北溪漲輒倒注上游土地盤諸灘爲民鑿石漸平水漸北南岸轉高地勢迥非昔比恐修復後江水一發所費盡虛糜因議遷次歲委員來勘衆論多不便繼以不遷患大計遂定乃先擇地次選石次督工以莪坡地不吉距江遠鑿井胥取石亦不便聘仁壽縣生員葉湘南度莪坡東南三里許之傅家包甚吉其地東西南三面懸岩

各數十丈因以爲城南面岩下爲大江東西岩下溪流不絕取水良便雖東面溝外山勢高築礮臺足以備不虞西南溝外爲李家山石堅地近取用捷於是鳩工庀材數千人併力作城腳深挖竟石底然後砌石平土因勢以爲城身之高下城以內衢四達官署倉獄祠廟具閱十三月而成是役也費錢十四萬五千貫大半皆民輸因請免捐輸十年報可又請永廣學額數名格於議稟上以憂去屬稿於邑貢生劉壽圖書榜以當記凡萬餘言今燬

公署

知縣署　城東南宣化門內順治庚子署知縣商起予建大堂三間後堂三間康熙九年知縣李如澇建後廳五間左右司房各四間二十四年知縣王鑣建頭門鐘鼓樓三間三十四年知縣馬騰雲建大堂前軒三間戒石坊一座西花廳三間四十五年知縣朱象鼎建東花廳三間嘉慶十年知縣方宗敬重修有重修廨宇記見藝文志同治七年知縣徐濬鏞改修東花廳顏曰聽鹿別墅增建長軒六間於內宅西偏繞以迴廊〔續纂〕九年毀於水治遷葺爲平山書院光緒三年署知縣陸鎔修復仍爲縣署五年知縣何詒孫於內宅西偏改建層樓三間重葺東花廳修復書室五間墻以周垣十九年知縣蔣履泰於二堂東偏建連簃三間

上諭亭　在大堂前嘉慶十九年知縣方宗敬建

蕭曹祠　在大堂東偏嘉慶九年知縣瞿頡建〔續纂〕光緒三年署知縣陸鎔重建

土地祠　倉神祠　在東花廳後知縣方宗敬改修〔續纂〕光緒十五年知縣何詒孫改建　倉神祠移少後　土地祠今廢

按舊志縣署創自前明洪武四年知縣桂仲拳十四年知縣竇谷曙嘉靖三十二年知縣王樸重修明末燬

國朝康熙四十五年知縣朱象鼎建旌善申明二亭今亦燬

訓導署　在　學宮西康熙庚戌知縣李如澇建明倫堂三間乾隆二十三年知縣邊鏞重修訓導孫承甯有記見藝文志〔續纂〕同治九年大水淹沒光緒三年署知縣陸鎔修復十年毀於火訓導喬松重修始建卧碑並於署西增屋數楹以待諸生之來學者

典史署　縣署西康熙二十年典史王大倫重建〔續纂〕同治九年毀於水治遷廡售光緒三年還舊治署知縣陸鎔籌贖修復

駐防把總署　初在山王廟康熙三十四年知縣馬騰雲就館驛舊址建【續纂】同治九年毀於水汎遷新城光緒三年徙還署知縣陸鎔折新城汎署移建故址

陰陽學　醫學　縣署東明洪武二十一年知縣楊謙立今燬

僧會司　道會司【續纂】按會典府曰道紀縣曰道會舊志道紀誤

按舊志載布政司分司署按察司分司署並前明建在縣署東今燬主簿署在縣署東教諭署在訓導署西驛丞署在會川門故會川亦稱館驛門巡檢署在城南二百里沙

子關鈌並裁署廢

【續纂】

新城知縣署一百一間同治十一年知縣馬佩玖建今賃作民居徵租以充書院經費

新城訓導署二十六間同治十一年知縣馬佩玖建今廢

新城典史署二十三間同治十一年知縣馬佩玖建今廢

新城駐防把總署十五間同治十一年知縣馬佩玖建光緒三年折移舊治

考棚

初童試在縣署道光九年知縣黃初遷試於城東火神祠同治七年署知縣田秀栗就小西門內公地募建詳見創修考棚碑記載藝文志【續纂】同治九年大水漂沒光緒十四年知縣何詒孫重修

校場

舊曰演武廳在城南濱江今燬署知縣田秀栗以募建考棚餘貲置田七畝八分小西門外竹雪菴前建廳四間顏曰射圃廳前築馬道爲三年大比童試馬射地間年佃耕以歲租爲考棚歲修貲有記見藝文

按田君又置田二畝屢豐門外爲歲修考棚貲

奎星閣　一在治東山王廟後道光二年知縣方宗敬建一在城內梧桐街道光十五年知縣李謙重修【續纂】先後俱毀光緒十四年知縣何詒孫修復山王廟後一閣

培元塔　在治東十里許南岸大沙溪道光二十六年知縣朱有章建

【續纂】

培文塔　在治東北岸與培元塔對峙光緒十三年知縣何詒孫建

文峯塔　在南岸橋頭壩場南修百有九尺邑貢生楊燕修等建

賦役志

崎嶇山邑僻自前明田荒於石民燹於兵不堪租挈逋罔

踐吏

聖朝修養人物方生

書頒賦役置復均平吏胥勿擾算事長清志賦役

戶口

明季壘經兵燹民人轉徙圖籍散佚以前戶口無徵

國朝休養生息歲有加增至同治七年報部合計新舊共二萬一千四百五十四戶男四萬四千六百六十三丁婦三萬七千四百九十二口共八萬二千一百五十五丁口

按前令張香海志稿咸豐四年報部共編一萬八千五百七十一戶計男婦七萬三千九百三十三丁口

續纂

光緒十九年報部合計新舊二萬五千九百三十五戶男四萬七千九百五十六丁婦四萬四百九十九口共男婦八萬八千四百五十五丁口

田賦

明以前田賦無考

國朝康熙六年四川田地皆分上中下三等按畝徵糧詳載賦役全書雍正七年奉文丈量丁條糧銀合併積算酆都除耤田四畝九分不徵丁糧外　上田四百五十七頃三十畝九分一毫三纖每畝徵丁條糧銀一分八釐四毫六絲四忽七微八塵五纖應徵銀八百四十四兩四錢一分一釐二毫五絲四忽八微二塵一纖八沙三渺八漠九埃　中田四百六十五頃三十三畝五釐八毫九絲九忽九微九塵六纖每畝徵丁條糧銀一分六釐一毫五絲八忽四微二塵應徵銀七百五十一兩九錢七毫一絲一忽二微六纖一沙三渺三漠六

埃　下田四百二十一頃八十九畝九分五毫每畝徵丁條糧銀一分三釐八毫五絲一忽三微一塵二纖應徵銀五百八十四兩三錢八分五釐五毫三絲七忽四微五纖三沙六渺　上地一百五十八頃三十六畝七分三毫每畝徵丁條糧銀五釐六毫九絲二忽八微九塵六纖應徵銀九十兩一錢五分六釐七毫三忽一微六塵一纖八沙八渺八漠　中地二百七十四頃八十五畝一分四釐六毫三絲三忽三微三塵三纖每畝徵丁條糧銀四釐九毫八絲七微八塵九纖應徵銀一百三十六兩八錢九分七釐一毫一絲四忽五微二塵六沙三渺九漠六埃　下地一百九十八頃五十三畝二分一釐九毫三絲四忽二微三塵一纖每畝徵丁條糧銀四釐二毫六絲八忽九微二塵應徵銀八十四兩七錢六分五毫四絲一忽五微六纖九沙六渺七漠四埃　上中下田地共一千九百七十六頃三十畝九分三釐三毫六絲七忽五微六塵七纖歲額共徵地丁條糧銀二千四百九十二兩五錢一分二釐四毫六絲二忽六微二塵二纖八沙二渺七漠五埃遇閏加徵銀一百二十一兩有奇加一五火耗徵觧

同治六年四川總督駱秉章以縣屬糧戶因田地科則各

分三等上田每畝徵正耗銀二分以外下地每畝僅徵正耗銀四釐九毫有奇相去懸殊參差瑣屑恐鄉愚未能分晰且縣境濒河山多田少開墾變遷更易混淆爭競奏定簡便章程通勻計算無分上中下等田地共折合中田十五萬四千一百七畝又請將絲忽以下細數加成一毫歲共徵地丁條糧銀二千四百九十二兩五錢一分二釐加一五火耗銀三百七十三兩八錢七分七釐遇閏加徵銀一百三十九兩一錢九分六釐

謹按乾隆五年

特詔四川所屬地處邊徼山多田少田賦向分上中下三等如上田中田不足五分下田與上地中地不足一畝以及山頭地角間石雜沙之瘠地不論頃畝悉聽開墾均免升科仰見

聖朝軫念民依無微弗至酆都地半磽确苦不耐旱然石巖少附微土者悉皆樹藝所以正供歷無逋欠無煩催科焉

支領各款

社稷山川各壇春秋祭銀六兩

文廟春秋祭銀二十六兩

文昌廟春秋祭銀十四兩鹽茶耗羨項內另文請領支給

武廟春秋祭銀十六兩

忠義節孝祠春秋祭銀二兩

厲壇歲祭三次銀二兩

知縣一員歲額俸銀四十五兩養廉銀六百兩額設衙役三十一名內門子二名皁隸十四名馬快八名轎傘夫七名每名歲支工食銀六兩共銀一百八十六兩改設仵作一名歲支工食銀六兩隨學仵作二名每名歲支工食銀三兩共銀十二兩民壯十六名每名歲支工食銀八兩共銀一百二十八兩禁卒八名更夫五名每名歲支工食銀六兩共銀七十八兩添設捕役二名每名歲支工食銀六兩共銀十二兩斗級一名倉夫二名每名歲支工食銀六兩共銀十八兩舖司兵四名每名歲支工食銀六兩共銀二十四兩救生水手十二名內六名夏秋支工食銀二十一兩六錢餘六名四季全支每名月給工食銀六錢共銀四十三兩二錢歲共支銀六十四兩八錢遇閏加增

訓導一員歲額俸薪銀四十兩額設衙役四名內門斗二名膳夫二名每名歲支工食銀六兩共銀二十四兩

廩生原額二十名每名歲支餼糧銀三兩二錢共銀六十四兩遇閏每名加銀二錢六分六釐六毫六絲六忽六微六塵四纖

典史一員歲額俸銀三十一兩五錢二分養廉銀八十兩額設衙役六名內門子一名皁隸四名馬夫一名每名歲支工食銀六兩共銀三十六兩

孤貧男婦五十每名日給口糧銀一分歲共支銀一百七十七兩遇閏加增

舊額歲支銀一千六百八十八兩三錢二分嘉慶四年欽奉

諭旨應支各款在本縣地丁銀內扣留支給年終造册奏銷所有支賸丁條糧銀起運布政司庫聽候撥支　今額歲支銀一千六百八十六兩三錢二分遵照新章丁條糧銀全數起運藩庫應支各款另文請領內惟　文昌祭銀一款在鹽茶耗羨銀內領支餘款皆在地丁銀內分案詳請領給〔續纂〕今　文昌祭祀銀兩亦在藩庫請領

蠲政

康熙二十五年未完錢糧二十六年錢糧俱蠲免　三十三年應徵銀米俱蠲免　四十三年錢糧俱蠲免　五十年地丁銀並歷年舊欠俱免徵

雍正八年地丁銀俱蠲免

乾隆十一年地丁錢糧全行蠲免　十四年地丁錢糧蠲免十分之七　三十五年地丁錢糧全行蠲免　三十七年地丁錢糧分等蠲免　四十年緩徵錢糧全行蠲免　四十三年地丁錢糧全行蠲免　五十六年錢糧通行蠲免

嘉慶元年錢糧俱蠲免　三年錢糧緩徵　四年地丁錢糧俱蠲免其緩徵錢糧亦蠲免十分之三　五年應徵正閏火耗銀米全行蠲免　六年地丁火耗銀米全行蠲免　七年地丁正耗錢糧蠲免十分之三緩徵嘉慶三年正耗銀兩俱於嘉慶八年起分作二年帶徵　八年地丁錢糧緩至秋後開徵　二十五年正賦寬免十分之二

道光七年地丁錢糧蠲免十分之四

鹽政

雍正八年認銷水引七十二張後陸續請增三百八十五張內蓬引二十九張射引二百零八張犍引二百二十一張合計水引四百五十八張每張徵稅銀三兩四錢五釐截角銀六錢蓬引每張徵羨銀四兩四錢六分射引每張徵羨銀四兩八錢九分五釐犍引每張徵羨銀二兩二錢九分五釐歲

徵稅羨截銀共三千四百八十四兩六錢三分五釐〔續纂〕光緒五年奉文改歸官運自是經徵有局縣官無考覈矣

茶課

舊額茶腹引三張咸豐元年派增九十七張合計茶腹引一百張隨引照票十張歲徵稅羨截票息銀共七十兩零一錢

魚課　歲徵銀四錢四分七釐四毫遇閏加徵銀四分二毫

田房稅契　歲徵解銀五百一十七兩一錢七分

倉儲

常平倉　五十八間環縣署東西十四間在典史署嘉慶二十年知縣方宗敬修原額貯倉斗穀二萬八千二百七十石道光七年奉文籌濟兵米糶穀三千七百五十石咸豐三年奉文糶穀一萬二千石解濟江南軍餉六年奉文糶穀七千五百十二石解濟京餉八年奉文仍由本縣籌墳署知縣黃奉槐請自咸豐九年始分作四年按糧攤捐交紳承領採買貯倉咸豐九年墳穀五千八百十五石五斗後歲頻歉穀價倍昂歷任知縣詳請俟穀價稍平買足原額【續纂】同治初年墳穀二千二百九十四石連原儲共一萬三千一百一十七石五斗九年水災漂沒穀三千九百一十七石五斗

餘悉浸霉即以糶賑兩次買墳穀一千四百二十六石五斗五升三合七勺五抄存縣倉受代以五千八石達部循成牘待籌墳也倉毀於水今存十三間舊志五石下無五斗二字今查案更正

社倉　舊在社壇波羅等場嘉慶三年教匪之亂移貯城東文昌宮後倉十一間原額貯倉斗穀五千一百石咸豐十年江水暴漲漂沒穀一百十二石一斗四升八勺八抄浸霉穀九百四十六石二斗六合四勺同治元年髮逆警署知縣孟書城碾穀二千二百六十一石三升六勺二抄為城守防險勇食後歲歉米貴民飢幾變知縣吳鎮銓以平價代賑糶穀

八百零六石八斗二升三合七勺五抄交紳承領買補糶數貯倉比歲不登穀價益昂俟價平買貯【續纂】倉毀於水糶存穀價知縣馬佩玖因遷治撥作城工又道光二十年辦賑盤折穀十五石餘城工及民借又七百八十三石餘均未籌墳知縣馬佩玖梅震煦稟明開除今存穀一百七十四石三斗七升九勺儲波羅場舊志六勺下係八抄三合下係一勺二抄今均查案更正

按社倉惟原存波羅場倉斗穀一百六十五石九斗尚未動支【續纂】今存穀數見前

義倉　嘉慶二十三年知縣方宗敬奉文攤捐置義田四處歲收田租倉斗穀一百五十四石二斗七升五合建倉四間在火神祠東道光十三年以前支放無存自十三年積至咸豐九年除支共存倉斗穀四千零四十八石八斗七升一合三勺七抄十年江溢入城霉變倉斗穀一千石有奇後陸續支放糶賑今實存倉斗穀五百九十七石一斗四升一合五勺四抄【續纂】同治十二年以前存儲穀石胥為平糶賑濟及城工撥用無存自十二年積至光緒十八年存穀二千六百九十石六斗七升七合四勺六抄倉毀於水今儲常倉田在南岸曰熊家灣租六十九石五斗二升五合　走馬嶺租二十五石五斗　在北岸曰迴

龍壩租五十石上里溝租九石二斗五升歲納地丁正耗銀一兩五錢一分八釐遇閏加納銀七分五釐經收倉書斗級給一月口食銀一兩五錢均以租穀變支

續纂

耤田　歲收倉斗穀六石五斗以一斗作籽種以五石九斗變購祭品祀先農餘五斗存倉自雍正五年積至同治八年存穀八十二石三斗一升九年水災倉毀漂失穀六十四石五斗一升積至光緒十八年存穀二十九石五斗今儲常倉

積穀　光緒七年知縣何詒孫奉文勸民積市斗穀四千八百四十八石九斗三升三合分儲各甲以保正領之附城者儲火神祠倉五間詒孫撥拾社倉廢材建

置郵

明初額制陸驛馬六十匹夫六十名水驛夫三十名水手十名

國朝陸驛未設水站額設六橈船三隻水手六名康熙四十八年奉文裁減六橈船一隻水手二名橈夫六名嘉慶十一年陸站改設鋪司五兵各二名司遞文移來往咸豐四年奉文裁撤鋪司以水程無驛酌留兵四名

卹惠

養濟院　舊在治北明洪武三十五年知縣彭用禮建後燬國朝嘉慶十七年知縣李自超改建平都山麓十八年知縣方宗敬重修有碑記見藝文

棲流所　在治北孝義坊道光十四年知縣李謙置

續纂

軍田　知縣方宗敬典史魯榮惠王楚賢捐置田凡三處在南岸磨子山余家坡芭麻園歲收市斗租穀八石錢八貫二百以贍配犯之貧乏者

誠善堂　在治西光緒五年知縣何詒孫以邑紳之請創爲恤嫠育嬰養老濟貧施棺施藥施茶拯溺惜字紙立風旗諸善舉經費取諸土藥以羨置產十三年始建堂迄十九年置買田地四十區在灘山壩之小溝一契彌陀灣之大英壩二契高坡頭一契赤溪之交椅山二十三契酸草溝之雙河口二契紅岩溝之馬岩腳二契大河壩之冗家冲一契大月壩之鋪子河三契長溪寺一契三撫堂之大秧田一契永興場之七根柏樹一契馬蝗冲之舊屋基一契王家場之大寺一處典又以城北基易書院舊址歲凡徵租一百二十一石課二百八十餘貫董攝以紳會計以上

大吏

恤貧所　在治西天福寺側光緒七年知縣何詒孫捐建

學校志

巴蜀好文江流學字川廣自源士日尙志八代粃糠六經
鼓吹大雅實難人師匪易宏長風流許與氣類欲以明倫
蔚爲

國器志學校

學宮　子山午兼壬丙向建修各官已詳典祀志茲載其制
宮牆東西轅爲聖域賢關二門內爲泮池上爲　櫺星門內左
偏爲官廳上爲　戟門內東西廡各七間中共露臺上爲
大成殿三間東西偏攢閣二間鐘鼓樓各一間殿後爲迴廊緣廊
下爲

崇聖祠三間東西偏迴廊各三間

學署　外照牆一堵　頭門三間　門斗房一間　牌坊一
座　學書房三間　明倫堂三間左右經義治事房各一間
二堂三間爲儒學內宅　左右橫房各一間　續纂　書室三間
訓導喬松就署西隙地建並購置
皇清經解十三經註疏經典釋文五經小學述叚註說文康熙字
典史記漢書後漢書三國志南史北史五代史遼史金史資
治通鑑國語國策史通削繁唐鑑蜀典水經註箋三才畧

皇朝經世文編漢魏叢書玉函山房叢書翁註困學紀聞增廣事類統編山海經王子安集李太白全集杜詩鏡銓李義山詩文集三蘇全集斜川集湖海文傳袁文箋正有正味齋駢文箋註樂志堂文集文選古文苑蔣評四六法海宋四六選紀評文心雕龍駢體文鈔三詩別裁七十家賦鈔書目答問輶軒語弟子箴言學政全書忠州志凡五十二部爲來學諸生觀摩肄習之助焉

學田　二處一在波羅壩歲租市斗穀三十石地課錢十一千六百文一在楊家溝歲租市斗穀三十四石地課錢六千文同治六年知縣田秀栗定案歲撥市斗米二石補春秋祭銀之不足【續纂】光緒十六年知縣何詒孫以邑紳曾輝祖等之請謂諸生多寒畯修贄之費設措艱令民購產納稅每貫輸錢五積爲學脩院試諸費以羨益田足則罷之掌以卷局自是游庠序者弗解纏師生兩便焉

學基　城內外房基凡六十二間

學額　原額小學歲試文武生各八名科試文生八名同治七年奉文永加廣額歲科文生各一名武生一名廩增額各二十名三年挨貢二名歲在酉拔貢一名

書院　明知縣萬谷建淩雲書院後廢即今文昌宫基址

平山書院　舊在平都山下明邑紳楊孟瑛家塾王文成守仁爲之記

國朝乾隆四十三年知縣張偉於學署西建後堂五間左右廂各三間講堂五間左右齋舍各六間門房二間周以繚垣顏曰鹿鳴書院道光十七年知縣李謙重修仍改名曰平山有記見藝文十八年訓導鄒桂林以教諭舊署一區增入書院【續纂】同治九年毀於水假玉鳴寺爲之治遷貰縣署以聚生徒光緒三年復舊治遷新城縣署改名五雲十八年署知縣傅達源以院址易治北誠善堂地創建經古書院未竟去十九年知縣蔣履泰成之中爲講堂通三間左右客堂各一間東西齋舍各七間前立正門三間啓門一後屋五間屋左右廂前後各二間省經古名而以五雲書院併入之

【續纂】華祝書院　在南岸橋頭壩光緒十九年邑貢生楊懋修等即文廟改建

院田　知縣瞿頡方宗敬李謙先後置田地凡四十五處在南岸曰扈家溝買漆林坡買響水洞買舒家坪買十字路典

黃村坪典觀音菴典華家坪典冷水溪典犁二灣典獅子坪典象鼻嘴買三星半月買石包灣典李家溝絲茅灣典萬家莊買胡家壩典大房典巖峯漕典吳七漕典官莊坪典蒲蘆沖典甘水田典老水井典在北岸曰舒家山買沙灘買斑竹林嘴買冉家壩葫蘆埡典濫田灣典李家溝典柏樹塘大巖口買李家灣買園田典爐山買鳳凰嘴買余家坡典窑孔埡買磨子山典柿子灣買石塔沖典三葉筍灣典九溪子買半坡典硯臺石典野麥山典歲收租息錢三百四十五貫九百

續纂比歲田地迭有更易溯稽征籍在光緒十四年南岸則象鼻嘴大房扈家坪斑竹槽荆竹堡金子埡石磔河傅家坪椿樹塝雞公嶺北岸則十字路蒲蘆沖舒家山柿子灣九溪子硯臺石李子埡何家灣梅子溪許家壩黃葛堡白巖腳金子坡火爐山大柏樹及新城土田歲收租穀四十一石五斗課錢六百二十二貫五百

院基　院東鋪房三間　中街鋪房一間　水巷子鋪房一間　稻穀倉鋪房三間　外典鋪房四間　歲收賃貲錢一百六十貫　存戶房營息錢五百貫歲入息錢七十五貫續纂同治庚午之災屋宇蕩然今存中街水巷子鋪基益以昭忠

祠基址歲收課錢三十貫　續存戶房營息錢三百貫連昔年所存共八百貫歲入息錢一百五十貫　經古既興署知縣傅達源知縣蔣履泰哀誠善堂八省公所土藥貲歲六百貫益之自光緒十九年始

按書院田地鋪舍多由典質而來聽其人以時贖取故租息多寡難爲定額續纂初歲入可千餘貫邇來不得人產日益削迄光緒十九年僅收租息錢七百八貫六百稻十九石黃粱二石五斗矣

山長聘禮銀四兩來往輿費銀八兩脩金歲錢百六十八貫節敬錢十六貫八百月送火食錢四貫遇閏增送　歲助齋長薪水錢八貫　文生正課八名每名膏火錢一貫附課六名半之文童正課六名每名膏火錢八百附課六名半之邑人會試赴京者送贐銀十二兩　歲助忠義節孝祠春秋祭錢八貫　月給看守書院工食錢六百　壯役催繳租息者歲給工食錢六貫　有餘以備歲修書院及月課獎賞飯食等用續纂書院既併間課經古膏獎諸費別爲釐定要亦相因而弗靡也

卷局　縣童試文武千餘人試卷紙工諸費向取於應試者

寒素或不能具同治元年知縣吳錦銓以邑紳之請籌貲置
田爲卷費自是試者不給值　田凡五區在南岸曰石龍門
同治元年典　江池同治二年買　栗子壩同治四年買　巖嵜壩同治六年充　北岸曰
踏水橋同治二年買　歲納租錢四百四十四貫　外存戶房錢一
千貫歲取息一百三十貫　交紳承領錢三百五十串歲取
息六十貫　歲入租息凡六百三十四貫續纂今石龍門田已
聽贖歲省租錢百三十貫別益石佛場斗息歲八貫戶房歲
息增至百金紳領錢三百五十貫則莫可究詰矣
義學　本城上街　下街　東關　西關　二甲十字路場

三甲灘三壩場　五甲王家場　六甲社壇場　九甲擔子
臺場　十甲三撫堂場　十一甲觀音寺場　外十二甲高
家鎮場　凡十二處官爲擇師教秀穎子弟之貧不能讀者
續纂光緒十九年邑紳曾溥遵其父母遺命捐田二區以爲束
脩之助請
旨建坊以旌之田在北岸曰後坪歲租七石課十七貫二百　曰水井坵歲租七石課一
貫五百　載糧三畝五分
賓興局　縣至成都千有餘里試士往往無力具貲斧故應
鄉舉者絕少同治六年署知縣田秀栗籌置田畝取租息以

贐邑之鄉會試者　田凡五區在南岸曰聖集菴歲納租錢二百二十
貫　馬鹿寺歲納租穀二十石　北岸曰周家寺歲納租穀二十石　石祥寺歲納租穀
十石　大柏樹寡婦劉敖氏充歲納租穀三石六斗　秀栗恐司事不得其人久或
弛也定案以邑紳二十五人分三班歲一班職其事俾之互
相糾查焉續纂定案未久即更張田則惟存周家寺石祥寺二
處餘者變易別置六區在南岸曰南華菴歲租四十二石以五石歸學官　熊
家嶺原租二十石今省八石　金家沖原租十石今省一石二斗　寨子嶺歲租五石八斗　在北
岸曰馬蝗溪歲租九石五斗　楓厢樹光緒二十年典歲租十六石九斗五升先是民人譚廷用捐錢
百二十貫秦元才捐錢百五貫合連歲積貲買置西門外街房旋即變易典置此業　又訓導喬松令以

敖家槽田租歲十石自光緒十九年始

選舉志

先王籲俊立賢無方

聖代作人科目特詳官以德懋士以言揚邑雖邊鄙輩出才良風

雲豹變黻佩鸞翔稱茲名器爲

邦家光志選舉

進士

明

天順丁丑 楊大榮 江西按察司僉事崇祀鄉賢見人物宦績

成化丁未 楊孟瑛 浙江杭州府知府順天府丞祀鄉賢見文學

正德辛未 黃景星 河東鹽運使祀鄉賢

正德甲戌 黃景夔 兵部員外郎祀鄉賢見文學

國朝

康熙壬辰 易 簡 翰林院編修見文學

嘉慶辛未 李存周 安徽舒城知縣

咸豐丙辰 徐昌緒 翰林院侍講學士銜編修

咸豐己未 傅世綸 戶部主事見人物忠義

續纂

光緒壬辰 郎承謨 己丑舉人翰林院庶吉士

舉人

明

洪武己卯 余 亨 貴州黎平通判

洪武己卯 馮 麟 陝西延長知縣

永樂辛卯 曾添麟 戶部郎中

永樂辛卯 何 青 雲南浪穹知縣省志作何清涪州人

永樂辛卯 黃 憲

永樂甲午 劉 濟

永樂甲午 陳 懋

宣德壬子 王 瓚 湖廣興山訓導

宣德乙卯 羅 中 陝西鞏昌推官

景泰庚午 鄭 貴

景泰庚午 楊大榮 見進士

天順壬午 胡 廉 省志作合州人

成化辛卯 馮 祜 省志作馮祐

成化庚子 熊永昌

成化庚子 楊孟瑛 見進士

成化癸卯 陳 濟 雲南曲靖通判祀鄉賢

成化癸卯 王羽

宏治己酉 黃景星 見進士

宏治乙卯 向子俊 廣西桂林同知省志作何子俊

宏治戊午 胡一德 雲南按察司經歷省志無此人

正德丁卯 黃景夔 見進士

正德庚午 楊東 貴州麻哈知州

正德庚午 楊偉

正德癸酉 杜友才

嘉靖戊子 黃洵 湖廣鄖陽推官

嘉靖己酉 古養敬 工部員外郎見文學祀鄉賢

嘉靖乙卯 陳棨

嘉靖戊午 秦範

嘉靖辛酉 楊叔京 雲南曲靖知府祀鄉賢

嘉靖甲子 陳栗 陝西藍田知縣省志作陳粟

嘉靖甲子 黃著 推官

嘉靖甲子 曾繼先 知縣

嘉靖甲子 黃世脩

隆慶庚午 林啟鳳 涪州學省志作林起鳳涪州人

萬歷癸酉 戴文亨 省志作戴友亨

萬歷己卯 楊銓

萬歷壬午 楊心傳 湖南安鄉知縣見人物

萬歷辛卯 黃常德 省志作黃尚德

萬歷癸卯 陳載寬 山西知縣

天啟辛酉 熊京

天啟丁卯 李方開 陝西按察司僉事

崇禎庚午 熊陽徵

崇禎丙子 古心 雲南雲龍州知州見人物文學祀鄉賢

崇禎壬午 李如星 解元見人物忠義

國朝

順治庚子 熊文蔚

康熙癸卯 譚戩穀

康熙壬子 林堅本

康熙辛酉 柯允芳

康熙丁卯 古慥四 鄰水教諭

康熙丁卯 楊汲 筠連教諭

康熙己卯 古毓英 遵義教諭

康熙己卯李薇樞　廣安學正
康熙己卯羅雲師　涪州教諭
康熙壬午馮　軌
康熙壬午李仙齡　省志作新都縣人誤
康熙乙酉林敬脩　鹽亭教諭
康熙乙酉曾上哲
康熙戊子李孟修
康熙辛卯易　簡　見進士
康熙辛卯古可法

康熙甲午李實繁
雍正癸卯朱華袞
雍正癸卯羅彌高
雍正甲辰羅彌敬
雍正丙午羅彌元
乾隆戊午易龍圖　甘肅燉煌知縣
乾隆戊午湛　玥　浙江縉雲知縣
乾隆甲子王　怡　浙江甯波府同知見人物宦績
乾隆甲子曾友伋　廣東德慶州知州見人物宦績

乾隆壬申楊　芝　眉州學正
乾隆壬申楊顯仁　丹稜教諭
乾隆癸酉傅昌前
乾隆癸酉蔡念祖　陝西韓城知縣
乾隆壬午高　慎　直隸東明知縣署宣化府同知
乾隆戊子郎士貴　廣西宣武知縣
乾隆癸卯楊　瑛
乾隆戊申許金芝
乾隆乙卯李存周　見進士

嘉慶癸酉湛露湑
嘉慶戊寅郎官陞　廣安州學正
道光甲午佘兆登　新繁縣教諭
咸豐壬子徐昌緒　見進士
咸豐乙卯傅世綸　見進士
咸豐乙卯蘇爲楨　湖南知縣
同治甲子王元會　湖北知縣【續纂】後官沔陽州知州
同治丁卯李濟川

【續纂】

同治庚午湛文堂　前任巴縣訓導
光緒乙亥劉宇元　雲南試用知縣
光緒丙子佘兆章　陝西試用知縣
光緒己丑胡應涵

副榜

明

崇禎壬子熊蘭徵

國朝

康熙丁卯林敬修　康熙庚午陳天眷

康熙丙子李仙齡　乾隆辛酉秦泰
乾隆甲子馮迺駰　江津教諭　見文學　乾隆甲子王廷亘
乾隆庚午楊芝　乾隆戊子曾一貫　東鄉教諭　見文學
乾隆丙午李秀發

拔貢

康熙壬子林建本　康熙丙寅湛迴　安縣教諭
雍正癸卯李如暿　龍安教授　雍正己酉王廷棟
雍正甲寅高人第　石泉教諭　乾隆甲申李坤
乾隆癸酉王恆　安徽蕪湖知縣　乾隆乙酉湛露清　溫江教諭

乾隆己酉湛銘　西充教諭　嘉慶辛酉郎官清
嘉慶癸酉郎官保　道光乙酉向世琳
道光丁酉徐其岱　潼川府教授　道光己酉徐昌緒　見進士
咸豐辛酉王元會　見舉人

續纂

同治癸酉劉宇泰　戶部員外郎　光緒乙酉林大任

歲貢　恩貢附

明

黃應祥　雲南鶴慶州州同　花綬　交趾古龍知縣　羅忠　直隸靜海知縣

馮文貴　浙江湖州府同知　程鵬　湖廣茶陵衛經歷　范有成　湖廣襄陽府經歷
徐智　湖廣寶慶府檢校　湛清　浙江嘉興府通判　黃守正　山西汾州府同知
嚴琦　河南平鄉縣丞　古志學　上林院署丞　李忠　交趾眞利知縣
鄒晟　雲南白納吏目　郎贇　交趾唐安知縣　吳絅
王維清　張繩　楊善
蔣僉舉　江西萬安主簿　許贇　李斌
熊志宏　張霖　劉存智
李節　陝西西陵衛經歷　陳資　杜謙
杜諒　浙江湖州縣丞　李茂　陳璐

黃鐘雲南建水吏目　范信留守司經歷　蔡璘
傅中　羅亨　余宣
胡璉　嚴仲謙　陳能
余善廣西平樂府經歷　湛隆　侯信
黃弼湖南長沙主簿　曾友道　李布直隸南陵縣丞
黃玉　隆盛　李恭
范祥　蔣智　楊高
曾倫　許富　陳慶
黃端　李祥知縣　王永年訓導

戴綱廣西潯州府推官　魯德湖廣寶慶府訓導　熊經
李伯順　楊景春　黃曉陝西文縣教諭
向克寬　楊元湖廣湘鄉訓導　杜觀貴州布政司都事
陳勉　林文振江西九江府同知　湛永海湖廣監利訓導
王翔　徐白祥　黃田清
李棟　朱本定陝西鳳翔府經歷　王承孝
黃尚綱湖廣襄陽訓導　李向陽陝西富平縣丞　楊孟惠陝西岷州衞訓導
楊茂永興王府教授　楊孟芳陝西甯夏右屯衞經歷　秦弁
楊孟訓廣東惠來知縣　楊乾陝西金縣訓導　戴吉江西宿州衞經歷

熊顯德陝西靈臺訓導　王寅湖廣漢陽訓導　李遷
楊孟詔　楊寅陝西乾州訓導　鄒嘉典河南盧氏訓導
李朝陽　楊孟瓊　□信舊志闕其姓
熊唐臣雲南景東府通判　徐騰陝西訓導　楊宻蘄州荆王府訓導
侯緯　殷秉忠　楊試春
楊裒直隸順義知縣　黃嘉誥　楊觀湖廣長沙府訓導
陶賢江西玉山教諭　黃彝陝西甯羌州學正　胡仲璞湖廣南陽訓導
余文燦陝西洋縣知縣　楊一鶚　楊第
古嘉表達州學正　余自修　周冕

隆壽　楊鐘秀　陳魯
楊咸　楊忭戎縣教諭　冉以毅
楊頎湖廣麻城訓導　楊一遜馬湖訓導　楊一通
陳棠　楊鍾元　冉斐
楊叔永陝西犂昌府通判　戴葵　余祚
楊叔言　戴唐民　冉仲
楊懋學　黃尚儒陝西麟遊訓導　戴嘉樂恩貢
冉祐　毛如德　毛之麟
余子義　楊光啟　余子祥

楊茂學　楊鎮　[illegible]　李達訓導
譚旦　[illegible]　余子州　秦獻廷
陳鼎祚內江教諭祀鄉賢見人物忠義　李方郁劍州學正
楊淩雲蓬溪教諭祀鄉賢見人物忠義　涂安宅內江教諭
楊堯欽　黃毓章　熊居寅慶符訓導
毛宗德　[illegible]　李樹聲　姚映黃
戴大禮山東壽光知縣　李如旭浙江都司經歷　徐觀成
林明儁兵部職方司主事貴州驛鹽副使見人物文學　王宮蜀王府典膳
郎新秩江南海州州同陞直隸徐州知州　楊奎王府典膳

楊貢訓導　冉宗孔　徐鳴岐
杜子賦　楊範主簿　戴琮
李岱　古有年　王繼成
張維藩　楊鉉都司經歷　馬冀
王者佐　楊遺春　李廷桂
熊周佐　尹若皋　冉之升
陳三聘　古澄然　陳祖智
古養浩見人物孝友　傅潮　陳志伊
國朝

陶蒙　冉德乾　黃耀初
秦懋倬仁懷教諭　古毓英見舉人　郎位九姓司訓導
羅其章富順訓導　毛自修　湛霖
余何讓　李徽樞　侯維垣
戴天　湛同淇巫山訓導　彭鈞
曾德升　曾撰恩貢　戴子元
林用修　陳治表　王前
徐宗麟瀘州訓導　李炯彭縣訓導　秦永思
曾沂　李昌新甯訓導　湛光昌大甯訓導

劉文饒　郎與立內江訓導　徐超
余樂天重慶府訓導　李如胆彭水訓導　張同夔
孫詒燕　熊珏　許賀來
楊澳　郎玉璉大竹訓導　李其焜
徐昂　林過　霍鍾秀
孫曾賢　傅永祚　劉廷鑑安岳訓導
向陽亨　郎奎章樂至訓導　郎璧章
曾立道　孫鍾賢　郎仕能
楊浡　古愛昌　殷艮佐

牟　佩　　孫　麟　　張　涵恩貢
孫耀祖　　冉　夔達縣訓導　　馬洪釗雅州府訓導
李　塏恩貢　　董承芳珙縣訓導　　李　潤
曾　玢恩貢　　胡　昂馬邊廳訓導　　傅宗武
李正泰　　秦　璠恩貢　　郎文燦會理州訓導
郎文燈綿州訓導　　邱永達恩貢　　李躋泰華陽訓導
余之麟　　楊鍾桂　　湛汝珍
廖翔南　　杜　枚恩貢　　陳英賢續纂西充訓導
林　竹　　廖光極恩貢　　雷秉忠

杜　泰　　覃　棟　　曾永道
郎官墉恩貢　　邱朝鵬　　劉　蘭恩貢
郎官墀　　傅義鈞　　余大鑑
王文鐸　　郎官在　　王五桂
黃雲錦　　李遇春　　陳朝模
周文晃　　李名川　　曾繼賢
冉瑞蓉　　余友甲恩貢　　周顯楷
余起鴻　　鄧大志　　李士恂恩貢
王廷蘭　　劉　銓恩貢　　秦　棣

戴　篪恩貢　　蔡集堂恩貢　　湛漸逵
項貞奎　　余　燮恩貢　　毛奇玥
陳輔之　　向步瀛恩貢　　戴　紡恩貢
李濟川見舉人　　陳士冠　　徐世俊保奏教諭
李　斌

續纂

廖青芝　　杜正中　　譚朝模
白憲章　　姚　墟　　李鴻儀宜賓縣訓導
蔣朝瑛候選訓導　　秦之遂　　李瑞元候選訓導

張從銘　　張炳靈　　彭登漢以上歲貢
蔡春芳　　傅培元　　孫懷駿
秦家藴　　范廷薦　　劉宇瓊候選教諭
徐世傑教諭　　彭啟雄候選訓導以上恩貢

例貢

明

朱　經　　余仕洪湖廣主簿　　楊孟琦江南昆山縣丞
余光遠　　陳　可　　楊孟瑜湖廣照磨
陳　言　　楊　節光祿寺署正　　楊　晉

戴文星貴州普安州判　楊履棗陽知縣　楊叔亮
孫尚恪　楊隨　楊禮
楊纘　楊遇春　楊師震
楊延春　楊逢春　王承寵
冉芳奕貴州經歷　申俊甲貴州經歷　楊士吉州同
古惟一　徐爾強

國朝

林愼修　傅應元　曾一元廣西融縣知縣
蔡奕葉　郎參章　蔡如蘭

馮之琦　楊景和　向笅瑜
郎文烜訓導　高榮安　郎文煐貴州獨山州吏目
曾嵩齡縣丞　余永修由成都教諭捐湖南知縣　高文彬
高文檢　彭光炘　高錫嘏
劉壽彭　陸紹逵　馮有光
劉壽益　劉壽圖

續纂

向昌儀候選訓導　李嗣沆候選訓導　陸聯芳灌縣教諭
何慶餘候選訓導　甘鎰　徐昌彥候選訓導

劉壽祺　劉宇藩

例仕

李騰霄道銜廣東潮州府通判　徐昌裔光祿寺署正　余永修湖南石門知縣
羅彌大州同　羅彌倫州同　李騰龍廣東巡檢
楊映階雲南鶴慶州觀音山巡檢　湛光表主簿　曾文蓮直隸元城典史
郎官堂湖北典史　王任吏目　郎錦湖北典史
李如芝福建典史續纂後官貴州同知

續纂

王亮普分部主事　王治普雲南廣西直隸州知州　楊正發貴州候補同知

陸廣海提舉銜貴州候補通判　高文藻貴州通判　彭雲淦貴州通判
黎開湘江西試用知縣　蘇爲栻湖南知縣　王俊先貴州清谿縣知縣
劉宇翔貴州知縣　余爔知縣　向映奎分發湖南縣丞
蔡集成貴州州判　劉宇砫雲南縣丞　高錫嘏貴州縣丞
余臨兆江蘇蘇州府照磨　譚德駿湖北巡檢　蘇爲樾雲南巡檢
范如淵貴州巡檢　隆大柄貴州巡檢　吳自修巡檢
李登榮從九　王綸章雲南試用典史　郎治淮貴州龍里典史

掾階

明

楊　盤驛丞　楊一致吏目　楊廷埜貴州吏目

楊壽慶吏目　楊光容吏目

國朝

李如芳廣東巡檢　隆于禮福建永春州吏目

續纂

魯國泰貴州威甯州得勝坡巡檢　楊達三廣東巡檢　傅敬修貴州巡檢

曾士俊廣西試用從九

武科

康熙丙子李正花　康熙丙子高　曜　康熙丙子李如楠

同治丁卯楊耀廷

武職

元

楊德言萬戶統軍

國朝

余祥國廣東廣州營叅將　秦應雄廣東雷州營叅將　余名成守備

李春繁湖北宜昌鎮右哨千總　余永倖守禦千總　楊　濂龍安營都司

胡　星千總見人物忠義　湛騰芳把總

徐定國花翎成都城守右營守備保陞儘先叅將續纂後更名其中保陞副將官太平遊擊

續纂

秦　鑾藍翎守備　嚴濟寬千總曾署本邑汛　譚國鈞儘先把總

封蔭

明

楊宏道　以子大榮貴封大理寺評事

古嘉表　以子養敬貴封工部員外郎

楊　緒　以子叔京貴贈南京國子監助教晋贈福建延平

府同知

郎應宿　以子新秩貴贈承德郎復封奉直大夫

國朝

曾道堅　以孫友伋貴貤贈文林郎河南登封縣知縣妻蔡劉

氏贈孺人

曾先轍　以子友伋貴贈文林郎妻熊氏贈孺人

王　琚　以孫怡貴貤封奉政大夫浙江甯波府同知

王廷旦　以子怡貴封奉政大夫浙江甯波府同知

馮　輪　以子迺駉貴貤贈修職郎江津縣教諭妻余楊李氏贈

孺人

楊　澳　以子顯仁貴貤贈修職郎丹稜縣教諭妻譚氏贈

孺人

蔡奕葉　以孫念祖貴貤贈孺林郎陝西鄜州州同妻敖秦氏

贈安人

蔡如蘭　以子念祖貴贈儒林郎妻陳氏贈安人

高　曜　以孫愼貴貤贈文林郎直隸東明縣知縣妻田氏

贈孺人

高人志　以子愼貴貤贈文林郎妻曾氏贈孺人

郞萬鍾　以孫士貴貴貤贈文林郎廣西武宣縣知縣妻劉何

氏贈孺人

郞　權　以子士貴貴贈文林郎妻向蔦氏贈孺人

湛　坙　以子露清貴貤贈修職郎鬱山縣教諭妻李氏贈

孺人

郞　位　以子與立貴貤贈修職佐郎內江縣訓導

郞與立　以子奎章貴貤贈修職佐郎樂至縣訓導

李登芳　以子𣙟樞貴貤贈修職郎廣安州學正妻余傅氏贈

孺人

李𣙟樞　以子如瑭貴晉贈文林郎龍安府教授妻馮氏贈

孺人

李如瑭　以任龍安府教授授文林郎妻廖氏贈孺人

李　極　以子春繁貴贈奮武郎湖北宜昌鎭千總妻彭氏

贈安人

李春繁　以任宜昌鎭千總授奮武郎妻鍾氏贈安人

徐世澤　以子其岱貴貤贈修職郎彭縣訓導後以孫昌緒

封奉直大夫晉封朝議大夫翰林院侍講學士銜編修妻

隆氏贈孺人晉封恭人

徐世榮　以姪其岱貴貤贈修職郎妻聶氏贈孺人

佘大經　以子兆登貴貤贈修職郎新繁縣教諭妻劉氏贈

孺人

徐其椿　以姪昌緒貴貤封朝議大夫妻馮氏封恭人

徐高氏　以子昌緒貴封宜人晉封恭人

高文煥　以外孫徐昌緒貴貤贈承德郎妻佘氏贈安人

傅國瑚　以孫世綸貴貤封奉直大夫戶部主事妻秦吳周氏封

宜人

傅永修　以子世綸貴封奉直大夫戶部主事妻佘氏封宜

人

佘崇勳　以子永修貴貤贈修職郎成都縣教諭妻况氏贈

孺人

余崇禮　以姪永修貴貤贈修職郎妻楊氏贈孺人 以上封

熊天琳　順治初以父游擊應鳳戰没廕襲父職食祿温州

備詳人物忠義

傅正興　以父戶部員外郎銜王事世綸戰没廕入監讀書

俟年滿授職世綸事見人物忠義 同治七年奉文

高子德　以父文生正域戰没廕雲騎尉世職襲次完時以

恩騎尉世襲罔替正域事見忠義 同治七年奉文

曾友伋　勅授文林郎以曾孫溥貴晉贈榮祿大夫妻劉氏

贈一品夫人

曾一唯　以孫溥貴贈榮祿大夫妻楊郎高氏贈一品夫人

曾嵩柏　以子溥貴贈榮祿大夫妻高氏贈一品夫人

劉壽彭　以子宇元貴封中憲大夫妻楊氏封恭人

劉福璽　以孫宇泰貴貤封中憲大夫妻楊氏封恭人

劉壽朗　以子宇泰貴封中憲大夫妻李氏封恭人

劉壽圖　以姪宇泰貴貤封中憲大夫妻蹇氏封恭人

劉福恩　以姪孫宇泰貴貤封中憲大夫妻周氏封恭人

曾偉　太學生以子輝祖貴贈奉政大夫妻王氏封宜人

曾恕　邑廩生以姪輝祖貴貤贈奉政大夫妻汪劉徐氏封宜

人

曾嵩槐　以姪溥貴貤贈奉政大夫妻潘楊氏贈宜人

曾嵩桂　以姪溥貴貤贈奉政大夫妻馮吳羅氏贈宜人

王之璉　以孫元曾貴贈奉政大夫妻鍾鄧戴氏贈宜人

王裕慶　以子元曾貴贈奉政大夫妻陳曾范氏贈封宜人

王裕昆　以姪孫俊先貴貤贈奉政大夫妻許氏贈宜人

曾成高　以子洪德貴封奉政大夫妻陸氏贈宜人

劉壽禧　以姪宇泰貴貤贈奉直大夫妻楊氏封宜人

劉福禮　以孫宇元貴貤封奉直大夫妻熊氏封宜人

劉壽堂　以姪宇泰貴貤封奉直大夫妻彭氏封宜人

劉壽益　以子宇翔貴貤贈修職郎妻蔣氏贈孺人

李玭　以子躋泰貴貤贈修職郎妻傅高氏贈孺人

甘于懷　以子茂修貴貤封修職郎妻秦氏封孺人 以上封

曾世承　以父五品藍翎儘先千總貴良戰殁廕雲騎尉世

職襲次完時以恩騎尉世襲罔替貴良事見忠義

王潼植　以父元曾積勞病故廕縣丞事見忠義

下册目録

[光緒]酆都縣志四卷附典禮備考八卷（卷三—典禮備考卷八）　（清）田秀栗（清）徐濬鏞 修　（清）蔣履泰 增纂

清光緒十九年（1893）增續重刻同治本

[民國]重修酆都縣志十四卷　黄光輝等 修　郎承詵 余樹堂等 纂　民國十六年（1927）鉛印本

［光緒］酆都縣志四卷附典禮備考八卷（卷三——典禮備考卷八）

（清）田秀栗 （清）徐濬鏞 修 （清）蔣履泰 增纂

清光緒十九年（1893）增續重刻同治本

酆都縣志

酆都縣志卷三

人物志

峨峨仙都代生賢哲師表彝倫綱維大節樹績循聲廸光往烈武達文通齒尊德傑俊髦旣陳貞媛斯列用示來茲庶跂前轍志人物

孝友

明

朱英　事母以孝聞有司旌其閭從祀忠孝祠

戴峻　奉祖母至孝有司旌其閭從祀忠孝祠

古養浩　字健菴貢生偕妻隆氏事親至孝人稱古孝子從祀忠孝祠

李嗣靖　邑紳李如星次子獻賊將孫可望疾如星不爲己用遣賊殺之嗣靖請代不從以身衛父手臂迎刃皆斷抱屍同死

熊蘭徵　原名元徵崇禎壬申副貢事孀母以孝聞

國朝

馮迺騆　乾隆甲子副貢少失怙事母李氏以孝稱壯年母没哀毁踰恆服闋髮白齒落頹然老矣

許金芝　乾隆戊申舉人事母至孝母老病隱居不仕嘗推己產與弟金藩而己甘疏薄非公不至縣署時人以澹臺滅明方之

孫文璉　文生孫學澧之父性友愛弟文映夫婦早沒遺子學灝甫四歲文璉撫如己出嘉慶教匪之亂負姪及子走險以避艱苦備嘗後積家至鉅貲命子姪均之更讓己宅與姪至今鄉人稱慕不衰

李春茂　廩生李發枝之子父早沒母郎氏久病滌洗湯藥不假妻孥手衣不解帶者數十年性嗜學屢困童試邑令

楊燮知其孝拔冠軍入邑庠

林樹蕃　歲貢林竹之子增生父性剛樹蕃引慝承順能得其歡事繼母吳氏曲盡孝養二十五年如一日吳病親侍湯藥不寐者數旬吳卒哀動鄰里待異母弟妹友愛誠篤年六十有六卒妻李氏投繯殉焉

向宜琮珍珉　兄弟事親皆孝婦亦婉順母年五十患足疾不能行宜珍兄弟更代扶掖滌浴飲食不假他人歷三十餘年男婦悉無厭色母壽至八十有五

高廷玉　性孝友事繼母處人所難業醫供異母弟增讀不辭勞瘁增入邑庠食餼性曠率不事家人生業廷玉雖屢空而必使弟裕如後弟沒益厚遇其姪不令析炊年且八十存恤如故

鄭榮發　事母王氏至孝年七十不少懈同治元年髮逆突至母年九十病篤家人皆逃惟榮發與一老僕留侍不去賊倒懸榮發索貲不獲以刃砍其項未殊創甚昏絕賊退僕解下復甦仍侍母不去賊又至倒懸如前僕哀乞以身代賊義釋之母子竟無恙人以為孝德所感云

李正英　家窶貧性篤孝父在倫雖五子獨正英傭工養親不辭勞瘁同治元年周逆擾境母易氏適病家人皆逃惟

正英死守不去賊入室憫其孝不擄踰三日母死賊又至與一棺正英不受賊亦弗害

范啟禎　鄉人范斗一之子以孝友稱斗一卒弟甫四齡啟禎撫之辛勞備至及長婚娶不以尺布勺粟入私房弟亦克承兄志時人賢之

秦天星明　兄弟友愛道光二十八年星子先禮與明子先倫游獵誤傷先倫旋斃天星拘其子將置之死天明云子姪一也傷一子更戕一子耶立命釋之友愛如初今兩家子

孫雍睦逾於他族

徐其昌　徐世堂亥子兄其鑑早卒遺子昌隆甫五歲其昌撫如己出爲兄償鉅債置産與姪均會歲荒姪將鬻産其昌乃鬻己産以全姪業後孫隆盛入邑庠其昌年八十尚健人以爲厚德之報

毛奇玥　歲貢事親至孝養生喪死盡力盡哀待弟姪篤於友愛里黨無間言

楊榮斌　業賈事親先意承顔服食醫藥必身親之父瓊年七十五卒盡禮盡哀鄉里稱孝

蔡顯昭　孝順友愛鄉里稱之

甘存讓　以友愛稱弟存訓長厚不諳生業存讓獨力服賈儲積甚厚與弟姪均之亦爲時俗所難

熊應甲　性純孝父紹虞久病應甲方幼日侍湯藥衣不解帶後婚三載不入妻室父卒哀毁盡禮服闋始入内事其兄亦以悌稱

李元剛　家貧嘗置産與弟又獨建宗祠鄉里稱孝友

鄒世傑　號魯齋附生性孝友父學智命諸子析業世傑獨讓廣田與昆季後更出己財助諸姪婚嫁時或獨禦外侮鄉俗惑於異學世傑獨矯以正人多服焉

傅永福　以孝友聞壽至八十有七

傅文芝　廩生傅培元之父少失怙母趙氏病癩人莫敢近文芝曲意承顔飲食衣服必親奉之母年七十八卒後文芝又率族建宗祠置祭田

蔣必通　鄉農錫後子乾隆庚午大饑父憂甚必通甫十齡思有以解之隨人適射洪學冶鹽井歷十八年積金歸置産與兄弟均没齒無德色子懷烜懷煋懷鵬懷麟亦以孝友聞懷鵬嘗獨力建宗祠置祭田

田洪禎　性至孝母秦氏患臁創洪禎年十三親爲滌穢吮血者六年已而父又病洪禎親奉湯藥衣不解帶者五月父母卒哀毁三年乃止

彭文瓌　父早没事祖及母以孝聞

高雲鶴　文生事繼母至孝人無間言待異母弟友愛尤篤家人悉知禮讓嘗有貓失乳犬字之人謂和氣所感

秦汝霖　以孝友稱年八十有六

曾洪範　監生幼嗜學父成高早卒兩弟俱幼洪範孝事孀母廢書業賈供弟讀後兩弟皆游庠食餼以孝友誠篤爲

鄉里稱

郎廷臣　少操業甚微事母至孝雖乏家人生業而甘旨嘗豐人以爲難

曾文廣　母余氏年六旬病篤文廣刲股和藥以進遂瘳母壽至九十人謂誠孝所感

龔明一　事父母以孝聞母病嘗刲股和藥病旋愈後明一年九十有六子萬有年亦八十

秦先鳳　乾隆十二年母金氏患疫醫不治先鳳剜臂肉和藥以進病旋瘳乾隆四十一年金氏復病先鳳仍割臂進

之亦愈創痕宛然少曾充戶房書吏辭役奉母不離左右者數十年

敖金紫　業農父洪光性剛戾金紫曲意承志無難色母病篤金紫割股和藥病遂瘳妻李悉化於孝

曾維卿　父寢疾數載維卿刲股和藥以進疾旋瘳

陶官顯　事祖母生母以孝稱嘗刲肝割股以療親疾創甚仍無恙邑令張紹齡有說見藝文

陳和東　性最孝母胡氏病篤和東禱天割左臂肉和藥以進病旋愈

徐文德　母病垂危文德刲股和藥飲之病即瘳

按昔人謂刲股傷生愚孝不可爲訓然匹夫未明書理急於救親而頓忘其軀天性亦良厚矣故備載之

王裕慶　邑人性孝友伯兄裕昆早卒遺孤正極幼裕慶撫如已子後正極成立舉秀才正極子亦皆貴始析產裕慶推田屋美者歸姪而已甘磽瘠晚年生子元爵以咸豐辛酉拔貢中同治甲子順天舉人人以爲孝友之報原本補遺

續纂

龔成舉　奉母甚孝嘉慶間知縣瞿頡賜以孝念格天扁額

左榮益　事母甚孝母年九十榮益年已七十矣每日定省服勞曲承色笑藹有孺慕之誠云

王元曾　湖北教習知縣一歲而孤事嫡母范氏至孝母年六十元曾嘗自京歸至萬縣聞母病星夜步行抵家躬奉湯藥兩月餘未嘗稍懈與妻戴氏焚香告天祈各減壽一紀以增母壽後母享年八十有四果如祈禱之數人咸以爲誠孝所格云

曾光成　邑庠生有孝行父寢疾十二年湯藥甘旨歷久不懈其母復病風癱光成扶掖澣濯必躬親之後居喪哀毀

盡禮里稱其孝

忠義

明

李如星　字井仙崇禎壬午解元負不覊才甲申後賊將孫可望欲羅致之執至涪州不屈爲僞將軍張敵所殺從祀忠義祠

陳鼎祚　字方壺貢生內江縣教諭流賊陷城鼎祚公服坐明倫堂罵賊不屈全家死之從祀忠義祠

楊淩雲　字臺貞貢生蓬溪縣教諭流賊陷城死之從祀忠

義祠

國朝

熊應鳳　字碧山順治初從定南將軍下浙留守温州以功陞碧石營游擊戊戌海寇犯郡圍攻半月城陷戰死事

聞贈副將

賜祭葬廕其子天琳世職註衛籍從祀忠義祠

熊天琳　字玉立襲父廕食祿温州衛耿精忠反

王師南下遣天琳諭降爲僞將曾養性所殺事

聞贈游擊從祀忠義祠

胡星　武生嘉慶二年教匪警星率鄉勇擊卻賊於邑之劉家啗復連捷於青岡埡大埡口等處擢千總後駐營灘山壩賊掩至軍單不敵潰星格殺數十人力盡而斃事

聞䘏廕如例崇祀州縣昭忠祠

從胡星戰死以姓名傳者二十五人

吳廷魁　彭祚模　姚永甯　李乾睿　霍文元　黃國龍

羅仲昆　鄒世俸　冉仕元　彭自成　徐其常　曾貴

譚光清　楊純儒　陳紹虞　張志元　陳紹唐　朱山

張正祿　李見遠　鞠志仁　李[illegible]　彭紹獻　楊光泰

彭世魁

嘉慶教匪之役禦賊煙墩山死者八人

閔正川　王嘉瑞　藍世遠　藍盛玉　藍玉安　王大任

王述　王成

禦賊戴家山死者十四人

隆復周　袁安　張甫　譚廷見　譚光星　張順

黃俸仁　黃德遠　戴進友　向萬彥　李汝瓚　李汝林

戴俸音　向應爵

禦賊棕家溝死者十二人

文正相　何正道　熊朝碧　陶金富　李文朝　李國相
李時可　李天元　李天玥　李天富　卯正祥　古正容
禦賊冠子山死者七人
蔣明斗　熊宇安　熊　啟　何國文　劉長義　蔣文槐
熊瑞華
青岡埡戰没者一人
陳朝熙
涼磉磴戰没者二人
戴灼然　陶思才

陣亡裳
卹賞者八人
羅　貴　黄學明　喬金昆　胡文貴　李　貴　黄一貴
熊時寬　秦世佐
又陣亡團勇事蹟無考者七十五人
李朝應　李作級　黄尚齒　李秀達　陳應同　李正華
黄自元　熊武俸　李秀瑜　李正榮　黄天倫　李　榮
何正模　柯元亨　戴鳳海　卯　才　李應洪　柯德俸
田仁洪　傅　學　曹志華　柯天玉　戴大周　王朝宗

廖匡龍　戴鳳和　戴勝龍　張懷祥　戴鳳華　文紹祥
馮希祥　王文周　戴仕龍　鞠志林　周天華　文國清
余祖元　李　俸　曾文佑　戴成龍　徐正常　彭朝顯
秦光逵　陶思宣　丁學文　湛仕榮　李秀異　文尚第
柯正海　曾定一　彭文亮　杜大志　鄧隆昌　蔡三多
李登華　鄧成儒　張學貴　王文禮　陶心發　張朝剛
向萬朋　向萬齊　陳秀伸　向應鼎　劉學士　魏起壽
熊團輔　李時保　李正海　朱　貴　朱世甯　李明光
余祖元　隆德章　匡時佑

駡賊不屈被害以姓名傳者三人
古思義　張　涵（歲貢）　易太極
按胡星以下一百五十六人官紳設位於昭忠祠祀之
傅世綸　咸豐已未進士貢不羈才爲孝廉時佐縣擒巨匪
馬燮昭等薦保知縣既成進士官戸部額外主事庚申奉
命回籍團練以功薦加員外郎銜同治元年髮逆石達開由湖北
竄至縣境世綸不知其悍賊也親率輕隊禦於高家鎮賊
衆且銳戰不敵被擒駡賊不屈死之事
聞加道銜卹廕如例

高正域　文生同治元年隨傅世綸戰死　旌䘏如例

林大淮　軍功同治元年石逆之亂大淮原防北岸覘賊將至高家鎮恐南岸無備渡江催戰而賊已及或有呼與同遁者大淮唾罵之力戰被擒不屈死

秦聯登　武生同治元年高家鎮戰死

高家鎮之役汎兵戰死者二人

陶安邦　李廷模

勇目戰死者三人

余起鈞　曾文燦　秦之理

勇丁戰死者四十一人

隆正維　曾子騫　余元栖　冉登遂　秦之瑞　劉文明

柯興福　劉永亮　張洪福　秦大　謝天懷　周順

陳長壽　華正聯　黃朝禮　楊天福　孫學高　彭芝蘭

傅義順　晏子秀　馬家玉　羅仁術　隆正邦　陳維和

秦之訓　譚世璠　陳維洪　陳學貴　范太品　傅世榮

傅義良　傅現柏　傅義全　傅現全　秦文元　李永福

傅世佳　秦國貴　田洪壽　粟良順　傅世拔

團長戰死者五人

秦文樑　余天統　秦先經　傅義明　陳玉順

團丁戰死者六十二人

馬三興　蕭節柏　魏丁　蕭志純　李萬蛟　李萬明

李萬成　陳朝陞　陳永緒　秦文思　黃天祥　黃天科

馬洪元　隆鱗甲　黃仕榮　李仕爵　戴崇璠　鄭德明

李文清　譚文第　張玥　蕭節柯　雷上霄　雷登濤

李萬鳴　李萬銀　郭宗斗　李文興　敖文科　譚文吉

毛天貴　譚文祥　譚正義　譚正禮　曾春暘　陳和東

李官陞　秦寅壽　秦鈞　甘存珍　秦家楫　秦文藻

秦文章　譚仕昌　甘家隆　譚沼麟　秦之德　向永童

彭萬福　戴貴元　楊德川　陳必釗　秦正起　秦文寬

秦時芳　秦時照　姚盛朝　姚世俊　秦家俊　馬光斌

李大　郭朝斗

團丁禦賊被執不屈死者九十人

廖應柱　秦時倖　向周瑤　向周品　楊長青　郎興廷

秦時輝　秦時燦　王詔　冉廣鍠　曾啟鳳　陳仕春

張國遠　廖澤遠　秦發　聶國順　殷仲梅　王德朝

彭芝蘭　甘于瑛　譚星灝　譚一富　徐恩施　楊遁明

傅現桂　嚴文仲　李應崇　瞿正宗　蔣仕鴻　余長學
李長壽　秦家珍　秦家倫　張國賢　譚中厚　譚傳遂
徐永宗　黃正清　黃正河　譚先葵　楊地珊　楊地長
張　五　曹國榮　陳和科　陳和祥　譚朝瑄　陳國林
胡朝欽　黎先富　周朝合　陳國棟　譚文忠　陳國慶
陳必超　毛玉浩　陳必選　陳永現　陳文級　陳永英
陳永興　陳永藻　陳必穎　郭正俸　陳必乾　陳國楨
秦志達　譚朝臣　唐永昌　李正銀　黃萬保　徐　七
鄭　丑　黃萬朝　孫文清　譚玉童　馬冰昭　馬　三

馬廷銘　郎宗超　杜鶴壇　周恩普　周元普　郎宗派
李澤達　馬宗連　鄧廷春　陳金玉　譚官保　羅先順
鄉民遇賊被執不屈死者三百一十七人
曹世萬　秦文獻　冉正齊　周朝覲　向登禮　秦時瑛
郎國璽　王正清　傅心傳　冉　頵　譚正發　郎國朝
甘存富　冉玉銘　張　順　陳永泰　陳昌綿　熊啟清
陳國林　殷仕玥　殷仕照　向世慶　冉萬祥　殷仕虞
楊通維　譚天倫　向登智　辜仕先　楊永長　姚明鴻
姚明韜　胡天貴　嚴官岱　張文全　張成文　僧正文

僧維慎　冉廷珊　冉廷椿　夏安周　夏昌榮　羅應貴
譚啟亮　譚代友　譚代明　譚先壽　譚正保　戴正叶
殷萬碧　熊正壽　余廷來　秦先俊　何世才　孫文清
譚先海　戴俸祿　周盛俸　羅永林　羅文德　黃正邦
徐文輝　蕭宗臣　李人興　李人華　李萬貴　陳思謠
陳朝富　譚先賢　孫世元　孫正朝　鄒　和　鄒大發
向朝喜　向朝興　孫秩然　孫沛然　鄒正寬　孫有才
孫有富　朱啟鳳　朱文魁　朱啟宇　朱啟昆　朱啟儒
隆　舉　孫有萬　孫德安　孫芝椿　程開榮　程開緒

程發明　程開柏　程登霄　吳長城　江朝瑄　徐中林
石文相　嚴以和　嚴以清　傅先鶴　傅金元　傅金貴
吳正品　吳正益　吳大元　張天元　張國盛　張光才
譚文楚　秦文元　秦家富　秦家賓　張鳳寬　譚世泰
譚萬選　姚盛鳳　譚先有　秦文貴　秦時璐　譚先貴
譚洪寬　樵應興　秦家樑　秦士松　江元貴　江文棟
秦文俊　秦文盛　姚盛龍　鍾先斗　楊　玥　楊　杰
楊　位　楊朝玉　甘沛然　冉登奎　冉永蘭　甘文俸
甘文友　甘存瑜　鍾月智　秦文富　鍾　和　黃文才

秦正德 陳天耀 譚宗斌 秦家貴 胡代貴 譚朝壽
陳先珩 譚先榮 譚文紀 楊天富 向文現 郎永清
蕭一朋 余太洪 余清懷 譚學順 余太興 秦洪儀
秦洪宇 秦先彤 僧海涵 僧海玉 余國泰 華文科
蔡全中 石光發 石懷玉 孫大金 孫大銀 蔡德中
楊星貴 蔡方貴 楊星彩 甘存華 秦文仕 譚宗舉
黃明文 黃仕玥 黃仕智 葛芝元 譚景龍 羅大宇
陳永發 羅正紀 周正祥 羅洪銀 洪應書 洪星富
郎先春 郎宗順 郎世發 馬喜昭 牟德櫄 周盛敏

楊人應 馬粹銘 馬光庸 陳必級 陳文藻 秦文枝
秦文章 嚴時玉 蔡苑 蕭一魁 蕭聲奎 蕭聲龍
孫孟宗 梁永旺 譚文琳 陳朝昇 李宗發 譚文極
曾春惠 李應宗 陳世泰 陳宗福 陳維禮 陳宗盛
陳萬德 楊在清 楊在林 冉永甯 秦先貢 杜奇斗
杜永貴 李大周 杜大龍 戴學魯 蔡平貴 秦文仕
程世才 程時萬 程時文 程時中 程世舉 程登榜
程發斌 江清 陳學浩 汪世敏 程發達 程發元
程開元 程發中 程開才 程開運 程開和 程廷鴻

程廷秀 程開盛 程開益 姚玉謙 姚玉寬 姚玉洪
程仕才 程開奇 程發蛟 程開明 程開梅 陳發坤
程仕清 張二 程開松 程義發 程廷才 程廷靈
李本仁 李世元 李泮然 李秩然 李沛然 程廷榮
梅作科 程廷路 程十 周長榜 程發榮 楊德榮
程天月 程時玉 程廷品 程開順 程開爐 程世坤
程開昭 程廷佐 程發科 程開卯 程發揚 程登瀛
程世崑 程時太 程廷彩 鄒大奎 鄒世儒 吳正禮
吳正奇 吳學剛 舒申 嚴世常 蔣學奎 鄒敏

鄒大發 鄒大貴 鄒世瑛 鄒世璜 程童 程世奇
程發生 程開靈 程仕周 程廷明

罵賊最烈死者二人

孫芝模武生 孫國楷

按酆雖瘠土民多嚮義賊警往往攖險守禦孱弱被擄亦甘死弗從故脅掠兩窮雖悍賊不敢久頓於境然而禍亦烈矣嘉慶教匪之亂舊聞闕佚僅載前志百數十人同治元年滇匪周藍兩逆擾北岸石逆大股突至其南鄉民靡所逃匿捐軀者不可數計茲僅據縣署存案及採訪信而

有徵者備錄於篇而縣案併彙詳報未分南北又輾轉傳寫每有外誤如戰死汎兵李廷模誤廷棋戰死勇丁曾子騫誤可騫陳學貴誤維貴范太品誤大品戰死團丁譚沼麟誤沼麒向周瑤誤月瑤被執不屈鄉民郎國朝誤國才戴正叶誤戴爲譚蕭宗臣誤臣爲成譚先賢誤賢爲誠之類今並確訪更正〔續纂〕按被執不屈團丁孫文清鄉民亦有此名又訪得李泮然李秩然李沛然均姓孫氏而前列又有李秩然李沛然名是一是二闕疑俟考

邑人出師戰没於外者二人

曾元魁　駐防戰兵咸豐中出師湖南陣亡　曾泰璞　五品軍功援陝西漢中府陣亡

〔續纂〕

曾貴艮　五品藍翎儘先千總同治二年出師陝西防守南鄭縣與髮逆接仗陣亡事　聞卹蔭如例

張鳴岐　石逆入境率團禦賊子槐堂僕永興均戰死

張文運　張自福　張明乾　張明坤　罵賊死

石懷玉　子光發父子禦賊被殺

田仁華　性忠直髮逆入境持刃禦賊死

羅惠發　鄒永科　鄒文乾　均團丁以捕匪亡

王元會　湖北教習知縣才識爲當道器重以親老陳情歸里鮑忠壯公超奏

命督辦山海關防務憂次函聘元會時丁母憂以守制辭忠壯復函云夷人恩逞凡有血氣者莫不敵愾同仇君臣義重未可作壁上觀始墨絰從行樂亭之役悉賴襄贊師還忠壯欲以勞勣保奏元會復固辭明年起復原省會法國搆釁忠壯督師出征調取元會入營水陸兼程晝夜籌畫積勞病歿事

聞照軍營病故例議卹封蔭如典崇祀霆軍昭忠祠

附義僕

黃全忠　黃美秀之僕美秀四歲失怙家無長丁族人覬其所有將不利於美秀全忠及婦某氏撫育防衛至於成立婚配勺粟寸帛不敢自私年七十餘卒

〔續纂〕

田三姑　名宿雲陸氏老婢也同治元年石逆犯境陸窨金舉家遠徙田爲守藏備歷艱險弗洩賊至亦弗去卒爲保全陸德之作詩以記

文學

明

周　瑄　字公桓洪武庠生有文行

楊孟瑛　成化進士博學能文纂縣志有序載楊升菴全蜀藝文志

黃景夔　戸部主事升兵部員外郎有白水集

古養敬　宜山教諭歷官工部員外郎有文名

陳　樂　字韶峰英敏積學文名冠蜀

古　心　字貌符積學能文著有怙廬集四書抄讀

熊蘭徵　崇禎副貢幼穎異七歲能屬文明鼎革隱居授徒著述甚富注莊子離騷常得别解講學則宗金溪姚江云

國朝

林明儁　字位旃慷慨有大志工文辭明季蜀亂閣部王應熊承制討賊薦其才授兵部主事遷貴州驛鹽副使本朝題授副使臥病不出後舉鴻博復不就隱居三十餘年著有澹遠堂文集巴字園詩集梧桐居近集行世子堅本舉人能世其家學王漁洋門下士也

易　簡　字位中號牛山翰林院編修澹於仕進解組歸閉戸讀書不慕榮勢晚年主講錦江書院造士甚眾著有詩文集若干卷藏於家子龍圖舉人官甘肅燉煌知縣

馮迺駟　乾隆甲子副貢幼體孀母教力學攻苦才華贍博爲江津教諭課士有法以老乞休居鄉十餘年後學成就者眾

郎奎章　歲貢任樂至縣訓導篤學勵行著有四書撮要卒年九十四

曾一貫　字子唯乾隆戊子副榜謹身勵行博通經史從游者眾所造就皆知名士著有梅峰稿藏於家選東鄉教諭卒年六十五

曾德升　字玉峰康熙歲貢生積學隱居洪崖著有學庸圖考邑令張香海爲鐫板行世又著有三省堂文集梅竹軒石竹園瓊瑤涪陵等詩集家藏未鐫

王五桂　字雙山道光歲貢以文行稱著有雙山詩集未鐫

楊鍾桂　歲貢生精理學長於易後學多所裁成

續纂

王元曾　字桂珊由抜貢中順天舉人幼體孀母教力學攻苦母以紡督課既長才識卓異文藝淵涵爲鄉黨宗族所矜式主講平山五雲等書院造就甚眾鮑忠壯公超嘗邀

入幕辦理奏議頗爲當道嘉尙李相國曾稱其辭意簡明可以傳示天下著有遺稿若干卷藏於家待梓

胡德銓　性聰頴不慕榮利涉獵經史酷嗜吟咏與其弟德銘杜門不出日以唱酬爲樂著有橋棠詩草

官績

晉

毛　楚　牂牁太守見華陽國志

唐

吳武陵　忠州刺史見通志

明

楊大榮　字崇仁天順丁丑進士由大理寺評事擢江西按察司僉事擒寧縣巨盜羅萬珪等七十一人餘黨擾南昌又捕獲之性明決不畏强禦寃抑多得雪理九江指揮李貴嗛百戶田春御史鍜鍊成獄大榮爲疏白其寃春等得釋後爲當道所忌引退卒於家年七十有三

楊孟瑛　字温甫大榮仲子成化丁未進士由刑曹出守杭州濬復西湖禁畿革弊士民稱歌費宏有傳見藝文

何宗魯　景泰間任雲南浘穹知縣剛而不苟歲荒出粟賑飢全活甚衆事載雲南通志

胡　廉　天順壬午舉人嚴毅有識略成化中任湖廣石門知縣勸民耕桑鋤强梗革奸胥縣以大治事載湖南通志

楊心傳　字泗濱萬歷二十四年任湖南安鄉知縣招撫流離革除常例築堤防修廨宇蒐輯志乘事載湖南通志

古　心　崇禎壬午任雲南雲龍知州值沙賊之變親率士兵恢復大理全活以萬計

國朝

曾友伋　字同甫乾隆甲子舉人任河南登封縣勤於課士

文風丕變歲饑賑濟全活甚衆戊戌大旱步禱嵩岳雨立沛民獲有秋再任廣東瓊山值洋盜滋事設方略擒其渠擢德慶州牧子一元以例貢官廣西融縣著有政聲

王　恆　拔貢任安徽桐城知縣潔己愛民政聲丕著河決宿州捐貲工築不事科斂士民喧頌尹文端公繼善高宮保晉皆深器重調蕪湖旋署安慶同知以艱歸

王　怡　字逵亭乾隆甲子舉人任山西太谷知縣饑民數萬將亂大府檄怡安撫欲以兵隨之怡曰是趣之叛也請單騎往至則諭之曰若輩苦饑賑且至矣衆悉散治其魁

十餘人安邑民有誣叔某叛者其外兄劉實唆之怡廉得
其情逮劉至立杖殺之或謂劉罪未定何遽致之死怡曰
吾知為天理所不容他非所計也其剛果類如是擢浙江
寧波府同知以病免

高　愼　乾隆壬午舉人任直隸東明知縣醕謹誠篤愛民
如子丙辰夏旱愼禱雨輒沛飛蝗入境食葉而不食穀邑
士大夫多歌詠之

郎士貴　字貞儒乾隆戊子舉人任廣西武宣知縣攝來賓
篆一年獄為之空以疾歸卒於夔府貧不能治喪人以是

知其廉也

續纂

王元曾　湖北教習知縣同治九年署南漳縣知縣下車即
對神誓若苞苴行當絕吾子孫書香向規每案官索差票
錢若干貫元曾立剗之曰吾得若輩一錢民將不堪大堂
懸金以待鳴冤隨時斷結在任八月事無留牘政簡刑清
結前任二千餘積案役之更業者十有八九大府聞其政
擢升沔陽州知州沔地窪隄常潰元曾令沿隄積土牛以
防水溢又令隄外密植柳以禦浪會夏漲險甚元曾禱祭

俄頃水退三尺遇旱祈雨靡不響應歲頻豐稔野自生稷
咸以為德化所感云

王俊先　字子貴元曾長子也積學未售援例入仕任貴州
青谿知縣興利除弊潔己愛民頗有父風攝篆一年獄為
之空清平縣有巨案數十年莫能結大憲檄俊先審理去
之日同寅相弔俊先曰作朝廷官理百姓事豈以難辭遂
毅然就道撫憲諭以兵從俊先曰恐激之變也請罷及至
提案集訊廉得其情兩造悅服獄遂息其明決善斷如此

王治普　由廩生援例通判任雲南巧家同知歷緬甯甯洱
等縣著有政聲以獲匪功擢廣西直隸州知州

武勳

楊大逵　軍功康熙四十二年勦耆賊有功擢大昌知縣

胡　星　武生嘉慶初教匪之亂鄰縣悉被蹂躪將及於境
星率鄉勇擊卻之復連捷於青岡埡大埡口等處擢千總
後陣亡詳見忠義

郎文炬　廩貢生候選訓導嘉慶十一年以捍禦教匪功題
請候補官日加一級

高國珍　武生候選千總嘉慶十一年城守禦匪著有勞勣

題請俟補官日加一級

徐永韜　邑人性剛毅精武略縣令楊燮募令授丁壯技擊嘉慶教匪之役設策防禦全活多人偵知賊由間道趨城亟請於官率勇扼嘅碑梁與城犄角賊逼西關永韜親發巨礮殪賊前隊數人賊知有備遁事平永韜不受賞以布衣終至今父老猶有道其事者

咸豐七年石涪土匪馬景明之亂酆界於二境邑紳佐縣捕獲首從多人同治元年周藍兩逆擾縣北岸石逆大股突竄其南縣城腹背受敵危於纍棋紳等百計禦防賊計窮而遁城以獲全事

聞得獎者二十四人

舉人傅世綸以知縣用

舉人蘇爲楨以知縣歸部即選

布經歷曾昌誥擢知縣並戴藍翎

從九品銜郎　錦以本職歸部選

歲貢秦　棣以訓導用

增生高文檢以訓導儘先選

增生傅世華以訓導用（續纂）現官邛州訓導

歲貢項貞奎以訓導用

文生王功普以訓導儘先選

廩生曾　溥以訓導用（續纂）後官貴州玉屏知縣以平苗功擢知府

廩生李鳴鈞以訓導用（續纂）後官貴州知縣改南部縣教諭

廩生蔣朝瑛以訓導用

同知銜許正柄以府經實職用

廩生蘇爲栻以訓導用

廩生曾洪德以訓導用（續纂）後積功保貴州知縣並戴藍翎

監生冉輝遠以從九品用

監生陳聯瑞以從九品用

從九銜張金藻以本職歸部選

從九銜冉景祖以本職歸部選

從九銜唐永發以本職歸部選

從九銜劉　璠以本職歸部選

從九銜魏蘭谷以本職歸部選

府經歷銜萬枝碧以從九實職選

從九品劉全品以本職歸部即選

傅朝喜　邑高家鎮人善拳勇蹻捷有膽力少孤處昆季友

愛同治元年髮逆石達開突逼鎮眾皇㷔朝喜年且五十獨持長刀與其徒張淩富挾弓矢出鎮伏隘禦之賊前隊數騎至朝喜躍起斬一人奪其馬過隘射殪數人賊隊繼至傅張憑隘並射矢注如雨賊不測眾寡勢稍卻鎮民得乘間逃者數百人賊覘知勢孤擁隊大至傅張矢亦盡趨江而泅朝喜衣贅不得前復登岸遇賊紿請解衣就縛賊愛其材欲生降許之朝喜忽奮臂斷縛拳撲賊脫走撲江賊追及以長矛傷其股泅至中流遇救竟無恙眾以其非陣亡也弗聞於官朝喜亦不求賞夫以數萬之賊一二人

禦之而數百人獲生是亦能捍大患者矣草莽細民奮然敵愾義不從賊豈必捐軀而始為勇乎錄之以為義勇者勸

續纂

咸豐七年勦匪邑人効力獲奬者二人

監生郎 銛以州同用

廩生郎 鑑以訓導用

同治間黔匪之亂邑人投効立功先後獲奬者六人

曾維渠以知州分省補用

曾輝祖 王 綍均以知縣留黔補用曾輝祖並加同知銜

李均芳 曾家振 李星言均以從九品選用李均芳並賞戴藍翎

陳興和 髮逆臨境出貲募集鄉勇拒守隘口相持七晝夜賊去境賴以安

傅天祥 賊入境置礮禦敵援眾渡河得免

義行

李彰鶚 監生飭行好義嘗偕蘇永泰等重修 學宮有勞勩尤貲立種福會有記見藝文置義塚地若干區修男女丐所

施棺拯溺力諸善舉至老不倦年八十卒

高國斌 監生性慷慨識大體道光丙戌迄己丑歲連饑疾疫並作國斌出粟賑濟全活甚眾嘗捐己田作義塚又以鉅貲貸貧乏親鄰悉折券棄責年六十八卒至今人猶有稱其義者妻林氏曾刲股療夫疾

按酆人多鄉義好行其德往往有之而採訪所進殊寥寥意者皆樂善不居其名歟

續纂

胡宗舜 雍正間人美鬚髯性慷慨端謹好善出於天成義

舉甚多嘗爲吏告歸囊不名一錢蓋取既不苟有餘輒周
貧之人以是多之居善泯爭排難鄉鄰雀角聞必趨解雖
悍夫暴卒闞如虓虎得宗舜一言莫不斂容而釋年八十
餘卒子正綸貢成均曾孫輩有登鄉薦者

耆壽

李　俊　年九十有一乾隆四十一年知縣詹世适詳報
許文修　增生年八十有五妻李氏年八十有四五世同堂
乾隆四十九年知縣張偉請
旌給賞寰宇熙春額銀二十四兩

曾友伋　舉人乾隆五十年友伋年七十謁選在京恭與
高宗純皇帝千叟宴
賞緞絹二端
李　儒　年八十有八嘉慶十五年詳報
徐賢書　年百歲道光元年詳報
冉志清　年百歲道光二十五年詳報
楊文鳳　妻戴氏均年八十有一五世同堂道光二十七年
詳報
李金樑　年九十四歲道光二十九年詳報

李方鑑　年百有四歲道光二十九年詳報
魯洪璽　妻唐氏均百歲五世同堂咸豐元年詳報
李若蘭　增生咸豐戊午鄉試年八十有六
恩賜副榜
蘇福升　年百歲咸豐十一年詳報
鄢學仁　年百歲五世同堂同治元年詳報
鄢茂術　年百歲同治四年詳報
冉　氏　廩生馮樂嘉之妻年九十有五康熙間知縣曹源
請
旌賞黃絹肉米

鄭　氏　廖象琬之妻節壽百歲嘉慶十四年請
旌給慶衍期頤額銀八兩緞一疋
甘　氏　敖瓊之妻年百歲道光十八年請
旌建坊
冉　氏　東明縣知縣高愼妻初愼赤貧氏以紡績佐讀役
年八十有四請
旌
冉　氏　秦世學之妻節壽百歲道光二十三年詳報

續纂 余懷方　同治庚午鄉試

恩賜舉人

隱逸

楊維新　字五湖明崇禎丁丑附生篤學嗜古明鼎革隱居不仕嘯傲泉石著古文詩若干卷悉散佚歲貢曾德升爲立傳見藝文

秦茂林　隱居自樂以禮齊家鄉里稱善人年八十有四卒

夏崇儒　監生潔行好學與人無忤足不履城市者五十餘

年卒年八十有二

曾繼賢　字軔齋歲貢生飭行篤學鄉試不售隱居授徒後進多所裁成邑令張紹齡舉孝廉方正不就

余懌儒　字池村居家以孝友聞少積學篤行困於童試隱居授徒從游者多所成就年七十卒

曾衡周　文生曾炳奎之祖性仁厚隱居不求聲聞而能以詩書教其家人年八十有五

續纂 曾從周　有卓識遠慮而隱居不求聞達人以逸民稱之

列女

明

羅　氏　光祿寺署丞楊節妻有坊曰貞節

蔣　氏　庠生徐懋卿妻歸懋卿期年夫卒生遺腹子貞毓氏守志撫孤事姑以孝聞嘗刲肱療姑疾御史郭君旌其閭曰貞孝之門

熊　氏　生員戴昌應祖母有坊今燬

黃洵妻楊氏子修妻朱氏　兩世守節鬻其匳建世祀菴以祀父母翁姑雲南巡撫劉世曾爲之記有司旌其閭曰一門雙節

古　氏　楊　氏　古氏古養浩女適儒士楊同春生一女而夫没女長適生員余子化甫逾年夫亦没母女各奉舅姑及夫柩葬白鹿山下築室墓前俱祝髮爲尼歷數十年親鄰罕覩其面有司爲之請旌古心有雙節歌竹雪菴記

余　氏　楊漢堯妻旌表節孝

國朝

范　氏　許成誥妻年二十成誥溺死氏悲泣投繯以殉

徐三姑　村民徐正林女年十四汲於井鄰人欲污之女號

救以免父歸泣告遂自縊知縣王延獻詳請
旌表

戴　氏　民人孫之永妻年十八夫没矢志守義有强暴欲奪之氏度難與持自經死知縣王延獻表其墓並旌其門曰窮鄉奇烈

龎　氏　蘇巨清妻夫没守志有陳元魁者糾衆强娶氏不從墜輿死詳請
旌表

張　氏　范金文妻夫弟金盈欲汚之不從號呼爲所殺詳

請
旌表

王　氏　生員湛汝琛妻嘗刲股療夫疾不愈悲悼死

夏　氏　生員湛汝璵妻病中刲股療夫疾夫愈氏因以死

秦　氏　余仁普妻夫亡無子矢志守節翁憫其無依欲嫁之會小姑許字氏疑爲已受聘攜七歲女投水死詳請
旌表

王　氏　江津舉人寶年女儒士郎官均妻均病篤氏刲股七次以進卒不救守志奉姑以母病歸甯復刲股救母母愈而氏竟以創重卒年二十有六

陳　氏　徐世福妻嘉慶四年教匪之亂遇賊於蒲池壩欲犯之駡賊死

徐　氏　儒士曾時泰妻教匪之亂攜幼女避於灘山壩被擄駡賊被害

譚　氏　能學魯妻嘉慶七年避賊獅子寨寨破氏賺賊刀殺賊傷其項爲衆賊所殺

余　氏　戴　氏　余曾天鈞妻戴鈞從弟天秀妻嘉慶七年遇賊不辱同時被害

嘉慶教匪之亂徇難節烈婦女請

旌建坊者七十二人

張　文妻杜氏　賈秀章妻李氏　孫玉英妻張氏
梁興華妻周氏　向天喜妻李氏　張學全妻向氏
向國臣妻孫氏　向善祥妻周氏　徐自任妻王氏
黃開位妻董氏　隆德芳妻王氏　劉光文妻李氏
古國俊妻伯氏　李　建妻余氏　古國相妻杜氏
杜奇明嫂向氏　戴倖瓊妻向氏　張鳳岐妻熊氏
戴進達妻周氏　戴進田妻向氏　戴倖文妻王氏

戴俸武妻向氏　傅明珠妻高氏　熊文才妻秦氏
陳玉書妻張氏　陳思道妻余氏　蔣懷順妻秦氏
陳　棟妻劉氏　李文遂妻蔡氏　陳堅玉妻蔡氏
萬呂仁妻何氏　孫啟明妻蔣氏　李文貴妻江氏
黃道逵妻王氏　許文龍妻蔡氏　黃之禮妻何氏
舒　連妻陶氏　魯文遠妻余氏　熊成先妻孫氏
秦世傑妻羅氏　熊天明妻余氏　陳廷魁妻李氏
隆思堯妻朱氏　余志岐妻李氏　楊　文妻張氏
劉仕茂妻蔣氏　王應祖妻秦氏　張　柄妻杜氏

杜奇明女大姑　二姑　杜正美女二姑
易世久女易姑　古時開女古姑　王紹唐女大姑
柯天級女柯姑　李　福女李姑　李世倫女么姑
李洪常女小妹　石明祥女石姑　范友林女范姑
江魯端女江姑　隆德述女隆姑　李耀祖女李姑
李文才女大姑　李時芳女三妹　張懷祥女張姑
柯元俸女柯姑　蔣學志女蔣姑　李法祖女李姑
隆在富女隆姑　熊朝貴女熊姑　傅　昂女三妹

舊志載節孝婦女

秦人珊妻楊氏乾隆二十三年旌

譚上珍妻李氏乾隆二十四年旌

隆于麟妻易氏乾隆二十五年旌

侯之紳妻王氏乾隆二十九年旌見一統志

曾德裕妻王氏乾隆二十九年旌見一統志

曾道堅繼妻劉氏年十七歸曾生子先輗撫前妻子先覺如己出二十八歲寡守志五十九年壽八十有六五世一堂孫友伋登科子孫繼武人以爲皆苦節之報乾隆丙寅知縣吳璉表其門曰貞慈毓俊

李若瑜妻高氏守節五十二年知縣柯支樹旌其閭孫存周中乾隆甲戌進士人謂苦節之報

湛太合妻湯氏守節四十八年七十六歲卒嘉慶十一年旌坊建窑溪

余廷揚妻熊氏守節四十三年嘉慶二十一年旌

余廷遷妻李氏二十七歲夫故撫遺腹子大智成立守節四十年嘉慶十五年旌

李乾健妻陳氏嘉慶十四年旌

湛在讖妻夏氏少寡族人欲奪其志乃攜諸子依母家紡績課讀長子然十六入邑庠氏壽至八十有四孫露湝中嘉慶癸酉舉人人以爲夏氏餘蔭云

傅文瑞妻秦氏年二十五寡守節三十七年嘉慶十九年旌

曾學文妻李氏夫病刲股救之愈生一子年二十二寡矢志撫孤嘉慶二十一年旌

林　昂妻劉氏年二十二寡守節三十六年嘉慶二十四年旌

舉人楊　瑛妻郎氏守節三十年道光三年旌

高永崑妻李氏守節三十八年道光十年旌
傅彬士妻文氏守節五十八年五世同堂道光十一年旌
孫崑亥妻鄭氏守節四十二年道光十一年旌
庠生郎文煥妻舒氏道光十一年旌
許金偉妻李氏年二十三寡守節四十六年道光十八年旌
凌祖興妻佘氏守節四十六年道光十八年旌
孫桂崇妻徐氏少寡守義事姑最孝道光十九年旌
郎文勳妻李氏夫沒以紡績養親撫子苦節三十五年子官濤拔貢
郎文燏妻李氏夫沒事姑以孝守節三十五年

馮思皇妻譚氏年二十六歲寡子甫二齡翁姑憐其少且貧勸改適氏辛勤堅守歷三十二年不渝
曾天錦妻湛氏年二十六夫故奉翁姑敬愛兼至撫子學颺成立五十一歲卒守節二十五年
戴鳳翥繼妻馮氏少寡撫前妻子如己出守節三十年
易行惠妻李氏年二十四寡守節三十三年
郎官智妻朱氏夫故子國彥甫數月守節三十年
杜　慶妻秦氏年二十二寡守節四十三年
郎志誠妻林氏年二十四寡無子以姪嗣守節三十年
陳永常妻秦氏年十七夫死於虎僅一女兄勸改嫁誓不再適守節四十六年
冉文林妻杜氏年二十八寡撫子慰祖入武庠守節三十六年

蔡顯宗妻李氏苦節三十年事翁姑至孝鄰舍火先一夕神示以夢遷移獲免時人皆以爲節孝之報
彭世煜妻鞠氏夫沒祖翁跌傷氏養之以孝稱守節三十年
庠生陳見龍妻蔡氏年二十六寡守節四十一年
馮　輪妻李氏年二十九寡守節四十六年
馮廼驊妻冉氏年十八僅一子夫病革氏自縊姑救免夫卒又求死姑諭以身老子幼氏隱忍以生事姑撫幼叔及子孝愛兼至無何子又死且貧以紡績養姑苦節七十一年
古三登妻林氏守節三十年知縣王廷獻旌其門日深閨大節
余大鵬妻熊氏夫病曾刲股救之年二十寡矢志守節
武生胡　星妻彭氏年二十六星殉難家赤貧子幼姑病且瞽氏紡績奉姑撫孤終身不貳已旌

趙天佑妻向氏守節三十三年
郎官壍妻易氏年二十五寡苦節二十年卒
武生郎　璠妻王氏年十六寡守節四十三年
曾嵩秀妻王氏夫病曾刲股和藥夫沒矢志奉姑
廩生湛　鑑妻李氏夫沒無子以姪泰學嗣守節二十八年卒
傅世龍妻張氏年二十五寡守節三十三年卒
孫文瑤妻林氏年二十九寡守節三十七年
傅之性妻黃氏年二十五寡守節三十六年
徐維剛妻朱氏年二十九寡家赤貧矢志不貳寄尼菴紡績以生守節四十年卒

王　聰妻鄭氏年二十四寡守節三十七年卒
孝子李嗣靖妻毛氏守節三十四年　庠生郎　書妻馬氏守節三十八年
楊進孝妻李氏守節三十五年　郎本立妻毛氏守節三十三年
曾元海妻秦氏守節三十三年　庠生林樹本妻余氏守節三十年
馮世武妻曾氏守節三十二年　雷春和妻余氏苦節五十六年
李松齡妻楊氏守節五十年　雷春厚妻曾氏守節三十六年
陳　文妻孫氏守節三十五年　張天欲妻石氏守節四十四年
秦先聲妻郎氏守節四十六年　武生馮之瑞妻郎氏守節四十三年
武生甘良相妻向氏守節三十二年　庠生徐天德妻王氏守節四十七年

武生陳　儀妻王氏守節五十六年　楊　焯妻龔氏守節五十三年
增生郎文鑠妻杜氏守節三十四年　冉通鎔妻余氏夫沒守節廿四年卒
郎官峻妻王氏守節三十五年　雷秉鐸妻陳氏守節三十八年
楊　任妻余氏年二十六寡守節三十五年　江文漪妻郎氏
甘克惠妻楊氏夫沒守節三十六年　杜天成妻吳氏
曾世文妻羅氏　李維常妻余氏
王　謨妻龐氏　曾萬倫妻趙氏
庠生郎功立妻徐氏　曾尚賢妻余氏
李正華妻湛氏　杜　昂妻劉氏

賴　氏　譚某妻夫性多疑常防氏有外遇氏實無他而疑不釋因服毒死以自明

易　氏　曾永杞妻新婚永杞夜出有惡少竊宿遽去氏不知非夫也遲明夫歸始覺遂自投巖死越日惡少亦隕巖碎身人以爲氏靈不泯云

按自明以下節烈婦女一百八十三人均前令張君紹齡志稿所載略爲編輯如前

歷年

旌表節孝婦女

胡澤普妻許氏　黃鳳儀妻楊氏　曾　信妻曹氏
李榮枝妻孫氏　李文達妻吳氏　孫桂馥妻李氏
孫思山妻鄧氏　馮思純妻李氏　湛文瑞妻陳氏
秦先睿妻張氏　張洪烈妻黃氏　李如橋妻蔣氏
余書賢妻鄒氏　郎官增妻湛氏　鄧邦本妻徐氏
郎官崙妻楊氏　王　銘妻楊氏　李如楝妻冉氏
徐其崧妻李氏　曾元輔妻萬氏　王　銑妻陳氏
李鳳志妻江氏　杜　柏妻李氏　曾先聲妻張氏
魯元國妻王氏　郎官坦妻周氏　張萬濤妻黃氏

鞠永富妻佘氏　冉文夔妻佘氏　毛　翻妻嚴氏
徐世應妻李氏　楊知全妻姚氏　曾上哲妻湛氏
劉時若妻李氏　傅思正妻陳氏　白文星妻張氏
程煥章妻蔣氏　胡汝滄妻蔡氏　孫桂林妻楊氏
曾文瑄妻譚氏　袁世俊妻楊氏　陳思柏妻曾氏
傅世榮妻曾氏　高文鐵妻林氏　廖正榜妻曾氏
楊桂林妻張氏　余大椿妻王氏　陳長渭妻郭氏
蘇華貴妻張氏　傅宗賢妻殷氏　范聯標妻李氏
陳千友妻胡氏　張廷興妻傅氏　徐其嶽妻殷氏

湯揚賢妻黃氏　譚必華妻劉氏　李承敏妻佘氏
張吉連妻冉氏　胡正明妻陶氏　張　玉妻楊氏
蔣正文妻葉氏　譚　璋妻許氏　吳漢盛妻盧氏
陶桂元妻陳氏　冉之煌妻李氏　嚴光裔妻何氏
蔣學書妻胡氏　湛永松妻佘氏　李奇達妻朱氏
郎廷椿妻冉氏　陶思璠妻張氏　李宗海妻冉氏
黃世祥妻孫氏　黃廷福妻徐氏　鍾金蕙妻胡氏
向洪元妻徐氏　隆萬美妻楊氏　秦家棵妻冉氏
高文釗妻郎氏　許正楷妻曾氏　秦文宗妻蔡氏

郎文璐妻沈氏　王汝棠妻佘氏　胡世龍妻許氏
張金芝妻馮氏　蔡永林妻李氏　彭宣華妻佘氏
秦　榛妻楊氏　陳宗明妻曾氏　陳永仲妻譚氏
黎玉江妻陳氏　冉天恩妻陳氏　李玉山妾王氏
陳必璠妻張氏　陶人傑妻李氏　周世洺妻彭氏
李維朋妻何氏　程世興妻彭氏　隆大鑑妻李氏
朱明萱妻楊氏　曾昌僎妻朱氏　蔣洪興妻張氏
陶文珠妻李氏　戴文珖妻楊氏　曾元相妻朱氏
曾永明妻冉氏　袁位顯妻孫氏　郎南平妻易氏

湛鈞之妻嚴氏　傅國瑚妾周氏　周　氏

按胡許氏以下凡一百十一人皆青年守志白首完貞始嘉慶中訖同治六年前　旌者縣案名册可稽而事蹟無考其奇烈苦貞別據採訪所進無論已否請　旌列傳如左

傅貞女　傅義新女無兄弟孝事父母終身不字足不越閾年七十有四卒

李二姑　廣東廵檢李如芳女幼隨父宦粵許字巫山向雲鶴雲鶴亦隨父宦江南年十五病歿後訃聞於粵如芳妻

彭氏以女性烈秘不使聞如芳解組歸蜀尋卒姑哀毀幾絶服闋年二十六矣母復以字同邑湛大賓聘禮至姑驚問始知雲鶴早歿悲泣誓死母防之嚴姑故改容謝之越旬月數囑其兄弟騰霄騰龍善事母衆以爲死志漸弛防懈姑探知湛氏親迎有日夜起拜父靈縊於殯側乾隆四十三年十一月十二日事也道光十一年

旌

梁　姑　梁永亮女偶與無服族兄世亨論辯世亨不勝恚出言褻姑忿曰我女子也而以穢語汚耳乎遂自縊道光

二十六年

旌

王五姑　名壽英增生王正極女幼字同邑沈鳳三道光二十一年婚有日矣鳳三病故壽英聞告父母曰女已受聘如臣已策名義當不貳欲奔喪守節父母以其幼阻之壽英屢縊遇救不得死既而姑倪氏卒訃至壽英遽自刎力弱不殊家人喻之曰汝死良是其如沈郎未立嗣何遂强起醫治父母審其志堅命適沈嗣姪鏞承祧事翁建章以孝稱翁卒哀喪盡禮鏞將成人又死壽英慟曰兩姪嗣其一而殞誰復以一兼祧者命也夫遂密結上下衣投於江又不得沈家人追拯起之同治七年病卒年四十有四邑人聞於官爲請

旌

項　氏　冉興志妻歲貢項貞奎女道光二十五年適冉甫逾月興志病没氏哀甚水漿不入口人有慰之者曰汝年固少何以哀爲氏益哀號泣三晝夜淚盡繼之以血夜静投繯徇焉邑人争爲輓詩知縣朱有章爲之請

旌並撰哀詞見藝文

李　氏　林簡妻道光五年夫没氏縊以殉待　旌

李　氏　增生林樹蕃妻樹蕃卒氏自經待　旌

舒　氏　李國棟妻年十九夫没守義叔姑欲試其節偶以褻語聞之氏怒自壽死待　旌

朱　氏　萬某妻少寡無子矢志守節人憐其貧勸之嫁氏忿然落髮爲尼五十餘年無玷待　旌

李　氏　林樹芬妻少寡子大淮方七歲家貧無伯叔氏守志紡績撫孤教子以義大淮讀書能文童試輒躓氏坦然既而大淮以捍患有軍功氏喜曰人生大節惟忠孝能執

干戈以衞社稷吾有子矣髮逆之役大淮以縣檄防禦氏諭之曰臨陣無勇非孝也汝當立名節以慰父靈勿恤其他大淮禦賊於高家鎮力戰死氏初聞而悲既而曰有子若是吾何憾焉氏故知書嘗自課諸孫讀長孫光宇已入邑庠待旌

易氏　羅氏　易孚唐妻年二十九寡子文燦幼守節撫孤年八十有六羅其媳也年二十七夫文燦卒子甫四歲遺腹生次子霖川氏體姑志守節三十七年子皆成立霖川以禦匪得軍功均待旌

鄧氏　許正榮妻年十八寡無子矢志守節勸翁置妾生叔氏待叔生子始嗣承夫祧焉守節五十年已旌

陸氏　曾成高妻少寡家貧三子俱幼氏將死之人曰曷若撫孤延夫嗣爲愈乎遂茹苦守義嚴課諸子嘗嚼虀具贊俾就外傅讀子皆成立兩入邑庠食餼名洪德者以武功薦訓導咸豐十年旌

黄氏　李文祿妻年二十一夫没事翁姑至孝葬祭盡禮夫兄弟没於外氏遣人覓其柩歸葬撫姪如子守節三十一年待旌

湛氏　李正緒妻年二十五夫没僅一女氏孝事翁姑姑病嘗刲股療之守節四十一年始終無渝待旌

陳氏　范氏　余氏　陳高樞妻范樞子國柱妻余國柱子文煥妻三世守義而余氏無子僅一女視陳范節尤苦撫從堂姪正基承祧正基幼人多爭其產業入搆訟氏歷諸艱阻矢志不回訟卒得理正基成立守業氏故知書明大義課其女詩禮若子然守節三十二年卒又三十年以外孫徐昌緒貴貤贈安人見選舉封蔭

戴氏　田仁超妻年二十四夫没無子翁以家貧數逼之

嫁氏泣誓不貳以鍼黹自活守節六十一年待旌

楊氏　杜友餘妾年二十七友餘卒家赤貧嫡曾氏勸之嫁曰夫死無子我老可守汝尚艾曷亟圖之氏矢死靡他嫡病氏侍養數年不懈嫡没以紡績營葬喪哀盡禮以從堂姪芳珩承祧守節二十二年待旌

杜氏　黄維秀妻年十八夫没子文顯幼足不良於行人勸之嫁氏曰子雖跛不能延夫嗣乎遂矢志守義後年八十卒待旌

鄭氏　魏淮奇妻年二十七夫没無子僅一女夫兄嫂繼

没遺二子一女氏悉以紡績撫之成立守節三十三年待
旌
李　氏　魏河奇妻年二十寡無子以姪恒鼎承祧事翁姑以孝聞守節三十一年待　旌
余　氏　高文鑑妻年二十四夫没無子家赤貧傭紉守義後以紡績賞爲姪孫子明另娶冀續夫嗣守節三十八年待　旌續纂已　旌
陳　氏　譚其禮妻年二十四寡一子德英幼氏守義事姑以孝稱姑死喪葬盡禮子將成立亦死氏煢獨無依守節

三十年卒待　旌
陳　氏　楊天佑妻年十九寡無子家赤貧氏矢志不貳翁老且瞽姑病石逆大隊猝至氏負翁姑匿深楚中夜潛出覓餱糧奉之姑聞礮驚斃氏哀甚不敢號七日賊退始負姑屍歸葬哀毁盡禮年五十有一待　旌
徐　氏　夏仕朝妻嫁二月而寡守節至六十二歲始終不渝待　旌
陶　氏　余大釗妻年二十九夫病氏刲股和藥以進病不起氏守義撫二子成立子懷芳孫作賓皆附生守節五十

一年待　旌
李　氏　林大松妻年二十而寡無子以弟大樞子爲己子守節三十一年待　旌續纂已　旌
佘　氏　增生陳東曙妻年二十八夫没無子以嫡堂姪興宗承祧守節三十三年待　旌續纂光緒六年　旌
曾　氏　盛學相妻少寡家赤貧守節至八十二歲待　旌
冉　氏　鄭朝選妻年二十六夫没子殤撫姪承祧守節五十一年待　旌續纂已　旌
秦　氏　鄭文魁妻年二十四寡撫孤養親無異志同治元

年石逆之亂懼辱投水賊追及刺以長矛氣絕遇救復甦守節三十四年待　旌續纂已　旌
鄧　氏　熊明典妻年二十八夫没子女纔殤氏以紡績養姑守節三十二年待　旌
余　氏　湛震興妻年二十二寡震興無兄弟家貧僅一女氏以紡績奉孀姑苦節三十年待　旌
張　氏　雷秉元妻年二十夫没無子以姪登俊嗣守節二十八年待　旌
雷　氏　李鳳鳴妻年二十九寡無子以姪萬宗爲子守節

五十四年待　旌

冉　氏　秦世孝妻少寡以苦節聞有司旌其閭

杜　氏　吳方珩妻少寡苦節三十三年已　旌

楊　氏　余騰榮妻年二十三夫沒僅遺一女氏守節三十年待　旌

馮　氏　冉昭衛妻少寡無子僅一女矢志不貳已　旌

採訪待例待

旌節孝婦女

王榮極妻何氏廿八歲寡守節四十一年　田大榮妻戴氏二十二歲寡守節三十年

徐天相妻秦氏廿四歲寡守節三十七年　詹必祿妻李氏三十歲寡守節三十九年

雷先震妻譚氏貢生雷秉忠之母守節二十六年卒

余全榮妻譚氏廿四歲寡守節四十二年　傅義宗妻李氏廿八歲寡守節三十九年

監生譚　鵬妻鄖氏二十二歲寡守節三十年　劉壽開妻余氏二十八歲寡守節三十年

蔣朝瀛妻熊氏二十二歲寡守節三十年　文法順妻蔣氏二十九歲寡守節三十年

劉明德妻蔣氏二十二歲寡守節三十年續纂光緒六年旌縣案作德明未知孰是

楊家升妻覃氏廿三歲寡守節四十八年　徐其鑑妻湛氏廿七歲寡守節三十七年

周盛祿妻楊氏廿九歲寡守節三十二年　周盛禮妻湛氏廿七歲寡守節三十一年

湛金華妻楊氏廿一歲寡守節三十六年　湛仕魯妻張氏二十八歲寡守節四十年

湛　松妻覃氏廿七歲寡守節四十五年　李冠賢妻彭氏十九歲寡守節三十一年

鄭榮萱妻李氏廿二歲寡守節四十六年　許金佀妻李氏廿六歲寡守節三十六年

秦文提妻唐氏二十歲寡守節五十二年　曾永高妻王氏廿三歲寡守節五十五年

鄧學超妻范氏廿二歲寡守節四十二年　李朝富妻王氏廿九歲寡守節三十三年

蔣鳳瑞妻余氏廿九歲寡守節四十一年　李正玉妻陶氏廿九歲寡守節三十三年

余　某妻馮氏廿七歲寡守節三十五年　羅仕昊妻陶氏二十六歲寡守節三十年

甘存琢妻蘇氏廿八歲寡守節二十一年　卬文周妻熊氏廿一歲寡守節三十九年

雷發霄妻李氏廿四歲寡守節二十五年　冉文洋妻楊氏廿二歲寡守節五十六年

譚文舉妻彭氏二十四歲寡守節三十年續纂已　旌

黃正興妻鄖氏十七歲寡守節三十年續纂已　旌

彭朝才妻余氏二十九歲寡守節三十年　甘家儒妻高氏二十六歲寡守節三十年

劉廣玆妻蕭氏廿八歲寡守節四十二年　李　璠妻陳氏廿一歲寡守節五十三年

趙永茂妻曾氏二十五歲寡守節三十年　楊作超妻譲氏廿七歲寡守節四十五年

楊明元妻張氏二十一歲寡守節三十年　田大明妻戴氏二十五歲寡守節三十年

李光林妻馮氏廿七歲寡守節三十三年續纂已　旌

毛文詩妻廖氏廿六歲寡守節三十八年續纂已　旌

秦仕書妻王氏廿九歲寡守節五十三年　曾永超妻李氏十八歲寡守節五十五年

廩生孫　祿妻曾氏廿七歲寡守節廿六年卒　李鳳志妻江氏廿八歲寡守節六十三年

彭　鎔妻毛氏十九歲寡守節三十七年〔續纂〕已旌
楊鍾德妻張氏二十四歲寡守節四十年〔續纂〕已旌
文生李晴川妻冉氏廿三歲寡守節三十二年〔續纂〕已旌
王用極妻馮氏廿六歲寡守節三十四年　周元棟妻高氏少寡守節四十三年卒
隆正德妻蘇氏廿八歲寡守節十三年卒　周世泰母彭氏十七歲寡守節六十三年
傅艮圖妻謝氏廿九歲寡守節三十一年　周元慶母高氏二十歲寡守節五十九年
徐在先妻熊氏廿九歲寡守節四十二年〔續纂〕已旌
蔡靜安妻楊氏廿二歲寡守節廿四年卒　張光先妻王氏二十九歲寡守節三十年
張體誠妻徐氏二十三歲寡守節六十一年卒　許正倫妻林氏廿三歲寡守節四十三年

楊芝芳妻彭氏二十四歲寡守節三十年　彭永固妻陳氏二十三歲寡守節三十年
范啟佑妻秦氏十九歲寡守節三十二年〔續纂〕已旌
魯大受妻譚氏十九歲寡守節三十八年〔續纂〕已旌
劉三龍妻楊氏廿九歲寡守節二十一年　張廷元妻楊氏廿九歲寡守節五十一年
石國緒妻易氏廿三歲寡守節六十三年　向國祠妻易氏二十歲寡守節五十六年
伍飛鵬妻江氏二十五歲寡守節四十年〔續纂〕已旌
彭朝定妻劉氏二十六歲寡守節五十八年卒　許金楹妻譚氏廿九歲寡守節三十二年
文生向國久妻成氏廿六歲寡守節四十六年〔續纂〕已旌
廩生張廷相妻王氏二十八歲寡守節三十二年卒　蘇永壽妻傅氏二十九歲寡守節三十年

庠生李苑芳妻熊氏三十歲寡守節四十七年　李永江妻余氏廿九歲寡守節三十八年
許正斗妻湛氏廿一歲寡守節三十四年　高應麟妻孫氏卅歲寡守節六十九年卒
郎　煌妻湛氏二十二歲寡守節三十年　高正坊妻楊氏十八歲寡守節三十年
鄭廷鑑妻傅氏廿八歲寡守節四十七年　徐世榮妾李氏廿八歲寡守節三十二年
徐昌清妻張氏廿九歲寡守節二十一年　劉先裕妻鄧氏廿二歲寡守節四十六年

同治元年滇匪擾縣北岸鄉民多渡江而南而石逆擁眾忽至靡所逃匿婦女輩竟能潔身徇義抗節以死可嘉矣然而鄉民畏官往往省事不報必開諭數四始敢一言或終不敢以聞不又大可哀乎縣境遼廓敢信搜採者必無空

谷遺芳乎據縣案及訪稿編次如左

江烈女　江正坤長女名長弟遇賊投溪水淺不得溺賊呼使出女罵曰吾死是求羞出見汝狗賊賊怒以長矛刺殺之同治元年旌

蕭二姑　蕭節旋女賊掠去欲犯之罵拒不辱死甚烈同治元年旌

曾烈女　賊至女急避叢莽中為所窺逼使偕行女罵曰我良民女豈隨賊奴賊怒斷其十指罵益厲遂被殺惜採者遺其父名無可考待旌

趙烈女　李瑛未婚妻賊至不及避誑賊醉以酒守身自縊
待　旌
譚烈女　譚德富妹年十六遇賊於文溪脅使同去至溪濱
奮身投水死待　旌
甘烈女　甘連城女名菊英賊脅不辱被殺待　旌
高二姑　高成鈞女幼字楊久清賊警懼辱服毒死年十三
待　旌
冉　姑　冉復旦女幼字何朝芳賊將至自毒死年十四待
旌

陳么姑　陳昌綿女賊近投巖死同治元年旌
高　姑　高國信女賊逼隨母秦氏投塘死待　旌
李么姑　李文清女賊警自刎同治元年旌

遇賊不辱投水烈女

楊星煥女二姑　李宗傳女大姑　楊維林女招弟
譚廷獻女二姑　向學槐女八姑　曾三俊女么姑
冉玉銘女么姑　廖澤濟女細姑　殷仲連女福英
汪正坤次女來弟　秦家和女招妹　秦家玢女么姑
詹德獻女大姑　張國柄女大姑　彭芝瑞女接弟
張立濱女么姑縣案誤作趙立濱　李本固女丙弟
張世奇女么姑　秦文俊女果妹　福　妹
甘文友女大姑　趙先倬女大姑　嚴長發女二姑
譚文紀女接弟　曹國祥女么姑　高正圓女大姑
張元亨女大姑　向學先女大姑　傅永湄女二姑
郎如冰女大姑　二　姑　三　姑
譚廷獻女大姑　張世華女瓊弟　陳宗友女丙弟
陳宗福女有弟　嚴世朝女嚴姑

遇賊不辱被殺烈女

陳文藻女大姑　譚朝愷女大姑　李元陞女么姑
秦　朝女么姑　曾正雙女招弟　楊地久女細姑
陳國發女么姑　曾學明女同弟　吳大元女吳姑
自楊星煥女二姑以下烈女四十六人均同治元年
旌

劉　氏　鄭文志妻處士劉先桃女賊至急投於潭賊追及引其衣氏突起奮臂捽賊墮水氏死賊亦斃數日屍浮猶牢握賊髮爪透於拳邑人爭爲挽詩候選訓導秦棣有扼賊不須操白刃潔身直欲到黃泉之句歲貢毛奇玥爲賦

節烈行中有云賊欲挾之使偕行殺賊無刀殺以水纖手捽賊投重淵瓜透拳臂齦穿齒皆實錄也同治元年旌縣案誤作蔣氏

秦氏　楊登傑妻賊警登傑將逃與氏訣曰大難不能顧妻室我之過也雖然汝青年有貌何處不生可勿懼氏泣跪曰君速去我必不負君賊至氏匿於林賊搜得欲汚之氏罵曰死賊汝旦夕且碎屍尚行不義耶賊執見其酋氏罵益厲割其舌猶怒目戟手賊剜目斷臂而磔之鄉民有被擄者後逃歸言覩其死狀衆爲詩挽焉秦棣句云抗聲不作低頭語噴血猶能振臂呼毛奇玥雙節烈行有云不

願從賊帳下生但願全節刀頭死剜眼何殊雷海青割舌直同顏刺史刀光片片桃花飛玉骨冰肌等膾鯉同治元年旌

鄭氏　秦文統妻賊猝至其家氏紿賊請入內遷賄與偕潛出宅後溺於塘賊覺撈出已斃委之去後十八日夫歸面如生也同治元年旌

譚氏　秦愷妻賊警兩女適歸甯愷扶父挈眷避賊陳家山鄉人從者衆賊來奪隘愷率衆與戰賊大至衆懼逃過半愷堅守隘賊繞後山入衆皆鬬死婦女悉被擄次及氏氏手持二女罵曰汝殺吾翁與夫吾恨不斬汝食其肉肯從賊耶母女俱被殺賊去家人收殮猶牢執二女手有生氣焉待旌

蔣氏　文生劉宇翔妻年二十八避周逆於南岸石逆又至避賊蓮花洞轉遇賊執其髻氏拔刃斷髮牽裾又斷之賊奪刃逼使偕行坐不前日我儒家婦女不可辱速殺我賊擲刃使自殺意仍脅使行也氏遽自刎死後十五日收殯猶凜凜若未死者同治元年旌

李氏　鄒家龍妻攜女避匪擔子臺石逆警氏先縊其女而後自縊死年三十六同治元年旌

敖氏　陳和東妻元年二月十三日賊近氏將死顧謂二幼子曰汝父以孝聞不當令子陷賊辱父遂並溺水死和東見孝友同治元年旌

譚氏　雷上霄妻賊急抱二子溺於文溪同治元年旌

朱氏　余學元妻賊入境負幼子投塘死同治元年旌

張氏　冉玉銘妻聞賊近負幼女投江死同治元年旌

孫氏　李元聞妻賊警挈子文清妻彭氏女孫三姑投江死同治元年旌縣案作李文元誤

萬氏　孫昌燕妻藍逆破嚴家寨昌燕被擄氏攜子女撲

火賊擄之走罵賊不辱死待　旌

秦　氏　高國信妻石逆警挈媳周氏及女溺於塘待　旌

遇賊不辱被殺烈婦

甘雙桂妻譚氏　甘廷級妻王氏續纂重見懼辱投水作廷吉妻待　旌

冉廷春妻陳氏　黃文玉妻張氏　胡興順妻程氏

鄒大貴妻蔣氏續纂光緒四年重複請旌作撲火烈婦　隆　玠妻余氏

程時亨妻楊氏續纂光緒四年重複請旌作撲火烈婦　隆鳳鑑妻余氏

傅先鶴妻嚴氏續纂重見賊警自焚　孫廷瑄妻朱氏

傅國貴妻龔氏　孫泮然妻余氏　朱啟宇妻王氏

孫秩然妻楊氏　冉永圖妻敖氏　蕭招賢妻匡氏

譚傳興妻戴氏　傅現瓊妻戴氏　譚明孝妻楊氏

梁世來妻陳氏　李在舉妻譚氏　廖學爵妻譚氏

秦文祿妻張氏　秦家梛妻冉氏　張世富妻秦氏

秦之模妻黃氏　樵朝寬妻秦氏　甘文友妻任氏

陳維相妻秦氏　梁世聰妻張氏　鄭光明妻朱氏

郎如冰妻何氏續纂按郎如冰妻重見懼辱投水惟作范氏今採訪進者以何與范爲郎永清妻妾皆投水死疑三郎即一人昔之採訪者誤耳錄存俟考　陳維明妻秦氏

傅武壽妻陳氏　余正璉妻冉氏　傅升廷妻曾氏

傅永昌妻田氏　許正權妻王氏　胡朝瑄妻陳氏

鄧成章妻徐氏　張文福妻甘氏　李大元妻江氏

李正才妻劉氏　周盛有妻秦氏　秦長生妻譚氏

秦之茂妻陳氏　劉光佑妻李氏　廖應柏妻高氏

廖應乾妻楊氏　王紹文妻劉氏　陳永林妻戴氏

自甘譚氏以下五十二人均同治元年

旌

秦　壎妻張氏　楊儒珍妻敖氏　周盛友妻秦氏

程廷秀妻葉氏　程世才妻吳氏續纂重見賊警自焚已　旌

程發清妻余氏續纂已　旌　陳文連妻余氏

陳學浩妻孫氏　許　某妻傅氏　楊在科妻秦氏

湛元成妻徐氏　陳世泰妻譚氏　李鳳桐妻張氏

自秦張氏以下十三人待　旌

賊警懼辱投水烈婦

胡明光妻殷氏　胡明光妾金氏　楊學林妻向氏

胡明政妻秦氏　殷正敏妻毛氏　殷仕瑞妻熊氏

殷仕啟妻秦氏　殷仕上妻張氏　殷仕品妻張氏

殷仕玥妻張氏　殷仕照妻秦氏　張奇從妻向氏

譚碧輔妻陳氏　夏元魁妻甘氏　夏元魁妾李氏

張占魁妻李氏　傅廷耀妻盧氏　傅升壽妻趙氏

甘于沛妻朱氏　秦國瑚妻甘氏　甘于禮妻冉氏

譚仕忠妻張氏　傅升相妻秦氏　甘文濬妻陶氏

王仕元妻張氏　李文柄妻劉氏（續纂後重見作文炳妻）

陳國政妻李氏（續纂後重見）　李　大妻彭氏

譚思祿妻孫氏（續纂後重見）　雷登榮妻傅氏

張祥瑞妻鄧氏　張文元妻譚氏　秦德友妻何氏

余天起妻秦氏　譚思慶妻陳氏　范先壽妻劉氏

詹德獻妻楊氏　曾春和妻秦氏　曾春暘妻譚氏

張世華妻陳氏　陳之祥妻譚氏　馬宗玉妻甘氏

向文現妻戴氏　甘文鳳妻王氏（續纂後重見作文奉妻待旌）

向學先妻譚氏　楊地珊妻譚氏　曹正文妻向氏

秦之德妻甘氏　田洪陞妻陳氏　趙先倬妻余氏

胡鑑堂妻秦氏　譚朝臣妻秦氏　譚朝惠妻徐氏

彭芝瑞妻高氏　李樹發妻彭氏　楊德川妻余氏

楊維林妻敖氏　楊維林妾秦氏　曹國祥妻徐氏

楊在仁妻張氏　張永順妻彭氏　張　玥妻詹氏

高正圖妻張氏　徐昌福妻蔡氏　李紹元妻劉氏

秦　鎬妻王氏　曾永貴妻陳氏　秦家陞妻張氏

郎如冰妻范氏（續纂郎如冰重出說見前）　姚盛福妻樵氏

馬洪元妻杜氏　黃天祥妻程氏　冉友生妻張氏

張永德妻譚氏　向永發妻秦氏　向永興妻張氏

高正圓妻譚氏　張元亨妻向氏　高太厚妻廖氏

譚仕相妻楊氏　樵宗保妻秦氏　張奇釗妻譚氏

徐其俸妻李氏　黃天科妻孫氏　劉朝選妻李氏

李金淯妻周氏　廖慶榮妻李氏　陳宗福妻秦氏

陳宗友妻秦氏　李文炳妻劉氏（續纂重出說見前）

陳國政妻李氏（續纂重出）　譚思祿妻孫氏（續纂重出）　陳宗模妻任氏

秦紹祖妻譚氏　梁永景妻秦氏　江天發妻楊氏

譚朝燦妻秦氏　楊景堂妻徐氏　孫國瑞妻蕭氏

秦先奎妻傅氏　楊星貴妻張氏　蕭朝元妻張氏

李宗傳妻林氏　陳思祿妻余氏　徐永顯妻江氏

田太元妻殷氏　楊維樹妻陳氏　譚執興妻曹氏

黃正漢妻譚氏　周盛麟妻陳氏　譚執佑妻彭氏

譚光福妻楊氏　楊地恆妻譚氏　秦家政妻陳氏

蕭一魁妻向氏　向國友妻王氏　秦文童妻鄭氏
劉朝登妻譚氏（縣案作登朝誤）
自胡殷氏以下一百十八人均同治元年
旌
敖克聰母甘氏　劉春臺妻譚氏　劉鎰軒妻李氏
甘廷吉妻王氏（續纂重出說見前）　甘文奉妻王氏（投蔡園沱死）（續纂重出說前見）　曾永貴妻陳氏
郎發科妻周氏
黃光鏡妻鄭氏（投江死）　鄭光明妻朱氏（投塘死）
以上九人待　旌

遇賊投巖烈婦
甘廷芝妻冉氏　陳永棟妻熊氏　傅升瑚妻趙氏
秦　聯妻曾氏　秦家儒妻張氏　余國泰妻廖氏
以上六人均同治元年
旌
熊志崑妻李氏　李朝粱妻熊氏
以上二人待　旌
賊警自焚烈婦
杜文光妻劉氏　程世才妻吳氏（續纂重出）　傅國俟妻譚氏

張金蕙妻李氏（守節十六年）
以上四人同治元年
旌
李鳳舉妻張氏　鄒　玉妻曹氏　吳其泰妻劉氏
嚴以發妻程氏　程發達妻鄭氏（續纂已　旌）
程廷揚妻董氏　程時萬妻蔡氏（續纂已　旌）
程開盛妻蔣氏　梅金海妻吳氏　萬宗海妻黃氏
程開順妻楊氏　程開爐妻周氏　程開昭妻文氏
程實泰妻熊氏（續纂已　旌）　程廷彩妻周氏

程開榮妻周氏　傅先鶴妻嚴氏（續纂重出）　李金倫妻何氏
以上十八人待　旌
賊警自縊烈婦
李在玉妻譚氏　李正開妻崔氏　李正廷妻陳氏
余清明妻秦氏　余太洪妻鄧氏　秦德喜妻白氏
徐世官妻戴氏　姚盛發妻譚氏　譚先第妻姚氏
以上九人同治元年
旌
張國彥妻江氏（待　旌）

遇賊自刎烈婦

文生譚炳元妻楊氏 同治元年 旌

熊貞女 熊紹謨女紹謨老病無子女守貞不字養其親以孝稱年五十一歲卒待 旌 此下原本補遺三十三條

胡 氏 張朝位妻年二十七夫没遺腹生子正榜氏守義撫孤成立守節二十四年卒待 旌

胡 氏 張正榜妻少寡氏體姑教矢志不貳待 旌

古 氏 黃碧健妻二十九歲寡守節四十三年卒待 旌

儲 氏 黃承祥妻年三十夫没子國臣幼氏矢志靡他嘉

慶教匪之亂氏奉孀姑攜幼子避賊各寨備歷艱苦守節四十五年卒待 旌

蔡 氏 黃觀俊妻二十八歲寡家赤貧氏矢志以傭紉撫孤守節五十餘年待 旌

陳 氏 黃 氏 陳李倖妻二十四歲夫没守義家貧仰紡績以活子和春已成立又病死媳黃氏亦茹苦守節並五十餘年待 旌

張 氏 李正義妻少寡無子女家赤貧氏丐食守節人勸之嫁輒厲色唾之嘗食藿衣草而志不渝守節三十一年卒待 旌

錢 氏 谷 氏 錢黃國樑妻谷國樑子玉崑妻兩世皆少孀守節均四十餘年待 旌

冉 氏 黃文相妻年二十寡守節四十年待 旌

余 氏 何謨妻少寡守節三十九年卒待 旌

萬 氏 徐天緒妻年二十三寡守節二十六年卒待 旌

古 氏 監生蔣維烈妻年二十一寡守節三十三年待 旌

張 氏 蔣朝珍妻二十歲寡守節三十五年待 旌

雷 氏 熊文學妻二十七歲寡守節二十八年卒待 旌

熊 氏 譚明道妻二十五歲寡守節三十七年待 旌

秦 氏 孫啟麟妻年二十四夫没無子矢志不貳守節六十六年卒待 旌 續纂 已 旌

蕭 氏 余國學妻年二十六寡守節三十六年待 旌

熊 氏 余爲義妻年二十九夫没子幼家赤貧氏采蒿以食撫孤成立守節五十一年待 旌

陸 氏 甘文品妻避髮匪於木頭塘洞中賊薰之出撞石死待 旌

甘　氏　秦家成妻甘文品女賊急攜兩幼女投水死待
旌
譚　氏　雷鳳鳴妻二十九歲寡守節三十九年待　旌
沈　氏　秦應元妻二十九歲寡守節十四年卒待　旌
朱　氏
李二姑　李文震側室秦氏女前任福建江東司廵檢李如芝妹也文震早卒如芝宦閩家赤貧女以紡績鍼黹養其嫡母張氏矢志不字備嘗艱苦同治六年卒年二十二歲待　旌

楊六姑　楊遂春女矢志養親不字以孝稱咸豐三年卒年七十有三待　旌
萬　氏　楊金貴妻同治元年石逆之亂金貴没於賊氏懼辱負女投河死待　旌
褚　氏　范聯枝妻年二十六歲夫没無子撫姪儒榮承祧守節三十一年待　旌
陳　氏　劉順安妻年二十四歲寡守節三十六年待　旌
續纂　已　旌
劉　氏　張元興妻年二十八歲寡守節二十五年待　旌

金　氏　蔡芳蘭妻年二十八歲寡守節二十二年待　旌
王　氏　范學乾妻年二十三歲寡守節三十一年待　旌
黃　氏　蔡永固妻年二十九歲寡守節二十二年待　旌
續纂　已　旌
羅　氏　高太融妻年二十九歲寡守節四十年待　旌
續纂
王　氏　曾偉之妻年二十九夫没哀毀逾恆矢志守節事親至孝含辛茹苦撫孤皆至成名現年六十有五戸部主事曾尙矩爲之請
旌

鍾　氏　王炳光妻年二十五寡夫病年餘氏侍湯藥未嘗稍懈及歿哀毀幾絶左目爲之失明撫孤養親無異志而人咸以淑惠稱子甫娶四載死媳李氏亦矢志不貳兩世守節尤人所難現年六十八歲光緒二年翰林院編修劉海鼇爲之請
旌
張　氏　邑廪生曾學誠之妻年二十八夫故葬祭盡禮矢志不貳事姑至孝家貧無伯叔兄弟以紡績養親茹苦撫

孤三子皆至成立守節三十餘年已旌

楊氏文生李端本妻年二十八夫没時翁病癲寒暖無知氏先意承顔飲食衣服必親奉之翁年六十有四氏守節二十八年已旌

王氏廖學賢妻甫婚一載學賢父子被賊脅去俱死氏奉姑孝謹苦節三十二年已旌

鄭氏楊正發妻夫病刲股以療守節三十年已旌

秦姑秦宗貴女無兄弟孝事父母終身不字年六十卒已旌

陳姑陳太武女秉性至孝誓不字人願事父母以終年七十卒已旌

以上皆據縣案及採訪所進爲立傳其年例相符事蹟無考者亦據縣案編次如左

舒志乾妻劉氏二十歲寡守節三十二年　劉壽庚妻高氏守節三十年子字楨邑庠

熊汝賢妻劉氏廿八歲寡守節三十六年　傅天桂妻佘氏二十歲寡守節三十二年

楊光銛妻周氏廿七歲寡守節三十三年　萬洪怨妻楊氏廿一歲寡守節三十二年

林正圖妻萬氏二十五歲寡守節三十年　曾天樞妻王氏二十五歲寡守節三十年

許敦本妻陳氏二十八歲寡守節四十年　高文桊妻張氏廿七歲寡守節三十一年

曾天桂妻高氏廿七歲寡守節三十六年　譚廷獻妻熊氏廿五歲寡守節三十一年

以上光緒二年旌

曾元魁妻馮氏夫出兵陣亡守節三十年　孫伯容妻劉氏廿六歲寡守節三十一年

李元本妻鄧氏二十六歲寡守節三十年　李崇本妻黃氏守節三十年子嗣沆邑庠

熊永壽妻郎氏二十八歲寡守節五十年　許正柄妻冉氏廿六歲寡守節三十二年

以上光緒三年旌

陳汝修妻馬氏廿九歲寡守節三十九年　陳先民妻向氏廿九歲寡守節五十四年

何正清妻聶氏廿九歲寡守節三十一年　譚正權妻周氏十九歲寡守節三十一年

陳啟聯妻田氏二十二歲寡守節四十年　曾先知妻熊氏廿五歲寡守節三十六年

高國品妻羅氏廿八歲寡守節三十九年　余國榮妻秦氏廿六歲寡守節三十三年

高仕棟妻甘氏廿九歲寡守節三十三年　程祖倫妻楊氏廿二歲寡守節四十二年

郎立祿妻田氏廿九歲寡守節三十七年　許正揚妻沈氏廿九歲寡守節四十二年

余銘妻許氏廿七歲寡守節五十二年　江文彬妻周氏二十九歲寡守節三十年

楊正妻李氏廿九歲寡守節三十六年　陳孝代妻劉氏廿八歲寡守節二十三年

曾昌全妻冉氏廿九歲寡守節三十二年　秦家英妻高氏廿六歲寡守節三十三年

郎學增妻廖氏二十八歲寡守節三十年　謝永貴妻郭氏廿九歲寡守節三十九年

郎通達妻戴氏二十七歲寡守節三十年　王官堂妻彭氏廿八歲寡守節二十六年

盧有年妻蔣氏十九歲寡守節三十一年　秦文學妻周氏廿八歲寡守節五十五年

秦仕堯妻何氏廿九歲寡守節四十二年　范仕虞妻陳氏三十歲寡守節四十八年

秦文椿妻譚氏廿九歲寡守節二十二年　曾天錫妻秦氏廿九歲寡守節二十九年

李天綱妻易氏三十歲寡守節四十一年　邱廷揚妻隆氏廿九歲寡守節四十二年

林代賢妻張氏廿九歲寡守節四十三年　李志田妻余氏廿二歲寡守節三十六年

魯正習妻秦氏廿八歲寡守節二十四年　江國權妻何氏廿五歲寡守節三十三年

劉宇興妻董氏廿二歲寡守節三十三年　蔡方蘭妻金氏廿七歲寡守節三十二年

陳有貴妻張氏廿七歲寡守節三十三年　楊星壽妻陳氏三十歲寡守節四十二年

陳和潤妻蕭氏廿六歲寡守節三十二年　隆大科妻陳氏廿九歲寡守節三十八年

張先爵妻高氏廿五歲寡守節三十八年　梁正明妻何氏廿九歲寡守節三十八年

李宗元妻秦氏廿五歲寡守節三十七年　李如珍妻彭氏廿九歲寡守節二十三年

王紹榮妻陳氏二十歲寡守節三十一年　曾文漢妻李氏十九歲寡守節三十年

曾文藻妻冉氏十七歲寡守節三十三年　秦先知妻戴氏廿八歲寡守節五十二年

蔡方桂妻秦氏二十九歲寡守節十一年卒　劉光遠妻余氏二十四歲寡守節十七年

何金瓊妻熊氏廿八歲寡守節五十五年　譚嗣金妻曾氏二十歲寡守節五十五年

江天元妻范氏二十歲寡守節四十六年　向國連妻羅氏廿一歲寡守節二十六年

向國連亥劉氏廿三歲寡守節三十四年　熊思爵妻朱氏廿三歲寡守節三十七年

陳元龍妻何氏二十九歲寡守節十二年卒　秦之彥妻徐氏廿四歲寡守節三十八年

許仲楨妻張氏廿三歲寡守節二十六年　余克連妻曾氏廿四歲寡守節三十五年

程祖恩妻蔡氏廿九歲寡守節三十七年　秦時龍妻梁氏廿一歲寡守節五十一年

以上光緒四年旌

孫必才妻譚氏廿四歲寡守節三十四年　范啟蘭妻劉氏廿七歲寡守節二十三年

焦廷珪妻廖氏廿六歲寡守節三十八年　黎中道妻高氏廿一歲寡守節三十三年

譚廷桂妻劉氏三十歲寡守節三十九年　秦仕芳妻殷氏二十八歲寡守節三十年

秦仕元妻譚氏廿九歲寡守節三十六年　甘文鈺妻鄒氏廿九歲寡守節三十年

陳月樓妻徐氏廿七歲寡守節二十八年　熊紹臣妻李氏廿九歲寡守節三十二年

王永貴妻何氏二十九歲寡守節三十年　湛　舉妻甘氏廿九歲寡守節五十四年

江文源妻劉氏廿八歲寡守節二十七年　李元春妻林氏廿九歲寡守節三十八年

郎光祿妻李氏廿九歲寡守節三十一年　郎正才妻梁氏十九歲寡守節二十年

胡世銘妻羅氏廿六歲寡守節三十四年　張元興妻劉氏廿六歲寡守節三十八年

戴蒞堂妻李氏廿三歲寡守節二十八年　周順聯妻唐氏廿四歲寡守節二十九年

李宗程妻林氏廿九歲寡守節三十三年　傅義貴妻梁氏廿九歲寡守節三十八年

徐昌齡妻廖氏二十歲寡守節六年卒　李效孔妻范氏廿六歲寡守節二十五年

李正隆妻劉氏二十歲寡守節三十九年　李宗揚妻高氏廿五歲寡守節三十五年

許正興妻隆氏十九歲寡守節三十一年　湛渠堂妻嚴氏廿一歲寡守節二十八年
隆正維妻孫氏二十七歲寡守節三十年　王慰祖妻許氏二十四歲寡守節四十年
周盛禮妻湛氏廿四歲寡守節四十五年
以上光緒六年
旌
孫啟貴妻魏氏廿八歲寡守節三十一年　藍雲開妻彭氏廿七歲寡守節二十五年
王富祖妻高氏廿八歲寡守節二十四年　陳文萱妻萬氏廿八歲寡守節二十六年
李黌拔妻蘇氏二十六歲寡守節三十年　向大槐妻彭氏廿六歲寡守節三十七年
冉顯祖妻朱氏廿九歲寡守節三十八年　冉廷楠妻曾氏二十七歲寡守節四十年

楊宇壽妻金氏廿九歲寡守節二十一年　金以程妻梁氏廿九歲寡守節二十四年
譚文純妻彭氏廿九歲寡守節二十一年　陳朝清妻汪氏廿八歲寡守節三十九年
陳一德妻雷氏二十九歲寡守節五十九年卒　楊朝純妻陳氏廿四歲寡守節二十六年
王之海妻鄧氏二十八歲寡守節五十九年卒　李學璉妻廖氏廿九歲寡守節卅四年卒
李登義妻趙氏二十八歲寡守節四十九年卒　余問裕妻隆氏廿八歲寡守節三十年卒
向步雲妻陳氏二十八歲寡守節四十五年卒　陳德鳳妻胡氏卅歲寡守節四十四年卒
秦世元妻楊氏二十九歲寡守節二十二年卒　蘇肇煦妻冉氏二十一歲寡守節十年卒
以上光緒九年請
旌

徐開泰妻秦氏廿五歲寡守節三十七年　胡永銘妻鄒氏二十四歲寡守節三十年
孫耀然妻胡氏廿七歲寡守節三十二年　姚增崗妻楊氏廿四歲寡守節三十三年
陳永雙妻李氏廿四歲寡守節三十一年　敖克德妻秦氏廿五歲寡守節三十三年
李玉路妻梁氏廿六歲寡守節四十年　譚正紀妻傅氏二十歲寡守節三十一年
楊文泰妻高氏廿二歲寡守節三十四年　林錦堂妻吳氏廿二歲寡守節三十九年
冉永華妻許氏廿四歲寡守節二十九年　陸國俊妻高氏廿七歲寡守節三十五年
譚朝福妻陳氏廿四歲寡守節三十七年　余懌松妻張氏廿九歲寡守節二十二年
以上歷年請
旌

髮逆竄擾縣境婦女之抗節而死者已採列若干人續又採
訪二十四人皆光緒四年請
旌今據縣案編次如左
程時芳妻蔡氏　程時泰妻熊氏　程開和妻彭氏
程發源妻李氏　程閩朗妻周氏　程有名妻霍氏
朱啟鳳妻鄒氏　江鳳德妻舒氏　姚　發妻陳氏
朱啟愚妻王氏舊志被殺烈婦有朱啟宇妻王氏宇爲愚之轉音疑是傳譌重請存以俟考
以上皆被殺死
程廷仲妻邱氏　程開源妻周氏　程廷增妻曾氏

程廷才妻孫氏　程開喜妻楊氏　程開榮妻李氏
程世乾妻吳氏　程世寬妻李氏　李世榮妻汪氏
江朝舉妻李氏　湛仕成妻李氏　鄧正禮妻徐氏
殷宗誥妻楊氏　曾世喜妻熊氏
以上皆撲火死按舊志賊警自焚烈婦有程開榮妻周氏此程開源妻周氏亦自焚榮源音近恐是一人而此又有程開榮妻李氏疑或譌誤重複存以俟考

歷年採訪待

旌節孝婦女

鍾　氏　陳光貴妻年十六適陳甫八年夫沒守節不貳無伯叔兄弟遺孤悉以鍼黹撫之成立現年六十一歲

劉　氏　余問忠妻年二十八寡家貧無伯叔矢志守節撫孤成立婚嫁之費悉出自鍼黹紡績現年五十歲

唐　氏　名守貞彭榮堃妻候選從九唐永發之女同治四年適彭甫十月榮堃病故無子矢志守節奉翁姑至孝刼歷水火家亦貧賴作鍼黹以奉甘旨親歿喪葬盡禮撫幼弟成人爲之娶婦艱難困苦人所難能現年四十有九

敬二姑　子厚女受聘壻故守貞以終

以上皆據採訪列傳其僅年例相符者亦爲編次如左

李崑山妻余氏二十六歲寡守節五十八年卒　陳于堂妻黃氏二十九歲寡守節三十年
廩生曾洪鍾妻王氏二十九歲寡守節三十年　張兆鰲妻甘氏廿一歲寡守節三十二年
王天順妻鄧氏廿四歲寡守節四十六年　秦載陽妻郎氏二十八歲寡守節三十年
曾洪鍾妻彭氏廿三歲寡守節三十六年　孫德祖妻余氏廿五歲寡守節三十二年
朱先桂妻許氏廿七歲寡守節二十六年　李述孔妻許氏廿二歲寡守節三十二年
許仲蕃妻陳氏二十二歲寡守節三十年　曾時亨妻陳氏廿九歲寡守節三十六年
鄒其發妻江氏廿六歲寡守節三十九年　張金詔妻郎氏十九歲寡守節三十四年
李文川妻譚氏二十歲寡守節三十五年　甘培祖妻李氏廿二歲寡守節三十二年

甘家成妻王氏二十一歲寡守節三十年　楊金玉妻張氏廿九歲寡守節三十三年
毛成魁妻秦氏二十七歲寡守節三十年　陳永格妻譚氏二十九歲寡守節三十年
蔣鑑堂妻白氏二十六歲寡守節三十年　雷文德妻譚氏十九歲寡守節三十年
趙永茂妻曾氏二十九歲寡守節五十年　魏恆仁妻謝氏二十八歲寡守節三十年
陳伯瓊妻許氏二十四歲寡守節三十年　白朝勞妻李氏二十歲寡守節二十九年
聶仕應妻陳氏二十六歲寡守節三十年　魏槐堂妻曾氏二十歲寡守節三十一年
郎鑑之妻劉氏廿一歲寡守節三十一年　沈富玉妻甘氏二十歲寡守節三十三年
沈獻成妻秦氏十九歲寡守節三十三年　秦家薇妻譚氏廿二歲寡守節三十三年
鄧家相妻余氏廿七歲寡守節三十七年　秦家雍妻冉氏廿二歲寡守節三十七年

秦士慶妻譚氏廿八歲寡守節三十六年　秦文淵妻易氏廿五歲寡守節三十六年
秦士蛟妻冉氏廿六歲寡守節三十一年　冉廣梅妻胡氏廿二歲寡守節四十一年
楊承典妻秦氏廿六歲寡守節三十二年　楊承愷妻黃氏廿九歲寡守節三十年
范國樾妻秦氏二十九歲寡守節三十年　蔡永陞妻李氏廿七歲寡守節三十二年
華正北妻蔣氏十八歲寡守節三十二年　華正傑妻杜氏十九歲寡守節三十一年
梁悅有妻胡氏廿八歲寡守節五十一年　張春凌妻陳氏廿四歲寡守節三十一年
王有極妻馮氏廿九歲寡守節三十一年　隆萬善妻嚴氏廿六歲寡守節三十三年
高錫侯妻王氏廿六歲寡守節二十七年　隆遇春妻楊氏廿四歲寡守節四十七年
文生王章普妻譚氏二十歲寡守節三十三年　傅升堂妻曾氏二十九歲寡守節三十年

高錫麟妻范氏二十七歲寡守節六年卒　甘存琪妻秦氏二十八歲寡守節三十年
蘇爲榕妻曾氏十九歲寡守節四十一年　范仕華妻梁氏二十六歲寡守節五十年
陳文同妻李氏二十七歲寡守節三十年　江文亨妻陳氏二十八歲寡守節五十年
秦永寬妻姚氏二十三歲寡守節三十年　江文品妻劉氏廿一歲寡守節三十七年
向　某妻馬氏廿二歲寡守節四十一年　廖掄英妻田氏二十六歲寡守節五十年
冉光培妻梁氏十七歲寡守節二十六年　左新春妻秦氏廿八歲寡守節三十二年
曾明高妻李氏二十八歲寡守節三十年　曾永瑚妻譚氏二十九歲寡守節三十年
周維鐸妻曾氏廿九歲寡守節三十一年　馬光輝妻劉氏二十歲寡守節三十年
蔡登高妻李氏廿七歲寡守節三十四年　李在任妻譚氏夫遇石逆死守節三十年

譚朝義妻秦氏二十六歲寡守節三十年　陳邦濟妻覃氏二十八歲寡守節三十年
雷春琯妻蔡氏廿八歲寡守節三十六年　劉壽旭妻陳氏十九歲寡守節二十二年
劉壽塏妻文氏廿一歲寡守節四十八年　劉宇謨妻李氏廿二歲寡守節三十一年
劉宇銓妻張氏十九歲寡守節三十二年　李世德妻舒氏廿三歲寡守節二十三年
陳必儁妻譚氏廿八歲寡守節三十二年　陳家和妻胡氏二十七歲寡守節三十年
劉洪達妻岳氏廿四歲寡守節四十八年　譚先蘇妻王氏廿九歲寡守節三十一年
譚祥瑞妻向氏二十二歲寡守節五十年　譚禎釗妻劉氏廿八歲寡守節[illegible]
譚正北妻楊氏十九歲寡守節二十九年　向天賜妻譚氏十九歲寡守節卅二年卒
向第德妻張氏廿四歲寡守節卅一年卒　余樹切妻李氏廿八歲寡守節四十四年

彭朝達妻范氏二十六歲寡守節三十年　幸炳田妻譚氏廿八歲寡守節四十六年
姚貞盛妻凌氏廿一歲寡守節十六年卒　吳長珠妻湛氏三十歲寡守節二十四年
李聯第妻彭氏廿五歲寡守節三十八年　曾德明妻周氏二十八歲寡守節三十年
秦志倫妻李氏廿二歲寡守節三十四年　秦家壽妻譚氏廿九歲寡守節卅二年卒
王端普妻何氏二十三歲寡守節二十五年卒　王仁普妻鄭氏廿八歲寡守節三十六年
王　紡妻郎氏二十三歲寡守節二十二年卒　郎治瀛妻鄒氏二十歲寡守節三十年
郎登庸妻黃氏二十二歲寡守節三十一年卒　郎相臣妻賈氏廿一歲寡守節三十九年
知縣曾洪德妻王氏二十七歲寡守節十六年卒　高子端妻王氏廿四歲寡守節十一年卒
武生曾玉崙妻彭氏二十八歲寡守節四十五年卒　殷文泰妻冉氏廿四歲寡守節二十六年

文生毛琦琳妻汪氏二十八歲寡守節四十五年卒　田宗仁妻范氏十九歲寡守節二十年卒

朱玉桂妻王氏二十八歲寡守節二十九年　熊季禮妻李氏廿八歲寡守節二十五年

朱盛貴妻湛氏二十七歲寡守節四十四年卒　熊正金妻龍氏十八歲寡守節三十二年

熊朝萬妻譚氏二十七歲寡守節四十八年卒　熊廣益妻張氏二十歲寡守節二十四年

陳明鐘妻熊氏二十五歲寡守節二十六年　蔣世榮妻蔡氏廿六歲寡守節六十年卒

遇賊不辱潔身徇義婦女已

旌已列者若干人猶有遺今加搜採又得十有一人焉編次如左

郎烈女　郎永興女名寶弟年十九未字石逆犯境被圍入民宅懼辱紿以更衣入厠投糞死賊退收其骸面色如生

杜烈女　杜枝全女為賊所擄不辱被磔年十八女死甚烈

惜採者未詳其事

傅氏　夏本乾妻為賊所執百計誘脅不辱自刎死

蔡氏　郎永茂妻賊逼自刎

陳氏　李安宇妻避賊山陬偕一子一女俱縊死

楊在方妻曾氏　楊在祿妻徐氏　楊在庠妻劉氏

楊在潤妻王氏　楊春芴妻黃氏　楊春榮妻張氏

以上六人皆賊逼懼辱自縊

孝婦

譚氏　雷登淸妻事姑能得其歡姑年八十病喘不能眠徹夜負姑繞室走同治元年賊入境家人散失氏獨扶姑避於林賊搜得奪姑簪珥氏護之賊以刃傷氏額及手賊去忍痛負姑匿巖穴中三日復負姑匿於塚夜潛歸取飲食奉姑後竟無恙

徐氏　增生秦涵妻性至孝見翁病篤割股和藥越日復割臂病遂痊時涵弟婦沒遺男甫周歲氏撫如己出後翁復病篤氏祝天割股以血之有無卜吉凶果無血而病革卒哀毀幾絕忠州候選訓導伯受中為撰孝行紀略入秦

氏家乘

李氏　鄒學龍妻翁年七十病篤醫不效割股以進愈姑陳氏又病復割股救之處娣姒以睦稱

徐氏　監生湛炳章妻姑蔡氏病篤氏割股和藥進之愈姑年八十有四侍奉不衰

監生高呈奇妻何氏　庠生高壬溥妻覃氏

監生高玉堂妻陳氏　事姑皆以孝稱姑病篤三人均割股和藥以進病遂瘳

張　氏　黃東明妻事姑維謹而姑性嚴急恆撻之流血不敢疾怨姑疽發背數年日侍湯藥躬親滌穢未嘗有倦厭之容里黨咸稱其孝

江　氏　吳文祿妻文祿少孤家貧母改適人氏來歸勸文祿迎養奉事以孝謹終

曾　氏　譚啟龍妻奉事翁姑克盡孝道

張　氏　楊應樞妻事姑以孝聞

古蹟志

巴粱勝概始曰平都一訛仙蹟再誤佛閣地鍾靈秀人眩虛誣貞珉漫漶往迹糢糊河山無恙風景不殊撫今弔古其有思乎志古蹟

五雲亭　在平都山頂舊志謂陰長生丹井泉涸成土穴宋高密丁尉侯爲亭覆之號五雲洞明宣德間通判游和重修萬歷初改建關祠好事者鑿石井口作鑪狀容至山僧輒然紙錢其中謂其下有冥府焉

沐浴亭　在流杯溪側有明萬歷時蔣侯勸農碑字跡漫漶不可考

淩虛閣　在平都山頂有王陰對奕像俗呼二仙閣舊志謂有明御史盧雍隸書東坡詩碑及雍詩碑兵燹後寺觀俱燬此閣巋然獨存省志作淩雲閣

五雲樓　在淩虛閣下層舊志謂有唐書瑤池樂部四字今無存省志謂在景德觀後唐叚文昌建廣輿志因之
國朝嘉慶間忠州知州周景福顏曰五雲深處知縣瞿頡題曰水天一色樓規模宏敞俯見城郭井里大江襟帶其左洵鉅觀也

凌雲臺　在平都山頂舊有石碑鐫凌雲二字舊志謂王陰

對弈處今石枰猶存當是好事者爲之

爾朱洞　在平都山半舊志謂爾朱仙鍊形處

舊志載縣八景

白鹿夜鳴 見輿地山川

龍牀夜雨 即龍牀石灘見輿地灘險

平都山曉 見輿地山川

送客晴嵐 即送客灘見灘險

青牛野啗 即青牛山見山川

流杯池泛 即流杯溪見輿地溪流

珠簾映日 即珠簾山見山川

月鏡凝山 月鏡潭在葫蘆溪口見溪流

龍墩　在治西北岸石盤下注水若塘縈綠如染水落則見

俗呼綠水池游人多泛觴於此

石坊

科名坊　舊在　學宮兩轅分題自明以來邑人科名於上

道光中重修　學宮坊遂斜置邑人擬遷之

天下名山坊　在酆都觀前明萬歷九年典史彭鎡建古養

敬楊忭爲之記

續纂 節孝總坊　在梧桐街口署知縣陸鎔建

碑碣

平都山仙都觀唐碑十

段丞相修觀記碑 見藝文

段少監修齋記碑

天尊石像記碑

老君石像記碑

感應碑

張大理詩碑

杜光廷石函記碑

李吉甫陰眞人影堂記碑

李吉甫眞君碑

仙公碑 李吉甫三碑石光瑩潤號曰玉石碑

平都二仙公碑　唐景雲二年李虔之撰

平都山二仙君銘碑　唐景雲二年薛湜撰

豐都三官堂碑　唐中和元年忠州刺史陳侁撰

道山洞天碑　唐李陽冰書見蔣蘷記舊志作呂仙書誤

吳道子畫觀音像碑　在鹿鳴山玉鳴泉側明洪武初泐石舊有亭圮同治七年邑人重建

按以上諸碑蜀雅謂李吉甫三碑尤佳今惟吳道子畫像碑存耳

比干銅盤銘　舊志謂唐開元間偃師縣掘地得銅盤上有十六字字畫奇古其釋文云左林右泉後岡前道萬世之銘茲焉是寶地後五步比干墓也重泐於平都山今亦無存

塚墓

明

江西按察司僉事楊大榮墓在治東三里老柏溝龍亭山

浙江杭州知府順天府丞楊孟瑛墓在治東六里硯臺石龍潭溪

雲南曲靖府知府楊叔京墓在治西六十里大池〔續纂〕楊公墓或謂在城東硯臺石大池墓乃楊公正配毛恭人之墓有碑可考外有楊靑埜神道碑在大池路側今觀舊志所載楊孟瑛墓亦在硯臺石所稱大池墓係楊叔京未知靑埜是否卽係一人存以備考

貴州布政司參議胡平表墓在杜家壩夾耳蕩　平表事詳藝文

戶部郎中曾添麟墓在社壇場北曾家壩

魏夫人墓在根溪未詳年代

國朝

大昌知縣楊大逵墓在九嶺灣

翰林院編修易簡墓在觀音橋

江津縣教諭馮迺驅墓在白沙沱

德慶知州曾友伋墓在曾家壩印星堡

蕪湖知縣王恆墓在羅雲溪

舒城知縣李存周墓在葫蘆溪

〔續纂〕

沔陽知州王元曾墓在社壇唐家溝

祠廟志

三代之書羣神無考後世好奇異說荒渺廣厦雲連幽軒水繞不被暑寒乃誤佛老鬼非而祭天罪焉禱設教以神是或一道志祠廟

酆都觀　在平都山頂唐曰仙都宋改景德亦稱白鶴觀省志作城內誤

按李唐祖老聃俗多好道相沿及宋季故道書附會謂仙人陰長生王方平鍊形於平都呂純陽有訪王陰不遇詩釋氏誤將陰王連讀以爲陰司之王者遂附會爲地獄之說好事者又引李白詩下笑世上士沉魂北酆都二語證之於是皆信酆爲鬼國矣不知酆在唐爲豐明洪武十四年始加邑旁李白詩當是別有所指非謂蜀酆都也

九蟒御史廟　在平都山半舊志謂御史楊姓明宏治二年巡按至酆登平都山忽九蟒繞車而化遂葬焉邑人建廟墓前肖像祀之

按蔣夔景德觀記在明永樂二十二年云大仙巖有九蟒之神周延甲記謂宋慶歷時人而舊志則謂宏治二年事其誤可知且九蟒隨車事甚不經當亦山僧詭語惑人耳

平都山頂廟六

寥陽殿

玉皇殿

王母殿

觀音閣

曜靈殿

龍虎君殿

山麓廟五

東嶽殿

北嶽殿

石佛殿

接引殿

元天宮　今廢碑存

山陰廟三

竺國寺

十方寺

崇報祠　明天啟初胡平表討奢賊禱於平都關祠臨陣獲神助事平乃別立祠於山之陰顏曰崇報冶金爲像置祭田祀之俗稱老關廟祠前有古柏二株

諸葛忠武侯祠在平都山麓

胡平表祠在平都山麓

竇希顏祠在平都山麓

玉鳴寺在鹿鳴山頂明天順間邑紳楊大榮建忠州進士李齡作亭曰來蘇鑿石作白鹿狀於前今遂訛爲鹿鳴寺

禹王宮治西一里

萬壽宮治西一里

川主廟治西一里

天福寺治西一里

金盤寺治北三十里

觀音寺治西四里岷江西岸今廢

華嚴寺治西十里

望月寺流杯池北

浮藏寺治北五十里

悟惑寺治南十五里

峰頂寺治南十里

長溪寺治南九十里

鹿門寺治南二十里

世祀菴明萬曆丙戌節婦楊氏建俗稱黃菩薩寺

竹雪菴明崇禎初節婦楊氏建

匪石寺明崇禎末節婦冉氏建今廢碑存

甜雲菴金盤山右

興福寺在油峰溪與石硪司接壤

社壇寺在社壇場 續纂 寺名永興菴在社壇場耳

川主石廟在鄒家橋

開花寺在縣北岸

雙龍寺以左右山形得名中有大石空其中似橋下有水寺祀觀音大士

報國寺舊名常樂菴

湛家寺治南六里

續纂

福祿宮即八省公所在治西

三聖宮四甲大柏樹場乾隆五十九年建同治三年重修

三元寺大柏樹場七里康熙三十年建

觀音菴大柏樹場五里乾隆十年建光緒四年重修

石廟子大柏樹場四里雍正八年建光緒四年重修

萬天宮九甲彈子場西南七里

楊泗廟九甲天池山同治初設防堵

金龜寺九甲彈子場東北

慶雲菴在九甲南岸普濟沱三里

三教寺內十二甲三益場　明季古刹乾隆壬子燬於火今重修

元通寺內十二甲明季古刹

聯芳寺內十二甲橋頭壩場十里　明天啟間建

光緒丙戌續修

國立北平圖書館收藏

酆都縣志

四卷

地260.227 23 5

鄷都縣志卷四

藝文目錄

文

賦

酆都縣志卷四

藝文志

班史志文但紀其目升菴蜀志備存篇幅跂踵前編採綜往牘或以人傳亦因地錄大江炳靈名山鍾淑代有瓌章其目可讀志藝文

修仙都觀記 唐太和元年　段文昌

平都山最高頂卽漢時王陰二眞人蟬蛻之所也峭壁千仞下臨湍波老樹萬株上插峰嶺靈光彩羽皆非圖志中所載者昏旦萬狀信非人境貞元十五年余西遊岷蜀停舟江岸振衣虔潔詣諸

洞所石巖靈竇蒼然相次苔龕古書依稀可辨時與道侶數人坐於松下須臾天籟不起萬竅風息山光耀於耳目煙霞拂於襟袖相顧神悚若在紫府元圃矣牽於行役不得淹久瞻眺惆悵書名而去邇來已三十四年太和庚戌歲自淮南移鎮荊門有客由峽中來者皆言當時題記文字猶在觀宇歲久臺殿荒毀不出數年必盡摧沒於巖壑矣乃捐一月秩俸俾令修葺予來同力浹旬報就去年冬十一月詔命換麾幢再領全蜀沂三峽歷舊遊依然景物重喜登覽聞泉聲而緩步愛松色而難別遂命筆硯志於巖谷時太和七年正月五日劍南西川節度使知節度事管內觀察處統轄近界諸蠻及西山八國雲南安撫等使金紫光祿大夫檢校尙書左僕射同中書門下平章事兼成都府上柱國鄒平郡開國公食邑三千戶段文昌記

改建縣學記 明洪武二十四年　黃常

天有四時至教彰焉人有五常恆教立焉則天之序因人之經以垂教萬古惟吾夫子之道所謂集羣聖之大成立百世之標準故歷代學校徧於天下所以崇教化之本登風俗之基譬猶布帛菽粟生民日用之不可闕者也酆都學舊在縣治之東地喧而隘兵火後謹存遺址聖朝混一幾十餘年未能頓復惟草屋三間以奉

神設主識者病之洪武二十一年春縣令楊公典史邢公教諭王公相繼到任顧瞻廢墜慨然曰學校乃國家大事今若是何以淑人心興教化哉迺議考卜於縣治之西山下命訓導張友仁董治之木植材用咸出於土產藉民力以致之陰陽向背一倣舊制越明年殿成而楊公以考滿去邢與張亙襄厥事就殿之前建東西廡廡之外正門中聯而三闢之右爲明倫堂堂之前四齋屬焉檽星有門祭器有庫廩祿有儲庖湢有所繚以周垣樹以嘉木土爽而塏室大以崇視舊制加三之二焉雖費而不爲煩雖勞而不怨可謂用之以禮動之以義者矣又明年秋工落成張公遣人來求

余一言紀其事余曰聖人之道在天下千萬載猶一日雖時有治亂而天命民彝終無可泯之理惟在人爲之耳酆都之學旣有楊邢二公倡始之又有吾子以成厥功可謂有功聖門矣勒之堅珉垂之永久其孰曰不可遂爲紀其始末特加詳焉楊公諱陜西人邢公志山東臨陽人王公必祁温陵人張公重慶之樂温人其父漢賓嘗爲學訓導卒友仁繼之實能成父之志是可嘉也

重修平都山景德觀記　明永樂二十二年　蔣　夔

平都山在今四川重慶府忠州酆都縣之東北山有觀額曰景德相傳漢王方平陰長生煉道登丹之所呂純陽嘗遊歷其間題二

詩刻石尚存其一曰孟蘭清曉過平都天下名山所不如兩口單行人不識王陰空使馬蹏盧其二曰一鳴白鳥出青城再謁王陰二友人口口惟思三島好擡眸已過洞庭春覽其山水名勝則左跨黄牛右縈白馬前臨月鏡後擁五魚踵其遺地則惟丹竈宛然舊有寥陽大殿及通明殿酆都宫救苦宫至峰頂有淩雲臺余公玠生祠在焉考亭朱夫子爲之記臺後乃閻王殿極其東則由土穴深可數丈名曰五雲洞曩時洞口嘗出五色祥雲及天華繽紛因是得名洞之南懸巖之極則由仙姑巖巖上鐫岷嶽二大書由寥陽殿西出則地藏殿西廡又爲四聖殿殿之前爲龍虎君殿旁附趙帥祠又其前則爲靈星門五雲樓樓下峙三級臺山之麓則有流杯池沐浴亭大仙巖巖内有九蟒之神靈官土地各有祠山門之左祠泰山右祠北陰此其大槩惜乎洞宇悉燬於火久矣環抱山澗榜其橋曰總仙大江東下江之心有石曰龍牀堆水落之時則見長洲綿亘數里名豐稔壩歸然有古碑立於山之陽其文曰總眞總仙之府又曰道山洞天蓋唐李陽冰書也嘗聞太上老君賜方平以九轉靈丹號總眞眞人領仙官萬五千人故府以總眞總仙名本諸此與今成都府道紀司都紀何悟囦當大明永樂元年癸未繇欽差道士李進道啟奏蜀獻王令旨住持是山領焚

修事悟囦初授業郡城之三靈宫精通元學行檢端方聞乎郡邑至是奉教以供乃職涖事之始以重刱三清殿爲先務於是廣募檀施命鳩工人山掄材濱水陶甓經畫營繕幾經數寒暑乃克落成黝堊丹雘金碧煇煌元教歸依眞靈晬蠁鐘鼓鏘鍧神龍呵護至左右廊廡亦次第就緒演法會膳俱有堂廩庖湢圊浴咸一新之仙巖元壇倣舊立祠繞門曲澗跨以修虹往來輿馬之士肩摩踵接於塗造無弗達悟囦復欲修古制恢拓前業莊嚴林觀顧力有不逮耳有司竟以悟囦舉充今職兼領青羊萬壽宫事間以其始末徵余記之余觀悟囦身處青陽而心存景德雖未復於初制

然有賴於後人有徒若干領合州道正曰雷希常夔府都紀曰熊希賢從余遊則曰劉希範也悟因積功累行非一朝夕矣天鑒厥誠諸徒紹襲焉知其不大興於他日而壯觀於西蜀者乎余往年以公事道經其邑艤舟林樾適逢悟因引登峰頂縱觀遐矚襟懷豁如天風泠泠恍若笙籟在耳非人間世眞神仙之境也既而又獲誦坡仙之句有曰午夢任隨鳩喚覺早朝又聽鹿催班謂山中鹿鳴必有異人至徵諸前輩云自昔距今已數十載回思舊遊如隔蓬瀛矣悟因將磨石琢辭以示後來垂永久塵刼可盡而悟因崇眞樹教之心爲無窮繼自今倘亦有心悟因之心嗣而葺之其敬勿怱則是山觀雖與天地日月同其悠久可也

儒學科貢題名記 明宣德九年

余鐸

科貢之得人尙矣粤自成周以鄉三物教萬民而賓興之三年大比考其德行道義興其賢者能者其原昉於此焉漢有孝弟力田賢良方正之科則賈董輩相繼而出唐如龍虎榜之得韓昌黎制科之得陸贄宋如韓范歐富文章政事炳耀當時此皆科目之得人也聖朝開國建學以育才設科以取士士之有成效者薦之春官升之胄監作養造就咸適於用何其至歟酆都縣儒學自洪武紀元初至於今日得人之盛超軼他邑由科第出身者余公亨曾公添麟以至王公瓚膺歲貢而出者自黃公應祥至於傅公潮凡若干輩咸譽髦之選也已仕者皆立津要而政聲洋溢人耳目未仕者咸砥節勵行而自期顯榮於方來彬彬輩出猗歟盛哉余以膺學典教是邑竊以諸公文學政事足以鳴一代之盛固可嘉矣然而代遠世移不致泯滅其姓名者幾希於是大尹柳公暨同寅陳先生輩詢謀僉同刻石以永其傳俾千載而下芳聲偉烈耿耿不磨是亦君子樂道人善之意也噫斯舉也不惟使前烈垂譽於無窮亦以使後學激昂而奮發有志竟成者登名是列跂跡前修使賈董韓范歐富之儔不專美於前而相與同芳百世可也余既

爲之記乃復頌曰堂堂黌泮洙泗之趾文物衣冠惟蜀斯美有杏其壇有柏其門山迎文筆水湧詞源人傑地靈賢髦挺生漸摩膏澤際遇文明累掇名科迭膺歲貢接武亨衢朝陽鳴鳳希蹤棫樸媲美卷阿勒諸珉石亙古不磨以啓來學以昭後世百千萬億永垂弗替

學鐘銘 明成化二年

報讀書之曉鳴飲食之節立明倫堂之右並講鼓之列振斯文之器豈錚錚之鐵

平山書院記

王守仁

平山在酆陵之北三里今杭郡守楊公温甫早歲嘗讀書其下酆人之舉進士者自温甫之父僉憲始而温甫承之温甫既貴建以書院曰使吾鄉之秀與吾楊氏之子弟誦讀其間翹翹焉相繼而興以無忘吾先君之澤於是其鄉多文士而温甫之子晋復學成有器識將紹温甫而起蓋書院為有力焉温甫為秋官郎予時實為僚佐相懷甚得也温甫時時為予言平山之勝聳秀奇特比於峩嵋望之巖厲壁削若無所容而其上乃寬衍平博有老氏宫焉殿閣魁傑偉麗聞於天下俯瞰大江煙雲杳靄暇輒從朋儕往游其間鳴湍絕壑拂雲千仞之木蔭翳虧蔽書院當其麓其高可以

眺其邃可以隱其芳可以採其清可以濯其幽可以棲吾因而望之以含遠之樓螯之以寒香之塢揭之以秋芳之亭澄之以洗月之池息之以棲雲之窩四時交變風雨晦明之朝花月澄芬之夕光景超忽千態萬狀而吾誦讀於其間若冥然與世相忘若將終身焉而不知其他也今吾汩没於簿書案牘思平山之勝而庶幾夢寐焉何可得耶既而余以病告歸陽明温甫尋亦出守杭州錢塘波濤之洶怪西湖山水之秀麗天下之言名勝者無過焉噫温甫之居是地當無憾於平山耳矣今年與温甫相見於杭而亹亹於平山者猶昔也吁亦異矣豈其沉溺於此山果有不能忘情也哉温甫好學不倦其為文章追古人而並之方其讀書於平山也優悠自得固將發為事業以顯於世及其施諸政事沛然有餘矣則又益思於問學而其間又自有不暇者則其眷戀於茲山也有以哉温甫既已成己則不能忘於成物而建為書院以倡其鄉人處行義之時則不能忘其隱居之地而拳拳於求其志者無窮已也子思子曰成己仁也成物知也温甫其仁且知歟孔子曰隱居求志行義達道聞其語也未見其人也温甫殆其人也非歟温甫屬余記余未嘗一至平山而平山巖巖之氣象嶄然壁立而不可犯者因可想而知其不異温甫之為人也以温甫之語予者記之

懷仙吟序

吳用先

酆都山世所傳為司冥者余意其地必陰森蕭瑟過之而愀然動也洎抵茲境閱縣志知古稱仙都肇晋迄宋代不乏靈乃艤舟登眺翠蓋丹磴逶迤悅人及登絕頂見王陰二仙對奕處爽然會心仰絕巘之聳漢撫大江之環流眞壯觀矣載謁琳宮瑶宇儼若聚眞祥雲時繞白鶴可乘三島十洲誰謂弱水隔之飆馭太虛且不知復有人間世何問冥府噫業由識造境惟心生淨其心則升騰清都穢其心則沈淪幽獄然則暢元覽之致者安能滯迹於塵塗希步虛之蹤者胡不游心於物外慨焉有感援筆作懷仙吟二章

以質之方平長生二老云爾

重修文廟記

昔人云天不生宣尼萬古如長夜蓋以世至春秋綱常淪沒而人道盡廢天使孔子有帝王之德無帝王之位意固欲其扶綱常正人道挽頹風以復還淯古之風使孔子得位不過行道於當世耳不過顯治業於一時耳後世之人如聾如瞶孰知有綱常而盡人道也哉所謂萬古長夜正以此也我朝列聖相承君師宇內咸立文廟以帝王之禮尊祀孔子袞冕爲服宮縣爲樂從游弟子列爵以侍左右又建學校儲養髦士以備當世之用是文廟之重有自

來矣酆都重慶之屬邑也廟學舊在縣治之東我朝洪武初徙縣治之西百有餘年矣歷歲既久文廟滋敝不足以棲神起敬爲令者每欲修葺間以他故竟不果中州毛侯泰以戶部郎中知府事宏治庚戌仲冬按行是邑首謁文廟顧瞻咨嗟慨然曰是風教之所先禮義之所自其敢後乎惕然有振弊起舊之思乃發府中所積材木屬李令更新之李令體德意經營締搆偕耆民仗義者捐貲以助鳩工掄材而大成殿東西廡樑棟榱桷瓦甓牆壁之毀者易之帷幔以及籩豆簠簋罍爵之器敝者新之缺者補之邑紳士僉謂此盛事不可無述請予執筆予維孔子之道與天地同其覆載與日月並其照臨有天下者克行其道於以正己而化民爲士大夫者克行其道於是立身而用世烏可忘其所自而不知其所以報本乎是役也固毛侯盛舉而李令成之矣竊有告焉崇其祀者文也崇其道者實也文至而實不從聖人之羞也吾願士之儲養於斯者進瞻聖容有所觀感退而致力端其趨嚮崇德義以敦實行去枝葉以求本根則能明體達用建功立業以上報國家庶不負朝廷養士之恩守令作人之意矣謹記之以詔將來

楊溫甫傳　費宏

楊君孟瑛字溫甫號平山四川酆都人也酆都初無甲科君考諱大榮始登丁丑進士歷官江西按察司僉事在任時故論德安成

晉軒劉先生猶未第因禮聘教君君天姿穎異方治舉子業已能縱觀羣書作爲古文詞伸紙立就數百言先生慎許可獨於君亟加歎賞以遠大期之君以庚子領薦丁未會試中禮部第八人刻文爲程入對大廷同學皆推遜以爲必登上第既而賜同進士出身則又皆爲之稱屈而君未嘗意動初授戶部主事連遭太夫人及僉憲之喪先後服闋皆改刑部才名日起陞員外郎未幾陞雲南司郎中雲南爲刑部劇署銓曹知公茂才拔於九人之後人無敢心競者司統邦圻法恆撓於勢婦有戕夫者權貴爲之地積歲

不能决公始至而正其辜京兆府屬官貪贓敗露欲怙求出罪卒
顯黜之一戚畹奪民田有司不敢問公取歸之民淸强之聲溢於
朝亡會杭政久敝冀得賢守冢宰鈞陽馬公疏君以聞制報可君
至郡值歲祲高郵之成災者爲賦十三萬四千八百餘石戶部聽
攤稅於鄰郡貸銀於公帑而其實皆不能辦勢必以嚴刑督之君
上疏當恤災以防意外之變得蠲十五蓋宏治癸亥歲也明年兩
浙復旱饑詔以淮揚鹽課銀二萬五千兩蜀僉都御史王公璟使
充賑濟之用而其半猶未至也君以贓罰銀充之民遂無殍凡荒
政之可用者又縷白於王公不以爲嫌時郡廩類無餘積君曰荒

而無備吾可以羅歲乎哉增築廩六十楹發郡帑糴諸民間前後
凡得粟七十萬石蓋他郡莫及西湖濬於蘇公且四百年豪右日
侵其傍以爲桑田蓮蕩綺錯星布不知其所有也君因御史以重
濬請既報可募化興役不半歲而功訖湖面之復幾四千畝其所
畚除之土西薄山築堤以爲界東附蘇堤增其崇與廣焉於是六
橋煙水悉還舊觀而上塘數千頃之田可無旱暵之憂矣方肇事
謗議藉藉君曰天下事未有不任怨而能立功者況是非久當自
定苟利吾民吾何恤哉及功成而謗亦息士民覩偉蹟且云異時
當與蘇白同垂不朽焉少傅謝公紀事泐之石驛傳之夫法當調

於田稅故有戶頭貼頭多市籍奸豪踞之假符牒索修船買馬諸
費於鄉之貧弱害及雞豚其桀黠者能以稅竄於宦家於竈戶則
幸而免君因民之怨計產輸銀畝若干無敢欺隱凡傭者詣官受
值歲有常度自是橫索頓除羨餘日積修湖之費蓋取諸此而民
無與焉福建守臣貢方物移文趣杭郡造舟三十艘以待君考諸
故牘則前此閩貢嘗至浙易舟費皆自辦杭特以篙工助之耳將
疏請民勞當憫之故當道用君議以其舟均於浙之列郡而杭僅
十之二省費歲六十餘緡安溪等關貧民興販竹木爲朝夕計與
通津巨賈不同成化初奸民網利請隸於工部分司錐刀之末至

與民爭非國體也君奏罷之郡之商稅前政輒因公而取之課緣
是不足君懲其弊務官至降黜而攬戶配邊者又十餘人追理積
欠得鏹楮數十萬軍衛俸廩賴以少給藥局之官多舊族苟冒冠
裳士於診療亦漫不咨省自君至官必守職士知方技日更番在
局以待病者而民始受其惠君孜孜官事未嘗苟且皆此類也贈
修撰太學生徐應鑣墓在錢塘方家峪歲久蕪沒君謂當宋之亡
上自宰執下至三學諸生皆相率降而獨應鑣不屈闔室死節可
以激勸來者宜立祠墓下有司以春秋致祭詔下禮官議而行之
孤山有三賢祠祀蘇公及白樂天林和靖君謂六井之浚養而不

窮作新宮並祀李泌自爲記辭以迎送神文辭義甚美蓋君之才識英敏氣度恢宏視天下之事無難爲者斂而施之一郡特其緒餘耳故處盤錯紛糾之中從容整暇恢恢乎有游刃之地加以文章妙麗緣飾有餘所謂儒而通吏而華者也然君自負逸氣與世落落顧篤許宏爲知已宏淺陋何能爲役第嘗載筆從史氏後於賢儁之事功不忍使其無傳乃始載其治政之績他日傳循吏未必無取於此云君春秋鼎盛其所以爲不朽者固不止此也

贊曰吾聞楊平山自杭郡入丞京府民歌之曰楊君來西湖開西湖清楊君陞蓋民同欲固有先事而托諸黃鵠者况樂成於既復

之後乎驛傳之役自平山始均杭民慮其既去而訟吏相幸請其建議之牘刻諸堅珉以垂示永久是亦非肆其吞鯨之威而强之使然也易曰不見是而無悶平山邃於易者肯以毀譽得喪動其中乎

重修酆都縣治記　崔奇勳

酆陵蜀之名區凡所建置因循久而因以隳至有遺址空存者缺典之多可徵已小溪王侯樸貴陽望族也擢嘉靖辛卯上第兩握文符廣收譽髦以課最來尹茲土視篆之初慨然有鼎新之志顧絀焉則匱圖焉則耗躁動而本之弗培其誰與我乃煦槁沃焦櫛好薅梗孜孜以民瘼爲圖未幾而風以清弊以絕元元咸乂始措置畫材規恢庶功盡取其舊而經營之先譙樓氣象雄偉樹表正也次廳事具瞻肅整端本則也次後寢崇以高閣兩廂書屋左右列峙時燕息也吏廊六儀門一陰醫學二飭常制也郭門之外繞以月城拱以樓堞嚴障隔也至於開通衢以造舍而士林攸躋置器用於公署而積困以蘇此尤全蜀所僅見者焉若夫大修學宮輪奐熒煌自天順以來所未備者咸捐俸以成之則冠山夏公之記可考也夫靈臺築而頌章華築而怨輿情爾殊耶存乎所感焉爾侯之總權綱持風裁不專於寬而撙節愛養一以保字爲主故

行禱而時雨降除壞而甘泉湧耀德而裔夷同天人協應理有固然者况無病爾氓無傷爾財而登是峻功焉酆之人在所頌乎在所怨乎夫不動聲色而庶績凝大略也工費宏而下無損大惠也振百年之廢墜增三巴之壯觀大義也一舉而眾善具焉人品才識何如耶少尹王子上舍楊子持狀告予曰吾邑之弊甚矣得吾侯而新之曠世一事也願乞一言以永其傳予覽而嘉之曰循良國之楨也興作國之庸也庸之弗紀奚以昭楨楨之弗章奚以示觀治才隱而清議熄矣因次第成篇將以勵官師於方來云

泮池銘　黃景夔

湫作陬居僭雍之如誰乖厥初　鼛風塞荒土訛皇皇言此否臧其乖斯何易以其差罪以其訛制　艮冶堅弓盈月絃首事時遷鴐虹飛危石檻雲垂貫虛誇奇春水　浤浤風行煥文翠委牽芹山英海靈秀脈潛生肆發光晶一　士豪豪雄長朋曹德言功高靑衿忭歡我銘緒完列永永觀

改建天福寺記 明嘉靖乙酉年　黃洵

浮屠法本出西域其後布衍中夏濫觴於魏晉逮蕭梁厥風益熾名山勝區多爲蟠踞雖高明之士猶專信而崇奉之奚罪愚俗哉我朝龍興衞道斥邪凡二氏宮刹在山野者毀之其附麗城郭者

不設苛禁固有所用之也酆都故有天福寺爲歲時朝賀所遠在西郊弗便趨蹌兵燹後僅存荒址至假公署行禮殊乖於制嘉靖庚子僉謀修復會邑人冉希有願捐地營寺獻諸官司遂以其事屬之沙門宗甯募貲搆材不憚劬勤越明年寺成又建門樓以居鐘鼓起廊廡以備致齋更衣有室厨湢有所獨臺墀猶鞠茂草值雨潦則泥淖濺衣未能致敬歲在己酉縣大夫淸平王侯捐俸伐石鳩治衆皆樂赴兩閱月而工訖整潔宏敞可拜可趨又以寺門旁入弗稱儀觀乃易隙地闢正道焉每萬壽千秋之辰履端踐長之節長官率羣僚諸生演而行之肅肅雍雍無愆儀焉一日甯來白余謂侯之績不可泯請爲記余因進而語之曰上古之世巢居而穴處土階而茅茨若知之乎方今時雍迓衡黎民奠居余與若也帡幪而棲逸豫而嬉者秋毫皆帝力也其可忘所自也浮屠者緇而傲頮弗臣弗子若屬惑於其教蔽也久矣余方謂法孔子固當麾而闢之烏可助其長也對曰然則廢習儀與曰何可廢也余前固已言之矣且幸於是得觀禮焉鹵簿旣成天威咫尺執玉鳴珂勃如躩如瞻吾君臣等威之辨聲容文物之章知先王仁義禮樂於是乎在而三綱五典無所逃於天地之間將憬然省悟去墨而儒若是則化浮屠爲忠義之歸者必自茲始矣以余觀甯苦行

狷潔戒律甚嚴蓋用力於固守者也其以余言而逆耳哉旣爲紀其歲月與凡佐費者之名氏而又繫之頌曰奕奕平都古縣開先翼翼梵宮堂陛有嚴香火昕昏鼓鐘震宣宰臣舉禮稽首揭虔忭舞呼嵩歡聲徹天岷江西來朝宗綿綿刻此祝辭天子萬年

知縣萬公生祠記 明隆慶壬申　黎元

生祠何祀也今忠州刺史永昌萬公也公嘗爲酆邑大夫酆人德之去思業有碑矣復卽平山之麓搆堂而肖像焉愛公之無已也維時捐貲飭材衆志競勸凡兩閱月而堂成諸鄉先生函書遣使詣余而請記焉酆涪鄰壤密邇余歲時往往知公之賢稔矣廉峻

之操敏肅之政一時令長鮮出其右者遂膺殊調俾侯本郡而膏澤餘波恆惓惓於舊治宜乎民之不能忘也傳曰有功德於民者則祀之公歷年漸久而施澤於酆甚厚揆之法不亦當乎紹公而治者守而無失雖百年可也或曰公之廉常恐人知而其愛民也勞而不伐祠而像之豈其所樂哉余應之曰公所弗樂而民乃樂爲之固並行而莫禦者也恆情企慕其人則詢其爵里與夫容貌之詳肖像以永其思酆人報德之誠也宋儒眞西山帥潭州百姓愛而戴之爲作生祠時有歌詠其事者曰舉世知公不愛名潭人苦欲置丹青不須更作生祠記四海蒼生口是銘余不佞敬誦斯語以復諸君之請公諱谷字本清别號遯齋滇人丙午進士

酆都志目錄序

楊孟瑛

武王賜太公履東至於海西於河南於穆陵北於無棣孟子亦曰域民以封疆之界益都分土守而爲邑以是爲守也故首疆域疆域之內有山川故次山川山川險阨邑恃以固故次形勝九州皆有分星不以是辨野何以察妖祥故次星野世易物改則邑有併有割故次沿革邑以民爲本故次戶口有人此有土故次田賦有財故次土產山川田土戶口貢賦必治以官故次官治三里之城七里之郭與民守之故次城郭街與坊巷皆城中之途市則鄉民市賈以粟與械器相易所謂以羨補不足者也故次街市坊巷城有坊鄉有里所以區別民居故次鄉里郵驛宣令津梁通往來皆政之不可闕也故次郵驛次津梁政有所宜先莫若哀窮故次惠政歲有豐凶不可無備故次荒政足食足兵事相維繫故次武備民爲貴社稷次之故次祀典民治神事政備修矣又何加焉曰教之故次學校科貢學校所成也故次科貢茂才異等或行業名世科貢之英也故次人物教化興行賢哲作則風動於上習變於下故次風俗大都以廉恥節義爲重故次貞節次隱逸然必一邑之間得賢長吏爲之父母師帥休養以厚生化導以敦俗乃有賴焉

故次名宦推封以勸孝故次高年崇爵敬長亦風化之餘世改人亡遺跡未泯皆人物之餘故次恩典次古蹟次邱墓次樓臺惟釋老之教於吾道別爲一端故次釋老文所以紀一邑之事詩則詠歌之者也故以爲終邑有志猶國有史史掌於史官日有記歲有錄代有書郡邑得人則志修否則廢廢文則事皆逸文獻不足徵矣豈細故哉吾邑之志毀於兵燹且百年成化甲午教諭陳先生璥嘗有事編纂未脫稿滿去宏治丙辰麻城明侯紳雅意修輯請於郡宋公甫公以屬孟瑛瑛延長壽孔蓋臣與同事按實於稗官質疑於故老事以類分例以義立類例之間各著臆說雖才乏三

長而事備條目覽疆域則見經畫閱廢置則見盛衰稽戶口田賦
則見貧富考風俗人物則見政教吾鄉之文獻蓋庶幾焉凡治邑
者取一編置案牘之間仕優而讀之因文以求義因事以求鑒與
廢補傚因革從時吾民尙亦有利哉瑛成是書板行十餘年矣自
病寡陋恐多闕遺頃備官天府特乘餘暇删定而更刻之序此於
目錄左方
附楊孟瑛開杭州西湖條議　杭州地脉發自天目羣山飛
翥駐於錢塘江湖夾抱之間山停水聚元氣融結故堪輿之
書有云勢來形止是爲全氣形止氣蓄化生萬物又云外氣
橫形內氣止生故杭州爲人物之都會財賦之奧區而前賢
建立城郭南跨吳山北兜武林左帶長江右臨湖曲所以全
形勢而固脈絡鍾靈毓秀於其中若西湖占塞則形勢破損

生殖不繁杭城東北二隅皆鑿壕塹南倚山嶺獨城西一隅
瀕湖爲勢殆天塹也是以湧金門不設月城實倚外險若西
湖占塞則陛衞綿連容奸資寇折衝禦侮之便何藉焉唐宋
以來城中之水皆藉湖水充之今甘泉甚多固不全賴六井
南井也然實湖水爲之本源陰相輸灌若西湖占塞水脈不
通則一城將復鹵飲矣况前賢興利以便民而臣等不能纂
已成之業非爲政之體也五代以前江湖直入運河無復遮
捍錢氏有國乃置龍山浙江兩閘啓閉以時故泥水不入宋
初傾廢遂至沉壅頻年挑濬蘇軾重修堰閘阻截江潮不放
入城而城中諸河專用湖水爲一郡官民之利若西湖占塞
則運河枯澁所謂南柴北米官商往來上下阻滯而闤闠貿
易苦於擔負之勞生計亦窘矣杭城西南山多田少穀米蔬
果之需全賴東北其上塘瀕河田地自仁和至海甯何止千
頃皆藉湖水以救亢旱若西湖占塞則上塘之民緩急無所
仰賴矣此五者西湖有無利害明甚第壞舊有之業以傷民
心怨讟將起而臣等不敢顧忌者以所利於民者甚大也
開湖告諭　先賢利民深宏利本特濬西湖之浸用溉上塘
之田多歷歲年漸成湮廢比者鄉賢侍郎何公生長是邦習

知成事著爲三說辨析百端伏蒙當道俯念地方力圖濬復
予又職司水土敢憚劬勞重惟湖上之園池盡是豪家之封
殖一旦開毀百家咨怨民既傷心我亦動念但今民之產本
昔官湖民侵於官以肥家固已千紀官取於民以復舊豈謂
厲民又惟上塘萬頃之田夙仰西湖千畝之水水盡湮塞田
漸荒蕪利歸於數十家害貽於千萬井况古人留利物之澤
豈今日啟生事之端幸相導以平心勿相搖於異說有以占
產自首事原情免罪奏請除糧查得銅錢局及崇興崇善禪
智等廢寺田以畝計者數千地以頃計者盈百動連阡陌開
附城闉膏沃可耕標換如數况在昔湖田皆捏糧之稅於今
清籍有新增之糧新增者至九百而有奇捏報者幾八百而
不足稍加查派不費更張决不累民無患虧稅予性知執法
心在利民非勢力之可移惟鬼神之是質凡我父老率爾鄉
閭早爲遷移無肆頑梗　四賢祠碑記　孟瑛守杭郡三年
於今屬邑仁和海甯洊以旱告事聞於朝得復開西湖孟瑛
任其事還往孤山見三賢祠棟橈樑壞懼神之不棲而羞吏
之不恭也竊惟逋仙風節山崇湖深名教攸係白文公蘇東
坡皆杭賢守石函一封時洩時鍾葑洲既闢千頃一碧兩邑

田殘溝斷淢莫匪遺澤民到於今賴之堂廡弗飾肸蠁弗嚴
何以格神明昭崇報耶又惟唐鄴侯李公泌亦嘗刺是州穿
六井引湖波民始不食鹹苦雖功不在湖而以湖爲功與白
公蘇公埒曷作新廟合而祀之更稱四賢神之靈人之情協
順助信而杭民亦永有依歸矣乃具其事白於鎭守麥公劉
公巡按車公程公張公暨藩臬諸公乃發帑鼎作之堂爲楹
間者三樑棟旅楹悉以楠四隅之楹以石榱桷稱是門廡皆
撤朽腐更用飭新漆丹堊黝甚麗以法斂剩材作思賢堂於
祠西繚垣四周直湖啟門榜曰四賢且籍廢寺田地六十畝
俾守者具歲事仰惟三公治杭事有美績人有遺愛率應祭
法六井一湖才一事耳然杭人祠文公必於孤山祠鄴侯必
於湧金北城祠東坡必於湖隄鎖瀾之橋豈政以時易易則
不傳愛與澤流流故終不可諼也今孤山之祠蓋以北城湖
橋既廢故因文公之舊而合食於是至於推祀逋仙則宋泰
定間有之蓋義起也是役以三月八日肇事閱六月訖功孟
瑛率僚屬諸生釋奠祠下賦迎送神詞二章禮成因叙作祠
始未刻諸石并書二辭遺杭人使歌以祀四君子云其辭曰
西山之豨兮淸且漣漪春橋煙柳兮秋風不腓誰汲綆兮六

井誰啓函兮上塘之陂緬三賢兮湖上招遷仙兮遊嬉考鐘鼓兮鏗鏘望君蒿兮杳微擁雲旗以來下見旌旛與裳衣做新宮兮並坐慰吾民兮永思孤山兮在水中央梅枝零落兮花有餘芳渺逋仙兮何在侶三賢兮一堂抗朱紱兮韋布道同歸兮行藏於以奠兮芹藻肅郡守兮自將瞻堂廡兮少留委吏民兮耿光幸顧步兮容與覽新湖之圓方千秋兮萬歲報事兮敢忘

楊五湖先生傳

曾德升

先生諱維新字五湖姓楊氏世爲平都望族始祖諱德言仕元爲萬戸侯統軍入蜀遂居於酆二世祖諱繼祖襲封萬戸侯三世祖諱文興不仕四世祖諱宏道封大理寺評事五世祖諱大華不仕其從祖諱大榮登順天丁丑進士擢江西僉憲六世祖諱孟蕙以

明經任經歷其從祖諱孟瑛登成化丁未進士授順天府丞高祖諱汴應歲薦典教興文曾祖諱一通歲貢生父諱純仁庠生先生年十二遭太夫人喪事繼母以孝聞少好學以文章意氣自豪讀書喜秦漢議詩愛少陵視時下帖括無足當其意者自顧不合於時遂發憤爲詩古文詞由是益與時不合而人之從其游者皆知愛先生落落足奇而不知其才之有以用也崇禎丁丑入邑庠甲申得拔貢會獻忠之亂巴蜀陸沈閣部王公應雄承制討賊考拔人才見先生意氣豪舉文章卓越遂授甕安縣令未仕後我朝定鼎總制李公題敘先生引病弗仕家園築寶字廬三間中置宋刻碑左右列圖史詩書教子若孫誦讀其間愉愉如也余以後進常詣先生論世事得失考古今成敗先生馳騁上下慷慨激昂余益歎先生時雖塞而意氣自豪也後經南浦之變先生堅臥不出隱居山莊因石爲磊園終日於竹洲花塢間彈琴賦詩嘯歌自得戊辰秋余過小邱園先生出近集示余其文上追秦漢其詩遠逼少陵余又益歎先生年雖衰而文章自健也惜其不合於時使有用之才賚志以沒悲夫迄今十餘年迴思往日寶字廬中論世考古則杳乎不可得矣卽重游磊園咏石上滄浪之句漠然徒見山高水深更百年後文章意氣鮮有能之者故筆之爲傳以付其

孫雪堂雪堂讀書爲文倜儻有大志異日珥筆史館敘傳亦得以有據云

建世祀菴碑記

劉世曾

邑西二十里許有山名大池矚之蔚然深秀中有菴題曰世祀菴菴者誰里中黃孺人也孺人姓楊氏僉憲公大榮其高祖也仲子孟瑛第會魁累官至京兆其曾大父也大父節光祿丞父纘上舍孺人歸黃公世修修都運公景星孫郡憲公洵子也嘉靖甲子舉鄉進士迎孺人有年無子畜側室亦未夢蘭孺人不自得以艱嗣息故亡何又丁永感孺人愀然歎曰人生荷兩儀二親劬勞覆載

以女流適人寄之宗祧今鬢已絲如後嗣何弖未諗前世何因今生受者乃爾不預來世計竟誤矣遂滅珠翠輟綺縠矢之天日曰吾持粱刺齒肥久矣自今從素食焉乃别居一靜室繪大士相晨昏禮之起居食息輪珠誦佛號求爲弟子凡四相三乘類恆以悟得之爰詣大池山卜地胥宇捐鏡梳衣幣出累年蠶績者和之置田二十畝餘建菴於上繞以垣牆厥費自己毫不望於夫家母家冶銅爲佛像祀之菴中安皇帝萬歲牌位於座前寢內置都運郡憲公神主菴後隙地壘窀穸制若緇衣者流他日脫舍則歸形於穸歸主於寢雇僧二人主若菴佃若田歲入其租祇修醮事仗佛力以報天地君親德黃氏宗祖洎孺人夫婦身後咸與薦焉醮事品物有額疏章有式主僧世度其徒歲遇春秋則按而行之餘租給僧徒衣鉢永充常住事竣亟幣走使屬余記之使者再拜曰吾主此舉期垂不朽恐後爲豪右所奪敢藉公言以昭勸戒余曰爾主其情誠哀其慮誠遠聞之佛氏功德無量即九幽亦能超度爾黃氏先人得尾蓮座庶幾萬年香火也世有有後嗣者一或不肖則擢先祖祀孰若孺人據若所爲可謂無佛而有佛無後而有後矣秉懿好德情所同然後人游支遁禪居則生善心瞻至尊牌位則生敬心復睹黃氏昭穆及孺人遺塔則又生不忍心矣固有增

而修者敢奪之以蹈不仁耶當世戒菴僧勤修善果無令睥睨者乘釁焉爾主果了生死則異世輪迴仍其故業也顏其菴曰世祀斯名其稱情哉使者曰唯唯歸以之復吾主云於是爲記

竇公生祠碑記　明萬歷九年　詹貞吉

辛巳初夏余轉官北上舟次鄷陵庠友蔣生雲路李生茂楊生茹熊生祜遠持先生祠狀懇余誌其事於石余業有論文之雅弗克辭按蜀志漢王堂守巴州唐陳易從守彭州兩郡立祠祀之類是者固多然皆處權位功易樹而民易懷也先生則儒官閒秩何鄷人亦祀於祠及閱狀先生楚人也爲諸生即有大志慨然以天下自任先授西甯學訓承委丈民田不避豪右界在王室者亦公以從事自令僮僕擔饍纖芥不以擾民縣餽公廩封還弗受三載以課最遷鄷身率諸士章之教言大都以黜浮靡敦實行爲尙月嚴考校甄別無錯眾皆服其明敏燕居必正衣冠皋比不撤坐出則振響鳴鐸人不敢干以私諸士凡有所爲於其鄉閭及於其家皆曰吾先生聞之得無不合於意否莫不忖度而後從事寒士有餽遺者弗受兩遇始進隨束修多寡絕不啓閱甚至豚肩樽酒亦欣然納之囊中靡有藏物攝教鄰庠所至有冰蘖聲督學郭公命附集大學衍義綜覆往古參以時務足裨經濟實用督學公旌之庚

辰秋縣簿劉民膏脂辱及士類有無辜而遭拷禁者八九相與泣訴於堂艴然曰吾所領子弟狼狽至此詎忍默爲乃直陳其事於臺省或曰寒官悍吏終非敵也且訟興獄結力億財傷非可處分於旦夕盍隱忍先生曰吾家世甘貧苦濫竽教柄非爲營私計苟有培於士氣雖弗官可也利害不顧竟求直焉羈渝州閱月載轉省城衝寒跋涉始終無一怨言歲暮歸任聞報擢襄府教授官轉錄事適有耆賓舉鄉飲者酬以兼金先生歎曰茲盛事也吾以之市恩可乎揮勿顧檄催領憑先生以事未竟不苟於此求伸夙志其賢不可盡述也邑士民德之肖像立祠以祀焉祠在平都山麓

前有溪流與萬侯並先生諱希顏字子愚家於永之祁陽縣號祁北別號亦人子所著有五倫纂要淮南摘粹發明河洛太極理數河源圖註洎前大學衍義等書傳世文章德行可爲遠也矣余遂銘之曰平都巖巖溪流潺潺先生之風激懦廉頑尙以丹青爲表儀型可圖白髮難繪丹心敷陳苜蓿香飄絳幄祝公之年壽而且富

啓建文昌宮記　明萬歷壬午　　戴文亨

平都山麓觀宇鄰比若民居然矣當羣宇之中有地一區岡脈隆然江城環抱平麓之勝此其奧焉識者嘗謂其有待也隆慶初兵憲喬公登而異之稱爲文明之區迺屬邑侯萬公創爲凌雲書院太史曹公記之矣是時人文濟濟卓有淩雲氣頌二公之遠覽而嘉惠者藉藉也萬歷己卯奉議撤毁翼然堂序一旦鞠圃艮可慨夫壬午之冬貞菴鍾先生名煥富順人來署吾邑顧其墟而歎曰噫嘻名山有遺址哉溪流縈洄宛若七曲蔚哉文章府也而墟之可乎爰命僧人性月募修文昌宮殿卽捐俸金百兩以爲倡士人附之民之仗義者輕百餘金以助之不逾年而工乃就正殿巍峩坊樓翼翼其規制氣象彷彿黌宮視昔之建立者徑庭矣嗚呼是地之勝寂寂於前古後今者不知幾歲月矣前此一顧乃曰文明

繼此一顧乃曰文府前此有作以造多士繼此有作以祀文衡蓋山岳之靈古今旦暮而此心之靈在智謀遠大之士者所見同也由是士人振奮於德業事功以求無負庶此宮之建大有裨於文運而平山增重矣

直指李公平險灘碑記　萬歷甲辰　　黃輝

西於平都可十里許竪巖衡梁交環東江江怒而戰灘激巖悚怪石鼓猛礮霆互吞戈鋋鱗鱗饞涎波厖舟一無幸立入鮓甕黔南李公昔司渝李行役過之躬嘗厥險謂灘毋頑鏟若必我姑視吾力甯爾久貸後十餘載果來按蜀亟檄治灘毋養餘橫時維萬歷

卅有餘載役始春中人賈厥勇灘石慚懼未裂先泣沃膏而來邪
許傾山水礫金流不見鑿痕江舒以前轂如慰如凡五閱月遂告
成事舟檣往來望之歡踴昔我由茲五邑靡王灘聲激天鼓榜不
聞萬斛葉浮千指髮懸窘迫無措羣號大士謂惟大慈能救斯苦
是故字灘曰觀世音赫赫李公應聲濟世砥茲巨阻若捩舵轉匪
神所相易詎乃爾神不敢居歸之我公公莞爾曰功則何有茲灘
昔年鬱於予懷雖不去心敢謂必償帝鑒予誠竟決以流斧如不
西其奈灘何必云有功歸諸國家僉曰洵哉昔崇伯子實產我蜀
塗山家門鑿峽如新公昔爲理囊蜀利害今重我涖若還厥鄉探

懷施仁福利澹菑如出金簡奔走百靈若茲灘險匪水匪石假合
成險乃於公斧無心猶爾況有心者凡茲伏慝有如此灘勿謂灘
衆無瑕盡斧公斧在心不依形立非故平之由險自取有險有平
猶云相待灘待公來乃平茲險一灘就平百灘震驚不霜而栗維
仁生威昔漕江淮載澄河海斧無難夷皆立厎績於衣帶水解結
何有若平都者又帶之縷何況其灘而敢恃險公矢平灘初念無
負由灘以往報國何極尙輔明德遠追伯禹百爾神人當矢如公
務平乃心無負帝命心本自平何故而險心所造灘險百於水毋
謂無傷必有斧者禹亦人耳獨平水土思日孜孜爲不平故能平

一險一險之禹公功匪灘卽灘功在以灘功公如管窺天天豈在
管亦不離管故樹斯碑表公平心以平神人如鑄九鼎爲神奸故
使弗若若孰爲鼎者嗚呼念哉各護乃心如護公碑無險可斧無
灘可平是謂太平蕩蕩岷江公功常存維公郎縉公落以詩巴人
和焉勒石亭之亭依於堂有臺有坊輔以仁祠苾芻守之并在灘
岸灘去名存維觀自在常與公俱預斯役者守令而下凡若干人
附書碑陰永垂來禩

九蟒亭記　明天啓甲子　周廷甲

嘗讀山海經云宇內洞天福地四十有二酆之平都厠焉人人耳

食山靈遂埒於蓬萊三神山之屬余曩郎未領略其勝心實嚮往
之叨命來撫斯土愜所願矣登山憑眺見峰巒插天芙蓉削翠江
波映日檜柏干霄煙嵐藹藹恍若羽化去幾不知身在人世間也
揖柯亭訪爐竈問古探幽隱若青牛道士孤劍仙人相與語者玩
賞久之既而憩息山腰又睹蒼巖削壁鬼鑿丁劖丹篆蘚碑葛天
蓊翳中有九蟒之亭焉住持僧云御史楊公之神也宋慶歷二載
生於西湖長於洛陽敕授御史顯異茲土有年矣夢告里中陳生
有若欲成名必日月倒縣之語及鄉闈本生葩經獲售果符月恆
日升之驗事之司異不止此考其創修圖洞嘉靖戊午也既而重

飾亭臺隆慶辛未也規制湫隘亭榭卑小傾圮頹廢砌道崎嶇余心悒悒爲之惻焉曰噫若此則巖壑不靈樹石無色何以肅明威而妥赫翼也傳云以禦大災則祀以捍大患則祀楊公之神福庇一方則崇祀而重新之無非爲斯民計固非淫祀者比適有僧以是請爰給印捐貲與僧偏募甲子之歲鳩工掄材拓基運石第見廟宇傑出臺洞改觀非復向之湫而隘也丹堊陸離金碧照耀非復向之俚而晦也雲磴天梯周行坦徑非復向之欹而側也冶像以銅非復向之土偶而脫卸也快睹翬飛樂由砥矢不仰止益新哉丹竈石枰之間五雲六埜之勝又增佳話矣工役告成僧乞言

勒堅珉以誌不朽爰掇筆書之

重修明倫堂序　林明儁

事有爲吾及見者一變而爲吾不及見者及見者吾也不及見者吾也生而有兩吾耶閱世而有兩世也重之感也夫及見變而爲不及見置諸可也必欲謀爲再見誰將許我多不逮余生乎酆長三十年蜀始亂始無蜀無蜀而始無酆吾所及見之酆變而爲不及見之酆於外凡十五年

大清混一亡人自外歸見酆非復向及見之酆心甚疑恐以爲事之變至於此吾生適遭之洵一人而兩吾一吾而兩世也嗟乎酆及見不及見置諸可也湯侯至歷才吏之勤勞而又有酆何其能也雖然終非吾向及見之酆也嗟乎酆之及見不及見置諸可也往往歎息不欲置諸衡邑之本末先後緩急風化之係爲最大者僉議修學然不無格於勢限於力爲之柰何夫邑之有學猶人之兩目人無目不能行邑無學致遠能文之才於何取乎古之爲學吾不及見卽所及見皆近世之學也明三百年蕞爾酆邑列鄉校中者常四百餘人應鄉舉里選者若干人舉進士者若干人鄉射飲酒春秋合樂養老尊賓陵彝至衰敝之季仍未廢而士之勵廉恥勤服習其時上下貴賤名分屹然無亂俗至大傷風化者以有

學在也頻年以來

朝廷詔立學再三僅存十餘人皆皤首鮐背沐新恩與進三涉科歲比不下二十餘人會僉議謀諸湯明府捐立先師廟粗具規模春秋釋奠舊明倫堂次廟之左爲琴瑟鐘鼓羽籥師徒講習肄業之處左右齋庫藏祭器經書典籍秉鐸有諭有導署必備今不及見所見粗具之一廟有廟無堂生徒不至名存而實廢夫古之爲學不及見也卽吾所及見之學亦不敢期其全而再見之惟堂與廟之相爲倚重顧量力稍立規模而從事焉邑子弟望鄉校而奔趨爲數漸廣里人各愛其子弟各敬其長老鄉射飲酒春秋合樂

養老尊賓事可漸復里俗勤生博施不吝其財義風未盡絕衡邑之本末先後緩急於此爲最大者幸勿猶豫焉獨怪浮屠羽室不勞謀議旦夕觀成非資其官之侈則民力焉反以爲當然獨修學多異同遲久不效其故不知其所以也以云愛子弟敬長老勤生而博施然與否與誠力爲之不變今之法不失古之遺當事一垂注焉風行自上下民尤而效之又何旦夕之不可觀成乎庶生而有兩吾之長老輩少慰惓惓也矣

舊志小序　林明儁

自禹貢奠高山大川釐爲九州天官書以星野辨九州之地而風

土占驗各隨其方酆於梁州下邑同連參井分野豈必強爲別異然俗產災祥間亦有不同者慎固封守修省庶徵非有土者責與　輿地

自封建之不復而郡縣之建置於是乎不可已也漢唐以下有軍道路省之不同要之改物立法亦隨時制宜耳全蜀蹂躪之餘舊觀未復振舉廢墜端賴後賢修明者其可無所考鏡哉　建置

三代分田代有定制而什一之法或重輕也唐制租庸調猶爲近古歷宋及明襲兩稅之遺意合丁畝而稅之以致工作郵傳無不取給於是自獻賊入蜀酆民無孑遺迨

國朝丁酉甫入版圖旋爲譚逆叛據溯諸全盛十不得一焉生聚而撫循之伊誰之責哉　賦役

班固作循吏傳詳守相而畧於令然親民之官莫有切於縣令者自令以下各有分司

國朝裁汰冗員惟教職仍全設焉所以專考成而崇文治也酆雖僻處下邑然頌召杜繼孫胡者代有其人棠思峴淚長留不窮考古者其循名而責實也　秩官

古者立賢無方惟制科得人最盛凡以明體而後可達用也進取不一途而

聖天子注意科目時與疏通酆邑科貢接踵而登仕途者不少概見退稽曩哲或以政績顯或以忠節著或以文學彰皆制科所得而孝義節烈出於里巷巾幗者不少孔子曰十室之邑必有忠信平都負山面江流峙高潔山川之鍾靈性情之感發良有由矣　選舉

名勝以適游觀原無關於政治也至佛老之教尤吾儒所不道然平都本以仙蹟著相沿成訛遂使幽冥荒誕之說得掩本來面目紀其勝所以黜其妄也況游覽亦性情之寄巖壑之勝非博物者所務詳與　名勝

重修平都山記　康熙壬寅　林明儁

平山仙山也而雜傳幽怪飄忽之說聞於天下集古今稱山之所有其說不馴布滿山中半神祠半羽屋半釋室詰其由來人情好怪當其無事樂爲非常可喜之議神仙之説不足以厭之而幽險深渺之說相繼蠭起以意穿鑿山遂聽人修飾至極盛無以加而清虛一派爲其蔽塞豈非穿鑿太過反爲山累與蓋其初立說其意不至於此而其後牽合附會遂至於此也亦云勢焉而已矣前不及考歷漢唐宋元明以迄於今不知幾興廢存毀甲申一變咸陽烈炬山中一無有存者獨五雲樓巋然屹於靈光康熙元年湯侯蒦來令茲土值酆都破裂垂絶後孑遺散失侯力洗一時污濁

比於誼以廉能著動物本於誠酆人信之服其誠而安居酆又自此始侯秉正不喜爲異論蕩惑人心敎化酆人其言平易正直而不可易茲山集古今流傳雖不出自學士掌故吾度其始指酆都爲幽都或者性情功效之微旨凡民不曉六經之言尋常難喻聖人禮樂刑政賞罰是非有時而窮不得已托杳冥雜出悚動人心曰獄成於此勿錯履至層層不出也其亦憂之深慮之切乎皆教也不然由今思昔豈無頌法先王正誼明道如昌黎谷永輩卒無有正之以義者其辨以曉天下而天下之人咸知有酆都由其說雖蠢愚夫婦未始不可以懾奸雄已於未萌止於將動又皆權也

教與權俱以補聖人禮樂刑政賞罰是非所不及又安在非性情功效六經之所變而出也故湯侯入其邑汲汲不欲聽其盡廢勵意修舉夫廉能者吏治之望者也有舉輒信命山中住持僧性學往焉文武羣相感發酆人亦樂風行之自上不敢私蓋藏越二年而完閻君殿以懾弗馴也越三年而完玉皇觀存帝鑒於伊邇也關祠之役明忠義以篤俗也平都山又自此始至仙蹟存於五雲樓無事修舉余編氓中之一民耳棄官老歸目睹心動計少時讀書山中以此山極盛爲憂慮其事至於不足恃而變生焉今果後效之不爽豈非其勢使然哉一山之興廢酆人不及見多矣而余

見之感而爲記永遺愛於弗替表茲役而出之後來增加至於極盛又不知在何年所也聖人在上明以禮樂幽以鬼神雖百世可知也

甲辰掃墓記

林明儁

儁爲兒時隨先府君至墓下尾拜起末既奠先府君命子弟扶長老有服者次序列坐其處舉酒進歡愛長老戒幼少敢有蹈於非勿使近墓辱先人子弟好修而賢也多飲之吾門篤俗期勿隕先訓拜掃勿廢如此今老矣幸得生還睹曠然一坏土而已富貴何足羨於茲獨有感也感而有言詳吾之所出也言之而有不及親

盡故也林之籍於酆前 自閩入蜀姑不紀自六世祖文振公在酆以歲進士官武昌二郡 贈奉政大夫傳至明儁皆力耕讀書旣無車馬赫奕婢妾靚麗蕩 惑鄉里亦無官爵貨力動搖府縣凡親未盡與親旣盡子姓頗敦 尙禮讓崇厲廉恥無敢有胥官司者走訟者安鄉宄者矯詐修飾 言語欺罔君子與夫亂俗者由今思昔猶有近古之遺甲申一變禍亂踵於蜀獻賊賊其半姚黃賊其半亂兵賊其半蜀亡而渝隨之林族子姪千餘室無有存者余倖領乙酉辱徵辟濫入官路攜從弟明佑明偉明倬旣兒堅本姪約有七八人於外幸免耳嗚呼毛羽之屬尙知報本余獨非人子忍捐棄

墳墓遠遊哉以其輕者較其重者功名利祿非所論也以其緩者較其急者全其身及子弟以存祀田園廬墓姑置之也置之而曠闕於心如烽煙道阻隔若絕國何取年歲考之二十載始得於歲甲辰秋九月攜有生三閱月之弱子撫成二十一歲與姪厚本健本堅本同伏墓下偕東坦劉沛遠徐爾强暨族一長老鄉鄰之猶有存者席草列坐焉嗚呼時移事換萬族寡鮮十里一犬吠聲牲殺祭告之餘不知泣之何從也儁德薄邀先人厚庇其可幸者猶有三焉賊發塚盜取無遺而祖塋石宛先府君墓獨無恙歸掃如故一也子若姪猶能讀先世書立功名繼遺烈二也昔人以官爲

家眉山父子當天下無事飄若萍梗究卒於官不得生還西川死猶有餘恨余值滄桑之幻身經百變攜其主婦並子若女弟若姪破深阻而浩然歸里詣墓而掃招族亡人指數耕祭田修祠宇三也三者之賜皆祖若父之積先祖府君在鄉校齋長中型邑多士先府君生有完行孝友著聞輕財慕義重然諾君子長者常以不得交爲恨賓庇時儁年十有七歲倚先恭人壯遊老歸齒髮俱變墓間首數廻而腸折又不知泣之何從也略其事不書無以示鄉黨鄰里垂後世子孫伐石記諸於茲尤有感也能爲儁者如儁而止猶不失爲中人擴儁而大將等而上之不能爲儁對墓而熱內

慚汗出食不下庶其愼所不能而戒之哉

忠烈三賢傳

林明儁

忠烈三賢者何川撫陳公士奇渝守王公行儉巴令王公錫同事渝爲三賢也逆獻寇蜀三人復同難蜀人哀其死烈甚稱爲忠烈三賢也陳公福州人字平人天啓乙丑舉於禮部爲人撳鼻昂顙有大節爲文多奇氣不屑於一切海內人豔稱之在部以忤忠賢謫居會天下更始復起辛未分節上川東兵憲察吏親民課士典戎咸藉藉尋遷貴州學使者庚辰復視學於蜀校士最當人意時獻大亂楚延荊歸逼蜀 蜀人恐公典文事退而治器散金募士以

備朝廷知公兵略屬以蜀撫軍公撫蜀值蜀兵久弛將以名應兵隸於府者多市人不習戰束於功令餉又不繼四方胥有事寡援糜一趙雲貴援以兵柄氣驕常把劍挾文吏弗馴公知不足恃常有憂容圖所以待獻未一日少佚也王公字質行宜興人崇禎丁丑舉進士年少丰姿玉立尤顯於文以部郎出守渝州渝治開渝社以文章節義勸士士之遇於公者盡洗浮囂力反古始攝兵憲嚴武備檄屬從事保險凡要害令圖以進披圖而覽覽而晝不啻身履其處捐募死士抑驕養氣毋敢嬉游於市備敵翼翼如也王公字子美豐城人庚辰廷對以文章節孝名於時爲巴令所至民

安樂之甲申逆獻去楚窺蜀八峽夔師失利遂屠夔城焚殺無遺飛書馳至適姚黃賊乘釁大肆擄掠徧渝屬忠酆長涪北境公率親信擊之以殲姚黃聞夔報馳返巴同王公質行請增兵堵獻一戰於小江再戰於曹溪再戰於黃草峽再戰於明月峽舟師數捷陸道失險躪入江北以斷我右臂水路兵與將遂逸去三公擁孤城城兵可指數賊至城下三公分道登陴分布颷火器飛矢石賊多中死益倍力攻城城中器與矢盡三公仰天計無所出六月十日賊虹霓礮大發城崩裂遂入城先執三公於獻所不屈目夔夔以睨獻獻一笑殺人一鑿磔人而下三公欲奪其志也陰戒賊部

婉轉誘導語出一以掌擊賊一攫賊冠碎之一厲聲大作獻始恣睢暴發命臠解之罵訶與氣同絕正作怒皎日風雷大作雪塊如車輪震瓦斷椽賊衆偃仆傷斃獻恐命亟收殮鍜鍊賊遂不敢留於渝指成都而去逸史氏曰余覽編年欵執筆之誤且闕略荒陋不逮甚矣書張獻忠由成都順流取重慶推官王行儉死難事莫大於億萬生靈官莫重於仗節之吏書順流而下何其誤也書守爲理而司理鄭問元間出未死何其荒陋不稽也傳之後世何足徵哉孔子曰吾猶及史之闕文也又曰斯民也三代之直道而行也史文闕直在人心我蜀孑遺存者歲時僉曰忠烈三賢尤怪世

俗之言曰文士鮮行以概天下賢者謂文章不得與節義同齒輒詆文人一切無用而不知關於名教舍文章末由也文者道之著節義所從出也三公以封疆之臣值末造兵孤餉絕戰不勝守弗克不得已以身殉死臨死張舌欲飲賊一斗血氣盡罵訶始歇上感天怒賊用落膽俾人紀永植天常不墜豈非文章之教哉維彼其說不知晚近來稱仗節志不辱委狥至慘極於身而猶詆訴者屬何輩也三公方駕格澤驂賓於帝所正氣拂鬱於天壤死且稱快不以死爲重輕而傳多荒舛無以篤俗訓人疑議於茲也余以渝人習聞而見表而出之方賊來蜀無三尺童子乞降蜀人較天

下禍更烈而甘死不投賊亦未始非三公之教也悲夫撫軍郡侯余諸生辱文章知遇甚厚既梓余文公天下以示勸復相深於行誼今兹之言非私也夫亦何嫌屈原爲宋玉師原死玉作些以招原是傳余之些也而出於蜀人之同私亦公也

修平都山二仙樓記 康熙十年 蔡毓榮

余涉瞿塘灩澦遡夔關雲陽而上閲五百里始達酆都邑有平都山爲漢王方平陰長生棲眞之所道書所稱洞天福地也余艤舟攬轡登陟其上孤峰側成高插雲表俯看縉雲龍洞諸山直培塿耳碧波萬頃如堆琉璃黃葛蟠根石上大蔭數畝古柏千章皆非近代所植靈花綵羽滴翠流丹蓋自巫夔三峽崒嵂巉巖觀者目怪神搖至此則心曠意怡秀色蒼靄儼若赤城元圃別有天地非人間矣山固多奇勝舊有平都八景精舍古蹟不能悉記而其最勝爲二仙樓余顏其榜曰中天積翠又集唐人詩爲聯曰山隨平野盡天闊萬嶺低又曰薜荔摇青氣煙樓半紫虛此山眞境也樓遭獻賊所焚毀日漸傾圮余懼其久益摧蝕乃捐橐中貲爲修葺費樓後有關夫子像神氣威嚴凜然如生向有殿置五雲洞上今洞亦堙塞故移像於樓後余悉命改葺俾復舊觀未幾酆都尹李如湀以工竣告成余甚訝其速迨後復還楚經過其地則輪奐一

新令人有凌虛想益徘徊不能去因憶蜀志唐段文昌嘗愛此山後三十餘年建麾幢再續舊游始得崇飾樓觀以畢曩昔之願余今一歲再游又工成不日得非方平與余家先世舊有夙緣故斯山之興若有所待而令尹董事之勤與百姓子來之義皆可嘉於是乎書藩臬長史捐俸佐工例得並書於左

重建文廟記 康熙十二年 劉如漢

高陽李侯莅枳之三年政洽民和百廢修舉而學宫首成甲申以後兵燹頻仍禮樂絃誦之場鞠爲茂草牧兒蕘豎薪刈其間兔葵燕麥漫滅其址官於斯者曾未過而問焉李侯下車惻然歎曰讀聖賢書而坐視鐘鼓銷沈俎豆墜地忍乎爰檢冰囊率作經始自庚戌之冬至癸丑之春閲三歲月而竣事爲殿爲堂爲廡爲門爲齋舍爲庖湢爲垣圍煥然復其舊觀厥費不下數百金而未嘗以絲毫累民間也邑人士歡欣鼓舞既樂先聖廟貌之崇又歎侯之有功於文教爲不可泯郎君於硎走書萬里徵記於予予維古之記學宫者多矣而家絃戸誦獨盱江李泰伯袁州一記其故何哉以其詞絕支蔓而一本於忠孝也夫爲臣盡忠爲子盡孝宣尼立教之大指故元祭酒李本曾翀以此二句爲夫子戒斯言卓矣竊怪世之儒者高談性命侈口程朱各謂得千聖不傳之絕學而考

其實有愧於人倫之大者不少是豈郡縣立學之初意歟李侯學問淵博家世忠孝雖牛刀小試所以訓俗化人者不可殫述斯舉也揚

聖主作人之化繼文翁政教之美創十六邑已墜之緒不可謂非善政之首焉多士於焉藏修於焉息游出而用世必有眞忠眞孝建三不朽以答侯貺者矣予與侯爲已亥同門友平時以道義相砥礪故喜而記之如此

重修文昌宮碑記　林堅本

文昌懸諸天闕司錄之神詳於晉志備載王氏聞見諸書吾蜀越

巂人士至今能言之不具悉而論者謂六星開闢已然必竢吾蜀百千億年後之人至之其說近誕不知上古士風靜一魏晉以來篡殺成風士多變易學術俯仰以求合於當世或者帝心憫憂特簡司錄之神進賢退不肖未可知也而當日之立爲是說者吾知尤有深意焉以天下之最難治者士心也無端而使有志設誠之士寤寐如或遇之無端而使側身修行之士言動如或糾之無端而使至齋鐲吉之士焄蒿悽愴如或見之朝廷三物六行禮樂刑政不盡及帝君之神能及之則神之所治幽獨也豈神能取士之幽獨而治之夫亦士自愼其獨與神明相見於隱微之際故曰最難治者士心也而能治士心者帝君之神也士各治其心與神合漠則士心各有一帝君神祠不必從廟祠作解也吾邑平都山浮屠羽室經咸陽烈炬後修復踵相接也非民之力則官之餘藐茲上下文昌宮廟莽衍弗治其故維何蓋責諸晨星落落之寒流歷久不睹成效當世非不右文而士坐以文弱祠坐以文廢往往而然幸苗裔弗輟庠之以清幹見稱者若神啟之翻然議修遺書山中行僧眞一與之約付以永蒞住持丐邑紳古秤叟先生爲文以集眾志先生恐行之不逮也捐宿搆作室材木六十餘頭以促之闔邑紳士及凡業儒子弟均樂助焉年月日落成爰載筆而泐於

石治心之教帝君之靈其在斯乎其在斯乎

重修酆都縣學碑記　劉謙

漢文翁爲蜀守仁愛好教化選開敏有材者遣詣京師受業博士減省少府用度買刀布諸物遺博士數歲蜀生皆成就修起學宮於成都市招學官弟子除更繇由是蜀地學於京師者比齊魯史稱郡國立學自蜀始厥功懋矣予至蜀見所在學舍廢於兵燹者概未能興喟焉太息謂古人不復作也居數月知酆都縣王侯以修學告酆都縣學刱始元達魯花赤完者帖木兒在治之東明初知縣楊謙改治西中更廢興後燬於賊

國初鼎新文命敷於四海壬寅知縣湯君始建大成殿纔一楹庚戌知縣李君又建啟聖祠於明倫堂右亦湫隘不如制王侯下車見而痛之毅然以為已任天繫厥忱大木浮江下乃與教諭黃錫策訓導屈先達典史劉啟武經營廣殿三楹而移祠殿後敬一亭址跂矢鳥翬巍乎奐如經始於癸未六月命庶丕作士紳以次更直而副榜林君敬修武舉高君曜監生林君愼修圖始愼終尤勤甲申六月余適按部至縣獲謁廟而徧觀焉自東西廡名宦鄉賢祠欞星戟門泮水橋堂齋靡不備垣墉塗塈茨靡不飾其費自諸生廩糈及民譚心湛本源等樂輸餘皆出王侯俸餘與文翁減少

府用度遺博士無以異又釐齋舍之久假者歸之宮牆覩起學市隙難不啻倍屣至為諸生親正句讀則庶幾程夫子之在晉城無遺詣京師受業之煩而教過之以此倡諸郡邑將學之廢者盡興使史氏執簡書曰蜀今興學自酆始奚不可也於時諸生請予記之乃升堂鐘鼓而告之曰爾知

朝廷建學意乎天生烝民有仁義禮知信之性有君臣父子夫婦長幼朋友之倫修乎此則爵貴且靈於物而為人悖乎此無以遠遠於禽獸此學校之設聖人所為繼天立極導之以明人倫而復其性也古者家有塾黨有庠州有序國有學以三物教萬民賓興之而後為士是故天下無無學之地無不教之人以此化民成俗比戶可封今之升於學者皆民之秀也

朝廷所以教育之者恩至渥制加詳

皇上復頒訓辭昭示中外以士先德行而後文藝之意深切著明矣今王侯豈為爾取科名邀榮膴計哉願學於斯者勿汲汲於利祿苟圖進取務遜志於聖賢義理之學體驗於日用收益於身心所謂明倫復性於是焉存有不特祿在其中者夫班固之稱文黨不過曰見蜀俗僻陋誘進以文雅而已誠盡心於斯今日蜀生之所成就又甯止如固所云耶諸生唯唯受教爰書以為之記

重修夫子廟贊　　王廷獻

天覆地載日照月臨萬古長夜聖人篤生羲農黃帝堯舜禹湯文武周公統歸素王誨人不倦吐辭成經千秋木鐸未喪斯文經明於漢文盛於唐宋詔郡邑咸立宮牆有元至正學建酆都迨明洪武移西城隅甲申兵燹慘罹一炬清和重搆高陽繼緒廟制卑隘未復舊觀僉謀重建擴一為三後圃低下築土成壇宮移啟聖用稱巖瞻歲在癸未鳩工庀材多士奮興庶民子來季夏經始建子落成謹識歲月勒諸貞珉

重修胡公祠序　　王廷獻

丁丑夏余初抵是邑慕平山之勝選暇一登甫至山麓見鐵像露處榛莽間兜鍪而擐甲疑是羽流所鑄天君像殊不介意歸詢諸從者則云此地舊有胡公祠鼎革時燬於兵此其遺像也考邑乘列有公祠而名氏及立祠故俱不詳明經毛自修告予曰公名平表字不波以忠州判破奢賊授監軍道晉爵太僕卿貴州布政使當奢苗之據重慶也變起倉卒公徒步詣石砫司效秦庭之哭請兵西向禱於平山關祠臨陣獲神助遂破賊乃冶金爲像築宮平山之陰即俗稱聖帝宮也酆人德公堵截之賜亦冶金爲像築祠祀公夫祀典所載有功德於民則祀之公之血食於酆詎有愧哉

而舊志胡缺焉弗紀也已卯冬承乏涪篆閱州志見孝廉陳計長所作生祠記則載公始末極詳記云公滇南人舉鄉進士初選授縣令改忠州判因得署涪守事先後淹於宦途而居官始終不苟餽遺纖悉必卻尤恤於刑搢紳有過力爲保全夏旱公禱立雨春雨公禱又立晴渝城破遠近騷動公親詣石砫請兵堵截後躬率義勇圍殺月餘奢寅就擒論功錫爵洊陟方岳而名不酬實公亦脫然名利外矣天啓丁卯涪人立祠北門祀公而計長爲之記然涪北門實無公祠矣嗟乎以公之功即使酬以高位如酆故老所傳聞何多讓焉乃竟名不酬實豈策勳之公論與酆人立祠祀公而紀載不詳涪志詳載公功而舊祠莫考其不至日久湮沒也幾希矣余乃捐俸屬聖帝宮僧宗貴仍立祠故址位遺像於中使千百世後廟祀弗替以視前賢之費斗金修平山寺觀以邀冥福者於名教不無少補云癸未秋落成乃爲序勒石以記之

相傳公善堪輿於酆都杜家壩擇地以葬先人營天地人三穴葬其中穴留上下以有待焉公雲南人

按崇禎長編云藺賊奢崇明之據重慶也貴州布政司參議胡平表方以忠州判官在圍城中縋城徒跣走石砫司秦良玉乞兵援成都目把紛嚚不肯應平表慷慨號泣不飲食者

五日良玉感動乃起兵平表百方激勸措處以餉秦兵一戰而復新都再戰而成都之圍解四川撫按授之監軍兼副總兵職銜平表得以統束易置諸將白市驛之戰俘斬千餘馬廟之戰俘斬萬餘占據兩嶺酣戰一日夜斬首千餘奪據二郎關擒黑蓬頭迫降樊龍復重慶奢寅糾土府水西復集十萬我五路應之四路皆敗總兵楊愈茂死之平表以六千兵人囊米五升截苗殲賊無不一當百十萬衆潰敗如掃生擒僞元帥巨賊四十餘人獲其僞印勑僞號錦册及各縣印五顆救出被擄生靈數萬云

續纂按成都距石砫千數百里重慶則輔車相依秦師之出何以不直取重慶而遠戰新都即謂成都戒嚴力圖首善然急攻重慶則成都之圍自解奚用舍近以求遠耶考錦里新編載萬歷中永甯土酋奢崇明據重慶分兵犯夔巫破瀘洲泝流而上直逼成都布政使朱燮元督兵扼之引還石砫女土官秦良玉遣其弟秦明屏帶兵四千潛渡江岸營南坪關諸軍齊集奪佛圖關收復重慶追捕餘黨蔺寇遂平揆以事勢自當如此不及平表者蓋紀載各有詳畧耳

竹雪菴記 明崇禎辛巳 古心

竹雪菴成表姊楊氏索予記予曰姊之所圖者金石萬年之計乃責筆墨於錐鈍之手竊恐靈巖一片石未必不爲山鬼所笑也姊曰事屬不經者乞於人未必言即言矣而情不極切者言之未必盡且走幣以干非望之譽豐兒富僧之事非我未亡人之事也予不獲已唯唯余氏於邑爲腴族擁高貲肥足以自澤池山公姊之翁也一子子祥號今吾故絕一子子化號成吾省祭不仕高情盛氣時時脫露衡宇蓋賢而隱於俠者也先是吾姑古氏適楊同春科第世其家姊生未幾歲姑丈就木姑撫姊曰天不祚我早亡吾夫幸有吾女亦天祚我也及長適成吾生子允生而成吾物故允生及遺腹子孝友亦殤煢煢兩嫠欲留此一塊肉不可得不亦難乎賴姊性慧捷嫻禮義居恆語及古今節烈大義確有承當間有以權宜之說進者輙曰權非婦人可用其在今日但得苟活料理以完其心之所不安以報吾夫於地下而已矣於是自城西移鹿鳴山遴穴以掩其姑若夫母若子並掩其身且曰荒塚纍纍玉梟恐作湛盧飛去欲垂不朽須仗佛力所憾成吾在日多訟多病簪珥俱充蘖貲孀居二十年來差繁役苦綠林兩遭衣囊如洗乃每年減膳忍寒以寸積之餘作廬墓前李吏部匡山先生題曰竹雪姑與姊聊充住持姑名徑竹姊名寒雪總取孤冷自傲之意斷除

葷酒朝夕經咒爲法器世世守之並集田地若干作香燈費菴後數武碣余氏宗祖於上合祀之土木一切恰中其度夫世之所謂婦人者偶得一端即無佳嗣亦可長世吾姊以此渺然未死之身直擔余氏數百年欲墜之緒以一楊氏無甚緊要之女而並報若父若母已斷欲絕之恩即世之奇男子不過是矣直指上其事併吾姑合表之姓名且傳靑史於不墜是未死其夫也未死其子也未死其父未死其祖也余氏紛紛浪死似無一坏可安而姊能衍之無旣也邑多素封望牛山而涕隕者不知凡幾余氏獨得此絕烈女子是則可敬也傳之貞珉以示來禩夫豈偶然哉

書內江教諭陳方壺死事傳後　王廷獻

余讀酆志至陳方壺內江死節事未嘗不掩卷太息也國君死社稷大夫死封疆廣文死於學校非特敬一時之官守亦以立百世之倫常也然鼎革之際紀載多闕若此類名湮沒而不傳者可勝道哉志曰陳鼎祚字方壺由貢生任內江教諭流賊入境官吏望風逃竄鼎祚著官服坐明倫堂罵賊不絕口全家死難夫士君子立身行已志節自負殺身成仁亦期返衷不愧耳事之傳不傳烏所計哉林明儁者酆之志節士也獻忠之亂梁翁陸沈故相王應熊承制討賊考拔人才擢明儁第一授兵部職方主政後遷驛鹽

觀察使蜀川入我版圖引病不復仕悲方壺之死於官而不得傳也貽內江友人書曰昨與足下話儆邑方壺先生司鐸貴庠會逆獻屠蜀先生集義旅不下五百人扼守孤城逆獻攻破內江執先生誘降不屈臠解之臨死罵不絕口明紀荒略大者不書而書及殉節廣文無有也足下爲貴邑人望僕是以諄諄有以屬足下夜即夢先生過我撫其背曰君今在閬州亦知姚洪巳事乎忽不見及寤大驚乃取五代史閱之洪爲唐指揮使長興中將千人戍閬口董璋反以書招洪洪投之厠中璋破閬執洪洪罵曰爾昔爲李十郎奴掃馬糞得一臠殘肉感恩不巳今天子用爾爲節度何苦反耶璋怒然鑊令壯士封食之至死大罵明宗聞而泣謂大臣失節反不如也血烈如此與廣文抗節無異然得染汗青數行無憾而先生湮沒無聞僕賤久絕意逼顯備野史可也足下行將爲史館中人以邑人疏邑事庶不負方壺先生以夢感也書載巴字園集中同時有楊淩雲者亦酆產也以明經任蓬溪教諭流賊入境不屈死之然考內江蓬溪志兩人俱不傳

外史氏曰余閱舊志謂士頗倜儻常懷忠信心竊疑之蓋近時之風氣或有不盡然者然前輩楊溫甫守我杭重濬西湖至今民食其利而當時不惜以斂怨去迨至晚季方壺臺真各死所事舊志

所云良不我欺位旃晚年逃名石鶴志節何矯矯耶宏之叛堅臥不出良由識見卓越也其孫敬修篤學好古更爲余言方壺死事時會背城一戰蓋祖父常所稱述知非謬矣

秋山拾遺記　王廷獻

辛巳重九前三日訟庭無事公餘退食念舊志荒略未足傳信乃攜二童子乘款段重爲平山之游出迎恩門外二十步下水濱爲三撫廟夏秋水漲治前磐石灘險客舟多泊於此有黃葛數十株各圍三丈許是日也天氣晴爽龍牀水波不興綠蔭相接清風徐來緩轡過山王廟爲酆陵故驛溪流阻之乃折而北可百步長虹

亙其上曰通仙橋有亭翼然朱闌憑眺頗耐幽賞橋北有嚴官碑萬歷時修橋以紀月日者摸讀之際黃學博受符來赴予約乃命僕夫引馬候於挹翠樓下余兩人則捫蘿而登得元天宮舊址明邑令張守剛三碑焉東數武爲胡公祠公名平表天啓間平奢賊里人治像祠祭之兵火後露處榛莽余捐俸重建特丹雘未施耳東爲凌雲書院搠於明知縣萬谷萬歷初廷議撤毀因卽故地建文昌宮就東隙地有谷生祠碑相對爲明學博竇希顏碑北陰殿門亦有斷碣載隆萬間捐修紳士姓名與北陰並者東嶽天齊行宮立春前一日有司迎句芒於此蔣夔平都山記左祠大山右府

北陰今猶仍舊蹟也沿溪綠樹參差與金碧相映嗁鳥上下令人應接不暇又東爲石佛寺寺中石佛高二丈許左爲山川風雨壇臨江爲長壩子故明有場集與山王廟止隔一溪乃循舊路過東嶽廟西始登山路側有修路碑碑面爲萬歷年碑陰則嘉靖蓋後人重修用舊碑而前人遺跡亦未盡泯焉爾陟彼而西可六十步折旋陟級而東又五十步巨碣倚山積蘚護之諦視得六字曰南無阿彌陀佛臺上卽大仙巖巖有九蟒之亭中塑神像後有圈石相傳爲楊御史墓亭右有天啓甲子碑載神始末極詳匠於碑足鑿三魚中其一首俱背土人指曰三魚碑也上層臺透迤而西屆半里許折而東石坊西向顏曰總真福地下視卽元天宮高不過三十丈山勢陡峻紆折迨二里矣考蔣記此爲五雲樓故址坊內二碑相距一古養敬碑一楊忭碑俱屹立一傍砌欹臥者爲竇希顏五塊石修路碑蓋石上舊鐫李陽冰書道山洞天遺跡巉巖道路彼時尚未治耳石臺上龍虎君殿北向又上有寥陽殿碑寥陽殿者故明蜀獻王香火前爲三石橋以肅觀瞻殿有樓可登一覽城郭無遺縣署門廡室庭中雙桂歷歷可指歷階而上爲玉皇殿遠人歲致巨蠟可然一年銀釭猶燦燦也路右爲王母殿前有楊宣慰重修景德觀碑登山過觀音殿則凌虛閣巋然出焉閣前有

碑隸書東坡留題二絕明巡按盧雍筆也雍亦有八景五言絕及游平山詩平山祠宇明末俱遭一炬惟此閣獨存不滅魯靈光俗稱二仙樓楚黃黎時舉顏之曰有仙則名神山洵有異哉凭欄南望下臨無地隔江豐稔壩近若襟帶葫蘆溪樹隱現鬱蔥恍然月鏡中游也邑人林明僑一聯曰飛閣靜涵天常餘雲氣奔城腳娟峰妙插水猶帶江聲掛樹枝斯樓之盛概可想矣閣後卽凌雲臺爲平山絕頂相傳王陰對奕處亭址石枰猶存或曰舊以銅爲二仙像各高三四尺李鶡子之亂遂亡去臺後卽曜靈殿殿東向榜其額曰幽都本見水經注鄉愚援此爲陰司實證也王端冕搢圭

案前巨蠟如玉 皇殿業鏡圓逾丈日久蒙昧而妍邪過此猶凜凜不敢正視東十餘步爲漢壽亭侯祠山僧郎五雲洞覆石爲爐狀客至然紙投之井涸無泉地風旋轉謂羣鬼攫金錢也則誕甚矣前殿石碣鐫侯像印式及王鳳洲贊於上邑紳楊叔京爲之有大碑臥地勒前忠州守孫芝倪伯麒游平山詩筆法雋逸予命匠琢其後將以有待焉小樓數楹下視江渚足與凌虛閣競美祠後爲仙姑巖相傳景龍中麻姑訪方平於此隔溪青牛山層岡細阜宛然在目東望珠簾隱隱嵐霧間可望而不可即也平山往蹟其擬抉無遺恨哉乃循舊路趨而下至五塊石傍有小徑逼山後茂林

修竹繞蔽梵宇曰竺國寺又西二十步亦有關祠胡公討奢賊禱於五雲洞得神助事平築宮以報焉寺僧宗貴即余命修公祠者北望五魚此中殆有佳氣乎循山西去至半嶺江明如練小憩樹下適與酆署花齋相對可呼而應下至山麓兩山相對趙村之澗水中出爲九曲名流多泛觴於此乃攝衣登白鹿山石磴修縈里許抵寺寺東向對二仙樓山門有石鹿倪伯麒題詩猶存石坊曰來蘇以老泉來此鹿夜鳴也寺爲明僉憲楊大榮捌造相傳卜生壙掘地雙魚飛去乃捨作寺以泉故本名玉鳴時人競稱鹿鳴將所謂地以人重者耶泉方盈尺翠微隱翳瀝滴如戛玉聲冬夏不竭歲旱土人取泉以禱己卯夏余亦試之頁驗左有吳道子觀音像碑稍下隙地丈餘可構數椽石欄抱之山僧告余曰此古氏書院也或又曰爲楊氏旁有僻徑可乘險下足不能留瞬息達竹雪菴讀古心碑更正訛字數則時則夕陽在山曛影萬丈出翠竹間此地舊有楊溫甫平山書院亭池遺址半湮田陌乃由頹垣出上文昌宮一望瓦礫所存者陳寬一碑耳西爲天福宮歲時朝賀之所詳舊志黃孝廉碑緩步至社稷壇西得川主廟遺鐘爲成化七年事暮靄蒼然仰見新月望送客之晴瀾渺乎不可睹矣嗟夫自後漢迄今平都之名由來舊矣考唐宋之遺跡百不得一焉八景

題咏肇於明初舊志所載亦永樂間事然三百年來祠宇之廢興留題之存沒又閱幾變遷也今來酆四載耳間以公委跋涉於涪陵桂水間奔走錦里者再平山之游或月一至或歲三四至眼前好景習而忘之矣駒影西流頹波東逝王陰二仙將無歎拯溺之無從哉僕夫牽馬促歸乃酌酒索筆爲平都懷古詩以紀之其詞曰巴子東都治枳城平都豈是爲方平只因炎漢留仙蹟遂使春秋掩政聲九蟒精靈歸劫火五雲人鬼未分明隔山惟有來蘇寺白鹿呦呦夜氣清

酆都縣舊志序

朱象鼎

酆都縣舊志兵燹後無存今
上御極之二十六年海寓蕩平
敕徵天下郡縣志乘酆邑孝廉林稺菴先生應
詔纂輯旬日告竣雖戒期迫促勿克大備然當文獻無徵時存什一於千百而後人得以踵事增華謂非此志之篳路藍縷耶我浙王文在先生以名進士分符枳水八年久任苦心蒐討排纂成帙蔚乎足觀焉乙酉閏夏先生內擢部曹象鼎受代瀕行手授志稿謂鼎曰余未敢即付之剞劂者以山川人物古蹟勝事沿革建置分野開方之類不暇詳校襲誤而時賢之詩歌亦未經決擇其姑

待之鼎深服先生之虛懷卓識且日望其釐正之本郵寄來酆也不意先生遽乘箕尾有志莫逮良可慨也鼎猥以譾陋竊祿茲土碌碌簿書方救過之不遑又何能從事鉛槧而當校讐之任哉客春奉憲檄徵志爰取先生所授稿本抄錄以應其間偶爲耳目所及若年來戶口之增添田野之開闢廢墜之修舉科貢之踵興悉爲補訂第恐抄本傳沿日久或致魯魚亥豕之訛乃與諸同寅暨邑中紳士重加商略捐俸鋟梓非敢掠美誠不欲前人之烈泯滅故也至於疑殆之闕如尚期博雅君子核据點定俾信而可據庶幾昭垂於不朽云爾

學庸圖說序

朱象鼎

玉峰曾子潛心道學以其所著學庸圖說惠教於余而問序焉緊惟庖羲一畫啓乾坤之蘊立圖書之祖而五帝三王作君作師聖人相傳之心法遂燦著於詩書禮樂之中迨周室東遷異端邪說壞人心術宇宙幾同長夜天生我孔子起而經綸之俾萬世之君臣父子夫婦昆弟朋友之倫秩然以序藹然以親其微言大義散見於六經而聖人之心法則在學庸二書自曾子子思遞傳至孟子沒後遭暴秦一炬簡策殘失漢唐箋釋雖日羽翼經傳其實穿鑿附會者不少有宋代興周程張朱大儒輩出相與講究而折衷

始定元時有倪氏通義彙輯羣言以詮釋之每章後列圖說條分縷析脈絡貫通頗爲得解明永樂間楊胡諸公奉詔撰行大全之藍本也第未識當時何意盡汰其圖說而不傳毋怪乎明通之士以去其精華存其糟粕譏之耳玉峰沈潛玩賞於學庸二書有得諸心著爲圖說多與倪氏脗合精而確正而通全部分章萬殊一本不覺聖人之心法瞭然於目前矣周子曰文者所以載道也輪轅飾而人勿庸徒飾也况虛車乎若此者非載道之器乎吾知人人皆是中庸也雖然學者能得意忘象則六經皆屬註腳苟或按圖索驥烏足以語絕塵而奔者耶吁斯又失玉峰立言之旨矣

酆都縣舊志序　劉德芳

漢以枳地分治平都爲酆都設邑之始初平以後代有廢置隋開皇間析臨州置酆都相沿至今而疆域之廣袤山川道里之遠近人物之盛衰土風之淳漓固已劃然區別而不可假易一邑之志定有成書以傳信而永久往往紀載家好夸多以侈美盛名賢土產不詳里居古蹟勝概半借他境甚至荒誕不經之談亦入卷帙觸目生憎尚可以資考訂備采擇乎蜀中經蹂躪之後典籍故亡求其斷簡殘編已不可得康熙丁卯有抄本酆都縣志成書倉卒尚屬梗概海昌王子令茲土七年自受事來政事餘暇無日不以

網羅編纂爲汲汲取抄本中之依據蕪雜捃摭掛漏語近稗史別集者悉加芟除采獲積以歲月其或未悉自山郵旅亭僧房寺壁荒疇野冢古碑膽刻故老之所傳聞記憶搜剔討論靡有遺缺改增抄本存者僅十之一二王令用心良苦矣書成質於余猶必反覆商定乃授之梓王令文學吏事皆能不負生平是書典雅詳核尤擅所長序而行之庶使好學深思之士知傳信爲足貴而述作之不可苟焉已也

重修九蟒神亭碑記　李黻樞

平都道書所謂仙山也王方平而後陰長生上昇其修煉之蹟爲最著自改平爲酆鬼神之道興而黃冠緇衣迭相雄長由趾及頂琳宮梵宇以百數九蟒亭適當山腰神狀若天君九蟒著體矯尾揚首瞻拜者鮮不慄慄然肅也遡所由建父老之傳聞其說多不雅馴明周延甲三魚碑則述住持僧云謂神楊姓宋慶歷二年生於西湖長於洛陽敕授御史顯異茲土蔣夔景德觀碑只云大仙巖內有九蟒之亭亦稱九烝樓其名甚古是說也予嘗疑之及按雲笈七籤馬明生授陰長生以太清金液神丹即欲別去長生跪致詞曰昔太歲庚辰先生與南嶽眞人洪巖公雲成公瀛洲仙女共論傳授應禱祀九老仙都九烝丈人授之大藥乃靈不禱祀而

授爲之不成云云因恍然曰是即陰眞君之所以禱祀九烝丈人者乎東漢以來樓名古矣御史楊公九蟒化身遂以名亭而主其祠也其在神道設教後乎楊公之行事不少概見意其人必仁明正直著惠此邦適殁於此酆人尸而祀焉猶桐鄉意也九蟒隨車之說毋亦有所托而云然夫神仙不足以厭之而假以鬼神鬼神不足以厭之而鑿爲隱怪甚矣人情之好異也猶是亭也負巖結撰前峷峉無牓地左逼巉削右當山徑斗折處階戺甃甓最易傾圮極其勢山徑將爲中斷秀水禹翁朱老父臺治酆之四年登而歎曰此亭之興廢乎山以之聽其傾圮可乎捐俸爲倡鳩工庀材

三閱月而工畢亭與山共永於磐石矣然不曰九烝而曰九蟒則禦災捍患隱禱著靈神之功於平都可知也一倡而集無假督迫則民氣和樂百廢修舉侯之所以治平都者亦又可知也

縣署古井記　林敬修

邑侯朱禹州先生治鄷之明年鄷民皞皞豐年穰穰案無牘積庭有花香因以其暇課園丁治畦於署之花隅顧坎窞處石頭犖确欄幹隱然侯曰試鍬之則甃甓層層矣侯曰試浚之迄三丈許泉水趵突盎然盈蜮瑩洌甘寒時無陸鴻漸張又新輩未品其居何等也邑之紳士父老聚而觀之咸曰吾父若祖未之前聞是昆明

之刼灰非近代之堙也今爲侯出當爲侯瑞且侯之治我鄷也一絲一粟無所假於民僅飲枳江一杯水積役之傭値足爲清俸累今挹彼注茲不踰數武坡公調水之符可不有也晨瓶暮罌澄澈一邑少陵汲多之詩可不作也地不愛寶爲廉吏省一已之費焉林子其記之勿辭余曰唯唯瑞應圖云王者治道清靜則浪井出又漢潁陰侯井年深淤塞後復闢有銘曰不三百年應運而開時以爲瑞亦名曰浪井鄷爲巴子别都鄷署非其故宫歟揆以改邑不改井之經殆千有餘年矣爲侯出爲侯瑞誰曰非宜然侯理學名家正誼明道尋常瑞應之説不當爲侯稱引余則有取於釋文焉井者清也兼有取於易傳焉井者通也由乎清之義侯秋水玉山其神清一琴一鶴其風清綱舉目張其政清草臥桁楊其刑清化成乎清象應乎清云爾由乎通之義侯通惠於民而衣食足通德於民而禮讓興通其情疾苦不壅於上聞通其氣太和屢召乎大有化成乎通象應乎通云爾漢世祖曰甘露醴泉吾不貴也吏治民安乃吾瑞耳信斯言也我侯之治理謂卽盛世之浪井可也或以井之去江坂衍而下何止數百步胡爲增減與江水相應余爲述東坡惠山泉詩此山定空中乳水滿其腹遇隙則發見臭味實一族爰走筆而記之時丙戌長至也

申明亭記　曾德升

嘗聞天之號令曰風天之所不能行者風以入之王之號令曰政王之所不能至者政以及之然非徒有其法制禁令也易巽象曰隨風巽君子以申命行事凡以居位設政欲率民於禮教必丁甯反覆申其命令斯有以深入人心而無不信從亦如天之號令吹噓萬物而無微不入也若是則申明一亭其關於王政非小矣邑侯朱夫子奉天子命來宰吾邑是操天之號令以號令斯民也深慮夫愚夫愚婦不能家喻戶曉也於儀門之左建亭以申明法令雖曰仍舊貫

然舉前之所未行者而行之其功實與創同每朔望集搢紳士庶
宣講
上諭十六條畢復進父老子弟而命之曰我
皇上撫育萬方惟恐一民失所故命邑長來牧吾民俾爾民宅爾
宅田爾田使各有甯宇也毋怠爾業毋侈爾費毋滅禮義而罹法
網毋輕孝弟而蹈侮逆各惜廉恥共敦仁讓以無負
聖天子加惠元元之意至再至三丁甯反覆其勤勤懇懇必欲人
人曉然循而行之合愚夫愚婦之倫無不蒸蒸向化焉以是知申
明一亭其關於王政大矣雖然致此者亦有由我夫子蚤歲學易

及居官設政即以易道治民凡申命行事皆巽以入之體天命而
出以王者之治故其政之無不信從也亦風之無微不入也然則
是亭之建王道也即天道也升每集亭前從諸搢紳後聽講律令
因悉其事退而爲之記

旌善亭記

李孟修

亭以旌善示勸也亦以示賞也嘗攷周禮予以馭其幸幸謂言行
偶合於善則予之以勸後故在朝有懋賞之例下至州縣立亭旌
善俾人人望而趨之羣思立善以表著殆先王旌德勸賞鼓舞一
世之微權也酆陵下邑疊經兵燹先王舊制久矣廢墜無聞邑侯
朱夫子暫辭薇省來莅花封六年之間興廢起墜綱舉目張賢士
大夫之過枳江者皆曰善哉朱公之爲政也然善其政而未識其
所以善也接薦紳以謙待士子以禮善也尤有進對寮屬以和平
御吏胥以整肅善也尤有進至於役不下鄉犬不夜吠人人游於
春風和氣之中風俗丕變日遷善而不知誰爲爲之此我夫子躬
行善故其善政善教有以深入人心也而猶不以此自足也復於
儀門之西修建旌善亭民有言行合於善者則旌之以示勸蓋本
先王旌德勸賞之旨爲鼓舞斯民之術使民之過亭下者望而驚
曰我何不爲善人也我何日得一善而旌於此亭也於是一邑之

父老子弟轉相告語或以爲善爲樂而爭趨恐後矣夫不動聲色
而勸民爲善乃五帝無言之化我夫子能以躬行之而示其意於
不言之表何難躋斯民於雍熙之盛哉從此勸賞立而樂善不倦
則周禮之予以馭其幸者端在此亭矣孟修栽同桃李扶感蓬麻
惟日砥躬勵行勉勉於善不致隕越於下以戾我夫子之教耳敢
冀片長足錄耶書之於右以待善人

洪巖山莊記

黃錫策

洪巖山莊曾子侶恆別業也曾子昔居城市與余往來講性命學
相與切劘無虛日不事剽末惟務鞭辟近裏故習舉子業功不患

其妨志不患其奪屢困場屋初不少動於中戊子膺歲薦慨然遠塵囂卜居洪巖之麓爲山莊結茆爲廬治田爲業樂山水秀麗手植桃李數株綠竹遶舍忘乎世外之榮浩浩乎若將終身焉者獨是山莊其常也何乃於曾子而異之異夫茆屋數間以蔽風雨與人同也不羨人之夏屋廣廈田數十畝以供饘粥與人同也不慕人之鐘鼎列食禽鳥飛鳴游魚潛躍人第見爲鳥也魚也而不知有活潑潑趣桃李繽紛衆卉爭妍人共賞其妖豔也而不知萬紫千紅都是春意河流於下江漢潛沱之所匯也亟稱其不舍晝夜由原泉而放乎海山峙於後層巒疊嶂挺然聳翠使人氣概磊落

可以壁立千仞可以砥柱狂瀾此皆所以同乎人而異乎人也我思古人實獲我心矣昔濂溪圖太極橫渠著西銘伊洛繼正學紫陽集大成象山先生大慈湖作已易白沙體自然陽明致良知他若草廬若龍谿若近溪若一峰若東郭涇野若洛村波石其間地以人名者不知凡幾吾不知自有洪巖以來曾有此人亦話此事否耶今曾子居於斯處於斯燕笑語於斯詩酒陶情於斯存心養性於斯與朋友講學於斯課子弟肄業於斯殆將有與洪巖同不朽者在也予不揣固陋樂爲之記其事於石壁

聽鹿軒記　朱應熊

平都官署之東西各有廳事焉軒除明暢雜植卉木原夫創者之意亦擬韓魏公之典故問東廳文學問西廳之說也自期顧不遠哉吾仲父禹州來宰是邑芟其草萊補其罅漏於政事之暇日坐西廳與戚友沈子盧嘉王子西韓暨予觴咏其間幾忘羈旅之寂寂也因邑乘載李長官夜聞仙鹿長鳴而異之使人往山踪跡遇一老人云無他異當有賢人晉謁令君耳翌日而蘇老泉過訪焉相與道其事傳爲酆陵八景之一焉乃顏西廳曰聽鹿軒冀有如老泉者續成佳話也年來諸君先後東歸空庭閒靜坐卧於斯者能不思是山之鹿復鳴乎今春適崔子敬哉過署乃予妹倩也其

偕來者爲賢兄禹甸暨予中表鍾子孟諸也飛觥角律日集軒中又頓釋離索之感矣嗟乎韓蘇二公文章功業昭耀千古即一廳事令人遥企彌殷焉予與諸君子先後集於斯軒顧名思義能無興起於中也乎緣年來喧寂攸殊有未可意計定者故不揣弇鄙援筆爲記且以識我仲父高山景行之慕者有足多焉爾

與何使君論祈雨書　易簡

就館年餘廪肉無虛月及辭別又蒙寵送西郊禮數崇重非簡薄劣所克當也歸家後未及遣人謝不敏小兒於五日前從陸路赴渝入省亦未遣入城拜辭疏曠之罪多矣旱魃爲虐酆涪同患然

觀音橋南山澤焦而酆地於十三日雨二十二日又雨非使君德政所感何以有此又聞爲民憂旱所以祈雨者備至而雨未霑徧者蓋鄉中惡俗恃強侵弱倚衆暴寡或毀人禾穗斫人木棉縱心驕亢既足招旱而被害者又以使君專意祈雨不敢以聞然其心不能無鬱鬱則生熱亦足增旱雨之未徧或在於此昔衛人伐邢師興而雨愚以爲恃強倚衆害人稼穡者亦宜懲其太甚以儆凶頑故息心以求雨又不若治事使人氣平而雨自通也且使君所以憂旱者重農功也其重農功阜民之衣食也今強梗之人至於毀禾斫棉是絕民衣食之源也若是而不懲倘更大旱有不爲亂

首乎及今之時因其所犯重其懲創使其雨降固足以安民即雨終不降秋無雨亦不足以生亂矣書生不諳治體感知已之德不敢自外輒獻芻蕘以備採擇

重修關帝廟前殿碑記　羅其昌

凡建立祠廟足以植綱常扶名教世道人心重有賴者最大莫如孔聖人其次莫如關聖是二聖者如日月經天江河行地光無乎不照澤無乎不周以故郡縣建立關廟比於孔子由來舊矣況平都爲黔嬴福地蜀東名勝之區哉余酆人也自先府君僑寓於遵酆都關廟余固不之見先君嘗言平都風景人物碑碣古蹟瞭如指掌而於關廟獨詳其廟左俯大江右掛五魚前臨白鹿後擁青牛中騰五雲前殿後閣爲廊爲廡翬翼壯麗甲乎一山余心焉識之不能忘歷數十年老於宦海始得退休林下歲甲寅自遵歸省祖塋而古先文獻無徵及登平山如歷夢境如過舊游迤邐而陟峋嶁之上關聖像巋然獨存兩旁壁立如削不知何時坍塌一至於此余甚異之邑人王珏爲余言庚戌之秋冰雹大作將前殿飛空而下聖像安然無恙余笑曰我朝褒封關聖祀以太牢與孔子等此之坍塌或山靈嫌其湫隘欲舉而光大之且以鞏此基於磐石亘萬古如一日耳王珏云更新

恃其力圖成待其人邑長何公修廢舉墜百度維新特捐清俸以爲之倡衆善亦爲之助蓋將固其根厚其培以築以構不日落成因丐記於余余曰汝知賢侯建廟意乎聖帝精忠大義炳耀寰宇是役也欲使爾民知有忠義耳知忠義則知禮讓知孝弟風益湻俗益厚未必不因乎此也其有裨於綱常名教世道人心者豈少也哉余既嘉賢侯之意而又喜所聞之獨得於所見因爲記

鹿鳴山記　譚明善

酆城後不里許即五魚山前控平都左枕眞武兀然聳異與二山屏列城則其麓也山半搆浮圖精舍題之曰鹿鳴鹿鳴者何相傳

蘇公將游酆有仙鹿夜鳴其後應之遂以名寺或曰此石鹿也以石像鹿鹿何以鳴卽鳴矣何以兆公之至豈其公爲宋名儒足跡所過山嶽獻靈如昌黎伯開衡山之雲故假於鹿以示異耶抑都人士幸公之來得以望見顏色欣瞻有道發其愛慕以爲公不常來而托之鹿以媚公耶夫酆地巉巖百出所在多山有蟠若蜿蜒者有蹲若虎豹者有形擬青牛狀類白馬者奇峰疊巘羅列於荒煙蔓草間漸成穢墟墨客騷人往往過而弗問顧茲山自蘇公之來幾百年矣經歷代兵燹之後猶自修篁蔽日古木參天不失匡廬面目至於今登高作賦掃石留題者且踵相接焉不可謂非山

靈之幸也卽不可謂非蘇公之靈也故無論其爲仙鹿歟爲石鹿歟以蘇公之來而鳴歟不以蘇公之來而鳴歟而其人傳其地傳其靈異亦遂亘古今而不朽甯非蘇公之大有造於此山哉後之來游者倘其希蹤前哲出其事業文章以相輝映焉可也至於祇園福地之清幽梵宇琳宮之匙麗其興其廢又何足云

江廣兩省義塚碑記　李存周

葬者何藏也所以藏其形而不露也念我吳楚諸人少年作客老大未歸先人之敝廬莫覩他年之旅魂焉依幸前有鄉先達於邑社壇之南置有官山一座凡老病不能歸櫬梓里者俱安厝於斯第年久地隘冢墓臚列後來者幾無以相容於是集我鄉人繼勸義舉各輸其財權運增息以爲將來增置義地之費更思此山有古柏數株蒼蒼翳翳非近代物形家謂茲山之祥泐石相戒勿許射利之徒擅爲翦伐庶幾哉懷此美舉覩斯古柏雖生前遠適異國不殊爲梗爲萍幸沒後聚首九泉依然爲桑爲梓也是爲記

建義學碑記　向大成

聖王建國首重立學蓋欲使天下之人知禮義變氣質而不爲歧途所惑可以久安長治也至於家何獨不然我野鶴溪地雖偏僻各以勤儉治生衣食旣足每歎先輩芳型莫覩咸思訓廸後昆以

光前緒爰協衆志各捐微金擇四達之區公建學館於麻地壩周以牆垣限以界址以爲衆姓延師課讀之所嗣是地主不得指爲私室衆人亦不得侵擾庶幾有志之士踴躍青雲卽愚懦者流亦克稍知禮義而不致蕩閑踰檢家道可以長保風俗由茲永正世世子孫恪守勿替是爲記

按野鶴溪在南岸十二甲距城幾三百里鄉俗樸陋農田桑麻而外無事詩書者間有秀穎慕學亦竟苦無師承鄉耆向大成監生向爲棟建義館延舉人高愼講學成就甚衆後兩人年皆八十子孫列庠序貢成均者若而人登之以爲振興斯文者勸

酆都縣舊志序　瞿頡

志與史相爲表裏凡忠義節烈禎祥災眚因革損益足以備太史輶軒之採者悉以邑志爲權輿焉非是則文獻無徵流傳鮮據史官載筆掌故闕如豈非守土者之咎歟酆之有志昉於前明邑人楊孟瑛厥後隨時修輯鮮有闕失自前令朱君象鼎重修之後廢而不舉其遺文故事雖耆老有所弗知蓋迄於今百年矣丙寅八月余始治酆閱舊志而喟然曰是余之責也夫乃綱羅散失徵求軼事始於丁卯季春迄於庚午初夏凡三閱寒暑而後告蕆夫酆雖僻在巴渝而平都山爲道書七十二洞天之一王方平陰長生之仙迹猶有存焉者又地濱大江爲舟楫往來要津騷人逸士宦游所經謳吟不絕而頻年以來邪匪肆擾烽煙屢警義士捐軀貞媛殉難俱足以垂光史乘風勵頑懦尤當大書特書以信今而傳後者也至於刪其繁蕪歸諸簡要則歐陽子所謂事增文省者庶幾無愧焉爾

新建龍神祠移建諸葛忠武侯祠記

酆邑自縣治外皆山也所藝黍稷穜稑大抵在巉巖削石之間土瘠而薄經旬不雨其苗立槁民之所賴於雨澤者顧不重歟余至之旬日適屆秋祭吏白於余曰邑有龍神廟在北山之巔曩者春秋祭祀皆以屬之縣尉敢請余曰惡是何言也龍神爲一邑水旱之主其所係於生民者甚大可以祀典之重而憚一行乎雖然廟在山巔艱於登陟必也再建一祠密邇城郭不特朔望可以展禮設遇祈晴禱雨昕夕籲請不亦便乎會邑西雙桂山有武侯祠俯瞰城中形家謂不利於居民而東郊舊有萬寶二公祠歲久而廢余乃謀之紳士移武侯祠於其地卽於祠前建屋三楹以奉龍神而祀萬寶二公於東偏僉曰美哉斯役也龍神武侯與萬寶二公之靈各得其所一舉而三善備矣迺裒罰鍰錢若干緡鳩工庀材經始於丙寅臘月落成於丁卯仲秋不傷財不病民而厥工用蕆邑人請記於余余不佞備員茲土下車之始秋霖爲患禱於神而立霽今兩載以來上賴天地之和雨暘咸若而訟獄日衰盜賊弗熾得與斯民優游以卒歲者皆神庥之所被也至於武侯功在全蜀民不可諼固非獨區區下邑所當崇祀而萬寶二公爲酆邑循良之規比於中牟之魯桐鄉之朱所當亟爲表章以慰萬民到今之思以勵後此守土之官者也今合爲一祠以妥以侑享祀不忒庶幾哉侑我烝民錫之膏澤歲則大有家用平康匪特酆都之民陰受其賜卽余不佞奉職無狀弗至隕越於下以貽神人羞者實於是乎在矣是爲記

補修縣志舊序

方宗敬

邑之有志風俗之書也風俗與化移易或數十年而一變或數年而一變顧上所以風厲而化導之者何如若據一時所見登諸梨棗謂天下有一成不變之風俗無是理也酆邑故屬山鄉去京師九千餘里其在

國初數爲叛逆所據重岡深箐往往有人跡所不到之區歸化遲則被化較淺以故前志所載其風頗不雅馴近自我

朝

聖聖相承重熙累洽嚴飭官方而於學臣守令尤諄諄加意凡所

以生養而教誨之者至詳且盡

德教所被雖薄海以外莫不蒸蒸向化道一風同矧酆爲禹貢梁州之域猶在近畿數千里內哉余自嘉慶十八年奉

命來尹是都甫下車即索閱前志知自

國朝以前疊遭兵燹槪經散失所存惟前令朱瞿二公所輯山川人物以及沿革建置諸大端梗概略具第念如所云云恐一時士習民風振起殊難爲力乃旣而察其民蓋樸甚接其士亦秀甚下至商賈技藝無不各習其業各安其教一切把持官府武斷鄉曲及崇信左道之習不聞焉是古所稱易治之區殆不是過也前志云云特就

國初被化尙淺弁鄙無文之日言之豈必今不異於古耶比來蒞此蓋三年矣仰賴

帝德上召天和風雨以時年穀豐稔盜賊訟獄之風漸以衰息而士之秀者亦各知敦品力學爭以進取相先可見積漸以深人文蔚起於以答累朝作育之化雪前志弁鄙之譏並不負蒞斯土者殷殷屬望之意皆指盼事也邑人士其勉乎哉適紳士輩有補修邑志之請余以簿書故不暇兼及徐商之鹿鳴主教劉燮堂老師及枳江王容齋先生共爲編輯邑紳等分任採訪越十月而書成

非敢謂是書之續足以跨越前人實以見轉移風氣之責全在蒞斯土者相機而利導之爲即前書而廣其見耳俟後有作者得所裁定云爾是爲序

重修廨宇記

左氏載叔孫昭子于晉所止之舍有壞必葺春秋賢之矧邑令受

天子命出宰百里凋瘵者宜綏以恩刁骯者宜懲以法顧乃休於公宇聽其門堂棟廡隳摧圮漏而不治甚非所以肅觀瞻而嚴體統也酆邑環城以外跬步皆山居分南北兩岸中界長江北岸遠者不過二百餘里南岸遠者不下四百餘里與各州縣接壤凡六

七處深山叢箐匪徒出沒不常大都非威克厥愛訖不能治余以再命來尹茲土下車伊始周覽城垣半就坍塌已乃入視公廨及內宅但見門塞若穴堂欹欲壓其廡偃其牆圮頹簷側楹風雨莫蔽攷其修建頭門鐘鼓樓凡三間修於前令王公鑣在康熙之二十四年二門三間修於前偽令金元卿在康熙之十有五年大堂則馬公騰雲所修在康熙之三十四年百餘年來風雨飄搖鳥鼠剝蝕固宜其倒移傾倚雖隸人之館不如也蓋自請帑之例久停尹茲土者率傳舍相視雖目擊頹敗略加以支撐藉堊得免覆壓之懼足矣余實不敢因其陋爰集書役議整飭而新之城垣以衛

民也修使完固增置女牆皆甃以石公廨以親民也頭門外地無可拓乃盡去其堆阜确犖為之高其閈閎厚其垣牆復於儀門內累石為

上諭亭恭錄

聖祖廣訓十六條於外便民觀覽內則恭錄

世宗元年上諭一則以作官箴大堂雖仍舊址而崇隆宏敞悉視往制有加由是塞者以通欹者以正偃者以起圮者以完門堂棟廡亦巍亦煥見者始懍然咸知為令尹之堂也由宅門而入為戶刑庫各一幕客及親屬人等分左右列屋而居上為二堂即日視事處也由二堂而進設複門以別內外內即三堂合兩廊共為居室凡十六間二堂東階之下舊有土地廟鄰於湫隘非神所棲改建於東花廳後與倉神合祀焉即其基為小圃植花竹與東花廳通東花廳者前署忠州趙公所題聽鶯池館也規制頗小亦廓而新之後為船亭顏曰瓣蓮小坐取太乙蓮舟之義最後修仰山書屋遙望平都鹿鳴兩山銜接如在目前蓋至是而內舍亦略具矣是役也經始於嘉慶十八年六月落成於十九年二月約費二千金皆余捐廉修攝不取民間一木一石惟書役等輸錢一百七十緡亦踴躍急公意也既蕆事援筆記之俾勒石以告來者其鳩工

庀材吏胥江國文王廷璧與有力焉亦例得書

修養濟院記

養濟院之設所以惠天下顛連無告者也方今

聖天子子惠困窮鰥寡孤獨尤所加意以故薄海內外及各省州縣通飭建修以庇窮民每歲例准咨銷帑項按給口糧

恩至渥也查酆邑地處偏隅向未舉修嘉慶十七年始據前署縣李公自超詳請設立即將前縣張公偉所建山王臂瓦屋三間以作院宇余於十八年四月到任查看養濟院房舍湫隘難堪半就坍塌目擊窮黎露處風雨飄搖心甚惻然思欲為廣廈之庇而不

可得也今年春得公項少許佐以廉俸爰將舊宅變置一廓而新
之上爲正屋三間兩廊左右各三間東西偏房各一間計共得屋
十一間前爲門樓榜泐院名中倣大院正廳恭懸
皇仁廣被匾額樸素渾堅亦整亦潔不匝月而落成夫事爲民之
所急未有不宜亟興者也宣廣
德化軫念窮黎守土之責也然或有意興之而不果成必遲之又
久而後成豈興廢固自有時與今而後無告窮民入此室處知我
皇上鞠人謀人之保居眞不忍一夫失所感激當何如也守斯土
者敢不倍加矜恤以無負

王政必先之意也哉是爲序

重修禹王宫碑記

禹之明德遠也其在書曰地平天成六府三事允治萬世永賴時
乃功後之過河洛而思作南山而頌者無論已傳曰有功德於民
則祀之以故歷代古聖先賢其有功在社稷澤被生民者莫不犁
然載在祀典而禹廟獨未經官建惟吾楚宦游貿易於外者自京
師及各直省州縣其會館皆立禹廟亦莫考其由來蜀固大禹生
長之鄉也考紀傳所載禹生石紐爲古汶山郡或云廣柔或云汶
川實即今之石泉縣也石壁禹穴二字爲唐李太白書至今尚存

又嘗過渝之塗山有夏禹廟塗后故址錦官城有神禹坊忠州翠
屏山麓亦有禹廟相傳治水時經過於此故廟焉要之禹之功德
無所不在其靈爽亦無所不憑後之人思其德重其地不過如越
人指會稽爲禹之會稽楚人指宛委爲禹之宛委云爾酆邑舊有
禹王宫二皆在西門外上街其北爲吾楚執藝事者所建規模偪
仄其南爲吾楚寄籍於酆者所營基地稍寬而廟制亦小 宗敬自
嘉慶十八年下車來謁即欲廓而新之因鈌費不果越二年邑紳
等合詞請修遂忻然許之并捐廉以倡之昔夫子稱禹德之無間
其一曰卑宫室五子述皇祖之訓猶怵然以峻宇雕牆爲戒廟之

新不新於王心何有顧惟本儉德以垂訓者禹之所以自奉也渙
王居以報功者後人之所以奉禹也矧岷山爲江水發源之地爲
雲貴楚蜀舟楫往來所必經每當夏秋水漲灘凶石惡而邑前巉
碑梁石脊横亘與觀音灘比連尤爲最險稍有不戒輒遭沈没人
力一無所施而新廟適當其上今而後歲時享祀妥侑多方於崇
德報功之中兼寓禦災捍患之請守土者之責也亦邑人士之心
也神其吐之乎是役也經始於乙亥六月落成於丁丑六月越三
載而告成正殿規制崇閎取材堅實爲房廿六間前爲戲臺兩旁
爲看樓共費銀三千金其原廟改爲面市舖舍歲收賃錢以爲修

葺之費及任持香火之需眞不朽事也於時宗敬實要其成而鳩工庀材邑紳暨書役皆與有力於其泐石亦例得書

補修

聖廟碑記

昔端木氏之推尊我

夫子也曰

夫子之牆數仞不得其門而入不見宗廟之美百官之富蓋一時罕譬以曉管窺者流也而歷代推廣

廟制以崇祀我

夫子者視之故自正殿四配兩廡戟門外更設欞星一門門外爲泮池池外則爲屏牆左右有門門上有坊所謂聖域賢關者是也庀材則屏牆以甎門坊以木而欞星一門則以石蓋是門設而不闔露而不蔽惟石稍爲耐久歷代遵之由來舊矣酆邑學宮自康熙癸未邑令王公廷獻重修規制始具距今蓋百有餘年凍雨炎風嚴霜烈日剝蝕既久坍塌堪虞甚非所以肅觀瞻而嚴體統宗敬自嘉慶十八年奉

命來宰是邑下車謁

廟惟正殿兩廡稍爲整肅餘若屏牆門坊之屬半就傾頽而欞星一門石皆瓦裂支以土牆殊爲不整禮畢卽與學博陳豫前商之豫前曰屏牆門坊之費自前任李公自超倡捐諸紳士輸助已得二百餘金擬刻日興工匝月當可告成惟欞星門費恐不足耳余曰此易辦也隨飭工入山取石不數月任輦畢集琢磨並施既完既整祇以鐲吉未就遲至本年二月十三日寅時始行建立度地視前略後數尺而樸素堅厚規模較壯麗矣竊維我

夫子道德文章師表萬世與天地同其覆載與日月共其照臨欣逢我

朝

列聖相承崇文闡道自京師及各直省府廳州縣咸飭立文廟祀以帝王之禮所以示崇師勸學之典者至矣至於缺者補之敝者新之俾多士出入是門翹瞻美富於以端向往而敦實學以上儲

國家楨幹之用此守土之責也是役也並前共費銀四百餘金除前任李公倡捐及紳士輸助外餘皆宗敬籌款捐修用克竣事而趨事之敏成功之速則豫前就近監理督催之力爲多既蕆事屬余聊綴數言並前役而合記之

重建奎星閣記　陳九經

自古文教之興端賴上之化導邑之賢士大夫復爲之倡率而後

可變弇鄙之習而復彬雅之風則立學宮設書院省試以督其程
升降以警其惰皆亟務也而凡可以培植而振起之者亦宜無乎
不舉焉此奎星閣之所由建與酆邑舊閣自有明建立文廟前燬
於兵燹
國朝鼎興改建於豐稔壩顧念我
聖天子右文興學洋溢海隅酆之鄰如漢平樂溫臨江朐腮諸邑
登甲第入承明者指不勝屈而酆界在其中百有餘年館選僅一
人試秋闈者或數科始得一售是果執業者之未精與亦未必非
形勢之有告也歲丁卯邑人高榮安等慨然有志改建適忠州張

牧伯星煒至酆履其地謂
文廟艮方低陷須改於梧桐街以鎮之遂措資畫材於是春基始
積工若干費若干閱明年夏落成請記於余余已巳歲始來司鐸
是邦已見層樓傑閣直矗霄漢癸酉甲戌春秋兩闈皆有售者因
歎諸君子之相與有成而益信廖賴諸人之說非盡誣也雖然猶
有說嘗考天官書魁枕參首平旦見者魁又曰斗魁帶匡六星曰
文昌其三曰貴相五曰司祿孝經援神契曰奎主文昌是固芹宮
太學之士所禱祀而尸祝之者然或媚之以圖弋科名拾青紫振
耀鄰邦侈科甲人文之盛則其志抑已隘矣夫士君子讀書稽古

當為天地立心為萬物立命處則獨善以樂其身出則行志以達
於世由是以道德而發為文章如江河之流而無不通如日月之
明而無不照古之人臚傳得奇士則卿雲爛霄鶴禁有通儒則五
星聯璧何莫非靈臺一線之光芒有以上燭星斗也乎吾願邑人
士睹奎文之炳煥奮藻絲以高翔華實相符始終不懈當不徒以
科目為輕重已也董其事者某某例得附書而益其費之不足則
高子之力也

建修鹿鳴書院記　湛露清

古有學校無書院唐開元間乃有書院名迄有明而寖廣而後世

所稱則以鹿洞鵝湖為最盛要其宗旨不外講道德課文行與黨
庠術序之教同原而殊轍焉則書院者其古學校之遺意歟我
朝文教極盛凡省會府州縣各有書院教其境內俊秀而吾酆獨
缺焉蓋二百年於茲矣前任數公屢興斯議究難於創始不果成
歲丁酉我邑侯張公來蒞茲土孜孜以造就人才為首務戊戌夏
協學師文公縣尉戚公及邑紳士捐俸捐貲選地學宮旁鼎建大
門講堂東西書屋卽延師督課其中閱三稔復建居室東西廂及
廚廁諸制俱舉今二月工竣顏曰鹿鳴書院因院後山名且取詩
歌鹿鳴之義云竊謂古循良之治莫重於教化若文翁之立學舍

衙㵾之修教制其良法美意誠可爲後世法今書院之建我侯作其權與復勤於訓課將以振興文教而存古學校之遺其所關豈淺鮮哉自茲肄業者可以奮然興矣韓子謂業精於勤荒於嬉周子名勝恥也實勝善也倘其爭自琢磨共相砥礪發爲文章尤當祟實黜華不揣帖括聲律爲弋取科名之具而科名初不外是於以步雲攀桂作賓

王家享笙簧酒醴之奉斯於鹿鳴之義有取焉又安在鹿洞鵝湖之盛不可復見於平都乎是爲記

重修平山書院記

李謙

邑之山曰平都秀出五魚雙桂之東前明進士楊君孟瑛少讀書其下建書院曰平山後邑令萬君谷更名曰凌雲

國朝初前令有王君廷獻者曾經修建而基址亦湮沒不可考今之鹿鳴書院則張君偉所首創也偉黔南人令斯邑於乾隆戊戌始擇地黌宫右構講堂齋舍共二十餘楹週以繚垣聚俊秀而絃誦之更肇嘉名今其殘碑尚存而字跡半蝕六十年來門垣就頹瓦礎缺落後之人非修舉振興其不鞠爲茂草而名存實亡也蓋亦僅矣余自癸巳蒞斯邑亟謀修緝念興教之有由懼前功之廢墜獨廉倡始而首事余兆登孝廉王正極茂才等轉相勸諭都人士咸踴躍輸貲洊及三年經費以裕增山長之修脯添諸生之膏火條規次第舉矣乃庀材飭工葺其院宇蠹者易之缺者補之湧湮者新之湫隘者廣之經始於戊戌十一月越次年己亥四月而工告竣肅然煥然規模較舊加闊於是董事諸君子以書院名屢易請仍顏曰平山示復古且請爲文勒石用垂永久余惟

國家以興賢育才爲亟諸生果志切觀摩修厥道藝於院名何擇焉抑旣以斯山爲斯邑巨鎭欲標其名而不使他邑書院得襲也謂當祟經術懋實學相與講貫服習俾人材輩出而扶輿得効其靈其毋徒弋聲華使平山類終南之捷徑也又毋或作輟靡常舍

業而嬉使平山跡近於童且蒙不毛之誚也可無勉哉諸生以爲然遂輯其語以爲記斯役也諸寅好爲司鐸鄒君少尉劉君例得並書至於茲院之建於乾隆戊戌重修於道光戊戌其年前後偶合若有數焉非所知也修舉振興所重望於後之君子

種福會碑記

張紹齡

種福會者邑中諸君子之所立也先是蘇君東山湛君山泉有收瘞浮屍之舉汛司劉古江暨同邑諸君子因議添設義冢推廣福田蘇君東山昆玉卽以其舊買西關外房屋熟土荒山一分捨爲公塋余君禹門玉成其事竭力勸捐同邑好善者傾囊捐助共得

錢五百三十五千三百三十三文會衆收存營息嗣於道光二十四年首事復以本息增買鹿鳴寺後田地一分以廣義冢之地而李君含軒李君鳳翥伯仲尤極爲從𢚃特捐錢一百六十千文帮入會內以足買價旋因邑多險灘壞船累累諸君子並議於會內懸金救生歷年保全不少歲丁未春諸君子請余紀其事以垂久遠余惟善者福之本根福者善之枝葉本根茂而枝葉榮無邀福之心有種福之報理所必然無足異者余承乏斯邑案牘紛繁凡當爲之事缺略頗多得君子補而行之不但有益闔邑更以匡余所不逮是又余之所深幸也夫是爲記

陶孝子官顯封肝愈親說

昔人云天道遠人道邇吾謂邇莫邇於天道觀陶孝子封肝愈親一事而知天日在人耳目前直呼吸可以相通也夫傷腥者死何以穿膜傷肝而竟不死肝亦血塊耳何以其祖母與母服之而竟愈此非蒼蒼者默爲體護則必不生必不愈而竟生竟愈則天日在人耳目前直呼吸可以相通也何邇如之彼世之肆意妄行者直謂天道遠莫之聞莫之見也而豈其然哉觀陶孝子事知上帝刻刻相臨吾惴惴焉大有所懼更願人人皆惴惴焉大有所懼則庶幾其寡過矣乎

又

凡爲人子者身體髮膚受之父母不敢毀傷此禮之所謂孝也割股封肝甚於毀傷髮膚不大違於禮乎豈得謂之孝乎然而愚夫婦當父母垂危之時搶地呼天回生無術此時此情凡可以救吾親者雖赴湯蹈火不辭聞昔人有割股封肝以愈其親者號泣告天持刃自戕此其一念之肫誠大可憫矣卒之皇天鑒佑遂其志並保其身是其孝也天許之天下之人皆許之而必執禮以責之過矣雖然孝則孝矣其所以不列旌典則何也

皇上以庸行教天下割股封肝奇也而非庸也驚世駭俗之行非

可教天下其不予以旌表宜也顧其事不必旌而其心不可沒有地方之責者聞其事而給匾以獎之凡以不忘其心云爾邑人陶官顯割股以愈祖母目疾又封肝以愈祖母與母之病而已亦無恙有舉其事者予既獎以愚孝格天四字而復爲之剖論其事云

建培元塔碑記　朱有章

今使議成一事難者見之謂之難雖易亦難易者見之謂之易雖難亦易凡事莫不類然而司土者之於民事爲尤信甲辰冬余奉檄攝篆斯邑觀其山川奇麗實生賢才之區乙巳春考課平山書院接見諸生皆恂恂儒氣美秀而文閱其文清真雅正不墜先民

矩藧而何以邑之掇巍科登甲榜者竟復寥寥或曰昔年石工採
石鑿傷地脈或曰近時披沙淘金竭盡英華科名之不振職是之
故余聞之而疑信相半未遽謂然也旋因公赴鄉周覽環郭諸山
惟東南隅地勢低窪參之術家之說恍然有會思欲建一塔以補
其缺陷猶慮巳見未協羣情因邀學博鄒小山汎官劉古江少尉
劉允菴暨精習堪輿明經郎官在董事國學蘇丞泰甘文玉廩生
陳汝修張金品項貞奎增生王功普等登高相度定厥基址衆謀
僉同擬卽鳩工營建以年向未利且斧金尙須籌畫緩以踰年官
民捐助得二千金甎石悉備卽於丙午年正月二十八日興工今

巳三越月不日可告成功巳以是知天下無難成之事也方塔之
未建也預計其成功若何糜斧若何人誰曰不難及其成也層覆
甫基圓階巳就人誰曰不易譬之白屋之士思博一第以酬初志
恆視爲階天之難轉瞬掇巍科登甲榜以漸至於狀元宰相直易
易耳何難之有古人云有志者事竟成信不誣哉余卸篆在卽略
記其緣起以告來茲

新修火藥局記　張香海

聿攷罩火之製周秦後漸盛田單火牛武侯火箭尙巳至鑄鐵爲
礮明時佛郎機入中國方得其用之之法厥後大而擡鎗小而營
鎗火毬火彈火礶火鼠名號不一皆以其術成功迅速若一切刀
矛牌棍轉成護礮之具咸豐五年冬黔楚兩省賊氛不靖在在與
酆邑毗連僕日與衆紳孰籌戰守僉以添辦礮鎗火藥爲要務舊
雖有局早就傾圮爰擇於本城後街郎滄甫兄弟閒圍隙地剏築
藥局一所滄甫概然允諾爰諏吉於五年十二月十三日興工至
六年二月初五日工竣覆屋以瓦壘牆以甎地版高二尺餘上仍
以甎佈滿內外門扇鐵片釘固凡貯藥五千餘觔計若干罈當諭
令在近鐵匠木局各舖剋日遷移以示愼重共用錢四百餘緡督
工不假胥吏事得速成衆紳之力也爰泐以紀

創修考棚記　田秀粟

國家以制科取士三歲大比
詔有司擇地進退之試以古昔聖賢儒者之言使知貴經術右秀
良非先王之法不得與爭而奇衺不至爲世患是故州縣上之府
府上之督學使者舉之鄉貢之京師各爲之所以絕其弊以爲自
是至於貢登
天府罔非佳士然則州縣之有考棚猶都會之有試院也同治乙
丑冬余權篆酆都下車觀風試士問考棚所在僉曰無之後訪諸
書院山長孝廉王君元會始知茲邑無考棚者且二百年先試於

縣署繼遷試 城隅之火神祠湫隘囂塵士弗之便邑人顧謂其非大患也遂安 其陋尹茲邑者謂邑人且無患也遂仍其舊嗟乎士失其寓久矣周末鄉舉里選之法壞楊墨老莊之徒競起而與周公孔子之道爭自漢以後科目選舉之法壞釋道荒誕不經之徒竝起而與漢宋諸儒之學爭遷流數百十年後之爭者或且勝於楊墨老莊釋道矣初酆人公置地扼西門之要深二十三丈廣半之欲有剏建而未果會有外來奪之者將搆爭爲邑人患衆乃以考棚辭余數與王君謀欲爲實其言輒窘於貲而爭之者方耽耽焉視其無成衆又悻悻然陰設備以俟適徐學士昌緒以讀禮歸

來言曰聞侯謀建考棚此實吾輩夙有志而未逮者今以息爭弭患嘉惠士林一舉而三善備盍亟圖之余曰是吾責也爲捐廉五百緡學士與王君諸父老議之衆翕然各輸金錢爲鄉里先合詞請於 大府令余張示匃貲給册甲里長者使徧告以意於是闔境士民躍然輸將不浹旬而得白金三百九十兩錢一萬九千五百四十貫度其地後窪培之址踰三丈衆方鳩工庀材江水忽湧至松柏二十餘株皆可梁棟衆益懽舞勤事謂茲舉實有天焉又恐余速去乞 大府留余以終斯役余求去弗獲與都人士昕夕從事經始自同治六年丁卯七月以明年戊辰五月訖功得屋二百十有四楹倚城環墉以爲之範面街樹牆翼以兩轅牆內爲雨亭踵亭爲重門以肅關鍵中敞兩廊趾石載版以坐試士布地以砥以禦塵壒其上爲堂拓堂之右循垣爲箭道軒於堂後屋其兩頭爲校閱所樓於其上爲公餘眺遠地縻金錢一萬八千有奇既成試期適及余得覩試士詠思乎其中僉稱便而以功歸之余請爲之記余謂是役也都人士實共襄厥成余何力之有且將以其餘貲纂刊縣志及於歲修賓興又分其羨置校場爲馬射地是樂善不已斯邑之風文通武達其未有艾余職所應盡不敢謂維持風化仰副

國家取士意而竊幸斯舉之成之速息爭弭患一如徐學士言也因大會邑人以落之紀其顛末如左

射圃碑記 田秀栗

酆都童試馬射向在城南江岸沙石确犖往往馬蹶傷人同治戊辰邑人既建考棚分其貲置地七畝八分西郭竹雪菴前築屋四楹設馬道於前顏曰射圃爲三年大比馬射地自茲以後試年始得除道校射不試年佃耕取租爲考棚歲修貲試士當思厥自來平日勿得藉 名習射傷人苗稼其泐石以示來茲

義塚古柏記 原本補遺　　余起鴻

古者爲宮室不斬於墓木墓之有木也所以蔭宅兆固基趾而堪輿風水之說無與焉我社壇場夙多江廣兩省人客於此往往有貧而無歸骨所者我始祖永錫公自楚來見而傷之謀於衆置義塚以瘞旅骨而不得其所後夥買近場隙地中平衍而三面陡峻幸有巨柏數株深根美蔭地賴以固公又與衆增植數本且相約曰我等葬之後此樹郎子孫之桑梓也命勿剪伐焉樹無剪伐之患則地無崩圮之憂而江廣人之瘞此者悉安夜臺矣縣志載李公義塚碑云此山有古栢數株郎此道光庚戌年有射利之徒謀糾衆伐樹經首士等禀官出示嚴禁在案首士等恐其久而遺忘或又有不肖輩復起覬覦命余勒石以傳永久因爰筆紀顛末焉

續纂

修復文廟記　　王元曾

今上御極之初元余以親老乞養歸里夏五月至自楚北林生調元來謁具述同治九年夏漲泛溢水高於城數丈官廨民宅半爲波臣徙去聖宮東西兩廡戟門以外祠宇皆就漂沒惟大成殿崇聖祠巋然僅存而龕座櫺扇亦坍圮湯滮矣比年春秋丁祭諸賢皆臨時設位露奠兩楹殊非所以昭誠敬也余爲悵然囑商同學急籌修之越數日聞丁丁者伐木有聲也馮馮者削土有聲也蓋林生與陳君仁齋等會議於學博楊君聽彝以南華寺充入聖宮之田提穀三十五石質錢八百串已庀材鳩工建豎兩廡矣余既喜其經始之速而又慮其蕆事之難謂費不贍厥功可告成乎僉曰不能適有言近歲城工公欵尚存錢萬有數千貫盍請之邑侯邑侯者劉公鈞生也下車以來百廢俱舉月朔望謁廟固有亟亟圖搆之意諸君用其說偕余先容侯果如請於是在所宜因者修而復之在所宜益者改而張之自大成殿崇聖祠戟門外鄉賢名宦各祠及致齋一所繕完悉符舊觀櫺星門屏牆聖域賢關兩門前後圜垣等處或更之以新或恢之彌廣多增廓者焉先是學署毗連西偏不得開拓忠義節孝附於宮牆之東並建一祠基址甚隘至是學署已遷新城隙地擴如乃於東建祠忠義移節孝祠於西祠前各豎傑閣如雙峰對峙戟門之右又增建一所顏曰更衣所後西向又建一廂以爲庚拜讌集之地垣墉丹艧巍然煥然美哉備矣余嘗考縣志所載聖宮之建於此始自前明洪武歷我朝康熙以迄於今凡重修者六次矣夫自興而之廢者剝之義也自廢而之興者復之義也剝則必復廢則必興理有固然數亦不易我邑阨於水後剝者極矣廢者甚矣然則所當復而興者不皆

於聖宮卜其權輿哉是役也始於光緒元年六月朔越次年丙子閏五月工竣計木石等項工料共用錢六千三百有奇董其事者貢生劉君壽圖廪生甘君鎰李君鴻儀文生陳君瑞徵蘇君爲棻林生調元而歷寒暑無間惟蘭亭劉君任勞尤最諸君相與有成皆未可没其績也遂於落成並誌之如左

改建武侯祠記 光緒四年 王元曾

余嘗三上京師出河南新野道左適見鬱鬱葱葱蔚然而秀聳者問之御人曰此卧龍崗也其上諸葛廬在焉車塵馬足間匆匆不獲登眺竊嘗以爲憾及宦鄂奉檄權南漳縣篆既至郡與襄陽令

遊於郭外之西南二十里得所謂隆中者然後知侯之寓居在此不在彼也而兩地之民爭而有之則侯之馨香於人心者蓋亦盛矣吾蜀尤侯之仕蹟功業所在故大小郡邑皆有丞相祠堂而最著莫如成都夔州讀少陵詩迄裴呂諸公記其稱美而尊奉者殆無間然

國朝重侯合於孔氏之道褒其祀而進之兩廡俎豆遂徧於天下侯之顯也至矣哉酆僻邑也有無侯祠亦奚足爲輕重然而婦孺牧豎類知有侯而於今道揚不置至其神明不測之妙或有擬於讖緯術數之學則又失之矣夫侯事君之節開國之才立身之道治人之術如日月之在天而無往不見故其聲靈亦如江河之行地而無往不通也當南中四郡之患徵侯神武蜀之不爲夷者幾希然則酆亦安可無侯祠乎或曰舊有祠踞雙桂山頂主祀者以峻削難登徙而近之今城北頹然文昌廟右者是也地狹宇隘日就傾圮其不足以妥侯靈也久矣余方與同人謀擇地新之會邑民以同治中所遷山城不便請於大府營復舊治公廨悉因原址於是改所遺縣署爲書院捕署爲昭忠祠而學署前有堂後有室旁有廂東偏爲廻廊而臨以池池上屋數椽繞之以竹余憬然曰是不可以祀侯乎衆皆唯商之宰公亦然余説廼廠其室而廓然

中爲一龕以奉侯像左設漢蜀守文翁神座右以前節制四川協辦大學士駱文忠公附之於戲侯之治蜀明儀軌示權制使上下有節蓋文翁興學修禮意也而其盡人器能簡練戎事則又爲駱文忠之用劉唐諸部謀勇以平石李羣醜所私淑焉孟子所謂繼往開來者於此亦可想見也已故並誌之以告後之景仰而興起者

徙蘇文忠公像置龕白雲山房序 王元曾

邑志載宋名宦李長官令酆聞仙鹿夜鳴異之使人往山踪跡過老人云當有賢人至翌日蘇文忠喬梓果過訪焉故以鹿鳴名山

且以名其山之寺厥後宰斯土者遂肖文忠公像爲屋一椽以位公於寺外稱曰坡公祠蓋以誌其山與寺得名之所由來云余按坡公年譜嘉祐四年冬公及弟子由侍老蘇自蜀舟行至楚過酆都縣有留題仙都山鹿詩又坡公養生訣曰予治平末泝峽還蜀舟泊仙都山下有道士持陰長生金丹訣石本示予云云然則肖公像而遺老蘇子由者或以坡公題仙鹿有詩歟抑謂公於嘉祐治平數過仙都歟否則因公好爲方外交故於蕭寺外特置一座歟均未敢以臆度也第思山與寺之名得公而名益彰是其地固以人傳而所以位乎公者似未可外之於寺也余少時嘗步謁公

像心歉然若不自安及領鄉薦後偕都人士與遊議所以徙公而卒以相沿既久不果迄去歲余赴海北秋雨祠後壁盡傾兒輩躡山見公像仆扶之以待余歸會有鳩貲爲補葺計者亦遂仍舊然至是抑飾而廬山面目已失矣今夏六月五日天初暝風雨大作冰雹壓山移時聲息次晨有報公祠失所在者遣僕視之則椽桷摧折四壁頹然而公像亦化煙雲飛去噫嘻異哉公之不樂居於此也久矣顧余少時徒對之而不自安及長也謀徙之而又不果去秋雨積壁傾像仆可以徙矣而余適遠出不獲與里人聚議今祠之銷歸烏有者謂非公之靈示人以必徙乎示人以必徙而不徙卽復公像而公不歆鹿亦將不樂鳴而山與寺之名其謂之何於是謀於蘇君小坡曾君訪臣郎君嶽生李君華庭僉曰寺中有白雲山房可位公願各輸金錢營香龕以安公像並議除檻外地數弓繚以垣植梅花若干本每歲公誕日置酒爲壽卽折梅供奉或猶募有餘貲則仍修復故祠以祀他神之舊附於公者議既定余竊喜景仰前賢衆有同志而尤望踴躍捐助共勷厥成庶公之靈常鎮此山而聽鹿鳴而來者亦復大有人在也豈特山與寺之幸哉

廖家溝伏龍橋序　王元會

今夫渡之濟以舟楫與溪之通以橋梁皆所以利行人而補地載之所不及也然非有樂善者居於是鄉往往不能彌其缺陷也南岸廖家溝上達龍孔場下達高家鎭蓋山徑而通衢矣以有溪繞乎其間人之病涉者屢聞何君宗朝一鄉善士也毅然倡建石橋旣捐重貲又募同善共得錢若干串自甲戌秋鳩工閱乙亥三月工竣橋高二十餘尺濶過之長四倍名曰伏龍取制水也以視慈航普渡何多讓焉旣落成之三年猶子玉書適從余學述其事問序於余余曰陰騭文有云造千萬人來往之橋此固爲善之大端也何生欲揚長者之善而並不沒人善皆可泐石以誌不朽夫奚

鄙人一言雖然吾所期於二三及門者豈橋梁云爾乎若濟巨川用汝作舟楫何生勉乎哉

福祿宫鐘序　王元曾

昔人云欲覺聞晨鐘令人發深省是鐘之爲用固神道之假以警世也邑西門外福祿宫建自同治初年將落成適遇九年奇水楹桷漫漶去歲首事等重加修飾且更張之以壯大觀旣竣衆醵金爲鑄洪鐘囑余序事余維神者禱之則靈亦猶鐘焉叩之則鳴衆姓等果能時發深省明德以薦馨香將求財有感亦如響之斯應也豈非神之所厚望哉是爲序

詩

平都山　唐　青城道士

萬仞峯巒插太清麻姑曾此會方平一從宴罷乘雲去玉殿珠樓空月明

九日題塗谿　白居易

藩草席鋪楓葉岸竹枝歌送菊花杯明年尙作南賓守或可重陽更一來

送酆都李尉　李商隱

萬古商於地憑君泣路歧固難尋綺季可得信張儀雨氣燕先覺葉陰蟬遽知望鄉尤忌晚山曉更參差

仙都山鹿　宋　蘇軾

日月何促促塵世苦拘束仙子去無蹤故山遺白鹿仙人已去鹿無家孤棲悵望層城霞至今聞有游洞客夜來江市叫平沙長松千樹風蕭瑟仙宫去人無咫尺夜鳴白鹿安在哉滿山秋草無形跡

題平都山

足躡平都古洞天此身不覺到雲間擡眸四顧乾坤闊日月星辰任我攀

平都天下古名山自信山中歲月閒午夢任隨鳩喚覺早朝又聽鹿催班

平都山

山前江水流浩浩山上蒼蒼松柏老舟中行客去紛紛古今換易如秋草空山樓觀何崢嶸眞人王遠陰長生飛符御氣朝百靈悟道不復誦黄庭龍車虎駕來下迎去如旋風摶紫淸眞人厭世不回顧世間生死如朝暮學仙度世豈無人餐霞絕粒常辛苦安得獨從逍遥君泠然乘風駕浮雲超世無有我獨存

平都觀　范大成

神仙得者王方平誰其繼之陰長生飄然空飛五雲軿上賓寥陽留玉京石爐丹氣常夜鳴龍光萬柏森年齡峽山偪側岷江縈洞口福地古所銘云有北陰神帝庭太陰黑簿囚鬼靈自從仙都啟巖扃高霞流電飛伏精暉景下墮爍九冰寒絕苦道升無形至今臺殿棲岑嶸隋坊唐塋留丹青上仙怪寄溪如清瑶池仙仗紛娉婷瑔璈赴節鏘欲鳴我來秋暑如炊蒸汗流吁氣依枯藤摩掌眾蹟不暇評聊記梗概知吾曾

題平都山　趙遇

酆都有山縣之東崗勢崛起如游龍盤盤層級上絕頂鬱鬱巨柏

凌蒼穹秘殿梁唐制作古絳氣縹緲浮琳宮自昔王陰儔鶴去至今爽氣飄仙風爾朱先生繼其後百鍊冲舉猶鴻濛五雲破地巳靈異白石水岸遺遐蹤大江渾渾復東注南嶺趨扶而朝宗溪流山足重巘抱千古福地平都雄神仙奧宅異凡境樓觀窈窕丹霞濃游人到此意超詣如在蓬萊渤海中（是詩本二十八韻古碑殘缺今錄其存者）

五雲樓　牟虛心

窗開四面納虛明水色山光畫不成輸與蹁躚老黃鶴飄然無外自心淸

五雲洞歌　丁尉侯

君不見呂公昔日飛過青草湖獨有老梛物色南城隅仙人來去無定所東風翩翩飛雲孤江上靈秀鍾平都巍然眞仙之所居王陰得道幾千載白鹿長生還自如今年七夕知何自牽鹿來游巖穴虛有氣如虹起洞口天花芳馥滿茅廬總眞眞人住洞府出入必有神明俱有時一笑下塵世坎離刀圭覺凡愚仙家從來多異事予亦愛之因屢書一仙邈矣不復見誰云五雲佳氣無

題仙都觀　杜光庭

往歲眞人朝玉皇四眞三代住繁陽初開九鼎丹華熟繼躡五雲天路長煙鎖翠嵐迷舊隱池凝寒鏡貯秋光時來白鹿巖前後應

許潛通不死鄉

白鹿夜鳴　明　曾鼎

白鹿知何代空山月夜鳴至今巖畔路猶見紫芝生

月鏡凝山

空潭澄皓月孤影落前川夜半銀蟾浴青鸞下九天

珠簾映日

一簾秋草碧倒映大江流日暮浮雲捲青天掛玉鉤

送客晴瀾

送客晴瀾上停杯發棹歌水流無盡處還似別情多

游仙都觀

覽勝珠宮一吐奇山靈應笑我來遲天開地闢壺中景月白風清書裏詩桂樹小山招隱處桃花流水遇仙時登臨自是平生興不用揚州借鶴騎

游平都　　嚴　眞

珠宮翼翼鎮酆陵石凳縈紆上幾層對客好山淸氣迴傍巖修竹翠雲蒸風塵異地悲存沒祠宇千年感廢興歸路籃輿扶落日蒼茫煙霧望中增

謁耀靈殿　　魏　澣

萬疊青山列畫圖相逢塵侶謁淸都生祠碑古人何在業鏡臺空事有無瑶草生香緣玉洞碧雲流影護丹鑪神明威望森如許公道於今仗力扶

平都山　　李　本

疊巘層巒遠近宗平都天表削芙蓉西連岷嶺三千界東接巫山十二峯瑶草琪花閒野鹿琳宮貝闕擁蒼龍十年五度經游此聊賦新詩記舊蹤

白鹿山次蘇詩韻　　馮　禮

青山無盡頭白雲苦拘束酆都天下名青山對白鹿內有仙人王陰家洞口桃花飛紫霞仙人一去不復返空餘明月籠寒沙峯巒峩峩山瑟瑟上去太虛纔一尺今日我來尋二仙踏破煙雲滿山跡

平都山　　倪朝賓

平都絕頂古丹邱爲訪仙蹤六月游洞口千年鳴白鹿關前幾度駕青牛石牀夜雨閒棋局庭樹春風送管篌枯坐談深天籟發白雲點綴萬山秋

月鏡凝山　　楊大榮

潭面浮霜月正圓葫蘆此夕墜中天一輪金彩層霄外萬頃銀輝

疊嶂前淸湛蓬壺眞太極白生虛室見虞淵興來更欲騰雙翼飛伴吹笙跨鶴仙

題平都山　　朱之臣

眞仙不可望所得在孤岑地旣近而遠人惟王與陰石霞尙餘翠松氣有遺音幽洞其誰力高雲非衆心遥知山寂寂下視水深深每得相宜者悠然共遠尋

平都山　　王　稽

昔聞酆都名今到酆都山碧水流不住白雲去復還閒花飄古洞深殿鎖重關興罷欲歸去徘徊霄漢間

白鶴觀禮眞　吴用先

仙都標異界名勝冠巴賓宛轉百盤磴登臨一仗筇峯頭雲渺渺山下水淙淙靈岳涵眞邑瑶壇肅聖容蕊書翠靄閟玉牒紫泥封鳳吹排空度鸞旌帶月逢齋心香寂歷敷疏語虔恭徽倘師黄石幽期訪赤松敢云宦況淡秖覺野情濃願解區中縛還希塵外蹤凌霄擬控鶴攀霧欲騎龍至訣不輕授元言自可宗春風鳴衆籟誰與扣洪鐘

平都山　莫琚

王陰當日舊仙蹤芒履雲紆路幾重紅路臺高凌碧漢青蓮巖直

引蒼松鹿因羽化留遺跡龍爲丹成守故封我亦登臨毛骨爽飄然身在五雲峯

流杯池泛　陳巘

九曲池邊倒玉瓶緑茵鋪地水痕青輕浮香液和雲溜細遶泉流觸岸停客醉坐間爭得句官閒塵外且忘形風前何物添清興黄鳥嚶春在石屏

送客晴瀾

客泛靈槎江上行江頭霽色擁仙旌一聲環珮雲程遠三疊滄浪別恨生影動金鱗波浩渺光摇銀漢影澄清至今石激灘鳴處似訴當年不盡情

平都山　胡璉

作邑乘清暇來登第一山乘驄行覺近飛鳥漸知還仙跡廢已久塵氛了不關翻思市朝客擾擾利名間

題總眞橋　楊孟瑛

草樹玲瓏鬱殿臺煙霞繚繞似蓬萊總眞殿上人行處流水胡麻莫浪猜

流杯池泛　熊永昌

何年鑿石引流泉幾曲清流泛酒船幽草有情依坐畔閒花無語

落尊前令行不必資壺矢歸詠何須戛管絃策馬悠悠星月上春風隨袖舞蹁躚

青牛野焰　黄景夔

薄販西游稅駕年青牛老結碧山緣徑深雲樹不知處洞外桃花別有天友鹿同銜煙際草呼龍半種石邊田牧林何處閒横笛吹向東風播穀前

游龍墩

春日出郊江上行白沙翠岸照新晴憑城樓閣花中出轉浦帆檣島外明擬買釣舟存晚計謬通朝籍尚虚名塵冠却對滄浪水笑

掬青漪為濯纓

珠簾映日

珠簾垂處絳雲開寶藏蝦鬚亦浪猜影動江螭驚自失風翻山燕去仍迴霧林穿旭聯金鎖霞浦搖空漾碧洄復有玉繩低永夜也隨鈎月上瑤臺

平都山　楊東

平都四十二福地石室丹梯險絕通紛郁煙霞迷綠樹嵯峨宮闕倚蒼穹玉臺春暖蟠龍起古洞雲閒宿鳥逢幾度徘徊山月出細吹鐵笛和松風

游平都　楊晉

青蓮碧漢五雲峯閬殿躋攀又幾重烏兔鼎爐無火候龍蛇碑刻有苔封仙祠荒落悲吟壯石壁琳瀉醉墨濃為愛登臨歸興晚徘徊星月傍長松

游平都　楊節

空山踏翠馬蹏寒十二芙蓉面面看洞口白雲千載任江南黃鶴幾時還瑤臺丹冷煙霞護石凳苔深歲月閒到此塵消胸次豁不知身寄畫圖間

龍牀夜雨　黃洵

此地當年起臥龍洞門深鎖石牀空不知子夜千山雨飛向雲天第幾重漏轉江流催急溜夢回漁父泣孤蓬至今鯨吼清灘下冥答仙都觀裏鐘

送客晴瀾

錦波如織漾新晴送客灘頭去住分夾岸樹移青雀舫中流歌起白鷗羣滿江行色濃春酒千里懷人隔暮雲却憶河梁攜手處遺風蘇李至今聞

春日登平都山　古養敬

尋春剛及早春時風景撩人不構思高閣憑虛飛鳥度連峯極目

過雲遲臥龍潭僻斜通徑野鶴巢傾欲墮枝好與風光共延賞莫將公事惱癡兒

平都仙蹟　曾繼先

江峯擁翠逼諸天隱隱雲中石凳穿不定煙嵐浮澗壑多情花鳥共林泉丹鉛化氣從何日金碧開山不記年早晚每來登絕頂王陰亦似有前緣

游平都山　楊履

杖履謁清都危峯插晴昊仙人好樓居渺然城郭小耿耿懷王陰學道苦未早欲歎玉女閨何由托青鳥望三神山翛然一長嘯

平都山　黃　進

平山何崒嵂天下說名山福地開三島仙丹煉九還樓憑青鳥度洞許白雲關拂石尋題字芙蓉紫翠間

平都山　宋　文

仙山屹屹倚蒼穹躡蹬捫蘿一徑通晻靄煙霞迷古洞參差宮闕隱林叢詞人記迹碑猶在仙子昇騰跡已空幾度登臨傷往事碧桃歲歲領春風

龍牀夜雨　盧　雍

神龍久化去水底石牀平月冷江空闊風聲作雨聲

白鹿夜鳴

仙質玉無塵人間亦久馴一聲江月白應是報嘉賓

同致仕金華守劉莅游平都山

平都福地偶登臨回首斜陽感慨興輕拂苔碑磨篆刻細聽羽士說飛昇神仙可學恐無益幽怪欲書何所憑江上寒峯孤月出劃然長嘯白雲層

游平都山　周包荒

人言此地有蓬萊我來覽勝忙青鞋洞口五雲安在哉藤蘿煙霞藏樓臺古碑剝落生莓苔登臨絕頂疑天台凡骨愧非劉阮儕我聞至道殊塵埃徑思脫屣離形骸欲向王陰覓榆階王陰一去不復回人間滄桑幾劫灰短歌激烈持酒杯日落尊前返照來長松老鶴鳴清哀山靈爲我增徘徊

平都山　李秀華

平都勝境快人游乘暇登臨豁倦眸石洞有泉通巨海丹爐無火傍危樓亭凌碧漢雲常鎖山枕清江水自流坐久杪梢天籟發恍疑仙馭過峯頭

五雲樓　譚良相

仙閣靈臺草木蒼同榆曲磴與天長深風撼竹千重雨煖日薰花百和香閬盡人天餘鶴鹿經殘灰劫問滄桑蓬萊欲覓知何處疑是煙霞弱水傍

二仙樓夜坐　戴文星

仙都古名勝洞口紫霞浮老樹孥雲霧層樓礙斗牛豪吟江月起清嘯海天秋獨坐忽長憶蓬萊閣上游

仙都觀　黃世修

道院清虛睡起遲開時聽眺醉吟詩捫巖摩刻雲生履開甕分春月隨巵夜永只聞風弄竹日長惟見鳥爭枝悠然自謂羲皇侶問到羲皇總不知

靈巖泉　劉孟桓

蒼巖石罅瀉流泉幻出乾坤太始前冷射天邊雲掩護竅通仙頂氣盤旋濯纓自是淸堪掬洗耳還無俗可捐閒把春瓢貯江月不妨隨口到丹田

白鹿山用蘇韻　冉果

古洞樹盤曲亭深雲斂東元鶴去不還蒼巖鳴白鹿仙人遥詣太虛家斡旋造化凌飛霞浮雲一去今千載星壇金鼎生塵沙陟巘尋眞更岑寂睥睨乾坤下盈尺欲來絕粒上天衢茫茫仙杖無蹤跡

游平都山　孫芝

巴山春色鶯嘵老總爲惜春常起早春去明年還復來客子羈愁何日掃平都風景似元都上接瑶臺下幽島槐陰日午匝空庭窗外輕風動疎篠噫予不是看花人試把芒鞋踏芳草功成白日生羽翰回首巴山一拳小

九日登九烝樓用杜甫韻　戴文亭

醉倚高樓眼界寬碧雲深處罄君歡西風無賴多情帽急雨其如早掛冠興到不妨詩韻窄懷開未許酒杯寒呼童薄採山中菊留取來朝醒眼看

白鹿　倪伯麒

匡廬素質向來閑又逐仙蹤伴白雲皓魄奪將瓊島色野心眠穩石幢芹空林靄靄傳天籟永夜呦呦發性氳幸有青羊猶在肆平都知爾結爲羣

觀音灘平險詩　李時華

觀音險灘有聲於蜀舊矣上下船甚苦之余昔司李深扼擘於此頃奉命廵方檄廵東道鳩工鑿之漕成而舟便因爲詩以志之

錦水東來擁急湍操舟絕險膽皆寒怒濤澎湃蛟龍泣怪石嵯岈艦舴殘却憶平成思聖績故先開鑿駐狂瀾酆陵從此風波息穩棹長年任往還

初夏游平都山　毛之麟

景入平都山更幽不辭十日兩三游林梢潤帶黃梅雨砌草清分刈麥秋鳥語叮甯雲外笛風濤起伏海邊舟黃昏不盡登臨興月色山靈爲我留

仙都觀次蘇韻　黃常德

層樓傑閣路窈窕洞裏有人學黃老玉爐伏火烏兔懸賫石飧松茹芝草九還七反煉丹成服餌換骨能長生駈神役鬼攝萬靈呼

日吸月守內庭幢旌羽節時奔迎雲駢杳忽歸太清故山寂寂無復顧鶴來如怨鳴朝暮煉形養氣世滔滔入室參元心獨苦我欲乞靈總眞君憑空御虛蹈紫雲道侔天地身長存

平都山放歌　李載寬

名山聳秀大江限疊嶂從天推出來山中有境看不盡乘暇登臨亦快哉我聞疇昔多仙侶披褐幽巖同穴處只云數息度春秋誰識還丹待冲舉仙童採藥出荆扉青青箬笠綠蓑衣直向白雲窩裏過長挑日月擔頭歸相將歲月倏飛昇繽紛古洞五雲蒸次第蹁躚何處去蓬萊弱水任騫騰一去無跡增感慨至今惟有琳宮

在爲鬼爲神天將雄元關呵護百千載接踵增修臺榭多金鋪碧瓦麗山阿華閣亭亭侵日影長橋隱隱接天河此地逍遥無歷日年去年來人不識琪花瑤草洩春輝白鶴黃鸝調玉律松檜參差不記春幾番風雨長龍鱗招得鶴來丹室憩依稀仙子稅飈輪飈輪鶴駕終難挽且把樓頭簾幕捲不如長嘯凌空去但覺天津爲未遠騷客品題無了期煙水雲山色色奇若將好景包羅得後人何用強裁詩

平都山　范文光

茲山特孤拔蘊靈復秀奇尋眞多仙客丹竈尚有遺何爲宅幽都鬼魅得踞之古人有深意俗子自愚癡黃鶴下相招身世兩相疑目睹老牛頭捽縛入湯池乃始悔輪迴追恨煉丹遲故知閻羅老王陰之導師圖圖爲福堂洞天此相宜

平都四時詩　張邦衡

簾垂春院靜梁上燕飛來入座花香細殘紅點綠苔

深林來好鳥幽澗古泉鳴客至琴聲寂餘香繞座清

雲封秋嶂碧小院倍深幽木葉蕭蕭下簾光翠一鉤

柴門迴霽雪石鼎煮寒泉漏下山頭月看經夜不眠

二仙閣　曾祐

危樓倚霄漢仙客恣夷猶萬樹摩蒼壁千峰擁碧流天空元氣合

江淨楚雲浮徙倚雕闌上閒看麋鹿游

二仙奕處　楊廷春

身世渾忘得大還機心何事寄枰間橘中樂趣無人識只許同仙帶醉看

酆凌紀勝吟

岷峨迢遞平都結秀聳巃嵸擅奇絕遥觀宛爾峙江中近歷方知與塵別雲樹青松上下封樓觀巍峩前後列深溪瑤草伏珍禽窮碑墨妙傳丹訣品題歷代屬名家蛻化千年有仙客曾傳柱史跨

牛青又報蘇公鳴鹿白石牀如雨帶雲封懸知江滸躍神龍隔岸蘆花秋瑟瑟映潭月鏡夜溶溶曈曨初上東郊日影射珠簾光四溢西蟠深石泊舟航酌斝歌驪旅懷逸蘭亭勝事已千秋九曲流觴迹尚留獨有冋仙飛白字大書巧搆等琳球余生夙抱煙霞癖五岳壯游志氣適殆當密邇有丹邱雅興飛浮能自數披襟正際風光好洞口桃開春不老恍接王陰向碧雲何必偓佺駐蓬島新編山誌古今傳驥附名公長不掃

二仙對奕處　楊凌雲

春滿山桃雨紅雪雲裏長松梢掛月仰摩篆碣斗牛寒間臥煙霞

天地別都中風景各爭奇曲徑斜穿好採芝漢時仙子今何在萬古敲殘一局棋

平都山　楊凌斗

平都深處五雲臺紫氣東浮入望來不盡江聲天外落無邊山色洞門開捫蘿爭訪飛仙跡洗篆咸誇學士才我欲乘風覓眞侶逍遙同步玉京回

游折絲巖拳菴得拳字　古心

山犏惟任石欹眠山不入塵石亦顛絲折巖頭簾掛壁宇浮江面水爲箋開消僧語三竿日遠隔人家萬點煙莫道香臺僅一納乾坤到此只如拳

雙節歌

天地非渺小聖賢何孤獨譬彼麟與鳳眞空羽毛族所以大名節未敢許男兒徒自美儀表早已愧鬚眉世趨日以汙中流誰作砥鐵骨石心肝乃至讓女子賢女亦罕遇秤叟實有姑十六爲人婦十九喪厥夫股爲夫子割耳爲夫子刈豈不欲同歸有女年方二撫女愁不大教女愁不嚴相依得其所母意亦忻忻女命如母窮偕聚不偕老未忍眾鬼餓遺腹爲夫保不辰遭禍烈夫去兒隨亡豈不欲同歸有母鬢如霜朝夕奉老母春秋祀遠祖築剎守孤墳

香煙憑淨土昔年女伴母孱孱袂相牽今日母並女雙雙影共憐官司闡幽貞僉以兩氏告堅辭不敢當詔恩已先到我見世間眾骨少柔情多忠孝無二理聽取雙節歌

麻姑洞　王士禎

神仙官府事紛然懶漫誰能更學仙但乞麻姑爬背癢餘杭兒酒此中眠

洞口無人蘚自青蓬萊淸淺幾曾停他時小別三千載又似當年過蔡經

攷先生蜀道驛程記云康熙壬子十月十二日抵酆都縣眉

與上平都山訪仙都觀故址觀王方平麻姑二洞接仙都觀爲王方平陰長生蟬蛻之所叚文昌有記所云石巖靈竇蒼然相次苔龕古書依稀可辨皆言平都山之勝及觀呂純陽蘇子由范至能諸詩無一語及麻姑者麻姑洞在今成都府新都縣之繁陽山其云在平都者當因方平而及之耳

郭才士還人遺金歌　易簡

人言世上無好人以余所聞定不爾豫章郭君字才士不知何歲來吾里館驛門外大江邊盤飧飯客爲生理去年有客自楚來匆匆一飯抽身起遺金在牀人弗知主人得之不色喜置諸篋中坐而待黃昏客來面色死牀頭摸索走踣跟頓足搥胸淚如泚求利未得本先失逝將薄命投江水郭君挽之笑而問失金何數封何紙客言一一都符合即憑三老開而視絲如縲文色如雪舉以還之輕若屣客願瓜分主則辭義聲從此騰遐邇我從山中聞此事置身如游古人裏世人於利競刀錐壟斷從來在廛市何況百金中人產匿而不與恆情耳郭君慷慨厲末俗臨財不苟偏知禮我聞爲善不求名鬼神默佑天尺咫願君貨殖似端木高賢曾作千金子義利何嘗定背馳報施善人必有以恨我多年返故園無由珥筆書其美何以傳之俾不朽爲作長歌垂野史

九日登二仙樓次李廣文韻

杖策酆陵第一山且將醅酒醉童顏試思苜蓿堆盤裏何似茱萸綴席間秋別關河鴻共遠人歸城郭鶴重還誰能更得金丹力絳雪元霜又下頒

夏日雜感

百感非關暑氣侵故鄉羈緒擁煩襟北窗日臥陶元亮西寺時尋支道林賣藥入城無好價抱琴於野有知音此身到處無安著聊對薰風一苦吟

賦得襄眉翠掃雨餘天

襄眉經雨過前川回望風光倒夙煙兩岫翠鬟如帶沐千峰螺髻似爭妍照開白雪寒垂地幻出青霞氣接天却笑扶輿邱壑小也隨新霽鬪嬋娟

百花潭

去國離家老病身天涯何處不相親花卿好客才偏放嚴武多情氣未醕萬里風塵空隕淚五陵裘馬漫傷神會須買棹夔門去瀼水東西理釣綸

題二仙樓　顧光旭

王方平陰長生沽濁酒與爾傾爾騎白鶴吾長鯨爾吹鐵笛吾鳳

坐江風吹起江月明吾欲醉爾自醒醒時應憶醉時事醉中可以忘吾情日月星辰挂巖戶不知戶外蛟龍舞惟有一杯與終古吾將與爾終一杯一着饒爾先天行憑闌大噢局中急江水無波空自聲

平都山歌　王縈緒

老氏貪生釋畏死千古卓識歐陽子平都山稱一洞天王方平陰長生學仙曾在此藥爐丹竈以引年區區小術安足齒傳言飛昇朝玉京玉京茫茫何所指漢魏以降佛法揚輪迴之說更荒唐畏死卽以死畏人菩薩變爲閻羅王閻羅分佔學仙地地獄裝飾棋局旁

釜烹磨碎已酷哉未見何鬼受刑傷二千年來邪說積人心久蔽無以革貪生猶恐仙難成畏死預求免罪責作奸犯科自知明不愛身命愛魂魄趨諂閻羅供香火男女雜沓周道窄我承天子命知鄷公餘游覽來山中二仙樓頭閱大江五雲洞口探蟄龍化日光天眼前在陰陽何曾界西東淫祠當毀力未逮自顧德位媿梁公是用作歌告我民陰司陽世孰爲眞地獄杳冥不可考囹圄之苦苦無倫國家彰癉聲赫赫事鬼毋甯爲好人噫胡不移畏閻羅之心畏國法噫胡不移敬閻羅之心敬爾親

瞿志謂此詩見於石硅廳志蓋王君宰鄷都時所作也顧山上無碑碣錄之以破幻妄

登平都山懷古　五爾卿格

捫蘿踏破露苔香幾度崚嶒到上方羽客已隨九轉化丹樓空倚五雲長荒祠冷落埋煙草斷碣糢糊昧漢唐江上青峰山下水終朝滾滾日蒼蒼

大寨坎　張偉

萬丈危梯九曲盤驚魂飛上碧雲端祇緣民事皆王事那顧崎嶇蜀道難

再過大寨坎

蕭蕭木葉下寒溪重過山腰駐馬蹏恰待揮毫拈數字回頭忽見舊時題

初至鄷都卽事述懷　瞿頡

三載春明夢欲迷鷦鷯剛得一枝棲函關月落聞雞唱劍閣雲深信馬蹏堪笑仙山成鬼國城外平都山本王方平陰長生修眞之所今設閻王殿訛傳爲地獄矣須憐瘠土有窮黎我來正值清秋候怕聽哀猨午夜嘑

平都山仙都觀　張福標

地留仙闕在門瞰大江開花落五雲洞山青八卦臺松風巖半起

鶴背玉簫來細把碑銘讀寒鐘莫亂催

二仙閣

仙翁何處去仙閣自崇巒只有閒雲往無心自往還

二仙奕處

花落石盤上巖飛洞口雲知他棋半局勝負幾時分

竹雪菴

地僻無人迹荒菴自夕陽雲還眠石凳春不到禪房古鼎添新蘚殘碑臥短牆金鈴如有語風裏訴淒涼

重過定慧寺

路入叢林客漸稀暮煙多處是禪扉舊游沙岸江離淺轉眼寒山橘柚肥半堵頹垣飢犬吠一肩菰米老僧歸看他底事清寒甚卻羨空門少是非

偕鍾積菴重游鹿鳴寺

六年人未扣松扃匹馬征衫此暫停雨長石苔橫鹿臂風吹落葉上蘇亭殘陽鐘過數聲冷野水峰沈雙髻青最好平臺西北望紅闌干映白沙汀

庚子三月作賑饑行以誌感

去年六月雨未足禾稼秋來竟不熟今春農夫手空束千錢難買一斗穀饑腸轆轆面如鵠草根樹皮充枵腹老弱難行臥溝瀆嬰孩拋去無人育縣門白米堆滿屋人來領米爭相逐土牆圍繞似地獄役吏守門很如蝮只許人入不許出手執竹鞭亂敲扑男躍女奔嬰兒伏屍骸徧野眞慘毒生者叫跳攔輿哭黑夜酸風聲悲肅死者骷髏縛束束里長拋之塞荒谷惡犬噬臍豕嚙骨飢鷹飛來食其肉道旁過者空側目凶年人反不如畜吁嗟乎賑饑救荒身碌碌翻令無辜死更速斯時誰爲此鄉牧却教歡聲成怨讟君不聽臨江百姓歌生佛

臥游武陵山　曾繼賢

幾載言探星宿海神游直達武陵山身從碧落空中下手向蓬萊頂上攀俯首朝東看字水昂頭望北認鄉關人間勝境無如此一臥狂吟任往還

閒吟近體二章

一種消愁藥爐烹五字詩慣吟安分句不作怨人辭荊棘春風老薔薇夜雨滋靈臺明鏡裏花落有誰知

家貧詩作友業盡硯爲田藥有流年債囊無隔夜錢一心惟愛靜竟日只貪眠字拙書偏懶臨池每不全

題忠州向烈女灘　佘起鴻

蛾眉一怒倒流驚甘與寃禽逐隊行無限波瀾推不動水心捧出面如生

向平家法好門楣曾播花溪絕命詩從此竹枝添雅調巴歈齊唱女貞辭

續纂

登平都山　王元曾

岷山之精應井絡蛾眉秀出雲間鶴東行緜亘接平都一角螺鬟天下無福地洞天七十二此其最靈仙境異煙霞別有古乾坤坊署幽冥九五字我欲狂言問閻羅適從何來鬼太多科頭偶效東坡說又聽鹿鳴山之阿呦呦白鹿誰騎去翩翩鶴降停仙馭仙之人兮陰與王五雲洞口雲深處蒼茫浩蕩渾太淸訇然石破九天驚深落紅泉之萬丈圓吞江底之長鯨箇中眞際誰探得飛語浪傳爲鬼國是耶非耶信還疑故事碑文難考核碑遺十段自唐鐫斜倚凌虛閣下眠足躡雲梯步虛閣一層更上入遙天老僧觴我憑欄坐笑指棋枰誰戲破旁觀樵子也爛柯仙乎仙乎令若箇窺前忽挂月如鉤秋湧半輪江水流耿耿星辰手可摘攀扶雲漢下危樓吁嗟乎收來萬壑胸中飽安得一生盡入名山遊

謁明方伯胡公平表遺像　王元曾

有明天啓書元年時惟九月暮秋天攙槍星動妖氛繞樊龍寇蜀據東川東川城陷日十七滿城輿蓋倉皇失衣冠委地無人收碧血成燐巴水溢獨有胡公字輔之臨江判官伊呂匹見危授命士應爾公曰徒死復誰恤死今無益死何爲乞師古之人可師夜闌縋走危城下萬軸雲山一騎馳石硅女司曰良玉蛾眉蟬鬢飛食肉空林落日照旗紅一軍鵝鸛屯山麓兵屯不發可奈何包胥號泣涕滂沱三日不食至五日秦廷感義起揮戈是時羣寇如毛起渠魁崇明奢賊喜蓉城大震本根搖朱爾仙人亦何以飛檄檄公公欲飛奏軍合解成都圍城圍一百有二日錦江風景未全非玉壘雲浮輕燕掠花溪水靜細鱗肥流民旣定蠻煙遠鴻飛遵渚我公歸公歸何所歸東土六千軍士如貔虎枕戈無怨解戰袍髀肉銷磨心倍苦營營靑蠅止于樊毒龍蟠踞欲當轅骨埋沙委岷江鷺腸斷月嘯巴峽猿公爲前驅秦爲殿陸通一面江三面擬金伐鼓下渝關英姿灑爽來酣戰先奪佛圖次二郎神州收復字流長佩刀追斬逢頭黑飛箭連殲樊與張柳營奏膚齊凱唱露布親書傳甲帳血戰功勞不自居言藉夫人城保障平陽公主娘子軍采石磯頭虞允文巾幗十年成壯士儒生一旦立奇勳勳宜受賞賞殊衆花縣改留頒鶴俸士元豈止百里才枳棘何堪棲鸞鳳無何

誓告黔水西羽檄紛馳噪鼓鼙朝廷徵將將不得誰知鄰下黃鬚兒天末忽來翩翩鶴疏公智勇乞錫爵無雙國士蕭薦韓絲章入奏絲綸閣肉食者鄙難遠謀北平竟爾不封侯公曰士爲知已用且感且奮壯其猷五峯嶺上桃千樹西風八月戈橫路一劍誰當百萬師忠肝義膽胡公怒胡公胡公賊膽寒天生一范又一韓雁落崇明頭擲地馬鳴邦彥血濺鞍當是誰稱大手筆追蹤韓碑紀其實明烈皇帝二年秋賊破依然十七日捷聞天子喜非常大開賞賜坐明堂龍章鞏帶金珠錫位公方伯爵煌煌侃勤在官猶運甓頗老歸田傷伏櫪騎驢載酒兩鬢絲先生曾是萬人敵蜀山擁

翠蜀江清封棠佩舄有同情祠堂到處爭金鑄鬚眉活見面目眞面目儼存公何處豐邑城東十里去纍纍高蹲土一坏言是胡公旅葬墓陸宣有墓在忠州馬鬣虛封不可求公塋何事留於此骸骨豈難歸首卭我謁公祠心敬抑我拜公墓長嘆息古來名宦類如斯野徑荒涼誰能識憶昔少遊平都山山右有祠神祀關祠守爲我言其畧述公自石請兵還禱神神助獲羣醜報以一宮田十畝香火於今賽年年猶是公之澤流久公爲神護報且崇況我餘生活自公有功於民義必祀蜀黔俎豆將毋同黔不可知涪祀圮惟豐楹桷宏故址前侯庀材工未鳩今都人士襄其美吁嗟乎惻惻雅度本書生腹藏經史胸甲兵至今二百有餘歲懍然正氣存忠貞安得如公人繼作長障蜀川無警民

留別平都山　山左　張瑞麟

孤峯矗矗插雲中鬼府僊鄉說不同百尺危樓撐梵宇四圍落木響秋風欄邊下瞰江流白殿角斜拖晚照紅笑我塵緣羇俗吏名山揖別太匆匆

賦

冉烈婦哀辭　朱有章

烈婦姓項氏平都冉興志妻也年二十一歸興志逾月夫

死婦自經以徇余嘉其貞烈故作辭以哀之其辭曰

天鍾兹淑美之德兮迥邁俗而越常姿冰玉其堅貞兮質蘭蕙其芬芳幼敦詩而說禮兮笄靜一而端莊懍女誡而弗違兮率姆教之不忘憑媒氏以于歸兮百兩迎其鏘鏘宜允稱其室家兮譽交讚乎姑嫜曰難得此佳婦兮天作耦乎仙郎鼓永調乎琴瑟兮曲遙引乎鳳凰信兩美之必合兮誓將地久與天長乃昊天之不惠兮身遽罹乎奇殃死生修短固有數兮歡樂忽改乎悲傷翳豈淑人之不淑兮翳豈良人之不良匹夫其志不可奪兮毋乃意氣之激昂彼捐軀而不顧兮抑何其不相量甫兩月之新婚兮竟一旦

而成嫠嫠歎我生之不辰兮恨此身之未亡望夫君而不見兮奚復何心而守此空牀夫有兒翁以養親兮妾無兒女之在傍夫死可無虧乎子職兮妾生恐反累乎高堂願相從於地下兮奚畏冥路之茫茫遂慷慨以投繯兮覺一死其猶香亂曰凜凜正氣陰之陽兮侃侃大節柔而剛兮生死與同聖所臧兮雲魂月魄返彼蒼兮貞烈遺風閭家邦兮旌閭表暮發幽光兮

續白鹿賦　　林明儁

吾邑先達黃白水先生曾賦白鹿載縣志今湮沒失傳余續賦焉

瞻青牛之扈從兮勢崒嵂而動仰止辱老聃之税駕兮乘紫氣而盛游崛起矧西峰之壁立兮直與平都之山爲鼎峙緣產奇毛兮在山之阿餟茲嘉卉兮霧彼薜蘿飲玉液之芳泉兮長飽清波緣此靜氣如神兮臧否無訛藉雙眸之炯鑑兮堪作名流之網羅高賢將至兮燭照澄清報達明府兮呦呦送聲似囑將迎兮預洌殷勤除舍款洽兮式燕嘉賓庶山靈免冥頑之誚兮毛蟲顯先覺之名獨是人不知而鹿知之豈人反昧於鹿耶鹿先知而人甘不知豈鹿之好賢反優於人耶斯又人事之不可解而物理之不足遷者也夫鹿白者百歲元者千年彼人倫之月且不爽於信宿意知覺之清明早得夫先天嗚呼人君有此明哲兮何版築飛熊之猶勞夢卜宰相有此器識兮豈抱關畎畝之尚有遺賢昔人作賦以紀盛兮慨相見之無期矧於今無舊籍之可考兮但聞風而心儀聊攄鄙陋以學步兮志景仰乎前徽鹿有知兮將毋誚刻畫無鹽而唐突西施

登平都山賦　　王五桂

雙山子壯志未酬雄心不死客與徬徨莫知所以於時春和風煖柳媚花嬌微吟既倦兀坐無聊望城東之蒼翠攜良友以游遨踏芳塵於紫陌迎淑氣於東郊曲徑盤旋而登上危樓煥赫而高標

聯綿寺觀蔭翳林皋經翻貝葉磬響雲璈仙跡何代古蹟何朝感今昔之變更撫星物而逍遥况有漢南宿彥浙右名賢探幽搜武選勝爭先較棋枰之勝負評粉黛之媸妍或倚闌而遠眺或危坐而高談佳殽列山海之錯同心極賓主之歡倒金罇而傾北海吐麗句而驚四筵共擊催花之鼓同揮拇戰之拳未幾斜日西沈曉鐘初起月影橫空星光映水餘勇之醉態難描後勁之豪情未已客有飄然遐思頹然斜立者語雙山子曰樂哉今日之游也吾聞瀟湘之側雲夢之前天台之頂泰華之巔晴嵐瑞雪斜月寒煙安得置身於其間駕輕舠而往還雙山子曰嘻子何見之陋也吾以

天地爲廬以乾坤爲宅以廣漠爲比鄰以陰陽爲過客不必御列子之車振夸父之策而渺然之虛靈自洞然而空闊也夫亦何時何地而不自得也哉且夫鷦鷯巢林不過一枝鼴鼠飲河不過滿腹何以舍現在之眞機作無邊之馳逐君子隨遇達人順欲卿相奚榮草茅何辱逞吾目而一覽無餘快吾心而何所不足客曰子之言誠然而吾竊有所不解焉將子之經綸素裕耶何子之碌碌而自憐將子之肥遯自甘耶何子之栖栖而不開將子之素位而行耶何子之鬱鬱而不歡子之才美矣恐難列屈宋之班子之志大矣而無如遇合之難雙山子喟然歎曰子何言哉夫巢由孤子

梟變通顯道本同揆迹若相反甘童之得位猶遲尙父之逢時非晚屈子之忠兮傷澤畔之行吟賈生之才兮弔長沙之不返焚江淹之筆兮折劉蕡之管盜跖之殘而壽考伯夷之仁而偃蹇發孫登之長嘯兮開步兵之白眼彭何修兮殤何短客乃恍然而悟肅然而興同尋歸路萬籟無聲

武備志

昔人制兵以討不廷治勿忘亂古之善經講武於隙防患未形虎鈐豹略電紫霜青上紓
宸眷下衞生靈百年不用一日常惺志武備

營制

駐防把總一員 忠州營分汛

兵額

戰守兵二十五名除派調塘遞駐藏實存戰兵四名守兵十五名

原額分防戰兵四名守兵十三名光緒十一年奉文裁去戰兵一名守兵二名實存戰兵三名守兵十一名

按前志載戰兵四名守兵十五名光緒十一年奉文裁去外應存戰兵三名守兵十三名今實存守兵十一名其以前裁去二名因文卷漂沒無考

火藥局 舊在中街郎氏後圃咸豐六年署知縣張香海建有記見藝文今移平都山陰崇報祠

火器 咸豐十一年城守邑人籌置軍械甚備瑣細不勝載

載其大而可久者　鐵大礮八尊　銅大礮十四尊　劈
山礮五十五尊　九節歷礮九尊　擡槍五十四桿
愚按古者寓兵於農有備無患後世兵農分故武備易弛至於臨敵僱募其弊滋甚近惟團練法猶近古團練者戰不足守有餘洵防亂民制流賊之上兵也然而奉行不實任用非人必至武建驕悍矯之者不揣其本或竟去之是又因噎廢食者矣酆寨壘相望誠得其人以守則賊無所掠不戰自遁咸豐末迄同治元年賊警南北岸凡練二百五十七團賊退輒散非所時有故不備紀古人云安不忘危守土者曷留意焉

志餘

仙蹟

漢王方平　名遠前漢中散大夫棄官學仙隱於太尉陳躭家尸解避地平都山魏青龍初道成蒸黃土數十仁以丹藥灑之盡成黃金有五色雲裂地而出捧足仙去杜成爲作神仙傳稱總眞眞人

按列仙傳後漢王遠字方平東海人舉孝廉除郎中明天文圖讖學桓帝問以災祥題宮門四百餘字帝令人削之墨入板裏後棄官隱去魏青龍初飛昇於平都山

陰長生　新野人漢和帝后之曾祖不好榮仕從馬明生得度世法相攜入青城山丹成著書九篇以延光元年於平都山白日昇天

麻姑　魏青龍某年七夕訪王方平過此有詩曰王子求仙月滿臺玉簫清轉鶴徘徊一聲飛過不知處山上碧桃花自開今平都山後有仙姑巖

按漢魏以前七言詩僅有柏梁體未聞有絕句也後人附會無疑

呂純陽　名巖唐宗室嘗登進士第從鍾離權得道訪王陰

二仙過此有詩曰孟蘭清曉過平都天下名山所不如兩口單行人不識王陰空使馬蹏虛又曰一鳴白鶴出青城再謁王陰二友人口口惟思三島藥擡眸已過洞庭春

爾朱仙　唐僖懿間落魄成都市取白石投江中衆莫識後自果至合賣丹於市價十二萬刺史召問其值更增十倍怒其反覆醉以酒沈之江流至涪州漁人白姓石名者舉網得之擊磬方醒相攜至平都山修煉後乘白鶴仙去故涪州有白鶴灘酆仙都觀亦稱白鶴觀也

按列仙傳載爾朱仙名通微別號歸元子僞蜀廣政間僑寓渝州嘗一日徧遊成都新都廣都間至晚卽還人皆異之有朝遊成都暮宿金雞之諺喜飲酒食豬臟自言遇異人贈藥一丸囑令見浮石而後服之則成仙矣每取石之有異者卽投諸水而冀其浮人雖笑之不顧也渝州守惡其妖妄以竹籠沈於江順流至涪爲漁人網得問其姓氏曰石氏此地何所曰涪州遂豁然悟曰浮石之言驗矣因服前藥便覺輕舉乃採涪州所產矢鏃砂止平都山白鶴觀煉丹數年竟仙去云爾朱先生還丹歌曰欲究丹砂訣幽元無處尋不離丹與汞無出水中金金欲制時須得水

水遇土兮終不起但知火候不參差自得還丹微妙理人世分明知有死剛只留心戀朱紫豈知光景片時間將謂人生長似此何不回心師至道免逐年光虛自老臨樽只覺醉醺酣對鏡不知漸枯槁二郎二郎聽我語仙鄉咫尺無寒暑與君說盡只如斯莫戀驕奢不肯去感君恩義言方苦火急回頭尋出路吟成數句贈君詞不覺便成今與古

按仙都山陰君洞驗記云君將欲昇天謂門人劉元遠曰此山孤峙勢若龍蟠其首東向必當吐雲送我言訖有五色雲從地湧出乘雲昇天出雲之處呀成洞穴水旱祈禱立有感通大歷九年七月十五日邑人宇文萬年女阿仵等一十五人以元節之晨奉香花於洞門禮拜忽見洞中波濤湧溢出一金手一玉手其大如扇良久乃隱水波亦不復見長慶元年江陵傅緗聞洞中雷吼之聲咸通初道士王芳芝聞洞中聲如羣鳥飛異香紛郁徧於山頂鄉人常以之占歲鶴翔必年豐鹿鳴必歲歉不棲凡鳥每有二鳥廣明辛丑歲刺史陳侊修置道場有祥雲天樂之應甘露泫於叢林寵詔褒美中和甲辰年賜紫大德曹用言准

詔齋醮有卿雲瑞雪之祥時既畢黃籙道場未撤門纂有神人見曰雲山齋醮必命神祇主張我卽近廟之神差衛壇壝齋功卽畢門纂未移我不敢輒還本廟道衆聞言睹異遽折門纂其神見形媿謝而去

附東坡養生訣曰予治平末泝峽還蜀泊舟仙都山下有道士持陰眞君長生金丹訣石本示予問之曰不知也然士大夫過此必以問之庶有知之者予嘉其意試問以燒煉事對曰養生有內外金丹精氣內也非金石所能堅凝四肢百骸外也非精氣所能變化欲事內必調養精氣極

而後內丹成則不能死矣隱然居人間久之或託尸解而去來變化輕舉不可得也蓋四大本外物和合而成非精氣所能易也惟外丹成然後可以點瓦礫化皮骨飛行無礙矣積枯草敝絮而置火其下無弗焚者予甚善其說告之曰昔人有服金丹不幸赴罪而死既而五臟皆化爲黃金者又有服玉泉死於盛夏而尸不敗壞者皆無內丹以主之子之說信然哉後十餘歲官於南京張公安道家有一道人陝人也爲公養金丹其法用紫金丹砂費數百千期年乃成公喜告予曰吾藥成可服矣吾謂公何以知其藥成也公曰抱朴子言藥成以手握之如泥出指間者藥成也今吾藥如是知其成無疑矣吾爲公道仙都所聞謂公曰自知內丹成然後此藥可服猶未也姑俟之若何公笑曰我姑俟之

酆都道士未詳何許人相傳自平都棲隱雪峰山仙去

按蜀中廣記云元大德時有道士隱雪峰山一日召集道友曰吾化矣大道坦然皎如日月雖由人宏豈隨人往諸生宜遵道而行毋令半塗而廢偈曰朴菴寄住有年東西南北依然裏面渾無一物只有元文數篇今日草茅朽腐

須要改換棟椽眼底風波太惡不容久住山巔選得幽居去處和區移上六天端坐而逝道士酆都人也

祥異

宋淳熙十三年七夕平都山頂陰長生丹井五色雲見馴鹿羣集　紹興二年旱　十年彗星見參度

明嘉靖七年大旱　萬歷二年蝻蟲生禾根如刈　二十六年大疫　崇禎十七年日中有赤氣數道下豐上銳自東指西長竟天經年乃滅

國朝康熙十一年大水　十六年七月初二日申時有星自西

南來隕於平都山後其聲如雷火光數十丈照耀數里　二十
十九年七月蚩尤旗見於西方　二十三年大旱　二十
五年六月十一日五色雲見於平都山頂　二十九年七
月二十八日大火城內民居盡燬　乾隆五十三年六月
江水暴漲入城溢於屋知縣李元挈居民登平都山避之
三日水落不傷一人　嘉慶十五六七年均大旱　道光
四年大火延縣署東科房文案盡燬城內外民宅燬者一
百五十一戶　咸豐九年五月江漲溢城舟行於市　同
治三年十一月朔甘露降於波羅場樹間　續纂　同治九年

六月大水全城淹沒無存　事詳營建

稻異　玉格酆都稻名重思米如石榴子稍大味如菱眞誥
酆都山有稻名重思亦以上獻仙官杜瓊作賦曰霏霏春
暮翠矣重思靈氣交披嘉穀應時

樹異　學宮後圃黃葛榦圍三丈其上如葢垂蔭數十步數
百年物明甲申兵火樹枯　國朝康熙初知縣湯濩重建
學宮枝葉復盛

補遺

續纂　原本補遺三十五條續纂已各從其類凡脫稿後諮訪始的
及續採以進者雜誌於左

楊鍾苑　字毓瑞邑貢生剛正嚴毅博學篤行少孤事母極
孝居母喪哀毁骨立廬墓期年兄强之乃歸嘗設教四方
英俊多出其門邑人王元曾受其學登鄉薦出爲循吏尤
慷慨好施與有以急難告者亟推解濟之其置祭田設義
渡又鏤善書以成兄志雖竭貲弗惜樂善之誠晚年彌篤

事異母兄以悌稱

戴　莞　號竹君邑之恩貢生穎悟過人潛心濂洛之學篤
於孝友銓教諭以親老不就與弟鵠臣出入肩隨怡然相
對同居數十載無疾言遽色日以經學課子姪自言不務
浮名惟以躬行爲實效嘗侍親疾五日夜廢寢食弗自覺
居喪哀毁逾恒一門觀感咸有孝謹風妻傅嘗刲股以愈
舅姑疾人竝稱之

江正發　天性至篤父兄故時弟姪均稺弱正發撫之成立
自力田而教弟正恆從師讀因補弟子員弟姪或有失學

言以匡正之不聽則繼之以泣析產維讓事庶母朱尤孝
謹嘗率族人建宗祠修家乘置祭田皆半出已貲人多之
而正發不自有也年八十六沐浴整衣而逝

嚴濟寬　字惠堂篤於孝少孤家貧投忠州營伍積功至千總歷署忠州拔山墊江及本邑汛以積俸之餘置薄田告歸養母晨昏定省無少間缺雖一飲餟一洗濯之微必躬親其事不假手於家人蔬果之屬母未嘗不敢嘗也善書能詩恒於花朝集諸名士賦詩飲酒以爲樂風雅孝行並重鄉邑

蔣葆清　邑廩生事孀母甚孝溫凊之禮未嘗一日懈家人咸效則之見稱於時

江應喜　維祿之季子也篤於孝友維祿諸子皆離居獨應喜日進旨甘弗缺祭維祿少悅色即歌舞以啟其歡焉事諸兄尤恭謹至老不懈諸姪耗其財數百金畧不介意人謂得孝友之實

蔡得安　事親克孝處兄弟能讓以產營置祀田設義塚以成父未完之志族人賴之年九十餘乃卒

蔡方美　事親得歡心析產能讓孀嫂人以孝友稱

彭定山　以孝友聞於鄉子入邑庠

李先周　事親克孝父嗜酒病痔百藥不能療先周恒吮之竟愈

林芝茂　家貧業醫父病窮於術因割股進後父沒諸弟皆幼芝茂撫之至於成立人以孝友稱

向世興　篤於孝母病嘗割股療之

曾廣思　字心田孝得親歡母秦病篤廣思焚香默禱請以身代連割股進無知者無何創劇而殞家人始察見之妻張氏撫姪昭緒爲嗣矢志不貳

傅巨卿　性誠慤篤於孝母曾疾病奉侍維謹而百計醫藥數月弗獲效乃禱神割股合藥以進遂瘳後三年始卒

傅世桓　生數月父永達沒於水母秦時年二十有二矢志靡他撫之成立秦病篤世桓割股療之妻范生正鈞范有疾正鈞亦割股進正鈞娶妻李生朝聘李病朝聘年十二則父若祖之行果獲效正鈞目眚朝聘妻秦舐之復睟一門四世節孝相承尤以割股爲家法愚哉然而不可及也

江文治　父早卒教弟毓寅入邑庠撫諸弟姪厚於己子出妻奩多金納諸公治家三十餘載雖尺布斗粟無所私年

五十三卒族人多哀之

黄仕博　原籍江西弟兄三仕博其季父懋遷來邑及没家綦貧仕博傭工養母備歷艱辛後業釀漸充遂爲兩兄償債並出資俾之貿長兄流外仕博遍訪無獲歸迎嫂終其養里人稱之子入邑庠食餼

范應福　與兄早歲析居後其姪蕩產應福復分以財爲之娶人稱其篤於友愛

曾學鶱　勇目曾文燦子也同治元年石逆竄境隨文燦禦於高家鎮文燦身受重創學鶱不肯去父子力戰死文燦

見忠義

范朝先　飭行好義力學多聞尤喜鼓舞士類從遊者多所成就

秦之旦　字東陽性脫畧不立崖岸善屬文每作少飲而卧既醒揺筆輒數篇大有王子安之槪最喜奬掖後進晚年爲鄉塾師亦多所成就

秦士元　字方齋邑增生性剛介家貧力學鄰人憫其寒持錢二貫乞書服盜字力拒之家居授徒誨人不倦執經問業者履錯其門

廖應夢　字兆先闢佛崇儒善談好辯人謂有韓孟之風著有孝篇及三字孝文以正蒙養

王雅言　字諧齋邑庠生有時譽歲貢五桂之子喜爲詩歌善陳時事著有睡餘小草惜牛軼亡

劉洪蓮　邑諸生守正不阿見義勇爲凡濟人利物之事莫不引爲己任年七十一晨起勉諭子孫談笑而逝

黄石臣　字漢卿邑之廪膳生精堪輿稱孝友光緒庚寅歲饑石臣出百金濟之不繼請於官徧賑窮黎全活甚眾

李　氏　張金陵妻金陵病没氏悲號仰藥以殉待　旌

甘　氏　譚芳英妻二十八歲寡撫遺孤萬林成立守節四十八年卒待　旌

陳　氏　彭賡颺妻二十而寡守節三十五年待　旌

楊　氏　把總湛騰芳之側室騰芳出師在外其母蔡老且病氏奉飲食湯藥心力俱瘁蔡病篤氏焚香告天連割左股三右股二和藥以進遂瘳由是一門悉化爲孝

湛　氏　殷世忠妻世忠病篤醫不能治氏割臂療之尋愈

鄧月桂　節婦王何氏婢也何氏没月桂泣成血雙目竟瞽覓死者數旣而曰主人死主母之未殉者爲無嗣耳今嗣

雖立尙在襁褓不幸而主母又故我若赴義以從何以見
主母於地下耶遂矢志不嫁撫少主王紡至於成立卒年
五十八歲
彭春蘭　余衕三婢也衕三妻劉病年餘春蘭奉侍無稍懈
及篤春蘭靜夜焚香兩割股進壽愈後劉卒春蘭若喪考
妣

祭酆都縣巉碑梁灘文　　王榮緒

大清受命百神効靈海晏河淸民康物阜故夏至日
天子有事於方澤五岳四瀆設壇分享昭其報也大江東下安瀾

入海惟川中石灘數十所著名險惡上屋
宸衷設救生船守護酆邑巉碑梁其一也職承
天子命來蒞兹土去秋七八月間灘壞商船六七隻貨物飄溺客
商號哭飛船拯濟皆幾死復生初以爲水石相激波浪頓興舟入
其間水流石衝物理如斯無可如何繼聞邑父老言灘水石吼大
作次日必壞船隻職試聽之誠然則知此灘必有神以主之非僅
物理如斯也嗟夫幽冥一理呼吸相通
上帝統百神治其幽
天子統諸臣治其明兩相輔助乃克成功我
皇上合
上帝好生之德愛民如子不忍使一夫不獲其所諸臣承流宣化
惠養斯民惴惴焉時恐有負
聖明之使竊惟神聰明正直豈不體我
皇上父母斯民之心以成
上帝好生之德而忍使往來行旅顚危沉溺於此乎職承乏受命
與神同事一方敢諏吉日以剛鬛柔毛庶饈虔薦之神伏願神助
我
皇仁効靈

盛世鎭水石之險惡渡舟楫於平安遠邇沐德感謝何旣

創建學田序　　傅達源

子輿氏有言非其義也非其道也一介不以與人一介不取諸人
能反是則與者無德色而取者無怍容本原之地繫屬乎人品也
大矣故擴其用在廟堂植其基實惟學校夫學校中人古所謂博
士弟子員也博士之長今司訓之職也蜀於海內稱富庶司訓一
席海內尤豔稱之束修以上未嘗無誨似亦取與之酌義與道者
顧弟子員登進日剌剌囂囂若不堪其擾揆厥由咎相職曩者南
皮張尙書督川學下檄於州縣日益勸置學田川東延屬遵奉有

成者頗衆酆邑隸屬籍則壞錯中下自庚午歲大水泛濫剛城郭蕩市廛廬舍幾盡蹚以火患民生日蹙有心人扼腕嘆息策之所籌久之華陽喬君松司訓實來以學田之廢置爲己身之休戚亟請於縣尹滇南何君無以應逮庚寅冬何君近受代司訓泫然再拜請曰君將去獨不能爲學校成茲美舉永令名於無窮哉用是何君蹶然興毅然諾曰吾之責也吾之職也敢不敬奉以從事爰集諸紳耆而告之故籌正名維永圖以捐契底錢文爲最善謂購產者多素封奚錙銖校俟學田足卽罷之議定據詳各大府報可時石埭沈君已視事蓬訂章程請示立案又報可開局於辛卯五

月朔以陸君廣海曾君輝祖掌其籍稽其出納次年春縣試達源適承乏宰斯邑迄於州院試秩秩焉蕭規曹隨相與集厥事而已何以言爲會兩君以章程付剞劂囑續定所未備堅以弁言請達源不敏辭弗獲援筆紀其緣起而正告之曰有國家者視人才爲盛衰也學校者人才所從出也博士弟子學校中人才而司訓爲之師記有之師道立則善人多然則師道之立必自取與有節始博士弟子之才不才必自識取與之節始當其取青衿列黌序受約束於司訓已曉然於取與之不苟道義之攸宜浸假釋褐登朝寘身通顯堯舜其君民作楨幹作柱石邦家之慶卽閭里之光是建學田之明效大驗也嗚呼邑人士永字於庥勿廢墜是勵

劉壽彭　字健菴邑貢生端謹謙沖勇於任事處家教子咸有法宗族以化數十年無訟爭歷任邑宰甚禮重之因盡言民生疾苦多所補救尤喜培植寒素邑之賓興卷局善堂諸舉皆竭力贊成罔或懈同治庚午大水壽彭時在重慶亟請於巡使而冒暑衝波護糧歸賑水退疫大作壽彭精歧黃術傾囊出己資按症和藥徧濟全活無算長子宇元光緒乙亥舉於鄉出宰雲南諸子姪遊庠食餼者踵相接皆壽彭之教也

徐氏　蔣啟後妻十九歲寡家綦貧翁姑俱故有勸以他適者氏毀粧自誓撫三歲叔教之成立守節三十二年待旌

鄭氏　秦漢卿妻二十一歲寡家貧無子氏紡績耕種以奉姑撫姪爲嗣教之成立守節三十年待旌

孫氏　李金楹妻二十七寡家甚貧氏紡績耕種撫四子皆成立守節三十六年待旌

李氏　秦仕傑妻二十一歲寡守節二十五年待旌

周氏　監生陳翰章妻二十四歲寡事姑以孝撫子以慈

守節三十年卒待旌

楊　氏　孫念祖妻性至孝姑張氏病篤兩割股和藥以療遂愈後姑無疾而終氏哀毀盡禮鄉里咸以孝稱現年七十歲

陳如金　以孫以箴州同職銜貤贈儒林郎妻楊彭氏贈安人

陳聯瑞　以子以箴州同職銜贈儒林郎妻李氏贈安人

陸智連　以孫廣海貴貤贈奉直大夫妻楊氏贈宜人

陸紹達　以子廣海貴贈奉直大夫妻李氏贈宜人

國家圖書館珍藏

典禮備考目錄

國家圖書館珍藏

典禮備考卷一　　　[illegible]縣志局敬鐫

會典則例

祀典上

社稷壇

禮部則例凡直省府州縣各擇爽塏之地建

社稷壇均北向歲以春秋仲月上戊日爲民祈報府州縣皆正印官將事以各學教官糾儀生員充禮生省會丞倅執事府州縣掾吏執事

儀注　直省祭

社稷壇前期二日承祭陪祭各官各致齋於公所祭日豫陳祭品每　神位前各帛一（黑色）鉶二（和羹）簠二（黍稷）簋二（稻粱）籩四（棗形鹽栗薨魚）豆四（韭菹鹿醢菁菹醓醢）爵三共羊一豕一尊一雞初鳴承祭官以下朝服咸集黎明贊引禮生二人引承祭官詣盥洗所盥洗過贊禮生贊執事者各司其事贊引者引承祭官至階前拜位立引班禮生二人分引陪祭官文東武西各就拜位序立乃迎　神贊引者引承祭官升壇詣香案前司香跪捧香承祭官三上香復位行三跪九叩禮陪祭各官皆隨行禮奠帛初獻爵司帛捧篚進跪奠篚司爵捧爵進獻爵奠正中皆退司祝禮生至祝案前跪承祭官暨陪祭各官皆跪司祝讀祝畢詣　神位前跪安於案叩如初退承祭官及陪祭各官行三叩禮亞獻爵奠於左終獻爵奠於右均儀如初獻乃徹饌送神承祭官行三跪九叩禮陪祭各官皆隨行禮司祝捧祝司帛捧帛恭送瘞所承祭官轉立拜位西旁東面候祝帛過復位引至望瘞位望瘞贊告禮成引退衆皆退祝文　維某年月日某官某致祭於

社稷之神曰維　神奠安九土粒食萬邦分五色以表封圻育三農而蕃稼穡恭承守土肅展明禋時屆仲（春秋）敬修祀典庶丸松栢鞏磐石於無疆翼翼黍苗佐神倉於不匱尚饗

神祇壇

禮部則例凡直省府州縣各建

神祇壇於春秋仲月祭　天神　地祇及本境　城隍之神在城文武皆與祭雩祭及祭厲均詣壇將事例同儀注

神祇壇春秋仲月致祭設案一於壇正中南向　雲雨風雷神位居中境內　山川神位居左　城隍神位居右陳鉶二簠二簋二籩四豆四案前設俎陳羊一豕一又前設案一供祝版陳香盤一鑪一鐙二西設案一陳帛七尊一爵二十有一陳

福酒胙肉於尊俎之次主祭官及陪祀官執事官序班並如
祭 社稷壇之儀引班引贊通贊及執事諸人以次序立質
明引班引陪祭官入引贊引主祭官入通贊贊執事者各司
其事贊就位引主祭官至階下盥手就拜位立陪祭官按班
就東西拜位立均北面迎 神上香讀祝行三獻禮飲福受
胙如儀餘與 社稷壇同
祝文 維某年月日某官某致祭於
雲雨風雷
山川城隍之神曰維 神贊襄天澤福佑蒼黎佐靈化以流行生

成永賴乘氣機而鼓盪溫肅攸宜磅礴高深長保安貞之吉
憑依鞏固實資捍禦之功幸民俗之殷盈仰神明之庇護恭
修歲祀正值良辰敬潔豆籩祗陳牲幣尚饗
禮部則例孟夏後諏吉行常雩禮陳設儀注同前若歲間不
雨守土長吏諏宜祀之辰具祝文（隨時撰擬）備脯醢果實香帛尊
爵鑪鐙之屬率屬素服祈禱行禮儀節與常祀同既應而報
陳設牲牢朝服行報祀禮與祈祀同
常雩祝文 恭膺
詔命撫育羣黎仰體

彤庭保赤之誠勸農勤稼俯維蔀屋資生之本力穡服田令甲
爰頒肅舉祈年之典惟寅將事用申守土之忱黍稷惟馨尚
冀昭明之受賜來牟率育庶俾豐裕於蓋藏尚饗
乾隆七年定旱歲祭雩祈雨潦則祭城門祈晴其禮俱同雩
祭既應而報祀禮均同
祝文 具官恭承
詔命臨民職司守土惟兆人之攸賴並藉神功冀四序之調和羣
蒙福蔭必使雨暘應候爰占物阜而民安庶幾寒燠攸宜共
慶時和而歲稔仰靈樞之默運聿集嘉祥勷元化以流行俾

無災害尚饗
厲壇
禮部則例每歲三月清明節七月望十月朔日祭厲壇於城
北郊前期守土官飭所司具香燭公服詣
神祇壇以祭厲告本境
城隍之神上香跪三叩興退至日所司陳羊三豕三米飯三石
尊酒楮帛於祭所設燎鑪於壇南黎明禮生奉請
城隍神位入壇設於正中香案一鑪鐙具贊禮生二人引守土
官公服詣 神位前贊跪守土官跪贊上香守土官三上香

贊叩興守土官三叩興退執事者焚楮帛守土官詣燎爐前
祭酒三爵退禮生仍奉
城隍神位還　神祇壇退
告文　遵依禮部劄爲祭祀本境無祀鬼神事欽奉
皇帝聖旨普天之下后土之上無不有人無不有鬼人鬼之道幽明雖殊其理則一故天下之廣兆民之衆必立君以主之君總其大又設官分職爲府州縣以各長之又於每百戸設一里長以統領之上下之職綱紀不紊此治人之法如此天子祭天地神祇及天下山川王國各府州縣祭境內山川及祀

典神祇庶民祭其祖先及里社土穀之神上下之禮有等第此治神之道如此上念冥冥之中無祀鬼神昔爲生民未知何故而沒其間有遭兵刃而損傷者有死於水火盜賊者有被人取財而逼死者有被人强奪妻妾而死者有遭刑禍而負屈死者有天災流行而疫死者有爲猛獸毒蟲所害死者有爲凍餓而死者有爲戰鬭而殞身者有因危急而自縊者有因墻屋傾頹而壓死者有遠行征旅死未歸籍者有死後無子孫者此等鬼魂或終於前代或沒於後世或兵戈擾攘流移他鄉或人烟斷絕久缺其祭姓氏泯沒於一世祀典無聞而不載此等孤魂死無所依精魄未散結爲英靈或依草附木作爲妖怪悲號於星月之下呻吟於風雨之時凡遇人間令節心思陽世魂杳杳以無歸身墮沉淪意懸懸而望祭興言及此憐其慘凄故勅天下有司依時享祭在京都有泰厲之祭在王國有國厲之祭在府州有郡厲之祭在各縣有邑厲之祭在一里又各有鄉厲之祭期於神依人而血食人敬神而知禮仍命本處城隍以主此祭欽奉如此今某等不敢有違設壇於城西以某月某日設備牲醴羹飯專祭闔境內無祀鬼神等衆靈其不昧來享此祭尚饗

先農壇

禮部則例凡直省府州縣各建
先農壇歲以三月亥日致祭省會以總督或巡撫主祭有故則布政使攝陪祭文武官及各執事均與祭　社稷壇同

儀注　直省祭
先農壇以三月亥日主祭陪祭執事各官前期二日各致齋於公所掃除壇壝內外祭日雞初鳴執事人入設
先農神案於壇正中南向陳鉶一簠二簋二籩豆各四案前設俎陳牛一豕一又前設香案一陳祝文香盤鑪鐙左設一案東

向陳帛一尊一爵三陳福酒胙肉於尊俎之次設盥洗於階下之東質明引班引陪祭官入引贊引主祭官入通贊贊執事者各司其事贊就位引主祭官至階下盥手就拜位立陪祭官按班就東西拜位立均北面迎 神上香讀祝行三獻禮飲福受胙如儀餘與 社稷壇同

祝文 維某年月日某官某致祭於

先農之神曰維 神肇興稼穡粒我烝民頌思文之德克配彼天念率育之功陳常時夏茲當東作咸服先疇洪維 九五之尊歲舉 三推之典恭膺守土敢忘勞民謹循彝章聿修祀

事惟願五風十雨嘉祥恆沐 神庥庶幾九穗雙岐上瑞頻書大有尙饗

禮部則例直省耕耤督撫以下與祭官皆朝服致祭 先農禮畢各官易蟒袍補服詣耤田通贊贊行耕耤禮督撫以下就耕所執事者授耒耜與鞭皆右秉耒左執鞭進耕督撫以府佐貳官一員執種箱一員播種布政使按察使以首領官執箱播種各道以州縣佐貳官執箱播種知府知縣以丞史執箱播種皆耆老一人牽牛 農夫二人扶犂各九推九返畢釋鞭耒以次序立田首西面北上農夫遂終畝告畢事各官望

闕立通贊贊齊班引班分引督撫以下至香案前按班序立重行北面耆老農夫少遠列行北面隨立贊跪叩興行三跪九叩頭禮與各退若府不附省州縣衛不附府者正印官率佐貳丞史耕耤各以耆老二人執箱播種餘與省會同

勾芒之祀（春在十二月望後芒神執策當牛肩在正月朔後當牛腰在正月望後當牛膝）

先立春一日長官朝服率僚屬於東郊祀勾芒之神禮畢迎春歸駐署儀門外至日各官朝服祭勾芒用牲果酒醴四拜禮畢長官擊鼓三聲執彩鞭率各官環擊土牛者三鄉人競

取其土以爲宜年

迎春祝文維 神司令元春參贊化育袪除寒威漸回溫燠雨順風調禾登麥熟百穀順成羣黎蒙福今於某日恭詣東郊先期迎神駕敢告

鞭春祝文

化功造物無私勿愆雷動風散雨潤日暄以時宣布歲則有年民維邦本食乃民天四時之序春令爲先敢告尊神發動春鞭

典禮備考卷二　　酆都縣志局敬鐫

會典則例

祀典中

文廟

禮部則例不隸省會之府州縣

文廟丁祭日有道員分駐者以道員爲正獻無道員分駐者長官正獻兩序以其貳及所屬兩廡以食餼學弟子員各一人分獻

崇聖祠教諭正獻兩序訓導分獻兩廡皆食餼學弟子員各一

人分獻陳設器數行禮儀節與省會同月朔釋菜望日上香亦與省會同

儀注

會典每歲仲春仲秋上丁日致祭前期二日各署設齋戒牌承祭分獻官致齋二日宿別室不飲酒不食葱韭蒜薤不弔喪問疾不聽樂理刑不判署刑殺文字不預穢惡事前二日執事官補服至犧牲所省牲前一日承祭官簽榜由署中門出鼓樂迎至

文廟前張掛執事者舉祝案送致齋所承祭官敬視畢送　前後

殿安設行一跪三叩禮退承祭官率僚屬至明倫堂觀演樂習儀畢引贊引執事官穿補服詣省牲所香案前立上香獻爵奠酒三揖執事者牽牲過案前禮畢執事官監視宰牲並供毛血執事生用小碟盛毛血捧送　神案前餘埋淨處承祭官率僚屬至　廟丹墀前各一揖退祭日主祭分獻陪祭各官至更衣所引贊唱更衣各官皆着朝服入兩旁門序立通贊唱簽祝版引贊唱升堂引各官從東階上序爵序事請祝請祝版至簽名各官書名從西階下下堂通贊唱啓戶各門俱開樂舞生就位執事者各司其事則例有文舞六佾進主祭官就位分獻官就位陪祭官就位

文東武西瘞毛血司毛血生將毛血碟捧從中門出埋於西北隅坎內啓牲饌蓋舉迎神樂奏昭平之章樂作引贊唱眾官詣西北隅迎　神眾官打躬神降復位則例無眾官詣西北隅復位語樂作下有上香贊禮郎贊就上香位引承祭官升東階入　殿左門贊詣先師香案前跪承祭官跪俯伏贊上香司香跪捧香承祭官三上香畢俯伏興以次詣四配位前跪上香儀同贊復位引承祭官復位初迎　神時贊禮郎分引東西序分獻官各一員升東西階入　殿左右門詣　十二哲位前跪上香退復位引兩廡分獻官東西各二員分詣　先賢先儒位前跪上香均如前儀然後贊禮郎贊參　神視會典禮有加通贊唱參神鳴贊唱跪叩首行三跪九叩禮興平身眾官俱立樂止通贊唱行初獻禮舉初獻樂奏宣平之章樂作則例有舞羽籥之舞詣盥洗所浴手淨巾詣酒尊所司爵者舉冪酌酒升壇導承祭官由東階上入　殿左詣

至聖先師孔子神位前跪行一跪一叩首禮興奠帛捧帛生以帛跪進承祭官接帛捧舉立獻
案上獻爵執爵生以爵跪進承祭官接爵拱舉立獻正中跪叩首興詣讀祝位則例有樂暫止
跪鳴贊唱眾官皆跪引贊唱讀祝文讀祝生至祝案前一跪三叩捧祝版立於案左跪讀
祝讀畢捧祝版至正位前跪安帛匣內三叩首退樂作引贊唱叩興承祭官及各官行三叩禮引贊唱
行分獻禮引贊唱詣
復聖顏子神位前跪叩興行一跪一叩禮奠帛執事生捧帛跪進於案左承祭官接帛拱舉立
獻案上獻爵執事生執爵跪進於案左承祭官立獻正中跪叩首行一跪一叩禮興詣
宗聖曾子神位前奠帛獻爵如前儀詣
述聖子思子神位前如前儀詣

亞聖孟子神位前如前儀　十二哲　兩廡分獻官教職分獻東西哲典史分
獻東西廡升壇奠帛獻爵如承祭官儀行禮畢引贊唱復位承祭官出西門由西階下
分祭官各復位立樂止通贊唱行亞獻禮舉亞獻樂奏秩平之章樂作
則例有舞同初獻引贊唱升壇由東門入獻爵於左如初儀獻畢引贊唱復位承祭官出西門由西階下
及分獻官各復位立樂止通贊唱行終獻禮舉終獻樂奏敘平之章樂作
則例有舞同亞獻引贊唱升壇獻爵於右如亞獻儀畢復位各復位立樂止則例有文舞退通贊唱
飲福受胙引贊唱詣飲福受胙位承祭官至殿內立捧酒胙二人取正中一爵羊左一膊自
正位案前拱舉至福胙位右旁跪接福胙二人在左旁跪引贊唱跪飲福酒承祭官受爵拱舉受接爵執事
受胙承祭官受胙拱舉受接胙執事由中門出正階下送獻官署叩興承祭官三叩首興復位通贊

唱謝神鳴贊唱跪興承祭分獻及陪祭各官俱行三跪九叩首禮通贊唱撤饌舉撤饌樂
奏懿平之章樂作牲饌稍爲移動樂止通贊唱辭神舉送神樂奏德平
之章樂作通贊唱跪叩興承祭分獻各陪祭官俱行三跪九叩禮樂止則例下無送神詣送
神所打躬通贊唱送神引贊唱詣送神所眾官俱至戟門眾官打躬通贊唱捧祝
帛饌各恭詣燎前捧祝帛生至各位前一跪三叩捧起祝在前帛次之捧饌生跪不叩捧起各送至燎
所正位祝帛俱由中門承祭官退至兩旁候祝帛饌過仍復位立通贊唱望瘞舉望瘞樂與送神同
作引贊唱詣望瘞位舉柴焚祝帛復位樂止通贊唱闔戶鳴贊唱禮
畢撤班
祝文　維年月日某官致祭於

至聖先師孔子曰惟
先師德隆千古道冠百王揭日月以常行自生民所未有屬文教
昌明之會正禮節樂和之時辟雍鐘鼓咸恪薦以馨香泮水
膠庠益致嚴於籩豆茲當仲春秋祗率彝章肅展微忱聿將祀
典配以　復聖顏子　宗聖曾子　述聖子思子　亞聖孟
子尚饗

愚按禮部則例壇廟祭祀儀注與康熙會典互有異同蓋則
例十年一修禮制因時損益也則例直省　社稷　先農無
樂舞　社稷無飲福受胙　文廟三獻樂作俱有文舞迎神

有分詣上香無打躬送神亦無打躬乾隆五十二年裁去一揖禮卽裁去送神打躬也皆增訂盡善者於　壇壝錄則例於　文廟補則例遵循無誤升降益昭雝肅矣

崇聖祠朝服三跪九叩行三獻禮惟無樂舞無飲福受胙

祝文　維年月日某官致祭於

肇聖王

裕聖王

詒聖王

昌聖王

啓聖王曰維　王奕葉鍾祥光開聖緒盛德之後積久彌昌凡聲教所覃敷率循源而溯本宜肅明禋之典用申守土之忱茲屆仲春秋聿修祀典配以　先賢孔氏咸豐年增祀　先賢顏氏　先賢曾氏　先賢孔氏　先賢孟孫氏尚饗

執事　俱於本學生員中選派預期示知令演習嫺熟

通贊立堂階左總贊禮節　鳴贊立堂階右與通贊對唱跪叩禮

引贊二人相對立於承祭官前引導贊禮　捧帛預實帛於篚候唱跪進接奠神前

迎神預執杯候唱灌地唱降神神降　讀祝預捧祝版候讀祝時跪承祭官左敬讀

司尊預實尊酒候唱舉羃以勺酌之　執爵預滌爵候唱捧以跪授接奠與捧帛同

盥洗掌匜槃巾帨候承祭分獻官滌爵拭手　香燭預以香燭謹候臨祭點炷鑪臺

司戶殿上戟門各二人候唱以司啓閉　福胙一執爵一捧胙進於獻官仍接退

燔瘞候唱燔柴燎鑪瘞毛血西北坎　撤饌祭時司啓各牲饌蓋候唱撤稍爲移動

祭前牽牲監宰監造饌及庶品灑掃殿宇堂陛陳設各案祭器牲饌俱派生員　以上各執事派定俱各敬謹襄承

佾舞生三十六名歌童四名在本邑童生中擇選教習　樂工五十二人預募教習

禮器　登一　鉶三十二　簠一百　簋一百　籩四百零二　豆四百零二　俎三十三　牲盤一百九十六　篚十

八　白磁爵四十二　銅爵一百五十一　尊十九　羃十九　勺八　銅匜洗各一　祝版二　香鑪燭臺隨案陳設

祭品　登盛太羹鉶盛和羹簠簋盛黍稷稻粱籩豆盛形鹽䱹魚鹿脯鹿醢醓醢魚醢兔醢菁菹芹菹筍菹棗栗榛菱芡台餅黑餅脾析豚拍俎盛牛羊豕篚盛帛

太羹煮肉汁不用鹽醬　和羹鹽醬肉汁

黍稷稻粱各揀完好淘洗潔淨　形鹽乾淨白鹽印成虎形

䱹魚預用白魚鹽醃曬乾臨祭溫水泡洗切酒醋浸用

鹿脯預以鹿肉曬脯臨祭煮熟切條　醓醢用豬脊肉切小方塊如鹿醢烹酢

鹿醢用鮮鹿肉切小方塊滾水煇熟加鹽醋酒椒薑葱烹酢

魚醢用鮮魚肉製同前　兔醢用鮮兔肉製同前

韭菹以韭切去本末用中四寸　菁菹蔓菁摘洗淨切同前

芹菹芹菜摘洗淨切同前　筍菹不論乾鮮淨切同前

白餅白麵造　棗栗榛菱芡不論乾鮮須完好潔淨

黑餅蕎麵造　脾析用牛羊白葉細切湯熟鹽酒造

豚拍豚肩上肉　牛羊豕俱用牡純色

帛正位用綾餘絹練白色長尺二寸

陳設　正位中陳白磁爵三次登一太羹次篚一帛次俎三牛羊豕次香燭案鑪一鐙二登左簠二黍稷簠左鉶一和羹鉶左籩十形鹽鱎魚棗栗榛菱芡鹿脯白餅黑餅登右簋二稻粱簋右鉶一和羹鉶右豆十韭菹醓醢菁菹鹿醢芹菹兔醢筍菹魚醢脾析豚拍　尊一醴疏布冪勺具　祝版一

四配每位帛一羊一豕一俎二鉶二左右和羹簠二黍稷簋二稻粱籩六形鹽鱎魚鹿脯棗栗菱豆六菁菹鹿醢芹菹兔醢筍菹魚醢爵三初亞終獻鑪一鐙二尊二東西

十二哲東西各帛一羊一豕一鉶一和羹簠一黍簋一稷籩四形鹽棗栗鹿脯豆四菁菹鹿醢芹菹兔醢爵三初亞終獻尊一鑪一鐙二兩廡二位共一案每位爵一每案簠簋各一籩豆各四東西各羊三豕三尊三統設香案二每案帛一爵三鑪一鐙二

崇聖祠正位五案每案帛一色幅篚同前殿　羊一豕一和羹二簠二簋二籩八豆八鑪一鐙二尊一祝版統一配位四案今東配增祀孔氏應五案東西帛各一羊豕各一簠簋各一籩豆各四爵每案各三兩廡兩案東西帛各一羊豕各一簠簋各一籩豆各四爵每位各一

樂器　麾旛一首　金鐘十六即古編鐘　玉磬十六即古編磬　楹鼓一即古應鼓　搏拊鼓二即古鼗鼓　柷一　敔一　琴六　瑟四

簫六　笛六　排簫二　笙六　塤二　篪二

舞器　旌節二　羽籥三十六

欽定文廟樂譜　春夾鐘清商立宮　倍應鐘清變宮主調

迎神昭平

簫譜　塤篪排簫同

大清變宮伬　哉清商仜　孔清商伏　子清變徵伍　先清變宮伬　覺清羽仕　先清變徵伍　知清角伏

與清商仜　天清角伏　地清羽仕　參清變徵伍　萬清變宮伬　世清羽仕　之清變徵伍　師清變徵伍

祥清變徵伍　徵清羽仕　麟清商仜　紱清角伏　韻清商仜　答清羽仕　金清變宮伬　絲清羽仕

日清商仜　月清角伏　既清變宮伬　揭清變徵伍　乾清商仜　坤清角伏　清清商凡　夷清變宮伬

奠帛初獻宣平

予清變宮伬　懷清商仜　明清角伏　德清變徵伍　玉清羽仕　振清商仜　金清變宮伬　聲清羽仕

生清角伕 民清商仉 未清羽仩 有清變徵伍 展清商仉 也清角伕 大清變徵伍 成清角伕
俎清變徵伍 豆清羽仩 千清變宮伬 古清變徵伍 春清角伕 秋清角伕 上清變徵伍 丁清角伕
清清變宮伬 酒清羽仩 既清商仉 載清變宮伬 其清商仉 香清角伕 始清商仉 升清變宮伬

亞獻秩平

式清變宮伬 禮清商仉 莫清角伕 愆清變徵伍 升清羽仩 堂清變徵伍 再清商仉 獻清變宮伬
響清羽仩 協清變徵伍 鼗清商仉 鏞清角伕 誠清變徵伍 孚清羽仩 罍清變徵伍 虡清變宮伬
肅清變徵伍 肅清變徵伍 雍清角伕 雍清角伕 譽清商仉 髦清變宮伬 斯清羽仩 彥清變宮伬
禮清羽仩 陶清變徵伍 樂清商仉 淑清角伕 相清變徵伍 觀清角伕 而清商仉 善清變宮伬

終獻敘平

自清變宮伬 古清商仉 在清變徵伍 昔清角伕 先清羽仩 民清變徵伍 有清羽仉 作清角伕
皮清變宮伬 弁清羽仩 祭清商仉 菜清變宮伬 於清羽仩 論清變徵伍 思清角仉 樂清商仉
惟清變徵伬 天清羽仩 牖清變宮伬 民清變徵伍 惟清商仉 聖清羽仩 時清商仉 若清角伕
彝清變徵伍 倫清變徵伍 攸清羽仩 敘清變宮伬 至清羽仩 今清變徵伍 木清商仉 鐸清變宮伬

撤饌懿平

先清變宮伬 師清商仉 有清角伕 言清變徵伍 祭清變宮伬 則清羽仩 受清變宮伬 福清變徵伍
四清商仉 海清變宮伬 黌清變徵伍 宮清羽仩 疇清商仉 敢清角伕 不清商仉 肅清變宮伬
禮清變徵伍 成清羽仩 告清變宮伬 徹清變徵伍 毋清商仉 疏清角伕 毋清商仉 瀆清變宮伬
樂清變徵伍 所清羽仩 自清商仉 生清變宮伬 中清變徵伍 原清角伕 有清商仉 菽清變宮伬

送神德平

鳧清變宮伬 繹清商仉 峩清角伕 峩清變徵伍 洙清羽仩 泗清變宮伬 洋清商仉 洋清角伕
景清羽仩 行清變徵伍 行清變徵伍 止清羽仩 流清商仉 澤清角伕 無清變徵伍 疆清角伕
聿清變徵伍 昭清羽仩 祀清商仉 事清變宮伬 祀清變宮伬 事清羽仩 孔清商仉 明清角伕
化清變宮伬 我清變徵伍 蒸清變宮伬 民清羽仩 育清商仉 我清角伕 膠清商仉 庠清變徵伬

笛譜 笙同

大清變宮伕 哉清商亿 孔清角仩 子清變徵伬 先清變宮伕 覺清羽仉 先清變徵伬 知清角仩
與清商亿 天清角仩 地清羽仉 參清變徵伬 萬清變宮伕 世清羽仉 之清變徵伬 師清變徵伬
祥清變徵伬 徵清羽仉 麟清商亿 紱清角仩 韻清商亿 答清羽仉 金清變宮伕 絲清羽仉

日清商亿 月清角仩 既清變宮伕 揭清變徵伬 乾清商亿 坤清角伕 清清商亿 夷清變宮伕

笛譜

予清變宮伕 懷清商亿 明清角仩 德清變徵伬 玉清羽仉 振清商亿 金清變宮伕 聲清羽仉
生清角仩 民清商亿 未清羽仉 有清變徵伬 展清商亿 也清角仩 大清變徵伬 成清角仩
俎清變徵伬 豆清羽仉 千清變宮伕 古清變徵伬 春清角仩 秋清角仩 上清變徵伬 丁清角仩
清清變宮伕 酒清羽仉 既清商亿 載清變宮伕 其清商亿 香清角仩 始清商亿 升清變宮伕

笛譜

式清變宮伕 禮清羽亿 莫清角仩 愆清變徵伬 升清羽仉 堂清變徵伬 再清商亿 獻清變宮伕
響清羽仉 協清變徵伬 鼗清角亿 鏞清角仩 誠清變徵伬 孚清羽仉 罍清變徵伬 虡清變宮伕

肅清變徵伬 肅清變徵伬 雍清角仩 雍清角仩 譽清商亿 髦清變宮伏 斯清羽伬 彥清變宮伏
禮清羽伬 陶清變徵伬 樂清商亿 淑清角仩 相清變徵伬 觀清角仩 而清商亿 善清變宮伏

笛譜

自清變宮伏 古清商亿 在清變徵伬 昔清角仩 先清羽伬 民清變徵伬 有清商亿 作清角仩
皮清變徵伬 弁清羽伬 祭清商亿 菜清變宮伏 於清羽伬 論清變徵伬 思清角仩 樂清商亿
惟清變徵伬 天清羽伬 牖清變宮伏 民清變徵伬 惟清商亿 聖清羽伬 時清商亿 若清角仩
彝清變徵伬 倫清變徵伬 攸清羽伬 敘清變宮伏 至清羽伬 今清變徵伬 木清商亿 鐸清變宮伏

笛譜

先清變宮伏 師清商亿 有清角仩 言清變徵伬 祭清變宮伏 則清羽伬 受清變宮伏 福清變徵伬

四清商亿 海清變宮伏 黌清變徵伬 宮清羽伬 疇清商亿 敢清角仩 不清商亿 肅清變宮伏
禮清變徵伬 成清羽伬 告清變宮伏 徹清變徵伬 毋清商亿 疏清角仩 毋清商亿 瀆清變宮伏
樂清變徵伬 所清羽伬 自清商亿 生清變宮伏 中清變徵伬 原清角仩 有清商亿 菽清變宮伏

笛譜

鳧清變宮伏 繹清商亿 峩清角仩 峩清變徵伬 洙清羽伬 泗清變宮伏 洋清商亿 洋清角仩
景清羽伬 行清變徵伬 行清變徵伬 止清羽伬 流清商亿 澤清角仩 無清變徵伬 疆清角仩
聿清變徵伬 昭清羽伬 祀清商亿 事清變宮伏 祀清變宮伏 事清羽伬 孔清商亿 明清角仩
化清變宮伏 我清變徵伬 蒸清變宮伏 民清商亿 育清羽伬 我清角仩 膠清商亿 庠清變宮伏

迎神昭平

簫譜　壎篪排簫同

大清角伏 哉清商亿 孔清羽仩 子清變宮伬 先清角伏 覺清商伬 先清變宮伬 知清羽仩
與清徵亿 天清羽仩 地清商伬 參清變宮伬 萬清角伏 世清商伬 之清變宮伬 師清變宮伬
祥清變宮伬 徵清商伬 麟清徵亿 紱清羽仩 韻清徵亿 荅清商伬 金清角伏 絲清商伬
日清徵亿 月清羽仩 既清角伏 揭清變宮伬 乾清徵亿 坤清羽仩 清清徵亿 夷清角伏

奠帛初獻宣平

予清角伏 懷清徵亿 明清羽仩 德清變宮伬 玉清商伬 振清徵亿 金清角伏 聲清商伬
生清羽仩 民清徵亿 未清商伬 有清變宮伬 展清徵亿 也清羽仩 大清變宮伬 成清羽仩

俎清變宮伬 豆清商伬 千清角伏 古清變宮伬 春清羽仩 秋清羽仩 上清變宮伬 丁清羽仩
清清角伏 酒清商伬 既清徵亿 載清角伏 其清徵亿 香清羽仩 始清徵亿 升清角伏

亞獻秩平

式清角伏 禮清徵亿 莫清羽仩 愆清變宮伬 升清商伬 堂清變宮伬 再清徵亿 獻清角伏
響清商伬 協清變宮伬 鼗清徵亿 鏞清羽上 誠清變宮伬 孚清商伬 罍清變宮伬 甗清角伏
肅清變宮伬 肅清變宮伬 雍清羽仩 雍清羽仩 譽清徵亿 髦清角伏 斯清商伬 彥清角伏
禮清商伬 陶清變宮伬 樂清徵亿 淑清羽仩 相清變宮伬 觀清羽仩 而清徵亿 善清角伏

終獻敘平

自清角伏 古清徵亿 在清變宮伬 昔清羽仩 先清商伬 民清變宮伬 有清徵亿 作清羽仩

皮清變宮伬弁清商仉祭清徵亿菜清角伕於清商仉論清變宮伬思清羽仩樂清徵亿
惟清變宮伬天清商仉牖清角伕民清變宮伬惟清徵亿聖清商仉時清徵亿若清羽仩
彝清變宮伬倫清變宮伬攸清商仉敘清角伕至清商仉今清變宮伬木清徵亿鐸清角伕

撤饌懿平

先清角伕師清徵亿有清羽仩言清變宮伬祭清角伕則清商仉受清角伕福清變宮伬
四清徵亿海清角伕黌清變宮伬宮清商仉疇清徵亿敢清羽仩不清徵亿肅清角伕
禮清變宮伬成清商仉告清角伕徹清變宮伬毋清徵亿疏清羽仩毋清徵亿瀆清角伕
樂清變宮伬所清商仉自清徵亿生清角伕中清變宮伬原清羽仩有清徵亿菽清角伕

送神德平

鳧清角伕繹清徵亿峩清羽仩峩清變宮伬洙清商仉泗清角伕洋清徵亿洋清羽仩
景清商仉行清變宮伬行清變宮伬止清商仉流清徵亿澤清羽仩無清變宮伬疆清羽仩
聿清變宮伬昭清商仉祀清徵亿事清角伕祀清角伕事清商仉孔清徵亿明清羽仩
化清角伕我清變宮伬烝清角伕民清商仉育清徵亿我清羽仩膠清徵亿庠清角伕

笛譜 笙同

大清角仩哉清徵仩孔清羽仉子清變宮伕先清角仩覺清商亿先清變宮伕知清羽仉
與清徵仩天清羽仉地清商亿參清變宮伕萬清角仩世清商亿之清變宮伕師清變宮伕
祥清變宮仩徵清商亿麟清徵仩紱清羽仉韻清徵仩答清商亿金清角仩絲清商亿
日清徵仩月清羽仉既清角仩揭清變宮伕乾清徵仩坤清羽仉清清徵仩夷清角仩

笛譜

孚清角仩懷清徵仩明清羽仉德清變宮伕玉清商亿振清徵仩金清角仩聲清商亿
生清羽仉民清徵仩未清商亿有清變宮伕展清徵仩也清羽仉大清變宮伕成清羽仉
俎清變宮伕豆清商亿千清角仩古清變宮伕春清羽仉秋清羽仉上清變宮伕丁清羽仉
清清角仩酒清商亿既清徵仩載清角仩其清徵仩香清羽仉始清徵仩升清角仩

笛譜

式清角仩禮清徵仩莫清羽仉愆清變宮伕升清商亿堂清變宮伕再清徵仩獻清角仩
響清商亿協清變宮伕鼗清徵仩鏞清羽仉誠清變宮伕孚清商仩罍清變宮伕甗清角仩
肅清變宮伕肅清變宮伕雍清羽仉雍清羽仉譽清徵仩髦清角仩斯清商亿彥清角仩

禮清商亿陶清變宮伕樂清徵仩淑清羽仉相清變宮伕觀清羽仉而清徵仩善清角仩

笛譜

自清角仩古清徵仩在清變宮伕昔清羽仉先清商亿民清變宮伕有清徵仩作清羽仉
皮清變宮伕弁清商亿祭清徵仩菜清角仩於清商亿論清變宮伕思清羽仉樂清徵仩
惟清變宮伕天清商亿牖清角仩民清變宮伕惟清徵仩聖清商亿時清徵仩若清羽仉
彝清變宮伕倫清變宮伕攸清商亿敘清角仩至清商亿今清變宮伕木清徵仩鐸清角仩

笛譜

先清角仩師清徵仩有清羽仉言清角仩祭清角仩則清商亿受清角仩福清變宮伕
四清徵仩海清角仩黌清變宮伕宮清徵仩疇清徵仩敢清羽仉不清徵仩肅清角仩

禮清變宮伬成清商仜告清徵仩徹清變宮伬毋清徵仩疏清羽伬毋清徵仩瀆清角仩

樂清變宮伬所清商仜自清徵仩生清角仩中清變宮伬原清羽伬有清徵仩菽清角仩

笛譜

凫清角仩繹清徵仩峩清羽伬峩清變宮伬洙清商仜泗清角仩洋清徵仩洋清商伬

景清商仜行清變宮伬行清變宮伬止清商仜流清徵仩澤清商伬無清變宮伬疆清商伬

聿清變宮伬昭清商仜祀清徵仩事清角仩祀清角仩事清商仜孔清徵仩明清商伬

化清角仩我清變宮伬烝清角仩民清商仜育清徵仩我清羽伬膠清徵仩庠清角仩

舞譜 初獻作甯平舞

覺一舞 我二舞 生一別脚 民一扯圈

陶一召 鑄二召 前一揖 聖對面

巍兩舞 巍對面 泰一擺脚 山一灌耳

實一別脚 予二別脚 景一揖 行一擺手

禮一舞 備二舞 樂一擺脚 和二擺脚

豆對面一擺脚 籩對面二擺脚 惟一揖 靜朝上

旣一別脚 述二別脚 六一提脚 經一扯圈

爰一擺手 斟二擺手 三三擺手 正一叩頭

亞獻作安平舞

大一舞 哉二舞 聖一別脚 師一扯圈

天一召 授二召 明一揖 德對面

木兩舞 鐸對面 萬一擺脚 世一灌耳

式一別脚 是二別脚 羣一揖 辟一拱手

清一舞 酒二舞 維一擺脚 醑二擺脚

言對面一擺脚 觀對面二擺脚 秉一揖 翟朝上

太一別脚 和二別脚 常一提脚 流一扯圈

英一擺手 材二擺手 斯三擺手 植一叩頭

終獻作景平舞

猗一舞 歟二舞 素一別脚 王一扯圈

示一看尖 予二看尖 物三看尖 軌一蹲身

瞻背一召 之背二召 在一別脚 前一扯圈

神對面一舞 其對面二舞 甯一揖 止一拱手

酌一看尖 彼二看尖 金一揖 罍一扯圈

惟一召 清二召 且一蹲身 旨二蹲身

登一擺手 獻二擺手 旣三擺手 終朝上

弗一舒手 遐二舒手 有二舒手 喜一叩頭

歷代尊崇

先師祀學始末

周時魯哀公誅孔子曰尼父爲立廟因舊宅置卒守立廟始此漢高帝十二年過魯以太牢祀孔子詔諸侯王卿相至郡國先謁廟後從政自漢以來祀孔子始此元帝詔太師褒成君霸以所食邑八百戶祀孔子賜霸爵關內侯後裔封侯始此平帝元始元年謚孔子褒成宣尼公稱公始此後漢明帝永平二年詔學校皆祀周公孔子祀學始此十五年幸闕里宅祀仲尼及七十二弟子章帝元和二年祀孔子於闕里作六代之樂和帝封褒尊侯安帝延光三年祀孔子於闕里桓靈時詔孔廟置百戶卒史掌禮器春秋享禮出王家錢給大酒直河南君給牛羊豕各一大司農給米靈帝元光元年置鴻都門學畫先聖及七十二弟子像畫像始此魏文帝黃初中詔起舊廟設卒守齊王正始七年令太常釋奠釋奠始此以太牢祀於辟雍以顏淵配釋奠於太學始此前皆祀於闕里晉武帝太始三年詔太學及魯國四時以三牲祀釋奠於中堂以顏子配七年皇太子親釋奠於太學太子釋奠始此元明成穆皆釋奠宋高祖永初中詔魯郡修葺墳廟文帝元嘉二十二年太子釋奠採晉故事舞八佾設軒懸之樂器用悉依上公釋奠用樂始此齊武帝永明三年學生釋奠於先聖

先師用元嘉故事北魏孝文帝太和十六年親修謁拜禮改謚文聖尼父封後人爲崇聖侯拜孔氏四人顏氏二人復給邑百戶與周公並饗文成帝詔宣尼之廟別敕有司薦享有司行薦享始此北齊天保間制春秋二仲釋奠於先聖先師以時修葺祠廟每月朔制祭酒領博士弟子以下及國子諸生太學四門博士升堂助教以下太學諸生於階下拜孔聖揖顏回朔日行禮始此梁元帝承聖初於荆州建宣聖廟自圖聖像爲之贊書之南北五代崇祀不廢隋文帝開皇初贈孔子爲先師尼父周公爲先聖南面孔子東面制國學州縣學春秋仲月上丁釋奠州縣春秋仲月釋奠始此唐高祖武德二年詔國學分立周公孔子廟周孔各廟始此太宗貞觀二年別祀周公尊孔子爲先聖顏子爲先師配焉四年詔州縣立廟四時致祭以左邱明等二十二人配徧祀天下郡邑學以先儒配始此二十年詔皇太子釋奠於先聖先師遣官釋奠州縣守令主祭始此高宗顯慶二年仍尊孔子爲先聖顏回爲先師乾封元年贈孔子太師總章元年贈顏子少師曾子少保弟子追贈以曾子配俱始此元宗開元七年詔春秋釋奠用牲牢屬縣用酒脯八年詔顏子十哲像俱侍坐從

祀曾參像侍坐十哲之次圖七十子及二十二賢於廟壁十
三年封禪還幸孔子宅親奠以太牢祀墓置卒守復孔氏賦
役令天下州縣立廟賜百戶充春秋享奠二十七年追謚孔
子文宣王服衮冕樂用宮縣舞用八佾贈十哲公侯爵曾子
以下六十七子爵皆伯夫子追王始此德宗貞元二年釋奠
詔自宰臣以下畢集祝版自署名畢各北面肅拜後周高祖
廣順二年奠闕里廟謁墓宋太祖建隆三年詔文廟門立戟
十六親撰文宣王兗公二贊從祀賢哲命當時文人爲之太
平興國中特免孔氏子孫庸調詔孔宣襲封文宣公眞宗咸

平三年追謚元聖文宣王大中祥符二年詔太常禮院定州
縣釋奠禮器數先聖先師每座酒罇二籩八豆八簠二簋二
俎三罍一洗一篚一罇皆加勺冪各置於坫巾共二燭一爵
共四坫共二從祀諸座籩二豆二簠一簋一俎一燭一爵一
五年詔改謚至聖文宣王執桓圭冕九旒服九章天禧元年
詔釋奠儀注及祭器圖令崇文館雕印頒行下諸路仁宗景
祐元年詔釋奠用登歌至和二年詔封孔子後爲衍聖公衍
聖之稱始此神宗熙甯八年制文宣王冕十二旒兗國公顔
子等皆依本朝郡國封爵品服徽宗崇甯元年詔追封孔鯉

爲泗水侯孔伋爲沂水侯大觀二年詔躋子思從祀四年詔
文宣王執鎭圭並如王者之制廟門增戟二十四金章宗明
昌二年孔子廟門置下馬牌元世祖至元十年詔春秋二丁
釋奠執事官員各公服如其品陪位諸儒襴帶唐巾行禮丁
祭執事諸儒變常服始此成宗大德元年敕各官涖任先詣
先聖廟拜謁方許以次詣神廟十一年七月武宗追封孔子
爲大成至聖文宣王祀以太牢文宗至順元年稱顔子復聖
曾子宗聖子思述聖孟子亞聖明太祖洪武二年詔文廟附
祀鄉賢名宦四年定祭置高案籩豆簠簋登鉶悉用磁牲用

熟樂用六奏十四年文廟成遣官以太牢祀詔神主不設像
上遂視學頒釋奠儀二十四年敕每月朔望太學祭酒以下
行釋菜禮郡縣學長吏以下詣學行香二十六年頒大成樂
器於郡州縣學成祖永樂四年視學服皮弁行一奠四拜禮
釋奠四拜始此八年正文廟繪像聖賢衣冠令合古制十二
年釋奠增十二籩豆憲宗成化二年增樂舞爲八佾世宗嘉
靖九年釐正祀典改稱至聖先師孔子四配稱復聖顔子宗
聖曾子述聖子思子亞聖孟子十哲以下皆稱先賢左邱明
以下稱先儒去塑像設木主罷封爵改大成殿爲先師廟門

爲廟門祭用籩豆十舞佾六郡邑學籩豆殺其二舞止六

國朝

世祖章皇帝順治二年定謚大成至聖文宣先師孔子十四年改謚

至聖先師孔子通行直省各學康熙十二年

御題萬世師表匾額頒立文廟

聖主仁皇帝康熙三十五年

御製孔子贊顏曾思孟四子贊發直省立碑

孔子贊 并序碑置大成殿大學士張玉書奉 勅書

蓋自三才建而天地不居其功一中傳而聖人代宣其蘊有行道

之聖得位以綏猷有明道之聖立言以垂憲此正學所以常明而人心所以不泯也粤稽往緒仰溯前徽堯舜禹湯文武達而在上兼君師之寄行道之聖人也孔子不得位窮而在下秉刪述之權明道之聖人也行道者勲業炳於一朝明道者教師周於百世堯舜文武之後不有孔子則學術紛淆仁義湮塞斯道之失傳也久矣後之人而欲探二帝三王之心法以爲治國平天下之準其奚所取衷焉然則孔子之爲萬古一人也審矣朕巡省東國謁祀闕里景企滋深敬摛筆而爲之贊曰清濁有氣剛柔有質聖人參之人極以立行著習察舍道莫由惟皇建極惟后綏猷作君作師垂

統萬古曰惟堯舜禹湯文武五百餘歲至聖挺生聲金振玉集厥大成序書刪詩定禮正樂既窮象繫亦嚴筆削上紹往緒下示來型道不終晦秩然大經百家紛紜殊途異趣日月無踰羹牆可晤孔子之道惟中與庸此心此理千聖所同孔子之德仁義中正秉彝之好根本天性庶幾夙夜勗哉令圖遡源洙泗景躅唐虞載歷廷除視觀禮器摛毫仰贊心焉遐企百世而上以聖爲歸百世而下以聖爲師非師夫子惟師於道統天御世惟道爲寶泰山巖巖東海泱泱牆高萬仞夫子之堂孰窺其藩孰窺其徑道不遠人克念作聖

顏子贊 碑置大成殿大學士張玉書奉 勅書

聖道早聞天資獨粹約禮博文不遷不貳一善服膺萬德來萃能化而齊其樂一致禮樂四代治法兼備用舍行藏王佐之器

曾子贊 碑置大成殿大學士張玉書奉 勅書

洙泗之傳魯以得之一貫曰唯聖學在茲明德新民止善爲期格致誠正均平以推至德要道百行所基纂成統緒修明訓辭

子思子贊 碑置大成殿大學士張玉書奉 勅書

於穆天命道之大原靜養動察庸德庸言以育萬物以贊乾坤九經三重大法是存篤恭愼獨成德之門卷之藏密擴之無垠

孟子贊（碑 置大成殿大學士張玉書奉　勅書）

哲人既萎楊墨昌熾子輿闢之日仁日義性善獨闡知言養氣道稱堯舜學屏功利煌煌七篇並重六藝孔學攸傳禹功作配

五十五年升朱子於十哲之次（以上見省志）

世宗憲皇帝雍正三年

御書生民未有匾額頒立文廟

詔郡縣春秋仲月祭增用太牢

高宗純皇帝乾隆三年升有若於十哲移朱子於西哲末

至聖先師孔子神位居中正南面

御書與天地參匾額頒立文廟

仁宗睿皇帝嘉慶七年

御書聖集大成匾額頒立文廟

宣宗成皇帝道光元年

御書聖協時中匾額頒立文廟

文宗顯皇帝咸豐二年

御書德齊幬載匾額頒立文廟

穆宗毅皇帝同治三年

欽頒聖神天縱匾額書建立文廟

今上光緒元年

欽頒斯文在兹匾書建立文廟

後漢明帝永平十五年東巡祀仲尼七十二弟子靈帝光和元年置鴻都門學畫先聖及七十二弟子像魏齊王正始七年祀孔子於辟雍以顏淵配此弟子配祀之始北魏孝文太和間拜顏氏二人官唐太宗貞觀二十一年詔以左丘明卜子夏公羊高穀梁赤伏勝高堂生戴聖毛萇孔安國劉向鄭衆杜子春馬融盧植鄭元服虔何休王肅王弼杜預范甯賈逵二十二人配享尼父廟堂高宗永徽中

贈孔子太師顏子少師曾子少師弟子追贈幷曾子配享俱始此元宗開元八年圖畫七十二弟子及二十二賢於廟壁令當朝文士分爲之贊二十七年詔追贈顏子兖國公閔子騫費侯冉伯牛鄆侯冉仲弓薄侯宰子我齊侯端木子貢黎侯冉子有徐侯仲子路衛侯言子游吳侯卜子夏魏侯曾參郕伯顓孫師陳伯澹臺滅明江伯虙子賤單伯原憲原伯公冶長莒伯南宮子容郯伯公皙哀郳伯曾點宿伯顏路杞伯商瞿蒙伯高柴共伯漆雕開滕伯公伯寮任伯司馬牛向伯樊遲凡伯有若卞伯公西赤郜伯巫馬期鄫伯梁鱣梁伯顏

柳蕭伯冉孺紀伯曹卹曹伯伯虔郰伯公孫龍黃伯冉季東
平伯秦子南少梁伯漆雕子斂武城伯顏子驕瑯琊伯漆雕
徒父須句伯壤駟赤北徵伯商澤睢陽伯石作蜀石邑伯任
不齊任城伯公夏守亢父伯公良孺東牟伯后處滎邱伯秦
子開彭衙伯奚容蒧下邳伯公肩定新田伯顏襄臨沂伯鄡
單銅鞮伯句井疆淇陽伯罕父黑乘邱伯秦商上洛伯申黨
邵陵伯公祖句茲期思伯榮子期雩婁伯縣成鉅野伯左人
郢臨淄伯燕伋魚陽伯鄭子徒滎陽伯顏之僕東武伯原亢
萊蕪伯樂欬昌平伯廉潔莒父伯顏何開陽伯叔仲會瑕邱

伯狄黑臨濟伯邽巽平陸伯孔忠汶陽伯公西輿如重邱伯
公西蒧祝阿伯蘧瑗衞伯施常乘氏伯林放清河伯秦非汧
陽伯陳亢潁伯申棖魯伯琴牢南陵伯顏噲朱虛伯步叔乘
湻于伯琴張南陵伯命所司奠祭如釋奠之儀贈五等爵始
此後唐長興三年勅文宣王廟四壁諸賢每釋奠各陳脯醢
諸物以祭宋初畫七十二賢及先儒二十二人像於東西廊
之板壁命當時文臣爲之贊釋奠之禮如舊眞宗咸平三年
詔追封兖公顏回兖國公費侯閔損瑯琊公鄆侯冉耕東平
公薄侯冉雍下邳公齊侯宰予臨淄公黎侯端木賜黎陽公

徐侯冉求彭城公衞侯仲由河內公吳侯言偃丹陽公魏侯
卜商河東公郕伯曾參瑕邱侯陳伯顓孫師宛邱侯江伯澹
臺滅明金鄉侯單伯虙不齊單父侯原伯原憲任城侯莒伯
公冶長高密侯郯伯南宮縚龔邱侯郰伯公晳哀北海侯宿
伯曾點萊蕪侯杞伯顏無繇曲阜侯蒙伯商瞿須昌侯共伯
高柴共城侯滕伯漆雕開平輿侯任伯公伯寮壽張侯向伯
司馬牛楚邱侯凡伯樊遲益都侯郜伯公西赤鉅野侯卞伯
有若平陰侯鄅伯巫馬期東阿侯潁伯陳亢南頓侯梁伯梁
鱣千乘侯蕭伯顏辛陽穀侯紀伯冉孺臨沂侯東平伯冉季

諸城侯郰伯伯虔沭陽侯黃伯公孫龍枝江侯彭衙伯秦冉
新息侯少梁伯秦商鄄城侯武城伯漆雕哆濮陽侯瑯琊伯
顏驕雷澤侯須句伯漆雕徒父高苑侯北徵伯壤駟赤上邽
侯清河伯林放長山侯睢陽伯商澤鄒平侯石邑伯石作蜀
成紀侯任城伯任不齊當陽侯魯伯申棖文登侯東牟伯公
良孺牟平侯曹伯曹卹上蔡侯下邳伯奚容蒧濟陽侯淇陽
伯句井疆滏陽侯邵陵伯申黨淄川侯期思伯公祖句茲即
墨侯雩婁伯榮期厭次侯鉅野伯縣成城武侯臨淄伯左人
郢南華侯漁陽伯燕伋汧源侯滎陽伯鄭國朐山侯汧陽伯

秦非華亭侯乘氏伯施之常臨濮侯朱虛伯顏噲濟陰侯漆
于伯步叔乘博昌侯東武伯顏之僕冤句侯衞伯蘧瑗內黃
侯瑕邱伯叔仲會博平侯開陽伯顏何堂邑侯臨濟伯狄黑
林慮侯平陸伯邽巽高堂侯汶陽伯孔忠鄆城侯重邱伯公
西輿如臨朐侯祝阿伯公西蒧徐城侯南陵伯琴張頓邱侯
又詔封配饗先魯史左邱明瑕邱伯齊人公羊高臨淄伯魯
人穀梁赤龔邱伯秦博士伏勝乘氏伯漢博士高堂生萊蕪
伯九江太守戴聖楚邱伯河間博士毛萇樂壽伯臨淮太守
孔安國曲阜伯中壘校尉劉向彭城伯後漢大司農鄭眾中

牟伯河南杜子春緱氏伯南郡太守馬融扶風伯北中郎將
盧植良鄉伯大司農鄭康成高密伯九江太守服虔樂陽伯
侍中賈逵岐陽伯諫議大夫何休任城伯魏衞將軍太常蘭
陵亭侯王肅贈司空尚書郎王弼封偃師伯晉鎮南大將軍
開府儀同三司當陽侯杜預贈司徒豫章太守范甯封鉅野
伯命三司使兩制待制館閣官作贊神宗熙甯八年令七十
二賢二十二先儒皆依本朝郡國縣公侯伯爵品冠服元豐
六年詔封孟子鄒國公配享孟子配享始此七年詔鄒國公
同顏子配食宣聖封荀況蘭陵伯楊雄成都伯韓愈昌黎伯

並從祀於左邱明等二十二賢之間頒行天下學校塑像春
秋釋奠行禮徽宗大觀二年封孔鯉泗水侯伋沂水侯詔躋
子思從祀崇甯四年詔公夏首封鉅平侯后處膠東侯公肩
定梁父侯顏祖富陽侯鄡單聊城侯罕父黑祁鄉侯秦商馮
翊侯原抗樂平侯樂欬建城侯廉潔胙城侯從祀從議禮局
言史記皆有其名唐開元禮亦載祀典政和元年詔孔子弟
子所封侯爵與宣聖名同改封瑕邱侯曾參武城侯宛邱侯
顓孫師潁川侯龔邱侯南宮縚汶陽侯楚邱侯司馬耕雒陽
侯頓邱侯琴張陽平侯瑕邱伯左邱明中都伯龔邱伯穀梁

赤雒陵伯楚邱伯戴聖考城伯五年詔兖州鄒學孟子以樂
正子配享公孫丑以下從祀封樂正子克利國侯公孫丑壽
光伯萬章博興伯浩不害東河伯孟仲子清泰伯陳臻蓬萊
伯充虞昌樂伯屋廬連奉符伯徐辟仙源伯陳代沂水伯彭
更雷澤伯公都子平陰伯咸邱蒙須城伯高子泗水伯桃應
膠水伯盆城括萊陽伯季孫豐城伯子叔承陽伯理宗淳祐
元年以周敦頤張載程顥程頤朱熹從祀景定二年以張栻
呂祖謙從祀度宗咸淳三年以顏淵曾參孔伋孟軻配享進
顓孫師於十哲邵雍司馬光從祀元仁宗皇慶二年以許衡

從祀文宗至順元年以董仲舒從祀明太祖洪武二十九年黜楊雄從祀英宗正統二年以宋胡安國蔡沉眞德秀從祀八年以元吳澄從祀孝宗宏治八年以宋楊時從祀世宗嘉靖九年詔聖門弟子皆稱先賢左邱明以下皆稱先儒撤塑像易木主樂舞仍用六佾樂章中稱王者並易爲師從祀申黨及申棖去黨存棖公伯寮秦冉顏何荀況戴聖劉向賈逵馬融何休王肅王弼杜預吳澄俱罷祀蘧瑗林放盧植鄭衆鄭康成服虔范甯俱各祀於其鄉以后蒼王通胡瑗歐陽修陸九淵從祀穆宗隆慶五年以薛瑄從祀神宗萬歷十二年以王守仁陳獻章胡居仁從祀四十二年以羅從彥李侗從祀

國朝

聖祖仁皇帝康熙五十三年升周敦頤張載程顥程頤朱熹邵雍爲先賢又以范仲淹從祀

世宗憲皇帝雍正二年復以蘧瑗林放秦冉顏何鄭康成范甯從祀增縣亶牧皮樂正克公都子萬章公孫丑諸葛亮尹焞魏了翁黃榦陳淳何基王柏趙復金履祥許謙陳澔羅欽順蔡清陸隴其從祀東廡首蘧瑗西廡首林放列叙先賢先儒共一

百二十三人位次

高宗純皇帝乾隆三年升有子入殿次卜子夏移朱子於顓孫子下復以吳澄從祀兩廡六年

欽頒定先賢先儒從祀位次以上省志

宣宗成皇帝道光二三年五六年八年先後以劉宗周湯斌黃道周呂坤陸贄孫奇逢從祀二十三年以文天祥從祀二十九年以謝良佐從祀

文宗顯皇帝咸豐元年以李綱從祀二年以韓琦從祀三年以公明儀從祀七年以公孫僑從祀九年以陸秀夫從祀十年以曹端從祀

穆宗毅皇帝同治元年以毛亨呂柟從祀二年以方孝孺從祀七年以袁燮從祀十年以張履祥從祀

今上光緒元年以陸世儀從祀二年以許愼從祀三年以劉德從祀四年以張伯行從祀五年以輔廣從祀十九年以游酢從祀

崇聖祠

宋眞宗大中祥符元年東封幸叔梁紇堂詔封叔梁紇齊國公顏氏曾國太夫人幷官氏鄆國夫人遣都官員外郎王勵

祭告仁宗慶歷八年詔聖父齊國公像易以九章之服立廟
聖殿後元文宗至順元年加封聖父爲啟聖王聖母爲啟聖
王夫人明世宗嘉靖九年詔加啟聖公封爵令天下學宮皆
建啟聖祠祀叔梁父以先賢顏無繇曾點孔鯉孟孫激配享
以先儒程珦朱松蔡元定從祀神宗萬歷二十三年以周輔
成從祀啟聖祠
國朝雍正元年
諭內閣禮部追封
孔子先世五代

至聖先師孔子道冠古今德參天地樹百王之模範立萬世之宗
師其爲功於天下者至矣而水源木本積厚流光有開必先克昌
厥後則
聖人之祖考宜膺崇厚之褒封所以追溯前徽不忘所自也粵稽
舊制
孔子之父叔梁公於宋眞宗時追封啟聖公自宋之後歷代遵循
而叔梁公以上則向來未加封號亦未奉祀祠庭朕仰體
皇考崇儒重道之盛心敬修崇德報功之典禮意欲追封五代並享
蒸嘗用伸景仰之誠庶慰羹牆之慕內閣禮部可會確議具奏四

月禮臣議奏
孔子先師五代應俱封公爵奉
上諭五倫爲百行之本天地君親師人所宜重而天地君親之義又
賴師教以明自古師道無過於
孔子誠首出之聖者也我
皇考崇儒重道超軼千古凡遵崇
孔子典禮無不備至朕蒙
皇考教育自幼讀書心切景仰欲再加尊崇更無可增之處故敕部
追封

孔子先世五代今部議封公上考歷代帝王皆有尊崇之典唐明
皇封
孔子爲文宣王宋眞宗加封至聖文宣王封
聖父叔梁紇爲齊國公元加封
孔子爲大成至聖文宣王加封齊國公爲啟聖王至明嘉靖時猶
以王係臣爵改稱爲
至聖先師孔子改啟聖王爲啟聖公王公雖俱尊稱朕意以爲王
爵較尊
孔子五世應否封王之處著諸大臣具奏遵

旨議定自叔梁公以上至木金父公凡五代並追封爲王爵
木金父爲肇聖王
祈父爲裕聖王
防叔爲詒聖王
伯夏爲昌聖王
叔梁紇爲啟聖王啟聖祠更名 崇聖祠春秋祭典照啟聖王
例陳設各直省府州縣衛學一體遵行
二年增張𢈔從祀咸豐七年增孟皮配享

禮器圖

簠

簠黍稷圓器也廣韻內方外圓曰簠儀禮簠有蓋冪蓋四隅微棱起如雲狀通蓋重十三觔高七寸深二寸闊八寸一分腹徑長一尺一分古用陶後世範金爲之

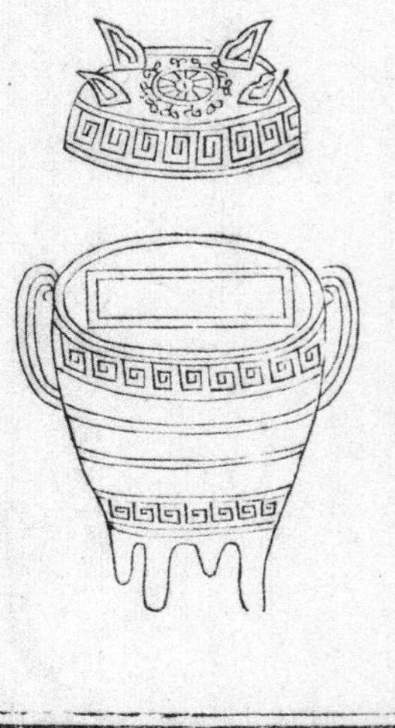

簋

簋外方內圓有虞氏敦夏璉商瑚周簠簋考工記旅人爲簋瓦簋即土簋也先儒云宗廟之簋用木天子飾以玉諸侯飾以象近制用銅儀禮啟簋會會蓋也象龜形通蓋重九觔高六寸七分深二寸八分闊五寸腹徑長七寸九分

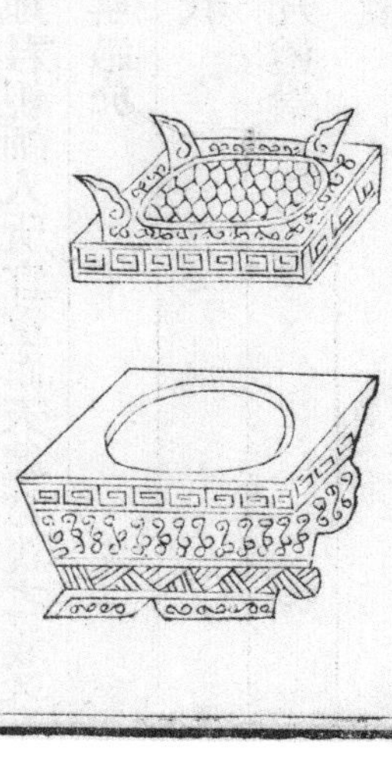

登

登似豆而高大用薦太羹詩曰于豆于登爾雅疏木曰豆瓦曰登字從夕即肉從又即手盎以手持祭肉于豆之意與登降之登從登不同高尺有四寸

鉶

鉶小鼎也用薦和羹周禮亨人祭祀共太羹鉶羹儀禮疏據羹在器謂鉶羹據器言謂鉶鼎範銅爲之三足覆以盎施二組

籩

籩竹豆也口有藤緣形製如豆盛棗栗之屬口徑四寸九分通足高五寸九分足徑闊五寸一分上深寸有四分

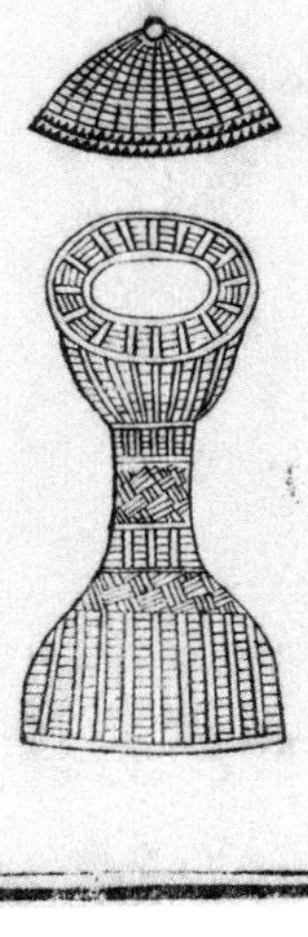

豆

豆制不同夏揭豆殷玉豆周獻豆又魯玉豆雕篹爾雅及鄭氏說以木周禮旊人說以瓦呂氏考古圖說及政和近制以銅郊牲牲日鼎俎奇而籩豆偶陰陽之義也籩豆之實水土之品也高廣如籩式

雲雷尊

雲雷尊銅製紐以螭首腹繪雲雷回旋狀用貯初獻酒重六觔四兩高九尺八分五釐口徑六寸七分五釐深七寸五分

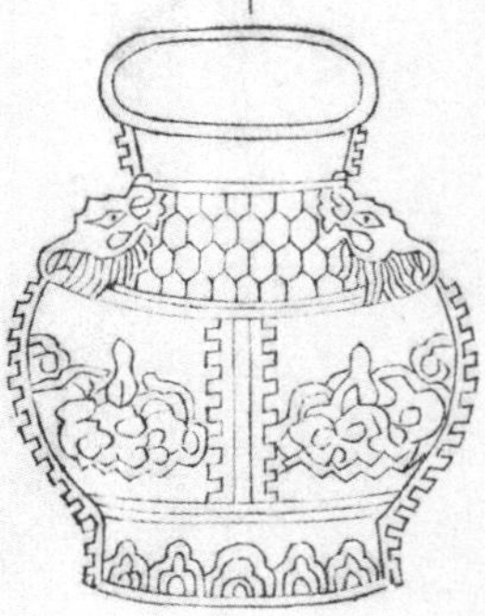

象尊

象尊取形於象以明夏德夏假也萬物之所由化也也範金爲之穴其背覆以盖受酒於腹瀉於鼻貯亞獻酒重十觔通足高六寸八分口徑寸有八分耳闊寸二分長寸有九分深四寸九分

犧尊

犧尊即獻尊周制也尊作牛形詩犧尊將將禮器犧尊疏布犧音娑取犧牲享食之義貯終獻酒範金爲之受酒同象尊重九觔十兩通足高六寸一分徑二寸四分頭去足高八寸二分耳高二寸一分五釐闊八分五釐深二寸七分

壺尊

壺尊尊作壺形脰飾饕餮腹著風雲示有節止而又施澤及時也夏商曰尊彝周制用壺重四觔一兩二錢高八寸四分口徑四寸五分腹徑六寸深七寸一分

大尊

大尊大從泰有虞氏之制貴本尚質瓦尊也通足高八寸一分口徑五寸七分腹徑六寸一分足徑三寸一八分深六寸五分

著尊

著尊無足而底著地明堂位商尊也唐制先聖先師每座犧尊象尊雲雷尊各二今止設三尊闕里志釋奠乃備六尊有壺尊大尊著尊蓋周禮之舊歷代相沿者也著尊範銅爲之周身雷紋重四觔十兩高八寸四分五釐口徑四寸三分腹徑六寸三分深八寸二分

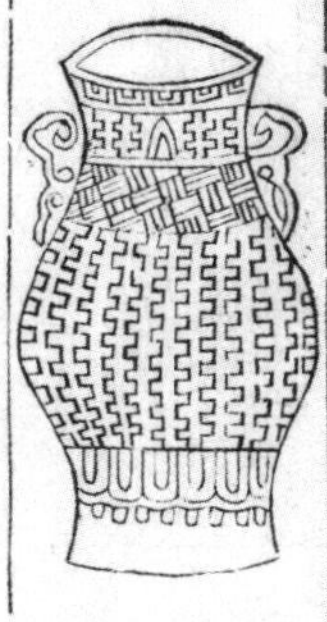

巾冪

巾冪用以覆尊絳帛方幅爲之中畫雲龍旁繪文綵四角綴以金錢十哲兩廡元表纁裏不繪雲龍幅方尺有五寸

龍勺

勺所以酌酒而注之爵者範金爲之柄作龍首夏制也重一觔口闊二寸一分柄長一尺二寸九分

爵

爵以獻酒夏曰琖殷曰斝周曰爵說文禮器也象爵之形取其鳴節節足足也製用銅重一觔八兩兩柱三足有鋬通柱高八寸三分深三寸三分口徑長六寸二分闊二寸九分正殿爵以磁色純白制如之

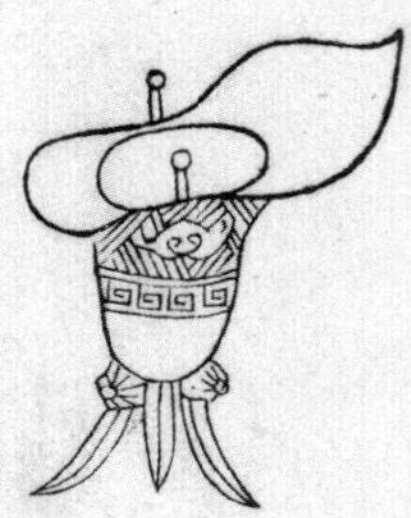

祝版

祝版木質粉塗高九寸闊尺有二寸架長尺尺三寸高二寸疏文用白紙楷書粘於木版之上以便捧讀祭畢揭而焚之

俎

俎以盛牲斵木為之上有蓋下有跗明堂位周以房俎鄭注足下加跗也字從仌不從仌仌仌即肉也臨祭起蓋以致潔誠朱其外中以黑長二尺八寸闊尺八寸五分兩端施鐵環蓋高四寸牲盤漆以黑方一尺高二寸

篚

篚盛帛通作匪象形也禹貢厥篚織文詩鹿鳴序實幣帛筐篚篚織竹為之漆以朱方長有蓋通足高五寸長二尺有八分闊五寸二分深四寸蓋深二寸八分

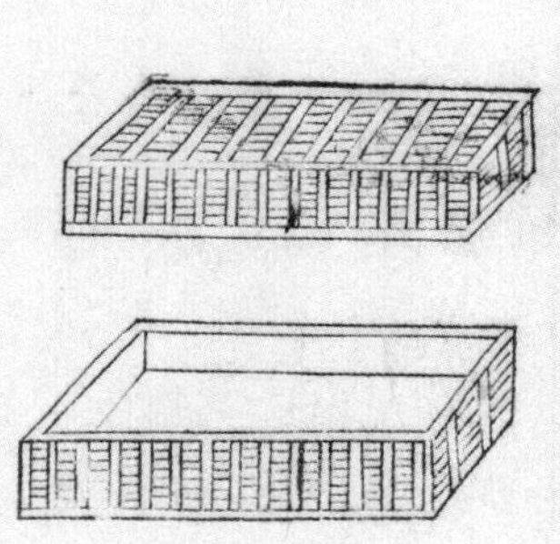

匜

匜盥器周禮凡祼事沃盥盍臨祭之時罍以盛水㪺而洗致肅恭也匜猶罍銅質畫饕餮雷文重八觔八兩通足高五寸七分口徑一尺三寸六分深二寸九分

洗

洗盛棄水銅爲之高深如匜制兩旁有環中飾龜魚祭祀禮肅三獻三盥棄舊換新以洗盛之不欲其停污於地也

樂器圖

麾

麾旌旆之屬周禮巾車建大麾以田歷代命協律郎執之以令樂工制以絳帛爲之兩面繪螭前升後降輔以雲氣上下綴枚上繪雲下繪山懸以龍頭朱竿幅長十尺竿十有二尺朱架卓之起樂則舉舉則升螭見而樂作樂闋則偃偃則降螭見而樂止樂之起止視乎麾也

金鐘

金鐘十六枚謂之堵其懸橫曰簨縱曰簴八簨凡二層下簨起右首黃鐘次大呂次太簇次夾鐘次姑洗次仲呂次蕤賓次林鐘上簨起左首夷則次南呂次無射次應鐘次清黃鐘清大呂清大簇清夾鐘鑄以精銅形如筩長九寸圍尺八寸週身雷紋紐作夔龍輕重不齊以製之厚薄辨律之高下架上兩端施流蘇橫板刻崇牙直柱足作卧猊形

玉磬

玉磬亦十六枚爲堵鐘一堵磬一堵謂之肆取泗濱石琢製勾長六寸股長尺有二寸隅方象矩以磨之厚薄辨律之清濁架如鐘架足作浮鶩形擊以堅木椎竹柄音律與鐘同凡擊先鐘音闋擊磬收之所謂金聲而玉振也

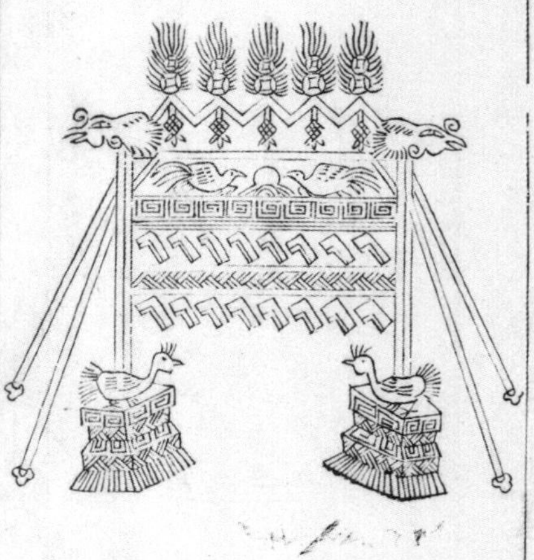

琴

琴材取桐梓漆以朱長三尺六寸六分闊六寸施七絃第一絃黃鐘律合字應左中指按右中指勾二絃太簇四字應左食指按右中指勾三絃林鐘尺字應左大指按右食指剔四絃七嶽半仲呂上字應左無名指按右中指勾五絃南呂工字應左大指按右食指剔六絃黃鐘清律六字應左大指按右食指剔

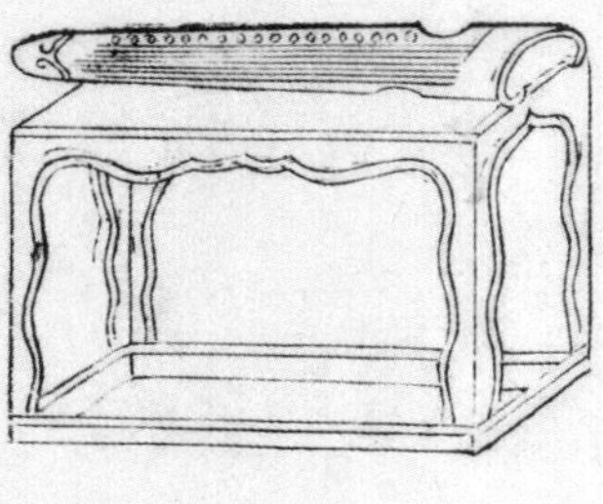

瑟

瑟亦桐梓木斲繪雲雷龍鳳文長八尺一寸廣尺有八寸施二十五絃染以朱中黃外第一絃黃鐘律合字應右食指順勾凡鼓此字必與內第一絃六字並鼓清濁相應二三絃太簇四字應右食指連勾六絃仲呂上字應右食指順勾七八絃林鐘尺字應右食指連勾九十絃南呂工字應右食指連勾內一絃黃鐘清律六字應左食指順勾餘十一絃與外絃音律指法同凡鼓四上凡工字外內絃並鼓取清濁相應也

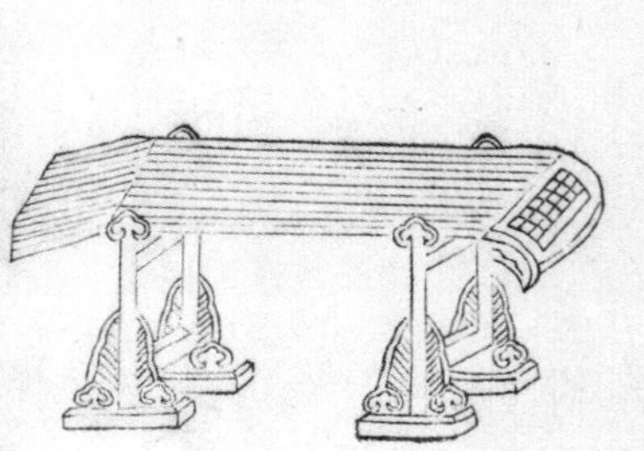

排簫

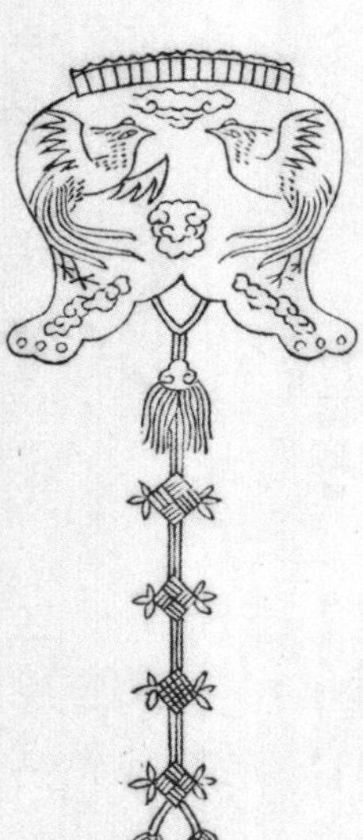

排簫即鳳簫長短排次名排簫其形參差象鳳翼音和鳴象鳳聲故亦名鳳簫片不爲架卷屈如龍頭下垂當其背鑿槽排管十有六修短合度每管一聲六律六呂兼四清聲移脣吹之架用朱漆飾以銷金鸞鳳

笛

笛截紫竹爲之長尺四寸七孔上一大孔徑二分吹竅也下六孔各徑分五釐頭安龍首飾以金下垂絲繸第一孔黃鐘清律六字應凡吹六字下五孔皆閉第二孔南呂工字應凡吹工字此孔與下四孔皆開餘閉第三孔林鐘尺字應凡吹尺字此孔與下第二孔皆開餘閉第四孔仲呂上字應凡吹上字下二孔皆開餘閉第五孔太簇四字應凡吹四字下一孔開餘閉第六孔黃鐘合字應凡吹合字六孔皆閉末一孔相應

篪

篪截竹爲箎長尺四寸圓五寸三分上一大孔徑三分下五孔徑二分橫而左吹音律與笛同輕氣吹之其聲乃和

簫

簫截竹爲之長尺九寸五分前五孔後一孔各徑一分五釐筩頭開半竅下垂絲絨繸結直吹之綏取其音悠揚不廹

笙

笙匏爲巢覆以角鑽十九孔植紫竹管於孔施銅簧參差如鳥翼吹匏之端鼓舞其簧而發聲第一三七十一管皆南呂工字應凡工字以此四管用右大指及食指按餘孔皆開十二十五管林鐘尺字應凡尺字左食指按第二第十管仲呂上字應四八十一管太簇四字應十二十四管黃鐘清律合字六字應凡吹合字必吹六字吹六字必吹合字清濁相合也

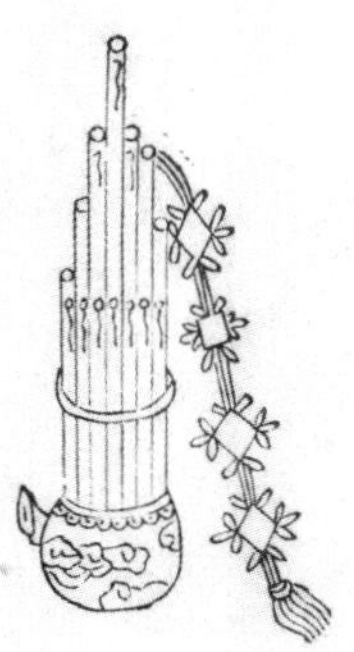

塤

塤賦土成圜五寸半長三寸四分上尖小圓頂開吹口徑三分前三孔後二孔各徑二分飾以雲氣上孔平吹大簇四字應向上稍仰黃鐘合字應下五孔俱閉左中指與食指二孔仲呂上字應凡上字止開此孔餘閉左食指孔並左手二孔俱開林鐘尺字應後二孔左大指孔南呂工字應凡工字此孔與前三孔俱開右大指孔黃鐘清律六字應凡六字前後各孔俱開吹者以兩手無名指小指托其底輕取其聲和爲佳

楹鼓

楹鼓朱漆綵繪長三尺五寸面闊二尺二寸柱穿其腰通高八尺頂張黃羅葢銷金雲花層簷四角探出龍首垂流蘇柱頂立鳳鳥柱下蹈足刻四狻猊首爪向外凡樂作先鼓以聲之連擊三通每通十二擊凡三十六擊三通畢又從容三擊眾樂作每奏樂一句三擊以爲節所謂五聲非鼓不和也

搏拊

搏拊勒革爲之兩端張以薄皮長尺四寸五分八釐徑七寸二分九釐中實以糠周身繪花旁有二環繫紅絨繩施以朱漆綵繪其用每奏樂一句聽楹鼓一擊拍以尾之三擊三拍初拍左手再拍右手三拍則兩手齊作以爲之節

柷

柷製以桑木狀如斗上方二尺一寸八分七釐下一尺六寸九分零四毫深一尺有八寸中虛有底以止擊之止即椎也柄高與心齊凡奏樂先以止撞底復擊左右共三聲以起樂

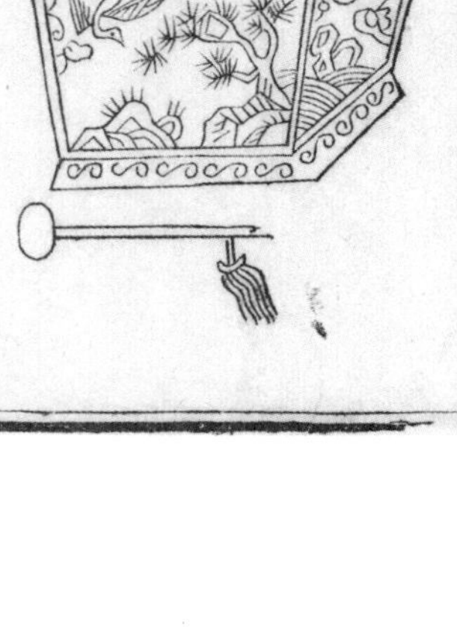

敔

敔刻木爲之狀如伏虎長二尺一寸八分七釐高一尺背刻二十七龃龉用竹長二尺四寸析十二莖名曰籈櫟其背以止樂也

卷二 祀典中 樂器圖 圭

節

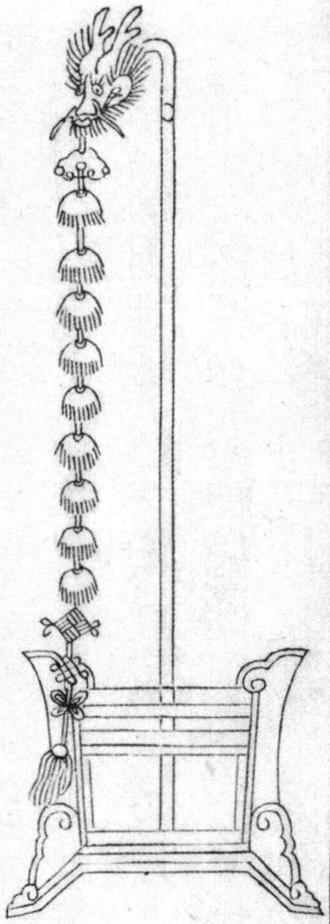

節引舞虞用犛牛毛簇九就每就飾金爲頂以紅絨絛貫而聯之綴以結毲竿長八尺五寸朱髹上安塗金龍首口啣寶蓋下垂紅纓朱架卓之俟舞生就列當舞時雙節前導行列綴兆執節立兩階以節其舞蓋樂之聲鼓以節之舞之容節以節之楚辭曰展詩兮會舞一律兮合節舞用節緩急應節之意也

羽

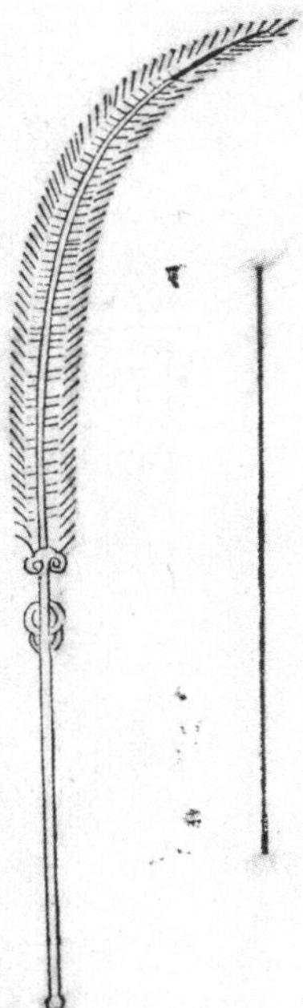

羽修長雉尾古並三羽束於柄今制止一羽柄長二尺漆以朱龍頭金飾周禮籥師掌教國子舞羽吹籥祭祀則鼓羽籥之舞五經通義文舞持羽毛武舞持干戚通典樂在目曰容容藏於心難以貌觀故假干戚羽籥以表其容○會典文廟用文舞生不設干戚

卷二 祀典中 樂器圖 圭

籥

籥長二尺穿三孔朱飾洞其中便貫羽也古葦籥今以竹爾雅太籥謂之産中曰仲小曰箹廣雅七孔毛氏六孔鄭康成云籥如笛三孔蓋舞具之有聲律者左手執籥右手秉翟籥以配羽用爲文舞蓋文德聲教之象云

按古者天子廟祭九獻又加爵三自漢以後祭皆三獻祭統謂獻之屬莫重於祼查會典丁祭無祼禮與宗廟禮異牲血在內爲幽毛在外爲全瘞於祭前告幽全也奠帛卽周禮所謂舍采帛長二丈八尺一說一尺八寸盛以篚行三跪九叩首禮卽周禮太祝九拜之頓首也酒醴齊有五以泛齊醴齊設堂上事孔子以神道也以盎齊醍齊沈齊設堂下事諸賢以人道也牲用牛羊豕各一如太學禮從其隆也考祭禮分朝踐饋食籩豆有加有差初獻倣古朝事籩則形鹽藁魚豆則韮菹醓醢亞獻終獻仿古饋食則以榛栗豚拍脾析次而加薦則

蓤芡芹筍次而羞薦餌餈酏糝今釋奠總爲一次陳設從其簡也太羹鉶羹簠簋之實俱全而籩豆之實應品稍減太學內祭用十籩缺糗餌粉餈用十豆缺酏食糝食郡邑外祭止八籩形鹽藁魚棗栗榛蓤芡魚脯並少白餅黑餅止八豆韮菹醓醢菁菹鹿醢芹菹兎醢筍菹魚醢並少豚拍脾析雖未備十二之數而禮已極隆矣登歌樂舞者以聲容相感格也蓋祭必有詩以頌功德樂章是也升歌堂上貴人聲歌詠其德舞以象之樂頌文德則舞羽籥歌武功則舞干戚舞以輔樂樂可以離舞舞不可以離樂八音缺一不和必鐘鼓琴瑟簫管塤篪笙磬柷敔旣備乃奏而後神人以和考孔庭釋奠漢章帝始用六代之樂南宋元嘉始用六佾之舞明洪武頒大成樂器於天下增用八佾嘉靖九年用張璁議謂魯用天子禮樂孔子不欲觀之遂定爲禮用三獻樂止六奏舞用六佾我

朝頒樂舞全圖通行禮亦三獻樂亦六奏舞六佾考樂一更始爲一奏又爲一成故九奏曰九成大祭九奏中祭六奏小祭三奏釋奠用六奏迎神一奏奠帛合初獻一奏亞獻一奏終獻一奏徹饌一奏送神合望燎一奏舊注奠帛另舉樂則七

奏矣望燎另舉樂則八奏矣非定制也佾之人數有二說杜預謂六佾用三十六人此以縱橫如數爲佾也服虔謂用四十八人此以八人一列爲佾也考春秋晉悼公納鄭女樂二八以女樂一八賜魏絳此八人爲列之明證自天子至士降殺以兩若如杜說士二佾止四人豈復成禮今舞圖從杜說用三十六人似宜從服說用四十八人較爲允協舊志闕典禮非獨饌品樂舞襲承簡陋並儀節亦多未嫻茲遵會典詳載儀注卽臚祭品樂章舞譜並禮器樂器悉繪爲圖俾多士得遵據講習後之君子稽求備物亦足資考鏡焉道光間縣志

朔望釋菜上香

愚按禮部則例府州縣月朔釋菜望日上香學官行禮儀節與省會同省會與太學同查則例太學釋菜儀注朔日設案設洗陳菜棗栗各一豆罏鐙香盤尊爵冪勺具質明祭酒率屬朝服諸生吉服引贊引由大成東側門入及廟庭通贊贊就位咸就位北面立祭酒司業爲一班師儒以位序諸生以齒序咸列於後通贊贊行三跪九叩禮興贊行釋菜禮引贊引祭酒詣東階盥手升階入　殿左門詣

先師位前贊跪俯伏通贊贊上香司香跪捧香祭酒三上香俯伏

興退詣尊案前視注酒引贊引復詣

先師位前贊跪俯伏通贊贊獻爵司爵跪捧爵祭酒受爵拱舉授獻正中俯伏興以次詣　四配位上香獻爵儀同贊復位初行禮時引贊引兩序分獻官二員盥詣　十二哲位前上香獻爵復位均如儀引贊引分獻官各二員盥詣　先賢先儒位前上香獻爵復位均如儀通贊贊行三跪九叩禮畢各退望日上香儀注不設尊爵不陳菜棗栗質明祭酒司業率屬朝服諸生吉服就位如釋菜儀上香

先師四配以司業兩序以助教二員兩廡以學正各二員

名宦祠

鄉賢祠

忠義孝弟祠

節孝祠

禮部則例一凡直省府州縣　文廟左右建名宦祠以祀仕於其土有功德者鄉賢祠以祀本地德行著聞之士忠義孝弟祠以祀本地忠臣義士孝子悌弟順孫節孝祠以祀節孝婦女每歲春秋致祭　一官員忠節著聞已入昭忠祠者仍准題請入忠義祠儀注

禮部則例每歲春秋釋奠禮畢教職一員公服詣祠致祭是日清晨廟戶啓祠門拂拭神案執事者陳豕一羊一籩四豆四鑪一鐙二陳祝文於案左陳壺一爵三帛一香盤一於案右引贊二人引主祭官入詣案前北面立禮生自右捧香盤主祭官三上香訖引贊贊跪叩興主祭官三叩興禮生自右授帛主祭官受帛拱舉仍授禮生獻於案上禮生酌酒實爵自右跪授爵主祭官受爵拱舉仍授禮生興獻於正中讀祝者捧祝文跪案左引贊贊跪主祭官跪讀祝畢以祝文復於案退主祭官俯伏興執事者酌酒獻於左又酌酒獻於右退

引贊贊跪叩興主祭官三叩興執事者以祝帛送燎引贊引
主祭官出執事者咸退

名宦祝文　卓哉羣公懋修厥職澤被生民功垂社稷茲惟
仲春秋謹以牲醴用申常祭尚饗

鄉賢祝文　於維羣公毓秀茲邦懿德卓行奕世流芳茲惟
仲春秋謹以牲醴用申常祭尚饗

忠義孝弟祝文　維靈稟賦貞純躬行篤實忠誠奮發貫金
石而不渝義聞宣昭表鄉閭而共式祇事懋彞倫之叙性摯
莪蒿克恭念天顯之親情殷棣蕚楷模咸推夫懿德　綸

恩特闡其幽光祀宇維隆歲時式祀用陳尊簋來格几筵尚
饗

節孝祝文　維靈純心皎潔令德柔嘉矢志完貞全閨中之
亮節竭誠致敬彰閫內之芳型茹冰蘗而彌堅清操自厲奉
盤匜而匪懈篤孝傳徽　絲綸特沛乎　殊恩祠宇昭
垂於令典祇循歲祀式薦牲醪尚饗

考　下

典禮備考卷三　　　　酆都縣志局敬鐫

會典則例

祀典下

關帝廟

禮部則例一凡直省俱設立

關帝廟每歲春秋仲月諏吉雍正三年定及五月十三日順治元年定府州

縣均致祭前殿以地方正印官主祭後殿以丞史將事執事

以禮生祭日陳設牲牢器數及迎　神上香奠獻讀祝送

神視燎儀注均與

京師祭儀同

順治元年

封忠義神武

乾隆三十二年

加封靈佑

嘉慶十九年

加封仁勇

咸豐二三六七年

加封護國保民精誠綏靖七年

御書萬世人極匾額

諭旨摹勒頒發各直省

關帝廟一體懸挂

同治十年

加封翊贊

光緒六年

加封宣德

咸豐三年十一月二十四日內閣奉

上諭禮部等衙門議奏

關帝升入中祀禮節一摺我朝尊崇

關帝祀典攸隆仰荷　神威疊昭顯佑本年復加崇

封號並升中祀茲據禮部等衙門詳覆禮節謹擬具奏著照所議

自明年春祭爲始悉照中祀禮舉行樂用六成舞用八佾以昭崇

奉而答　神庥餘依議欽此

咸豐三年議准節錄直省遵行

一致祭前期齋戒二日　齋之日各佩齋戒牌不理刑名不

宴會不作樂不入內寢不問疾弔喪不飲酒茹葷不祭神不

掃墓有疾有服者勿與　一齋戒期內適遇素服日期承祭

官及執事陪祀人員常服掛朝珠無執事不陪祭人員仍穿
素服　一五月十三日告祭
關帝廟承祭遣官祀前致齋一日不作樂不徹饌供品鹿兔果酒
其餘禮節與春秋二季禮同　一後殿各事宜均照舊例惟
五月十三日告祭禮節供品與　前殿同　一前殿位前籩
豆案一陳設爵墊一爵三鐙一鉶二簠二簋二籩十豆十俎
共一內陳牛一羊一豕一香案陳銅鑪一香䆋其實炭　一
銅燭臺二上設六兩重黃蠟二枝
遣官行禮禮節

祭日承祭官穿朝服豫在遣官房候至時導引官二員引承
祭官至　二門外贊引官對引官接引承祭官入　二門至
盥洗處贊盥洗承祭官盥洗畢引承祭官由　殿左階至丹
陛上正中行禮處立典儀官唱樂舞生就位執事官各司
其事陪祭官各就位贊引官贊就位承祭官就位立典儀官
唱迎　神司香官捧香盒就前向上立唱樂官唱迎　神樂
作贊引官贊就上香位引承祭官進　殿左門至　神位前
立司香官豫跪贊引官贊跪承祭官跪贊上香承祭官先舉
炷香安香䆋內次三上瓣香畢興贊引官贊復位引承祭官

至原行禮處立贊跪叩興承祭官行三跪九叩禮興樂止典
禮官唱奠帛爵行初獻禮奉帛爵官各奉帛爵就前向上立
唱樂官唱初獻樂作奉帛官就案前跪奠帛於案正中三叩
退奉爵官立獻於案爵墊正中退讀祝官就讀祝案前跪三
叩恭奉祝文至案左先跪樂暫止贊引官贊跪承祭官跪典
儀官唱讀祝讀祝官讀祝畢恭奉祝文至　神位前跪安於
帛匣內三叩退樂復作贊引官贊叩興承祭官行三叩禮興
樂止典儀官唱行亞獻禮奉爵官奉爵就案前向上立唱樂
官唱亞獻樂作奉爵官奉爵立獻於爵墊左退樂止典儀官

唱行終獻禮奉爵官奉爵就案前向上立唱樂官唱終獻樂
作奉爵官奉爵立獻於爵墊右退樂止典儀官唱徹饌唱樂
官唱徹饌樂作樂止典儀官唱送　神唱樂官唱送　神樂
作贊引官贊跪叩興承祭官行三跪九叩禮興樂止典儀官
唱奉祝帛饌恭送燎位奉祝香帛饌官詣　神位前跪奉祝
帛官三叩奉香饌官不叩各奉起依次送往燎所贊引官引
承祭官退至西旁立候祝帛饌香過畢仍引承祭官復位立
樂作數帛官數帛贊引官贊禮畢仍引承祭官至原接引處
導引官接引由原進門出樂止

關帝廟春秋二祭樂章 咸豐四年春月製譜

春秋樂章 春夾鐘清均 倍應鐘起調 簫伬除仩仜笛伏

除伍仜

迎神 格平之章

懿變宮伬鑠商伬兮角伏焜徵伍煌角伏 神徵伍威羽仩靈宮伬兮徵伍赫羽仩八

宮伬方羽仩 偉伏烈伬昭伍兮伏累伬禩伏 祀伬事仩明伍

兮伬永伍光仩 達仩精伍誠伬兮伏黍伬稷伏馨伬香仩

儼伬如伏在仩兮伏洋伬洋伬

奠帛初獻 翊平之章

英伬風伬颯伏兮伍 神伍格伍思仩紛伬綺伬蓋仩兮伍

龍伬旗伏 斛伬桂伬醑仩兮伍盈伍卮仩香伏始伬升伍

兮伏明伬粢伏 惟伍降仩鑒伬兮伍在伬玆仩 流伬景

伬祚仩兮伍翊伏昌伬時伬

亞獻 恢平之章

觴伬再伬酌伏兮伍告伬虔伍 舞伬干伏戚伍兮仩合伬

宮伍懸伏 歆仩苾伍芬伬兮仩潔伍蠲仩 扇伬巍伬顯

仩翼伍兮仩 神伏功伬宣伬

終獻 靖平之章

鬱伬鬯伬兮伏三伍申伍 羅伬籩伬簋仩兮伍畢伬陳伏

儀伬卒伍度伍兮伏肅伬明伏禋伍 神伍降伬福仩兮

伍宜伬民伏宜伬人伬

徹饌 彝平之章

物伬惟伬備伍兮伏咸伬有伏 明伍德仩惟伍馨伬兮仩

神伬其伍受伏 告伬徹仩兮伍禮伍終仩罔伬咎伬

佑伬我仩家伍邦伍兮伏孔伬厚伬

送神 康平之章其一

幢伬葆伬葳伏蕤伍兮仩 神伍聿伍歸仩 馭伬鳳伍軫

伬兮伏驂伍虬伬騑伏 降伬烟仩熅伍兮仩餘伍芬伬菲

仩 顧伬回伬靈仩盼伍兮仩德伬洽伏明伬威伬

望燎 康平之章其二

焄伬蒿伬烈伏兮伍燎伬有伏煇伍 神伍光仩遹伍燭伬

兮仩祥伬雲伍霏伏 祭伬受伍福伬兮伏茂伬典伏無伍

違仩 庶伬揚伬駿仩烈伬兮伍永伬奠伏疊伬纖伬

秋祭樂章 秋南呂清均 仲呂起調 簫伏除伍仩

笛仩除伬伍

迎神 格平之章

懿角伏鑠徵亿兮羽仩焜宫伬煌羽仩　神宫伬威商伵靈角伏兮宫伬赫商伵八角伏
方商伵　偉仩烈亿昭伬兮仩累亿禩仩　祀伏事伵明伬兮
伏永伬光伵　達伵精伬誠亿兮仩黍亿稷仩馨伏香伵
儼亿如仩在伵兮仩洋亿洋伏
奠帛初獻　翊平之章
英伏風亿颯仩兮伬仩神伬格伬思伵　紛亿綺伏蓋伵兮
伬龍亿旗仩　斟亿桂伏醑伵兮伬盈伬巵伵　香仩始亿
升伬兮仩明亿粢仩　惟伬降伵鑒伏兮伬在伏兹伵　流
亿景伏祚伬兮伬翊仩昌亿時伏

亞獻　悏平之章
觴伏再亿酌仩兮伬告伏虔伬　舞亿千仩戚伬兮伵合亿
宫伬懸仩　歆伵苾伬芬伏兮伵潔伬蠲伵　扇亿巍伏顯
伵翼伬兮伵　神仩功亿宣伏
終獻　靖平之章
鬱伏鬯亿兮仩三伬申伬　羅伏籩伏簋伵兮伬畢亿陳仩
儀伏卒伬度伬兮仩肅亿明仩禋伬　神伬降伏福伵兮
伬宜亿民仩宜亿人伏
徹饌　彝平之章

物伏惟亿備伬兮仩咸亿有仩　明伬德伵惟伬馨伏兮伵
神伏其伬受仩　告伏徹伵兮伬禮伬終伵罔伏咎亿
佑伏我伵家伬邦伬兮仩孔亿厚伏
送神　康平之章其一
幢伏葆亿葳仩蕤伬兮伵　神伬聿伬歸伵　馭伏鳳伬軫
亿兮仩驂伬虬亿騑仩　降伏烟伵熅伬兮伵餘伬馚伏馡
伵　顧亿回伏靈伵盼伬兮伵德亿洽仩明亿威伏
望燎　康平之章其二
焄伏蒿亿烈仩兮伬燎亿有仩輝伬　神伬光伵逝伬爥伏

兮伵祥亿雲伬霏仩　祭伏受伬福亿兮仩茂亿典仩無伬
遠伵　庶亿揚伏駿伵烈伏兮伵永亿奠仩疊亿畿伏

關帝廟春秋二祭祝文

惟
神星日英靈乾坤正氣允文允武紹聖學於千秋至大至剛顯神
威於六合仰聲靈之赫濯崇典禮於馨香兹當仲春秋用昭時
饗惟祈昭格克鑒精虔

五月十三日告祭祝文

惟

神九宇承庥兩儀合撰崧生嶽降溯誕聖之靈辰日午中天屆恢
台之令節聰明正直壹者也千秋徵脟饗之隆盛德大業至
矣哉六幕肅馨香之薦爰循懋典式展明禋苾芬時陳精誠
鑒格尙饗
咸豐四年各縣奉文知照禮部咨行各直省主祭及執事人
員均照中祀一體辦理
禮部則例同日祭　後殿每位前各設一案每案陳羊一豖
一鉶二簠簋各二籩豆各八鑪一鐙二殿中設一案少西北
向共祝版東西各設一案分陳禮神制帛三白色香盤三尊三

爵九組篚冪勺具設洗於後垣門內甬道東承祭官位殿檐
下正中司祝司香司帛司爵典儀掌燎各以其職爲位如常
儀質明承祭官由前左門入後垣中門盥手升階就位迎
神引詣正位前上香畢以次詣左右位前上香復位行二跪
六叩禮初獻讀祝如儀餘儀均如　前殿
雍正三年議准
關帝三代封爵　曾祖光昭公　祖裕昌公　父成忠公
咸豐五年內閣奉
上諭太常寺奏遵查
關帝先代封爵應否推崇加封請　旨一摺前以
關帝神威顯佑特加封號並升入中祀玆據太常寺查明
關帝先代封爵並應否援照　文廟崇聖祠加封請旨定奪自應
敬謹加封以示遵崇
關帝
曾祖光昭公著加封爲光昭王
祖裕昌公著加封爲裕昌王
父成忠公著加封爲成忠王所有應辦事宜著該衙門查例具奏
欽此

禮部准太常寺知照覆奏牲牢酒醴籩豆簠簋一切祭品均
與　文廟崇聖祠同
春秋二祭祝文
惟
王世澤覃庥令儀裕後靈鍾河嶽篤生神武之英誠溯淵源宜切
尊崇之報班爵超躬桓而上升香肅俎豆之陳玆際仲春秋爰
修祀事倘祈昭鑒式此苾芬
五月十三日告祭祝文
惟

王勉德承家累仁昌後崧生嶽降識毓聖之有基木本水源宜推
恩之及遠封爵特超於五等馨香永薦於千秋際仲夏之屆
時命禮官而將事惟祈昭格鑒此精虔

文昌廟

禮部則例 一凡直省春秋致祭
文昌廟均與 關帝廟祭儀同謹案嘉慶六年五月遵
旨奏准致祭
文昌帝君仿照 關帝定制列入祀典定以二月初三日聖誕爲
春祭秋祭另行擇吉一切儀注祭品等項均照 關帝典禮其

各直省春秋致祭之處亦照 關帝之例由該地方官敬謹
致祭

咸豐六年十一月十一日內閣奉
上諭嘉慶六年欽奉
諭旨
文昌帝君主持文運福國佑民崇正教闢邪說靈蹟最著海內崇
奉與 關聖大帝相同允宜列入祀典用光文治當經禮部太常
寺奏准一切禮節祭品均與 關帝廟同現在 關聖帝君已升
入中祀
文昌帝君應一體升入中祀以昭誠敬一切典禮著該衙門妥議
具奏欽此

二十六日內閣抄出奉
上諭禮部等衙門奏遵議
文昌帝君升入中祀典禮開單呈覽一摺
文昌帝君升入中祀前期一日著遣親郡王行告祭禮春秋二季
俱著卜吉舉行二月初三日 聖誕即照
關帝聖誕點香禮節並毋庸禁止屠宰一切禮儀祭品樂章祝文
均著照所議備辦應行酌改工程及預備各項著工部於明年春
秋前趕緊辦齊以昭誠敬欽此

咸豐七年酆都縣奉文知照禮部咨行各直省主祭及執事
人員均照中祀一體辦理

遣官行禮禮節

祭日承祭官朝服豫在遣官房候屆時導引官二員引承祭
官至
魁星殿外贊引官對引官接引承祭官由東角門入至盥洗處贊
盥洗承祭官盥洗畢引承祭官至 殿階下正中行禮處立
典儀官唱樂舞生就位執事官各司其事陪祭官各就位贊

引官贊就位承祭官就位立典儀官唱迎　神司香官捧香
盒就前向上立唱樂官唱迎　神樂作贊引官贊就上香位
引承祭官進　殿左門至　神位前立司香官豫跪贊引官
贊跪承祭官跪贊上香承祭官先舉炷香安香靠內次三上
瓣香畢興贊引官贊復位引承祭官至原行禮處立贊跪叩
興承祭官行三跪九叩禮興樂止典儀官唱奠帛爵行初獻
禮奉帛爵官各奉帛爵就前向上立唱樂官唱初獻樂作奉
帛官就案前跪奠帛於案正中三叩退奉爵官立獻於案爵
墊正中退讀祝官就祝案前跪三叩恭奉祝文至案左先跪

樂暫止贊引官贊跪承祭官跪典儀官唱讀祝讀祝官讀祝
畢恭奉祝文至　神位前跪安於帛匣內三叩退樂復作贊
引官贊叩興承祭官行三叩禮興樂止典儀官唱行亞獻禮
奉爵官奉爵就案前向上立唱樂官唱亞獻樂作奉爵官奉
爵立獻於爵墊左退樂止典儀官唱行終獻禮奉爵官奉爵
就案前向上立唱樂官唱終獻樂作奉爵官奉爵立獻於爵
墊右退樂止典儀官唱徹饌唱樂官唱徹饌樂作徹畢樂止
典儀官唱送　神唱樂官唱送　神樂作贊引官贊跪叩興
承祭官行三跪九叩禮興樂止典儀官唱奉祝帛饌恭送燎
位奉祝香帛饌官詣　神位前跪奉祝帛官三叩奉香饌官
不叩各奉起依次送往燎鑪贊引官引承祭官退至西旁立
候祝帛饌香過畢仍引承祭官復位立樂作數帛官數帛贊
引官贊禮畢仍引承祭官至原接引處導引官接引由原進
門出樂止

文昌廟樂章　春夾鐘清均　倍應鐘起調　秋南呂清均
仲呂起調

迎神　丕平之章

秉伬氣仉兮伏靈伍躔仩　翊仉文伏運伍兮仩赫伍中伬

天仩　蜺伏旌仉兮伏戾仉止伏　雕伬俎仩兮伍告伍虔
仩迓仉神伏庥仩兮伍於仉萬伏斯仉年伬

初獻　俶平之章

神伬之仉來伍兮伏籩伍簋伍式仉陳伏　神伍之仩格伬
兮伍九仉筵伏式仩親伍極仉昭伬彰仩兮伍靈仉　既伏
致仉蠲伏潔伍兮仩明仉禋伏　升伬香仩兮伍伊仉　始
伏居伬歆仩兮伍佑伍我伏人仉民伬

亞獻　煥平之章

再伬酌仉兮伏瑤伍觴仩　燦伏爛仉兮伏庭仉燎伏之伍

光仩申伔虔伏禱仩兮伍神伔座伏儼伍陟仩降伬兮
伍帝伔旁伏粢伏醴伔潔伏兮仩齋仩遨伔將伏　綏伬
景仩運伍兮伏靈伔長伬
終獻　煜平之章
禮伬成伔三伏獻伍兮仩樂伔奏伏三伍終仩　覃伔敷伏
元伬化仩兮伍緊伔神伏功伍　馨伬香伔達伍兮仩肸伔
饗伏通伔　歆仩明伍德伬兮仩昭伔察伏寅伔衷伬
徹饌　懿平之章
備伬物伔兮伏惟伍時仩　告伬徹仩兮伍終伏禮伔儀伏

神伔悅伏懌伍兮仩鑒伔在伬茲仩　垂伍鴻伍佑伔兮伏
畀伔洽伏重伔熙伬
送神　蔚平之章
雲伬駢伔駕伏兮伍風仩旗伔招伏　神伍之仩歸伬兮伍
天伏路伔遙伏　瞻仩翠伬葆伍兮仩企伍丹伬霄仩　願
伔迴伬靈仩眷仩兮伍福仩我伏朝伔
望燎　平
烟伬熅伔降伍兮伏元伍氣伔和伏　神伔光伏燭伍兮仩
梓伬潼伏之伍阿伏　化伔成伏耆伬定仩兮伍槖伔弓伏
戢伍戈仩　文仩治伍光伬兮仩受伔福伏則伔那伬

文昌帝君廟春秋二祭祝文

維

神道闡苞符性敦孝友並行並育德侔天地以同流乃聖乃神
教炳日星而大顯仰鑒觀之有赫示明德之惟馨茲當仲春秋
用昭時享惟祈　歆格克鑒精虔

二月初三日告祭祝文

維

神功參橐籥撰合乾坤溯誕降之靈辰三台紀瑞慶中和之令

節九宇承暉若日月之有光明闡大文於孝友如天地無不
覆載感郅治於馨香爰舉上儀敬陳芳薦精禋罔斁　神鑒
式昭尙饗

後殿二月初三日告祭祝文

維　文昌帝君道備中和神超亭毒稟貽謀而允紹欽毓聖
之有基雲漢昭回際嶽降崧生之會馨香咸格興水源木本
之思式肇明禋用光彝典尙祈　神鑒享此清芬

禮部則例謹案嘉慶六年太常寺奏准
文昌帝君三代姓名查無確據未便請加封號謹擬增製　神牌

一分牌面書

文昌帝君先代神位字樣

禮部則例同日祭後殿

神位前設一案陳牛一豕一鉶二簠簋各二籩豆各八鑪一鐙

二迎 神上香行禮奠獻送燎儀節悉與致祭 關帝後殿

儀同

後殿原祝文 祭引先河之義禮崇返本之思矧夫世德彌

光貲延斯及祥鍾累代烱列宿之精靈化被千秋緯人文之

主宰是尊後殿用答前庥茲當仲春秋肅將時祀用申告潔

神其格歆尚饗

火神廟

歲以季夏月下旬三日致祭

祭品 羊一豕一果實五盤尊一爵三

儀注 主祭官蟒袍補服行二跪六叩禮迎神上香奠帛讀

祝三獻爵送神望燎告禮成退

祝文

維

神德著離宮光昭午位廣陽亨之運象啓文明彰燮理之能功

參化育土以生而水以齊丙丁之大用常昭府既修而事既

和虞夏之九功惟叙麗茲萬物實賴化成乂我生民咸資利

用仰邀神貺虔答鴻庥爰尊祀事之儀式叶春禴秋嘗之典肅陳

牲幣敬布几筵尚饗

龍神祠

歲春秋諏吉致祭

祭品 帛一羊一豕一果實五盤尊一爵三

儀注 與 火神廟同

祝文

維

神德洋寰海澤潤蒼生允襄水土之平經流順軌廣濟泉源之

用膏雨及時績奏安瀾占大川之利涉功資育物欣庶類之

蕃昌仰藉神庥宜隆報享謹遵祀典式協良辰敬布几筵肅

陳牲幣尚饗

城隍廟

歲以春秋仲月上戊設位祭於 神祇壇以三月清明七月

望十月朔奉請 神位祭於厲壇儀注見 神祇壇 厲壇

愚按禮部則例直省壇廟祭祀無 火神廟 龍神祠惟

京師祠祭歲以季夏月下旬三日致祭　火神廟承祭官拜位殿內正中　龍神祠則每歲春秋諏吉致祭承祭官拜位階上正中皆朝服行三跪九叩禮又直省無祀　城隍神禮蓋卽祀於　神祇壇八蜡壇部議附祭於　先農亦不另立壇祠

典禮備考卷四　　酆都縣志局敬鐫

會典

朝賀　迎詔　救護

聖誕元旦冬至三大節朝賀禮

省會守土官豫於公所正中設

萬壽龍亭南向設香案於亭之南其日五鼓有司設燎於庭設鐙於門廡教授訓導二人糾儀學弟子員二人通贊二人引班階下東西班位皆文東武西立位東西面北上拜位北面東班西上西班東上重行異等糾儀官位班行之北通贊引班位糾儀官之南皆東西面夜漏未盡羣官朝服畢會公所質明引班引入至丹墀內東西序立通贊贊齊班引班分引至拜位前立贊進少進贊跪叩興羣官行三跪九叩禮畢引退若府不附省州縣不附府者均以正貳教職各一人糾儀學弟子員各二人通贊引班在城文武官於公所按班行禮均如省會儀

迎詔禮

詔下直省之禮禮部按直省督撫駐劄之地行取閣部院寺筆帖式乘傳齎

詔前往頒布工部給龍旗繖仗前導所經府州縣五里之內文武官朝服跪迎軍民伏道右候過省會有司預於公廨設屏南向屏前設

詔案又前設香案案東設臺階下為文武官拜位文東武西重行異等如朝賀儀（詳見三大節朝賀禮）紳士班於文官之末耆老軍民集於武官之末皆北面宣 詔官一人展 詔官二人立臺下西面通贊生立香案左右引禮生立百官班位左右皆東西面

詔及郊守土官備龍亭旗仗出迎使者承

詔書以架奉陳龍亭內乘馬後隨鼓樂前導總督暨同城文武大僚率所屬文武官朝服出迎道右跪候過興先至公廨門外序立紳士耆老軍民畢會

詔至門跪迎如初禮使者下馬從龍亭入衆隨之入使者奉

詔書陳於案退立案東西面引禮生引羣官就位北面立通贊贊跪叩興衆行三跪九叩禮贊宣

詔使者奉

詔授宣 詔官復位立宣 詔官跪接登臺展 詔官二人從升均西面展

詔書宣讀訖復於案皆降衆聽贊復行三跪九叩禮如初退使者以

詔書授督撫恭鐫謄黃頒學政鹽政織造管關兩司道府轉頒所屬州縣衞將軍提鎮協將轉頒所屬營汛至日宣布軍民

詔書謄黃至府州縣各官恭迎宣讀均與省會儀同

救護禮

救護儀注直省府州縣衞遇日月食各按欽天監推定時刻分杪隨地救護省會於督撫署府州縣衞各於公署均以督撫及正官一人領班行禮正副教職二人糾儀學弟子員二

人通贊二人引班陰陽官一人報時至日陰陽官報初虧引衆官素服立拜位前序班贊行三跪九叩禮畢班首官進至香案前三上香畢復位皆跪執事奉鼓進跪於左班首官伐鼓三聲儀門外金鼓振作仍按班更番上香更番祇立陰陽官報復圓金鼓聲止衆官行三跪九叩禮退

日食遇元旦停止 朝賀筵宴日食月朔官員俱常服惟救護時素服

日月食遇穿朝服之期初虧復圓俱穿素服行禮

典禮備考卷五　酆都縣志局敬鐫

會典

鄉飲酒

古飲酒之禮有四一則三年賓興賢能簡不率教者習鄉上齒飲酒一則鄉大夫飲國中賢者一則州長春秋以禮會民射於州序因而飲之一則歲十二月大蜡祭黨正以禮屬民飲酒於序以正齒位今所行即鄉大夫飲國中賢者之禮其義則尊讓潔敬以遠鬭辨免人禍先禮後財則民敬讓尊長養老而孝弟之行立所以感人心維風俗者典綦重也

儀注

歲孟春望日孟冬朔日舉行鄉飲酒禮於學宮　京師則禮部侍郎一人監禮順天府府尹爲主人直省州縣則正印官爲主人以鄉之年六十以上德厚望重輿論允協者一人爲賓其次一人爲介又其次爲衆賓以士子中習禮者一人爲司正二人司爵二人贊禮二人引禮一人讀律令僚佐皆與前期戒賓賓禮辭許戒亦如之

右謀賓介　戒賓介

先一日司正率執事者詣講堂肄儀設監禮席次於席東北向州縣以教職監禮布賓席於堂西北南向主人席於東南西向介席於西南東向衆賓之長三人席於賓西南向東上皆專席不屬衆賓席於西序東向僚佐席於東序西向皆北上司正席於主人之東北向設律令案一於主介間正中東西肆又設尊案一於序端南北肆樂部和聲署設樂懸於西階下如儀

右陳設布席

屆日質明執事者入具饌設尊於案實酒於尊加冪勺觶爵在尊北讀律者奉律令陳於中案既辦禮部侍郎朝服詣學

宮就次監禮主人率司正及僚屬咸朝服入乃速賓介主人立東階下西面僚佐序立於主人之後西面北上司正讀律令者立僚佐之南北面西上贊禮者一人立東階下又一人立庠門之外均西面屆時賓介盛服至庠立於庠門外之右介居賓南衆賓居介南皆東面北上執事者以賓至告主人主人出迎賓西面揖賓介以下東面答揖主人入門左賓揖介介揖衆賓以次入門右當階主人揖及階揖賓皆答揖主人與賓讓升三讓賓三辭主人升賓乃升主人東階上賓西階上贊者贊拜主人北面再拜賓答拜興即席主人降階延

介一讓升介升拜如賓禮就位主人復揖衆賓衆以次皆升
主人三揖賓長三人各答一揖衆賓皆就位主人率僚佐以
下咸就位
右迎賓介
贊禮者贊揚觶執事者引司正由東階升詣堂中北面立贊
揖司正揖賓介以下答揖司爵詣酒尊所舉冪酌酒於觶進
授司正司正揚觶而語曰恭維
朝廷率由舊章敦崇禮教舉行鄉飲非爲飲食凡我長幼各相
勸勉爲臣盡忠爲子盡孝長幼有序兄友弟恭內睦宗族外

和鄉里無或廢墜以忝所生語畢贊者贊司正飲酒司正立
飲畢以觶授執事者反於案贊揖司正揖賓介以下皆揖司
正復位
右揚觶
贊讀律令引禮引讀律令者就中案前北面立賓介主人以
下聽贊咸起立族揖如司正揚觶禮乃讀律令曰律令凡鄉
飲酒序長幼論賢良高年有德者居上其次序齒列坐有過
犯者不得干豫違者罪以違制失儀則觶揚者以禮責之讀
畢復位賓主以下皆坐

右讀律令
贊者贊舉饌案執事者奉饌案於賓席次介次衆賓主人以
下徧舉訖贊獻賓主人起離席北面立司爵詣酒尊所酌酒
實爵授主人主人受爵詣賓席奠於案稍退賓避席立於主
人之左贊拜主人主人再拜賓答拜皆復位立次獻介如獻賓之
禮次獻衆賓之長者三人每獻一人主人揖賓長避席答揖
皆復位執事者徧獻衆賓爵訖贊賓酢主人賓離席司爵酌
酒授賓賓受爵介及賓長咸離席從詣主人席前拜送爵主
人答拜如前儀復位皆坐

右獻賓賓酢主人
酒數行工升歌周詩鹿鳴之章卒歌笙奏
御製補南陔詩辭曰我逝南陔言陟其岵昔我行役瞻望有父欲養
無由風木何補我逝南陔言陟其屺今我行役瞻望有母母
也倚廬歸則甯止南陔有筍籜實包之孱孱孩提孰噢咻之
愼爾溫淸潔爾旨肴今爾不養日月其慆
閒歌周詩魚麗之章笙奏
御製補由庚詩辭曰由庚便便東西朔南六符調燮八風節宣由庚
容容朔南西東維敬與勤百王道同由庚廓廓東西南朔先

憂而憂後樂而樂由庚恢恢南朔東西皇極孰建惟德之依
乃合樂歌周詩關雎之章卒歌工告備出執事者行酒主賓
以下飲無筭爵

右樂賓

贊禮贊徹饌案衆起離席主人率僚屬在東西上賓介在西
東上皆北面贊拜主人再拜賓介以下皆再拜賓降西階出
介及衆賓從立庠門外之右東面北上主人降東階出僚屬
從送賓於庠門外之左西面皆再拜興賓介退禮卒無愆禮
部侍郎出主人率僚屬送於庠門外皆退

右徹饌賓出

直省府州縣鄉飲酒之禮以守牧令爲主人省會及監司分
駐之地皆以監司視其禮儀注同前

典禮備考卷六　　酆都縣志局敬鐫

會典

昏

官員昏禮

官員七品以上自昏及爲子孫主昏豫訪門第清白女年齒相當
者使媒氏往通言俟許男年十六以上女年十四以上身及
主昏者無朞以上服皆可行下士庶人同

右議昏

納采諏日主人具書書辭隨宜後倣此請女爲誰氏出並問生年月
日別具昏者生年月日附於書使媒氏豫告女家屆日夙興
以子弟一人爲介公服侍於廳事主人公服奉書出西面授
介再拜介避拜受書出如女家其日女氏主人設案於廟灑
掃廳事待賓亦使子弟一人爲擯公服以俟賓至擯告主人
如賓服出迎於門外揖入升堂賓左主人右入堂少深賓東
面奉書致詞從者陳禮物於庭主人北面再拜受書賓避拜
請退俟命擯揖賓欵於別室主人以書入詣廟陳於案上啟
櫝告事如常告儀乃具復書具女所出及生年月日附於書
擯延賓升堂主人奉書出西面授賓再拜賓受書避拜授從

者請退主人請醴賓賓禮辭許饌者布席中堂賓東主西揖讓就坐進饌行酒三巡賓興離席告退揖主人答揖送賓於門外如初介還復命主人納書如授書儀醴介以家人之禮

右納采

納幣諏日具書備禮物一品章服一稱章如其品幣表裏各七兩以製衣服繒帛七兩以製衿裯布七兩容飾合二十事釵釧簪珥之屬二品至四品幣表裏各五兩繒帛五兩布五兩容飾合十六事餘同一品五品至七品幣表裏各三兩繒帛三兩容飾合十有二事餘同四品媒氏預告女家屆日夙興主人遣使奉書及禮物入女家女氏主人受書及禮物告廟具復書授賓醴賓還復命主人禮介竝同納采

右納幣

昏期諏吉具書備禮物三品以上羊酒四品以下鵝酒豫日主人遣使如女家女氏主人迎賓入賓致詞請期主人辭遜賓乃奉書告期主人拜受具復書授賓賓還復於主人皆如納幣儀

右請期

昏期前一日女家使人奉箕帚於壻室陳衾帷茵褥器用具

至日壻家筵室中位東西向別設案於牖下陳壺一琖四合巹剖匏爲二合四琖以備三酳之用設醮爵於堂下之東壺琖具初昏壻公服竢於堂下有官者各以其服若其子孫則攝盛三品以上攝五品服五品以上攝七品服六品以下攝八品服儀從亦如之壻馬一乘二燭前馬婦輿一乘或車隨俗襜蓋飾采絹垂流蘇五品以上前後左右各二六品以下前二後二均竢於門外主人公服出醮子若自主昏則以有服尊長醮後倣此位於堂東西面昏者升自西階再拜執事者升授爵昏者跪受卒爵反於執事者父命之迎應唯俯伏興降出乘馬執事隨以雁儀從在前婦輿在後如女家其日女父告於廟詞曰某之第幾女某將以今日歸某氏敢告餘如常告儀還醮女於內堂父東母西姆相女具服如飾服視壻之等出至父母前北面再拜侍者斟酒醴女如父醮子儀父訓女以宜家之道母爲之整冠帬申以父命女識之不唯壻既至主人迎於門外揖讓入壻執雁從入至廳事主人東階上西面壻西階上北面立奠雁再拜主人不答拜姆爲女加景蓋首出壻揖降女從主人不降送姆導女升輿二燭前輿壻乘馬先俟於門婦至降輿壻導升西階入室踰閾媵婦家送者布壻席於東御壻家迎者布婦席於西壻

婦交拜訖姆脫婦景媵御設匕箸醯醬壻揖婦就筵坐饌入卒食媵取琖實酒酳壻御取琖實酒酳婦三酳用巹卒酳壻出媵御施衾枕壻入燭出

右親迎

厥明婦夙興盥漱櫛總以棗栗腶脩詣舅姑室姆入設席於堂中爲位舅東姑西均南向舅姑即席婦執笲實棗栗升自西階北面拜奠於席舅坐撫之婦興降階執笲實腶脩升拜奠席姑坐撫之舅姑興入於室

右婦見舅姑

婦具酒饌設匕箸醯醬行盥饋禮舅姑就坐婦奉饌入獻舅姑視卒食乃酌酒酳舅姑送酒皆再拜舅姑卒飲興乃共饗婦侍者布婦席於阼階上西向具酒饌設匕箸醯醢舅姑於堂中臨之婦卒食姑酳之婦拜受卒飲舅姑先降自西階婦降自阼階退饗婦送者男於外女於內酬以布帛

右婦盥饋舅姑饗婦

三日婦見於廟厥明執事者設饌具主人啟櫝陳主如常祭禮主人布席階下之東昏者在後主婦布席階下之西婦在後各就位再拜主人升上香獻酒讀告詞曰某之第幾子某今已昏畢率新婦見餘詞如祭式俯伏興退立於東婦進當中階下北面再拜興復位主人復位及主婦以下行再拜禮畢納主徹退若同居有尊者婦見如見舅姑禮見夫之伯叔母與見姑同答以肅拜見娣姒小姑以夫之齒序拜皆答拜夫兄弟之子若女婦受拜答以肅揖

右廟見

廟見之明日昏者以贄視分所應用往見婦之父母主人迎於門外揖讓入升堂奠贄壻北面再拜主人西面答拜請見主婦主婦立於門內壻立於門外再拜主婦門內答拜出主人醴

以一獻之禮

右壻見婦父母

士昏禮八品以下官同

納采諏日具書媒氏告於女家主人使子弟一人爲介奉書如女氏女氏主人出迎賓揖讓入門升堂賓東面致詞奉書主人西面受書再拜賓避拜請退俟命主人使子弟待賓以書入告於寢如儀具復書出授賓賓受書主人布席禮賓畢賓揖辭主人送之如初介還復命主人拜受書禮介行家人禮諏日納幣具書備禮物章服一稱八品以下官如其品士視九品布帛各

五兩容飾八事食品六器媒氏告於女家主人遣使奉書物行禮女家受禮告寢復書禮賓賓復主人均如納采昏有日主人備鵝酒書昏期於柬使媒氏奉如女家告女氏主人報柬授媒氏復昏前一日主人使人以奩具張陳壻室至日壻家筵於室中位東西面別以案陳合巹器設醮爵於堂東初昏壻攝公服竢於堂下壻馬一乘二燭前馬婦輿一乘襜蓋前飾采絹二竢於門外主人盛服醮子於堂東命之迎壻出乘馬如女家雁及婦輿從其日女氏主人告於寢如儀畢主人位內堂東主婦位內堂西父醮女如壻儀壻至女家門外

主人出迎壻執雁從入主人東階上西面壻西階上北面奠雁再拜主人不答拜姆加女景蓋首出壻揖降女從主人不降送姆導女升輿女家亦以二燭前輿壻乘馬先俟於門婦至降輿壻導婦入室踰閾媵布壻席於東御布婦席於西壻婦交拜訖姆脫婦景壻揖婦即席壻東婦西坐行合巹禮厥明婦夙興俟見舅位堂東姑位堂西皆南向婦以贄見於舅姑再拜舅姑受贄婦具酒饌行盥饋禮舅姑就位婦拜饌舅姑卒食一酳婦再拜送酒舅姑卒飲共饗婦於阼階及饗婦送者均與官員禮同三日婦見祖禰於寢陳設如薦儀主人在東昏者從主婦在西婦從參神再拜主人升詣香案前上香奠酒告畢俯伏興退位於東婦進當中閒再拜興復位主人復位及主婦以下皆再拜興禮畢退見祖禰之明日壻以贄見婦之父母迎入奠贄再拜主人答拜見主婦壻拜於寢門外主婦答拜於門內出主人醴壻皆如儀

庶人昏禮

庶人昏禮納采諏日書昏者生年月日以授媒氏奉如女家女氏主人受書告於寢書女為誰氏出及生年月日授媒氏道達具饌近則否媒氏復命主人禮之納幣備禮物服一稱

用帛無章布五兩容飾六事或四事食品四器媒氏奉如女家女氏主人受之饗媒氏復命如納采禮昏有期備鵝書昏期於柬使媒氏奉如女家告女氏主人許使媒氏復昏前一日女家使人以奩具陳於壻室至日壻家筵於室中東西為位別以案陳合巹器設醮爵於廳事東序初昏壻盛服竢於階下壻馬一乘二燭前馬婦輿一乘襜蓋無飾竢於門外主人盛服至廳事東位西面壻升主人醮之命之迎壻再拜出乘馬如女家雁及婦輿從其日女家告於寢醮女以竢壻既至主人出迎於門外導入壻執雁從入升堂主人東階上西

面壻西階上北面奠雁再拜姆加女景蓋首出壻揖之降女從降姆以女登輿二燭前輿壻乘馬先俟於門婦至降輿壻揖入室踰閾布席壻婦交拜訖姆脫婦景壻揖婦就位坐壻東婦西行合卺禮婦夙興盛服以贄見舅姑於堂拜獻如禮饋酒食於舅姑舅姑饗婦及婦送者三日婦見祖禰於寢如堂薦禮明日壻往見婦之父母婦父設酒食醴壻如儀

典禮備考卷七

酆都縣志局敬鐫

會典

喪

官員喪禮（凡公侯伯視一品子男各視其等）

有疾居正寢（女居內寢）疾革遺疏（三品以上官得具遺書）遺言皆書之既終子號哭擗踴去冠被髮徒跣諸婦女去笄碁功以下丈夫素冠婦人去首飾皆易素服男哭牀東女哭牀西異向作魂帛（結白絹為之）爲位於尸東前設案奠閣餘（生前食飲所餘）脯醢酒果用吉器立喪主（以適長子無則長孫承重）主婦（以亡者之妻無妻及母之喪則以喪主之妻當之）護喪司賓司書贊祝諸執事人治棺及凡喪具護喪者使人上遺疏訃於有司及親屬僚友

右初終

越日小殮侍者於寢室施幃設浴牀於尸牀前牀東置案陳沐浴巾櫛含具二品以上含用小珠玉五七品以上用金玉屑五襲牀在浴牀西襲事陳其旁常服一稱朝衣冠帶各以其等侍者遷尸浴牀南首諸子哭踊婦人出（女喪則男出）乃去尸衣覆以殮衾侍者奉湯入哭止沐髮櫛之晞以巾束之抗衾而浴拭以巾訖結襲衣縱置於牀南領舉尸易牀徹浴牀浴

具埋巾櫛及餘水於屏處乃去衾襲常服朝服加面巾喪主以下爲位而哭喪主及諸子坐於牀東奠北同姓丈夫以服爲序坐諸子後西面主婦及諸婦女子坐於牀西同姓婦女以服爲序坐諸婦後婢妾又在其後東面均南上尊行丈夫坐東北壁下西上尊行婦女坐西北壁下東上異姓丈夫坐於幃外之東西上異姓婦女坐於幃外之西東上若內喪則同姓丈夫皆坐幃外之東異姓丈夫皆坐幃外之西執事者執含具前喪主起盥親含尸訖哭復位

右襲

是日執事者帷堂如寢陳殮牀於堂東加殮衣三品以上五稱複三禪二五品以上三稱複二禪一六品以下二稱複一禪一皆以繪複衾一二品以上色絳四品以上色緇五品色青六品色紺七品色灰紟絞皆素帛既辨乃遷尸牀於堂中行殮事畢喪主暨諸子括髮加首絰腰絰皆以麻婦麻髽餘同

右小殮

三日大殮執事者以棺入承以兩橙棺內奠七星版藉茵褥施綿衾垂其裔於四外扃時奉尸入棺實生時所落齒髮卷衣以塞空處令充實平滿喪主以下憑棺哭踊盡哀乃蓋棺加錠施桼三品以上比葬每月三桼五品以上月再桼七品以上月一桼徹殮牀遷柩其處柩東設靈牀施幃帳枕衾衣冠帶屨之屬設頮盆帨巾於靈牀側皆如生時柩前設靈座奉魂帛几筵供器具以絳帛爲銘旌三品以上長九尺五品以上八尺七品以上七尺題曰某官某公（內喪書某封某氏）之柩懸於竹杠依靈右執事者陳饌案食品用素器啟帷行殮奠禮內外就位如寢司祝焚香奠酒喪主以下哭盡哀畢下帷（每奠皆同）及夜奉魂帛復牀諸子次於中門之外寢苫枕塊不脫絰帶諸婦女次於中門之內帷幔枕衾皆布素哀至則哭晝夜無時

右大殮

是日成服五服各以親疏爲等斬衰三年子爲父母爲繼母慈母（妾子無母父命他妾養之者）養母（自幼出繼與人者）子之妻同庶子爲嫡母所生母庶子之妻同爲人後者爲所後父母爲人後者之妻同女在室及已嫁被出而反在室者爲父母嫡孫承重爲祖父母（若祖父俱亡爲高曾祖後者同）承重者之妻同妻爲夫妾爲家長服生麻布旁及下際不緝麻冠絰菅屨竹杖婦人麻屨不杖餘同

齊衰杖期嫡子衆子爲庶母(謂父妾有子者)嫡子衆子之妻同子爲嫁母(親生母父卒而改嫁者)出母(親生母爲父所出者)嫡孫祖在爲祖母承重夫爲妻服熟麻布旁及下際緝之麻冠絰草屨桐杖(父母在夫爲妻不杖)婦人麻屨餘同齊衰不杖期爲父卒繼母改嫁而已從之者爲改嫁繼母爲同居繼父兩無大功以上親者爲伯叔父母及姑在室者爲兄弟及姊妹在室者爲兄弟之子及女在室者祖爲嫡孫父母爲嫡長子衆子及嫡長子之妻爲女在室者爲子之爲人後者繼母爲長子衆子孫爲祖父母孫女在室出嫁同女出嫁爲父母爲人後者爲本生父母女在室及

雖適人而無夫與子者爲其兄弟姊妹及兄弟之子與兄弟之女在室者女適人爲兄弟之爲父後者婦爲夫兄弟之子及女在室者妾爲家長之父母家長之妻家長之長子衆子與其所生子冠絰屨同上齊衰五月孫及女孫爲曾祖父母服熟桐麻布冠絰如其服草屨婦人麻屨齊衰三月爲繼父先同居後不同居者爲同居繼父兩有大功以上親者孫及女孫爲高祖父母冠絰屨同上大功九月爲從兄弟及姊妹在室者爲姑及姊妹已嫁者爲人後者爲其兄弟及姑姊妹在室者爲兄弟之子爲人後者祖爲衆孫及孫女在室者祖

母爲嫡孫衆孫父母爲衆子婦及女已嫁者伯叔父母爲從子婦及兄弟之女已嫁者婦爲夫祖父母本生父母伯叔父母女出嫁爲本宗伯叔父母本宗兄弟及兄弟之子本宗姑姊妹及兄弟之女在室者服麤白布冠絰如其服繭布緣屨小功五月爲伯叔祖父母爲從伯叔父母及從姊妹已嫁者爲再從兄弟及姊妹在室者爲從兄弟之子及女在室者爲祖之姊妹在室者爲父從姊妹在室者爲兄弟之妻爲兄弟之孫爲兄弟之孫女在室者爲外祖父母爲母之兄弟及母之姊妹爲姊妹之子祖爲嫡孫之婦爲人後者爲其姑及姊

妹之已嫁者婦爲夫兄弟之孫及孫女在室者爲夫之姑姊妹兄弟及兄弟之妻爲夫從兄弟之子及女在室者女出嫁爲本宗從兄弟及從姊妹之在室者服稍細白布冠絰如其服屨同上緦麻三月爲乳母爲曾祖兄弟及曾祖兄弟之妻爲祖從兄弟及祖從兄弟之妻爲父再從兄弟及父再從兄弟之妻爲三從兄弟及姊妹在室者爲曾祖之姊妹在室者爲祖之從姊妹在室者爲父之再從姊妹在室者爲兄弟之曾孫及曾孫女之在室者爲兄弟之孫女已嫁者爲從兄弟之孫及孫女在室者爲再從兄弟之子及女在室者爲祖之

姊妹父之從姊妹及巳之再從姊妹巳嫁者爲從兄弟之女巳嫁者爲父姊妹之子爲母兄弟姊妹之子爲妻之父母爲女之夫女之子若女爲兄弟孫之妻爲從兄弟子之妻爲從兄弟之妻祖爲衆孫婦祖母爲嫡孫衆孫婦曾祖父母爲曾孫高祖父母爲元孫婦爲夫高曾祖父母爲夫之伯叔祖父母及夫祖姑在室者爲夫之從伯叔父母及夫從姑在室者爲夫之從兄弟姊妹在室出嫁同及從兄弟之妻爲夫再從兄弟之子及女在室者爲夫從兄弟之女巳嫁者爲夫從兄弟子之妻從兄弟之孫及孫女在室者爲夫兄弟孫之妻兄弟之

孫女巳嫁者爲夫兄弟之曾孫及曾孫女之在室者女出嫁爲本宗伯叔祖父母及祖姑之在室者爲本宗從伯叔父母及從姑在室者爲本宗從兄弟之子及女在室者服細白布經帶如其服素屨無飾凡喪三年者百日薙髮在喪不飲酒不食肉不處內不入公門不與吉事期之喪二月薙髮在喪不昏嫁九月五月者踰月薙髮三月者踰旬薙髮在喪均不與燕樂

右成服

大殮翼日喪主以下夙興侍者設頮水櫛具於靈牀側五服之人各服其服就位侍者收頮櫛具奉魂帛出就靈座朝奠衆哭執事者設果蔬酒饌如生時祝焚香斟酒點茶喪主以下詣案前再拜哭盡哀各以其服爲序皆男先女後宗親先外姻後復位哭止日中設果筵奠酒及夕又奠均如朝奠儀侍者詣靈牀舒衾枕奉魂帛於牀上退諸子婦哭盡哀乃止夕奠皆如之朔望則設奠具盛饌於朝奠行之遇新物則薦如朝奠儀

右朝夕奠

親賓聞訃告弔於喪主之家未殮至者入門易素服司賓待

於廳事以贈賻儀物授司書入臨尸哭盡哀遂弔喪主持哭喪主以下哭稽顙無辭賓出司賓送　成服以後至者各以其服弔具酒果香燭厚則加貲財皆書於狀先使從者持狀通名司書籍記之以禮物入陳靈前喪主以下就位哭司賓出迎賓入詣靈座前舉哀哀止跪焚香酹酒再拜興喪主出帷稽顙哭謝賓答拜慰唁出喪主哭入司賓延客侍茶賓退司賓送於門外

右親賓弔奠賻

若一二品官奉

特恩遣官致奠其日喪家設使者奠位於靈前喪主及諸子跪位於靈右主婦跪位於帷內使者素服至喪主率諸子免絰去杖止哭出迎於大門外道右先入就位跪俯伏贊者引使者升中階就位上香執事者酌茶使者立受茶奠茶復授酒使者奠爵三訖少退喪主率諸子降西階下北面三跪九叩謝
恩仍至大門外竢使者出跪送乃還苫次若
賜諭及
恩邺遣官致祭者其日喪家設讀祝位於靈几之左餘如前位執事者豫陳祭物齋

諭祭文從使者至喪主出迎入就位跪俯伏使者就位上香司祝就讀祝位立讀祭文訖復於案退使者奠爵三畢少退喪主以下向
闕謝
恩送使者與遣官致奠儀同

右遣官祭奠

品官卒於位與在任遭父母喪者初喪成服朝夕奠皆如前儀擇日扶櫬還家（卒於京者兵部給郵符夫馬）備行轝儀從各視其品告啟期於親戚僚友啟行前一日行啟奠禮喪主以下就位哭

祝詣靈前跪告曰今擇某日奉靈柩還故鄉敬告俯伏興喪主以下稽顙哭再拜興復位盡哀止厥明遷奠告遷於柩前禮亦如之徹祝納魂帛於櫝役人舉轝入遷柩就轝主人以下輟哭視載出大門加幃翣發引儀從在前銘旌魂帛從喪主以下杖哭隨柩及郊親戚僚友祖者向柩設祖奠役人停轝賓向柩再拜主人稽顙哭謝賓退斂儀從遂行主人乘素車途次止宿奉魂帛銘旌於靈柩前（凡柩暫停同）水行則設奠陸行則上食及朝啟行亦如之至家前一日遣僕戒家人豫於十里外布幕具奠以待至日五服之人各服其服以迎柩至

暫駐幕內設奠祝焚香斟酒跪告曰靈輀遠歸將至家親屬來迎敢告俯伏興衆序哭再拜興柩行咸徒步哭從至家安靈牀於殯所男女各就位哭設奠祝焚香斟酒跪告曰靈輀遠歸至家敢告俯伏興衆拜哭如初受弔朝夕設奠並如前儀

右扶喪

官員在外聞喪三年者訃至哭對使者問故又哭盡哀易服如初喪儀訃於有司遂奔喪戴星而行見星而止途中哀至則哭哭辟市邑將至家望其境其城其鄉皆哭自家哭入門

升自西階憑棺西面哭踊婦人東面哭踊無筭少頃尊卑相向哭細問病終之故復哭乃披髮徒跣婦人不徒跣翼日成服括髮婦人髽皆如麻絰喪期以聞訃日始餘如在家之儀期以下聞訃者易服爲位而哭若奔喪則至家成服若官員在職非本生父母喪雖期猶從政不奔喪聞訃易素服爲位而哭各持其服於私家入公門治事仍常服期喪者一年不與祭祀之事服滿日於私家爲位哭除之

右聞喪奔喪

三月而葬營葬地及葬具凡墳塋一品九十步五尺爲步二品八十步封皆丈有四尺三品七十步封丈有二尺石獸皆六四品六十步五品五十步封皆八尺石獸四六品七品四十步封皆六尺墓門勒石書某官某公之墓婦人則書某封某氏若合葬則並書之五品以上用碑龜趺螭首六品七品用碣方趺圓首刻壙誌用石二一書如碑碣一詳記姓諱謚字無謚則止書字州邑里居服官遷次及其生卒年月日時葬處坐向所遺子女石字內向以鐵合而束之作神主及主櫝製柩轝下爲方牀上編竹格爲蓋四出檐垂流蘇繒荒繒帷五品以上畫雲氣爲飾六品七品素繒無飾五品以上障翣畫翣四六品七品畫翣二皆

引布二功布一靈車一埏土爲明器鑪餅燭檠五事儀從各從其品

右治喪具

擇日開兆喪主率諸子適兆所以宗親或姻賓一人告於土神執事者設案兆左陳酒饌置祝文告者吉服至盥詣案前立執事者二人奉香執壺琖隨立左右告者跪上香再拜酹酒如儀祝奉祝文跪於告者之左讀曰維某年月日某官某敢告於司土之神今爲某官某營建宅兆神其保佑俾無後艱謹以清酌庶羞祗薦於神尙饗讀畢興退告者俯伏興復再拜退遂開壙隨地所宜使子弟幹事者一人留視之喪主以下還

右開兆祀土神

葬有日豫以啟期告於親戚僚友發引前一日厥明五服之人各服其服入就位哭朝奠訖祝跪告於殯前曰今以吉辰遷柩敢告俯伏興喪主以下哭盡哀再拜役人徹帟遷柩障以翣侍者移靈牀於堂正中靈座几筵仍設祝奉魂帛前柩喪主以下哭從及外堂布席置柩祝奉魂帛跪告曰請朝祖俯伏興執事者布席於廟兩楹間祝奉魂帛詣廟喪主以下

哭從及門止哭入序立階下祝奉魂帛置席北正中再拜興奉魂帛還靈座喪主以下從出廟門哭從如初

右遷柩朝祖

日夕祖奠設饌如朝奠儀喪主以下舉哀祝盥詣靈座前喪主以下止哀祝焚香奠酒畢告曰永遷之禮靈辰不留今奉靈車式遵祖道俯伏興喪主以下再拜哭盡哀親賓致奠行禮如成服致奠儀賓出喪主以下代哭如在殯時

右祖奠

厥明五服之人會葬者畢會執事者陳明器吉凶儀從於大門外納靈車於門內之右役人舉轝入設於堂上喪主以下哭踊乃載喪主輟哭視載周圍以絙令平正牢實執事者設遣奠於庭如祖奠儀祝跪告曰靈輀既駕往卽幽宅載陳遣禮永訣終天俯伏興徹役人舁轝祝奉魂帛就靈車奉主櫝設魂帛後柩出大門施幃蓋屬引遂發前儀從次明器次銘旌次靈車次功布次轝外親分挽引布在前喪主以下絰杖衰服男在柩旁步從女在柩後輿從哭不絕聲尊行者皆乘車馬出城門若里門親賓不至墓者於前途立向柩再拜役人權停轝乘者皆下喪主哭謝賓退柩行如初若墓遠主人以下皆乘素車從望塋而下道中哀至則哭每宿設靈座置奠如在殯儀次日啟柩亦如之

右遣奠發引

葬之日執事者豫張靈幃於墓道右中置几一設籍柩席薦於壙外鋪陳壙中之事設婦人行幃於羨道之右靈車至幄外止祝奉魂帛置几上奉主櫝置魂帛側設奠如儀柩車至壙前役人脫載去帷蓋方牀下於籍席祝取銘旌去杠縱加柩上喪主以下憑棺哭踊盡哀親賓送者載拜辭歸喪主及諸子稽顙謝賓退居時將窆內外五服之親以次再拜辭訣丈夫哭羨道東婦人哭羨道西辟踊無算遂窆喪主輟哭臨視執事者整銘旌藏誌石設明器掩壙復土喪主以下哭盡哀退就靈幄序立

右窆

是日祀土神於墓左如開兆祭儀惟祝辭營建宅兆改爲窆兆擇宗親善書者一人題主執事者設題主案於靈座東南西向筆墨具對案設盥二一祝盥一題主者盥喪主以下序哭於靈座側祝盥啟櫝出木版臥置案上題主者盥就位書某封諡某官顯考某公母則稱顯妣某氏神位訖祝奉木主置靈案上焚香奠酒喪主以下

再拜祝跪讀告詞於靈座之右曰哀子某謹告於先考某公封諡府君（母則稱先妣某封氏）形歸窀穸神返堂室神主既成伏惟精靈舍舊從新是憑是依讀畢興復於案喪主以下再拜哭盡哀祝焚告詞奉魂帛埋墓側奉主納櫝置靈車而還在途不驅喪主以下哭從如來儀

右祀土神題主

靈車至家喪主以下哭從入大門及庭止祝奉木主出車並櫝奉之設几上南向喪主及諸子在寢東西向親屬以服輕重爲序在諸子後婦人哭於房中有弔者如在殯儀乃修虞

事執事者具牲饌品數各視其等陳設如祭禮（見吉禮官員家祭）祝啟櫝陳主於靈座主人以下就位哭哭止贊參神主人盥洗詣香案前跪執事者二人一奉香盤一挹尊酌酒詣主人左右跪左進香主人三上香右進爵主人酹酒於地以爵奠於案退復拜位及諸子親屬行一跪三叩禮贊初獻主婦率諸婦出於房薦匕箸醯醬於几前案北跪一叩興退入於房庖人解牲體實於俎執事者奉以升薦於供案執爵者奉爵主人獻爵於正中跪叩興復拜位立贊讀祝主人以下跪祝詣祝案之左跪讀文曰維某年月日朔孤子某敢告於先考某

官（妣則稱先妣某封某氏）日月不居奄及初虞夙興夜處哀慕不寧謹以潔牲庶羞粢盛醴齊哀薦虞事尚饗讀畢興復於案退主人以下哭一叩興贊亞獻主婦率諸婦和羹實於鉶實飯於敦出薦於案及腊肉炙胾叩興退入初主人獻爵於左贊三獻主婦率諸婦出於房薦餅餌果蔬叩退主人獻爵於右如初獻儀贊送神主人以下一跪三叩興哭祝焚祝文主人奉神主納櫝徹哭止至夕奉神主於靈牀朝奉諸靈座朝夕朔望奠如初遇柔日再虞遇剛日三虞如初虞禮（祝文易初虞爲再虞三虞）餘同

右反哭虞

百日卒哭儀同虞祭（祝文改虞事爲成事）卒哭之明日夙興執事者詣廟具饌陳設如常祭禮設亡者案於祖考神案東南西向祝啟室奉四世神主以次設於几如時薦之位主人率眾先哭於几筵前奉亡者之祖詣廟諸子以下哭從及廟門止哭主人陳主於東南案上序立階下焚香進饌祝讀告辭曰維某年月日孝曾孫某謹以潔牲庶羞粢盛醴齊適於顯曾祖考某官府君躋祔孫某官府君某尚饗次讀祝於亡者位前曰孝子某謹以潔牲庶羞粢盛醴齊哀薦祔事於顯考某官府

君(婦則稱妣某封氏)適於顯曾祖考某官府君尚饗餘行禮儀節與常祭同畢祝焚告文奉神主復於室徹主人奉亡者之主復寢諸子以下從出廟門哭隨至几筵前納於櫝訖哭止衆退護喪者代喪主爲書使人徧謝親賓弔賻者

右卒哭祔

期而小祥於忌日行事質明祝啓櫝出主諸子及期親就內外位哭盡哀焚香進饌酒讀祝(辭同卒哭惟改卒哭日小祥成事日常事)行禮與卒哭同

右小祥

再期大祥忌日行事先一日告遷於廟執事者具果酒如常儀設案於東序西序前各一主人盥詣廟啓櫝陳諸神主焚香進果酒如常告儀祝讀告辭曰維某年月日孝孫某謹告於某官府君某封某氏(四代備書)茲以先考某官府君大祥已屆禮當遷主入廟某官某府君某封某氏神主親盡當祧某官某府君某封某氏以下神主宜改題世次遞遷不勝感愴謹以果酒用申虔告尚饗讀畢焚祝主人以下俯伏興再拜奉各神主臥置東案上子弟善書者一人改題高曾祖神主訖以紙裹應祧神主陳於西序案奉改題主遞遷於室虛左一位以竢闔室衆退厥明諸子諸婦女子致祭於几筵前陳設行禮如初期儀(惟祝辭改小祥曰大祥常事曰祥事)諸子從喪主奉亡者之主詣廟設於東室再拜奉祧主藏於夾室闔門出乃徹寢室靈牀靈座罷朝夕奠徹几筵斷杖棄之屏處

右大祥

中月而禫二十七月既周之日行事居日夙興執事者設几案於寢堂之中主人率諸子入廟詣考位前啓室焚香再拜跪告曰孝子某將祇薦禫事敢請神主出就正寢俯伏興奉主至寢堂陳於案執事者陳饌案於前喪主及諸子於東壁

下就位舉哀婦人哀於房中焚香進果饌酒醴如常儀祝讀告辭曰維某年月日孝子某謹告於顯考某官府君神主禫制有期追遠無及謹以清酌庶羞祇薦禫事尚饗主人以下俯伏興再拜祝焚告文訖奉主復於廟闔室皆退諸子素服終月始復常服

右禫

歲逢忌日前期齋厥明主人及子弟素服詣廟設案於所薦神主室前主人盥啓室奉主就案焚香薦蔬果酒饌告曰茲以某官某府君避諱之辰(妣稱某封某氏)謹備庶羞清酌恭伸追慕

俯伏興及子弟皆再拜如時節薦新之儀禮畢徹納主闔室退

右忌日奠

歲寒食或霜降節拜掃壙塋其日主人夙興率子弟素服詣墳塋執事者具酒饌僕人備芟翦草木之器從既至主人周視封樹僕人翦除荆草訖以次序立墓前焚香供酒饌再拜在列者皆再拜興遂祭土神陳饌墓左上香酹酒主人以下序立再拜退

右拜掃

士喪禮

疾革書遺言既終子號哭擗踊去冠被髮徒跣諸婦女子去笄髻功以下丈夫素冠婦人去首飾皆素服立喪主主婦護喪贊祝諸執事人治棺及凡喪具護喪者使人訃於有司及親友執事者帷寢設沐牀於尸牀前襲牀在浴牀西東陳沐浴巾櫛含具含用金銀屑三襲事陳其旁常服一稱冠及禮服各以其等帶韠皆備侍者遷尸浴牀南首諸子哭踊婦人出（女喪則男出）迺去尸衣覆以殮衾侍者奉湯及巾櫛入沐浴喪主及諸子止哭視執事者結襲衣縱置於牀南領舉尸易牀

徹浴牀浴具埋巾櫛及餘水於屏處迺去衾襲常服禮服加面巾卽牀前爲位立魂帛設奠陳生前所食脯醢酒果用吉器喪主以下爲位序哭如禮（位詳見官員喪儀後同）執事者奉含具前喪主啟盥含尸訖哭復位越日小殮執事者帷堂陳殮牀於堂東加殮衣複一襌一複襌一紟絞皆備殮畢遷尸於堂喪主及諸子麻括髮加首絰腰絰皆以麻婦麻髽餘同三日大殮執事者以棺入陳以兩凳棺內奠七星版藉茵褥施綿衾垂其裔於四外居時奉尸入棺實生時所落齒髮卷衣以塞空處喪主以下憑棺哭踊盡哀乃蓋棺加錠施柰比葬月再柰徹殮牀遷柩其處柩東設靈牀施幃帳枕衾衣冠帶履之屬設頮盆帨巾皆如生時柩前設靈座奉魂帛几筵供器具以絳帛爲銘旌長五尺題曰某官封（未仕則否）顯考某府君之柩（婦則書顯妣某氏）依靈座之右設殮奠內外序哭如儀及衣奉魂帛復牀諸子次於中門之外寢苫枕塊不脫絰帶諸婦女子次中門之內帷幔枕衾皆布素哀至則哭晝夜無時

右初終襲殮

是日成服輕重以親疎爲等（詳見官員喪禮）厥明喪主以下夙興侍者設頮水櫛具於靈牀側五服之人各服其服就位侍者收

纇櫛具奉魂帛出就靈座設奠焚香斟酒點茶喪主以下哭叩盡哀及夕如朝奠禮侍者詣靈牀舒枕衾奉魂帛於牀上衆哭盡哀廼止夕奠皆同朔望則具殷饌於朝奠行之親賓弔奠如禮見官員喪禮

右成服朝夕奠

士卒於其職八品九品官以下同或在職遭喪者扶櫬還家聞喪奔喪皆如品官之禮

右扶喪奔喪

三月而葬營葬地及葬具壙塋周三十步封高六尺墓門石碣員首方趺勒曰某官某之墓無官則書庶士某之墓婦則稱某封氏無封則稱某氏刻壙誌式見官員喪儀作神主及櫝制柩轝下爲方牀上編竹格爲蓋四出檐垂流蘇綃荒綃帷無翣引布二靈車一明器鑪檠皆具開兆喪主率諸子適兆所以親賓一人告土神執事者陳酒饌於兆左告者吉服盥就位上香酹酒讀祝祝辭拘見官員喪儀下同行禮如儀遂開壙使子弟一人啓祝之喪主以下還葬有期豫以啟期告於戚友發引前一日厥明五服之人各服其服入就位朝奠訖告遷柩於殯前喪主以下再拜哭盡哀役人入遷柩祝奉魂帛前喪主以下哭從及外堂仍設座於柩前奉魂帛辭於祖禰復於靈座從哭如初及夕祖奠如朝奠儀喪主以下再拜哭盡哀親賓致奠行禮如成服致奠儀賓出喪主以下代哭如初質明五服之人會葬者畢會執事者陳明器於大門外納靈車於門內之右役人舉轝入設於廳事正中喪主以下哭踊廼載喪主輟哭視載牢實載訖設遣奠如祖奠儀役人舁轝祝奉魂帛就靈車奉木版櫝設魂帛後柩出大門施帷蓋屬引遂發前明器次銘旌次靈車轝從外親分執引布在前喪主以下絰杖衰服男在柩旁步從女在柩後輿從哭不絕聲出城門若里門親賓不至

墓者於前途立向柩再拜役人暫停轝喪主哭謝賓退柩行如初及墓執事者豫張靈帷於墓右置靈座几筵設題主案於右設藉柩席薦於壙前鋪陳壙中之事設婦女行帷於羨道之右靈車至帷外止祝奉魂帛於几上奉主櫝置魂帛側柩車至脫載去帷蓋方牀下於藉席祝取銘旌縱加柩上喪主及諸子憑棺哭婦女哭羨道西屆時男女以次哭叩辭訣親賓送者再拜辭歸喪主及諸子哭謝遂窆喪主輟哭視執事者整銘旌藏誌石明器復土喪主以下哭盡哀執事者陳饌於墓左致祭土神如開兆祭儀喪主以下退就靈帷之左

序立祝盥復魂帛於厢啟櫝出木版臥置案上宗親善書者一人盥就位題主訖祝奉木主於几上設奠焚香奠酒讀告辭喪主以下哭叩盡哀祝焚告辭奉魂帛埋於墓側奉主納櫝置靈車而返在途不驅喪主以下哭從如來儀

右啟殯至葬

靈車至家喪主以下哭從入門祝奉木主設几上諸子在寢東服親序在諸子後婦女哭於房中有弔者如在殯儀廼修虞事執事者具饌品數各以其等主人以下就位哭主婦薦羹飯主人獻爵讀祝行禮如時薦儀畢主人奉主納櫝徹哭

止眾退百日卒哭儀同虞祭厥明執事者具饌於寢室如常薦禮設亡者案於祖考神案東南啟室陳神主主人率眾先哭於几筵前奉亡者之主如寢諸子以下哭從及寢門止哭陳主於東南案上眾序立焚香進饌讀告辭行禮如常薦儀祝焚告文奉神主復室徹主人奉亡者之主復寢哭隨至几筵前納櫝訖哭止眾退

右反哭至祔

期而小祥於忌日行事厥明喪主以下及期親就內外位哭盡哀焚香進饌酒讀祝行禮儀與卒哭同再期而大祥先忌一日設案於寢堂東西各一主人率諸子詣寢堂啟室以遞遷改題之事告於祖陳設讀祝行禮如時薦儀廼以紙裹應祧神主陳於西案奉曾祖以下神主臥置東案使子弟善書者一人改題訖復於室遞遷其位虛室中下級以俟闔門出質明主人以下就几筵前序哭陳設行禮如初期儀主人奉亡者之主躋於寢室再拜闔門徹靈牀靈座罷朝夕奠徹几筵斷杖棄之屏處奉祧主於墓祭而埋於側如儀二十七月既周設几筵於廳事正中主人以下如寢堂啟室奉新祔神主陳於廳事几上祗薦禫事主人及諸子位東壁下舉哀婦

女哀於房中焚香薦果饌酒醴讀祝如儀畢奉主復於寢室闔門退諸子素服終月始復常服

右祥禫

歲逢忌日前期齋厥明主人及子弟素服如寢堂啟室出專薦之主於案焚香薦酒饌讀祝行禮如時節薦新之儀禮畢徹納主闔室退

右忌日奠

歲寒食節或霜降節日主人夙興率子弟素服具酒饌詣墓拜掃既至芟除荊草設饌於墓前主人以下序立焚香再拜

興別陳饌於墓左祀土神行禮如儀

右拜掃

庶人喪禮

疾革書遺言既終子號哭擗踊去冠被髮徒跣諸婦女子去笄素服期功以下丈夫去冠婦人去飾男東女西異向環牀哭立喪主主婦使子弟護喪事治襲殮之具訃於親友踰時子弟奉湯及巾櫛入婦女出（婦喪則男出）沐浴喪主及諸子止哭周視徹巾櫛及餘水埋之設襲牀於尸牀前陳衣冠帶舄遷尸於牀襲喪主以下哭踊卽牀前爲位立魂帛設奠陳生前

所食酒饌內外序哭如禮喪主起盥含尸以銀屑三既襲帷堂設殮牀於堂東加殮衣複衾一皆以絹紟絞皆備殮畢遷尸於堂執事者以棺入棺內奠七星版藉褥施錦衾垂其裔於四外居時奉尸入棺實生時所落齒髮以衣實其空處喪主以下憑棺哭踊盡哀廼蓋棺加錠施桼比葬一桼徹殮牀遷柩其處柩東設靈牀施枕衾衣被之屬設頮盆帨巾如生時柩前設靈座奉魂帛几筵供器具設奠內外序哭如儀及夜奉魂帛於牀諸子居柩側寢苫枕塊不脫絰帶諸婦女子易常次帷幔枕席用布素哀至則哭晝夜無時

右初終襲殮

是日成服（服制見上）厥明五服之人各服其服就位子弟設頮水帨巾於靈牀側歛枕衾奉魂帛出就靈座設奠焚香斟酒點茶喪主以下哭叩盡哀及夕設奠亦如之舒枕衾復魂帛於牀徹頮具衆哭盡哀廼止以至於虞朝夕同親賓弔奠如禮若在外聞訃者奔喪成服均如士喪之禮

右成服朝夕奠

踰月而葬營葬地及葬具壙營周十八步封四尺有誌無碣擇吉開壙祀土神作神主備靈車一柩轝一別製布衾衣柩

不施帷蓋發引前一日喪主以下就位哭朝奠訖奉魂帛辭於祖禰還靈座晡時設祖奠以永遷告喪主以下再拜哭盡哀厥明五服之人畢會納靈車於大門內之右納柩轝於廳事內外各就位哭徹幃遷靈座役人舉柩就載衣以大衾喪主以下哭視載訖設奠柩前如祖奠禮奉魂帛就靈車置主櫝於後廼發引男女以次哭從及墓執事者豫設藉席於壙前設靈座於墓道之右設奠案於座前設題主案於奠案右靈車至奉魂帛於座柩至脫載下於藉席喪主以下憑棺哭婦女哭墓右屆時男女以次哭叩辭訣諸親會葬者均以次

哭叩辭歸喪主及諸子哭謝𠕀窆納柩於壙下誌石復土祀土神如儀喪主以下退就靈座之側序立子弟啟櫝奉木版卧置案上宗親善書者一人題主訖子弟奉置靈座納魂帛於厢設奠讀告辭畢喪主以下哭叩盡哀祝焚告辭奉魂帛埋於墓側奉主納櫝遂行喪主以下哭從如來儀

右啟殯至葬

靈車至家子弟豫設几筵於殯寢故處奉木主陳之喪主以下序哭如士喪反哭之位𠕀虞饌品器數視薦禮主人以下就位哭主婦薦羹飯主人薦酒饌讀祝行禮如時薦儀畢主

人奉神主納櫝徹哀止眾退百日卒哭設奠行禮儀同虞祭厥明喪主以下夙興哭於几筵前奉主詣寢陳於祖考神室東南以祔告啟室陳設行禮如時薦儀畢仍奉主復於几筵納櫝退

右反哭虞祔

期而小祥於忌日行事厥明喪主以下及期親就內外位設奠哭叩如卒哭儀再期大祥先一日詣寢以改題告遷於祖考如士喪告遷之儀屆日夙興喪主以下就几筵前序哭設奠行禮儀同初朞主人奉亡者之主躋祔於祖再拜闔門出徹靈牀靈座几筵罷朝夕奠斷杖棄之屏處奉祧主埋於墓側如庶士儀二十七月既周設几案於廳事奉新祔神主陳之喪主以下就內外位哭奠行禮如常薦儀禮畢復主於寢闔門退諸子素服終月始服常服

右祥禫

忌日主人具饌羞羹飯夙興及子弟素服啟寢室出專薦之主於案焚香薦酒饌行禮如常薦儀畢納主闔室退

右忌日奠

歲寒食或霜降節具饌主人率子弟素服拜掃墳墓既至芟

除荊草訖設饌於墓前主人以下焚香再拜興陳饌於墓左祀土神行禮如儀

右拜掃

典禮備考卷八　鄷都縣志局敬鐫

會典

祭

品官家祭禮

品官家祭之禮於居室之東立家廟一品至三品官廟五間中三間爲堂左右各一間隔以牆北爲夾室南爲房堂南檐三門房南檐各一門階五級庭東西廡各三間東藏遺衣服西藏祭器庭繚以垣南爲中門又南爲外門左右各設側門四品至七品官廟三間中爲堂左右爲夾室爲房階三級東西廡各一間餘制與三品以上同（世爵公侯伯子視一品男以下按品爲差等）八九品廟三間中廣左右狹階一級堂及垣皆一門庭無廡以篋分藏遺衣物祭器陳於東西房餘與七品以上同（在籍進士舉人視七品恩拔副歲貢生視九品）堂後楣北設四室奉高曾祖禰四世皆昭左穆右妣以適配南向高祖以上親盡則祧由昭祧者藏主於東夾室由穆祧者藏主於西夾室遷室祔廟均依昭穆之次東序西序爲祔位伯叔祖之成人無後者伯叔父之成人無後及其長殤（十六歲至十九）者兄弟成人無後及其長殤中殤（十二歲至十五）者妻先歿者子姪成人無後及其長殤中殤下殤（九歲至十一歲）

者皆以版按行輩書男統於東女統於西東西向歲以春夏秋冬仲月擇吉致祭戒子弟讀祝一人贊禮一人執爵每案二人分薦祔位東西各一人凡在廟所出子孫年及冠以上者皆會行禮

右廟制祭期

先祭三日主人及在事者咸致齋前一日主人率子弟盛服入廟視潔除拂拭畢執事者於各室前設几几前供案堂南總香案一鑪檠具祔位東西各統設一案設祝案於香案之西設奠爵案於東序設盥槃於東階上視割牲一品至三品官羊一豕一四品至七品特豕八品以下豚肩不特殺視滌祭器三品以上每案俎二鉶二敦二籩六豆六七品以上籩四豆四八品以下籩二豆二皆俎一鉶敦數同（代以時用槃椀者聽）辨祭器之實俎實牲體鉶實羹敦實飯籩實時果餅餌魚腊獸腊之屬豆實炙胾時蔬之屬

右致齋具牲饌

屆日五鼓主人朝服與祭執事者盛服入廟主人旋於東階下族姓旋庭東西以昭穆世次爲序執事者陳鑪鐙於供案南陳尊爵於東序案（代以壺琖者聽）陳祭文於祝案實水於盥槃加

巾主婦率諸婦盛服入詣爨所視烹飪羹定入於東房治籩豆之實陳鉶敦匕箸醯醬以竢質明子弟之長者盥詣各室前跪一叩興啟室奉主以次設於几昭位考右妣左穆位考左妣右分薦者設東西祔位畢贊禮立堂東檐下西面諸執事分立東西序端相向贊就位主人升自東階盥詣中檐拜位立族姓行尊者立於東西階上卑者立於階下皆重行北面贊參神主人入堂左門詣香案前跪執事二人司爵者充一奉香槃一挹尊酌酒詣主人左右跪左進香主人三上香右進爵主人酹酒於地以爵奠於案興退出右門復拜位及族姓

行一跪三叩禮贊初獻主婦率諸婦出於房薦匕箸醯醬於几前案北跪一叩興徧及祔位退入於房庖人解牲體實於俎執事者奉以升各薦於供案主人詣高祖考案前執爵者奉爵主人獻爵奠於正中跪叩興以次詣曾祖祖禰案前獻爵如前儀分薦者徧獻祔位酒訖退立於拜位贊讀祭文主人跪族姓皆跪祝詣祝案之左跪讀祭文曰維某年月日孝孫某謹告於某考某官府君某妣某氏之靈曰氣序流易時維仲春秋夏冬追感歲時不勝永慕謹以潔牲庶品粢盛醴齊敬薦歲時以某親某氏等祔食尚饗讀訖興以祭文復於案退

主人以下一叩興贊亞獻庖人納羹飯於東房主婦率諸婦和羹實於鉶實飯於敦出薦於案及腊肉炙胾徧跪叩興退如初禮主人獻爵於各位之左贊三獻主婦率諸婦出於房薦餅餌果蔬叩退主人獻爵於各位之右分薦者徧獻祔位酒均如初獻儀贊受嘏祝取高祖供案酒饌降至香案旁主人詣香案前跪祝代祖考致嘏於主人主人啐酒嘗食反器於祝接以興主人一叩興復位贊送神主人以下一跪三叩贊望燎祝取祭文由中門出送燎主人退避東階下行輩長者咸降階主人詣燎位祀燎畢與祭者出主人率子弟納神

主上香行禮徹祭器傳於燕器潔滌謹藏之闔門各退

右祭儀

日中乃餕三品以上時祭徧舉四品至七品春秋二舉八品九品春一舉庖人爇酒饌僕人布餕席於堂東西北上陳醯醬於席四隅琖楪匙箸之屬皆辦與祭者尊卑咸在從曾祖諸父居東第一席從祖諸父居西第一席諸父次東一席諸昆弟次西一席諸子諸孫在東西之末各一席序定主人肅尊者入席從曾祖諸父卽席從祖諸父東向尊者肅揖就位諸父東向揖西向揖就位諸昆弟揖如之復揖諸父就位諸

子揖如諸父復揖諸昆弟諸孫揖如諸子復揖諸子皆就位主人離席僕執壺實酒從主人酌諸尊長酒每酌一人肅揖尊長答揖徧就位子弟之長者離席僕人執壺從敬酌主人諸子弟咸避席揖主人答揖復位主人命諸子弟徧酌酒席中少者舉壺各酌於其長者既徧皆坐主人興舉酒請於尊長坐尊長乃嘗酒卒爵衆嘗酒卒爵僕人進食主人興請於尊長坐尊長舉箸嘗食乃皆食每進食子孫開行酒三巡長幼獻酬交錯飲無算爵湯飯畢長者起主人請留長者告飽遂離席諸子弟咸隨離席以次出主人送長者於門外入命徹席餕庖人僕人皆盡

右餕

焚黃告祭之禮

制書至主人以黃紙恭謄一通奉於廳事正中諏吉日擇同姓或戚屬已仕者一人宣

制戒子弟引贊二人通贊二人徧戒族姓居期會行禮前一日齋戒備告文祝文牲饌視新贈之爵為等至日夙興灑掃堂宇供張設饌案以追贈所及世數為準香案柂架如儀設改題神主案於堂東西向使人速宣 制者主人朝服率子弟盛服入廟諸

與祭者皆會主人詣贈主室前啟室焚香跪子弟一人奉告文跪於主人之左讀告文辭曰維某年月日孝子某或稱孝孫隨宜謹告於某考某官府君某妣某封某氏之靈曰某幸得列於位恭逢

恩命

贈及先人敬請神主祗受

制書改題奉祀謹告讀訖興主人叩興奉考主子弟奉妣主及族姓出廟門竢於道左宣 制者奉

制書前引二人導行至廟衆跪接

制書入中門升中階南向立衆皆隨入至階下序立主人奉考主在東子弟奉妣主在西族姓重行立其後皆北面通贊分立東西楹前贊宣

制主人以下皆跪聽宣

制畢奉主行三跪九叩禮衆隨行禮宣 制官以

制書供香案架上主人奉主置改題案上揖勞宣 制者宣 制者答揖復揖辭降自西階主人從至廟大門外揖送入改題神主爵位訖奉主復位序立參神讀祝三獻酒如時祭之儀祝辭曰維某年月日孝子某謹告於顯考某府君顯妣某氏

之靈曰某恭承庭訓列位於
朝仰荷
皇仁推恩所生贈考爲某銜妣爲某銜感念先澤祿弗逮養兹以焚黃謹備牲醴用伸薦告尙饗祭畢焚黃並祝文奉主復於室闔室出主人以下皆退頒胙於宣制者餕族姓如儀

右焚黃告祭

歲逢令節薦新物一二三品官每案時果四庶羞四羹飯具四品至七品官每案時果二庶羞四八品九品官每案時果庶羞各二餘同是日夙興主婦潔辦果饌主人盛服率族姓子弟入廟然燈灑掃設案室前訖盥洗啟室子弟分陳匙箸壺琖之屬於案北主人序立於香案前族姓以次序列於主人之後主人跪焚香訖叩興子弟奉果羞從主人詣高祖考妣位前薦果薦羞畢子弟舉壺取琖酌酒進於主人主人奠酒訖子弟復奉羹飯從主人薦羹飯訖以次詣各案薦奠如前儀退至香案前率族姓子弟一跪三叩興子弟徹饌主人闔室皆退

右時節薦新

月朔望日主人豫備茶食之屬每案二器主人夙興盥洗盛服率族姓子弟入廟灑掃潔神案啟室序位於香案前主人跪焚香訖叩興子弟奉茶食從主人詣各神案前以次供食供茶畢退復位率族姓子弟行禮如時薦之儀徹主人闔室皆退

右朔望獻茶

庶士家祭禮

庶士（貢監生員有頂帶者）家祭之禮於寢室之北爲龕以版別爲四室奉高曾祖禰皆以妣配位如前儀南向前設香案總一服親男女成人無後者按輩行書紙位祔食男東女西相向事至則成已事焚之不立版歲以春夏秋冬節日出主而薦粢盛二槃肉食果蔬之屬四器羹二飯二前期主人及與祭者咸齋戒薦之前夕主婦盛服治饌於房中厥明夙興主人吉服率子弟設香案於南然燭置祭文堂北設供案二昭東穆西均以妣配位均南向設祔案於兩序下各一男東女西東西向主人以下盥奉木主設於案設祔位於兩序案訖主人東階下立衆各依行輩東西序立主人詣香案前上香畢率在位者一跪三叩興主婦率諸婦出房中薦匕箸醯醬跪叩如儀退子弟奉壺主人詣神案以次斟酒薦熟訖皆就案南跪

叩興子弟薦祔位畢主人跪在位者皆跪祝進至香案之右讀祭文（辭見品官祭禮減潔牲二字餘同）訖興退主人以下叩興再獻主婦薦羹飯三獻主婦薦餌餅時蔬主人斟酒跪叩均如初儀畢主人率族姓一跪三叩興祝取祭文及祔食紙位焚於庭衆出主人納木主徹退日中而餕春一舉布席於堂東西北上陳椅璲匙箸如其人數傳祭食於燕器熱酒饌族姓至主人肅入序位以行輩年齒爲等旅揖卽席進酒饌酬酢如禮湯飯畢長者離席告退主人送於門外諸子弟皆隨以出徹僕人餕餘食皆盡月朔望日主人及家衆夙興盥洗啟寢室然燭詣香案前依行輩序立主人上香訖子弟奉茶主人獻茶復位率衆一跪三叩興徹茶闔室衆退若家有吉事主人盥洗啟室然燭焚香以其事告行禮如朔望儀

庶人寢薦

庶人家祭之禮於正寢之北爲龕奉高曾祖禰神位歲逢節序薦果蔬新物每案不過四器羹飯具其日夙興主婦治饌主人率子弟設案然燈啟室奉神主於案上以昭穆序主人立於香案前家衆序立於主人下以行輩爲先後主人上香一跪三叩興主婦陳匕箸醯醬薦羹飯果羞跪叩如儀主人

酌酒進於各位前凡三次皆跪一叩興畢主人率衆一跪三叩興納主於室徹退日中衆餕神食歲一舉論行輩先後同行序齒列坐酒行飯已肅揖以退月朔望日供茶然香燈行禮告事亦如之均與庶士儀同

黄光輝等 修　郎承詵 余樹堂等 纂

[民國]重修酆都縣志十四卷

民國十六年(1927)鉛印本

酆都縣志

一册

76793

平都春曉

送客聽風

白鹿夜鳴

青牛野眺

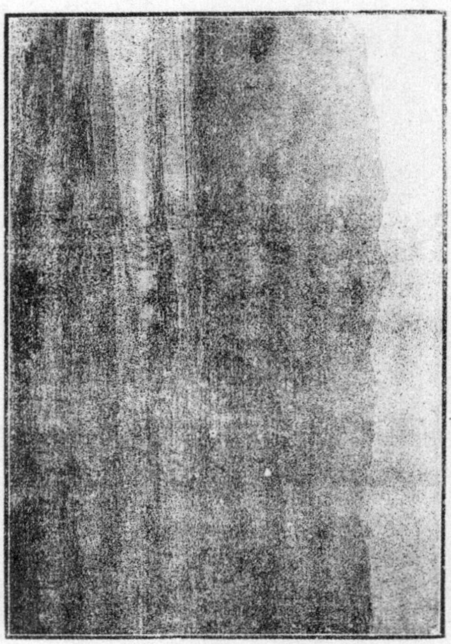

珠簾映日

月鏡凝山

對床夜雨

流水池泛

天下名山第一都

酆都公園

重修酆都縣志

重修酆都縣志序

黃光輝

上馬殺賊下馬作露布古人立功異域專閫之名將亦文苑之才子也雖然武備文事各有其途粵稽漢史班氏一門超固并生勳業文章彪炳一世然强班固投筆博取封侯固必不能使班超秉筆徵信簡册超必見絀挽萬石弓不識一丁字武人犒狀今古如斯何容深諱哉予少承訓鯉庭學書不成學劍不成始則從事軍旅繼則借箸帷幄承乏邑篆猶懼弗勝迺委蛇未暇邑庠紳鄧君汝錫殷請主任改修邑志曰此何前令時省飭也經縣參兩會表決錫專籌欵務歷數月更兩令而公適來酆民有幸錫事可蔵矣予訝曰君不識光輝非文士耶所請何昧其人也錫曰不然公爲邑長但挈其大綱綱擧目自張耳予曰君何言之易易也志以傳信邑

有文可徵乎有獻可考乎錫曰舊志具在文之大綱矣宿儒猶存獻之大綱矣公何疑焉予竊竊然自懼忽欣欣然自喜轉商爾宜郎君君以諸生致位雲南楚雄府尹學識深宏毅然許予總纂從容語曰邑兵燹屢經老成未謝我爲公禮聘之無何有鬚眉皓然者有頒白未艾者其稚亦年踰强仕爲新舊學所欽崇者扶杖聯袂歡然偕來猗歟盛哉商山遺老歟耆英嘉會歟極民國一時之遇也予喜諸賢不我遐棄因出六志五表卽席請曰諸君齒高德邵胸中邱壑無美不備肯爲我分洩其奇乎諸君唯唯殊分署甫定爾宜旋即捐館予亦未幾去任悤悤話別不獲終分其勞今又數閱月矣志表告成予喜出望外初不意洋洋大觀赳赳者翻作羣英領袖矣然弁數言以誌顛末客適有歸美於予者予敬謝曰是鄧君推挽之力也諸賢之孤詣苦心也予事未半而中廢何功之有焉

重修酆都縣志序

余嵩光

昔袁簡齋序江寧縣志謂志江寧較難於治江寧治之者行其當然之事志之者紀其已然之跡當然者可以意爲已然者不可以意爲然非志之詳則治之績亦必不備諒哉言乎民國十餘年來予嘗兩治酆都矣初下車盜賊縱橫讒言朋興欲求暇晷一覽山川文物之勝考風土人事以驗政事之得失亦不可得則予之治酆都已可知也丁卯秋予再治酆都萑苻風清匪盜敉平跡其已然行其當然此其時也而酆都縣志適以告成予觀六志五表秩序井然覺袁簡齋所謂難者諸君子亦既勉爲之也而所謂不難者予亦殊難自信耳雖然治者一時志之者萬世使千百年後覽是志者謂志酆都之日卽予治酆都之年已然之紀皆當然之行而無甚過差將志無窮而予之名亦與之無窮豈非予之大幸也哉

重修酆都縣志序

余樹堂

周禮小史掌邦國之志外史掌四方之志說者謂小史所掌卽國史之濫觴外史則直省通志及州府縣志之嚆矢焉酆隸梁州漢曰平都隋曰豐都明曰酆都名稱雖舊古志無徵其軼乃見之華陽國志寰宇記諸書往往於建置方域特詳予竊謂地道一成而不變天道則十年或數十年而一變人心風俗之不同禮教政刑因之而異而戶口之繁減稅役之盈縮識者於此覘世變焉不察其變而第論其形勝酆爲巴子別都當日曼子守土英風浩氣固足爲酆人增一異彩平都七十二洞天之一尉遲敬德之建築段文昌之記載呂純陽之題詠王方平陰長生之仙踪逸跡亦足爲名山生色至若雙桂五魚青牛白鹿諸勝地春秋佳日騷人詞客登臨選勝發爲詩歌如蘇子瞻范成大盧雍諸賢之傳諸載籍者更覺歷數千

年而常新也蓋酆都舊志明淸不乏著述然存者僅徐太史一書而日月遷流相距五十餘稔爲時未甚久矣芸芸赤子生齒日益繁生計日益蹙苛斂橫征日益劇烈不思補救而青年學士爭趨解放酆濱大江風氣尤先新文化愈灌輸舊道德愈墮落世道人心之變如珠光電影瞬息萬狀是亦珥筆者所爲廢書興嘆矣丙寅秋縣長黃篤生先生開局修志郎爾宜先生膺總纂兩閱月而篤生先生卸篆爾宜先生亦遽歸道山丁卯春縣長張樹猷先生賡續開辦聘余秉筆余以非材辭不獲已迺日與邑之士大夫旁徵博採縣長公餘之暇亦往復商榷凡官師之改組學校之變遷賦稅兵役之繁多無不詳加考證而節孝廉貞之關於世道詩詞傳記之裨於人心尤兢兢焉大書特書欲以信今而傳後至山川險易疆域廣袤周禮外史之所掌前人言之詳也故不復贅云

重修鄷都縣志序

林鵬雲

民國革命百度維新文物典章悉改舊制果今是而昔非耶不得而知也抑今非而昔是耶亦不得而知也第以守殘抱缺儒生天職前乎今者爲昔昔人作之利用因距乎昔者爲今今人變之利用革獨其間風氣之所趨潮流之所激昔見爲是今見爲非昔見爲非今見爲是是是非非之交黨與黨異派與派分狃乎昔則戾乎今狥乎今則悖乎昔作之而不善述變之而弗求通因革兩失其據矣夫綱不舉則目不張治絲而棼非棼之過也條理不辨治術先窮矣此六志五表統爲昭示其則歟間嘗三復其義知其爲天下後世慮者未許爲外人道而又不得不爲外人道也先聖有言曰質勝文則野文勝質則史斷章取義邑之有志一邑之史也無質不信無文不傳既傳矣虎豹之變僅取乎革可乎今詩書之阨烈於秦火莘莘學子明目張胆白話日新文言日下過此以往遷流不知何極國粹之存千鈞一髮耳不爲一時意氣爭寧不爲一脈絕續爭乎斯文未喪彼蒼猶或鑒之所願氣吐長虹者改放萬丈眼光也我輩按圖索驥腐敗之譏誠甘順受然遠取舊載不敢瑕疵昔人也近採流風不敢菲薄今人也執簡從事者十有一人雪夜霜晨互相討論凡山川之險易民物之盛衰兵凶防其危禮俗考其正若者可歌可泣若者爲災爲祥莫不彙別條分信則徵之疑則闕之而公是公非概不參以己見焉書曰勿作聰明亂舊章詳乃視聽視也聽也惟聰明人爲能詳之聰明不作舊章改猶未改也斯眞善用聰明哉我輩愧非聰明無可作亦不敢改兢兢焉循途守轍勉完天職而已若夫起當代之衰著千秋之鑑岷峩毓秀知必有人焉郁郁彬彬以俟君子

重修鄷都縣志序

眀於千里盲於眉睫人情騖遠忽近坐蹈積弊若知之若不自知甚矣聰明之過也三傳始於左盲作史者豈盡盲人哉民國肇興言論自由立說著書馳騁無忌莘莘學子指地畫天島國海邦全球無外遠史近事信口傾談區區下邑公孫子陽且不屑作井底鳴者才亦奇矣夫君自故鄉來應知故鄉事名山勝水釣遊所常經也遺風流俗見聞所日接也及叩其邦族訊其物情則鄉樹扶疎不辨桑梓故人欵洽不詳里居噫數典忘祖猶之可也徙宅忘妻無乃太甚乎綏老大一衿猥總商務然感時勢之遷流酒酣耳熱輒與二三知己筆談口述擬記成篇書生氣習眞未化哉忽省飭飛來一紙輶軒諮採邑俗綏喜曰是可一舉兩得矣殷請邑宰黃公篤生改修舊志黃公大喜綏益喜爰推轂舊好列坐分曹綏執簡以侍曰

此綬與諸君素願矣今幸得遂矣愧綬瑣瑣商場不獲分勞筆硯適館授餐忝請爲東道主人耳雖然綬之不才竊有請焉作史之難不難於遠而難於近紀載失眞是謂目盲蒐羅不備是謂耳盲薰蕕異臭品彙不分是謂鼻盲三者俱失而欲以口舌代之口舌可靦聽乎哉左氏之弊端在浮夸文言不如白話當世據爲口實諸君宜古通今曷爲我邱明一解其嘲乎舉座笑頷之忽忽一週六志五表脫槁燦然綬急取伏讀諸君曰君試自評之無亦盲人讀盲槁乎綬亦笑頷曰然綬不善腴盲如諸君恐今之高瞻遠矚者不解其盲也諸君之得失茫茫大陸遙遙後世自有不盲者在如綬者不過先爲盲人知己耳嗟夫左遷右固徒大言欺人美雨歐風究空談何補諸君黜華崇實但不盲於心可耳綬敢詡爲明眼人哉

中華民國十六年丁卯歲十二月初十日鄧綬序

重慶市楊柳街 新文化社代印

重修酆都縣志

目錄

重慶市楊柳街 新文化社代印

卷八　方域志

星野　疆域　城池　山川　農田水利　古墓　場市　洞塞　橋梁

卷九　食貨志

戶口　田畝　物產　賦稅　錢幣　工商

卷十　禮俗志

祀典　昏禮　喪禮　社會風俗　家庭風俗　節序風俗

卷十一　藝文志

文　詩　賦

卷十二　兵防志

營制　兵制　火藥局　火器　歷代兵事　團練保甲　關隘形勝　縣城形勢　南北近隘　南北遠隘

卷十三　雜異志

祥異　仙釋　隱逸　流寓

卷十四　人物志

循良　孝友　忠義　文學　宦績　武勳　義行　壽耆

重修酆都縣志職名

主任

酆都縣知事　何本根 樹喬
酆都縣知事　黃光輝 篤生
酆都縣知事　張樹猷
酆都縣知事　唐朗如
酆都縣知事　余嵩光 紹庚

總纂

雲南楚雄府知府署迤西道廩膳生　郎承詵 爾宜
候補直州同壬寅補行庚子辛丑併科舉人　余樹堂 汝藩

分纂

威遠縣知事丁酉科舉人　劉培德 念茲
候補巡檢優廩生　朱芳柏 新甫
歲貢生　秦楙榮 品珊
歲貢生　林鵬雲 星垣
四川高等學校畢業附貢生　李齡九 壽丞
重慶法政別科畢業附貢生　楊雲鵠 立臣
教育部僉事通省師範畢業附貢生　秦賛禹 君猷
縣議事會議長京師法官養成所畢業生　譚管生

分輯

籤分陝西直隸州州判己酉科拔貢　胡　驛 東瞻
廩貢生　李世傑 俊臣

附貢生 傅師咸 鶴書
四川高等學校畢業附貢生 胡禹昌 仕成
四川警務傳習所畢業附貢生 楊文俊 純嘏
四川高等學校畢業 佘隆恩 君梅

參閱

宣統已酉科拔貢生 譚光鑑 備三
四川通省師範畢業附貢生 秦光烈 梓丞
廩貢生 冉昌言 季
增貢生 王達尊 德一
增貢生 劉鴻唱 漢卿
廩貢生 廖崙高 岳生

廩貢生 曾子彥 煥之
附貢生 秦沛霖 燮陽
附貢生 魯侯東 沛霖
四川省立第四師範學校畢業 周正科 紹濂
四川單級師範畢業 鄒海鰲 集之

校勘

拔貢生 胡 東驄
四川省立第四師範學校畢業 劉代 承烈

採訪

歲貢生 秦 嵩 傑三
附貢生 陳惠迪 允光

附貢生 李秉權 衡山
附貢生 傅師永 晋卿
廩貢生 殷學海 百川
廩貢生 雷文臣 琢成
清候補江西知縣 蔣紹銘 鑑盤
北京國民大學畢業 杜憲國
縣立中校畢業 林榮鼎 植松
涪陵省立中校畢業 傅心義 君喻
四川省立甲種商業學校畢業 李子雄
川東聯合縣立師範畢業 陶祥謨 嘉言
重慶體育校畢業 楊建侯

成都實業講習所畢業 張厚村 載之
忠縣中學校畢業 譚朝璠 魯珍
忠縣中學校畢業 譚光續 炳綸
成都公立法政學校畢業 范寅亮 酌冰
四川法政別科畢業 曹先鵬 搴卿
縣議事會議長 楊銘勳 鼎臣
秦懷璋
李聘之
鄧錫九
王耀普
華春生

黃鈞堂

謝南邦

郎子明

蔣友篪

江　熙　子茂

繪圖

四川省立第四師範學校畢業　劉代武　承烈

四川省立第四師範學校畢業　徐汝言　固存

籌備員

省議員川東聯立師校畢業附貢生　鄧　綬　汝錫

商會會長重慶法政別科畢業　盧景明

庶務員

四川通省自治研究所畢業　沈紹平　瑜生

提欵員

縣議員　江見龍　焙之

縣議員　郎興福

繕寫　秦子茂

附酆都縣舊志先後修纂職名

明宏治間創修

浙江杭州府知府順天府府丞成化丁未進士　楊孟瑛　溫甫

清康熙間主修

酆都縣知縣　王廷獻　浙江海寧人

酆都縣知縣康熙戊午舉人　朱象鼎　浙江秀水人

編纂

康熙壬子科舉人　林堅本　稺菴

清嘉慶間主修

酆都縣知縣乾隆戊子科舉人　瞿　頡　江蘇昭文人

酆都縣知縣嘉慶戊午科舉人　方宗敬　湖南巴陵人

編修

候選知縣嘉慶庚午科舉人　劉維理　湖南巴陵人

候選訓導歲貢生　王五總　涪陵人

清同治間主修

酆都縣知縣增貢生　田秀栗　陝西城固人

酆都縣知縣監生　徐濬鏞　湖南清泉人

總纂

潼川府儒學教授道光丁酉科拔貢　徐其佁　雲崗

編纂

翰林院編修　徐昌緒　琴舫

協纂

湖北沔陽州知州同治甲子科舉人　王元曾 桂珊

揀選知縣同治丁卯科舉人　李濟川 闌舟

重修酆都縣志凡例

一酆都舊志明清以來邑人如楊孟瑛進士林明儁貢生前令如朱公象鼎瞿公頲方公宗敬王公廷獻張公紹齡張公香海俱有遺稿疊經兵燹水火蕩佚無存存者惟徐太史昌緒一書兹編依富順志體例首建置次輿圖次方域次五表次七志取材於舊志而於案牘訪稿力加考證無徵者闕焉

一舊志各門以小序冠首雖仿通考例而未免鋪張又嫌繁冗今仿班史序傳爲四言韻語弁之期簡易也

一天文分野古今度數變遷不敢臆測兹編依清一統志並臚述往史所載以備參考

一境内著名險灘屢爲行舟患者詳著於篇附方域志以示趨避

一舊志倣康對山武功志陸稼書靈壽志例爲志而不爲表兹依史記漢書年表并省發富志體例凡廟壇祠觀倉署局所官師學校選舉旌節分爲五表各加論列以便省覽

一邑壇祠觀邑人因李白詩多附會其說傳聞不經兹於大祀中祀小祀外惟關古蹟名勝者列入餘不備載至倉署局所悉詳建置區域年月以便考查

一官師有治績者編入人物志治績傳次於表内敘其節畧餘則次爲年表

一書院改爲學校凡學宫書院學額學田卷局賓興院基院田悉依舊志備載以備掌故

一選舉之制雖變而明清兩朝中甲乙兩科及五貢者代不乏人兹依

科名列於表而中學以上凡三年畢業者附於後稍加論列以備參考

一五表中有事實者挨次列表無事實者依舊志直行書名以省篇幅

一兵防爲當今要務關隘爲防守所資酆城低且狹三面逼山故守隘尤要惟疆域遼闊邊隘紀不勝紀茲編於近隘足資防守者詳著於篇遠隘則分南北而載其名至緊要關寨必記其形勝以便愼守

一典禮舊志據大清會典廟壇而外如冠婚喪祭則分官禮士禮庶民禮茲錄禮制館編定新婚禮新喪祭禮附以吾邑現行婚喪禮祀典則載典禮備考

一邑人已古宦蹟可稽者依舊志備載若其人現存自應遵史例不爲生人立傳

一邑人禦賊捐軀或不屈被害無論貴賤曾否旌卹悉列入表內其有事蹟可徵者別立小傳次亦於表內敘其節畧以彰忠義

一節烈婦女遇賊不辱被害及奇烈苦貞者無論曾否旌表悉列入表內其有事蹟可考者特擇立小傳次亦於表內敘其節畧以勵風化孝友忠義壽民均從此例

一賦稅各則惟丁糧爲正供餘皆臨時暫爲籌備俱非正額

一物產多尋常習見之品各屬大畧相同茲特詳其出產多寡種植美惡以示區別

一物產名稱從俗以便易曉動植礦各分種類以醒眉目

一舊志序文他邑志或以弁首夫志既重修例義自別若仍冠舊序轉令閲者目迷茲編移舊志諸序並爲藝文既具舊章亦便省覽

一邑乘與家乘異凡壽言墓誌及酬應文字例不得入藝文又邑人現存文雖佳不錄惟事關典要偶引一二語證之者不在此例

一縣屬迭遭兵燹案牘散佚多不可考十鄉採訪亦多未備是編挂一漏萬在所不免若云醇備以俟君子

重修豐都縣志卷一

建置篇 歷朝建置分併沿革疆域設官建學立汛團練保甲

豐隸梁州周爲巴國代有分併即有沿革在明之初曰酆之邑疆域攸分官師並立文置學校武備綏急分練民團互有裨益廢墜經營守者斯職志建置

歷朝建置分併沿革

大地搏搏釐爲九州劃爲行省析爲府廳州縣酆於梁州下邑也周爲巴子別都 水經曰江水又逕東望峽東縣平都注云峽對豐民洲舊巴子別都也華陽記曰巴子雖都江平洲乡治平都舊志以爲即此處 秦屬巴郡 舊志秦惠文王與楚共滅巴置巴郡 漢置枳縣仍屬巴 水經注江之南岸有枳縣華陽記曰枳縣在江州巴郡東四百里治涪陵水會庾仲雍謂有別江出武陵者也又曰枳東四百里東接朐䏰縣有鹽官武隆志曰枳縣故基在治東上流二十里省志古跡枳縣城在府城西一百一十五里史記楚得枳而國亡即此晉桓溫伐蜀移枳縣於臨溪此城遂廢廣輿記云酆都漢枳縣地舊志 按以道里計之酆都在重慶東四百里又東四百里則雲陽鹽井乃接朐䏰今夔州也特水經誤以枳縣注涪州條下以鹽官注臨江條下耳若謂枳在涪州則西至江州東至臨江俱無四百里而臨江亦不接朐䏰又按府城西亦無枳縣舊址而酆邑道里舊志俱從忠計算則府字乃州字之誤於道里遠近俱合如謂桓溫移枳於臨溪則溪字或江字之誤然亦無府西一百十五里東移至五百里外之理愚按漢書地理志巴郡縣十一臨州臨江枳閬中墊江朐䏰安漢宕渠魚腹充國涪陵後漢書郡國志巴郡十四城江州宕渠朐䏰閬中魚腹臨江枳涪陵墊江安漢平都充國宜漢漢昌續漢志朐䏰屬巴郡大清一統志表萬縣漢朐䏰縣地則舊志謂朐䏰爲今夔州誤矣又按舊志注臨江即今忠州忠萬實酆焉有不接朐䏰者世代變遷山川陵谷古人載籍當必有據若但以今之道里計吾烏乎知之 東漢和帝永元二年分枳縣置平都縣 水經注有平都縣爲巴郡之屬邑 獻帝初平元年分巴爲二自江州至臨江爲永寧郡平都隸焉蜀漢延熙中省平都入臨江縣晉宋齊屬巴郡 舊志謂晉屬巴東郡按晉書巴郡四屬江州墊江臨江枳酆在漢爲枳晉仍舊名應屬巴郡而非屬巴東郡 梁爲臨江郡後周爲臨州隋省臨江縣屬巴東郡後仍改臨州析臨州置豐都縣 舊志載義寧二年析臨州置豐都縣 按恭帝爲李淵所立不過數月西蜀聲敎不通奚暇置析州縣也又載隋文帝開皇三年廢諸郡以州治民九年郿

定汛表以戶口滋多析置州縣豐都之分當在此時 唐貞觀八年改臨江爲忠州屬山南東道南賓郡豐都隸之 舊志唐志武德二年析普州之武定縣地置屬臨州貞觀屬忠州宋元因之明初省入酆都縣 按唐書忠州隸南賓郡而豐都屬忠州是忠豐俱統隸於南賓也 昭宗乾寧二年荊南節度使成汭盡取瀘江州縣豐都不能守降於王建 舊志 宋高宗建炎初仍設豐都縣屬忠州咸淳初因度宗潛邸升忠州爲咸淳府豐都仍隸焉 按宋史忠州舊縣三臨江墊江南賓南渡後增設豐都龍渠二縣而北宋蘇黃猶有豐都之名豈仍隋唐之舊耶舊志按土司考云唐改施州爲清江郡宋改清江郡爲南賓縣按尉武德二年分浦州武陵縣置南賓縣今石砫廳城是 元仍隸忠州至元中罷墊江併入豐都縣別於墊江設臨江鎮巡檢司 舊志 僞夏竊據復分置墊江縣明洪武四年明昇歸附九年併入涪州十四年復置縣改豐爲酆又以南賓併入爲屬重慶府帶忠州衛清順治十三年二月酆都歸順仍隸重慶康熙十二年十二月南藩吳三桂反十三年正月陷酆都十九年八月清師復酆都閏八月逆鎮譚宏叛酆都再陷二十年正月清兵克譚宏於百丈梁乘勝東下重復酆都雍正十一年升忠州爲直隸州割重慶府之酆都墊江二縣夔州府之梁山一縣隸焉酆遂爲忠州屬邑民國初改忠州爲忠縣酆始不屬於忠

疆域

縣治在忠州西北負山瞰江治分南北地廣二百里袤三百六十里東至忠州水程一百八十里西至省陸路一千五百五十里水程一千八百二十里至京師陸路五千五百里水程七千四百八十里

設官

宋設平都提點元設魯達花赤 按魯達花赤元制官名即知縣 明設知縣教諭訓導主簿典史驛丞清設知縣一員歲額俸銀四十五兩養廉銀六百兩額設衙役三十一名內門子二名皂隸十四名馬快八名轎傘夫七名民壯十六名禁卒八名更夫五名捕役二名斗級一名倉夫二名舖司兵四名仵作一名每

名歲各支工食銀六兩隨學仵作二名每名歲支工食銀三兩訓導一員
歲額俸銀四十兩額設衙役四名內門斗二名膳夫二名每名歲支工食
銀六兩教諭一員未幾裁典史一員額俸銀三十一兩五錢二分養廉銀
八十兩額設衙役六名內門子一名皂隸四名馬夫一名每名歲支工食
銀六兩民國設知事一員額支俸公銀七百七十圓（七折計算）由徵收局於解
欵內劃撥署內各員役薪俸在內司法一員由司法經費項下月支銀五
十元初分行政股民事股刑事股每股股長一人股員八人每人月支工
食錢八千文後民事併入行政股月不支薪民事刑事每股增數十人費
取諸訴訟者教育局局長一人月支銀五十元視學員二人月支銀二十
元每鄉設教育委員一人或二人月支銀各十四元徵收局局長一人月
支銀一百元稅契司事二人正稅股司事四人雜稅股司事一人每人月

支工食銀十六元局丁十人每人月支銀四元管獄員一人月支俸公銀
五十二元（七折扣算）禁丁一人看丁三人月支工食銀八元警察所一等警佐
一員月支俸公銀五十元巡丁十二人月支工食銀八元實業局局長一
人月支銀四十元勸業員二人月支銀共四十四元

立學

學宮　子山午兼壬丙向宮牆東西轅爲聖域賢關二門內爲泮池上爲
欞星門內左偏爲官廳右偏爲齋宿所上爲戟門內東西廡各七間中爲
露臺上爲大成殿三間東西偏攢閣二間鐘鼓樓各一間殿後爲迴廊緣
廊西下爲崇聖祠三間東西偏迴廊各三間
學署　外照牆一頭門三間門斗房一間學書房一間明倫堂三間右豎
臥碑左設閱報室二堂三間左右橫房各一間書室三間民國元年改訓
導學署由勸學所接收至十四年仍學署地址成立教育局
書院　舊有凌雲平山鹿鳴五雲經古等名稱歲聘山長主講月課制藝
詞章獎給膏火沿革詳學校表
考棚　學田院田學基院基（每歲收儲作入庠院費）賓興（文武鄉會試分給旅費）卷局（凡考試由局代備卷費）考棚（三年）
（歲科攷試之用）學額（三年歲科試入庠者十八人武庠九人廩增生各二十名每歲試歲貢一名湡恩恩貢二名歲在酉拔貢一名）詳學校表
義學　十二堂清季改爲初小學校民國仍之
縣立初級中學校　一堂附設二年制師範及高初小學各班
各鄉小學校　七堂
縣立女子小學校　一堂附設二年制師範暨職業講習各班
縣立城區初小學校　十三堂今并三堂
縣立十鄉初級小學校　五十堂

十鄉公立初級小學校　一百五十三堂

立汛

營制　駐防把總一員忠州營分汛康熙三十三年建置詳兵防
保甲團練（詳見兵防）
清初分全縣爲十二甲同治初川督駱秉章創辦保甲每十家爲一牌置
牌長十牌爲一甲置甲長十甲爲一保置保正光緒二十年始於縣屬十
二甲各置團總一人總理一甲公務是爲保甲之始
嘉道教匪之役咸同髮逆之役各甲抽壯丁訓練以資防守是爲練團之
始
清末劃自治區除城區外改十二甲爲十鄉江之北曰仁壽曰太平曰安
仁曰忠武曰忠義五鄉江之南曰順慶曰崇德曰新建曰太和曰義順五

鄉民國因之今每鄉仍以百家爲一甲置甲長一人十甲爲一團置團正一人數團或十數團爲一鄉置團總一人或二人

民國七年奉令設團練局置局長一人參議八人總理全縣團務各鄉置團練辦事處十一年於團總外添設練總收支員以分掌練務財務團總只理一切民事十一年改設門戶練各鄉始有督練員區隊長中隊長分隊長小隊長之委任以資統帶

重慶市楊柳街　新文化社代印

酆都市街道畧圖

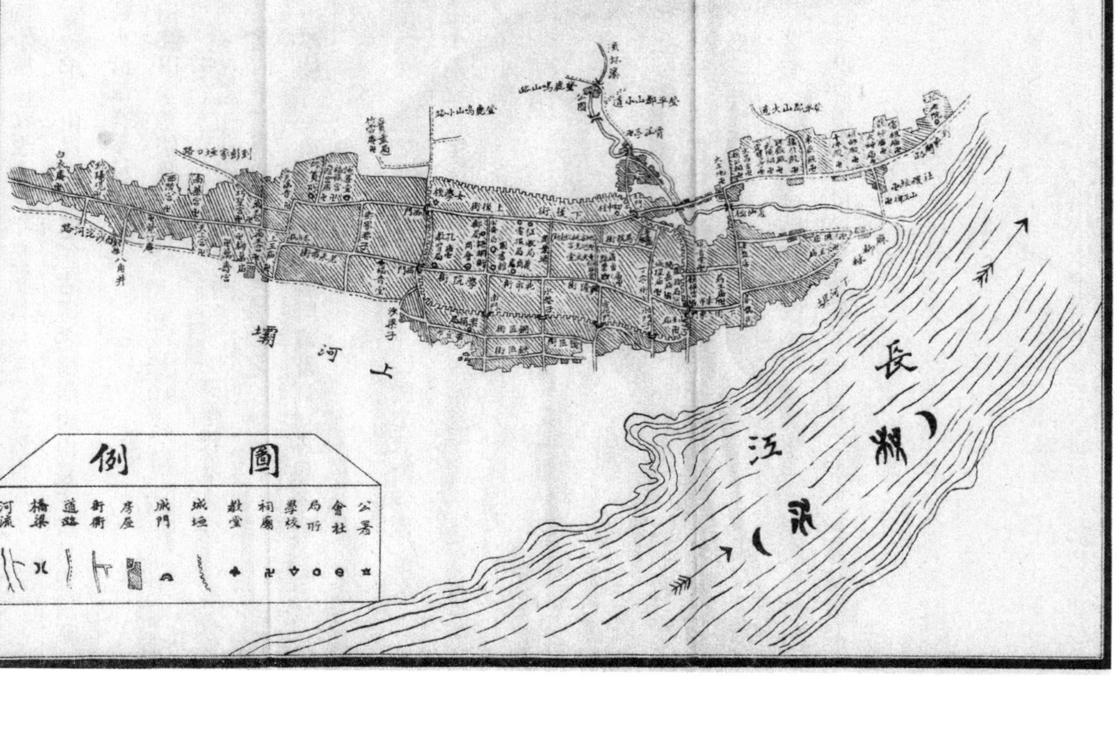

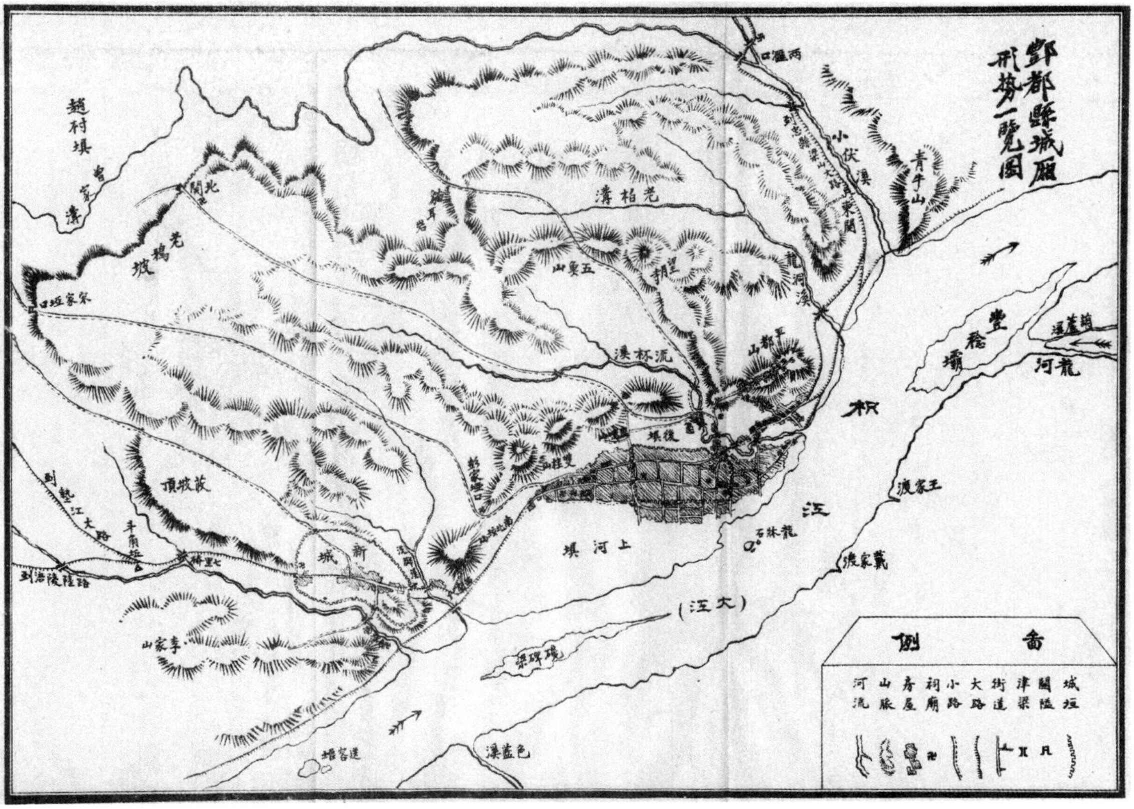
酆都縣城厢形勢一覽圖
圖例
城垣
關隘
津梁
街道
大路
小路
祠廟
房屋
山脈
河流
上河壩
大江
新城
江

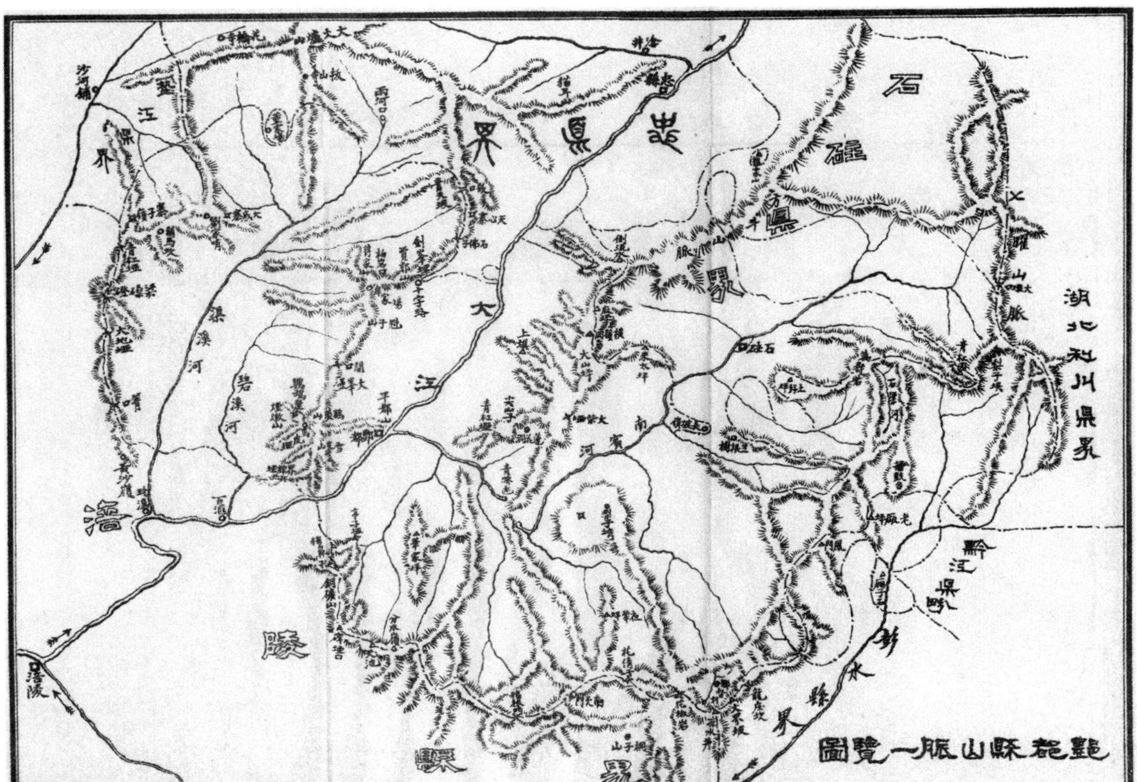
酆都縣山脈一覽圖
忠縣界
湖北利川縣界
黔江縣界
大江
涪陵

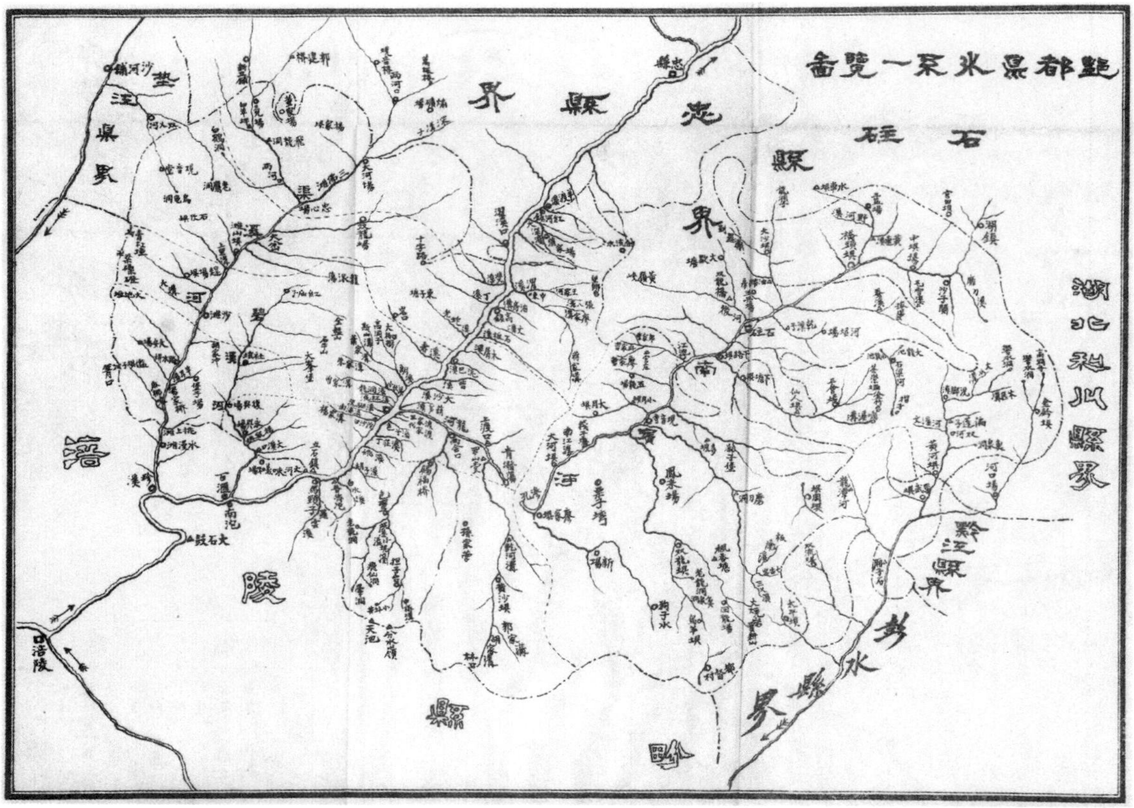
酆都縣水系一覽圖
石砫縣界
忠縣界
湖北利川縣界
黔江縣界
彭水縣界
墊江縣界
涪陵縣界

酆都縣交通略圖
石砫縣界
忠縣界
湖北利川縣界
黔江縣界
彭水縣界
墊江縣界
涪陵縣界
圖例
縣治
場鎮
小地方
寨堡
關隘
河流
縣界
大路
小路
電線

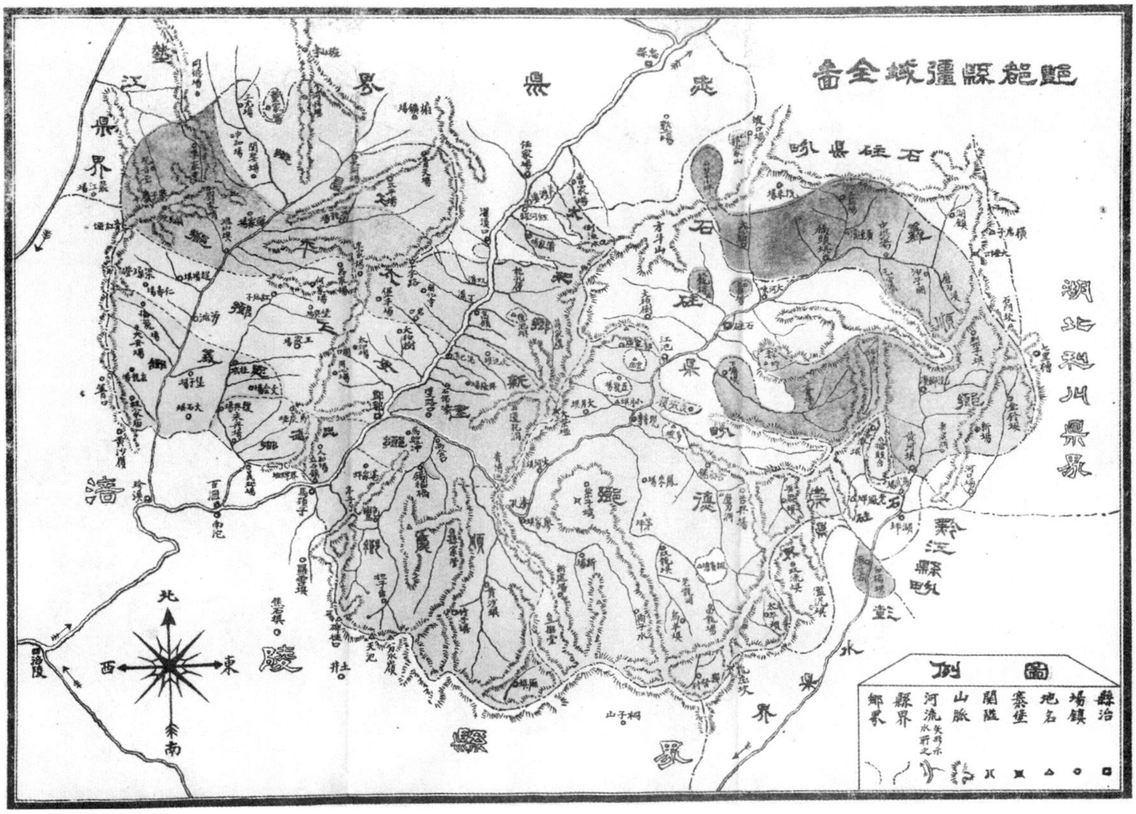
酆都縣疆域全圖
湖北利川縣界
石硅縣界
黔江縣界
涪陵
北
南
東
西
圖例
縣治
場鎮
地名
寨堡
關隘
山脈
河流
縣界
鄉界

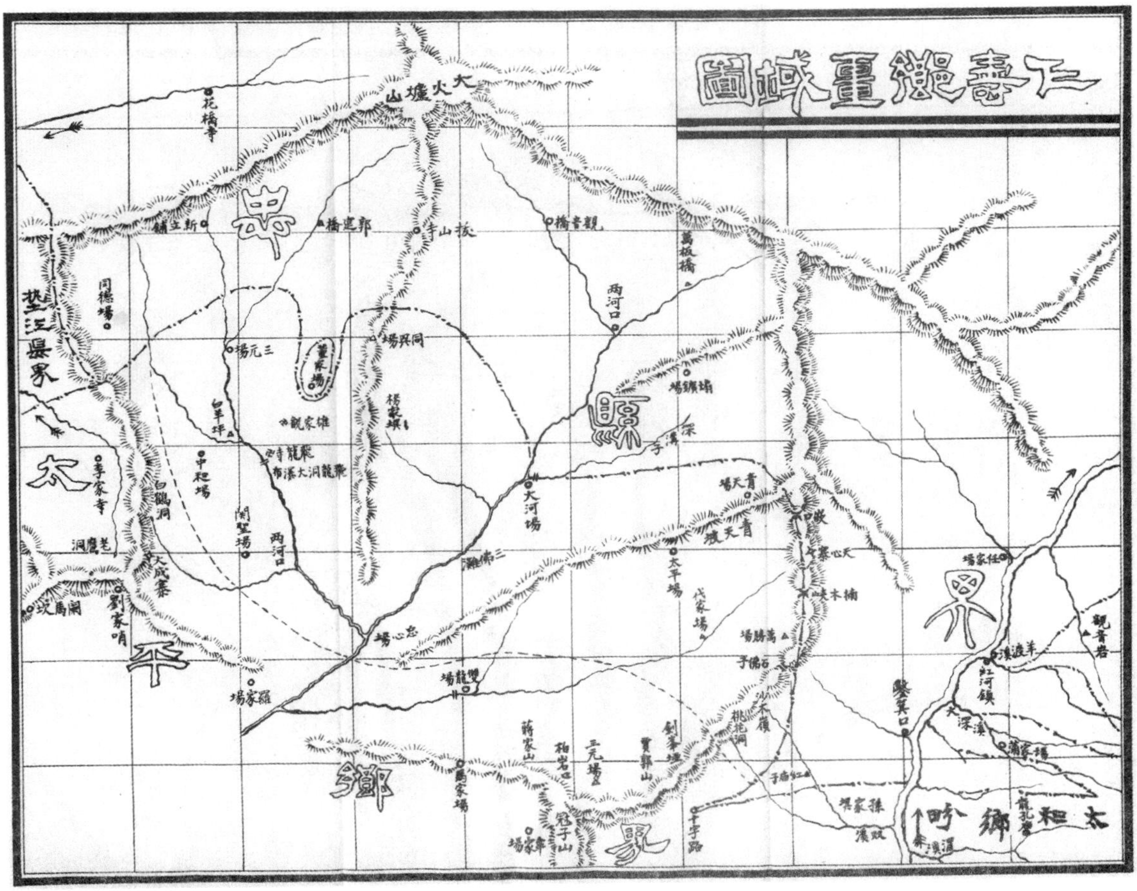
仁壽縣疆域圖
大火爐山
墊江縣界
兩河口
大河場
太平鄉界
太和鄉

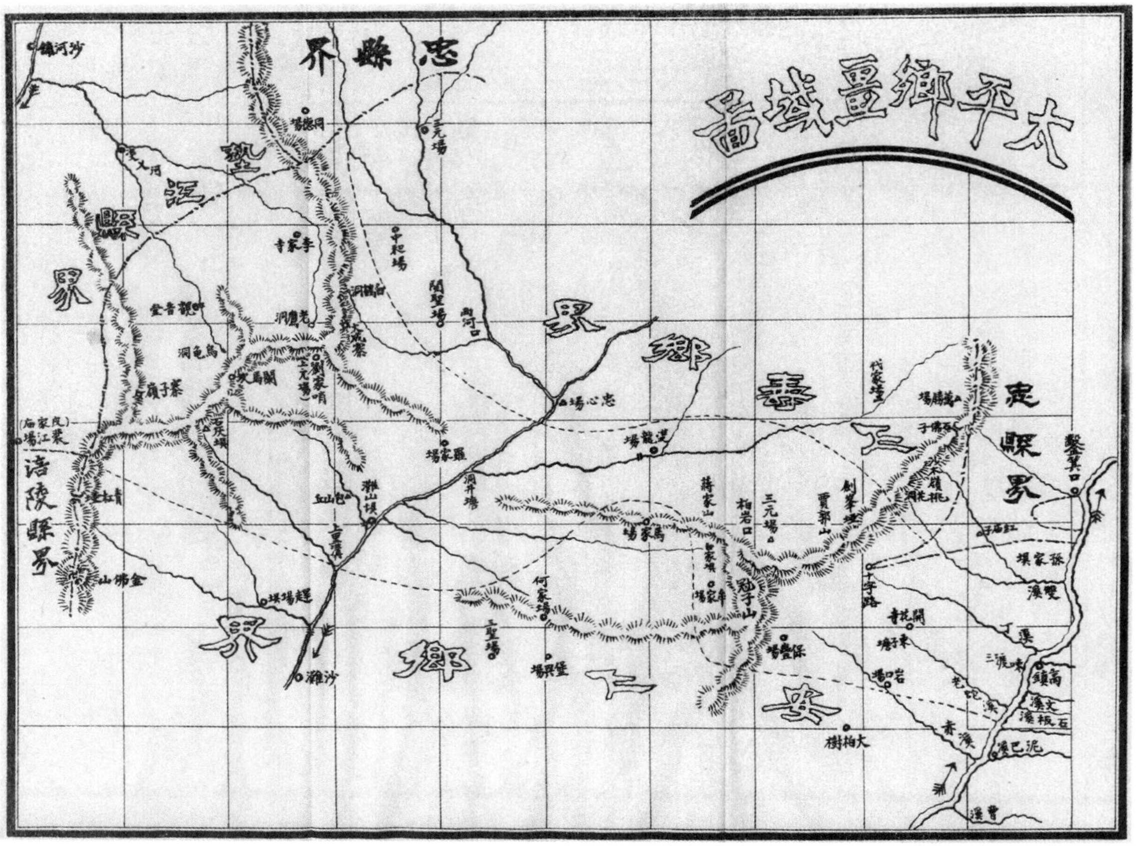
太平鄉區域圖

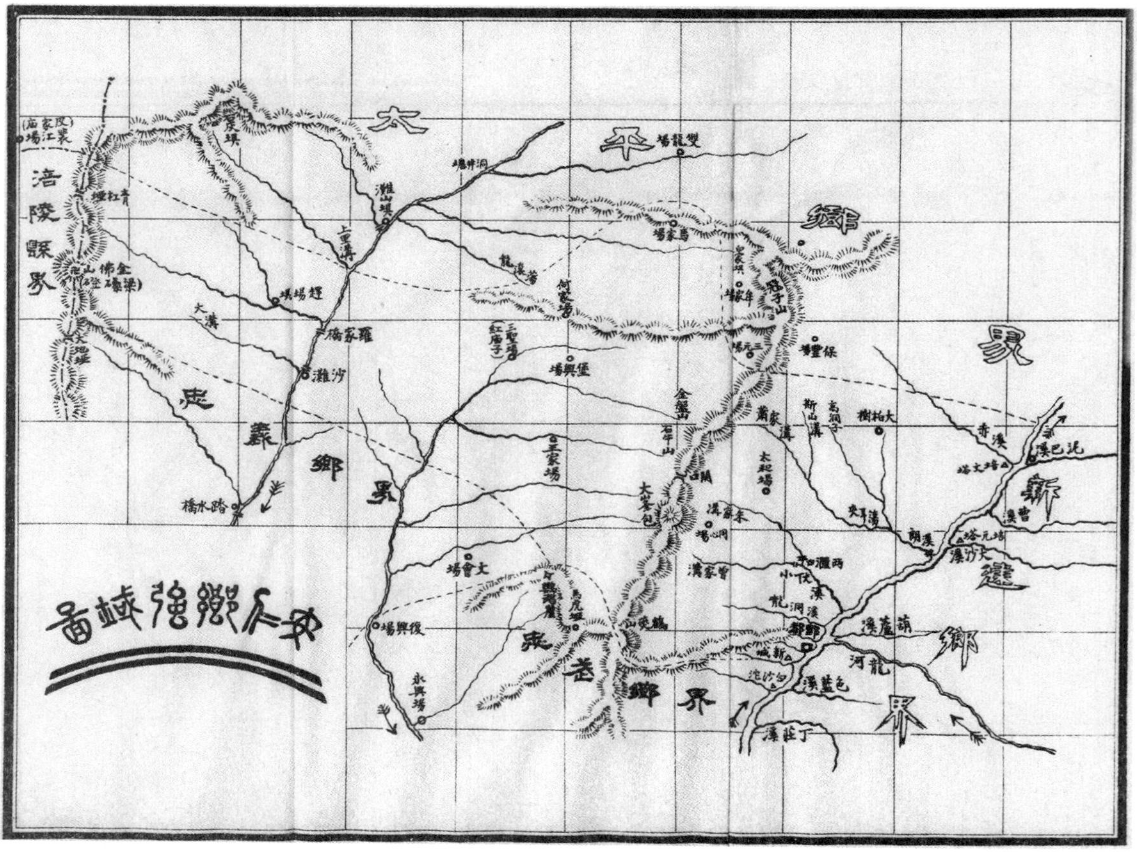

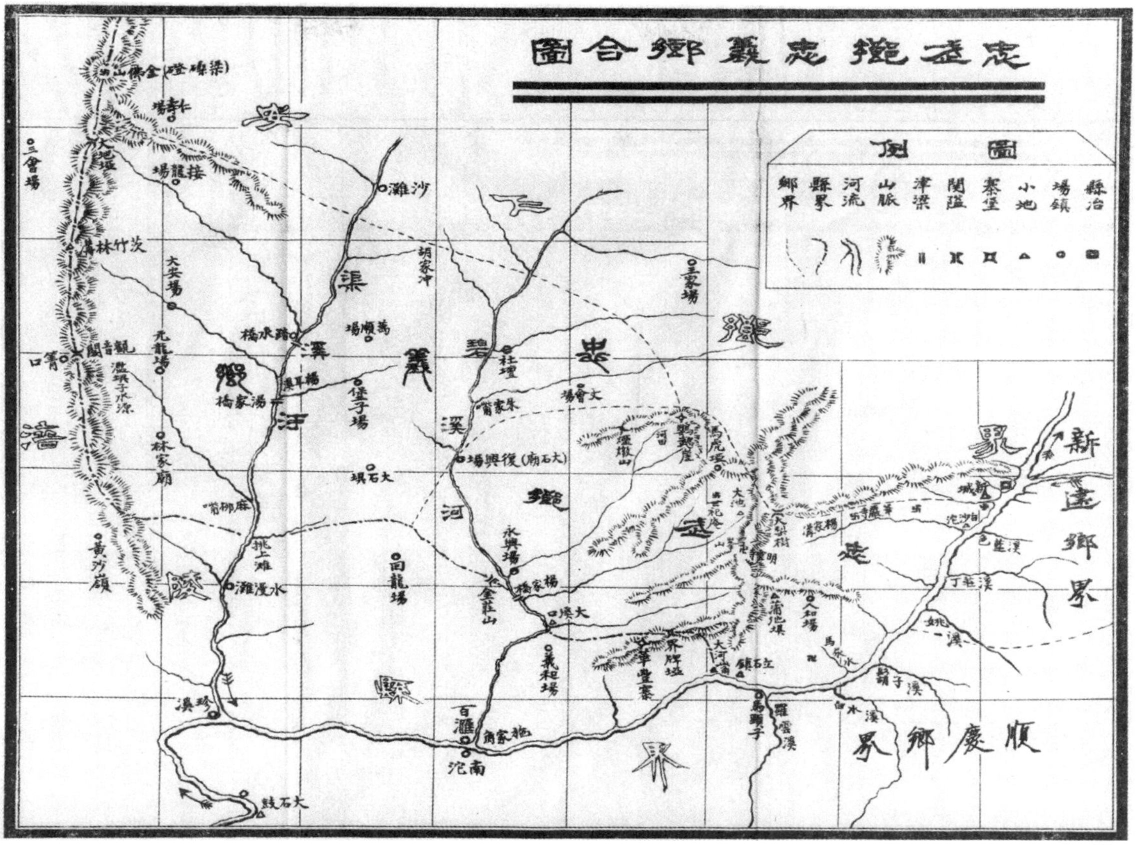
圖例
縣治
場鎮
小地
寨堡
關隘
津梁
山脈
河流
縣界
鄉界

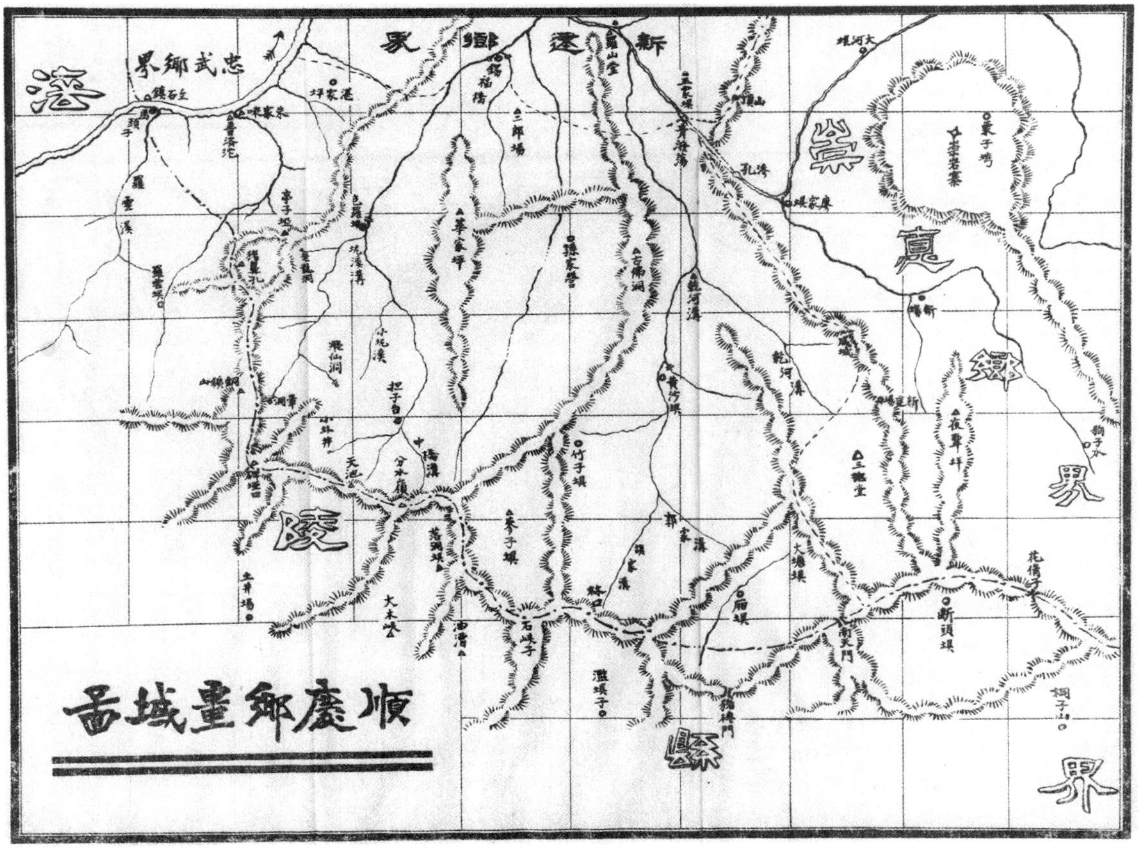
順慶鄉疆域圖

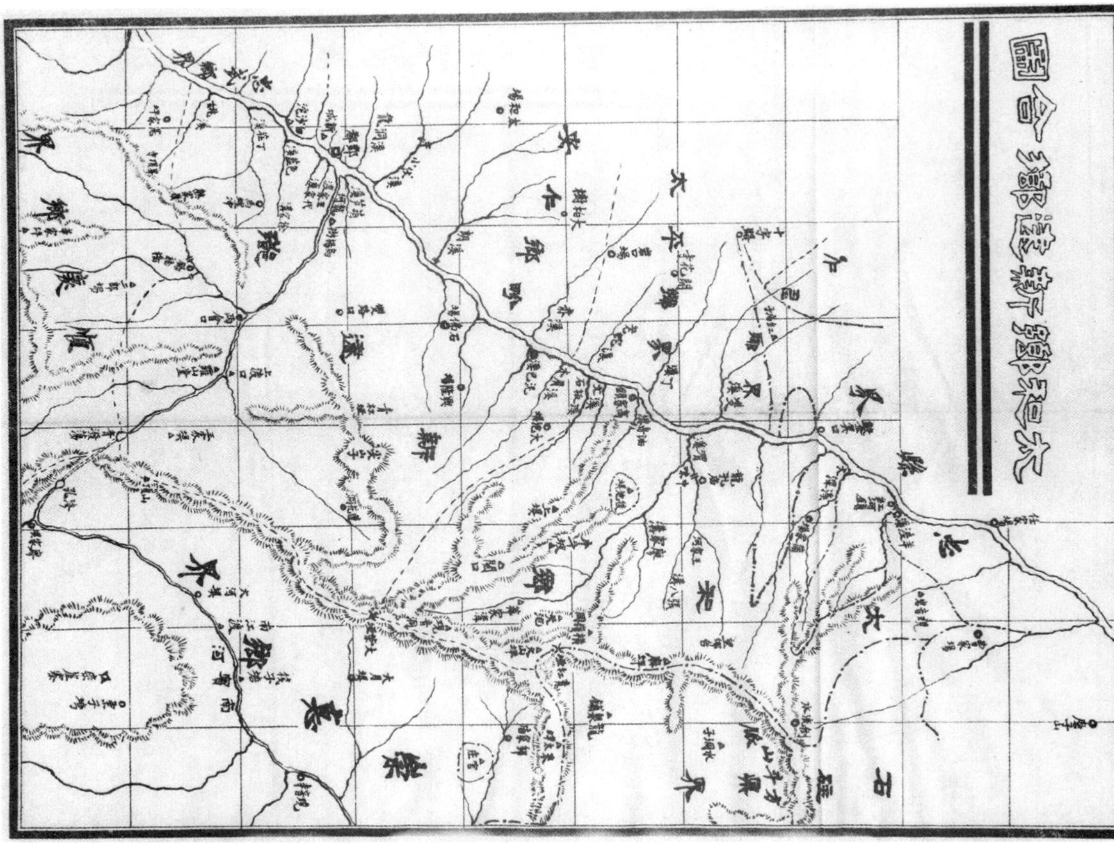

崇德鄉疆域圖
義順鄉界
石砫縣界
黔江縣界
彭水縣界
涪陵縣界
順慶鄉界

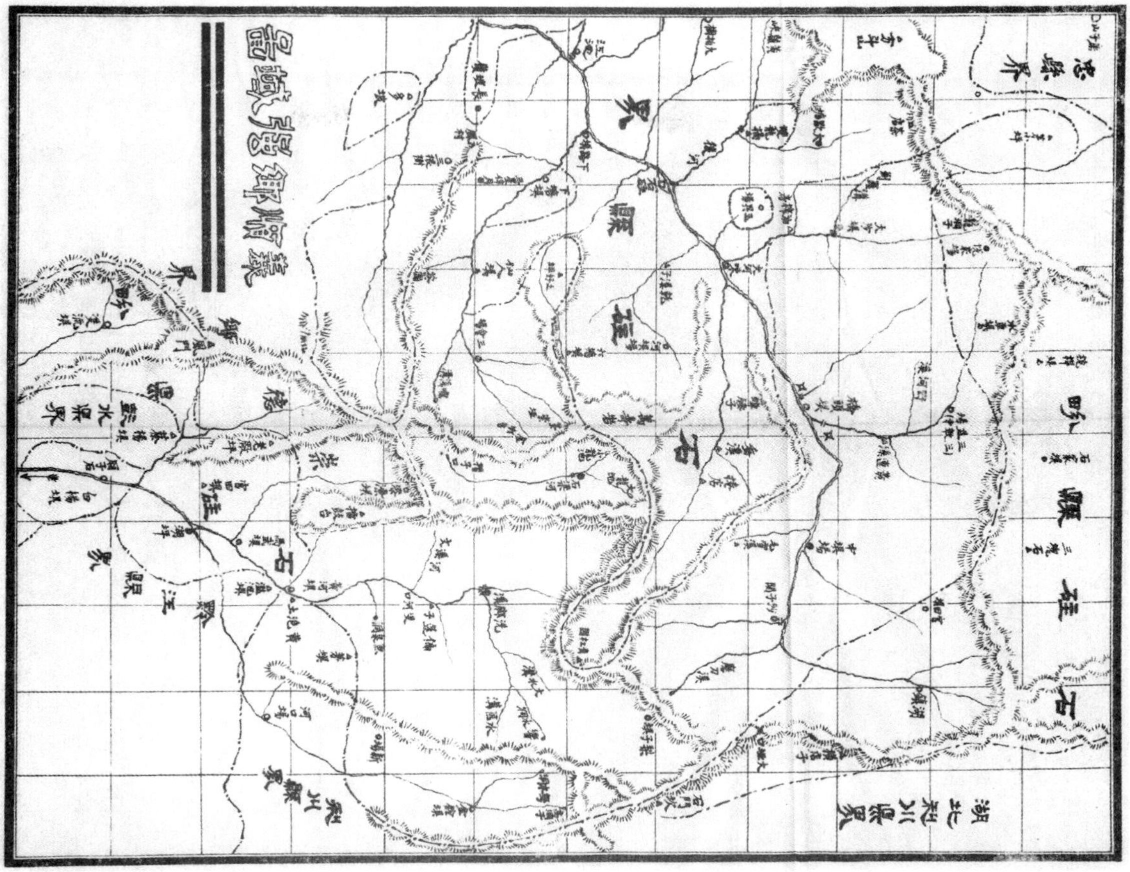

重修酆都縣志卷三

廟壇祠觀倉署局所表弁言

國之典祀崇德報功聖賢仙佛瞻仰攸同神人以和綏邦屢豐海陵儲粟黌舍陰濃局所林立大小從公職思其居無曠庶工作廟壇祠觀倉署局所表

廟壇祠觀表

名稱	地址	建置年代
孔子廟	治西大西門內教育局東	明初在縣署東知縣桂仲拳建洪武十四年知縣賓谷暉重修二十一年知縣楊謙改建於縣署西大西門內黃常爲之記宏治中知縣李毅田紳萬歷七年知縣左應麟先後重修明季兵燬清康熙元年知縣湯濩建九年知縣李如湧四十二年知縣王廷獻四十四年知縣朱象鼎嘉慶十二年知縣瞿顗二十一年知縣方宗敬俱重修道光二十七年知縣張紹齡改建同治九年毀於水光緒元年知縣劉樹義修復邑人王元曾爲之記見藝文
先農壇	治東山王廟後	
社稷壇	舊在治西一里今在治東山王廟後	
關岳廟	治東東門內	清乾隆四十八年知縣張汝楠建同治九年毀於水十一年知縣馬佩玖補修民國初與岳武穆並祀
崇聖祠	在孔子廟西	建置年代與孔子廟同同治九年毀於水光緒元年知縣劉樹義修復
名宦祠	在孔子廟戟門左	同治九年舊祠毀於水光緒元年知縣劉樹義修復
鄉賢祠	在孔子廟戟門右	同前
忠義祠	在孔子廟櫺星門左	同前
節孝祠	在孔子廟櫺星門右	同前
風雲雷雨壇	治東北一里	
龍神祠	治東山王廟後	清嘉慶丁卯歲知縣瞿顗建有記見藝文志同治九年舊祠毀於水光緒元年知縣劉樹義補修
城隍廟	縣城東門內	

重慶市楊柳街
新文化社代印

火神祠	治東山王廟後	同治九年舊祠燬於水光緒十一年知縣馬佩玖建

按舊志祀典各廟首列社稷先農壇次學宮次中小祀今升　孔子大祀應首列　孔子廟次先農社稷各壇次關岳次中小祀凡在禮典者依次列表其未載祀典依舊志列後

城内外各廟

名稱	地址	建置年代
純陽觀	治西	光緒八年知縣何詒孫建
天上宮	治西	
萬壽宮	治西	
禹王宮	治西	清知縣方宗敬有記石壁刊禹穴二字直徑八尺餘筆書雄恣
川主廟	治西	

名稱	地址	建置年代
鎮江寺	一在治西一在東門內一在東門外	
天佛寺	治西	明嘉靖黃洵碑記猶存銅佛高二丈餘
福祿宮	治西	
桓侯宮	治東	
三撫廟	治東	

平都山麓各廟

名稱	地址	建置年代
胡公祠	治東	民國五年舊祠燬於火八年重修王元曾有詩見藝文志
賓公祠	治東	明萬歷九年建詹貞吉作記見藝文志清嘉慶丁卯歲知縣瞿頡重修有記見藝文志
武侯祠	治東	舊在雙桂山頂清嘉慶丁卯歲知縣瞿頡移建治東有記見藝文志

北嶽廟	治東	
文昌宮	治東	明萬曆壬午年建戴文亭有記見藝文志清初重建林堅本有記見藝文志光緒初復修
定慧寺	治東	
接引殿	治東	
東嶽廟	治東	有放生池王廷獻秋山拾遺記謂東嶽天齊行宮是也
石佛殿	治東	王廷獻秋山拾遺記謂石佛高二丈餘猶巋然在也
雷祖廟	治東	
奎閣	治東	今已傾圮
鹿鳴寺	治北二里	明邑紳楊孟瑛建山下流盃溪側有沐浴亭明萬曆蔣侯勸農碑猶存但字跡漫漶不可攷
蘇公祠	治北	有石坊曰來蘇旁有石鹿吳道子觀音像碑明洪武初灘石落有亭圯同治七年邑人重建光緒二十六年知縣汪貴之捐重金補修今多傾圮

竹雪菴	治西	明萬曆碑猶存

平都山各廟

名稱	地址	建置年代
九蟒殿	在平都山半	舊志謂御史楊姓明宏治二年巡按至酆登平都山忽九蟒繞車而化遂葬焉邑人建廟墓前肖像祀之按蔣夔景德觀記在明永樂二十二年大仙崖有九蟒之神周延申三魚碑記謂宋慶曆時人一人年代三異其說其謬可知且九蟒繞車事甚不經當亦山僧詭語以惑人耳殿側有爾朱洞舊志謂爾朱仙鍊形處邑知縣朱有章於殿後石壁書岷嶽二字徑二尺甚雄厚
寥陽殿	在平都山半	明蜀獻王於殿前修三石橋今尚存
玉皇殿	在平都山頂	鐵像高數丈王廷獻秋山拾遺記謂遠人歲致巨燭可燃一年今仍歲致俾燃數月耳
王母殿	在平都山頂	殿前有楊宣尉重修景德觀碑
觀音閣	在平都山頂	

龍虎君殿　在平都山頂　王廷獻秋山拾遺記謂石上鐫李陽冰書道山洞天即其處也

仙都觀　在平都山頂俗稱天子殿　唐曰仙都宋改景德亦稱白鶴觀省志作坤內誤按李唐祖老聃俗多奸道治及宋季道書誤會謂仙人陰長生王方平鍊形於平都山呂純陽有訪王陰不遇詩釋氏誤將陰王連讀遂爲地獄之說謂陰司在酆且引李白詩下笑世上士沈魂北酆都二語證之於是皆信酆都爲鬼國矣不知酆在唐爲豐明洪武十四年始加邑旁李白詩當是別有所指非謂蜀之酆都也殿前懸銅鏡曰業鏡圍丈餘王廷獻秋山拾遺記謂日久蒙昧而奸邪過此猶凛凛不敢正視焉凌虛閣在仙都觀後有王陰對奕像俗呼二仙閣舊志謂有明御史盧雍隸書東坡詩碑及雍詩碑兵燹後寺觀俱燬此閣巋然獨存省志作凌雲閣五雲樓在凌虛閣下舊志謂有唐書瑤池樂部四字今無存省志謂在景德觀後唐段文昌建廣輿志因之清嘉慶間忠州知州周景福顏曰五雲深處知縣羅顏題曰水天一色樓規模宏敞俯見城郭井里大江襟帶其左洵鉅觀也天下名山坊在仙都觀前明萬曆九年典史彭鐵建古養敬楊忭爲之記唐碑十在仙都觀側段文昌修觀記碑殷少監□齋記碑天尊石像記碑老君石像記碑感應碑張大理詩碑杜光廷石函記碑李吉甫陰真人影堂記碑李吉甫真君碑仙公碑又二仙公碑唐景雲二年李虔之撰二仙君銘碑唐景雲二年薛湜撰三官堂碑唐中和元年忠州刺史陳侁撰道山洞天碑唐李陽冰書見蔣夔記舊志作呂仙書誤按以上諸碑獨雅謂李吉甫三碑尤佳今惟吳道子畫像存耳

武廟　在平都山頂　舊志謂陰長生丹井處後泉涸成土穴宋高宗丁尉侯爲亭覆之號五雲洞明宣德間通判游和重建萬曆初改建武廟好事者鑿石井口作爐狀客至山僧然鍰紙其中謂其下有冥府焉

老關廟　在平都山陰　明季胡平表平奢賊禱於關侯凱旋修廟冶鐵像祀之號崇報祠

竺國寺　在關廟右

十方寺　在竺國寺右　內有銅佛數尊

望月寺　在五魚山頂

十鄉各廟

名稱	地址	建置年代
三聖宮	四甲大柏樹場	清乾隆五十九年建同治三年重修
石廟子	距大柏樹場四里	清雍正八年建光緒四年重修
萬天宮	順慶鄉担子台西南七里	
楊泗廟	順慶鄉天池山	清同治初防髮逆設防堵於此
八角廟	馬虎埡場西八里	清乾隆四十六年建光緒初重修
六石廟	永興場	清初建修民國十三年鄉集之陳惠迪等重修
金子廟	觀音寺場	明成化間重修碑記尚存
廟高峯	俗名覇山爲觀音等場西來之關鍵	清咸豐辛酉歲王元晉題劍璧雲生四字於巖間關門有吳道子觀音遺像
太保祠	太平寨內	清同治壬戌年秦姓族人同建
清會宮	鄭家營	清比部郎傅世綸題詩尚存
華嚴寺	治西十里	明萬曆戊戌年建
金盤寺	治北六十里	明萬歷癸未年建清光緒戊戌年毀於火庚子年重修
悟惑寺	治南十五里	
匪石寺	治南	明崇禎末節婦冉氏建今廢碑存
興福寺	在油峯溪與石柱接壤	
三元寺	大柏樹場七里	清康熙三十年建
三教寺	內十二甲三益場	明季古剎乾隆壬子毀於火今重修
聯芳寺	橋頭壩場十里	明天啓間建古碑尚存
藏經寺	大月壩場冉家河	明清得佛經頗富現貯寺內
無方寺	在五龍場前	明毛姓名無方者變產爲寺
天竺寺	觀音寺場後十里	寺僧每年認捐高小校經費穀二十石
明雲寺	治西雪峯頂	明萬歷時建古碑尚存

普濟寺	治西北岸	明季建古碑匾額猶存
仙境寺	五龍場傳家坪	殿後有孔聖像相傳爲宋時塑
天台寺	敞天壩	明萬曆時建
熊家觀	即福德觀在仁壽鄉	明天啓七年補修
南華菴	治南十里	清初縣令李如湧贈古銅花瓶高二尺鑄康熙年號
慈雲菴	治北金盤山右	清康熙十年重修
世祀菴	馬虎埡場五里	明萬曆節婦黃楊氏建俗稱黃書菴寺
觀音菴	大柏樹場五里	清乾隆十年建光緒四年重修

按酆城各廟古跡良多軍興以來孔廟迭次駐兵而平都山鹿鳴寺廟宇鱗次適爲防守奧區鑑據既久不特楹聯屏額蕩然無存即樓桷窗櫺半爲折毀而花木泉石之摧殘更無論矣十鄉廟產甚富禪房羽室裝飾精嚴廟前後森林多數百年古木近日鄉校林立提廟產作經費歲修無着頓改舊觀也

倉署表

名稱	地址	建置年代
常平倉	環縣署五十八間典史署東西十四間	清嘉慶二十年縣知方宗敬修原額貯倉斗穀二萬八千二百七十石道光七年奉文籌濟兵米糶穀三千七百五十石咸豐三年奉文糶穀一萬二千石解濟江南軍餉六年奉文糶穀七千五百十二石解濟京餉八年奉文仍由本縣籌塡署知縣黃奉璣請自咸豐九年始分作四年按糧攤捐交紳承領採買貯倉咸豐九年塡穀五千八百十五石五斗後歲頻歉穀價倍昂縣任知縣詳請俟穀價稍平買足原額同治初年塡穀二千二百九十四石不逮原儲共一萬三千一百一十七石五斗九年水災漂沒穀三千九百一十七石五斗餘悉浸霉即以糶賑後兩次買塡穀一千四百二十六石五斗五升三合七勺五抄存縣倉受代以五千八百石逮部循成牘待籌塡也倉毀於水只存十三間民國以來軍人變賣無存

社倉	舊在社壇波羅等場	清嘉慶三年教匪之亂移貯城東文廟後倉十一間原額貯倉斗穀五千一百石咸豐十年江水暴漲漂沒穀一百十二石一斗四升八勺八抄浸霉穀九百四十六石二斗六合四勺同治元年髮逆警署知縣孟書城碾穀二千二百六十一石三升六勺二抄爲城守防險勇食後歲歉米貴民饑幾變知縣吳錦銓以平價代賑糶穀八百零六石八斗二升三合七勺五抄交紳承領買補糶數貯倉比歲不登穀價益昂俟價平買貯同治九年倉毀於水糶存穀價知縣馬佩玖因遷治撥作城工又道光二十年辦賑盤折穀十五石條城工及民借又七百八十三石條均未籌塡知縣馬佩玖梅震煦稟明開除只存穀一百七十四石三斗七升九勺儲波羅場舊志六勺下係八抄三合下係一勺二抄今均查案更正按社倉惟原存波羅場倉斗穀一百六十五石九斗尚未動支民國以來軍人變賣無存矣
義倉	倉四間在火神祠東	清嘉慶二十三年知縣方宗敬奉文攤捐置義田四處歲取田租倉斗穀一百五十四石二斗七升五合道光十三年以前支放無存自十三年積至咸豐九年除支共存倉斗穀四千零四十八石八斗七升一合三勺七抄十年江溢入城霉變倉斗穀一千石有奇後陸續支放糶賑實存倉斗穀五百九十七石一斗四升一合五勺四抄同治十二年以前存儲穀石胥爲平糶賑濟及城工撥用無存自十二年積至光緒十八年存穀二千六百九十石六斗七升七合四勺六抄倉燬於水今儲常倉四在南岸曰熊家灣收租六十九石五斗二升五合走馬嶺收租二十五石五斗在北岸曰迴龍壩收租五十七石二斗五升上石溝收租九石歲納地丁正耗銀一兩五錢一分八厘遇閏加納銀七分五厘經收倉書斗級給一月口食銀一兩五錢均以租穀變支
藉田倉	今儲常倉	歲收倉斗穀六石五斗以一斗作籽種以五石九斗變購祭品祀先農餘五斗存倉自清雍正五年積至同治八年存穀八十二石三斗一升九年水災倉燬漂失穀六十四石五斗一升積至光緒十八年存穀二十九石五斗
積穀倉	在火神祠倉五間	清光緒七年知縣何詒孫奉文勸民積市斗穀四千八百四十八石九斗三升三合分儲各甲以保正領之附城者儲火神祠何詒孫撥拾社倉廢材建之
軍田	在南岸	清知縣方宗敬典史魯榮惠王楚材捐置田三處在磨子山余家坡犖麻園歲收市斗租穀八石錢八串二百以贍配犯之貧乏者
公學倉	在太平壩場武聖宮	每歲收租六石餘
義捐倉	在大河壩場同善堂	每歲收租八十石

縣公署	城東南宣化門內	清順治庚子署知縣商起予建大堂三間後堂三間康熙九年知縣李如滂建後廳五間左右司房各四間二十四年知縣王鑑建頭門鐘鼓樓三間三十四年知縣馬騰雲建大堂前軒三間戒石坊一座西花廳三間四十五年知縣朱象鼎建東花廳三間嘉慶十年知縣方宗敬重修有重修廨宇記見藝文志同治七年知縣徐濬鏞改修東花廳顏曰麋鹿別墅增建長軒六間於內宅西偏繞以迴廊同治九年毀於水治遷葺爲平山書院光緒三年署知縣陸鎔修復仍爲縣署五年知縣何詒孫於內宅西偏改建層樓三間重葺東花廳修復書室五間墻以周垣十九年知縣蔣履泰於二堂東偏建連簃三間民國以來東西花廳漸就傾圮蕭曹祠在縣署東偏嘉慶九年知縣瞿韻建光緒三年署知縣陸鎔重建按舊志縣署創自前明洪武四年知縣桂仲拳建十四年知縣竇谷曙嘉慶三十二年知縣王樸重修明末燬
典獄署	縣署西即前清典史署	清康熙二十年典史王大倫重建同治九年毀於水治遷墠隽光緒三年還舊治署知縣陸鎔籌貲修復

按酆邑倉儲原額二萬八千餘石雖迭經糶賣而城鄉猶存數千石民國八年某軍拍賣盡凈偶有荒歉民其何以爲生乎至官廨衙署酆雖下邑頗爲宏整而民國官吏往往一二月更易或五六月更易爲時無多視同傳舍榱桷棟橈半就傾圮矣

局所表

名稱	地址	建置年代
徵收局	在中後街	
電報局	在中後街	
郵政局	在夫子池	
船捐局	在河街	民國七年後駐軍暫設本無法定
樂捐局	在黃豆市	民國七年後由駐軍暫設本無法定
護商處	在前街	同前
禁煙查緝處	在後街	移徙無定
菸酒監察處	在稻穀倉街	

印花分處	在巡天宮	
教育局	學宮西即前清訓導署	清康熙庚戌知縣李如滂建明倫堂三間乾隆三十三年知縣邊鏞重修訓導孫永寗有記見藝文志同治九年大水淹沒光緒三年署知縣陸鎔修復十年毀於火訓導喬松重修始建臥碑民國改稱勸學所十四年改稱教育局幷附設董事會置職員五人
實業局	在治西竹雪菴	
警察所	在梧桐街前清汛署後	清光緒三十四年六月就試院成立警察局宣統二年庚戌改巡警署辛丑十月移設汛署改警務科民國二年改稱警察所十五年警佐王紫綬復就汛署後改建
市政公所	暫設警察所內	
公欵收支所	在巡天宮	
團務局	在關岳廟	民國八年設置附城廂團務辦事處于后
城廂辦事處	在上後街	

安仁鄉辦事處	在王家塲三聖宮	
忠武鄉辦事處	在永興塲合德宮	
忠義鄉辦事處	在社壇塲三聖宮	
太平鄉辦事處	在寨子嶺	
仁壽鄉辦事處		
新建鄉辦事處	在雙路口塲三聖宮	
順慶鄉辦事處	在波羅塲鎮江寺	
崇德鄉辦事處	在大河壩塲同善堂	
太和鄉辦事處	在高鎮王爺廟	
義順鄉辦事處	在橋頭壩塲	

縣議事會	在縣署東花廳	清宣統三年成立原置議塲於西門外上王爺廟後爲防軍所住始遷縣署內
參事會	在縣署東花廳	清宣統三年成立
教育會	附設北門中小合校內	民國十四年成立
商會	在花市街	原設八省公所民國十四年經商會長盧景明余光廷集貲買花市街蹇宅爲永久會所
農會	附設實業局	
工會	附設實業局	
圖書館	館驛門舊汛署內	民國十四年新建西式房樓置鐘於樓中按時擩鳴
閱報室	設教育局內	
通俗教育社	教育局東偏	

慈善處所表

名稱	地址	建置年代
誠善堂	在小西門外	清光緒五年粫興十三年建堂置買南北兩岸田地共三十五契外典約一張借約一張總共去錢一萬一千九百八十餘串歲收穀九十八石五斗租息錢二百八十四千七百文自後逐年增置田產今計每年收租穀一百三十餘石所置田地如灘山壩之小溝一契彌陀灣之大英壩二契高坡頭一契赤溪之交椅山二十三契酸草溝之雙河口二契紅崖溝之馬崖脚二契大河壩之允家冲一契大月壩之鋪子河三契長溪寺一契三撫堂之大秧田一契永興塲之七根柏樹一契馬蝗冲之舊屋基一契王家塲之大寺一處典
紅十字會	在教育局對面	民國六年成立歲收晏家冲租穀十餘石
養濟院	在平都山麓	明洪武三十五年知縣彭用禮建後燬清嘉慶十七年知縣李白修改建十八年知縣方宗敬重修有碑記見藝文志
棲流所	在治北孝義坊	清道光十四年知縣李謙建
恤貧所	在治西天佛寺側	清光緒七年知縣何詒孫建

按局所成立原爲地方自治辦理未善反覺多一名目多一耗費於吾民無一毫裨益安所得實事求是者乎吾將拭目俟之

重修酆都縣志卷四

官師表弁言

唐虞官百夏商官倍繁簡相承名實或異宰重親民師宏造士吏課農商警司防禦典獄催科邦國斯治愛遺棠陰香留姓字作官師表

歷代知縣表

官階	朝代	姓名	籍貫	資格	任期	治績
知縣	宋	李長官				舊志謂以慈惠異政聞
		牟廬心				平都提點
	元	魯花赤完者帖木兒				始建學校
	明	桂仲拳				創縣署立學校課士愛民
		竇谷曙	應天			修學校均田畝定版籍
		楊謙	陝西			重建學校
		余元亨	浙江東陽			潔己愛人
		柳儼	湖南巴陵			有惠政
		周尙文	湖南道州			廉能愛民均徭平賦
		柴廣	祥符			築城修學定賦勞心惠民升漢州知州
		李毅				修城修學
		明紳				同前
		萬谷	雲南	丙午進士		清查田糧釐定徭役黎元作生祠記
		周延甲	湖廣開武			重士愛民暇則講武耆苗之變親率民兵克之授監軍同知
		冒夢齡	江南如皋			淸廉愛民升甯州知州
		陶宗孔	廣西			聽訟有異才升岳州府推官
		張欽明	廣西桂林			淸勤愛民宏獎士類
		彭用禮				
		曾鼎				
		李元敷				修文廟
		杜思敬				
		蘇原浩				
		陳鼎				
		胡璉				
		曾宗				
		姚臣				
		張機				
		金坦				
		王樸	貴州貴陽	嘉靖辛卯進士		修縣署治績載崔奇勳記
		周包荒				
		劉孟桓				
		左應麟				
		蔣思忠				
		張守剛				

姓名	籍貫	資格	任期	治績
張霈				
郭魁				
蕭宗高				
林梅				
龔目成				
嚴官				
文廷高				
張邦衡				
江文亨				
周大紀				
楊有培				

按歷朝設官資以牧民宋元代遠記載簡畧尚矣有明一代宰官必用讀書人棠思峴淚遺愛無窮有由然也

官階	朝代	姓名	籍貫	資格	任期	治績
知縣	清	喬起予	陝西階州		順治十七年任	建縣署堂
		湯濩	江南清河	順治己亥進士	康熙元年任	有惠政升晉州知州崇祀名宦
		李如滂	北直高陽	己亥進士	康熙十二年任	創學校吳逆叛抗節潛歸崇祀名宦
		王廷獻	浙江海寧		康熙十五年任	重建學校修輯縣志升戶部陝西司主事崇祀名宦
		張鳳翹	陝西中部	癸丑進士	康熙十九年任	
		曹愼獨	北直景州	甲午舉人	康熙二十一年任	

姓名	籍貫	資格	任期	治績
王鑣	山西曲沃	甲午舉人	康熙二十二年任	
常紳	北直雄縣	壬戌進士	康熙二十八年任	
霍儀世	北直清苑	甲午舉人	康熙三十年任	
馬騰雲	奉天	歲貢	康熙三十三年任	
朱象鼎	浙江秀水	康熙戊午舉人	康熙四十四年任	修署修學
周潤	山東	歲貢	康熙五十二年任	
汪德修	江南	監生	康熙五十七年任	
曹源郜	浙江	拔貢	雍正二年任	
何可如	陝西三水	雍正甲午舉人	雍正七年任	
田朝鼎			乾隆六年任	

姓名	籍貫	資格	任期	治績
吳璉	雲南霑化	乾隆丙辰進士	乾隆七年任	
陳邦器	山西長子	貢生	乾隆十六年任	
蕭宗元	貴州都勻	乾隆己未進士	乾隆十七年任	
王國模				
邊鏞	江西峽江	乾隆乙丑進士	乾隆十九年任	修學署
孫豫	浙江上虞		乾隆二十五年任	
黃鐘	江西新城		同前	
王縈緒	山東諸城	乾隆丁丑進士	乾隆三十二年任	
曾自伊	江西長寧		乾隆三十五年任	
楊夢槎	江西金匱	乾隆丙子舉人	乾隆三十六年任	夢槎字載纂金川軍興檄赴西路軍營管砲局木果木之變降番蜂聚西山圍合先

				封砲局壺潾給賊築砲多實子藥反轟殺賊數十人賊怒磔之死狀甚烈贈道銜祭葬賓廕如例
劉伯勳	直隸任邱	乾隆辛未進士	乾隆三十二年任	
章汝楠	浙江會稽	乾隆丙子舉人	乾隆三十七年任	
王思恭				
唐仕璉	江蘇江都	貢生	乾隆三十八年任	
詹世适	湖北黄陂	乾隆壬申進士	乾隆三十九年任	
柯支樹	廣西北流	乾隆戊辰進士	乾隆四十一年任	
張偉	貴州平遠	乾隆丁丑進士	乾隆四十三年任	
潘邦和	浙江仁和	附監生	乾隆四十四年任	
李元	湖北京山	舉人	乾隆五十三年任	

何楨	福建汀州府	乾隆壬午舉人	乾隆五十四年任	
徐仕菻	順天通州	廩生	乾隆五十六年任	
李祖悅	廣東化州	乾隆丁酉拔貢	乾隆五十七年任	
饒觀光	湖北長陽	乾隆丁酉舉人	乾隆五十八年任	
楊燮	雲南趙州	乾隆乙酉舉人	乾隆五十八年任	
黃昭蘇	湖南桂東	乾隆丁酉拔貢	乾隆五十九年任	
李毓璣	貴州普安	乾隆壬午舉人	嘉慶四年任	
葛若煒	山東濮州	監生	嘉慶五年任	
陳汝秋	江蘇寶山	乾隆己酉進士	嘉慶七年任	
辛翰	江西奉新	嘉慶丙辰進士	嘉慶九年任	時四川困於軍需酆歲頻歉民無所措翰權挪常平倉穀發用俟秋採補民甚德之

				邑義學久廢翰至捐俸延師主講士習爲之一變邑故多訟或自斃兒女以爲詐索甚或骨肉爭控不休翰勸以天性維以法紀其風遂息持己以儉每出騶從無過三四人邑人歌之曰山路肩輿只二人一茶一飯不關民鄉閭不解官來到認作尋常行路人丙寅以憂去酆人攀轅泣送爲建生祠祀之
李鑄	河南柘城	乾隆丁酉拔貢	嘉慶十一年任	
陳作琴	湖北天門	嘉慶辛酉拔貢	嘉慶十一年任	
瞿頲	江蘇昭文	戊子舉人	嘉慶十一年任	修學修志
李應元	雲南普甯州	壬子舉人	嘉慶十四年任	
李自超	直隸遵化	舉人	嘉慶十七年任	
方宗敬	湖南巴陵	嘉慶戊午舉人	嘉慶十八年任	修署修學

何賜年			嘉慶二十一年任	
趙秉濂	江西南豐	舉人	道光四年任	
何蔚然	廣西平樂府	舉人	道光四年任	
孫熙	河南夏邑	貢生	道光五年任	
黃礽	雲南永北	進士	道光五年任	重修二仙閣
朱琦	順天宛平	進士	道光八年任	
車申田	山東海陽	進士	道光十年任	
薛丙勳	浙江會稽	監生	道光十一年任	
聞金策	浙江錢塘	副貢	道光十二年任	
李盤	陝西洋縣	舉人	道光十二年任	

李謙 甘肅秦安 進士 道光十三年任 至十六年五月以事去十月回任崇獎士類增置書院膏火田畝後告養歸卒於家

王培荀 山東淄川 舉人 道光十六年任

黃懋祺 福建閩縣 進士 道光二十年任 好學愛士

姜廷燦 江蘇元和 廕生 道光二十一年任

張紹齡 直隸天津 舉人 道光二十二年任 至二十四年調署昭化二十六年回任重修學宮

朱有章 浙江麗水 拔貢 道光二十四年任 惠愛士民政平訟理建培元塔以補文峯後科第果盛邑人呼爲朱公塔補大邑縣令告養歸

福奎 滿洲鑲藍旗 道光三十年任

周樹棠 湖南長沙 進士 咸豐二年任

吳錦銓 貴州畢節 舉人 咸豐三年任 至四年以事去七年回任八年去九年六月回任十一月又去同治元年回任

張香海 山東蓬萊 舉人 咸豐四年任 籌防費飭團練置軍械創火藥局去任後連年賊警賴以防守邑人感之調安縣禦滇匪遇害

黃奉槐 福建侯官 道光癸卯舉人 咸豐八年任 潔己愛民胥丁不擾增置義學嘉惠士林治酆僅九月去任士民攀戀競爲詩歌送之歲貢毛奇玥句云容易鄉民見長官候選訓導秦棣有到來惟飲一杯水歸去仍攜兩袖風之句衆以爲實錄後告養歸酆民時或跋涉詣其家同治甲子卒於鄉邑人聞者莫不悼惜

王志棠 浙江歸安 咸豐九年任

孟書城 直隸東光 道光己亥舉人 咸豐十年任

曹紹樾 安徽歙縣 舉人 同治三年任

張嗣成 浙江餘姚 舉人 同治四年任

田秀栗 陝西城固 增貢生 同治五年任 以靖邊功保升知府在任年餘創修考棚置賓興田畝

徐濬鏞 湖南清泉 同治七年任 重修縣志

張瑞麟 山東高苑 進士 同治九年任 稟遷縣治

馬佩玖 河南光州 咸豐己未舉人 同治十年任 遷修縣治城垣衙署

梅震煦 陝西長安 廩貢生 同治十二年任

劉樹義 雲南保山 同治十三年任

孔慶齡 貴州貴筑 舉人 光緒二年任 稟請復還縣治

陸鎔 安徽蕪湖 光緒三年任 遷復縣治補修衙署

喬世清 湖北孝感 光緒四年任

錫綸 漢軍正白旗 光緒六年任

何詒孫 雲南晉甯州 光緒四年任 至六年以事去七年回任九年去十三年回任十六年去創立學田院費

黃際飛 廣東文昌 光緒九年任

傅亦舟 湖南湘潭 光緒十一年任

彭修 湖北潛江 光緒庚辰進士 光緒十二年任 有傳

沈全修 安徽石埭 光緒十七年任 詳定學田章程

傅達源 貴州貴筑 光緒十八年任 創設經古課刊定學田章程

蔣履泰 浙江山陰 廕生 光緒十九年任

張蘭 附生 光緒二十三年任 慈惠愛民時逢歲歉煮粥救民全活無算

汪貢之 江西臨川 進士 光緒二十五年任 有傳

楊士穰 貴州 光緒二十七年任

趙源濬 江蘇長洲 進士 光緒二十八年任

王銓 浙江山陰 監生 光緒三十年

姓名	籍貫	資格	任期	治績
徐樾			光緒三十年任	
饒徵紋		監生	光緒三十年任	
梁昌	山西	拔貢	光緒三十一年任	
丁孝虎	直隸	優貢	光緒三十二年任	
孫錫祺	浙江山陰	監生	光緒三十三年任	
李英	安徽	進士	光緒三十四年任	
趙維城	江蘇長洲	優貢	宣統二年任	有傳

按清代官階多沿明制故清初知縣教諭訓導悉用科甲五貢大法小廉循聲卓著固矣中葉以降循良少而能吏多論者謂咎由捐納然召父杜母捐納中亦有是人也猗歟盛哉

官階	朝代	姓名	籍貫	資格	任期	治績
知事	民國	郎承詵	本邑	廩生	民國元年任	雲南特授楚雄府有傳
		李廷銓	湖北荊門	貴州法政講習科畢業	民國元年任	
		王天介	四川榮縣	法政學校畢業	民國二年任	
		曾國幹	四川涪陵	紳班法政畢業	民國二年任	是年八月以典獄員代理縣印
		傅霖	四川樂山	同前	民國二年任	
		郭煊	四川資中	廩生	民國三年任	
		許長齡	江蘇江甯	舉人	民國四年任	股匪陷城殉難有傳
		張國浚	直隸[illegible]苑	[illegible]順天[illegible]	民國[illegible]年任	[illegible]六[illegible]苛[illegible]提[illegible]曲[illegible]賴以安去時不名一錢[illegible]貸始克成行
		魏恩溥	四川敘永	中學畢業生	民國五年任	

姓名	籍貫	資格	任期	治績
李圻	山西汾陽	附貢生	民國六年任	
余嵩光	四川犍為	日本明治大學畢業	民國七年任	
楊光輝	四川隆昌	廩貢生	民國七年任	
盧峻	四川瀘縣	中學畢業	民國八年任	
張之翰	四川樂山	法政專科畢業	民國八年任	
唐印侯	四川中江		民國八年任	
于登瀛	四川三台	武生	民國八年任	
熊壽徵	四川彭水	川東師範畢業	民國九年任	
余績	四川涪陵		民國十年任	
黃鶴年	四川富順	廩生	民國十年任	才能聽斷案無留牘

姓名	籍貫	資格	任期	治績
李福林	四川仁壽	重慶府法政畢業	民國十一年任	
王璋	四川長壽	重慶府法政畢業	民國十一年任	
羅襄	貴州赤水	廩生	民國十一年任	
劉侗	四川成都	法政畢業	民國十二年任	年少多材人不敢干以私語駐軍威迫餉款不為動而於辦團治匪尤力
胡大鏞	湖南	拔貢	民國十二年任	
趙汝翼		軍官	民國十二年任	
陳汝藩	四川涪陵		民國十二年任	
趙鶴		軍官	民國十二年任	
楊春輝	貴州定遠		民國十三年任	
胡漢宏	四川廣安	法政畢業	民國十三年任	

姓名	籍貫	資格	任期	治績
李映芳	四川閬中	廩生	民國十三年任	清白循良折獄如鑑有傳
鄧述先	四川西充	軍官	民國十四年任	
程積善	四川江津		民國十四年任	
何本根	四川永川	重慶府法政畢業	民國十四年任	
繆繼光	四川中江		民國十五年任	黔軍回師由酆人以輪或繼光爭其不任不收無款民民相安人多稱之
唐郇伯	四川南川	二軍參副官	民國十五年任	
黃光輝	四川蒼溪	六師參謀	民國十五年任	
江漢宗	四川雙流	中學畢業	民國十五年任	
張樹猷	四川成都	普通文官	民國十六年任	
唐朗如	四川廣安	中學畢業	民國十六年任	

按民國初年事權統一各縣知事尚由省長委任護法而後駐軍所據之地自爲委任縣署如傳舍知事等弈棋卽有二三循良軫念民瘼而五日京兆不能展其驥足餘不過爲駐軍搜刮已耳遑言吏治哉

歷代教諭訓導表

官階	朝代	姓名	籍貫	資格	任期	治績
教諭	元	饒克容				
	明	翁佐	浙江諸暨	舉人		操履端方矜約嚴正
		竇希顏	湖北邡陽			詳見藝文詹貞吉竇公生祠記
		王必祁				
		余鐸				

姓名	籍貫	資格	任期	治績
陳巘				
虞書				
程鵬				
沈繼芳				
孟賢				
張思				
李秀華				
馬良佐				
李裕				
劉用簡				

姓名	籍貫	資格	任期	治績
朱棠				
劉寅				
李春敫				
黃世卿				
朱霖				
李廣龍				
楊時隆				
劉承易				
楊起鵬				
韋炳然				

訓導

姓名	籍貫	出身	任期	備考
明				
何宋中				重立號房
張漢賓				
張友仁				
張海				
陳壽鼎				
向成顏				
劉銓				
李銓				
唐本				
清				
黃錫策	四川射洪	舉人	康熙三十三年任	舊志按數論缺今成

姓名	籍貫	出身	任期	備考
何大倫				
馬元經				
劉爵				
藍耕				
周易				
莫子仁				
熊文				
董維藩				
吳觀周				
董守清				

姓名	籍貫	出身	任期	備考
竹可上				
熊文爵				
李繼齡				
周昌運				
陳應珪				
劉揚鳳				
清				
劉塤	四川平武	貢生	康熙十五年任	
胡公瑜	四川重慶	貢生	康熙二十四年任	
何修	貴州遵義	貢生	康熙二十七年任	
傅珩	廣安		康熙三十年任	

姓名	籍貫	出身	任期	備考
屈先達	納溪	貢生	康熙三十八年任	
嚴履泰	慶符	貢生	康熙四十四年任	
岳亮	南江	歲貢	雍正六年任	
蒲在湄	名山	歲貢	雍正十二年任	
王良謨	安岳	歲貢	乾隆二年任	
楊僑			乾隆四年任	
陳其詣	大竹	歲貢	乾隆十年任	
黃應垣	巴縣	歲貢	乾隆十二年任	
朱仕建	閬中	乾隆丁酉舉人	乾隆十二年任	
范昂	雒江	歲貢	乾隆十三年任	

姚璠	大甯	歲貢	乾隆十九年任
孫永甯	黔江	拔貢	乾隆二十一年任
洪爾禔			乾隆三十八年任
文在人	合州	乾隆壬子舉人	乾隆三十八年任
楊洄	射洪	乾隆丁酉舉人	乾隆五十三年任
杜永齡	南充	乾隆丁酉舉人	乾隆五十三年任
馮灼文	慶符	乾隆己酉拔貢	乾隆五十八年任
王謙	石泉	歲貢	乾隆五十九年任
屈朝泰	樂至	廩貢生	嘉慶十一年任
向明學	雲陽	歲貢	嘉慶十二年任

韓際昌	岳池	廩貢生	嘉慶十三年任
陳九經	崇慶州	乾隆丙午舉人	嘉慶十四年任
陳郁蘭			嘉慶二十三年任
譚言藻	安岳	舉人	嘉慶二十四年任
鄒桂林	巴縣	舉人	道光十年任
韓煁	長壽	優貢	道光十年任
宋瑄	灌縣	舉人	道光十年任
楊冲霄	閬中	貢生	道光三十年任
彭敦吉	成都	廩生	咸豐四年任
劉本愻	宜賓	舉人	咸豐五年任

何鳳瑞	南部	廩生	咸豐五年任	
謝紹伯	射洪	舉人	咸豐六年任	
邱炳章	郫縣	增貢	同治三年任	由軍功保舉教諭
王恂	新繁	廩生	同治六年任	
廖樹三	新都	增貢	同治八年任	
楊聰	綿竹	舉人	同治九年任	
胡肇祺	成都	廩生	光緒元年代理	
劉象清	簡州	舉人	光緒四年任	
薛銓善	興文	拔貢	光緒七年任	
衛烈	劍州	廩生	光緒九年任	

喬松	成都	舉人	光緒十九年任
楊立雪	大邑	貢生	光緒三十三年任
毛光燦	資州	貢生	宣統元年任
羅元黼	成都	優貢	宣統二年任
劉燊光	宜賓	貢生	宣統三年任
陸聯芳	本邑	貢生	光緒三十三年任
劉培德	本邑	舉人	宣統元年任

民國

秦贊禹	本邑	成都優級選科師範畢業	民國三年任
傅建侯	本邑	成都高等工校畢業	民國七年任
吳天福	本邑	川東聯立師範畢業	民國七年任

視學

局長			
周正鵠	本邑	四川高等學校畢業	民國八年任
何治宜	本邑	川東聯立師範畢業	民國十一年任
傅榮爐	本邑	重慶府中學校畢業	民國十三年任
佘隆恩	本邑	四川高等學校畢業	民國十三年任
周正科	本邑	萬縣省立師範畢業	民國十四年任
戴禮	本邑	北京通才商業學校畢業	民國十五年任
譚郁	本邑	四川高等學校畢業	民國十五年任
譚光績	本邑	忠州中學畢業	民國十六年任
涂梓梆	長壽		民國十六年任

按明清設立教職雖曰冷署而歲有餼季有課朔望有宣講一時以

師道自重如賓希顏陳方壺二公所以振士氣而翼名教者多矣清之中葉捐例開而教官多用歲貢眞除盡屬高年往往愈老愈瞶而師道墮矣清季歐風東漸制科停而教職裁撤豈無故而然哉

明代主簿表

孫敬	馬世偉	蔣曉	陳一度	王友置	吳貴
衛田	張四衛	尹學士	紀幼悌	楊宗貴	沈濬
金鳳鳴	葉大剛	沈東虞	陳啓鳳	黃啓漢	施可久
貢國士	劉一首	王復一	金仕俊	清朝主簿缺裁	

明代巡檢表

黃道克	范永荷	張思誠	清朝巡檢缺裁

歷代典史表

官階	朝代	姓名	籍貫	資格	任期
典史	元	張傑			
		湯忠			
	明	祁志			
		譚瓚			
		劉從善			
		廣倫			
		楊田卷			
		謝彥昂			
		范俊			
		王世昌			
		馬山			
		王孟才			
		彭鐵			
		張一鳳			
		周萬材			
		紀養蒙			
		敖廷言			
		唐應聘			

蔣時中				
王繼成				
李世英				
陳應昌				
王國秀				
唐堯典				
曾宏道				
黃爲龍				

清

樓鼎魁	浙江	吏員	康熙九年任	
羅　薦	陝西富平	吏員	康熙十九年任	
王大倫	浙江	吏員	康熙二十一年任	
沈國璋	浙江蕭山	吏員	康熙三十年任	
劉啓武	江西安福	吏員	康熙四十二年任	
王　緒	直隸大興		雍正六年任	
姚廷會	浙江山陰		乾隆二年任	
曾四瑞			乾隆六年任	
崔作鎭	甘肅碾伯		乾隆六年任	
李延鳳	正紅旗	監生	乾隆十二年任	
王　淳	順天大興		乾隆十九年任	
徐永緯	江蘇崑山		乾隆二十八年任	

重修酆都縣志
重修酆都縣志卷四

王　璜	順天宛平		乾隆二十九年任	
吳　榮	江西高安	監生	乾隆三十一年任	
戚祖燮	湖北江夏	監生	乾隆三十二年任	
屠　炬	湖北孝感	監生	乾隆四十八年任	
李　英	江西金谿	監生	乾隆四十九年任	
楊　愷	浙江鎭海	監生	嘉慶元年任	
章春遇	浙江會稽		嘉慶二年任	嘉慶三年敎匪逼近縣境捐款募勇擒獲敎匪嚴學海等八名五年籌設東西二關四月賊逼城西附郭民居得免焚燬事竣保升縣丞
陳先甲	江蘇武進		嘉慶九年任	
劉　椿	江蘇太湖	監生	嘉慶九年任	
孫集鳳	浙江山陰	監生	嘉慶十年任	
歐陽璧	江西彭澤		嘉慶十年任	
馬　延	浙江會稽		嘉慶十三年任	
張爲墂	陝西華陰		嘉慶十四年任	
夏　森	江甯		嘉慶十八年任	
魯榮惠	大興		嘉慶十九年任	
王楚賢	大興		嘉慶十九年任	
李在春			嘉慶二十三年任	
沈宗惠			道光四年任	
傅振宗	河南汲縣		道光七年任	

重慶市楊柳街
新文化社代印

姓名	籍貫		任職	
趙永祿	直隸清苑		道光八年任	
劉斌	陝西富平		道光十三年任	
潘世昌	順天大興		道光十九年任	
張力廷	順天大興		道光二十六年任	
祝純禧	順天大興		道光二十六年任	
胡景春	順天大興		道光二十八年任	
張廷熙	安徽婺源		道光二十九年任	
張錫垣			咸豐三年任	
洪賢景	湖北黃岡		咸豐九年任	
蕭沛霖	順天大興		咸豐十年任	

重慶市楊柳街　新文化社代印

姓名	籍貫		任職	
王尙德	山西靈石		同治五年任	
邵元瑛	安徽桐城		同治六年任	
盛恩澤	順天大興		同治八年任	監鎬縣志
丁逢熙	福建閩縣		同治九年任	
查文星	安徽懷甯		同志十年任	
唐庚	浙江慈谿		同治十二年任	
曹聯晋	江蘇上元		光緒四年代理	
唐濬源	貴州松桃		光緒十一年代理	
姚文錦	順天大興		光緒十二年代理	
胡慶恩	浙江山陰		光緒十二年任	

重修酆都縣志

姓名	籍貫		任職	
吳經畬			光緒十六年任	
程權			光緒二十年任	
戴鶴書			光緒二十三年任	
凌唐			光緒三十年任	
任鴻熙			宣統二年任	

典獄　民國

姓名	籍貫		任職	
曾國幹			民國二年任	
朱鼎			民國五年任	
胡嶧			民國六年任	
瞿自潤			民國六年任	
王文濬			民國七年任	

二十二

重慶市楊柳街　新文化社代印

重修酆都縣志卷四

姓名	籍貫		任職	
賀慶元			民國七年任	
曾廣惠			民國八年任	
程里槐			民國八年任	
熊楷			民國九年任	
廖子淵			民國九年任	
丁鶴軒			民國九年任	
楊毓儒			民國十年任	
胡澤臨			民國十年任	
丁兆松			民國十年任	
范華梁			民國十一年任	

姓名	籍貫	資格	任期	
譚北海			民國十一年代理	
高元			民國十二年任	
張迪光			民國十二年任	
張翼振			民國十二年任	
莫定栽			民國十二年任	
周芳			民國十三年任	
鄭仰成			民國十三年任	
李仲華			民國十三年任	
田于叔			民國十三年任	
謝華昌			民國十四年任	

重慶市楊柳街新文化社代印

姓名	籍貫	資格	任期	
文渭			民國十四年任	
何慎周			民國十四年任	
蕭治龍			民國十五年任	
黃舜通			民國十五年任	

按典史獄吏也昔周勃下獄始識獄吏之尊知職司監禁魚肉罪囚有自來也酆處偏隅而司獄一職明清曰典吏民國曰典獄員稱謂雖殊職守則一安所得治獄如于公其人乎余將拭目俟之

驛丞表

官階	朝代	姓名	籍貫	資格	任期	
驛丞	明	李宗志				

姓名	籍貫	資格	任期	
張子銘				
楊榮				
楊篆				
雷洪				
蔣守恆				
呂盛				
羅榮				
黃葵				
陳藎				
張有望				

重慶市楊柳街新文化社代印

官階	朝代	姓名	籍貫	資格	任期	
		趙之璧				
		周之盛				
		高廷舉				清朝驛丞缺載
把總	清	劉秉治		千總		
		兒朝輔		千總		
		周世海		千總		
		張龍	河南開封府	行伍		
		許成立		千總		
		郭文玉	忠州	行伍		
		吳學孟	成都	行伍		

姓名	籍貫	出身
駱吉	巴縣	行伍
張耀		
張貴	陝西蒲城	行伍
周宗孟	黔江	行伍
劉尙義		
徐國仁	巴縣	行伍
徐文達	陝西	行伍
張君相	巴縣	行伍
戴榮陞	成都	行伍
侯理	忠州	世襲恩騎尉

姓名	籍貫	出身
伯占魁	成都	行伍
楊應忠	合州	行伍
余永貴	長壽	行伍
梁志品	成都	行伍
陳有才	忠州	行伍
劉良超	巴縣	行伍
王宗林	忠州	世襲雲騎尉
譚報國	忠州	世襲恩騎尉
朱榮魁	巴縣	行伍
陳洪範	成都	行伍

姓名	籍貫	出身
陳治安	巴縣	行伍
馬春芳	巴縣	世襲雲騎尉
吳啓貴	巴縣	
嚴繼寬	本邑	行伍
汪輝祖	巴縣	行伍
駱洪順	三台	行伍
金魁	巴縣	行伍
關志淸	忠州	行伍
任萬春	巴縣	行伍
張廷猷	新甯	行伍

姓名	籍貫	出身
邱士彪	璧山	行伍
徐忠鈺	巴縣	行伍
廖昌奎	灌縣	武舉
曾洪元	秀山	行伍
幹雲程	華陽	行伍
何三級	巴縣	行伍
馬應福	巴縣	行伍
周開基	長壽	行伍
蘇嘉珥	本邑	行伍
江子文		武庠

重修酆都縣志卷四

警長

姓名	籍貫	出身	任期	備考
馬正常	巴縣	行伍		
陳輯五				
金				
孫懷清	夔州	行伍		
胡 㟓	本邑	拔貢	光緒三十四年任	自清光緒三十四年開辦由胡㟓王維翰陸策鼇楊文俊四人共同主政
王維翰	本邑		同前	
陸策鼇	本邑	廪生	同前	
楊文俊	本邑	例貢	同前	
曾令名			宣統元年任	

警務長

姓名	籍貫	出身	任期	備考
民國				
徐次亭			民國元年任	

重慶市楊柳街新文化社代印

警佐

姓名	籍貫	出身	任期	備考
鄧 林			民國二年任	
趙輯五			民國二年任	
沈 燮			民國三年任	
吳平清			民國四年任	
朱 槐			民國五年任	
李伯明			民國五年任	
嚴恭寅			民國六年任	
胡大庸			民國八年任	
蘇季良			民國十年任	
郎潤農			民國十一年任	
黃少甫			民國十二年任	
項子祥			民國十三年任	
王紫綬			民國十四年任	

按酆都把總隸忠州都司兵士寥寥戰守俱不可恃明清相沿五百餘年至光緒末葉而始撤何者始則大小相維猶收臂指之效繼則承平日久缺額實多一旦聞警直等於無兵已耳不然吾邑教匪髮逆諸役何以收效於團練而汛兵寂然也噫

重修酆都縣志

重修酆都縣志卷四

重慶市楊柳街新文化社代印

酆都縣志

二册

76793

重修酆都縣志卷五

學校表弁言

川源岷山江流學字巴蜀好文士曰尙志八代粃糠六經鼓吹科舉以停爰復庠序學子莘莘爭自淬勵涵育甄陶儲爲國器作學校表

學校表

名稱	地址	校數	學生名額	經費	備考
凌雲書院	今文昌宮基址	一	無定		明知縣萬谷建今廢
平山書院	在平都山下	一	無定		沿革詳見五雲書院備考今廢
鹿鳴書院					同前
五雲書院	在北門內				舊志前平山書院在平都山下明邑紳楊孟瑛家塾王文成守仁爲之記清乾隆四十三年知縣張偉於學署西建後堂五間左右廂各三間講堂五間左右齋舍各六間門房二間周以繚垣顏曰鹿鳴書院道光十七年知縣李謙仍改名曰平山有記見藝文十八年訓導鄒桂林以數論舊署一區增入書院同治九年燬於水假玉鳴寺爲之治遷蒼縣署以聚生徒光緒三年復舊志遷新城縣署改名五雲十八年署知縣傅逢源以院址易治北誠善堂地建經古書院未竣去十九年知縣蔣履泰成之中爲講堂通三間左右客堂各一間東西齋舍各七間前立正門三間啓門一後屋五間屋左右廂前後各二間省經古名而以五雲書院併入之今廢其地址改爲縣立高等小學校
華祝書院	在南岸橋頭壩				清光緒十九年邑紳楊懋修等卽文廟改建

重慶市楊柳街新文化社代印

義學	本城上街 本城下街 東關 西關 十字路場 灘山壩場 王家塲 社壇塲 担子台塲 三撫堂塲 觀音寺塲 高家鎮	十二	無定	清光緒十九年邑紳曾溥遵其父母遺命捐田二區以爲束脩之助請旨建坊以旌之田在北岸曰後坪歲租七石課十七串二石曰水井坵歲租七石課一串五百載糧三敨五分	官爲擇師敎秀穎子弟之貧不能讀者
中校學	新城	一		隨糧附加	今廢
縣立小學校	北門內書院改添	一	二百餘名	附後由敎育局籌	前清光緒三十一年開辦
中小合校	就小學校添設初中	一	三百餘名	附後由敎育局籌	民國十五年下學期開辦
縣立女子小學校	後街試院	一	二百餘名	同前	民國四年成立至十二年始購後街湯宅十三年遵章改爲小學校現在遷入試院內

忠義忠武兩鄉小學校	馬虎壩世祀菴	一	五十餘名	租穀一百三十石錢六百串	清宣統三年成立
安仁鄉小學校	王家塲文昌宮	一	三十餘名	租穀四十石銀三百元錢七百串	清光緒三十二年成立
太平鄉小學校	雙龍塲三聖宮	一	四十餘名	錢三千四百串	清宣統三年成立
仁壽鄉小學校	董家塲文昌宮	一	七十餘名	錢二千餘串	清光緒三十二年成立
順慶鄉小學校	波羅塲文昌宮	一	一百餘名	租穀四十石錢四百串	清宣統三年成立
太和鄉小學校	高家鎮桓侯宮	一	七十餘名	租穀九十三石錢一千串	清光緒三十二年成立
崇德鄉小學校	觀音寺灌慶菴	一	九十餘名	錢三千餘串	民國元年成立
義順鄉小學校	橋頭壩文昌宮	一	六十餘名	租穀六十石	清宣統三年成立
縣立國民小學校	城區	十三	五百餘名	每校敎員三人各支薪水一百元由敎育局支	清宣統三年成立
縣立國民小學校	十鄉	五十	一千零七十名	同前	民國四年成立

公立國民小學校	十鄉	一百五十三	二千三百名	由各鄉捐籌支付	清光緒三十一年成立

新志學欵表

類別	地名	租課	數目
田租		租穀	
	泥巴溪撮箕灣	二十三石	
	王家渡金家沖	八石	
	馬蝗沖白堵灣	五石	
	馬蝗沖王家灣	四十八石	敎育局收三十七石係十一石係作聖宮焚獻
	馬蝗沖寨子嶺	一十九石	
	湛家塲姚溪壩	八石	
	湛家塲甎屋嶺	三十石	
	錫福橋樂善堂	二十三石	
	波羅塲老龍洞	三十四石	
	孫家營辜家坪	四十八石	
	江池塲後塝	七石	
	栗子灣坎脚	四石	
	栗子灣崖崙壩	六石	
	十字路楓相樹	九石五斗	
	踏水橋敖家墻	七石	
	踏水橋老竹溝	二十五石	
	王家場周家寺	十九石	

地點	數額
王家塲馬蝗溪	八石五斗
文會塲	二十三石
義和塲學田冲	三十六石
新城北門外	十四石
新城南門	五石
新城水北門	十四石五斗
新城東門	七石五斗

地課	地錢
硯台石楊灣	七千文
戴家山柿子灣	洋五十元
十字路	十八千文

地點	數額
太和塲側耳灞	五千文
丁溪斑竹林	二千文
九溪子坪上	六十千文
十字路許家寺	一千文
何家塲大水井	一千文
李家市	三千文
攔馬坎何家塲	七千文
青杠嶺余家坂	八千文
路水橋蔡家灣	二十四千文
沙灘塲高油榨	二千文

地點	數額
社壇塲柿子灣	八千文
社壇塲火爐山	四千文
社壇塲蔣家灣	四千五百文
新城衙門外	八十千文
新城水南門	六千文
新城東門外	七千文
新城衙門後	五十千文
新城洗脚溪	洋二十四元
新城南海溪	洋五元
新城舊汎署	十千文

地點	數額
新城南門外	六千文
新城南海溪	六千文
上後壩演武廳	七十千文
下後壩北門外	洋十元
下後壩砲台	六千文
新城東門至水南門	三十千文

屋基	
新城衙門外	六千文
新城衙門外	一千五百文
新城衙門外	一千五百文
新城東門外	三千文

	本城水巷子上排	十八千文	
	本城正街上排	二十四千文	
	本城內外各處	十三千六百文	共計六十八間
佃資	教育局頭門外	佃錢 二十四千文	
	考棚右邊頭門外	六千文	
	考棚左邊頭門外	十千文	

附存舊志學欵表

類別	地名	租課數目	備考
學田	波羅壩	租穀三十石 地課十六千六百文	清同治六年知縣田秀栗定案歲撥市斗米二石補春秋祭銀之不足光緒十六年知縣何詒孫以邑紳曾祖輝之請謂諸生多寒畯修贄之費設措維艱令民購產納稅每串輸錢五文積爲學修院試諸費以羨益田足則罷之掌以卷局自是游庠序者弗解纏師生兩便焉
	楊家溝	租穀三十四石 地課六千文	

學基	城內外房基六十二間	每間地租錢二百文	至今照收
院田	象鼻嘴		以上二十六處共收租穀四十一石五斗地課錢六百二十二千五百文
	南岸大房		
	扈家坪		
	斑竹增		
	荊竹堡		
	金子埡		
	石磉河		
	傅家坪		
	椿樹塝		
	雞公嶺		
	北岸十字路		
	蒲蘆冲		
	舒家山		
	柿子灣		
	九溪子		
	硯臺石		
	李子坵		
	何家灣		
	梅子溪		

	許家壩		
	黃葛堡		
	白巖脚		
	金子坡		
	火爐山		
	大柏樹		
	新城		
院基	院東舖房三間	以上五處共收錢一百六十千文	同治庚午之災屋舍蕩然今存中街水巷子舖基叁以昭忠祠基址歲僅收錢數十千文
	中街舖房三間		
	水巷子房一間		

	稻穀倉房一間		
	外典舖房四間		
存息	戶房八百串	歲息錢一百五十串	
經古	土藥	六百串	光緒十九年興經古學知縣傅達源蔣履泰莫誠善堂八省公所土藥項下撥捐
卷局	石佛場	以上五處歲納地租錢四百二十串	
	江池		同治二年買
	栗子灣		同治四年買
	巖崙壩		同治六年買
	踏水橋		同治二年買
	戶房存錢一千串	息一百三十串	

重慶市楊柳街新文化社代印

	邑紳存錢三百五十串	息六十串	
賓興	周家寺	租穀二十石	清同治六年知縣田秀栗籌置
	石祥寺	租穀十石	
	寨子嶺		
	南華菴	租穀四十二石以五石歸學宮	
	熊家嶺	原租二十石今省八石	
	金家冲	原租十石今省一石二斗	
	馬蝗溪	租穀九石五斗	
	楓相樹	租穀十六石九斗五升	
	敖家壋	租穀十石	訓導喬松置

新文化社代印

舊志書院田地舖舍多由典買而來聽其入以時贖取故租多寡難以定額

按酆都書院名稱不一而延聘山長誘掖後進沐詩書禮樂教澤者項頸相望讀林明儁明倫堂序謂蕞爾酆邑明季入鄉校者常四百餘人而清季則數十人或十數人易曰窮則變變則通光緒中葉維新諸公謂科舉學非所用採泰東西學制編爲科學一洗帖括詞章舊習學堂立而書院廢豈非計之得者哉

重慶市楊柳街新文化社代印

重修酆都縣志卷六

選舉表弁言

稽古籲俊立賢無方洎詳科目側陋斯揚官惟德懋士以言昌靈鍾桂嶺秀毓膠庠風雲豹變黻佩鸞翔稱茲名器爲邦家光作選舉表

科目

朝別	時代	氏名	紀略
進士 明	天順丁丑	楊大榮	由景泰庚午舉人中第官授江西按察司僉事崇祀鄉賢見人物官績
	成化丁未	楊孟瑛	由成化庚子舉人中第官授浙江杭州府知府順天府丞崇祀鄉賢見人物文學
	正德辛未	黃景星	由宏治己酉舉人中第官授河東鹽運使崇祀鄉賢
	正德甲戌	黃景夔	由正德丁卯舉人中第官授兵部員外郎
清	康熙壬辰	易簡	由康熙辛卯舉人中第官授翰林院編修見人物文學
	嘉慶辛未	李存周	由乾隆乙卯舉人中第官授安徽舒城縣知縣
	咸豐丙辰	徐昌緒	由道光己酉選拔壬子舉人中第官翰林院編修升侍講學士銜見人物
	咸豐己未	傅世綸	由咸豐乙卯舉人中第官戶部主事升員外郎河南郎用道見人物
	光緒壬辰	郎承謨	由光緒己丑舉人中第官翰林院庶吉士歷任正安州古州廳遵義縣升平越直隸州在任候補府
舉人 明	洪武己卯	余亨	貴州黎平通判
	洪武己卯	馮麟	任陝西延長知縣
	永樂辛卯	曾添麟	官戶部郎中
	永樂辛卯	何青	官雲南浪穹縣知縣省志作何清涪州人
	永樂辛卯	黃憲	

重修酆都縣志卷六

重慶市楊柳街
新文化社代印

時代	氏名	紀略
永樂甲午	劉濟	
永樂甲午	陳懋	
宣德壬子	王瓚	官湖廣興山訓導
宣德乙卯	羅中	陝西鞏昌推官
景泰庚午	鄭貴	
天順壬午	胡廉	省志作合州人
成化辛卯	馮祜	省志作馮祐
成化庚子	熊永昌	
成化癸卯	陳濟	雲南曲靖通判崇祀鄉賢
成化癸卯	王羽	
宏治乙卯	向子俊	廣西桂林同知省志作何子俊
宏治戊午	胡一德	雲南按察司經歷省志遺
正德庚午	楊東	貴州麻哈知縣
正德庚午	楊偉	
正德癸酉	杜友才	
嘉靖戊子	黃洵	湖廣郴陽推官
嘉靖己酉	古養敬	工部員外郎見人物文學崇祀鄉賢
嘉靖乙卯	陳棨	
嘉靖戊午	秦範	
嘉靖辛酉	楊叔京	雲南曲靖知府崇祀鄉賢

重修酆都縣志卷六

重慶市楊柳街
新文化社代印

嘉靖甲子　陳栗　陝西藍田知縣省志作陳粟

嘉靖甲子　黃著　推官

嘉靖甲子　曾繼先　知縣

嘉靖甲子　黃世修　湖北推官

嘉靖庚午　林啓鳳　涪州學省志作起鳳涪州人

萬曆癸酉　戴文亨　省志作戴友亨江西南昌知府

萬曆己卯　楊銓

萬曆壬午　楊心傳　湖南安鄉知縣見人物

萬曆辛卯　黃常德　省志作黃尙德

萬曆癸卯　陳載寬　山西知縣

天啓辛酉　熊京

天啓丁卯　李方開　陝西按察司僉事

崇禎庚午　熊陽徵

崇禎丙子　古心　雲南雲龍州知州見人物文學崇祀鄉賢

崇禎壬子　李如星　解元見人物

清

順治庚子　熊文蔚

康熙癸卯　譚戩穀

康熙壬子　林堅本

康熙辛酉　柯允芳

康熙丁卯　古慥四　鄰水教諭

康熙丁卯　楊汲　筠連教諭

康熙己卯　古銃英　由歲貢中式授遵義教諭

康熙己卯　李獻樞　由歲貢中式授廣安學正

康熙己卯　羅雲師　涪州教諭

康熙壬午　馮軌

康熙壬午　李仙齡　由丙子副榜中式省志作新都縣人誤

康熙乙酉　林敬修　由丁卯副榜中式授鹽亭教諭

康熙乙酉　曾上哲

康熙戊子　李孟修

康熙辛卯　古可法

康熙甲午　李寶繁

雍正癸卯　朱華袞

雍正癸卯　羅彌高

雍正甲辰　羅彌敬

雍正丙午　羅彌元

乾隆戊午　易龍圖　甘肅燉煌知縣

乾隆戊午　湛玥　浙江縉雲知縣

乾隆甲子　王怡　浙江甯波府同知見人物宦績

乾隆甲子　曾友伋　廣東德慶州知州邊州府知府見人物宦績

乾隆壬申　楊芝　由庚午副榜中式授眉州學正

乾隆壬申 楊顯仁 丹稜縣教諭
乾隆癸酉 傅昌前
乾隆癸酉 蔡念祖 陝西韓城知縣
乾隆壬午 高愼 直棣東明知縣署宣化府同知
乾隆戊子 郎士貴 廣西宣武知縣
乾隆癸卯 楊英
乾隆戊申 許金芝
嘉慶癸酉 湛露淳
嘉慶戊寅 郎官陞 廣安州學正
道光甲午 佘兆登 新繁縣教諭

咸豐乙卯 蘇爲楨 任湖南常甯縣知縣
同治甲子 王元曾 由咸豐辛酉拔貢中式授湖北知縣後任沔陽州知州
同治乙卯 李濟川 由歲貢中式
同治庚午 湛文堂 巴縣教諭
光緒乙亥 劉宇元 任雲南嶍峨縣知縣
光緒己丑 胡應涵
光緒丙子 佘元章 任陝西延長縣知縣
光緒甲午 戴君羲 山東知縣
光緒甲午 王綬 景山官山教習揀選知縣
光緒丁酉 劉培德 簽分福建直隸州州同民國任威遠縣知事

光緒壬寅 王京普 法部郎中任城固縣知縣
光緒壬寅 佘樹堂 揀選知縣
光緒壬寅 陳光策 揀選知縣

副榜

明

崇禎壬子 熊蘭徵

清

康熙庚午 陳天眷
乾隆辛酉 秦泰
乾隆甲子 馮迺騆 江津教諭見人物文學
乾隆甲子 王廷旦
乾隆戊子 曾一貫 東鄉教諭見人物文學
乾隆丙午 李秀發

拔貢

清

康熙壬子 林建本
康熙丙寅 湛廻 安縣教諭
雍正癸卯 李如曈 龍安教諭
雍正己酉 王廷棟
雍正甲寅 高人第 石泉教諭
乾隆甲申 李坤
乾隆癸酉 王恆 安徽蕪湖知縣
乾隆乙酉 湛露清 溫江教諭
乾隆己酉 湛銘 西充教諭
嘉慶辛酉 郎官清

科年	氏名	紀畧
嘉慶辛酉	陳于池	
嘉慶癸酉	郎官保	
道光己酉	向世琳	
道光乙酉	徐其俗	潼川府教諭
道光丁酉	徐昌緒	
同治癸酉	劉宇泰	內閣學士兼商約大臣
光緒乙酉	林大任	長壽縣教諭
光緒丁酉	戴正濬	湖南知縣
宣統己酉	胡嶧	簽分陝西直隸州州判
宣統己酉	譚光鑑	

武舉　清

康熙丙子	李正花
康熙丙子	高曜
康熙丙子	李如楠
同治丁卯	楊耀廷
光緒己酉	彭天鵬

科目	朝別	氏名	紀畧	氏名	紀畧	氏名	紀畧
歲貢	明	黃應祥	雲南鶴慶州州同	花綬	交趾古龍知縣	羅忠	直隸靜海知縣
		馮文貴	浙江湖州府同知	程鵬	湖廣茶陵衛經歷	范有成	湖廣襄陽府經歷
		徐智	湖廣寶慶府檢校	湛清	浙江嘉興府通判	黃守正	山西汾州府同知
		嚴琦	河南平鄉縣丞	古志學	上林院署丞	李忠	交趾眞利知縣

氏名	紀畧	氏名	紀畧	氏名	紀畧
鄒晟	雲南白納吏目	郎賢	交趾唐安知縣	吳綱	
蔣僉畢	江西萬安主簿	王維清		張繩	
楊善		許賢		李斌	
熊志宏		張霖		劉存智	
李節	陝西西陵衛經歷	陳資		杜謙	
杜諒	浙江湖州縣丞	李茂		陳瑢	
黃鐘	雲南建水吏目	范信	留守司經歷	蔡璘	
傅中		羅亨		余宣	
胡璉		嚴仲謙		陳能	
余善	廣西平樂府經歷	湛隆		侯信	

氏名	紀畧	氏名	紀畧	氏名	紀畧
黃弼	湖南長沙主簿	曾友道		李布	直隸南陵縣丞
黃玉		隆盛		李恭	
范祥		蔣智		楊高	
曾倫		許富		陳慶	
黃端		李祥	知縣	王永年	訓導
戴綱	廣西潯州府推官	魯德	湖南寶慶府訓導	熊經	
李伯順		楊景春		黃曉	陝西文縣教諭
向克寬		楊元	湖廣湘鄉訓導	杜觀	貴州布政司都事
陳勉		林文振	江西九江府同知	湛永海	湖廣鹽利訓導
王翔		徐白祥		黃田清	

李　棟　　朱本定 陝西鳳翔府經歷　　王承孝
黃倘綱 湖廣襄陽訓導　　李向陽 陝西富平縣丞　　楊孟惠 陝西岷州衛訓導
楊　茂 永興王府教授　　楊孟芳 陝西甯夏右屯衛經歷　　秦　弁
楊孟訓 廣東惠來知縣　　楊　乾 陝西金縣訓導　　戴　吉 江西宿州衛經歷
熊顯德 陝西靈台訓導　　王　寅 湖廣漢陽訓導　　李　遷
楊孟詔　　楊　寅 陝西乾州訓導　　鄒嘉典 河南盧氏訓導
李朝陽　　楊孟逡　　信 舊志闕其姓
熊唐臣 雲南景東府通判　　徐　騰 陝西訓導　　楊　密 蘄州荊王府訓導
侯　偉　　殷秉忠　　楊試春
楊　衷 直隸順義知縣　　黃嘉誥　　楊　觀 湖廣長沙府訓導

陶　賢 江西玉山教諭　　黃　彝 陝西甯羌州學正　　胡仲璞 湖廣南陽訓導
余文燦 陝西汧縣知縣　　楊一鶚　　楊　第
古嘉表 達州學正　　余自修　　周　寬
隆　壽　　楊鍾秀　　陳　魯
楊　咸　　楊　忭 戎縣教諭　　冉以殺
楊　頎 湖廣麻城訓導　　楊一遜 馬湖訓導　　楊一通
陳　蒙　　楊鍾元　　冉　斐
楊叔永 陝西鞏昌府通判　　戴　達　　余　祚
楊叔言　　藏唐民　　冉　仲
楊懋學　　黃倘儒 陝西麟遊訓導　　冉　佑

毛如德　　毛之麟　　余子義
楊光啓　　余子祥　　楊茂學
楊　鎮　　李　達 訓導　　譚　旦
余子州　　秦獻廷　　陳鼎祚 內江教諭崇祀鄉賢見人物忠義
李方郁 劍州學正　　楊凌雲 蓬溪訓導崇祀鄉賢見人物忠義　　涂安宅 內江教諭
楊堯欽　　黃毓章　　熊居寅 慶符訓導
毛宗德　　李樹聲　　姚映黃
戴大禮 山東壽光知縣　　李如旭 浙江都司經歷　　徐觀成
林明儁 兵部職方司主事貴州驛鹽副使見人物文學　　王　宮 蜀王府典膳　　郎新秩 江南海州州同陞直隸徐州知州
楊　奎 王府典膳　　楊　貢 訓導　　冉宗孔

徐鳴岐　　杜子賦　　楊　範 主簿
戴　琮　　李　岱　　古有年
王繼成　　張維藩　　楊　鉉 都司經歷
馬　冀　　王者佐　　楊邁春
李廷桂　　熊周佐　　尹若皋
冉之升　　陳三聘　　古澄然
陳祖智　　古養浩 見人物孝友　　傅　潮
陳志伊

清

陶　蒙　　冉德乾　　黃耀初
秦懋倬 仁壽教諭　　郎　位 九姓司訓導　　羅其章 富順訓導

毛自修	湛䆁	余何讓
侯維垣	戴天	湛同淇 巫山訓導
彭鈞	曾德升	戴子元
林用修	陳治表	王前
徐宗麟 瀘州訓導	李烱 彭縣訓導	秦永思
曾沂	李昌 新甯訓導	湛光昌 大甯訓導
劉文僥	郎興立 內江訓導	徐超
余樂天 重慶府訓導	李如昍 彭水訓導	張同燮
孫詒燕	熊珏	許賀來
楊湨	郎玉璉 大竹訓導	李其焜

徐昴	林過	霍鍾秀
孫曾賢	傅永祚	劉廷鑑 安岳訓導
向陽亨	郎奎章 樂至訓導	郎璧章
曾立道	孫鍾賢	郎仕能
楊淳	古受昌	殷良佐
牟佩	孫麟	孫耀祖
冉燮 蓬縣訓導	馬洪釗 雅州府訓導	董承芳 珙縣訓導
李潤	胡昴 馬邊廳訓導	傅宗武
李正泰	郎文燦 會理州訓導	郎文燈 綿州訓導
李躋泰 華陽訓導	余之麟	楊鍾桂

湛汝珍	廖翔南	陳英賢 西充訓導
林竹	雷秉忠	杜泰
覃棟	曾永道	邱朝鵬
郎官琫	傅義鈞	余大鑑
王文鐸	郎官在	王五桂
黃雲錦	李遇春	陳朝模
周文冕	李名川	曾繼賢
冉瑞蓉	周顯楷	佘起鴻
鄧大志	王廷蘭	秦棣
湛漸逵	項貞奎	毛奇玥

陳輔之	陳士冠	徐世俊 保奏教諭
李斌	廖青芝	杜正中
譚朝模	白憲章	姚壚
李鴻儀 宜賓縣訓導代理長甯縣訓導	蔣朝瑛 候選訓導	秦之璲
李瑞元 候選訓導	張從銘	張炳靈
彭登漢	李黻樞	曾恕 保陞知縣
陳永貞	秦文儒	戴彥清
戴騁雲	譚士正	盧錫齡
盧斌	劉宇璧	吳正倫
傅世臣	廖紹周	廖先級

秦嵩 熊瑞珩 劉宇芬
劉宇幹 劉宇翰 劉壽祺
劉宇凡 劉宇楨 劉乙青
陳樹藩 余光誥 譚宗楓
秦之傑 李德九 楊激
余藩 劉麒義 陶發育
陳灼 湛文都 傅繼寬
吳光盈 李世傑 盧志琦
郎級之 魯炳墊 陸策鰲
林光晉 秦楙榮 林鵬雲

朱芳柏 候選巡檢 廖嵩高 曾子彥
何永安 殷學海 冉昌言
隆中寓

恩貢

明 戴嘉樂

清 曾撰 張涵 李鎧
曾玢 秦璠 邱永達
杜枚 廖光極 郎官墉
劉蘭 余友甲 李士恂
劉銓 蔡集堂 余燓
向步瀛 戴芴 蔡春芳 候選教諭

孫懷駿 秦家蘊 范廷薦
徐世傑 教諭 彭啓墊 訓導 盧朗
王官盛 劉宇瓊 傅培元
戴篪 戴堯天 黃在中
向大淵 何宗芴

例貢

明 朱經 余仕鴻 湖廣主簿 楊孟琦 江南昆山縣丞
余光遠 陳可 楊孟瑜 湖廣照磨
陳言 楊節 光祿寺署正 楊晉
戴文星 貴州普安州判 楊履 棗陽知縣 楊叔亮
孫尙恪 楊隨 楊禮

楊纘 楊遇春 楊師震
楊延春 楊逢春 王承寵
冉芳奕 貴州經歷 申俊甲 貴州經歷 楊士吉 州同
古惟一 徐爾強

清 林愼修 傅應元 曾一元 廣西融縣知縣
蔡奕葉 郎參章 蔡如蘭
馮之琦 楊景和 向第瑜
郎文烜 訓導 高榮安 郎文瑛 貴州獨山洲吏目
曾嵩齡 縣丞 余永修 成都教授轉湖北石門知縣 高文彬
高文檢 彭光炘 高錫瑕 貴州縣丞

陸紹逵　馮有光　李嗣沆
蔡鹿苹　向映奎 湖南縣丞　劉壽圖
劉壽谷　劉壽彭　曾洪德 貴州知縣
向昌儀 彭水訓導　陸聯芳 灌縣敎諭　何慶餘 訓導
甘　鎰　楊銘鼎　傅世華 邛州敎諭
曾　溥 貴州都勻思州貴陽知府　郎承詵 雲南楚雄知府　蔣朝瑞
傅世傑 內閣中書　徐昌彥 候選訓導　蔣紹琬
劉宇樞 內閣中書　鄧　綬　秦沛霖
秦贊禹 敎育部僉事　鄒家珍　秦寶珍
李聯芳　雷文臣　楊天儀 訓導

劉鴻唱　王逢尊　陳先拔
李齡九　郎治灃　余　焯
余文龍　胡禹昌　彭　柱
王德懋　盧志烈　楊文俊
傅師咸　傅師永　魯侯東
陳惠迪　秦光烈　楊雲鵠
徐建隆　冉有逑　余澤沛
秦文珂 湖南知縣

民國

專門學校畢業

曾濟實 日本帝國大學　陶　仲 同上　曾濟寬 日本高農
曾永壽 日本高工　向致君 日本高師　黎文丞 成都優級師範

鄒紹齡 成都高工　秦贊唐 北京通才商業學校　秦樾士 北京大學
秦嶠士 北京大學　李正翰 同上　秦贊周 上海復旦大學
胡　維 上海大夏大學　鄢國棟 成都農專　鄧　濬 同上
李倬之 成都農專　魯瑞麟 北京農專　甘大定 成都鐵道學校
王貞常 四川國學院　王允元 成都華西大學　徐昌藜 北京高等警官學校
秦銳文 北京高等警官學校　李名生 四川高等蠶業　杜憲國 北京國民大學
王德章 四川高等學校　李齡九 同上　胡禹昌 同上
許鴻圖 四川高等學校　王允懷 同上　王允迪 四川財政學校
冉　鎮 國立法政　曾洪熙 同上　秦家璞 同上
湛心莊 四川法政　陶祥煦 北洋法政　隆　中 同上

法政學校畢業

蘇篤智 北洋法政　王靜一 成都紳班法政　熊伯祥 成都公立法政
張建屏 成都公立法政　范寅亮 同上　劉麟極 同上
熊恩澤 四川法政別科　王允中 同上　曹先鵬 同上
郎錫五 四川法政別科　郎瑤昌 同上　秦禹謨 同上
余耀垣 成都兩廣法政　張文炳 同上　余　焯 成都紳班法政
曾鴻猷 成都紳班法政　王　傑 同上　余隆德 成都兩廣法政
盧景明 重慶法政別科　胡文華 同上　楊雲鵠 同上
曾　恕 重慶法政別科　許廷舉 同上　姚煥章 同上
劉麟紱 重慶法政別科　劉麒星 同上　余承澤 同上
劉麟篤 重慶法政別科　劉麟玉 同上　黎玉笙 同上

師範學校畢業

姓名	學校	姓名	學校	姓名	學校
王芝甫	通省師範	王政隆	同上	楊瑴生	同上
秦光烈	通省師範	鄧綬	川東師範	何光藻	同上
張希策	川東師範	陳其昌	同上	陶祥謨	同上
何鑄江	川東師範	萬朝沅	同上	周哲夫	同上
秦琇文	川東師範	江文光	同上	萬正寅	同上
江澤基	川東師範	萬朝縉	同上	李受之	同上
魯學恭	川東師範	劉麟藩	同上	何宗泰	同上
譚廷謨	川東師範	王正禕	同上	譚言金	同上
楊小逑	川東師範	萬正洪	同上	秦君烈	省立第四師範
李竹	省立第四師範	林榮鼐	同上	譚言朗	同上

姓名	學校	姓名	學校	姓名	學校
嚴壽嶺	省立第四師範	秦德	同上	劉代武	同上
李大綱	省立第四師範	王政熹	同上	蔣大常	同上
朱澤淮	省立第四師範	徐汝言	同上	周邦才	同上
張燦然	省立第四師範	王正邦	同上	傅正堯	同上
向丹鳳	省立第四師範	易國杞	同上	李啓明	同上
秦開猷	省立第四師範				

中學畢業

姓名	學校	姓名	學校	姓名	學校
余開第	省立第四中學	王貞紀	同上	余敘欽	同上
劉叔芃	省立第四中學	李忠選	同上	吳世忠	同上
秦恩溥	省立第四中學	江志道	同上	李德光	同上
張在茲	省立第四中學	葉琛	同上	周煥章	同上

姓名	學校	姓名	學校	姓名	學校
隆準	省立第四中學	周正鵬	同上	戴元勳	同上
陳紹曾	省立第四中學	陳國義	同上	冉印文	同上
陳宜之	省立第四中學	備鴻圖	同上	譚在寬	同上
譚德炬	省立第四中學	秦槐士	同上	王繼暲	同上
秦嶒	省立第四中學	張冕	同上	傅心義	同上
李德榮	省立第四中學	蘇拯	湖北湖濱中學	楊樹發	忠縣中學
秦士傑	忠縣中學	張錫九	同上	林榮信	同上
粱受之	忠縣中學	李鳴卿	同上	張榮椿	同上
董先廉	忠縣中學	董維嵩	同上	隆福蘭	同上
鍾明福	忠縣中學	周湘	同上	曾永芬	同上

姓名	學校	姓名	學校	姓名	學校
鄧心培	忠縣中學	劉麟榮	同上	董本初	同上
譚朝璠	忠縣中學	李義生	同上	秦鴻鈞	同上
楊紹震	忠縣中學	隆致祥	同上	楊邦俊	同上
董維凡	忠縣中學	王勁成	本縣縣立中學	秦正樊	同上
楊孟陶	本縣縣立中學	張利坤	同上	譚靜山	同上
譚長庚	本縣縣立中學	譚成德	同上	殷學勳	同上
黃壽祺	本縣縣立中學	杜詩觀	同上	嚴德鋆	同上
陳官倈	本縣縣立中學	秦一臣	同上	彭俊良	同上
嚴翊宸	本縣縣立中學	余隆遇	同上	李振甲	同上
張星若	本縣縣立中學	蘇篤厚	同上	牟鴻賓	同上

氏名	出身	氏名	出身	氏名	出身
魏有珩	本縣縣立中學	何明德	同上	劉麟慶	同上
李楫之	本縣縣立中學	林榮鼎	同上	王德謨	同上
秦時銓	本縣縣立中學	敖崇國	同上	敖崇高	同上
敖正隆	本縣縣立中學	秦大祿	同上	敖文震	同上
敖崇洲	本縣縣立中學	李秀徽	同上	彭大沅	同上
蔣宗燧	本縣縣立中學	秦杞士	同上	秦之樞	同上
秦家璽	本縣縣立中學	秦懋士	同上	曾敬輿	同上
譚言清	本縣縣立中學	楊月海	同上	楊建祿	同上
彭金桂	本縣縣立中學	秦功庶	同上	劉際瞎	同上
陳鶴齡	本縣縣立中學	秦之聯	同上	戴天星	同上
戴天軫	本縣縣立中學	彭鳳翔	同上	秦贊舜	重慶府中學
秦國士	重慶府中學	曾虎臣	同上	楊在茲	同上
徐夢吉	重慶府中學	李光瑚	同上	曾廣榮	同上
王志銘	重慶府中學	王觀光	同上	李樹芳	同上
譚在勇	成都資陽中學	夏建寅	涪陵中學	劉麟蓍	重慶廣益中學
殷祭珍	重慶廣益中學	彭繼祖	同上	何士斌	同上
羅應興	重慶聯立中學	郎宗驥	同上	戴德甫	同上
周敦祿	重慶中法中學	戴天翼	成都中學	何太明	江北治平中學
蹇相臣	成都敍屬中學	殷光璩	重慶體育中學	曾永康	四川省立甲種商業
蘇慈祥	四川省立甲種商業	余紹盤	同上	范紹淹	同上

氏名	出身	氏名	出身	氏名	出身
李子雄	四川省立甲種商業	魯用中	同上	邱華盛	同上
李維善	四川省立甲種商業	楊瑞極	同上	董天開	同上
許宗禹	四川省立甲種商業	殷光琛	同上	杜靜安	川東聯立甲種工業
杜清光	川東聯立甲種工業	皮宜齋	同上	馬靈圖	同上
陳鍾魯	川東聯立甲種工業	孫貢三	同上	李學遠	巴縣甲種農業
甘禹疏	巴縣甲種農業	曾廣業	江蘇省立甲種農業	秦正廷	成都甲種工業

知縣　出身別

清　朝別

氏名	職銜	氏名	職銜	氏名	職銜
王治普	雲南廣西直隸州知州	蘇爲栻	湖南知縣	王俊先	貴州清谿縣知縣
曾承基	貴州試用知縣	劉宇翔	貴州知縣	余㦤	知縣
黎開湘	江西長甯知縣	劉麒驤	貴州江蘇知縣	曾輝祖	廣西恩隆縣知縣
曾維渠	貴州開州知州	蔣紹銘	江西候補知縣曾署新昌南昌分縣	戴天齡	貴州知縣
戴洪逵	江西同知				

民國

氏名	職銜	氏名	職銜	氏名	職銜
周正鵠	仁壽知事	傅榮廬	岳池西充知事	王芝甫	岳池知事
郎宗霖	石砫知事	王瀍植	直隸保定縣知事	敖建五	開縣知事
范致和	劍州知事	王偉	存記知事	王諍友	大甯鹽場知事
林嗣則	代理黔江知事	鄒家成	代理通江知事	陳炳勳	代理綦江知事
湛心莊	代理彭水知事	王貞常	潼關監督總務科長	陳忠厚	潼南征收局長
余承澤	墊江征收局長	曾玉笙	通江威遠徵收局長	王允迪	城口征收局長

雜職

清

氏名	職銜	氏名	職銜	氏名	職銜
李騰霄	廣東明州府通判	羅彌大	州同	羅彌倫	州同
李如芝	貴州同知	陸廣海	貴州通判	高文藻	同上

京官 清

彭雲淦 貴州通判　蔡集成 貴州州判　劉宇硑 雲南縣丞
高錫瑕 貴州縣丞　曾紀書 浙江通判　戴璘冠 貴州府經歷
徐昌猷 湖北府經歷　王政熙 湖北經歷
徐昌裔 光祿寺署正　王亮普 分部主事　戴蔭南 戶部候補主事
蘇篤義 戶部郎中　戴紹韓 南城兵馬使　劉麒照 光祿寺署正

椽堦 明

楊盤 驛丞　楊一致 吏目　楊廷埜 吏目
楊壽慶 吏目　楊先容 吏目

清

李騰龍 廣東巡檢　楊映階 雲南鶴慶州觀音山巡檢　湛光表 主簿
曾文蓮 直隸元城典史　郎官堂 湖北典史　王任 吏目
郎錦 湖北典史　余臨兆 江蘇蘇州府照磨　譚德駿 湖北巡檢

重慶市楊柳街

新文化社代印

蘇爲樾 雲南巡檢　范如淵 貴州巡檢　隆大柄 貴州巡檢甘署丙妹分縣
隆光明 貴州永從典史甘署開州　吳自修 巡檢　王綸章 雲南試用典史
郎治淮 貴州龍里典史　秦瀛 典史　曾紀櫄 貴州巡檢
蔣聿修 江西典史

民國

蘇篤智 涪陵鶴遊坪分知事　曾鴻猷 城口典獄　蔣虞三 黔江典獄
殷紹聰 銅梁典獄　王維翰 萬源分知事　曹先鵬 墊江警佐
彭建業 平武實業所長　楊瑞極 忠縣實業所長　郎瑤昌 酉陽龢陽警佐
鄧濬 璧山墊江開縣實業所長　李經九 梁山勸業員　許廷舉 重慶地方典獄
魯瑞麟 長壽實業所長　秦贊舜 石砫典獄　何炳揚 彭水典獄
許子穆 岳池警佐

軍功 元

楊德言 萬戶統軍

清

余祥國 廣東廣州營叅將　秦應雄 廣東雷州營叅將　余名成 守備
余永倈 守禦千總　李春繁 湖北宜昌鎮右哨千總　楊濂 龍安營都司
湛騰芳 把總　秦鑾 守備任石砫廳汛　蔡洪郡 都司
譚國鈞 把總　秦員 石砫汛　羅成九 都閫府
胡保泰 游擊　杜丙福 同上　陳鼇三 玉屏縣都司
曾良貴 千總　郎健三 同知銜　郎立品 四品藍翎
郎立善 候補鹽茶大使　郎洪鈞 四品藍翎

民國

徐遇隆 定遠把總重慶水道警察廳長　鄒世麒 游擊　蔣宗燧 上校叅謀
秦克臣 中校營長　秦畢輝 上尉連長　蔣茂盛 同上

重慶市楊柳街

新文化社代印

劉東壁 團長　彭海洲 黔軍團長　金耀廷 營長
鄭新開 營長　許協揆 右翼總司令　傅正堃 上尉連長
許顯臣 十混成旅上尉連長　何德餘 第一軍二混成旅連長　盧森楷 副旅長
王宇安 營長　甘大觀 國民革命軍團長

議員 清

劉麒義 省諮議局議員　秦曜辰 本縣縣議會議長　秦嵩 同上
譚宗樞 本縣縣議會議長　陳春芳 本縣縣議會議員　鄒肇修 同上
楊春臺 本縣縣議會議員　向華卿 同上　楊錫九 同上
楊仙九 本縣縣議會議員　楊樹屏 同上　楊甫之 同上
李濟生 本縣縣議會議員　楊宜之 同上　熊君弼 同上
陶瑞生 本縣縣議會議員　周湘 同上　張子彥 同上

民國

江蔭昆	本縣縣議會議員	龍雨亭	同上	楊仲森	同上
楊稷丞	本縣縣議會議員	杜茂林	同上	楊漸逵	同上
秦榮陞	本縣縣議會議員	楊澤霖			
王亮普	本縣參事員	李雋	同上	李世傑	同上
曾廣溢	本縣參事員	劉曉藩	同上	魯炳堃	同上
胡嶧	省議會議員	冉鎭	同上	鄧綬	同上
戴正濬	省議會議員	王芝甫	同上	譚備三	同上
楊邦安	省議會議員	吳光盈	本縣縣議會議長	楊鼎臣	同上
李德九	本縣縣議會議長	譚晉生	同上	楊潤齋	本縣縣議會議員
劉季長	本縣縣議會議員	曹先基	同上	王蓉生	同上
江培之	本縣縣議會議員	張星燦	同上	李楫之	同上
王若谷	本縣縣議會議員	秦澍	同上	陳華軒	同上
李光瑚	本縣縣議會議員	劉復初	同上	陳貿卿	同上
譚北海	本縣縣議會議員				
江熙	本縣參事員	高士杰	同上	郎興福	同上
譚維新	本縣參事員				

按明清以詩文進退天下士上下五百餘年間酆本下邑中進士者八人由進士入仕途者三人膺鄉薦者九十人由鄉薦入仕途者三十七人三年歲科試擷芹香者十有八人何其難也清末廢科舉立學堂二十餘年中邑人由中學畢業與中學相當學堂畢業暨中學以上學堂畢業者約二百餘人出而用世者亦不少所謂時勢造英雄非歟

重修酆都縣志卷七

旌節表弁言

巍巍平都蜀東仙府代產賢媛冰霜勵苦冠冕彝倫綱維今古巴婦懷清堪與爲伍列女並傳後先接武用示來茲光昭斯土作旌節表

旌節表

姓氏	夫族或父族名氏	嫁年	孀年	已旌或未旌	貞節事蹟	義烈事蹟	現在存歿
羅氏	明光祿寺署丞楊節之妻			有坊曰貞節			歿
蔣氏	庠生徐懋卿妻	期年		御史郭君旌曰貞孝之門	生遺腹子貞毓守志撫孤刲股療姑疾		歿
熊氏	生員戴昌急祖母			有坊今燬			歿
楊氏	黃洵妻			雲南巡撫劉世曾爲之記有司旌其閭曰一門雙節	兩世守節鬻其奩建世祀菴以祀父母翁姑		歿
朱氏	黃修之妻即洵之母						歿
古氏	養浩之女楊同春妻	祝髮爲尼歷數十年		有司爲之請旌古心有雙節詠竹雪菴記	生女夫歿奉舅姑及夫柩葬白鹿山下築室墓前親鄰罕覩其面		歿
楊氏	余化甫妻楊同春女	逾年夫歿					歿
余氏	楊漢堯妻			旌表節孝			歿
范氏	許成誥妻	年二十歲夫歿				夫溺死悲泣投繯以殉	歿
戴氏	孫之永妻	年十八歲夫歿		知縣王廷獻表其墓並旌其門曰窮鄉奇烈		矢志守義有強暴欲奪之氏度難與持自經死	歿
龐氏	蘇巨清妻			已旌		夫死守志有陳元魁者糾衆強娶不從墜輿死	歿
張氏	范金文妻					夫弟金盈欲汚之不從號呼爲所殺	歿
王氏	生員溎汝璨妻				刲股療夫疾不愈悲悼死		歿

夏氏	生員湯汝璵妻			刲股療夫疾夫愈氏因以死		殁
秦氏	余仁普妻		已旌	無子矢志守節	翁憫其無依欲嫁之會小姑許字疑爲己受聘携七歲女投水死	殁
王氏	江津舉人年二十王寶年女六歲夫郎官均妻殁			夫病篤刲股七次卒不救守志奉姑以母病歸寧復刲股救母母愈而氏以創重卒		殁
陳氏	徐世福妻				清嘉慶時教匪之亂遇賊於蒲池壩欲犯之罵賊死	殁
徐氏	儒士曾時泰妻				教匪之亂携幼女避於灘山壩被擄罵賊死	殁
譚氏	熊學魯妻				嘉慶時避賊獅子寨寨破賊賊刀殺賊傷其項爲衆賊所殺	殁
余戴氏	曾天鈞妻曾天秀妻				嘉慶間遇賊不辱同被害	殁
杜氏	張文妻		已旌建坊		嘉慶教匪之亂殉難死	殁
李氏	賈秀章妻		同前		同前	殁

張氏	孫玉英妻		已旌建坊		嘉慶教匪之亂殉難死	殁
周氏	梁興華妻		同前		同前	殁
李氏	向天喜妻		同前		同前	殁
向氏	張學金妻		同前		同前	殁
孫氏	[illegible]國臣妻		同前		同前	殁
周氏	向善祥妻		同前		同前	殁
王氏	徐自任妻		同前		同前	殁
董氏	黃開位妻		同前		同前	殁
王氏	隆德芳妻		同前		同前	殁
李氏	劉光文妻		同前		同前	殁

伯氏	古國俊妻		同前		同前	殁
余氏	李建之妻		同前		同前	殁
杜氏	古國相妻		同前		同前	殁
向氏	杜奇明妻		同前		同前	殁
向氏	戴倖邊妻		同前		同前	殁
熊氏	張鳳岐妻		同前		同前	殁
周氏	戴邁逢妻		同前		同前	殁
向氏	戴進田妻		同前		同前	殁
王氏	戴倖文妻		同前		同前	殁
向氏	戴倖武妻		同前		同前	殁

高氏	傅明珠妻		已旌建坊		嘉慶教匪之亂殉難死	殁
秦氏	熊文才妻		同前		同前	殁
張氏	陳玉書妻		同前		同前	殁
余氏	陳思道妻		同前		同前	殁
秦氏	蔣懷順妻		同前		同前	殁
劉氏	陳棟妻		同前		同前	殁
蔡氏	李文逵妻		同前		同前	殁
蔡氏	陳昭玉妻		同前		同前	殁
何氏	萬呂仁妻		同前		同前	殁
蔣氏	孫啓明妻		同前		同前	殁

姓氏	夫		旌			歿
江氏	李文貴妻		同前		同前	歿
王氏	黃道遠妻		同前		同前	歿
蔡氏	許文龍妻		同前		同前	歿
何氏	黃之禮妻		同前		同前	歿
陶氏	舒連妻		同前		同前	歿
余氏	魯文遠妻		同前		同前	歿
孫氏	熊成先妻		同前		同前	歿
羅氏	秦世傑妻		同前		同前	歿
余氏	熊天明妻		同前		同前	歿
李氏	陳廷魁妻		同前		同前	歿

姓氏	夫		旌			歿
朱氏	隆思堯妻		同前		同前	歿
李氏	余志岐妻		同前		同前	歿
張氏	楊文妻		同前		同前	歿
蔣氏	劉仕茂妻		同前		同前	歿
秦氏	王應祖妻		同前		同前	歿
杜氏	張柄妻		同前		同前	歿

以上自張杜氏起均係教匪之亂節烈婦請旌建坊者計四十八人

姓氏	夫		旌			歿
楊氏	秦人珊妻		乾隆二十三年旌			歿
李氏	譚上珍妻		乾隆二十四年旌			歿
易氏	隆子麟妻		乾隆二十五年			歿

王氏	侯之紳妻			乾隆二十九年旌			歿
王氏	曾德裕妻			同前			歿
劉氏	曾道堅繼妻	二十八歲寡	守節五十九年	乾隆丙寅知縣皐璉表其門曰貞慈鍼俊	生子先轍撫前妻子先覺如己出後子孫俱貴人謂苦節之報		歿
高氏	李若瑜妻		守節五十二年	知縣柯支樹旌其門	孫存周中乾隆甲戌進士人謂苦節之報		歿
湯氏	洪太和妻	二十八歲寡	守節四十八年	嘉慶十一年旌坊建蜜溪			歿
熊氏	余廷揚妻		守節四十三年	嘉慶十一年旌			歿
李氏	余廷遷妻	二十七歲寡	守節四十年	嘉慶十五年旌	撫遺腹子大智成立		歿
陳氏	李乾健妻			嘉慶十四年旌			歿
夏氏	湛在儀妻	少寡			族人欲奪其志乃携諸子依母家紡績課讀撫子及孫露淳中嘉慶癸酉舉人		歿
秦氏	傅文瑞妻	二十五歲寡	守節三十七年	嘉慶十九年旌			歿

李氏	曾學文妻	二十二歲寡		嘉慶二十一年旌	矢志撫孤夫病刲股救之愈		歿
劉氏	林昂妻	同前	守節三十六年	嘉慶二十四年旌			歿
郎氏	舉人楊璞妻		守節三十年	道光三年旌			歿
李氏	高永崑妻		守節三十八年	道光十年旌			歿
文氏	傅彬士妻		守節五十八年	道光十一年旌			歿
鄭氏	孫崑妻		守節四十二年	同前			歿
舒氏	庠生郎文煥妻			同前			歿
李氏	許金偉妻	二十三歲寡	守節四十六年	道光十八年旌			歿
佘氏	凌祖興妻		同前	同前			歿
徐氏	孫桂崇妻	少寡		道光十九年旌	守節事姑最孝		歿

李氏	郎文婭妻拔貢官清之母		守節三十五年		以紡績養親撫子	殁
李氏	郎文熾妻		同前		事姑以孝	殁
譚氏	馮思旻妻	二十六歲寡	守節三十二年		子甫二齡翁姑憐其少且貧勸改適氏辛勤堅守不渝	殁
湛氏	曾天錦妻	同前	守節二十五年		奉翁姑敬愛兼至撫子舉飈成立	殁
馮氏	戴鳳翥妻	少寡	守節三十年		撫前子如己出	殁
李氏	易行惠妻	二十四歲寡	守節三十三年			殁
朱氏	郎官智妻		守節三十年		子國彥甫數月撫之成立	殁
秦氏	杜凝妻	二十二歲寡	守節四十三年			殁
林氏	郎志誠妻	二十四歲寡	守節三十年		無子以姪嗣守	殁
秦氏	陳永常妻	十七歲寡	守節四十六年		夫死於虎僅一女兄勸改嫁誓不再適	殁

杜氏	冉文林妻	二十八歲寡	守節三十六年		撫子慰祖入武庠	殁
李氏	蔡顯宗妻		守節三十年		事翁姑至孝鄰舍火先一夕神示以夢遷移獲免人以爲節孝之報	殁
鞠氏	彭世熺妻		同前		夫歿祖翁跌傷氏養之以孝稱	殁
蔡氏	庠生陳見龍妻	二十六歲寡	守節四十一年			殁
李氏	馮輪妻	二十九歲寡	守節四十六年			殁
冉氏	馮適驊妻	十八歲寡	苦節七十一年		僅一子夫病革自縊姑救免夫卒又求死姑諭以身老子幼氏隱忍以生事姑撫叔及子孝愛兼至無何子又死且貧以紡績養姑	殁
林氏	古三登妻		守節三十年	知縣王廷獻旌其門曰深閨大節		殁
熊氏	余大鵬妻	二十歲寡			、刲股救夫矢志守節	殁
彭氏	武生胡星妻	二十六歲寡		已旌	星殉難家亦貧子幼姑病且瞽紡績奉姑撫孤終身不貳	殁

向氏	趙天佑妻		守節三十三年			殁
易氏	郎官璽妻	二十五歲寡	苦節二十年			殁
王氏	武生郎璠妻	十六歲寡	守節四十三年			殁
王氏	曾嵩秀妻				夫病刲股和藥夫歿矢志奉姑	殁
李氏	庠生湛鑑妻		守節二十八年		夫歿無子以姪泰舉嗣	殁
張氏	傅世龍妻	二十五歲寡	守節三十三年			殁
林氏	孫文瑤妻	二十九歲寡	守節三十七年			殁
黃氏	傅之性妻	二十五歲寡	守節三十六年			殁
朱氏	徐維綱妻	二十九歲寡	守節四十年		家赤貧寄尼菴紡績以生	殁
鄭氏	王聰妻	二十四歲寡	守節三十七年			殁

毛氏	孝子李嗣靖妻		守節三十四年			殁
馬氏	庠生郎書妻		守節三十八年			殁
李氏	楊進孝妻		守節三十五年			殁
毛氏	郎本立妻		守節三十三年			殁
秦氏	曾元海妻		同前			殁
余氏	庠生林樹本妻		守節三十年			殁
曾氏	馮世武妻		守節三十二年			殁
余氏	雷春和妻		苦節五十六年			殁
楊氏	李松齡妻		守節五十年			殁
曾氏	雷春厚妻		守節三十六年			殁

氏	夫	備考	存歿
孫氏	陳文妻	守節三十五年	歿
石氏	張天欽妻	守節四十四年	歿
郎氏	秦先聲妻	守節四十六年	歿
郎氏	武生馮之瑞妻	守節四十三年	歿
向氏	武生甘良相妻	守節三十二年	歿
王氏	庠生徐天德妻	守節四十七年	歿
王氏	武生陳儀妻	守節五十六年	歿
龔氏	楊岸妻	守節三十三年	歿
杜氏	增生郎文鍊妻	守節三十四年	歿
余氏	冉通鎔妻	守節二十四年	歿

氏	夫	備考	存歿
王氏	郎官峻妻	守節三十五年	歿
陳氏	雷秉鐸妻	守節三十八年	歿
余氏	楊任妻 二十六歲寡	守節三十五年	歿
郎氏	江文　妻		歿
楊氏	甘克惠妻	守節三十六年	歿
吳氏	杜天成妻		歿
羅氏	曾世文妻		歿
余氏	李維常妻		歿
龐氏	王謨妻		歿
趙氏	曾萬倫妻		歿

氏	夫	備考	存歿
徐氏	庠生郎功立妻		歿
余氏	曾尚賢妻		歿
劉氏	杜昇妻		歿
賴氏	譚　妻	夫性多疑防有外遇氏實無他而疑不釋因服毒死	歿
易氏	曾永杞妻	新婚有惡少竊宿氏不知非夫去後始覺投崖死越日惡少亦隕崖死	歿

以上皆自明以下迄清咸豐節烈之婦係前令張君紹齡志稿所載依次錄之

氏	夫	備考
許氏	胡澤普妻	已旌
楊氏	黃鳳儀妻	已旌
曹氏	曾信之妻	已旌
孫氏	李榮枝妻	已旌

氏	夫	備考
吳氏	李文達妻	已旌
李氏	孫桂馥妻	已旌
鄧氏	孫思山妻	已旌
李氏	馮思純妻	已旌
陳氏	湛文瑞妻	已旌
張氏	秦先容妻	已旌
黃氏	張洪烈妻	已旌
蔣氏	李如橋妻	已旌
鄒氏	余書賢妻	已旌
湛氏	郎官增妻	已旌

徐氏　鄧邦本妻　已旌
楊氏　郎官崙妻　已旌
楊氏　王　銘妻　已旌
冉氏　李如棟妻　已旌
李氏　徐其崧妻　已旌
萬氏　曾元輔妻　已旌
陳氏　王　銑妻　已旌
江氏　李鳳志妻　已旌
李氏　杜　伯妻　已旌
張氏　曾先聲妻　已旌

王氏　曾元國妻　已旌
周氏　郎官坦妻　已旌
黃氏　張萬清妻　已旌
余氏　鞠永富妻　已旌
佘氏　冉文夔妻　已旌
嚴氏　毛　翻妻　已旌
李氏　徐世應妻　已旌
姚氏　楊知全妻　已旌
湛氏　曾上哲妻　已旌
李氏　劉時若妻　已旌

陳氏　傅思正妻　已旌
張氏　白文星妻　已旌
蔣氏　程煥章妻　已旌
蔡氏　胡汝淳妻　已旌
楊氏　孫桂林妻　已旌
譚氏　曾文煊妻　已旌
楊氏　袁世俊妻　已旌
曾氏　陳思柏妻　已旌
曾氏　傅世榮妻　已旌
林氏　高文鐵妻　已旌

曾氏　廖正榜妻　已旌
張氏　楊桂林妻　已旌
王氏　余大椿妻　已旌
郭氏　陳長渭妻　已旌
張氏　蘇華貴妻　已旌
殷氏　傅宗賢妻　已旌
李氏　范聯標妻　已旌
胡氏　陳于友妻　已旌
傅氏　張廷興妻　已旌
殷氏　徐其嶽妻　已旌

黃氏 湯揚貴妻 已旌
劉氏 譚必權妻 已旌
余氏 李承敏妻 已旌
冉氏 張吉運妻 已旌
陶氏 胡正明妻 已旌
楊氏 張玉之妻 已旌
葉氏 蔣正文妻 已旌
許氏 譚瑋妻 已旌
盧氏 吳漢谿妻 已旌
陳氏 陶元桂妻 已旌

李氏 冉之煌妻 已旌
何氏 殷光裔妻 已旌
胡氏 蔣學謇妻 已旌
余氏 湛永松妻 已旌
朱氏 李壽達妻 已旌
冉氏 郎廷椿妻 已旌
張氏 陶思璠妻 已旌
冉氏 李宗海妻 已旌
張氏 黃世鮮妻 已旌
徐氏 黃廷福妻 已旌

楊氏 隆萬美妻 已旌
冉氏 秦家樑妻 已旌
郎氏 高文釗妻 已旌
曾氏 許正楷妻 已旌
蔡氏 秦文宗妻 已旌
胡氏 鍾金蕙妻 已旌
徐氏 向洪元妻 已旌
沈氏 郎文潞妻 已旌
余氏 王汝棠妻 已旌
許氏 胡世龍妻 已旌

馮氏 張金芝妻 已旌
李氏 蔡永林妻 已旌
余氏 彭宣華妻 已旌
楊氏 秦榛妻 已旌
曾氏 陳宗明妻 已旌
譚氏 陳永仲妻 已旌
陳氏 黎玉江妻 已旌
陳氏 冉天恩妻 已旌
王氏 李玉山妻 已旌
張氏 陳必璠妻 已旌

李氏	陶人傑妻			已旌		
彭氏	周世洛妻			已旌		
何氏	李維朗妻			已旌		
彭氏	程世興妻			已旌		
李氏	隆大鑑妻			已旌		
楊氏	朱朋萱妻			已旌		
朱氏	曾昌僕妻			已旌		
張氏	蔣洪興妻			已旌		
李氏	陶文珠妻			已旌		
楊氏	戴文珖妻			已旌		

重慶市楊柳街

新文化社代印

朱氏	曾元相妻			已旌		
冉氏	曾永明妻			已旌		
孫氏	袁位顯妻			已旌		
易氏	郎南平妻			已旌		
嚴氏	湛　鈞妻			已旌		
周氏	傅國璵妻			已旌		
周氏				已旌		

按胡許氏以下凡一百一十人皆靑年守志白首完貞始嘉慶中訖同治六年前旌者惟縣案名冊可稽而事蹟無考今略之

項氏	冉興志妻歲貢貞奎之女	道光二十五年適冉逾月夫歿		知縣朱有章爲之請旌	夫歿後水漿不入口號泣以血夜靜投繯殉焉	歿

李氏	林　箾妻			未旌		夫歿氏縊以殉　歿
李氏	增生林樹蕃妻			未旌		夫歿自經　歿
舒氏	李國棟妻	十九歲寡		未旌		叔姑欲試其節偶聞褻語自壽死　歿
朱氏	李　妻	少寡	守節五十二年	未旌	矢志守節	人勸之嫁忿然落髮爲尼　歿
李氏	林樹芬妻	同前		同前	家貧無伯叔紡績撫孤教子大湋忠孝禦髮逆於高鎮力戰死孫光宇入庠	歿
易氏	李唐妻	二十九歲寡	守節六十六年	同前	守節撫子文燦成立	歿
羅氏	李文燦妻	二十七歲寡	守節三十七年	同前	遺腹生子霖川體姑志守節成立以禦匪得軍功	歿
鄧氏	許正棨妻	十八歲寡	守節五十年	已旌	無子勸翁置妾侍叔生子以承夫祧	歿
陸氏	曾成高妻	少寡		已旌	家貧欲死後撫孤鬻奩且贊傭子讀書成名	歿
黃氏	李文蘇妻	二十一歲寡	守節三十一年	未旌	事翁姑至孝夫兄弟歿於外遣人覓柩歸葬	歿

重慶市楊柳街

新文化社代印

湛氏	李正緒妻	二十五歲寡	守節四十一年	未旌	孝事翁姑姑病刲股療之	歿
陳氏 范氏 余氏	高樞妻 高國柱妻 高文煥妻		守節三十二年	未旌	三世守義而余無子視陳范尤苦撫姪成立且知書明大義課其女詩禮若子然	歿
戴氏	田仁超妻	二十四歲寡	守節六十一年	未旌	無子翁逼之嫁泣誓不貳以針黹自活	歿
楊氏	杜友餘妻	二十七歲寡	守節二十二年	未旌	家貧嫡勸之嫁不從嫡歿紡績營葬	歿
杜氏	黃維秀妻	十八歲寡	守節六十二年	未旌	子文顯幼足跛勸嫁不從	歿
鄭氏	魏濰奇妻	二十七歲寡	守節三十三年	未旌	無子僅一女夫兄嫂歿遺二子一女以紡績撫之成立	歿
李氏	魏河奇妻	二十歲寡	守節三十一年	未旌	無子以姪恒鼎承祧事翁姑甚孝	歿
余氏	高文鑑妻	二十四歲寡	守節三十八年	已旌	無子家貧傭衩以紡績貲爲姪孫子明另娶續夫嗣	歿
陳氏	譚其禮妻	同前	守節三十年	未旌	事姑孝子將成立亦死煢獨守節	歿

陳氏	楊天佑妻	十九歲寡	守節三十二年	未旌	赤貧無子矢志不貳	翁瞖姑病石逆至負匿深林中瞖出覓糧奉之翁驚砲死賊退負姑歸葬	歿
徐氏	夏仕朝妻	二月而寡	守節六十二年	未旌			歿
陶氏	余大釗妻	二十九歲寡	守節五十一年	未旌	夫病刲股和藥不起撫孤成名		歿
李氏	林大松妻	二十歲寡	守節三十二年	已旌	無子守節撫弟大楓子爲己子		歿
佘氏	增生陳東暍妻	二十八歲寡	守節三十三年	光緒六年請旌	無子以嫡堂姪承祧		歿
曾氏	盛學相妻	少寡	守節六十二年	未旌	赤貧苦節		歿
冉氏	鄭朝選妻	二十六歲寡	守節五十一年	已旌	夫歿子殤撫姪承祧		歿
秦氏	鄭文魁妻	二十四歲寡	守節三十四年	已旌	撫孤養親	同治石逆之亂罹辱投水賊追及刺以長矛氣絕復甦	歿
鄧氏	熊明典妻	二十八歲寡	守節三十二年	未旌	子女纖殤紡績養姑		歿
余氏	湛震興妻	二十二歲寡	守節三十年	未旌	家貧僅一女以紡績奉孀姑		歿

張氏	雷秉元妻	二十歲寡	守節二十八年	未旌	無子以姪登俊嗣		歿
雷氏	李鳳鳴妻	二十九歲寡	守節五十四年	未旌	無子以姪萬宗爲子		歿
冉氏	秦世孝妻	少寡		已旌			歿
杜氏	吳方珩妻	少寡	苦節三十三年	已旌			歿
楊氏	余騰雲妻	二十三歲寡	守節三十年	未旌	夫歿僅遺一女		歿
馮氏	冉昭術妻	少寡			無子僅一女矢志不貳		歿

以上係奇烈苦貞之婦自道光訖同治無論已否請旌僅據採訪所進者錄之

何氏	王榮極妻	二十八歲寡	守節四十一年	未旌			
戴氏	田大榮妻	二十二歲寡	守節三十年	未旌			
郎氏	監生譚鵬妻	二十二歲寡	同前	未旌			

秦氏	徐天相妻	二十四歲寡	守節三十七年	未旌
湛氏	徐其鑑妻	二十七歲寡	同前	未旌
李氏	詹必祿妻	三十歲寡	守節三十九年	未旌
李氏	傅義宗妻	二十八歲寡	守節三十九年	未旌
譚氏	貢生雷秉忠之母雷先震妻		守節二十六年	未旌
譚氏	余全榮妻	二十四歲寡	守節四十二年	未旌
余氏	劉壽闓妻	二十八歲寡	守節三十年	未旌
張氏	楊朋元妻	二十一歲寡	守節三十年	未旌
戴氏	田大明妻	二十五歲寡	同前	未旌
馮氏	李光林妻	二十七歲寡	守節三十三年	已旌

廖氏	毛文詩妻	二十六歲寡	守節三十八年	已旌
王氏	秦仕書妻	二十九歲寡	守節五十三年	未旌
李氏	曾永超妻	十八歲寡	守節五十五年	未旌
曾氏	廪生孫祿妻	二十七歲寡	守節二十六年	未旌
江氏	李鳳志妻	二十八歲寡	守節六十三年	未旌
毛氏	彭鎔妻	十九歲寡	守節三十七年	已旌
張氏	楊鍾德妻	二十四歲寡	守節四十年	已旌
冉氏	文生李晴川妻	二十三歲寡	守節三十三年	已旌
馮氏	王用極妻	二十六歲寡	守節三十四年	未旌
高氏	周元棟妻	少寡	守節四十三年	未旌

蘇氏 隆正德妻 二十八歲寡 守節十三年 未旌
彭氏 周世泰母 十七歲寡 守節六十三年 未旌
謝氏 傅良嗣妻 二十九歲寡 守節三十一年 未旌
高氏 周元慶妻 二十歲寡 守節五十九年 未旌
熊氏 徐在先妻 二十九歲寡 守節四十二年 已旌
楊氏 蔡靜安妻 二十二歲寡 守節二十四年 未旌
王氏 張光先妻 二十九歲寡 守節三十年 未旌
徐氏 張體誠妻 二十三歲寡 守節六十一年 未旌
林氏 許正倫妻 同前 守節四十三年 未旌
彭氏 楊芝芳妻 二十四歲寡 守節三十年 未旌

重慶市楊柳街 新文化社代印

陳氏 彭永固妻 二十三歲寡 守節三十年 未旌
秦氏 范啓佑妻 十九歲寡 守節三十二年 已旌
譚氏 晉大受妻 同前 守節三十八年 同前
楊氏 劉三龍妻 二十九歲寡 守節二十一年 未旌
楊氏 張廷元妻 同前 守節五十一年 未旌
易氏 石國緒妻 二十三歲寡 守節六十三年 未旌
易氏 向國祠妻 二十歲寡 守節五十六年 未旌
江氏 伍飛鵬妻 二十五歲寡 守節四十年 已旌
劉氏 彭朝定妻 二十六歲寡 守節五十八年 未旌
熊氏 蔣朝瀛妻 二十二歲寡 同前 未旌

蔣氏 文法順妻 二十九歲寡 同前 未旌
蔣氏 劉明德妻 增生鴻唱祖母 二十二歲寡 守節五十八年 未旌
覃氏 楊家升妻 三十二歲寡 守節四十八年 未旌
楊氏 周盛祿妻 二十九歲寡 守節三十二年 未旌
湛氏 周盛禮妻 二十七歲寡 守節三十一年 未旌
楊氏 湛金華妻 二十一歲寡 守節三十六年 未旌
張氏 湛仕魯妻 二十八歲寡 守節四十年 未旌
覃氏 湛　松妻 二十七歲寡 守節四十五年 未旌
彭氏 李冠賢妻 十九歲寡 守節三十一年 未旌
李氏 鄭榮貴妻 二十二歲寡 守節四十六年 未旌

重慶市楊柳街 新文化社代印

李氏 許金侶妻 二十六歲寡 守節三十六年 未旌
唐氏 秦文提妻 二十歲寡 守節五十二年 未旌
王氏 曾永高妻 二十三歲寡 守節五十二年 未旌
范氏 鄧學超妻 二十二歲寡 守節四十二年 未旌
王氏 李朝富妻 二十九歲寡 守節三十三年 未旌
余氏 蔣鳳瑞妻 同前 守節四十一年 未旌
陶氏 李正玉妻 同前 守節三十三年 未旌
馮氏 余　妻 二十七歲寡 守節三十五年 未旌
陶氏 羅仕昊妻 二十六歲寡 守節三十年 未旌
蘇氏 甘存琢妻 二十八歲寡 守節二十一年 未旌

姓氏	夫	寡年	守節	旌表
熊氏	邱文周妻	二十一歲寡	守節三十九年	未旌
李氏	雷發霄妻	二十四歲寡	守節二十五年	未旌
楊氏	冉文洋妻	二十二歲寡	守節五十六年	未旌
彭氏	譚文舉妻	二十四歲寡	守節三十年	已旌
郎氏	黄正興妻	十七歲寡	守節三十年	已旌
余氏	彭朝才妻	二十九歲寡	守節三十年	未旌
高氏	甘家儒妻	二十六歲寡	守節三十年	未旌
蕭氏	劉廣焌妻	二十八歲寡	守節四十二年	未旌
陳氏	李　璠妻	二十一歲寡	守節五十三年	未旌
曾氏	趙永茂妻	二十五歲寡	守節三十年	未旌

重修酆都縣志

姓氏	夫	寡年	守節	旌表
讓氏	楊作超妻	二十七歲寡	守節四十五年	未旌
譚氏	許金楹妻	二十九歲寡	守節三十二年	未旌
成氏	文生向國久妻	二十六歲寡	守節四十六年	已旌
王氏	庠生張廷相妻	二十八歲寡	守節三十二年	未旌
傅氏	蘇永壽妻	二十九歲寡	守節三十年	未旌
熊氏	庠生李苑芳妻	三十歲寡	守節四十七年	未旌
余氏	李永江妻	二十九歲寡	守節三十八年	未旌
湛氏	許正斗妻	二十一歲寡	守節三十四年	未旌
孫氏	高應驎妻	三十歲寡	守節六十九年	未旌
湛氏	郎　煌妻	二十二歲寡	守節三十年	未旌

姓氏	夫	寡年	守節	旌表
楊氏	高正坊妻	十八歲寡	守節三十年	未旌
傅氏	鄭廷鑑妻	二十八歲寡	守節四十七年	未旌
李氏	徐世榮妻	二十八歲寡	守節三十二年	未旌
張氏	徐昌清妻	二十九歲寡	守節二十一年	未旌
鄧氏	劉先裕妻	二十二歲寡	守節四十六年	未旌

以上自王何氏起皆清咸豐迄同治年間採訪符例未旌及已旌節孝婦者依次錄之

姓氏	夫	旌表	事蹟	
劉氏	鄭文志妻處士劉先桃女	同治元年旌	石逆至投潭賊追及奮背棒賊墮水氏死賊亦斃數日屍浮猶牢握賊髮爪透於拳邑人作詩挽之	歿
秦氏	楊登傑妻	同前	賊至匿林被搜駡益厲賊磔之邑人爭爲詩挽焉	歿
鄭氏	秦文統妻	同前	賊至紿請入內選賄潛溺於塘被賊撈出已斃面如生	歿

重修酆都縣志

姓氏	夫	旌表	事蹟	
譚氏	秦　愷妻	未旌	氏扶夫挈眷避賊賊來窜險率衆與鬬不勝悉被擄汆及氏執二女賊駡被殺	歿
蔣氏	文生劉宇翔妻	同治元年旌	胖周石逆於南岸蓮花洞遇賊執其鬟氏拔刀斷髮賊欲脅行不屈自刎	歿
李氏	鄒家龍妻	同前	携女避賊於担子台先縊女後自經	歿
敖氏	陳和東妻	同前	賊至與子溺水死和東見孝友	歿
譚氏	雷上霄妻	同前	賊急抱二子溺文溪死	歿
朱氏	余學元妻	同前	賊入境負幼女投塘死	歿
張氏	冉玉銘妻	同前	聞賊近負幼女投江死	歿
孫氏	李元開妻	同前	賊驚挈子文清及妻彭氏女三姑投江死	歿
萬氏	孫昌燕妻	未旌	藍逆至夫被擄氏携子女撲火死	歿
蔡氏	高國信妻	同前	石逆警挈媳周氏及女溺於塘	歿

以上清同治年間滇匪擾縣北岸鄉民多渡江而南石逆擁衆忽至婦之節烈被殺者甚多茲據縣案及採訪稿編次之

譚氏	甘雙桂妻	同治元年旌	遇賊不辱被殺	歿
王氏	甘廷級妻	同前	同前	歿
陳氏	冉廷春妻	同前	同前	歿
張氏	黃文玉妻	同前	同前	歿
程氏	胡興順妻	同前	同前	歿
蔣氏	鄒大貴妻	同前	同前	歿
余氏	隆　玢妻	同前	同前	歿
楊氏	程時亨妻	同前	同前	歿
余氏	隆鳳鑑妻	同前	同前	歿

嚴氏	傅先鶴妻	同治元年旌	遇賊不辱被殺	歿
朱氏	孫廷瑄妻	同前	同前	歿
龔氏	傅國貴妻	同前	同前	歿
余氏	孫洋然妻	同前	同前	歿
王氏	朱啓宇妻	同前	同前	歿
楊氏	孫秩然妻	同前	同前	歿
敖氏	冉六圖妻	同前	同前	歿
匡氏	蕭昭賢妻	同前	同前	歿
戴氏	譚傳興妻	同前	同前	歿
戴氏	傅現瓊妻	同前	同前	歿

楊氏	譚明孝妻	同治元年旌	遇賊不辱被殺	歿
陳氏	梁世來妻	同前	同前	歿
譚氏	李在學妻	同前	同前	歿
譚氏	廖學爵妻	同前	同前	歿
張氏	秦文祿妻	同前	同前	歿
冉氏	秦家柳妻	同前	同前	歿
秦氏	張世富妻	同前	同前	歿
黃氏	秦之模妻	同前	同前	歿
秦氏	樵朋寬妻	同前	同前	歿
任氏	甘文友妻	同前	同前	歿

秦氏	陳維相妻	同治元年旌	遇賊不辱被殺	歿
張氏	梁世聰妻	同前	同前	歿
朱氏	鄭光明妻	同前	同前	歿
何氏	郎如冰妻	同前	同前	歿
秦氏	陳維明妻	同前	同前	歿
陳氏	傅武壽妻	同前	同前	歿
冉氏	余正璉妻	同前	同前	歿
曾氏	傅升廷妻	同前	同前	歿
田氏	傅永昌妻	同前	同前	歿
王氏	許正權妻	同前	同前	歿

陳氏　胡朝瑄妻　同前　同前　歿
徐氏　鄧成章妻　同前　同前　歿
甘氏　張文福妻　同前　同前　歿
江氏　李大元妻　同前　同前　歿
劉氏　李正才妻　同前　同前　歿
秦氏　周盛友妻　同前　同前　歿
譚氏　秦長生妻　同前　同前　歿
陳氏　秦之茂妻　同前　同前　歿
李氏　劉光佑妻　同前　同前　歿
高氏　廖應柏妻　同前　同前　歿

楊氏　廖應乾妻　同治元年旌　遇賊不辱被殺　歿
劉氏　王紹文妻　同前　同前　歿
戴氏　陳永林妻　同前　同前　歿

甘譚氏以下五十二人皆同治年間遇賊被殺烈婦貞節事蹟略

張氏　秦　璡妻　未旌　遇賊被殺　歿
敖氏　楊儒珍妻　同前　同前　歿
秦氏　周盛　妻　同前　同前　歿
葉氏　程廷秀妻　同前　同前　歿
吳氏　程世才妻　已旌　同前　歿
余氏　程發清妻　同前　同前　歿

余氏　陳文運妻　未旌　同前　歿
孫氏　陳學浩妻　未旌　同前　歿
傅氏　許　妻　未旌　同前　歿
秦氏　楊在科妻　未旌　同前　歿
徐氏　湛元成妻　未旌　同前　歿
譚氏　陳世泰妻　未旌　同前　歿
張氏　李鳳桐妻　未旌　同前　歿

秦張氏以下十三人皆同治時遇賊被殺烈婦無事蹟可考從略

殷氏　胡明光妻　同治元年旌　遇賊投水死　歿
金氏　胡明光妾　同前　同前　歿

向氏　楊學林妻　同治元年旌　遇賊投水死　歿
秦氏　胡明政妻　同前　同前　歿
毛氏　殷正敏妻　同前　同前　歿
熊氏　殷仕瑞妻　同前　同前　歿
秦氏　殷仕啓妻　同前　同前　歿
張氏　殷仕上妻　同前　同前　歿
張氏　殷仕品妻　同前　同前　歿
張氏　殷仕玥妻　同前　同前　歿
秦氏　殷仕照妻　同前　同前　歿
向氏　張奇從妻　同前　同前　歿

陳氏 譚碧輔妻 同前 同前 歿
甘氏 夏元魁妻 同前 同前 歿
李氏 夏元魁妻 同前 同前 歿
李氏 張占魁妻 同前 同前 歿
盧氏 傅廷耀妻 同前 同前 歿
趙氏 傅升壽妻 同前 同前 歿
朱氏 甘于沛妻 同前 同前 歿
甘氏 秦國瑚妻 同前 同前 歿
冉氏 甘于禮妻 同前 同前 歿
張氏 譚仕忠妻 同前 同前 歿

秦氏 傅升相妻 同治元年旌 遇賊投水死 歿
陶氏 甘文濬妻 同前 同前 歿
張氏 王仕元妻 同前 同前 歿
劉氏 李文柄妻 同前 同前 歿
李氏 陳國政妻 同前 同前 歿
孫氏 譚思馥妻 同前 同前 歿
彭氏 李　大妻 同前 同前 歿
傅氏 雷登榮妻 同前 同前 歿
鄧氏 張祥瑞妻 同前 同前 歿
譚氏 張文元妻 同前 同前 歿

何氏 秦德友妻 同前 同前
秦氏 余天起妻 同前 同前
陳氏 譚思犀妻 同前 同前
劉氏 范先壽妻 同前 同前
楊氏 詹德獻妻 同前 同前
秦氏 曾春和妻 同前 同前
譚氏 曾春暢妻 同前 同前
陳氏 張世華妻 同前 同前
譚氏 陳之祥妻 同前 同前
甘氏 馬宗玉妻 同前 同前

戴氏 向文現妻 同治元年旌 遇賊投水死
王氏 甘文鳳妻 同前 同前
譚氏 向學先妻 同前 同前
向氏 曾正文妻 同前 同前
甘氏 秦之德妻 同前 同前
陳氏 田洪陞妻 同前 同前
余氏 趙先倬妻 同前 同前
秦氏 胡鑑堂妻 同前 同前
秦氏 譚朝臣妻 同前 同前
徐氏 譚朝惠妻 同前 同前

高氏　彭芝瑞妻　同前　同前
彭氏　李樹發妻　同前　同前
余氏　楊德川妻　同前　同前
敖氏　楊維林妻　同前　同前
秦氏　楊維林妾　同前　同前
徐氏　曹國祥妻　同前　同前
張氏　楊在仁妻　同前　同前
彭氏　張玥　妻　同前　同前
詹氏　張永順妻　同前　同前
張氏　高正圖妻　同前　同前

蔡氏　徐昌福妻　同治元年旌　過賊投水死
劉氏　李紹元妻　同前　同前
王氏　秦　鎬妻　同前　同前
陳氏　曾永貴妻　同前　同前
張氏　秦家陞妻　同前　同前
樵氏　姚盛福妻　同前　同前
杜氏　馬洪元妻　同前　同前
陳氏　黃天祥妻　同前　同前
張氏　冉友生妻　同前　同前
譚氏　張永德妻　同前　同前

秦氏　向永發妻　同前　同前
張氏　向永興妻　同前　同前
譚氏　高正罷妻　同前　同前
向氏　張元亨妻　同前　同前
廖氏　高太厚妻　同前　同前
楊氏　譚仕相妻　同前　同前
秦氏　樵宗保妻　同前　同前
譚氏　張奇釗妻　同前　同前
李氏　徐其倅妻　同前　同前
孫氏　黃天科妻　同前　同前

李氏　劉朝選妻　同治元年旌　過賊投水死
周氏　李金淳妻　同前　同前
李氏　廖慶源妻　同前　同前
秦氏　陳宗福妻　同前　同前
秦氏　陳宗友妻　同前　同前
任氏　陳宗模妻　同前　同前
譚氏　秦紹祖妻　同前　同前
秦氏　梁永景妻　同前　同前
楊氏　江天發妻　同前　同前
秦氏　譚朝燦妻　同前　同前

氏	夫	旌表	事蹟
徐氏	楊景堂妻	同前	同前
蕭氏	孫國瑞妻	同前	同前
傅氏	秦先奎妻	同前	同前
張氏	楊興貴妻	同前	同前
張氏	蕭朝元妻	同前	同前
林氏	李宗傳妻	同前	同前
余氏	陳思篠妻	同前	同前
江氏	徐永顯妻	同前	同前
殷氏	田太元妻	同前	同前
陳氏	楊維樹妻	同前	同前

氏	夫	旌表	事蹟
曹氏	譚執興妻	同治元年旌	遇賊投水死
譚氏	黃正漢妻	同前	同前
陳氏	周盛麟妻	同前	同前
彭氏	譚執佑妻	同前	同前
楊氏	譚光福妻	同前	同前
譚氏	楊地恒妻	同前	同前
陳氏	秦家政妻	同前	同前
向氏	蕭一魁妻	同前	同前
王氏	向國友妻	同前	同前
鄭氏	秦文章妻	同前	同前

氏	夫	旌表	事蹟
譚氏	劉朝登妻	同前	同前
自胡殷氏以下均同治年間烈婦可錄者			
甘氏	敖克聰妻	待旌	遇賊不屈死
譚氏	劉春台妻	同前	同前
李氏	劉鑑軒妻	同前	同前
陳氏	曾永貴妻	同前	同前
周氏	鄧發科妻	同前	同前
王氏	甘文奉妻	同前	投蔡閣沱死
鄭氏	黃光銳妻	同前	投江死
朱氏	鄭光潤妻	同前	投塘死

氏	夫	旌表	事蹟
冉氏	甘廷芝妻	同治元年旌	遇賊投崖死
熊氏	陳永棟妻	同前	同前
趙氏	傅升瑚妻	同前	同前
曾氏	秦聯妻	同前	同前
張氏	秦家儒妻	同前	同前
廖氏	余國泰妻	同前	同前
李氏	熊志崑妻	未旌	同前
熊氏	李朝梁妻	未旌	同前
劉氏	林文光妻	同治元年旌	賊驚自焚
譚氏	傅國侯妻	同前	同前

李氏	張金蕙妻	同前	同前
張氏	李鳳麟妻	未旌	同前
曹氏	鄒玉之妻	同前	同前
劉氏	吳其泰妻	同前	同前
程氏	嚴以發妻	同前	同前
鄭氏	程發達妻	已旌	同前
董氏	程廷揚妻	未旌	同前
秦氏	程時萬妻	已旌	同前
蔣氏	程開盛妻	未旌	同前
吳氏	楊金海妻	同前	同前

黃氏	萬宗海妻	未旌	賊警自焚
楊氏	程開順妻	同前	同前
周氏	程開塭妻	同前	同前
文氏	程開昭妻	同前	同前
熊氏	程實泰妻	已旌	同前
周氏	程廷彩妻	未旌	同前
周氏	程開榮妻	同前	同前
何氏	李金倫妻	同前	同前
譚氏	李在玉妻	同治元年旌	賊警自縊死
崔氏	李正開妻	同前	同前

重修酆都縣志

陳氏	李正廷妻	同前	同前
秦氏	余清明妻	同前	同前
鄧氏	余泰洪妻	同前	同前
白氏	秦德喜妻	同前	同前
戴氏	徐世官妻	同前	同前
譚氏	姚盛發妻	同前	同前
姚氏	譚先第妻	同前	同前
江氏	張國彥妻	未旌	同前

以上皆同治年間自焚及自縊烈婦

楊氏	文生譚炳元妻	同治元年旌	過賊自刎死

重修酆都縣志卷七

以上過賊自刎僅此一人

胡氏	張朝位妻	二十七歲寡	守節二十四年	未旌	遺腹子正榜守義撫孤成立
胡氏	張正榜妻	少寡		未旌	體姑教不貳
古氏	黃碧健妻	二十九歲寡	守節四十三年	未旌	
儲氏	黃承祥妻	三十歲寡	守節四十五年	未旌	夫歿子國臣幼氏矢志靡他嘉慶教匪之亂奉姑攜子避賊備歷艱苦
蔡氏	黃觀俊妻			未旌	赤貧以傭紉撫孤
陳氏 黃氏	李倖妻 陳和春妻	二十四歲寡	均守節五十餘年	未旌	氏家貧紡績活子媳黃茹苦守節
張氏	李正義妻	少寡	守節三十一年	未旌	赤貧丐食人勸嫁輒厲色唾之食藿衣草而志不渝
錢氏	黃國梁妻	少寡	守節四十二年	未旌	
谷氏	黃國梁子玉崑之妻			未旌	

新文化社代印

冉氏	黃文相妻	二十歲寡	守節四十年	未旌	
余氏	何謨之妻	少寡	守節三十九年	未旌	
萬氏	徐天緒妻	二十三歲寡	守節二十六年	未旌	
古氏	監生蔣維烈妻	二十一歲寡	守節三十三年	未旌	
張氏	蔣朝珍妻	二十歲寡	守節三十五年	未旌	
雷氏	熊文學妻	二十七歲寡	守節二十八年	未旌	
熊氏	譚明道妻	二十五歲寡	守節三十七年	未旌	
秦氏	孫啓聯妻	二十四歲寡	守節六十六年	已旌	
蕭氏	余國學妻	二十六歲寡	守節三十六年	未旌	
熊氏	余爲義妻	二十九歲寡	守節五十一年	未旌	家貧子幼采蕌撫孤

陸氏	甘文品妻			未旌	辟髮匪於木頭塘洞中賊黨之出擲石死
甘氏	秦家成妻甘文品女			未旌	賊急携兩幼女投水死
譚氏	雷鳳鳴妻	二十九歲寡	守節三十九年	未旌	
沈氏	秦應元妻	同前	守節四十年	未旌	
朱氏					
萬氏	楊金貴妻			未旌	石逆之亂金貴歿於賊負女投河死
褚氏	范聯枝妻	二十六歲寡	守節三十一年	未旌	無子撫姪熙榮承祧
陳氏	劉順安妻	二十四歲寡	守節五十六年	已旌	家貧紡績爲生撫子益明益珏俱成立後孫曾繞膝年逾八旬孫女一適薛盛明一適萬枝芳均以節孝聞
劉氏	張元興妻	二十八歲寡	守節二十五年	未旌	

金氏	蔡芳蘭妻	二十八歲寡	守節二十二年	未旌	
王氏	范學乾妻	二十三歲寡	守節三十一年	未旌	
黃氏	蔡永固妻	二十九歲寡	守節四十年	已旌	
羅氏	高太融妻	同前	同前	未旌	
王氏	曾 偉妻	同前	守節六十五年	戶部主事曾尚矩爲之請旌	夫歿哀毀逾恒事親茹苦撫孤成名
鍾氏	王炳光妻	二十五歲寡	守節六十八年	清光緒二年翰林院編修劉海鼇爲之請旌	夫歿失明撫姑養親媳李氏亦矢志不貳兩世守節尤人所難
張氏	廩生曾學誠妻	二十八歲寡	守節三十餘年	已旌	紡績奉姑撫孤成立
楊氏	文生李鏞本妻	同前	守節二十八年	已旌	翁病癱無知先意承顏飲食衣服必親奉之
王氏	廩學賢妻	一年而寡	守節三十二年	已旌	學賢父子被賊脅去死氏奉姑孝謹
鄭氏	楊正發妻		守節三十年	已旌	夫病刲股以療

自上皆同治年間烈婦據縣案及採訪所進者敍之

劉氏	舒志乾妻	二十歲寡	守節三十二年	光緒二年旌
高氏	劉壽庚妻庠生宇楨之母		守節三十年	同前
劉氏	熊汝賢妻	二十八歲寡	守節三十六年	同前
佘氏	傅天桂妻	二十歲寡	守節三十二年	同前
周氏	楊光銛妻	二十七歲寡	守節三十三年	同前
楊氏	萬洪恕妻	二十一歲寡	守節三十二年	同前
萬氏	林正圖妻	二十五歲寡	守節三十年	同前
王氏	曾天楓妻	同前	同前	同前
陳氏	許敦本妻	二十八歲寡	守節四十年	同前

張氏	高文棨妻	二十七歲寡	守節三十一年	同前
高氏	曾天桂妻	同前	守節三十六年	同前
熊氏	譚廷獻妻	二十五歲寡	守節三十一年	同前
馮氏	曾元魁妻	夫出兵陣亡早寡	守節三十年	光緒三年旌
劉氏	孫伯容妻	二十六歲寡	守節三十一年	同前
鄧氏	李元本妻	同前	守節三十年	同前
黃氏	李崇永妻康生嗣沅之母		同前	同前
郎氏	熊永壽妻	二十八歲寡	守節五十年	同前
冉氏	許正柄妻	二十六歲寡	守節三十二年	同前
馬氏	陳汝修妻	二十九歲寡	守節三十九年	光緒四年旌

向氏	陳先民妻	二十九歲寡	守節五十五年	光緒四年旌
聶氏	何正清妻	同前	守節五十四年	同前
周氏	譚正權妻	十九歲寡	同前	同前
田氏	陳啓鑾妻	三十二歲寡	守節四十年	同前
熊氏	曾先知妻	二十五歲寡	守節三十六年	同前
羅氏	高國品妻	二十八歲寡	守節三十九年	同前
秦氏	余國棨妻	二十六歲寡	守節三十三年	同前
甘氏	高仕棟妻	二十九歲寡	同前	同前
楊氏	程祖倫妻	二十二歲寡	守節四十二年	同前
田氏	鄔立祿妻	二十九歲寡	守節三十七年	同前

沈氏	許正揚妻	同前	守節四十二年	同前
許氏	余　銘妻	二十七歲寡	守節五十二年	同前
周氏	江文彬妻	二十九歲寡	守節三十年	同前
李氏	楊正之妻	同前	守節三十六年	同前
劉氏	陳孝代妻	二十八歲寡	守節二十三年	同前
冉氏	曾昌全妻	二十九歲寡	守節三十二年	同前
高氏	秦家英妻	二十六歲寡	守節三十三年	同前
郭氏	謝永貴妻	二十九歲寡	守節三十九年	同前
戴氏	郎通達妻	二十七歲寡	守節三十年	同前
廖氏	郎學增妻	二十八歲寡	同前	同前

彭氏	王官堂妻	二十八歲寡	守節二十六年	光緒四年旌
蔣氏	盧有年妻	十九歲寡	守節三十一年	同前
周氏	秦文學妻	二十八歲寡	守節五十五年	同前
何氏	秦仕堯妻	二十九歲寡	守節四十二年	同前
陳氏	范仕廣妻	三十歲寡	守節四十八年	同前
譚氏	秦文椿妻	二十九歲寡	守節二十二年	同前
秦氏	曾天錫妻	同前	守節二十九年	同前
易氏	李天綱妻	三十歲寡	守節四十一年	同前
隆氏	邱廷揚妻	二十九歲寡	守節四十二年	同前
張氏	林代賢妻	同前	守節五十二年	同前

氏	夫	寡年	守節	旌表
余氏	李志田妻	二十二歲寡	守節三十六年	同前
秦氏	魯正習妻	二十八歲寡	守節三十四年	同前
何氏	江國權妻	二十五歲寡	守節三十三年	同前
董氏	劉宇興妻	二十二歲寡	守節三十二年	同前
金氏	蔡芳藹妻	二十七歲寡	守節三十二年	同前
陳氏	楊星燾妻	三十歲寡	守節四十二年	同前
張氏	陳有貴妻	二十七歲寡	守節三十三年	同前
蕭氏	陳和潤妻	二十六歲寡	守節二十二年	同前
陳氏	隆大科妻	二十九歲寡	守節三十八年	同前
高氏	張先儕妻	二十五歲寡	守節三十八年	同前

氏	夫	寡年	守節	旌表
何氏	梁正明妻	二十九歲寡	守節三十八年	光緒四年旌
秦氏	李宗元妻	二十五歲寡	守節三十七年	同前
彭氏	李如珍妻	二十九歲寡	守節二十三年	同前
陳氏	王紹榮妻	二十歲寡	守節三十一年	同前
李氏	曾文漢妻	十九歲寡	守節三十年	同前
冉氏	曾文藻妻	十七歲寡	守節三十三年	同前
戴氏	秦先知妻	二十八歲寡	守節五十二年	同前
秦氏	蔡方桂妻	二十九歲寡	守節十一年	同前
余氏	劉光遠妻	二十四歲寡	守節十七年	同前
熊氏	何金鎏妻	二十八歲寡	守節五十五年	同前

重慶市楊柳街
新文化社代印

氏	夫	寡年	守節	旌表
曾氏	譚嗣金妻	二十歲寡	守節五十五年	同前
范氏	江天元妻	同前	守節四十六年	同前
羅氏	向國連妻	二十三歲寡	守節二十六年	同前
劉氏	向國連妾	二十三歲寡	守節三十四年	同前
朱氏	熊思儕妻	同前	守節三十七年	同前
何氏	陳元龍妻	二十九歲寡	守節十一年	同前
徐氏	秦之彥妻	二十四歲寡	守節三十八年	前前
張氏	許仲楨妻	二十三歲寡	守節二十六年	同前
曾氏	余克連妻	二十四歲寡	守節三十五年	同前
蔡氏	程福恩妻	二十九歲寡	守節三十七年	同前

氏	夫	寡年	守節	旌表
梁氏	秦時龍妻	二十一歲寡	守節五十一年	光緒四年旌
譚氏	孫必才妻	二十四歲寡	守節三十四年	光緒六年旌
劉氏	范啓蘭妻	二十七歲寡	守節三十三年	同前
廖氏	焦廷珏妻	二十六歲寡	守節三十八年	同前
高氏	黎中道妻	二十一歲寡	守節三十三年	同前
劉氏	譚廷桂妻	三十歲寡	守節三十九年	同前
殷氏	秦仕方妻	二十六歲寡	守節三十年	同前
譚氏	秦仕元妻	二十九歲寡	守節三十六年	同前
鄒氏	甘文鈺妻	同前	守節三十年	同前
徐氏	陳月樓妻	二十七歲寡	守節二十八年	同前

重慶市楊柳街
新文化社代印

姓氏	夫名	寡年	守節	旌表
李氏	熊紹臣妻	二十九歲寡	守節三十二年	同前
何氏	王永貴妻	二十九歲寡	守節三十年	同前
甘氏	湛□舉妻	二十九歲寡	守節五十四年	同前
劉氏	江文源妻	二十八歲寡	守節二十七年	同前
林氏	李元春妻	二十九歲寡	守節三十八年	同前
李氏	郎光祿妻	同前	守節三十一年	同前
粱氏	郎正才妻	十九歲寡	守節二十年	同前
羅氏	胡世銘妻	二十六歲寡	守節三十四年	同前
劉氏	張元興妻	二十六歲寡	守節三十八年	同前
李氏	戴溢堂妻	二十三歲寡	守節二十八年	同前

姓氏	夫名	寡年	守節	旌表
唐氏	周暄聯妻	二十四歲寡	守節二十九年	光緒六年旌
林氏	李宗程妻	二十九歲寡	守節三十九年	同前
粱氏	傅義貴妻	二十九歲寡	守節三十八年	同前
廖氏	徐昌齡妻	二十歲寡	守節六年	同前
范氏	李效孔妻	二十六歲寡	守節二十五年	同前
劉氏	李正隆妻	二十歲寡	守節三十九年	同前
高氏	李宗揚妻	二十五歲寡	守節三十五年	同前
隆氏	許正興妻	十九歲寡	守節三十八年	同前
嚴氏	湛渠奎妻	二十一歲寡	守節二十八年	同前
孫氏	隆□維妻	二十七歲寡	守節三十年	同前

姓氏	夫名	寡年	守節	旌表
許氏	王懋烱妻	二十四歲寡	守節四十年	同前
湛氏	周盛禮妻	同前	守節四十五年	同前
魏氏	孫啓貴妻	二十八歲寡	守節三十一年	同前
彭氏	藍雲開妻	二十七歲寡	守節二十五年	同前
高氏	王富祖妻	二十八歲寡	守節二十四年	同前
萬氏	陳文萱妻	同前	守節二十六年	同前
蘇氏	李黌拔妻	二十六歲寡	守節三十七年	同前
彭氏	向大槐妻	同前	守節三十七年	同前
朱氏	冉顯祖妻	二十九歲寡	守節三十八年	同前
曾氏	冉廷楠妻	二十七歲寡	守節四十年	同前

姓氏	夫名	寡年	守節	旌表
金氏	楊宇壽妻	二十九歲寡	守節二十一年	光緒六年旌
粱氏	金以程妻	同前	守節二十四年	同前
彭氏	譚文純妻	同前	守節五十五年	同前
汪氏	陳朝濤妻	二十八歲寡	守節三十九年	同前
雷氏	陳一德妻	二十九歲寡	守節五十九年	同前
陳氏	楊爾純妻	二十四歲寡	守節二十六年	同前
鄧氏	王之海妻	二十八歲寡	守節五十九年	同前
廖氏	李學璉妻	二十九歲寡	守節三十四年	同前
趙氏	李登義妻	二十八歲寡	守節四十九年	同前
隆氏	余問裕妻	同前	守節三十年	同前

姓氏	夫	寡年	守節	旌		
陳氏	向步雲妻	二十八歲寡	守節四十五年	同前		
胡氏	陳德鳳妻	三十歲寡	守節四十四年	同前		
楊氏	秦世元妻	二十九歲寡	守節二十二年	同前		
冉氏	蘇璨煦妻	二十一歲寡	守節十年	同前		
秦氏	徐開泰妻	二十五歲寡	守節三十七年	歷年請旌		
鄒氏	胡永銘妻	二十四歲寡	守節三十年	同前		
胡氏	孫耀禁妻	二十七歲寡	守節三十二年	同前		
楊氏	姚增禽妻	二十四歲寡	守節三十三年	同前		
李氏	陳永雙妻	二十四歲寡	守節三十一年	同前		
秦氏	敖克德妻	二十五歲寡	守節三十三年	同前		

姓氏	夫	寡年	守節	旌		
粱氏	李玉路妻	二十六歲寡	守節四十年	歷年請旌		
傅氏	譚正紀妻	二十歲寡	守節三十一年	同前		
高氏	楊文泰妻	二十二歲寡	守節三十四年	同前		
吳氏	林錦堂妻	二十二歲寡	守節三十九年	同前		
許氏	冉永華妻	二十四歲寡	守節二十九年	同前		
高氏	陸國俊妻	二十七歲寡	守節三十五年	同前		
陳氏	譚朝福妻	二十四歲寡	守節三十七年	同前		
張氏	余憚松妻	二十九歲寡	守節二十二年	同前		

以上皆淸光緒歷年請旌之節婦事蹟闕

姓氏	夫			旌		事蹟
蔡氏	程時若妻			光緒四年旌		遇賊被殺

姓氏	夫		旌	事蹟
熊氏	程時泰妻		同前	同前
彭氏	程開和妻		同前	同前
李氏	程發源妻		同前	同前
周氏	程開朗妻		同前	同前
崔氏	程有名妻		同前	同前
鄒氏	朱啓鳳妻		同前	同前
舒氏	江鳳德妻		同前	同前
陳氏	姚發之妻		同前	同前
王氏	朱啓愚妻		同前	同前
周氏	程開源妻		同前	遇賊撲火自焚

姓氏	夫		旌	事蹟
邱氏	程廷仲妻		光緒四年旌	遇賊撲火自焚
曾氏	程廷增妻		同前	同前
孫氏	程廷才妻		同前	同前
楊氏	程開喜妻		同前	同前
李氏	程開榮妻		同前	同前
吳氏	程世乾妻		同前	同前
李氏	程世寬妻		同前	同前
汪氏	李世榮妻		同前	同前
李氏	江朝舉妻		同前	同前
李氏	湛仕成妻		同前	同前

姓氏	夫	守節	旌表	事略
徐氏	鄧正禮妻		同前	同前
楊氏	殷宗誥妻		同前	同前
熊氏	曾世喜妻		同前	同前

以上皆同治歷年被殺及撲火烈婦茲續錄之

姓氏	夫	守節	旌表	事略
傅氏	夏本乾妻		未旌	遇賊被脅不辱自刎
蔡氏	郎永茂妻		同前	賊逼自刎
陳氏	李安宇妻		同前	避賊偕子女縊死
曾氏	楊在方妻		同前	賊逼懼辱自縊
徐氏	楊在縣妻		同前	同前
劉氏	楊在庠妻		同前	同前

重修酆都縣志　四十四　重慶市楊柳街

重修酆都縣志卷七　新文化社代印

姓氏	夫	守節	旌表	事略
王氏	楊在潤妻		未旌	賊逼懼辱自縊
黃氏	楊春芳妻		同前	同前
張氏	楊春榮妻		同前	同前

以上皆續採同治年間潔身殉義之婦依次錄之

姓氏	夫	守節	旌表	事略
鍾氏	陳光貴妻	二十四歲寡 守節六十一年	未旌	針黹撫孤守節
劉氏	余開忠妻	二十八歲寡 守節五十年	未旌	撫孤以針黹紡績爲婚嫁資
唐氏	彭榮堃妻	十月守寡 守節四十九年	未旌	赤貧迭歷水火以針黹孝奉翁姑

以上皆歷年採訪節孝之婦

姓氏	夫	守節	旌表	事略
佘氏	李崑山妻	二十六歲寡 守節五十八年	未旌	
黃氏	陳子堂妻	二十九歲寡 守節三十年	未旌	

姓氏	夫	守節	旌表
王氏	廩生曾洪鍾妻	二十九歲寡 守節三十年	未旌
甘氏	張兆龍妻	二十一歲寡 守節三十二年	未旌
鄧氏	王天順妻	二十四歲寡 守節四十六年	未旌
郎氏	秦載陽妻	二十八歲寡 守節三十六年	未旌
彭氏	曾洪鍾妻	二十三歲寡 守節三十六年	未旌
余氏	孫德祖妻	二十五歲寡 守節三十二年	未旌
許氏	朱光桂妻	二十七歲寡 守節二十六年	未旌
許氏	李述孔妻	二十二歲寡 守節三十二年	未旌
陳氏	曾時亨妻	二十九歲寡 守節三十六年	未旌
陳氏	許仲蕃妻	二十九歲寡 守節三十年	未旌

重修酆都縣志　四十五　重慶市楊柳街

重修酆都縣志卷七　新文化社代印

姓氏	夫	守節	旌表
江氏	鄒其發妻	二十六歲寡 守節三十九年	未旌
郎氏	張金詔妻	十九歲寡 守節三十四年	未旌
譚氏	李文川妻	二十歲寡 守節三十五年	未旌
李氏	甘培祖妻	二十二歲寡 守節三十二年	未旌
王氏	甘家成妻	二十一歲寡 守節三十年	未旌
張氏	楊金玉妻	二十九歲寡 守節三十三年	未旌
秦氏	毛成魁妻	二十七歲寡 守節三十年	未旌
譚氏	陳永恪妻	二十九歲寡 守節三十年	未旌
白氏	蔣鑑堂妻	二十六歲寡 守節三十年	未旌
譚氏	雷文德妻	十九歲寡 守節三十年	未旌

曾氏	趙永茂妻	二十九歲寡	守節五十年	未旌
謝氏	魏恒仁妻	二十八歲寡	守節三十年	未旌
許氏	陳伯墺妻	二十四歲寡	同前	未旌
李氏	白朝笏妻	二十歲寡	守節二十九年	未旌
陳氏	聶仕應妻	二十六歲寡	守節三十年	未旌
曾氏	魏槐堂妻	二十歲寡	守節三十一年	未旌
劉氏	鄧鑑之妻	二十一歲寡	同前	未旌
甘氏	沈富玉妻	二十歲寡	守節三十三年	未旌
秦氏	沈獻成妻	十九歲寡	同前	未旌
譚氏	秦家徽妻	二十二歲寡	守節三十三年	未旌

余氏	鄧家相妻	二十七歲寡	守節三十七年	未旌
冉氏	秦家雍妻	二十二歲寡	同前	未旌
譚氏	秦士慶妻	二十八歲寡	守節三十年	未旌
易氏	秦文淵妻	二十五歲寡	守節三十六年	未旌
冉氏	秦士蛟妻	二十六歲寡	守節三十一年	未旌
胡氏	冉廣梅妻	二十二歲寡	守節四十一年	未旌
秦氏	楊承典妻	二十六歲寡	守節三十二年	未旌
黃氏	楊承愷妻	二十九歲寡	守節三十年	未旌
秦氏	范國樾妻	同前	同前	未旌
李氏	蔡永陞妻	二十七歲寡	守節三十二年	未旌

蔣氏	華正北妻	十八歲寡	守節三十二年	未旌
杜氏	華正傑妻	十九歲寡	守節三十一年	未旌
胡氏	梁悅有妻	二十八歲寡	守節五十一年	未旌
陳氏	張春凌妻	二十四歲寡	守節三十一年	未旌
馮氏	王有極妻	二十九歲寡	守節三十一年	未旌
嚴氏	隆萬善妻	二十六歲寡	守節三十三年	未旌
王氏	高錫侯妻	二十六歲寡	守節二十七年	未旌
楊氏	隆遇春妻	二十四歲寡	守節四十七年	未旌
譚氏	文生王章普妻	二十歲寡	守節三十三年	未旌
曾氏	傅升堂妻	二十九歲寡	守節三十年	未旌

范氏	高錫麟妻	二十七歲寡	守節六年	未旌
秦氏	甘存琪妻	二十八歲寡	守節三十年	未旌
曾氏	蘇爲榕妻	十九歲寡	守節四十一年	未旌
梁氏	范仕華妻	二十六歲寡	守節五十年	未旌
李氏	陳文同妻	二十七歲寡	守節三十年	未旌
陳氏	江文亨妻	二十八歲寡	守節五十年	未旌
姚氏	秦永寬妻	二十二歲寡	守節三十年	未旌
劉氏	江文品妻	二十一歲寡	守節三十七年	未旌
馬氏	向　妻	二十二歲寡	守節四十一年	未旌
田氏	廖掄英妻	二十六歲寡	守節五十年	未旌

氏	夫	寡年	守節	旌
梁氏	冉光培妻	十七歲寡	守節二十六年	未旌
秦氏	左新春妻	二十八歲寡	守節三十三年	未旌
李氏	曾朋高妻	同前	守節三十年	未旌
譚氏	曾永瑚妻	二十九歲寡	同前	未旌
曾氏	周維鐸妻	同前	守節三十一年	未旌
劉氏	馬光輝妻	二十歲寡	守節三十年	未旌
李氏	蔡登高妻	二十七歲寡	守節三十四年	未旌
譚氏	李在任妻	夫遇石逆死	守節三十年	未旌
秦氏	譚朝義妻	二十六歲寡	守節三十年	未旌
覃氏	陳邦濟妻	二十八歲寡	同前	未旌

氏	夫	寡年	守節	旌
陳氏	劉壽旭妻	十九歲寡	守節二十二年	未旌
蔡氏	雷春瑄妻	二十八歲寡	守節三十六年	未旌
文氏	劉壽馗妻	二十一歲寡	守節四十八年	未旌
李氏	劉宇謨妻	二十二歲寡	守節三十一年	未旌
張氏	劉宇銓妻	十九歲寡	守節三十二年	未旌
舒氏	李世德妻	二十三歲寡	守節二十三年	未旌
譚氏	陳必簡妻	二十八歲寡	守節三十二年	未旌
胡氏	陳家和妻	二十七歲寡	守節三十年	未旌
岳氏	劉洪達妻	二十四歲寡	守節四十八年	未旌
王氏	譚先祿妻	二十九歲寡	守節三十一年	未旌

氏	夫	寡年	守節	旌
向氏	譚祥瑞妻	二十二歲寡	守節五十年	未旌
劉氏	譚禎釗妻	二十八歲寡		未旌
楊氏	譚正北妻	十九歲寡	守節二十六年	未旌
譚氏	向天賜妻	十九歲寡	守節三十二年	未旌
張氏	向第德妻	二十四歲寡	守節三十一年	未旌
李氏	余樹切妻	二十八歲寡	守節四十四年	未旌
范氏	彭朝逵妻	二十六歲寡	守節三十年	未旌
譚氏	幸炳田妻	二十八歲寡	守節四十六年	未旌
凌氏	姚貞鑑妻	二十一歲寡	守節十六年	未旌
湛氏	吳長珠妻	三十歲寡	守節二十四年	未旌

氏	夫	寡年	守節	旌
彭氏	李聯第妻	二十五歲寡	守節三十八年	未旌
周氏	曾德明妻	二十八歲寡	守節三十年	未旌
李氏	秦志倫妻	二十二歲寡	守節三十四年	未旌
譚氏	秦家壽妻	二十九歲寡	守節三十二年	未旌
何氏	王瑞普妻	二十三歲寡	守節三十六年	未旌
鄭氏	王仁普妻	二十八歲寡	守節二十五年	未旌
郎氏	王　紡妻	二十三歲寡	守節二十二年	未旌
鄒氏	郎治瀛妻	二十歲寡	守節三十年	未旌
黃氏	郎登庸妻	二十二歲寡	守節三十一年	未旌
賈氏	郎相臣妻	二十一歲寡	守節三十九年	未旌

王氏	知縣曾洪德妻	二十七歲寡	守節十六年	未旌	
王氏	高子端妻	二十四歲寡	守節十一年	未旌	
彭氏	武生曾玉崙	二十八歲寡	守節四十五年	未旌	
冉氏	殷文泰妻	二十四歲寡	守節二十六年	未旌	
汪氏	文生毛琦琳妻	二十八歲寡	守節四十五年	未旌	
范氏	田宗仁妻	十九歲寡	守節二十年	未旌	
王氏	朱玉桂妻	二十八歲寡	守節二十九年	未旌	
李氏	熊季禮妻	二十七歲寡	守節四十四年	未旌	
湛氏	朱鎰貴妻	二十八歲寡	守節四十四年	未旌	
龍氏	熊正金妻	十八歲寡	守節三十二年	未旌	

譚氏	熊朝萬妻	二十七歲寡	守節四十八年	未旌	
張氏	熊廣益妻	二十歲寡	守節二十四年	未旌	
熊氏	陳明鐘妻	二十五歲寡	守節二十六年	未旌	
蔡氏	蔣世榮妻	二十六歲寡	守節六十年	未旌	

以上均係光緒歷年採訪所進之節婦再編次之

陳氏	彭賡颺妻	二十歲寡	守節三十五年	未旌	
徐氏	蔣啓後妻	十九歲寡	守節三十二年	未旌	家貧翁姑俱故有勸以他適者毀粧自誓撫三歲叔教之成立
鄭氏	秦漢卿妻	二十一歲寡	守節三十年	未旌	家貧無子紡讀耕種奉姑撫姪成立
孫氏	李金楹妻	二十七歲寡	守節三十六年	未旌	家貧以耕種紡績撫子成立
李氏	秦仕傑妻	二十一歲寡	守節二十五年	未旌	

周氏	陳翰章妻	二十四歲寡	守節三十年	未旌	事姑以孝撫子以慈

以上係照舊志補遺之節婦依次錄之

姓氏	父兄名氏	年齡	已旌或未旌	已字或未字	貞烈事蹟	現在存歿
徐三姑	徐正林女	十四歲	知縣王廷獻請旌	未字	汲於井隣人欲汚之數免自縊	
杜大姑	杜奇明女		請旌建坊		嘉慶教匪殉難	
杜二姑			同前		同前	
杜二姑	杜正美女		同前		同前	
易姑	易世久女		同前		同前	
古姑	古時開女		同前		同前	
王大姑	王紹唐女		同前		同前	

柯姑	柯天級女		同前		同前	
李姑	李福女		同前		同前	
李么姑	李世倫女		同前		同前	
李小妹	李洪常女		同前		同前	
石姑	石明祥女		同前		同前	
范姑	范友林女		同前		同前	
江姑	江魯瑞女		同前		同前	
隆姑	隆德述女		同前		同前	
李姑	李耀祖女		同前		同前	
李大姑	李文才女		同前		同前	

李三妹	李時方女		同前		同前
張姑	張懷祥女		同前		同前
柯姑	柯元俸女		同前		同前
蔣姑	蔣學志女		同前		同前
李姑	李法祖女		同前		同前
隆姑	隆在富女		同前		同前
熊姑	熊翶貴女		同前		同前
傅三妹	傅昂女		同前		同前

以上嘉慶年間教匪之亂殉難烈女請旌建坊者共二十五人

傅貞女	傅義興女	年七十有四卒		終身不字	孝事父母足不越閾

李二姑	廣東巡檢李如芳女兄騰霄弟騰龍	二十六歲	道光十一年旌	幼字	
梁姑	梁永亮女		道光二十六年旌		偶與無服族兄世享辯論語褻自縊
王五姑壽英	增生王正極女	年四十有四卒	已旌	幼字	字邑沈鳳三未婚病歿奔喪守節屢縊獲救
江烈女長弟	江正坤女		同治元年旌		遇賊投溪不得溺罵之被矛刺死
蕭二姑	蕭甯旋女		同前		賊掠去欲犯之罵賊不辱死
曾烈女			未旌		賊至避叢莽中爲賊窺逼使偕行罵賊被殺
趙烈女	李瑛未婚妻		未旌	已字	賊至不及避誑賊醉以酒縊
譚烈女	譚德富妹	十六歲	未旌		遇賊於文溪被脅投水死
甘烈女菊英	甘連城女		未旌		賊脅不辱被殺
高二姑	高成鈞女	十三歲	未旌	幼字	賊警懼辱毒死

冉姑	冉復旦女	十四歲	未旌	幼字	聞賊至毒死
陳幺姑	陳昌綿女		同治元年旌		賊近投崖死
高姑	高國信女		未旌		賊逼隨母投塘死
李幺姑	李文欽女		同治元年旌		賊警自刎
楊二姑	楊星煥女		同前		懼賊見辱投水死
李大姑	李宗傳女		同前		同前
楊昭弟	楊維林女		同前		同前
譚二姑	譚廷獻女		同前		同前
向八姑	向學槐女		同前		同前
曾幺姑	曾三俊女		同前		同前

冉幺姑	冉玉銘女		同治元年旌		懼賊見辱投水死
廖細姑	廖澤濟女		同前		同前
殷福英	殷仲連女		同前		同前
汪來弟	汪正坤女		同前		同前
秦昭妹	秦家和女		同前		同前
秦幺姑	秦家玥女		同前		同前
詹大姑	詹德獻女		同前		同前
張大姑	張國丙女		同前		同前
彭接弟	彭芝瑞女		同前		同前
張幺姑	張立濱女		同前		同前

姓名	父	旌		事略
李內弟	李本固女	同前		同前
張么姑	張世奇女	同前		同前
秦果弟	秦文俊女	同前		同前
福妹		同前		同前
甘大姑	甘文友女	同前		同前
趙大姑	趙先倬女	同前		同前
嚴二姑	嚴長發女	同前		同前
譚接弟	譚文紀女	同前		同前
曹么姑	曹國祥女	同前		同前
高大姑	高正元女	同前		同前

姓名	父	旌		事略
張大姑	張元亨女	同治元年旌		懼賊見辱投水死
向大姑	向學先女	同前		同前
傅二姑	傅永淳女	同前		同前
郎大姑	郎如冰女	同前		同前
郎二姑		同前		同前
郎三姑		同前		同前
譚大姑	譚廷獻女	同前		同前
張瓊弟	張世華女	同前		同前
陳丙弟	陳宗友女	同前		同前
陳酉弟	陳宗福女	同前		同前

姓名	父	旌		事略
嚴姑	嚴世朝女	同前		同前

以上係懼賊見辱投水之貞烈女依次列之

姓名	父	旌		事略
陳大姑	陳文藻女	同治元年旌		拒賊不辱被殺
譚大姑	譚朝愷女	同前		同前
李么姑	李元升女	同前		同前
秦么姑	秦朝女	同前		同前
曾昭弟	曾正雙女	同前		同前
楊細姑	楊地久女	同前		同前
陳么姑	陳國發女	同前		同前
曾同弟	曾學明女	同前		同前

姓名	父	旌		事略
吳姑	吳大元女	同治元年旌		拒賊不辱被殺

以上係拒賊不辱被殺之貞烈女並撮錄之

姓名	父	年歲	旌	字	事略
熊貞女	熊紹讓女	五十一歲卒	未旌	未字	守貞養親以孝稱
李二姑	李文震側室秦氏女前任福建江東司巡檢李如芝妹	二十二歲卒	未旌	未字	文震早卒家赤貧以紡績養嫡母
楊六姑	楊遂春女	七十三歲卒	未旌	未字	養親以孝
秦姑	秦宗貴女	六十歲卒	已旌	未字	事父母終身不字
陳姑	陳太武女	七十歲卒	已旌	未字	同前
敖二姑	敖子厚女		已旌	已字	授聘壻故守貞以終

以上皆歷年採訪所進貞女無論已旌未旌均敘錄之

姓名	父	年歲	旌	字	事略
郎烈友保弟	郎永興女	十九歲	未旌	未字	石逆犯境被圍懼辱入廁投穢死

姓名	年齡	旌	字	事蹟
杜烈女杜枝全女	十八歲	未旌		被賊擄不辱磔死

此係潔身殉義之貞烈女續加採入者再編次之並將近今採訪貞烈女編次如後

姓名	年齡	旌	字	事蹟
秦大姑秦文珍女	十四歲	已旌		不受謗語自縊
秦姑秦永聰女		未旌	幼字	將及笄夫死矢志不貳
譚姑譚啓富女	六十一歲卒	未旌	幼字陳姓	陳姓牢死貞守四十年人罕見之
楊幺姑楊元科女	十七歲	未旌	幼字蕭姓	民國十一年遇匪刼其父持刀救之被殺父免於難
蕭二姑蕭聲發女	二十歲	未旌	幼字李姓	臨婚誤聽人言服毒死
孫秀珠孫興緒女	二十二歲	未旌	未字	自幼守志不嫁

夫婦姓氏	翁姑及父兄名氏	嫁年	孀年	已旌或未旌	年齡	有無子女財產	貞烈事蹟	現在存歿
劉瑞義妻楊氏	翁劉才柱姑孫氏父楊八鵬兄揚和曙	二十四歲寡	守節三十六年	未旌	辛年六十歲	田三十畝無子		歿
劉洪秀妻熊氏	翁劉應方姑羅氏父熊正術兄熊朝喜	二十一歲寡	守節六十五年	未旌	辛年八十七歲	子宗醒田三十畝		歿
郎宗鐏妻陳氏	翁郎先修姑周氏父陳世棟	二十八歲寡	守節二十九年	未旌	辛年五十七歲	子瑞昌田十八畝		歿
郎宗熹妻劉氏	翁郎先奐姑王氏兄劉丹林	二十七歲寡	守節六十年	未旌	辛年八十七歲	子其昌田二十畝		歿
羅世禮妻劉氏	翁羅永燦姑張氏父劉忠朝兄劉成章	三十歲寡	守節三十年	未旌	辛年六十歲	子應述應壽應昌田十五畝		歿
熊文夢妻向氏	翁熊永福姑陳氏父向維榮兄向良仁	二十五歲寡	守節六十年	未旌	辛年八十五歲	子熊珮璠田五畝		歿
張應蛟妻谷氏	翁張永燦姑蔣氏父谷成連兄谷起鳳	二十七歲寡	守節四十年	未旌	辛年七十二歲	子啓智田八畝		歿
羅永估妻劉氏	翁羅天友姑張氏父劉洪清兄劉宗秀	二十五歲寡	守節三十三年	未旌	辛年五十八歲			歿
熊文宗妻杜氏	翁熊長寧姑陳氏父杜璟兄杜鳳珠	二十九歲寡	守節三十五年	未旌	辛年六十四歲	無子田四畝		歿
敖克德妻秦氏		十七歲寡	守節四十六年	未旌	辛年六十三歲	子一無財產		歿
余築堂妻許氏		十五歲寡	守節四十年	已旌	辛年五十五歲		歸余一日夫歿氏哀痛欲死勸之乃止	歿

夫婦姓氏	翁姑及父兄名氏	嫁年	孀年	已旌或未旌	年齡	有無子女財產	貞烈事蹟	現在存歿
秦漢卿妻鄭氏	父鄭懋周	二十一歲寡	守節四十八年	未旌	辛年六十九歲		將姪肇修過房撫養成人	歿
鄭德揚妻鄒氏		二十二歲寡	守節五十四年	未旌	辛年七十六歲			歿
秦茂方妻廖氏		二十四歲寡	守節五十年	未旌	辛年七十四歲		家貧營工生活撫孤成立	歿
朱恩錤妻余氏		二十六歲寡	守節四十六年	未旌	辛年七十二歲			歿
李金妻孫氏		二十八歲寡	守節三十五年	未旌	辛年六十三歲	女一男四	撫子成立	歿
秦之德妻鄧氏		二十六歲寡	守節四十六年	未旌	辛年七十二歲			歿
冉子林妻鄭氏		三十歲寡	守節三十八年	未旌	辛年六十八歲			歿
王探泉妻張氏		三十歲寡	守節五十一年	未旌	辛年八十一歲		家貧傭工自給	歿
李妻孫氏		同前	守節四十五年	未旌	辛年七十五歲			歿
鄭德孝妻張氏		二十八歲寡	守節四十二年	未旌	辛年七十歲			歿
孫國倫妻徐氏		三十歲寡	守節五十三年	已旌	辛年八十三歲		撫孫成立	歿
孫國之妻朱氏		二十二歲寡	守節五十三年	前清已旌賜節孝慈惠勤儉謹慎八字	辛年七十五歲		經舉人湛墨香作頌稱爲女中丈夫	歿
孫純嘏妻蕭氏		二十六歲寡	守節五十四年	未旌	辛年八十歲			歿
鍾萬明妻王氏		三十歲寡	守節三十一年	未旌	辛年六十一歲			歿
張覲才妻彭氏	翁張大貴姑廖氏	二十歲寡	守節六十二年	未旌	辛年八十二歲	子廷魁家貧		歿
傅正道妻劉氏	翁傅綱目姑朱氏	二十九歲寡	守節四十九年	未旌	辛年七十八歲	子國林	同治元年石逆過境夫被害矢志撫孤	歿
蹇萬福妻石氏	翁蹇帶相姑戴氏黃氏父石崇林	二十七歲寡	守節五十一年	未旌	辛年七十八歲	子二家小康	氏父母早逝賴伯母成立事伯母如姑	歿
譚先覺妻雷氏		二十九歲寡	守節四十年	未旌	辛年六十九歲	子萬籍萬用	相夫教子不愆於禮	歿
王濟普妻傅氏		二十七歲寡	守節五十一年	已旌	辛年七十八歲			歿
熊昌奎妻譚氏		二十八歲寡	守節三十年	未旌	辛年五十八歲	有子		歿

陳常元妻淌氏		二十七歲寡	守節四十六年	光緒二十九年請旌民國八年入祠	卒年七十三歲	子雨田並有財產		歿
牟登庸妻杜氏		十八歲寡	守節四十二年	光緒三十二年請旌	卒年六十歲	無子		歿
張馥廷妻況氏		二十二歲寡	守節三十四年	未旌	卒年五十六歲	子二		歿
蔡光霞妻李氏	父李文進	二十三歲寡	守節五十三年	已旌	卒年七十六歲			歿
曾月白妻張氏		二十四歲寡	守節三十二年	未旌	卒年五十六歲	有子		歿
夏仲節妻傅氏	翁夏本才姑周氏 父傅玉銀	二十八歲寡	守節十五年	未旌	卒年七十八歲	子魯卿女二有財產		歿
張國樑妻杜氏	翁張玉均姑毛氏	三十歲寡	守節五十二年	未旌	卒年八十二歲	女二薄有田地		歿
余學洪妻黃氏	翁余任海姑陳氏 父黃登榮	二十四歲寡	守節五十二年	已旌	卒年七十六歲	子二女四		歿
黃國榮妻劉氏	翁黃崇高姑李氏 父劉成章	二十六歲寡	守節五十七年	未旌	卒年八十三歲			歿
蔡恪宗妻陳氏	翁蔡方印姑秦氏	三十歲寡	守節三十九年	未旌	卒年六十九歲	男三女一有田產		歿

譚啟科妻楊氏		二十一歲寡	守節五十三年	未旌	卒年七十四歲	無子		歿
楊學譜妻陶氏		同前	守節五十八年	未旌	卒年七十九歲	無子	母勸再醮以正言拒之	歿
王常紀妻臧氏		十九歲寡	守節三十一年	未旌	卒年五十歲			歿
蔣在廷妻陳氏		二十一歲寡	守節二十五年	未旌	卒年四十六歲			歿
陶德茂妻楊氏		同前	守節五十二年	未旌	卒年七十三歲	子大發大才	撫孤成立	歿
庠生林夢裕妻李氏	翁林樹蕃姑李氏	二十二歲寡	守節三十年	光緒時請旌入祠	卒年五十二歲	子三仲子鵬雲歲貢生	石逆入境夫辟[illegible]卒於渝氏躬衣履歸葬如禮課子紡績度日	歿
馬瑞昭妻魏氏		二十九歲寡	守節四十年	未旌	卒年六十九歲	子舜宣		歿
王信灃妻鄭氏				已旌碑建文昌宮外				歿
王旦齋妻鍾氏				同前				歿
鄭世忠妻易氏				同前				歿

高永坤妻李氏				已旌坊建火神廟側				歿
胡[illegible]修妻蘇氏				同前				歿
鄒孝宿妻余氏		二十八歲寡	守節二十五年	已旌	卒年五十三歲	子宜之		歿
牟天錄妻沈氏		三十歲寡	守節三十七歲	未旌	卒年六十七歲			歿
王綺之妻張氏	翁王章普	二十歲寡	守節四十年	已旌				歿
余天元妻曾氏		二十四歲寡	守節六十九年	未旌	卒年九十三歲			歿
余繼舉妻蔣氏		二十一歲寡	守節五十二年	未旌	卒年七十三歲			歿
游朝宴妻戴氏		二十二歲寡	守節六十年	未旌	卒年八十二歲			歿
何學倖妻吳氏		三十歲寡	守節四十八年	未旌	卒年七十八歲			歿
陳錦屯妻袁氏	翁陳品之姑吳氏	二十四歲寡	守節四十一年	未旌	卒年六十五歲	子三田四十畝	藍逆入境引避重崖翁姑賴以全活	歿

秦文玉妻傅氏	翁秦朝品	二十歲寡	守節六十年	未旌	卒年八十歲	無子		歿
秦如阜妻彭氏		二十五歲夫不知所終	守節五十五年	未旌	卒年八十歲	撫姪名琦		歿
秦永仁妻余氏		二十八歲寡	守節四十年	未旌	卒年六十八歲			歿
余海峯妻譚氏	翁余合盛姑何氏	二十四歲寡	守節四十年	未旌	卒年六十四歲	子見田	撫孤成立	歿
雷妻冉氏		同前	守節六十八年	未旌	卒年九十二歲	有子家有積蓄		歿
余汝舟妻彭氏		二十九歲寡	守節二十一年	未旌	卒年五十歲	女一家貧		歿
朱人華妻張氏		二十六歲寡	守節二十四年	未旌	卒年五十歲	子芳族		歿
庠生朱先燊妻傅氏		同前	守節二十九年	未旌	卒年五十五歲			歿
范紹陵妻秦氏		二十二歲寡	守節四十一年	未旌	卒年六十三歲	無子過繼范寅位有租十餘石		歿
皮篤學妻甘氏		二十七歲寡	守節三十年	未旌	卒年五十七歲	無子有財產		歿

姓氏	翁姑父兄	寡年	守節	旌表	卒年	子女家況	事略	存歿
唐國綸妻崔氏		二十二歲寡	守節五十四年	未旌	卒年七十六歲	無子家貧		歿
雷秉鐸妻譚氏		二十三歲寡	守節五十年	已旌建坊	卒年七十三歲	無子		歿
馬于昭妻郎氏	翁馬先友姑王氏 父郎先懋	二十四歲寡	守節三十三年	未旌	卒年五十七歲	子二家小康		歿
范啓蘭妻劉氏		二十三歲寡	守節五十年	未旌	卒年七十三歲			歿
彭崇垓妻傅氏		二十八歲寡	守節四十五年	未旌	卒年七十三歲			歿
何永吉妻秦氏		二十六歲寡	守節二十三年	未旌	卒年四十九歲			歿
速永崑妻傅氏		二十八歲寡	守節五十四年	未旌	卒年八十二歲			歿
何紹成妻曾氏		十七歲寡	守節四十一年	未旌	卒年五十八歲	無子女		歿
甘家鼎妻楊氏		二十四歲寡	守節六十二年	未旌	卒年八十六歲	子甘棠邑庠生		歿
薛盛明妻劉氏	父劉僉玥	同前	守節四十三年	未旌	卒年六十七歲	女二家極貧	夫歿歸寧后家依胞弟劉世榮終老極愛任賚	歿

六十

姓氏	翁姑父兄	寡年	守節	旌表	卒年	子女家況	事略	存歿
胡承綬妻郎氏	翁胡又菴姑王氏	二十八歲寡	守節二十九年	未旌	卒年五十七歲	子二家小康	撫孤子禹德成立尤能提携親戚之貧困者	歿
秦文敏妻郎氏	翁秦家宇姑范氏 父郎甫之兄郎定齋	二十四歲寡	守節二十五年	未旌	卒年四十九歲	過繼堂弟文術之子爲嗣	撫子世傑讀書入中學畢業	歿
劉燮和妻杜氏	翁劉世藩姑陳氏	同前	守節四十七年	光緒二十四年請旌民國十年入祠	卒年七十一歲	遺腹子培德	敎子成名舉邑孝廉	歿
戴　妻李氏		十九歲寡	守節六十五年	已旌	卒年八十四歲	孫君義舉邑孝廉		歿
雷春霄妻李氏		二十八歲寡	守節四十七年	未旌	卒年七十五歲			歿
戚貫雷秉忠妻王氏		二十七歲寡	守節五十一年	未旌	卒年七十八歲	子登高瀛	紡績佐讀敎子成名	歿
萬煥奎妻譚氏	翁萬枝碧 父譚坤	二十八歲寡	守節二十四年	未旌	卒年五十二歲	子培德培先培厚女二	敎子培厚入武庠	歿
曾鑑山妻鄧氏	父鄧開第	二十六歲寡	守節二十七年	未旌	卒年五十三歲	子光燮家小康		歿
項　妻甘氏	父甘問之	二十三歲寡	守節二十九年	未旌	卒年五十二歲			歿
范紹典妻秦氏		二十五歲寡	守節四十七年	未旌	卒年七十二歲			歿

姓氏	翁姑父兄	寡年	守節	旌表	卒年	子女家況	事略	存歿
張奇昭妻甘氏				已旌			同治髮逆之亂以姑目瞽不去匪迫不辱死	歿
張祥聯妻秦氏		二十七歲寡	守節三十四年	未旌	卒年六十一歲			歿
周盛禮妻湛氏	翁周長奉姑柴氏 父湛福田	二十四歲寡	守節五十二年	曾請立神道碑	卒年七十六歲	子四淑俊淑卿淑遇伯容	敎子成名	歿
鄒大發妻黃氏	翁鄒和姑周氏	二十九歲寡	守節四十四年	未旌	卒年七十三歲	子三世瑚璉瑜		歿
湛文瑞妻蔡氏		二十一歲寡	守節六十三年	已旌	卒年八十五歲	有子薄有田產		歿
陳保元妻楊氏		二十六歲寡	守節四十年	未旌	卒年六十六歲	子三		歿
彭明馨妻譚氏		十九歲寡	守節六十六年	未旌	卒年八十五歲	子二		歿
傅世熙妻李氏		二十四歲寡	守節五十四年	未旌	卒年七十八歲	有子有恒產		歿
傅國珩妻李氏		二十歲寡	守節二十八年	已旌建坊	卒年四十八歲	女名蕙香	族人圖產茹苦含辛抱姪以全產業	歿
曾緝堂妻高氏		同前	守節四十八年	已旌	卒年六十八歲			歿

六十一

姓氏	翁姑父兄	寡年	守節	旌表	卒年	子女家況	事略	存歿
曾天梁妻秦氏		二十一歲寡	守節四十一年	已旌	卒年六十二歲			歿
蘇仲山妻楊氏		二十四歲寡	守節四十年	未旌	卒年六十四歲			歿
楊再清妻易氏	翁楊大貴 父易萬林	二十八歲寡	守節二十年	未旌	卒年四十八歲	子正義薄有田產		歿
陳國墉妻李氏		二十五歲寡	守節四十九年	已旌	卒年七十四歲	子一女一	夫兄逼嫁堅不他適敎子成人	歿
楊德才妻隆氏		二十八歲寡	守節五十三年	未旌	卒年八十一歲			歿
譚　妻秦氏		二十九歲寡	守節四十三年	未旌	卒年七十二歲			歿
傅世祿妻高氏	父高文彬	二十五歲寡	守節四十六年	未旌	卒年七十一歲			歿
張紹益妻黃氏	翁張輝廷姑舒氏 父黃天榮兄黃麒麟	二十六歲寡	守節四十一年	已旌	卒年六十七歲	子榮九		歿
張兆鰲妻甘氏	父甘文芳	二十歲寡	守節五十四年	已旌	卒年七十四歲		立志守節	歿
傅世榮妻張氏		十九歲寡	守節四十六年	未旌	卒年六十五歲	子時南	夫被匪禍撫孤奉姑終身不二	歿

張吉炎妻陳氏		二十四歲寡	守節五十三年	未旌	卒年八十一歲			殁
譚萬寧母甘氏		二十八歲寡	守節五十年	已旌	卒年七十八歲		族人欲奪其志不從撫孤成立	殁
孫月潭妻劉氏	翁孫愼齋姑林氏父劉博齋母余氏	二十六歲寡	守節三十四年	已旌	卒年六十歲	子利貞女		殁
劉嶷廷妻許氏	翁劉博齋姑余氏父許元發兄許香廷	三十歲寡	守節二十六年	已旌	卒年五十六歲	子賓于子詢女三	子詢于早殁撫賓于成立勤苦節儉矢志不渝	殁
范正清妻曾氏		二十五歲寡	守節三十五年	未旌	卒年六十歲			殁
余述祖妻鄧氏		二十六歲寡	守節六十四年	未旌	卒年九十歲			殁
吳其禮妻胡氏		二十四歲寡	守節五十八年	未旌	卒年八十二歲	子國松		殁
杜書妻楊氏		二十一歲寡	守節七十三年	未旌	卒年九十四歲			殁
羅玉武妻吳氏		二十歲寡	守節三十年	已旌	卒年五十歲			殁
劉禹言妻楊氏		二十五歲寡	守節三十五年	未旌	卒年六十歲	子麒誕界		殁

李永培妻鄧氏		二十七歲寡	守節三十一年	未旌	卒年五十八歲			殁
庠生李御蘭妻蘇氏				未旌	卒年五十二歲			殁
李文川妻譚氏	翁李崑山父歲貢譚學山兄文生譚治	二十二歲寡	守節六十二年	未旌	卒年八十四歲		撫姪國瑞爲嗣愛逾己出	殁
郎琰菴妻陳氏	翁郎固亭姑何氏父陳卓兄陳冕	二十二歲寡	守節三十四年	未旌	現年五十六歲	子裕森田產二十畝		存
周盛縣妻李氏		同前	守節五十九年	未旌	現年八十一歲	子一財產無	耕績撫孤辛苦不渝	存
張在榮妻陳氏		同前	守節五十五年	未旌	現年七十七歲			存
黃廷良妻徐氏		二十五歲寡	守節二十七年	未旌	現年五十二歲	子二財產無	佃耕撫孤	存
張仕坤妻秦氏		二十六歲寡	守節二十五年	未旌	現年五十一歲	子一財產無	和睦妯娌遇事任勞	存
林國良妻王氏		二十八歲寡	守節二十三年	未旌	現年五十一歲	同前		存
張敬文妻廖氏		二十歲寡	守節三十二年	已旌	現年五十二歲			存

馬瑜昭妻郎氏	翁馬光傑姑敖氏父郎光夜	二十七歲寡	守節二十八年	未旌	現年五十五歲	子二九月明		存
李永興妻楊氏	翁李光燦姑馬氏父楊人松兄楊和墀	二十四歲寡	守節二十六年	未旌	現年五十歲	田十畝		存
郎裕倫妻朱氏	翁郎昌銀姑馬氏父朱學河	二十二歲寡	守節二十八年	未旌	現年五十歲	女二田十畝		存
秦治先妻許氏		二十一歲寡	守節三十二歲	未旌	現年五十三歲	遺腹子伯鯉	撫孤成立	存
許樹霞妻周氏		二十二歲寡	守節三十八年	未旌	現年六十歲			存
陳必奎妻黃氏		二十六歲寡	守節四十六年	未旌	現年七十二歲			存
李金鎬妻鍾氏		二十八歲寡	守節五十年	未旌	現年七十八歲			存
許嘯霞妻劉氏		二十七歲寡	守節三十二年	未旌	現年五十九歲			存
陳星才妻敖氏		三十歲寡	守節二十九年	未旌	現年五十九歲			存
敖錫卿妻吳氏		十八歲寡	守節四十六年	未旌	現年六十四歲		矢志不貳	存

孫興發妻譚氏		二十六歲寡	守節三十九年	未旌	現年六十四歲			存
杜敬德妻張氏		二十九歲寡	守節三十九年	未旌	現年六十八歲			存
陳貴發妻朱氏		二十六歲寡	守節三十年	未旌	現年五十六歲			存
孫九如妻黃氏	姑孫朱氏	歸孫年餘夫殁		未旌			姑勸嫁誓不再適	存
劉麒邦妻彭氏	父彭朝發兄彭廷商	二十八歲寡	守節四十六年	未旌	現年七十五歲	孫一無財產	寡言笑事翁姑極孝親族罕見其面	存
汪光瓚妻廖氏	翁汪大吉父廖成元	二十四歲寡	守節五十五年	未旌	現年七十九歲	子汪明模家小康		存
毛朔元妻杜氏	父杜明魁	二十五歲寡	守節五十四年	未旌	現年七十九歲	子二女一無財產		存
王世遠妻陳氏		二十七歲寡	守節三十三年	未旌	現年六十歲	子二無財產	守貧撫孤言笑不苟勸之改嫁者唾其面	存
黃耀相妻羅氏	翁黃宗恕姑毛氏父羅書連	二十二歲寡	守節六十一年	未旌	現年八十三歲	子二正燮沛無財產		存
朱克明妻鄧氏		二十九歲寡	守節三十五年	未旌	現年六十四歲	無子		存

向守業妻熊氏		二十九歲寡	守節四十年	未旌	現年六十九歲	有子		存
曾世權妻張氏		二十二歲寡	守節二十九年	未旌	現年五十一歲	子一醴泉薄有田產		存
江秋圃妻李氏		二十六歲寡	守節四十年	未旌	現年六十六歲	子煥堂	家貧不能自給日事耕作夜資紡績矢志柏舟撫孤成立	存
王大朋妻秦氏		二十六歲寡	守節二十六年	未旌	現年五十二歲	子國鈞		存
李正宵妻趙氏		歸李一年夫歿	守節三十二年	已旌			割股療親	存
蔡顯宗妻李氏	父李宏才	二十四歲寡	守節五十六年	已旌	現年七十歲			存
夏宗藩妻蔡氏	翁夏仲庸姑王氏父蔡光翠	二十五歲寡	守節三十一年	未旌	現年五十六歲	無子女二無田產		存
熊紱之妻夏氏	翁熊正發姑周氏父夏玉山	二十二歲寡	守節二十九年	未旌	現年五十一歲			存
陳秉章妻胡氏	翁陳雲奎姑張氏父胡科順	三十歲寡	守節五十年	未旌	現年八十歲	男一女三		存
陳少文妻曾氏	翁陳吉臣姑秦氏父曾興才	二十九歲寡	守節五十一年	未旌	現年八十歲	子三女二		存

六十四

陶建廷妻張氏		二十五歲寡	守節三十五年	未旌	現年六十歲	子一女一	夫病刲臂和藥以進	存
柯興明妻王氏		十九歲寡	守節三十一年	未旌	現年五十歲	子長培	家貧以針黹撫孤	存
陸廷幹妻楊氏		二十一歲寡	守節二十九年	未旌	現年五十歲	子二女一		存
孫志培妻余氏		二十四歲寡	守節四十一年	未旌	現年六十五歲			存
隆潤之妻陳氏		二十一歲寡	守節三十年	未旌	現年五十一歲	有子		存
孫興友妻李氏		二十一歲寡	守節三十二年	未旌	現年五十三歲			存
舉人胡應涵妻江氏		二十二歲寡	守節三十五年	未旌	現年五十七歲			存
殷祖棨妻覃氏		二十六歲寡	守節三十四年	未旌	現年六十歲			存
劉廷楨妻柯氏	翁劉思仁姑王氏父柯國珍	二十三歲寡	守節三十四年	未旌	現年五十七歲	女一		存
劉廷璧妻蔣氏	翁劉思仁姑王氏父蔣定山	二十五歲寡	守節三十年	未旌	現年五十五歲	女一子一		存

張文德妻冉氏	翁張祥恩姑黃氏	二十四歲寡	守節五十年	已旌	現年七十四歲	子學禮女一古周		存
林煥如妻蔣氏		二十一歲寡	守節五十二年	已旌	現年七十三歲	子一玉卿		存
林光長妻甘氏		二十二歲寡	守節五十年	未旌	現年七十二歲	子榮甫		存
牟天泰妻敖氏		三十歲寡	守節三十二年	未旌	現年六十二歲			存
何其楒妻鄧氏		二十九歲寡	守節三十五年	未旌	現年六十四歲	子春圃		存
徐忠隆妻甘氏			守節四十年	未旌		遺腹子名惠	事姑孝撫子成人	存
孫海珊妻張氏		二十四歲寡	守節四十九年	已旌	現年七十三歲			存
鄧銀東妻熊氏		二十二歲寡	守節四十九年	已旌	現年七十一歲			存
秦銀妻戴氏		二十二歲寡	守節六十年	未旌	現年八十二歲			存
馮[illegible]義妻譚氏		歸馮三月而寡	守節五十二年	未旌	現年五十二歲			存

六十五

蔣潤甫妻古氏		二十五歲寡	守節五十五年	已旌		子登俊		存
蔣紹基妻楊氏		二十六歲寡	守節四十二年	未旌	現年六十八歲			存
項先覺妻湛氏		二十一歲寡	守節四十一年	未旌	現年六十二歲			存
陳傑生妻曾氏		二十二歲寡	守節五十一年	未旌	現年七十三歲			存
許樸齋妻李氏		二十二歲寡	守節三十四年	未旌	現年五十六歲			存
蘇忠恕妻譚氏	父貢生譚翱榜	二十二歲寡	守節五十二年	已旌	現年七十四歲			存
殷學訓妻馬氏		二十二歲寡	守節三十二年	未旌	現年五十四歲			存
孫貴林妻李氏		二十五歲寡	守節五十年	未旌	現年七十五歲			存
李時雍妻余氏		二十七歲寡	守節二十六年	未旌	現年五十三歲			存
何永吉妻秦氏		二十七歲寡	守節三十年	未旌	現年五十七歲			存

姓氏	翁姑父	寡年	守節	旌表	現年	子嗣家產	事蹟	存否
周盛繇妻寺氏		二十二歲寡	守節五十九年	未旌	現年八十一歲	子一		存
江鶴樓母況氏	父況道基	二十九歲寡	守節三十年	未旌		子二	教子學成畢業川東師範	存
魯炳章妻彭氏		二十歲寡	守節三十一年	未旌	現年五十二歲	子一澤周田八十畝		存
余帝臣妻譚氏	翁余合盤姑何氏	二十一歲寡	守節三十三年	未旌	現年五十四歲	子斗然少有田產	立志撫孤	存
武生余龍門妻雷氏		二十八歲寡	守節三十九年	未旌	現年六十七歲	子國鈞	撫孤成立	存
陳宗森妻劉氏		二十三歲寡	守節四十年	未旌	現年六十三歲	女一家貧	營工度日守節甚苦	存
余大松妻李氏		二十八歲寡	守節四十五年	未旌	現年七十三歲	遺腹子純武	家甚寒立志撫孤	存
何治文妻黃氏		二十八歲寡	守節三十年	未旌	現年五十八歲	子四女一		存
陳炎珣妻郎氏		二十九歲寡	守節三十年	未旌	現年五十九歲	子華卿		存
秦官保妻朱氏		二十二歲寡	守節三十年	未旌	現年五十二歲	子家源	撫孤吃素下髮不願他適	存

姓氏	翁姑父	寡年	守節	旌表	現年	子嗣家產	事蹟	存否
秦家鎰妻許氏		二十歲寡	守節三十年	未旌	現年五十歲			存
朱聖宮妻湛氏		二十四歲寡	守節四十四年	未旌	現年六十八歲	子二人華藻	夜間燃榕葉紡綿撫孤成立	存
朱雲開妻許氏		二十二歲寡	守節三十六年	未旌	現年五十八歲		夫病割股暈絕甦	存
朱八爵妻田氏		二十二歲寡	守節四十三年	未旌	現年六十五歲			存
朱方鐸妻孫氏		二十六歲寡	守節三十八年	未旌	現年六十四歲			存
黃文連妻朱氏		二十五歲寡	守節二十八年	未旌	現年六十三歲	有子家貧	撫孤成立	存
劉宇偉妻臧氏		二十四歲寡	守節三十六年	未旌	現年六十歲			存
馮旦生妻譚氏	翁馮伯謙姑崔氏父譚樸山	十六歲寡五月而夫歿	守節三十三年	未旌	現年四十九歲	無子以繼馮太生為嗣	以針黹積累交父樸山經手買租田數石	存
崔世林妻梁氏	翁崔永清姑李氏父梁文玉	二十六歲寡	守節五十五年	未旌	現年八十一歲	無子有財產		存
崔鍾英妻秦氏		二十八歲寡	守節六十一年	未旌	現年八十九歲	無子薄有財產		存

姓氏	翁姑父	寡年	守節	旌表	現年	子嗣家產	事蹟	存否
陳宗秀妻雷氏		十八歲寡	守節三十九年	未旌	現年五十七歲	無子薄有田產		存
郎通達妻戴氏	翁郎興廷姑田氏父戴啓元	二十八歲寡	守節五十二年	已旌入祠建坊	現年八十歲	無子女家小康		存
秦立品妻馮氏	翁秦紹堂父馮仙槎	二十五歲寡	守節四十一年	未旌	現年六十六歲	子光達諧家小康		存
郎昌衡妻陳氏	翁郎先傳姑范氏父陳世國	十八歲寡	守節三十八歲	已旌	現年五十六歲	無子家貧		存
鄒恒齋妻梁氏	翁鄒可貴姑周氏	二十歲寡	守節三十六年	未旌	現年五十六歲	無子有女家小康		存
劉宗銀妻陳氏	翁劉世壽姑隆氏父陳學庸	二十三歲寡	守節三十九年	未旌	現年六十二歲	子二女一家小康		存
秦文賢妻向氏	翁秦家言姑嚴氏父向宜用	二十六歲寡	守節四十四年	未旌	現年七十歲	子一女二家貧		存
周朝林妻向氏	翁周文慶姑秦氏父向守榮	二十七歲寡	守節四十六年	未旌	現年七十三歲	子四家饒裕		存
郎宗偉妻劉氏	翁郎先安姑劉氏兄劉丹林	二十二歲寡	守節三十六年	已旌入祠	現年六十八歲	子一家小康		存
郎洪鈞妻李氏	翁郎立品姑譚氏	二十五歲寡	守節四十三年	未旌	現年六十八歲	子一女一家富有		存

姓氏	翁姑父	寡年	守節	旌表	現年	子嗣家產	事蹟	存否
李元坤妻廖氏	翁李世友高姑氏父廖先同	二十歲寡	守節三十五年	未旌	現年五十五歲	子一家小康		存
廖人偉妻郎氏	翁廖集喬姑傅氏父郎伯達	二十歲寡	守節三十年	未旌	現年五十歲	無子撫姪為嗣家小康		存
隆馥堂妻許氏		二十一歲寡	守節三十一年	未旌	現年五十二歲			存
許耀三妻鄭氏		二十八歲寡	守節三十二年	未旌	現年六十歲			存
范德棠妻孫氏		二十七歲寡	守節三十年	未旌	現年五十七歲			存
余國林妻彭氏		二十八歲寡	守節四十八年	未旌	現年七十六歲			存
孫興文妻李氏		二十四歲寡	守節三十年	未旌	現年五十四歲			存
盧水順妻姚氏		十九歲寡	守節四十三年	未旌	現年六十二歲	家貧		存
熊發祿妻黃氏	翁熊興萬姑董氏	十八歲寡	守節四十三年	未旌	現年六十一歲	子逢孝財產三十餘石		存
王鏡之妻董氏		二十一歲寡	守節四十一年	未旌	現年六十二歲	家計平常		存

秦肇修妻李氏		二十四歲寡	守節三十八年	未旌	同前	子二女一		存
鍾應合妻劉氏		二十三歲寡	守節三十七年	未旌	現年六十歲			存
萬枝芳妻劉氏	父劉森玥	二十二歲寡	守節四十五年	已旌	現年六十七歲	無子女家計平常	樂善好施事親至孝親侄輩猶己出	存
萬鑒山妻譚氏		二十八歲寡	守節三十四年	未旌	現年六十二歲			存
許正[illegible]妻陳氏		同前	守節三十六年	已旌建坊	現年六十四歲			存
吳大安妻陳氏		二十五歲寡	守節三十七年	未旌	現年六十二歲	無子有女家小康		存
傅羽仙妻何氏		二十三歲寡	守節二十八年	未旌	現年五十一歲	無子女家貧		存
趙仲[illegible]妻向氏	翁趙應堂姑甘氏父向國品兄向十佑	二十五歲寡	守節三十六年	未旌	現年六十一歲	子三無財產		存
傅可昭妻鄭氏	翁傅天祥姑陳氏父鄭文玉	三十歲寡	守節二十六年	未旌	現年五十六歲			存
謝天富妻楊氏	翁謝正坤姑余氏父楊時珍	二十四歲寡	守節三十三年	未旌	現年五十七歲	子三女二家小康		存
高宗麒妻廖氏	翁高仕九姑秦氏父廖羽山	二十六歲寡	守節二十六年	未旌	現年五十二歲	子一家貧		存
馬隆明妻秦氏		二十八歲寡	守節三十年	未旌	現年五十八歲	子一家小康		存
王國清妻范氏		二十三歲寡	守節三十一年	未旌	現年五十四歲	子二女一家貧		存
秦家尚妻楊氏		二十一歲寡	守節六十二年	未旌	現年八十三歲	五世同堂財產百二十石		存
秦文治妻楊氏	翁秦時廣	二十歲寡	守節三十五年	未旌	現年五十五歲	女二有恒產		存
曾復堂妻王氏		二十二歲寡	守節四十四年	已旌	現年六十六歲			存
[illegible]斗山妻徐氏		二十四歲寡	守節四十年	已旌	現年六十四歲			存
[illegible]松柏妻張氏	翁傅敬修姑楊氏父張友齋	二十三歲寡	守節三十五年	未旌	現年五十八歲	子本餘		存
蘇[illegible]妻譚氏		二十二歲寡	守節五十六年	未旌	現年七十八歲			存
熊天[illegible]妻戴氏	翁熊中興姑戴氏父戴大朋	二十七歲寡	守節三十年	未旌	現年五十七歲	子心明薄有田產		存

重慶市楊柳街　新文化社代印

戴大義妻陳氏	翁戴先簡姑彭氏	三十歲寡	守節五十七年	未旌	現年八十七歲			存
張[illegible]千妻戴氏	翁張煥堂姑顏氏父戴永漢	二十六歲寡	守節三十年	未旌	現年五十六歲	子長富長貴家貧	事翁姑無間言	存
王芳穀妻張氏	父張益三	十九歲寡	守節三十三年	未旌	現年五十二歲	子長壽家貧	族成勸嫁願甘藜藿誓不再適	存
張學鏡妻李氏	姑曾氏	二十二歲寡	守節三十三年	未旌	現年五十五歲	無子撫姪登義為嗣家貧	針黹事姑撫姪成立	存
陳思九妻凌氏	父凌綉	二十七歲寡	守節四十三年	未旌	現年七十歲	子光蕃家貧	立志撫孤躬操井臼	存
傅世[illegible]妻劉氏	父劉宇秦	二十七歲寡	守節四十年	未旌	現年六十七歲	子三家貧	事姑撫子節孝可嘉	存
余大楹妻隆氏		二十八歲寡	守節三十年	未旌	現年五十八歲	女一	立志守貞事翁姑能得歡心	存
冉裕談妻余氏		二十歲寡	守節三十年	未旌	現年五十歲	女一		存
雷品亨妻冉氏		二十六歲寡	守節六十八年	未旌	現年九十四歲	子發智	家初貧欲嫁因子啼哭遂伏志不移勤于紡耕撫子成立	存
秦文玉妻傅氏		二十歲寡	守節六十年	未旌	現年八十歲			存
彭朝貴妻周氏		二十二歲寡	守節五十八年	已旌	現年八十歲			存
譚方英妻甘氏		二十一歲寡	守節六十年	未旌	現年八十一歲			存
許香岩妻曾氏		二十九歲寡	守節四十三年	已旌	現年七十二歲	子元卿		存
郎治沂妻張氏		二十四歲寡	守節四十三年	已旌	現年六十七歲			存
楊筠君妻趙氏	翁楊春浦父趙信齋	二十八歲寡	守節三十九年	未旌	現年六十七歲	子鼎臣		存
冉灕源妻魏氏		二十九歲寡	守節三十四年	未旌				
張立齋妻黃氏		二十六歲寡	守節三十年	未旌				
王卜臣妻傅氏		二十五歲寡	守節三十六年	已旌				
郎若梁妻傅氏		二十一歲寡	守節十九年	已旌				
孫煥庭妻萬氏		二十九歲寡	守節五十三年	已旌				

重慶市楊柳街　新文化社代印

鄭耀卿妻李氏		二十八歲寡	守節四十年	未旌			
高廷彩妻余氏		二十九歲寡	守節四十年	未旌			
文以珣妻陳氏		二十八歲寡	守節五十年	未旌	現年七十八歲		
劉嗣政妻陸氏	翁劉曉凡姑向氏兄陸尹臣	二十歲寡	守節五十一年	未旌			
李啓聰妻楊氏		二十九歲寡	守節三十一年	未旌	現年六十歲		
李國瑞妻高氏	翁李文川姑譚氏父高文華	二十二歲寡	守節二十八年	未旌	現年五十歲		
陳其相妻雷氏	翁陳朝發姑甘氏父雷獻廷兄雷茂之	二十二歲寡	守節二十九年	未旌	現年五十一歲	女一家小康	翁姑均八十三歲氏事奉勤苦族里無間言

按吾邑之烈女尙矣明以前不可得而考淸以來乃有可述然其間事蹟詳畧靡一甚或無關典要吾甚惜之章實齋曰貞女節婦人微迹隱不幸不値其時或値其時而托之非人雖有高行奇節與草木同萎者多矣茲以人名爲經事蹟爲緯編次大凡著於篇亦風世勵俗之一助云

酆都縣志

三册

76793

重修酆都縣志卷八

方域志

漢唐宋元因革可數作邑曰酆在明洪武清代因之[illegible]物土[illegible]言中壽里詳亥步陵谷變遷河山如故愼厥攸司封守宜固志方域

星野

地在天中循軌道以運行自轉公轉如影隨形不相離也周禮春官保章氏以星土辨九州之地所封封域皆有分星注某謂大界則曰九州州中諸國中之封域亦有分焉惜其書亡無考今可參稽者如實沈屬晉鶉首爲秦荊屬翼軫梁逮井鬼之類史傳相承不可廢也吾邑在蜀不啻百分之一耳以歷代史志考訂可約畧得而言焉

舊志井鬼之次入參三度　雍州乃井鬼之分自漢中而南皆井也而蜀近之荊州乃翼軫之分自彝陵而上則參也而酆近之諸葛武侯二十八宿分野巴郡入參八度隋書天市垣第四星曰巴宋史益梓利夔四路分井鬼又曰東井輿鬼鶉首也盡巴蜀漢中之地

按史記天官書益州爲參分前漢書天文志觜觿參主益州地理志以井鬼屬秦兼屬巴蜀華陽國志巴志仰稟參伐又云其分野與鬼東井晉書天文志以觜參屬魏而兼屬巴益地理志又謂蜀郡巴郡總爲鶉首分舊唐書天文志東井輿鬼鶉首之次也新唐書東井輿鬼鶉首也五代史謂鶉首秦分也前世火入鬼其應多在秦是鶉首屬秦不屬蜀矣宋史律歷志井九度四十二分秒八十九入秦分鶉首之次元史律歷志井九度四十七分入秦分鶉首之次隋書天文志梁州於天官上應參宿前史紀載互異類皆指全省言之未闢析某星爲某縣分次也惟明史天文志謂四川惟敘州嶲分合州參分餘皆井鬼清一統志謂四川全省惟夔州達州翼軫分其餘皆井鬼分也昔人謂新唐書推步精當其地理謂開忠萬涪爲鶉首分酆屬忠州則舊志謂井鬼之次確矣

疆域

北岸東陸路九十里十字路場又九十里忠縣城水程九十里羊渡溪忠縣界北陸路九十里董家場忠州界西北陸路四十里蒲池舖涪陵界又一百里涪州城西水程四十里立石鎭涪州界又一百里涪州城北陸路一百六十里龍洞溝墊江界又一百四十里墊江縣城

南岸南陸路一百八十里花猜子涪陵界東南陸路三百六十里甕家壩

黔江縣界東南陸路一百六十里江池石砫縣界又四十里石砫縣治南陸路二百四十里花地塘彭水縣界又一百八十里彭水縣城南陸路四百二十里七里槽湖北施南府利川縣界又二百四十里利川縣城

按舊志計里與今迥異當是沿南賓志乘之舊古今遷徙異地故道里遠近懸殊今並更正

城池

酆都石城明天順中知縣柴廣築高二丈周六百丈門五東南曰宣化東曰迎恩（一名守智）南曰會川（一名舘驛）西曰陽和北曰[illegible]豐又別闢門四以便樵汲曰東水門（今閉）西水門（今閉）小東門（今閉）小西門宏治中知縣李毅明紳重修清乾隆五十三年江水漲浸城塌半嘉慶元年教匪之亂知縣楊燮募修十八年知縣方宗敬重繕始置埤堄咸豐四年滇匪警城歲久就圮知縣吳錦

銓募修未完以事去十年六月江溢入城塌二百丈有奇會川門將圮八月錦銓復任葺完始易堞以甎又附城置空心砲台六同治三年城又塌百丈有奇宣化門將圮六年署知縣田秀栗籌貲完葺更增堞五百六十六雉以慎封守九年毀於水光緒三年署知縣陸鎔復加葺繕

按酆都縣城前俯長江峻坂不可以池江水以爲池可耳後枕高山形似將矣然而山高且逼連亘三面下瞰城郭纖毫呈露動靜可覘火器可及雖有砲台豈利仰攻有城守責者盍於山以外圖之

新城在治西三里許同治十一年知縣馬佩玖築疊石爲垣周六百七十六丈高二丈餘次丈六七尺堞一千二百六十二門四曰東作曰西成曰南化曰朔易各有樓別闢水門二是年四月遷治民不便光緒三年署知縣陸鎔復葺舊治徙還新城今漸廢

按同治九年六月水大至舊城全沒人民蕩析知縣徐濬鏞因以罷署知縣張瑞麟議遷莪坡知縣馬佩玖別城於傅家包既遷稟論始末甚詳謂城東西北近山不利守南面江窪下城北溪漲輒倒注上游土地盤諸灘爲民鑿石漸平水漸北南岸轉高地勢迥非昔比恐修復後江水一發所費盡虛糜因議遷次歲委員來勘衆論多不便繼以不遷患大計遂定乃先擇地次選石次督工以莪坡地不吉距江遠鑿井督取石亦不便聘仁壽縣生員葉湘南度莪坡東南三里許之傅家包甚吉其地東西南三面懸崖各數十丈因以爲城南面崖下爲大江東西崖下溪流不絕取水良便雖東面溝外山勢高築砲台足以備不虞西南溝外爲李家山石堅地近取用捷於是鳩工庀材數千人併力作城脚深挖竟石底然後砌石平土因勢以爲城身之高下城以內衢四達官署倉獄祠廟具閱十三月而成是役也費錢十四萬五千貫大半皆民輸因請免捐輸十年報可又請永廣學額數名格於議稟上以憂去屬稿於邑貢生劉壽圖書榜以當記凡萬餘言今燬

培元塔　在治東十里許南岸大沙溪道光二十六年知縣朱有章建

培文塔　在治東北岸與培元塔對峙光緒十三年知縣何貽孫建

文峯塔　在南岸橋頭壩場南修百有九尺邑例貢楊懋修等建

山川

昔禹平水土主名山川蓋地之所以承天者不外水與土二者而已而風俗之淳駁人民之秀頑物產之豐嗇胥於是焉覘之吾邑濱處長江建置最早山川淸淑古稱福地眞仙賢佐寄跡於斯而某水某山又吾儕先人釣遊之所高風逸韻約可得而溯焉

平都山　治東北一里石徑縈紆林木幽秀梵宇層出舊志謂平都福地紫府眞仙之居漢仙人王方平陰長生鍊形於此世傳麻姑過之有留題絕句則沿道書附會之說也

大仙巖　在平都山半

仙姑巖　在平都山五雲洞後舊志謂麻姑過此得名

鹿鳴山　治西北一里舊志引蘇詩序謂此山有鹿客將至輒鳴故以名山將夔記右縈白馬肖形也

按東坡年譜嘉祐四年冬公及弟子由同侍老蘇自蜀舟行至楚過豐都縣有留題仙都觀及仙都山鹿二詩據蘇詩全集白鹿詩注舊志所引係老蘇詩序而嘉祐集無此序亦無此詩或老蘇過此別有詩而偶逸之歟存以俟考

青牛山　治東五里大江下縈峯巒環繞狀似蹲牛故蔣變記左跨黃牛
舊志亦稱牛山
五魚山　治北一里蔣變記後擁五魚
雙桂山　治西一里雙峯對峙高俯羣山
南北壇出　治西二里山南北舊有社厲兩壇故名今俗訛名南北臺
買郭山　治東九十里十字路場北
花聚山　治南二十里舊志謂爲學宮錦屏
珠簾山　治南二十里朝旭初上山翠倒影入江狀若珠簾
雞公嘴山　治東北三十里
紅花山　治南三十里春時多花
金盤出　治南五十里形似金盤

鏵頭山　治南八十里
大峯山　治東南五十里舊志謂東壁文峯
交頭山　治南一百二十里
石龜山　治北五十里華陽國志巴子又市於龜亭舊志謂即此
靈應山　治東六十里北岸對高家鎮
大峯門山　治東南六十里兩壁峭立中通人行舊志謂有古壘
燈盞窩山　治西七十里
鷹嘴巖山　治西七十里
石壁山　治西七十里峭壁千仞舊志謂老樹萬株昔有仙人鍊形於上
鑄鐵符藏之故又名鐵符巖
萬聚山　治東北七十里萬山環拱故名

獅子山　治南六十里波羅壩西北
銅鼓山　治西南六十里狀若銅鼓
鳳山　治南六十里對波羅壩場
高石山　治南百里地名担子台石壁無土草木不枯石壁下垂泉自中
出大旱不涸旁有垂石俗呼白鶴老鷹巖
按高石山俗名象鼻巖以形似得名白鶴巖老鷹巖相距各四五里非
一地一名也
碧巖山　治南六十里波羅壩中
金佛山　治西北一百四十里俗呼涼磉礅高極雲霄漸下迤邐而東邑
人謂羣山之祖西麓接涪州鶴遊坪
尖山子　治南六十里

闕口山　治南百里在太和鄉後明末秦良玉置戍於此石址猶存
岷江　治南江水東經涪州一百里入縣境徑南門外若襟帶又東九十
里入忠州境
按蜀三江外水岷江中水沱江內水涪江
竈門子灘　治西四十里立石鎮東江水半漲下水船險
捲蓬子灘　治西三十里竈門子灘東江水滿時船上下俱險
觀音灘　治西十五里江水滿時船上下俱險舊志謂險冠全蜀明萬歷
間巡按御史李時華鑿以利行舟黃輝爲作平險記
大佛面灘　治西上連觀音灘江水滿時船上下俱險
土地盤灘　治西五里江半漲時下水船險舟人至此最宜傍北放棹
送客堆灘　治西上連土地盤江半漲時下水船險

巉碑梁灘　治西上連送客堆境內第一險灘石梁亙江心水滿則沒半漲時下水船險舟人或避險而南則又駛入百丈灘矣舊設救生船二隻水手十二名　按灘東西長三百四十三丈

百丈灘　治西南三里斜對巉碑梁江半漲時下水船險

按酆都上游諸灘實屏蔽縣城障水使南故城處北岸無恙諸灘平則水勢直注縣城人其魚矣比年石工或取灘石城東山隄數崩是其一驗平險者固利彼而不利此也

龍牀石灘　治南江水中盤石聳出流水激滂冬盡水落下水船險石面鐫大字曰石㮦傍有題刻水落輒見

關石灘　治東五里江半漲時下水船險

林閣老灘　治東南五里江水微漲下水船險

碧溪河　治西三十里自金盤山發源西南流入忠義鄉社壇至復興場河邊東流名東流口橋曰東流橋入忠武鄉經永興至高洞若瀑布數丈湍急如飛洵勝境也至仁壽場入涪界於施家角入江

鐵門坎　治南八十里在楠竹壩左冬時水落見底輪船住此每擱礁

南賓河　治南一百里發源於湖北利川魚筌口入邑屬義順鄉有野鶴溪自忠屬來滙復西流入石屬經邑屬觀音寺至邑南烏楊壩大山阻之伏流山底經龍河出葫蘆溪口入江此溪容小流最多惜陡絕不能導致成棄材

渠溪河　治北六十里自忠州倉井發源西流經縣境出涪州珍溪口入江

豐稔壩　治東二里江中長洲綿亙可容數百家爲縣城下臂舊志謂鎖石硅司水口邑人以兆豐年故名

葫蘆溪　治東南二里溪口平圓似鏡所謂月鏡潭也舊志謂陰長生師馬明生鍊形於此得葫蘆丹藥仙去

流杯溪　治北一里鹿鳴山陰澗水緣石而下迤邐出通仙橋入江舊志謂昔人鑿池九曲引水流觴故名

龍洞溪　治東二里自老柏溝山谷發源經平都山陰入江

小富溪　治東五里自黃韓堰山谷發源經趙村壩繞北關後澗羣溪滙之環流至東關下入江

洗脚溪　治西三里自北關內山谷發源環流至西關下入江

榔溪　治東十里

羅雲溪　治西南三十里溪心爲酆涪交界

白水溪　治西南二十里

塗溪　治南七十里

油峯溪　治南一百里

渭溪　治南七十里發源於觀音洞四時不涸

按諸溪外北岸有瓦陶溪南海溪九溪子赤溪老蛇溪丁溪雙溪鑿溪南岸有佛子溪瑤溪丁莊溪刀小溪沙溪曹溪泥巴溪木屑溪石板溪文溪高家溪

靈泉　淸邑令馬佩玖濬

名勝八景

平都山曉

送客晴瀾

白鹿夜鳴

靑牛野㟖

珠簾映日

月鏡凝山

龍床夜雨

流杯池泛

農田　水利

周官司空居四民時地利酆邑雖小聚族於斯者大都宅乃宅畋乃田而隄堰溝洫要必修水利備旱潦以爲財用衣食之源也曷可忽諸

大堰治南十五里可灌田五百餘畝

長堰治南十五里可灌田七百餘畝

樂善堂大堰可灌田千畝

㽜基灣倉石頭大塘長五十餘丈寬三十餘丈可灌田數百畝

李子坪連二塘可灌田四百畝

土蒿坪堰可灌田數百畝

石梁河堰居民自造可灌田

京陵壩河堰可灌田數百畝

大堰塘係山水蓄積

長沙河山頂堰塘數十可溉田數千石

雙河口

鉄爐溝水田陡坎子引出左右分流可溉田千畝

江池兩滙口堰可溉田千畝

磨刀洞陡坡子堰又名大堰約灌田三百餘畝

茶園古堰由張家溝引入約灌田五百畝

大月壩溝口堰灌田千畝

大月壩塲橋堰郎純嘏捐修堰頭鑿石壁成溝以通來水之源石壁不可鑿處則架木爲溝通之約灌田千餘畝

鞠家漕堰約溉田百餘畝

魚潛子在治南大河壩母猪沱魚自潛出穀雨始至夏方止

龍潭潭口寬三十餘丈其深不測產魚甚夥

油房溝堰灌田數十畝

馬道水灌田百餘畝

老龍洞水源鳳來塲灌田數十畝

菜村壩堰歲貢廖紹周築灌田百餘畝

大堰白水溪下游灌田千畝

大堰佛子溪下游灌田千畝

偏巖子堰南溪上游灌田敹百畝

馬廟壩堰南溪中游灌田敹百餘畝

栗子坪堰南溪下游灌田敹百畝

老龍潭堰銅鑛山麓灌田千畝

量洞堰包鸞塲之西灌田敹千畝

飛仙洞堰灌田敹百畝以上俱係南岸堰

按酆邑土磽薄能經十日雨不能耐十日晴北岸山少田多溪澗多無源之水故水利在塘南岸田少山多而龍水四出故水利在堰守土者因地制宜以時灌溉吾民尙亦有利哉

名墓

明解元李如星墓梨子寨內李家磴

清歲貢毛奇玥墓梨子寨內墕側

雲南曲靖知府楊叔京之父青埜墓大池三星半月舊志作叔京墓誤

清翰林院編修易簡墓觀音橋

清進士安徽舒城知縣李存周墓坦舖下壩

清副貢馮乃駟墓白沙沱附近曲水塘

清舉人常甯知縣蘇爲楨墓大池阿壩灣

清舉人郎士貴墓永興場郎家溝

清舉人陳光策墓大池大塝

清內閣侍讀學士劉宇泰墓安仁鄉油榨邊

清庶吉士正安州知州郎承謨墓新建鄉水天坪

清楚雄府知府郎承詵墓新建鄉悟惑寺側

清舉人沔陽州知州王元曾墓忠義鄉社壇

場市

王家場二五八集距城六十里　同興場一四七集距城三十里

太和場三六九集距城三十里　大柏樹場一四七集距城四十里

何家場一四七集距城七十里　堡興場三六十集距城七十里

沙灘場二五八集距城一百二十里　三聖場三六九集距城九十里

興隆場二五八集民國初年設立距城一百里　趕場壩場一四七集距城一百二十里

萬順場三六九集距城一百二十里　文會場三六十集距城六十里

社壇場一四七集酆墊通衢　崇興場三六十集

堡子場一四七集忠義鄉適中地　元龍場三六十集光緒中開市

大安場一四七集光緒中興設　林家廟場二五八集生意繁盛

箐口場一四七集酆涪交界要隘邑西北門戶　興隆場三六九集爲忠義鄉第二要隘

接龍場三六九集梁墊通衢　永興場三六九集距城六十里

馬虎場二五八集距城四十里　人和場二五八集距城三十里

立石鎮僅可購油鹽等物距城三十里　復興場一四七集距城七十里

董家場二五八集距城一百八十里　關聖場三六九集原名萬勝明季建

中和場四七十集　太平場三六九集距城一百六十里

青天場一四七集距城一百二十里　大河場二五八集距城一百八十里

橋頭壩場二五八集距城三百二十里　三益場三六九集距城三百二十里

中壩場一四七集距城三百六十里　沙子關場一四七集地最險要

大堰口場二五八集　栗子壩場三六九集距城四百里

新場一四七集距城四百二十里　洗脚溪場三六九集

黃河壩場二五八集　石梁河場一四七集距城四百里

三滙場二五八集距城四百四十里　大沙壩場三六九集酆石交界處場屬酆

玉興場一四七集　大月壩場三六九集亦名悅來距城一百二十里

京陵壩場二五八集　皮家場四七十集距城一百六十里

觀音寺場一四七集距城一百四十里　鳳來場南界石硅三六九集距城一百八十里

合面舖場一四七集距城一百七十里　新建場黔彭通衢二五八集距城一百二十里

大河壩場二五八集距城七十里　興隆場梨子灣寨內三六九集距城一百二十里

廖家壩場一四七集距城七十里　廠天壩場三六十集距城一百里

長坡嶺場三六九集地界酆石距城百六十里　三星半月場三六九集距城二百里

高家鎮場二五八集戶口稠密生意繁盛　蔣家溝場一四七集今停
龍窕廟場一四七集距城九十里　田家嘴場三六九集
倒流水場二五八集距城一百八十里　蒲家場二五八集
石佛場三六九集距城三十里　興隆場一四七集距城三十五里
復興場三六九集距城三十里　大池壩場一四七集距城三十五里
雙路口場一四七集距城二十里　馬蝗冲場三六九集距城十五里
兩滙口場二五八集距城二十里　波羅場三六九集距城六十里
孫家營場二五八集距城六十里　黃沙壩場三六九集距城一百里
竹子壩場三六九集距城一百二十里　廂壩場三六九集距城一百三十里

洞寨

按舊志修於同治戊辰是時洪楊亂後吾邑各鄉洞寨處處修葺故備錄之今相去數十年多就傾圮而槍堅礮利無險必不可守茲擇其險要完善可以避亂者著於篇餘俱從畧焉

重修酆都縣志卷八

老洞河在興隆場近水源爲小溪自山口直下架堰可溉田數百畝旁爲道路寬尺餘長十餘丈介於懸崖間旣無他徑復無梯級關匪時鄉人斷路阨守終保無虞實要隘也

老龍洞在雙龍壩場後洞內第二層石龍石虎栩栩欲活天生石門狀類牌坊再進有水塘二廣袤約四五丈水深黑無底鄉民禱雨最驗

飛龍洞距關聖場左數里山腰飛瀑百尋寬約十餘丈不亞匡廬巨觀下匯三潭三農祈雨輒驗

金獅洞在栗子壩清乾隆乙巳年僧達寬修可容數百人亦高亦險

老龍洞水由洞出鄉人祈雨有驗

白鶴洞溪流匯爲深潭晨夕嵐起狀如白鶴故名

四方洞在黃河壩極高大內有板屋居人

譚洪洞在四方洞反背相傳清初洪隱於此

乾龍洞在金鈴壩極高深產硝源出鑾水洞流至沙子關爲龍河之源

嚴家洞巉崖峭壁上下皆崎嶇可以避亂

水井河在雙龍壩界內源由平地排列五孔向上湧出產細鱗魚味極佳

水簾洞距城七十里洞上懸石若蓋水出洞頂下垂如簾土人多納涼於此

蓮花洞距城六十里距場二里許洞頂石垂如蓮花下有綠水滿塘可溉田

乾龍洞距城七十里在半崖中形勢險要可容百餘人

鑾洞上白塔之側清光緒二十年土人掘得鐵貯水器數具

保安洞距城四十里可容百餘人形勢險峻

烏羊壩距雙龍壩二十里土壟成壩長十餘里上窄下寬約七八里前阻橫山溪漲浸入渟蓄不流瀰漫無際行人涉多病滅頂水中崖壁漩坑下洩伏流而出崖上有石羊色烏故名

涼磉礅寨距城一百四十里爲北岸羣山之祖篇視千仞

獅子堡寨距城四十里險可禦匪

鐨子寨距城六十里險可禦匪

重修酆都縣志卷八

大小堡寨兩寨並峙高約數十尋惟面積小

高興寨形勢爲天然與人工合成面積周圍九堡十三灣有井七口清同治時周匪爲患曾圍攻數次未能得手誠忠義鄉第一要寨也（離寨數里有漩窩塘一口面積約數十丈）

石堡寨距林家院三四里形如船四面均人工造成對山甚遠面積甚大高十餘丈有塘一口忠義鄉團練遇警即據以爲守因險要足恃也

天池寨有塘數口有田可穫穀四十餘石高入雲際形如天池故名（距離不遠有大佛頂可備瞭望）

雙和寨酆涪交界地最小而險天然人工合成離此二十餘里有林家院與大佛山相望可備兵事時第二嗜地

大石寨與大佛山遙映周圍約百餘丈

平安寨同治壬戌藍賊蹂躪後土石崩摧光緒二十五年重修

鸜鵒寨地高而險三面懸崖無路可入南面逶迤而下至煙墩山稍平寨垣一帶松柏大至合抱者數十株古亭傾圮雍正八年邑編修易簡題碑猶存

永清寨清嘉慶五年建修民國十二年江培之江子茂等修碉樓

華豐寨地勢高峻兩面有路可通酆涪交界險隘之區也

福德寨又名小成寨仁壽鄉團練辦事處設於此

人和寨光緖初年楊茂修創建寨中田地可收穀二千餘石柴薪亦富四周懸崖險峻可守

蠻王寨相傳譚鴻譚誼曾據此碑碣殘蝕莫可辨識

大寨坪後險多森林前皆田地左通石邑右入橋頭壩塲

沙子關羣山斷續至此低下成溪中有橋梁可以扼守

羊角寨前面險峻後爲石砫界多田地

甘家坪寨四面岸牆高數丈長十里寬二里許多傾圮須修葺方可用

高洞寨寨洞有二一圓形一長方形相距不遠中皆有泉水可供飲料上下皆陡岸不易攀躋

栗子壩寨徑數十里圍數百里四面峭壁千尋大溪環繞誠南岸第一險區也

三仙寨地勢險要下臨深谷崖間一洞深邃可容數百人

天寶寨卽梁家灣寨也東西高七八丈南北高十餘丈石逆入川時土人曾培修堞禦今漸倒塌

橋梁

雙龍橋　趙家河橋　雙河口橋　安仁橋　順天橋　金龍橋

雙鳳橋　八福橋　象鼻橋　二龍橋　聚賢橋　復興橋

長壽橋　接龍橋　萬壽橋　通仙橋　總眞橋　瑞林橋

昇仙橋　平心橋　觀音橋　七里橋　安隆橋　萬壽橋

曾家橋　蔣家橋　雙龍橋　太平橋　捲洞橋　高　橋

石龍橋　方石橋　雙河橋　聚緣橋　淸水溪橋　大　橋

萬壽橋　星　橋　觀音橋　五福橋　利濟橋　平治橋

便宜橋　自生橋　通利橋　永定橋　錫福橋　三元橋

福壽橋　獨善橋　萬壽橋　度生橋　遇仙木橋　四也橋

石拱橋　涼　橋　雙會橋　三多橋　長春橋　大有橋

萬壽橋　天生橋　萬善橋

重修酆都縣志卷九

食貨志彙戶口田畝物產賦稅錢幣工商

天地菁英生材各異民物蕃滋山輝川媚農服其疇商居其市九府流通百工爲備以厚民生以維國計枳水洋洋同沾樂利志食貨

戶口

戶口無定數盈虛消長大抵隨時代爲轉移淸初流賊張獻忠由陝入川屠戮川民殆盡我邑城野數百里迄無居人戶口全空矣順治十八年獻賊殄滅先民田宅悉外省人移補湖廣麻城人尤多時灰燼再造土曠人稀淸廷因地徵賦有一戶口卽載一糧籍糧籍之多寡卽戶口之多寡按冊瞭然無煩再計其後人滿地蹙糧籍所不能載通稱民籍民籍外又分客籍商籍軍籍而戶口盈縮無定矣乾隆四十一年淸廷諭各省州縣詳稽民數册籍散失其案無存據舊志咸豐四年報部共編一萬八千五百七十戶男女七萬三千九百三十丁口同治七年報部共編二萬一千四百五十四家男女八萬二千五百五十五丁口光緖十九年報部共編二萬七千九百三十五戶男女八萬八千四百五十丁口宣統二年淸廷復諭各省各屬設局專辦統計派員切實調查列表申送據其彙報全縣實得九萬一千一百戶四十一萬丁口近因迭遭匪亂人民各思自衛民國八年奉省章創辦民團依前保甲法十家爲排百家爲甲五百至千家爲保排甲有長保有董正而又設團總以統之先發門牌飭十長分查花戶挨塡戶口由百長遞交保董團總彙齊申縣茲據十五年一城十鄉所報分計合計依數備載

城廂　四千二百三十六戶二萬一千一百八十丁口

仁壽鄉　五千九百戶二萬九千五百丁口

太平鄉　一萬零六百三十八戶五萬三千一百八十五丁口

安仁鄉　一萬一千三百五十戶五萬六千二百五十丁口

忠武鄉　四千二百五十戶二萬一千二百五十丁口

忠義鄉　六千七百四十戶三萬三千七百丁口

順慶鄉　七千九百六十四戶三萬九千八百二十丁口

新建鄉　八千二百七十戶三萬六千三百五十丁口

崇德鄉　一萬七千二百三十戶八萬五千六百五十丁口

義順鄉　九千二百二十戶四萬六千零五十八丁口

太和鄉　一萬零三百五十一戶五萬一千七百五十五丁口

總計全縣共九萬六千一百四十九戶四十七萬四千六百九十八丁口

按前志光緒十九年報部戶不過二萬丁口不及九萬較同治九年報部戶口數只增十分之一以現在各鄉彙報較之戶增四倍丁口增五倍相距三十三年生齒之繁而速殊難徵信或前志調查未暇審詳歟舍遠取近當以各鄉彙報爲是

田畝

治分南北兩岸南瀕大江六十里內低處各依山爲田傍溪爲堰龍水四出頗資灌溉高處溪堰俱無而石确參差復居土壤大半六十里外重岡深箐田畝絕少北岸勢稍平衍田畝較多而泥沙錯雜迥異膏腴淸初分田地爲上中下三等共訂十九萬九千七百六十畝（說詳賦稅丁糧）同治六年川督駱秉章奏定簡章合田地平均計算折合中田十五萬四千一百零七畝今仍舊

物產（分農食植物果品花卉藥材礦產森林水族鳥獸器用）

治屬殊少特產其服食常見之品盡人習知茲採其重要有關民生者詳其說以志之餘概從畧

農食（概從俗名）

稻穀雜糧　種類甚夥茲從農俗通稱無論秈稻糯稻統謂之穀若豆麥若高粱若包穀小米等類統謂之雜糧綜十鄉全年所產通算以田畝計全縣十五萬四千餘畝一畝歲收穀約二石或不及二石總計約三十萬石雜糧之數半之而現在丁口已五十四萬有奇平均剖分一丁所得不過數斗年豐差足自給小有荒歉上游惟仰給重慶合川下游

惟仰給忠縣治屬土瘠民貧即此可以概見

紅色米　新場田多而米皆紅色甚至米心亦紅

翻苕　通產賤品也味甘質潤農人珍爲半年糧閭土謠云翻苕熟民果腹翻苕稀民受飢其用殆比之稻糧云

菜蔬　韭薤生於春莧茄產於夏瓜芋熟於秋蘿蔔盛於冬他如白菜青菜菠菜等類隨俗稱之各地皆產農人用之作羹亦堪果腹

榨菜　原質爲青菜其頭肥壯嫩脆大如盤製法剔其皮葉搭廠晒乾以榨杆榨去其液醃以富鹽布以香料裝入瓦罈重約五十斤歲出約數千罈載至宜漢上海等處賣之每罈價約六七元味極鮮美此爲菜蔬特產

嘛咂酒　農家以米合雜糧釀成分貯小甕用時浸以沸水插竹管於甕

中吸之一甕足供豪飲十餘人相傳白香山謫忠州時創製詩云悶取藤枝吸酒嘗即謂此也

植物產

棉　產崇德鄉廣家壩太平鄉灘山壩附城十五里九溪子一帶亦有種者邑人呼爲土花質極溫軟特所產無多惟貂兩湖裝運入口治城向有廣花行近洋紗盛行行遂關閉

麻　仁壽鄉太平壩徧種青麻商販常捆載出口其餘各鄉所產只自給其用

蠶桑　向無講求其利者光緒二十八年省飭立農務局局長王稈珊購栽桑秧二千餘株招生飼蠶爲邑人提倡十鄉亦有取法者但產絲不旺獲利甚微今歸實業局管理

桐油　治南北各鄉出產俱盛而黃河壩廟子石尤多近外國人利以製造器物懸格訂價徧向各場搜買商販裝運出口頗獲厚利

漆　崇德義順兩鄉出產最盛太平鄉次之忠義鄉又次之居民常辦裝出境樹有子可榨以取蜡團作燭最佳

茶　產義順鄉馬武壩七曜山俱佳廟子石茶子油尤多至崇德鄉梨子灣香味彷彿雲南普茶但所產不敷一鄉之用　光緒二十七年太和鄉廩生譚綺垣選購佳種種植里餘出產暴盛色味雙佳遠近爭購之後綺垣卒茶樹漸萎

棕　各鄉俱有其樹節節相生皮似布而粗疏疊之可爲簟析之可爲繩

青藤　出崇德鄉長數丈短亦數尺可編織几榻

箬葉竹　亦出崇德鄉葉寬大而長可製蓬笠

龍頭竹　老人截取作杖餘如班竹慈竹水竹冬竹苦竹棕竹等類各鄉通產農人隨其質編作家用器物

蘭花葉烟　其葉似菰其氣似蘭出治南深箐中採而吸之清香撲鼻特移栽別處盡成劣種此亦異產

罌粟　俗名鴉片煙秋種春收各鄉皆種之歲出約六七千担担準千兩價格約千元

按其種傳自印度流毒中外光緒三十一年中外定約限五年斷絕根株民國初已減去十之八九繼因軍餉日蹙民困難紓漸次復種以致農民豆麥不治兼連年苦旱薪桂粟珠今人民漸有悔心俟軍事稍平必不留其餘種

果品

桃李梨杏葡萄櫻桃等類各鄉俱產無他特異近京菓齋舖蜜作鑵頭甘芳適口是以并採

橘　鄉村人家皆植之但未成林其成林者近紅崖約數千株經冬紅實燦爛摘賣城市獲利甚厚

又近城北關高鎮油房溝種植各數百株餘或數十株百餘株不及備載

芝元　出新建鄉泥巴溪經秋子熟纍纍滿樹爲果中貴品各鄉亦間有之但未成林

銀杏　亦名白果花開人不及見結子甚繁一樹可得二三斗其材紋理細膩但不堅實用作器物不良出崇德義順兩鄉

胡桃　各鄉皆產性忌雪水立春後必以鐵錐洞穿其樹結實始成否則

不實實亦易落

栗　形類橡樹結子較多味恬悅口時人呼爲板栗瓣

花卉

治屬無公園亦無民家私園牡丹芍藥等類只分見村野經春有負担入城賣者百錢可買數朶然移植城中踰年頓萎惟蘭桂玫瑰茉莉等類近人取作香花酒置貯玻璃瓶中與鑵頭并美

藥材

黃連　藥中上品產黃水壩有捆載出洋者性畏霜雪必架木爲棚以蓆覆其上久之棚柱生白耳香菌鮮美異常一物而三收其利云

土藥品附

厚朴（出口大宗產黃水壩）棓子（出口大宗產金鈴壩）黃蘗（產石梁河）聒參（產石梁河）明參（產石梁河）苡仁　泡參（產石梁河）天冬

（產石梁河）車前子　女貞子　威靈仙　骨碎補　半夏　杜仲　梔子

台烏　荊芥　丑牛　川楝　靑廂子　充蔚　蘇子　槐花　紅花

枳實　白芍　茯苓　使君子　貫仲　桑蛸　蟬退　胆草　澄茄

乳香　細辛　金櫻子　豆根　地榆　牛夕　靑皮　紫苑　續斷

雷丸　地骨皮　升麻　天麻　獨活　前胡　黃荊　石斛　南藤

五甲皮　桑皮　苦參　粉葛　木通　百合　花粉　瓜蔞　旋覆

花　血藤　草烏　首烏　兜鈴　巴戟　常山　知母　大力子

柴胡　石燕　茵陳　香附　丹皮　羌活　茱萸　蒼耳子　狗脊

瞿麥　陳皮　白部　萆薢　蒲黃　烏梅　無名異　南星　狼毒

白薇　銀花　芫花　白前　巴豆　蘄艾　卜荷　小茴　益母草

按以上各品十鄉分有而南五鄉出產尤盛

礦產

鹽井　在治北陳家溝名修齡井水味極鹹惟井逼近大溪溪水雜浸之自明迄今開辦者無從撇分涇渭今廢

鐵鑛　安仁鄉梁磴墩礦質甲於全縣居民集股開辦歷有成效鐵純熟精美各鄉民團購製槍炮極爲佳品

又順慶鄉黃沙壩舊有礦穴巨商設廠開辦初猶獲利繼則大喪貲本近惟居民於農暇時採挖轉賣以求一飽

又太和鄉有鐵廠三處今惟橫梁子一廠尙存

又太平鄉五面坡鐵極純粹劍峯埡鐵礦石灰礦尤多七曜山產鐵間有鉛礦石梁河洗脚溪亦出鉛礦

又崇德鄉朱家漕漆潦壩寶家爐楊家漕梅子灣新建場洪敞壩楊柳

水狗子水烏楊壩廠天壩磨刀洞迴龍場柏木園等處礦穴甚多時或開辦時或停止無從考其衰旺

銅礦　崇德鄉太平壩嶍二壩橫亘百餘里舊有銅穴前廪生傅鶴書探得其地集股數十元就穴開辦入穴數武覺有物碍路燭之則人死僵臥者也遽畚棄地始悟爲前之探取工人殀經營年餘大喪貲本其業遂廢

又崇德鄉柏木園舊有銅穴道咸年間掘取者多以致富至今子孫坐享其利居人猶能道之

煤礦　太平鄉柏崖口產煤甚富有廠六鹽井溝廠三劍風埡廠一距城甚遠只供一鄉之用

又距城三十里新建鄉淸泊蕩有煤洞七日運至邑城發賣其船由龍

河出口極便利但中阻險灘提載過載運價之貴常倍廠價然所出甚
旺足敷治城半年之用
又忠義鄉梁磴墩尖山子產煤亦旺皆距城窵遠無出河者
又太和鄉倒流水舊產塊煤重有至數十斤者歲出約値銀二三千元
又橫嶺岡產煤歲出亦値銀數千元俱售忠縣連封等處七曜山產煤
亦富
銀鉛礦　崇德鄉老廠坪相傳唐宋年間廣產銀鉛廠基尙存故名老廠
明淸兩代皆有巨商集股開辦然礦沙混雜鍊之者有若無今已停止
沙金　太平鄉任家河沙平岸闊淘金者以數十計然必水落時始可採
取春漲岸沒其業遂停所出甚微
丹砂　崇德鄉都督村有山石赤泥紅初不甚異後土人連石帶泥取柴

火鍊之鎔後悉成水銀始悟其爲丹砂也歷來未經開取
硝　治南古洞甚多產硝亦夥但其廠甚少惟栗子壩洞硝崇德鄉硝廠
最著其餘各鄉惟取多年牆壁古屋地皮熬之鄉團亦利其用
石灰　治南北皆有質最佳者惟順慶鄉波羅場新建鄉蓮花洞出產甲
全縣
又忠義鄉敖家漕童山屹立田土絕少居民鑿山石燒灰以爲生活
炭灰　高鎭茶園溪一帶貧民日刈荊棘蕨藤砌土窰燒之成炭負賣謀
升斗焉
森林
柏樹　治屬南五鄉山深林密咸同年間其材連抱者以數千計近斫伐
殆盡其存各鄉者猶復數百株數十株不等北岸遜之

松樹　與柏同
杉樹　雜生松柏間其材更大於松柏斫取作棺美者可値數十元邑南
靑杠園沙子關最多
楠木　長大挺直與杉無異而材質美勝於杉但所產較少
楓　無旁枝挺直似箭經秋葉紅大常連抱南五鄉間有成林者
香樟　香濃勝桂紋廻如雲大常連抱出太和鄉蔣家溝但不成林他處
絕少
紅豆　其材紋理精美較勝香樟惟香氣不足而細膩堅實以此爲最邑
人取作牀几箱匣最爲佳品
榕樹　俗名黃角樹陰闊畝餘行人休息每借其陰
橡樹　俗名靑棡其子可食其殼可爲染料南北各山多有之

竹林　太和鄉倒流水竹山綿亘十餘里居人取以製紙獲利甚厚而匹
園翁蔚匪徒時出沒其間民國十二年淸鄉軍兜剿斫伐燒燬存者十
之三四
荒山　南五鄉距城百里外亂山合沓荊蕨叢生長廣或十餘里七八里
不等居人但取作薪成材者絕少
器用 案食物
碗廠　質料遜於磁而遠勝土窰盂盤盂盎皆備黔省近境利其廉美負
販絡繹於道出治南波羅場鐘蕩溝雙龍壩
紙廠　崇德太和兩鄉舊有紙廠十餘處忠武鄉亦有一二家倒流水紙
廠尤旺足供一鄉之用
陶器廠　一在太和鄉大花地一在太平鄉牟家場盆盎花鉢等件絳色

光潔貧富皆堪適用

饊房　治南新建鄉泥巴溪治北忠義鄉萬順場泥色紺黃油潤產甘蔗極肥美居人取以製饊舊有饊房數處兵燹後俱已歇業

特品

竹蓆　取水竹刮篾織成蓆細於絲輕軟可摺出治南波羅場爲邑用物又仁壽鄉董家場織蓆之戶亦多特不甚精美價卻較廉

機器麵　研以水磨抽以機器絲細白如銀倡自盧姓公和新楊總司令給有商標

條粉　出仁壽鄉李家寺以豆粉漉成絲細如髮白如銀價格甚廉精美遠勝他屬曾經賽會許可

牛羊皮　外商先以銀交土販預訂價格每担百斤約值銀百餘元八九

十元不等土販徧向各場收買歲約出三四百擔

水族產

紅色魚　長僅數寸絕肥美出大江黑石梁不常有必夏水浸漲至梁脚始結隊出漁人限時輪網之此爲水族特產

墨甲魚　忠武鄉觀音橋下溪水湍流相傳易太史簡洗硯於此魚盡變成墨色味亦美

石馬塘魚　塘由沙灘河流入產魚多常有漁船捕取又有門坎塘水亦由沙灘河流入塘如門坎魚可進不可出與石馬塘俱爲淵藪塘在忠義鄉境內

錢口魚　出崇德鄉溪中由滲洞流出張吻如錢故名長只數寸肥美不減紅色魚云

龍洞跳魚　崇德鄉龍洞河有灘石生成如鐨夏至後羣魚結隊出爭跳入灘內附近民爭取之日約得魚百餘斤交小暑魚卽不見有亦不跳

泉子魚　土人呼爲油魚謂其自帶油潤也出崇德鄉韓家沱沱水由山穴流出魚亦墨色味絕美然必夏水漲始出又有一種冬時始出肥膩尤勝油魚土人俱以泉子名之

桃花魚　向惟忠縣折尾灘有之狀若桃花以手掬之若痰涎然今高鎮小河一帶春漲徧出游揚水面頗堪玩賞

羽族

錦雞　毛色五彩爛若錦故名

土鳳凰　毛色五彩尾長數尺斑爛可愛劇園取以插帽

雉　毛色五彩與土鳳凰無異俗呼爲野雞肉甚美

桐花鳳　色鮮美細如指昔人謂爲么鳳比之閨秀弓鞋云

竹雞　棲必擇竹故名

白鷺　巢近村樹百十成羣樹杪如點霜雪清光緒初年治城稻穀倉街向有榕樹羣集來巢胎息生養數年後遭雨雹遂他徙

鸜鵒　俗名八哥善圓滑馴養之教作人言亦肖

獸類

虎　豹　馬豹　狼　野猪　土猪　荒狗　刺猪　獐（梨子灣官田壩俱產土人取麝）

麅　兎　狐　九節狸　獾　猿猴　刺猬　松鼠　野貓　黃鼠

白面狸

田賦

國家正供惟丁糧名義最爲正大糧原按畝輸穀後始以銀折合明以前

無考清康熙六年川省田地皆分上中下三等載賦役全書雍正七年奉
文丈量我邑除籍田四畝九分不徵外上田四百五十七頃三十畝九分
毫厘不計下仿此 畝徵銀一分八厘四毫 絲忽不計下仿此 中田四百六十五頃三
十三畝五釐八毫畝徵銀一分六釐一毫下田四百二十一頃八十九畝
九分五毫畝徵銀一分二釐上地一百五十八頃三十六畝七分三毫畝
徵銀五釐六毫中地二百七十四頃八十五畝一分畝徵銀四釐九毫下
地一百九十八頃五十三畝二分畝徵銀四釐二毫合併積算田畝地畝
共一萬九千七百六十畝九分歲額徵銀二千四百九十二兩五錢一分
二釐遇閏加徵銀一百二十一兩加一五火耗徵解詔額訂後永不再加
毫釐歷雍乾嘉道四朝代有蠲免 詳後蠲恤
同治六年川督駱秉章以田畝地畝參差不一徵銀多寡相去懸殊奏定

重修酆都縣志 十二 重慶市楊柳街
重修酆都縣志卷九 新文化社代印

簡章無分上中下等田地折合為中田十五萬四千一百零七畝畝徵銀
一分六釐一毫歲共徵銀二千四百九十二兩五錢一分二釐遇閏照攤
銀一百三十九兩一錢九分六釐加一五火耗銀三百七十三兩八錢七
分七釐永為定章賦不加增而田畝地畝井然如故民樂其便未幾而捐
輸之名出矣津貼之目出矣捐輸分新舊兩項舊捐輸額定歲解銀一萬
一千六百兩為常年定例新捐輸無定額歲約解銀六千兩其津貼之額
以丁糧正額為準
民國反正改用銀幣取滿清種種名目一律更易以丁糧為正賦丁糧原
額十五萬四千一百零七畝因游糧無着改定為十五萬二千畝依銀幣
扣算百畝應徵銀二元六角二仙四星以津貼捐輸為副稅百畝應徵銀
二十元零三角一仙四星外全年解費銀三千四百八十六元八角一仙

二星合計年實解銀三萬八千三百五十二元五角七仙二星近因軍餉
日急連年預徵已墊解至二十二年矣

丁糧附加款 附

團欵附加按畝加收錢二百四十文 後改收百分之五之穩租捐此項附加乃停
留學貸費按畝加收錢三十八文
實業局費按畝加收錢三十文
縣議會費按畝加收錢三十文
按丁糧為國家正供前清定制永不加增民國亦有隨糧附加不准超
過百分之三十之規定治糧附加超過正額國家法令直等弁髦時局
於此可見一斑
鹽課 向由治商認銷犍蓬射水引共四百五十八張歲徵羨截銀三千

重修酆都縣志 十三 重慶市楊柳街
重修酆都縣志卷九 新文化社代印

四百八十四兩六錢五分光緒五年提歸官運認銷者指定岸口先以
保證押金入官准其專岸獨辦民國反正并官運取銷無論官商十庶
皆可積貲販運邑商有請仍照官運者不果行
茶課 茶腹引一百張歲徵羨截票息銀共七十兩零一錢現無商認銷
課遂停
魚課 歲徵銀四錢四分
田房契稅 向非正供今則按價徵收與丁糧無異清初酆邑獻賊據於
前吳藩陷於後至康熙二十二年始歸版圖時土著稀少田房皆外省人
插占所立契據不過白紙墨書無所謂紅契也至嘉道時始有紅契之目
亦無所謂契稅也其後丁口漸繁民間置業買賣漸多於是官宰量其價
格值千稅五無定額亦無解欵契稅最旺一歲價格約至四十萬串所徵

契稅不下二萬串悉爲縣官津貼光緒六年始歲解銀五百一十七兩二十一年續徵解銀一千二百兩旋又加徵解銀三千四百兩仍由官收官解羨餘頗多洎清末趙督奏設經徵局另派員收解民國因之近每千徵錢已至九十七文也附加附載

田房契稅附加欵

省議會公告費按價每串加收錢四文

縣教育局中學費按價每串加收錢九文

縣教育局新加中學費按價每串加收錢三十文

縣實業局公告費按價每串加收錢二十九文

縣警察局按價每串加收錢八文

因糧費按價每串加收錢十文

徵收局用經費按價每串加收錢九文四毫

教育局中貲捐按價每串加收錢二十九文

驗契費每契徵銀一元二角

官契每張收庫平銀一兩

推撥費按價每串收錢五文

錢糧蠲免

康熙二十五年二十六年錢糧俱蠲免　三十三年銀米俱蠲免　四十三年錢糧俱蠲免　五十年地丁并歷年舊欠俱蠲免　雍正八年地丁俱蠲免　乾隆十一年地丁錢糧全行蠲免　十四年丁糧蠲免十分之七　三十五年丁錢全行蠲免　四十年地丁緩徵錢糧蠲免　四十三年五十六年丁糧全行蠲免　嘉慶元年錢粮蠲免　三年錢糧緩徵　四年錢糧地丁俱蠲免其緩徵錢糧亦減十分之三　五年六年七年正閏火耗全行蠲免　八年錢糧地丁緩至秋後開徵　二十五年錢糧免十分之四　道光七年丁糧免十分之四

按滿淸熙雍乾嘉年間政體務從寬大民安其業天下無事道光以後誅求無厭關稅津捐紛紛苛斂以至國亡可爲殷鑑

肉釐　光緒甲午之役奉憲扎每隻抽釐二百文償日本兵費二十六年復奉扎加釐二百文由徵收局招商包辦繳局由局報解民國十二年川督楊子惠以教育經費無幾將此項全數撥歸教育廳作省教育經費永爲定欵而治屬學校林立在在需欵除附加稅外經各法團決議留三分之一作本地教育經費附加另載

肉稅附加欵

高小學費按隻加收錢四百文

十鄉學費按隻加收錢一百文

本年新加全縣新添設小學費按隻加收錢三百五十文

議事參事費按隻加收錢二百五十文

本年新加議事參事費按隻加收錢三百文

三費局費按隻加收錢一百文

招待去來兵費按隻加收錢三百文

警備費按隻加收錢二百文　本年擬改撥團費

司法費按隻加收錢五十文

實業費按隻加收錢五十文

禁煙畝捐　本寓禁於徵之意歲約二十萬元

禁煙查緝捐　歲約五千餘担担準千兩每担出口捐金三十六元

雜稅

樂捐　亦名入口捐凡雜貨藥材煙油等類皆按物貴賤飭令詣局納捐年計月計殊無定額

護商捐　緣沿江匪風最盛商船往來請兵護送量物酬金無定額

菸酒公賣捐　菸酒非必用之品寓禁於徵亦戒奢之意邑民貧苦最多用者絕少全縣歲入不及千元

船捐　亦因巡查江面而設抽收無定額

按雜稅各種皆因近來軍餉日絀不得已設法籌備一可補助駐防兵實一可減輕小民負擔俟軍事稍平必當漸次取銷決非常例

錢幣分銀銅二種

銅幣製造年代以縣屬通行爲始

制錢滿清歷代鑄

當十銅幣清咸豐十一年造光緒二十年成都造

當二十銅幣光緒二十年成都造

當五十銅幣民國五年成都造

當百銅幣民國七年成都造

當二百銅幣治屬未行

考民國初年往來錢幣皆滿清舊造其制重一錢二分大徑七分面鑄國號背鑄滿文中有方孔由一而百而千以索貫之名爲一貫通呼爲串一串約易銀七錢易米一斗易布一匹四丈四百貨交通以銀爲的銀價消長以錢爲的錢與貨稱貴賤適宜民甚便之咸豐季年江南軍事急餉奇絀兼鑄當十大錢大徑一寸二分重一兩二錢後以重贅難行廢之光緒中葉成都造當十當二十銅幣正面鑄川省錢幣背鑄龍文銅質純熟鑄工精美較制錢更爲便利民國革命兵多餉浩改造當百大錢重六錢一分大徑寸銅沙錯雜工亦惡劣因之百物騰貴而滿清制錢一半鎔鑄一半私運出境市塲交易直以當百錢爲單位政府以一錢抵百錢百姓覗百錢爲一錢貧者艱窘萬狀富者到手卽空此現行錢幣之情形也

銀幣

大錠重約十兩近猶有存儲者

中錠重約五兩

滴水珠重一兩上下不等今已不用

銀圓重庫平七錢二分各省皆鑄

半圓重庫平三錢六分中多雜假銀用者恆少

二角一角半角今概不用

考中國交易銀爲上品故歷來用銀約鑄十兩爲錠大錠可抵制錢十餘串中錠半之商賈往來頗爲便利百貨交通以銀爲定格自中外通商銀幣始出中國效之初猶未盛行今則各省徧鑄從前大錠概不適用矣

按銀幣有三利焉輕重一律免爭較毫釐一也百千萬億可合可分二也一元可買一元可賣三也縣屬百物騰貴工商交困具此數利錢法之壞庶賴以補救焉

工商

石印

照像

放大畫像

鑲牙補牙

修理鐘表

機器縫級

機器織襪

按縣屬金工木工石工土工邑人概呼爲匠因陋就簡殊無足觀近風氣大開人民漸思推陳出新惟作工非難講求精美爲難是所望聰明特達之士力求實業發明新理爲我邑提倡焉

商業 罌粟爲出口大宗榨菜次之米鹽洋紗爲入口大宗糖酒雜貨次之其列肆者不過服食日用之品較前舖面外觀頗爲擴充然壤僻鄉窮交易往來不甚繁盛

重修酆都縣志卷十

禮俗志

禮緣情定俗以化淳秩宗所司輶軒所陳繩趨矩步仁里德鄰時遷世異典章猶新損益因革在乎其人志禮俗

會典則例

祀典

祀孔典禮 民國三年頒行

孔子廟位次

大成殿內

至聖先師正位南向

復聖顏子同

述聖孔子伋東位西向

宗聖曾子參

亞聖孟子軻西位東向

兩序

先賢東閔子損 冉子雍 端木子賜 仲子由 卜子商 有子若皆西向西 冉子耕 宰子予 冉子求 言子偃 顓孫子師 朱子熹 皆東向

兩廡

先賢東公孫僑 林放 原憲 南宮适 商瞿 漆雕開 司馬耕 梁鱣 冉孺 伯虔 冉季 漆雕徒父 漆雕哆 公西赤 任不齊 公良孺 公肩定 鄡單 罕父黑 榮旂 左人郢 鄭國

原元　廉潔　叔仲會　公西輿如　邽巽　陳元　琴張　步叔乘
秦非　顏噲　顏何　縣亶　牧皮　樂正克　萬章　周敦頤
程顥　邱雍　西蘧瑗　澹臺滅明　宓不齊　公冶長　公晳哀
高柴　樊須　商澤　巫馬施　顏辛　曹卹　公孫龍　秦商　顏
高　壤駟赤　石作蜀　公夏首　后處　奚容蒧　顏祖　句井疆
秦祖　縣成　公祖句茲　燕伋　樂欬　狄黑　孔忠　公西蒧
顏之僕　施之常　申棖　左丘明　秦冉　公明儀　公都子
公孫丑　張載　程頤
先儒東公羊高　伏勝　毛亨　孔安國　毛萇　杜子春　鄭玄　諸
葛亮　王通　韓愈　胡瑗　韓琦　楊時　謝良佐　尹焞　胡安
國　李侗　呂祖謙　袁燮　黃幹　輔廣　何基　文天祥　王柏

劉因　陳澔　方孝孺　薛瑄　胡居仁　羅欽順　呂柟　劉宗
周　孫奇逢　黃宗羲　張履祥　陸隴其　張伯行　湯斌　西廡
梁赤　高堂生　董仲舒　劉德　后蒼　許慎　趙岐　范甯　陸
贄　范仲淹　歐陽修　司馬光　游酢　呂大臨　羅從彥　李綱
張栻　陸九淵　陳淳　眞德秀　蔡沈　魏了翁　趙復　金履
祥　陸秀夫　許衡　吳澄　許謙　曹端　陳獻章　蔡淸　王
守仁　呂坤　黃道周　王夫之　陸世儀　顧炎武　均北上東西
嚮

齊戒
歲以夏時仲春仲秋兩上丁日知事官親詣
孔子廟致祀前祀三日齊戒散齊二日致齊一日

供張
前祀一日昧爽執事人員由教育局局長均派
潔蠲殿內外藉以樓薦拂拭
神座張幄次於大成門外之左盥殿上
正位籩豆案一其前俎一又前香案一皆南向
東配二龕西向
西配二龕東向籩豆案俎香案各二東序一龕西向西序一龕東向籩
豆案各六統設俎香案東西各一殿中少西祝案一南向東尊棹一接
棹一福胙棹一西尊棹一接棹一均北向正位神龕東旁饌棹一南向
四配神龕北旁饌棹各一東西
哲位神龕北旁饌棹各一均東西向東廡

先賢四十位
先儒三十八位籩豆案三十有九（每案二位）統設俎香案各二（先賢先儒各一）均西
向西廡
先賢三十九位
先儒三十七位籩豆案三十有九（每案二位惟第二十案先賢一位第三十九案先儒一位）統設俎香案各二
（先賢先儒各一）均東向廡內兩旁各設饌棹一南北向門內之南各設尊棹一北
向
陳設
是日午後執事官大禮服敬書祝版（用白紙墨書版長一尺二寸廣八寸）潔室安奉遂詣宰牲
所省牲眡宰宰人以鸞刀割牲遂戒具視滌漑辨籩豆簠簋之實以次
展於饌所

右書祝版眡宰割戒具

將事之夕夜半執事官各率其屬入具器陳

正位籩豆案上爵墊一其前登一（實以太羹）鉶二（實以和羹）簠二（實以稻粱）簋二（實以黍稷）籩十有二（實以形鹽槁魚棗栗榛菱芡鹿脯白餅黑餅糗餌粉餈）豆十有二（實以韭菹醓醢菁菹鹿醢芹菹兔醢筍菹魚醢脾析豚拍酏食糝食）俎實牛一羊一豕一香案上設鑪一（焚以降香）燭臺二（然以絳燭）

四配位每案爵墊一其前鉶二簠二簋二籩八（去白餅黑餅糗餌粉餈）豆八（去脾析豚拍酏食糝食）俎實羊一豕一香案上設鑪一燭臺二

十二哲位每案爵墊一爵三（實以酒）鉶一簠一（實以黍）簋一（實以稷）籩四（實以形鹽棗栗鹿脯）豆四（實以菁菹鹿醢芹菹醓醢）鐙二俎實羊一豕一香案上設爵墊一鑪一燭臺二帛九（正位三配位三哲位三）尊四（正位一配位二哲位一）爵十有二設東尊棹接棹上帛八（配位二哲位六）尊三（配位二哲位一）爵九設西尊棹接棹上壺一實福酒并爵一盤一實胙肉均設東福胙棹上凡帛皆色白

正位

四配異篚

十二哲東西共篚凡尊實酒承以舟疏布冪勺具東廡每位爵一（實酒）每案簠一簋一籩四豆四

先賢案前統設俎實羊一豕一香案上設鑪一燭臺二

先儒案前統設俎實羊一豕一香案上設鑪一燭臺二尊棹上設帛二尊二（先賢先儒各一）皆虛爵六篚冪勺皆具西廡陳設同

省齍

陳設畢執事官入

廟詣

大成殿周省齍盛及籩豆登鉶之實次詣兩廡省畢引詣

崇聖祠正殿及兩廡省眡如儀

行禮位

殿門外階下正中爲知事官拜位左右爲分獻官陪祀官拜位

執事位

殿上司祝一人立祝案西東向司帛四人司爵四人（正位各一配位各二哲位各一）捧福胙二人立東案之東西向司帛三人司爵三人（配位各二哲位各一）捧福胙二人立西案之西東向贊引對引各一人司樂一人東上西向樂工歌工樂舞生文武八佾於階上樂懸東西序立階上分贊十人東立於分獻官之右西向立傳贊二人分立陪祀官拜位之次東西向立司燎一人率燎人立於燎鑪之隅兩廡司帛爵共八人

儀注

祀日屆時正獻以下皆具祭服集致齊所正獻盥手閱祝版署名訖司祝進奉於祝案俟鼓三嚴贊引引正獻入大成門右門分贊引分獻傳贊引陪祀員隨入典儀贊樂舞生就位執事員各司其事贊獻官就位正獻分獻及陪祭員各就拜位北向立贊闢戶有司闢戶訖贊迎

神司樂贊舉迎

神樂奏昭和之章春夾鐘（清商）立宮倍應鐘（清變宮）主調秋南宮（清徵）立宮仲呂（清角）

主調

大　哉　孔　子　先　覺　先　知　與　天　地　參　萬

世　之　師　祥　徵　麟　紱　韻　答　金　絲　日　月

既　揭　乾　坤　清　夷　起柷鎛鐘鳴磬編鐘樂作贊引贊四拜

傳贊贊衆官皆拜正獻分獻及陪祀員皆行四拜禮跪拜再拜三拜四拜興樂止擊特磬戛敔贊奠帛爵行初獻禮司帛爵各捧帛爵就前向上立司樂贊舉初獻樂奏雝和之章　予　懷　明　德　玉　振

金　聲　生　民　未　有　展　也　大　成　俎　豆　千

古　春　秋　上　丁　淸　酒　旣　載　其　香　始　升

舞干戚之舞起柷司帛爵各進

神位前面立鎛鐘鳴磬編鐘樂作贊詣奠帛位引正獻入殿右門詣帛案前立贊獻帛正獻受帛拱舉仍授司帛奠於案正中退贊詣獻爵位引正獻詣爵案前立贊獻爵正獻受爵拱舉仍受司爵奠於爵墊正中退贊復位引正獻仍由殿右門出復拜位立分贊引分獻入殿左右門分就

配位

哲位前引兩廡分獻分就兩廡

先賢

先儒位前立受帛爵拱舉仍授司帛爵獻於案上退司祝就祝案前捧祝版至案左先立樂暫止贊引贊詣讀祝位引正獻進殿右門詣讀祝位正立典儀贊讀祝司祝辭曰維　年　月　日　官致祭於

至聖先師孔子曰維

先師德參化育道貫古今集羣聖之大成炳前知以垂憲天下爲公中國一人之量生民未有六經千載之心循宮牆而瞻美富入室升堂隆俎豆而奉馨香先明後法茲當上丁祗率彝章肅展微忱聿將祀典以

復聖顏子

宗聖曾子

述聖孔子

亞聖孟子配嗚呼聲名所屆血氣莫不尊親光景常新禮樂明其禋祀尙饗讀祝畢正獻受祝版拱舉仍受司祝司祝奉祝版至

至聖先師孔子位前安於篚內退樂復作贊引贊復位引正獻出殿右門復拜位立贊四拜傳贊贊衆官皆拜正獻分獻及陪祀員皆行四拜禮跪拜再拜三拜四拜興樂止擊特磬戛敔贊行亞獻禮司爵捧爵就前向上立司樂贊舉亞獻樂奏熙和之章　式　禮　莫　愆　升

堂　再　獻　響　協　鼖　鏞　誠　孚　罍　甗　肅　肅

雍　雍　譽　髦　斯　彥　禮　陶　樂　淑　相　觀　而

善　舞羽籥之舞起柷司爵各進神位前立鎛鐘鳴磬編鐘樂作贊引贊詣獻爵位引正獻進殿右門詣爵案前立贊獻爵正獻受爵拱舉仍授司爵奠於爵墊左退贊復位引正獻出殿右門復拜位立分贊引分獻各就案前獻爵如初奠於左退樂止擊特磬戛敔典儀贊行終獻禮司爵奉爵就前向上立司樂贊舉終獻樂奏淵和之章　自　古

在　昔　先　民　有　作　皮　弁　祭　菜　於　論　思

樂　惟　天　牖　民　惟　聖　時　若　彝　倫　攸　敘

至　今　木　鐸　舞羽籥之舞起柷司爵各進

神位前立鎛鐘鳴磬編鐘樂作贊引贊詣獻爵位引正獻進殿右門詣爵案前立贊獻爵正獻受爵拱舉仍授司爵奠於爵墊右退贊復位引正獻出殿右門復拜位立分贊引分獻各就案前獻爵如亞獻儀奠於右退樂止擊特磬戛敔典儀至殿東西向立贊賜福胙退贊引贊詣飲福

受胙位引正獻進殿右門詣飲福受胙位正立捧福胙二員捧福胙至
神位前拱舉退立正獻之右捧福胙二員進立正獻之左贊引贊飲福酒
正獻受爵拱舉授於左贊受福胙正獻受胙拱舉授於右贊復位引正
獻出殿右門復拜位立贊四拜傳贊贊衆官皆拜正獻分獻及陪祀員
謝福胙皆行四拜禮跪拜再拜三拜四拜興贊撤饌司樂贊舉撤饌樂
奏昌和之章　先師有言祭則受福四海
黌宮疇敢不肅禮成告撤毋疏毋
瀆樂所自生中原有菽　起柷鏄鐘鳴擊編鐘樂
作司爵各進
神位前撤籩豆各一少移故處退樂止擊特磬戛敔典儀贊送
神司樂贊舉送

神樂奏德和之章　凫繹峩峩洙泗洋洋景
行行止流澤無疆聿昭祀事祀事
孔明化我蒸民育我膠庠　起柷鏄鐘鳴擊編
鐘樂作贊引贊四拜傳贊贊衆官皆拜正獻分獻及陪祀員皆行四拜
禮跪拜再拜三拜四拜興樂止擊特磬戛敔典儀贊奉祝帛送燎司祝
帛爵各進
神位前恭捧祝帛酒饌依次送往燎爐時贊引引正獻轉立西旁俟祝帛
過畢仍引復拜位立司燎焚帛典儀贊闔戶有司闔戶訖贊禮成贊引
引正獻出大成右門分獻以下隨出至致齋所更衣各退

先農壇

凡各縣建

先農壇歲以三月亥日致祭

儀注

前期二日主祭陪祭執事各官各致齋於公所掃除壇壝內外祭日雞
初鳴執事人入設
先農神案於壇正中南向陳鉶一簠二簋二籩豆各四案前設俎陳羊一
豕一又前設香案一陳祝文香盤鑪鐙左設一案東向陳帛一尊一爵
三陳福酒胙肉於尊俎之次設盥洗於階下之東質明引班引陪祭官
入引贊引主祭官入通贊贊執事者各司其事贊就位引主祭官至階
下盥手就拜位立陪祭官按班就東西拜位立均北面迎
神上香讀祝行三獻禮飲福受胙如儀餘與
社稷壇同

祝文維　年　月　日　官致祭於
先農之神曰維　神肇興稼穡粒我蒸民頌思文之德克配彼天念率育
之功陳常時夏茲當東作咸服先疇洪維九五之尊歲舉三推之典恭
膺守土敢忘勞民謹循彝章聿修祀事惟願五風十雨嘉祥恆沐　神
庥庶幾九穗雙歧上瑞頻書大有尙享禮畢知縣以丞吏執箱播稷者
老人牽牛農夫二人扶犁各九推九返畢釋鞭耒以次序立田首西面
北上農夫遂終畝告畢事各官至香案前按班序立重行北面耆老農
夫少遠列行北面隨立贊跪叩興行三跪九叩頭禮興各退
勾芒之祀春在十二月望後芒神執策當牛肩在正月朔後當牛腰在正月望後當牛膝
先立春一日長官朝服率僚屬於東郊祀勾芒之神禮畢迎春歸駐署
儀門外至日各官朝服祭勾芒用牲果酒醴四拜禮畢長官擊鼓三聲

執彩鞭率各官環擊土牛者三鄉人競取其土以爲宜年
迎春祝文維　神司令元春參贊化育祛除寒威漸回溫煥雨順風調
禾登麥熟百穀順成羣黎蒙福今於某日恭詣東郊先期迎　神駕敢
告

鞭春告文

化功造物無私勿愆雷動風散雨潤日暄以時宣布歲則有年民爲邦
本食乃民天四時之序春令爲先敢告尊神發動春鞭

社稷壇

凡各縣擇爽塏之地建
社稷壇均北向歲以春秋仲月上戊日爲民祈報各縣皆正印官將事以
教育各員糾儀充禮生掾吏執事

儀注

社稷壇前期二日承祭陪祭各官各致齊於公所祭日豫陳品每　神位
前各帛一（黑色）鉶二（和羹）簠二（黍稷）簋二（稻粱）籩四（棗形鹽栗藁魚）豆四（韭菹鹿醢菁菹醓醢）爵三共羊一
豕一尊一鼜初鳴承祭官以下朝服咸集黎明贊引禮生二人引承祭
官詣盥洗所盥洗通贊禮生贊執事者各司其事贊引者引承祭官至
階前拜位立引班禮生二人分引陪祭官文東武西各就拜位序立乃
迎　神贊引者引承祭官升壇詣香案前司香跪捧香承祭官三上香
復位行三跪九叩禮陪祭各官皆隨行禮奠帛初獻爵司帛捧篚進跪
奠篚司爵捧爵進獻爵奠正中皆退司祝禮生至祝案前跪承祭官暨
陪祭各官皆跪司祝讀祝畢詣　神位前跪安於案叩如初退承祭官
及陪祭各官行三叩禮亞獻爵奠於左終獻爵奠於右均儀如初獻乃
撤饌送　神承祭官行三跪九叩禮陪祭各官皆隨行禮司祝捧祝司
帛捧帛恭送燎瘞所承祭官轉立拜位西旁東面候祝帛過復位引至
望燎瘞位望燎瘞贊告禮成引退衆皆退祝文　維　年　月　日
官致祭於
社稷之神曰維　神奠安九土粒食萬邦分五色以表封圻育三農而蕃
稼穡恭承守土肅展明禋時屆仲（春秋）敬修祀典庶丸丸松柏鞏磐石於
無疆翼翼黍苗佐神倉於不匱尙享

關岳合祀典禮（民國三年頒行）

各地方關岳廟祭禮

各地方
關岳廟皆以歲春秋分節氣後第一戊日由駐在該地方各文武推官職

較高者一人親詣敬祭官職較次者二人東西序分獻糾儀以軍官警
官各一人執事人各以其屬及地方官紳學校教員學生之嫻禮儀者
選充在該地方各軍官警官及兼有軍警職各文官一體與祭其餘
城大官均不另祭

關岳廟位次
殿內正位左奉
關壯穆侯右奉
岳忠武王均南嚮兩序奉
歷代忠武將士張飛　王濬　韓擒虎　李靖　蘇定方　郭子儀
曹彬　韓世忠　旭烈兀　徐達　馮勝　戚繼光　東位西向趙雲
謝玄　賀若弼　尉遲敬德　李光弼　王彥章　狄青　劉錡

郭侃　常遇春　藍玉　周遇吉　西位東向均北上

齋戒供張

前祭一日齋戒是日昧爽執事官潔蠲殿內外藉以樓薦拂拭

神座張幄次於廟門內階下之左南向殿上

正位籩豆案二其前香案二又前統設俎一皆南向東序一龕西向西序

一龕東向籩豆案各四統設俎香案東西各一殿中少東祝案一北向

東尊棹一接棹一西尊棹一接棹一篚棹一均北向

正位神龕旁饌棹東西各一南向東序

從祀位十二籩豆案三（每案四位）統設俎香案各一均西向西序

從祀位十二籩豆案三（每案四位）統設俎香案各一均東向兩旁各設饌棹

一東西向凡棹案均施紅緞棹衣立瘞坎於

重修酆都縣志卷十　十二　新文化社代印

神位西北

陳設

供張既備執事官大禮服敬書祝版（用白紙墨書）潔室安章遂詣宰牲所省牲

眡宰宰人以鸞刀割牲遂戒具視滌溉辨籩豆簠簋之實以次展於饌

所將事之夕夜半執事官率屬入具器陳

正位籩豆案上各爵墊一其前各登一（實以太羹）鉶二（實以和羹）簠二（實以稻粱）簋二（實以黍稷）籩

十（實以形鹽藁魚棗栗榛菱芡鹿脯白餅黑餅）豆十（實以韭菹醓醢菁菹鹿醢芹菹兔醢筍菹魚醢脾析豚拍）統設俎實牛一羊一豕一

香案上設鑪一燭臺二兩序

從祀位每案爵墊一爵三（實以酒）鉶一（實以和羹）簠一（實以黍）簋一（實以稷）籩四（實以形鹽棗栗鹿脯）豆四

（實以菁菹鹿醢芹菹兔醢）鐙二東西統設俎各實羊一豕一香案上各設爵墊一鑪一

燭臺二帛二尊二（皆正位東序位各一）爵六（正位東序位各三）設東尊棹接棹上帛二尊二（皆正位西序位

各一）爵六（正位西序位各三）設西尊棹接棹上冪勺具匴器一實篚設篚棹上凡帛

皆白色設洗於幄次之外司樂設樂懸於殿外階上鎛鐘一特磬一編

鐘十有六編磬十有六琴六瑟四簫四篴四篪四排簫二塤二笙四建

鼓一搏拊二柷一敔一干戚三十有六麾一旌二東西分列如儀

辨行禮位

殿門外正中爲

正獻官拜位階下左右爲分獻官陪祭官拜位辨執事位殿上司祝一

人立祝案之東西向鳴贊一人司帛二人司爵二人（皆正位從祀位各一）接篚一人

立東案之東西向司帛二人司爵二人（亦正位從祀位各一）司篚一人立西案之西

東向對引二人分立正獻官拜位左右均北向典儀一人立殿左門外

西向鳴贊一人立殿右門外東向其南司樂一人及樂工歌工舞佾分

重修酆都縣志卷十　十三　新文化社代印

立樂懸之次階下分贊二人分立於分獻官左右傳贊二人分立於陪

祭各官拜位之北皆東西向司瘞一人率瘞人立瘞坎之隅

儀注

祭日屆時正獻以下皆具祭服集致齋所正獻盥手閱祝版署名訖司

祝進奉於祝案俟鼓三嚴贊引引正獻入武城門左門分贊引分獻傳

贊引與祭員隨入典儀贊樂舞生就位執事者各司其事贊獻官就位

正獻分獻及與祭員各就拜位北向立

贊迎

神司樂贊舉迎

神樂奏建和之章辭曰懿鑠兮神功震華夏兮英風義勇兮河東惟湯陰

兮與同修祀典兮方州佇降歆兮閟宮樂作贊引贊再拜傳贊贊衆官

皆拜正獻分獻及與祭員皆行再拜禮跪拜再拜興樂止典儀贊奠帛

爵行初獻禮司樂贊舉初獻樂奏安和之章辭曰神來兮格思風馬下

兮靈斿量幣兮初陳薦方馨兮玉巵瞻仰兮明威儼如在兮軒墀司帛

爵捧帛爵各進

神位前立樂作贊引贊詣奠帛位引正獻入殿左門詣

關壯穆侯帛案前立贊奠帛正獻受帛拱舉仍授司帛奠於案正中退贊

詣獻爵位引正獻詣

關壯穆侯爵案前立贊獻爵正獻受爵拱舉仍授司爵奠於爵墊正中退

贊詣奠帛位引正獻詣

岳忠武王帛案前奠帛贊詣獻爵位引正獻詣

岳忠武王爵案前獻爵均如前儀贊復位引正獻仍由殿左門出復拜位

立分贊引兩序分獻入殿左右門各就案前立受帛爵拱舉仍授司帛

爵獻於案上退司祝就祝案前捧祝版至案西先立樂暫止贊引贊詣

讀祝位引正獻進殿左門詣讀祝位正立典儀贊讀祝維　年　月

日　官敬祭於

關壯穆侯

岳忠武王曰惟　神武功彪炳偉烈昭垂建大節於千秋振英風於六合

忠誠正直麗河嶽而長留知仁勇功與日星而並耀潔馨香而合祀德

量同符肅俎豆以明禋心源如接惟祈

歆享苾鑒精誠尙享司祝讀祝畢正獻受祝版拱舉仍授司祝司祝奉

祝版至

關岳位前安於篚內退樂復作贊引贊復位引正獻出殿左門復拜位立

樂止典儀贊行亞獻禮司樂贊舉亞獻樂奏靖和之章

辭曰萬舞兮洋洋禮再舉兮陳觴靈昭昭兮旣留庶鑒誠兮降康樂作

司爵捧爵分詣

神位前拱舉各奠於左退樂止典儀贊行終獻禮司樂贊舉終獻樂奏康

和之章辭曰名世兮鍾靈炳河嶽兮日星祀事兮三成肅駿奔兮廟庭

樂作司爵捧爵仍分詣

神位前拱舉各奠於右退樂止典儀進至殿東西向立贊受脤退贊引贊

詣受脤位引正獻進殿左門詣受脤位正立司脤執脤至

正位前拱舉退立於正獻之左接脤進立於右贊引贊受脤正獻受脤拱

舉授於右贊復位引正獻出殿右門復拜位立贊再拜傳贊贊衆官皆

拜正獻以下皆行再拜禮如前典儀贊撤饌司樂贊舉撤饌樂奏蹈和

之章辭曰告撤兮禮成神其受兮苾芬明德兮惟馨播聲威兮八紘樂

作司爵各進

神位前撤籩豆各一少移故處退樂止典儀贊送

神司樂贊舉送

神樂奏揚和之章辭曰雲駕兮高翔神將歸兮九閽受福兮蒸民導我武

兮惟揚樂作贊引贊再拜傳贊贊衆官皆拜正獻以下仍皆行再拜禮如

前樂止典儀贊奉祝帛送瘞司祝帛爵各進

神位前恭捧祝帛酒饌依次送往瘞所時贊引引正獻轉入西旁俟祝帛

過畢仍引復拜位立樂作司瘞數帛典儀贊禮成贊引引正獻出武成

門左門分獻以下隨出至致齋所樂止正獻以下更衣各退

崇聖祠典禮

崇聖祠位次

崇聖祠殿內中

肇聖王木金父左

裕聖王祈父右

詒聖王防叔次左

昌聖王伯夏次右

啓聖王叔梁紇皆南嚮

先賢孔孟皮曾點孟孫氏東位西嚮顏無繇孔鯉西位東嚮

先儒東廡周輔成程珦蔡元定西嚮西廡張迪朱松東嚮均北上

供張

崇聖祠正中五龕均南嚮籩豆案五香案五統設俎一東配一龕西嚮籩豆案三香案三西配一龕東嚮籩豆案二香案二俎統設東西各一

正位案旁東饌棹三西饌棹二

配位饌棹東西各一殿內少西祝案一南嚮東尊棹一接棹一西尊棹一接棹一東廡

先儒三位西嚮籩豆案二西廡

先儒二位東嚮籩豆案一俎統設東西各一香案一饌棹尊棹亦東西廡各一凡棹案均施紅緞棹衣

陳設

正位每案爵墊一其前鉶二簠二簋二籩十（去糗餌粉餈）豆十（去酏食糝食）香案上設鑪一燭臺二又前統設一俎實牛一羊一豕一

配位每案爵墊一其前簠一簋一籩四豆四香案上設鑪一燭臺二又

前東西各統設一俎實羊一豕一東尊棹接棹上設帛六尊六（皆正位配位各三）爵十有八西尊棹接棹上設帛四尊四（皆正位配位各二）爵十有二兩廡每位爵一（實酒）每案陳設簠簋籩豆如

配位之數東西統設俎各實羊一豕一俎前香案上各設鑪一燭臺二尊棹上各設帛一尊一盧爵三篚冪勺皆具凡登鉶簠簋皆用銅籩用竹豆用木篚用竹俎且木爵

儀注

祭日屆時贊引引正獻入祠垣右門詣階下盥手分贊引分獻隨入典儀贊執事員各司其事贊獻官就位引正獻分獻各就拜位北嚮立典儀贊闢戶有司闢戶訖贊迎

神四拜正獻分獻皆行四拜禮跪拜再拜三拜四拜興贊奠帛爵行初獻禮司帛爵各捧帛爵進

神位前立贊引贊就奠帛位引正獻入殿右門就

肇聖王帛案前立贊獻帛正獻受帛拱舉仍授司帛奠於案正中退贊引贊就獻爵位引正獻就

肇聖王爵案前立贊獻爵正獻受爵拱舉仍授司爵奠於爵墊正中退以次就左

裕聖王右

詒聖王次左

昌聖王次右

啓聖王位前奠帛獻爵儀同贊引贊復位引正獻仍由殿右門出復拜位立分贊引分獻入殿左右門分就

配位前引兩廡分獻分就兩廡
從位前奠帛獻爵復位均如正獻儀司祝就祝案前捧祝版至案左先
立贊引引正獻進殿右門就讀祝位正立典儀贊讀祝辭曰維　年
月　日　官致祭於
肇聖王木金父公
裕聖王祈父公
詒聖王防叔公
昌聖王伯夏公
啓聖王叔梁公曰維
王垂裕後昆光開聖緒爲層冰之積水作大輅之椎輪既衵功而宗德
必有達人亦木本而水源不忘數典茲届上丁聿修祀事配以

先賢孔氏
先賢顏氏
先賢曾氏
先賢孔氏
先賢孟孫氏尙饗司祝讀祝畢正獻受祝版拱舉仍授司祝司祝奉祝
版至
正位前安於篚內退贊引贊復位引正獻出殿右門復拜位立典儀贊四
拜正獻分獻皆行四拜禮跪拜再拜三拜四拜興典儀贊行亞獻禮司
爵各捧爵進
神位前立贊引贊就獻爵位引正獻進殿右門就
肇聖王爵案立贊獻爵正獻受爵拱舉仍授司爵奠於爵墊左退以次就

左
裕聖王右
詒聖王次左
昌聖王次右
啓聖王位前獻爵儀同贊引贊復位引正獻仍由殿右門出復拜位立分
贊引分獻分就
配位
從位前獻爵復位均如儀典儀贊行終獻禮司爵各捧爵進
神位前立贊引贊就獻爵位引正獻進殿右門就
肇聖王爵案立贊獻爵正獻受爵拱舉仍授司爵奠於爵墊右退以次就
裕聖王右

詒聖王次左
昌聖王次右
啓聖王位前獻爵儀同贊引贊復位引正獻仍由殿右門出復拜位立分
贊引分獻分就
配位
從位前獻爵復位仍均如儀典儀贊撤饌司爵各進
神位前撤籩豆各一少移故處退贊送
神四拜正獻分獻皆行四拜禮跪拜再拜三拜四拜興典儀贊奉祝帛送
燎司祝帛爵各進
神位前恭捧祝帛酒饌依次送往燎爐時正獻避立西旁俟祝帛過畢仍
復拜位立司燎數帛典儀贊闔戶有司闔戶訖贊禮成贊引引正獻仍

由祠垣右門出分獻隨出各進

名宦祠

鄉賢祠

忠義孝弟祠

節孝祠

舊志凡直省府州縣

孔子廟左右建名宦祠以祀仕於其土有功德者鄉賢祠以祀本地德行著聞之士忠義孝弟祠以祀本地忠臣義士孝子悌弟順孫節孝祠以祀節孝婦女每歲春秋致祭

一官員忠節著聞已入昭忠祠者仍准題請入忠義祠

儀注

每歲春秋釋奠禮畢教職一員公服詣祠致祭是日清晨廟戸啓祠門拂拭神案執事者陳豕一羊一籩四豆四鑪一鐙二陳祝文於案左陳壺一爵三帛一香盤一於案右引贊二人引主祭官入詣案前北面立禮生自右捧香盤主祭官三上香訖引贊贊跪叩興主祭官三叩興禮生自右授帛主祭官受帛拱舉仍授禮生獻於案上禮生酌酒實爵自右跪授爵主祭官受爵拱舉仍授禮生興獻於正中讀祝者捧祝文跪案左引贊贊跪主祭官跪讀祝畢以祝文復於案退主祭官俯伏興執事者酌酒獻於左又酌酒獻於右退引贊贊跪叩興主祭官三叩興執事者以祝帛送燎引贊引主祭官出執事者咸退

名宦祝文　卓識羣公懋修厥職澤被生民功垂社稷茲惟仲春秋謹以

牲醴用申常祭尚享

鄉賢祝文　於維羣公毓秀茲邦懿德卓行奕世流芳茲惟仲春秋謹以

牲醴用申常祭尚享

忠義孝弟祝文　維靈稟賦貞純躬行篤實忠誠奮發貫金石而不渝義聞宣昭表鄉閭而共式祇事懋彝倫之敘牲摯我蒿克恭念天顯之親惰殷棣萼楷模咸推夫懿德旌揚特闡夫幽光祠宇維隆歲時式祀用陳尊簋來格几筵尚享

節孝祝文　惟靈純心皎潔令德柔嘉矢志完貞全閨中之亮節竭誠致敬彰閫內之芳型茹冰孽而彌堅清操自勵奉盤匜而匪懈篤孝傳徽旌揚特闡夫幽光祠宇昭垂於令典祇循歲祀式薦牲醪尚享

神祇壇

凡各縣各建

神祇壇於春秋仲月祭　天神　地祇及本境　城隍之神在城文武皆與祭雩祭及祭厲均詣壇將事

儀注

神祇壇春秋仲月致祭設案一於壇正中南向雲雨風雷神位居中境內山川神位居左　城隍神位居右陳鉶二簠二簋二籩四豆四案前設俎陳羊一豕一又前設案一供祝版陳香盤一鑪一鐙二西設案一陳帛七尊一爵二十有一陳福酒胙肉於尊俎之次主祭官及陪祭官執事官序班並如祭　社稷壇之儀引班引贊通贊及執事諸人以次序立質明引班引陪祭官入引贊引主祭官入通贊贊執事者各司其事贊就位引主祭官至階下盥手就拜位立陪祭官按班就東西拜位立均北向迎　神上香讀祝行三獻禮飲福受胙如儀餘與社稷壇同

祝文　維　年　月　日　官致祭於

雲雨風雷

山川城隍之神曰維　神贊襄天澤福佑蒼黎佐靈化以流行生成永賴

秉氣機而鼓盪溫肅攸宜磅礴高深長保安貞之吉憑依鞏固實資捍

禦之功幸民俗之殷盈仰神明之庇護恭修歲祀正值良辰敬潔豆籩

祗陳牲幣尚享

孟旻後諏吉行常雩禮陳設儀注同前若歲間不雨守土長吏諏宜祀

之辰具祝文（隨時撰擬）備脯醢果實香帛尊爵鑪鐙之屬率屬素服祈禱行

禮儀節與常祀同既應而報陳設牲牢朝服行報祀禮與祈祀同

常雩祝文　恭膺明命撫育羣黎仰體

上天保赤之誠勸農勤稼俯維蔀屋資生之本力穡服田令甲爰頒肅舉

祈年之典惟寅將事用仲守土之忱黍稷惟馨尚冀昭明之受賜來牟

率育庶俾豐裕於蓋藏尚享

舊制旱歲祭雩祈雨潦則祭城門祈晴其禮俱同雩祭既應而報祀禮

均同

祝文　具官恭承明命臨民職司守土惟兆人之攸賴並藉神功冀四

序之調和荃蒙福蔭必使雨暘應候爰占物阜而民安庶幾寒燠攸宜

共慶時和而歲稔仰靈樞之默運幸集嘉祥勷元化以流行俾無災害

尚享

龍神祠

歲以春秋諏吉致祭

祭品　帛一羊一豕一果實五盤尊一爵三

儀注　與火神廟同

祝文　維　神德洋寰海澤潤蒼生允襄水土之平經流順軌廣濟泉

源之用膏雨及時績奏安瀾占・大川之利涉功資育物欣庶類之蕃昌

仰藉　神庥宜隆報享謹遵祀典式協良辰敬布几筵肅陳牲幣尚享

城隍廟

歲以春秋仲月上戊設位祭於神祇壇以三月淸明七月望十月朔奉

請　神位祭於厲壇儀注見　神祇壇　厲壇

火神廟

歲以季夏月下旬三日致祭

祭品　羊一豕一果實五盤尊一爵三

儀注　主祭官大禮服行二跪六叩禮迎神上香奠帛讀祝三獻爵送

神望燎告禮成退

祝文　維　神德著離宮光昭午位廣陽亭之運象啓文明彰熒陽之

能功參化育土以生而水以濟丙火之大用常昭府既修而事既和虞

夏之九功惟敘麗茲萬物實賴化成乂我生民咸資利用仰邀神貺虔

答鴻庥爰尊祀事之儀式協（春禮秋嘗）之典肅陳牲幣敬布几筵尚享

厲壇

舊例每歲三月淸明節七月望十月朔日祭厲壇於城之北郊前期守

土官飭所司具香燭公服詣神祇壇以祭厲告本境

城隍之神上香跪三叩興退至日所司陳羊三豕三米飯三石尊酒楮帛

於祭所設燎鑪於壇南黎明禮生奉請

城隍神位入壇設於正中香案一鑪鐙具贊禮生二人引守土官公服詣

神位前贊跪守土官跪贊上香守土官三上香贊叩興守土官三叩興
退執事者焚楮帛守土官詣燎鑪前祭酒三爵退禮生仍奉
城隍神位還　神祇壇退
祝文　昔鄭子產謂鬼有所歸乃不爲厲今某等設壇於城西以某月某日設備牲醴羹飯專祭闔境內無祀鬼神等衆靈其不昧來格此祭
尚享

新婚禮（禮制館定案）

議婚　凡婚禮以家長爲之父母爲子女議婚先詢其意男女自議婚者必告父母請其可否無父母則告家長乃使媒氏往來通辭俟許男女及歲本身及主婚者無期以上服皆可行

納采問名　納采先期主人具書（書詞隨宜後仿此）謂女爲誰氏出並問生年月日

別具婚者名字伯仲生年月日附於書媒氏預告女家其日夙興以子弟一人爲使具大禮服奉書偕媒氏如女家女氏主人亦大禮服迎門外讓入升堂賓東面奉書致辭從者陳禮物於庭主人北面鞠躬受書賓遜請退竢命儐者（亦使子弟一人爲之）如賓服導賓入別室主人以書入具復書具女所出及名字伯仲生年月日附於書儐延賓升堂主人捧書出西南鞠躬授書賓鞠躬受書從者請退主人請禮賓賓禮辭（禮辭者一辭後仿此）許儐者布席賓主各就座進饌行酒三巡賓興離席皆退行一鞠躬禮主人答一鞠躬送賓於門外如初

納幣　先期具書備禮物章物一稱（章如其等）幣飾食品多寡豐儉惟家之宜媒氏預告女家其日夙興主人遣使奉書及禮物如女家女氏主人受書及禮物具復書授賓如納采儀

請期　請期婚有日主人具書備禮物遣使如女家女氏主人迎賓入賓致辭請期主人辭言期日由夫家賓乃奉書告期主人受書許諾賓告退退如納幣儀

親迎　婚期前一日女家使人以奩具張陳婚室至日壻家筵於室中位東西向別以案陳合巹器設證婚人位於堂正中陳醮爵於堂東初婚壻盛服（爵弁服裳黑色緣有官者章服各如其等）竢於堂鼓吹樂人無定數備而不作無者聽壻馬一乘（或車或轎隨宜）二燭前馬婦綵車一乘（或轎）均俟於門外主人盛服出醮子（父歿則以服尊長醮後仿此）位於堂東南面命執事者授爵婚者北面跪受卒爵反於執事者父命之迎婚者興降出乘馬執事者隨以禮物（雁二兩他物惟宜）儀從在前婦車在後如女家其日女家父告於祠堂（無祠堂告於寢）辭曰某之第幾女某將以今日歸某氏敢告還醮女於堂父東母西姆相女具服加飾服賦壻之等加纚綠出

至父母前北面再拜侍者斟酒醮女如父醮子儀父訓女以宜家之道母申命之女識之不唯壻既至主人迎於門外一讓而入壻從至廳事主人西南壻北面立從者陳禮物壻三鞠躬主人不答姆奉女出於中門壻鞠躬降出婦從主人不降送姆奉婦登車壻執策行驅車輪三周御者代（如用轎則止於轎內壻揭簾俟婦升轎畢乃出）壻乘馬先俟於門婦至降車壻導入升堂並北面立執事者請證婚人（親友中年德高者爲之）就位南面立讀證婚書（以金箋或硃砂箋爲之書辭隨宜）婚婦乃署名加印證婚人主人媒人皆如之使使者致於女氏主人亦署名加印若行禮不在壻家則女氏主人可先至與衆同爲之執事者贊壻婦交見壻西面婦東面相向立各三鞠躬贊壻婦謝證婚人證婚人西面壻婦東面立三鞠躬證婚人答禮贊壻婦謝媒氏媒氏禮辭許西南立壻婦三鞠躬媒氏答禮訖執事者導壻先行姆奉婦從之適其室（若行禮不在壻家則壻乘車先婦從至其家合巹如儀）

媵（婦家送者）布壻席於東御（壻家送者）布婦席於西設匕箸醯醬壻揖婦即對筵坐饌入卒食媵取殘實酒酳壻御取殘實酒酳婦酳用三卒脊壻出媵御施衾枕壻入燭出

婦見舅姑　厥明婦夙興盥服飾壻導見舅姑媵執笲（竹器以帛衣之）實棗栗腶脩以從（無舅不用棗栗無姑不用腶脩）媵設席於堂中為位舅東姑西均南向媵入奠笲於席舅姑即席壻婦並北面再拜舅姑答一鞠躬若同居有尊者（謂夫之直系尊親）婦見若見舅姑禮見夫之伯叔父母三鞠躬答一鞠躬見夫之姑姒小姑以夫之齒序皆一鞠躬夫兄弟之子若女來見答以一鞠躬

婦盥饋舅姑饗婦　是日婦具酒饌設匕箸醯醬行盥饋禮舅姑就坐婦從者奉饌入授婦獻於舅姑既卒食乃酌酒酳舅姑送酒皆一鞠躬舅姑卒飲興乃共饗婦侍布婦席稍東西向具酒饌設匕箸醯醢舅姑臨之婦卒食姑臨之婦鞠躬受卒飲舅姑反休於室婦退

廟見　三日婦見於廟（無廟則見於寢）厥明執事者者設饌具主人啓櫝陳主如常祭禮主人為位階下之東婚者在後主婦位階下之西婦在後各就位再拜主人升獻酒讀告辭曰某之第幾子某今日婚畢率新婦某見餘辭如祭式退立於東婦進當中階下北面再拜興復位主人復位及主婦以下行再拜如禮納主徹退

壻見婦父母擇日婚者以贄往見女之父母至門主人俟於廳事壻升階北面三鞠躬主人西階答一鞠躬入見主婦於內亦如之（若壻偕婦同見婦之父母婦再拜壻亦再拜）

次見婦黨諸親婦家醴壻如常禮

附鄷邑通行婚禮

凡媒書開庚問名納采請期親迎儀節悉與禮制館婚禮同親迎前一日男家備衣飾酒盒送女家女家即以所備粧奩送男家曰過禮是夕男着禮服行四跪三叩禮拜父母及諸族戚族戚或賜花紅或與金錢曰伴郎親迎日男坐四人官轎備四人彩輿擇族之嫻禮者夫婦二人坐肩輿偕媒氏夫婦鼓樂彩旂同詣女家曰取親既至女家內外張筵曰迎風酒宴罷於階前設拜墊行雁禮正副禮生東西向立僕從執雁西向立（正）行奠雁禮執事者各司其事賓至（男詣拜墊立）主人出迎賓賓主交揖（副）一揖再揖三揖（正）主人退賓就位四伏四起舉雁傳雁授雁鳴雁奠雁行謝雁禮四伏四起主人出送賓賓主交揖（副）一揖再揖三揖（正）禮成主人退賓御輪先歸女家送女坐彩輿仍擇族之嫻禮者夫婦二人同女至男家曰送親彩輿至庭前設香案然品燭曰迴車馬至門正副禮生登堂東西向立女下彩輿與男並肩立家龕前（正）行周堂禮四伏四起行交拜禮男女對拜禮成同入洞房次晨男女著禮服拜父母及諸族戚行四跪三叩禮族戚各與金錢曰拜茶是日女家請男女或擇日請既至拜見女之父母及女之族戚族戚仍與金錢曰轉門亦曰饋不行奠雁禮者通行四跪三叩禮

按吾國婚禮禮經言之詳矣而孔子必曰殷因於夏禮所損益可知也周因於殷禮所損益可知也禮之不相沿襲固如是乎茲錄禮制館編定新婚禮附以吾邑通行婚禮俾用者有所考焉亦古今得失之林也噫

喪祭禮（禮制館編定）

新喪禮說畧　家中有喪衣衾棺槨之事宜稱家之有無量力行之凡在當地之親友平時往來較密者宜即報告　凡有服者男女可暫用舊式喪服亦可仍用平時禮服惟男之左腕圍以黑紗女之胸際綴以黑紗結

來賓亦然不用亦可　既定設奠受唁之日即以訃文通告戚友宗族並
可登載日報設奠日孝子孝孫受來賓之唁宜脫帽三鞠躬致謝　出殯
日來賓有執紼親送隨柩而行者或有設筵祭於途者均宜脫帽三鞠躬
致謝出殯之日即葬爲最便利否則亦宜速營窀穸　定期設奠受人弔
唁之外尙有在家或借公共處所或借鉅大園林開追悼會者無論男女
均可前往其開會秩序如下　一搖鈴開會　二奏哀樂　三獻花果
四奏琴（唱追悼歌）　五述行狀　六讀哀祭文　七奏哀樂　八行三鞠躬禮
九奏琴（唱追悼歌）　十演說　十一奏哀樂　十二家屬答謝行三鞠躬禮（閉會）
至於在事職員應設如下　主禮員一人　庶務員二人　男招待員八
人　女招待員八人　獻花果二人　述行狀一人　讀追悼文一人（人數
多少臨時酌定）

新喪禮儀節　一服色　喪服現未規定暫可仍舊至來賓則男子左腕
圍黑紗女子胸際綴黑紗結　二弔儀　輓聯輓幛香花等商埠有送花
圈（以鮮花紮成）者然非初喪所用宜於安葬時送之蓋花圈爲安置墓上之用也
三設備　靈前供亡人照影一張並陳列香花等件親友所贈之輓聯
輓幛香花等　四禮節　甲奏樂唱歌乙上香丙獻花丁讀祭文戊向靈
前行禮三鞠躬己來賓致祭一鞠躬庚演說亡人事實辛舉哀壬奏樂唱
歌癸謝賓一鞠躬　五發引　先檀香提爐次盆花（紙製亦可）次輓聯次輓幛
次花圈次亡人照影次祭席次主人次靈柩最末來賓送葬者喪禮以肅
靜爲主不必用音樂
新式祭禮儀節　一奏哀樂樂止　二排班主祭者就位衆客以次就位
奏哀樂樂止　三主祭者詣靈位前獻花果拈花獻花捧果獻果主祭者

行一鞠躬禮　四讀祭文　五主祭者率衆客向靈位前行哀祭禮奏哀
樂一鞠躬再鞠躬三鞠躬樂止　六散班　七奏哀樂禮成後有續來致
祭者均詣靈位前行三鞠躬禮
關於喪禮者　如初終之立喪主（以嫡長子無則長孫承重）主婦（以亡者之妻無妻及母則以喪主之妻當之）之無嫡長
子及長孫或竟無承祀之人者則設主蓋本於司馬光書儀及朱子家禮
而仍其舊如襲禮之陳沐浴巾櫛含具祭冠祭服各以其等侍者遷尸沐
浴即牀前爲位立魂帛小殮之加殮衣複一褌一皆以繒複衾一黃表素
裏給絞皆素帛大殮之實空則以紙裹鐙心草或蜃灰石灰等比葬柰無
定數長七尺題曰中華民國顯考某府君之柩（有官書某官婦則書顯妣某氏）成服之凡喪三
年者（舊禮有仕者解任之文今不編入以丁憂去職與否當定之官規耳）
關於祭禮葬禮者　朝夕奠夏正朔望則殷奠初祭大祭之物品無定數

侍者收衣服侇喪者送遺族戚親賓弔奠賻之依行輩行禮　扶喪之親
詣靈前告白　聞喪奔喪之期以下聞訃者易服爲位而哭　治葬具之
百日內爲葬期營葬地及葬具有祖塋可祔者祔葬凡地之大小封之高
卑惟其宜園以垣守塋人無定數碑身高不踰九尺廣不踰三尺六寸皆
員首方趺文人並書藝其色青赤黑其飾繡繪素皆無限制明器（或埏土或以竹木及
紙爲之謂像器物非謂像房屋者）　奉魂帛朝祖如今之吉辰朝祖祖奠之永遷之禮靈辰不留
遣奠發引之不逾四十八人　窆之遂窆（合葬者男左女右）　題主之是日依行輩
行禮哀子某云云某於父喪稱孤子者聽　反哭虞之退復拜位越一日
再虞翼日三虞至家乃虞　卒哭之卒哭之明日喪主及諸子有故而去
服墨袞（其服西裝者依服之等差以麻若布圍之於袖闊不踰三寸色用黑）　小祥之於祭日行事大祥之忌日行事
禫之虛左一位一侇（其仍應祧之主但依昭穆之序奉新主於祠者聽）　祔之厥明執事　拜掃定於歲清

明或霜降節祭　以上各要義無不準情酌理考全國風俗習慣之異同取其便民而不忘古訓視昏禮爲尤繁云

官吏居喪制聞已由禮制舘議定其要點如下　一無論文武官吏其居喪均遵守同一之規定　二官吏居喪其服制與人民無異不過停職百日以資治喪期滿仍復原職但職務重要及有特別事情大總統得以特令縮短其停職期限及免予停職　三官吏治喪期竣復職後於喪服未滿之內對於一切宴饗並服裝上一切多有制限之規定

附酆邑通行喪禮

凡親喪擇日成服具訃文告親族殯葬前一日成主開弔是夜行家奠禮正副禮生二人講書一人讀禮一人歌蓼莪一人歌哀思一人讀祝數人

正 行家奠禮執事者各司其事鳴金擊鼓奏樂樂止孝子出喪次孝眷等各出喪次副 已出喪次正 孝子就位孝眷等各就位副 已各就位正 設饌迎神副 引孝子至迎神所釋杖行三鞠躬禮執杖復位正 參神四伏四起奠帛爵行初獻禮奏初獻樂歌蓼莪之首章歌畢副 引孝子至盥洗所濯水授巾詣酒樽所司樽者舉冪酌酒正 執爵帛者捧爵帛入副 引孝子登堂詣靈位前跪釋杖上香獻帛晋爵執杖舉哀正 請歌哀思歌畢副 哀止伏起復位正 行講書禮副 引孝子至講書官公座前跪請講書講畢伏起復位正 行讀禮禮副 引孝子至讀禮官公座前跪請讀禮讀畢伏起復位正 行讀祝禮副 引孝子至讀祝位前跪正 孝眷等皆跪副 讀祭文讀畢伏起復位正 奠帛爵行亞獻禮奏亞獻樂歌蓼莪之次章副 詣酒樽登堂上香舉哀歌哀思講書讀禮與初獻同正 奠帛爵行終獻禮奏終獻樂歌蓼莪之卒章副 詣酒樽登堂上香舉哀歌哀思講書讀禮與亞獻同正 徹饌

辭神四伏四起送神副 引孝子至送神所釋杖行三鞠躬禮執杖復位正 讀祝者捧祝司帛者捧帛恭詣燎望所副 引孝子至燎望所望燎復位正 禮成孝子哭入喪幃孝眷等各哭入喪幃鼓樂齊鳴次日或殯或葬孝子執魂旛負紼哭前行孝眷於喪後哭送親族執紼送葬後送神主入祠三年除服

按吾國禮制至成周而大備秦人一炬蕩無復存矣漢高起朝儀尊崇禮制故唐宋元明淸諸代雖互有損益而其弊不免繁重民國力趨簡易時爲之也茲就禮制舘定新喪禮及吾邑通行喪禮著於篇祀典則載典禮備考以今視昔能無發思古之幽情乎

家庭風俗

服飾儉約男女別塗耕不失時喪禮稱家之有無葬不逾期

婚禮無貧富必親迎近間有文明結婚者

無賣婚買妾及買賣僮婢之習慣

童養媳貧家有之無贅壻

男子多業農桑習工藝者較少鄉居婦女最勤苦

普通食品城居食米者多鄉農多食雜糧

山後養蜂較多養蠶者少

社會風俗

占籍以湖廣廠城爲最多

民有信義之風

士頗倜儻常懷忠信

邑南山多田少水土厚邑北田多水土薄

農商業漸發展
邑南道路津梁多險峻邑北較平坦
場鎮濱江者繁盛山市小而寂
迎神賽會外無遊戲娛樂之所
土產以榨菜桐油藥材爲特色
人工製造品以竹席陶器爲特色
訴訟山後較多
稅收增十倍
公益事舊有誠善堂　養濟院　恤貧所　新設平民夜課　通俗壁報　商務週報　實業週刊
舊道德猶存新文化輸入漸多
地方自治遜於團練

節序風俗

立春及元日剪彩紙徧貼門戶
元日遲明燃九燭於門外謂之品燭
新春拜賀三日釀金置酒寺觀歡飲謂之大拜年
上元日食粉團街市張社火鬧元宵唱秧歌採茶歌
寒食掃墓插柳踏青
端陽食角黍懸蒲艾飲雄黃酒泛龍舟道家送朱符貼中堂
十三日集關祠祭賽飲福俗稱單刀會
十五日謂之大端陽歡聚飲酒與五日同
七夕童稚以鳳仙花染指婦女用瓜果對月穿針乞巧
中元日祀先薦亡菴寺建盂蘭會

中秋製月餅設席玩月
九月九日登高食重陽糕
十二月八日用糯米雜果蔬煮糜曰臘八粥廿日祭掃與清明同

酆都縣志

四册

重修酆都縣志卷十一

藝文目錄

文

重慶市楊柳街新文化社代印

平都山　王　稽
白鶴觀禮眞　吳用心
平都山　莫　琚
流杯池泛　陳　巘
送客晴瀾
平都山　胡　璉
題總眞橋　楊孟瑛
流杯池泛　熊永昌
青牛野㕣　黃景夔
游龍墩
珠簾映日

重慶市楊柳街
新文化社代印

平都山　楊　東
游平都　楊　晋
游平都　楊　節
龍床夜雨　黃　洵
送客晴瀾
春日登平都山　古養敬
平都仙蹟　曾繼先
游平都山　楊　履
平都山　黃　進
平都山　宋　文
龍床夜雨　盧　雍

白鹿夜鳴
同致仕金華守劉澹游平都山
游平都山　周包荒
平都山　李秀華
五雲樓　譚良相
二仙樓夜坐　戴文星
仙都觀　黃世修
靈巖泉　劉孟桓
白鹿山用蘇韻　冉　果
游平都山　孫　芝
九日登九𦉪樓用杜甫韻　戴文亨

重慶市楊柳街
新文化社代印

白鹿　倪伯麟
觀音灘平險詩　李時華
初夏游平都山　毛之麟
仙都觀次蘇韻　黃當德
平都山放歌　李載寬
平都山　范文光
平都四時詩　張邦衡
二仙閣　曾　祐
二仙奕處　楊延春
酆陵紀勝吟
二仙對奕處　楊淩雲

平都山　楊淩斗
游折絲巖拳菴得拳字　古心
雙節歌
麻姑洞　王士楨
郭才士還人遺金歌　易簡
九日登二仙樓次李廣文韻
夏日雜感
賦得蛾眉翠埽雨餘天
百花潭
題二仙樓　顧光旭
平都山歌　王榮緒

登平都山懷古　五爾卿格
大寨坎　張偉
再過大寨坎
初至酆都即事述懷　瞿頡
平都山仙都觀　張福標
二仙閣
二仙奕處
竹雪菴
重過定慧寺
偕鍾積菴重游鹿鳴寺
庚子三月作賑饑行以誌感

臥遊武陵山　曾繼賢
開吟近體二章
題忠州向烈女灘　佘起鴻
登平都山　王元曾
謁明方伯胡公平表遺像
留別平都山　張瑞麟
二仙樓　孔廣贊
五雲洞
酆都山　張船山
花林驛
涂水池　鄒桂林

涂水池　正邦
秋日泊白沙沱五更枕上作　傅永圖
林閣老晚渡
蜀秀才　傅世綸
醉仙亭
萬壽場山市
勸民四寶歌　黄初
咸豐丁巳年土匪劉文禮之亂紀事　王雅言
關口紀勝　王虞卿
庚寅重九向海樓先生治具招同諸子登冠山頂作　何宗芴
登望月山賞雪咏紅梅　王德章

賦

重修酆都縣志卷十一

藝文志

班史志文但紀其目升菴蜀志備存篇幅跂踵前編採綜往牘或以人傳亦因地錄大江炳靈名山鍾淑代有瓌章其曰可讀志藝文

文

修仙都觀記 唐太和元年　段文昌

平都山最高頂卽漢時王陰二眞人蟬蛻之所也峭壁千仞下臨湍波老樹萬株上插峯嶺靈光彩羽皆非圖志中所載者昔且萬狀信非人境貞元十五年余西遊岷蜀停舟江岸振衣虔潔詣諸洞所石巖靈竇蒼然相次苔龕古書依稀可辨時與道侶數人坐於松下須臾天籟不起萬簌風

息山光耀於耳目煙霞拂於襟袖相顧神悚若在紫府元圃矣牽於行役不得淹久瞻眺惆悵書名而去邇來已三十四年太和庚戌歲自淮南移鎭荊門有客由峽中來者皆言當時題記文字猶在觀宇歲久臺殿荒毀不出數年必盡摧沒於巖壑矣乃捐一月秩俸俾令修葺子來同力浹旬報就去年冬十一月詔命換麾幢再領全蜀泝三峽歷舊遊依然景物重喜登覽聞泉聲而緩步愛松色而難別遂命筆硯志於巖谷時太和七年正月五日劍南西川節度使知節度使管內觀察處統轄近界諸蠻及西山八國雲南安撫等使金紫光祿大夫檢校尚書左僕射同中書門下平章事兼成都府上柱國鄒平郡開國公食邑三千戶段文昌記

改建縣學記 明洪武二十四年　黃常

天有四時至教彰焉人有五常恆教立焉則天之序因人之經以垂教萬

古惟吾夫子之道所謂集羣聖之大成立百世之標準故歷代學校徧於天下所以崇教化之本登風俗之基譬猶布帛菽粟生民日用之不可闕者也酆都學舊在縣治之東地喧而隘兵火後僅存遺址聖朝混一幾十餘年未能頓復惟草屋三間以奉神設主識者病之洪武二十一年春縣令楊公典史邢公教諭王公相繼到任顧瞻廢墜慨然曰學校乃國家大事今若是何以淑人心興教化哉迺議考卜於縣治之西山下命訓導張友仁董治之木植材用咸出於土產藉民力以致之陰陽向背一倣舊制越明年殿成而楊公以考滿去邢與張互襄厥事就殿之前建東西廡廡之外正門中聯而三闢之右爲明倫堂堂之前四齋屬焉欞星有門祭器有庫廩祿有儲庖湢有所繚以周垣樹以嘉木土爽而塏室大以崇視舊制加三之二焉雖費而不爲煩雖勞而不怨可謂用之以禮動之以義者

矣又明年秋工落成張公遣人來求余一言紀其事余曰聖人之道在天下千萬載猶一日雖時有治亂而天命民彝終無可泯之理惟在人爲之耳酆都之學既有楊邢二公倡始之又有吾子以成厥功可謂有功聖門矣勒之堅珉垂之永久其孰曰不可遂爲紀其始末特加詳焉楊公謙陝西人邢公志山東臨陽人王公必祁溫陵人張公重慶之樂溫人其父漢賓嘗爲學訓導卒友仁繼之實能成父之志是可嘉也

重修平都山景德觀記 明永樂二十二年

蔣 夔

平都山在今四川重慶府忠州酆都縣之東北山有觀額曰景德相傳漢王方平陰長生煉道登丹之所呂純陽嘗遊歷其間題二詩刻石倘存其一曰孟蘭淸曉過平都天下名山所不如兩□單行人不識王陰空使馬蹏爐其二曰一鳴白鳥出靑城再謁王陰二友人□□惟思三島好擡眸已過洞庭春覽其山水名勝則左跨黃牛右縈白馬前臨月鏡後擁五魚踵其遺地則惟丹竈宛然舊有寥陽大殿及通明殿酆都宮救苦宮至峯頂有淩雲臺余公玠生祠在焉考亭朱夫子爲之記臺後乃閻王殿極其東則由土穴深可數丈名曰五雲洞曩時洞口嘗出五色祥雲及天華繽紛因是得名洞之南懸巖之極則由仙姑巖巖上鏤岷嶽二大書由寥陽殿西出則有藏殿西廡又爲四聖殿殿之前爲龍虎君殿旁附趙帥祠又其前則爲欞星門五雲樓樓下崻三級臺山之麓則有流杯池沐浴亭大仙巖巖內有九蟒之神靈官土地各有祠山門之左祠泰山右祠北陰此其大概惜乎洞宇悉燬於火久矣環抱山澗榜其橋曰總仙大江東下江之心有石曰龍牀堆水落之時可見長洲綿亘數里名豐稔壩嶷然有古碑立於山之陽其文曰總眞總仙之府又曰道山洞天蓋唐李陽冰書也

嘗聞太上老君賜方平以九轉靈丹號總眞眞人領仙官萬五千人故府以總眞總仙名本諸此與今成都府道紀司都紀何悟困當大明永樂元年癸未繇欽差道士李進道啓奏蜀獻王令旨住持是山領焚修事悟困初授業郡城之三靈宮精通元學行檢端方聞乎郡邑至是奉敎以供乃職蒞事之始以重瓶三淸殿爲先務於是廣募檀施命鳩工入山掄材濱水陶甓經畫營繕幾經數寒暑乃克落成黝堊丹雘金碧煇煌元敎歸依眞靈肸蠁鐘鼓鏘鍧神龍呵護至左右廊廡亦次第就緒演法會膳俱有堂廩庖湢圊浴咸一新之仙巖元壇倣舊立祠繞門曲澗跨以修虹往來輿馬之士肩摩踵接於塗造無弗達悟困復欲修古制恢拓前業莊嚴林觀顧力有不逮耳有司竟以悟困畢充今職兼領靑羊萬壽宮事間以其始末徵余記之余觀悟困身處靑陽而心存景德雖未復於初制然有賴

於後人有徒若干領合州道正日雷希常夔府都紀日熊希賢從余遊則曰劉希範也悟囦積功累行非一朝夕矣天鑒厥誠諸徒紹襲焉知其不大興於他日而壯觀於西蜀者乎余往年以公事道經其邑艤舟林樾適逢悟囦引登峯頂縱觀遐矚襟懷豁如天風冷冷恍若笙籟在耳非人間世眞神仙之境也既而又獲誦坡仙之句有日午夢任隨鳩喚覺早朝又聽廛儺班謂山中鹿鳴必有異人至徵諸前輩云自昔距今已數十載回思舊遊如隔蓬瀛矣悟囦將磨石琢辭以示後來垂永久塵刧可盡而悟囦崇眞樹教之心爲無窮繼自今倘亦有心悟囦之心嗣而葺之其敬勿怱則是山觀雖與天地日月同其悠久可也

儒學科貢題名記 明宣德九年

余鐸

科貢之得人尙矣粤自成周以鄉三物教萬民而賓興之三年大比考其

德行道義興其賢者能者其原昉於此焉漢有孝弟力田賢良方正之科則賈董輩相繼而出唐如龍虎榜之得韓昌黎制科之得陸贄宋如韓范歐富文章政事炳耀當時此皆科目之得人也聖朝開國建學以育才設科以取士士之有成效者薦之春官升之胄監作養造就咸適於用何其至歟酆都縣儒學自洪武紀元初至於今日得人之盛超軼他邑由科第出身者余公亨曾公添麟以至王公瓚膺歲貢而出者自黃公應祥至於傅公潮凡若干輩咸譽髦之選也已仕者皆立律要而政聲洋溢人耳目未仕者咸砥節勵行而自期顯榮於方來彬彬輩出猗歟盛哉余以膚學典教是邑竊以諸公文學政事足以鳴一代之盛固可嘉矣然而代遠世移不致泯滅其姓名者幾希於是大尹柳公暨同寅陳先生輩詢謀僉同刻石以永其傳俾千載而下芳聲偉烈耿耿不磨是亦君子樂道人善之意也噫斯舉也不惟使前烈垂譽於無窮亦以使後學激昂而奮發有志竟成者登名是列跂跡前修使賈董韓范歐富之儔不專美於前而相與同芳百世可也余既爲之記乃復頌曰堂堂黌泮洙泗之跡文物衣冠惟蜀斯美有杏其壇有柏其門山迎文筆水湧詞源人傑地靈賢髦挺生漸摩膏澤際遇文明累擢名科迭膺歲貢接武亨衢朝陽鳴鳳希蹤棫樸媲美卷阿勗諸珉石亘古不磨以啓來學以昭後世百千萬億永垂弗替

學鐘銘 明成化二年

報讀書之曉鳴飲食之節立明倫堂之右並講鼓之列振斯文之器豈錚錚之鐵

平山書院記

王守仁

平山在酆陵之北三里今杭郡守楊公溫甫早歲嘗讀書其下酆人之舉

進士者自溫甫之父僉憲始而溫甫承之溫甫既貴建以書院曰使吾鄉之秀與吾楊氏之子弟誦讀其間翹翹焉相繼而興以無忘吾先君之澤於是其鄉多文士而溫甫之子晉復學成有器識將紹溫甫而起葢書院爲有力焉溫甫爲秋官郎予時實爲僚佐相懷甚得也溫甫時時爲予言平山之勝聳秀奇特比於峩嵋望之嚴厲壁削若無所容而其上乃寛衍平博有老氏宮焉殿閣魁傑偉麗聞於天下俯瞰大江烟雲杳靄暇輒從朋儕往游其間鳴湍絕壑拂雲千仞之木蔭翳虧蔽書院當其麓其高可以眺其邃可以隱其芳可以采其清可以濯其幽可以棲吾因而望之以含遠之樓蟄之以寒香之塢揭之以秋芳之亭澄之以洗月之池息之以棲雲之窩四時交變風雨晦明之朝花月澄芬之夕光景超忽千態萬狀而吾誦讀於其間若冥然與世相忘若將終身焉而不知其他也今吾汨

沒於簿書案牘思平山之勝而庶幾夢寐焉何可得耶既而余以病告歸陽明溫甫尋亦出守杭州錢塘波濤之洶恠西湖山水之秀麗天下之言名勝者無過焉噫溫甫之居是地當無憾於平山耳矣今年與溫甫相見於杭而亹亹於平山者猶昔也吁亦異矣豈其沉溺於此山果有不能忘情也哉溫甫好學不倦其爲文章追古人而並之方其讀書於平山也優游自得固將發爲事業以顯於世及其施諸政事沛然有餘矣則又益思於問學而其間又自有不暇者則其眷戀於茲山也有以哉溫甫既已成已則不能忘於成物而建爲書院以倡其鄉人處行義之時則不能忘其隱居之地而拳拳於求其志者無竆已也子思子曰成己仁也成物知也溫甫其仁且知歟孔子曰隱居求志行義達道聞其語也未見其人也溫甫殆其人也非歟溫甫屬余記余未嘗一至平山而平山巖巖之氣象嶄然壁立而不可犯者固可想而知其不異溫甫之爲人也以溫甫之語予者記之

懷仙吟序　　吳用先

酆都山世所傳爲司冥者余意其地必陰森蕭瑟過之而愀然動也洎抵茲境閱縣治知古稱仙都肇晉迄宋代不乏靈乃艤舟登眺翠蓋丹磴逶迤悅人及登絕頂見王陰二仙對奕處爽然會心仰絕巘之聳漢撫大江之環流眞壯觀矣載謁琳宮瑤宇儼若聚眞祥雲時繞白鶴可乘三島十洲誰謂弱水隔之飆馭太虛且不知復有人間世何問冥府噫業由識造境惟心生淨其心則升騰清都穢其心則沉淪幽獄然則暢元覽之致者安能滯迹於塵塗希步虛之蹤者胡不遊心於物外慨焉有感援筆作懷仙吟二章以質之方平長生二老云爾

重修文廟記

昔人云天不生宣尼萬古如長夜蓋以世至春秋綱常淪沒而人道盡廢天使孔子有帝王之德無帝王之位意固欲其扶綱常正人道挽頹風以復還淳古之風使孔子得位不過行道於當世耳不過顯治業於一時耳後世之人如聾如瞶孰知有綱常而盡人道也哉所謂萬古長夜正以此也我朝列聖相承君師宇內咸立文廟以帝王之禮尊祀孔子袞冕爲服宮縣爲樂從游弟子列爵以待左右又建學校儲養髦士以備當世之用是文廟之重有自來矣酆都重慶之屬邑也廟學舊在縣治之東我朝洪武初徙縣治之西百有餘年矣歷歲既久文廟滋敝不足以棲神起敬爲令者每欲修葺間以他故竟不果中州毛侯泰以戶部郎中知府事宏治庚戌仲冬按行是邑首謁文廟顧瞻咨嗟慨然曰是風教之所先禮義之所自其敢後乎惕然有振弊起舊之思乃發府中所積材木屬李令更新之李令體德意經營締搆偕耆民仗義者捐貲以助鳩工掄材而大成殿東西廡欂櫨榱桷瓦甓牆壁之毀者易之帷幔以及籩豆簠簋罍爵之器敝者新之缺者補之邑紳士僉謂此盛事不可無述請予執筆予維孔子之道與天地同其覆載與日月並其照臨有天下者克行其道於以正己而化民爲士大夫者克行其道於是立身而用世烏可忘其所自而不知其所以報本乎是役也固毛侯盛舉而李令成之矣竊有告焉崇其祀者文也崇其道者實也文至而實不從聖人之羞也吾願士之儲養於斯者進瞻聖容有所觀感退而致力端其趨嚮崇德義以敦實行去枝葉以求本根則能明體達用建功立業以上報國家庶不負朝廷養士之恩守令作人之意矣謹記之以詔將來

重修酆都縣治記

崔奇勳

酆陵蜀之名區凡所建置因循久而因以驟至有遺址空存者缺典之多可徵已小溪王侯楪貴陽望族也擢嘉靖辛卯上第兩握文符廣收譽髦以課最來尹茲土覩篆之初慨然有鼎新之志顧帑焉則匱圖焉則耗躁動而本之弗培其誰與我乃煦稿沃焦櫛奸薅梗孜孜以民瘼爲圖未幾而風以淸弊以絕元元咸乂始措置畫材規恢庶功盡取其舊而經營之先譙樓氣象雄偉樹表正也次廳事具瞻肅整端本則也次後寢崇以高閣兩廂書屋左右列峙時燕息也吏廊六儀門一陰醫學二飭常制也郭門之外繞以月城拱以樓堞嚴障隔也至於開通衢以造舍而士林攸躋置器用於公署而積囷以蘇此尤全蜀所僅見者焉若夫大修學宮輪奐熒煌自天順以來所未備者咸捐俸以成之則冠山夏公之記可考也夫

重慶市楊柳街　新文化社代印

靈臺築而頌章臺築而怨輿情爾殊耶存乎所感焉爾侯之總權綱持風裁不專於寬而撙節愛養一以保字爲主故行禱而時雨降除壞而甘泉湧耀德而裔夷同天人協應理有固然者况無病爾氓無傷爾財而登是峻功焉酆之人在所頌乎在所怨乎夫不動聲色而庶績凝大役也工費宏而下無損大惠也振百年之廢墜增三巴之壯觀大義也一舉而衆善具焉人品才識何如耶少尹王子上舍楊子持狀告予曰吾邑之弊甚矣得吾侯而新之曠世一事也願乞一言以永其傳予覽而嘉之曰循良國之楨也興作國之庸也庸之弗紀奚以昭楨楨之弗章奚以示觀治才隱而淸議熄矣因次第成篇將以勵官師於方來云

泮池銘

黃景夔

湫作陬居僭雍之如譙乖厥初藝風塞荒土訛臯臯言此否臧其乖斯何易以其差匪以其訛制良治堅弓盈月經首事時遷駕虹飛危石檻雲垂貫盧誇奇春水沄沄風竹煥文翠委蜜芹山英海靈秀脈潛生肆發光晶一士豪傑雄長朋曹德言功高靑衿忭歡我銘緒完列永永觀

改建天福寺記 明嘉靖乙酉年

黃洵

浮屠法本出西域其後布衍中夏濫觴於魏晉逮蕭梁厥風益熾名山勝區多爲蟠踞雖高明之士猶專信而崇奉之奚罪愚俗哉我朝龍興衛道斥邪凡二氏宮剎在山野者毀之其附麗城郭者不設苛禁固有所用之也酆都故有天福寺爲歲時朝賀所遠在西郊弗便趨蹌兵燹後僅存荒址至假公署行禮殊乖於制嘉靖庚子僉謀修復會邑人冉希有願捐地營寺獻諸官司遂以其事屬之沙門宗甯募貲搆材不憚劬勸越明年寺成又建門樓以居鐘鼓起廊廡瑱備致齋更衣有室廚湢有所獨臺墀猶

重慶市楊柳街　新文化社代印

鞠茂草値雨潦則泥淖濺衣未能致敬歲在己酉縣大夫淸平王侯捐俸伐石甃治衆皆樂赴兩閱月而工訖整潔宏敞可拜可趨又以寺門旁入弗稱儀觀乃易隙地闢正道焉每萬壽千秋之辰履端踐長之節長官率羣僚諸生演而行之肅肅雍雍無愆儀焉一日甯來白余謂侯之績不可泯請爲記余因進而語之曰上古之世巢居而穴處土階而茅茨若知之乎方今時雍迓衡黎民奠居余與若也栟櫋而棲逸豫而嬉者秋毫皆帝力也其可忘所自耶浮屠者緇而傲頹弗臣弗子若屬惑於其教蔽也久矣余方謂法孔子固當麾而闢之烏可助其長也對曰然則廢習儀與曰何可廢也余前固已言之矣且幸於是得觀禮焉鹵簿旣成天威咫尺執玉鳴珂勃如躩如睹吾君臣等威之辨聲容文物之章知先王仁義禮樂於是乎在而三綱五典無所逃於天地之間將憬然省悟去墨而儒若是

則化浮屠爲忠義之歸者必自茲始矣以余觀甯苦行狷潔戒律甚嚴蓋用力於固守者也其以余言而逆耳哉既爲紀其歲月與凡佐費者之名氏而又繫之頌曰奕奕平都古縣開先翼翼梵宮堂陛有嚴香火昕昏鼓鐘震宣宰臣畢禮稽首揭虔忭舞呼嵩歡聲徹天岷江西來朝宗縣縣刻此祝辭天子萬年

知縣萬公生祠記 明隆慶壬申年 黎　元

生祠何祀也今忠州刺史永昌萬公也公嘗爲酆邑大夫酆人德之去思業有碑矣復卽平山之麓搆堂而肖像焉愛公之無已也維時捐貲飭材衆志競勸凡兩閱月而堂成諸鄉先生函書遣使詣余而請記焉酆涪鄰壤密邇余歲時往往知公之賢稔矣廉峻之操敏肅之政一時令長鮮出其右者遂膺殊調俾侯本郡而膏澤餘波惓惓於舊治宜乎民之不能忘也傳曰有功德於民者則祀之公歷年漸久而施澤於酆甚厚揆之法不亦當乎紹公而治者守而無失雖百年可也或曰公之廉常恐人知而其愛民也勞而不伐祠而像之豈其所樂哉余應之曰公所弗樂而民乃樂爲之固並行而莫禦者也恆情企慕其人則詢其爵里與夫容貌之詳肖像以永其思酆人報德之誠也宋儒眞西山帥潭州百姓愛而戴之爲作生祠時有歌詠其事者曰畢世知公不愛名潭人苦欲置丹青不須更作生祠記四海蒼生口是銘余不佞敬誦斯語以復諸君之請公諱谷字本濟別號遯齋滇人丙午進士

酆都志目錄序 楊孟瑛

武王賜太公履東至於海西於河南於穆陵北於無棣孟子亦曰域民以封疆之界爸都分土守而爲邑以是爲守也故首疆域疆域之內有山川故次山川山川險阨邑恃以固故次形勝九州皆有分星不以是辨野何以察妖祥故次星野世易物改則邑有併有割故次沿革邑以民爲本故次戶口有人此有土故次田賦有土此有財故次土產山川土田戶口貢賦必治以官故次官治三里之城七里之郭與民守之故次城郭街與坊巷皆城中之途市則鄉民市賈以粟與械器相易所謂以羨補不足者也故次街市坊巷城有坊鄉有里所以區別民居故次鄉里郵驛宣令津梁通往來皆政之不可闕也故次郵驛次津梁政有所宜先莫若哀窮故次惠政歲有豐凶不可無備故次荒政足食足兵事相維繫故次武備民爲貴社稷次之故次祀典民治神事政備修矣又何加焉曰敎之故次學校科貢學校所成也故次科貢茂才異等或行業名世科貢之英也故次人物敎化興行賢哲作則風動於上習變於下故次風俗大都以廉恥節義爲重故次貞節次隱逸然必一邑之間得賢長吏爲之父母師帥休養以厚生化導以敦俗乃有賴焉故次名宦推封以勸孝故次高年崇爵敬長亦風化之餘世改人亡遺跡未泯皆人物之餘故次恩典次古蹟次邱墓次樓臺惟釋老之敎於吾道別爲一端故次釋老文所以紀一邑之事詩則咏歌之者也故以爲終邑有志猶國有史史掌於史官日有記歲有錄代有書郡邑得人則志修否則廢廢文則事皆逸文獻不足徵矣豈細故哉吾邑之志毁於兵燹且百年成化甲午教諭陳先生璣嘗有事編纂未脫稿滿去宏治丙辰酆城明侯紳雅意修輯請於郡宋公甫公以屬孟瑛延長壽孔藎臣與同事按實於稗官質疑於故老事以類分例以義立類例之間各著臆說雖才乏三長而事備條目覽疆域則見經畫閱廢置則見盛衰稽戶口田賦則見貧富考風俗人物則見政教吾鄉之文獻蓋

庶幾焉凡治邑者取一編置案牘之間仕優而讀之因文以求義因事以求鑒興廢補敝因革從時吾民倘亦有利哉瑛成是書板行十餘年矣自病寡陋恐多闕遺頃備官天府特乘餘暇删定而更刻之序此於目錄左方

附楊孟瑛開杭州西湖條議　杭州地脈發自天目羣山飛翥駐於錢塘江湖夾抱之間山停水聚元氣融結故堪輿之書有云勢來形止是爲全氣形止氣蓄化生萬物又云外氣橫形內氣止生故杭州爲人物之都會財賦之奧區而前賢建立城郭南跨吳山北兜武林左帶長江右臨湖曲所以全形勢而固脈絡鍾靈毓秀於其中若西湖占塞則形勢破損生殖不繁杭城東北二隅皆殷壕塹南倚山嶺獨城西一隅瀕湖爲勢殆天塹也是以湧金門不設月城實倚外險若西湖占塞則膝循綿連容奸資寇折衝禦侮之便何藉焉唐宋以來城中之水皆藉湖水充之今甘泉甚多固不全賴六井南井也然實湖水爲之本源陰相輸灌若西湖占塞水脈不通則一城將復鹵飲矣況前賢興利以便民而臣等不能纂已成之業非爲政之體也五代以前江湖直入運河無復遮捍錢氏有國乃置龍山浙江兩閘啓閉以時故泥水不入宋初傾廢遂至沉壅頻年挑濬蘇軾重修堰閘阻截江潮不放入城而城中諸河專用湖水爲一郡官民之利若西湖占塞則運河枯澀所謂南柴北米官商往來上下阻滯而闤闠貿易苦於擔負之勞生計亦窘矣杭城西南山多田少穀米蔬果之需全賴東北其上塘瀕河田地自仁和至海甯何止千頃皆藉湖水以救亢旱若西湖占塞則上塘之民緩急無所仰賴矣此五者西湖有無利害明甚第壞舊有之業以傷民心怨讟將起而臣等不敢顧忌者以所利於民者甚大也　開湖告諭　先賢利民深宏利本特濬西湖之浸用溉上塘之田多歷歲年漸成湮廢比者鄉賢侍郎何公生長是邦習知成事著爲三說辨析百端伏覩當道俯念地方力圖濬

復予又職司水土敢憚劬勞重惟湖上之園池盡是豪家之封殖一旦開毀百家咨怨民既傷心我亦動念但今民之產本昔官湖民侵於官以肥家固已干紀官取於民以復舊豈謂厲民又惟上塘萬頃之田夙仰西湖千畝之水水蠶湮塞田漸荒蕪利歸於數十家害貽於千萬井況古人留利物之澤豈今日啓生事之端幸相導以平心勿相搖於異說有以占產自首事原情免罪奏請除糧查得銅錢局及崇興崇善禪智鄠廢寺田以畝計者數千地以頃計者盈百勘連阡陌間附城闤膏沃可耕標換如數況在昔湖田皆捐糧之稅於今清籍有新增之糧新增者至九百而有奇捐報者幾八百而不足稍加查派不費更張決不累民無患虧稅予性知執法心在利民非勢力之可移惟鬼神之是質凡我父老率爾鄉閭早爲遷移無肆頑梗

四賢祠碑記　孟瑛守杭郡三年於今屬邑仁和海甯游以旱告事聞於朝得復開西湖孟瑛任其事還往孤山見三賢祠棟橈欂壞懼神之不棲而羞吏之不恭也竊惟逋仙風節山崇湖深名教攸係白文公蘇東坡皆杭賢守石函一封時洩時鍾葑淵旣闢千頃一碧兩邑田殘溝斷洫莫匪遺澤民到於今賴之堂廡弗飾肸蠁弗嚴何以格神明昭崇報耶又惟唐鄴侯李公泌亦嘗刺是州穿六井引湖波民始不食鹹苦雖功不在湖而以湖爲功與白公蘇公埒曷作新廟合而祀之更稱四賢神之靈人之情協順助信而杭民亦永有依歸矣乃具其事白於鎭守麥公劉公巡按車公程公張公暨藩臬諸公乃發帑鼎作之堂爲楹間者三欂棟旅楹悉以構四隅之楹以石榱桷稱是門廡皆徹朽腐更用飭新漆丹堊黝堊麗以法斂剩材作思賢堂於祠西繚垣四周直湖啓門榜曰四賢且籍廢寺田地六十畝俾守者具歲事仰惟三公治杭事有美績人有遺愛率應祭法六井一湖才一事耳然杭人祠文公必於孤山祠鄴侯必於湧金北城祠東坡必于湖隄鎖瀾之橋豈政以時易易則不傳愛與澤流流故終不可諼也今孤山之祠蓋以北城湖橋既廢故因文公之舊而合食於是至於推祀逋仙則宋泰定間有之蓋義起也是役以三月八日肇事閏六月訖工孟瑛率僚屬諸生釋奠祠下賦迎送神詞二章禮成因敍作祠始末刻諸石並書二辭遺杭人使歌以祀四君子云其辭曰西山之瀦兮清且漣漪春橋煙柳兮秋風不腓誰浚綆兮六井誰啓函兮上塘之陂緬三賢兮湖上招逋仙兮遊嬉考鐘鼓兮鏗鏘望翠葆兮杳微擁雲旗以來下見旌纛與裳衣敞新宮兮弁坐慰吾民兮永思孤山兮在水中央梅花零落兮花有餘芳渺逋仙兮何在侶三賢兮一堂抗朱紱兮韋布道同歸兮行藏於以奠兮芹藻肅郡守兮自將蹐堂廡兮少留委吏民兮耿光幸顯步兮容與覽新湖之圓方千秋兮萬歲報事兮敢忘

兜率寺（即觀音寺）碑記　曾德升

邑之北百八十里許土名白石了爲忠酆梁墊往來趕集之所其間煙火百家桑麻遍野雞犬相聞邑之鄉豐樂村也村有大巖巖下有浮屠廟曰觀音庵竹樹掩映田畝縱橫朝暮鐘鼓魚鉢貝聲梵韻響徹林巒山寺之清幽無踰於此溯厥由來有僧慈正邑之杜氏子也因甲申之變祝髮爲浮屠於順治十八年杖錫歸里見祖父田地久蕪於荊棘叢中且念先人塋墓無人拜掃於是誅茅斬棘創觀音庵作靜室以便守祖塋嘗語其徒曰此吾祖吾父之遺產也吾小築於此於世無求於人無爭吾得終老於斯足矣去世之日出其所素積以遺其徒令拓其基爲佛殿闢土地爲燈田其徒性潤果能繼師志建七級浮圖即草庵爲大雄殿置如來大像於

其中左右侍以阿禪迦葉性潤歿後徒孫曉會繼之裝嚴修飾方畢前功而曉會又物故矣曾孫清祥繼之甃石爲溝築土爲基特建前殿左樓門闕靜深殿寢言言凡棲客之室齋廚倉庫以及僧舍所用鐃鼓鈴鐸魚螺鐘磬之器無不備而當祀之神如川主土主藥王韋馱伽籃土地之像無不具允矣棲禪之勝境矣一日清祥來丐余記余以一寺之功浸漸積累閱四代而始成蓋其用力也勤刻意也專不肯苟成不求速效故能以小致大而其所爲無一不如其志是豈獨其佛法之足以動人乎哉亦其人之才智有以起之也與之記以告將來

建世祀菴碑記　劉世曾

邑西二十里許有山名大池矚之蔚然深秀中有菴題曰世祀瓶蓄者誰里中黃孺人也孺人姓楊氏僉憲公大榮其高祖也仲子孟瑛第會魁累

官至京兆其曾大父也大父節光祿丞父纘上舍孺人歸黃公世修修都運公景星孫郡憲公洵子也嘉靖甲子舉鄉進士迎孺人有年無子畜側室亦未夢蘭孺人不自得以艱嗣息故亡何又丁永感孺人愀然嘆曰人生荷兩儀二親劬勞覆載以女流適人寄之宗祧今鬢已絲如後嗣何予永諗前世何因今生受者乃爾不預來世計竟誤矣遂減朱翠輟綺縠矢之天日曰吾持粱刺齒肥久矣自今從素食焉乃別居一靜室繪大士相晨昏禮之起居食息輪珠誦佛號求爲弟子凡四相三乘頗恆以悟得之爰詣大池山卜地胥宇捐鏡梳衣幣出累年蠶績者和之置田二十畝餘建菴於上繞以垣牆厥費自己毫不罣於夫家母家治銅爲佛像祀之菴中妥皇帝萬歲牌位於座前寢內置都運郡憲公神主菴後隙地壘窆穸制若緇衣者流他日脫舍則歸形於穸歸主於寢雇僧二人主菴佃若田歲入其租祇修醮事仗佛力以報天地君親德黃氏宗祖洎孺人夫婦身後咸與薦焉醮事品物有額疏章有式主僧世度其徒歲遇春秋則按而行之餘租給僧徒衣缽永充常住事竣亟幣走使屬余記之使者再拜曰吾主此舉期垂不朽恐後爲豪右所奪敢藉公言以昭勸戒余曰爾主其情誠哀其慮誠遠聞之佛氏功德無量即九幽亦能超度爾黃氏先人得尾蓮座庶幾萬年香火也世有有後嗣者一或不肖則摧先祖祀孰若孺人據若所爲可謂無佛而有佛無後而有後矣秉彝好德情所同然後人游支遁禪居則生善心瞻至尊牌位則生敬心復睹黃氏昭穆及孺人遺塔則又生不忍心矣固有增而修者敢奪之以蹈不仁耶當世戒菴僧勤修善果無令睥睨者乘釁焉爾主果了生死則異世輪迴仍其故業也顏其菴曰世祀斯名其稱情哉使者曰唯唯歸以之復吾主云於是爲記

賨公生祠碑記 明萬曆九年

詹貞吉

辛巳初夏余轉官北上舟次酆陵庠友蔣生雲路李生茂楊生茹熊生祜遠持先生祠狀懇余誌其事於石余業有論文之雅弗克辭按蜀志漢王堂守巴州唐陳易從守彭州兩郡立祠祀之類是者固多然皆處權位功易樹而民易懷也先生則儒官閒秩何酆人亦祀於祠及閱狀先生楚人也爲諸生即有大志慨然以天下自任先授西甯學訓承委丈民田不避豪右界在王室者亦公以從事自令僮僕擔簦纖芥不以擾民縣饒公摩封還弗受三載以課最遷酆身率諸士章之教言大都以黜浮靡敦實行爲倘月嚴考校甄別無錯衆皆服其明敏燕居必正衣冠皋比不撤坐出則振響鳴鐸人不敢干以私諸士凡有所爲於其鄉閭及於其家皆曰吾先生聞之得無不合於意否莫不忖度而後從事寒士有餽遺者弗受兩遇始進隨束脩多寡絕不啓閱甚至豚肩樽酒亦欣然納之橐中靡有藏物攝教鄰庠所至有冰蘗聲督學郭公命附集大學衍義綜覆往古參以時務足裨經濟實用督學公旌之庚辰秋縣簿剝民膏脂辱及士類有無辜而遭拷禁者八九相與泣訴於堂艴然曰吾所領子弟狼狽至此詎忍默爲乃直陳其事於臺省或曰寒官悍吏終非敵也且訟興獄結力憊財傷非可處分於旦夕盍隱忍先生曰吾家世甘貧苦濫竽教柄非爲營私計苟有培於士氣雖弗官可也利害不顧竟求直焉觸渝州閱月載轉省城衝寒跋涉始終無一怨言歲暮歸任聞報擢襄府教授官轉錄事適有耆賓舉鄉飲者酬以兼金先生嘆曰茲盛事也吾以之市恩可乎揮勿顧檄催領憑先生以事未竟不苟於去求伸夙志其賢不可盡述也邑士民德之肖像立祠以祀焉祠在平都山麓前有溪流與萬侯並先生諱希顏

字子愚家於永之祁陽縣號祁北別號亦人子所著有五倫纂要淮南摘粹發明河洛太極理數河源圖註洎前大學衍義等書傳世文章德行可謂遠也矣余遂銘之曰平都巖巖溪流潺潺先生之風激懦廉頑倘以丹青爲表儀型可圖白髮難繪丹心敷陳肖蓿香飄絳幄祝公之年壽而且富

啓建文昌宮記 明萬曆壬午年

戴文亨

平都山麓觀宇鄰比若民居然矣當羣宇之中有地一區岡脈隆然江城環抱平麓之勝此其奧焉識者嘗謂其有待也隆慶初兵憲喬公登而異之稱爲文明之區適屬邑侯萬公創爲淩雲書院太史曹公記之矣是時人文濟濟卓有淩雲氣頌二公之遠覽而嘉惠者藉藉也萬歷己卯奉議撤毀翼然堂序一旦鞠圃良可慨夫壬午之冬貞菴鍾先生名煥富順人來署吾邑顧其墟而嘆曰噫嘻名山有遺址哉溪流瀠洄宛若七曲蔚哉文章府也而墟之可乎爰命僧人性月募修文昌宮殿即捐俸金百兩以爲倡士人附之民之仗義者輕百餘金以助之不逾年而工乃就正殿巍峩坊樓翼翼其規制氣象彷彿瓊宮視昔之建立者徑庭矣嗚呼是地之勝寂寂於前古後今者不知幾歲月矣前此一顧乃曰文明繼此一顧乃曰文府前此有作以造多士繼此有作以祀文衡蓋山岳之靈古今旦暮而此心之靈在智謀遠大之士者所見同也由是士人振奮於德業事功以求無負庶此宮之建大有裨於文運而平山增重矣

直指李公平險灘碑記 萬曆甲辰年

黃輝

西於平都可十里許壁巖衙梁交環束江江怒而戰灘激巖悚怪石鼓猛礮瓏互吞戈鋋鱗鱗饞涎波颺舟一無幸立入鮓甕黔南李公昔司渝李行役過之躬嘗厥險謂灘毋頑鏟若必我姑視吾力甯爾久貸後十餘載果來按蜀亟檄治灘毋養餘橫時維萬曆卅有餘載役始春中人賈厥勇灘石慚懼未裂先泣沃膏而來邪許傾山水礫金流不見鑿痕江舒以前轂如蔚如凡五閱月遂告成事舟檣往來望之歡踴昔我由茲五色靡主灘聲激天鼓榜不聞萬斛葉浮千指髮懸窘迫無措羣號大士謂惟大慈能救斯苦是故字灘曰觀世音赫赫李公應聲濟世砥茲巨阻若捩舵轉匪神所相易詎乃爾神不敢居歸之我公公莞爾曰功則何有茲灘昔年鬱於予懷雖不去心敢謂必償帝鑒予誠竟决以流斧如不西其奈灘何必云有功歸諸國家僉曰洵哉昔崇伯子實産我蜀塗山家門鑿峽如新公昔爲理囊蜀利害今重我蒞若還厥鄉探懷施仁福利澹濟如出金簡奔走百靈若茲灘險匪水匪石假合成隘乃於公斧無心猶爾況有心者凡茲伏慝有如此灘勿謂灘衆無暇盡斧公斧在心不依形立非故平之由險自取有險有平猶云相待灘待公來乃平茲險一灘就平百灘震驚不霜而栗維仁生威昔漕江淮載澄河海斧無難夷皆立底績於衣帶水解結何有若平都者又帶之縷何況其灘而敢恃險公矢平灘初念無負由灘以往報國何極尙輔明德遠追伯禹百爾神人當矢如公務平乃心無負帝命心本自平何故而險心所造灘險百於水毋謂無傷必有斧者禹亦人耳獨平水土思曰孜孜爲不平故能平一險一險之禹公功匪灘即灘功在以灘功公如管窺天天豈在管亦不離管故樹此碑表公平心以平神人如鑄九鼎爲神奸故使弗若若孰爲鼎者嗚呼念哉各護乃心如護公碑無險可斧無灘可平是謂太平蕩蕩岷江公功常存維公即緒公落以詩巴人和焉勒石亭之亭依於堂有臺有坊輔以仁祠茲蜀守之

并在灘岸灘去名存維觀自在常與公俱預斯役者守令而下凡若干人附書碑陰永垂來禩

九蟒亭記 明天啓甲子年　周延甲

嘗讀山海經云宇內洞天福地四十有二酆之平都厠焉人人耳食山靈遂埒於蓬萊三神山之屬余曩卽未領畧其勝心實嚮往之叨命來撫斯土愜所願矣登山遐眺見峯巒揷天芙蓉削翠江波映日檜柏干霄煙嵐藹藹恍若羽化去幾不知身在人世間也揖柯亭訪廬竈問古探幽隱若青牛道士孤劍仙人相與語者玩賞久之既而憩息山腰又睹蒼巖削壁鬼鑿丁剜丹篆蘚碑葛天蓊翳中有九蟒之亭焉住持僧云御史楊公之神也宋慶歷二載生於西湖長於洛陽勅授御史顯異茲土有年矣夢告里中陳生有若欲成名必日月倒縣之語及鄉闈本生葩經獲售果符月

恆日升之驗事之可異不止此考其創修圈洞嘉靖戊午也既而重飾亭臺隆慶辛未也規制湫隘亭榭卑小傾圮頹廢砌道崎嶇余心悒悒爲之惻焉曰噫若此則嚴壑不靈樹石無色何以肅明威而妥赫翼也傳云以禦大災則祀以捍大患則祀楊公之神福庇一方則崇祀而重新之無非爲斯民計固非淫祀者比適有僧以是請爰給印捐貲與僧遍募甲子之歲鳩工掄材拓基運石第見廟宇傑出臺洞改觀非復向之湫而隘也丹堊陸離金碧煇耀非復向之俚而晦也雲磴天梯周行垣徑非復向之欹而側也冶像以銅非復向之土偶而脫卸也快睹鸞飛樂由砥矢不仰止益新哉丹竈石枰之間五雲六埜之勝又增佳話矣工役告成僧乞言勒堅珉以誌不朽爰拈筆書之

重修明倫堂序　林明儁

事有爲吾及見者一變而爲吾不及見者及見者吾也不及見者吾也生而有兩吾耶閱世而有兩世也重之感也夫及見變而爲不及見置諸可也必欲謀爲再見誰將許我多不逮余生乎酆長三十年蜀始亂始無蜀無蜀而始無酆吾所及見之酆變而爲不及見之酆於外凡十五年大淸混一亡人自外歸見酆非復向及見之酆心甚疑恐以爲事之變至於此吾生適遭之洵一人而兩吾一吾而兩世也嗟乎酆及見不及見置諸可也湯侯至歷才吏之勤勞而又有酆何其能也雖然終非吾向及見之酆也嗟乎酆之及見不及見置諸可也往往嘆息不欲置諸衡邑之本末先後緩急風化之係爲最大者僉議修學然不無格於勢限於力爲之奈何夫邑之有學猶人之兩目人無目不能行邑無學致遠能文之才於何取乎古之爲學吾不及見卽所及見皆近世之學也明三百年蕞爾酆邑列

鄉校中者常四百餘人應鄉舉里選者若干人舉進士者若干人鄉射飲酒春秋合樂養老尊賓陵夷至衰敝之季仍未廢而士之勵廉恥勤服習其時上下貴賤名分屹然無亂俗至大傷風化者以有學在也頻年以來朝廷詔立學再三僅存十餘人皆皤首鮐背沐新恩與進三涉科歲比不下二十餘人會僉議謀諸湯明府捐立先師廟粗具規模春秋釋奠舊明倫堂次廟之左爲琴瑟鐘鼓羽籥師徒講習肄業之處左右齋庫藏祭器經書典籍秉鐸有論有導署必備今不及見所見粗具之一廟有廟無堂生徒不至名存而實廢夫古之爲學不及見也卽吾所及見之學亦不敢期其全而再見之惟堂與廟之相爲倚重願量力稍立規模而從事焉邑子弟望鄉校而奔趨爲數漸廣里人各愛其子弟各敬其長老鄉射飲酒春秋合樂養老尊賓事可漸復里俗勤生博施不吝其財義風未盡絕衡

邑之本末先後緩急於此爲最大者幸勿猶豫焉獨怪浮屠羽室不勞謀議旦夕觀成非資其官之侈則民力焉反以爲當然獨修學多異同遲久不效其故不知其所以也以云愛子弟敬長老勸生而博施然與否與誠力爲之不變今之法不失古之遺當事一垂注焉風行自上下民尤而效之又何旦夕之不可觀成乎庶生而有兩吾之長老𦒿少慰惓惓也矣

舊志小序　林明儁

自禹貢冀高山大川奠爲九州天官書以星野辨九州之地而風土占驗各隨其方酆於梁州下邑同連參井分野豈必彊爲別異然俗產災祥間亦有不同者慎固封守修省庶徵非有土者責與（輿地）自封建之不復而郡縣之建置於是乎不可已也漢唐以下有軍道路省之不同要之改物立法亦隨時制宜耳全蜀蹂躪之餘舊觀未復振舉廢墜端賴後賢修明者其可無所考鏡哉（建置）三代分田代有定制而什一之法或重輕也唐制租庸調猶爲近古歷宋及明襲兩稅之遺意合丁畝而稅之以致工作郵傳無不取給於是自獻賊入蜀酆民無孑遺迨國朝丁酉甫入版圖旋爲譚逆叛據溯諸全盛十不得一焉生聚而撫循之伊誰之責哉（賦役）班固作循吏傳詳守相而畧於令然親民之官莫有切於縣令者自令以下各有分司國朝裁汰冗員惟教職仍全設焉所以專考成而崇文治也酆雖僻處下邑然追召杜繼孫胡者代有其人棠思峴淚長留不竊考古者其循名而責實也（秩官）古者立賢無方惟制科得人最盛凡以明體而後可達用也進取不一途而聖天子注意科目時與疏通酆邑科貢接踵而登仕途者不少概見遐稽曩哲或以政績顯或以忠義著或以文學彰皆制科所得而孝義節烈出於里巷巾幗者不少孔子曰十室之邑必有忠信平都負

山面江流峙高潔山川之鍾靈性情之感發良有由矣（選舉）名勝以適游觀原無關於政治也至佛老之教尤吾儒所不道然平都本以仙蹟著相沿成訛遂使幽明荒誕之說得掩本來面目紀其勝所以黜其妄也況游覽亦性情之寄巖壑之勝非博物者所務詳與（名勝）

重修平都山記（康熙壬寅年）　林明儁

平都仙山也而雜傳幽怪飄忽之說聞於天下集古今稱山之所有其說不馴布滿山中半神祠半羽屋半釋室詰其由來人情好怪當其無事樂爲非常可喜之議神仙之說不足以厭之而幽險深渺之說相繼蠭起以意穿鑿山遂聽人修飾至極盛無以加而清虛一派爲其蔽塞豈非穿鑿太過反爲山累與蓋其初立說其意不至於此而其後牽合附會遂至於此也亦云勢焉而已矣前不及考歷漢唐宋元明以迄於今不知幾興廢存毀甲申一變咸陽烈炬山中一無有存者獨五雲樓巋然屹於靈光康熙元年湯侯濩來令茲土値酆都破裂垂絕後孑遺散失侯力洗一時汚濁比於誼以廉能著動物本於誠酆人信之服其誠而安居酆又自此始侯秉正不喜爲異論蕩惑人心教化酆人其言平易正直而不可易茲山集古今流傳雖不出自學士掌故吾度其始指酆都爲幽都或者性情功效之微旨凡民不曉六經之言尋常難喩聖人禮樂刑政賞罰是非有時而窮不得已托杳冥雜出悚動人心曰獄成於此勿錯履至層層不出也其亦憂之深慮之切乎皆教也不然由今思昔豈無頌法先王正誼明道如昌黎谷永輩卒無有正之以義者其辨以曉天下而天下之人咸知有酆都由其說雖驚愚夫婦未始不可以懾奸雄已於未萌止於將動又皆權也教與權俱以補聖人禮樂刑政賞罰是非所不及又安在非性情功

效六經之所變而出也故湯侯入其邑汲汲不欲聽其盡廢勵意修舉夫廉能者吏治之望者也有舉輒信命山中住持僧性學往焉文武羣相感發酆人亦樂風行之自上不敢私蓋藏越二年而完閻君殿以慴弗馴也越三年而完玉皇觀存帝鑒於伊邇也關祠之役明忠義以篤俗也平都山又至此始至仙蹟存於五雲樓無事修舉余編氓中之一民耳棄官老歸目睹心動計少時讀書山中以此山極盛爲憂慮其勢至於不足恃而變生焉今果後效之不爽豈非其勢使然哉一山之興廢酆人不及見多矣而余見之感而爲記永遺愛於弗替表茲役而出之後來增加至於極盛又不知在何年所也聖人在上明以禮樂幽以鬼神雖百世可知也

甲辰掃墓記　林明儁

儁爲兒時隨先府君至墓下尾拜起末既冥先府君命子弟扶長老有服者次序列坐其處舉酒盡歡愛長老戒幼少敢有蹈於非勿使近墓辱先人子弟好修而賢也多飲之吾門篤俗期勿隕先訓拜掃勿斁如此今老矣幸得生還睹曠然一坏土而已富貴何足羨於茲獨有感也感而有言詳吾之所出也言之而有不及親盡故也林之籍於酆前自閩入蜀姑不紀自六世祖文振公在酆以歲進士官武昌二郡贈奉政大夫傳至明儁皆力耕讀書既無車馬赫奕婢妾靚麗蕩惑鄉里亦無官爵貨力動搖府縣凡親未盡與親既盡子姓頗敦尚禮讓崇勵廉恥無敢有胥官司者走訟者安鄉宄者矯詐修飾言語欺罔君子與夫亂俗者由今思昔猶有近古之遺甲申一變禍亂踵於蜀獻賊賊其半姚黃賊其半亂兵賊其半蜀亡而渝隨之林族子姓千餘室無有存者余倖領乙酉辱徵辟濫入官路攜從弟明佑明偉明倬暨兒堅本姪約有七八人於外幸免耳嗚呼毛羽之屬尚知報本余獨非人子忍捐棄墳墓遠遊哉以其輕者較其重者功名利祿非所論也以其緩者較其急者全其身及子弟以存祀田園廬墓姑置之也置之而曠闕於心如烽煙道阻隔如絕國何取年歲考之二十載始得於歲甲辰秋九月攜有生三閱月之弱子撫成二十一歲與姪厚本健本堅本同伏墓下偕東坦劉沛遠徐爾強暨族一長老鄉鄰之猶有存者席草列坐焉嗚呼時移事換萬族寡鮮十里一犬吠聲牲殺祭告之餘不知泣之何從也儁德薄邀先人厚庇其可幸者猶有三焉賊發塚盜取無遺而祖塋石瓮先府君墓獨無恙歸掃如故一也子若姪猶能讀先世書立功名繼遺烈二也昔人以官爲家眉山父子當天下無事飄若萍梗究卒於官不得生還西川死猶有遺恨余值滄桑之幻身經百變攜其主婦并子若女弟若姪破深阻而浩然歸里詣墓而掃招族亡人指數耕祭田修祠宇三也三者之賜皆祖若父之積先祖府君在鄉校齋長中型邑多士先府君生有完行孝友著聞輕財慕義重然諾君子長者常以不得交爲恨蔭庇時儁年十有七歲倚先恭人壯遊老歸齒髮俱變墓間首數迴而腸折又不知泣之何從也畧其事不書無以示鄉黨鄰里垂後世子孫伐石記諸於茲尤有感也能爲儁者如儁而止猶不失爲中人擴儁而大將等而上之不能爲儁對墓面熱內慚汗出食不下庶其慎所不能而戒之哉

忠烈三賢傳　林明儁

忠烈三賢者何川撫陳公士奇渝守王公行儉巴令王公錫同事渝爲三賢也逆獻寇蜀三人復同難蜀人哀其死烈甚稱爲忠烈三賢也陳公福州人字平人天啓乙丑舉於禮部爲人掀鼻昂顙有大節爲文多奇氣不

屑於一切海內人豔稱之在部以忤忠賢謫居會天下吏始復起辛未分節上川東兵憲察吏親民課士典戎咸藉藉尋遷貴州學使者庚辰復視學於蜀校士最當人意時獻大亂楚延荊歸逼蜀蜀人恐公典文事退而治器散金募士以備朝廷知公兵略屬以蜀撫軍公撫蜀値蜀兵久弛將以兵應兵隸於府者多市人不習戰束於功令餉又不繼四方胥有事寡援靡一趙雲貴授以兵柄氣驕常把劍挾文吏弗馴公知不足恃常有憂容圖所以待獻未一日少佚也王公字質行宜賓人崇禎丁丑舉進士年少丰姿玉立尤顯於文以部郎出守渝州渝治開渝社以文章節義勸士士之遇於公者盡洗浮囂力反古始攝兵憲嚴武備檄屬從事保隘凡要害令圖以進披圖而覽覽而晝不會身履其處捐募死士抑驕養氣毋敢嬉游於市備敵翼翼如也王公字子美豐城人庚辰廷對以文章節孝名

於時爲巴令所至民安樂之甲申逆獻去楚窺蜀入峽夔師失利遂屠夔城焚殺無遺飛書馳至適姚黃賊乘釁大肆擄掠徧渝屬忠酆長涪北境公率親信擊之以殲姚黃聞變報馳返巴同王公質行請增兵堵獻一戰於小江再戰於曹溪再戰於黃草峽再戰於明月峽舟師數捷陸道失險躪入江北以斷我右臂水路兵與將遂逸去三公擁孤城城兵可指數賊至城下三公分道登陴分布颺火器飛矢石賊多中死益倍力攻城城中器與矢盡三公仰天計無所出六月十日賊虹蜺礟大發城崩裂遂入城先執三公於獻所不屈目變變以睨獻獻一笑殺人一顰礫人而下三公欲奪其志也陰戒賊部婉轉誘導語出一以掌擊賊一攫賊冠碎之一厲聲大作獻始恚睢暴發命臠解之罵訶與氣同絕正作怒皎日風雷大作雪塊如車輪震瓦斷椽賊衆偃仆傷斃獻恐命亟收殮煆煉賊遂不敢留

於渝指成都而去逸史氏曰余覽編年嘆執筆之誤且闕畧荒陋不逮甚矣書張獻忠由成都順流取重慶推官王行儉死難事莫大於億萬生靈官莫重於仗節之吏書順流而下何其誤也書守爲理而司理鄭問元間出未死何其荒陋不稽也傳之後世何足徵哉孔子曰吾猶及史之闕文也又曰斯民也三代之直道而行也史文闕直在人心我蜀子遺存者歲時僉曰忠烈三賢尤怪世俗之言曰文士鮮行以概天下賢者謂文章不得與節義同齒輒詆文人一切無用而不知關於名教含文章末由也文章道之著節義所從出也三公以封疆之臣値末造兵孤餉絕戰不勝守弗克不得已以身殉死臨死張舌欲飲賊一斗血氣盡罵訶殆欲上感天怒賊用落胆俾人紀永植天常不墜豈非文章之教哉維彼其說不知晚近來稱仗節志不辱委徇至慘極於身而猶詆訴者屬何輩也三公方駕

格澤驂賓於帝所正氣拂鬱於天壤死且稱快不以死爲重輕而傳多荒舛無以篤俗訓人疑議於兹也余以渝人習聞而見表而出之方賊來蜀無三尺童子乞降蜀人較天下禍且烈而甘死不投賊亦未始非三公之教也悲夫撫軍郡侯余諸生辱文章知遇甚厚旣梓余文公天下以示勸復相深於行誼今茲之言非私也夫亦何嫌屈原爲宋玉師原死玉作些以招原是傳余之些也而出於蜀人之同私亦公也

修平都山二仙樓記康熙十年　蔡毓榮

余涉瞿塘灩澦溯夔關雲陽而上閱五百里始達酆都邑有平都山爲漢王方平陰長生棲眞之所道書所稱洞天福地也余艤舟攬轡登陟其上孤峯削成高挿雲表俯看縉雲龍洞諸山直培塿耳碧波萬頃如堆琉璃黃葛蟠根石上大蔭數畝古柏千章皆非近代所植靈花彩羽滴翠流丹

蓋自巫夔三峽崒嵂巉巖觀者㠯怪神搖至此則心曠意怡秀色蒼靄儼若赤城元圃別有天地非人間矣山固多奇勝舊有平都八景精舍古蹟不能悉記而其最勝爲二仙樓余顏其榜曰中天積翠又集唐人詩爲聯曰山隨平野盡天闊萬嶺低又曰薜荔搖青氣煙樓半紫虛此山眞境也樓遭獻賊所焚毀日漸傾圮余懼其久益摧蝕乃捐橐中貲爲修葺費樓後有闕夫子像神氣威嚴凜然如生向有殿置五雲洞上今洞亦堙塞故移像於樓後余悉命改葺俾復舊觀未幾酆都尹李如澇以工竣告成余甚訝其速迨後復還楚經過其地則輪奐一新令人有凌虛想益徘徊不能去因憶蜀志唐段文昌嘗愛此山從三十餘年建麾幢再續舊游始得崇飾樓觀以畢疇昔之願余今一歲再游又工成不日得非方平與余家先世舊有夙緣故斯山之興若有所待而令尹董事之勤與百姓子來之義皆可嘉於是乎書藩臬長史捐俸佐工例得並書於左

重建文廟記康熙十二年　劉如漢

高陽李侯蒞枳之三年政洽民和百廢修舉而學宮首成甲申以後兵燹頻仍禮樂絃誦之場鞠爲茂草牧兒蕘豎薪刈其間兔葵燕麥漫滅其址官於斯者曾未過而問焉李侯下車惻然嘆曰讀聖賢書而坐視鐘鼓銷沉俎豆墜地忍乎爰檢冰囊率作經始自庚戌之冬至癸丑之春閱三歲月而竣事爲殿爲堂爲廡爲門爲齋舍爲庖湢爲垣圍煥然復其舊觀厥費不下數百金而未嘗以絲毫累民間也邑人士歡欣鼓舞既樂先聖廟貌之崇又嘆侯之有功於文教爲不可泯郎君於礀走書萬里徵記於予予維古之記學宮者多矣而家絃戶誦獨盱江李泰伯袁州一記其故何哉以其詞絕支蔓而一本於忠孝也夫爲臣盡忠爲子盡孝宣尼立教之

大指故元祭酒李本魯辨以此二句爲夫子戒斯言卓矣竊怪世之儒者高談性命侈口程朱各謂得千聖不傳之絕學而考其實有愧於人倫之大者不少是豈郡縣立學之初意歟李侯學問淵博家世忠孝雖牛刀小試所以訓俗化人者不可殫述斯舉也揚聖主作人之化繼文翁政教之美創十六邑已墜之緒不可謂非善政之首焉多士於焉藏修於焉息游出而用世必有眞忠眞孝建三不朽以答侯貺者矣予與侯爲己亥同門友平時以道義相砥礪故喜而記之如此

重修文昌宮碑記　林堅本

文昌懸諸天闕司籙之神詳於晉志備載王氏聞見諸書吾蜀越嶲人士至今能言之不具悉而論者謂六星開闢已然必竢吾蜀百千億年後之人主之其說近誕不知上古士風靜一魏晉以來篡殺成風士多變易學術俯仰以求合於當世或者帝心憫憂特簡司籙之神進賢退不肖未可知也而嘗日之立爲是說者吾有知尤深意焉以天下之最難治者士心也無端而使有志設誠之士寤寐如或遇之無端而使側身修行之士言動如何糾之無端而使致齋蠲吉之士焄蒿悽愴如或見之朝廷三物六行禮樂刑政不盡及帝君之神能及之則神之所治幽獨也豈神能取士之幽獨而治之夫亦士自愼其獨與神明相見於隱微之際故曰最難治者士心也而能治士心者帝君之神也士各治其心與神合漠則士心各有一帝君神祠不必從廟祠作解也吾邑平都山浮屠羽室經咸陽烈炬後修復踵相接也非民之力則官之餘藐茲上下文昌宮廟莽衍弗治其故維何蓋責諸晨星落落之寒流歷久不睹成效當世非不右文而士坐以文弱祠坐以文廢往往而然幸苗裔弗輟庠之以淸幹見稱者若神啓

之穀然議修遺書山中行僧眞一與之約付以永遠住持丐邑紳古稱叟
先生爲文以集衆志先生恐行之不逮也捐宿搆作室材木六十餘頭以
促之闔邑紳士及凡業儒子弟均樂助焉年月日落成爰載筆而泐於石
治心之教帝君之靈其在斯乎其在斯乎

重修酆都縣學碑記　劉謙

漢文翁爲蜀守仁愛好教化選開敏有材者遣詣京師受業博士減省少
府用度買刀布諸物遺博士數歲蜀生皆成就修起學宮於成都市招學
官弟子除更繇由是蜀地學於京師者比齊魯史稱郡國立學自蜀始厥
功懋矣予至蜀見所在學舍廢於兵燹者概未能興嘖焉太息謂古人不
復作也居數月知酆都縣王侯以修學告酆都縣學肇始元達魯花赤完
者帖木兒在治之東明初知縣楊謙改治西中更廢興後燬於賊國初鼎

新文命敷於四海壬寅知縣湯君始建大成殿纔一楹庚戌知縣李君又
建啓聖祠於明倫堂右亦湫隘不如制王侯下車見而痛之毅然以爲己
任天鑒厥忱大木浮江下乃與教諭黃錫策訓導屈先達典史劉啓武經
營廣殿三楹而後祠殿後敬一亭址跂矢鳥翬巍乎奐如經始於癸未六
月命庶丕作士紳以次更直而副榜林君敬修武舉高君曜監生林君愼
修圖始愼終尤勤甲申六月余適按部至縣獲謁廟而遍觀焉自東西廡
名宦鄉賢祠櫺星戟門泮水橋堂齋靡不備垣墉塗墍茨靡不飾其費自
諸生廩糈及民譚心滿本源等樂輸餘皆出王侯俸餘與文翁減少府用
度遺博士無以異又釐齋舍之久假者歸之宮牆覩起學市隙離不啻倍
屣至爲諸生親正句讀則庶幾程夫子之在晋城無遺詣京師受業之煩
而教過之以此倡諸郡邑將學之廢者盡興使史氏執簡書曰蜀今興學

自酆始奚不可也於時諸生請予記之乃升堂鐘鼓而告之曰爾知朝廷
建學意乎天生烝民有仁義禮知信之性有君臣父子夫婦長幼朋友之
倫修乎此則爵貴且靈於物而爲人悖乎此無以遠違於禽獸此學校之
設聖人所爲繼天立極導之以明人倫而復其性也古者家有塾黨有庠
州有序國有學以三物教萬民賓興之而後爲士是故天下無無學之地
無不教之人以此化民成俗比戶可封今之升於學者皆民之秀也朝廷
所以教育之者恩至渥制加詳皇上復頒訓辭昭示中外以士先德行而
後文藝之意深切著明矣今王侯豈爲爾取科名邀榮膴計哉願學於斯
者勿汲汲於利祿苟圖進取務遜志於聖賢義理之學體驗於日用收益
於身心所謂明倫復性於是焉存有不特祿在其中者夫班固之稱文黨
不過曰見蜀俗僻陋誘進以文雅而已誠盡心於斯今日蜀生之所成就

又當止如固所云耶諸生唯唯受教爰書以爲之記

重修夫子廟贊　王廷獻

天覆地載日照月臨萬古長夜聖人篤生羲農黃帝堯舜禹湯文武周公
統歸素王誨人不倦吐辭成經千秋木鐸未喪斯文經明於漢文盛於唐
宋詔郡邑咸立宮牆有元至正學建酆都迨明洪武移西城隅甲申兵燹
慘罹一炬淸和重搆高陽繼緒廟制卑隘未復舊觀僉謀重建擴一爲三
後圖低下築土成壇宮移啓聖用稱巖瞻歲在癸未鳩工庀材多士奮興
庶民子來季夏經始建子落成謹識歲月勒諸貞珉

重修胡公祠序　王廷獻

丁丑夏余初抵是邑慕平山之勝選暇一登甫至山麓見鐵像露處榛莽
間兜鍪而擐甲疑是羽流所鑄天君像殊不介意歸詢諸從者則云此地

舊有胡公祠鼎革時燬於兵此其遺像也考邑乘列有公祠而名氏及立祠故俱不詳明經毛自修告予曰公名平表字不波以忠州判破奢賊授監軍道晉爵太僕卿貴州布政使當奢苗之據重慶也變起倉卒公徒步詣石砫司效秦廷之哭請兵西向禱於平山關祠臨陣獲神助遂破賊乃冶金爲像築宮平山之陰卽俗稱聖帝宮也酆人德公堵截之賜亦冶金爲像築祠祀公夫祀典所載有功德於民則祀之公之血食於酆詎有愧哉而舊志胡缺焉弗紀也已卯冬承乏涪篆閱州志見孝廉陳計長所作生祠記則載公始末極詳記云公滇南人舉鄉進士初選授縣令改忠州判因得署涪守事先後淹於宦途而居官始終不苟錙遺纖悉必卻尤恤於刑搢紳有過力爲保全夏旱公禱立雨春雨公禱又立晴渝城破遠近騷動公親詣石砫請兵堵截後躬率義勇鬬殺月餘奢寅就擒論功錫爵

洊陟方岳而名不酬實公亦脫然名利外矣天啓丁卯涪人立祠北門祀公而計長爲之記然涪北門實無公祠矣嗟乎以公之功卽使酬以高位如酆故老所傳聞何多讓焉乃竟名不酬實豈策勳之公論與酆人立祠祀公而紀載不詳涪志詳載公功而舊祠莫考其不至日久湮沒也幾希矣余乃捐俸屬聖帝宮僧宗貴仍立祠故址位遺像於中使千百世後廟祀弗替以覩前賢之費斗金修平山寺觀以邀冥福者於名教不無少補云癸未秋落成乃爲序勒石以記之

相傳公善堪輿於酆都杜家壩擇地以葬先人營天地人三穴葬其中穴留上下以有待焉公雲南人

按崇禎長編云藺賊奢崇明之據重慶也貴州布政司參議胡平表方以忠州判官在圍城中縋城徒跣走石砫司秦良玉乞兵援成都目把囂紛不肯應平表慷慨號泣不飲食者五日良玉感動乃起兵平表百方激勸措處以餉秦兵一戰而復新都再戰而成都之圍解四川撫按授之監軍兼副總兵職銜平表得以統束易置諸將白市驛之戰俘斬千餘馬廟之戰俘斬萬餘占據兩欓酣戰一日夜斬首千餘奪據二郎關擒黑蓬頭迫降樊龍復重慶奢寅糾土府水西復集十萬我五路應之四路皆敗總兵楊愈茂死之平表以六千兵人囊米五升截苗殲賊無不一當百十萬衆潰敗如掃生擒僞元帥巨賊四十餘人獲其僞印勅僞號錦册及各縣印五顆救出被虜生靈數萬云

按成都距石砫千數百里重慶則輔車相依秦師之出何以不直取重慶而遠戰新都卽謂成都戒嚴力圖首善然急攻重慶則成都之圍自解奚用舍近以求遠耶考錦里新編載萬曆中永甯土酋奢崇

明據重慶分兵犯夔巫破瀘州泝流而上直逼成都布政使朱燮元督兵扼之引還石砫女士官秦良玉遣其弟秦明屏帶兵四千潛渡江岸營南坪關諸軍齊集奪佛圖關收復重慶追捕餘黨藺寇遂平揆以事勢自當如此不及平表者蓋紀載者有詳畧耳

竹雪菴記 明崇禎辛巳

古心

竹雪菴成表姊楊氏索予記予曰姊之所圖者金石萬年之計乃責筆墨於錐鈍之手竊恐靈巖一片石未必不爲山鬼所笑也姊曰事屬不經者乞於人未必言卽言矣而情不極切者言之未必盡且走幣以干非望之譽豐兒富僧之事非我未亡人之事也予不獲已唯唯余氏於邑爲腴族擁高齒肥足以自澤池山公姊之翁也一子子祥號今吾故絕一子子化號成吾省祭不仕高情盛氣時時脫露衡宇蓋賢而隱於俠者也先是吾

姑古氏適楊同春科第世其家姊生未幾歲姑丈就木姑撫姊曰天不祚我早亡吾夫幸有吾女亦天祚我也及長適成吾生子允生而成吾物故允生及遺腹子孝友亦殤煢煢兩嫠欲留此一塊肉不可得不亦難乎賴姊性慧捷嫻禮義居恆語及古今節烈大義確有承當間有以權宜之說進者輒曰權非婦人可用其在今日但得苟活料理以完其心之所不安以報吾夫於地下而已矣於是自城西移鹿鳴山遴穴以掩其姑若夫母若子並掩其身且曰荒塚纍纍玉匣恐作滿盧飛去欲垂不朽須仗佛力所憾成吾在日多訟多病簪珥俱充藥貲孀居二十年來差繁役苦綠林兩遭衣囊如洗乃每年減膳恐寒以寸積之餘作廬墓前李吏部匡山先生題曰竹雪姑與姊聊充住持姑名徑竹姊名寒雪總取孤冷自傲之意斷除葷酒朝夕經咒爲法器世世守之並集田地若干作香燈費菴後數武碣余氏宗祖於上合祀之土木一切恰中其度夫世之所謂婦人者偶得一端即無佳嗣亦可長世吾姊以此渺然未死之身直擔余氏數百年欲墜之緒以一楊氏無甚緊要之女而並報若父若母已斷欲絕之恩即世之奇男子不過是矣直指上其事併吾姑合表之姓名且傳青史於不墜是未死其夫也未死其子也未死其父未死其祖也余氏紛紛浪死似無一坏可安而姊能衍之無既也邑多素封望牛山而涕隕者不知凡幾余氏獨得此絕烈女子是則可歎也傳之貞珉以示來禩夫豈偶然哉

重修酆都縣志卷十一

秋山拾遺記　王廷獻

辛巳重九前三日訟庭無事公餘退食念舊志荒略未足傳信乃攜二童子乘欵段重爲平山之游出迎恩門外二十步下水濱爲三撫廟夏秋水漲治前礬石灘險客舟多泊於此有黃葛數十株各圍三丈許是日也天氣晴爽龍湫水波不興綠蔭相接清風徐來緩轡過山王廟爲酆陵故驛溪流阻之乃折而北可百步長虹亘其上曰通仙橋有亭翼然朱闌憑眺頗耐幽賞橋北有嚴官碑萬曆時修橋以紀月日者摸讀之際黃學博受符來赴予約乃命僕夫引馬候於抱翠樓下余兩人則捫蘿而登得九天宮舊址明邑令張守剛三碑焉東數武爲胡公祠公名平表天啓間平奢賊里人治像祠祭之兵火後露處榛莽余捐俸重建特丹雘未施耳東爲凌雲書院刱於明知縣萬谷萬曆初廷議撤毀因即故地建文昌宮就東隙地有谷生祠碑相對爲明學博竇希顏碑北陰殿門亦有斷碑載隆萬間捐修紳士姓名與北陰并著東嶽天齊行宮立春前一日有司迎勾芒於此蔣夔平都山記左祠大山右府北陰今猶仍舊蹟也沿溪綠樹參差與金碧相映驪鳥上下令人應接不暇又東爲石佛寺寺中石佛高二丈

重修酆都縣志卷十一

許左爲山川風雨壇臨江爲長壩子故明有場集與山王廟止隔一溪乃循舊路過東嶽廟西始登山路側有修路碑碑面爲萬曆年碑陰則嘉靖蓋後人重修用舊碑而前人遺蹟亦未盡泯焉爾陟彼而西可六十步折旋陟級而東又五十步巨碣倚山積蘚護之諦視得六字曰南無阿彌陀佛臺上即大仙巖巖有九蟒之亭中塑神像後有圈石相傳爲楊御史墓亭右有天啓甲子碑載神始末極詳匠於碑足鑿三魚中共一首俱背上人指曰三魚碑也上層臺逶迤而西者半里許折而東石坊西向顏曰總眞福地下視即元天宮高不過三十丈山勢陡峻紆折迨二里矣考蔣記此爲五雲樓故址坊內二碑相距一古養敬碑一楊忭碑俱屹立一傍砌欹臥者爲竇希顏五塊石修路碑蓋石上舊鐫李陽冰書道山洞天遺跡巉巖道路彼時尚未治耳石臺上龍虎君殿北向又上有寥陽殿碑寥陽

殿者故明蜀獻王香火前爲三石橋以肅觀瞻殿有樓可登一覽城郭無遺縣署門廡室庭中雙桂歷歷可指歷階而上爲玉皇殿遠人歲致巨蠟可然一年銀缸猶燦燦也路右爲王母殿前有楊宣慰重修景德觀碑登山過觀音殿則淩虛閣巋然出焉閣前有碑隸書東坡留題二絕明巡按盧雍筆也雍亦有八景五言絕及游平山詩平山祠宇明末俱遭一炬惟此閣獨存不減魯靈光俗稱二仙樓楚黃黎時舉顏之曰有仙則名神仙洵有異哉凭欄南望下臨無地隔江豐稔壩近若襟帶葫蘆溪樹隱現鬱蔥恍然月鏡中游也邑人林明儁一聯曰飛閣靜涵天常餘雲氣奔城脚娟峯妙挿水猶帶江聲掛樹枝斯樓之盛概可想矣閣後即淩雲臺爲平山絕頂相傳王陰對奕處亭址石枰猶存或曰舊以銅爲二仙像各高三四尺李鷂子之亂遂亡去臺後即曜靈殿殿東向榜其額曰幽都本見水經注鄉愚援此爲陰司實證也王端冕搢圭案前巨蠟如玉皇殿業鏡圍逾丈日久蒙昧而奸邪過此猶凜凜不敢正視東十餘步爲漢壽亭侯祠山僧即五雲洞覆石爲爐狀客至燃紙投之井淵無泉地風旋轉謂羣鬼攫金錢也則誕甚矣前殿石碣鐫侯像印式及王鳳洲贊於上邑紳楊叔京爲之有大碑臥地勒前忠州守孫芝倪伯麒游平山詩筆法雋逸予命匠琢其後將以有待焉小樓數楹下視江渚足與淩虛閣競美祠後爲仙姑巖相傳景龍中麻姑訪方平於此隔溪青牛山層岡細阜宛然在目東望珠簾隱隱嵐霧間可望而不可即也平山往蹟其搜抉無遺恨哉乃循舊路趨而下至五塊石傍有小徑通山後茂林修竹繞蔽梵宇曰竺國寺又西二十步亦有關祠胡公討奢賊禱於五雲洞得神助事平築宮以報焉寺僧宗貴即余命修公祠者北望五魚此中殆有佳氣乎循山西去至

半嶺江明如練小憩樹下適與酆署花齋相對可呼而應下至山麓兩山相對趙村之澗水中出爲九曲名流多泛觴於此乃攝衣登白鹿山石磴修縈里許抵寺寺東向對二仙樓山門有石鹿倪伯麒題詩猶存石坊曰來蘇以老泉來此鹿夜鳴也寺爲明僉憲楊大榮剏造相傳卜生壙掘地雙魚飛去乃捨作寺以泉故本名玉鳴時人競稱鹿鳴將所謂地以人重者耶泉方盈尺翠微隱翳瀝滴如戛玉聲冬夏不竭歲旱士人取泉以禱己卯夏余亦試之良驗左有吳道子觀音像碑稍下隙地丈餘可搆數椽石欄抱之山僧告余曰此古氏書院也或又曰爲楊氏旁有僻徑可乘險下足不能留瞬息達竹雪菴讀古心碑更正訛字數則時有夕陽在山曬影萬丈出翠竹間此地舊有楊溫甫平山書院亭池遺址半溼田陌乃由頹垣出上文昌宮一望瓦礫所存者陳寬一碑耳西爲天福宮歲時朔賀之所詳舊志黃孝廉碑緩步至社稷壇西得川主廟遺鐘爲成化七年事暮靄蒼然仰見新月望送客之晴嵐渺乎不可睹矣嗟夫自後漢迄今平山之名由來舊矣考唐宋之遺跡百不得一焉八景題咏肇於明初舊志所載亦永樂間事然三百年來祠宇之廢興留題之存沒又閱幾變遷也今來酆四載耳間以公委跋涉於涪陵桂水間奔走錦里者再平山之游或月一至或歲三四至眼前好景習而忘之矣駒影西流頹波東逝王陰二仙將無嘆拯溺之無從哉僕夫牽馬促歸乃酌酒索筆爲平都懷古詩以紀之其詞曰巴子東都治枳城平都豈是爲方平只因炎漢留仙蹟遂使春秋掩政聲九蟒精靈歸劫火五雲人鬼未分明隔山惟有來蘇寺白鹿呦呦夜氣清

書內江教諭陳方壺死事傳後

王廷獻

余讀鄷志至陳方壺內江死節事·未嘗不掩卷太息也國君死社稷大夫死封疆廣文死於學校非特敬一時之官守亦以立百世之倫常也然鼎革之際紀載多闕若此類名湮沒而不傳者可勝道哉志曰陳鼎祚字方壺由貢生任內江教諭流賊入境官吏望風逃竄鼎祚著官服坐明倫堂罵賊不絕口全家死難夫士君子立身行己志節自負殺身成仁亦期返衷不愧耳事之傳不傳烏所計哉林明儁者鄷之志節士也獻忠之亂梁益陸沈敖相王應熊承制討賊考拔人才擢明儁第一授兵部職方主政後遷驛鹽觀察使蜀川入我版圖引病不復仕甚方壺之死於官而不得傳也貽內江友人書曰昨與足下話敝邑方壺先生司鐸貴庠會逆獻屠蜀先生集義旅不下五百人扼守孤城逆獻攻破內江執先生誘降不屈臠解之臨死罵不絕口明紀荒畧大者不書而書及殉節廣文無有也足

下為貴邑人望僕是以諄諄有以屬足下夜即夢先生過我撫其背曰君今在閬州亦知姚洪已事乎忽不見及寤大驚乃取五代史閱之洪為唐指揮使長興中將千人戍閬口董璋反以書招洪洪投之厠中璋破閬執洪洪罵曰爾昔為李十郎奴掃馬糞得一臠殘肉感恩不已今天子用爾為節度何苦反耶璋怒然鑊令壯士刲食之至死大罵明宗聞而泣謂大臣失節反不如也血烈如此與廣文抗節無異然得染汗青數行無憾而先生湮沒無聞僕賤久絕意通顯備野史可也足下行將為史館中人以邑人疏邑事庶不負方壺先生以夢感也書載巴字園集中同時有楊淩雲者亦鄷產也以明經任蓬溪教諭流賊入境不屈死之然考內江蓬溪志兩人俱不傳

外史氏曰余閱舊志謂士頗倜儻常懷忠信心竊疑之蓋近時之風氣或有不盡然者然前輩楊溫甫守我杭重濬西湖至今民食其利而當時不惜以斂怨去迨至晚季方壺台眞各死所事舊志所云良不我欺位旃晚年逃名石鶴志節何矯矯耶宏之叛堅臥不出良由識見卓越也其孫敬修篤學好古更為余言方壺死事時曾背城一戰蓋祖父常所稱述知非謬矣

鄷都縣舊志序

朱象鼎

鄷都縣舊志兵燹後無存今上御極之二十六年海寓蕩平敕徵天下郡縣志乘鄷邑孝廉林穉菴先生應詔輯纂旬日告竣雖戒期迫促勿克大備然當文獻無徵時存什一於千百而後人得以踵事增華謂非此志之篳路藍縷耶我浙王文在先生以名進士分符枳水八年久任苦心蒐討排纂成帙蔚乎足觀焉乙酉閏夏先生內擢部曹象鼎受代瀕行手授志

稿謂鼎曰余未敢即付之剞劂者以山川人物古蹟勝事沿革建置分野開方之類不暇詳校襲譌而時賢之詩歌亦未經決擇其姑待之鼎深服先生之廬懷卓識且日望其釐正之本郵寄來鄷也不意先生遽乘箕尾有志莫逮良可慨也鼎猥以譾陋竊祿茲土碌碌簿書方救過之不遑又何能從事鉛槧而當校讐之任哉客春奉憲檄徵志爰取先生所授稿本抄錄以應其間偶為耳目所及若年來戶口之增添田野之開闢廢墜之修舉科貢之踵興悉為補訂第恐抄本傳沿日久或致魯魚亥豕之譌乃與諸同寅暨邑中紳士重加商畧捐俸鋟梓非敢掠美誠不欲前人之烈泯滅故也至於疑殆之闕如尙期博雅君子核据點定俾信而可據庶幾昭垂於不朽云爾

學庸圖說序

朱象鼎

玉峯曾子潛心道學以其所著學庸圖說惠教於余而問序焉竊惟庖羲一畫啓乾坤之蘊立圖書之祖而五帝三王作君作師聖人相傳之心法遂燦著於詩書禮樂之中迨周室東遷異端邪說壞人心術宇宙幾同長夜天生我孔子起而經綸之俾萬世之君臣父子夫婦昆弟朋友之倫秩然以序藹然以親其微言大義散見於六經而聖人之心法則在學庸二書自曾子子思遞傳至孟子沒後遭暴秦一炬簡策殘失漢唐箋釋雖曰羽翼經傳其實穿鑿附會者不少有宋代興周程張朱大儒輩出相與講究而折衷始定元時有倪氏通義彙集羣言以詮釋之每章後列圖說條分支析脈絡貫通頗爲得解即明永樂間楊胡諸公奉詔撰行大全之藍本也第未識當時何意盡汰其圖說而不傳毋怪乎明通之士以去其精華存其糟粕譏之耳玉峯沈潛玩賞於學庸二書有得諸心著爲圖說多與倪氏肳合精而確正而通全部分章萬殊一本不覺聖人之心法瞭然於目前矣周子曰文者所以載道也輪轅飾而人勿庸徒飾也况虛車乎若此者非載道之器乎吾知人人皆是中庸也雖然學者能得意忘象則六經皆屬註脚苟或按圖索驥烏足以語絕塵而奔者耶吁斯又失玉峯立言之旨矣

酆都縣舊志序

劉德芳

漢以枳地分治平都爲酆都設邑之始初平以後代有廢置隋開皇間析臨州置酆都相沿至今而疆域之廣袤山川道里之遠近人物之盛衰土風之淳漓固已劃然區別而不可假易一邑之志定有成書以傳信而永久往往紀載家好夸多以侈美盛名賢土產不詳里居古蹟勝概半借他境甚至荒誕不經之談亦入卷帙觸目生憎倘可以資考訂備采擇乎蜀中經蹂躪之後典籍散亡求其斷簡殘編已不可得康熙丁卯有抄本酆都縣志成書倉卒尚屬梗概海昌王子令茲土七年自受事來政事餘暇無日不以網羅編纂爲汲汲取抄本中之依據蒐雜捃摭掛漏語近稗史別集者悉加芟除采獲積以歲月其或未悉自山郵旅亭僧房寺壁荒疇野冢古碑賸刻故老之所傳聞記憶搜剔討論靡有遺缺改增抄本存者僅十之一二王令用心良苦矣書成質於余猶必反覆商定乃授之梓王令文學吏事皆能不負生平是書典雅詳核尤擅所長序而行之庶使好學深思之士知傳信爲足貴而述作之不可苟焉已也

重修九蟒神亭碑記

李黻樞

平都道書所謂仙山也王方平而後陰長生上昇其修煉之蹟爲最著自改平爲酆鬼神之道興而黃冠緇衣迭相雄長由趾及頂琳宫梵宇以百數九蟒亭適當山腰神狀若天君九蟒著體矯尾揚首瞻拜者鮮不慄慄然肅也迴所由建父老之傳聞其說多不雅馴明周延甲三魚碑則述住持僧云謂神楊姓宋慶曆二年生於西湖長於洛陽勅授御史顯異茲土蔣夔景德觀碑只云大仙巖内有九蟒之亭亦稱九烝樓其名甚古是說也予嘗疑之及按雲笈七籤馬明生授陰長生以太清金液神丹即欲別去長生跪致詞曰昔太歲庚辰先生與南嶽眞人洪巖公雲成公瀛洲仙女共論傳授應禱祀九老仙都九烝丈人授之大藥乃靈不禱祀而授爲之不成云云因恍然曰是即陰眞君之所以禱祀九烝丈人者乎東漢以來樓名古矣御史楊公九蟒化身遂以名亭而主其祠也其在神道設教後乎楊公之行事不少概見意其人必仁明正直著惠此邦適歿於此酆人尸而祀焉猶桐鄉意也九蟒隨車之說毋亦有所托而云然夫神仙不

足以厭之而假以鬼神鬼神不足以厭之而鑿爲隱怪甚矣人情之好異也猶是亭也負巖結撰前岸峇無膌地左逼巉削右當山徑斗折處嶍阨甃甓最易傾圮極其勢山徑將爲中斷秀水禹翁朱老父臺治酆之四年登而嘆曰此亭之興廢平山以之聽其傾圮可乎捐俸爲倡鳩工庀材三閱月而工畢亭與山共永於磐石矣然不曰九烈而曰九蟒則禦災捍患隨禱著靈神之功於平都可知也一倡而集無假督迫則民氣和樂百廢修舉侯之所以治平都者亦又可知也

縣署古井記　林敬修

邑侯朱禹州先生治酆之明年酆民皞皞豐年穰穰案無牘積庭有花香因以其暇課園丁治畦於署之北隅顧坎窞處石頭犖确欄幹隱然侯曰試鍬之則甃甓層層矣侯曰試浚之迄三丈許泉水趵突溢然盈墭瑩洌甘寒時無陸鴻漸張又新翟未品其居何等也邑之紳士父老聚而觀之咸曰吾父若祖未之前聞是昆明之劫灰非近代之埋也今爲侯出當爲侯瑞且侯之治我酆也一絲一粟無所假於民僅飲枳江一杯水積汲役之傭値足爲清俸累今挹彼注茲不踰數武坡公調水之符可不有也晨瓶暮甖澄澈一色少陵汲多之詩可不作也地不愛寶爲廉吏省一己之費焉林子其記之勿辭余曰唯唯瑞應圖云王者治道清靜則浪井出又漢穎陰侯井年深淤塞後復闢有銘曰不三百年應運而開時以爲瑞亦名曰浪井酆爲巴子別都酆署非其故宮歟撥以改邑不改井之經殆千有餘年矣爲侯出爲侯瑞誰曰非宜然侯理學名家正誼明道尋常瑞應之說不當爲侯稱引余則有取於釋文焉井者清也兼有取於易傳焉井者通也由乎清之義侯秋水玉山其神清一琴一鶴其風清綱舉目張其

重慶市楊柳街　新文化社代印

政清草臥桁楊其刑清化成乎清象應乎清云爾由乎通之義侯通惠於民而衣食足通德於民而禮讓興通其情疾苦不壅於上聞通其氣太和燮召乎大有化成乎通象應乎通云爾漢世祖曰甘露醴泉吾不貴也吏治民安乃吾瑞耳信斯言也我侯之治理謂卽盛世之浪井可也或以井之去江坂衍而下何止數百步胡爲增減與江水相應余爲述東坡惠山泉詩此山定空中乳水滿其腹遇隙則發見臭味實一族爰走筆而記之時丙戌長至也

申明亭記　曾德升

嘗聞天之號令曰風天之所不能行者風以入之王之號令曰政王之所不能至者政以及之然非徒有其法制禁令也易巽象曰隨風巽君子以申命行事凡以居位設政欲率民於禮教必丁寧反覆申其命令斯有以深入人心而無不信從亦如天之號令吹噓萬物而無微不入也若是則申明一亭其關於王政非小矣邑侯朱夫子奉天子命來宰吾邑是操天之號令以號令斯民也深慮夫愚夫愚婦不能家諭戶曉也於儀門之左建亭以申明法令雖曰仍舊貫然舉前之所未行者而行之其功實與創同每朔望集搢紳士庶宣講上諭十六條畢復進父老子弟而命之曰我皇上撫有萬方惟恐一民失所故命邑長來牧吾民俾爾民宅爾宅田爾田使各有甯宇也毋怠爾業毋侈爾費毋滅禮義而罹法網毋輕孝弟而蹈侮逆各惜廉恥共敦仁讓以無負聖天子加惠元元之意至再至三丁寧反覆其勤勤懇懇必欲人人曉然循而行之合愚夫愚婦之倫無不烝烝向化焉以是知申明一亭其關於王政大矣雖然致此者亦有由我夫子蚤歲學易及居官設政卽以易道治民凡申命行事皆巽以入之體天

重慶市楊柳街　新文化社代印

命而出以王者之治故其政之無不信從也亦風之無微不入也然則是亭之建王道也即天道也升每亭集前從諸搢紳後聽講律令因悉其事退而爲之記

旌善亭記　李孟修

亭以旌善示勸也亦以示賞也嘗考周禮予以馭其幸幸謂言行偶合於善則示之以勸後故在朝有懋賞之例下至州縣立亭旌善俾人人望而趨之羣思立善以表著殆先王旌德勸賞鼓舞一世之微權也酆陵下邑疊經兵燹先王舊制久已廢墜無聞邑侯朱夫子暫辭薇省來涖花封六年之間興廢起墜綱舉目張賢士大夫之過枳江者皆曰善哉朱公之爲政也然善其政而未識其所以善也接薦紳以謙待士子以禮善也尤有進對寮屬以和平御吏胥以整肅善也尤有進至於役不下鄉犬不夜吠人人游於春風和氣之中風俗丕變日遷善而不知誰爲爲之此我夫子躬行善故其善政善教有以深入人心也而猶不以此自足也復於儀門之西修建旌善亭民有言行合於善者則旌之以示勸蓋本先生旌德勸賞之旨爲鼓舞斯民之術使民之過亭下者望而驚曰我何不爲善人也我何日得一善而旌於此亭也於是一邑之父老子弟轉相告語或以爲善爲樂而爭趨恐後矣夫不動聲色而勸民爲善乃五帝無言之化我夫子能以躬行之而示其意於不言之表何難躋斯民於雍熙之盛哉從此勸賞立而樂善不倦則周禮之予以馭其幸者端在此亭矣孟修栽同桃李扶感蓬麻惟日砥躬勵行勉勉於善不致隕越於下以戾我夫子之教耳敢冀片長足錄耶書之右以待善人

洪巖山莊記

洪巖山莊曾子侶恆別業也曾子昔居城市與余往來講性命學相與切劘無虛日不事剽末惟務鞭辟近裏故習舉子業功不患其妨志不患其奪屢困場屋初不少動於中戊子膺歲薦慨然遠塵囂卜居洪巖之麓爲山莊結茆爲廬治田爲業樂山水秀麗手植桃李數株綠竹繞舍忘乎世外之榮浩浩乎若將終身焉者獨是山莊其常也何乃於曾子而異之異夫茆屋數間以蔽風雨與人同也不羨人之夏屋廣厦田數十畝以供饘粥與人同也不慕人之鐘鼎列食禽鳥飛鳴游魚潛躍人第見爲鳥也魚也而不知有活潑潑趣桃李繽紛衆卉爭妍人共賞其妖豔也而不知萬紫千紅都是春意河流於下江漢濳沱之所滙也亟稱其不舍晝夜由原泉而放乎海山峙於後層巒疊嶂挺然聳翠使人氣概磊落可以壁立千仞可以砥柱狂瀾此皆所以同乎人而異乎人也我思古人實獲我心矣昔濂溪圖太極橫渠著西銘伊洛繼正學紫陽集大成象山先生大慈湖作己易白沙體自然陽明致良知他若草廬若龍谿若近溪若一峯若東郭涇野若洛村波石其間地以人名者不知凡幾吾不知自有洪巖以來曾有此人亦話此事否耶今曾子居於斯處於斯燕笑語於斯詩酒陶愔於斯存心養性於斯與朋友講學於斯課子弟肄業於斯殆將有與洪巖同不朽者在也予不揣固陋樂爲之記其事於石壁

聽鹿軒記　朱應熊

平都官署之東西各有廳事焉軒除朗暢雜植卉木原夫創者之意亦擬韓魏公之典故問東廳文學問西廳之說也自期顧不遠哉吾仲父禹州來宰是邑芟其草萊補其罅漏於政事之暇日坐西廳與戚友沈子虛嘉王子西韓暨予觴咏其間幾忘羈旅之寂寂也因邑乘載李長官夜聞仙

鹿長鳴而異之使人往山踪跡遇一老人云無他異當有賢人㫺謁令君耳翌日而蘇老泉過訪焉相與道其事傳爲酆陵八景之一焉乃顏西廳曰聽鹿軒冀有如老泉者續成佳話也年來諸君先後東歸空庭閒靜坐臥於斯者能不思是山之鹿復鳴乎今春適崔子歒哉過署乃予妹倩也其偕來者爲賢兄禹甸暨予中表鍾子孟諸也飛觥角律日集軒中又頓釋離索之感矣嗟乎韓蘇二公文章功業昭耀千古卽一廳事令人遙企彌殷焉予與諸君子先後集於斯軒顧名思義能無興起於中也乎緣年來喧寂倏殊有未可意計定者故不揣弇鄙援筆爲記且以識我仲父高山景行之慕者有足多焉爾

嚴廣文履泰墓誌銘　易簡

先生嚴姓諱履泰字衷介其先湖廣麻城人祖諱袞者以孝廉任慶符縣教諭遂家焉高祖諱廷佐曾祖諱輯祖諱應麟父諱敦典字克修俱縣諸生克修公負奇節好施與所交多豪傑之士提攜極貧尤至焉甲申之變死人如麻骸骨遍野公獨捐貲斂葬以數千百計所積德行皆此類配李孺人早卒繼娶張孺人原任廣東布政使司經歷應喬公之女生先生少聰穎過人誦書日千言八歲已能道掌故九歲克修公歿先生哭泣過慟殮葬一一皆其所歷不苟且免喪後自刻苦年十二補弟子員屢冠諸生又十二年登明經又二十四年任酆都縣訓導蒞任二十一年卒於官年六十九歲實雍正元年癸卯十二月十五日也先生未仕時嘗膺敘州守聘襄幕事調劑便民不肯阿附主人意有不可者輒爭之至十反猶不已守初難之已而大服來酆都下車卽革去陋習勸士力學一以古聖賢爲宗初酆人以距省二千餘里入鄉試者嘗少先生至多方成就遂養兼優

而困於境者先生皆恤助之故科名彬彬稱一時極盛焉簡侍從先生十年先生夙有俠氣冰操至廉雖祿薄不足以自贍猶慷慨樂施故沒之日明器不具先生生四子長曰元和貢生次元正增生次元春廩生次元燈附生皆孺人于氏出孫士庶等凡十三人尚幼先生卒之前一日手書命簡曰吾病篤殆不能起爾知我者我死爾銘吾墓其務實以傳信毋諛先生卒門人郎與立等爲之斂越十日元正等至將扶柩歸里謀志於簡於是垂泣頓首爲之銘曰先生前世代有聞人積善垂慶於先生身先生篤學口角翻瀾未嘗一日舍書不觀先生學博尤精於史西川軼事撮其大旨先生課士曰貴立品曷爲脂韋喪其所稟先生論文以氣爲主瑰偉卓犖非此不取先生愛士不在富貴貧不能學乃助之費先生子孫旣多且賢哲人有後克纘其傳先生歸葬蜀西南陲昭示來許琢石此詞

與何使君論祈雨書　易簡

就館年餘廩肉無虛月及辭別又蒙寵送西郊禮數崇重非簡薄劣所克當也歸家後未及遣人謝不敏小兒於五日前從陸路赴渝入省亦未遣入城拜辭疏曠之罪多矣旱魃爲虐酆涪同患然觀音橋南川澤焦而酆地於十三日雨二十二日又雨非使君德政所感何以有此又聞爲民憂旱所以祈雨者備至而雨未霑遍者蓋鄉中惡俗恃強使弱倚衆暴寡或毀人禾穗斫人木棉縱心驕亢既足招旱而被殺者又以使君專意祈雨不敢以聞然其心不能無鬱鬱則生熱亦足增旱雨之未遍或在於此昔衛人伐邢師興而雨愚以爲恃強倚衆害人稼穡者亦宜懲其大甚以儆凶頑故息心以求雨又不若治事使人氣平而雨自通也且使君所以憂旱者重農功也其重農功阜民之衣食也今强梗之人至於毀禾斫棉是

絕民衣食之源也若是而不懲㣙更大旱有不爲亂首乎及今之時因其所犯重其懲創使其兩降固足以安民卽兩終不降秋無兩亦不足以生亂矣書生不諳治體感知己之德不敢自外輒獻芻蕘以備採擇

重修關帝廟前殿碑記

羅其昌

凡建立祠廟足以植綱常扶名教世道人心重有賴者最大莫如孔聖人其次莫如關聖是二聖者如日月經天江河行地光無乎不照澤無乎不周以故郡縣建立關廟比於孔子由來舊矣况平都爲黔蜀福地蜀東名勝之區哉余酆人也自先府君僑寓於邉酆都關廟余固不之見先君常言平都風景人物碑碣古蹟瞭如指掌而於關廟獨詳其廟左俯大江右掛五魚前臨白鹿後擁青牛中騰五雲前殿後閣爲廊爲廡翬翼壯麗甲乎一山余心焉識之不能忘歷數十年老於宦海始得退休林下歲甲寅

自邉歸省祖塋而古先文獻無徵及登平山如歷夢境如過舊遊迤邐而陟峋嶁之上關帝像巋然獨存兩旁壁立如削不知何時坍塌一至於此余甚異之邑人王珪爲余言庚戌之秋冰雹大作將前殿飛空而下聖像安然無恙余笑曰我朝褒封關聖祀以太牢與孔子等此之坍塌或山靈嫌其湫隘欲舉而光大之且以鞏此基於磐石亘萬古如一日耳王珪云更新特其力圖成待其人邑長何公修廢舉墜百度維新特捐清俸以爲之倡衆善亦爲之助蓋將固其根厚其培以築以搆不日落成因丐記於余余曰汝知賢侯建廟意乎聖帝精忠大義炳耀寰宇是役也欲使爾民知有忠義耳知忠義則知禮讓知孝弟風益淳俗益厚未必不因乎此也其有裨於綱常名教世道人心者豈少也哉余旣嘉賢侯之意而又喜所聞之獨得於所見因爲記

鹿鳴山記

譚明善

酆城後不里許卽五魚山前控平都左枕眞武兀然聳異與二山屏列城則其麓也山半搆浮圖精舍題之曰鹿鳴鹿鳴者何相傳蘇公將游酆有仙鹿夜鳴其後驗之遂以名寺或曰此石鹿也以石像鹿鹿何以鳴卽鳴矣何以兆公之至豈其公爲宋名儒足跡所過山嶽獻靈如昌黎伯開衡山之雲故假於鹿以示異耶抑都人士幸公之來得以望見顏色欣瞻有道發其愛慕以爲公不常來而托之鹿以媚公耶夫酆地巉巖百出所在多山有蟠若蜿蜒者有蹲若虎豹者有形擬青牛狀類白馬者奇峯疊巘羅列於荒煙蔓草間漸成穢墟墨客騷人往往過而弗問顧兹山自蘇公之來幾百年矣經歷代兵燹之後猶自修篁蔽日古木參天不失匡廬面目至於今登高作賦掃石留題者且踵相接焉不可謂非山靈之幸也卽

不可謂非蘇公之靈也故無論其爲仙鹿歟爲石鹿歟以蘇公之來而鳴歟不以蘇公之來而鳴歟而其人傳其地傳其靈異亦遂亘古今而不朽寧非蘇公之大有造於此山哉後之來游者尙其希蹤前哲出其事業文章以相輝映焉可也至於祇園福地之淸幽梵宇琳宮之壯麗其興其廢又何足云

江廣兩省義塚碑記

李存周

葬者何藏也所以藏其形而不露也念我吳楚諸人少年作客老大未歸先人之敝廬莫覩他年之旅魂焉依幸前有鄉先達於邑社壇之南置有官山一座凡老病不能歸櫬梓里者俱安厝於斯第年久地隘冢墓臚列後來者幾無以相容於是集我鄉人繼勷義舉各輸其財權運增息以爲將來增置義地之費更思此山有古柏數株蒼蒼翳翳非近代物形家謂

玆山之祥泐石相戒勿許射利之徒擅爲剪伐庶幾詎懷此美舉覩斯古柏雖生前遠適異國不殊爲梗爲萍幸沒後聚首九泉依然爲桑爲梓也是爲記

祭酆都縣𡾰碑梁灘文　王榮緒

大淸受命百神効靈海晏河淸民康物阜故夏至日天子有事於方澤五岳四瀆設壇分享昭其報也大江東下安瀾入海惟川中石灘數十所著名險惡上廑宸衷設救生船守護酆邑𡾰碑梁其一也職承天子命來蒞斯土去秋七八月間灘壞商船六七隻貨物飄溺客商號哭飛船拯濟皆幾死復生𥘉以爲水石相激波浪傾覆舟入其間水流石衝物理如斯無可如何繼聞邑父老言灘水石吼大作次日必壞船隻職試聽之誠然則知此灘必有神以主之非僅物理如斯也嗟呼幽冥一理呼吸相通上帝統百神治其幽天子統諸臣治其明兩相輔助乃克成功我皇上合上帝好生之德愛民如子不忍使一夫不獲其所諸臣承流宣化惠養斯民惴惴焉時恐有負聖明之使竊惟神聰明正直豈不體我皇上父母斯民之心以成上帝好生之德而忍使往來行旅顚危沉溺於此乎職承乏受命與神同事一方敢諏吉日以剛鬣柔毛庶饈虔薦之神伏願神助我皇上効靈盛世鎭水石之險惡渡舟楫於平安遠邇沐德感謝何旣

創建學田序　傅達源

子輿氏有言非其義也非其道也一介不以與人一介不取諸人能反是則與者無德色而取者無怍容本原之地繫屬乎人品也大矣故擴其用在廟堂植其基實惟學校夫學校中人古所謂博士弟子員也博士之長今司訓之職也蜀於海內稱富庶司訓一席海內猶豔稱之束脩以上未嘗無誨似亦取與之配義與道者顧弟子員登進日剌剌囂囂若不堪其擾揆厥由咎相職褱者南皮張尙書督川學下檄於州縣曰盍勸置學田川東巡屬遵奉有成者頗衆酆邑隸屬籍則壞錯中下自庚午歲大水汎濫刷城郭蕩市廛廬舍幾盡踵以火患民生自蹙有心人扼腕嘆息策之所籌久之華陽喬君松司訓實來以學田之廢置爲己身之休戚亟請於縣尹滇南何君無以應逮庚寅冬何君近受代司訓泫然再拜請曰君將去獨不能爲學校成玆美舉永令名於無窮哉用是何君蹶然興毅然諾曰吾之責也吾之職也敢不敬奉以從事爰集諸紳耆而告之故籌正名維永圖以捐契底錢文爲最善謂購產者多素封奚錙銖校俟學田足即能之議定據詳各大府報可時石埭沈君已視事釐訂章程請示立案又報可開局於辛卯五月朔以陸君廣海曾君輝祖掌其籍稽其出納次年春縣試達源適承乏宰斯邑迄於州院試秩秩焉蕭規曹隨相與集厥事而已何以言爲會兩君以章程付剞劂囑續定所未備堅以弁言請達源不敏辭弗獲援筆紀其緣起而正告之曰有國家者視人才爲盛衰也學校者人才所從出也博士弟子學校中人才而司訓爲之師記有之師道立則善人多然則師道之立必自取與有節始博士弟子之才不才必自識取與之節始當其取靑衿列黌序受約束於司訓已曉然於取與之不苟道義之攸宜浸假釋褐登朝置身通顯堯舜其君民作楨幹作柱石邦家之慶即閭里之光是建學田之明效大驗也嗚呼邑人士永孚於厤勿廢墜是勖

酆都縣志

五册

重修酆都縣志卷十一

酆都縣舊志序　瞿

志與史相爲表裏凡忠義節烈禎祥災眚因革損益足以備太史輶軒之採者悉以邑志爲權輿焉非是則文獻無徵流傳鮮據史官載筆掌故闕如豈非守土者之咎歟酆之有志昉於前明邑人楊孟瑛厥後隨時修輯鮮有闕失自前令朱君象鼎重修之後廢而不舉其遺文故事雖耆老有所弗知蓋迄於今百年矣丙寅八月余始治豐閱舊志而喟然曰是余之責也夫乃網羅散失徵求軼事始於丁卯季春迄於庚午初夏凡三閱寒暑而後告蕆夫酆雖僻在巴渝而平都山爲道書七十二洞天之一王方平陰長生之仙迹猶有存焉者又地濱大江爲舟楫往來要津騷人逸士宦游所經謳吟不絕而頻年以來邪匪肆擾烽煙屢警義士捐軀貞媛殉

重慶市楊柳街
新文化社代印

難俱足以垂光史乘風勵頑懦尤當大書特書以信今而傳後者也至於删其繁蕪歸諸簡要則歐陽子所謂事增文省者庶幾無愧焉爾

新建龍神祠移建諸葛忠武侯祠記　瞿頡

酆邑自縣治外皆山也所藝黍稷穲稏大抵在巉巖削石之間土瘠而薄經旬不雨其苗立槁民之所賴於雨澤者顧不重歟余至之旬日適屆秋祭吏白於余曰邑有龍神祠在北山之巔巍者春秋祭祀皆以屬之縣尉敢請余曰惡是何言也龍神爲一邑水旱之主其所係於生民者甚大可以祀典之重而憚一行乎雖然廟在山巔艱於登陟必也再建一祠密邇城郭不特朔望可以展禮設遇祈晴禱雨昕夕籲請不亦便乎會邑西雙桂山有武侯祠俯瞰城中形家謂不利於居民而東郊舊有萬賓二公祠歲久而廢余乃謀之紳士移武侯祠於其地即於祠前建屋三楹以奉龍

神而祀萬賫二公於東偏僉曰美哉斯役也龍神武侯與萬賫二公之靈各得其所一舉而三善備矣迺裒罰鍰錢若干緡鳩工庀材經始於丙寅臘月落成於丁卯仲秋不傷財不病民而厥工用蕆邑人請記於余余不佞備員茲土下車之始秋霖爲患禱於神而立霽今兩載以來上賴天地之和雨暘咸若而訟獄日衰盜賊弗熾得與斯民優游以卒歲者皆神庥之所被也至於武侯功在全蜀民不可諼固非獨區區下邑所當崇拜而萬賫二公爲酆邑循良之規比於中牟之魯桐鄉之朱所當亟爲表章以慰萬民到今之思以勵後此守土之官者也今合爲一祠以妥以侑享祀不忒庶幾哉佑我蒸民錫之膏澤歲則大有家用平康匪特酆都之民陰受其賜即余不佞奉職無狀弗至隕越於下以貽神人羞者實於是乎在矣是爲記

補修縣志舊序　方宗敬

邑之有志風俗之書也風俗與化移易或數十年而一變或數年而一變顧上所以風厲而化導之者何如若據一時所見登諸梨棗謂天下有一成不變之風俗無是理也酆邑故屬山鄉去京師九千餘里其在國初數爲叛逆所據重岡深箐往往有人跡所不到之區歸化遲則被化較淺以故前志所載其風頗不雅馴近自我朝聖聖相承重熙累洽嚴飭官方而於學臣守令尤諄諄加意凡所以生養而教誨之者至詳且盡德教所被雖薄海以外莫不蒸蒸向化道一風同矧酆爲禹貢梁州之域猶在近畿數千里內哉余自嘉慶十八年奉命來尹是都甫下車即索閱前志知自國朝以前叠遭兵燹概經散失所存惟前令朱瞿二公所輯山川人物以及沿革建置諸大端梗概畧具第念如所云云恐一時士習民風振起殊難爲力乃既而察其民蓋樸甚接其士亦秀甚下至商賈技藝無不各習其業各安其教一切把持官府武斷鄉曲及崇信左道之習不聞焉是古所稱易治之區殆不是過也前志云云特就國初被化尙淺弇陋無文之日言之豈必今不異於古耶比來蒞此葢三年矣仰賴帝德上召天和風雨以時年穀豐稔盜賊訟獄之風漸以衰息而士之秀者亦各知敦品力學爭以進取相先可見積漸以深人文蔚起於以答累朝作育之化雪前志弇陋之譏並不負蒞斯土者殷殷屬望之意皆指盼事也邑人士其勉乎哉適紳士輩有補修邑志之請余以簿書故不暇兼及徐商之鹿鳴主敎劉樊堂老師及枳江王容齋先生共爲編輯邑紳等分任採訪越十月而書成非敢謂是書之續足以跨越前人實以見轉移風氣之責全在蒞斯土者相機而利導之爲即前書而廣其見以俟後有作者得所裁定云爾是爲序

重修廨宇記　方宗敬

左氏載叔孫昭子于晋所止之舍有壞必葺春秋賢之矧邑令受天子命出宰百里凋瘵者宜綏以恩刁獷者宜懲以法顧乃休於公宇聽其門堂棟廡隳摧圮漏而不治甚非所以肅觀瞻而嚴體統也酆邑環城以外跬步皆山居分南北兩岸中界長江北岸遠者不過二百餘里南岸遠者不下四百餘里與各州縣接壤凡六七處深山叢箐匪徒出沒不常大都非威克厥愛訖不能治余以再命來尹茲土下車伊始周覽城垣半就坍塌已乃入視公廨及內宅但見門塞若穴堂欹欲壓其廡偃其牆圮頹犇側楹風雨莫蔽考其修建頭門鐘鼓樓凡三間修於前令王公鑣在康熙之二十四年二門三間修於前僞令金元卿在康熙之十有五年大堂則馬

公騰雲所修在康熙之三十四年百餘年來風雨飄搖鳥鼠剝蝕固宜其倒移傾倚雖隸人之館不如也蓋自請帑之例久停尹茲土者率傳舍相視雖目擊頹敗畧加以支撐赭堊得免覆壓之懼足矣余實不敢因其陋爰集書役議整飭而新之城垣以衛民也修使完固增置女牆皆甃以石公廨以親民也頭門外地無可拓乃盡去其堆阜确犖爲之高其閈閎厚其垣牆復於儀門內累石爲上諭亭恭錄聖祖廣訓十六條於外便民觀覽內則恭錄世宗元年上諭一則以作官箴大堂雖仍舊址而崇隆宏敞悉視往制有加由是塞者以通欹者以正假者以起圮者以完門堂棟廡亦巍亦煥見者始懍然咸知爲令尹之堂也由宅門而入爲戶刑庫各一幕客及親屬人等分左右列屋而居上爲二堂即日視事處也由二堂而進設複門以別內外內即三堂合爲兩廊共爲居室凡十六間二堂東階

之下舊有土地廟隣於湫隘非神所棲改建於東花廳後與倉神合祀焉即其基爲小園植花竹與東花廳通東花廳者前署忠州趙公所題聽鶯池館也規制頗小亦廓而新之後爲船亭顏曰瓣蓮小坐取太乙蓮舟之義最後修仰山書屋遙望平都鹿鳴兩山銜接如在目前蓋至是而內舍亦畧具矣是役也經始於嘉慶十八年六月落成於十九年二月約費二千金皆余捐廉修[illegible]不取民間一木一石惟書役等輸錢一百七十緡亦踴躍急公意也既蕆事援筆記之俾勒石以告來者其鳩工庀材吏胥江國文王廷璧與有力焉亦例得書

修養濟院記　　方宗敬

養濟院之設所以惠天下顛連無告者也方今聖天子子惠困窮鰥寡孤獨尤所加意以故薄海內外各省州縣通飭建修以庇窮 民每歲例准咨銷帑項按給口糧恩至渥也查酆邑地處偏隅向未舉修嘉慶十七年始據前署縣李公自超詳請設立即將前縣張公偉所建山王臂瓦屋三間以作院宇余於十八年四月到任查看養濟院房舍湫隘難堪半就坍塌目擊窮黎露處風雨飄搖心甚惻然思欲爲廣廈之庇而不可得也今年春得公項少許佐以廉俸爰將舊宅變置一廓而新之上爲正屋三間兩廊左右各三間東西偏房各一間計共得屋十一間前爲門樓榜泐院名中敞大院正廳恭懸皇仁廣被匾額樸素渾堅亦整亦潔不匝月而落成夫事爲民之所急未有不宜亟興者也宣廣德化軫念窮黎守土之責也然或有意興之而不果成必遲之永久而後成豈興廢固自有時與今而後無告窮民入此室處知我皇上鞠人謀人之保居眞不恐一夫失所感激當何如也守斯土者敢不倍加矜恤以無負王政必先之意也哉是爲

序

重修禹王宮碑記　　方宗敬

禹之明德遠也其在書曰地平天成六府三事允治萬世永賴時乃功後之過河洛而思作南山而頌者無論已傳曰有功德於民則祀之以故歷代古聖先賢其有功在社稷澤被生民者莫不犂然載在祀典而禹廟獨未經官建惟吾楚宦游貿易於外者自京師及各直省州縣其會館皆立禹廟亦莫考其由來蜀固大禹生長之鄉也考紀傳所載禹生石紐爲古汶山郡或云廣柔或云汶川實即今之石泉縣也石壁禹穴二字爲唐李太白書至今尙存又嘗過渝之塗山有夏禹廟塗后故址錦官城有神禹坊忠州翠屏山麓亦有禹廟相傳治水時經過於此故廟焉要之禹之功德無所不在其靈爽亦無所不憑後之人思其德重其地不過如越人指

會稽爲禹之會稽楚人指宛委爲禹之宛委云爾酆邑舊有禹王宮二皆在西門外上街其北爲吾楚執藝事者所建規模偪仄其南爲吾楚寄籍於酆者所營基地較寬而廟制亦小宗敬自嘉慶十八年下車來謁卽欲廓而新之因缺費不果越二年邑紳等合詞請修遂忻然許之并捐廉以倡之昔夫子稱禹德之無間其一曰卑宮室五子述皇祖之訓猶怵然以峻宇雕牆爲戒廟之新不新於王心何有顧惟本儉德以垂訓者禹之所以自奉也溯王居以報功者後人之所以奉禹也矧岷山爲江水發源之地爲雲貫楚蜀舟楫往來所必經每當夏秋水漲灘凶石惡而邑前巉碑梁石脊橫亘與觀音灘毗連尤爲最險稍有不戒輒遭沉沒人力一無所禦災捍患之請守土者之責也亦邑人士之心也神其吐之乎是役也經

施而新廟適當其上今而後歲時享祀妥侑多方於崇德報功之中兼寓始於乙亥六月落成於丁丑六月越三載而告成正殿規制崇閎取材堅實爲房共六間前爲戲臺兩旁爲看樓共費銀三千金其原廟改爲面市舖舍歲收賃錢以爲修葺之費及住持香火之需眞不朽事也於時宗敬實要其成而鳩工庀材邑紳暨書役皆與有力於其泐石亦例得書

補修聖廟碑記　方宗敬

昔端木氏之推尊我夫子也曰夫子之牆數仞不得其門而入不見宗廟之美百官之富蓋一時學譬以驚管窺者流也而歷代推廣廟制以崇祀我夫子者視之故自正殿四配兩廡戟門外更設櫺星一門門外爲泮池池外則爲屏牆左右有門門上有坊所謂聖域賢關者是也庀材則屏牆以甎門坊以木而櫺星一門則以石蓋是門設而不闔露而不蔽惟石稍爲耐久歷代遵之由來舊矣酆邑學宮自康熙癸未邑令王公廷獻重修規制始具距今蓋百有餘年凍雨炎風嚴霜烈日剝蝕既久坍塌堪虞甚非所以肅觀瞻而嚴體統宗敬自嘉慶十八年奉命來宰是邑下車謁廟惟正殿兩廡稍爲整肅餘若屏牆門坊之屬牛就傾頹而櫺星一門石皆瓦裂支以土牆殊爲不整禮畢卽與學博陳豫前商之豫前曰屏牆門坊之費自前任李公自超倡捐諸紳士輸助已得二百餘金擬刻日興工匝月當可告成惟櫺星門費恐不足耳余曰此易辦也隨飭工入山取石不數月任輦畢集琢磨並施既完既整祗以蠲吉未就遲自本年二月十三日寅時始行建立度地視前略後數尺而樸素堅厚規模較壯麗矣竊維我夫子道德文章師表萬世與天地同其覆載與日月共其照臨欣逢我朝列聖相承崇文闡道自京師及各直省府廳州縣咸飭立文廟祀以帝王之禮所以示崇師勸學之典者至矣至於缺者補之敝者新之俾多士

出入是門翹瞻美富於以端向往而敦實學以上儲國家楨幹之用此守土之責也是役也並前共費銀四百餘金除前任李公倡捐及紳士輸助外餘皆宗敬籌欵捐修用克竣事而趨事之敏成功之速則豫前就近監理督催之力爲多既蕆事屬余聊綴數言並前役而合記之

重建平都山二仙樓記　黃初

平都山爲漢王方平陰長生棲眞之所絕頂有樓名曰二仙志其實也俯瞰大江高挿雲表溪環三面木蔚千章陰晴變態莫可名狀登乎此者飄飄然有凌虛之想故又以凌虛閣名焉昔唐段僕射文昌嘗愛此山越三十餘年節鉞全蜀捐俸修葺樓觀以崇其記載全蜀藝文志可考明季獻賊之亂山之僧庵道院盡毀於兵而此樓巍然獨存毋亦山之靈有以呵護之歟淸朝康熙十年川湖總督蔡公毓榮重修之今又百五十餘年矣

樓高而廣風雨摧剝漸倚而壞余公餘之暇登臨閱視大懼古人之遺跡久而就湮因進住持海潤等爲補葺計議未定而向之壞者腐矣倚者折矣余曰噫異哉物之興廢固有數哉抑將以修建之任畀余也以是言於州憲靳笠山先生與前州憲吳編山先生皆慨然捐俸倡首并住持募化共得千餘金乃鳩工庀材撤而新之經始於己丑之冬落成於庚寅之夏凡七閱月而告成規模仍舊而牖戶軒欞稍異其制憑欄遠望烟火萬家江山千里盡在指顧不獨西鳴白鹿東峙青牛捲翠珠簾流杯曲水爲足供眺賞已也竊思僕射去今千餘年矣其建茲樓也豈其希心方外創爲不經以駭人聽聞哉當亦樂山之情有不能已耳後之人曲爲附會遂使陰陽輪迴地域鬼怪之說艷稱遠近轉不及斯樓之名是驚其流而忘其溯也劉子云山不在高有仙則名僕射殆有取爾至陰王之號或即王陰之誤耶余故表而出之古之人其許爲同心乎山之靈其許爲知音乎

重建奎星閣記

陳九經

自古文教之弊端賴上之化導邑之賢士大夫復爲之倡率而後可變弇鄙之習而復彬雅之風則立學宮設書院省試以督其程升降以警其惰皆亟務也而凡可以培植而振起之者亦宜無乎不舉焉此奎星閣之所由建與酆邑舊閣自有明建立文廟前燬於兵燹國朝鼎興改建於豐稔壩顧念我聖天子右文興學洋溢海隅酆之鄰如漢平樂溫臨江朐䏰諸邑登甲第入承明者指不勝屈而酆界在其中百有餘年館選僅一人試秋闈者或數科始得一售是果執業者之未精與亦未必非形勢之有咎也歲丁卯邑人高榮安等慨然有志改建適忠州張牧伯星煒至酆履其地謂文廟艮方低陷須改於梧桐街以鎮之遂措資聶材於是春基始積工若干費若干閱明年夏落成請記於余余已巳歲始來司鐸是邦已見層樓傑閣直矗霄漢癸酉甲戌春秋兩闈皆有售者因歎諸君子之相與有成而益信廖賴諸人之說非盡誣也雖然猶有說嘗考天官書魁枕參首平旦見者魁又曰斗魁帶匡六星曰文昌其三曰貴相五曰司祿孝經援神契曰奎主文昌是固芹宮太學之士所禱祀而尸祝之者然或媚之以圖弋科名拾青紫振耀鄉邦侈科甲人文之盛則其志抑已隘矣夫士君子讀書稽古當爲天地立心爲萬物立命處則獨善以樂其身出則行志以達於世是由以道德而發爲文章如江河之流而無不通如日月之明而無不照古之人臚傳得奇士則卿雲爛霄鶴禁有通儒則五星聯璧何莫非靈臺一線之光芒有以上燭星斗也乎吾願邑人士睹奎文之炳煥奮藻繇以高翔華實相符始終不懈當不徒以科目爲輕重已也董其事者某某例得附書而益其費之不足則高子之力也

建修鹿鳴書院記

湛露清

古有學校無書院唐開元間乃有書院名迄有明而寖廣而後世所稱則以鹿洞鵝湖爲最盛要其宗旨不外講道德課文行與黨庠術序之教同原而殊轍焉則書院者其古學校之遺意歟我朝文教極盛凡省會府州縣各有書院教其境內俊秀而吾酆獨缺焉蓋二百年於茲矣前任數公屢興斯議究難於創始不果戍歲丁酉我邑侯張公來蒞茲土孜孜以造就人才爲首務戊戌夏協學師文公縣尉戚公及邑紳士捐俸捐貲選地學宮旁鼎建大門講堂東西書屋即延師督課其中閱三稔復建居室東西廂及廚廁諸制俱舉今二月工竣顏曰鹿鳴書院因院後山名且取詩歌鹿鳴之義云竊謂古循良之治莫重於教化若文翁之立學舍衛颯之

修敎制其良法美意誠可爲後世法今書院之建我侯作其權輿復勤於訓課將以振興文教而存古學校之遺其所關豈淺鮮哉自茲肄業者可以奮然興矣韓子謂業精於勤荒於嬉周子名勝恥也實勝善也尚其爭自琢磨共相砥礪發爲文章尤當崇實黜華不揣帖括聲律爲弋取科名之具而科名初不外是於以步雲攀桂作賓王家享笙簧酒醴之奉斯於鹿鳴之義有取焉又安在鹿洞鵝湖之盛不可復見於平都乎是爲記

重修平山書院記

李謙

邑之山曰平都秀出五魚雙桂之東前明進士楊君孟瑛少讀書其下建書院曰平山後邑令萬君谷更名曰淩雲國朝初前令有王君廷獻者曾經修建而基址亦湮沒不可考今之鹿鳴書院則張君偉所首創也偉黔南人令斯邑於乾隆戊戌始擇地黌宮右搆講堂齋舍共二十餘楹週以

重慶市楊柳街　新文化社代印

繚垣聚俊秀而絃誦之更肇嘉名今其殘碑尚存而字跡半蝕六十年來門垣就頹瓦礎缺落後之人非修舉振興其不鞠爲茂草而名存實亡也蓋亦僅矣余自癸巳涖斯邑亟謀修緝念興敎之有由懼前功之廢墜爾廉倡始而首事余兆登孝廉王正極茂才等轉相勸諭都人士咸踴躍輸貲洊及三年經費以裕增山長之修脯添諸生之膏火條規次第舉矣乃庀材飭工葺其院宇蠹者易之缺者補之漫漶者新之湫隘者廣之經始於戊戌十一月越次年己亥四月而工告竣肅然煥然規模較舊加閎於是董事諸君子以書院名屢易請仍顏曰平山示復古且請爲文勒石用垂永久余惟國家以興賢育才爲亟諸生果志切觀摩修厥道藝於院名何擇焉抑既以斯山爲斯邑巨鎭欲標其名而不使他邑書院得襲也謂當崇經術懋實學相與講貫服習俾人材輩出而扶輿得効其靈其毋徒弋聲華使平山類終南之捷徑也又毋或作輟靡常舍業而嬉使平山跡近於童且蒙不毛之誚也可無勉哉諸生以爲然遂輯其語以爲記斯役也諸寅好爲司鐸鄒君少尉劉君例得並書至於茲院之建於乾隆戊戌重修於道光戊戌其年前後偶合若有數焉非所知也修舉振興所重望於後之君子

種福會碑記

張紹齡

種福會者邑中諸君子之所立也先是蘇君東山湛君山泉有收葬浮屍之舉汛司劉古江暨同邑諸君子因議添設義塚推廣福田蘇君東山昆玉卽以其舊買西關外房屋熟土荒山一分捨爲公塋余君禹門玉成其事竭力勸捐同邑好善者傾囊捐助共得錢五百三十五千三百三十三文會衆收存營息嗣於道光二十四年首事復以本息增買鹿鳴寺後田

重慶市楊柳街　新文化社代印

地一分以廣義塚之地而李君含軒李君鳳翥伯仲尤極爲慫恿特捐錢一百六十千文幫入會內以足買價旋因邑多險灘壞船累累諸君子並議於會內懸金救生歷年保全不少歲丁未春諸君子請余紀其事以垂久遠余惟善者福之本根福者善之枝葉本根茂而枝葉榮無邀福之心有種福之報理所必然無足異者余承乏斯邑案牘紛繁凡當爲之事缺略頗多得諸君子補而行之不但有益閭邑更以匡余所不逮是又余之所深幸也夫是爲記

陶孝子官顯刲肝愈親說

張紹齡

昔人云天道遠人道邇吾謂邇莫邇於天道觀陶孝子刲肝愈親一事而知天日在人耳目前直呼吸可以相通也夫傷腥者死何以穿膜傷肝而竟不死肝亦血塊耳何以其祖母與母服之而竟愈此非蒼蒼者默爲體

護則必不生必不愈而竟生竟愈則天日在人耳目前直呼吸可以相通也何邇如之彼世之肆意妄行者直謂天道遠莫之聞莫之見也而豈其然哉觀陶孝子事知上帝刻刻相臨吾惴惴焉大有所懼更願人人皆惴惴焉大有所懼則庶幾其寡過矣乎

又

凡爲人子者身體髮膚受之父母不敢毀傷此禮之所謂孝也割股刲肝甚於毀傷髮膚不大違於禮乎豈得謂之孝乎然而愚夫婦當父母垂危之時搶地呼天罔生無術此時此情凡可以救吾親者雖赴湯蹈火不辭聞昔人有割股刲肝以愈其親者號泣告天持刃自戕此其一念之肫誠大可憫矣卒之皇天鑒佑遂其志並保其身是其孝也天許之天下之人皆許之而必執禮以責之過矣雖然孝則孝矣其所以不列旌典者何也

皇上以庸行教天下割股刲肝奇也而非庸也驚世駭俗之行非可教天下其不予以旌表宜也顧其事不必旌而其心不可沒有地方之責者聞其事而給匾以獎之凡以不忘其心云爾邑人陶官顯割股以愈祖母目疾又刲肝以愈祖母與母之病而已亦無恙有舉其事者予既獎以愚孝格天四字而復爲之剖論其事云

建培元塔碑記　　朱有章

今使議成一事難者見之謂之難雖易亦難易者見之謂之易雖難亦易凡事莫不類然而司土者之於民事爲尤信甲辰冬余奉檄攝篆斯邑觀其山川奇麗實生賢才之區乙巳春考課平山書院接見諸生皆恂恂儒氣美秀而文閱其文清眞雅正不墜先民矩矱而何以邑之掇巍科登甲榜者竟復寥寥或曰昔年石工採石鑿傷地脈或曰近時披沙淘金竭盡英華科名之不振職是之故余聞之而疑信相半未遽謂然也旋因公赴鄉周覽環郭諸山惟東南隅地勢低窪參之術家之說恍然有會思欲建一塔以補其缺陷猶慮已見未協羣情因邀學博鄒小山汛官劉古江少尉劉允菴暨精習堪輿明經郎官在董事國學蘇永泰甘文玉廩生陳汝修張金品項貞奎增生王功普等登高相度定厥基址衆謀僉同擬即鳩工營建以年向未利且貲金尚須籌畫緩以踰年官民捐助得二千金甎石悉備即於丙午年正月二十八日興工今已三越月不日可告成工已以是知天下無難成之事也方塔之未建也預計其成功若何糜貲若何人誰曰不難及其成也層覆甫基圓階已就人誰曰不易譬之白屋之士思博一第以酬初志恆視爲階天之難轉瞬掇巍科登甲榜以漸至於狀元宰相直易易耳何難之有古人云有志者事竟成信不誣哉余卸篆在

即略記其緣起以告來茲

新修火藥局記　　張香海

聿考軍火之製周秦後漸盛田單火牛武侯火箭尙已至鑄鐵爲礮明時佛郎機入中國方得其用之之法厥後大而抬鎗小而營鎗火毬火彈火礶火鼠名號不一皆以其術成功迅速若一切刀矛牌棍轉成護礮之具咸豐五年冬黔楚兩省賊氛不靖在在與酆邑毗連僕日與衆紳熟籌戰守僉以添辦礮火藥爲要務舊雖有局早就傾圮爰擇於本城後街郎淳甫兄弟閒園隙地剏築藥局一所淳甫慨然允諾爰諏吉於五年十二月十三日興工至六年二月初五日工竣覆屋以瓦壘牆以甎地板高二尺餘上仍以甎佈滿內外門扇鐵片釘固凡貯藥五千餘觔計若干罈當諭令在近鐵匠木局各舖尅日遷移以示愼重共用錢四百餘緡督工不假

胥吏事得速成衆紳之力也爰泐以紀

創修考棚記

田秀栗

國家以制科取士三歲大比詔有司擇地進退之試以古昔聖賢儒者之言使知貴經術右秀良非先王之法不得與爭而奇袤不至爲世患是故州縣上之府府上之督學使者舉之鄉貢之京師各爲之所以絕其弊以爲自是至於貢登天府罔非佳士然則州縣之有考棚猶都會之有試院也同治乙丑冬余權篆酆都下車觀風試士問考棚所在僉曰無之後訪諸書院山長孝廉王君元曾始知茲邑無考棚者且二百年先試於縣署繼遷試城隅之火神廟湫隘囂塵士弗之便邑人顧謂其非大患也遂安其陋尹茲邑者謂邑人且無患也遂仍其舊嗟乎士失其寓久矣周末鄉

舉里選之法壞楊墨老莊之徒競起而與周公孔子之道爭自漢以後科目選舉之法壞釋道荒誕不經之徒竝起而與漢宋諸儒之學爭遷流數百十年後之爭者或且勝於楊墨老莊釋道矣初酆人公置地扼西門之要深二十三丈廣半之欲有刱建而未果會有外來奪之者將搆爭爲邑人患衆乃以考棚辭余數與王君謀欲爲實其言輒窘於貲而爭之者方眈眈焉視其無成衆又悻悻然陰設備以俟適徐學士昌緒以讀禮歸來言曰聞侯謀建考棚此實吾輩夙有志而未逮者今以息爭弭患嘉惠士林一舉而三善備盍亟圖之余曰是吾責也爲捐廉五百緡學士與王君諸父老議之衆翕然各輸金錢爲鄉里先合詞請於大府令余張示匄貲給册甲里長者使徧告以意於是闔境士民躍然輸將不浹旬而得白金三百九十兩錢一萬九千五百四十貫度其地後窪培之址踰三丈衆方鳩工庀材江水忽湧至松柏二十餘株皆可梁棟衆益懽舞勤事謂茲舉實有天焉又恐余速去乞大府留余以終斯役余求去弗獲與都人士昕夕從事經始自同治六年丁卯七月以明年戊辰五月訖功得屋二百十有四楹倚城環墉以爲之範面街樹牆翼以兩轅牆內爲兩亭踵亭爲重門以肅關鍵中敞兩廊趾石截版以坐試士布地以砥以禦塵壒其上爲堂拓堂之右循垣爲箭道軒於堂後屋其兩頭爲校閱所樓於其上爲公餘眺遠地糜金錢一萬八千有奇既成試期適及余得覩試士詠思乎其中僉稱便而以功歸之余請爲之記余謂是役也都人士實共襄厥成余何力之有且將以其餘貲纂刊縣志及於歲修賓興又分其羨置校塲爲馬射地是樂善不已斯邑之風文通武達其未有艾余職所應盡不敢謂維持風化仰副國家取士意而竊幸斯舉之成之速息爭弭患一如徐學士言也因大會邑人以落之紀其顚末如左

射圃碑記

田秀栗

酆都童試馬射向在城南江岸沙石磽犖往往馬蹶人傷同治戊辰邑人既建考棚分其貲置地七畝八分西郭竹雪菴前築屋四楹設馬道於前顏曰射圃爲三年大比馬射地自茲以後試年始得除道校射不試年佃耕取租爲考棚歲修貲試士當思所自來平日勿得藉名習射傷人苗稼其泐石以示來茲

重修酆都縣志序

田秀栗

從來作述之事非其人莫能成得其人或亦未能遽成是殆有數焉遲速先後於其間又非人之所能爲也同治丙寅余攝篆酆都下車索閱志乘僅得胥抄殘本蕪雜缺畧莫可補綴山川道里半多舛譌蓋自嘉慶間舊志蕩於水前令巴陵方君纂刊後又燬於火於是酆之文獻等諸杞宋無

徵焉余惻然思所以復之顧未得其人且力不逮明年徐琴舫學士讀禮回籍邑人延主書院講席戊辰余與邑人捌建試院落成衆請以其羨貲纂刊邑乘即延學士秉筆僉謂得人方設局集衆分任採訪各事而余以代滿去酆屬諸新令尹徐君錦笙後聞酆人以余去弛乃事學士亦訓課無餘閒余竊悵然謂此志成無日矣既又聞錦笙與酆人復開局延學士父雲邑廣文總纂竊意廣文秉鐸梓州去酆千里安能分心纂輯遂益疑此志之未必果成洎己巳春余權攝酉陽行李次涪錦笙緘其邑乘來索余序倚裝展讀則學士承父命爲之落落十萬言綱舉目張文簡事覈俾數十年就湮之文獻一旦復照人耳目之間而其闡發幽光足以維風勵俗指陳經畫尤足使守土者循圖按籍因地制宜是書之功亦偉矣哉昔司馬史記世業於談遷班氏漢書溯源於彪固下至武功一志藝林豔稱

要亦長公對山父作子述今廣文喬梓作述同時以古方今復何多讓余謂非其人莫能成者於茲信焉夫是書也肇議於余以爲得學士可以成而不成必待錦笙而後成之錦笙得學士可以成而不遽成必待廣文歸詔學士而後成之此成於一人之手而遲速先後異焉者果孰爲之歟余故謂有數焉非人之所能爲也余以斯志之成爲錦笙喜爲酆人喜爰寄語以爲之序

重修酆都縣志序

李鴻章

酆都古縣也俗傳其地有冥府乃不經之論已巳秋余奉命按事四川取道萬縣未獲過酆都冬月自成都還次重慶東川書院山長徐琴舫學士以所修酆都縣志見示爲書四卷子目十二意在備掌故謹阸塞表忠節正人心維風俗而神異則別爲志餘力加辯證一洒流言丹青之惑蓋數易草而成又奉廷訓而始定故其文簡其事覈其體例矜慎發凡序說詳矣余嘗學於舊史氏知篇章鴻筆非徒以才學見長必有過人之識焉大用之足以任天下之重小用之亦足以徵古今之蘄也昌黎氏文起八代之衰而不敢當修史之任所撰順宗實錄且有遺議良史如左邱明司馬遷而浮夸荒怪異於春秋之謹嚴識者猶訾之若夫屬辭比事而不亂者其惟涑水紫陽乎琴舫秩在史官具此卓識將充實光輝之蘄至古先哲人更出其彌綸滂淳之才之學之識以任天下之事濟時局之艱尤不佞所望於賢者而不第以邑志傳也方事之殷不遑啓處蔵斯役也溯游東下道出平都一覽山川人物則此志又余之導師也夫

重修酆都縣志序

崇實

邑之有志尚矣山川之險易風俗之良莠建置之沿革往蹟之眞僞胥於

志而徵信焉使非良有司勤於採訪賢士大夫慎於纂述雖有成書而文則因陋就簡事則踵僞沿訛其不足以信今傳後而資國史之取材明矣忠州之屬酆都川東巖邑也邑志屢經修葺迄無完書同治丁卯戊辰令尹田君秀栗徐君濬鏞先後攝篆是邑慨然以修志爲己任而邑人徐太史昌緒實董其成六閱月而竣事郵寄省垣索余弁言於簡端余取而閱之見其體例謹嚴考證詳核彬彬然良史裁也夫酆都漢爲平都隋爲豐都明初始改豐爲酆後人因李白之詩誤以爲鬼國神道設教泯泯棼棼不可復辨是志也屏祥異斥仙蹟可以破愚俗之沈迷息二氏之附會矣其他志營建知典章之重而例不嫌創志輿地知承平之世而防不可弛志忠節知鄉曲之愚而志不能奪是蓋其識卓其學閎其才肆以史體爲志扶世教正人心埒於良史而以信今傳後也誰曰不宜田徐二尹膺民

社之寄而汲汲焉網羅故實俾數十百年未竟之鉅典一旦畢觀厥成亦良得有司也是爲序

重修鄷都縣志序　錫　珮

從來蒞政施教必因地制宜以利導之故信史而外各郡縣咸有方志藉以知山川之險易疆域之廣狹民俗之美惡人事之得失用資考鏡以爲措施固不僅以文章誇嫻雅才也余自甲子之春仰奉恩命出守涪州旋攝巡符即邀除授計紆轍於此邦者已五年於茲矣嘗念川東爲全蜀門戶扼吳楚上游水複山重夙稱形勝且濱江千里鱗次皆灘因思區畫衝要爲有備無患之方利濟帆檣設補弊救偏之策爰徵各屬方志冀可稽古揆今力圖修舉迺繙閱既徧雖存文獻可徵之名殆多謾衍軼矩之作或矜淵博而闕靡媿多或尚神奇而幽渺附會或因陋就簡如吏胥之簿

籍或徇名溢美皆紳貴之詞章求其體例不背於古典則可信於今要言不煩實事求是者曾未嘗數覯焉夫乃嘆志雖小道非有良史才誠未易漫爲紀載也伊古遷固斷代鄭馬編年都無方隅之限惟盛宏之荊州記及辛氏三秦羅含湘中迺分區域而開其先者實惟常道將華陽國志道將故蜀人也以蜀人言蜀事故詳核精當貽尙一時生道將之後繼道將而有言誠戛戛乎難矣雖然難乎其才苟得其才古今人何遽不相及哉同治己巳余延徐琴舫學士來主川東講席過從之次袖鄷都縣志稿見示並告余曰是書爲田子徐錦笙二邑宰相屬迄久未以應也緣以鄷人言鄷事恐未能如道將之志之見信於千古也旋奉封君命始秉筆爲之成書四卷余受而讀之取法則如綱在綱立言則有典有則削繁擿要斂華貢實炳炳麟麟無愧作者蓋學士以魁偉絕特之才早擢甲第入梭秘

書奄有三長兼習庭誥故其詣力所至迥非時流所可企及而余尤所服膺於學士者如書中志關隘必詳道里使人知收闔之宜捍志險灘必加疏註使人知趨避之有方指導迷津綢繆未雨仁言利溥先得我心且鄷邑爲巴國別都漢爲枳縣地後漢分置平都後於延熙中省入臨江隋義興二年改置豐都明洪武初始改豐爲鄷則鄷都之名明時始定後人不詳沿革輒因李白一詩目爲鬼國轉相傳播習而不知學士特爲釐正無一字及隱怪之說尤可爲敦勵浮俗之助若夫修墜繼絕彰善癉幽之功學士與徐田二令尹固相得益彰名與是編共堪不朽矣爰弁數語促付手民使他日者家置一編將披核圖籍可思患以爲預防景行前徽更奮興由於觀感上以鞏皇圖於勿替下以躋風俗於大同是匪特都人士之榮抑亦守土者之深幸耳是爲序

重修鄷都縣志序　徐濬鏞

志外史也周禮外史掌四方之志即今直省通志與各府州縣志所以資考鏡備採風者也無郡邑志不能成一代之史非良史才不能成一邑之志昔人論之詳矣龍門蘭臺而後若常道將志華陽康對山志武功韓五泉志朝邑陸稼書志靈壽嘖嘖人口者古今幾人哉同治戊辰夏余承乏鄷都徵求掌故而圖籍缺如詢知舊志佚於水火歲久未輯前署令田子實延平山書院山長徐琴舫學士秉筆甫建議而田君去學士又以訓課無暇辭余訪諸邑人僉謂非學士莫可屬者適其封翁雲帚廣文假歸里余與邑人開局復屬以禮而請焉封翁命學士始終厥事於是昕夕纂輯余亦公餘過從往還商榷六閱月書成余受而讀之體嚴義正文簡事覈疆里之廣袤山川之險隘與夫丁籍賦算之繁賾人物物產之細微莫不

井井有條瞭如指掌而於風教所繫防守所資尤復思深慮遠三致意焉是誠守土者有用之書不當以尋常紀載目之也學士夙擅三長十年史館故是編出入於武功朝邑之間卓然自樹一幟而學士猶以舊聞多佚搜羅未周兢兢焉疏漏是懼其識量不又度越尋常歟抑余謂古稱良史據事直書文獻無徵雖聖不述史之闕文固不害爲良史也後之作者誠踵而增益之以期於大備是則余與學士所厚望也夫

重修酆都縣志序　徐昌緒

常道將有言善爲志者述而不作酆都縣志作自明京兆尹楊君其書不傳國朝康熙嘉慶間縣大夫朱瞿方三君嘗先後述之今缺有間矣同治戊辰邑人將有事於蒐輯余適里居令長田侯徐侯以次來屬編纂未敢輒以陋劣應是年秋家大人自潼川學署假歸因徐侯之請詔昌緒曰古

人處父母之邦桑梓恭敬矧其人文典物將即湮墜而烈漢置乎史官汝職也而可辭乎昌緒惶懼領命禀受例義條流甫立大人復如潼昌緒羅其案牘訪稾夙夜掇拾以爲朝廷疆圉封守綦嚴諸侯寶三首曰土地述輿地第一先王體國經野次以設官分職述官師第二官以釐事大事先祀春秋昭格厥有典常述典祀第三事神莅民用奠厥居頹壞具營斯利居守述營建第四凡厥興作視力與財賦算丁籍會計必當述賦役第五既庶既富教亦宜之述學校第六陶淑漸久儲才貢登述選舉第七登明選公賢俊斯出述人物第八今人與居不廢稽古述古蹟第九往蹟譌傳流爲荒怪區辨人鬼以破愚惑述祠廟第十理明於言先民有作文以紀之詩以詠之述藝文第十一有文事者必有武備所以衛其土地人民典章圖籍者也故述武備終焉自秋徂冬得書四卷未及裁飾徐侯趣以付

梓夫採畧則漏收博則濫無文則俚多摭則浮繁引則支鮮據則陋數者交譏何以志爲江文通謂修史莫難於志信矣舊聞多佚小子何述縣境蓬廓搜採難周謂無蕪漏昌緒不敢慊然然亦無可如何也大雅君子取其節焉而補綴之罪我者其庶可逭乎

傅翰仙鷗村詩存敘　徐昌緒

翰仙禦賊死事狀余曩歲既以輿論述諸邑乘矣洎余館渝之八年光緒丙子秋翰仙之弟若卿寓書以其兄遺稿古近體詩見示謂同人欲梓之而惜其無多且將問敘於余余慨然曰奇特英烈如翰仙必以詩而後傳哉即以詩論兩漢而後不下數千百家求其有眞性情名理不可磨滅者落落惟陶靖節一人而其詩僅百五十九首顧多乎哉回憶咸豐己未翰仙初成進士官農曹余方以庶常留史館同邑官京師者兩人耳時南服

頓軍海氛又惡朝官相習噤口若寒蟬余與翰仙煮酒談兵論古昔成敗談天下事得失憂鬱嘆恨而無如何往往夜深酒闌情不自禁拔劍起舞狂呼悲咤高詠所爲詩歌聲琅琅震屋瓦同舍生熟睡驚起愕顧不知我兩人喧聒何事何心也庚申翰仙奉命回籍團練余亦以是夏于役山左從此勞燕東西無復音問同治癸亥余覲疾還京遽聞翰仙禦賊力戰遇害悼愴如有所失者累月己丑余奉先慈諱還里父老家貧不復能作出山計嗚呼以余駑劣伏櫪誠宜奇特英烈如翰仙固應大展驥足宏濟時艱乃未罄厥用而遽殞其軀惜哉雖然臨難苟免禮經切戒見危授命聖門亟稱方今國家多難此後正不可知與其棘目纈心憂鬱嘆恨而無可如何曷若蹈白刃灑一腔熱血之爲快哉嗚呼翰仙不死矣今讀其遺詩雖寥寥百餘首而英氣颯爽生氣勃勃宛然煮酒共話把劍談兵時也宛

若聞其狂呼悲吒高歌而莫能自禁也夫古人不朽者三立言居末不得已而以詩傳又立言之末耳然必其人先有不可磨滅者而後其言亦與之不朽即如淵明以元興三年參劉敬宣軍躍然有志用世既乃孤雲無依竊約終老論者以爲眞隱士而不知其不二之貞已託於桃源避秦之說即述酒一篇辭隱義彰異世可見其志豈第以詩傳哉淵明以安貧守節翰仙以捍患殉節生死不同而節之不朽則一淵明詩百餘首翰仙詩亦百餘首詩之格調不同而詩以人傳則一既不朽矣詩亦傳不詩亦傳詩既以人不朽矣多亦傳不多亦傳余嘉若卿不恐死其兄而梓其詩以傳也弁言簡端歸之嗚呼翰仙之爲人余不能學矣可勉而至者其在孤松五柳間乎

義塚古柏記

余起鴻

古者爲宮室不斬於墓木墓之有木也所以蔭宅兆固基址而堪輿風水之說無與焉我社壇塲夙多江廣兩省人客於此往往有貧而無歸骨所者我始祖永錫公自楚來見而傷之謀於衆置義塚以瘞旅骨而不得其所後夥買近塲隙地中平衍而三面陡峻幸有巨柏數株深根美蔭地賴以固公又與衆增植數本且相約曰我等葬之後此樹即子孫之桑梓也命勿剪伐焉樹無剪伐之患則地無崩圮之憂而江廣人之瘞此者悉安夜臺矣縣志載李公義塚碑云此山有古柏數株即此道光庚戌年有射利之徒謀糾衆伐樹經首士等稟官出示嚴禁在案首士等恐其久而遺忘或又有不肖輩復起覬覦命余勒石以傳永久因爰筆紀顛末焉

修復文廟記

王元曾

今上御極之初元余以親老乞養歸里夏五月至自楚北林生調元來謁具述同治九年夏漲泛溢水高於城數丈官廨民宅半爲波臣徙去聖宮東西兩廡戟門以外祠宇皆就漂沒惟大成殿崇聖祠巋然尚存而龕座欞扇亦坍圮漫漶矣比年春秋丁祭諸賢皆臨時設位露奠兩楹殊非所以昭誠敬也余爲悵然囑商同學急籌修之越數日聞丁丁者伐木有聲也馮馮者削土有聲也蓋林生與陳君仁齋等會議於學博楊君聽彝以南華寺充入聖宮之田提穀三十五石質錢八百串已庀材鳩工建豎兩廡矣余既喜其經始之速而又慮其蕆事之難謂費不贍厥功可告成乎僉曰不能適有言近歲城工公欵尚存錢萬有數千貫盍請之邑侯邑侯者劉公鎔生也下車以來百廢俱舉月朔望謁廟固有亟亟圖搆之意諸君用其說价余先容侯果如請於是在所宜因者修而復之在所宜益者改而張之自大成殿崇聖祠戟門外鄉賢名宦各祠及致齋一所繕完悉

符舊觀欞星門屏牆聖域賢關兩門前後闉垣等處或更之以新或恢之彌廣多增廓者焉先是學署毗連西偏不得開拓忠義節孝附於宮牆之東並建一祠基址甚隘至是學署已遷新城隙地擴如乃於東建忠義祠移節孝祠於西祠前各豎傑閣如雙峯對峙戟門之右又增建一所顏曰更衣所後西向又建一廂以爲庚拜讌集之地垣墉丹雘巍然煥然美哉備矣余嘗考縣志所載聖宮之建於此始自前明洪武歷我朝康熙以迄於今凡重修者六次矣夫自興而之廢者剝之義也自廢而之興者復之義也剝則必復廢則必興理有固然數亦不易我邑阨於水後剝者極矣廢者甚矣然則所當復而興者不皆於聖宮卜其權輿哉是役也始於光緒元年六月朔越次年丙子閏五月工峻計木石等項工料共用錢六千三百有奇董其事者貢生劉君壽圖廩生甘君鎰李君鴻儀文生陳君瑞

徵蘇君爲棻林生調元兩歷寒暑無間惟職員洪範曾君尤最諸君相與有成皆未可沒其績也遂於落成並誌之如左

改建武侯祠記　王元曾

余嘗三上京師出河南新野道左遙見鬱鬱葱葱蔚然而秀聳者問之御人曰此臥龍岡也其上諸葛廬在焉車塵馬足間匆匆不獲登眺竊嘗以爲恨及宦鄂奉權南漳縣篆既至郡與襄陽令遊於郭外之西南二十里得所謂隆中者然後知侯之寓居在此不在彼也而兩地之民爭而有之則侯之馨香於人心者蓋亦盛矣吾蜀尤侯之仕蹟功業所在故大小郡邑皆有丞相祠堂而最著莫如成都夔州讀少陵詩迄裴呂諸公記其稱美而尊奉者殆無間然清朝重侯合於孔氏之道褒其祀而進之兩廡俎豆遂徧於天下侯之顯也至矣哉酆僻邑矣有無侯祠亦奚足輕重然而

婦孺牧豎類知有侯而於今道揚不置至其神明不測之妙或有擬於讖緯術數之學則又失之矣夫侯事君之節開國之才立身之道治人之術如日月之在天而無往不見故其聲靈亦如江河之行地而無往不通也當南中四郡之患微侯神武蜀之不爲夷者幾希然則酆邑安可無侯祠乎或曰舊有祠踞雙桂山頂主祀者以峻削難登徙而近之今城北頹然文昌廟右者是也地狹宇隘日就傾圮其不足以妥侯靈也久矣余方與同人謀擇地新之會邑民以同治中所遷山城不便請於大府營復舊治公廨悉因原址於是改所遺縣署爲書院捕署爲昭忠祠而學署前有堂後有室旁有廂東偏爲回廊而臨以池池上矮屋數椽繞之以竹余憬然曰是不可以祀侯乎衆皆唯爾之宰公亦然余說迺廠其室而廓然中爲一龕以奉侯像左設漢蜀守文翁神座右以前節制四川協辦大學士駱

文忠公附之於戲侯之治蜀明儀軌示權制使上下有節蓋文翁興學修禮意也而其盡人器能簡練戎事則又爲駱文忠之用劉唐諸部謀勇以平石李羣醜所私淑焉孟子所謂繼往開來者於此亦可想見也已故並誌之以告後之景仰而興起者

徙蘇文忠公像置龕白雲山房序　王元曾

邑志載宋名宦李長官令酆聞仙鹿夜鳴異之使人往山蹤跡遇老人云當有賢人至翌日蘇文忠喬梓果過訪焉故以鹿鳴名山且以名其山之寺厥後宰斯土者遂肖文忠公像爲屋一椽以位公於寺外稱曰坡公祠蓋以誌其山與寺得名之所由來云余按坡公年譜嘉祐四年冬及弟子由侍老蘇自蜀舟行至楚過酆都縣有留題仙都山鹿詩又坡公養生訣曰予治平末泝峽還蜀舟泊仙都山下有道士持陰長生金丹訣石本示

予云云然則肖公像而遺老蘇子由者或以坡公題仙鹿有詩歟抑謂公於嘉祐治平數過仙都歟否則因公好爲方外交故於蕭寺外特置一座歟均未敢以臆度也第思山與寺之名得公而名益彰是其地固以人傳而所以位乎公者似未可外之於寺也余少時嘗步謁公像心歉然若不自安及領鄉薦後偕都人士與遊議所以徙公而卒以相沿既久不果迄去歲余赴海北秋雨祠後壁盡傾兒輩躡山見公像仆扶之以待余歸會有鳩貲爲補葺計者亦遂仍舊然至是加飾而廬山面目已失也今夏六月五日天初暝風雨大作冰雹壓山移時聲息次晨有報公祠失所在者遣僕視之則椽桷摧折四壁頹然而公像亦化烟雲飛去噫嘻異哉公之不樂居於此也久矣顧余少時徙對之而不自安及長也謀徙之而又不果去秋雨積壁傾像仆可以徙矣而余適遠出不得與里人聚議今祠之

錯歸烏有者謂非公之靈示人以徙乎示人以必徙而不徙即復公像而公不歆鹿亦將不樂鳴而山與寺之名其謂之何於是謀於蘇君小坡曾君訪臣郎君崧生李君華庭僉曰寺中有白雲山房可位公願各輸金錢營香龕以妥公像並議除檻外地數弓繚以垣植梅花若干本每歲公誕時置酒爲壽即折梅供奉或猶募有餘貲則仍修復故祠以祀他神之舊附於公者議既定余竊喜景仰前賢衆有同志而尤望踴躍捐助共勸厥成庶公之靈常鎭此山而聽鹿鳴而來者亦復大有人在也豈特山與寺之幸哉

廖家溝伏龍橋序

王元曾

今夫渡之濟以舟楫與溪之通以橋梁者皆所以利行人而補地載之所不及也然非有樂善者居於是鄉往往不能彌其缺陷也南岸廖家溝上達龍究場下達高家鎭蓋山徑而通衢矣以有溪繞乎其間人之病涉者屢聞何君宗朝一鄉善士也毅然倡建石橋既捐重貲又募同善共得錢若干串自甲戌秋鳩工閱乙亥三月工竣橋高二十餘丈闊過之長四倍名曰伏龍取制水也以視慈航普渡何多讓焉既落成之三年猶子玉書適從余學述其事問序於余余曰陰騭文有云造千萬人來往之橋此固爲善之大端也何生欲揚長者之善而並不沒人善皆可泐石以誌不朽夫奚鄙人一言雖然吾所期於二三及門者豈橋梁云爾乎若濟巨川用汝作舟楫何生勉乎哉

福祿宮鐘序

王元曾

昔人云欲覺聞晨鐘令人發深省是鐘之爲用固神道之假以警世也邑西門外福祿宮建自同治初年將落成適遇九年奇水楹桷漫濕去歲首士等重加修飾且更張之以壯大觀既竣衆醵金爲鑄洪鐘囑余序事余維神者禱之則靈亦猶鐘焉叩之則鳴衆姓等果能時發深省明德以薦馨香將求財有感亦如響斯應也豈非神之所厚望哉是爲序

華嚴寺大雄殿佛像裝金碑記

馮景甫

酆陵山水惟華嚴最奇前瞰枳江後枕金盤平山拱其左渠溪繞其右峯巒攢列如劍如戟如屛如障其溪谷吐秀如蘭芬如桂馥而鹿鳴爭喧如笙簧迭奏如琴瑟交揮蓋天造地設一洞天福地也明季余君廷貴不吝千金率衆姓裝鑄銅佛謀僧圓靜建寺三重題其中曰大雄殿前曰華嚴禪林當其丹雘初興樓閣之巍峩佛像之整肅緇衣之雲集曉鐘之雷鳴梵音達夫九天燈光徹乎四埜一時稱盛焉大淸定鼎日增歲久榱崩棟折瓦破脊傾距今三百餘年宮殿且頽且廢矣住持德安不忍百年古刹一旦就湮培修中殿幾歷年所差有可觀而殿中頂禮諸佛或爲釋迦牟尼或爲菩薩四大或爲羅漢十八座則斜也龕則圮也頭面則塵汚也肢體則垢染也其諸堆珠鏤金則又脫而落缺而不全也若不整之修之滌之潔之補綴而輝煌之不與向之榱崩棟折瓦破脊傾者增人感慨也哉德安有志未逮而圓寂其徒孫心濬守三皈好淸靜緘口不談世事余謂之曰物理興廢自古有之轉廢爲興事在人爲今則時和年豐家給人足樂善之士固不可概見然汝能持沿門之鉢捒披沙之金誦南無之佛以成前人之志是即藏經所謂大慈大悲大願也何枯坐一室以參不了禪乎僧曰是役也所費不貲積石焉能塡海余曰誠心者天必鑒有志者事竟成一人慷慨萬衆襄助功德自無量也何畏焉僧於是高懸慧劍斬畏葸心努力募緣漸次改裝越戊午而功告竣余聞之欣然駕往第見精舍

之中羅列森嚴琅琅炳炳赫赫明明恍若丈六金身放金光萬丈與奇山佳水殊物異景互相掩映永爲佛地增輝且喜古蹟由廢而興而洞天福地之歷久如一日也豈區區之斜者借以整圮者借以修汚者借以潔染者借以滌脫而缺不全者借以補綴輝煌之一一煥然維新也哉余嘉僧之不余言負也爰濡毫而爲之記

書鄒文模傳後　謝家山

前邑令牟子張公爲鄷善士傳言其孝友樂施懿行備矣戊午春善士之族孫家珍者負笈從余遊嘗爲余言善士無他好喜讀書先是里中文教幾不振善士謀之衆置文會於社壇之廣德堂倡捐勸助得金若干擇里中之長而賢者董其成而權其生息焉月有課課之膏火供給悉取諸是時捛谷李公以關中名進士來宰是邦嘉是舉之有裨於學校也屆期輒親考校而成就之善士之志以是益堅而不懈迄今薰陶漸染咸知力學而學倍於他日者皆善士之力也鄒生之言如此余聞之慨然曰鼓勵無方則人材不出栽培有術則士習倍新善士立會課文始終不怠以視世之厚貲自擁不聞出一絲一粟以襄文教而於立學造士之道反薄爲迂談者其識量之相越遠矣然則善士之所以爲善士者善其有諸己之謂乎抑善其樂取人以爲善之謂也余故於張公之所以傳善士者有所不論論其遺事云

創修同仁堂序　向世琳

宇宙善功之大莫大乎以仁人孝子存心卽引斯世孝子仁人之路親疏遠近蒙其恩生死存亡受其福社結香火澤膏枯骨伊古來恆憂憂乎難之縣治水驛惟高鎭爲最客商士庶萃處者不下數百家去鎭里許溪山繚繞土石崚嶒其間荒塚層累若積阜然過其地者輒心焉憫之嘉慶四年雷君春芳李君朝學王君成禮文君在榜等集貲爲每歲盂蘭盆會經費亦旣屢侑鬼食也逮十七年得許君美才捐助多金商買廖家溝業廣置義塚起死人而肉白骨功孰有盛於此者然尸骸無暴露之虞而旅魂鮮招徠之所善量猶有歉焉爰相淨土謀立佛寺以壯大觀以全善果於嘉慶二十五年鳩工庀材四月初六日監建大殿六月二十六日立下殿復得李君春宴曾君俊賢等八人貲助裝塑地藏金身左右二像暨韋馱聖宮由斯而梵刹巍煥佛像莊嚴鶯花勝地竟若靈鷲寶山矣非衆首士樂善之誠諸君子玉成之力詎能若是哉夫陽爲奉佛而陰以冥亡古仁人澤被蒼生善機之洋溢沛若霖雨其用心不是過也殿成爰榜其額曰同仁堂示同人效法乎仁人之意耳並序其顛末勒諸石以誌不朽

重修迴龍堡碑記　孫懷駿

馬虎壩之東折而南曰鸚鵡巖有堡焉居萬山中蜿蜒盤屈勢若迴龍其下則溪環如帶水流有聲石峽間露龍睛者二畫而點之不過是也昔之人既名其地曰迴龍堡復建祠其上累石爲壁位山王川主靈官竈君諸神像於中祈禱寄焉惜規模狹小廣不踰丈每屆春秋不足以容駿奔走者況久經風雨瓦石爭飛苟非千里來龍在此結穴則諸神聖飄飄若仙亦幾欲乘龍去矣烏足妥精靈而襄祀事哉首士等觸目興懷爰就其址而開拓之更新之益以左右兩廡增塑文武帝君像一并裝采不日告成是固衆首士之力而亦諸同善不吝之功也今而後水色山光松陰石磴其映帶左右絕無點塵者禽鳥猶顧而樂之而況于龍乎況于鬼神乎則聽聲靈之赫濯而龍其吟也睹邱壑之迴環而神在斯也

詩

平都山　青城道士

萬仞峯巒揷太淸麻姑曾此會方平一從宴罷乘雲去玉殿珠樓空月明

九日題塗谿　白居易

蕃草席鋪楓葉岸竹枝歌送菊花杯明年尙作南賓守或可重陽更一來

送酆都李尉　李商隱

萬古商於地憑君泣路岐固難尋綺季可得信張儀雨氣燕先覺葉陰蟬遽知望鄉尤忌晚山曉更參差

仙都山鹿　蘇軾

日月何促促塵世苦拘束仙子去無蹤故山遺白鹿仙人已去鹿無家孤棲悵望層城霞至今聞有游洞客夜來江市叫平沙長松千樹風蕭瑟仙

宮去人無咫尺夜鳴白鹿安在哉滿山秋草無形跡

題平都山　蘇軾

足躡平都古洞天此身不覺到雲間抬眸四顧乾坤闊日月星辰任我攀平都天下古名山自信山中歲月閒午夢任隨鳩喚覺早朝又聽鹿催班

平都山　蘇軾

山前江水流浩浩山上蒼蒼松柏老舟中行客去紛紛古今換易如秋草空山樓觀何崢嶸眞人王遠陰長生飛符御氣朝百靈悟道不復誦黃庭龍車虎駕來下迎去如旋風摶紫淸眞人厭世不回顧世間生死如朝暮學仙度世豈無人餐霞絕粒常辛苦安得獨從逍遙君冷然乘風駕浮雲超世無有我獨存

平都觀　范成大

神仙得者王方平誰其繼之陰長生飄然空飛五雲軿上賓寥陽留玉京石爐丹氣常夜鳴龍光萬柏森年齡峽山偪側泯江瀠洞口福地古所銘云有北陰神帝庭太陰黑簿囚鬼靈自從仙都啓岩扃高霞流電飛伏精暉景下墮爍九冰寒絕苦道升無形至今臺殿棲岑嶸隋坊唐墨留丹青上仙怪寄溪如淸瑤池仙仗紛娉婷琅璈赴簡鏘欲鳴我來秋暑如炊蒸汗流吁氣依枯藤摩挲衆蹟不暇評聊記梗概知吾曾

題平都山　趙遇

酆都有山縣之東崗勢嶒起如游龍盤盤層級上絕頂鬱鬱巨柏凌蒼穹秘殿粱唐制作古絳氣縹緲浮琳宮自昔王陰駕鶴去至今爽氣飄仙風爾朱先生繼其後百練冲舉猶鴻濛五雲破地已靈異白石水岸遺遐蹤大江渾渾復東注南嶺趨扶而朝宗溪流山足重巘抱千古福地平都雄

神仙奧宅異凡境樓觀窈窕丹霞濃游人到此意超詣如在蓬萊渤海中

是詩本二十八韻古碑殘缺今錄其存者

五雲樓　牟盧心

窗開四面納虛明水色山光畫不成輪輿蹁躚老黃鶴飄然無外自心淸

五雲洞歌　丁尉侯

君不見呂公昔日飛過靑草湖獨有老柳物色南城隅仙人來去無定所東風孎孎飛雲孤江上靈秀鍾平都巍然眞仙之所居王陰得道幾千載白鹿長生還自如今年七夕知何日羣鹿來游岩穴虛有氣如虹起洞口天花芳馥滿茅廬總眞眞人住洞府出入必有神明俱有時一笑下塵世吹離刀圭覺凡愚仙家從來多異事余亦愛之因屢書二仙邈矣不復見誰云五雲佳氣無

題仙都觀　杜光庭

往歲眞人朝玉皇四眞三代仕繁陽初開九鼎丹華熟纔躡五雲天路長

烟鎖翠嵐迷舊隱池凝寒鏡貯秋光時來白鹿岩前後應許潛通不死鄉

白鹿夜鳴　曾鼎

白鹿知何代空山月夜鳴至今岩畔路猶見紫芝生

月鏡凝山

空山澄皓月孤影落前川夜半銀蟾浴青鸞下九天

珠簾映日

一簾秋草碧倒映大江流日暮浮雲捲青天挂玉鉤

送客晴瀾

送客晴瀾上停杯發棹歌水流無盡處還是別情多

游仙都觀　嚴眞

覽勝珠宮一吐奇山靈應笑我來遲天開地闢壺中景月白風清畫裏詩

桂樹小山招隱處桃花流水遇仙時登臨自是平生興不用揚州借鶴騎

游平都

珠宮翼翼鎭酆陵石磴縈紆上幾層對客好山清氣迴傍巖修竹翠雲蒸

風塵異地悲存沒祠宇千年感廢興歸路籃輿扶落日蒼茫烟霧望中增

謁耀靈殿　魏澣

萬疊青山列畫圖相逢塵侶謁淸都生祠碑古人何在業鏡臺空事有無

瑤草生香緣玉洞碧雲流影護丹鑪神明威望森如許公道於今仗力扶

平都山　李本

疊巘層巒遠近宗年都天表削芙蓉西連岷嶺三千界東接巫山十二峯

瑤草琪花閒野鹿琳宮貝闕擁蒼龍十年五度經遊此聊賦新詩記舊蹤

白鹿山次蘇詩韻　馮禮

青山無盡頭白雲苦拘束酆都天下名青山對白鹿內有仙人王陰家洞

口桃花飛紫霞仙人一去不復返空餘明月籠寒沙峯巒峩峩山瑟瑟上

去太虛纔一尺今日我來尋二仙踏破烟雲滿山跡

平都山　倪朝賓

平都絕頂古丹邱爲訪仙踪六月游洞口千年鳴白鹿闕前幾度駕青牛

石床夜雨閒棋局庭樹春風送管侯枯坐談深天籟發白雲點綴萬山秋

月鏡凝山　楊大榮

潭面浮霜月正圓葫蘆此夕墜中天一輪金彩層霄外萬頃銀輝疊嶂前

清湛蓬壺眞太極白生虛室見虞淵興來更欲騰雙翼飛伴吹笙跨鶴仙

題平都山　朱之臣

眞仙不可望所得在孤岑地既近而遠人惟王與陰石霞尙餘翠松氣有

遺音幽洞其誰力高雲非衆心遙知山寂寂下視水深深每得相宜者悠

然共遠尋

平都山　王穉

昔聞酆都名今到酆都山碧水流不住白雲去復還閒花飄古洞深殿鎖

重關興罷欲歸去徘徊霄漢間

白鶴觀禮眞　吳用心

仙都標異界名勝冠巴賓宛轉百盤磴登臨一仗節峯頭雲渺渺山下水

淙淙靈岳涵眞色瑤壇肅聖容蕊書翠靄閟玉牒紫泥封鳳吹排空度鸞

旌帶月逢齋心香寂歷敷疏語虔恭微尙師黃石幽期訪赤松敢云宦況

淡祗覺野情濃願解區中縛還希塵外蹤凌霄擬控鶴攀霧欲騎龍至訣不輕授元言自可宗春風鳴衆籟誰與扣洪鐘

平都山　莫琚

王陰當日舊仙踪芒屩雲紆路幾重紅路臺高凌碧漢青蓮岩直引蒼松鹿因羽化留遺跡龍爲丹成守故封我亦登臨毛骨爽飄然身在五雲峯

流杯池泛　陳曦

九曲池邊倒玉瓶綠茵鋪地水痕青輕浮香液和雲溜細繞泉流觸岸停客醉坐間爭得句官閒塵外且忘形風前何物添清興黃鳥嚶春在石屏

送客晴瀾

客泛靈槎江上行江頭霽色擁仙旌一聲環珮雲程遠三叠滄浪別恨生影動金鱗波浩渺光搖銀漢影澄清至今石激灘鳴處似訴當年不盡情

平都山　胡璉

作邑乘清暇來登第一山乘驄行覺近飛鳥漸知還仙跡嗟已久塵氛了不關翻思市朝客擾擾利名間

題總眞橋　楊孟瑛

草樹玲瓏鬱殿臺烟霞繚繞似蓬萊總眞殿上人行處流水胡麻莫浪猜

流杯池泛　熊永昌

何年鑿石引流泉幾曲清流泛酒船幽草有情依坐畔閒花無語落尊前令行不必資壺矢歸詠何須憂管絃策馬悠悠星月上春風隨袖舞蹁躚

青牛野啗　黃景夔

薄販西遊稅駕年青牛老結碧山緣徑深雲樹不知處洞外桃花別有天友鹿同銜煙際草呼龍半種石邊田牧童何處閒橫笛吹向東風播穀前

游龍墩

春日出郊江上行白沙翠岸照新晴憑城樓閣花中出轉浦帆檣鳥外明擬買釣舟存晚計謬通朝籍尚虛名塵冠却對滄浪水笑擲青濤爲濯纓

珠簾映日

珠簾垂處絳雲開寶藏蝦鬚亦浪猜影動江鱗驚自失風翻山燕去仍迴霽林穿旭聯金鎖霞浦搖空漾碧洄復有玉繩低永夜也隨鉤月上瑤臺

平都山　楊東

平都四十二福地石室丹梯險絕通紛郁烟霞迷綠樹嵯峨宮闕倚蒼穹玉臺春暖蟠龍起古洞雲閒宿鳥逢幾度徘徊山月出細吹鐵笛和松風

游平都　楊晋

青蓮碧漢五雲峯閬殿躋攀叉幾重烏兔鼎爐無火候龍蛇碑刻有苔封

仙祠荒落悲吟壯石壁淋漓醉墨濃爲愛登臨歸興晚徘徊星月傍長松

游平都　楊節

空山踏翠馬嘶寒十二芙蓉面面看洞口白雲千載住江南黃鶴幾時還瑤臺丹冷烟霞護石磴苔深歲月閒到此塵消胸次豁不知身寄畫圖間

龍床夜雨　黃洵

此地當年起臥龍洞門深鎖石床空不知子夜千山雨飛向雲天第幾重漏轉江流催急溜夢迴漁父濕孤蓬至今鯨吼青灘下冥答仙都觀裏鐘

送客晴瀾

錦波如織漾新晴送客灘頭去住分夾岸樹移青雀舫中流歌起白鷗羣滿江行色濃春酒千里懷人隔暮雲却憶河梁攜手處遺風蘇李至今聞

春日登平都山　古養敬

尋春鞾及早春時風景撩人不攜思高閣憑虛飛鳥度連峯極目過雲遲臥龍潭僻斜通徑野鶴巢傾欲墮枝好與風光共延賞莫將公事惱癡兒

平都仙蹟　曾繼先

江峯擁翠逼諸天隱隱雲中石磴穿不定煙嵐浮澗壑多情花鳥共林泉丹鉛化氣從何日金碧開山不記年早晚每來登絕頂王陰亦似有前緣

游平都山　楊履

杖履謁清都危峯插晴昊仙人好樓居渺然城郭小耿耿懷王陰學道苦未早欲歘玉女閨何由托青鳥望望三神山劃然一長嘯

平都山　黃進

平山何崒嵂天下說名山福地開三島仙丹煉九還樓憑青鳥度洞許白雲關拂石尋題字芙蓉紫翠間

平都山　宋文

仙山屹屹倚蒼穹躡磴捫蘿一徑通晻靄烟霞迷古洞參差宮闕隱林叢詞人記述碑猶在仙子昇騰跡已空幾度登臨傷往事碧桃歲歲領春風

龍床夜雨　盧雍

神龍久化去水底石床平月冷江空闊風聲作雨聲

白鹿夜鳴

仙質玉無塵人間亦久馴一聲江月白應是報嘉賓

同致仕金華守劉穗游平都山

平都福地偶登臨回首斜陽感慨興輕拂苔碑磨篆刻細聽羽士說飛昇神仙可學恐無益幽怪欲書何所憑江上寒風孤月出劃然長嘯白雲層

游平都山　周包荒

人言此地有蓬萊我來覽勝忙靑鞋洞口五雲安在哉藤蘿烟霞藏樓臺古碑剝落生莓苔登臨絕頂疑天台凡骨愧非劉阮儕我聞至道殊塵埃徑思脫屣離形骸欲向王陰覓梯階王陰一去不復回人間滄桑幾刦灰短歌激烈持酒杯日落尊前返照來長松老鶴鳴清哀山靈爲我增徘徊

平都山　李秀華

平都勝境快人游乘暇登臨豁倦眸石洞有泉通巨海丹爐無火傍危樓亭凌碧漢雲常鎖山枕清江水自流坐久松梢天籟發恍疑仙馭過峯頭

五雲洞　譚良相

仙閣靈臺草木蒼回梯曲磴與天長深風撼竹千重雨煖日薰花百和香閱盡人天餘鶴鹿經殘灰刦問滄桑蓬萊欲覓知何處疑是烟霞弱水傍

二仙樓夜坐　戴文星

仙都古名勝洞口紫霞浮老樹擎雲霧層樓礙斗牛豪吟江月起清嘯海天秋獨坐忽長憶蓬萊閣上游

仙都觀　黃世修

道院清虛眠起遲閒時瞻眺醉吟詩捫岩摩刻雲生履開甕分春月墮巵夜永只聞風弄竹日長惟見鳥爭枝悠然自謂羲皇侶問到羲皇總不知

靈岩泉　劉孟桓

蒼崖石罅瀉流泉幻出乾坤太始前冷射天邊雲掩護竅通仙頂氣盤旋濯纓自是清堪掬洗耳還無俗可捐閒把春瓢貯江月不妨隨口到丹田

登淩虛閣　按察使司

我上淩虛俯太空鴻荒宇宙此濛濛灣環江水明如線起伏山峯列似叢日月兩丸手可摘乾坤萬里目能通飄然我欲翔千仞結屋層霄傍紫宮

白鹿山用蘇韻　冉果

古洞樹盤曲亭深雲斂東元鶴去不還蒼巖鳴白鹿仙人遙指太虛家幹旋造化淩飛霞浮雲一去今千載星壇野鼎生塵沙陟巘尋眞更岑寂睥睨乾坤下盈尺欲來絕粒上天衢茫茫仙杖無踪跡

游平都山　孫芝

巴山春色鶯嚦老總爲惜春常起早春去明年還復來客子羇愁何日掃平都風景似元都上接瑤臺下幽島槐陰日午匝空庭窗外輕風動疏篠噫予不是看花人試把芒鞋踏芳草功成白日生羽翰回首巴山一拳小

九日登九烝樓用杜甫韻　戴文亨

醉倚高樓眼界寬碧雲深處磬君歡西風無賴多情幘急雨其如早挂冠興到不妨詩韻窄懷開未許酒杯寒呼童薄採山中菊留取來朝醒眼看

白鹿　倪伯鰓

匡廬素質向來聞又遂仙踪伴白雲皓魄奪將瓊島色野心眠穩石幢芹空林靄靄傳天籟永夜悠悠發性氲幸有靑羊猶在肆平都知爾結爲羣

觀音灘平險詩　李時華

觀音險灘有聲於蜀舊矣上下船甚苦之余昔司李深阨擊於此頃奉命巡方檄巡東道鳩工鑿之漕成而舟便因爲詩以志之

錦水東來擁急湍操舟絕險膽皆寒怒濤澎湃蛟龍泣怪石嵯岈舴艋殘却憶平成思聖績故先開鑿駐狂瀾酆陵從此風波息穩棹長年任往還

初夏游平都山　毛之麟

景入平都山更幽不辭十日兩三游林梢濶帶黃梅雨砌草淸分刈麥秋鳥語可嚀雲外笛風濤起伏海邊舟黃昏不盡登臨興月色山靈爲我留

仙都觀次蘇韻　黃常德

層樓傑閣路窈窕洞裏有人學黃老玉爐伏火烏兔懸煮石餐松茹芝草九還七返煉丹成服餌換骨能長生驅神役鬼攝萬靈呼日吸月守內庭幢旂羽節時奔迎雲駢杳忽歸太淸故山寂寂無復顧鶴來如怨鳴朝暮煉形養氣世滔滔入室參元心獨苦我欲乞靈總眞君憑空御虛蹈紫雲道侔天地身長存

平都山放歌　李載寬

名山聳秀大江隈疊嶂從天推出來山中有景看不盡乘暇登臨亦快哉我聞儔昔多仙侶披褐幽崖同穴處只云數息度春秋誰識還丹待沖舉仙童採藥出荊扉靑靑箬笠綠蓑衣直向白雲窩裏過長挑日月担頭歸相將歲月倏飛昇繽紛古洞五雲蒸次第蹁躚何處去蓬萊弱水任騫騰一去無跡增感慨至今惟有琳宮在爲鬼爲神天將雄元關呵護百千載接踵增修臺榭多金鋪碧瓦麗山阿華閣亭亭侵日影長橋隱隱接天河此地逍遙無歷日年去年來人不識琪花瑤草洩春輝白鴨黃鸝調玉律松檜參差不記春幾番風雨長龍鱗招得鶴來丹室憩依稀仙子稅飈輪飈輪鶴駕終難挽且把樓頭簾幕捲不如長嘯淩空去但覺天津爲未遠騷客品題無了期煙水雲山色色奇若將好景包羅得後人何用强裁詩

平都山　范文光

玆山特孤拔蘊靈復秀奇尋眞多仙客丹竈尙有遺何爲宅幽都鬼魅得踞之古人有深意俗子自愚癡黃鶴下相招身世兩相疑目睹老牛頭捽搏入湯池乃始悔輪迴追恨煉丹遲故知閻羅老王陰之導師闡闔爲福堂洞天此相宜

平都四時詩　張邦衡

簾垂春院靜梁上燕飛來入座花香細殘紅點綠苔

深林來好鳥幽澗古泉鳴客至琴聲寂餘香繞座清

雲封秋嶂碧小院倍深幽木葉蕭蕭下簾光翠一鉤

柴門迴壽雪石鼎煮寒泉漏下山頭月看經夜不眠

二仙閣　曾祐

危樸倚青漢仙客恣夷猶萬樹摩蒼壁千峯擁碧流天空元氣合江淨野雲浮徙倚雕欄上閒看麋鹿游

二仙奕處　楊延春

身世渾忘得大還機心何事寄枰間橘中樂趣無人識只許同仙帶醉看

酆陵紀勝吟　楊延春

峨峩迢遞平都結秀聳龍蹤擅奇絕遥觀宛爾峙江中近歷方知與塵別雲樹青松上下封樓觀巍峩前後列深溪瑤草伏珍禽竊碑墨妙傳丹訣品題歷代屬名家蜺化千年有仙客曾傳柱史跨牛青又報蘇公鳴鹿白石床如雨帶雲封懸知江滸躍神龍隔岸蘆花秋瑟瑟映潭月鏡夜溶溶曈曨初上東郊日影射珠簾光四溢西嶠梁石泊舟航酌曲歌鸝旅懷逸蘭亭勝事已千秋九曲流觴迹尚留獨有回仙飛白字大書功擠等琳球余生夙抱烟霞癖五岳壯游志氣適刻當密爾有丹邱雅與飛浮能自斅披襟正際風光好洞口桃花春不老恍接王陰向碧雲何必促從駐蓬島新編山志古今傳贅附名公長不搞

二仙對奕處　楊淩雲

春滿山桃雨紅雪雲裊長松梢掛月仰摩篆碣斗牛寒閒臥煙霞天地別都中風景各爭奇曲徑斜穿好採芝漢時仙子今何在萬古敲殘一局棋

平都山　楊淩斗

平都深處五雲臺紫氣東浮入望來不盡江聲天外落無邊山色洞門開捫蘿爭訪飛仙跡洗篆咸誇學士才我欲乘風覓眞侶逍遥同步玉京回

游折絲崖拳菴 得拳字　古心

山傭惟任石欹眠山不入塵石亦顛絲折崖頭簾掛壁字浮江面水爲箋閒消僧語三竿日遠隔人家萬點烟莫道香臺僅一衲乾坤到此只如拳

雙節歌

天地非渺小聖賢何孤獨譬彼麟與鳳眞空羽毛族所以大名節未敢許男兒徒自美儀表早已愧鬚眉世趨日以汙中流誰作砥鐵骨石心肝乃至讓女子賢女亦罕遇枰叟實有姑十六爲人婦十九喪厥夫股爲夫子

割耳爲夫子刈豈不欲同歸有女年方二撫女愁不大教女愁不嚴相攸得其所母意亦忻忻女命如母竊偕聚不偕老未恐衆鬼餓遺腹爲夫保不辰遭禍烈夫去兒隨亡豈不欲同歸有母鬢如霜朝夕奉老母春秋祀遠祖桑剎守孤墳香烟憑淨土昔年女伴母孱孱袂相連今日母並女雙雙影共憐官司闡幽貞僉以兩氏告堅辭不敢當詔恩已先到我見世間衆骨少柔情多忠孝無二理聽取雙節歌

麻姑洞　王士禎

神仙官府事紛然懶漫誰能更學仙但祈麻姑爬背癢餘杭兒酒此中眠

洞口無人蘚自青蓬萊清淺幾曾停他時小別三千載又似當年過蔡經

考先生蜀道驛程記云康熙壬子十月十二日抵酆都縣肩輿上平都山訪仙都觀故址觀王方平麻姑二洞按仙都觀爲王方平陰長生蟬

蜺之所段文昌有記所云石崖靈膏蒼然相次苔龕古書依稀可辨皆言平都山之勝及觀呂純陽蘇子由范至能諸詩無一語及麻姑者麻姑洞在今成都府新都縣之繁陽山其云在平都者當因方平而及之耳

郭才士還人遺金歌　　易簡

人言世上無好人以余所聞定不爾豫章郭君字才士不知何歲來吾里館驛門外大江邊盤殖飯客爲生理去年有客自楚來匆匆一飯抽身起遺金在牀人不知主人得之不色喜置諸篋中坐而待黄昏客來面色死牀頭摸索走踣踉頓足搥胸淚如泚求利未得本先失逝將薄命投江水郭君挽之笑而問失金何數封何紙客言一一都符合即憑三老開而視絲如螺文色如雪舉以還之輕若屣客願瓜分主則辭義聲從此騰遐邇

我從山中聞此事置身如游古人裏世人於利競刀錐壟斷從來在廛市何况百金中人產匿而不與恆情耳郭君慷慨勵末俗臨財不苟偏知禮我聞爲善不求名鬼神默佑天尺咫願君貨殖似端木高賢曾作千金子義利何嘗定背馳報施善人必有以恨我多年返故國無由珥筆書其美何以傳之俾不朽爲作長歌垂青史

九日登二仙樓次李廣文韻

杖策酆陵第一山且將醇酒醉童顏試思苜蓿堆盤裏何似茱萸綴席間秋別關河鴻共遠人歸城郭鶴重還誰能更得金丹力絳雪元霜又下頒

夏日雜感

百感非關暑氣侵故鄉羈緒擁煩襟北窗日臥陶元亮西寺時尋支道林賣藥入城無好價抱琴於野有知音此身到處無安著聊對薰風一苦吟

賦得蛾眉翠掃雨餘天

蛾眉經雨過前川回望風光倒夙煙兩袖翠鬟如帶沐千峯螺髻似爭妍照開白雪寒垂地幻出青霞氣接天却笑扶輿邛窔小也隨新霽鬭嬋娟

百花潭

去國離家老病身天涯何處不相親花卿好客才偏放嚴武多情氣未醇萬里風塵空隕淚五陵裘馬漫傷神會須買棹夔門去瀼水東南理釣綸

題二仙樓　　顧光旭

王方平陰長生沽濁酒與爾傾爾騎白鶴吾長鯨爾吹鐵笛吾鳳笙江風吹起江月明吾欲醉爾自醒醒時應憶醉時事醉中可以忘吾情日月星辰挂崖戶不知戶外蛟龍舞惟有一杯與終古吾將與爾終一杯一着饒爾先天行憑欄大喚局中急江水無波空自聲

平都山歌　　王榮緒

老氏貪生釋畏死千古卓識歐陽子平都山稱一洞天王陰學仙曾在此藥爐丹竈以引年區區小術安足齒傳言飛昇朝玉京玉京茫茫何所指漢魏以降佛法揚輪迴之説更荒唐畏死即以死畏人菩薩變爲閻羅王閻羅分佔學仙地地獄裝飾棊局旁釜烹磨碎已酷哉未見何鬼受刑傷二千年來邪説積人心久惑無以革貪生猶恐仙難成未死預求免罪責作奸犯科自知明不愛身命愛魂魄趨謠閻羅共香火男女雜沓周道窄我承天子命知酆公餘遊覽來山中二仙樓頭閲大江五雲洞口探蟄龍化日光天眼前在陰陽何曾界西東淫祠當毁力未逮自顧德位媿梁公是用作歌告我民陰司陽世孰爲眞地獄渺冥不可考囹圄之苦苦無倫國家彰癉聲赫赫事鬼毋寧爲好人噫胡不移畏閻羅之心畏國法噫胡

不移敬閻羅之心敬爾親

瞿志謂此歌見於石砫縣志蓋王君宰酆都時作也顧山上無碑碣錄之以破幻妄

登平都山懷古　五爾卿格

捫蘿躋破露苔香幾度崚嶒到上方羽客已隨九轉化丹樓空倚五雲長
荒祠冷落埋煙草斷碣糢糊昧漢唐江上淸風山下水終朝滾滾日蒼蒼

大寨坎　張偉

萬丈危梯九曲盤驚魂飛上碧雲端祇緣民事皆王事那顧崎嶇蜀道難

再過大寨坎

蕭蕭木葉下寒溪重過山腰駐馬蹏恰待揮毫書數字回頭忽見舊時題

初至酆都即事述懷　瞿頡

三載春明夢欲迷鷓鴣啼得一枝棲函關月落聞雞唱劍閣雲深信馬蹏
堪笑仙山成鬼國（城外平都山本王方平陰長生修眞之所今設閻王殿久則訛傳爲地獄矣）須憐瘠土有窮黎我來正值淸秋候怕聽哀猿午夜嘶

平都山仙都觀　張福標

地留仙闕在門畮大江開花落五雲洞山靑八卦臺松風崖半起鶴背玉簫來細把碑銘讀寒鐘莫亂催

二仙閣

仙翁何處去仙閣自崇巒只有閒雲住無心自往還

二仙奕處

花落石盤上崖飛洞口雲知他棋半局勝負幾時分

竹雪菴

地僻無人跡荒菴自夕陽雲還眠石磴春不到禪房古鼎添新蘚殘碑臥短牆金鈴如有語風裏訴淒涼

重過定慧寺

路入叢林客漸稀暮煙多處是禪扉舊游沙岸江離淺轉眼寒山橘柚肥
半堵頹垣雞犬吠一肩菰米老僧歸看他底事淸寒甚却羨空門少是非

偕鍾積菴重游鹿鳴寺

六年人未扣松扃匹馬征衫此暫停雨長石苔橫鹿背風吹落葉上蘇亭
殘陽鐘過數聲冷野水峯沉雙髻靑最好平臺西北望紅闌干映白沙汀

庚子三月作賑饑行以誌感

去年六月雨未足禾稼秋來竟不熟今春農夫手足束千錢難買一斗穀
饑腸轆轆面如鵠草根樹皮充枵腹老弱難行臥溝瀆嬰孩拋去無人育
縣門白米堆滿屋人來領米爭相逐土牆圍繞似地獄役吏守門很如蝮
只許人入不許出手執竹鞭亂敲扑男躍女奔嬰兒哭屍骸遍野眞慘毒
生者叫跳擱與哭黑夜陰風聲慼蕭死者骷髏縛束束里長拋之寒荒谷
惡犬嚙膀豕嚙骨饑鷹飛來食其肉道旁過者空側目凶年人反不如畜
吁嗟乎賑饑救荒身碌碌翻令無辜死更速斯時誰爲此鄉牧却教歡聲成怨讟君不聽臨江百姓歌生佛

臥游武陵山　曾繼賢

幾載言探星宿海神游直達武陵山身從碧落空中下手向蓬萊頂上攀
俯首朝東看字水昂頭望北認鄉關人間勝境無如此一臥狂吟任往還

閒吟近體二章

一種消愁藥爐烹五字詩慣吟安分句不作怨人辭荊棘春風老薔薇夜

爾滋靈臺明鏡裏花落有誰知
家貧詩作友業盡硯爲田藥有流年債囊無隔夜錢一心惟愛靜竟日只
貪眠字拙書偏懶臨池每不全

題忠州向烈女灘　佘起鴻

豎眉一怒倒流驚甘與寃禽逐隊行無限波瀾摧不動水心捧出面如生
向平家法好門楣曾播花溪絕命詩從此竹枝添雅調巴歈齊唱女貞辭

登平都山　王元會

岷山之精應井絡蛾眉綉出雲間鶴東行綿亙接平都一角螺鬟天下無
福地洞天七十二此其最靈仙境異煙霞別有古乾坤坊署幽冥九五字
我欲狂言問閻羅適從何來鬼太多科頭偶效東坡說又聽鹿鳴山之阿
呦呦白鹿誰騎去翩翩鶴降停仙馭仙之人兮陰與王五雲洞口雲深處

蒼冥浩蕩渾太淸訇然石破九天驚深落紅泉之萬丈圓吞江底之長鯨
個中眞際誰探得飛語浪傳爲鬼國是耶非耶信還疑故事碑文難考核
碑遺十段自唐鐫斜倚淩虛閣下眠足躡雲梯步虛閣一層更上入遙天
老僧觴我憑欄坐笑指棋枰誰覷破旁觀樵子也爛柯仙乎仙乎今若個
窗前忽挂月如鉤秋湧半輪江水流耿耿星辰手可摘攀扶雲漢下危樓
吁嗟乎收來萬壑胸中飽安得一生盡入名山遊

謁明方伯胡公平表遺像

有明天啓書元年時惟九月暮秋天欃槍星動妖氛繞樊龍寇蜀據東川
東川城陷日十七滿城輿蓋倉皇失衣冠委地無人收碧血成燐巴水溢
獨有胡公字輔之臨江判官伊呂匹見危授命士應爾公曰徒死復誰恤
死今無益死何爲乞師古之人可師夜闌縋走危城下萬軸雲山一騎馳
石砫女司曰良玉蛾眉蟬鬢飛食肉空林落日照旗紅一軍鵝鸛屯山麓
兵屯不發可奈何包胥號泣涕滂沱三日不食至五日秦庭感義起揮戈
是時羣寇如毛起渠魁崇明奢賊喜蓉城大震本根搖爾朱仙人亦何以
飛檄檄公公欲飛秦軍合解成都危城圍一百有二日錦江風景未全非
玉壘雲浮輕燕掠花溪水靜細鱗肥流民既定蠻烟遠鴻飛遵渚我公歸
公歸何所歸東土六千軍士如貔虎枕戈無甛解戰袍髀肉消磨心倍苦
營營青蠅止于樊毒龍蟠踞欲當轅骨埋沙委岷江鷺腸斷月啼巴峽猿
公爲前驅秦爲殿陸通一面江三面擬金伐鼓下渝關英姿灑爽來酣戰
先奪佛圖次二郎神州收復字流長佩刀追斬蓬頭黑飛箭連殲樊與張
柳營奏膚齊凱唱露布親書傳甲帳血戰功勞不自居言借夫人城保障
平陽公主娘子軍采石磯頭虞允文巾幗十年成壯士儒生一旦立奇勳

勳宜受賞賞殊衆花縣改留頒鶴俸士元豈止百里才枳棘何堪棲鸞鳳
無何警告黔水西羽檄紛馳噪鼓鼙朝廷徵將將不得誰知鄰下黃鬚兒
天末忽來翩翩鶴疏公智勇乞錫爵無雙國士蕭薦韓緣章入奏絲綸閣
肉食者鄙難遠謀北平竟爾不封侯公曰士爲知己用且感且奮壯其猷
五峯嶺上桃千樹西風八月戈橫路一劍誰當百萬師忠肝義胆胡公怒
胡公胡公賊胆寒天生一范又一韓歷落崇明頭擲地馬鳴邦彥血濺鞍
當世誰稱大手筆追踵韓碑紀其實明烈皇帝二年秋賊破依然十七日
捷聞天子喜非常大開賞賜坐明堂龍章鞶帶金珠錫位公方伯爵煌煌
佩勤在官猶運甓頗老歸田傷伏櫪騎驢載酒兩鬢絲先生曾是萬人敵
蜀山擁翠蜀江淸封棠佩寫有同情祠堂到處爭金鑄鬚眉活見面目眞
面目儼存公何處酆邑城東十里去纍纍高隴土一抔言是胡公旅葬墓

陸宣有墓在忠州馬鬣廬封不可求公塋何事留於此骸骨豈難歸首邱我謁公祠心敬抑我拜公墓長嘆息古來名宦類如斯野徑荒凉誰能識憶昔少遊平都山山右有祠神祀關祠守爲我言其畧述公自石請兵還禱神神助獲羣醜報以一宮田十畝香火於今賚年年猶是公之澤流久公爲神護報且崇况我餘生活自公有功於民義必祀蜀黔俎豆將毋同黔不可知涪祀圮惟酆楹桷宏故址前傍庀材工未鳩今都人士襄其美吁嗟乎恂恂雅度本書生腹藏經史胸甲兵至今二百有餘歲懍然正氣存忠貞安得如公人繼作長障蜀川無警民

留別平都山　張瑞麟

孤峯矗矗挿雲中鬼府仙鄉說不同百尺危樓撑梵宇四圍落木響秋風欄邊下瞰江流白殿角斜掩晚照紅笑我塵緣羈俗吏名山一別太匆匆

二仙樓　孔廣贊

仙人好樓居樓成仙何往安得王與陰一枰鬬心賞山風動疏簾似聞落子響

五雲洞

仙人騎鶴歸空餘鍊丹井泉渴雲復生五色現俄頃七夕散天花是誰逢此景

酆都山　張船山

死人大笑生人哭浪指酆都作地獄鑿山起殿山爲縮殿中沉沉暗如櫝人來驚拜僧滅燭閻羅怖人悍雙目鬼卒猙獰頭有角長枷大杻堆成屋鋸聲轔轔火聲爆刀鋸鼎鑊恣烹剸椎揚磨轉碓可築毒蛇滿河方食肉雪山晶瑩差不俗踏凌一滑冰穿腹男躍女跪嬰兒伏照眼骷髏千萬束九州茫茫人鬼畜一山收之無不足萬里遐哉南與朔極天况有要荒服洎乎一死全入蜀蜀人便之來亦速東走瞿塘北褒谷衆鬼爭來聲肅肅近者牽扶遠者逐呼號叫跳想歸宿千頭萬頭猛于鏃蜀哉蜀哉鬼之鵠殿前古井誰敢瀆紙錢下飛如轉轂通神使鬼罪可贖鬼無心肝神有欲大杖年年易新竹聚人無算供敲扑山僧踞寺狠如蝮王不管兮訐其禿吁嗟乎九幽功罪無榮辱土偶安知作威福君不見方平洞口仙雲綠

花林驛 酆忠交界與高鎮相連

問水尋山汗漫遊絕無人處亦勾留可憐冷落花林驛只有斜陽滿戍樓

淥水池　鄒桂林

爲尋名勝蹟信步到江濱此地何多石題詩早有人石上刻前明鄉紳及游宦者何極多鴨頭憑漲涸鴻爪易沉淪莫忘桃花水當前正暮春

淥水池　正邦

鶯花二月天簫鼓木蘭船鴻迹依雲石龍光映碧川暮遊乾道記故事永和年觴詠臨流水高風愧昔賢

秋日泊白沙沱五更枕上作　傅永圖

野店猶存月晨炊不見烟沙明燈影動石響磨聲旋倘覺神安枕都忘睡在船隔江雞互唱兩岸若爭先

林閣老晚渡

閣老灘頭喚渡譁流杯池外暮飛鴉青山漸吐眉邊月白浪爭翻眼底花此去但憑舟一葉向來常誤路三叉曠然身世黃昏後得岸先登自有涯

蜀秀才 哀青羊宮也　傅世綸

賢書出秀才哭血染故宮紅躑躅坑儒之禍何其酷硯成隴筆成塚三萬

頭巾葬一孔蜀中安得讀書種咏雪詩爺石灰狀元頭浸酒杯殺其軀者小有才藍衫委地有餘哀君不見青羊宮外苕花開多少文人碧血埋錦城豈有黃金臺沛公謾罵天下士東魯諸生招不來嗟爾秀才胡爲乎來哉

醉仙亭 遊石硿太白崖題也

君不見采石江邊一輪月高懸萬古風流絕又不見黃鶴樓頭四句詩拳捶腳踢何淋漓我生自笑詩才惡班門弄斧增慚怍興來快作淩雲遊三百年來無此樂入門喚起謫仙人攜來詞客爲主賓好遊自恃腳力健名山幻出如來身天上酒星大如斗人間酒客皆吾友生不願留身後名安得一杯長在手憶昔洛陽董糟邱曾爲橋南造酒樓一自夜郎流落去玉壺典盡千金裘可憐仙客才如此何時飛入南賓裏玉堂人物酒中仙一場春夢隨流水醉仙亭子高復高四圍竹樹繞週遭遺跡渺茫不可問但聞酒客稱詩豪摩崖大書太白字仙乎仙乎已飛去仙人一去不還家至今山水留仙意吁嗟乎青蓮鄉太白樓將與此亭同不朽天地日月詩名留後來誰復知吾有斯遊恨不兩腋仙風起隨風飛上崐崙邱

勸民四寶歌 黃初

第一寶孝最好父母養我身我養父母老凡人若能孝雙親天地神靈都相保勸你們奉養要趁早

第二寶弟最好手足本同根相親如少小凡人若能愛弟兄一家和氣無煩惱勸你們些微莫計較

第三寶勤最好勞苦方成人懶惰難自保試看多少勤苦人衣又溫來食又飽勸你們白日莫閑了

第四寶儉最好每天留一文一年也不少試看白手可成家只因減省積蓄早勸你們積錢亦防老

咸豐丁巳年土匪劉文禮之亂紀事 王雅言

歲紀逢丁巳春當二月時涪陵烽火急石硿井疆危匪地蒼鵝出掀天白馬嘶鶴遊官欲刃涪州鶴遊坪巡司爲賊匪戕害豕突賊揚旗沿路森戈戟連村震鼓鼙南山騰虎豹北海走蛟螭授籙今張寶分杯昔左慈降神堅衆信載鬼起羣疑賊中有以妖術惑人者柝擊鄰聞魯蠶憂楚食隨彈丸眞可慮黎庶盡含悲況選三千士還徵十一期賊稱十一日來擾酆城人民同轉轂事勢等爾棋似犬牙相錯如羊角觸羅野焚紅棘鶡邑颭白玻璃首鼠誠難定心猿不自持殘枝花亂落弱柳絮頻吹獸散兄羣弟狼奔母負兒江昏雲漠漠泥滓雨絲絲陟嶺人攀葛登城士守陴談兵尋白面定計除赤眉然炬明同晝傳籤誤必笞稽

盤防鬼蜮守望練熊羆小邑雄狐獲賊首馬四被擒伏誅涪州亦擒首逆劉文禮斬之鄰封狡兔移賊首先白鶯劉文新等勢敗逃遁貴州才原曾銑異智果茂宏奇幸住深山內能將大刦離慈航堪度脫樂土免瘡痍骨肉萍蹤聚林泉野性宜春陵詩續罷墨瀋任淋漓

關口紀勝 王虞卿

我聞蓬萊之境神仙宮海波蕩漾日輪紅又聞峩嵋之頂梵王宅金光遙逗雪花白平昔讀書心羨之未能親歷倘懷疑忽然此地開生面彷彿雲堦與月殿雖云造化弄神奇人工抑也居其半五丁之斧魯般斤果然意匠極經營削平石壁路方出鑿破山根基始成畫工加意成金碧布置亭臺無複筆內藏宏景閣三層好結元龍樓百尺閣內清嚴鎖暮烟樓前澎湃響溪泉勾心鬭角無多地憑空幻出小西天皺生見佛素不拜到此瞻

仰心駭怪如此拓地無三弓登臨不覺其中險手把危欄絕頂看晚鐘催客久留難臨行贈與東坡句瓊樓玉宇不勝寒

庚寅重九日同海樓先生治具招同諸子登冠山頂作　何宗夠

重陽風雨多今日獨清朗天與游山緣安排屐幾緉竹林向秀賢伴我乘興往但攜啞廲酒不扶邛竹杖四世歡笑隨（海樓與孫曾輩同往）諸子步趨倣登覽忘艱難出門恣俯仰短松礙行人古寺聊憩賞山靈知我游呼風掃塵坱健步踏層陰儼作淩虛想高比探天根四圍羅萬象摩空老樹撐橫胸冷雲盪山徑雖崎嶇山頂頗平敞石竈苔斑斑池塘水漾漾神仙窟尤奇量來僅盈丈席地而幕天枕將石倚伏要知天地心恐我駕虛往預事經營之茲游免悵惘煮酒覓荊薪枯枝雜栗橡一巡復一巡次序論少長瓊漿得先嘗滋味經素養藉慰相如渴勝飲金莖沆多感山僧情茶黍兼餽饟並坐成飲仙儒佛不區黨狂嘯摩穹蒼快意倍豪爽人愛冠山高下視藐蟻壤我愛冠山幽小隱託蛛網靈秀疑義肩葱龍類仙掌或起赤城霞或挂天門榜橫側殊異觀名狀安可放日夕飛鳥還風寒落葉響醉後遲遲歸暝色暗林莽下山行且歌回首月初上

登望月山賞雪咏紅梅　王德章

有美人兮山之右天生豔麗難其偶塗粉羞稱虢國粧凝脂不落楊妃後山靈未敢秘幽芳留與才人佐詩酒一天風雪罨空山惟我偕卿相對守酒量如淮才如斗對卿應不空負負請點絳脣試一歌換我美酒十千詩百首珥筆吟成杯在手酒與詩情相紛糾寫卿豔色入詩中顧我醉顏似卿否醉顏淡淡豔色濃相形我覺顏色醜不肯降卿覓駐顏把盞大呼添紅友暗香叢裏醉詩豪此樂未許他人有

去婦吟（慨以譏去官也）　李英

深閨待字幾經年女誡能諳內則嫻璇圖巧奪蘇家錦柳絮工吟謝女篇香熏錦襲加膏沐身價明珠高十斛辛勤製就嫁衣裳黃金待築藏嬌屋自從二十咏于歸壻覓金吾願已違掩袖嬌啼傷誤嫁淚珠黯黯溼羅衣羞澀登堂謁翁嫗欲博歡顏防惱怒食性酸鹹費浪猜羹湯那敢粗心作夫壻輕薄喚奈何暮暮朝朝醉夢多筵前方教纖腰舞後苑旋催絳樹歌亂命紛紛絲絡繹走卒傳呼驚霹靂顛狂未敢罵東風痛惜飛花太狼籍自信羅敷如玉身養姑乳子率天真妍媸一任雌黃口懶畫蛾眉學媚人平頭奴子大無賴顛倒是非何狡獪含沙吐墨技不窮能使主人雙目眯俄頃咆哮起後堂燕支失色日無光打鴨頓驚鴛鴦散腐鼠欲嚇鸞鳳翔挾瑟升車出門去問津重覓舊來處只向桃花塢裏尋東西莫誤隨風絮諸姑伯姊走相送攬袪殷勤留三弄贈環齊唱白頭吟傾尊再撥梨花甃回頭持慰語喁喁喜有新人事故夫縑素都工刀尺巧新人應比故人姝

酆都去任留別六章（選一二四五）　趙維城

捧檄南賓愧不才狂瀾既倒未能回中原龍戰猶難定遍野鴻嗷劇可哀漫擬文翁留去思且從陶令賦歸來茫茫天意知何在一代興亡煞費猜匝月倉皇刦火侵儒生空具濟時心泥鴻故事痕猶記蕉鹿浮名夢費尋解組好籌歸計切攀轅愈覺感情深風雲世變多奇幻回首無言淚滿襟一曲驪歌四座驚眾人愁重我身輕英雄退步惟歸隱游宦中年未立名仕豈為貧餘壯志民猶戀舊挽行程還家更取楹書讀風雨挑燈夜有聲天心悔禍已嫌遲大廈傾難一木支抱病自留藏拙地賦閒贏得讀書時微官敝屣情甘棄貧士行囊儉可知事到如斯君莫問澆愁且晉酒盈卮

和前作 選二三五　　郎承謨

重陽風雨薄寒侵遲放黃花別有心到此憂仍民事重無聊樂向醉鄉尋
故人天北音書斷早歲黔南感慨深宦味飽嘗同一苦何堪相對欲分襟
天意蒼茫近若何頻年徒令杞憂多安良此後須除莠尚武從來在止戈
世事如棋無定局人生對酒且高歌狂瀾東去知難挽日向江流看逝波
春和景象尙遲遲愁病侵尋力不支淸夜仍求天悔禍淡交幸得我同時
山靈有約重來好淚盡無聲一枕知却憶鹿峯消夏日蘇公祠畔酒盈巵

和前作　　佘元章

閑閑桑者去嫌遲北牖匡床我已支頭落萬人無語日血流千里有聲時
狂瀾滾滾何由挽天意茫茫那可知乏術救亡同抱恨離亭揮淚洗金巵

和前作　　郎宗霖

翺翔百里仰鴻才曾向荒園醉幾回揮麈淸談成往事唾壺擊缺有餘哀
崎嶇世路原多難浩渺歸帆可再來此去江南風景好北山猿鳥莫相猜

遊南海溪和徐孟陶茂才原韻　　盧峻

閑邀詩客至俗慮一無縈山脚大江漲禪心秋月明巉巖呑古寺落瀑拄
荒城愛聽溪流水潺潺不斷聲

二仙樓懷古　　劉麒義

絕頂登臨放眼寬河山可作戰枰看局殘收拾非容易說到神仙下手難

二仙樓懷古　　譚宗樞

幾點殘棋不計年遺踪留向白雲巔安排此局何時了我欲登樓一問天

酆都八景　　郎承詵

名山歲月等閒過富貴何人醒夢婆淸磬一聲天宇白五雲佳氣曉來多

平都山曉

而今不是永和年觴詠依然上巳天水面桃花杯底月灣環一溜送君前

流杯池泛

葫蘆溪上白茫茫雙鏡空明分外光好看嫦娥相對影四山圍住水中央

月鏡凝山

呼龍和雨自嘶烟飽歷滄桑郭外田不向關門迎紫氣滿山春草碧年年

青牛野牧

日輪碾出滿江紅倒映珠簾入鏡中世界大千多黑暗光明獨讓水晶宮

珠簾映日

苹野秋高任客行坡仙去後寂無聲何時再報嘉賓至月夜空山試一鳴

白鹿夜鳴

夜夜灘聲作雨聲幾經磨洗石床平日來更覺風濤險一臥滄江總不驚

龍床夜雨

碧雲揩淨曉烟收客自觀瀾水自流我佛多情無一語年年江上送行舟

送客晴瀾

郎君爾宜誄 並序　　費東明

余友郎君爾宜以名諸生服官滇南歷任繁劇所至有聲當道交章論薦擢巡迤西旦夕當大用會以憂去官復遭國變殫心地方公益軍民賴之民國十年余駐軍酆邑幸獲締交知君才力任推轂君亦多所陳述後以移疾歸里昔潁川陳仲弓大位未躋宏農楊賜東海陳耽每在袞職常慚文仲竊位之負余之於君亦云爾矣十五年余戍軍戎州適其家以赴來告始知君以是年八月下世嗚呼哀哉慟斯人之不作傷知音之難遇古

者先民既沒必累其德行而託之旒旗以昭徽美爰仿斯體爲作誄曰
惟君之先系出費伯居郎命氏垂光典策爰逮漢紀有顗其人條分葉散
芳烈如新世有令名奕禩熙隆明德有後克繼宗風伊君長兄從容大雅
克踐淸華玉堂金馬君少不幸四歲而孤孝養慈親能博歡娛敬事諸兄
聯翩雁序元方季方天倫攸敘思樂泮水言采其芹拾芥靑紫曾何足云
蛾術辛勤雞窗奮勵幹棄周鼎劉蕡下第釋之求進入爲貲郎期權兩縣
媲美龔黃同官欽嘆詫爲未有如日之升洊至郡守黃堂蒞治所至有聲
漢夷交頌共稱廉平育才興學決獄理冤實心實政教養之原光宣遞嬗
變法圖强君亦刻勵名動外洋會勘路事備嘗諸艱卒賴天幸得慶生還
太行孟門詎云塹絕履險如夷保身明哲歲在甲辰象賢生子廉吏有後
轍然自喜林李二督倚畀特隆交章如告僩在帝衷薦補楚雄擢巡迤西

駸駸大用溥澤羣黎驀聞噩耗以憂去官蒲伏歸里深衣練冠復遭國變
龍蛇起陸殷有遺民分老空谷邑人皇皇推任縣事奪情强出殫心撫字
剪除豪宗如薙斯拔誅祇渠魁不矜明察立亭紀念豐碑峩峩揭示苦衷
皭然不磨奈何蜀亂連年未已護法護國風雲詭譎益以劉羅搆兵省門
人民燋爛惟見啼痕跋涉開關調護桑梓大義凜然亂源斯弭憂勞家國
疲形敝精迫不容已避地北門東海徐公夙欽令聞虛己備禮聘充顧問
自是厥後由京返川勞勞婚嫁痌疾攣躄五十年華忽焉已滿懸車飾巾
桑榆苦短辛酉之歲戍軍貴鄉鹿參到郡先候任棠獲覩光儀我心則喜
君子神交澹而如水謂君大材宜爲世用政事專長房杜姚宋皎皎白駒
載縶載維樂道人善詎阿所私嗟余無狀移戍戎州不接音塵一日三秋
離羣索居未由聚首江有鯉魚寓書左右迢迢天末未奉還雲寸衷繾綣

如何可云端居竊疑莫不膜視豈意病中已驚垂死赴文來告臨風隕涕
琴瑟飄零溘然下世文仲竊位愧負良朋天衢咫尺未與同升邦國殄瘁
哲人云亡江河日下後顧茫茫子期已死伯牙輟絃高山流水再奏何年
景行懿美爲惠爲夷何以誄德表之素旗能化者形不朽者名千秋萬歲
金石同貞

賦

冉烈婦哀辭　朱有章

烈婦姓項氏平都冉興志妻也年二十于歸興志逾月夫死婦自
經以殉余嘉其貞烈故作辭以哀之其辭曰

天鍾茲淑美之德兮迴邁俗而越常姿冰玉其堅貞兮質蘭蕙其芬芳幼
敦詩而說禮兮嫥靜一而端莊懍女戒而弗違兮率姆教之不忘遝媒氏

以于歸兮百輛迎其鏘鏘宜允稱其室家兮譽交贊乎姑嫜曰離得此佳
婦兮天作耦乎仙郎鼓永調乎琴瑟兮曲遙引乎鳳凰信兩美之必合兮
誓將地久與天長乃昊天之不惠兮身遽罹乎奇殃死生修短固有數兮
歡樂忽改乎悲傷繄豈淑人之不淑兮繄豈良人之不良匹夫其志不可
奪兮毋乃意氣之激昂彼捐軀而不顧兮抑何其不相量甫兩月之新婚
兮竟一旦而成嫠孀嘆我生之不辰兮恨此身之夭亡望夫君而不見兮
妾復何心而守此空牀夫有兄弟以養親兮妾無兒女之在傍夫死可無
虧乎子職兮妾生恐反累乎高堂願相從於地下兮奚畏冥路之茫茫遂
慷慨以投繯兮覺一死其猶香辭曰凜凜正氣陰之陽兮侃侃大節柔而
剛兮生死與同聖所臧兮雲魂月魄返彼蒼兮貞烈遺風聞家邦兮旌閭
表墓發幽光兮

續白鹿賦

林明儁

吾邑先達黃白水先生曾賦白鹿載縣志今湮沒失傳余續賦焉瞻青牛之屆從兮勢崒嵂而動仰止辱老聃之稅駕兮乘紫氣而盛游蝌起矧西峯之壁立兮直與平都之山爲鼎峙緣產奇毛兮在山之阿餐兹嘉卉兮竊彼蘼蘼飲玉液之芳泉兮長飽清波緣此靜氣如神兮臧否無訛藉雙眸之炯鑑兮堪作名流之網羅高賢將至兮燭照澄清報達明府兮呦呦送聲似囑將迎兮預泐殷勤除舍欵治兮式燕嘉賓庶山靈免冥頑之誚兮毛蟲顯先覺之名獨是人不知而鹿知之豈人反昧於鹿耶鹿先知而人卄不知豈鹿之好賢反優於人耶斯又人事之不可解而物理之不足憑者也夫鹿白者百歲元者千年彼人倫之月旦不愆於信宿意知覺之清明早得乎先天嗚呼人君有此明哲兮何版築飛熊之勞夢卜

宰相有此器識兮豈挹關畎畝之倘有遺賢昔人作賦以紀盛兮慨相見之無期矧於今無舊籍之可考兮但聞風而心儀聊攄固陋以學步兮志景仰乎前徽鹿有知兮將毋誚刻畫無鹽而唐突西施

登平都山賦

王五桂

雙山子壯志未酬雄心不死容與徬徨莫知所以於時春和風煖柳媚花嬌徵吟既倦兀坐無聊望城東之蒼翠携良友以遊遨踏芳塵於紫陌迎淑氣於東郊曲徑盤旋而益上危樓煥赫而高標聯絡寺觀蔭翳林皋經翻貝葉聲響雲璈仙跡何代古蹟何朝感今昔之變更撫星物而逍遙兄有漢南宿彥浙右名賢探幽接武選勝爭先較棋枰之勝負評粉黛之媸妍或倚闌而遠眺或危坐而高談佳殽列山海之錯同心極賓主之歡倒金樽而傾北海吐麗句而驚四筵共擊催花之鼓同揮拇戰之拳未幾斜日西沉晚鐘初起月影横空星光映水餘勇之醉態難描後勁之豪情未已客有飄然遐思頹然斜立者語雙山子曰樂哉今日之游也吾聞瀟湘之側雲夢之前天台之頂泰華之巔晴嵐瑞雪斜月寒煙安得置身於其間駕輕舠而往還雙山子曰噫子何見之陋也吾以天地爲廬以乾坤爲宅以廣漠爲比鄰以陰陽爲過客不必御列子之車振夸父之策而渺然之虛靈自洞然而窔闢也夫亦何時何地而不自得也哉且夫鷦鷯巢林不過一枝鼴鼠飲河不過滿腹何以舍現在之眞機作無邊之馳逐君子隨遇達人順欲卿相奚榮草茅何辱遑吾目而一覽無餘快吾心而何所不足客曰子之言誠然而吾竊有所不解焉將子之經綸素裕耶何子之碌碌而自憐將子之肥遯自甘耶何子之栖栖而不開將子之素位而行耶何子之鬱鬱而不歡子之才美矣恐難列屈宋之班子之志大矣而無

如遇合之難雙山子喟然嘆曰子何言哉夫巢由孤子皋夔通顯道本同揆迹若相反甘童之得位猶遲尙父之逢時非晚屈子之忠兮傷澤畔之行吟賈生之才兮弔長沙之不返焚江淹之筆兮折劉蕢之管盜跖之殘而壽考伯夷之仁而偃蹇發孫登之長嘯兮開步兵之白眼彭何修兮殤何短客乃恍然而悟廓然而興同尋歸路萬籟無聲

76793

酆都縣志

六册

重修酆都縣志卷十二

兵防志 營制 兵額 火藥局 火器 歷代兵事 保甲團練 關隘形勝

先王耀德無事觀兵遞降而爲强弱紛爭府兵纔驗代有變遷

及清季盜匪縱横人民自衛衆志成城團練保甲相輔而行共保

形勝堅壁野清有備無患先民是程志兵防

營制

清初設綠營皆募漢兵旗以綠色爲徽識以表異於八旗者也分布各直省在邊地曰巡防在腹地曰汛守而受節制於將軍督撫及提督總兵酆之五標酆都爲腹地故僅設把總一員屬忠州營分汛

兵額

戰守兵二十五名除派調塘遞駐藏外實存戰兵四名守兵十五名

原額分防戰兵四名守兵十二名清光緒十一年奉文裁戰兵一名守兵二名實存戰兵三名守兵十一名光緒二十八年詔各省倡練新軍裁撤腹地綠營民國成立軍戍廳常師旅團營隨勢力範圍之所及迭爲更代民國二年政府鑒於豫匪之猖獗通令籌辦警備隊

火藥局

舊在中街鄭氏後圃清咸豐六年知縣張香海建有記見藝文志後移平都山陰崇報祠

火器

清咸豐十一年城守邑人議置軍械甚備細瑣不及備載載其大而可久者鐵大礮八尊銅大礮十四尊劈山礮五十五尊九節歷礮九尊抬槍五十四桿

反正後迭遭兵燹火藥局存儲併火器完全損失無存

歷代兵事

按酆山深箐密土瘠民貧有其地不足自守且非形勝必爭地故兵家言鮮道及之反正後縣城屢陷文卷散失語焉不詳茲東鱗西爪俱採其信而有徵者疑則缺如聽談盲說未敢出也

明天啓元年藺賊奢崇明陷內江圍成都其黨樊龍張彤捜重慶殺巡撫徐可求川中大震時貴州布政司參議胡平表以忠州判官在圍城中縋城徒跣詣石砫土司秦良玉乞援效包胥號泣不食者數日良玉乃遣兄邦屏姪翼明潛渡渝江駐南坪關阻賊歸路拱明夔兩河焚賊船阻其東下裨將秦永成領千兵分張旗幟山谷間守護忠萬酆涪賊不敢犯邑得以全事平邑人德胡公之賜於平都山麓冶金爲相築祠祀之歿贈太僕寺卿

清康熙十二年十二月吳三桂反僭號大周次年正月酆都陷十九年八月清兵復酆都是月總兵譚宏叛酆都再陷二十年正月清兵克譚宏於百丈梁乘勝東下重復酆都

嘉慶三年教匪冉文儔擾酆北境邑武生胡星率鄉勇卻賊於邑之劉家哨連捷於青岡埡大埡口等處復鏖戰煙墩山戴家溝棕家溝冠子山涼篠藏一帶賊俱不得逞後駐營灘山壩賊掩至衆寡不敵星格殺數十人力盡死事聞蔭卹如例前後從星戰死者凡一百五十六人俱祀昭忠祠詳見人物志忠義

教匪之役邑人徐永箱設策防禦偵知賊由間道趨城請於官率鄉勇扼礮碑梁與城犄角賊逼西關永箱親然巨礮殪賊數人賊知有備遁是年十二月賊匪張漢朝由酆入忠境沿途焚掠

咸豐七年石涪土匪馬景明亂酆界二境勢頗岌岌邑紳傅世綸蘇爲楨等佐縣捕獲匪首多人事平得獎者二十四人見人物志武勳

咸豐十一年巨匪藍朝鼎由涪珍溪入境蹂躪永興社壇紅廟子灘山壩等處三月初六破嚴家寨燒民房數百家死者數百人婦女節烈死者見人物志初七日匪圍關聖寨寨人以疑兵殪賊數十人繼攻毛期寨太平寨不克乃入忠境由拔山寺遁去

同治元年巨匪周蹃子擁衆萬餘擾酆北岸鹽商曾康侯邑紳王鶴亭唐笙齋冉萃雲等倡練萬人團禦於箐口北關等處賊繞出忠境事平得獎者二十四人見人物志是年石達開三路擾酆一出羊渡溪一出高家鎮一出波羅場邑紳傅世綸督團禦之力竭被擒罵賊不屈死事具世綸傳中從

戰死者一百一十六人詳人物志賊遡流屯縣南王家渡一帶連營百餘里隔江相望曾康侯傾重貲餉軍聯邑紳率萬人團晝夜防守月餘不懈賊知有備悉衆引去圍涪州徐邦道突圍擊之涪圍解酆警亦平

光緒二十七年十月社壇團總曾武城督團擒巨匪申子高綽號張七大王并其黨十三人解縣知縣蔣履泰同涪州知州鄒放會審確實俱伏誅獎武城五品銜以府經歷分發補用其餘各保獎有差

宣統三年秋革命事亟鄰封次第反正邑人慮客軍入境糜爛集紳決議由本縣自動組織推前雲南楚雄知府郎承詵開臨時軍政分部兼縣長本城五團各練丁壯百名以資鎮攝調遣十月初三日宣佈獨立秩序井然

民國二年夏熊楊稱兵討袁未幾敗退八月十三日潰兵紛紛過境售槍

極端迫脅邑人見其橫悍醵金購之善遣去時鄉團尚未成立民間購買
之槍漸次爲匪攫取購槍人竟有以此罹禍者匪燄遂不可收拾矣
按是役散失槍支以數千計其黠者從亡命走南涪間恃槍刦掠大隊
則市槍於沿江州縣迫商民承購護法軍興匪徒響應四出索槍川東
匪禍之烈即緣於此
三年義順鄉團攻破沙子關匪巢擒其渠譚姓解縣伏誅
四年水警兵護送商船至羊渡溪遇匪陣亡警兵一人見人物志
四年鄧匪竄崇德鄉高小校校長廖鵬里遇害知事許長齡率軍往擊始
潰去
五年袁世凱僭號洪憲滇督蔡鍔倡義稱護國軍袁兵攻滇取道四川北
兵紛紛入境王維綱結涪陵警隊響應蔡欲據城遮北兵馳軍馬虎壋大

池警耗日亟許知事遂留北兵守城二月十四日拂曉間道攻城北兵出
南海溪不設備而遇之兵敗城陷知事許長齡死之事具長齡傳中
是役北兵忿邑人通敵四面縱火圍攻燬燒千餘家死者百餘人全城精
華悉燼維綱亦遁去時縣匪如毛張劉龔熊楊胡等匪假護國名義立匪
棚數十百起嘯聚邑境刦掠燒殺無虛日富者遷徙入城貧者露宿榛莽
間無敢家居者全縣元氣亦銷耗盡矣秋四川陸軍五師營長余順銘駐
酆鄧匪屯聚廂壩竹子壩一帶刦掠余命連長牛濟之淸鄉濟之江津學
生奉令後以勦匪爲己任因除夕積雪盈尺於風雨泥淖中冥行數十里
直搗賊巢口令爲破蔡二字蓋取雪夜入蔡州也時匪方守歲置酒歡呼
聞槍驚覺倉卒不及成列然鄧故悍賊率匪徒且戰且退牛尾追數日不
及反

五年洪憲之役巨匪楊潘龔等竄太平新建兩鄉拉肥無算
六年秋靖國軍起北兵潰出川土匪乘機蠢動皆假靖國名義四出刦掠
縣城一夕數驚
七年二月初九日馬蝗沖場集期匪徒數十人遮各場口盡驅市人入廟
收索復挨戶刦掠團衆馳援快槍適中殿上鴟尾匪驚潰追殺三匪餘悉
竄去場亦損失甚巨
四月知事余器光同江防趙連長會兵剿鷂子坪巨匪匪遁兵去匪復來
順慶鄉教練王之敬督團攻其巢始潰散時林家廟亦有匪警涪知事請
會勦以之敬爲堅軍涪軍失期之敬還遇伏於湯元石之敬戰死同難者
九人事詳人物志之敬本傳
八年匪隊彭耀武受黃復生撫充靖國軍駐酆縱兵刦掠匪燄愈熾境內

匪棚大小三百餘以高李二匪爲最盤踞同興場一帶刦捉不可勝數燒
民房四百餘家是年義順鄉團練勦匪於淸明山團丁陣亡者五人見人物志
八年十月股匪嘯聚涼磜礅太平安仁兩鄉民團圍攻激戰一晝夜團丁
死數十人有姓名可傳者五人見人物志
九年三月川軍共驅滇黔軍滇令彭耀武赴戰留參謀戴禮守酆更立游
擊司令部四月江防別働隊破之擒戴禮及留守軍官二人乘勢佔領忠
酆石三縣高李二匪僞就撫殺之人心大快
秋八月邑庠生李德九遇害生臨事敢言不避權勢縣局顚危多賴維持
竟以此獲罪人皆悼惜之十月剿冠子山匪忠武鄉團丁死者三人見人物志
十年三月一軍獨立旅長楊春芳駐酆二師第四旅費東明代之費軍紀
嚴肅街市不見一兵常着布衣見客軍官佐無美服者兵皆禮拜日浣衣

江岸戍半年未籌一餉十鄉故多匪先諜查得實按名逮治良民無擾北五鄉匪類肅淸方從事南五鄉適以奉調援鄂去酆人攀轅涕泣鄉農婦孺稱頌舞蹈尤摯嘆爲民國僅見之良好軍隊

八月川軍六混成旅唐莊駐酆

十一年楊春芳復駐酆

十二年楊森由宜入川率隊西上知事劉侗蒞酆以時局多事政務紛繁集紳會議各鄉於團總外添設練總收支員分理其事殆亦倣行軍財三部分治之意也旋獨立旅賀龍駐酆五月七師田旅移酆賀退涪陵旋同四師陸柏香營攻酆田旅退忠賀仍返涪留陸營駐酆適邊防軍湯子模由江津攻涪賀復返酆通欵一軍提陸營槍支挾知事劉侗去委胡大鏞知事邑人許襄臣留守許兵力薄土匪蜂起秩序大亂治城對岸戴家渡至高鎭龍究廟一帶爲程匪勢力高鎭下游沿岸至烏羊鎭爲冉匪勢力分段各守綿亘百餘里炊竈無煙五閱月六月初二日匪撲城虜胡知事去（後邑人以一千五百元贖回）各界議以承審員張顯南攝縣事匪徒任意出入莫敢誰何邑紳詣涪請援初八日湯遣縱隊長康巨五率兵到酆初九夜匪從東北門縱火闖攻激戰十三小時康彈盡引退城再陷匪據縣城沿街拉捉牽以長繩如貫魚然日且數十牽牽且數十人河內拉肥之船日數載或十數載不等酆人搭輪避渝或紛紛竄忠武鄉及涪屬之南沱馬頸子絡繹不絕

七月冉匪就一軍游擊司令彭斌撫率隊來城程匪亦自稱義勇軍來城壓迫冉匪去程匪遂爲城防城內外人人惴恐乞援於李宣撫使李故駐涪八月十五日遣游擊司令易其周率隊抵酆匪抵抗二小時潰退高鎭

先是匪徒擬於中秋夜入民團聚時縱火刦捉（購洋油數十箱牽肥繩索數十捆）幸援兵兼程抵酆始解此厄

按縣城連年兵禍以此爲最慘團防守城激戰數次損失團槍一百四十七隻子彈一千五百九十一發陣亡隊長一名團丁三名（見人物志）

九月一軍周團及陳縱隊陳旅後先抵酆人心稍定十月二軍反攻酆遂不守軍長楊森入城邑人陳訴疾苦始留十六師駐酆淸鄉秩序漸復後程匪爲李樹勳招撫冉匪仍退踞老巢

附程冉二匪概畧

程匪既據治城四出刦掠五月刦雙路口場捉二百餘人刦馬蝗冲場捉四百餘人九月刦社壇場捉一百零九人初猶擇肥而噬非値千元者不捉繼則數百元數十元亦捉甚至每到一方以匪徒分守要隘挨戶盡人而捉謂之攔河網不分貧富曾有被捉十一人以八元贖回亦罕聞也幸北岸忠武鄉南岸新建鄉各團總整頓民團甚力扼治城上游匪攻撲數次俱被擊退匪未得逞然亦僅能自守無力撲滅後程受招撫復謀不軌被殺

冉匪嘯聚高鎭下游之蒲家場龍究廟倒流水等處尤以黃金台土寨子竹木蓊蔚縱橫數十里據爲老巢居民俱被脅從直無地非匪無人不匪其受禍之烈以忠縣洪河鎭石硅羊渡溪對岸孫家壩等處爲最上游高鎭舊有民團重加整頓與匪相持一二年雙方戒備激戰數次互有夷傷匪怨益深常率數十人於界毗連處往來飄忽伺隙刦捉先後捉去人畜甚夥七月十五夜匪猛攻團衆徹夜力戰被匪捉去團丁一名擊斃四名（見人物志）損失團槍八支十月匪圍攻孫家壩屠殺男女十

數人捉去三百八十餘人燒民房晌棚多處提去團槍二十支土槍一
百餘支傷團丁三十多人租穀捐穀二十一石居民衣物穀米無算匪
棚內男女老幼絡繹轉運重滯者悉燒燬
十一月二混成旅營長趙倫何潔護商船至羅家坡下游與冉匪激戰匪
退據虎鬚灘大石砦趙何極力猛攻始向羊渡溪潰退旋跟蹤追擊匪復
據尖山子雞公嶺蕭家塲抵抗一夜擊斃匪徒八九十人生擒四十餘人
奪獲步槍十五支馬槍八支手槍二支行李輜重無算負傷逃竄者甚夥
冉匪始率殘部向黃金台土寨子退去是役也匪損失甚鉅逃散肥紳約
値洋數萬元事聞上峯傳令嘉奬匪勢亦漸衰矣
是年陳匪刦江池長坡嶺團衆抵禦不利損失團槍八支子彈九百餘發
燒民房十五向稻穀一百餘石傷二十人死者十六人(見人物志)冬巨匪張踸

重修酆都縣志　八　重慶市楊柳街
重修酆都縣志卷十二　新文化社代印

子盤踞新建塲燒民房數十家殺鄉民二十餘人各鄉團練圍攻之馬蝗
冲塲團丁直入匪巢援兵不繼死六人(見人物志)後該匪受黔軍撫引去
十四年知事鄧逖先呈請劉督辦派兵剿冉匪奉令大舉清鄉嗣由駐忠
許旅紹宗電駐酆楊旅國楨分南北兩路進攻楊旅兜剿南岸許旅兜剿
北岸凡四閱月斬匪徒二千餘級燒匪房一百餘家(忠最多酆攻之)擒巨匪傅子
堂匪參謀白子倘正法匪遂不支退匿老箐官兵合圍披荊斬棘逐段搜
索箐內匪徒餓死縊死者無數冉匪逸去積年匪患一旦盪平人民始漸
有生機

保甲團練

明編戶四里曰豐樂上里豐樂下里市郭里南賓里里各十甲
清康熙六年編戶一里統名安仁里凡十二甲北岸爲一二三四五六七
八等甲南岸爲九十十一十二等甲
向無團總名稱每保設保正一人同治間川督駱秉章令各縣舉辦保甲
清戶口發門牌未幾廢弛光緒廿年知縣蔣履泰奉令各甲設置團總位
於保正之上
光緒廿一年知縣蔣履泰奉令開辦團練練丁由十二甲保送挑選一百
名操演委邑人鄒世麒管帶練費由門戶捐煙燈捐契底項下每串抽錢
八文支給宣統元年裁練丁併入警察
宣統二年劃分全縣自治區域改十二甲爲十鄉北岸五鄉曰仁壽太平
安仁忠義忠武南岸五鄉曰順慶崇德新建太和義順合城區爲一城十
鄉
民國元年奉民政長令舉辦團練即由縣會議決契底每串加抽八文猪

重修酆都縣志　九　重慶市楊柳街
重修酆都縣志卷十二　新文化社代印

釐每隻加抽二百文每歲約收錢萬串設總副長各一人參議四人練丁
六十名歲支約五千串餘分撥一城十鄉
民國三年公布通省保衛團細則分置牌長甲長保董團總花戶取九家
連坐結經費就地籌欵奉令後即舉辦
是年二月中央通令籌辦警備隊將停辦自治經費挹注併裁兩練費由
縣知事督辦不設總局酆爲中縣設隊丁八十名隊長一人分隊長一人
民國六年八月頒全省團練章程城設總局舉正副局長各一人自治區
域設分局正副長各一人塲市設正副分所長各一人各鄉團正直隸分
局長隨即遵辦
是年滇黔戰事發生入川北兵失利潰退過境匪徒乘勢刦掠械彈兇燄
愈熾縣城一夕數驚邑紳招獵手百名晝夜游擊擒巨匪李姓殺之

七年知事余器光集議擬辦城鄉團練每糧一畝附加練費五百文計歲
收錢七萬六千餘串由收支所經收飭城鄉尅期開局每鄉常練四十名
城區六十名是爲統籌團練之始後參事員曾友三上控省署派員澈查
復開會議議決每畝減附加一百文全縣減練丁六十名隨卽照案舉辦
惟北岸主分南岸主合辦法不一領欵亦無限制以致欵盡虛縻團鮮實
效八年知事盧峻議撤常練剏辦民團於八月一日實行然民團實力未
充常練遽行裁撤匪餘鴟張不可遏抑亦變法太驟之過也
九年知事唐印侯始通籌合算前此附加團費除七八兩年支用外九年
度尚可招常練二百六十名議決募足額爲民團補助民團卽責各辦事
處照省章督辦九年後團費附加一律停止是爲停止附加之始
八年一月照省章酌定細則於縣城立團練總局正副局長各一正局長

知事任之副局長由參議會票選二人咨縣長遴選一人各鄉立正副分
局長各一直隸總局須一人常駐總局以便會商各鄉團練各保設分所
置正副分所長以保董兼充各局設參議三人會商團練事件全縣練丁
三百三十名由十鄉挑選總局一律教練
是年四月照省署新頒練團章程專重門戶練設立團練局及各鄉辦事
處所有從前團保局所一律取銷其編聯法凡排甲長團正屬於團總附
郭者隸城廂團練局
九年戰事發生團練瓦解
十年東川道尹葉茂林召集善後會議分道屬團練爲六區酆隸第五區
內欲聯絡各縣一致進行行之未久旋卽停止
十一年四月通省團練總局頒發整頓四川全省團練大綱以門戶練治
本以常練治標并令舉團欵監查員注重團而不練於城廂鄉鎮改設總
團管理各團受成於知事原章總副長局長名稱俱廢知事有任免團務
人員之權不必由縣參會遴選
是年大局粗定漸謀恢復團練以經費無着縣參會議決照八年成案每
畝附加四百文招練丁二百四十名以三十名爲一分隊三分隊爲一大
隊以兩分隊駐城中策應餘編兩大隊分往各鄉游擊并成立團練講習
所
是年通省團練總局令發練丁壯丁聯絡梭巡辦法二條大致謂聯絡鄰
區互相策應奉令後卽遵辦是年崇德順慶兩鄉擒獲通緝未獲之要匪
何吉臣鞠正常秦海淸孫宴淸四人時股匪彭耀武率匪徒三百餘人由
忠竄涪經過縣境亦被聯團擊潰生擒匪徒十四名奪獲匪槍十四支皆

聯絡之效也
十四年七月通省團練總局令飭各縣整頓門戶練頒發督練長員服務
規則奉令遵辦設督練長一人每區各設督練員一人
十五年五月通省團練總局令飭整頓門戶練實行按戶抽編奉令由團
務會議議決每甲編三分隊每隊教練兩月畢業後每月會操三次其購
槍法以租穀爲標準收租三十石者購夾板槍一支六十石者倍之餘照
此例推各鄉一律舉行復於悟惑寺開辦團練傳習所招學員二百餘人
順慶鄉亦辦團練傳習所招學員八十餘名團練前途可望日起有功矣

關隘形勝

東關　治東五里古佛巖畔臨小福溪口溪東爲青牛山淸嘉慶五年典
史章遇春築以禦匪城郭人民賴以無恙同治元年邑人補修

西關　治西三里南北壇山麓臨洗脚溪口溪西土阜對峙俗呼莪坡嘴與東關同時修

北關　治北八里內俯近城諸山外臨峭壁環以深澗澗外遠山緜亘屏疊如屏清同治元年邑人捌修

貓兒關　北關山梁東邑人築以防山谷小徑者

宋家壇口石卡　北關西山梁微凹可徑清咸豐二年邑人築石防之

按縣城形勢面臨長江背負羣山平都在其東五魚在其北鹿鳴雙桂在其西而雙桂特峙右挈南北壇山微凹處爲彭家壇口有徑宜防自雙桂峯背蜿蜒而北更上七里許石峯巉起峭峙千尋俗呼老鴉坡其東畔少下北關在焉外繞澗壑山梁環亘如堵墻回望近城諸山盡歸眼底緣山梁而東石徑高低越貓兒關約八里許爲東關緣山梁而西迤邐漸下繞出西關外爲莪坡嶺頂銅罐廟莪坡嘴可與西關犄角故附城要隘惟此關第一以其高瞻遠矚援應東西也

北岸近隘

立石鎮距城三十里在華峯塞西當酆涪之交依山扼水爲江防要地

界牌埡距城三十里當華峯崇福兩寨之間地勢高峻通酆涪要道宜駐重兵

馬虎埡距城四十里高據山梁爲酆墊通衢與界牌埡遙對號音可達亦要隘也

煙墩山距城五十里亦酆墊要道沿山而上最高處曰鸚鵡崖目光可達數百里不惟險而可守亦瞭望最善之地

關口距城四十五里治北奧區也仁壽太平安仁三鄉後路入城必經之

路梁墊入酆亦取道於此故近年爲兵家所注重

大柏樹距城四十里爲忠酆孔道必防之地

溜沙坡距城三十里扼忠酆水道亦江防要地

北岸邊隘

金莊山治西五十里近永興場通涪陵百滙場大道故宜設防

大石廟林家廟兩地不足言險然當涪陵珍溪入境孔道不可不防

箐口山嶺高聳形勢最險路通鶴遊坪宜重視之

大地埡寨子埡青岡埡均布列於金佛山巔與箐口聲氣相通而青岡埡通酆墊大路尤宜嚴守

寨子嶺攔馬坎劉家啃大成寨俱依山設險聯絡一氣可以防西北一帶

李家寺有大道通忠墊爲我邑西北邊境繁盛之場亦布防要區也

董家場太平場俱與忠縣接壤路通往來亦邊防要地

嵌口石佛子俱仁壽鄉東境要隘當忠酆之交形勢最險宜防

十字路距城七十里在賈郭山東依山爲險扼忠酆要衝必防之地

濯溪口距城七十里濱大江爲忠酆交界之地防江者不可忽焉

南岸近隘

治南近隘自大山坪山脈橫亘中央地跨太和新建崇德順慶四鄉成天然要隘茲舉如下

橫梁子屬太和鄉距治九十里當酆石孔道爲高鎮後方屏蔽最宜重視

梯子崖屬崇德鄉距治百里爲大月壩長坡嶺觀音寺入城要道兩旁山高百餘丈中寬只丈餘與高鎮雙路口有密切關係

硝洞灣爲新建崇德兩鄉交界地山極高峻登此則觀音寺崇崖大月壩

等處在望狹隘處有一馬當關之險

九溪溝距治六十里爲新建鄉極南地交崇德鄉界由溪陡壁上山頂約十五里其險可知

古佛洞屬順慶鄉距治七十里地勢險要爲黃沙壩新建場等處通孫家營波羅場大道並與兩滙口錫福橋有安危關係

青岡埡爲大山坪分脈由尖山子綿延至上渡口青岡埡卽在其上亦要隘也

黑石梁處治西上游與觀音灘對岸江面至此極狹灘凶水惡江防重鎭也

南岸遠隘

橋堂及鯉腹渡屬崇德鄉距治百五十里爲長坡嶺通大月壩小月壩要

路據龍河上游天然險地前魏部潰退長坡嶺觀音寺一帶不能越大小月壩一步皆恃二地之險

太平壩屬崇德鄉距治二百六十里地爲高原右帶賀家蹭之險左據雞公嶺之雄洵邊寨重鎭也

都督村屬崇德鄉距治二百九十里爲彭水及涪陵桐子山各處交易中點貿易之盛與觀音寺埒右方要隘龍莊坎至花池塘等處可通小河左方要隘花椒崖至桐子山倉溝等處亦通小河據涪陵上游地處邊境本地人力團自護團練甚屬整頓

花僑子屬崇德鄉距治百四十五里通狗子水桐子山倉溝各地路亦甚險要

豬槍門屬順慶鄉距治二百里由廂壩入口至出口處中約二十餘里盡山峽無居人行人至此戒懼

分水嶺屬順慶鄉距治百十里亦屬高險通担子台波羅等場最宜防守

亭子埡屬順慶鄉距治四十五里羅雲壩及波羅往來咽喉之地並爲治南上游江防屏蔽

按舊志北岸近隘大梨樹馬虎埡煙墩山三星埡口鸚鵡崖蔣家山雞公嶺關口溜沙坡遠隘界牌埡金莊山箐口大地埡寨子埡青岡埡金佛山龍洞溝大營蟠猴子崖欄馬坎劉家嗙大成寨李家寺柏崖口劍鋒埡金銀坎濯溪口南岸近隘白水溪亭子埡波羅場孫家營古佛洞青岡埡蓮花洞大月壩小月壩大山坪蔣家溝倒流水龍王廟譚家坪遠隘桐子山大木峽分水嶺梅子凹交頭山竹子壩龍莊坎小坪老楓岡梯子崖廂壩豬槍門南天門大寨坎金鈴壩栗子壩福來場倉崖溝

長坡嶺擂鼓台僅記道里畧於形勝茲據調查最關險要者列入焉

附舊志形勝

面江倚山中衍平川青牛左峙白鹿右蹲壯涪關之左衛控臨江之上游扼石硅之咽喉亘墊江之屏蔽

江防（江隘宜防者）

立石鎭（治西上游四十里） 黑石梁（治南上游十五里） 青牛山（治下游對東關） 豐稔壩（治下游詳山川） 高鎭（治南下游六十里） 丁溪（治下游對高鎭）

附舊設水卡

縣上游四 立石鎭（北岸） 胡家沱（北岸） 酢房沱（北岸） 白沙沱（北岸）

縣下游八 寒南溪（南岸） 泡巴店（北岸） 赤溪（北岸） 老蛇溪（北岸） 高鎭（南岸） 丁溪（北岸） 濯溪口（北岸） 田家嘴（南岸）

共十二卡卡各遣役三名更代以守

重慶市楊柳街
新文化社代印

重修酆都縣志卷十三

雜異志祥異　仙釋　隱逸　流寓

禎祥妖孼國繫興亡子不語怪麟經胡詳以覘世變以戒非常仙都眞隱爾朱陰王賓來鹿野蘇范漁洋文昌之府孰曰冥鄉志雜異

祥異

宋

淳熙十三年七夕平都山頂陰長生丹井五色雲見馴鹿羣集紹興二年旱

十年彗星見參度

明

重慶市楊柳街
新文化社代印

嘉靖七年大旱

萬曆二年蝻蟲生禾根如刈

二十六年大疫

崇禎十七年日中有赤氣數道下豐上銳自東指西長竟天經年乃滅

清

康熙十一年大水

十六年七月初二日申時有星自西南來隕於平都山後其聲如雷火光數十丈照耀數里

十九年七月蚩尤旗見於西方

二十三年大旱

二十五年六月十二日五色雲見於平都山頂

二十九年七月二十八日大火城內民居盡燬

乾隆五十三年六月江水暴漲入城溢於屋知縣李元挈居民登平都山

避之三日水落不傷一人

嘉慶十五六七年均大旱

道光四年大火延縣署東科房文案盡燬

咸豐九年五月江漲溢城舟行於市

同治三年十一月朔甘露降波羅場樹間

九年庚午六月大水全城淹沒無存

光緒四年戊寅夏六月初五日天初暝黃雲四塞大風雨冰雹城中屋瓦

皆飛鹿山蘇祠并坡公像悉化煙雲飛去

五年己卯迎春節正月十三日中街旅店失愼知縣何詒孫先期示諭鋪張

繁盛觀者擁集縣署突見火光爭先逃命擠斃數十人臘月地震

六年庚辰二月十二夜邑屬大地震拂曉高鎭沿街均有墨線痕夏

夜有赤星如日由雙桂山墜平山東

八年壬午六七月間蚩尤旗見東南方星大如月光長三丈許寬三

尺轟轟有聲升高數丈漸低落日出而沒

九年大疫城中日計數十百人倒地卽斃醫藥弗及

十年甲申彗星見八月城中大火延燒三千餘家昭忠祠亦燬

十二年丙戌大旱五月夜半大雨復興寺側之盧家塥地裂二里許

劉楊兩家房屋陷沒

十四年戊子臘月晦日大雪城中雪花如掌鄉中壓折古木竹樹尤

多

十六年三月晦日堡興場一帶大雨雹損壞豆麥無收

二十年甲午大疫

二十二年丙申六月霪雨經秋無半日晴稻粱糜黑生耳等於無穫

實未見之奇災也

二十三年秋冬間鄉中豺食童幼

二十六年庚子南岸鄉人頻驚變亂男婦棄家狂奔臨江爭渡半日

之間縱橫及百餘里俗謂之起地皮風云

二十七年辛丑六月初二夜大雷雨十鄉溪澗同時走蛟洪流徧山

野傍溪場市民畜率多淹沒東關三元橋費數千金功甫竣蕩然無

片石存他可知矣

三十一年乙巳東關打一虎各鄉豺食人城門早閉夜驚豺聲

宣統三年西關外打虎傷斃二人七月近北斗一星大如鴿卵色赤外有

黑氣罩之光射二丈餘十月反正

民國

民國三年甲寅四月西北見黑雲如濃墨矗立十數丈午後大風雨雹秋

大旱

五年丙辰二月十二日曉護國軍入城午後北兵縱火圍攻燒燬二

千餘家民死於亂槍者衆次晨火熄北兵入城因言語不通無辜被

殺者又數十人一慘刼也

六七年間南北岸桐李樹枝變結刀矛形刃柄宛然

九年六月多處民居瓦雀結羣逐燕佔有其巢久仍被燕逐去

十年辛酉三月初七薄暮大風由東南而西北城東奎星閣倒塌擢

折大木無算風聲之惡來從未有
十三年甲子冬朗溪毛瑞貞之妻一產三男
十四年四月十二日將晚有大星流天由南而東圓如月光如電殷殷若雷聲是時米價陡昂逐日增漲無跌十月新隆街王惠氏一產三男十一月大雷電升米值錢四串
十五年六月初十日拂曉夜梨坪大雷雨地下聞吼聲隨裂里許民居蕩然八月錫福橋打一虎九月担子台藥虓虎一豹一
稻異　玉格酆都稻名重思米如石榴子稍大味如菱眞誥酆都山有稻名重思亦以上獻仙官杜㒲作賦曰霏霏春暮翠矣重思靈氣交披嘉穀應時
樹異　學宮後圃黃葛幹圍三丈其上如蓋垂蔭數十步數百年物明甲

申兵火樹枯清康熙初知縣湯濩重建學宮枝葉復盛

仙釋

王方平　名遠前漢中散大夫棄官學仙隱於太尉陳躭家尸解避地平都山魏青龍初道成蒸黃土數十甑以丹藥灑之盡成黃金有五色雲裂地而出捧足仙去杜成爲作神仙傳稱總眞眞人
按列仙傳後漢王遠字方平東海人舉孝廉除郎中明天文圖識學桓帝問以灾祥題宮門四百餘字令人削之墨入板裏後棄官隱去魏青龍初飛昇於平都山
陰長生　新野人漢和帝后之曾祖不好榮仕從馬明生得度世法相攜入青城山丹成著書九篇以延光元年於平都山白日昇天
麻姑　魏青龍某年七夕訪王方平過此有詩曰王子求仙月滿臺玉簫

清轉鶴徘徊一聲飛過不知處山上碧桃花自開平山後有仙姑巖
按漢魏以前七言詩僅有柏梁體未聞有絕句也後人附會無疑
呂純陽　名巖唐宗室嘗登進士第從鍾離權得道訪王陰二仙過此有詩曰孟蘭清曉過平都天下名山所不如兩口單行人不識王陰空使馬蹄盧又曰一鳴白鶴出青城再謁王陰二友人□□惟思三島藥掐昨已過洞庭春
爾朱仙　唐僖懿間落魄成都市取白石投江中衆莫識後自果至合賣丹於市價十二萬刺史召問其值更增十倍怒其反覆醉以酒沈之江流至涪州漁人白姓石名者舉網得之擊磬方醒相攜至平都山修煉後乘白鶴仙去故涪州有白鶴灘酆仙都觀亦稱白鶴觀也
按列仙傳載爾朱仙名通微別號歸元子僞蜀廣政間僑寓渝州嘗一

日遍遊成都新都廣都間至晚即還人皆異之有朝遊成都暮宿金雞之諺喜飲酒食豬臟自言遇異人贈藥一丸囑令見浮石而後服之則成仙矣每取石之有異者即投諸水而冀其浮人雖笑之不顧也渝州守惡其妖妄以竹籠沈於江順流至涪爲漁人網得問其姓氏曰石氏此地何所曰涪州遂豁然悟曰浮石之言驗矣因服前藥便覺清舉乃採涪州所產矢鏃砂止平都山白鶴觀煉丹數年竟仙去云　爾朱先生還丹歌曰欲究丹砂訣幽元無處尋不離丹與汞無出水中金金欲制時須得水水遇土兮終不起但知火候不參差自得還丹微妙理人世分明知有死剛只留心戀朱紫豈知光景片時間將謂人生長似此何不回心師至道免逐年光虛自老臨樽只覺醉醺酣對鏡不知漸枯槁二郎二郎聽我語仙鄉咫尺無寒暑與君說盡只如斯莫戀驕奢不

肯去感君恩義言方苦火急回頭尋出路吟成數句贈君詞不覺便成今與古

按全唐詩話有胡二郎者常見一道士臥通衢二郎憐之輒取石支其首道士醒感之因勸修道且歌以諷之二郎問爲何人曰我爾朱先生也二郎後亦得仙

按仙都山陰君洞驗記云君將欲昇天謂門人劉元遠曰此山孤峙勢若龍蟠其首東向必當吐雲送我言訖遂有五色雲從地湧出乘雲昇天出雲之處呀成洞穴水旱祈禱立有感通大歷九年七月十五日邑人宇文萬年女阿仵等一十五人以元節之晨奉香花於洞門禮拜忽見洞中波濤湧溢出一金手一玉手其大如扇良久乃隱水波亦不復見長慶元年江陵傅綳聞洞中雷吼之聲咸通初道士王方芝聞洞中

聲如羣鳥飛異香紛郁遍於山頂鄉人嘗以之占歲鶴翔必年豐鹿鳴必歲歉不栖凡鳥每有二鳥翔集廣明辛丑歲刺史陳侁修置道場有祥雲天樂之應甘露泫於叢林寵詔褒美中和甲辰年賜紫大德曹用言准詔齋醮有卿雲瑞雪之祥時既畢黃籙道場未撤門纛有神人見曰雲山齋醮必命神祇主張我即近廟之神差衛壇壝齋功既畢門纛未移我不敢輒還本廟道衆聞言睹異遽折門纛其神見形媿謝而去附東坡養生訣曰予治平末泝峽還蜀泊舟仙都山下有道士持陰眞君長生金丹訣石本示予問之曰不知也然士大夫過此必以問之庶有知之者予嘉其意試問以燒煉事對曰養生有內外金丹精氣內也非金石所能堅凝四肢百骸外也非精氣所能變化欲事內必調養精氣極而後內丹成則不能死矣隱然居人間久之或托尸解而去來變化輕舉不可得也蓋四大本外物和合而成非精氣所能易也惟外丹成然後可以點瓦礫化皮骨飛行無礙矣積枯草敝絮而置火其下無弗焚者予甚善其說告之曰昔人有服金丹不幸赴罪而死既而五臟皆化爲黃金者又有服玉泉死於盛夏而尸不敗壞者皆無內丹以主之子之說信然哉後十餘歲官於南京張公安道家有一道人陝人也爲公養金丹其法用紫金丹砂費數百千期年乃成公喜告予曰吾藥成可服矣吾謂公何以知其藥成也公曰抱朴子言藥成以手握之如泥出指間者藥成矣今吾藥如是知其成無疑矣吾爲公道仙都所聞謂公曰自知內丹成然後此藥可服猶未也姑俟之若何公笑曰吾姑俟之

酆都道士未詳何許人相傳自平都栖隱雪峯山仙去

按蜀中廣記云元大德時有道士隱雪峯山一日集道友曰吾化矣大道坦然皎如日月雖由人宏豈隨人往諸生宜遵道而行毋令半途而廢偈曰朴菴寄住有年東西南北依然裏面渾無一物只有玄文數篇今日草茅朽腐須要改換棟椽眼底風波太惡不容久住山巔選得幽居去處和區移上六天端坐而逝道士酆都人也

笠峯　酆陵徐氏子鐵壁高弟爲人聰慧倜儻飄飄欲仙繼席治平寺屢遷名剎清康熙壬午主嘉禾之楞嚴春聖祖仁皇帝改治平賜額爲振宗遂賚勅黃還蜀終焉

天寧　亦酆人嗣鐵壁讚達摩像曰對御談元一字無九年冷坐石頭枯親將皮髓平分後那個男兒不丈夫

按忠縣志載鐵壁羅氏子別號慶忠主聚雲席十年道場一時有覩釋

迦婢呼彌勒奴之譽著語錄二十卷附楞嚴大藏流行康熙年因其嗣法徒竺峯之請諡曰妙先並勅賜治平寺爲振宗禪寺

破山老人　淸康熙年間來邑之三教寺曜靈宮住平山崇報祠最久題楹聯云懶去何心翻貝葉閒來無事理蒲團其曜靈宮山門一聯云不涉階級須從這裏過行一步是一步無分貴賤都向個中求悟此生非此生自記康熙二年癸卯秋破山老人題并書書法迅快矯變直追懷祖洵乎禪林墨寶焉民國六年二月初香會盛時殘紙錢灰積門限外晚風吹拂門木燃尺許而門聯無恙人皆目爲靈異

覺成　邑岸南士人本朱姓名學城宦歸無子乃與妻氏劉同參出世法易名覺成盡捐其財產建羅山堂佛寺及平都玉皇殿撰書碑記遺藁今存文字古澹整潔猶想見淸初典型也併爲劉修南華薔薔寺規模宏遠常住產各百餘畝傳二百餘年至淸季敗壞存者惟撥充聖宮燈田四十石耳

別中　前邑令張紹齡記云輪迴之說起自佛家謂有其事乎余不敢信邑北金盤寺古剎也乾隆間有湖北貢生某披剃於此號別中苦修行創寺院極多於某年月日示寂而陝西漢中府洋縣李公盤卽於是日生公生之夕其母夢一僧人入門授以金盤故名曰盤筮仕四川權酆篆因公至此怳然舊跡重遊然則公其別中之後身歟輪迴之說信有之歟僧淨域爲余述其事因記之

隱逸

楊維新　字五湖世爲平都望族始祖諱德言仕元爲萬戶侯統軍入蜀遂居於酆二世祖諱繼祖襲封萬戶侯三世祖諱文與不仕四世祖諱

宏道封大理寺評事五世祖諱大華不仕其從祖諱大榮登順天丁丑進士擢江西僉憲六世祖諱孟蕙以明經任經歷其從祖諱孟瑛登成化丁未進士授順天府丞高祖諱汴應歲薦典教興文曾祖諱一通歲貢生父諱純仁庠生先生年十二遭太夫人喪事繼母以孝聞少好學以文章意氣自豪讀書喜秦漢讀詩愛少陵視時下帖括無足當其意者自顧不合於時遂發憤爲詩古文詞由是益與時不合而人之從其游者皆知愛先生落落足奇而不知其才之有以用也崇禎丁丑入邑庠甲申得拔貢會獻忠之亂巴蜀陸沈閣部王公應雄承制討賊考拔人才見先生意氣豪舉文章卓越遂授甕安縣令未仕後淸朝定鼎總制李公題敘先生引病弗仕家園築寶字廬三間中置宋刻碑左右列圖史詩書敎子若孫誦讀其間愉愉如也余以後進常詣先生論世事得失考古今成敗先生馳騁上下慷慨激昂余益歎先生時雖蹇而意氣自豪也後經南浦之變先生堅臥不出隱居山莊因石爲磊園終日於竹洲花塢間彈琴賦詩嘯歌自得戊辰秋余過小邱園先生出近集示余其文上追秦漢其詩遠逼少陵余又益歎先生年雖衰而文章自健也惜其不合於時使有用之才賫志以沒悲夫迄今十餘年迴思往日寶字廬中論世考古則杳乎不可得矣卽重游磊園詠石上滄浪之句漠然徒見山高水深更百年後文章意氣鮮有能知之者故筆之爲傳以付其孫雪堂雪堂讀書爲文倜儻有大志異日珥筆史舘敘傳亦得以有據云曾德升撰

秦茂林　隱居自樂以禮齊家鄉里稱善人年八十有四卒

夏崇儒　監生潔行好學與人無忤足不履城市者五十餘年卒年八十

有二

曾繼賢　字軦齋歲貢生飭行篤學鄉試不售隱居授徒後進多所裁成邑令張紹齡舉孝廉方正不就

余懌儒　字池村居家以孝友聞少積學篤行困於童試隱居授徒從學者多所成就年七十卒

曾衡周　文生曾炳奎之祖性仁厚隱居不求聲聞而能以詩書教其家人年八十有五

曾從周　有卓識遠慮而隱居不求聞達人以逸民稱之

流寓

歐陽某　邑宰方公宗敬任內有江西軍犯歐陽其姓者發配來酆久莫知為能文士也時方公修鹿山蘇祠落成擬聯有定是香山老居士之句苦無成語歐陽以儼然天竺古先生屬對方大悅而優禮之邑士相與倡酬裨益實多今猶傳其一律云半學參禪半學仙半間矮屋恰平肩深深花鎖三弓地小小門吞一角天疏竹綠從牆背後好山青到枕頭邊此身以外無長物架上琴書壁上箋其胸次之洒落可見矣後遇赦歸

重修酆都縣志卷十四

人物志

峩峩平都龔黃踵接教澤薰陶育斯賢哲或表彝倫而維大節樹績循聲迪光往烈武達文通齒尊德傑俊髦既陳貞媛斯列用示來茲庶跂前轍志人物

循良

彭修　字慎齋湖北人光緒癸未進士授知縣籤分川省踰年署理邑篆雅重儒術下車觀風首先校士時太史郎承謨尚未第也修閱其卷嘆曰此翰苑才也取置諸生第一後果領鄉薦入詞林人咸服其知人之明性敦敏不矜明察而折獄如神蒞任之初日晨起開衙視事親受民詞訟小爭細故立即判銷事關巨大者飛籤傳訊不數日轇轕澄清矣嘗有鄉農被人控告衙役奉票喚訊跋涉百餘里索望甚奢及至其家農先期出外訪訊不獲因循數日資斧罄絕不得已蹀躞轉歸適鄉農亦自縣來相遇於途役喜疾呼曰將何往爾有巨案不自知耶出票示之勢欲加以縲絏農曰事誠有之然案已結矣役嗤其妄牽曳至縣詢之果已隨堂帶審兩造歡然釋怨去矣役楞腹瞪目無從責償聞者皆爲絕倒又有姑虐其婦者朝夕鞭責鄰生某怛惻不平陰匿之置爲江濱聯名控其姑鞭婦投水指爲爲證修立傳對審姑戰栗曰鞭責時或有之謂逼之死不惟不敢亦不忍鄰生請械之修哂曰豈有情急覓死尚暇解爲耶事之曲折爾自知之盍隱窺其匿婦報姑也未幾其婦果自鄰生家出姑親送法庭修先覆訊鄰生曰何如我固知其不死汝憐人婦荼毒我憐爾仁而闇愚設遇鶻突官宰械姑抵償婦復出無恙

非將安歸薄責使去復諭其姑曰人爲爾受責爾須改行姑言知悔偕婦同歸卒和好無間案結遠近爭頌之修涖酆數月始則日判數十案繼則花落庭閒幾於無訟也去任之日祖餞塞道自署達江百姓攜老扶幼臨歧欷歔各愴然淚下滿清循吏此爲僅見焉

汪如練　字漱白一字貢之江西名進士也清光緒己亥來權酆篆甫下車値夏旱如練默禱蘇祠而雨新秋苦潦復禱而霽爰捐鶴俸千餘金一新鹿山蘇祠跋宜雨宜晴之軒開別徑竪㯏亭楹曰徑仄饒餘地山盧補半亭亭西百餘步築屋三楹顏曰瓣香榭供石刻東坡來遊像祠宇新成時和年豐刑清政簡每月校士兩次分課制藝詞章優給膏火次日率生童前十六人集蘇祠讌飲分韻聯吟宏奬風流極一時之盛去之日不名一錢邑人賦詩祖餞有對客毫無官氣象臨民常有佛心

腸之句其惠愛士民持身廉正可想其梗概矣

許長齡字石生江蘇江寧舉人以大挑知縣發蜀嘗權雙流梓桐知縣當官廉惠國變後澹於仕進欲歸乏資濡滯成都爲童子師以供饘粥已而東道尹劉體乾政務廳長馮書交薦其賢始權酆都縣事民國乙卯夏涖任治事廉勤尤究心學務舉行觀摩運動會淬勵學子復甄錄師範以慎師資洪憲改制護國軍侵蜀北軍次第進援沿途騷擾士民忩之丙辰二月敘瀘戰烈北軍待援急壬子（二月十三日）黨人引王維綱軍屯邑之大池揚言據城以遮援軍偵獲其諜囚之適八師張營艤舟江上齡過張白其狀請分軍守城許之遂遣師西出新城扼其來徑爲嚮道所給左出大橋綱取道大池抵新城而張不知癸丑（二月十四日）平明張前隊出新城未戒備猝與綱遇槍不及彈傷數十人遂潰退不可收拾綱乘勝入城趨縣署齡始走匿教堂繼子身返署見綱說以勿苦酆民綱詰收其印不出刦之行亦不去據公座曰此吾死所適張營集敗兵據平山而奉天游擊軍亦至三面縱火居高下擊傷平民數十人燒民房數千家齡泣曰留兵以守城吾之職也吾盡吾職而誤吾民留兵者齡請早殺齡去勿令多傷吾民綱惱其留張遂擊殺於天官門右以遁時齡年五十六今殉難處猶有遺跡陰雨益顯殆忠魂之不泯歟邑人郎世菴經紀其喪葬於新城學田

趙維城　字芸蓀江蘇長洲人也以優貢授四川知縣歷權長壽大甯等縣宣統庚戌秋來攝酆篆勤愼和平儉若寒素究心民瘼喜與士大夫晋接雅重學務安仁忠武義順崇德仁壽太平諸鄉高小學校皆所籌備而建置者嘗捐金課會縣屬學生及初小教員多所奬掖以故學子

爭自濯磨學風丕變酆邑山多田尠夙種罌粟利農民衣食強半賴之清季與英締約限年禁絶維城曉以利害束約保甲令農民改種菽麥一莖不留嚴冬亦輕車簡從歷全縣履勘展轉施南彭黔交錯間山深雪積不憚煩勞會有以煙苗告者督之鋤盡薄責遣去期年俗變罌粟盡絶乃倡實業局設貧民習藝所及蠶桑學校令邑紳譚宗樞購桑廡茶漆黃連諸種勸農民各因土宜以補罌粟之利設施未竟會遭國變去官寓酆數月長壽士民請稟上峯仍委舊治臨去酆人祖餞其留別詩載藝文志忠愛之意流露言間亦晚清之賢吏也

李映芳　號桂五閩中人歷官多邑俱有政聲抗直不畏強禦民國十有三年來宰是邦攜妻子自奉甚廉日蔬食錢不許逾千勤於治不時徒步出署有以冤聞者即倚杖與語隨簽傳不稍停滯善決獄判無不服

以軍餉繁苛忤駐軍迫索不應脅以兵亦不動抵死力爭幾以身殉邑人爲之感泣任不滿三月卸篆去走送者以萬計塡街擁巷直達江濱餞官之盛彭汪而後以此爲最

孝友

明

朱奐　事母以孝聞有司旌其閭從祀忠孝祠

戴峻　奉祖母至孝有司旌其閭從祀忠孝祠

古養浩　字健菴貢生偕妻隆氏事親至孝人稱古孝子從祀忠孝祠

李嗣靖　邑紳李如星次子獻賊將孫可望疾如星不爲己用遣賊殺之嗣靖請代不從以身衛父手臂迎刃皆斷抱屍同死

熊蘭徵　原名元徵崇禎壬申副貢事孀母以孝聞

清

馮迺騆　乾隆甲子副貢少失怙事母李氏以孝稱壯年母沒哀毀踰恆服闋髮白齒落頹然老矣

許金芝　乾隆戊申舉人事母至孝母老病隱居不仕嘗推己產與弟金藩而已甘疏薄非公不至縣署時人以澹臺滅明方之

孫文璉　文生孫學灃之父性友愛弟文典夫婦早歿遺子學灝甫四歲文璉撫如己出嘉慶教匪之亂負姪及子走險以避艱苦備嘗後積巨貲命子姪均之更讓己宅與姪至今鄉人稱慕不衰

李春芳　廩生李發枝之子父早歿母郎氏久病澣洗湯藥不假妻孥手性嗜學屢困童試邑令楊燮知其孝拔冠軍入邑庠

林樹蕃　增生歲貢林竹之子竹性剛蕃引慝承順能得其歡事繼母吳氏曲盡孝養二十五年如一日吳病親侍湯藥不寐者數旬吳卒哀動鄰里待異母弟妹友愛誠篤年六十六卒妻李氏投繯殉焉

向宜琮珍玳　兄弟事親皆孝婦亦婉順母年五十患足疾不能行宜珍兄弟更代扶掖澣浴飲食不假他人三十餘年無厭色母壽至八十有五

高廷玉　業醫性孝友善事繼母供異母弟增讀不辭勞瘁增入邑庠食餼性曠達不治生人產玉雖屢空必使弟裕如後弟歿益厚遇其子不令析炊年且八十存恤如故

鄒榮發　事母王氏至孝年七十不少懈同治初髮逆突至母年九十病篤家人皆逃惟榮發與一老僕留侍不去賊倒懸榮發索貲不獲以刀砍其項未殊創甚昏絕賊退僕解下復甦仍侍母不去賊又至倒懸如前僕哀乞以身代賊義釋之母子竟無恙

李正英　家窶貧性孝友父在倫生五子獨英傭工養親不辭勞瘁同治初周逆擾境母易氏適病家人皆逃英守不去賊入室憫其孝不毀踰三日母死賊又至與一棺英不受賊亦弗害

范啓楨　性孝友父卒遺子甫四齡楨撫之辛勞備至及長婚娶不以尺布勺粟入私房弟亦克承兄志時人賢之

秦天明星　兄弟友愛道光二十八年星子先禮與明子先倫游獵誤傷倫旋斃星拘其子將置之死明曰子姪一也傷一子更戕一子耶立釋之友愛如初今兩家子孫雍睦逾於他族

徐其昌　徐世堂次子兄其鑑早卒遺子昌隆甫五歲昌撫如己出爲兄償鉅債置產與姪均會歲荒姪將鬻產昌乃鬻己產以全姪業後孫隆盛入邑庠昌年八十尙健人以爲厚德之報

毛奇珝　歲貢事親至孝養生喪死盡禮盡哀待弟姪篤於友愛里黨無
間言
楊榮斌　業賈事親先意承顏服食醫藥必身親之父登年七十五卒盡
禮盡哀鄉里稱孝
蔡顯昭　孝順友愛鄉里稱之
甘存讓　性友愛弟存訓長厚不諳生業讓獨力服賈儲積甚厚與弟姪
均時人稱之
熊應甲　性純孝父紹虞久病甲方幼日侍湯藥衣不解帶父卒哀毀盡
禮服闋始入內事其兄亦以悌稱
李元剛　家貧嘗置産與弟又獨建宗祠鄉里稱孝友
鄒世傑　號裕齋附生性孝友父學智命諸子析業傑獨讓田與昆季後
更出己財助諸姪婚嫁鄉俗惑於異學傑爲之以正人多服焉
傅永福　以孝友聞壽至八十有七
傅文芝　廩生傅培元之父少失怙母趙氏病癲人莫敢近芝曲意承顏
飲食衣服必親奉之母年七十八卒芝率族建宗祠置祭田
蔣必通　鄉農錫後子乾隆庚午大饑父憂甚通甫十齡思有以解之隨
人適射洪學治鹽井歷十八年積金歸置産與兄弟均沒齒無德色子
懷烜懷煋懷熈懷麟亦以孝友聞鵬嘗獨建宗祠置祭田
田洪禎　性至孝母蔡氏患臁創禎年十三親爲滌穢吮血者六年既而
父病禎奉湯藥衣不解帶者五月父母卒哀毀踰恆
彭文璜　父早沒事祖及母以孝聞
高雲鶴　文生事繼母至孝人無間言待異母弟友愛尤篤家人悉知禮
讓嘗有貓失乳犬字之人謂和氣所感
秦汝霖　以孝友稱年八十有六
曾洪範　監生幼嗜學父成高早卒兩弟俱幼範孝事孀母廢書業賈供
弟讀後兩弟皆游庠食餼鄉里稱之
郎廷臣　少操業甚微事母至孝雖乏家人生業而甘旨常豐人以爲難
曾文廣　母余氏年六旬病篤廣刲股和藥以進遂瘳母壽至九十人謂
誠孝所感
龔明一　事父母以孝聞母病嘗刲股和藥病旋愈後明一年九十有六
子萬有年亦八十
秦先鳳　母金氏患疫醫不治鳳剜臂和藥以進病旋瘳後金氏復病仍
割臂進之亦愈剜痕宛然少曾充戶房書吏辭役奉母不離左右者數

十年
敖金紫　業農父洪光性剛戾紫曲意承志無離色母病篤割股和藥以
進病遂瘳妻孥悉化於孝
曾維聊　父寢疾數載維聊刲股和藥以進疾旋瘳
陶官顯　事祖母生母以孝稱嘗刲肝割股以療親疾創甚仍無恙邑令
張紹齡有說見藝文
陳和東　性最孝母胡氏病篤東禱天割臂和藥以進病旋愈
徐文德　母病垂危德刲股和藥飲之病即瘳
按昔人謂刲股傷生愚孝不可爲訓然匹夫未明書理急於救親而頓
忘其軀天性亦良厚矣故備載之
王裕慶　性孝友兄裕昆早卒遺孤正極幼慶撫如己子後正極舉秀才

正極子亦貴始析產慶推田屋美者歸姪而已甘磽瘠晚年生子元曾以咸豐辛酉拔貢中同治甲子順天舉人人以爲孝友之報

龔成舉　奉母甚孝嘉慶間知縣瞿頒賜以孝念格天匾額

左榮益　事母甚孝母年九十益年已七十矣每日定省服勞曲承色笑蓋有孺慕之誠云

曾光成　邑庠生有孝行父寢疾十二年湯藥甘旨歷久不懈其母復病風癱成扶掖澣濯必躬親之後居喪哀毀盡禮里黨稱其孝

楊鍾苑　字毓瑞邑貢生剛正嚴毅博學篤行事父極孝居母喪哀毀骨立廬墓期年父強之乃歸嘗設教四方英俊多出其門邑人王元曾受其學登鄉薦出爲循吏尤慷慨好施與有以急難告者輒推解濟之其置祭田設義渡鏤善書竭貲不惜樂善之誠晚年彌篤事異母兄以悌

稱

戴鑣　號竹君邑之恩貢生穎悟過人潛心濂洛之學篤於孝友詮教諭以親老不就與弟鵠臣出入肩隨怡然相對同居數十載無疾言遽色日以經學課子姪自言不務浮名惟以躬行爲實效嘗侍親疾五日夜廢寢食弗自覺居喪哀毀踰恆一門觀感咸有孝謹風妻傅嘗刲股以愈舅姑疾人竝稱之

江正發　性誠篤父兄故時弟姪均穉弱發撫之成立自力田而教弟正恆從師讀因補弟子員弟姪或有失巽言以匡正之不聽則繼之以泣析產維讓事庶母朱尤孝謹嘗率族人建宗祠修家乘置祭田皆牛出己貲人多之而發不自有也年八十六沐浴整衣而逝

蔣葆清　邑廩生事孀母甚孝溫凊之禮未嘗一日懈家人咸效則之見稱於時

江應喜　維祿之季子也篤於孝友維祿諸子皆離居獨喜日進旨甘弗缺祭維祿少悅色即歌舞以啓其歡爲事諸兄尤恭謹至老弗懈諸姪耗其財數百金略不介意人謂得孝友之實

蔡得安　事親克孝處兄弟能讓以產嘗置祀田設義塚以成父志族人賴之年九十餘乃卒

蔡方美　事親得歡心析產能讓孀嫂人以孝友稱

彭定山　以孝友聞于鄉子入邑庠

李先周　事親克孝父嗜酒病痔百藥不能療周恆吮之竟愈

林芝茂　家貧業醫父病竊於術因割股進後父殁諸弟皆幼茂撫之至於成立人以孝友稱

向世興　篤於孝母病嘗刲股療之

曾廣思　字心田孝得親歡母秦病篤思焚香默禱請以身代連刲股進無知者無何俶劇而殞家人始察見之妻張氏撫姪昭緒爲嗣矢志不貳

傅巨卿　性誠愨篤於孝母曾疾病奉侍維謹而百計醫藥數月弗獲效乃禱神刲股和藥以進遂瘳後三年始卒

傅世柜　生數月父永達沒於水母秦時年二十有二矢志靡他撫之成立秦病篤柜割股療之妻范生正鈞范有疾鈞亦割股進鈞娶妻李生朝聘李病聘年十二則父若祖之行果獲效鈞目睹聘妻秦秖之復擧一門四世衛孝相承尤以割股爲家法愚哉然而不可及也

江文治　父早卒教弟毓寅入邑庠撫諸弟姪厚於己子出妻奩多金納

諸公治家三十餘載雖尺布斗粟無所私年五十三卒族人多哀之
喜仕傳　原籍江西弟兄三博其季也父懋遷來邑及歿家甚貧博傭工
養母備歷艱辛後業釀漸充遂爲兩兄償因並出資俾之貿長兄流外
博遍訪無獲歸迎嫂養之子入邑庠食餼
范應福　與兄早歲析居後其姪蕩產福復分以財爲之娶人稱其篤於
友愛
雷譚氏　雷登淸妻事姑能得其歡姑年八十病喘不能眠徹夜負姑繞
室走同治元年賊入境家人散失氏獨扶姑避於林賊搜得奪姑簪珥
氏護之賊以刃傷氏額及手賊去恐痛負姑匿崖穴中三日復負姑匿
於塚夜濟歸取飲食奉姑後竟無恙
秦徐氏　增生秦涵妻性至孝翁病甚割股和藥以進不效復割臂病遂
痊弟婦歿遺男甫週歲氏撫如己出後翁復病篤氏祝天割股以血之
有無卜吉凶果無血而翁歿哀毀幾絕忠州候選訓導白受中爲撰孝
行紀畧入秦氏家乘
鄒李氏　鄒學燾妻　　高何氏　高呈奇妻
湛徐氏　湛秉章妻　　高覃氏　高壬溥妻
高陳氏　高玉堂妻
以上五人事翁姑皆以孝稱病篤均割股和藥以進病遂瘳
秦楊氏　秦安淸妻割股救夫卒年八十有五
黃張氏　黃東明妻姑性嚴恆撻之流血氏事之維謹後姑背疽發侍湯
藥躬親滌穢數年來未嘗倦厭里黨稱之
吳江氏　夫吳文祿少孤貧氏來歸時母已改適勸夫迎養以孝謹終

譚曾氏　譚啓龍妻事奉翁姑克盡孝道
楊張氏　楊應樞妻事姑以孝聞
殷湛氏　殷世忠妻世忠病篤醫不能治氏割臂療之尋愈
鄧月桂　節婦王何氏婢也何氏歿月桂泣血雙目覺瞽覓死者數矣既
而曰主人死主母未殉者爲無嗣耳今嗣雖立尚在襁褓不幸而主母
又故我若赴義以從何以見主母於地下耶遂矢志不嫁撫少主王紡
至於成立卒年五十八
彭春蘭　余術三婢也術三妻劉病年餘春蘭侍奉無稍懈及篤春蘭靜
夜焚香兩割股以進尋愈後劉卒春蘭若喪考妣
孫楊氏　孫念祖妻性至孝姑張氏病篤兩割股和藥以療遂愈後姑無
疾終氏哀毀盡禮鄉里稱之
鄒蔣氏　鄒大貴妻同治元年藍逆之亂避賊嚴家寨三月初六日寨破
氏見賊勢洶湧恐罹害抱二歲子投火自焚鄉人至今猶稱之
秦彭氏　廿五歲寡無子匪突至兄嫂棄三歲兒逃氏冒險負子匿麻叢
中卒能兩全人咸稱之
秦譚氏　秦先鏞妻未字時人欲汚之不從死淸道光建坊金家坪題曰
至性常存
張李氏　張金陵妻金陵病故氏悲號仰藥以殉
民國
冉維新　廩生昌言之祖增生紹雍之曾祖性友愛嘗捐銀八百餘兩償
仲兄債隱德尤多人罕知之
冉輝遠　維新長子也能繼父志季弟負債數百金遠與仲弟德彰籌貲

代償並置田租四十餘石畀之

王綬　字印川邑甲午舉人髫年游泮即敦品勖學邑人推重以大器目之三次春闈不第考取景山教習非其志也遂不謁選歸主講五雲書院以經史詞章時務課士一變帖括舊習人材蔚起學風丕變迨改設學校經緯萬端無不切當人咸服其精審并欽其先見也性友愛事兄如父凡有訓迪懽然領受清光緒中葉邑宰何貪鄙厲民綬兄綽斥其非宰嗛之搆陷成獄趣解省垣對簿絕家族通問欲道斃之以滅口綬銳身急難繭足行千里匿姓名為傭保手調羹湯以進卒沮狡謀嗣大府白其冤邑宰被劾去人咸快之并多綬友于之篤後任高小校校長病中學學額為忠郡所扼欲爭回㨿欵自辦以便升學之士已有成議復有尼之者事遂寢齎志以歿學界至今惜之

蔣登成　字雲山事孀母至孝積學未售援例入太學樂育英才卒年八十有三

徐世臣　邑庠生孝事孀母撫弱弟成立分田讓產時人稱之

鄒家珍　字卓堂增生性孝友善詞章著有詩抄半散佚餘稿藏家卒年七十六

李淑河　性友愛髮逆之亂與弟春浦俱被執河請留釋弟賊果釋浦執河至綦縣始脫俘團甲復執河交縣宰河備呈遇賊狀釋令歸卒年八十三

李月田　砥礪儲行克敦孝友悉售己產代弟償債舌耕糊口終身欣然

余志萬　四歲喪母踊擗若成人遶墓日泣弗輟年十二痛父奔走衣食從渝商學貿有所獲即市甘旨養親三十七年如一日邑令旌其門年八十二尙健

張祖田　幼失怙善事孀母撫弱弟成立析產讓田母卒哀毀異常人咸稱之

曹德釗　少孤事母至孝偶遠出深夜必歸飲食必先奉母數十年如一日諸弟成人析產讓田復傾囊賑災濟急人多稱之卒年八十六

李卜臣　事親順志分田讓兄任團正三十餘年急公好義正直無私其子叔儀華中大學畢業能世其家

曹光壽　幼失恃善事祖母暨父與繼母偶值盛怒百計承順務博歡心四十喪偶不再娶父老病風痺跬步不離便溲不避汚穢家人觀感鄰里稱之

曹先榮　光壽長子能繼父志色養無違弱冠失恃厚愛弟妹以慰親心

弟妹亦敬榮有加禮焉

孫隆碧　性孝謹非要務不肯一違定省雙親所欲必竭力致之

張仕乾　四世同堂一家和樂無疾言遽色

王大友　字輔仁性至孝母朱氏目疾將瞽親煎湯藥三年以舌甜目則痛稍解

鄒世德　字固菴增生鄒卓堂武庠鄒維雄之父篤於孝友侍父疾親奉湯藥衣不解帶五世同居上下和輯舉人廖海峯曾立傳

郎茂術　字萬順父字先年九十六萬順色養無違善事兩兄培修橋梁道路立義學建厲宇施醫藥後子列膠庠家漸富卒年八十五

嚴惠堂　字濟寬以千總署邑汛性孝友凡食新必以奉母定省無間春委調杳積穀卻餽金雖武人而喜賦詩亦風雅事也年八十一卒

鄒肇修　監生任縣會議員弟敘之負債售業捐錢八百餘串贖產與弟其友于如此

譚朝陞　尙俠義所積蓄分潤兄弟家中落無怨言

譚永松　朝陞之孫亦教兩弟成人并無私積與兩弟平分而自取磽薄焉

熊茂賢　事孀母最孝母歿廬墓守喪憂鬱成疾數月卒

劉方垣　字西藩舉人劉培德之祖性剛正篤於孝友幼銳志讀書因親老病遂廢讀理家政先意承志勤苦逾恆儲蓄千餘金悉歸入官不置齒頰時論賢之

朱人燦　字元亮性孝友幼隨父舘讀年十四失怙即繼父舘訓課有疑義輒就老宿請益卒爲名師與弟人理先後成名門下多所造就善事孀母修金無多甘旨必豐而家用甚薄弗計也

陶紹璦　劉思仁　陶穀臣　徐其映　秦良圖　甘全義　戴鴻臣

范應開　秦先春　鄒文玉　曾廣澤　鄒學中　曾鳳山　王稱珊

胡王德璦　秦傅祿禎　傅正鈞三世割股

李叶篪妻曾氏　鄒學義妻蔡氏　鄒學禮妻陳氏

以上二十人均割股救親

何道奎妻郎氏　陳煥文妻徐氏　梁金昌妻林氏

以上三人均割股救夫

王曾氏　增生王達尊妻者紳曾萬品女孫府經歷曾昌槐之二女也歸達尊時翁近七旬事之甚孝姑楊氏患喘咳每歲嚴冬製潤肺膏數劑逐日黎明緩呼進之肺氣漸甯十餘年無間日後姑患瘧疾割股和藥以進病遂瘳至舍衣施茶濟急憐貧尤有足稱者前清邑令孫錫祺爲賜孝愧鬚眉匾額以旌之

止曾氏　冉廣源妻事姑至孝姑年八十一舉動維艱氏扶之以行撫姪冉鎭由小學至大學畢業不惜巨資以助學費民國八年大總統給孝思錫類匾額并予褒辭

冉鄭氏　冉廣濟妻姪至孝姑病侍湯藥不懈廁牏洒掃靡不躬親夫歿家貧紡績度日撫次子冉鎭由北京大學畢業民國八年大總統頒苦節純孝匾額并予褒辭

江况氏　名德懋况孝廉女嫻筆墨年二十四配江鶴樓五年夫歿家貧氏事姑至孝典釵教子成立開倡女學教授有方邑令旌其門鄉人榮之

譚范氏　歲貢生范立之女姪孫增生范伯颺長女年十八適譚一清十年夫卒立志撫兩孤上事翁姑克盡孝道卒年六十五

劉杜氏　佳童劉燮和妻燮和姪孝友劬於學氏事之維謹年二十四夫歿痛不欲生以親老弟幼旋生遺腹子培德留餘生以任事畜勤勞備至歷十九年翁姑先後病歿氏侍湯藥營喪葬目不交睫者數十日雖哀毀過甚然率一弟一子始終如禮與弟析產不計厚薄後培德領鄉薦以直州同需次福建反正任威遠知事臨敵無恙人咸謂氏之垂蔭所致云

湛楊氏　把總湛騰芳之側室騰芳出師在外其母蔡老且病氏奉飲食湯藥心刀俱瘁蔡病篤氏焚香告天連割左股三右股二和藥以進遂瘳由是一門悉化爲孝

楊烈女　烈女農家產也事父元科至孝而胆識過人民國十一年匪風四熾女聞驚告父曰我家距城遠緩急無可恃盍早避之弗聽女退而泣曰天乎蒼蒼者殆不欲全我父子乎蓋逆知其必死也於是磨鐵為矛貯瓦礫為彈堆置樓隅為自衛計無何賊夜暴至火光穿帳女驚起急扶父登樓捐其梯以身捍父賊來遠則擲瓦彈擊之近則挺矛禦之中傷數人賊怒并攻女知事不可為毀壁便父遁反身抵敵而一彈飛來中其要害女立斃賊搜元科不獲始散去詰旦元科歸見女橫尸樓畔玉貌如生始服其智而已不及也嗚呼木蘭代父從征卒以生還烈女捍父禦賊竟以身斃同一英烈亦有幸不幸哉

秦烈女　年十餘甲子仲秋偕母入城道經小福溪溪水盛漲母失足墮水女衝波搶救江流迅急與母偕死

重慶市楊柳街新文化社代印

陳烈婦　譚廷盛妻前石砫土司僉事裔也歲旱氏隨父移高鎮以小貿餬口年餘父歿與祖母相依及歸廷盛貞嫻幽靜人雅重之越八年夫故媒妁踵相接氏咸卻之以針黹供祖母甘旨幾十年光緒辛丑夏祖母歿拮据營葬啗之者復申前議氏以為時不可失氏聞之惟零涕而已會中元具酒食薦夫於寢且稟兩姓親屬以告永別衆莫喻也食畢手攜楮帛偕其鄰嫗女到上游溪邊焚化須臾整衣投江而歿親屬驚異屍漁網出之衣履不紊而貌如生閤鎮以禮安葬一時文士弔以詩詞者幾於洛陽紙貴焉噫當氏夫既歿以祖母故不忍死顧乞終養祖母歿呼嫗女與俱藉明死所其完全節孝從容殉義雖古之忠臣烈士何以加焉

忠義

明

李如星　字井仙崇禎壬午解元負不羈才甲申後賊將孫可望欲羅致之執至涪州不屈爲僞將軍張啓所殺從祀忠義祠

陳鼎祚　字方壺貢生內江縣教諭流賊陷城鼎祚公服坐明倫堂罵賊不屈全家死之從祀忠義祠

楊凌雲　字臺貞貢生蓬溪縣教諭流賊陷城死之從祀忠義祠

清

熊應鳳　字碧山順治初從定南將軍下浙留守溫州以功陞碧石營游擊戊戌海寇犯郡闔攻半月城陷戰死贈副將賜祭葬廕其子天琳世職註衛籍從祀忠義祠

熊天琳　字玉立襲父廕食祿溫州衛耿精忠反清師南下遣天琳諭降爲僞將曾養性所殺贈游擊從祀忠義祠

重慶市楊柳街新文化社代印

胡　星　武生嘉慶三年教匪警星率鄉勇擊都賊於邑之劉家哨復連捷於青岡埡大埡口等處擢千總後駐營灘山瑞賊掩至軍單不敵潰星格殺數十人力盡而斃卹廕如例崇祀昭忠祠

從胡星戰死以姓名傳者二十五人

吳廷魁　彭祚傑　姚永富　李乾睿　崔文元　黃國龍　羅仲昆

鄒世俸　冉仕元　彭自成　徐其常　曾　貴　譚光清　楊純儒

陳紹虞　龔志元　陳紹唐　朱　山　張正祿　李見遠　鞠志仁

李　芳　彭紹獻　楊光泰　彭世魁

嘉慶教匪之役禦賊煙墩山死者八人

闕正川　王嘉瑞　藍世遠　藍盛玉　藍玉安　王大任　王　述

王 庥

禦賊戴家山死者十四人

隆復周 袁 安 張 甫 譚廷見 譚光星 張 順 黃俸仁

黃德遠 戴進友 向萬彥 李汝瓊 李汝林 戴俸晉 向應爵

禦賊棕家溝死者十二人

文正相 何正道 熊朝碧 陶金富 李文朝 李國相 李時可

李天元 李天羽 李天富 邱正祥 古正容

禦賊冠子山死者七人

蔣明斗 熊宇安 熊 路 何國文 劉長義 蔣文槐 熊瑞華

青岡壩戰歿者一人

陳朝燕

涼磴磁戰歿者二人

戴灼然 陶思才

陣亡蒙卹賞者八人

羅 貴 黃學明 喬金昆 胡文貴 李 貴 黃一貴 熊時寬

秦世佐

又陣亡沺勇事蹟無考者七十五人

李朝應 李作級 黃尙園 李秀達 陳應同 李正華 黃自元

熊武俸 李秀瑜 李正榮 黃天倫 李 榮 何正模 柯元亨

戴鳳海 邱 才 李應洪 柯德俸 田仁洪 傅 學 曹志華

柯天玉 戴大周 王朝宗 廖匡龍 戴鳳和 戴勝龍 張懷祥

戴鳳華 文紹祥 馮希祥 王文周 戴仕龍 鞠志林 周天華

文國清 余祖元 李 俸 曾文佑 戴成龍 徐正常 彭朝顯

秦光遠 陶思宣 丁學文 湯仕榮 李秀異 文尙第 柯正海

曾定一 彭文亮 杜大志 鄧隆昌 蔡三多 李登華 鄧成儒

張學貴 王文禮 陶心發 張朝綱 向萬朋 向萬齊 陳秀伸

向應鼎 劉學士 魏起壽 熊輝輔 李時保 李正海 朱 貴

朱世甯 李明光 隆德章 匡時佑

罵賊不屈被害以姓名傳者三人

古思義 戴貢 秦 涵 易太極

按胡星以下一百五十六人官紳設位於昭忠祠祀之

高正域 文生同治元年隨傅世綸戰死旌卹如例

林大淮 軍功同治元年石逆之亂大淮原防北岸覘賊將至高家鎮恐

南岸無備渡江催戰而賊已及或有呼與同逝者大淮唾罵之力戰被擒不屈死

秦聯登 武生同治元年高家鎮戰死

高家鎮之役汛兵戰死者二人

陶安邦 李廷模

勇目戰死者三人

佘起鈞 曾文燦 秦之理

勇丁戰死者四十一人

隆正維 曾十騫 佘元榯 冉登遂 秦之瑞 劉文明 柯興福

劉永亮 張洪福 秦 大 謝天懷 周 順 陳長壽 華正聯

黃朝禮 楊天福 孫學高 彭芝蘭 傅義順 晏子秀 馬家玉

羅仁術 隆正邦 陳維和 秦之訓 譚世璠 陳維洪 陳學貴
范太品 傅世榮 傅義良 傅現柏 傅義奎 傅現奎 秦文元
李永福 傅世佳 秦國貴 田洪壽 粟良順 傅世祓

團長戰死者五人

秦文樑 余天統 秦先經 傅義明 陳玉順

團丁戰死者六十二人

馬三興 蕭節柏 魏 丁 蕭志純 李萬蛟 李萬明 李萬成
陳朝陞 陳永緒 秦文思 黃天祥 黃天科 馬洪元 隆鱗甲
黃仕榮 李仕爵 戴崇璠 鄒德明 李文清 譚文第 張 明
蕭節柯 雷上霄 雷登濤 李萬銀 郭宗斗 李文興 敖文科
譚文吉 毛天貴 譚文祥 譚正義 譚正禮 曾春暢 陳和東

李官陞 秦寅壽 秦 鈞 甘存珍 秦家楫 秦文藻 秦文章
譚仕葛 甘家隆 譚紹麟 秦之德 向永童 彭萬福 戴貴元
楊德川 陳必釗 秦正起 秦文寬 秦時芳 秦時照 姚盛朝
姚世俊 秦家俊 馬光斌 李 大 郭朝斗

團丁禦賊被執不屈死者九十人

廖廳柱 秦時俸 向周瑤 向周品 楊長青 郎興廷 秦時輝
秦時燦 王 詔 冉廣鏗 曾啓鳳 陳仕春 張國遠 廖澤遠
秦 發 聶國順 殷仲梅 王德朝 彭芝蘭 甘于瑛 譚星灝
譚一富 徐恩施 楊通明 傅現貴 嚴文仲 李應崇 瞿正宗
蔣仕鴻 余長學 李長壽 秦家珍 秦家倫 張國賢 譚中厚
譚傳遂 徐永宗 黃正清 黃正河 譚先葵 楊地珊 楊地長

張 五 曹國榮 陳和科 陳和祥 譚朝瑄 陳國林 胡朝欽
黎先富 周朝和 陳國棟 譚文忠 陳國慶 陳必超 毛玉浩
陳必選 陳永現 陳文級 陳永英 陳永興 陳永藻 陳必顯
郭正俸 陳必乾 陳國楨 秦志遠 譚朝臣 唐永昌 李正銀
黃萬保 徐 七 鄒 丑 黃萬朝 孫文清 譚玉童 馬永昭
馬 三 馬廷銘 郎宗超 杜鶴墫 周恩普 周元普 郎宗派
李澤遠 馬宗連 鄧廷春 陳金玉 譚官保 羅先順

鄉民遇賊被執不屈死者三百一十七人

曹世萬 秦文獻 冉正齊 周朝覲 向登禮 秦時瑛 郎國璽
王正清 傅心傳 冉 頡 譚正發 郎國朝 甘存富 冉玉銘
張 順 陳永泰 陳昌綿 熊啓清 陳國林 殷仕瑚 殷仕照

向世慶 冉萬祥 殷仕虞 楊通維 譚天倫 向登智 辜仕先
楊永長 姚明鴻 姚明韜 胡天貴 嚴官佾 張文全 張成文
僧正文 僧維慎 冉廷珊 冉廷棒 夏安周 夏昌榮 羅應貴
譚啓亮 譚代友 譚代明 譚先壽 譚正保 戴正叶 殷萬署
熊正壽 余廷來 秦先俊 何世才 孫文清 譚先海 戴俸祿
周盛俸 羅永林 羅文德 黃正邦 徐文輝 蕭宗臣 李人興
李人華 李萬貴 陳思和 陳朝富 譚先賢 孫世元 孫正朝
鄒 和 鄒大發 向朝喜 向朝興 孫秩然 孫沛然 鄒正寬
孫有財 孫有富 朱啓鳳 朱文魁 朱啓宇 朱啓昆 朱啓儒
隆 犨 孫有萬 孫德安 孫芝春 程開榮 程開緒 程發明
程開柏 程登霄 吳長城 江朝瑄 徐中林 石文相 嚴以和

嚴以㳂　傅先鶴　傅金元　傅金貴　吳正品　吳正益　吳大元
張天元　張國盛　張光才　譚文楚　秦文元　秦家富　秦家賓
張鳳寬　譚世泰　譚萬選　姚盛鳳　譚先有　秦文貴　秦時璐
譚先貴　譚洪寬　樵應興　秦家樑　秦士松　江元貴　江文棟
秦文俊　秦文盛　姚盛龍　鍾先斗　楊　肖　楊　杰　楊　位
楊朝玉　甘沛然　冉登奎　冉永蘭　甘文体　甘文友　甘存瑜
鍾月智　秦文富　鍾　和　黃文才　秦正德　陳天耀　譚宗斌
秦家貴　胡代貴　譚朝壽　陳先珩　譚先榮　譚文紀　楊天富
向文規　郎承清　蕭一明　余太洪　余淸懷　譚學順　余太興
秦洪儀　秦洪宇　秦先彤　佾海涵　佾海玉　余國泰　華文科
蔡全中　石光發　石懷玉　孫大金　孫大銀　蔡德中　楊星貴

蔡方貴　楊星彩　甘存華　秦文仕　譚宗舉　黃明文　黃仕玥
黃仕智　莫芝元　譚景龍　羅大宇　陳永發　羅正紀　周正秝
羅洪銀　洪應書　洪星富　郎先春　郎宗順　郎世發　馬喜昭
張　二　牟德橋　周盛敏　楊人應　馬粹銘　馬光庸　陳必級
陳文藻　秦文枝　秦文章　嚴時玉　蔡　苑　蕭一魁　蕭聲奎
蕭聲龍　孫孟宗　梁永旺　譚文琳　陳朝昇　李宗發　譚文極
曾春惠　李應宗　陳世泰　陳宗福　陳維禮　陳宗盛　陳萬德
楊在淸　楊在林　冉永富　秦先貢　杜奇斗　杜永貴　李大周
杜大龍　戴學魯　蔡平貴　程世才　程時萬　程時文　程時中
程世舉　程登榜　程發斌　江　淸　陳學浩　汪世敏　程發達
程發元　程開元　程發中　程開才　程開連　程開和　程廷鴻

程廷秀　程開盛　程開益　姚玉謙　姚玉寬　姚玉洪　程仕才
程開奇　程發蛟　程開明　程開梅　陳發坤　程仕淸　程開松
程義發　程廷才　程廷靈　李本仁　李世元　李沜然　李秩然
李沛然　程廷榮　梅作科　程廷路　程　十　周長榜　程發榮
楊德榮　程天月　程時玉　程廷品　程開順　程開爐　程世坤
程開昭　程廷佐　程發科　程開卯　程發揚　程登瀛　程世昆
程時泰　程廷彩　鄒大奎　鄒世儒　吳正禮　吳正奇　吳學剛
舒　申　嚴世常　蔣學奎　鄒　敏　鄒大貴　鄒世瑛　鄒世璜
程　童　程世奇　程發生　程開靈　程仕周　程廷明

罵賊最烈死者二八

武生孫芝模　孫國楷

按酆雖瘠土民多嚮義賊警往往擇險守禦孱弱被擄亦甘死弗從故脅掠兩竄雖悍賊不敢久頓於境然而禍亦烈矣嘉慶教匪之亂舊聞闕佚僅載前志百數十人同治元年滇匪周藍兩逆擾北岸石逆大股突至其南鄉民靡所逃匿捐軀者不可勝計兹僅據縣署存案及採訪信而有徵者備錄於篇而縣案併彙詳報未分南北又輾轉傳寫每有舛誤如戰死汛兵李廷模誤廷棋戰死勇丁曾子騫誤可騫陳學貫誤維貫范太品誤大品戰死團丁譚紹麟誤沼麒同周瑤誤月瑤被執不屈鄉民郎國朝誤國才戴正叶誤戴爲譚蕭宗臣誤臣爲成譚先賢誤賢爲誠之類今幷確訪更正又被執不屈團丁孫文淸鄉民亦有此名再訪得李沜然李秩然李沛然均姓孫氏而前列又有李秩然李沛然名是一是二闕疑俟考

邑人出師戰歿於外者二人

曾元魁駐防戰兵盧豐中出師湖北陣亡　曾泰璞五品軍功援陝西漢中府陣亡

曾貴良　五品藍翎儘先千總同治二年出師陝西防守南鄭縣與髮逆

接仗陣亡卹蔭如例

張鳴岐　石逆入境率團禦賊子槐堂僕永興均戰死

張文運　張自福　張明乾　張明坤　均罵賊死

石懷玉　子光發父子禦賊被殺

田仁華　性忠直髮逆入境持刀禦賊死

羅惠發　鄒永科　鄒文乾　均團丁以禦匪亡

曾學騫　勇目曾文燦子也同治元年石逆竄境隨文燦禦於高家鎮文

燦身受重創學騫不肯去父子力戰死

附義僕

黃全忠　黃美秀之僕美秀四歲失怙家無長丁族人覬其所有將不利

於美秀全忠及婦某氏撫育防衛至於成立婚配勺粟寸帛不敢自私

年七十餘卒

田三姑　名宿雲陸氏老婢也同治元年石逆犯境陸窖金舉家遠徙田

爲守藏備歷艱險弗洩賊至亦弗去卒爲保全陸德之作詩以記

民國

胡宗銓　水警兵民國四年護送商船至洋渡溪遇匪戰亡

林國一　林泮之　團丁民國五年擊匪吉興場戰亡

陳正祥　團丁民國七年擊匪陣亡

隆開宇　士紳民國八年辦團爲匪所害

敖輔臣　敖級三　朱某　團紳民國八年擊匪陣亡

胡紹赤　義順鄉教練　向天瑜　馬朝明　劉學祥　向大貴　義順

鄉團丁民國八年剿匪清明山陣亡

周邦清　楊紹武　余萬齊　陳榮廷　忠武鄉團丁民國八年剿匪冠

子山陣亡

江綏堂　黎惠風　唐登林　鄒心福　田宗瓊　孫永明　徐萬俊

李繼宗　黃華貴　余順履　田福壽　徐　四　戴鶴亭　太平安仁

兩鄉團丁民國八年攻匪涼磜墩陣亡

秦金樑　新建鄉團丁民國十年擊匪大柴埡死之

楊宜亭　謝聯陞　團丁民國十一年攻匪廠廳壩大埡口死之

徐臘生　徐　五　團丁民國十一年攻匪廠廳壩黃柏園死之

徐昌裕　團丁民國十二年攻匪石硅濫泥溪死之

羅雲才　杜榮安　順慶鄉團練班長　蔡雲武　鄒連城　蕭鳳山

秦紹武　胡文明　劉朝貴　文德崇　順慶鄉團丁民國十二年攻匪

屯子口陣亡

蔡　冕　王開第　譚在清　蔡幺毛　華永壽　順慶鄉團丁連年剿

匪陣亡

楊如之　隊長民國十二年匪撲城戰死

陳錫五　范啓秀　詹仕清　團丁民國十二年匪撲城戰死

冉福廷　秦銀士　向海澤　岑中澤　熊之洋　楊學培　楊學吉

劉朝佐　楊　興　熊在儒　譚三文　熊　武　劉家興　朱海臣

謝隆廷　郎煥達　崇德鄉團丁民國十三年攻匪長坡嶺死之

陳大全　林光華　朱仲琴　孫子龍　朱守相　王孝珊　新建鄉團丁民國十三年攻張匪於崇德鄉陣亡

秦發士　李茂軒　秦平士　李志進　太和鄉龍窕場團丁民國十四年攻冉匪陣亡

秦友三　順慶鄉團正民國十四年剿巨匪龔介眉陣亡

張吉三　士紳辦團民國十四年匪從山後來率衆拒之以寡衆不敵遇害

楊春和　任團正時整頓團練嫉匪如讐後被匪害人多惜之

彭宗派　蒲啓泰　彭正海　彭宗培　趙存起　崇德鄉團丁連年攻匪陣亡

王于德　字之敬涪陵濫壩場人宣統三年畢業成都陸軍測繪學校慨

然以恢復祖國爲職志辛亥革命事起成都捕黨人日亟縋城出間關歸涪組織北伐隊練精卒千餘後編入五師授營長職民國二年任涪陵警備營營長擒獲巨匪以數百計繼與當道齟齬辭歸倡辦鄉團於濫壩場練團丁數十名以地與順慶崇德兩鄉毗連匪徒出沒此剿彼竄於是聯合諸鄉互相策應漸著成效旋任順慶鄉團務教練義不受薪到局月餘寬猛相濟紀律嚴明士兵樂爲之用十月二十五日剿匪鷄子坪直擣匪巢勇敢沉毅余崙光知事深許其能適巨匪黃漢臣湛朝臣何樹屏等各嘯聚邊棚十餘於酆涪接壤之林家廟一帶肆行刦掠涪陵縣函約會剿余知事遂專以此役相囑而順慶鄉僅有雜槍十餘支雖縣署補充械彈亦窳不適用之敬曰兵法有云器械不精以其卒予敵也此等物事以之夜襲敵人則可若曠日相持敵人知我虛實我軍危矣堅不允行余知事以大義激之乃慨然出發匪憚其名聞聲遠颺沿途清獲匪拉紳士十餘人匪槍一支匪馬一匹至林家廟守候數日涪軍失期不至乃買舟回酆至湯圓石突遇匪徒百餘人攔江截擊激戰三小時舟沉之敬遇害從死者班長譚一枝團丁周樹青周漢卿毛占雲蔡升堂夏金山袁占奎王岐山

李德九　字少賓父名鴻儀歲貢生學行端正生七子或士或商因材教誨皆有聲於時德九其第四子也幼承庭訓克自奮勉童試冠軍後即食餼性和而介凡族戚閭里以事相屬者無不殫心力爲之排解各皆悅其廉平尤熱心公益清季暨民國初地方改革諸事宜襄助多所裨益任縣議事會議長於地方利弊興除不避嫌怨以故不逞之徒陰嫉之民國八年邑中駐軍此去彼來一月三易團槍倉穀提賣一空邑人

惶怖請縣會稟請上峯示辦法致觸當道之忌紿以公事邀請未及數語遽爲所害并抄其家邑人因其爲公益而身受慘禍也至今猶惋惜冤之

余隆勳　字君竹邑孝廉琴雅子比部郎傅翰仙外孫也髫穉隨父宦秦肄業陸軍中學校性豪邁諳戰畧旁及擊刺之術清末武漢舉義三輔民黨多隸新軍勳密聯同志響應武昌事洩新軍被逮勳幸免於難時陸軍中校新購械五百勳復集同人藉此利器於古曆九月一日發難直攻武庫與清軍血戰三晝夜征衣盡赤長安乃奠川籍同志決計南歸因阻於袍澤不忍遽去共策進取公推勳暨姚君鴻信率千人取道臨潼渭南攻取潼關以絕清援勳銜命首取臨潼次取渭南潼關旦暮且下詎富平告急姚君分兵策應勳留守渭南募卒撿軍時副都督錢

鼎三運械來渭途遇大股土匪刦去械彈逼攻渭城内奸李世昌鄭黑虎勾結多奸内應倉猝變興勳率衆巷戰手斃賊數十卒以衆寡不敵與同志十一人俱爲賊磔翌晨援至賊遠颺矣幸獲李鄭二奸首剖心祭悼禮葬於臨潼城西紳民咸集號十二烈士塚焉事竣都督張鳳翽偕同志建昭忠祠於長安而諸烈士英靈妥矣夫烈士投身民黨爲國捐軀與乃外祖後先輝映增光邑乘足爲後起者勸

劉　明　成都人隨孫令錫祺來酆歷任縣官皆喜其篤實諳練均留署役使洪憲之役北兵逮繫無辜難民二百餘人於獄張營欲盡殺之邑人請審後再誅張許之當堂訊囚犯言語不通劉明值堂多所調護並教各囚叩謝竟得全釋

周正鵬　字雲程東南大學生性戇直任事果敢歷視學教習諸職人多憚之民國十七年舉新建鄉區隊長率民練百數十人從駐軍攻神匪於石硅之龍骨寨陣亡同時殉難者有順慶鄉區隊附譚萬忠及丁壯多人匪平後歸葬骸骨鄉人悼之

周　瑄　字公桓洪武庠生有文行

楊孟瑛　成化進士博學能文纂縣志有序載程升菴全屬藝文志

黃景夔　戶部主事升兵部員外郎有白水集

古養敬　宜山教諭歷官工部員外郎有文名

陳　樂　字韶峯英敏積學文名冠蜀

古　心　字貌符積學能文著有怙廬四書抄讀

熊蘭徵　崇禎副貢幼穎異七歲能屬文明鼎革隱居授徒著述甚富注莊子離騷嘗得別解講學則宗金溪姚江云

清

林明儁　字位旂慷慨有大志工文辭明季蜀亂閣部王應熊承制討賊薦其才授兵部主事遷貴州驛鹽副使明亡清授副使臥病不出後舉鴻博復不就隱居三十餘年著有濟遠堂文集巴字園詩集梧桐居近集行世子堅本舉人能世其家學王漁洋門下士也

易　簡　字位中號半山清康熙丁卯舉人壬辰進士授翰林院編修濟於仕進解組歸閉戶讀書不慕榮勢年大將軍羹堯督川優禮羅致簡見其驕侈甚諷諭不聽力疾辭去贈以重金不受函詢其起居亦不報後年難作抄無片紙免黨坐晚主講錦江書院造士甚衆著有詩文集若干卷散佚居家極儉奩贈其女僅竹箱實以詩書里歌有問誰家裹篋箱箱道是編修嫁女郎之句子龍圖舉人官甘肅燉煌知縣

馮迺駰　乾隆甲子副貢幼體孀母教力學攻苦才華贍博爲江津教諭課士有法以老乞休居鄉十餘年後學成就者衆

郎奎章　歲貢任樂至縣訓導篤學勵行著有四書撮要卒年九十四

曾一貫　字子唯乾隆戊子副榜謹身勵行博通經史從游者衆所造就皆知名士著有梅峯稿藏於家選東鄉教諭卒年六十五

曾德升　字玉峯康熙歲貢生積學隱居洪崖著有學庸圖考邑令張香海爲鐫板行世又著有三省堂文集梅竹軒石竹園瓊璐涪陵等詩集家藏未鐫

王五桂　字雙山道光歲貢以文行稱著有雙山詩集未鐫

楊鍾桂　歲貢生精理學長於易後學多所裁成

廖應夢　字兆先闢佛崇儒善談好辯人謂有韓孟之風著有孝篇及三

字孝文以正蒙養孫聘三純學曾孫嵩高歲貢生

秦之旦　字東陽性脫畧不立崖岸善屬文每作少飲而臥既醒搖筆成篇大有王子安之概最喜獎掖後進晚爲鄉塾師多所成就

民國

傅永圖　年十四入邑庠性剛正有胆識善排解爲鄉人所敬憚胥吏不入里門者三十年以攻擒石硅教匪歐永昌得獎六品軍功晚治宋學喜作擘窠大字勁挺類其人著有易象解尙文亭詩集年八十卒弟永穆十三歲同時入武庠鄉人榮之

王雅言　邑諸生淩波府同知王怡之曾孫也工詩著有唾餘集八卷友有勸其付梓者言曰詩以自寫性情耳寧借以沽名哉婉謝之家貧而

性鯁介常慕陶淵明之爲人鄉鄰招飲必盡情歡醉權要有欵見者則門閉泄柳矣會歲暮偶至友人家客有談蒙正祀竈事言笑曰我貧亦若此但不屑祀竈耳訊之始知其臘盡歲除儋石俱無適有富鹺曾康侯在側溫言慰之曰君無憂我有屠蘇之貲請助君東風一醉何如言艴然曰是何言哉爾富自富我貧自貧爾善賈豈欲賈人之廉節耶訶責而出時有議其不遜者康侯曰嗟乎我結納名士多矣未有如此君之高潔者我言冒昧適足以汚其耳何怪其怒爲歸以魚肉醇酒加厚幣而送其家言怒悉擲諸門外其妻陰於後徑內之瞬元辰言見酒肉堆案怪問始知其妻所爲擲箸悵然嘆曰我生平至行被爾輩蠛辱盡矣雖然不可不報索筆立成詩四首答之且曰秀才人情紙半張此之謂也卒不至其門康侯得詩喜極表懸座右時人交美之

林夢裕　庠生其高祖廷獻曾祖大木祖竹父樹蕃俱列上庠文名噪一時樹蕃年十四應院試文宗奇其卷置冠童軍發落日見蕃尙幼而又以廩保林竹卽其父也疑爲家塾窗稿抄錄弋獲面試之前後皆符文宗大悅題儒風濟美匾額贈之後夢裕弟調元增生次子鵬雲貢生七世青緗萃於一門邑所未有

盧朗　字伯卿貢生品端學粹造士有方門下多拾青紫清季邑宰聘長小學校殫心教授歿於校內人多惜之

王官盛　字建六貢生食餼時譚宗師叔裕刻其文於試牘秉鐸酆涪多所造就著醉六山房詩文集待刊

蔣紹琬　字崐圃增生以文行稱教士有方門下多列膠庠著有文稿待刊卒年七十一

孫懷駿　字煥章恩貢天姿穎悟同治初防鶴遊坪髮匪與藍逆遇幾罹

不測晚好善舉著三聖經句解勸世善事父母割產讓弟補開縣學正缺時已歿數月矣

陳士冠　貢生品學兼優獎掖後進多獲科名以醫術濟人值旱饑出粟賑濟全活甚衆

陳永貞　恩貢積學能文課徒五十年無私積有所得卽施貧苦尤喜著書卒年八十二

秦飛鵬　附生品端學粹教授有方入其門者多拾青紫

傅世華　字春園廩生篤學能文課士有法同治初防堵髮逆有功獎訓導補邛州訓導邛州荒親詣調查襄辦賑務後告老終於里第

陳正己　字敬修庠生品端學粹誘掖後學多登科第孝事繼母分產讓兄屢捐重金襄善舉至老不倦

劉逢吉　博學通經門下多名士書法尤佳晚以醫術濟人邑令旌其門
傅濟寬　字舜卿貢生品端學正不入公門日手一編至老不倦
秦　棣　字蕚樓貢生博通經史誘掖後進多所造就同治初截堵石逆
有功鄉人德之
張從銘　字春霆貢生家貧課讀性高潔不事權貴衣布食疏宴如也
譚士正　字德卿貢生品端學粹日手一卷不問家事秉鐸六十年門生
多得科第晚任女學校長小學教習猶訓誨不倦
秦之傑　字位三廩生品學端正羽翼文教後進多出其門任小學校長
規模宏整任團總公私裨益晚年向道臨終前知名教完人也
秦家蘊　字遠平貢生品行端方課徒以孝經小學爲根本出其門者多
端人

魯炳堃　字培元廩生性剛方教授後進多所裁成
劉珂聽　項貞奎　早慧通五經十二歲同入邑庠有神童之目
李正揚　夙慧年十二已於十三經過目成誦學時藝亦佳惟少小多病
似李百藥不幸早夭師儒深惜之
陳樹藩　字芭塘邑廩生工書畫善琴性和易篤友于邑令皆禮重之
林光宇　字華軒邑庠生書學靈飛工秀畢肖徐太史舊志稿爲其一手
書
李　沅　字湘蘭邑增生工詩書畫作擘窠大字一筆而就意在筆先也
小行草神似香光丰致灑然
郎官勤　工畫蟹尺幅珍於拱璧其孫霽嵐畫山水絕佳直入三王之室
上京館松尙書祝山家以上賓優之因中寒服上藥不起京朝達貴執

紼送之者數百人頗極榮哀之至云
王德章　字竹松邑貢生畢業成都高等學堂任邑高小校長忠縣中學
教習工詩清麗芊緜別饒風致
許仲均　字澤田邑廩生性耽吟詠書法蘭亭與弟實田俱善鼓琴有安
貧樂道之風
楊星海　余　藩　皆廩貢生博覽經史强記憶力制藝詞章俱擅勝長
爲一時冠
郎潤農　天姿英敏胸懷洒落有鄭虔三絕之譽書法間出道州畫水墨
丹青俱妙豐嗇隨遇朝夕詠吟弗輟兼精醫學無貧富速即往不受餽
遺人皆德之
宦績

晉
毛　楚　牂牁太守見華陽國志
唐
吳武陵　忠州刺史見通志
明
楊大榮　字崇仁天順丁丑進士由大理寺評事擢江西按察司僉事擒
甯縣巨盜羅萬珪等七十一人餘黨擾南昌又捕獲之性明決不畏强
禦冤抑多得雪理九江指揮李貫嗛百戶田春御史鍛鍊成獄大榮爲
疏白其冤春等得釋後爲當道所忌引退卒於家年七十有三
楊孟瑛　字溫甫號平山四川酆都人也酆都初無甲科瑛考諱大榮始
登丁丑進士歷官江西按察司僉事在任時故敎德安成晉軒劉先生

猶未第因禮聘教瑛瑛天姿穎異方治舉子業已能縱觀羣書作古文詞立就數百言先生愼許可獨於瑛亟加歎賞以遠大期之瑛以庚子領薦丁未會試中禮部第八人刻文爲程入對大廷同學皆推遜以爲必登上第既而賜同進士出身則又皆爲之稱屈而瑛未嘗意動初授戶部主事連遭太夫人及僉憲之喪先後服闋皆改刑部才名日起陞員外郎未幾陞雲南司郎中雲南爲刑部劇署銓曹知公茂才拔於九人之後人無敢心競者司統邦圻法恆撓於勢婦有戕夫者權貴爲之地積歲不能決公始至而正其辜京兆府屬官貪贓敗露欲怙求出罪卒顯黜之一戚畹奪民田有司不敢問公取歸之民淸强之聲溢於朝宀會杭政久敝冀得賢守冢宰鈞陽馬公疏瑛以聞制報可瑛至郡値歲祲高郵之成災者爲賦十三萬四千八百餘石戶部聽攤稅於鄰郡

貸銀於公帑而其實皆不能辦勢必以嚴刑督之瑛上疏當恤災以防意外之變得蠲十五蓋宏治癸亥歲也明年兩浙復旱饑詔以淮揚鹽課銀二萬五千兩蜀僉都御史王公璟使充賑濟之用而其半猶未至也瑛以贓罰銀充之民遂無殍凡荒政之可用者又縷白於王公不以爲嫌時郡廩類無餘積瑛曰荒而無備吾可以罪歲乎哉增築廩六十楹發郡帑糴諸民間前後凡復粟七十萬石蓋他郡莫及西湖濬於蘇公且四百年豪右日侵其傍以爲桑田蓮蕩綺錯星布不知其所有也瑛因御史以重濬請既報可募化興役不半歲而功訖湖面之復幾四千畝其所畚除之土西薄山築堤以爲界東附蘇堤增其崇與廣焉於是六橋煙水悉還舊觀而上塘數千頃之田可無旱暵之憂矣方肇事謗議藉藉瑛曰天下事未有不任怨而能立功者况是非久當自定苟

利吾民吾何恤哉及功成而謗亦息士民覩偉蹟且云異時當與蘇白同垂不朽逸少傅謝公紀事泐之石驛傳之夫法當調於田稅故有戶頭貼頭多市籍奸豪踞之假符牒索修船買馬諸費於鄉之貧弱害及雞豚其桀黠者能以稅竄於宦家於竈戶則幸而免瑛因民之愬計產輸銀畝若干無敢欺隱凡傭者詣官受値歲有常度自是橫索頓除羨餘日積修湖之費蓋取諸此而民無與焉福建守臣貢方物移文趣杭郡造舟三十艘以待瑛考諸故牘則前此閩貢賞至浙易舟費皆自辦杭特以籌工助之耳將疏請民勞當憫之故當道用瑛議以其舟均於浙之別郡而杭僅十之二省費歲六十餘緡安溪等闕貧民興販竹木爲朝夕計與通津巨賈不同成化初奸民網利請隸於工部分司錐刀之末至與民爭非國體也瑛奏罷之郡之商稅前政輒因公而取之課

緣是不足瑛懲其弊務官至降黜而攬戶配邊者又十餘人追理積欠得鏹楮數十萬軍衛俸廩賴以少給藥局之官多舊族苟冒冠裳士於診療亦漫不省自瑛至官必受職士知方技日更番在局以待病者而民始受其惠瑛孜孜官事未嘗苟且皆此類也贈修撰太學生徐應鑣墓在錢塘方家峪歲久蕪沒瑛謂當宋之亡上至宰執下至三學諸生皆相率降而獨應鑣不屈闔室死節可以激勸來者宜立祠墓下有司以春秋致祭詔下禮官議而行之孤山有三賢祠祀蘇公及白樂天林和靖瑛謂六井之浚養而不竊作新宮并祀李泌自爲記辭以迎送神文辭義甚美蓋瑛之才識英敏氣度恢宏視天下之事無難爲者斂而施之一郡特其緒餘耳故處盤錯糾紛之中從容整暇恢恢乎有游刃之地加以文章妙麗緣飾有餘所謂儒而通吏而華者也然瑛自負

逸氣與世落落顧獨許宏爲知己宏淺陋何能爲役第嘗載筆從史氏後於賢儁之事功不恐使其無傳乃始載其治政之績他日傳循吏未必無取於此云瑛春秋鼎盛其所以爲不朽者固不止此也

贊曰吾聞楊平山自杭郡入丞京府民歌之曰楊君來西湖開西湖淸楊君陞蓋民同欲因有先事而托諸黃鵠者兒樂成於既復之後乎驛傳之役自平山始均杭民慮其既去而訟吏相率請其建議之牘刻諸堅珉以垂示永久是亦非肆其呑鯨之威而强之使然也易曰不見世而無悶平山邃於易者肯以毀譽得喪動其中乎明御史費宏撰

何　青　永樂辛卯舉人任雲南浪窮知縣剛而不苛歲荒出粟賑飢全活甚衆事載雲南通志

胡　廉　天順壬午舉人嚴毅有識畧成化中任湖廣石門知縣勸民耕桑鋤强梗革奸胥縣以大治事載湖南通志

楊心傳　字泗濱萬厯壬午舉人任湖南安鄉知縣招撫流離革除常例築堤防修廟宇蒐輯志乘事載湖南通志

古　心　崇禎丙子舉人任雲南雲龍知州値沙賊之變親率士兵恢復大理全活以萬計

清

曾友攸　字同甫乾隆甲子舉人任河南登封縣勤於課士文風丕變歲饑賑濟全活甚衆戊戌大旱步禱嵩岳雨立沛民穫有秋再任廣東瓊山値洋盜滋事設方畧擒其渠擢德慶州牧子一元以例貢官廣西融縣著有政聲

王　恆　拔貢任安徽桐城知縣潔已愛民政聲丕著河決宿州捐貲修築不事苛斂士民㗖頌尹文端公繼善高宮保晉皆深器重調蕪湖旋署安慶同知以艱歸

王　怡　字遠亭乾隆甲子舉人任山西太谷知縣饑民數萬將亂大府檄怡安撫欲以兵隨之怡曰是趣之叛也請單騎往至則諭之曰若輩苦饑賑且至矣衆悉散治其魁十餘人安邑民有誣叔某叛者其外兄劉實嗾之怡廉得其情逮劉至立杖死之或謂劉罪未定何遽致之死怡曰吾知爲天理所不容他非所計也其剛果類如此擢浙江甯波府同知以病免

高　愼　乾隆壬午舉人任直隸東明知縣醇謹誠篤愛民如子丙辰夏旱愼禱雨輒沛飛蝗入境食葉而不食穀邑士大夫多歌詠之

郎士貴　字貟儒乾隆戊子舉人任廣西武宣知縣攝來賓篆一年獄爲之空以疾歸卒於變府貧不能治喪人以是知其廉也

傅世綸　號鷗村字翰仙邑太和鄉人也年十八爲諸生喜談兵咸豐辛卯舉於鄉時達州白蓮教匪餘孽竄石砫結匪目歐玉昌劫衆倡亂世綸勸習鄉兵進搗匪穴殲之以功敘用知縣已未成進士授戶部主事是時粵匪久踞金陵其黨石達開率捍賊窺川世綸以御史趙亮熙薦奉命回川練團募鄉勇五百人進屯縣城與涪陵北岸之劉嶽昭軍相爲犄角困於軍餉還屯縣東高家鎭已而石賊由黔循烏江襲涪世綸遣所募鄉勇會官軍大破賊於武隆鎭之羊角磧賊潰去捷奏加員外郎銜以道員用明年壬戌正月辛亥二十七日石達開悉衆掠石砫世綸分勇遮靑岡埡橫嶺關奶子山諸隘口賊間道出羊渡溪欲北犯適駱秉璋督川慮達開北渡與藍李諸賊合不可制令沿江州縣艤舟北岸劃

江巖守賊至是不得渡悉趨高家鎮丁巳（二月初四日）平明諜聞世綸驚出布陣賊衆蜂擁范家河口絡繹於羅家坡大灘腦下游鄉勇皆欲引退世綸曰今賊衆且邇彼見若皆走追殺我立盡吾乃張寡弱以示不走彼必以我爲誘不敢前令裨校傅朝喜率數騎挾矢立大溪口見賊目從數十騎涉水進要而射之殺彼數人賊目下馬怪之不敢衝未幾賊騖至亦以爲市有伏兵因張左右翼直薄高家鎮朝喜矢盡其從騎皆亡匿反覘世綸賊已生得遂泅水去事具武勳傳石賊素聞世綸賢令與賊目並馬馳欲說之降世綸佯應之至南宮河口地故狹絕世綸睨賊目不備推墮之鞭馬還馳賊數百騎馳追之不得脫駡賊不屈焚殺之事聞以道員陣亡例贈䘏廕子正輿入監讀書世襲雲騎尉光緒中其弟世斌世綬憫其忠具衣冠葬之刊其鷗村詩存行世

徐昌緒　號逌溪字琴舫世居邑城父雲嵓以拔貢生選三台縣教諭升潼川府教授子五人昌緒其長也道光己酉拔貢朝考授戶部小京官咸豐壬子中式順天鄉試丙辰成進士授編修旋膺使命出辦山東團務特旨交杜受田任用杜欽其賢疏薦擢侍讀學士已而與魯撫齟齬乃交驩聖裔孔某籌給軍食勸習團兵屯衛捻匪久之軍餉不給鬱鬱求去其留別詩有書來但說公無渡城守焉知賊不屠之句蓋謂此也是時僧親王軍屯大沽口與英人戰不利趨德州兵士乏食昌緒至山東歸過僧軍見僧軍無糧勢將潰鞭馬急馳京告大學士文祥發帑市麵以濟饑軍稍稍會集未幾英兵入京日行五六里止舍恐鄉兵猝起擊之適文宗駕幸熱河留親貴居守與英媾和久不決英兵誅求無藝昌緒偵知敵情立草僞檄言通州起兵勤王將大至突趣弟昌裔星夜張揭城門及附近村市英兵大駭議遂成初昌緒簽分戶部肅順爲司官延攬聞昌緒賢頗優禮之昌緒懾於勢不敢拒廬與委蛇歲時謁見及奉使歸肅已晉尚書領部務昌緒見其恣肆移書規之一勸其公忠體國一勉其恪慎將事逮三奸案覆緹騎肅順竄治黨羽昌緒下刑部獄待鞫幾瀕於危後籍沒肅順家發二書恭親王特交軍機處謂徐某心地可白始免吏議以終養乞假歸道經江南曾國藩留參戎幄辭不就黔撫曾璧光聘修黔省志亦不就後主講東川書院以授經終寄籍巴縣年六十八昌緒有至性處庶母諸弟克讓所得修脯悉以分之諸弟尤篤鄉誼甲申酆城大火民多失業昌緒募渝商巨金周之至今鄉人尤懷其惠子禮隆諸生湖南知縣過隆定遠把總水警廳長佐隆舉人湖北知縣際隆諸生省署科員

王元曾　字桂珊城西人父裕慶行誼具孝友篇早卒母氏范居貧厲節以紡織爲生元曾幼失怙念非學無以自立刻苦讀書成咸豐辛酉科拔貢中式順天甲子科舉人以八旗官學教習期滿授知縣分發湖北令權南漳縣事頗勵清勤居官八月判結積訟千餘案書役易業者十居八九鄂督聞其政調沔陽州沔界江漢間地勢卑窪易成巨浸民俗築隄障水劃界護守往往豪右結富饒鄰里別營小隄自衛謂之私垸子任大隄傾圮漫濫港汊壅閉湫底悉恝然置之一有水患貧民盡爲魚鱉而私垸子獨安全無害元曾至諭以營私自衛之非法當協力治大隄捍大患禁豪右不再私築適奸民嚴士廉乘間煽惑糾鄉愚數千闖州署謀變元曾服坐皇堂曉陳利害鄉民惶駭散去疆吏聞變令發兵數營按治兵至元曾持不可謂罪祇士廉遣一幹役捕治可也餘皆

被脅無辜可多殺乎乃牒請大府撤兵置士廉於法至是沔陽欒私垣
子之風亦稍稍戢矣先是元曾應禮部試自京歸至忠聞母病舍舟步
行是夜抵家奉湯藥與妻戴氏禱減己壽以益母時母年已六十矣及
沔任受代其母年逾八十遂以親老陳情假歸主講五雲書院諸生服
習其教成就最夥已而鮑忠壯奉命督山海關防務函聘參戎幃時元
曾丁艱以守制辭忠壯復函云夷人思逞凡有血氣莫不敵愾同仇君
臣義重未可作壁上觀始墨絰從行辦理奏議李文忠稱其詞意簡明
樂亭之役頗有贊襄師還忠壯欲以勞勩保奏元曾固辭服闋復官原
省會法國搆兵越南忠壯復督師出關調取元曾入營水陸兼進積勞
病歿事聞贈郵如例附祀霆軍祠蔭一子名潼植直隸河工縣丞累保
至知府民國保免知事署保定縣長子俊先貴州知縣具宦績篇季京

普壬寅舉人援例法部郎中民國權陝西城固知事仲亮普援例主事
不出

王俊先　字子貴元曾長子也積學未售援例入仕任貴州青谿知縣興
利除弊潔己愛民頗有父風攝篆一年獄爲之空清平縣有巨案數十
年莫能結大憲檄俊先審理去之日同寅相弔俊先曰作朝廷官理百
姓事豈以難辭遂毅然就道撫憲擬以兵從俊先曰是激之變也宛謝
之及至提案集訊廉得其情兩造悅服遂息其明決善斷如此

王治普　字虞卿由廩生援例通判任雲南巧家同知歷緬甯甯洱等縣
著有政聲以獲匪功擢廣西直隸州知州

曾　溥　字筱泉邑廩生筮仕黔省歷任八寨廳思州貴陽都勻各府知
府淸廉謹愼取與不苟時黔經苗亂民生凋敝溥興禮立學文化漸開
士民爲立生祠著有公餘補拙草傳世卒封榮祿大夫

劉宇泰　字星階世居安仁鄉何家塲同治癸酉科拔貢貧無以如京應
禮部試學使夏鷟門資之金且趣之行以朝考第一人補戶部小京官
俸入薄儤直之餘嘗爲彭侍郎典籤以補不給有羨輒還歸奉母饔飧
居官勤愼歷任堂官皆喜之由主事擢員外郎郎中屢舉京察一等記
名府道及御史諸官朝邑閻文介公以協揆長戶部夙欽宇泰賢令兼
管北檔房故事全國財賦總滙於北檔房例無漢員司行走者以故二
百餘年國家租賦皆由滿員主持而滿員多不諳籌算事權委之胥吏
鶻圇枝梧積弊極深一旦改革宇泰亦不辭勞怨盡發檔中陳積卷册
一一勾稽攟鉅貫串纖晰條分於是國計之出入盈絀乃大暴於天下
而北檔房之有漢員亦自宇泰始清季海禁大開交涉日繁因設總理

各國事務署領之卽今之外交部也以王大臣總其成而擇勤勞謹愼
之部員副之宇泰適符其選恭親王奏調入署頗資臂助庚子拳匪禍
京師目總署爲漢奸揚言必盡殺乃已同官爭匿去宇泰獨委蛇自公
然亦未嘗遇害會孝欽德宗倉卒西幸扈從寥寂宇泰以財交兩部之
事叢集於厥躬勞心焦思幾成痼疾至是以扈蹕功特擢內閣侍讀學
士賞二品銜辛丑回鑾召對數稱旨特賞花翎光緒壬寅中國與各國
修訂商約朝命宇泰爲襄辦商約大臣駐滬先後成中英中美中日中
葡等約凡國家主權皆抗議力爭奉旨以出使大臣記名簡放賜恩蔭
二名俄日諸國共稱其能亦贈以高級勳章清季新政迭興財用匱乏
朝議設國家銀行以利金融宇泰出任四川重慶分行總辦而資本無
多川鹽欵舊儲鹽庫乃建言撥欵宜歸分行經理戶部如其請經營三

年川行利益巨萬調浙江行即遭國變歸隱於酆杜門不出有告以袁氏篡國者愴然泣下未幾病卒子麒照附生中書科中書麒驪江蘇知縣孫麟祥襲蔭吏目

佘元章　號琴雅邑丙子舉人積學敦行爲邑名宿昆弟四人均早世子姪十數輩咸賴其教養婚娶得以成立主講邑五雲書院才儁士多出其門兼精岐黃術概不受贄貧者反助以藥裹之貲其質直好義如此嗣以大挑宰秦兩次分房得人稱盛初權懷遠篆三權釐務皆以廉潔勤愼見重上峯遂奏補延長地瘠民貧歲値荒旱甫下車見哀鴻遍野稍遲即成溝瘠乃禀請以舊儲邊軍糧數萬石賑糶外多羨餘四百餘石例歸有司吏以爲請章曰古人不惜毀家紓難我何私焉悉以賑鄜災黎賡續三年飢而不害延長煤油苗質最旺民畏開掘煩擾相噤不

言章禀請籌欵開辦工程礦師測繪委員絡繹於道悉捐廉接待不以煩民經營五載井穿油出磽瘠之區頓成繁富乃欣然曰行年七十詎久戀此五斗粟哉今爲斯地闢一利源吾志遂矣遂請告歸不能辦裝典質以行返里後蔬食韋布依然儒素又十餘年乃卒尤爲人所難云

楊正發　字曉樓世居順慶鄉厢壩幼貧廢學習爲商久而棄去服農以不甘於隴畝輟鋤嘆息長老譏其不足有爲乃挾厚朴十數束至湘沿五嶺達東粵依鄉人溫醫士居賣卜自給適英兵虜葉琨琛去粵城鼎沸正發酒酣論粵事曰書生誤國今古一轍若我處置當不令英酋猖獗若此矣棄卜習吏事游沿海諸省歷浙以杭守陳子中薦獲知蔣果敏公令筦繁屬錢漕正發善綜覈凡不便民者請蠲之剔除中飽在歸安一年漕額羨二十萬金果敏稱其能疏薦以州同議敘且封贈其三代至是始謀歸抵家申敬宗睦族之義首建宗祠自念年少失學終日兀坐書齋置經史擇其有裨政治者立程自課旋以州同捐升同知指分黔省初委讞局承審判正安弁之獄持正不阿及權歸化通判頗洽民心去任幾半年歸人具牌傘題頌詞賚省獻寓所惟恐弗納同官皆榮之旋委晋安平釐青山釐局及畢節稅務處潤不睓時引闕西四知自勵藩司邵積誠李次青皆有獎飾後調龍里縣歷威靈州治事謹愼性骨鯁除地方積弊嚴繩胥吏兵弁之不法者尤善開導蒞民如家人父子黔俗漢夷雜居民多偷僞捐刊勸善錄千百部以化之貧苦老弱羇旅有瘴癘疾痍者置醫藥療之威城有草湖闢數十里欲闢之以利農田未及履勘病歿任所子雲鴻恂恂儒雅通省自治研究所畢業雲鴻縣學生員

王　綍　字鶴雛少不羈讀書無所遇援縣丞例需次黔省數月即辦鎮遠府屬善後事時兵燹後絕業逆業流亡業紛如辦理者每乘其糾紛漁利綍招徠安集計畝授田絲毫無所染指時論翕然委天柱縣鞫獄事把岑一帶距縣遠甚乃親詣相驗無縱無枉署荔波縣捕務尋代縣篆荔波岩邑也夙稱難治綍措之裕如貴東道調辦文案兼邑讞局並管護兵營及營務處理繁治劇獨任其難尋奉札以護兵營隨大軍會剿梵淨匪積年巨寇一戰成擒以軍功保奏知縣留省儘先補用由理問銜加同知銜旋丁父憂回籍服闋由渝解轉餉赴黔請咨引見順道回籍諸親因母老病遂不復出性鯁峭不避權貴邑有公事輒侃侃直談要於至當邑令某中傷之幾危卒平反以歸光緒丙申歲饑襄辦賑務分賑糶借粥四法無挂漏冒濫擁擠踐踏等弊變屬籌賑督辦華觀

察稔其能調燮襄理其事數月義不受薪以邑中賑務吃緊辭歸籌集昭信股票官府屢欲侵蝕復力爭保全焉邑人議重葺學宮欵無所措舊有學田爲學官把持綽毅然爲之卒蔵厥事迄今萬仞宮牆巍然在望綽之力也至治家勤能猶其餘事因無關邑乘暫付闕如

郎承謨　號希輔字定齋世居城西父輔之以孝義稱事具孝友傳母氏何勵節撫孤課讀綦嚴以紡績資脩脯承謨益自奮年十五游庠食餼己丑舉於鄉庚寅成進士壬辰入翰林院庶吉士癸巳散館授戶部主事爲親老請改外官以知州分發貴州任撫院督善後局文案上官賞其明敏令解鉛入京引見以卓異班回原省補用委爨洞鑄局解額較增巨萬補授正安州知州勤慎廉惠善聽訟不用刑訊號曰神君始正安人未知文學承謨設書院以經義課士數年文風丕變調權遵義縣

篆一如正安之治常會課選刻課錄其後通籍者强半皆錄中人溫水教匪起撫之內妹夷變剿之以功賞戴花翎擢知府權古州廳同知調黎平府知府適雲南達字軍過黎平譁變戕管帶貸金散給遣去僅罪爲首者黔撫疏聞加三品銜以道員用回正安任代梓桐縣調平越州知州政聲益著令署大定府未上太夫人卒於平越任所承謨扶柩歸值國變築樓蒔花不復出而駐軍知事來謁必有所規益陰以福利於桑梓客至必留飲飲輒醉侈談國家事蓋黍離麥秀隱茹深痛一寄之於酒非常人所能窺也年四十八卒弟承詵自有傳子宗霖字潤農石砫縣知事

郎承詵　號潛夫字爾宜家事具承謨傳弱冠游庠食餼困於鄉薦乃納粟授知縣分發雲南初委讞局承審旋擢正審凡訟獄疑難常人屢鞫不決者承詵折以數語情僞立揭丁督稱其才令權恩安縣篆不赴調署益州知州任滿改知府解銅入京引見以卓異班留原省補用嘗權永昌東川麗江澂江諸府知府每誡屬僚治獄勿假刑威當矜平躁釋寓教養於聽斷之中永昌土司承襲例餽府官三千金邦之夷情大悅澂江教民恃法教士左袒多恣橫而領事宋茀喜偏聽因案要挾承詵據公法申論邦交按律治之無偏無縱調思茅廳稅務適三點會匪倡亂同知與藩司有舊亂作委印逃藩司令承詵兼理請督撫立勦承詵倍道晋省白大吏請撫治爲首者餘悉解散去復令會勘蒙自鐵道先是法人築滇越鐵道經蒙自緣野人山行有生番飛蝗瘴氣三患藩司以此陷詵詵往卒無恙旋任兩級師範監督陸軍學堂提調軍械局省總巡諸差皆通敏精幹聲譽益著李督經義特疏薦賞戴花翎以道員

用補授楚雄府知府調迤西道途次遭母艱奔喪貴州平越州偕兄扶櫬歸數月國變邑人公舉縣知事誅一不法團正全境震服期年去任邑人立紀念亭記之癸丑渝變潰軍過酆承詵以禮遣之相戒不敢刦掠悉衆引去洪憲改國北軍殘燬邑城人人亡匿承詵多方調處北軍稍戢約束民乃漸集丁巳劉羅搆兵渝酋舉承詵至敘見羅陳述川民凋敝不堪再戰羅感泣下歸居城西凡駐軍知事皆就而請益每言地方利弊及民生疾苦無不娓娓動聽間舉古名將良吏遺事以諷之其調護桑梓之隱與鄉邦受賜之鉅官斯土者皆能言之年五十五卒晚治宋學所集人鑑心相篇如宋人語錄待刊

武勳

楊大達　軍功康熙四十二年剿奢賊有功擢大昌知縣

胡　星　武生嘉慶初教匪之亂鄰縣悉被蹂躪將及境星率鄉勇擊卻
之復連捷於青岡埡大埡口等處擢千總後陣亡詳見忠義
郎文烜　廪貢生候選訓導嘉慶十一年以捍禦教匪功題請俟補官日
加一級
高國珍　武生候選千總嘉慶十一年城守禦匪著有勞勛題請俟補官
日加一級
徐永韜　邑人性剛毅精武畧縣令楊燮募令授丁壯技擊嘉慶教匪之
役設策防禦偵知賊由間道趨城亟請於官率勇扼蠻碑梁與賊犄角
賊過西關永韜親然巨礮殪賊前隊數人賊知有備遁事平永韜不受
賞以布衣終至今父老猶有道其事者咸豐七年石涪土匪馬景明之
亂酆界於二境邑紳佐縣捕獲首從多人同治元年周藍兩逆擾縣北

岸石逆大股突竄其南縣城腹背受敵危於纍卵紳等百計禦防賊計
窮而遁城以獲全事聞得奬者二十四人
舉人傅世綸以知縣用
舉人蘇爲楨以知縣歸部卽選
布經歷曾昌誥擢知縣並戴藍翎
從九品銜郎　錦以本職歸部選
歲貢秦　樑以訓導用
增生高文檢以訓導儘先選
增生傅世華以訓導用現官邛州訓導
歲貢項貞奎以訓導用
文生王功普以訓導儘先選

廪生曾　溥以訓導用後官貴州玉屛知縣以平苗功擢知府
廪生李鴻鈞以訓導用後官貴州知縣改南部縣教諭
廪生蔣朝瑛以訓導用
同知銜許正柄以府經實職用
廪生蘇爲栻以訓導用
廪生曾洪德以訓導用後積功保陞貴州知縣加同知銜賞戴藍翎任平
州州判
監生冉輝遠以從九品用
監生陳聯瑞以從九品用
從九銜張金藻以本職歸部選
從九銜冉景祖以本職歸部選

從九銜唐永發以本職歸部選
從九銜劉　璠以本職歸部選
從九銜魏蘭谷以本職歸部選
府經歷銜萬枝碧以從九實職選
從九銜劉全品以本職歸部卽選
傅朝喜　邑高家鎭人口訥善拳勇蹻捷有膽力少孤處昆季友愛同治
元年髮逆石達開突過鎭衆惶然朝喜年且五十獨持長刃與其徒張
淩富挾弓矢出鎭伏隘禦之賊前隊數騎至朝喜躍起斬一人奪其馬
過隘射殪數人賊隊繼至傅張憑隘並射矢注如雨賊不測衆寡勢稍
卻鎭民得乘間逃者數百人賊覘知勢孤擁隊大至傅張矢亦盡趨江
而泅朝喜衣贅不得前復登岸遇賊紿請解衣就縛賊愛其材欲生降

許之朝喜忽奮臂斷縛拳撲賊脫走撲江賊追及以長矛傷其股泅至中流遇救竟無恙衆以其非陣亡也弗聞於官朝喜亦不求賞夫以數萬之賊一二人禦之而數百人獲生是亦能捍大患者矣草莽細民奮然敵愾義不從賊豈必捐軀而始爲勇乎錄之以爲義勇者勸

咸豐七年勦匪邑人効力獲奬者二人

監生郎　銛以州同用

廩生郎　鑑以訓導用

同治間黔匪之亂邑人投効立功先後獲奬者六人

曾維渠　以知州分省補用

曾輝祖　王　綽　均以知縣留黔補用曾輝祖並加同知銜

李均芳　曾家振　李昌言　均以從九品選用李均芳並賞戴藍翎

重修酆都縣志卷十四

陳興和　髮逆臨境出貲募集鄉勇拒守隘口相持七晝夜賊去境賴以安

傅天祥　賊入境置礮禦敵援衆渡河得免

譚　寅　明時人事洪武有功從常遇春征西平定陳友諒封威武將軍墓在縣南沙溪溝

鄒世麒　字青山同治初投効黃軍門部下擊賊有功給軍功牌四年撥陝甘將軍穆圖善調遣克復陝甘各府廳州縣先後百餘戰記功七十餘次奏保外委把總千總守備都司游擊賞戴三品花翎十年陝甘總督左宗棠調歸甯夏府兵備道節制後魏光燾咨總鎮銜門回籍創辦團練

譚中魁　名正清字海樓十八歲入武庠有膽畧洪楊之亂石達開突入川肆行殺掠魁督其子宗桂宗楷并鄰族丁壯伐木作寨馬鞍山堅守賊逼山下戰敗之繼而大隊至自計力不敵於密箐中多設疑兵賊不敢犯退焚其廬而去鄉中賴以生全者數百人生平以睦族善鄰爲志建祠立碣鄉人得免訟累者四十年六十三歲卒

曾昌言　字武城嘗任團總值巨匪申子高率悍黨十五人擾蔡連城至祉壇武城調民團兜擊生擒子高等十三人邑令呈督署奬武城五品銜事詳兵防志

徐其中　字如山號定國父爾田邑廩生赴鄉試舟覆魚嘴沱灘而歿時山方四歲其祖父尚存聞耗慟哭喪明家固貧甚母楊氏就養舅家山依瞽祖半菽不飽及長智而好武痛父蚤死母無依慨然有移孝作忠之志時東南半壁洪楊竊據捻匪復出沒江淮間山糾健兒數十輩詣

重修酆都縣志卷十四

軍營投効爲川營都統盧泰所賞識稱爲將才隨攻漢陽砲傷太陽左穴裹創厲戰卒克漢陽復武昌旋奉李帥孟羣調復霍山縣警報固始圍急不解甲往援匹馬衝鋒奪纛而舞大兵繼之破賊二十餘營固始圍解霍山自盧去城復陷山還軍擊之城立復盧大悅令管帶肅清營時積功已游擊補用矣山益感奮尾賊至藕塘一戰全勝晋參將并給巴圖魯勇號封侯可立待也山念母切力請假馳歸迎母奉養若將終身焉無何藍逆據敍竹擾川川督駱秉璋馳檄調劉委山中副兩營隨大軍進攻藍敗竄夔巫事平署綏定守備題補成都右營復委夔協左營清藍逆餘孽適鮑帥春霆函請駱督調夔兵協勦捻匪山入鮑營就營務處職鮑軍斃僞康王汪三陽於嘉應州溺捻匪大股於水灘河江淮悉平報效餉銀二百萬廣川省舉額二十名山贊助之力爲多凱歸

任成都右營三次擒殺巨匪補太平游擊在任十餘年解組歸里著從軍記四卷待刊其子超羣畢業警官學校任渝警察區官

義行

鄒文模　酆陵山川之氣沉鬱雄傑多生偉人而山勢崇隆江流迅駛則受氣而生者人性又每流於輕遽以此樸實高厚之人爲足重焉今夏四月屆試平山書院生童應課鄒學庸將所輯詩稿呈閱稔知乃翁名文模字美材布衣終老余獲知其梗概始閱之亦無足異既而思之誠慤以教子孫寬厚以睦宗族和易以處鄉閭少而家庭無閒言其孝堪紀也長而族黨無怨讟其敦篤可風也老而遠邇無貶詞其始終足法也且習爲岐黃濟人爲念創修祖宇追遠爲心至其修橋梁施茶水燃夜燈皆動於片念之眞庶俱爲一生之實際是殆不求名而名自至夫

名者實之歸也務名者名不遠其人存而名或至是好名而得名不務名者名未傳其人歿而名旋至是不好名而得名此中有天焉不譽於生前而譽於生後蓋棺論定未可强而致余有司牧之責惡者癉之而善者不彰誰職其咎因爲立傳作後者勸並勗學庸勉先型勿墮善士家聲也邑令張香海撰

李彭鶴　監生飭行好義嘗偕蘇永泰等重修學宮有勞勩匈貲立種福會有記見藝文置義塚地若干區修男女丐所施棺掩溺至老不倦年八十卒

高國斌　監生性慷慨識大體道光丙戌迄己丑歲連饑疾疫並作斌出粟賑濟全活甚衆嘗捐己田作義塚以鉅貲貸之折券棄責年七十卒至今猶有稱其義者妻林氏曾刲股療夫疾

按酆人多向義好行其德往往有之而採訪所進殊寥寥意者皆樂善不居其名歟

胡宗舜　美鬚髯性慷慨端謹好善出於天成義舉甚多嘗爲吏告歸囊不名一錢蓋取既不苟有餘輒周貧乏之人以是多之居常泯爭排難鄉鄰爭角鬬必邀解雖桿夫暴卒得舜一言莫不斂容而釋年八十餘卒子正綸貢成均曾孫葆有登鄉薦者

范朝先　飭行好義力學多聞尤喜鼓舞士類從遊者多所成就

蔡士元　字方齋邑增生性剛介家貧力學鄉人憫其寒持錢二貫乞書服盜字力拒之家居授徒誨人不倦執經問業者屨錯其門子二長恩祿次沛霖同游泮水人以爲善誘之報

劉洪蓮　邑諸生守正不阿見義勇爲凡濟人利物之事莫不引爲己任年七十一晨起勉諭子孫談笑而逝

黃右臣　字漢卿庠生性孝友光緒庚寅歲饑出百金濟之不繼請於官倡賑竭衆全活甚衆

劉壽彭　字健菴邑貢生端謹謙沖勇於任事處家數子咸有法宗族以化數十年無訟爭歷任邑宰甚禮重之因盡言民生疾苦多所補救尤喜培植寒素邑之賓興卷局善堂諸義舉皆竭力贊成同治庚午大水彭時在渝函請於巡使而以署衙波護糧賑水退疫大作彭精岐黃傾囊出己資按症和藥全活無算長子宇元光緒乙亥舉於鄉出宰雲南諸子姪遊庠食餼者踵相接皆彭之教也

胡炳煌　字庇臣邑增生剛直無私遇事敢言書院學款爲豪貫所侵煌訟於東道得理賴以保全縣署書役素貪横訟者苦之煌聯廩常郎承謨白邑宰稟定規費刊布城鄉一革書役積習之習子暉登己酉科拔

萃有父風

楊開第　好善舉嘗築清水溪方石橋民賴利涉至今稱之

魯彥福　急公好義嘗修橋路祠廟施茶燈棺木創興文課後裔多遊庠

食餼夫婦齊眉八十餘歲

秦之銳　字執齋樂善好施精岐黃於雙路口塲設醫館以濟貧苦興文

課以課士後子家琛入邑庠人以爲食忠厚之報

楊彥清　字海平邑武生性剛直任團正十餘年民無雀角爭嘗與伊叔

創修沙溪溝大橋並劉家山大廟先後數年雖勞不怨後弟河清姪洪

武光武均入武庠人多榮之

秦錫渭　字月田性孝友篤於學設帳數十年門下士多獲科名子邦之

品端學粹誘掖後進成就者多

傅秉敬　幼習儒知醫嘗設濟醫社歲助巨金二十年不吝庚子邑大饑

捐三千金購米全活無算米盡復捐千餘金濟之邑令請於朝給六品

封典予樂善好施匾額癸卯夏攜滙券赴渝與某號屘工余二同寓余

被竊失二百金情急自縊店主救之蘇秉敬得其情解囊如數付之俾

得歸報其主繼至合州値大饑見粥廠待哺者衆返寓即送千金書無

名氏捐助隨移別寓而去其好善如此

傅作祥　急公好義以已業分弟姪屢捐重金助賑褒封三代邑丁糧按

分作畝力爭豁免至興義渡修橋路立宗祠施醫藥棺木人尤稱之

郎世祚　字福仙邑廩貢生見義勇爲不避權貴清制捐輸津貼應由地

方紳收紳解治獨爲縣署把持合丁糧並收多弊祚出力爭得復定制

官吏中飽於兹始絶

李　雋　字治平邑增生好善舉甲寅大饑貧民詣楠木管採蕨薇者日

以數百計雋以米傳飭偏給之俾民賴以全活冬施寒衣歲暮施玉米

叅貧苦均利賴之修枷担灣石橋硝硐灣大路施濟醫藥人尤稱之

李秉乾　急公好義含田業歲租七石銀二千二百元作善舉創修宗祠

捐銀一千三百元作祀典復出重欵助子姪學費里人稱之

曹先榮　性耿介立公學培廟宇建街亭歲饑遏糴計誘負販米穀大至

全活甚衆

許朝貫　熱心公益籌巨欵修議塲創辦民團修白石岸寨築屋十餘間

積勞病歿人多惜之

許學清　性剛直創修馬子垢七樹溝官倉壩楚河口等處橋梁道路後

遇大水橋復壞獨力建築遠近稱便

許啓鳳　捐錢六百串贖杜家寺田業永作燈田

譚尚仁　慷慨好施奉令籌積穀即捐穀二十石令府其閭曰急公堪表

劉渭亭　性忠直積欵置石廟子産歲租十五石後提作學費令旌其閭

曰灌溉藝林

劉蘭亭　廩生品學端正辦公無私年八十餘歿鄉人稱之

陳金和　監生捐錢一百餘串置買官山人咸稱之

隆　湘　任團總三十餘年公正無私以醫術活人不取分文鄉鄰稱之

秦文光　博學能文以醫術濟人父時年九十餘痛疾終身同治初髮逆

擾酆修保福寨防堵大梨樹猫桅門等處賊不入境

傅有祥　以墾殖起家値歲饑籌賑祥與次子庠生維新議以工代賑一

修大石垣戲塲堰十數處一修高鎮至鄒家廟路約八十里中有橋數

座工頗鉅今爲黔彭通衢復捐百餘金置種福會地至以竹山製紙運荊漢兌書遂成藏書家比部郎翰仙其後也

易金芝　積學未售課讀五十年裁成頗衆著善書勸世卒年八十一妻張氏壽九十六歲

戴瑞廷　經營高鎭培文堂文課欵置歲租八十餘石有功文教至今賴之

秦玉柱　慷慨好施獨修王家壩石橋道路舍張巴溝山作義塚鄉人德之

秦善之　武生性剛介昆季五獨養母廿餘年無倦色捐金急兄難同治初石逆擾酆督辦團練修太平人和淸平三寨地方賴以保全邑令田因糧逼民鬨城片言解紛創貲與修考棚築新城置鹿鳴寺燈田人尤稱之

秦　聯　字香浦由武生例捐守備性慷慨孝事繼母分田讓弟急人之難有俠士風至培祠廟築磽梁修街道設醫館興十全會傾囊不吝邑令一再旌其閭曰急公好義曰救災卹難時人榮之

秦之祿　事繼母至孝母患痿痺侍湯藥未常稍離修宗祠辦賑濟練鄉勇修淸平寨傾囊不吝卒後井研廖季平銘其墓志

何金樑　幼失怙家赤貧善事孀母募修夾耳灺高洞子雙河口各渡木橋往來稱便

沈瑞廷　少貧性孝友同治石逆竄鎭廷母病醬負之出走半晌不得食復子身返鎭市蒸餑哺之亦未嘗遇害後與弟分爨甘讓腴田尤好善舉如修渭溪石垣墻等橋傾囊不吝

雷作霖　字雨亭附貢生嘗任十甲十一甲團總創辦地方公益事件最多至今稱之

王澍普　字笠山歲貢生倡興栗子灣文課培植人材頗多

王振咸　字澤沛文生任本鄉高小校校長創辦學校與有力焉

廖集喬　字鷉里文生民國初任本鄉高小校敎員匪徒刦校被害邑令額其門曰吾道干城

郎純嘏　値世亂捐金辦團民獲安堵復舍租田十石襄諸善舉

秦紹周　捐銀八百元作諸善事

楊壽廷　同知銜俲行好義捐貲創修江洞橋約費千餘釧

隆大福　好善舉創修兩滙口橋工程頗大費亦不貲

戴李氏　心慈善創修高家溪義渡劉孝廉培德有序

張爾常　樂善好施値旱災煮粥賑饑大雨雹捐錢八百餘釧濟貧次年復捐錢三千餘釧濟極貧至監修縣署大堂奎星閣修橋路刋善書人多稱之

張秉常　性慷慨嘗拾珍溪洪發源失遺銀五十大錠親詣奉還不索謝人高其義

彭桂亭　篤於友于復精醫學活人甚衆

黃憲臣　性慈善値歲饑捐數百金拯之不足則多方勸募全活甚衆

余友蘭　積學未售篤於孝友接人和藹鄉里有爭善爲排解俾各感服歡欣而去晚尤熱心公益嘗籌集巨貲贖普濟寺燈田歲租四十石提作本鄉高小校費今利賴之

何宗紡　字書靑貢生性抗傲遇不平事必力爭嘗有學使某一事違功

令笏偕數廛生爭之攖使怒衆皆遜謝笏獨持理不屈呼𧦬貞者三不
怯亦不退卒伸其議少苦讀家貧每食僅炒鹽一碟而會課得獎輒施
入浮戶會高鎮培生醫館沿此始善教才雋多出其門任團總廿餘年
不名一錢渭溪新路及義渡皆手創閒喜賦詩著詠梅閣集未刊
譚宗樞　字綺垣貢生熱心公益養蠶種茶屢著成效任縣議長兼民團
督辦攻匪横嶺杠奪槍械甚多匪遠颺公私賴之
楊　淑　字辰浦歲貢生鍾萬次子也鯁正廉明綽有父風任三甲團總
豪棍皆斂跡每到一市場人人起立致敬焉
劉麒義　字集生貢生邑糧按分作畝肉稅浮收義聯名禀銷被選諮議
局省議員爭回路政多所贊助辦團奬一等桑梓章鄉人榮之
張煦齋　幼孤守慈訓學業有成設帳廿餘年誨人不倦尤好施與鄉鄰

貧不能養葬婚嫁者必厚貲助之晚以觀音場側田歲租十石古家山
田歲租二十餘石捨作善舉均由地方推人經理人沾實惠
冉德新　樂善好施閩合州辦賑以二百金助之不書姓氏恆養孤貧數
十名而親族待之舉火者數家至施醫藥莊嚴平都山大雄殿佛像猶
其餘事
張學興　好施與凡醫藥棺木諸善舉傾囊不吝尤善講演聽者動容妻
霍氏子有容孫同體俱八十餘歲卒
壽者
李方鑑年百零四歲道光二十九年詳報
廖象琬妻鄭氏節孝百歲嘉慶十四年請旌給慶衍期頤匾額銀八兩緞
一疋

徐賢書年百歲道光元年詳報
敖　瓊妻甘氏年百歲道光十八年請旌建坊
秦世學妻冉氏節孝百歲道光二十三年詳報
冉志清年百歲道光二十五年詳報
魯洪璽同妻唐氏均百歲五世同堂咸豐五年詳報
蘇福升年百歲咸豐十一年詳報
郎學仁年百歲五世同堂同治元年詳報
郎茂術年百歲同治四年詳報
冉氏廩生馮樂嘉妻年九十五歲康熙間知縣曹源請旌賞黃絹肉米
李金櫟年九十四歲道光二十九年詳報
李　俊年九十一歲乾隆四十一年知縣詹世适詳報

朱衣袗年九十歲乾隆十三年忠州知州劉乃大贈以松柏同春匾額
李　儒年八十有八嘉慶十五年詳報
李若蘭增生咸豐戊午鄉試年八十有六恩賜副榜
許文修增生年八十有五妻李氏年八十四五世同堂乾隆四十九年知
縣張偉請旌給寰宇熙春匾額銀二十四兩
冉氏東明縣知縣高愼妻初愼赤貧氏以紡績佐讀後年八十四歲請旌
孫光全年八十一壬戌年防堵周逆有功上給優奬
楊文鳳同妻戴氏均年八十一歲五世同堂道光二十七年詳報
曾友伋舉人乾隆五十年友伋年七十謁選在京躬與高宗純皇帝千叟
宴賞綵絹二端
余懷芳　王廷椿　周鳳鳴　楊雲程　四人皆以庠生耆壽恩賜舉人

戴金喜性樸質勞働自給年一百歲猶康健異常族人醵金爲壽楊師長

春芳贈洋五十元親往壽焉金喜曰烏用是爲吾力足自給無已請儲

之備身後閱五年無疾逝享年一百零五歲

譚裕興妻李氏年百零二歲

廖應常年百零三歲妻熊氏年八十八歲子青芝邑歲貢生

徐萬善年一百零二歲

張洪範妻楊氏年一百零一歲

譚朝貴妻李氏年一百歲

譚文陞貢生譚士正伯父也年一百歲

隆大昭年九十四歲妻彭陳氏均一百歲

劉　漢年一百歲

趙先惠年一百歲

傅金涵年九十八歲妻秦氏年九十四歲五世同堂

譚文宗貢生譚士正父也性和易五世同居九十誕辰縣宰孫錫祺錫匾

曰耄期罔倦九十八誕辰省長旌其門曰昇平人瑞

宋宣奇妻陳氏　朱恩隆妻陳氏　陶紹傳　藍何氏 以上四人亦九十八歲

謝周氏性慈而勤撫嫡子如己出年八十餘猶親炊壽九十七卒

隆光俊年九十七歲妻甘氏年八十四歲

秦仕權　戴天喜妻王氏　孫思武妻焦氏　戴金富妻向氏

陳玉成　隆光俊妻陳氏　余繼銀妻冉氏　何可成妻敖氏

范文耀　王榮齋妻羅氏　劉興順妻杜氏　劉應愷

楊盛懷 以上十三人均九十七歲

傅文樑服地方義務五十餘年里黨無爭訟享年九十六歲

蔡黃氏年九十六歲知縣張紹齡給轉瞬期頤匾額

向學達同妻陳氏年均九十六歲五世同堂

曾同順年八十八歲妻黃氏年九十六歲

曾旬周年八十歲妻王氏年九十六歲

秦朝品年九十四歲妻胡氏年九十六歲

隆大仲夫婦各九十六歲

鄭世倫妻張氏　蔣文宴妻胡氏　譚珍傳妻秦氏　譚金城

徐廷秀妻李氏　蔣鳳乾妻唐氏　羅應周妻譚氏　張萬銀

陳文烈妻馮氏　秦文元妻董氏　范光錫妻黃氏　岑和模

隆大光　傅金奎　熊正魁　江朝俸　劉巨盛　袁益祥　成崇在

蔣廣才　李發甲　譚　儒　周朝明 以上均九十六歲

李維仲年九十任團正能盡職邑宰汪賁之奬以耄老公勤四字年九十

五歲卒

郎學貴妻傅氏九十四歲長子宗壽九十五歲次子宗宇八十六歲宗宇

子先肅妻余氏八十八歲三世高壽誠不多得

劉宗朝年九十五歲妻馬氏年九十一歲長子成章武生八十一歲次子

成德文生八十二歲季子成名武生八十二歲

童田氏家貧紡績課子讀書性好潔一日拂几棹數次壽九十五歲卒

熊永福年八十四歲妻陳氏年九十五歲

陳必貴　任心德　何坤貴妻王氏　鄭仕倫妻張氏 以上均九十五歲

傅永槐母秦氏九十四歲永槐八十六歲其妻劉氏八十二歲兩代五世

同堂亦盛事也

向國貴業醫喜吟咏耄老不倦壽九十四卒

譚朝杰九十四歲妻崔氏八十七歲

藍正恆九十四歲五世同堂　廖大謙九十四歲五世同堂

夏元鎰　隆光昭　王明藩　周朝臣妻王氏　傅國品妻葉氏

夏世富　徐文祿　隆譚氏　蔣朝瀛妻熊氏　彭浩遠妻張氏

周文光　邱正顯　李天河　高正櫟妻秦氏　易正品妻譚氏

冉德清　文舒氏以上均九十四歲

熊朝貴九十歲妻李氏九十三歲五世同堂

王正武九十三歲妻朱氏九十二歲

向清鑑　秦錫友　楊大才妻譚氏　曹元杰妻孫氏

殷天宇　李鳳義　隆武治妻譚氏　嚴芝宗妻危氏

張正柏妻陳氏　王正華妻戴氏　譚先爵妻范氏以上均九十三歲

秦應廣壽九十二歲葬時扶紼者由子至曾玄共四十餘人而婦女不與

焉亦難得也

楊天章　熊元芳　秦時萬　傅永成妻譚氏　向仕文妻曾氏

鄧時宣　陶必昺　孫大發　吳國棟妻冉氏　吳治棟妻陳氏

吳治炳　蔡人澤　秦文約　王宗鋼　秦炳榮妻冉氏以上均九十二歲

甘家裕性友孝適太平軍至裕負母逃三日不食母卒獨力營葬不與昆

仲較鄉鄰之貧難償債者焚券而去壽九十一卒

譚思福九十一歲妻馬氏八十四歲徐氏八十五歲

孫國璋八十歲妻鄭氏九十一歲

王正品八十六歲妻甘氏九十一歲

蒲耀恆　秦德能妻譚氏　舒正祿妻陳氏　張奇昭妻甘氏

廖慶雲　陳文星妻譚氏　涂永松妻劉氏　王官林妻余氏

殷陳氏　余洪緒妻王氏　劉潤安妻王氏　董天乾妻蹇氏

秦許氏以上均九十一歲

周盛發　郎顯壽　楊學玉　譚仕懿妻楊氏　彭代昭妻廖氏

秦文印　隆大福　王仕貴　蔣永朋妻馮氏　何大珍妻陳氏

譚有鼎　殷安賢　蘇鄧氏　向廷魁妻李氏　邱長登妻何氏

張耀元　譚子美　隆李氏　秦永光妻廖氏　謝永仕妻孫氏

彭洪昭　李福照　吳正江　鄧萬清　廖貴雲妻魏氏

武生秦長春　鍾金發以上均九十歲

劉承烈 編 余樹堂 增訂

[民國]酆都縣鄉土志不分卷

民國十八年(1929)鉛印本

酆都縣鄉土志凡例

一是編根據縣志而山脈河流十鄉地勢全圖分圖悉出劉君承烈手記之不敢掠人美也

一食貨吾邑少特產故畧而戶口田賦雜稅不妨詳載以備參考

一兵防今之要務是編敘歷代兵事團練保甲及近城關隘南北遠近險以備採擇

一吾邑人物可傳者多以限於篇幅故僅就各門采取一二

一藝文美不勝收茲就關於掌故者錄數篇以便誦習

一邑人惑於神道故祠廟甚多特著辨惑一篇以破迷信

一典禮有專書茲就通行婚喪祀典禮著於篇風俗仍從舊志

000575

一雜異固記災變而仙釋隱逸流寓之在吾邑者多有可傳故備錄之

注-64466-一册

酆都縣鄉土志弁言

乙丑秋予任西區小學教務校長劉君承烈出所著酆都縣鄉土志示予予既序而行之矣丁卯春予以非材總纂邑乘將蕆事籌備員鄧汝錫先生囑編鄉土志將以教各級學子夫一邑掌故莫備於縣志而卷帙浩繁士大夫憚於檢閱寒素之子則又難於購置遂致眼前常識習焉若忘一問以故鄉風景或茫然莫對或語焉不詳面地方之沿革疆域之廣袤食貨之豐歉禮俗之醇薄兵防雜異之紛繁人物藝文之秀美更無論也茲編據縣志體例參以劉君舊志擇其精者大者分爲八章六十一節非敢云美備也吾邑學子各手一編聊示常識普及云爾

酆都縣鄉土志目錄

酆都縣鄉土志卷一

第一章　建置

第一節　沿革

酆都屬禹貢梁州之域周爲巴子別都秦屬巴郡漢置枳縣仍屬巴是爲置縣之始東漢時分枳置平都縣後析巴爲二隸平都於永甯郡蜀漢省平都入臨江縣晉宋齊屬巴郡梁爲臨江郡後周爲臨州隋爲臨江縣屬巴東郡後仍改臨州析臨州置豐都縣唐時隸於南賓郡宋屬忠州元罷墊江併入豐都明初併入涪州洪武十四年復置縣改豐爲酆又以南賓併入焉清仍置縣隸忠州民國改忠州爲縣酆遂不屬於忠

第二節　位置

縣治在忠縣西南地跨巴水之中負山瞰江治分南北廣二百里袤三百六十里北連忠縣東北一隅彎曲如鉤深入石硅境內東與湖北利川縣毗連南與黔江彭水接壤南及西南俱接涪陵西北與墊江爲鄰四圍皆崇山峻嶺爲自然之分界焉

第三節　設官

宋設平都提點元設魯達花赤（按魯達花赤元制官名即知縣）明設知縣教諭訓導主簿典史驛丞清設知縣教諭（未幾裁）訓導典史把總民國設知事典獄員教育局長徵收局長警佐實業局長

第四節　立學

學宮卽孔子廟在大西門內學署卽訓導署儀門三間內爲明倫堂左

置臥碑右爲閲報室後爲二堂署右築屋三楹訓導喬松置經史子集其中俾諸生肄習書院有平山鹿鳴淩雲五雲經古等名稱聘山長主講月課制藝詞章獎給膏火三年歲科試入庠者十八人武庠八人廩增生各二十名每歲試貢生二名遇恩恩貢一名歲在酉拔貢一名卷局（凡考試由局代備卷費）學田（入庠院費）賓興（文武鄉會試分給旅費）制科停併作教育費

縣立小學校一堂附初中師範初小各一堂

各鄉小學校七堂

縣立女子小學校一堂附師範初小各一堂

城區初小校十三堂今併三堂

十鄉縣立國民初小校五十堂

城鄉公立國民初小校一百五十三堂

第五節　官署

縣署在宣化門内明洪武時創建明末燬清順治時重建大堂三間侯後屢有增修以成今日鉅觀頭門顔曰行政公署外爲獅子壩二門即儀門内有石坊一前爲大堂顔曰法廷後爲二堂内爲三堂有東西兩花廳東曰聽鹿别墅議事會向設於此典獄署在縣署儀門之右清康熙時所建者也

第六節　局所

教育局在大西門内清時訓導署也宏壯與縣署等實業局無定址現住竹雪菴徵收局在後街租民房暫住警察所在舘驛門内前清汛署也（前段改建圖書館後段爲警察所門向梧桐街）

第七節　公所

縣議會及參事會舊設縣署東花廳（今已解散）商會在花市街農會在實業局教育會在初級中學校此屬於法團者地方稅收支所在稻穀倉團務局在東門内近日開辦門戶練各鄉俱設辦事處此屬於地方機關者其他誠善堂爲種福會會所在小西門外天主教堂在稻穀倉街福音堂在大西門外

第八節　縣城

明天順時知縣柴廣壘石爲垣高二丈周六百丈門六曰宣化門曰東門（舊曰迎恩一曰守智）曰舘驛門（一曰會川）曰大西門（一曰陽和）曰小西門曰北門（一曰慶豐）皆有城樓又小門二曰東水門曰西水門清嘉慶十八年始置埤堄咸豐十年易堞以磚附城置空心礮台六同治六年增堞五百六十六雉今議折城垣以利交通

新城

縣城濱江水溢坍塌同治九年全城淹沒十一年就治西傅家堡疊石築城周六百七十六丈高二丈餘次亦丈六七尺堞一千二百六十二門四曰東作曰西成曰南化曰朔易各有樓别闢水門二各官署俱建修是年四月遷治然交通不便光緒三年仍還老城新城遂廢近年修城街道取石於此已非舊觀也

第九節　街市

城内街道平坦可車行近復修整更覺寬宏商務以中街及東門外爲最繁盛而上下米市及柴市每午前一集牲市在河壩以三六九爲集期亦頗繁華輸出品以榨菜桐油爲最穀米糧食次之輸入品以塩糖紙綵紗爲大宗綢緞等次之城西險灘逼近水稍漲即波濤洶湧不易

停舟商務不無阻滯然此諸灘實爲縣城屏蔽障水使南若灘平則水勢直注縣城人其魚也

第二章　方域

第一節　疆域

北岸　東陸路九十里十字路場又九十里忠州城　水程九十里羊渡溪忠州界　北陸路九十里董家場忠州界　西北陸路四十里界牌埡涪陵界又一百里涪陵城　西水程三十里立石鎭涪陵界又一百里涪陵城　北陸路百六十里龍洞彎墊江界又百四十里墊江城

南岸　南陸路百八十里花猜子涪陵界　東南陸路三百六十里蹇家壩黔江界　東南陸路百六十里江池石硅界又四十里石硅城　南陸路二百四十里花地塘彭水界又百八十里彭水城　南陸路四

百二十里七里槽湖北利川界又二百四十里利川城

第二節　山脈

小桑山脈自巴山來由忠縣分二支入境一在長江與渠溪河之間爲賈郭冠子大峯堡鸚鵡崖諸山一爲與墊江涪陵之分界最著曰金佛山俗呼梁礤磾高極雲霄昔人謂爲羣山之祖良有以也西麓接涪陵鶴遊坪

武陵山脈自石硅分二支入境一曰七曜山脈在南賓河之南爲利黔彭涪之分界一曰方斗山脈在長江與南賓河之間全境山巒重叠惟附近大江較低下亦無平原曠野之觀

第三節　河流

長江自涪陵來斜貫境內東北流入忠縣凡百八十里支流以南賓河爲最大亦曰龍河自石硅入境會合無數支流至葫蘆溪入江渠溪河自忠縣來與長江平行至涪陵珍溪入江碧溪河源出金盤山西南流經社壇永興至涪陵施家角入江

此外小溪北岸有雙溪丁溪老蛇溪赤溪朗溪小福溪流杯溪洗脚溪南海溪瓦陶溪南岸有大深溪渭溪高家溪文溪石板溪木屑溪泥巴溪曾溪沙溪高嘯溪丁莊溪陶溪佛子溪白水溪羅雲溪

沼澤之大者俱在南岸曰照壩之龍潭四時不涸旱輒於此禱雨波羅壩之老龍潭廣數十步溉田數十頃農民稱便

第四節　平都山

出東門過通仙礄俗呼仙礄有亭翼然礄北有嚴官碑萬曆時修礄以記年月者過此即平都山麓東行數武有胡公祠蓋明天啓間胡公平表討

奢賊邑人治像祠祀之東爲文昌宮明平山書院遺址也又東有石佛殿佛高二丈許左爲山川風雨壇其前即奎星閣舊址閣之西北爲東嶽廟內有放生池四時不涸僧徒各有職司規模爲各廟之冠

由東嶽殿西始登山有明萬曆時修路碑折而西有節孝總坊復折而東巨石倚山刊字六曰南無阿彌陀佛台上即大仙崖崖有九蟒亭塑九蟒繞神像後有圈石相傳爲楊御史墓有天啓甲子碑載神始末極詳

登級而上折而西至千手觀音殿有石坊西向曰總眞福地相傳即五雲樓故址內有古養敬楊忭二碑及賫希顏修路五碑李陽冰書道山洞天四字旁爲紀念亭亭高數層下臨文昌宮登之江山在目洵勝地也春夏遊人多宴集於此

第五節　平都山

由紀念亭再上至冢陽殿（卽大雄殿）前建三石磴以肅觀瞻（俗呼奈河橋）右有心神磚以鐵鑄成陰陽各一歷階而上爲玉皇殿右爲王母殿有楊宣尉重修景德觀碑登山頂過觀音殿則凌雲閣（一作凌虛閣俗呼二仙樓）巋然出焉閣前有明巡按盧雍書東坡留題二絶並已作八景五言絶及遊平山詩平山祠宇明末俱燬惟此閣獨存爲樓三最上塑二仙對奕像下卽五雲樓規模宏敞匾題如有仙則名五雲深處水天一色等最有名亦遊人宴集所也凭欄四望高入雲際下極江流隔江之豐稔壩近若襟帶葫蘆溪樹隱見鬱葱恍然月鏡中遊邑人林明儁聯曰虛閣靜涵天常餘雲氣奔城脚娟峯妙挿水猶帶江聲掛樹枝斯樓之盛可想見也

第六節　平都山

閣後卽凌雲台爲平山絶頂相傳王陰對奕處亭址石枰猶存二仙以銅爲之各高三四尺李鷂子之亂遂亡去台後爲曜靈殿（卽天子殿）東向顔曰幽都本見水經註世人遂以爲陰司實證王端冕搢圭前懸孽鏡闊逾丈日久蒙昧邪人猶不敢正視

曜靈殿東爲武廟神龕前有深穴舊志謂卽陰長生丹井泉涸成土穴宋高密丁尉侯爲亭覆之號五雲洞明宣德間通判游和重修萬曆初改建關祠好事者鑿石井口作爐狀客至山僧然紙錢其中謂其下卽冥府（俗呼天星眼是也）外鑄鐵獅二偃月刀一豎石碣刊侯印式並刻王鳳洲贊於上明楊叔京爲之有大碑臥地刻淸忠州守孫芝倪伯麒遊平都山詩筆法雋逸殿後小樓數楹遙望靑牛珠簾諸山足與凌虛閣媲美祠後爲仙姑崖相傳景龍中麻姑嘗訪王方平於此

第七節　鹿山

自流杯池右岸登鹿山石磴修縈里許抵玉鳴寺寺東向遙對二仙樓明天順時楊大榮創建因玉鳴泉得名蘇東坡遊平都題白鹿詩謂此山有鹿客至輒鳴遂訛爲鹿鳴寺寺旁有吳道子畫觀音像明洪武初泐石後復建閣以奉之玉鳴泉翠微隱翳滴瀝如戛玉聲四時不涸題其壁曰第一泉前建石橋一兩端接以亭榭樓欄曲折俱在綠蔭中遙望平都煙嵐藹藹俯瞰江城一瞭而盡幽雅爲縣中冠每值炎夏避暑者麕集山下爲竹雪菴建自明季有古心碑近城諸山以雙桂爲最高九秋佳日遊人於此登高焉

第八節　八景

平都山曉　唐段文昌仙都觀記云峭壁千仞下臨湍波老樹萬株上

挿峯嶺靈光彩羽昏旦萬狀非虛語也

流杯池泛　出北門數百步至平山麓兩山相對趙村澗水中出環爲九曲名流多泛觴於此舊有將侯勸農碑及沐浴亭今無存

白鹿夜鳴　邑志載宋名宦李長官令酆聞仙鹿夜鳴異之使人往山蹤跡遇老人云當有賢人至翼日蘇文忠喬梓果過訪焉遂以鹿鳴名山

青牛野昭　平都山之東越小福溪有山曰靑牛大江前橫峯巒層疊而出如牛蹲江岸回首而飲於溪將夔記謂左跨黃牛卽此

珠簾映日　珠簾山在治東二十里俗呼溜沙坡朝旭初上石壁倒影

入江晶瑩閃爍狀若一桁珠簾洵奇觀也

月鏡凝山　南賓河入江之口狀似葫蘆故名葫蘆溪夜月當空影射上下潭四山環繞平圓如鏡華陽國志稱明月峽廣德嶼卽此

龍床夜雨　龍床石盤由江心拓出浪花點石面若雨冷然上鐫大字曰石槎下游水落石紋若雲鬟凹若磬或如甕如無底臼不一其狀

送客晴瀾　送客堆在龍墩之上亂石磊落矗出江心春秋佳日波瀾壯闊遊客輕船觴咏其上極觀瀾之致焉

第九節　險灘

縣境險灘極多在上游者有竈門子捲蓬子觀音灘大佛面土地盤送

客堆磯碑梁百丈灘等治南有龍床石下游有關石灘林閣老等就中以觀音灘爲最險水滿時汽船亦不能行縣志謂險冠全蜀信不虛也明季曾經開鑿仍無大利磯碑梁橫亘江心長可三百四十餘丈亦爲險灘上下行船不可不注意焉

第十節　祠廟

孔子廟在教育局東建自明季清同治時毀於水光緒初修復朱壁黃瓦繚以宮牆東西二門曰聖域賢關內爲泮池跨三石橋有欞星門以石爲之後爲戟門爲天井爲露台上爲大成殿位至聖孔子旁爲兩廡各以古先賢哲配祀後爲崇聖祠每值春秋上丁致祭與清無異戟門之左有名宦祠右有鄉賢祠宮牆左右有忠義節孝兩祠關岳廟在東門內亦有春秋兩祭右爲城隍廟進香以邀福免惩者無日無之每年

城隍神出行三次送迎者皆持香火街爲之塞每家皆設香燭神至輒跪叩邑人之迷信可想見也福祿宮基址寬廣屋宇高亢故近年淪爲軍隊駐紮地禹王宮在上王廟之右亦雄偉內有李太白書禹穴二字鐫於石壁大可八九尺字極雄恣此外廟宇尚多記不勝記

第十一節　辨惑

酆都爲陰司冥府不獨邑人深信他縣人尤爲迷惑特錄縣志以正其謬

山海經云宇內洞天福地四十有二酆之平都廁焉人人耳食山靈遂埒於蓬萊三神山之屬不知李唐祖老聃俗多好道相沿及宋季附會道書謂仙人陰長生王方平鍊形於平都呂純陽有訪王陰不遇詩釋氏誤將陰王連讀以爲陰司之王者遂附會爲地獄之說好事者又引

李白詩下笑世上人沉魂北酆都二語證之於是皆信酆都爲鬼國也不知酆在唐爲豐明時始加邑旁李白詩當是別有所指

九蟒之廟事極不經按蔣夔景德記在明永樂二十二年云大仙崖有九蟒之神周延甲記謂宋慶歷時人而舊志則謂宏治二年事其誤可知

麻姑於魏青龍某年七夕過酆訪方平有詩曰王子求仙月滿臺玉簫清轉鶴徘徊一聲飛過不知處山上碧桃花自開此絕句也漢魏以前七言僅有柏梁體此必後人附會爲之也

大雄殿前三石橋俗呼奈何橋橋下曰血河池不知此殿在明曰寥陽殿明藩蜀獻王修前建三石橋以壯觀瞻別無意味僧人附會陰司之說指爲奈何橋血河池以愚婦女其誕甚也

第十二節　農田水利

周官司空居四民時地利酆邑雖小聚族於斯者大都宅乃宅畋乃田而隄堰溝洫要必修水利備旱潦以爲財用衣食之源然地多磽瘠能經十日雨不能耐十日晴北岸山少田多溪澗多無源之水故水利在塘南岸田少山多而龍水四出故水利在堰守土者以時灌溉吾民庶有利哉

第十三節　十鄉地誌

忠武鄉位縣治之東南南濱長江西南接涪陵西北與忠義鄉毗連東北與安仁鄉爲鄰全境成菱形面積在十鄉中爲最小通涪墊扼江流縣之右臂也

地勢北高南下山脈自安仁鄉入境爲鸚鵡崖山本鄉最高處也三面

峭壁因以爲寨自此逶迤而東爲鶴燕山東南至大池而低下復隆起爲高山坪雪峯山折而西經界牌埡華峯寨而終於立石鎭

水之大者長江外有碧溪河自忠義鄉來經永興場至大溪口入涪陵境碧溪河盛產鯽魚

永興場爲本鄉首場以三六九集距城六十里交通便利商務繁殷貿易以雜糧牲畜爲多

馬虎埡通墊江要道當鶴燕山微凹處兵家莫不重視之距城四十里二五八集商務次於永興東南三里之世祀菴明舉人黃世修妻楊氏建世修祖景星叔祖景燮俱明進士著有白水集今本鄉與忠義鄉社壇聯立小學校即在菴中菴東里許三星伴月明雲南曲靖府知府楊叔京父靑野墓在焉

入合場亦二五八集貿易不盛爲酆涪陸路必經之地南五里之曾家沱舉人曾友汲故里

白沙沱在鄉之東境有江津教諭馮迺騶墓騶以文學名

第十四節　忠義鄉

忠義鄉在忠武之西北西南接涪陵西北接太平鄉北連安仁鄉幅員大於忠武地勢西北高而東南下梁礤礡山脈自太平鄉來綿亘西境爲與涪陵分界綫

水之大者爲渠溪河自安仁鄉來經踏水礄垡子場而南入涪陵次爲碧溪河亦由安仁鄉來經社壇而入忠武鄉二水縱貫境內恰成平行

社壇爲本鄉首場距城八十里一四七集商務爲北五鄉各場冠地當酆墊通衢商旅往來不絕其南江廣人置義塚地古柏數株非近代物

也附近之唐家壩有舉人王元會墓

林家廟離城百二十里二五八集入涪孔道也西行越箐口達涪之鶴遊坪邊防要地

垡子場距城八十里一四七集爲本鄉適中地全鄉開議會必假會場於此

第十五節　安仁鄉

安仁鄉位於縣治之北東濱長江南接忠武忠義西北接太平面積三倍忠武

地勢西高東下西部山脈自梁礤礡來東部山脈自太平鄉冠子山來入境以大峯堡爲最高處低凹處曰關口形勢天成本縣西北各場入城要道也其分東南以成附城諸山

河流以渠溪河爲著自太平鄉來南流入忠義鄉次爲碧溪河導源於冠子山之支脈亦南流入忠義鄉

王家塲在關口之西距城六十里二五八集本鄉首塲也鄉立小學在焉貿易以米麥大豆落花生爲多西北入城者必經此地故旅客往來不絕

何家塲本鄉北部大市貿易之盛與王家塲埒離城九十里集期一四七

沙灘塲濱渠溪河東岸本鄉西境首塲也通墊江大道地勢平坦交通便利故商務亦盛離城百二十里二五八集

老柏溝在鄉之東南距城三里有明進士楊大榮墓其子孟瑛亦進士葬硯台石俱三百年前古墓也

第十六節　太平鄉

太平鄉在安仁鄉之北東濱大江西接涪墊東北西北接忠縣北接仁壽鄉本鄉多山西境山脈自忠縣來爲大成寨攔馬坎寨子嶺一帶高地復折而南爲青杠埡梁礤礴大地埡諸嶺與涪墊分界東境山脈亦自忠縣來最著者冠子山東部諸山祖也

河流之大者爲渠溪河在本鄉會合數支而成其源皆自仁壽鄉來斜貫本境而入安仁鄉境

雙龍塲瀕渠溪河支流距城百二十里一四七集交通便利爲酆都北部商業之中樞本鄉小學校在焉附近觀音磧有翰林編修易脩墓

十字路離城七十里三六九集爲縣北各地入城要道貿易尙盛亦本鄉東境大市也與忠縣分界市之一部亦屬忠縣賈郭山在其北高入雲際非天氣清明不見山巔

攤山壩瀕渠溪左岸距城百二十里三六九集清嘉慶時教匪之亂胡星率鄉勇擊之後駐營於此以軍單陣亡

羅家塲距城百二十里二五八集大路四通貿易亦盛

李家市本鄉西部首塲距城百六十里一四七集附近多沙田盛產米

第十七節　仁壽鄉

仁壽鄉縣之極北地東北接忠縣西南接太平鄉濱江之孫家壩一帶爲忠縣屬地所隔絕全境山脈皆自忠縣來地勢極高河流爲渠河之上游源自忠縣來

董家塲在鄉之西北距城百八十里二五八集與忠縣分界處也大路四通商販雲集產米雜糧篾席等爲本鄉極北之繁市

關聖塲二五八集附近有渠溪支流由高岸下瀉形成瀑布長數十丈寬五六尺最爲美觀水激聲宏可達十餘里

大河塲在渠溪之濱離城百八十里三六九集貿易頗盛

第十八節　太和鄉

太和鄉在長江東岸隔江與仁壽太平相對北接忠縣東接石砫南鄰崇德新建二鄉山脈由石砫方斗山來大坪山其分界也濱江一帶地較低下

河流除長江外渭溪較大

高家鎭在江濱離城六十里鎭中立高等小學校一初級小學校三街市繁殷商賈雲集不特爲本鄉首塲實全縣第一市鎭也水路可連忠酆陸路可逾横梁子以達石砫故防酆者不可不注意焉清同治元年

進士傅世綸辦團練禦髮逆石達開於此勢孤被擒死之東南後池壩石硅屬地東北龍窕廟貿易亦盛紅河鎮與羊渡溪對峙爲忠酆石三縣交界地近年股匪出沒其間雖已撲滅市境蕭然

第十九節　新建鄉

新建鄉在太和之西南爲縣城南屏出境山勢高峻爲與崇德鄉之分界尖山子其最高峯也龍河會合數支貫流其間夏季水漲可行小船近年程冉二匪盤據高鎮羊渡溪絡繹百餘里肆行劫掠鄉人扼龍河嚴防屢攻不克上游賴以安全泥巴溪濱長江爲柴米集散地陸通興隆義順各場雙路口一四七集距城二十里貿易多米雜糧及牲畜南岸邊地入城

者多住宿於此西三十里至蓮花洞道分二歧一通梨子灣一通大月壩附近坦舖進士李存周墓在焉馬蝗冲三六九集南經錫福礄以達順慶鄉與東之兩涯口俱爲入黔彭要道貿易亦盛石佛場聯絡雙路口與隆場可通觀音寺長坡嶺一帶貿易頗多布業特盛

第二十節　順慶鄉

順慶鄉在新建之南隔江與忠武直對南接涪陵多以山爲界溪流之大者有三皆北入龍河小者爲佛子溪白水溪羅雲溪俱入大江波羅壩俗呼包鸞距城六十里三六九集本鄉首場也北連馬蝗冲西經亭子埡朱家嘴而連長江南經担子台以入涪境道路四達貿易亦

盛所製陶器竹席亦有名鄉立小學校在焉孫家營二五八集西北通錫福礄南經竹子壩廂壩以入涪境故旅客往來極多黃沙壩在鄉之東南貿易亦盛

第二十一節　崇德鄉

崇德鄉在順慶之東南界黔彭石硅諸縣西北連新建太和面積爲十鄉之冠東南接順慶皆以峻嶺爲界故全境皆山龍河與其支流起伏山間水勢湍急觀音寺濱龍河東岸距城百四十里一四七集本鄉首場也出米佳而多附近有鄉立小學校西通大月壩越大柴埡以至蓮花洞東北之長坡嶺與石硅分界産米尤佳西南梨子灣距城百四十里在崇崖寨內

寨周圍峭壁徑可六十里南賓河及其支流環繞其下形勢殊險可戰可守者也都督村位鄉之極南距城二百四十里二五八集東之龍莊坎扼入彭咽喉形勢亦險南之大界坡西之花椒崖皆要隘也

第二十二節　義順鄉

義順鄉在崇德東北東鄰湖北利川縣西北兩面俱與石硅犬牙相錯山勢磅礴礦産極富溪流以龍河爲大洗脚溪則烏江之支也礄頭壩在龍河北岸距城三百二十里二五八集本鄉首場也團練頗著成效故反正以來未罹匪患西南有大道通石硅東經中壩場以至沙子關入鄂之要道也東北之黃連壩以産藥材著梨子壩西北通沙子關東南經金鈴壩以達黔江實縣東堂奧之地也

下塘壩距石硅城最近其南三星伴月復與長坡嶺三根樹聯絡俱酆
石交界地也
黄河壩爲鄉東南之首壩界於石彭利川之交亦邊防要地也
廂子石在鄉之南不與本鄉連接而爲黔彭石之分界住民約三百戶

第三章　食貨

第一節　戶口

清初流賊張獻忠由陝入川土匪乘機屠戮東川人民殆盡我邑城鄉數百里迄無居人戶口全空矣順治十八年獻賊殄滅餘賊亦爲胡公平表擒殺先民田宅悉外省人移補而湖廣麻城人尤多
時灰燼之餘土曠人稀清廷命湯公渡來宰吾邑全城皆瓦礫場公草創衙署招撫流亡因地徵賦有一戶卽載一糧籍糧籍之多寡卽戶口

之多寡按册瞭然無煩再計
其後人滿地燹糧籍所不能載通稱民籍民籍外又分客籍商籍軍籍而戶口盈縮無定矣乾隆時勅縣報民數册籍散失無考據可考者列後
咸豐四年報部一萬八千五百七十戶男女七萬三千九百三十丁口
同治七年報部二萬一千四百五十四戶男女八萬二千五百五十五丁口
光緒十九年報部二萬七千九百三十五戶男女八萬八千四百五十丁口
宣統二年彙報九萬一千一百戶男女四十一萬丁口
民國十五年彙報九萬六千一百四十九戶男女四十七萬四千六百九十八丁口

第二節　田畝

清初分田地爲上中下三等共計十九萬九千七百六十二畝同治六年川督駱秉章奏定簡章全縣田地平均計算折合中田十五萬四千一百零七畝民國仍之

第三節　氣候

酆濱長江流域氣候溫和春夏雨水較多冬無嚴寒或終年無雪者邊境山地異常凛冽最高處有十月飛霜冰可盈寸三伏無酷熱入夜必用大被侵曉早行至見霜霰

第四節　物產

物產豐富百穀皆宜長坡嶺之米蔣家溝之紙尤佳榨菜爲特產運售

宜漢上海各埠獲利甚巨漆與桐油亦常出口花木亦多果品隨在皆有藥品有黃連天麻厚朴五倍子黃蘗等動物家畜外有獏山羊土貂鸚鵡吐綬雞桐花鳳礦物不饒開採者僅煤鐵石灰數處江濱有淘金者所出不多工藝品包鸞之篾席陶器王家渡之鍋皆有名麩醋醬油尤他縣所不及咂酒爲民間常用品味甘美隨時可飲亦特產也

第五節　賦稅　附附加

國家正供丁糧名義最爲正大清康熙六年川省田地統分上中下三等雍正七年奉文丈量我邑除籍田四畝九分不徵外上田四百五十七頃三十畝九分（毫厘不計下倣此）畝徵銀一分八釐四毫（絲忽不計下倣此）中田四百六十五頃三十三畝五釐八毫畝徵銀一分六釐一毫下田四百二十一頃八十九畝九分五毫畝徵銀一分二釐上地一百五十八頃三

十六畝七分三毫畝徵銀五釐六毫中地二百七十四頃八十五畝一分畝徵銀四釐九毫下地一百九十八頃五十三畝二分畝徵銀四釐二毫合併積算田畝地畝共一萬九千七百六十畝九分歲額徵銀二千四百九十二兩五錢一分二釐遇閏加徵銀一百二十一兩加一五火耗徵解定後永不再加

雍乾嘉道以來代有蠲免同治六年川督駱秉章以田畝地畝參差不一徵銀多寡相去懸殊奏定簡章不分上中下折合爲中田十五萬四千一百零七畝畝徵銀一分六釐一毫歲共徵銀二千四百九十二兩五錢一分二釐遇閏照攤銀一百三十九兩一錢九分六釐加一五火耗銀三百七十三兩八錢七分七釐永爲定章賦不加增

未幾而捐輸之名出矣津貼之目出矣捐輸分新舊兩項舊捐輸額訂

歲徵銀一萬一千六百兩爲常年定例新捐輸無定額歲約解銀六千兩津貼之額以丁糧正糧爲準

民國改用銀幣取淸舊名目一律更易以丁糧爲正賦原額解銀三千九百八十八兩二分一釐依銀幣扣算百畝應徵銀二元六角二仙四星以津貼捐輸爲副稅年額徵銀三千八百零八十兩百畝徵銀二十元零三角一仙四星外全年解費銀三千四百八十六兩八錢一分二釐合計年實解銀三萬八千三百五十四兩八錢三分三釐近因軍餉日急連年預徵已墊解二十二年也

團練局費按畝加收錢二百四十文留學貸費按畝加收錢三十八文實業局費按畝加收錢三十文縣議參會費按畝加收錢三十文

第六節　雜稅

鹽課　向由商認銷犍蓬射水引四百五十八張歲徵羨截銀三千四百八十四兩六錢五分光緒五年提歸官運認銷者指定岸口先以保證押金入官准其專岸獨辦民國反正并官運取銷無論官民皆可販運

茶課　茶腹引百張歲徵羨截票息銀七十兩零一錢現無商認銷課停

魚課　歲取銀四錢四分

田房契稅　向非正供今則按價徵收與丁糧無異淸初邑人契據白紙墨書無所謂紅契也至嘉道時始有紅契之名亦無所謂契稅也其後丁口漸繁買賣田業者益多官宰量其價格値百稅五無定額亦無解欵契稅最旺一歲價格約四十萬串所謂契稅不下二萬串悉爲縣

官津貼光緒六年始歲解銀五百一十七兩二十一年續徵解銀一千二百兩旋又加徵解銀三千四百兩仍由官收解羨餘頗多淸末趙督奏設經徵局另派員收解民國仍之今每千徵錢至九十七文也

田房契稅附加　省議會公告費按價每千加收錢四文縣教育局中學費按價每千加收錢九文新加教育局中學費按價每千加收錢三十文縣實業局公告費按價每千加收錢三十九文縣警察局按價每千加收錢八文四糧費按價每千加收錢十文徵收局局用經費按價每千加收錢九文四毫教育局中資捐按價每千加收錢二十九文驗契費每契徵銀一元二角官契每張徵庫平銀一兩推撥費按價每千收錢五文

肉釐　光緒甲午之役奉憲扎每隻抽釐二百文償日本兵費二十六

年復牽扎加釐二百文由徵收局招商包辦繳局由局報解民國十二年川督楊子惠以教育經費無幾將此項全數撥歸教育廳作教育經費永爲定額而治屬學堂林立在在需欵除附加稅外經各法團議決留三分之一作邑教育經費附加列後

高小學費按隻加收錢四百文十鄉學費按隻加收錢一百文新加全縣添設小學費按隻加收錢三百五十文議事參事費按隻加收錢二百五十文新加議事參事費按隻加收錢三百文三費局每隻加收錢一百文招待去來兵費按隻加收錢三百文警備費按隻加收錢二百文今年改撥閫費 司法費按隻加收錢五十文實業局按隻加收錢五十文

禁煙査緝捐　歲約五千餘担担凖千兩每担出口捐銀三十六元

藥捐　亦名入口捐凡雜貨藥材煙油等類按物貴賤納捐無定額

護商捐　商船往來沿江以兵護送量物酬金無定額

菸酒公賣捐　菸酒非必用品寓禁於徵亦戒奢之意然邑人用之甚少全年收入不及千元

船捐　亦因巡查江面禦匪護商而設抽收亦無定額

第七節　錢幣

銅幣　舊制重一錢二分徑七分面鑄國號背鑄滿文中有方孔由一而十而百而千以索貫之名曰一貫咸豐季年江南軍事急餉奇絀兼鑄當十大錢徑一寸二分重一兩二錢後以重贅難行遂廢光緒中葉成都造當十當二十銅幣面鑄省名背鑄龍文無孔民用稱便民國兵多餉浩改造當百大錢重六錢一分大徑寸百物因之騰貴近更鑄當二百大錢邑尙未通用

銀幣　舊制通用生銀約鑄十兩爲大錠中錠半之百貨交通以銀爲定位而輔以銅錢自中外通商銀幣始出初未盛行今則各省遍鑄從前大錠概不適用

第八節　工商

縣屬金工木工石工土工等大都恃十指以謀升斗故製造幼穉近日石印照像放大畫像鑲牙補牙修理鐘表機械織襪機器縫級機器掛麵各工藝日益發明業此者亦漸多

商業　畧粟爲出口大宗榨菜桐油藥材等次之米鹽糖縣紗爲入口大宗雜貨煙酒等次之其餘列肆者不過服食日用之品交易往來不甚繁盛近日江濱建輪船碼頭由江岸至中街越郎家巷子直達後街改建商業塲將來發達可計日而待

第九節　交通

水運便利長江可行小汽船及帆船惟險灘連縣不易停舶今日議建輪船碼頭不爲無見陸路西北通墊江與馬可行尙稱坦夷東北入石砫亦無道難之嘆惟東南一帶崎嶇莫比運輸者除肩負外無他術郵政設立有年頗著成效電政局多隨軍人轉移人民每感不便

第四章　禮俗

第一節　婚禮

民國禮制館新訂新婚禮凡議婚以家長主之納采問名納幣請期俱用媒妁往來兩姓允可而後履行至親迎禮吾邑無論貧富必行之惟富貴家迎親行奠雁禮餘通行四跪三叩禮

第二節　喪祭禮

民國禮制舘新訂新喪祭禮凡家中有喪衣衾棺木等事宜稱家之有無親友宜訃告有服男女可用舊式喪服禮服男之左腕圍以黑紗女之胸際綴以黑紗結吾邑喪禮葬不逾期葬之前一日題主開弔受親友弔唁或用輓聯或用幛彩是夜家奠設豕一羊一行三獻禮至期安葬近有開追悼會者無論男女俱可前往以其會多在公地也

第三節　祀典禮

民國禮制舘頒祀孔典禮每年春秋上丁日合城官員以太牢祀孔行三獻禮春秋上戊日官員以太牢祀關岳仍行三獻禮其餘先農壇風雲雷雨壇龍神城隍神火神崇聖祠忠義祠節孝祠鄉賢祠名宦祠俱有典禮縣知事以時致祭

第四節　風俗

民性質樸勤苦耐勞重節操守信義近年留學省國內外者逐漸加多民智發達有一日千里之勢

俗多崇信鬼神元旦然香燭於門外謂之品燭上元夜張社火鬧元宵此十餘日內人民多創設龍燈獅子唱秧歌採茶歌以供愉樂二月初建天子勝會朝山進香者絡繹不絕至整隊拜跪由道士唱導者謂之燒拜香瀘渝各地結伴買舟而來者俗呼娘子船有進鉅蜡者淸雍乾時可然一年近猶大八九寸然十餘日不息淸明拜掃祖墓端陽食角黍懸蒲艾飲雄黃酒道家送朱符貼堂中競渡龍舟弔屈原民皆休業一日商人淸幰作一度之結束中元日祀先薦亡寺觀建盂蘭會中秋製月餅設席玩月商民休業結帳與端陽同重九日登高臘月八日寺僧煮粥送民家曰臘八粥二十四日用糖餅祀竈除日祭天地祖宗拜掃祖墓然炮送臘

第五章　兵防

第一節　明末淸初之亂

明天啓元年藺賊奢崇明陷內江圍成都其黨樊龍張彤據重慶殺巡按徐可求川中大震時忠州判官胡平表在圍城中縋城徒跣詣石砫土司秦良玉乞援效包胥號泣數日不食良玉乃遣兄邦屏姪翼明濟渡渝江駐南坪關阻賊歸路拱明襲兩河焚賊船阻其東下裨將秦永明分張旗幟山谷間守護忠萬酆涪賊不敢犯邑得以全

崇禎末流寇張獻忠入川土匪乘機殺掠城鄉民房盡燬平都山各廟悉付一炬惟五雲樓獨存各鄉墳墓多被發掘

淸康熙十二年十二月吳三桂僭號大周次年正月酆都陷十九年八

月淸兵復酆都是月總兵譚洪叛酆都再陷二十年正月淸兵克洪於百丈梁重復酆都

第二節　教匪之亂

嘉慶三年教匪冉文儔擾酆北境邑武生胡星率鄉勇却賊於邑之劉家峭連捷於靑岡埡大埡口等處復鏖戰煙墩山戴家溝鍾家溝冠子山梁磉礅一帶賊不敢逞後駐營灘山壩賊掩至衆寡不敵星格殺數十人力盡而死

教匪之役邑人徐永韜設策防禦偵知賊由間道趨城請於官率鄉勇扼磯碑梁與城犄角賊逼西關韜親然巨礮殪賊數人賊知有備遁是年十二月賊張朝漢由酆入忠沿途焚掠損失甚巨

咸豐七年巨匪藍朝鼎由涪之珍溪入境蹂躪永興社壇灘山壩等處

三月初六日破嚴家寨燒民房數百家死數百人繼圍關聖寨寨人以疑兵殪賊數十人賊遁

第三節　髮匪之亂

同治元年巨匪周𨙸子擁衆萬餘擾酆北岸鹽商曾康侯邑紳王鶴亭唐笙齋冉萃雲等倡練萬人團禦賊於箐口北關等處賊遠道入忠是年石達開三路擾酆一出羊渡溪一出高家鎭一出波羅壩邑紳傅世綸督團禦賊高鎭力竭被擒罵賊不屈死事最烈

賊既掠高鎭溯流而上屯縣南王家渡一帶連營百餘里隔江相望曾康侯傾重貲餉軍聯邑紳率萬人團晝夜防守月餘不懈賊知有備引衆悉去關涪徐邦道突圍擊賊涪圍解酆警亦平

第四節　酆都反正

宣統三年秋革命事烈鄰封次第反正邑人慮客軍入境糜爛集紳議決由本縣自動組織推前雲南楚雄府知府郎承詵開臨時軍政分部兼縣長城廂五團各練壯丁百名資鎭攝調遣十月初三日宣布獨立秩序井然

第五節　洪憲之役

五年袁世凱僭號洪憲滇督蔡鍔反對袁兵攻滇取道四川北兵紛紛入邑境王維綱結涪陵警隊響應蔡欲據縣城遮北兵軍至馬虎埡大池警耗日亟許知事長齡遂留北兵守城二月十四日拂曉維綱攻城北兵不熟地利潰敗南海溪城陷許知事死之

是役也北兵死數十人損失槍械亦多維綱去遷怒酆人四面縱火圍攻燒毀千餘家死者百餘人全城精華悉盡時縣匪如毛張劉龔熊楊

等匪假護國軍名義立匪棚數十百所嘯聚邑境刦掠燒殺無虛日富者徙入城貧者露宿榛莽間全境元氣銷耗盡也

第六節　程冉二匪概畧

十二年六月程匪撲城擄胡知事去（邑人以一千五百元贖回）遂據城四出刦掠嘗於雙路口馬蝗冲社壇等場集期率匪黨捉去約七八百人初猶擇肥而噬非千元以上者不捉繼則數百元數十元亦捉甚至每到一方以匪徒分守要隘挨戶盡人捉之曰攔河網曾有被捉十一人以八元贖回亦罕聞也

程匪據城時沿街拉捉牽以長繩如貫魚然日數十牽牽且數十人河內拉肥之船日數載或十數載不等酆人四出避難絡繹不絕

冉匪嘯聚高鎭下游之蒲家場龍犹廟倒流水等處尤以黃金台土寨

子一帶爲老巢蓋此處竹木蓊蔚縱横數十里居民多被脅從受禍之烈紅河鎭羊渡溪高鎭而外以高鎭對岸孫家壩爲最

第七節　團練保甲

明編戶四里曰豐樂上里豐樂下里市郭里南賓里里各十甲清康熙六年編戶一里統名安仁里凡十二甲北岸爲一二三四五六七八等甲南岸爲九十十一十二等甲惟十二甲幅員太廣分該甲爲內外兩甲故或謂十三甲云

向無團總名稱每保設保正一人同治時川督駱秉章令各縣辦保甲清戶口發門牌未幾廢弛光緒二十年知縣蔣履泰奉令各甲設置團總位於保正之上次年開辦團練練丁由十二甲保送挑選一百名委邑人鄒世騏管帶練費由門戶捐煙燈捐契底項下每串抽錢八文支

給宣統元年裁練丁併入警察宣統二年劃分全縣自治區域改十二甲爲十鄉北岸五鄉曰仁壽太平安仁忠武忠義南岸五鄉曰順慶崇德新建太和義順合城區爲一城十鄉

民國元年奉民政長令辦團練設總副長各一人參議四人練丁六十名經費契底每串加抽八文猪羵每隻加抽二百文

民國三年公布編制法十家爲牌置牌長十牌爲甲置甲長五甲爲保置保董每鄉置團總花戶發給門牌註明業主姓名年歲籍貫男女丁口總數有無糧業槍械取九家連坐結經費就地籌欵

民國六年頒團練章程城設總局舉正副局長各一人自治區域設分局正副長各一人場市設正副分所長各一人各鄉團正直隸分局長

八年四月省頒團練章程專重門戶練設立團練局及各鄉辦事處凡

排甲長團正屬於團總附郭者隸城廂團練局

十一年四月省頒團練大綱以門戶練治本以常練治標招練丁二百四十名以三十名爲一分隊三分隊爲一大隊兩分隊駐城中策應餘編兩大隊各鄉游擊

十四年七月省令整頓門戶練頒發督練長員服務規則設督練長一人每區各設督練員一人

十五年五月省令整頓門戶練實行按戶抽編每甲編三分隊每隊教練兩月畢業後每月會操三次以租稔捐穀購槍械收租三十石者購夾板槍一支六十石者倍之餘仿此各鄉一律舉行復於悟惑寺開團練傳習所招學員二百餘人順慶鄉亦照辦學員八十餘人

第八節　關隘形勢

東關　治東五里古佛崖畔臨小福溪口溪東爲靑牛山清嘉慶五年典史章遇春築以禦賊城郭人民賴以無恙同治元年邑人補修

西關　治西三里南北壇山麓臨洗脚溪口溪西土阜對峙俗呼莪坡嘴與東關同時修

北關　治北八里內俯近城諸山外臨峭壁環以深澗澗外遠山緜亙層疊如屏同治元年修

貓兒關　北關山梁東邑人築以防山谷小徑者

宋家埡口石卡　北關山梁微凹可徑清咸豐三年邑人築石防之

第九節　縣城形勢

面臨長江背負羣山平都在其東五魚在其北鹿鳴雙桂在其西而雙桂特峙右挈南北壇山微凹處爲彭家埡口有徑宜防自雙桂峯背蜿

蜒而北更上七里許石峯嶸起峭峙千尋俗呼老鴉坡北關在焉外遶澗壑山梁環匝如堵牆回望近城諸山盡歸眼底緣山梁而東石徑高低越貓兒關約八里許爲東關緣山梁而西迤邐漸下遶出西關外爲莪坡嶺頂銅鑼廟莪坡嘴可與西關犄角故附城要隘此關第一以其地高可應東西也

第十節　北岸近隘

立石鎭距城三十里位華峯寨西當酆涪之交依山扼水爲江防要地

界牌埡距城三十里當華峯崇福兩寨之間地勢高峻通酆涪要道宜防

馬虎埡距城四十里高據山梁爲酆墊通衢與界牌埡遙對號音可達亦要隘也

煙墩山距城五十里亦酆墊要衝沿山而上最高處曰鸚鵡崖目光可達數百里不惟險而可守亦瞭望最善之地

關口距城四十五里治北奧區也仁壽太平安仁三鄉後段入城必經之路梁墊入酆亦取道於此故近年爲兵家所注重大柏樹距城四十里爲忠酆孔道必防之地

溜沙坡距城三十里扼忠酆水道亦江防要地

第十一節　北岸遠隘

金莊山治西五十里近永興場通涪陵百滙場大路宜設防

大石廟林家廟兩地不足言隘然當涪陵珍溪入境孔道不可不防

箐口山嶺高聳形勢最險路通鶴遊坪宜重視之

大地埡寨子埡青岡埡俱布列於金佛山巔與箐口聲氣相通而青岡埡通酆墊大路尤宜嚴守

寨子嶺欄馬坎劉家哨大成寨俱依山設險聯絡一氣可以防西北一帶

李家寺有大道通忠墊爲我邑邊境繁盛之塲亦布防要區也

董家塲太平塲俱與忠縣接壤道路四達亦邊防要地

嵌口石佛子俱仁壽鄉東境要隘當忠酆之交形勢最險宜防

十字路距城七十里在賈郭山東依山爲險扼忠酆要衝必防之地

濯溪口距城七十里濱大江爲忠酆交界地防江者不可忽焉

第十二節　南岸近隘

治南近隘自大坪山脈橫亘中央地跨太和新建崇德順慶四鄉成天然要隘

橫梁子屬太和鄉距治九十里當酆石孔道爲高鎮後方屏蔽最宜重視

梯子崖屬崇德鄉距治百里爲大月壩長坡嶺觀音寺入城要道兩旁山高百餘丈中寬僅丈餘與高鎮雙路口有密切關係

硝洞灣爲新建崇德兩鄉交界地山極高峻登此則觀音寺大月壩崇崖等處在望最險處眞天塹也

九溪溝距治六十里爲新建極南地交崇德鄉界由溪陡壁上山頂約十五里其險可知

古佛洞屬順慶鄉距治七十里地勢險要爲黃沙壩新建場等處通孫家營波羅壩大道並與錫福礄兩滙口有安危關係

青岡埡爲大坪山分脈由尖山子緜延至上渡口青岡埡即在其上亦要區也

黑石梁據治西上游與觀音灘對岸江面至此極狹灘凶水惡江防重鎭也

第十三節　南岸遠隘

礄堂及魚腹渡距治百五十里爲長坡嶺通大月壩小月壩要路據龍河上游天然險地前魏部潰退長坡嶺觀音寺一帶不能越大小月壩一步皆恃二地之險

太平壩屬崇德鄉距治二百六十里地爲高原左帶賀家灣之險右據雞公嶺之雄邊寨重鎭也

都督村屬崇德鄉距治二百九十里爲彭水及涪陵桐子山各處交易中心點貿易之盛與觀音寺埒右方要隘龍莊坎至花地塘等處可通

小河左方要隘花椒崖桐子山倉溝等處亦通小河據涪陵上游地處邊境本地人圖自護團練甚屬整頓

花倩子屬崇德鄉距治百四十里通桐子山狗子水倉溝各地路亦甚險要

猪棬門屬順慶鄉距治二百里由廂壩入口至出口處中約二十餘里盡山峽無居人行人至此戒懼

分水嶺屬順慶鄉距治百十里亦甚高險通担子台波羅等場最宜防守

亭子埡屬順慶鄉距治四十五里羅雲壩及波羅壩往來咽喉並爲治南上游江防屏蔽

第六章　雜異

第一節　災異

宋淳熙十三年七夕平都山頂陰長生丹井五色雲見羣鹿馴集

紹興二年旱十年彗星見參度

明嘉靖七年大旱萬曆二年螟虫生禾根如刈崇禎十七年日中有赤氣數道下豐上銳自東指西長竟天經年乃滅

清康熙十一年大水十六年二月二日申時有星自西南來隕於平都山後其聲如雷火光數十丈照耀數里十九年七月蚩尤旗見於西方

二十三年大旱二十五年六月十一日五色雲見平都山頂

乾隆五十三年六月江水漲入城溢於屋嘉慶十五六七年均大旱咸豐九年五月江漲溢城舟行於市同治九年大水全城淹沒無存

道光四年大火延縣署東科房文卷盡燬同治三年十一月朔甘露降波羅場樹間

光緒四年六月五日天初暝黃雲四塞大風雨雹城中屋瓦皆飛五年迎春節大火觀者爭逃擠斃數十人六年二月十二夜地震有赤星如日由雙桂山墜平山東八年七月蚩尤旗見東南方星大如月光長三丈許十年彗星見十二年大旱十六年大雨雹二十二年霪雨經秋穀盡霉黑二十三年秋冬間鄉中豺食幼童

民國三年四月大風雨雹秋大旱六七年間桐李樹枝變刀矛形刀柄宛然十四年四月十二將晚星大如月光如電殷殷若雷聲冬月大雷電

玉格酆都稻名重思米如石榴子稍大味如菱眞誥酆都山有稻名重思亦以上獻仙官杜瓊作賦曰霏霏春暮翠矣重思靈氣交披嘉穀應時

第二節　仙釋

王方平名遠前漢中散大夫棄官學仙隱於太尉陳躭家尸解避地平都山魏青龍初道成蒸黃土數十斛以丹藥洒之盡成黃金有五色雲裂地而出捧足仙去杜成神仙傳稱總眞眞人

陰長生新野人漢和帝后之曾祖不好榮仕從馬明生得度世法相攜入青城山丹成著書九篇以延光元年於平都山白日飛天

麻姑姓廖名飛瓊江西建昌人魏青龍某年七夕訪王方平過平都有詩曰王子得仙月滿台玉簫清轉鶴徘徊一聲飛過不知處山上碧桃花自開故平山後有仙姑崖

爾朱仙唐僖懿間落魄成都市取白石投江中衆莫識後自果至合賣

鬻於市價十二萬刺史招問其値更增十倍怒其反覆醉以酒沉之江流至涪陵漁人白姓名石者舉網得之擊磬方醒相攜至平都山修煉後乘白鶴仙去故涪陵有白鶴灘酆都仙觀亦稱白鶴

酆都道士隱雪峯山一日集道友曰吾化矣大道坦然皎如日月雖由人宏豈隨人往諸生宜遵道而行無半途而廢偈曰樸菴寄住有年東西南北依然裏面渾無一物只有玄文數篇今日草茅朽腐須要改換棟椽眼底風波太惡不容久住山巔選得幽居去處和區移上六天端坐而逝道士酆都人也

別中湖北貢生披剃於邑之金盤寺苦修行創寺觀極多示寂日而陝西漢中府洋縣李公盤即於是日生公生之夕其母夢一僧人入門授以金盤故名盤後筮仕四川權酆篆因公至金盤寺怳然舊跡重遊公

殆別中之後身非歟邑令張紹齡爲記載縣志

第三節　隱逸

楊維新字五湖酆人明崇禎甲申拔貢以文章意氣自豪張獻忠亂蜀陸沈閣部王應雄討賊考拔人才見五湖負才名授甕安令未仕明鼎革築寶字廬三間因石爲磊園終日琴詩嘯歌自得淸初總制李公題敘堅臥不出

曾從周有卓識隱居不求聞達人以逸民稱之

秦茂林隱居自樂以禮齊家鄉里稱善人卒年八十餘

第四節　流寓

歐陽某江西人發配來酆人莫知其能文也時邑宰方公宗敬修蘇祠落成擬聯有定是香山老居士之句苦無成語屬對某以儼然天竺古

先生對之方大悅優禮之邑人多與倡酬今猶傳其一律云半學參禪半學仙半間矮屋恰平肩深深花鎖三弓地小小門吞一角天疎竹綠從牆背後好山靑到枕頭邊此身以外無長物架上琴書壁上箋後遇赦歸

第七章　人物

第一節　循良

彭修字愼齋湖北進士署酆篆重儒術折獄如神嘗有鄉農被控役奉票至伊家農先出因循數日歸途遇農役示以票農曰事誠有之案已結也役妄之相將至衙果審結役枵腹瞪目無從責償聞者絕倒又有姑虐其婦者鄰生不平匿之置爲江濱聯名控姑鞭婦投水證以爲修立審姑曰責或有之謂逼之死良不忍生請械姑修曰豈有悄急覓死

尙假解烏耶第令尋覓未幾婦果自生家出姑送審修先訊生曰我固知若不死汝憐婦荼毒我憐汝愚闇薄責使去諭姑曰人爲汝受責汝須改行姑言知悔偕婦歸無間修折獄多類此去之日祖餞之盛罕有倫比

汪如練字漱白江西進士權酆篆捐千餘金新蘇祠月課生童制義詞章兩次優給膏火課之次日卒生童前十六人集蘇祠飮讌分韻聯吟宏獎風流極一時之盛去之日不名一錢邑人賦詩祖餞有對客毫無官氣象臨民常有佛心腸之句其惠愛士民持身廉正可想見也

許長齡字石生江蘇舉人淸季任蜀雙流梓桐等縣知縣國變欲歸乏貲民國五年署邑知事治事廉勤時洪憲改制護國軍侵蜀北兵進援次第過酆黨人引王維綱軍屯大池揚言據城以遮援軍許遂留北兵

守城二月十四日北兵出南海溪綱間道至新城憑堞俯擊北兵敗城陷綱入署許見不屈遂見殺今天官門右即殉難處猶有遺跡陰雨益顯

李映芳字桂五閬中人性抗直民國十三年宰吾邑自奉薄而勤於治尤善折獄判無不服以軍餉煩苛忤駐軍迫索不應脅以兵亦不動抵死力爭幾以身殉邑人感泣任不滿三月卸篆去走送者以萬計茗果屏帳塡街擁巷近年餞官以此爲最

第二節 孝友

李嗣靖明季解元李如星次子張獻忠將孫可望疾如星不爲己用遣賊殺之靖請代不從以身護父手臂迎刃皆斷抱父同死

孫文璉文生孫學灃之父性友愛弟文映夫婦早歿遺子學灝甫四歲

璉撫如己出嘉慶敎匪之亂負姪及子走避艱苦備嘗後積巨貲與姪均分更讓己宅與姪至今稱之

高廷玉業醫善事繼母供異母弟增讀增入邑庠食餼曠達不治生產玉雖屢空必使弟裕如後弟歿益厚遇其子不令析炊

鄭榮發事母至孝年七十不稍懈同治初髮逆突至母年九十病篤家人皆逃發與老僕留侍不去賊懸發索貲不獲以刀砍其頸未殊創甚賊退僕解救復甦仍侍母不去賊又至倒懸如前僕哀乞以身代賊義釋之母子竟無恙

李正英家貧性篤孝父在倫生五子獨英傭工養親同治初周逆擾境母易氏適病家人皆逃英守不去賊至憫其孝不擠蹂三日母死賊與一棺不受賊亦不害

王綬字印川邑舉人兄綽爲邑宰搆陷成獄趣解省對簿絕家族通問欲道斃之以滅口綬銳身急難繭足行千里匿姓名爲傭保手調羹湯以進卒阻狡謀嗣大府白其寃邑宰被劾去人咸快之

李淑河性友愛髮逆之亂與弟春圃俱被執河請留釋弟賊果釋圃執河至綦縣始脫俘團甲復執交縣宰河備呈遇賊狀釋令歸

朱人燦字元亮性孝友幼隨父館讀年十四失怙即繼父館訓課有疑義輒就老宿請益卒爲名師與弟人理先後成名門下多所造就善事孀母老而彌篤

第三節 烈婦女

楊烈女之父元科民國十四年匪四起女聞告父曰我家距城遠緩急無可恃盍早避之弗聽女退而泣曰天乎殆不欲全我父子乎盍逆知

其必死也於是磨鐵爲矛貯灰瓦罐爲彈堆置樓隅爲自衛計無何賊夜暴至火光穿帳女驚起急扶父登樓捐其梯以身捍父賊遠擲灰彈擊之近以矛刺之中傷數人賊怒併攻女知事不可爲毀壁使父遁反身抵敵而一彈飛來中其要害女立斃賊搜元科不獲散去

秦烈女年十餘甲子秋偕母入城道經小福溪溪水盛漲母失足墮水女銜波號救與母偕死

陳烈婦譚廷盛妻歸盛八年盛歿媒妁踵至咸却之家貧以針黹供祖母甘旨十年祖母歿拮据營葬啧之者申前議婦聞零涕會中元設饌薦夫於寢集兩姓親屬飲讌午後攜楮帛偕鄰嫗女到溪邊焚化投江而死親屬雇漁網出之衣履不紊面貌如生

鄒將氏鄒大貴妻同治初避髮逆於嚴家寨三月六日寨破氏見賊勢

洶湧恐罹害抱二歲子投火焚死
秦彭氏二十五歲寡無子匪突至兄嫂棄三歲兒逃氏冒險負兒匿麻叢中卒能兩全人咸稱之
秦譚氏秦先鏞聘妻也未字時人欲汚之不從死清道光時建坊金家坪題曰至性常存
張李氏張金陵妻金陵病故氏悲號仰藥以殉

第四節　忠義

李如星字井仙崇禎壬午解元負不羈才甲申後賊將孫可望欲羅致之執至涪陵不屈爲僞將軍張啓所殺從祀忠義祠
陳鼎祚字方壺楊凌雲字台貞俱邑貢生一任內江縣教諭一任蓬溪縣教諭流賊陷城均死之同祀忠義祠

熊應鳳字碧山順治初從定南將軍下浙留守溫州以功陞碧石營游擊戊戌海寇犯郡圍攻半月城陷戰死贈副將賜祭葬蔭其子天琳世職注衞籍祀忠義祠
熊天琳字玉立襲父蔭食祿溫州衞耿精忠反清師南下遣天琳諭降爲僞將曾養性所殺贈游擊從祀忠義祠
胡星武生嘉慶三年教匪警星率鄉勇邽賊於邑之劉家哨復連捷於青岡埡大埡口等處擢千總後駐營攤山壩賊掩至軍單不敵死之祀昭忠祠
王于德字之敬涪陵濫壩場人任順慶鄉教練適黃湛何各巨匪立邊棚十餘於林家廟一帶涪陵知事函約會勦邑知事余嵩光令之敬前往匪聞遠颺淸獲匪拉紳士十餘人匪槍一支馬一匹守候數日涪軍失期不至乃買舟回酆至湯圓石突遇匪徒百餘人攔江截擊激戰三小時舟沉死之

第五節　文學

林明儁字位旃慷慨有大志工文辭明季蜀亂閣部王應熊承制討賊薦其才授兵部主事遷貴州驛鹽副使明亡清授副使臥病不出後舉鴻博復不就隱居三十餘年著有澹遠堂文集巴字園詩集梧桐居近集行世子堅本舉人能世其家學
易簡字位中號半山翰林院編修淡於仕進解組歸閉戶讀書不慕榮勢晚年主講錦江書院造士甚衆著有詩文集藏家子龍圖舉人甘肅燉煌縣知縣
王雅言邑諸生工詩有唾餘集性介家酷貧會歲暮客有談呂蒙正祀

竈事者言曰我貧亦若此但不屑祀竈耳適鹽鹺曾康侯在座慰之曰君無憂我有屠蘇之貲助君東風一醉何如言艴然曰爾善賈豈欲賈人廉節耶拂袖去其清介類如此
郎官勤工畫盤尺幅珍於拱璧其孫霽嵐畫山水絕佳直入三王之室嘗至京館松尙書祝山家優以上賓因中寒服上藥不起京朝達貴執紼走送者數百人頗極榮哀之至云

第六節　宦績

楊大榮字崇仁明天順丁丑進士由大理評事擢江西按察司僉事擒寧縣巨盜羅萬鈺等七十一人餘黨擾南昌又捕獲之讞明決不畏強禦冤抑多得昭雪九江指揮李貴嚇百戶田春御史煅煉成獄榮爲疏白其冤後爲當道所忌引退卒於家年七十二祀鄉賢祠

楊孟瑛字溫甫號平山大榮子也明成化丁未進士授戶部主事丁艱服闋改刑部陞員外郎旋擢雲南司郎中雲南爲刑部劇署司統邦圻法恆撓於勢婦有戕夫者權貴爲之地積歲不能決瑛至正其辜京兆府屬官貪贓敗露欲怙求出罪卒顯黜之一戚畹奪民田有司不敢問瑛取歸之民出守杭州値歲祲欠賦十三萬四千八百餘石瑛疏爭蠲十五次年復旱詔以淮陽鹽課銀賑荒而其半未至瑛以贓罰銀充之復增糶廩六十檻發郡幣糴諸民間前後得粟七十萬石以備荒他郡莫及西湖濬於蘇公且四百年多爲豪右侵占瑛以重濬請報可不半歲而功訖六橋煙水悉還舊觀而上下塘數千頃田無旱暵憂其他正郵傳之役定貢物之舟剔稅務藥局積弊修太學生徐應鑣墓建蘇公白樂天林和靖三賢祠作新宮並祀李泌自爲記與歌辭以迎送神政

事文章類此者不勝記載卒祀鄉賢祠

曾友伋字同甫乾隆甲子舉人任河南登封縣勤於課士文風丕變歲饑賑濟全活甚衆戊戌大旱步禱嵩岳雨立沛民獲有秋再任廣東瓊山値洋盜滋事設方畧擒其渠魁擢德慶州牧子一元以例貢官廣西融縣亦著政聲

傅世綸號翰仙咸豐辛卯舉於鄉時白蓮教匪黨石硅倡亂綸勸鄉兵殲之以功敘知縣己未成進士適粵賊踞金陵其黨石達開率悍賊擾川綸奉命回川練團督鄉勇屯高鎭石賊循烏江襲涪綸遣所募兵會官軍大破賊於武隆之羊角磧捷聞加員外郎銜以道員用壬戌年正月石賊掠石硅綸分兵守各隘口賊間道出羊渡溪沿江上高鎭諜聞綸驚出布陣賊蜂集急令裨將傅朝喜率數騎挾矢立大溪口要而射之賊張左右翼直薄高鎭朝喜矢盡泅水去綸以寡衆不敵被擒罵賊不屈焚死

徐昌緒字琴舫道光己酉拔貢朝考授戶部小京官咸豐壬子舉順天鄉試丙辰成進士授編修奉命出辦山東團練以軍餉不給辭歸京道出德州見僧親王軍無糧將潰急馳京告大學士文祥發帑調濟軍始集未幾英兵入京文宗幸熱河與英議和久不決緒偵知敵情立草僞檄言通州起義兵勤王將大至也英兵大駭和議遂成後以終養假歸長東川書院終老焉

郎承謨號定齋光緒壬辰翰林院庶吉士次年散館請改外官以知州分發貴州補正安州知州善聽訟不用刑訊號曰神君設書院以經義課士文風丕變調署遵義縣亦如治正安常會課選刻課錄其後通籍者强半皆錄中人溫水教匪起撫之丙妹夷變勦之以功擢知府調黎平府知府適雲南逹字軍過黎平譁變戕管帶貸金散給罪爲首者疏聞以道員用調平越州知州政聲益著令署大定府未上丁艱回籍値國變築樓蒔花不復出

郎承詵字爾宜由廩生納粟授知縣分發雲南善決獄凡疑難案折以數語情僞立揭令權恩安縣篆未赴調署霑益州知州任滿改知府嘗權永昌東川麗江澂江諸府知府誡僚屬治獄無假刑威永昌土司承襲例餽府官三千金却之澂江敎民恃法教士左袒橫甚而領事宋弗喜偏聽因案要挾詵據公法申論邦交按律治之勿偏勿縱三點會匪倡亂撫之會勘蒙自鐵道道經野人山有生番飛蝗瘴氣諸患詵往卒無恙補授楚雄府知府調迤西道途次丁母艱回籍國變邑人舉縣知事

政績卓著期年任滿邑人立紀念亭記之家居城西不復出凡駐軍知事來謁必有所規益陰以福利於桑梓年五十五卒

第七節　武勳

楊大逵軍功康熙四十二年剿奢賊有功擢大昌知縣

傅朝喜邑人善拳勇同治初髮逆石達開突逼高鎭喜持長刃腰弓矢與其徒張凌富伏隘禦之賊前隊數騎至躍起斬一人奪其馬過隘射殪數人賊隊繼至喜與富遯隘並射賊稍却鎭人得乘間逃者甚多繼偵知勢孤隊黐集喜富矢亦盡趨江而泅賊追及以長矛傷其股泅至中流遇救免

鄒世麒字青山同治初投効黃軍門部下擊賊有功給軍功牌四年撥陝甘將軍穆圖善調遣克復陝甘各府州縣先後百餘戰記功七十餘

次由外委把總千總守備都司保陞游擊賞戴三品花翎陝甘總督左宗棠調歸寧夏府兵備道節制旋調回籍創辦團練

徐其中字如山智而好武聞洪楊竊據金陵捻匪復出沒江淮間即糾健兒數十輩詣川營都統盧泰投效泰稱爲將才隨攻漢陽礮傷太陽左穴裹創厲戰卒克漢陽復武昌旋奉李帥孟羣調復霍山縣警報固始圍急不解甲往援匹馬衝鋒奪纛而舞固始圍解霍山自盧去城復陷山還軍攻之城立復盧大悅令管帶肅清營時積功已陞游擊也山益奮尾賊至藕塘一戰全勝晉參將並給巴圖魯勇號封侯可立待也山念母切假歸年餘藍逆據縣竹川督調山督中副兩營進攻藍黨變巫事平署綏定守備題補成都右營復委夔協左營清藍逆餘孼適鮑春霆調夔兵協勦捻匪山入鮑營就營務處贊助尤多凱歸任成都右

營補太平游擊十餘年解組歸著從軍紀畧四卷待刊

第八節　義行

李彰韡監生飭行好義重修學宮捐欵立種福會置義塚修男女丐所施棺拯溺至老不倦

高國斌監生性慷慨道光丙戌迄己丑歲連饑疾疫並作斌出粟賑濟全活甚衆嘗捐己田作義塚以鉅貲貸貧乏折劵棄責至今猶稱其義

劉壽彭邑貢生以禮化其宗族無訟爭偶見邑宰必言民生疾苦多所補救喜培植寒士邑之賓興卷局善堂諸善舉皆竭力贊成同治庚午大水彭時在渝亟請於巡使冒暑衝波護糧歸賑水退疫大作彭精岐黃傾囊出己貲按症和藥全活無算

傅秉敬素知醫嘗設濟醫院歲助巨金二十年不吝庚子邑大饑捐三

千金購米辦賑米盡復捐千餘金濟之癸卯夏攜滙票至渝與某號雇工余二同寓余被竊失二百金情急自縊店主救之蘇敬得其情解囊如數付之繼至合州值大饑見粥廠待哺者衆即送千金書無名氏捐助隨移別寓其好義如此

秦善之武生性剛介昆仲五獨力養親捐金急兄難同治初石逆擾酆督辦團練修太平人和清平三寨鄉人賴以保全邑令田因糧逼民鬨城片語解紛創賓興修考棚築新城置鹿鳴寺燈田人尤稱之

張煦齋幼孤守慈訓學業有成設帳廿餘年誨人不倦好施與鄉里貧不能養葬婚嫁者必厚貲助之晚以觀音磧側田歲租十石古家山田歲租二十餘石舍作善舉

第九節　壽耆

李方鑑年百零四歲道光二十九年詳報
廖家琬妻鄭氏百歲嘉慶十四年請旌給慶衍期頤匾額銀八兩緞一疋
徐賢書百歲道光元年詳報
敖瓊妻甘氏百歲道光十八年請旌建坊
秦仕學妻冉氏百歲道光二十三年詳報
冉志清百歲道光二十五年詳報
魯洪璽同妻唐氏均百歲五世同堂咸豐五年詳報
蘇福升百歲咸豐十一年詳報
郎學仁百歲五世同堂同治元年詳報
郎茂衞百歲同治四年詳報

李若蘭增生咸豐戊午科以耆壽恩賜副榜
余懷芳庠生以耆壽恩賜舉人
王廷春庠生以耆壽恩賜舉人
周鳳鳴庠生己丑恩科以耆壽恩賜舉人
楊雲程庠生己丑恩科以耆壽恩賜舉人
戴金喜百零五歲方百歲時楊師長贈銀五十元親往壽焉
廖應常百零三歲子青芝邑歲貢生
譚裕興妻李氏百零二歲
徐萬喜百零二歲
張洪範妻楊氏百零一歲
譚文宗百歲貢生譚士正父也兄文陞年亦百歲鄉人榮之

譚朝貴妻李氏百歲
隆大昭妻彭陳氏均百歲
劉漢百歲
趙先惠百歲

第十節 旌節

楊氏明舉人黃洵之妻守節不茹葷酒鬻其紡績建世祀菴祀父母翁姑雲南巡撫劉世曾爲之記
古氏舉人古養浩之女文生楊同春之妻生女夫歿奉舅姑及夫柩葬鹿山下築室墓前祝髮爲尼數十年親鄰罕覩其面古心爲之記
楊氏楊同春之女余化甫之妻夫歿與古氏母祝髮爲尼於鹿山下母名勁竹氏名寒雪名其菴曰竹雪古心爲作雙節歌

戴氏孫之永妻年十八夫歿矢志守義有强暴欲奪之氏度難與爭自經死邑宰王廷獻表其墓并旌其門曰窮鄉奇烈
龐氏蘇巨卿妻夫死守志有陳元魁者糾衆强娶墜輿死
秦氏余仁普妻也普死無子氏矢志不二翁憫其無依欲嫁之會小姑許字疑爲已受聘攜七歲女投水死
陳氏徐世福妻清嘉慶教匪之亂遇賊於蒲池壩欲犯之罵賊死
徐氏儒士曾時泰妻教匪之亂攜幼女避於灘山壩被擄罵賊死
譚氏熊學魯之妻教匪之亂避賊獅子寨寨破賊刀殺賊傷其項爲衆賊殺
夏氏湛在織妻少寡族人欲奪其志乃攜諸子依母家紡績課讀撫子及孫後孫露淳中嘉慶癸酉舉人人以爲節孝之報

譚氏馮思皇妻年廿六寡子甫二齡翁姑憐其少且貧勸改適氏堅守不渝

冉氏馮酒驊妻年十八寡僅一子夫病革自縊姑救免夫卒又求死姑諭以身老子幼氏隱忍以生事姑撫叔及子孝愛兼至無何子又死且貧以紡績養姑終老焉

劉氏鄭文志妻劉仙桃女同治元年石逆近逼投潭水賊追及氏奮臂拉賊墮水與賊俱斃數日屍浮猶牢握賊髮爪透於拳邑人作詩哀之

秦氏楊登傑妻同治元年石逆突至匿叢林中被搜罵益厲賊磔之

鄭氏秦文統妻髮逆至避不及紿請入內遷眴潛溺於塘被賊撈出已斃

湛氏朱聖宮妻年二十夫歿家酷貧夜間燃榕葉紡綿撫孤成立

甘氏張奇昭妻同治髮逆之亂以姑目瞽不去賊至迫脅不辱死

徐三姑徐正林之女年十四汲於井鄰人欲汚之救免自縊邑宰王廷獻請旌

杜大姑杜奇明之女嘉慶教匪之亂殉難而死

李二姑廣東巡檢李如芳女幼字向雲鶴早歿母彭氏欲復字他人姑悲泣以死

梁姑梁永亮女偶與無服族兄辯論語㚇自縊

王五姑增生王正極女幼字沈鳳三未婚病歿姑奔喪守節屢縊獲救

江烈女江正坤之女同治元年遇賊投溪不得溺駡之被矛刺死

蕭二姑蕭節旋之女同治元年賊掠去欲犯之駡賊不辱死

曾烈女同治元年賊至避叢莽中爲賊窺逼使偕行駡賊被殺

第八章 藝文

第一節 文

甲辰掃墓記

林明儁

儁爲兒時隨先府至墓下尾拜起來既奠先府君命子弟扶長老有服者次序列坐其處舉酒盡歡愛長老戒幼少敢有蹈於非勿使近墓辱先人子弟好修而賢也多飲之吾門篤俗期勿隕先訓拜掃勿斁如此今老矣幸得生還睹曠然一坏土而已富貴何足羨於兹獨有感也感而有言詳吾之所出矣言之而有不及親盡故也

林之籍於酆前自閩入蜀姑不記自六世祖文振公在酆以歲進士官武昌二郡贈奉政大夫傳至明儁皆力耕讀書既無車馬赫奕婢妾靚麗蕩惑鄉里亦無官爵貨力動搖府縣凡親未盡與親既盡子姓頗敦

尚禮讓崇勵廉節無敢有胥官吏者走訟者安鄉宄者矯詐修飾言語欺罔君子與夫亂俗者由今思昔猶近古之道

甲申一變禍亂踵於蜀獻賊賊其半姚黃賊其半亂兵賊其半蜀亡而渝隨之林族子姓千餘室無有存者余倖領乙酉辱徵辟濫入官路攜從弟明佑明偉明倬暨兒堅本姪約有七八人於外幸免耳

嗚呼毛羽之屬尚知報本余獨非人子恐捐棄墳墓遠遊哉以其輕者較其重者功名利祿非所論也以其緩者較其急者全其身及子弟以存祀田園廬墓姑置之也置之而曠闕於心如烽煙道阻隔如絕國何取年歲考之二十載始得於歲甲辰秋九月攜有生三閱月之弱子撫成二十一歲與姪厚本健本堅本同伏墓下偕東坦劉沛遠徐爾强暨族一長老鄉鄰之猶有存者席草列坐焉

嗚呼時移事換萬族寡鮮十里一犬吠斃牲殺祭告之餘不知泣之何從也儁德薄邀先人厚庇其可幸者猶有三焉賊發塚盜取無遺而祖塋石窕先府君墓獨無恙歸掃如故一也子若姪猶能讀先世書立功名繼遺烈二也

昔人以官爲家眉山父子當天下無事飄若萍梗究卒於官不得生還四川死猶有憾余値滄桑之幻身經百變攜其主婦并子若女弟若姪破深阻而浩然歸里詣墓而掃招族亡人指數耕祭田修祠宇三也三者之賜皆祖若父之積先祖府君在鄉校齋長中型邑多士先府君生有完行孝友著聞輕財慕義重然諾君子長者常以不得交爲恨賓庇時儁年十有七歲倚先恭人壯遊老歸齒髮俱變墓間首數迴而腸折又不知泣之何從也畧其事不書無以示鄉黨鄰里垂後世子孫伐

石記諸於玆猶有感也能爲儁者如儁而止猶不失爲中人攙儁而大將等而上之不能爲儁對墓面熱內慚汗出食不下庶其不能而戒之哉

陶孝子官顯刲肝愈親說　張紹齡

昔人云天道遠人道邇吾謂邇莫邇於天道觀陶孝子刲肝愈親一事而知天日在人耳目前直呼吸可以相通也夫傷腥者死何以穿膜傷肝而竟不死肝亦血塊耳何以其祖母與母服之而竟愈此非蒼蒼者默爲體護則必不生必不愈而竟生竟愈則天日在人耳目前直呼吸可以相通也何邇如之彼世之肆意妄行者直謂天道遠莫之聞莫之見也而豈其然哉觀陶孝子事知上帝刻刻相臨吾惴惴爲大有所懼更願人人皆惴惴爲大有所懼則庶幾其寡過矣乎

又

凡爲人子者身體髮膚受之父母不敢毀傷此禮之所謂孝也割股刲肝甚於毀傷髮膚不大違於禮乎然而愚夫婦當父母垂危之時搶地呼天罔生無術此時此景凡可以救吾親者雖赴湯蹈火不辭聞昔人有割股刲肝以愈其親者號泣告天持刃自戕此其一念之肫誠大可憫矣卒之皇天鑒佑遂其志並保其身是其孝也天許之天下之人皆許之而必執禮以責之過矣雖然孝則孝也其所以不列旌典者何也皇上以庸行教天下割股刲肝奇也而非庸也驚世駭俗之行非可教天下其不予以旌表宜也顧其事不必旌而其心不可沒有地方之責者聞其事而給匾以奬之凡以不忘其心云爾邑人陶官顯割股以愈祖母目疾又刲肝以愈祖母與母之病而己亦無恙有畢其事者予既

奬以愚孝格天四字而復爲剖論云

重修夫子廟贊　王廷獻

天覆地載日照月臨萬古長夜聖人篤生羲農黃帝堯舜禹湯文武周公統歸素王誨人不倦吐詞成經千秋木鐸未喪斯文經明於漢文盛於唐宋詔郡邑咸立宮牆有元至正學建酆都迨明洪武移西城隅甲申兵燹慘罹一炬清和重構高陽繼緒廟制卑陋未復舊觀僉謀重建擴一爲三後圖低下築土成壇宮移啓聖用稱崖瞻歲在癸未鳩工庀材多士奮興庶民子來季夏經始建子落成謹識歲月勒諸貞珉

第二節　詩

蜀秀才　傅世綸

賢書出秀才哭血染故宮紅躑躅坑儒之禍何其酷硯成隴筆成塚三

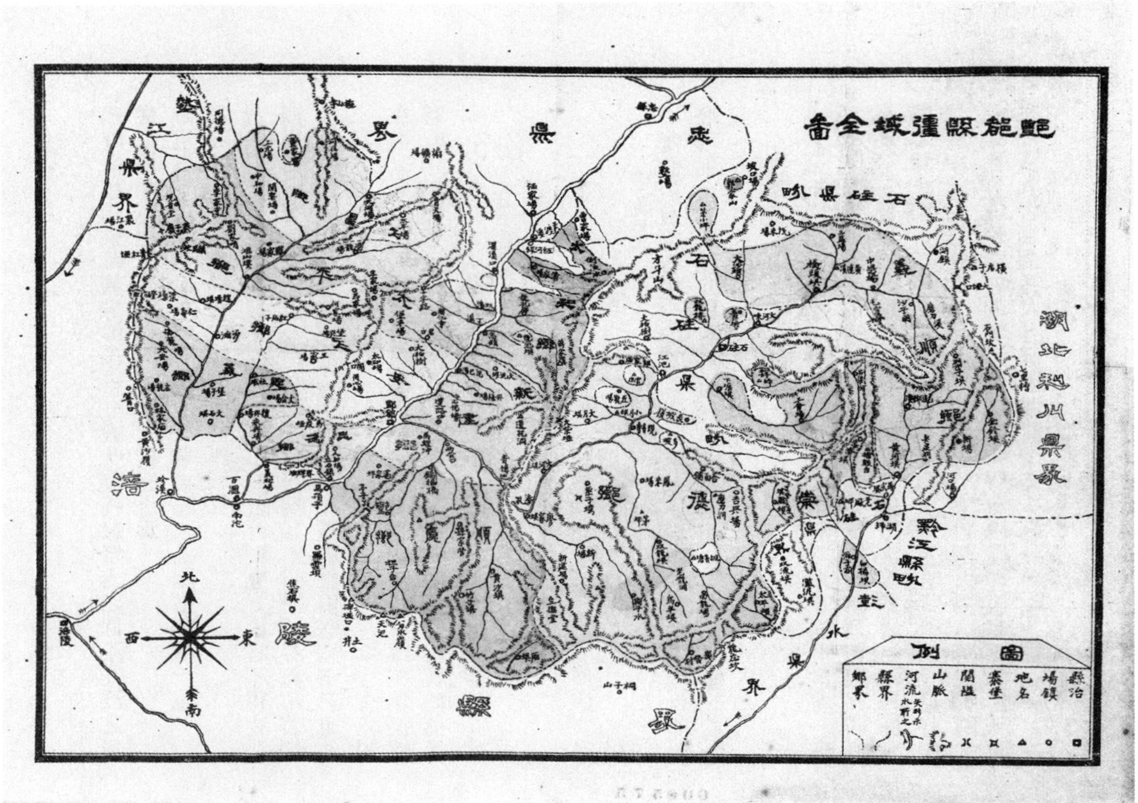

萬頭市葬一孔蜀中安得讀書種咏雪詩篩石灰狀元頭浸酒杯殺其軀者小有才藍衫委地有餘哀君不見青羊宮外苦花開多少文人碧血埋錦城豈有黃金臺沛公慢罵天下士東魯諸生招不來嗟爾秀才胡爲乎來哉

勸民四寶歌　　黃　初

第一寶孝最好父母養我身我養父母老凡人若能孝雙親天地神明都相保勸你們孝養要趁早

第二寶弟最好手足本同根相親如少小凡人若能愛弟兄一家和順無煩惱勸你們些微莫計較

第三寶勤最好勞苦方成人懶惰難自保試看多少勤苦人衣又溫來食又飽勸你們白日莫閒了

第四寶儉最好每天留一文一年也不少試看白手可成家只因減省積蓄早勸你們積錢亦防老

郭才士還人遺金歌　　易　簡

人言世上無好人以余所聞定不爾豫章郭君字才士不知何載來吾里館驛門外大江邊盤飧飯客爲生理去年有客自楚來匆匆一飯抽身起遺金在床人不知主人得之不色喜置諸篋中坐而待黃昏客來面色死床頭摸索走踉蹌頓足搥胸淚如泚求利未得本先失誓將薄命投江水郭君挽之笑而問失金何數封何紙客言一一都符合即憑三老開而視緘如螺文色如雪畢以還之輕若屣客願瓜分主則辭義聲從此騰遐邇我從山中聞此事置身如遊古人裏世人於利競刀錐毫釐從來在塵市何況百金中人產匿而不與恆情耳郭君慷慨勵末

俗臨財不苟偏知禮我聞爲善不求名鬼神默佑天尺咫願君貨殖似
端木高賢曾作千金子義利何嘗定背馳報施善人必有以恨我多年
返故國無由珥筆書其美何以傳之俾不朽爲作長歌垂野史

雙節歌　古心

天地非渺小聖賢何孤獨譬彼麟與鳳眞空羽毛族所以大名節未敢
許男兒徒自美儀表早已愧鬚眉世趨日以汙中流誰作砥鐵骨石心
肝乃至讓女子賢女亦罕遇枰叟實有姑十六爲入婦十九喪厥夫股
爲夫子割耳爲夫子刈豈不欲同歸有女年方二撫女愁不大教女愁
不嚴相攸得其所母意亦忻忻女命如母窮偕聚不偕老未忍衆鬼餓
遺腹爲夫保不辰遭禍烈夫死兒隨亡豈不欲同歸有母鬢如霜朝夕
奉老母春秋祀遠祖棄剎守孤墳香煙懲淨土昔年女伴母孱孱袂相

連今日母并女雙雙影共憐官司闡幽貞僉以兩氏告堅辭不敢當詔
恩已先到我見世間衆骨少柔情多忠孝無二理聽取雙節歌

酆都八景　郞承詵

名山歲月等閒過富貴何人醒夢婆清磬一聲天宇白五雲佳氣曉來
多平都山曉

而今不是永和年觴詠依然上巳天水面桃花杯底月灣環一溜到君
前流杯池泛

葫蘆溪上日茫茫雙鏡空明分外光好看嫦娥相對影四山圍住水中
央月鏡凝山

日輪碾出滿江紅倒映珠簾入鏡中世界大千多黑暗光明獨讓水晶
宮珠簾映日

呼龍和雨自耕煙飽歷滄桑郭外田不向關門迎紫氣滿山春草碧年
年靑牛野牊

苹野秋高任客行坡仙去後寂無聲何時再報嘉賓至月夜空山試一
鳴白鹿夜鳴

夜夜灘聲作雨聲幾經磨洗石床平日來更覺風濤險一臥滄江總不
驚龍床夜雨

碧雲揩淨晚煙收客自觀瀾水自流我佛多情無一語年年江上送行
舟送客睛瀾

游折絲崖拳菴得拳字　古心

山傭惟任石倚眠山不入塵石亦顚絲折崖頭簾掛壁字浮江面水爲
箋閒消僧語三竿日遠隔人家萬點煙莫道香塵僅一衲乾坤到此只
如拳

題二仙樓　顧光旭

王方平陰長生沽濁酒與爾傾爾騎白鶴吾長鯨爾吹鐵笛吾鳳笙江
風吹起江月明吾欲醉爾自醒醒時臆臆醉時事醉中可以忘吾情日
月星辰挂崖戶不知戶外蛟龍舞惟有一枰與終古吾將與爾終一枰
一着饒爾先天行懲槲大喚局中急江水無波空自聲

閒吟近體二章　曾繼賢

一種消愁藥爐烹五字詩慣吟安分句不作怨人詞荊棘春風老薔薇
夜雨滋靈臺明鏡裏花落有誰知
家貧詩作友業蕪硯爲田藥有流年債囊無隔夜錢一心惟愛淨竟日
只貪眠字拙書偏懶臨池每不全

題忠州向烈女灘　　佘起鴻

豎眉一怒倒流驚甘與寃禽逐隊行無限波瀾摧不動水心捧出面如生

涤水池　　鄒桂林

爲尋名勝躡信步到江濱此地何多石題詩早有人

前題　　正邦

鶯花二月天簫鼓木蘭船鴻跡依雲石龍光映碧川暮遊乾道記故事永和年觴詠臨流水高風愧昔賢

二仙樓　　孔廣贇

仙人好樓居樓成仙何往安得王與陰一枰鬬心賞山風動疏䕶似聞落子響

二仙樓懷古　　劉麒義

絕頂登臨放眼寬河山可作戰枰看局殘收拾非容易說到神仙下手難

秋日泊白沙沱五更枕上作　　傅永圖

野店猶存月晨炊不見煙沙明燈影動石響磨聲旋倘覺神安枕都忘睡在船隔江雞互唱兩岸若爭先

竹雪菴　　張福標

地僻無人跡荒菴自夕陽雲還眠石磴春不到禪房古鼎添新蘚殘碑臥短牆金鈴如有語風裏訴凄涼

二仙奕處

花落石盤上崖飛洞口雲知他棋半局勝負幾時分

遊南海溪和徐孟陶原韻　　盧峻

閑邀詩客至俗慮一無縈山脚大江漲禪心秋月明巉崖吞古寺落瀑挂荒城愛聽溪流水潺潺不斷聲

中華民國十八年五月出版

編輯　余樹堂汝藩

參閱　朱芳柏新甫
譚又吾管生

籌備員　鄧綬汝錫
盧景明

校勘　胡嶧東瞻
劉承烈代武

發行處　教育局

印刷處　重慶新文化社印

［民國］酆都縣通省志采訪册四卷

佚名 輯

民國抄本

酆都縣通省志採訪册　卷一

史十一
262·13
2747

通省志採訪册

歷朝建置分併沿革

酆於梁州下邑也周爲巴子別郡秦屬巴郡漢置枳縣仍屬巴東漢和帝永元二年分枳縣置平都縣獻帝初平元年分巴爲三自江州至臨江爲永寧郡平都隸焉蜀漢延熙中省平都入臨江縣晉宋齊屬巴郡梁爲臨江郡後周爲臨州隨臨江縣屬巴東郡後仍改臨州析臨州置豐都縣唐貞觀八年改臨江爲忠州屬山南東道南賓郡豐都隸之昭宗乾寧二年荆南節度使成汭盡取瀘江州縣豐都不能守降於王建宋高宗建炎初仍設豐都縣屬忠州咸淳初因度宗潛邸升忠州爲咸淳府豐都仍隸焉元仍隸忠州至元中罷墊江併入豐都縣別於墊江設臨江鎮巡檢司僞夏竊據復分置墊江縣明洪武四年明昇歸附九年併入涪州十四年復置縣改豐爲酆又以南賓併入焉屬重慶府帶忠州衛清順治十三年二月酆都歸順仍隸重慶府康熙十二年十二月南藩吳三桂反十三年正月陷酆都十九年八月清師復酆都閏八月逆鎮譚宏叛酆都再陷二十年正月清兵克譚宏於百丈梁乘勝東下重復酆都雍正十一年升忠州爲直隸州割重慶府之酆都墊江二縣夔州府之梁山一縣隸焉酆遂爲忠州屬邑民國初改忠州爲忠縣酆始不屬於忠

疆域

縣治在涪忠兩縣之間東距忠西距涪俱水路一百里負山瞰江分南北兩岸清置爲十二甲北岸八甲南岸四甲近改爲十鄉北岸五鄉南岸五鄉全境廣二百里袤三百六十里東接壤於忠西接壤於涪南接壤於彭石北接壤於墊至省陸程一千五百五十里水程一千八百二十里至京師陸程五千五百里水程七千四百八十里

山脈

全境山脈應分四幹南北兩岸各有兩幹（甲）南岸由石砫利川接壤之處分作兩枝（一）名七曜山穿出石境循黔彭而西過大風門小風門正幹入涪循嶺而行約三百餘里餘枝北向繞出江濱出狗子水出夜蔡平出担子台出紅花坡出樂山堂分無數小枝排列於酆城對岸西脊南賓河口東脊馬頸子涪界俱此幹山之脈循嶺而行約二百餘里（一）名方斗山循忠界而西過卡門過横梁子過青杠埡過大山平過陡墩子過大紫埡過蓮花洞斷於南賓河縣境南岸東脊南賓河口西脊忠界皆此幹山之脈（乙）北岸由忠縣望水寺分作兩枝（一）穿忠界循墊境而西雞拔山寺過董家塲過大成寨過梁山墩過箐口出珍溪入涪（一）距江二十里由忠縣天星寨出貫郭山過豬子山過大峯堡過鷄鵡崖正幹入涪餘枝旋而南走越大池越梨子樹散作無數小枝為酆城之背面北岸山脈東脊忠界西接涪境俱此幹山之脈南北四幹左右分枝千山萬嶺繁不備載

水道

全境水道應分為三一大江兩小江大江即所謂岷江即揚子江之一段西由涪之南沱入境東至忠之洪河鎮出境曲如帶凡一百八十里貫邑境中心（一）南岸水源發於利川魚登口西流入縣屬之義順鄉又西入石砫至江池入縣屬崇德鄉歷新建鄉出龍河（即南賓河口）達於長江此水兩岸溪流滙入者無數要（不外七曜山脈與方斗山脈所夾中間浸成之大水也）（一）北岸水源發於忠縣之望水寺西流入縣屬之仁壽鄉過太平鄉過安仁鄉過忠義鄉過忠武鄉出涪界渠溪口達於長江是曰渠溪河此水兩岸不外梁山礅貫郭山兩幹脈所夾浸成之巨澗外有沿石溪河發源於金盤山下西流入忠義之社壇塲過復興塲曰東流口過忠武鄉之永興塲曰高洞子入涪界至施家角滙入長江此又三枝之外一枝流較近而短

縣境形勝關隘

縣境跨江南北南境陡峻山脈粗而高平原絕少北境比南稍平山脈細而低全境東接忠縣西接涪陵南接彭黔北接梁墊東南一角如偃月形斜包乎石砫之背遠接利川南北兩岸東西與忠石犬牙南岸邊境如横梁子大山平沙子關大風門小風門花椒岩花倩子南天門豬槽門亭子埡俱險峻絕倫而北岸邊境險雖不及乎南岸所謂箐口大地埡青杠埡寨子嶺界牌埡俱有險可守惟東北角李家寺董家塲青天塲一帶及西北角林家廟大石娛等處稍平坦而東西兩頭江流出入雖曰輪船往来無港可鎮無東界忠之南竹壩填塞江心水分兩道灘曰虎鬚亦險地也西界立石鎮与涪之鄧家坪對峙江流狹窄居高可以馭下亦足扼守此四境之大概若夫重關疊隘可以防守繁多又不備載

縣城形勝關隘

城居長江北岸地勢平坦南帶江流東西北三面俱背倚峻嶺但以城論則無可守除南面有江可恃外其餘三面俱為高處所俯瞰無城五里有所謂東關倚古佛岩臨小佛溪口溪以東為青牛山高千尋其巔可俯江流內扼溪路循之而北則有

所謂北園離城八里爲城之背上巉岩而下環深澗再移而左則有所謂貓兒園雖小徑通城建卡足防守又左則有所謂宋家埡口其地勢與貓兒園同又左則爲西園離城三里許山之麓臨洗脚溪溪以西有土阜對峙曰菽坡嶺即新城可爲犄角繞之而左臨江之濱曰巉碑梁波洶洶湧灘勢險惡舟行不易以兵扼之亦足以拒附城形勢大概如此

津梁

戴家渡 城之對岸

王家渡 城之對岸

烏楊樹 城之下游

高嘯溪 城之下游

長沙埧 距城下游五里許

以上長江南北交通之處

大河埧

藍家渡

鯉腹渡

長灘河

以上南濱河左右交通處

趙家河橋

雙龍橋

雙河口橋 以上仁壽鄉溪橋

安仁橋

順天龍橋

全龍橋

雙鳳橋
八福橋
象鼻橋
二龍橋
聚賢橋
復興橋
長壽橋　以上太平鄉溪橋
接龍橋
萬壽橋
通仙橋
總真橋
瑞林橋
昇仙橋
平心橋
觀音橋
上里橋
安隆橋　以上安仁鄉溪橋
萬壽橋

曾家橋
蔣家橋
雙龍橋
太平橋
捲洞橋
高橋
石龍橋
方石橋
雙河橋
聚緣橋
清水橋　以上忠義鄉溪橋
大橋
萬壽橋
星橋
觀音橋　以上忠武鄉溪橋
五福橋
利濟橋
平治橋

便宜橋
自生橋
通利橋
永定橋　以上明度鄉溪橋
錫福橋
萬善橋　以上新建鄉溪橋
三元橋
福壽橋
獨善橋
萬壽橋　以上崇德鄉溪橋
度生橋
四也橋
遇仙橋
石拱橋
涼橋
雙會橋
三多橋　此橋高過一十丈為橋鎮之大工程造經數年費數巨萬　以上義順鄉溪橋
長春橋
大有橋
萬壽橋　以上太和鄉溪橋

堤堰

樂善堂大堰　可溉田千畝
長沙河　山頂堰塘數十可溉田數千畝
鉄鑪溝　水由陡坎子引出左右分流可溉田千畝
江池兩灘口堰　可溉田千畝
大月鎮滴口堰　可溉田千畝
白水溪大堰　可溉田千畝
佛子溪大堰　可溉田千畝
老龍潭堰　可溉田千畝
包鷹嘴洞堰　可溉田千畝

建置

縣城

明天順時知縣柴廣築高二丈周六百丈門五東南曰宣化東曰迎恩又曰守智南曰會川又曰館驛西曰陽和北曰慶豐別闢四門以便樵汲曰東水曰西水曰小東曰小西宏治知事李敔重修清乾隆五十三年江水浸城塌半嘉慶元年教匪之亂知縣楊霞募修十八年知縣方宗敬重鑄始置埤堄咸豐四年滇匪警至知縣吳錦銓募修未完以事去十年六月江溢入城塌二百丈有奇八月錦銓復任葺完始易堞以甎置附城空心礮台六同治三年城又塌百丈有奇六年知縣田秀栗籌資完葺更增堞五百六十六雉九年燬於水光緒三年知縣陸鎔復加葺繕

新城

在治西三里許同治十一年知縣馬佩玖因舊城爲庚午大水湮没故遷於此築城週六百七十六丈高二丈餘次六丈七尺堞一千二百六十二門四曰東作曰西成曰南化曰朔易別闢水門二逾年四月遷之人民以爲不便光緒三年知縣陸鎔復葺舊治徙還新城今廢

培元塔　在治東十里許南岸大汚溪道光二十六年知縣朱有章建

培文塔　在治東北岸赤溪上与培元塔對峙清光緒十三年知縣何䎛孫建

八景附

平都山晚　山峙北門之外古樹參差當晨鐘破晚之際清氣逼人江流繞其下客舟往來可數真段文昌所謂昏旦萬狀也

流杯池迻　池在双桂五魚之間一水流出灣環九曲繞城而去春日遊人多步行於此碧流如綫可以泛觴

白鹿夜鳴　宋名宦李長官令於酆聞鹿夜鳴異之使人往山蹤跡有老人云嘗有贋者至翼日蘇文忠喬梓過訪遂作石鹿

青牛野嗚　山在小福溪外峯高而聳如牛蹲江岸回首而飲於溪瀨故記肖其形

珠簾映日　地在城東下流二十餘里俗呼溜沙坡旭日初上石壁倒影入江晶瑩如一桁簾

月鏡凝山　南瀆河入江之口狀似葫蘆名葫蘆溪夜月明時潭影平圓如鏡華陽志明月峽即此

龍床夜雨　其石盤如床由江心托出四面浪打泠然若雨然石上鐫有大字曰石槎未記年代人呼爲龍床石

送客晴瀾　堆名送客亂石磊磊然矗出江心波濤洶湧客舟觸於上即成破碎春秋佳日攜手河梁者不免興送君南浦之感

壇廟

社稷壇　舊在治西一里今在治東山王廟後

先農壇　在治東山王廟後

風雲雷雨壇　在治東北一里

厲壇　在山王廟左

孔子廟　在大西門內明初在縣署東知縣桂仲拳建洪武十四年知縣甯谷暘重修二十一年知縣楊讓改建於大西門內宏治知縣李毅萬曆七年知縣左應麟先後重修明季兵燬清康熙元年知縣湯謨九年知縣李如汸四十二年知縣王廷猷四十四年知縣朱象鼎嘉慶十二年知縣瞿頡二十一年知縣方宗敬俱重修道光二十七年知縣張紹齡改建同治九年燬於水光緒元年知縣劉樹義修復

崇聖祠　在孔廟內建置年代與孔廟同

名宦祠　在孔廟戟門左建置同上

鄉賢祠　在孔廟戟門右建置同上

忠義祠　在孔廟櫺星門左

節孝祠　在孔廟櫺星門右

關岳廟　在東門內清乾隆四十八年知縣張汝楠建同治九年毀於水十一年知縣馬佩玖補修民國初岳始並祀

城隍祠　在東門內

龍神祠　在治東山王廟後清嘉慶丁卯歲知縣瞿頡建

火神祠　在治東山王廟後同治九年水毀馬佩玖建

桓侯宮　東門外

三撫廟　治東

福祿宮　小西門外

禹王宮　治西清知縣方宗敬有記

川主廟　治西

萬壽宮　治西

鎮江寺　一在治西一在東門內一在東門外

天上宮　治西

雷祖廟　治東

文昌宮　治東明萬曆壬午年建清初重修光緒初復修

祠觀

純陽觀　治西光緒八年知縣何詒孫建

天佛寺　治西明嘉靖黃洵碑記猶存銅佛高丈餘

胡公祠　治東明萬曆忠州判名平表字不波泛園城縋出徒步乞師石砫司秦良玉破賊奢崇明邑人德其堵截之功因祠以祀之

甯公祠　治東明萬曆九年建清嘉慶丁卯瞿頡重修

武侯祠　治東舊在双桂山頂清嘉慶丁卯知縣瞿翰移建治東

北嶽廟　治東

東嶽廟　治東

定慧寺　治東

接引殿　治東

石佛殿　治東有石佛高丈餘

奎　閣　治東今已傾圮

九蟒殿　平都山半舊志謂御史楊姓明宏治二年巡按至酆登平都山忽九蟒繞車而化遂葬焉邑人建廟墓前肖像祀之按蔣夔景德觀記在明永樂二十二年大仙崖有九蟒之神周廷甲三魚碑記謂宋慶曆時人三說俱不可考殿側有兩朱仙鍊形處邑知縣朱有章於殿後石壁題有岷嶽二字徑二尺

寥陽殿　平都山半明蜀王獻於殿前修三石橋今尚存

玉皇殿　平都山頂鑄像高丈餘

王母殿　平都山頂殿前有宣慰重修景德觀碑

觀音閣　平都山頂

龍虎君殿　平都山頂李陽冰書道山洞天即此處也

仙都觀　平都山頂俗呼天子殿唐曰仙都宋改景德亦稱白鶴觀省志作城内誤按李唐祖老明俗多好道沿及宋李道書誤會謂仙人陰長生王方平鍊形於平都山呂純陽有訪王陰不遇詩釋氏誤將陰王連續遂為地獄之說謂陰天子在酆且引李白詩下笑世上士沈魂北酆都二語証之於是皆信酆都為陰司為鬼國也不知酆在唐為豐明洪武十四年始加邑旁李白詩當是別有所指非謂蜀之酆都也殿前懸銅鏡曰業鏡圍丈餘王廷獻謂日久蒙昧而奸邪過此猶慄慄然不敢正視焉謂昔日能照見三生故也淩虛閣在仙都觀後有王陰對弈像俗呼二仙閣舊志謂有明御史盧雍隸書東坡詩碑及雍詩碑兵燹後寺觀俱燬此閣巍然獨存省志作淩雲閣五雲樓在淩虛閣下舊志謂有唐書瑤池樂部四字今無存者志謂在景德觀後唐段文昌建廣輿志因之清嘉慶間忠州知州周景福顏曰五雲深處知縣瞿翰題曰水天一色樓規模宏敞俯見城郭井里大江襟帶其左洵鉅觀也天下名山坊在仙都觀前明萬曆九年典史彭鐵建古蒼敬揚忭為之記唐碑十在仙都觀側段文昌修觀記碑老君石像記碑感應碑張大理詩碑杜光廷石函記碑李吉甫陰真人影堂記碑李吉甫真君碑仙公碑又二仙公碑唐景雲二年李處之撰二仙君銘碑唐景雲二年薛遲撰三官堂碑唐中和元年忠州刺史陳侁撰道山洞天碑唐李陽冰書見蔣夔記舊志

土主廟　在縣署後

迴天宮　在稻穀倉街

武　廟　在平都山頂舊志謂即陰長生丹井處後泉涸成土穴宋高密丁尉保為亭覆之號五雲洞明宣德閻通判游和重修萬曆初改建武廟好事者鑿石井口修爐狀客至山僧然錢紙其中謂其下有冥府焉

老關廟　在平都山陰明季胡平表平畨賊禱於關侯凱旋修廟治鑄像祀之鄉崇報祠

竺國寺　在老關廟右

十方寺　在竺國寺右内有銅佛數尊

望月寺　在五魚山頂

鹿鳴寺　治北二里明邑紳楊孟瑛建山下流孟溪側有沐浴亭明萬曆蔣侯初莪碑

猶存但字跡漫漶不可考

蘇公祠　治北有石坊曰來蘇旁有石鹿吳道子觀音像碑明洪武初泐石舊有亭圮同

治七年邑人重建光緒二十六年知縣汪貴之補修今傾圮殆盡

竹雪菴　治西明萬曆碑猶存

楊泗廟　在桐慶鄉天池山清同治初年髮逆入境設防堵於此有功記之

金子廟　在觀音寺場明成化間重修碑記猶存

廟高峰　在關口為觀音等場西來之關鍵清咸豐辛酉歲王元曹題劍壁雲生四字於

岩關門有吳道子觀音遺像

太保祠　太平寨内清同治壬戌秦姓族人同建

清會宮　鄭家營清比部郎傅世綸題詩尚存

華嚴寺　治西十里明萬曆戊戌年建

金盤寺　治北六十里明萬曆癸未年建清戊戌燬庚子重建

悟感寺　治南十五里寺常有僧數十硂以石為者四十八甚宏敞地有大松數百株頗雅靜

興佛寺　油峯溪興石硂接壤

三元寺　大柏樹場

三教寺　三益場明季古剎

醉芳寺　橋頭壩場明天啟間建古碑尚存

藏經寺　大月壩冉家河明清淨佛經爛富現貯寺内

與方寺　五龍場明毛牲與方者捨產為寺

天竺寺　觀音寺場後十里

明雲寺　治西雪峯頂明萬曆時建古碑猶存

普濟寺　治西北岸明季建古碑及區額猶存

仙境寺　五龍場傅家坪殿後有孔子像相傳為宋時塑

天台寺　敵天壩明萬曆時建

熊家觀　即福德觀在仁壽鄉明天啟七年補修

南華菴　治南十五里清初李如溶贈有古銅花瓶高二尺鑄康熙年鄉

懇雲菴　治北金盤山右清康熙十年重修

世祀菴　馬虎埡場五里明萬曆節婦黃楊氏建

古跡

平都山　治東北一里相傳為紫府真仙所居漢方平陰長生鍊形於此

仙姑巖　在平都山五雲洞後相傳麻姑曾過此處留題有绝句一章

大峯門山　治南六十里兩壁峭立中僅通人上有古壘不知有何年代

關口山　治南百里明末秦良玉置戍於此石址猶存

鍊符巖　治西七十里峭壁千仞相傳昔有仙人鍊形於此鑄鍊藏之

金佛山　治西北一百四十里俗呼涼繚繳高插雲霄

觀音灘　治西十五里江水漲時為全蜀險灘之冠明萬曆匙按御史李時華鑿之以利行舟黄輝為作平險記

龍床石　治南江心石面鐫有大字曰石樣水落即見

葫蘆溪　治東南二里相傳為陰長生之師馬明生鍊形處得葫蘆丹藥仙去

靈泉　治西新城清邑令馬珮玖所鑿

礦産

鹽井　治北陳家溝名修鰲井水味極鹹但井逼大溪溪流浸入明清兩代開辦者俱以涇渭難分折本今廢

銀鉛　治南老廠平相傳唐宋間曾產銀鉛迄今爐渣尚積如山天氣晴明時尚弟瑩有銀氣清末邑貢生譚宗樞聘鑛師調查銅鉛兩礦雖空而銅鑛甚旺取鑛試之一大成銅後集款巨萬開之山壓掘皆空以是折本停業

銅礦　治南太平場聯二場横亘百餘里舊有銅穴清庠生曾集賢数千採辦入穴有物碍路擱之死人僵臥鋤畚棄地知為前代故蹟後經營年餘本折遂廢

煤礦　治南北俱有近如塩井濤劍風埡梁碌礅横嶺岡俱旺而最旺者則莫如七曜山方斗山邑人楊稷丞等正從事開挖其次則有清油蕩由南瀼河水陸並運而出邑人競採辦之戚區仰給此處

沙金　治東下游長沙場任家河俱産之水落時人多淘揀然獲利不厚

丹砂　治南都督村有赤泥色紅土人連石帶泥以大鍊之鎔成水銀悟係丹砂礦苗歷來未經開採

硝　治南古洞中多産之採辦者莫不獲利

石灰　治南北皆産南之波羅場蓮花洞北之教家漕為最旺

炭灰　治南茶園溪一帶貧民日刈荆棘蕨薇挖窑燒之以謀生活

鄉場 並集期

王家場 二五八集
三聖場 三六九集
同興場 一四七集
趕場垻場 一四七集
大柏樹場 一四七集
萬順場 三六九集
何家場 一四七集
文會場 三六十集
沙灘場 二五八集
崇興場 三六十集
興隆場 二五八集
元龍場 三六十集
太和場 三六九集
箐口場 一四七集
堡興場 三六十集
接龍場 三六九集
永興場 三六九集
復興場 一四七集
人和場 二五八集
董家場 二五八集
吾石鎮場 三六九集
中和場 四七十集
社壇場 一四七集
青天場 一四七集
堡子場 一四七集
橋頭垻 二五八集
大安場 一四七集
中垻場 一四七集
林家廟場 二五八集
新　場 一四七集
興隆場 三六九集
黃河垻 二五八集
馬虎埡場 二五八集
三滙場 二五八集

回聖場 三六九集
京陵垻 二五八集
太平場 三六九集
觀音寺 一四七集
大河場 二五八集
合面舖 一四七集
三益場 三六九集
大河垻 二五八集
沙子回 一四七集
歐天垻 三六十集
栗子垻 三六九集
廖家垻 一四七集
洗脚溪 三六九集
長坡嶺 三六九集
石梁河 一四七集
大沙垻 三六九集
玉興場 一四七集
大月垻 三六九集
皮家場 四七十集
大池垻 一四七集
鳳来場 三六九集
高家鎮 二五八集
新建場 二五八集
龍孔廟 一四七集
興隆場 三六九集
石佛場 三六九集
三星半月 三六九集
復興場 三六九集
蔣家濟 一四七集
蓮花洞 二五八集
田家嘴 三六九集
西滙口 二五八集
蕭家場 二五八集
孫家營 二五八集
興隆場 一四七集
竹子垻 三六九集

斐路口 一四七集

馬蝗沖 三六九集

波羅場 三六九集

黃沙場 三六九集

厢壩場 三六九集

十字路 三六九集

斐龍場 一四七集

馬家場 三六九集

羅家場 一四七集

李家寺 二五八集

灘山壩 三六九集

上元場 三六十集

觀音堂 三六十集

署局

縣公署　在城東南宣化門內明洪武四年知縣桂仲舉建十四年知縣甯谷曙暨嘉慶三十二年知縣王樸重修明末燬去清順治庚子知縣甯起予建大堂三間後堂三間康熙九年知縣李如芳建後廳五間左右司房各四間二十四年知縣王儦建頭門鐘鼓樓三間三十四年知縣馬騰雲建大堂前軒三間戒石坊一座西花廳三間四十五年知縣朱象鼎建東花廳三間嘉慶十年知縣方宗敬重修同治七年知縣徐濬鏞改修東花廳顏曰聽鹿別墅增建長軒六間同治九年大水後遷新城改為平山書院光緒三十年知縣陸鐈修復仍為縣署五年知縣何詒孫於西偏改建層樓三間重葺東花廳修復書室五間繚以周垣十九年知縣蔣履泰建連移三間民國三年東西花廳漸就湮圮萧曹廟在署東偏嘉慶九年知縣瞿頡建光緒三年陸鐈又重修之今亦漸就傾塌

典獄署　縣署西即清典史署康熙二十年典史王大倫重修同治九年燬於水治遷址售光緒三年還舊治知縣陸鐈贖復

警查所　梧桐街前清汛署後光緒三十四年六月就試院成立警查局宣統二年庚戌改巡警署辛丑十月移設汛署改警務科民國二年改警察所十五年署之前段改建圖書館後段即建此所

徵收局　清末成立時佃居梧桐街張宅民國初遷試院十四年防軍踞試院遂遷佃後街曹宅今改遷王宅

實業局　清末成立時，持務局即借住城後竹雪庵，反正後改實業局，始遷新城雉

遷雷祖廟，今仍遷歸竹雪庵故址

教育局　清末成立勸學所，即就故學署故址，反正後改教育科，附縣署，未幾仍復勸

學所，遷歸故學署，十五年成立教育局，仍居前地

收支所　初立時附在征收局所住之試院右偏，旋遷學署右厢，旋遷鄉賢祠，今遷廻

天宫

樂捐局　佃住黄豆市秦宅

護商處　佃住中街曾宅

禁烟查緝處　成立時住前街曾宅，旋遷廻天宫，今遷後街傅宅

菸酒監查處

船捐局　佃住河街秦宅

印花分銷處　佃住前街曾宅

電報局　佃住後街冉宅

郵政局　佃住夫子池張宅

團務局　借住東門内國岳廟

城廂團練辦事處　借住後街王宅

安仁鄉團練辦事處　住王家壩三聖宫

忠武鄉團練辦事處　住永興場合聖宫

忠義鄉團練辦事處　住社壇場三聖宫

太平鄉團練辦事處　住寨子嶺

仁壽鄉團練辦事處

新建鄉團練辦事處　住双路口場三聖宫

順慶鄉團練辦事處　住包鸞場鎮江寺

崇德鄉團練辦事處　住大河壩同善堂

太和鄉團練辦事處　住高家鎮

義順鄉團練辦事處　住橋頭壩場

名人墳墓

明浙江杭州知府順天府丞楊孟瑛墓　在治東六里硯台石龍潭溪

明江西按察司僉事楊大榮墓　在治東三里老柏滩龍亭山

明貴州布政司參議胡平表祖墓　在杜家堤夾耳蕩

明雲南曲靖府知府楊叔京墓　在治西六十里大池

明户部郎中曹添餴墓　在社壇場曹家堤

明威武將軍譚寅墓　在縣南大沙溪滩内

明解元李如星墓　在梨子墺寨内李家磴

明御史楊公九嶸御史墓　在九嶸殿後址存而墓已不見

清翰林院編修易簡墓　在觀音橋

清大昌知縣楊大達墓　在九嶺灣

清進士安嶶舒城知縣李存周墓　在坦舖堤

清舉人常盈知縣蘇爲楨墓　在大池河婆塆

清内閣侍讀學士劉宇泰墓　在安仁鄉油榨邊

清庶吉士正安州知州郎承謨墓　在新建鄉水天坪

清楚雄府知府郎承詵墓　在新建鄉悟感寺前五里許

清舉人沔陽州知州王元曾墓　在忠義鄉社壇

民國殉難知事江蘇舉人許石生墓　在新城縣署後

古蹟

嚴官碑　在通仙橋北明萬曆年豎

胡公像　在胡公祠明天啟間胡平表平奢賊邑人治像祀之迭經兵燹像尚巍然

老閻廟　又曰崇報祠明胡平表平奢賊禱于此凱旋修廟治鐵像祀之

修路碑　在東嶽殿西明萬曆時建

寥陽殿　明落蜀獻王修前建三石橋今呼曰奈何橋

三魚碑　在九嶸殿側明天啟甲子豎

仙都觀　在平都山頂唐段文昌修有記宋改景德亦稱白鶴觀今日俗呼曰天子殿

凌雲閣　又曰凌雲閣俗呼二仙樓有明廷按盧雍書東坡留題二绝及雍自作八景五绝

五雲洞　在閻帝座前傳謂陰長生丹井泉涸成土穴宋高宗丁殿侯爲亭覆之明宣德間通判游和重修萬曆初改閻祠

鹿鳴寺　明天順時楊大榮修因蘇東坡來遊之前一夕白鹿夜鳴故也

觀音像　吴道子所画明洪武泐石

竹雪菴　建自明季有古心碑尚存

譚洪洞　傳稱明遺臣譚洪終隱於此

砦堡

栗子灣寨 崇德鄉界周圍數百里四面峭壁千尋南瀼河流環繞其爲境内第一險區

大寨坪 義順鄉界勢極險峻易于扼守

螢王寨 義順鄉界相傳明遺臣譚洪譚誼嘗據此抗清碑碣殘蝕難辨

華峰寨 忠義鄉界地勢高峻兩面有路可通爲酆涪交界險隘之區

福德寨 仁壽鄉界又名小成寨

天寶寨

鸚鵡寨 地高而險三面懸岩無路可通南面迤邐而下至烟墩山稍平寨垣一帶松柏大至合抱雍正時修

石堡寨 距林家駝三四里形如船四面均人工造成對山甚遠面積甚大高十餘丈有塘水可飲忠義鄉團練遇警即據以爲守

天池寨 上有塘數口有田可穫穀四十餘石高入雲際形如天池故名

高興寨 忠義鄉界形勢天然與人工合成面積周圍九堡十三壙有井七口清同治時因匪爲患嘗圍攻數次未入此鄉第一要塞

寨子嶺 北岸太平鄉全佛山脈與箐口相連絡

涼礤礅 北岸峯之最高者俯視千仞渠溪河流其下聳插雲中百里外可遙視

太平寨 太和鄉界地勢尚有可守

人和寨 義順鄉界寨内田地可穫穀二千餘石柴薪亦富四圍懸岩險峻可守

大成寨 太平鄉界寨内田地可穫穀三四十石柴薪亦富四圍巉岩

關津

花椒崖　由涪陵桐子山入崇德鄉都督村路

花倩子　由涪陵桐子山入崇德鄉狗子水路

南天門　由涪陵桐子山入順慶鄉三槐堂路

猪槽門　由涪陵入順慶鄉廟埧路

亭子埡　由涪陵入順慶鄉包鸞場路

大埡口　由利川入義順鄉沙子關路

大風門　由黔彭入崇德鄉埧周埧路

小風門　由黔彭入崇德鄉太平埧路

龍莊坎　由彭水入崇德鄉都督村路

梯子岩　由石硅三根樹江池入崇德鄉大月埧路

大山坪　由石硅江池入太和鄉萬壽場路

横梁子　由石硅大河埧入太和鄉高家鎮路

倒流水　由石硅大岩嵌入太和鄉龍究廟路

蒲家場石燕溪　由忠縣雷家場入太和鄉龍究廟路

劍峯埡得勝寨　由忠縣任家場入太平鄉十字路場路

嵌　口　由忠縣任家場入仁壽鄉青天場路

太平場　由忠縣𤍠（塲）磧場入仁壽鄉代家場路

董家場　由忠縣拔山寺入仁壽鄉關聖場路

李家寺　由墊江双桂場入太平鄉上元場路

青杠埡　由墊江裴江場入安仁鄉趕場埧路

大地埡　由墊江入忠義鄉接龍場路

箐　口　由墊江入忠義鄉林家廟路

林家廟　由涪陵珍溪入忠義鄉堡子場路

永興場　由涪陵入忠武鄉馬兜埡路

界牌埡　由涪陵義合場入忠武鄉人和場路

倉廒

常平倉　環縣署五十八間典史署東西十四間

清嘉慶二十年原額䊮穀二萬八千二百七十石道光七年奉文籌濟軍米糶穀三千七百五十石咸豐三年奉文糶穀一萬二千石解濟江南軍餉六年奉文糶穀七千五百十二石解濟京餉八年奉文籌填咸豐九年分四年按糧攤捐填穀五千八百十五石五斗同治初年填穀二千二百九十四石連原儲共一萬三千一百一十七石五斗九年水災漂沒穀三千九百一十七石五斗餘穀浸霉即以糶賑後兩次買填穀一千四百二十六石五斗五升三合七勺五抄存縣署歷任交代以五千零八石達部循成案待填倉穀於水存十三間民國軍人賣去

義　倉　在大神祠東倉四間

清嘉慶二十三年奉文攤捐置義田四處歲收田租倉斗一百五十四石二斗七升五合道光十三年前支放無存自十三年至咸豐九年除支共存穀四千零四十八石八斗七升一合三勺七抄十年江溢入城霉變一千石有奇後陸續支放實存五百九十七石一斗四升一合五勺四抄後城工撥用自十二年至光緒十八年存穀二千六百九十石六斗七升七合四勺六抄倉毀於水儲常平倉四在南岸曰樂家灣收租六十九石五斗二升五合走馬嶺收租二十五石五斗在北岸曰回龍壩收租五十石二斗五升上石滴收租九石歲納城丁正耗銀一兩五錢一分八厘遇閏加納七分五厘經收倉書斗級給一月口食銀一兩五錢均以租穀變支

藉田倉　今儲平倉

歲收穀六石五斗以一斗作籽種以五石九斗變賠祭品祀先農餘五斗存倉自清雍正五年積至同治八年存穀八十二石三斗一升九年水災倉毀穀漂失去至光緒十八年存穀二十九石五斗

積穀倉　在大神祠倉五間

清光緒七年奉文勸民積穀四千八百四十八石九斗三升三合分儲各甲以保正領之附城者儲大神祠

軍　田　在南岸

清知縣方宗敬典史魯榮惠王梦之捐置田三處在磨子山余家坡学麻園歲收穀八石錢八串二百文以贍配犯之貧乏者

公學倉　在太平壩場武聖宫

歲收租六石餘

義捐倉　在大河壩同善堂

歲收租八十石

賦稅

田賦

雍正七年丈量上地畝徵銀五厘六毫中地畝徵銀四厘九毫下地畝徵銀四厘二毫上田畝徵銀一分八厘四毫中田畝徵銀一分六厘一毫下田畝徵銀一分二厘分上中下三等積算共田地一萬九千七百六十畝九分歲額徵銀二千四百九十二兩五錢一分二厘遇閏加徵銀一百二十一兩加一五火耗徵解

同治六年川督駱秉章奏定簡章與分上中下等折合為中田十五萬四千一百零七畝畝徵銀一分六厘一毫歲共徵銀二千四百九十二兩五錢一分二厘遇閏加銀一百三十九兩一錢九分六厘加一五火耗徵解久之捐輸之名出也又久津貼之名出也舊捐輸額定歲解銀一萬一千六百兩新捐輸與定額歲約解銀六千兩

民國反正改用銀幣取消清名目一律更易以丁粮為賦照原額十五萬四千一百零五畝徵銀三千九百八十八兩二分一厘每百畝徵銀二元六角二仙四星以津貼捐輸為副稅年額徵銀三萬零八百八十兩每百畝徵銀二十元零三角一仙四星外全年解費銀三千四百八十六兩八錢一分二厘合計實應解銀三萬八千三百五十四兩八錢三分三厘近因軍餉孔急已預徵至二十二年矣

丁粮附加地方款額

團練局費按畝徵錢二百四十文

留學貸費按畝徵錢三十八文

實業局費按畝徵錢三十文

縣參會費按畝徵錢三十文

田房稅契

向非正供清康熙二十二年始歸版圖契約只白紙墨書至嘉道時始有紅契之目量其價格值千抽五借以津貼縣令公費無解款光緒六年始解銀五百一十七兩光緒二十一年續徵解銀一千二百兩旋又加至解銀三千四百兩俱由縣署收解清末趙督始奏設經徵局另派員收解民國因之近每千徵錢已至九十九文也所得歲有增減無額可定

肉厘

清光緒甲午之役始奏憲允每隻抽厘二百文以償日本兵費二十六年復奏允加厘二百文由徵局招商包辦民國十二年川督楊子惠以教育經費無幾以此數撥歸教育廳作省教育經費永為定款現在治屬教育費缺乏各法團決議留三分之一撥濟本地教育經費其餘附加各目附后

高小學費每隻四百文

十鄉學費每隻一百文

議參會費每隻二百五十文

新添小學費每隻三百五十文

新加議參會費每隻三百文

三費局費每隻一百文

招待去來兵費每隻三百文

警備費每隻五十文

實業局每隻五十文

雜捐 臨時所設非法稅收

禁烟畝捐歲約二十萬元

禁烟查緝捐担約千斤出口捐三十六元大致五十担上下

樂捐 入口各雜貨採物價者錢徵取 無定額

蔬商捐 量物徵收 無定額

船捐 量船大小酌徵 無定額

菸酒 民國四年始有菸酒公賣監查所之設菸則徒擁虛名無從征取惟酒一項由各鄉覓人承包無有定額約計年亦只博得數百元除局用外解亦無幾

公善

誠善堂 地在城小西門外清光緒五年議設建堂於光緒十三年購置田地於南北兩岸歲收租穀九十八石五斗息錢二百八十四千七百文後增收至租穀一百三十餘石

紅十字會 地無定所成立於民國六年置景家沖田產一股租穀 石

養濟院 地住平山之麓明洪武三十五年知縣彭用禮建

棲流所 地住治北孝義坊清道光十四年知縣李譓建

恤貧所 地住治西天佛寺側清道光七年知縣何詒孫建

自治

市政公所 附設梧桐街舊警察局內民國十四年創設

圖書館 建於梧桐街警察局內款由十三年本邑募集

閱報室 附教育局內款由教育局撥給

通俗講演處 地在教育局外夫子池款由教育局撥給

縣議會 始於清末住上王廟內民國初年仍之近年廟為防軍占領因遷於縣署內之西花廳款始摘自治費於丁粮項下按畝征錢三十文肉屠項下附加每隻二百五十文與參事會共之後因入不敷出復加三百文仍與參事會共之稅契項下九七底錢亦此會經費因幣制改遂停撤員役有議長二名議員二十九名文牍一名書記

一名速記一名庶務一名大夫一名雜役二名

參事會　年代款項俱與議事會同推地址始終俱住縣署之西花廳員役參事員
六名文牘書記大夫雜役各一名

商　會　始於清末地址隨會長指佃民國十五年始購得花市街民房一院以為定
所款項由各會員負担并由百貨入口土葯桐油出口酌取微數以相補助共
約年得三千元上下規章向照商會舊章員役正副會長各一人公斷處長
一人特別會董四人會董二十八人交際股長一人文書股長一人會計股長
稽查股長各一人評議員十人

農　會　始於清末地址隨時轉移款項於契紙每張征推播費錢二百文年約四百串
規章依照農會規程員役正副會長各一人評議員十一人文牘庶務各一人

工　會　虛有其名未能實行成立

教育會　始於清末款由教育局支撥會長二人餘俱借用於教育局

家庭風俗

近日家庭比之嘉道自不相如但家庭革命尚未實現父父子子兄兄弟弟分際猶存惟謹
嚴不似昔年耳

土地澆薄世家大族最富不過有租千石百石以上者即稱上戶

恒情皆一傳即分三世同居者十不一二五世同居者百不得一子女雖不禁私積亦無多財

稱父曰爹稱母曰娘稱父之父曰爹爹稱父之母曰奶奶稱母之父曰阿公稱母之母曰阿
婆稱父之姊妹曰姑娘稱母之姊妹曰姨娘其餘伯叔稱謂與他處同婚喪奢儉視家
有無

賣婚買妾及買僮僕無此習慣

童養媳有贅婿無並無他種奇異婚姻

男子衣服近尚博大女子衣服近尚短小女子妝飾漸去簪珥釵環趨雅淡也

男子普通職業非農即商習工業者百不一二

女子普通職業惟耕與績習織布者亦百不一二

普通食品城市食米者多鄉里則多食雜糧食盡米者十不一二佃農苦者食菜翻苕則
為食品大宗農家倚為半年糧高山則無此物洋芋居多無米僅食包穀

燃料城市柴與煤兼用鄉里臨江濱者間亦燒煤而草薪居多近山者則盡燒柴

房屋高山茅屋較多平原則皆瓦屋蓋茅者十不得一場市則少蓋茅統計瓦居七八

僧道並祝風水迷信頗深近年漸漸打破而文壇降象飛鸞比昔更多近乎神道設教所

勸不外乎善而無大害
婦女纏足之習業已剷除盡淨也普通最重天足雖高年者不能放大却亦著天足之履
未改搓者只占百中之一二
畜蠱家不特無其事並不知蠱為何物
藏書家近年普通皆遭匪掠損失已盡淨也間有一二却亦不免抱残守缺
俗忌頗多元日不用刀不閙門不傾水不出財清晨不說鬼不談兇豹犯者謂之放快

風俗

社會風俗
占籍湖廣麻城居多江西次之湖南廣東安徽浙江貴州陝西皆有但居少數
煙戶散居山野無有村落所謂寨亦只近年避匪遷入作暫住計無群居一寨以世
守者
近山之地人性敦厚近於樸野多剛且急近水之地人性油滑近於儇薄多柔且後
聲音清而高
冠婚喪祭饋送豐嗇尚覺適中尚無誇多鬥靡之俗只取表示敬意
戚族交際往來視乎感情何如都以有故而至為習慣無事往還者非至戚密友不肯如此
普通口腹嗜好尚不為奢
天時夏曆三月即暖九月即寒然不為大甚頗合乎中雨少晴多大致二十日不雨在春
夏即成旱秋冬尚無害久雨彌月方能成潦
水土山多田少普通無一丈厚之土却亦不為墝非滿渠偪者亦不卑溼
漁畋牧畜俱無專業從事於此者間亦有之不過小小漁家而已畋與畜牧則無山上
牧牛與羊者俱農家所附帶事也
疫癘疾病種類春多瘟夏多疫秋多痢冬多寒癨則四時皆有痧症尤多餘病他
處略同
農工商三者俱因兵役即於困也而農尤甚人民充兵者多田野不治舊有之土漸至荒蕪
田之出產亦歲減二三雖較昔年墮落多也

金融之活動以罌粟之禁稍弛外商雲集故不甚艱澁但因物價沸騰生活程度稍漲較之昔年困難數倍

人才升降視乎觀察點安在以道德文章言則降也以交際言語論似覺漸漸提高有一日千里之勢

市井之人昔於軍餉比昔窮困過於十倍無可諱言

道路津梁險處似昔為時局所窘未大修整然行旅亦不以為苦若在兵匪縱橫隨在梗阻而已

森林風景以人民日貧毀壞盡也無可寓目

場鎮不時為兵與匪蹂躪日就傾圮鮮整理者房屋減少闤闠蘼弛向之大者今已小也向之喧者今已寂也

迎神賽會外無他游戲娛樂之場

尋仇械鬥漸漸有之然尚未成為習慣

賭風漸長淫風尚覺未見蓋邑小而瘠娼與妓故少耳

土產以罌粟為大宗榨菜為特色桐油藥材雖可成庄却仍無多不能耐久

人工製造以包鸞場之竹席土碗高鎮場之油漆倒流水場之毛邊紙稍有可觀餘則別無出色當行之物

權衡度量出入尚為持平

貸錢利率通例三分

傭工薪資漸漸提高超過昔年已數倍也

兵匪擾攘自然楊一役之後迄今未有寧日但覺年甚一年而已

生活以鹽米價高超過十倍又無特別工作出產以濟其窮即稍有田產者亦幾不能撐持也

訴訟日繁案件多係團保索款盜匪刦財田土婚姻較少

稅收之加有征額過於出產者人民因之漸貧且死非筆墨所能罄也

時代思想今比昔異昔之人慕富貴者不外從事於讀與耕與商今則不然似含充兵與匪無富貴之捷徑而匪尤捷青年人防範稍疏教育未善鮮不墮落於該兩途也思想之非昔人所未有也

公益事書報類則有國務週刊教育壁報商務週報實業週刊戲曲則無所謂改良间有演新劇者借以諷時亦不過遇何種紀念日一發見耳

地方自治共趨於團究之內容不可過問不過借此名目以勒索人民人民實掃興極也如向真正趨向恐非民國所應有

四邑接壤風俗略同惟婚禮差異他邑多不親迎

舊道德雖日即淪亡一般老成尚有不肯為潮流所衝動者其心似尚有六七分舊道德存在

新文化雖喜其輸入而婚姻自由之提倡鬼神迷信之破除不免有矯枉過正之處離婚與騙財諸事層見疊出似覺不為無弊

丁口

戶口

明末流賊張獻忠入川大肆屠戮人民殆盡我邑城鄉數百里迄無居民清順治十八年獻賊殄滅餘賊亦為胡平表擒殺先民田宅悉為外省人移補而湖廣麻城人尤多

咸豐四年報部一萬八千五百七十戶男女七萬三千九百三十丁口

同治七年報部二萬一千四百五十四戶男女八萬二千五百五十五丁口

光緒十九年報部二萬七千九百三十五戶男女八萬八千四百五十丁口

宣統二年報部九萬一千一百戶男女四十一萬丁口

民國十五年彙報九萬六千一百四十九戶男女四十七萬四千六百九十八丁口

職官沿革

職官

知縣　宋設平都提點元設魯達花赤明設知縣清仍之隸於忠州自民國來即改稱知事廢除州制直轄於川東道其職守仍與前同

驛丞　明代有之清已裁撤

把總　清置汛署官曰把總轄兵二十五名上隸於忠州之都閫府

主簿　明代有之清已裁撤

巡檢　明代有之清已裁撤

典史　明清皆仍舊制民國以來改稱典獄員

訓導　明曰教諭清改訓導民國改稱視學近復改曰教育局長

實業局長　清末初設曰農務局長民國改曰實業所長近復改曰實業局長

警察所長　清末初設稱曰警長後改曰警務長民國五年始改稱警佐至今仍之

郵務局長　清末初設迄今未改

電報局長　清末初設迄今未改

菸酒公賣所長　民國初設迄今未改

坐捐局長　民國初設迄今未改

護商事務所長　民國初設迄今未改

禁烟局長　民國初設迄今未改

縣議事會長　清末設置迄今已停

參事會員　清末設置迄今已停
農會會長　民國初設迄今未改
教育會長　民國初設迄今未改
商會會長　民國初設迄今未改
團練局長　民國初設迄今未改
公款收支所長　民國初設迄今未改

鄉賢 仕籍附

仕籍 外籍仕酆名宦

李　翰　江西奉新人嘉慶丙辰進士九年任時四川困於軍需酆歲頻歉民無所措翰權挪常平倉穀薄田係秋採補民甚德之邑義學久廢翰至捐俸延師主講士習為之一變邑故多訟或自鬻兒女以為詐索甚或骨肉爭控不休翰勖以天性維以法紀其風遂息持己以儉每出騶從無過三四人邑人歌曰山路肩輿只二人一茶一飯不圖民鄉間不識官來到認作尋常行路人丙寅以憂去酆人攀轅泣送為建生祠

朱有章　浙江麗水拔貢道光二十四年署任惠愛士民政平訟理建培元塔以補文峯後科第果盛邑人呼為朱公塔補大邑縣令告養歸

張香海　山東蓬萊舉人咸豐四年署任籌防費飭團練置軍械火藥局去任後連年賊警賴以防守邑人感之調安縣禦滇匪遇害

黃奉樾　福建侯官人道光癸卯舉人咸豐八年署任潔己愛民胥吏不擾增置義學嘉惠士林治酆九月去任士民攀戀競為詩歌送之貢生毛奇瑚句云客局鄉民見長官訓導秦棣有到來惟飲一杯水歸去仍携兩袖風之句後告養歸酆民時或跋涉詣其家同治甲子卒於鄉邑人聞之莫不悼惜

彭　修　字慎齋湖北進士署酆重儒術折獄如神嘗有鄉農被控役奉票至伊家農出役係其家數日返縣半道遇農亦以票農曰事誠有之業已結也役妄之相將至衙果已隨堂審結役捫腹瞪目聞者絕倒又有姑詈其婦鄰生不平匿之置爲江

瀆聯名控姑虐婦投水誣以罵修立審姑曰責誠有之謂逼之死良不忍生請械姑
修曰豈有情急覓死而暇罵舅耶第令尋覓未幾婦果自生家出姑送法庭修先
訊生曰我固知若不死汝捽婦禁盡我捽汝愚闇薄責使去諭姑曰人為汝處責
汝須改行姑言知悔偕婦歸無間修折獄類如此去之日祖餞之盛罕有其倫

汪如濂　字激白江西進士權酆篆捐千餘金新蘇祠復捐俸月課生童兩次優給膏
大課之次日集齋列十六人飲於蘇祠分韻聯吟風流宏獎極一時之盛去之日不名一
錢邑人賦詩祖餞有對客毫無官氣象臨民常有佛心腸之句其惠愛士民持身
廉正可想見其梗概

許長齡　字石生江蘇舉人清季任蜀叙流梓桐等縣國變欲歸無貲民國五年署酆
治事廉勤時洪憲改制護國軍侵蜀北兵進援次第過酆黨人王維綱揭言將據城
以遏援軍許遂留北兵守城出師以拖其來往為嚮導所紿與黨軍左黨軍入城趨
縣署齡始走避維綱入署見綱說以勿苦酆民綱諾收其印不出刦之行亦不去據公
座曰此吾死所張營反據平山攻城四面縱火傷平民數十人燒民居數十家齡泣曰
留兵以守城吾之職也吾盡吾職而誤吾民留兵者齡請殺齡去勿令多傷吾民
綱惱其留張遂擊殺於天官門右今殉難處猶有遺跡陰雨益顯

李映芳　號桂五閬中人性抗直民國十三年宰吾邑自奉薄而勤於治尤善決獄判無不
服以軍餉繁苛忤駐軍迫索不應脅以兵亦不動抵死力爭或以身殉邑人感泣任
不滿三月卸篆去走送者以萬計茗葉屏帳填街擁巷百年來餞官之盛推此為最

仕籍 酆籍仕外名宦

譚　寅　明代事洪武有功從常遇春征西平陳友諒封威武將軍

楊大榮　字崇仁明景泰舉人天順丁丑進士由大理寺評事擢江西按察司僉事捨
寧縣巨盜羅萬珪等七十一人餘黨擾南昌又捕獲之性明決不畏强禦寃抑多得
雪理九江指揮李貴誣百戶田春御史鍛鍊成獄大榮為疏白其寃春等得釋後
為當道所忌引退卒於家年七十有三

楊孟瑛　字溫甫號平山明成化庚子舉人丁未進士初授戶部主事繼改刑部主事陞
員外郎陞雲南司郎中雲南為刑部劇署銓曹知瑛茂才拔於九人之後人無敢心競
者俶持法不憚權貴清强之聲溢於朝宇冢宰鈞陽馬公疏守杭州值歲祲賑飢
蠲賦多所設施置廩六十楹得粟七十萬石民得無殍西湖自蘇公濬後收四百年豪為
豪右侵佔作桑田蓮蕩奏請重濬湖面之復毀四千畝為土築堤六橋煙水悉還舊
觀驛傳之夫法當調於田稅故有戶頭貼頭等目每為市猾奸豪所踞假符牒以索
修船買馬諸費害及貧弱桀黠者以稅竄於官家壯戶困幸而免瑛計產輸銀
傭者詣官受值歲有常度自是橫索頓除在杭興利除弊悉如此類不可枚舉明
御史費宏為之立傳紀載頗詳 遺藝文 後擢順天府丞

何　青　明永樂辛卯舉人任雲南浪穹知縣剛而不苟歲荒出粟賑飢全活甚衆
事載雲南通志

胡　廣　明天順壬午舉人嚴毅有識略成化中任湖廣石門知縣勸民耕桑鋤强梗

革奸胥縣以大治事載湖南通志

楊心傳　字泗濱明萬曆壬午舉人任湖南安鄉知縣招撫流離革除常例隄防修
廟宇蒐輯志乘事載湖南通志

古心　明崇禎丙子舉人任雲南龍知州值沙賊之變親率士兵恢復大理全活以
萬計

易簡　字位中號半山清康熙丁卯舉人壬辰進士授翰林院編修淡於仕進解
組歸田闔戶讀書不慕榮勢將軍年羹堯督川優禮羅致簡見其驕侈太甚
多方諷勸不聽遂力疾辭去贈以重金不受不時函詢其起居亦不報後年難作
抄無片札得免黨坐晚年主講錦江書院造士甚衆著有詩文集若干卷散佚
居家儉素可風嘗贈其女僅竹織之箱數具實以詩書里歌有句誰家裡箴箱
箱道是編修嫁女郎之句即其軼事

曾友伋　字同甫乾隆甲子舉人任河南登封縣勤於課士文風丕變歲饑賑濟全
活甚衆戊戌大旱步禱嵩岳雨立沛民獲有秋再任廣東瓊山值洋盜猖獗事設
方略擒其渠魁擢德慶州牧子一元以例貢官廣西融縣著有政声

王恒　清乾隆癸酉拔貢任安徽桐城知縣潔己愛民政声丕著河決宿州捐資
修築不事苛斂士民謳頌尹文端公繼善高保晋皆深契重調蕪湖旋署安
慶同知以艱歸

王怡　字逵亭清乾隆甲子舉人任山西太谷知縣饑民數萬大府檄安撫欲以兵
隨之怡曰是趣之叛也請單騎往至則諭之曰若輩苦飢賑且至也衆悉散諸其渠
魁十餘人而事息安邑民有誣叔叛者其外兄劉寶嗾之怡廉得其情逮劉至立
杖死之或謂劉罪未定何遽治之死怡曰吾知為天理所不容他非所計也其剛果類
如此擢浙江甯波府同知以病免

高愼　清乾隆壬午舉人任直隸東明知縣醇謹誠篤愛民如子丙辰夏旱愼
禱雨輒沛飛蝗入境食葉而不食穀邑士大夫多歌咏之

郎士青　字真儒清乾隆戊子舉人任廣西武宣知縣攝來賓篆一年獄為之空
以疾歸卒於夔府貧不能治喪人以是知其廉

徐昌緒　字琴舫號遁溪清道光己酉拔貢咸豐壬子舉人丙辰進士授翰林院
編修膺使命出督山東團練以欽使杜受田薦擢侍讀學士已而与魯撫譚齟齬
不得展其志還京師適英軍犯順徐復奔馳軍事頗有建樹和議成肅順知其
能優禮致之及奉使歸肅順晋尚書職昌緒見其恣肆移書規之後肅難作徐坐
黨下刑部瀕危籍肅順家發徐規肅兩書恭親王持交軍機處謂徐心地可白
始免吏議以終養乞歸曾國藩留參戎幕不就曾璧光聘修黔省志亦不就
李鴻章薦之上不果後主講東川書院造士甚夥蜀中賢俊多出其門兼善書
墨蹟满川東鐫石者如嶽神碑戒色銘諸帖盛行於世

傅世綸　字翰仙號鷗村清咸豐乙卯舉人己未進士授戶部主事以御史遣
亮與薦奉命四川練團因歸募鄉勇進屯縣城与涪陵劉嶽昭相犄角防於

餉還屯高鎮粵賊石達開由黔循烏江襲涪傳遣鄉勇會官軍戰於武隆鎮之羊角磧破之捷奏加員外郎銜以道員用明年石悉衆出石砫傳分勇扼守横嶺閩賊間道出洋渡溪逆流而上直扑高鎮丁巳平明如蜂擁至傳寡不敵衆遂潰被獲石慕其賢欲生降之從与賊目並馳擬說之歸也傳佯應之抵南瀼河口乘狹絶地遂推墮賊目旋馬奔馳賊悉衆飛騎還追不得脱罵賊遭焚殺死之工詞賦刊有鷗村詩存其才氣非人所及 選藝文類

鄭世麒 字青山清同治初投効黄全門擊賊有功給軍牌摟陝甘將軍穆圖善調遣克復陝甘各府廳州縣先後百餘戰記功七十餘次奏保外委把總千總守備都司遊擊賞戴三品花翎十年陝甘總督左宗棠調歸甯夏府兵備道節制後魏光燾咨總鎮衙門回籍創辦團練

王元曾 字桂珊清咸豐辛卯拔貢順天甲子科舉人以八旗官學教習期滿授知縣分發湖北令權南漳縣事居官八月剖結積訟千餘案鄂督知之調任沔陽州沔阜窪賴大堤障水向豪右自結富饒別營小堤自衛置大堤於不顧因多傾圮貧民每遭漫濫之災元曾至禁豪右不准私築協治大堤適奸民嚴士廉乘間煽惑糾鄉愚數千圍州署元曾服坐皇堂曉以利害鄉民惶駭散去及沔任受代遂以親老乞假歸主講五雲書院已而鮑忠壯奉命督山海關防務聘參戎幄辦理奏議李文忠稱其詞意簡明師還復官原省會法國構兵越南忠壯復督師出關調取元曾入營積勞病故事聞贈卿如例附祀霆軍祠

王俊先 字子貴清光緒初年援例入仕任貴州青谿知縣興利除弊潔已愛民攝篆一年獄為之空清平縣有巨案數十年莫能結大憲檄俊先審理去之日同寅相弔俊先曰作朝廷官理百姓事豈以難辞遂毅然就道撫憲撥以兵從俊先曰是擾之變也婉謝之及至提案集訊廣得其情兩造均服訟遂息其明決如此

王治晉 清光緒初年廪生援例入通判任雲南巧家同知歷緬甯甯洱等縣俱著有政声以獲匪功擢廣西直隸州知州

曾溥 字筱泉清咸豐廪生以訓導用援例仕黔省任玉屏知縣以平苗有功擢知府歷任八寨廳思州貴陽都勻各府知府清慎謹廉取予不苟時黔經苗乱民生凋敝溥興禮立學文化漸開士民為立生祠著有公餘補拙草傳世

劉宇泰 字星階清同治癸酉拔貢朝考一等第一補戶部小京官由主事擢員外郎郎中屢舉京察一等記名府道及御史諸官閣文介公以協揆長戶部欽宇泰賢令兼管北擋房專司出入清季副理各國事務署以扈蹕擢內閣侍讀學士賞二品銜辛丑回鑾賞戴花翎壬寅与各國修訂商約朝命為襄辦商約大臣奉旨以出使大臣記名簡放清末朝議設國家銀行出任四川重慶分行總辦越三年調浙江銀行值國變歸不復出仕未幾病卒

佘元章 號琴雅清光緒丙子舉人主講五雲書院多所造就嗣以大挑一等出仕陝西兩次分房得人稱盛初權懷遠縣篆三權塩務俱以廉潔勤慎見重上峯遂奏補延長縣知縣延長地貧瘠值荒旱下車即請以舊儲邊軍糧數萬石賑飢

民賴以全活其地有煤油苗民畏鬧搖頓擾相禁不言元章請籌款開辦經營五載而油始出磽瘠之區頓稱繁富告歸蔬食常布依然儒素年七十餘始卒

楊正發　字曉樓清光緒初年廢學為商扶厚朴十數東至湘沿五嶺入粵倚鄉人溫醫士居之賣卜自給已而棄卜習吏事遊沿海諸省歷浙以杭守陳子仲薦獲知蔣果敏公令管繁屬錢漕正發善綜覈尤剔中飽歸安一年漕額羨二十萬金果敏稱其能疏薦以州同議敘旋捐升同知指分黔省初委讞局承審判正安平之讞持正不阿繼權歸化通判爾治民心歷任普安平彝青山厘局及畢節稅務處潤不染藩司邵積成李次青皆獎飾之後調龍里縣歷威寧州治事勤慎威寧漢夷雜處民俗惡利勸善歸化之瘴癘疾疫為置醫藥威城有草湖涸數十里疏闢利農田未及履勘病歿咸人惜之

郎承謨　字定齋鄉希輔清光緒己丑舉人壬辰進士官翰林院庶吉士癸巳散館授戶部主事為親老改外官以知州分發貴陽任撫院監善後局文案貴撫知其賢令解鉛入京引見以卓異班回原省補用委甕洞釐局解額增巨萬補正安州知州善聽訟不用刑訊鄉曰神君正安俗野樸承謨為設書院以經義課士數年文風丕變調權遵義縣篆治悉如正安溫水教匪起承謨撫之而妹夫變承謨勦之皆得其平以功賞戴花翎擢知府權古州廳同知調黎平府知府適達子軍過黎平譁變戕管帶承謨僅罪為首者餘即貸全遣散黔撫疏聞加三品銜以道員用回正安任代梓桐縣調平越州知州政声溢隆令署大定府未上而太夫人卒扶柩歸值國變遂不復起終日醉飲酒闌即興故宮禾黍之嘆逾年無疾而終蓋其胸大有悲憤云

郎承詵　字涵宜鄉潛夫清光緒廩生納粟授知縣分雲南初委承審旋擢正審凡訟獄疑難者承詵折以數語情偽立揭丁督稱其才令權安縣篆不赴調署孟州知州任滿改知府解銅入京引見以卓異班留原省補用嘗權永昌東川麗江澂江諸府知府俱以能著澂江教民恃法教士左袒領士宋萬偏聽多恣橫承詵據公申論邦交還案按律治之無偏縱調思茅釐稅務適三縣會匪倡亂同知委印走藩司令承詵兼理請督撫勦辦承詵倍道晉省請撫僅治為首之人餘衆悉解散旋任兩級師範監督陸軍學堂提調軍械局省憲延皆通敏精幹李督經義特疏薦嘗戴花翎以道員用補楚雄府知府調迤西道蓮次丁母艱奔喪數月即遭國變公推本邑知事誅一不法團正全境慴服期年去任後渝變豐洪憲之役於桑梓俱多所調護晚治宋學集人鑑心相諸篇未刊

徐其中　字如山鄉定國清咸豐洪楊之亂其中糾健兒數十輩從軍為川營統領盧泰府賞識目以將才隨攻漢陽砲傷太陽左穴猶戰卒克漢陽復武昌旋奉李帥孟舉調克復霍山固始圍急不解甲立救匹馬衝鋒奪壘而與大兵繼進奪賊二十餘營解固始圍霍山復陷其中又還軍復之盧大悅令管帶肅清營時積功已至游擊尾追賊至藕塘一戰全勝晉參將給巴圖魯勇號假歸養母藍逆適擾棉竹川督駱秉章馳檄調剿委其中中剿西營隨大軍進攻克之事平署綏定守備題

補成都右營後委夔協左營鮑帥春霆函咨督調夔兵協勦捻匪並任霆軍營務處職克偽康王汪三陽於嘉應州剿捻匪大股於永濉河凱旋任成都右營補太平游擊十餘年解組歸著從軍紀四卷未刊

鄉賢

李嗣靖　明季解元李如星之次子獻賊將孫可望疾如星不爲己用遣賊殺之嗣靖請代不許以身蔽父手臂迎刃俱抱尸同死

鄭榮發　清同治處士事母王氏至孝年七十不少懈髮逆突至母年九十病篤家人皆逃榮發同一老僕留侍不去賊執榮發倒懸索資不得以刀砍其項未死創甚昏絶賊去僕解下復甦仍侍母不去賊又至倒懸如前僕哀乞以身代賊義釋之母子終無恙

馮迺駰　清乾隆甲子副貢少失怙事母李氏孝壯年母歿哀毀踰常服闋即髮白若蓓顔然老矣

李正英　清同治初年人家窶貧性孝友父在倫生五子獨英傭工養親不辭勞瘁因逆擾境母易氏病家人皆逃英守不去賊入室擱其孝不擄踰三日母死賊又至與一棺不受賊亦不害

陶官顯　清道光年人事母及祖母至孝祖母目疾無藥可醫官顯割股和藥而愈旋祖母及其母病篤時俱割肝和藥而病即愈己亦無恙縣令張紹齡旌以愚孝格天四字並作説以論其事存縣志藝文類

孫文理　清嘉慶年人文生孫學澧之父也性友愛弟文映夫婦早歿遺子學灝甫四歲文理撫如己出教匪之亂負姪及子走險以避艱苦倫嘗後積得鉅資均分之子姪更讓己宅與姪鄉人稱慕不衰

李叔河　清同治年人性友愛髮逆之亂與弟春浦俱被執河請留釋弟歸賊果釋浦執河去至綦江縣始得脫停團甲復執交縣宰河備陳遇賊狀始釋令歸卒年八十三歲

胡星　清嘉慶武生教匪之亂星率鄉勇禦賊於邑之劉家哨復連捷於杠埡大埡口等處擢千總後駐營灘山堋賊掩至軍單不敵星格殺數十人力盡而斃卹蔭如例崇祀昭忠祠

林大淮　清同治年人石逆之亂大淮原防北岸覘賊將至高鎮恐南岸無備遂渡江催戰而賊已及或有呼與同遁者大淮唾罵力戰被擒不屈死

曾學騫　清同治年人勇目曾文燦子也石逆竄境隨文燦禦賊於高鎮文燦身受重創麾之去學騫不肯從父力戰死

徐永龢　清嘉慶年人性剛毅精武略縣令楊壽蓉令授丁壯技擊教匪之役設策防禦偵知賊由間道趨城亟請於令率勇扼嶮碑梁與賊對壘賊遁西関永龢親然巨燉殪賊前隊數人賊遁去事平永龢不願受賞以布衣終

傅朝喜　清同治年人善拳術有膽力石逆突逼高鎮朝喜偕其徒張凌富持矛挾弓矢伏隘禦賊賊前隊至朝喜躍起斬一人奪其馬遏隘射殺數人賊疑有伏卻退鎮人得乘間走脫者以百計後矢盡賊擁至赴江泅衣贅不得前復登岸紿賊請解衣就縛賊愛其勇欲生降許之喜忽奮臂斷縛拳仆賊脫走賊追及復赴江泅賊矛長傷及其股泅至中流遇救後以壽終

譚中魁　清同治年武生有膽略石逆突過橫梁子大肆殺戮中魁急督其子宗柱宗楷迅集鄰族丁壯伐木作寨於高鎮後之馬鞍山堅壁以待賊逼山下戰敗之繼而賊大隊至自計力不能敵遂於密林深箐中多設疑兵賊不敢犯退焚其廬而去鄉中賴以生全者數百人生平志在善鄰睦族建碑止訟鄉人得免訟累者四十年

秦善之　清同治年武生性剛介石逆擾酆善之督辦團練於太平人和清平三寨賴以生全者甚夥後邑令田國耀逼民團城善之挺身出以片言解紛得免大獄旋創賓興修考棚築新城置鹿鳴寺燈田人多稱之

傅永國　清光緒年文生性剛直有膽識善排解鄉人敬憚之胥吏不入里門者三十載以攻擒石逆教匪歐永昌得獎六品軍功晚治宋學喜作擘窠大字勁挺類其人著有易解酉文亭詩集八十卒

王綽　清光緒年人少負不羈才屈於科第納捐縣丞遊黔省曾調辦貴東道文案兼邑誠局並管護兵營及營務處以軍功保知縣性鯁峭不避權貴在籍有公事輒侃侃直談必要於至當而後止邑令何中傳之案危卒得平反歸不稍損其巖岸邑人議葺學宮有學田為學官某所把持綽毅然出取之以藏厥事凡貪墨官吏莫不敬憚

何宗芴　字晉青號紫珊清季貢生性抗傲遇不平事輒奮袖出爭嘗有學使某一事違功令芴偕數黌生爭之攖使怒眾皆遜謝芴獨持理不屈時視項者三

亦不怯不退卒伸其議少苦讀家寒每食僅炒豆一碟而會課所得奬必施為浮戶
會不少吝高鎮有培生醫館即沿此始善教鄉才雋半出其門從久者從不雄
於文亦曉其卑瑣氣任團總二十餘年不名一錢渭溪新路及碁渡皆手創閒
輒讀香山少陵詩著有詠梅閣十卷未刊

王雅言　邑諸生工詩著有嘯餘集家貧而性鯁介慕淵明之為人鄉鄰招飲必盡
情歡醉權要款見則閉門不納會歲暮客談當正祀灶事言笑曰我貧亦若彼
但不屑祀灶耳適富豔雷康侯在側溫言慰之曰君勿憂我有屠蘇費請助
君一醉言甔然曰是何言哉爾自富我自貧爾善賈豈欲賈人之廉潔耶訶
責而出康侯不以為忤愈敬重之具酒肉厚幣送其家言慇却之康侯復陰送
其家曲使之知元辰言見酒肉堆案怪問家人以實告言擲箸嘆曰我生平行被
爾輩汚辱盡也雖然不可不報索筆成詩四首答之

張從銘　字春霆清光緒貢生家貧以課讀自給性高潔不事權貴布衣蔬食
晏如也

楊澈　字長浦清光緒貢生性廉任團總十餘年臺椇為之斂跡每入市市
人皆起立致敬不敢有非法思想其賴以安寧者數十年

盧朗　字伯卿清光緒貢生品端學粹造士有方門下多拾青紫生平殫心
教授清季邑罕聘長高小校積勞歿於校內邑人惜之

王官盛　字建六清光緒貢生以能文名學使譚曾選其文入試牘秉鐸酆涪
多所造就著有醉六山房詩文集未刊

譚士正　字德卿清光緒貢生品端學粹日手一卷不問家事秉鐸六十年門
生多博科第從之遊者不問其束脩何如有終歲一文不送者俱待如子弟
著有左傳彙纂史司正蒙已刊行晚任高小教習女校校長年八十尚訓誨
不倦卒於校談笑而逝

譚宗樞　字乚垣改字倚垣清宣統貢生好謀公益不事生產為鄉土蹐首
次集股提倡實業曾牧羊養蠶栽桐椿種茶置梨俱著成效任農務局長
農會會長邑之實業局樞實創之又曾辦高鎮高小校一所小學三十堂叐
任縣議長彈劾汚吏不遺餘力世亂首創民團鄉人至今利賴任民團督辦時
每乘雨夜督攻匪穴匪因是敵憚遠颺前後任公二十年以廉自守卒時貧無以
葬然先人所授之產亦絲毫未有增損著有歷代名人考未刊

秦之傑　字仕三清宣統廩生品學端正羽翼文教後進多出其門任高小校
校長規模宏整晚年好道臨終能前知死期自選葬期口吟二律從容而逝

孫永振　字翩雲清光緒附貢生性和藹能令人愛敬充團總數十年未嘗妄取分
文遇公事多捐廉應付鄉人以是對之無纖毫閒言

林光宇　字華軒邑庠生書學雲飛工秀絕倫縣舊志為其一手書

傅世綏　字若卿清光緒庠生善書近於顏連封墨跡最多

陳樹藩　字芑塘清光緒廩生工書墨跡頗多

黎尚第　字次修清光绪庠生摘訓導善書小楷五角精能督學使者吴許曰字
冠五属墨跡尚多
郎宗霖　字润農民國曾署石砫知事工書善畫兼能詩墨跡頗多
郎霖嵐　清光绪年人善畫山水直入三王之室赴京邸館松尚書祝山家以上屠禮
之病卒京朝達官走送者数百人墨跡頗多
李　沅　字湘蘭清庠生工書善畫尤精於擘窠大字一筆而就意在筆先墨
跡猶存
古　心　字貌符明崇禎丙子舉人積學能文著有枯廬集四書抄讀崇祀鄉賢
熊蘭徵　崇禎副貢幼穎異七歲能属文明鼎革隱居授徒著述甚富注莊子離
騷索偶别解講学則金谿姚江
林明儁　字位旃慷慨有大志工文辭明季蜀乱閣部王應熊承制討賊薦其才授
兵部主事遷貴州驛塩副使明亡清授副使臥病不出後舉鴻博復不就隱居
三十餘年著有澹遠堂文集巴字園詩集梧桐居近集行世子堅本舉人能世
其家学王漁洋门下士也
曽一貫　字子唯乾隆戊子副榜謹身勵行博通经史從游者衆所造就皆知名
士著有梅峯稿藏於家選東鄉教諭
曽德卅　字王峯康熙歲貢生積学隱居洪崖著有學庸图考邑令張香海為
鐫板行世又著有三省堂文集梅竹軒石竹園瓊瑤語陵等詩集家藏未鐫

仙釋

王方平　名遠前漢中散大夫棄官學仙隱於太尉陳耽家尸解避地平都山
魏青龍初道成蒸黄土数十甑以丹藥洒之盡成黄金有五色雲裂地而出
捧足仙去杜成為作神仙傳稱摠真真人
陰長生　新野人漢和帝后之曽祖不好榮仕從馬明生得度世法相携入青城
山丹城著書九篇以延光元年於平都山白日飛昇
麻　姑　魏青城某年七夕訪王方平過平都有詩曰王子求仙月滿台玉簫清
轉鶴徘徊一聲飛過不知處山上碧桃花自開故平山後有仙姑岩麻姑洞
呂纯陽　名岩唐宗室嘗登進士第從鍾離權得道訪王陰二仙過此有詩曰孟蘭
清晓過平都天下名山所不如兩口单成人不識王陰空使馬啼虚又曰一鳴白
鹿出青城再謁王陰二友人口口推思三島藥指瞬已過洞庭春
爾朱仙　唐僖懿間落魄成都市取白石投江中衆莫識後自果至合賣藥於
市價十二萬剌史名向其值更增十倍怒其反覆醉以酒沉之江流至涪陵漁人
白姓名石者举網得之鼾聲方醒相携至平都山修鍊後乘白鶴仙去故涪
陵有白鶴灘酆仙都觀亦稱白鶴觀
酆都道士　未詳何許人相傳自平都栖隱雪峯山仙去
按蜀中廣記云元大德時有道士隱雪峯山一日集道友曰吾化矣大道坦然皎
如日月雖由人宏岂随人往諸生宜遵道而行毋令半途而廢偈曰朴庵寄住有

年東西南北依然裏面渾無一物只有玄文數篇今日草茅朽腐須要改換棟椽
眼底風波太惡不容久住山巔遂得幽居去處和區移上六天端坐而逝道士酆
都人也

竺峯　清酆陵徐氏子鎮壁高弟為人聰慧倜儻飄飄欲仙繼席治平寺屢
遷名剎康熙壬午主嘉禾之楞嚴春聖主仁皇帝改治平賜額為振宗遂賚勅
黃還蜀終焉

天岳　清嗣鎮壁讚達摩像曰對御談元一字無九年冷坐石頭枯覷將皮髓
平分後那個男兒不丈夫

破山老人　清康熙年間來邑三教寺曜靈宮住平山崇報祠最久題楹曰懶去何
心翻貝葉閑來無事理蒲團其曜靈宮山門一聯云不涉階級須從這裡過行
一步是一步無分貴賤都向個中求悟此生非此生自記康熙二年癸卯秋破山
老人題并書　書法迅快蒼勁直追懷祖

鎮壁　羅氏子別號慶忠主聚雲席十年道壇一時有視釋迦婢呼彌勒奴
之譽著語錄二十卷附楞嚴大藏流行康熙年因其嗣法徒竺峯之請諡曰
妙光並勅賜治平為振宗禪寺

覺成　邑南人本姓名學城官歸無子乃與妻劉氏同參出世法易名覺成
盡捐其產建羅山堂佛寺及平都玉皇殿撰書碑記遺稿尚存文字古淡整
潔併為劉修南華庵常住産各百餘石傳二百餘年至清季始敗壞存者惟

撥充聖宮之燈田四十石耳

別中　湖北貢生披剃於邑之金盤寺苦修行創寺院極多示寂日陝西漢中
府洋縣李盤即於是日生盤生之夕其母夢一僧人入門投以金盤故名曰
盤後來權酆都縣尹篆因公至金盤寺恍然入遊舊地憶其所窖藏物發
之俱驗盤殆其後生歟縣令張紹齡曾為之記

酆都縣通省志採訪册　卷二

金石

比干銅盤銘　唐開元中由偃師縣掘地得之後五步即比干墓盤上有十六字字畫奇古釋云左林右泉後岡前道萬世之銘兹焉是寶今盤已失去

學鐘銘　明成化二年鑄今鐘已失銘存舊志

聲諸書之晚鳴飲食之節立明倫堂之右並鑄鼓之列振斯文之器豈錚錚之鐵

泮池銘　明黃景夔泐石石圯銘存舊志

湫作陂居僭雖之如雖乗厥初藝風塞荒土訖皇皇言此丐臧其乗斯何易以其羨匪以其訛御良治堅弓盈月絃首事時遷駕虹飛危石檻雲垂貫雲諳奇泰水法法風行煥文翠委章芹山英海靈秀脈潛生肆發光昌一士豪傑雄長明賣總言功高青衿忭徹我銘緒究列永永觀

改建天佛寺碑銘　歲時朝賀之所原名天福宮明嘉靖乙酉年黃洵撰全文存舊志

奕奕平都古縣開先翼翼梵宮堂陛有嚴香火所昏鼓鐘震宣穿目髹禮稽首揭虔忭舞呼嵩歡聲徹天岷江西來朝宗綿綿刻此祀詞天子萬年

賓公生祠碑銘　明萬曆九年詹貞吉撰全文存舊志

平都巖巖滚流湯湯先生之風激懦廉頑畫以丹青爲表儀型可圖白髮難繪丹心數陳首宿香飄絳帷祝公之年壽而且富

平都山仙都觀碑　唐太和元年段文昌撰在平都山頂今碑已失文已采入藝文

吳道子畫觀音像碑　明洪武初泐石在鹿鳴山玉鳴泉側碑尚堪榻

臥碑　清順治九年題准光緒十四年六月訓導喬松補泐於明倫堂左廾言

錄左條文刪去

朝廷建立學校選取生員免其丁粮厚以廪膳設學院學道學官以教之

各衙門官以禮相待全要養成賢才以供朝廷之用諸生皆當上報国恩下立人品

條教列後

滌水池詩石　石上前明鄉紳及游宦題句頗多半皆剝蝕不全推清道光訓導

鄒桂林題句尚朗然可識

為尋名勝躡信步到江濱此地何多石題詩早有人

鴨頭憑濺洄鴻爪易沉淪莫忘桃花水當前正暮春

射圃碑　清同治知縣田秀栗作

酆都童試馬射向在城南江岸沙石碥常往往馬蹶人傷同治戊辰邑人既建

考棚分其貲置地七畝八分西郭竹雪菴前築屋四楹設馬道於前顏曰射圃

為三年大比馬射地自兹以後試年始得除道校射不試年佃耕取租為考棚歲

修貲試士當思所自來平日勿得藉名習射傷人苗稼其泐石以示来兹

段少監修齋記碑

天尊石像記碑

老君石像記碑

感應碑

張大理詩碑

杜光廷石函記碑

李吉甫塗真人影堂記碑

李吉甫真君碑

李吉甫仙公碑

以上九碑俱唐代所遺今字跡已不可復識

平都二仙公碑　唐景雲二年李虔之撰

平都二仙君銘碑　唐景雲二年薛湜撰

豐都三官堂碑　唐中和元年忠州刺史陳侁撰

道山洞天碑　唐李陽冰書見蔣夔記

改建縣學記碑　明洪武二十四年黄常撰文存本縣舊志

重修平都山景德觀碑　明永樂二十二年蔣夔撰文存本縣舊志

儒學科名坊　明宣德九年余鐸撰文存本縣舊志

平都書院碑　明王守仁撰文存舊志已采入本訪冊藝文類

知縣萬公生祠碑　明隆慶壬申年黎元撰文存本縣舊志

直指李公平險灘碑　明萬曆甲辰年黄輝撰文存本縣舊志

九蟒亭碑　明天啟甲子年周延甲撰文存本縣舊志

竹雪菴碑　明崇禎辛巳年古心撰文存本縣舊志

勸農碑　明萬曆時蔣侯泐碑在流杯池漢側字跡漫漶已不可考

東坡留題平山碑　明御史盧雍書在凌雲閣今已兵燹失去

以上有文者如續補呈示知即行錄送茲因其文冗長故未悉錄

藝文

藝文

酆都舊志四卷清光緒年徐昌緒編已刻

修仙都觀記 唐太和元年　唐　段文昌

平都山最高頂即漢時王陰二真人蟬蛻之所也峭壁千仞下臨湍波老樹萬株上插峯嶺靈光彩羽皆非圖志中所載者昏旦萬狀信非人境貞元十五年余西遊岷蜀停舟江岸振衣虔潔詣諸洞所石崖靈竇蒼然相次若龜古書依稀可辨時與道侶數人坐於松下須臾天籟不起萬竅風息山光耀於耳目烟霞拂於襟袖相顧神悚若在紫府元圃矣牽於行役不得淹久瞻眺惆悵書名而去迺來已三十四年太和庚戌歲自淮南移鎮全川有客由峽中來者皆言當時題記文字猶在觀宇歲久傾殿荒毀不出數年必盡摧沒於岩壑矣乃捐一月秩俸俾令修葺子來同力浹旬報就去年冬十一月詔命換麾幢再領全蜀泝三峽歷舊遊依然景物重喜登覽聞泉聲而後步愛松色而難別遂命筆硯志於岩谷時太和七年正月五日劍南西川節度使知節度使管內觀察處置統轄近界諸蠻及西山八國雲南安撫等使金紫光祿大夫撿校尚書左僕射同中書門下平章事兼成都府上柱國鄒平郡開國公食邑三千戶段文昌記

平山書院記　明　王守仁

平山在酆陵之北三里今杭郡守楊公溫甫早歲嘗讀書其下酆人之舉進士者自溫甫之父僉憲始而溫甫承之溫甫既貴建以書院曰使吾鄉之秀與吾楊氏之子

弟誦讀其間翹翹焉相繼而興以無忘吾先君之澤於是其鄉多文士而溫甫之子晉復學成有器識將紹溫甫而起盖書院為有力焉溫甫為秋官郎予時実為僚佐相懷甚得也溫甫時時為予言平山之勝聳秀奇特比之峨嵋望之岩鷹壁削若無所容而其上乃寬衍平博有老氏宮焉殿閣甃傑偉麗聞於天下俯瞰大江烟雲杳靄暇輒從朋儔往遊其間鳴湍絶壑拂雲千仞之木蔭翳蔚蔽書院當其麓其高可以眺其遠可以隱其芳可以採其清可以濯其幽可以棲吾因而望之以合遠之樓繫之以寒香之塢揭之以秋芳之亭澄之以洗月之池息之以棲雲之窩四時交變風雨晦明之朝花月澄芳之夕光景超忽千態萬狀而吾誦讀於其間若冥然與世相忘若將終身焉而不知其他也今吾汩沒於簿書案牘思平山之勝而庶幾夢寐焉何可得耶既而余以病告歸陽明溫甫尋亦出守杭州錢塘波濤之洶怪西湖山水之秀麗天下之言名勝者無過焉噫溫甫之居是地當無恨於平山耳矣今年与溫甫相見於杭而亹亹於平山者猶昔也吁亦異矣豈其沈溺於此山果有不能忘情也哉溫甫好學不倦其為文章追古人而并之方其讀書於平山也優游自得固將發為事業以顯於世及其施諸政事沛然有餘矣則又益思於向學而其間又自有不暇者則其眷戀於茲山也有以哉溫甫既已成己則不能忘於成物而建為書院以倡其鄉人處行義之時則不能忘其隱居之地而拳拳於求其志者無窮已也子思子曰成己仁也成物知也溫甫其仁且知歟孔子曰隱居求志行義達道聞其語也未見其人也溫甫殆其人也非歟溫甫屬余記余未嘗一至平山而平山巖巖之氣象嶄然壁立而不可犯者固可想而知其不異溫甫之為人也以溫甫之語余書記之

忠烈三賢傳　　清　林明倫

忠烈三賢者何川撫陳公士奇渝守王公行儉巴令王公錫同事渝為三賢也逆獻寇蜀三人復同難蜀人哀其死烈甚稱為忠烈三賢也陳公福州人字平人天啟乙丑舉於禮部為人撽鼻昂類有大節為文多奇氣不屑於一切海内人豔称之在部以忤忠賢謫居會天下更始復起辛未分節上川東兵憲察吏親民課士典戎咸藉籍尋遷貴州學使者庚辰復就學於蜀校士最當人意時献大乱楚延荆歸逼蜀蜀人恐公典文事退而治器散金募士以備朝廷知公兵略屬以蜀撫軍公撫蜀值蜀兵久弛將以兵應兵帮於府者多市人不習戰東於功令餉又不繼四方將有事寡援靡一植雲貴援以兵柄氣驕常把劍挾文吏弗馴公知不足恃常有憂容圖所以待献未一日少佚也王公字質行宜興人崇禎丁丑舉進士年少豐姿玉立尤顯於文以部郎出守渝州渝治閫渝社以文章節義勸士士之遇於公者盡洗浮囂力反古始攝兵憲嚴武備撽傷從事保障凡要害令圖以進披圖而覽覽而盡不曾身履其處捐募死士抑驕養氣毋敢嬉游其市備敵翼翼如也王公字子美豐城人庚辰廷對以文章節孝名於時為巴令所至民安樂之甲申逆献出楚窺蜀入峽夔師失利遂屠夔城焚殺無遺飛書馳至適姚黄賊衆黨大肆擄掠偏渝屬忠酆長涪北境公率親信擊之以殲姚黄聞夔報馳返已同王公質行請增兵堵献一戰於小江再戰於曾溪再戰於黃草峽再戰於明月峽舟師數捷陸道失險竄入江北以斷我右臂水路兵與將遂逸去三公擁孤城城兵可指數賊至城下三公分道登陴分布飇大器飛矢石賊多中死益倍力

攻城城中器與矢盡三公仰天討無所出六月十日賊以虹霓礮大發城崩裂遂入城先執三公於獻所不屈目䁖䁖以睨獻獻一笑殺人一卑磔人而下三公欲奪其志也陰戒賊部婉轉誘導語出一以掌擊賊一攫賊冠捽之一厲聲大作獻始忍睢暴發命磔解之罵詞與氣同絕正作怒鼓日風雷大作雪塊如車輪震瓦斷椽賊衆偃仆傷斃獻恐命亟收殮殮煉賊遂不敢留於渝指成都而去逸史氏曰余覽編年嘆執筆之誤且闕略荒陋不逮甚矣書張獻忠由成都順流取重慶推官王行儉死難事莫大於億萬生靈官莫重於仗節之吏書順流而下何其誤也書守為理而司理鄭向元尚出未死何其荒陋不稽也傳之後世何足徵哉孔子曰吾猶及史之闕文也又曰斯民也三代之直道而行也史文闕直在人心我蜀孑遺存者歲時飫曰忠烈三賢尤怪世俗之言曰文士鮮行以概天下賢者謂文章不得與節義同當甄試文人一切無因而不知関於名教舍文章未由也文章道之著節義所從出也三公以封疆之臣值未造兵孤餉絕戰不勝守弗克不得已以身殉死臨死張舌欲飲賊一斗血氣盡罵詞始歇上感天怒賊因膽落俾人紀永植天常不墜豈非文章之教哉維彼其說不知晚近來稱仗節志不辱委觸至慘極於身而猶詆詬者屬何輩也三公方駕於澤騰實於帝所正氣拂鬱於天壤死且稱快不以死為重輕而傳多荒舛無以篤俗訓人疑議於茲也余以渝人習聞而覓表而出之方賊來蜀無三尺童子乞降蜀人較天下禍且烈而甘死不投賊亦未始非三公之教也悲夫撫軍郡侯余諸生辱文章知遇甚厚既梓余文公天下以示勸復相深於訂誼今於之言非私也夫亦何福屈原為宋玉師原死玉作些以招原甚傳余之些也而出於蜀人之同私亦公也

秋山拾遺記

清　王廷獻

辛巳重九前三日訟庭無事公餘退食念舊志荒略未足傳信乃攜二童子乘款段重為平山之遊出迎恩門外二十步下水瀆為三拗廠夏秋水漲治前碧石灘險最為多洄於此有黃葛樹數十株各圍三丈許是日也天氣晴爽龍林水波不興綠陰相接清風徐來緩轡過山王廟為酆陵故驛溪流阻之乃折而北可百步長虹亘其上曰通仙橋有亭翼然朱欄懸毗顚賴幽賞橋北有嚴宦碑萬曆時修橋以紀月日者模隸之際昔字博受符來赴予約乃命僕夫引馬候於挹翠樓下余兩人剔捫蘿而登得九天宮舊址明邑令張守剛三碑島東數武為胡公祠公名平表天啟間平奢賊里人治像祠祭之兵火後雲處榛莽余捐俸重建特丹雘未施耳東為凌雲書院創於明知縣萬本萬曆初廷議撤毀因即故地建文昌宮就東隙地有本生祠碑相對為明學博竇希顏碑北陰殿內亦有斷碑載隆萬間捐修紳士姓名與北陰並者東嶽天齊行宮立春前一日有司迎句芒於此蔣夔平都山記左祠大山右府北陰今猶仍舊蹟也沿溪綠樹參差與金碧相映啼鳥上下令人應接不暇又東為石佛寺寺中石佛高二丈許左為山川風雨壇臨江為長堤子故明有場集與山王廟止隔一溪乃循舊路過東嶽廟西拾登山路側有修路碑碑面為萬曆年碑陰則嘉靖蓋後人重修因舊碑而前人遺蹟亦未盡泯焉拾陟彼而西可六十步折旋陟級而東又五十步巨碣倚山積蘚護之諦視得六字曰南無阿彌陀佛臺上即大仙岩岩有九螺之亭中塑神像後有圓石相傳為楊御史墓亭右有天

啟甲子碑載神指末極詳區於碑足鑿三魚中共一首俱肖土人指曰三魚碑也上層台迤邐而西者半里許折而東石坊西向顏曰總真福地下視即元天宮高不過三十丈山勢陡峻紆折迤二里矣考蔣記此為五雲樓故址坊內二碑相距一古養敬碑一楊忭碑俱屹立一旁砌欹臥者為竇希顏五塊石修路碑蓋石上鑴李陽冰書道山洞天遺跡巉岩道路彼時尚未治耳石台上龍虎君殿北向又上有寥陽殿碑寥陽殿者故明蜀獻王香火前為三石橋以肅觀瞻殿有樓可登一覽城郭無遺縣署內廨室庭中双桂歷歷可指歷階而上為玉皇殿遠人歲致巨蠟可然一年銀缸猶燦燦也路右為王母殿前有楊宣慰重修景德觀碑登山過觀音殿則凌雲閣巍然出焉閣前有碑隸書東坡留題二絕明巡按盧雍筆也雍亦有八景五言絕及游平山詩平山祠宇明末俱遭一炬惟此閣獨存不誠魯靈光俗稱二仙樓楚黃黎時舉顏之曰有仙則名神山洵有異哉凭檻南望下臨無地隔江豐稔垻近若襟帶葫蘆溪樹隱現鬱蔥恍然月鏡中游也邑人林明儁一聯曰飛閣靜涵天帝餘雲氣奔賤腳娟峯妙插水猶帶江声掛樹枝斯樓之盛概可想也閣後即凌雲台為平山絕頂相傳王陰對弈處亭址石枰猶存或曰舊以銅為二仙像各高三四尺李鷂子之亂遂亡去臺後即曜靈殿殿東向榜其額曰幽都本見水經注鄉愚援此為陰司實証也王端冕指圭案前巨蠟如玉皇殿業鏡圍逾文日久蒙昧而奸邪過此猶凜凜不敢正視東十餘步為漢壽亭侯祠山僧即五雲洞覆石為爐狀客至燃紙投之井涸無泉地風旋轉謂群鬼攫金錢也則誕甚矣前殿石碣鐫侯像印式及王鳳洲贊於上邑紳楊叔京為之有大碑卧地勒前忠州守孫芝傀伯錤游平山詩筆法雋逸予命匠琢其後將以有待焉小樓數楹下覘江渚足供凌雲閣競美祠後為仙姑岩相傳景龍中麻姑訪方平於此隔溪青牛山層岡細草宛然在目東望珠簾隱隱嵐霧靄可望而不可即也平山往蹟其搜抉無遺恨哉乃循舊路趋而下至五塊石旁有小徑通山後茂林修竹繞蔽梵宇曰竺園寺又西二十步亦有園祠胡公討剿賊禱於五雲洞得神助事平葺宮以報焉寺僧宗貴即余命修公祠者北望五魚此中殆有佳氣乎循山西去至半嶺江明如練小憩樹下適與酆署花廳相對可呼而應下至山麓兩山相對類村之澗水中出為九曲名流多之觴於此乃攝衣登白鹿山石蹬修縈里許抵寺寺東向對二仙樓山門有石鹿傀伯錤題詩猶存石坊曰來蘇以老泉來此鹿夜鳴也寺為明僉憲楊大榮重修相傳卜生壙插地双魚飛去乃捨作寺以泉故本名玉鳴時人競稱鹿鳴將所謂地以人重者耶泉方盈尺翠微隱翳澄涵如夏玉声冬夏不竭歲旱土人取泉以禱己卯夏余亦試之良驗左有美道子觀音像碑稍下隙地丈餘可摘數椽石欄抱之山僧告余曰此古氏書院也或又曰為楊氏旁有僻徑可東險下足不能留瞬息達竹雪庵讀古心碑更正訛字數則時有夕陽在山曛影萬丈出翠竹間此地舊有楊溫甫平山書院亭池遺址半湮田陌乃由觀垣出上文昌宮一望瓦礫所存者陳寬一碑耳西為天福宮歲時朝賀之所詳舊志黃者廣碑後步至社稷壇西得川主庙遺鐘為成化七年事暮靄蒼然仰見新月注送客之晴嵐渺乎不可睹矣嗟夫自後漢迄今平山之名由來舊矣考唐宋之遺蹟百不得一焉八景題咏肇於明初舊志所載亦永樂間事然三百年來祠

守之應與留題之存沒又關於遷也今來酆四載耳間以公委跋涉於涪陵桂水間奔走歸里者再平山之遊或月一至或歲三四至眼前好景習而忘之矣驅影西流頽波東逝王陰二仙將無嘆極溺之無從哉僕夫牽馬促歸乃酌酒索筆為平都山懷古詩以紀之其詞曰巴子東都治枳城平都豈是為方平只因炎漢留仙蹟遂使春秋掩改聲九螺精靈歸刦大五雲人鬼未分明陽山惟有來蘇寺白鹿呦呦夜氣清

酆都縣舊志序　清　瞿頡

志與史相為表裏凡忠義節烈禎祥災眚因革損益足以備太史輶軒之採者悉以邑志為權輿焉非是則文獻無徵流傳鮮據史官載筆掌故闕如豈非守土者之咎歟酆之有志昉於前明邑人楊孟瑛厥後隨時修輯鮮有闕失自前令朱君象鼎重修之後廢而不舉其遺文故事雖耆老有所不知蓋迄於今百年矣丙寅八月余始治酆閱舊志而喟然曰是余之責也夫乃網羅散失徵求軼事始於丁卯季春迄於庚午初夏凡三閱寒暑而後告蕆夫酆雖僻在巴渝而平都山為道書七十二洞天之一王方平陰長生之仙迹猶有存焉者又地濱大江為舟楫往來要津騷人逸士宦游所經謳吟不已而頻年以來邪匪肆擾烽煙屢警義士捐軀貞媛殉難俱足以垂光史乘風勵頑懦尤當大書特書以信今而傳後者也至於刪其繁蕪歸諸簡要則歐陽子所謂事增文省者庶幾無愧焉爾

鷗村詩存二卷清光緒年傅翰仙著　已刻

傳翰仙鷗村詩存序　清　徐昌緒

翰仙禦賊死事狀余曩歲既以與論述諸邑乘矣洎余館渝之八年光緒丙子秋翰仙之弟若卿寓書以其兄遺稿古近體詩見示謂同人欲梓之而惜其無多且將向敘於余余慨然曰奇特英烈如翰仙必以詩而後傳哉即以詩論兩漢而後不下數千百家求其有真性情名理不可磨滅者落落惟陶靖節一人而其詩僅百五十九首頗多乎哉回憶咸豐己未翰仙初成進士官農曹余方以庶常留史館同邑官京師者兩人耳時兩眼摃軍海氛又惡朝官相習噤口若寒蟬余與翰仙煮酒談兵論古昔成敗談天下事得失憂鬱嘆恨而無如何往往夜深酒闌情不自禁拔劍起舞狂呼悲咤高詠所為詩歌聲琅琅震屋瓦同舍生熟睡驚起愕顧不知我兩人喧聒何事何心也庚申翰仙奉命回籍團練余亦以是夏乞假山左從此勞燕東西無復音問同治癸亥余覲疾還京遄聞翰仙禦賊力戰遇害悼愴如有所失者累月己丑余奉先慈諱還里父老家貧不復能作出山計嗚呼以余駑劣伏櫪誠宜奇特英烈如翰仙固應大展驥足宏濟時艱乃未磬厥用而遽殞其軀惜哉雖然臨難苟免禮經切戒見危授命聖門亟稱方今國家多難此後正不可知與其棘目劌心憂鬱嘆恨而無可如何曷若蹈白刃灑一腔熱血之為快哉嗚呼翰仙不死矣今讀其遺詩雖寥寥百餘首而英氣颯爽生氣勃勃宛然煮酒共話把劍談兵時也宛若聞其狂呼悲咤高歌而莫能自禁也夫古人不朽者三立言居末不得已而以詩傳又立言之末耳然必其人先有不可磨滅者而後其言亦與之不朽即如淵明以元興三年參劉敬宣軍躍然有志用世既乃孤雲無依窮約終老論者以

為真隱士而不知其不二之貞已託於桃源避秦之説即述酒一篇辭隱義彰異世可見其志邑第以詩傳哉淵明以安貧守節翰仙以捍患殉節生死不同而節之不朽則一淵明詩百餘首翰仙詩亦百餘首詩之格調不同而詩以人傳則一既不朽矣詩亦傳不詩亦傳詩既以人不朽矣多亦傳不多亦傳余嘉若卿不忍死其兄而梓其詩以傳也弁言簡端歸之嗚呼翰仙之為人余不能學矣可勉而至者其在孤松五柳間乎

酆都新志十卷民國十六年余樹堂編 待刊

嚴廣文履泰墓志銘　清　易簡

先生姓嚴諱履泰字東介其先湖廣麻城人祖諱袞北以孝廉任慶符縣教諭遂家焉高祖諱廷佐曾祖諱韡祖諱應麟父諱敦典字克修俱縣諸生克修公負奇節好施與所交多豪傑之士挺揭極貧尤至爲甲申之變死人如麻骸骨遍野公獨捐貲斂瘞以數千百計所積德行皆此類配李孺人早卒繼娶張孺人原任廣東布政使司經歷應喬公之女生先生少聰穎過人誦書日千言八歲已能通掌故九歲克修公歿先生哭泣過慟殮葬一一皆其所歷不苟且免喪益自刻苦年十二補弟子員屢冠諸生又十二年登明經又二十四年任酆都縣訓導蒞任二十一年卒於官年六十九歲實雍正元年癸卯十二月十五日也先生未仕時嘗爲敘州守瞎襄幕事調劑使民不肯阿附主人意有不可者輒爭之至十反猶不已守初難之已而大服來酆都下車即革去陋習勸士力學一以古聖賢爲宗初酆人以距省二千餘里入鄉試者嘗少先生至多方成就遂養熏優而困於境者先生皆恤助之故科名彬彬稱一時極盛焉簡侍從先生十年先生夙有俠氣冰操至廉雖祿薄不足以自贍猶慷慨樂施故歿之日明器不具先生生四子長曰元和貢生次元正增生次元春廩生次元燦附生皆孺人子氏出孫士庶等凡十三人尚幼先生卒之前一日手書命簡曰吾病篤殆不能起爾知我者我死爾銘吾墓其務實以傳信毋諛先生卒門人郎典立等為之殮越十日元正等至將扶柩歸里謀志於簡於是垂泣頓首為之銘曰先生前世代有聞人積善垂慶於先生身先生篤學口角翻瀾未嘗一日舍書不觀先生學博尤精於史西川軼事撮其大旨先生課士曰貴立品爲脂韋表其所稟先生論文以氣為主瑰偉卓犖非此不取先生愛士不在富貴貧不能学乃助之費先生子孫既多且賢哲人有後克纘其傳先生歸葬蜀西南陲昭茲來許琢石此詞

平都山　青城道士

萬仞峰巒插太清麻姑曾此會方平一從宴罷乘雲去玉殿珠樓空月明

九日題塗谿　白居易

蕃草席鋪楓葉岸竹枝歌送菊花杯明年尚作南賓守或可重陽更一來

送酆都李尉　李商隱

萬古商於地憑君泣路岐固難尋綺季可得信張儀雨氣燕先覺葉陰蟬遽知望鄉尤忌晚山晚更參差

仙都山鹿　蘇軾

日月何促促塵世若拘束仙子去無蹤故山遺白鹿仙人已去鹿無家孤棲悵望層城霞至今闻有游洞客夜来江市叫平沙長松千樹風蕭瑟仙宮去人無咫尺夜鳴白鹿安在哉滿山秋草無形跡

平都山　前人

山前江水流浩浩山上蒼蒼松柏老舟中行客去紛紛古今换易如秋草空山樓觀何崢嶸真人王遠陰長生飛符御氣朝百靈悟道不復誦黃庭龍車鶴駕来下迎去如旋風摶紫清真人厭世不回顧世間生死如朝暮學仙度世豈無人餐霞絕粒常辛苦安得獨從逍遥君泠然乘風駕浮雲超世無有我獨存

題二仙樓　顧光旭

王方平陰長生沽濁酒与爾傾爾騎白鶴吾長鯨爾吹鐵笛吾風笙江風吹起江月明吾欲醉爾自醒醒時應憶醉時事醉中可以忘吾情日月星辰掛崖戶不知戶外蛟龍舞惟有一杯与終古吾将与爾終一杯一着饒爾先天行憑欄大嘯雨中急江水無波空自聲

酆都山　張船山

死人大笑生人哭浪指酆都作地獄鑿山起殿山為窟殿中沉沉暗如燭人来驚拜儘誠惕閻羅怖人悍双目鬼卒獰猛頭有角長枷大杻堆成屋鋸声轔轔大声爆刀鋸鼎鑊恣烹剝椎揚磨轉碓可築蠱蛇滿河方食肉雪山晶瑩差不俗踏淩一滑冰穿腹男躍女跪嬰兒伏睜眼骷髏千萬束九州茫茫人鬼畜一山收之無不足萬里逍

哉南與朔極天況有要荒服洵乎一死全入蜀蜀人便之来亦速東走瞿塘北褒谷衆鬼爭来声甫甫近者牽衣遠者呼啼叫跳想歸宿千頭萬頭猛于鐵蜀哉蜀哉鬼之棲殿前古井誰敢窺紙錢下飛如蝶散通神使鬼羅可贖鬼無心肝神有欲大杖年年易新竹聚人無算供敲扑山僧路寺狠如蝮王不答兮詬其禿吁嗟乎九幽功罪無榮辱土偶安知作威福君不見方平洞口仙雲綠

花林驛（酆忠交界与高鎮相連）　前人

閬水昌山汗漫遊絕無人處亦句留可憐吟落花林驛只有斜陽滿戍樓

蜀秀才　傅世綸

買書出秀才哭血染故宮紅躑躅坑儒之禍何其酷硯成龕筆成塚三萬頭巾葬一孔蜀中安得讀書種詠雪詩篩石灰狀元頭浸酒杯殺其軀者小有才藍衫委地有餘哀君不見青羊宮外菩花開多少文人碧血埋錦城豈有黃金臺沛公漫罵天下士東魯諸生招不来嗟爾秀才胡為乎来哉

醉仙亭（遊石磁太白崖題也）

君不見采石江邊一輪月高懸萬古風流絕又不見黃鶴樓頭四句詩拳捶腳踢何淋漓我生自笑詩才惡班門弄斧增慚怍與来快作淩雲遊三百年来無此樂入門喚起謫仙人攜来詞客為主賓好遊自恃腳力健名山幻出如来身天上酒星大如斗人間酒客皆吾友生不願留身後名安得一杯長在手憶昔洛陽董糟邱曾為橋南造酒樓一自夜郎流落去玉壺典盡千金裘可憐仙客才如此何時飛入南賓玉堂

人物酒中仙一場春夢隨流水醉仙亭子爲復高四圍竹樹繞迴遭遺跡渺茫不可
問但聞酒客猶詩豪摩崖大書太白字仙身仙身已飛去仙人一去不還家至今山水
留仙意吁嗟乎青蓮鄉太白樓將与此亭同不朽天地日月詩名留後來誰復知
君有斯遊恨不兩腋仙風起隨風飛上崑崙邱

留別平都山　張瑞麟

孤峰矗矗插雲中鬼府仙鄉說不同百尺危樓撐梵宇四圍落木響秋風欄
邊下瞰江流白殿角斜拖晚照紅笑我塵緣羈俗吏名山一別太匆匆

百花潭　易簡

去國離家老病身天涯何處不相親花卿好客才偏放嚴武多情氣未醇萬里
風塵空隕涕五陵裘馬漫傷神會須買棹夔門去瀼水東西理釣綸

竹雪庵　張福標

地僻無人跡荒庵自夕陽雲還眠石磴春不到禪房古鼎添新蘚殘碑臥短牆
金鈴如有語風裏訴淒涼

南海溪　盧峻

閑逸詩客至俗慮一無縈山脚大江漲禪心秋月明巉巖香古寺落瀑掛荒
城愛聽溪流水潺潺不斷聲

平都四時詩　張邦衡

簾垂春院靜梁上飛燕來入座花香細殘紅點綠苔

深林來好鳥幽澗古泉鳴客至琴聲寂餘香繞座清
雲封秋嶂碧小院倚深幽木葉蕭蕭下簾光翠一鉤
紫門迴霽雪石鼎煑寒泉瀉下山頭月看經夜不眠

送客晴瀾　曾鼎

送客晴瀾上停杯發棹歌水流無盡處還是別情多

龍床夜雨　盧雍

神龍久化去水底石床平月冷江空闊風聲作雨聲

龍床夜雨　郎承詵

夜夜灘聲作雨聲幾經磨洗石床平日來更覺風濤險一臥滄江總不驚

二仙樓對弈處　劉麒義

絕頂登臨放眼寬河山可作戰枰看局殘收拾非容易說到神仙下手難

二仙樓對弈處　譚宗樞

幾點殘棋不計年遺踪留向白雲巔安排此局何時了我欲登樓一問天

睡餘小草一卷清咸豐年王雅言著

咸豐丁巳年土匪劉文禮之亂紀事　王雅言

歲紀逢丁巳春當二月時涪陵烽火急石硅井疆危匝地蒼鵶出掀天白馬嘶
鸛遊官斂刃（涪州鸛遊坪分司爲賊匪戕害）豕突賊揭旗沿路森戈戟連村震鼓鼙南山騰兕豹北
海走蛟螭搜籔今張竇分林昔左慈降神堅衆信載鬼起群疑（賊中有以妖術惑人者）柝擊郛

闖曾蠶叢楚食隨彈丸真可憲黎庶盡含悲況遘三千士還徵十一聯（賊竄十一日來擾酆城）人民同搏穀事勢等圍棋似犬牙相錯如羊角觸藩野焚紅鞋鞨邑晚白玻璃首鼠譏難定心猿不自持殘枝花亂落弱柳絮𥡴吹歎散兄牽弟狼奔母負兒江昏雲漠々泥濘雨絲々陟嶺人攀葛登城士守陴談兵各白面定計除赤眉燃炬明同晝傳籤誤若旨猖盜姑鬼蜮守土陳樂羆十邑雄協獲（賊首馬四被擒伏誅該州並擒首逆刘文礼斬之）鄰封救兒移（賊首先由高刘文执等勢敗逃遁貴州）才原曾銑異智果茂宏奇幸住深山內能將大劫離慈航堪度晚樂土免瘡痍骨肉萍蹤聚林泉野性宜春陵詩續罷墨灑任淋漓

咏梅閣十卷清光緒年何宗芻著

庚寅重九日向海樓先生治具招同諸子登冠山頂作　何宗芻

重陽風雨多今日獨清朗天興遊山緣安排履錢緉竹林向秀賢伴我來與往但揭咂麻酒不拔邛竹杖四卅敢笑隨（海樓占疾曾毀同往）諸子步趨倣登蹬忘艱難出門恣俯仰蟠松礙行人古寺聊憩賞山林知我游呼風掃塵坱健步踏層陰儼作凌霄想高比探天根四周羅萬象摩空老樹撐橫胸冷雲盪山徑雖崎嶇山頂闊平敞石竈苔斑々池塘水漾々神仙窟尤奇量永僅盈丈席地而幕天枕將石倚杖要知天地心恐我驚雲往預事經營之爾游免悵惘煮酒覓荊薪枯枝雜栗橡一赴復一赴次序論少長瓊漿得先嘗滋味經素養藉慰相如渴勝飲金莖沆多感山僧情茶黍兼饋饟並生成飲仙儒佛不區黨狂嘯摩穹蒼快意倍高爽人愛冠山高下視蟻蟻壤我愛冠山幽小隱託蛛網雲秀疑峨眉蔥蘢類仙掌或起赤城霞或挂天門榜橫側殊異觀名狀安可放日夕飛鳥還風寒落葉響醉後遲遲歸暝色暗林莽下山行且歌回首月初上

土物

穀豆

大燒黏　其色紅苗与粟都如大燒故名曰大燒黏雜植田中他種秋苗可免災害

寸穀　其粒長近三分性糯可作米花糖等物觀瞻甚美

小穀　其粒如稗色黄只可作酒

香稻　其米作飯分外清香只崇德鄉与義順鄉有一隅之田出之他處則無謂之香米

穀類甚多秈稻糯稻各俱數種然大致畧同不過其積稍異耳与通省同者概不備載

米豆　粒圓而長色如米小於黄豆脂粉充足煮以為食味清淡

巴山豆　与米豆形相似色有白有麻可煮作饌脂粉充足

白四季豆　高山多種其味極鮮脂粉充足

飯豆　亦名打米豆以之釀酒可以清心酒色亦清冽

豆類如黄豆綠豆胡豆豌豆想他處俱同畧不備載

菜蔬

指拇菜　其色青葉長頭如拳肥壯嫩脆冬種春熟剔其葉剥其皮去其筋懸架晒乾榨去其汁醃以塩布以香料盛入罈中封之以泥經年不壞名曰榨菜是邑之特產滬上盛行

紅蘿蔔　邑長坡嶺所產可以生食異常嫩脆味甘与他處所產較有不同

菜辣椒　邑孫家營所產大而肥味不辣而帶甜以酒泡之味甘以之炒肉異常鮮美

洋翻苕　邑產最旺農人倚為半年之糧土諺云翻苕熟民果腹翻苕稀民受飢其功比之稻粱

菜蔬如洋芋水芋俱与他處同莧茄蕹菘菠菜茼蒿青菜白菜王瓜南瓜俱無不有畧不備載

花果

玫瑰花　清氣馥郁可入糖食糕餅得之分外鮮美邑之鄉村牆下多種此花

蘭　花　邑之山谷多生蘭草種類甚多開亦暢茂可以釀酒

茉莉花　邑惟此花最盛有以之接於山梔樹者開如杯大香氣清芬

木芙蓉花　邑之種者亦多以其葉堪作藥品為外科要藥故每於墳台或溪岸城頭樹之冬日花開色一朝三變

花類如牡丹芍藥梔子繡毬梅菊桂蘭種種皆有近世外來之洋菊等草木亦漸漸有之但城小種花者寥寥

六月桃　熟於夏伏之間與春日所有者同味尤美且脆邑茶園溪有之

湘水梨　熟於五六月間如雞卵大味甘而質脆亦邑之特產也南岸長沙塤一帶人家多有之年可博洋數千元

紅心橙　熟於十冬月心紅味甘美亦出於長沙塤等處最多有白心者味亦佳

龍　眼　產泥巴溪一帶每株可值洋十餘元漸已成園

橘　南北兩岸種者已多如紅岩頭孫家嶺高家鎮茶園溪都漸成園歲可博洋千元數百元不等

果類如桃李梅杏枇杷葡萄胡桃白果板栗無一不產難以紀載

藤竹

青　藤　邑崇德鄉產之長者數丈短者亦七八尺可織几榻與廣藤功用相同但堅牢不如不能剖破作用

箬葉竹　葉可作蓬笠崇德鄉產之

棕　竹　根有節如龍可以作杖太和鄉茶園溪產之

冷　竹　篾可織席清涼較他竹為佳邑包鸞席即此竹為之歲可得千百床產於邑之順慶鄉包鸞塲

百家竹　崇德太和兩鄉成林頗多可以造紙

藤竹之類如葛藤牛馬兒藤帳內藤只可代繩慈竹水竹斑竹京竹苦竹俱可剖篾與他地畧同故不備載

畜牧

我邑以商農為重牧業頗欠講求膠則家家養之牛則農家間養數頭庄稼少者多出於租借馬則千家不能得一羊亦稀少惟山深處間有一二專家牧羊亦不過百十頭牧牛亦不過十數頭牧馬亦不過二三頭畜牧之業直謂之向未曾有亦可昔邑紳譚宗樞以水草之場廢去可惜為人民提倡集資養羊至數百頭事頗可觀適其時皮尚未有價值羊復多病未得醫治之方業遂中止意良可惜今皮價昂貴儻有闡辯者出為提倡此業亦一邑之救濟生產法

禽魚

土鳳凰　毛色五彩雄者尾長六七尺斑斕可愛廟園取以插帽俗呼曰慶雞

桐花鳳　毛色鮮美體如指大昔人謂之么鳳比之閨秀弓鞋曰鳳頭鞋即指此

錦雞　毛色五彩燦斕若錦故借以名頭有毛一叢色尤鮮明披之若髮俗呼曰錦雞搭可取以飾小孩之帽

雉　毛色五彩与土鳳凰略同但尾短俗呼為野雞肉味美

白鷺　毛羽如雪脚並如墨巢近村樹百十成羣清光緒年城稻穀倉街榕樹及各村樹俱羣居胎養後遭雨雹城中所有遂遷徙清季西人忽重價收其羽獵人捕之殆盡

鸜鵒　俗呼八哥音圓滑馴養之教作人言久之即肖

我邑山多無禽不有蓉竹雞書所謂鵝鶘鷹鷂鷗鳧雀翡翠俱無不有獸則有虎豹狼獐狐兔貒猴馬豹荒狗刺猬土猪野貓松鼠黃鼠九節貍白面貍等亦難倫載

紅魚　長僅數寸肥美出大江磯碑梁附近之黑石梁必夏水漲始由梁脚结隊出距梁上下數丈之地亦無漁人輪網限時取之亦不多得日只斤許而已

墨甲魚　產忠武鄉觀音橋下溪水溜流相傳昔太史翁洗硯於此魚盡變成墨色言近妄誕然亦奇產味絶美

錢口魚　產崇德鄉由滲洞流出張吻如錢故名長只數寸肥美不减紅魚

龍洞跳魚　崇德鄉龍洞河有灘石生成如闌夏至後羣魚結隊出爭跳入灘內附近人民爭取之日可得魚餘斤交小暑不見有亦不跳

石馬塘魚　塘由沙灘河流入產魚多常有漁舟打取又有內坎塘水亦由沙灘河流入塘如內坎魚可進不可出與石馬塘俱為淵藪塘在忠義鄉境

泉子魚　土人呼為油魚謂其魚自帶油潤故也產崇德鄉韓家沱沱水由山穴流出魚亦墨色味美必夏水漲始出又有一種冬時始出肥膩尤勝油魚土人俱呼泉子魚

桃花魚　太和鄉高鎮前石梁內有沱名小河產之三月春水漲徧出游揚水面其狀如魚麗比桃花以手掬之變若痰涎有魚之形無魚之質附入魚類以備採擇

森林

松樹　南北兩岸高山平原此樹居多小之以為柴薪大之以作棟梁或作板片通邑計之此種森林十居六七

柏樹　此樹較松為貴其成材亦後邑之棺槨皆用此木器具亦以此木為重近來砍伐已空此種森林已屬寥寥

杉樹　此樹近山頗多而臨江一帶亦少可作棺槨等用以之作梁棟

橡樹　俗呼青杠可以作柴以之作器具等似非所宜高山低坪俱多此種森林

桐樹　近年種此為多以之製油此種森林到處皆有

漆樹　有大木小木兩種又順慶崇德兩鄉近山地面產之

邑山多區域亦廣從前楓杉松柏在在成林近年柴薪木料價增數倍伐殆盡也所謂森林亦只拱把之材而已可以作棟梁棺槨者早已寥寥以山多地廣言誠具有闢辦森林之基礎倘有實事求是者一督率之桑棕桐漆紅豆香樟一切有用良材十年可以成林

鹽茶

鹽課

向由沿商認銷犍為達溪射洪水引共四百五十八張歲徵羨截銀三千四百八十四兩六錢五分光緒五年提歸官運認銷者指定岸口先以保証金押入官准其專岸獨辦民國反正官運取銷聽人合貲販運其產道側仰給於富順之自井由瀘渝水道轉運現在沿江關卡不時設運非法征收然行止不常其價則比之昔年超過十倍

茶課

腹引一百張歲徵羨截票息銀共七十兩零一錢然無茶之專業亦無茶之專商其課遂停產道多半仰給於雲南由嘉定運出之沱茶為最多

魚課

歲取銀四錢四分無專業者清末廢去今已無存

學校

學校

學宮　明初知縣桂仲春建於縣署之東洪武十一年改建於署西之大西門內學署左側清知縣田秀栗始定案撥市斗米二石補春秋祭銀之不足後訓導喬松復同知縣蔣履泰購置祭器樂舞頗備現行民國五年所頒典禮前人明黃常清王元曾有記

學署　基址在大西門內清康熙庚戌知縣李如芳建明倫堂三間乾隆二十三年知縣盧鏞重修同治九年大水淹沒知縣陸鎔修復十年燬於火訓導喬松重修於署之西增屋數椽頭門三間斗房一間學書房一間明倫堂三間二堂三間左右橫屋各一間書室三間民國元年改稱勸學所十四年改稱教育局清訓導孫永甯有記

學額　清三年一度科歲並行入庠各九名武庠只歲入九名廩增各二十名每試歲貢二名遇恩恩貢一名歲在酉拔貢一名

學田　波羅塲楊家滿西地共歲收租穀六十四石課錢十七千六百文學基六十二間每間租錢二百文光緒十六年知縣何詒孫以邑紳曾祖輝之請令民購產於投稅時每串輸錢五文積為學脩院試諸費以羨益田足則罷之事以卷局自是入庠無解纏之累

書院　明知縣萬谷始建淩雲書院後廢去即文昌宮址明紳楊孟瑛復以家塾建為平山書院址在平都山下王文成公守仁有記清乾隆四十三年知縣張偉

又建鹿鳴書院於學署西道光十七年知縣李譓重修之仍改曰平山書院有記十八年訓導鄒桂林以教諭舊署一區增入同治九年毀於水假玉鳴寺為之治遷葺縣署遺之光緒三年復舊治遷新城縣署改曰五雲書院十八年知縣傅達源於誠善堂地創設經古書院未竟去十九年知縣蔣履泰續成之以五雲書院併入院田由知縣瞿頡方宗敬李譓先後共置租穀四十餘石課錢六百餘串院基課錢百餘串戶房存息七十餘串清末改為縣立高小校其租課悉併入教育局統籌統支外有華視書院址在南岸橋鎮邑紳楊茂修等所建義學凡十二所布於一城十二甲

學校

專門類於民國初年曾建法政校地在新城旋因經費無着廢去中學於光緒三十一年与忠墊梁聯立地在忠州歲出學費銀千二百兩附征於丁粮項下民國初年始散歸本縣自辦地就新城公署其款仍舊不足者由教育局撥補旋因經費不足停辦於十五年復就高小校附設初中款由教育局統籌縣立高小校係清末就北門五雲書院改建其款亦多因之公立之高小校在義順鄉則有橋頭壩在崇德鄉則有觀音寺在太和鄉則有高家鎮在順慶鄉則有波羅場在仁壽鄉則有董家場在太平鄉則有双龍場在安仁鄉則有王家場在忠武忠義鄉則有馬虎壩俱先後成立經費悉由各鄉或廟款或斗市或姓捐或昔日之課會組織而成私立之高小校在秦氏則有太平寨在戴氏則有戴氏宗祠今俱解散款項不濟故也縣立之國民學校在城區則有十三校在各鄉則有五十校其款皆由教育局統籌撥內堂即其的款前視學秦贊禹所建設公立一百五十三校款由各鄉自籌每年田斗息或廟款籌有的款近由各鄉教育委員就地籌設約計又在百堂以上私立者則廢興作輟無有定局難以備載縣立中學生約年百人縣立高小學學生約年三百人各鄉高小學學生約年六百人

附學宫前人碑記

補修聖廟碑記

方宗敬

昔端木氏之推尊我夫子也曰夫子之牆數仞不得其門而入不見宗廟之美百官之富蓋一時罕譬以曉管窺者流也而歷代推廣廟制以崇祀我夫子者視之故自正殿四配兩廡戟門外更設櫺星一門門外為泮池池外則為屏牆左右有門門上有坊所謂聖域賢關者是也庀材則屏牆以甎門坊以木而櫺星一門則以石蓋是門設而不關雷雨不蔽惟石稍為耐久歷代遵之由來舊矣酆邑學宫自康熙癸未邑令王公廷猷重修規制始具距今蓋百有餘年凍雨炎風嚴霜烈日剝蝕既久坍塌堪虞甚非所以肅觀瞻而嚴黔統宗敬自嘉慶十八年奉命來宰是邑下車謁廟惟正殿兩廡稍為整肅餘若屏牆門坊之屬半就傾頹而櫺星一門石皆瓦裂支以土墻殊為不整禮畢即与学博陳豫前商之豫前曰屏墻門坊之費自前任李公自超倡捐諸紳士輸助已得二百餘金擬剋日興工匝月當可告成惟櫺星門費恐不足耳余曰此易辦也隨飭工入山取石不數月任華畢集琢磨並施既完既整祇以諏吉未就遲至本年二月十三日寅時始行建立度地視前略深數尺而樸素堅厚規模較壯麗矣竊維我夫子道德文章師表萬世与天地同其覆載与日月共其照臨欣逢我朝列聖相承崇文衛道自京師及各直省府廳州縣咸備立文廟祀以帝王之禮所以示崇師勸學之典者至矣至於缺於補之敝於新之俾多士出入是門覩瞻美富於以端向往而敦實學以上備國家楨幹之用此守土之責也是役也並前共費銀四百餘金除前任李公倡捐及紳士輸助外餘皆宗敬籌款捐修用克蕆事而趨事之敏成功之速則豫前就近監理督催之力為多既蕆事屬余聊綴數言並前役而合記之

附書院前人碑記

建修鹿鳴書院碑記

湛露清

古有學校無書院唐開元間乃有書院名迨有名而寖廣而後世所稱則以鹿洞鵝湖為最盛要其宗旨不外講道德課文行与黌序術序之教同原而殊轍焉酆書院者其古學校之遺意歟我朝文教極盛凡省會府州縣各有書院教其境內俊秀而吾酆獨缺焉蓋二百年於茲矣前任數公屢與斯議究難於創始不果成歲丁酉我邑侯張公來蒞茲土孜孜以造就人才為首務戊戌夏協学師文公縣尉戚公及邑紳士捐俸捐貲遂地學宫旁鼎建大門講堂東西書屋即延師督課其中閱三稔復建居室東西廂及廚廁諸制俱舉今二月工竣顏曰鹿鳴書院因院後山名且取詩歌鹿鳴之義云竊謂古循良之治莫重於教化若文翁之立学舍衛颯之修教制其良法美意誠可為後世法今書院之建我侯作其權輿復勤於訓課將以振興文教而存古学校之遺其所關豈淺鮮哉自茲肄業者可以奮然興矣韓子謂業精於勤荒於嬉周子名勝恥也實勝善雷其争自琢磨共相砥礪發為文章尤當崇實黜華不揣帖括声律為弋取科名之具而科名初不外是於以步雲攀桂作賓王家享笙簧酒醴之奉斯於鹿鳴之義有取焉又安在鹿洞

鵞湖之盛不可復見於平都乎是為記

重修平山書院記

李謙

邑之山曰平都季出五魚双桂之東前明進士楊君孟瑛少讀書其下建書院曰
平山後邑令萬君谷更名曰凌雲國朝初前令有王君廷獻者曾經修建而基址
亦湮沒不可考今之鹿鳴書院則張君偉所首創也偉黔南人令斯邑於乾隆戊
戌始擇地黌宮右構講堂齋舍共二十餘楹週以繚垣聚俊秀而絃誦之更肇嘉
名今其殘碑尚存而字跡半蝕六十年來門垣就頽瓦甓缺落後之人非修舉振
興其不鞠為茂草而名存實亡也蓋亦僅矣余自癸巳蒞斯邑亟謀修葺念興數
之有由惧前功之廢墜爰倡捐而首事余兆登孝廉王正極茂才等皆相勸諭
都人士咸踴躍輸貲游及三年經費以裕增山長之修脯添諸生之膏火條規次第
舉矣乃庀材飭工葺其院宇蠹者易之缺者補之漫漶者新之湫隘者廣之
經始於戊戌十一月越次年己亥四月而工告竣肅然煥然規模較舊加闊於是董事
諸君子以書院名屢易請仍顏曰平山示復古且請為文勒石用垂永久余惟國家以
興賢育才為亟諸生果志切觀摩修厥道藝於院名何擇焉抑既以斯山為斯邑
巨鎮欲標其名而不使他邑書院得襲也謂當崇經術懋實學相與講貫服習
俾人材輩出而抗興得勃其靈其毋徒文声華使平山類終南之捷徑也又毋或作
輟靡常含業而嬉使平山跡近於童且蒙不毛之誚也可與勉哉諸生以為然遂輯
其語以為記斯役也諸首簿為司鐸鄒君少尉劉君例得並書至於前院之建於

乾隆戊戌重修於道光戊戌其年前後偶合若有數焉非所知也修舉振興所重望
於後之君子

酆都縣通省志採訪冊 卷三

壽耆

李方鑑年百零四歲道光二十九年詳報

廖象琬妻鄺氏節孝百歲嘉慶十四年請旌給廣行期頤匾額銀八兩緞一疋

徐賢書年百歲道光元年詳報

敖 瓊妻甘氏年百歲道光十八年請旌建坊

秦世學妻冉氏節孝百歲道光二十三年詳報

冉志清年百歲道光二十五年詳報

魯洪璽同妻唐氏均百歲五世同堂咸豐五年詳報

蘇福升年百歲咸豐十一年詳報

郎學仁年百歲五世同堂同治元年詳報

郎茂術年百歲同治四年詳報

代金喜性樸質勞働自給年百歲猶康健異常族人喙金為壽楊師長春芳贈洋五十元親往壽焉金喜曰焉用是為吾力足自給無已請儲之備身後聞五年無疾逝享年一百零五歲

廖應常年百零三歲妻熊氏八十八歲子青芝邑歲貢生

譚裕興妻李氏年百零二歲

徐萬善年百零二歲

張洪範妻楊氏一百零一歲

譚文陞貢生譚仕政伯父也年百歲
譚朝貴妻李氏一百歲
滏大路九十四歲妻彭陳氏均百歲
劉　漢年百歲
趙先惠年百歲
冉氏庠生馮樂嘉妻年九十五歲康熙間知縣曾源請旌賞黄絹肉米
李金樑年九十四歲道光二十九年詳報
李俊年九十一歲乾隆四十一年詳報
朱衣珍年九十歲乾隆十三年忠州知州劉乃大贈以松柏同春匾額
李　儒年八十有八嘉慶十五年詳報
李若蘭增生咸豐戊午鄉試年八十有六恩賜副榜
許文修增生年八十五妻李氏八十四五世同堂乾隆四十九年知縣張偉請旌給裵
字熙春匾額銀二十四両
冉氏東明縣知縣高慎妻初慎赤貧氏以紡績佐讀後年八十四歲請旌
孫光全年八十一壬戌年防堵周逆有功上給優獎
楊文鳳同妻代氏均年八十一歲五世同堂道光二十七年詳報
曾友伋舉人乾隆五十年友伋年七十謁選在京躬與高宗純皇帝千叟宴賞
綠絹二端

余懐芳　王廷楷　周鳳鳴　楊雲程　以上均以庠生耆壽恩賜舉人
傅全涵九十八歲妻秦氏九十四歲五世同堂
譚文宗貢生譚仕政父也性和易五世同居九十誕辰縣宰孫錫祺錫匾曰耄期同
佬九十八歲誕辰省長旌其門曰昇平人瑞
宋宜寄妻陳氏九十八歲
朱恩滏妻陳氏九十八歲
陶紹傳九十八歲
藍何氏年九十八歲
謝周氏性慈而勤撫嫡子如己出年八十餘猶親炊壽九十七卒
滏光俊年九十七妻甘氏八十四歲
秦仕權九十七歲
陳玉成九十七歲
何可成妻教氏九十七歲
余繼銀妻冉氏九十七歲
滏光俊妻陳氏九十七歲
戴全富妻向氏九十七歲
孫恩武妻焦氏九十七歲
代天喜妻王氏九十七歲

范文耀九十七歲
劉應憧九十七歲
楊盛懷九十七歲
王榮齋妻羅氏九十七歲
劉與順妻杜氏九十七歲
鄭世倫妻張氏九十六歲
付文樑九十六歲服地方義務五十餘年里黨無爭訟
蔡黄氏年九十六歲知縣張紹齡給轉瞬期頤匾額
向學達同妻陳氏均九十六歲五世同堂
曾同順年八十八妻黄氏年九十六歲
曾司周年八十妻王氏年九十六歲
秦朝品年九十四妻胡氏年九十六歲
湰大仲夫婦各九十六歲
蔣文基妻胡氏九十六歲
徐廷秀妻李氏九十六歲
蔣鳳乾妻唐氏九十六歲
譚珍傳妻秦氏九十六歲
羅應園妻秦氏九十六歲

陳文烈妻馮氏九十六歲
秦文元妻董氏九十六歲
范光錫妻黄氏九十六歲
譚金城九十六歲
湰大光九十六歲
付金奎九十六歲
張萬銀九十六歲
岑和穆九十六歲
熊正魁九十六歲
熊永福年八十四妻陳氏九十五歲
周朝明九十六歲
譚儒九十六歲
李發甲九十六歲
蔣廣才九十六歲
成崇在九十六歲
袁益祥九十六歲
刘巨盛九十六歲
江朝倖九十六歲

李維仲年九十任團正能盡職邑宰汪責之奬以耄老公勤四字九十五歲歲卒
郎學貴妻付氏九十四歲長子宗壽九十五歲次子宗宇八十六歲宗宇子先壽妻
余氏八十八歲三世高壽誠不多得
劉宗朝年九十五歲妻馬氏九十一歲長子成章武生八十一歲次子成德文生八十二歲
李子成名武生八十二歲
童田氏家貧紡績課子讀書性好潔一日拂几桌数次九十五歲卒
陳必貴九十五歲
任心德九十五歲
何坤貴妻王氏九十五歲
付永槐母秦氏九十四歲永槐八十六歲其妻刘氏八十二歲兩代五世同堂亦盛事也
向國貴業醫喜吟咏耄老不倦九十四歲卒
譚朝杰九十四歲妻崔氏八十七歲卒
藍正恒九十四歲五世同堂
廖大謨九十四歲五世同堂
周朝臣妻王氏九十四歲
蔣朝銀妻熊氏九十四歲
彭浩遠妻張氏九十四歲
付國品妻葉氏九十四歲

高正樑妻秦氏九十四歲
易正品妻譚氏九十四歲
王明藩九十四歲
徐文禄九十四歲
夏世富九十四歲
夏元鎰九十四歲
隆光路九十四歲
隆譚氏九十四歲
文舒氏九十四歲
卯正顯九十四歲
周文光九十四歲
冉德清九十四歲
李天河九十四歲
熊朝貴九十歲妻李氏九十三歲五世同堂
王正武九十三歲妻朱氏九十二歲
楊大才妻譚氏九十三歲
曾元杰妻孫氏九十三歲
隆武治妻譚氏九十三歲

嚴芝宗妻尼氏九十三歲

張正栢妻陳氏九十三歲

王正華妻代氏九十三歲

譚先爵妻范氏九十三歲

李鳳義九十三歲

唐興壽九十三歲

向清鑑九十三歲

秦錫友九十三歲

殷天宇九十三歲

秦應慶九十二歲矣時扶綯者由子至曾玄共四十餘人而婦女不與焉亦難得也

付永成妻譚氏九十二歲

楊天章九十二歲

熊元方九十二歲

秦時萬九十二歲

向仕文妻曾氏九十二歲

吳國棟妻冉氏九十二歲

吳治棟妻徐氏九十二歲

吳治炳九十二歲

冉天品妻陳氏九十二歲

鄧時宣九十二歲

閻必禹九十二歲

孫大發九十二歲

秦丙榮妻冉氏九十二歲

蔡人澤九十二歲

秦文約九十三歲

王宗鈉九十二歲

孫國瑋八十歲妻鄭氏九十一歲

甘家裕性孝友適太平單至裕負母逃三日不食母卒獨力營葬不與昆仲較錙銖

之貧難償債者契券而去壽九十一年

譚恩福九十一歲妻馬氏八十四歲徐氏八十五歲

秦德能妻譚氏九十一歲

舒正祿妻陳氏九十一歲

張奇昭妻甘氏九十一歲

范熊氏九十一歲

陳文星妻譚氏九十一歲

連永松妻刘氏九十一歲

王宫林妻余氏九十一歲
殷陳氏九十一歲
余洪緒妻王氏九十一歲
劉潤安妻王氏九十一歲
秦許氏九十一歲
蒲耀恒九十一歲
董天乾妻盧氏九十一歲
王正品八十六歲妻甘氏九十一歲
譚仕懋妻楊氏九十歲
周盛發九十歲
郎顯壽九十歲
楊學玉九十歲
彭代昭妻廖氏九十歲
蔣永朋妻馮氏九十歲
秦文印九十歲
滏大福九十歲
王仕貴九十歲
何大珍妻陳氏九十歲

卯長登妻何氏九十歲
謝永世妻孫氏九十歲
譚有剛九十歲
殷安賢九十歲
蘇鄧氏九十歲
向廷魁妻李氏九十歲
張耀元九十歲
滏李氏九十歲
譚子美九十歲
秦永先妻廖氏九十歲
彭洪昭九十歲
武生秦長春九十歲
李福照九十歲
吴正江九十歲
鄧萬清九十歲
鍾全發九十歲
廖貴雲妻魏氏九十歲
廖慶云九十一歲

酆都縣選舉表

選舉一門在清自以五貢為斷容易分晰迄今學校林立畢業者車載斗量無從去取只得將本縣縣志采入人名概行録入或存或削悉聽酌裁

科目	朝別	時代	氏名	紀略
進士	明	天順丁丑	楊大榮	由景泰庚午舉人中第官按江西按察司僉事崇祀鄉賢見人物官蹟志
		成化丁未	楊孟瑛	由成化庚子舉人中第官授浙江杭州府知府順天府丞見人物文學志
		正德辛未	黄景星	由宏治己酉舉人中第官授河東塩運使崇祀鄉賢
		正德甲戌	黄景夔	由正德丁卯舉人中第官授兵部員外郎
	清	康熙壬辰	易簡	由康熙辛卯舉人中第官授翰林院編修見人物文學志
		嘉慶辛未	李存周	由乾隆乙卯舉人中第官授安徽舒城知縣
		咸豐丙辰	徐昌緒	由道光己酉選拔壬子舉人中第官翰林院編修升侍講學士銜見人物志
		咸豐乙未	傅世綸	由咸豐乙卯舉人中第官户部主事升員外郎河南即用道見人物志
		光緒壬辰	郎承謨	由光緒乙丑舉人中第官翰林院庶吉士歷任正安州古州廳遵義縣升平越直隸州在任候補府
舉人	明	洪武乙卯	余亨	貴州黎平通判
		洪武乙卯	馮麟	任陝西延長知縣
		永樂辛卯	曽天麟	官户部郎中
		永樂辛卯	何青	官雲南浪穹縣知縣省志作何清涪州人
		永樂辛卯	黄憲	
		永樂甲午	劉濟	
		永樂甲午	陳懋	
		宣德壬子	王瓚	官湖廣興山訓導
		景泰庚午	鄭貴	
		天順壬午	胡廣	省志作合州人
		成化辛卯	馮祐	省志作馮祐
		成化庚子	熊永昌	
		成化癸卯	陳濟	雲南曲靖通判崇祀鄉賢
		成化癸卯	王羽	
		宏治乙卯	向子俊	廣西桂林同知省志作何子俊
		宏治戊午	胡一德	雲南按察司經歷省志遺
		正德庚午	楊東	貴州麻哈知縣
		正德庚午	楊偉	
		正德癸酉	杜友才	
		嘉靖戊子	黄洵	湖廣鄖陽推官
		嘉靖乙酉	古養敬	工部員外郎見人物文學崇祀鄉賢
		嘉靖乙卯	陳傑	

嘉靖戊午	秦範	
嘉靖辛酉	楊叔京	雲南曲靖知府崇祀鄉賢
嘉靖甲子	陳栗	陝西藍田知縣省志作陳粟
嘉靖甲子	黄著	推官
嘉靖甲子	曾繼先	知縣
嘉靖甲子	黄世修	湖北推官
嘉靖庚午	林啟鳳	涪州學省志作趙鳳涪州人
萬歷癸酉	代文亨	省志作代友亨江西南昌府知府
萬歷己卯	楊銓	
萬歷壬午	楊心傳	湖南安鄉知縣見人物
萬歷辛卯	黄常德	省志作黄尚德
萬歷癸卯	陳戴寬	山西知縣
天啟辛酉	熊京	
天啟丁卯	李方開	陝西按察司僉事
崇禎庚午	熊陽徵	
崇禎丙子	古心	雲南雲龍州知州見人物文學崇祀鄉賢
崇禎壬午	李如星	解元見人物

清

順治庚子	熊文蔚	
康熙癸卯	譚戩穀	
康熙壬子	林堅本	
康熙辛酉	柯永方	
康熙丁卯	古愷四	鄰水教諭
康熙丁卯	楊汲	筠連教諭
康熙己卯	古毓英	由歲貢中式授遵義教諭
康熙己卯	李𢿋樞	由歲貢中式授廣安學正
康熙己卯	羅雲師	涪州教諭
康熙壬午	馮軌	
康熙壬午	李仙齡	由丙子副榜中式省志作新都縣人誤
康熙乙酉	林敬修	由辛卯副榜中式授鹽亭教諭
康熙乙酉	曾上哲	
康熙戊子	李孟修	
康熙辛卯	古可法	
康熙甲午	李寔絜	
雍正癸卯	朱華袞	
雍正癸卯	羅彌高	
雍正甲辰	羅彌敬	

雍正丙午 羅彌元

乾隆戊午 易龍圖 甘肅敦煌知縣

乾隆戊午 湛玥 浙江滔雲知縣

乾隆甲子 王怡 浙江寧波府同知見人物宦蹟

乾隆甲子 曾友伋 廣東德慶州知州瓊州府知府見人物宦績

乾隆壬申 楊芝 由庚午副榜中式授眉州學正

乾隆壬申 楊顯仁 丹稜縣教諭

乾隆癸酉 傅昌前

乾隆癸酉 蔡念祖 陝西韓城知縣

乾隆壬午 高慎 直隸東明知縣署宣化府同知

乾隆戊子 郎士貴 廣西宣武知縣

乾隆癸卯 楊英

乾隆戊申 許金芝

嘉慶癸酉 湛露淳

嘉慶戊寅 郎官升 廣安知學正

道光甲午 余兆登 新繁縣教諭

咸豐乙卯 蘇為楨 任湖南常寧知縣

同治甲子 王元曾 由咸豐辛酉拔貢中式授湖北知縣複任沔陽州知州

同治乙卯 李濟川 由歲貢中式

同治庚午 湛文堂 巴縣教諭

光緒乙亥 劉宇元 任雲南嶍峨知縣

光緒乙丑 胡應涵

光緒丙子 余元章 任陝西定遠知縣

光緒甲午 戴君義 山東知縣

光緒甲午 王綬 景山官學教習揀選知縣

光緒丁酉 劉培德 前清簽分福建直隸州州同民國任威遠縣知事

光緒壬寅 王京晉 法部郎中任城固縣知縣

光緒壬寅 余樹堂 揀選知縣

光緒壬寅 陳光策 揀選知縣

副榜

明

崇禎壬子 熊蘭徵

清

康熙庚午 陳天眷

乾隆辛酉 秦泰

乾隆甲子 馮廼駰 江津教諭見人物文學

乾隆甲子 王廷旦

乾隆戊子 曾一貫 東鄉教諭見人物文學

乾隆丙午 李秀發

拔貢

清

康熙壬子	林建本	
康熙丙寅	湛迴	安縣教諭
雍正癸卯	李如嘻	龍安教授
雍正乙酉	王廷棟	
雍正甲寅	高人第	石泉教諭
乾隆甲申	李坤	
乾隆癸酉	王恆	安徽蕪湖知縣
乾隆乙酉	湛露清	温江教諭
乾隆乙酉	湛銘	西充教諭
嘉慶辛酉	郎官清	
嘉慶辛酉	陳于池	
嘉慶癸酉	郎官保	
道光乙酉	向世琳	
道光乙酉	徐其岱	潼川府教授
道光丁酉	徐昌緒	
同治癸酉	劉序泰	内閣學士兼商約大臣
光緒乙酉	林大任	長壽縣教諭
光緒丁酉	代正濬	湖南知縣

武舉

清

宣統己酉	胡峄
宣統乙酉	譚光鑑
康熙丙子	李正花
康熙丙子	高曜
康熙丙子	李如楠
同治丁卯	楊耀廷
光緒乙酉	彭天鵬

酆都縣選舉表

科目別 歲貢

朝 明

氏名	紀畧	氏名	紀畧	氏名	紀畧
黃應祥	雲南鶴慶州州同	花綬	交趾古龍知縣	羅忠	直隸靜海知縣
馮文貴	浙江湖州府同知	程鵬	湖廣茶陵衛經歷	范有成	湖廣襄陽府經歷
徐智	湖廣寶慶府檢校	湛清	浙江嘉興府通判	黃守正	山西汾州府同知
嚴琦	河南平鄉縣丞	古志學	上林院署丞	李忠	交趾真利知縣
鄒晟	雲南吏目	郎贇	交趾唐安知縣	吳絅	
蔣僉舉	江西萬安主簿	王維清		張繩	
楊善		許贇		李斌	
熊志宏		張霖		劉存智	
李節	陝西西陵衛經歷	陳資		杜謙	
杜諒	浙江湖州縣丞	李茂		陳璐	
黃鍾	雲南建水吏目	范信	留守司經歷	蔡璘	
傅中		羅亨		佘宣	
胡璉		嚴仲謙		陳能	
佘善	廣西平樂府經歷	湛隆		侯信	
黃瓛	湖南長沙主簿	曾友道		李布	直隸南陵縣丞
黃玉		隆盛		李恭	
范祥		蔣智		楊高	
曾倫		許富		陳慶	
黃端		李祥	知縣	王永年	訓導
代綱	廣西推官	魯德	湖南寶慶府訓導	熊經	
李伯順		楊景春		黃曉	陝西文縣教諭
向克寬		楊元	湖廣湘鄉訓導	杜觀	貴州布政司都事
陳勉		林文振	江西九江府同知	湛永海	湖廣堅利訓導
王翔		徐白祥		黃田清	
李棟		朱本定	陝西鳳翔府經歷	王承孝	
黃尚綱	湖廣襄陽訓導	李向陽	陝西富平縣丞	楊孟惠	陝西岷州衛訓導
楊茂	永興王府教授	楊孟芳		秦弁	
楊孟訓	廣東惠來知縣	楊乾	陝西全縣訓導	代吉	江西宿州衛經歷
熊顯德	陝西靈台訓導	王寅		李遷	
楊孟諮		楊寅	陝西乾州訓導	鄒家典	
李朝陽		楊孟舉		信	舊志闕其姓
熊唐臣	雲南通判	徐騰	陝西訓導	楊密	荆王府訓導
侯偉		殷秉忠		楊試春	
楊泰	直隸順義知縣	黃嘉誥		楊觀	長沙府訓導

陶賢 江西玉山教諭	黄龔 陝西學正	胡仲璞 湖廣南陽訓導
余文爍 陝西淨縣知縣	楊一鶚	楊第
古嘉表 達州學正	余自修	周晃
隆壽	楊鍾秀	陳魯
楊咸	楊忭 戎縣教諭	冉以毅
楊頎 湖廣麻城訓導	楊一遜 馬湖訓導	楊一通
陳蒙	楊鍾元	冉棐
楊蕤水	代達	余祚
楊蕤言	代唐民	冉仲

楊懋學	黄尚儒 陝西訓導	冉祐
毛如德	毛之麟	余子義
楊光啟	余子祥	楊茂學
楊鎮	李達 訓導	譚旦
余子州	秦獻廷	陳鼎祚 內江教諭崇祀鄉賢見人物忠義
李方郁 劍州學正	楊凌雲	涂安宅 內江教諭
楊堯卿	黄毓章	熊居寅 慶符訓導
毛宗德	李樹聲	姚映黄
代大禮 山東壽光知縣	李如旭 浙江都司經歷	徐觀成

林明儁 兵部職方司主事貴州驛鹽副使	王宮 蜀王府典膳	郎新秩 江南泗州州同升直隸徐州知州
楊奎 王府典膳	楊貢 訓導	冉宗孔
徐鳴岐	杜子賦	楊範 主簿
代琮	李岱	古百年
王繼成	張維藩	楊銓 都司經歷
馬冀	王者佐	楊遇春
李廷桂	熊周佐	尹若皋
冉之升	陳三聘	古澄然
陳祖智	古養浩 見人物孝友	傅潮

陳志伊		

清

陶蒙	冉德乾	黄耀初
秦懋倬 仁壽教諭	郎位 九姓司訓導	羅其章 富順訓導
毛自修	湛霖	余何讓
侯維垣	代天	湛同淇 玉山訓導
彭鈞	曾德升	代子元
林用修	陳治表	王前
徐宗麟 瀘州訓導	李炯 彭縣訓導	秦永思
曾沂	李昌 新寧訓導	湛光昌 大寧訓導

劉文饒 郎與立 內江訓導 徐超
余樂天 重慶府訓導 李如晅 彭水訓導 張同夔
孫詒燕 熊鈺 許賀來
楊澳 郎玉璉 大竹訓導 李其焜
徐昴 林遇 霍鍾秀
孫曾賢 傅永祚 劉廷鑑 安岳訓導
向陽亨 郎奎章 樂至訓導 郎璧章
曾立道 孫鍾賢 郎仕能
楊淳 古奐昌 殷良佐

牟佩 孫麟 孫耀祖
冉夔 達縣訓導 馬洪釗 雅州府訓導 董成芳 珙縣訓導
李潤 胡昴 馬邊廳訓導 傅宗武
李正泰 郎文燦 郎文煋
李蹻泰 余之麟 楊宗桂
湛汝珍 廖翔南 陳英賢 西充訓導
林竹 雷秉忠 杜泰
覃棟 曾永道 卯曾朋
郎宦墀 傅義鈞 余大鑑

王文鐸 郎官在 王五桂
黄雲錦 李遇春 陳朝模
周文晃 李名川 曾維賢
冉瑞蓉 周顯楷 余啟洪
鄧大志 王廷蘭 秦棣
湛漸逵 項貞奎 毛奇玥
陳輔之 陳士魁 徐士俊 保泰教諭
李斌 廖青芝 杜正中
譚朝模 白憲章 姚墟

李洪儀 訓導 蔣朝瑛 候選訓導 秦之璲
李瑞元 候選訓導 張從銘 張炳璽
彭登漢 李澈樞 曾煕 保泐知縣
陳永貞 秦文儒 代彥清
戴卿雲 譚士正 盧錫齡
盧斌 劉宇璧 吴正倫
傅世臣 廖紹周 廖先級
秦嵩 熊瑞珩 劉宇芬
劉宇幹 劉宇翰 劉壽棋

劉宇凡	劉宇楨	劉乙青
陳樹藩	李星灼	楊星海
譚宗樞	秦之傑	李德九
劉其義	陶發育	陳杓
湛文都	傅繼寬	吳光盈
李世傑	盧志琦	郎紱之
魯炳塗	陸策鰲	秦林棨
林朋雲	林光晉	廖萬高
曾子彦	何永安	殷學海

恩貢

明

冉昌言	隆中寓	朱芳柏 候選巡檢
戴嘉樂		

清

曾撰	張涵	李鐙
曾玢	秦璠	卯永達
杜牧	廖光極	郎官墉
劉蘭	余友甲	李士恂
劉銓	蔡集堂	余燮文
向步瀛	代笏	蔡春方 候選教諭
孫懷俊	秦家蘊	范廷薦

徐世傑 教諭	彭啟塗 訓導	盧朗
王官盛	劉宇環	傅培元
戴篪	代堯天	黃在中
向大淵	何崇笏	

例貢

明

朱經	余仕鴻 湖廣主簿	楊孟琦 江南昆山縣丞
余光遠	陳可	楊孟瑜 湖廣經歷
陳言	楊節 光祿寺署正	楊晉
代文星 貴州普安州判	楊儼 東陽知縣	楊叔亮
孫尚恪	楊蓮	楊禮
楊纘	楊遇春	楊師震
楊延春	楊逢春	王承寵
冉芳奕 貴州經歷	申俊甲 貴州經歷	楊士吉 州同
古惟一	徐爾強	

清

林慎修	傅應元	曾一元 廣西融縣知縣
蔡秉華	郎參章	蔡如蘭
馮之琦	楊景和	向第瑜
郎文烜 訓導	高嶸安	郎文瑛 貴州獨山州吏目
曾松齡 縣丞	余永佺 成都教授轉湖北荊門知縣	高文彬

高文檢 彭光炘 高錫古 貴州縣丞
陸紹達 馮有光 李嗣流
蔡鹿苹 向海棲 劉壽圖
楊銘鼎 劉壽益 劉壽彭
曾洪德 訓導 向昌儀 彭水訓導 陸騤芳 瀘縣教諭
何慶餘 訓導 甘 鎰 蔣朝瑞
楊天儀 訓導 傅世華 邛州教諭 曾 溥 貴陽知府
郎承詵 雲南楚雄知府 劉宇樞 內閣中書 傅世傑 內閣中書
徐昌彥 候選訓導 蔣紹琬 鄒家珍

鄧 壽 胡禹昌 秦贊禹 教育部僉事
秦沛霖 秦寶玠 李騤方
雷文臣 李齡九 劉鴻唱
王達尊 陳先拔 楊文俊
郎治灃 余 焯 余天龍
彭 柱 余澤沛 陳惠迪
魯侯東 盧志烈 秦光烈
楊雲鵠 傅師咸 傅師丞
徐建隆 冉有述 王德懋

議員

諮議局議員 劉麒義
省議員 鄧 壽 代正濬 譚備三 王芝甫 楊邦安
縣議長 秦曜辰 秦 嵩 譚宗樞 李德九 吳光盈 楊鼎臣
譚嘗生
縣議員 陳春方 鄒摩修 楊潤齋 劉季長 曾先基 楊春台
向華卿 王蓉生 楊樹屏 江培之 楊甫之 張星燦
李濟生 楊宜之 熊君弼 陶瑞生 周 湘 張子彥
江蔭昆 楊錫九 龍雨亭 李楫之 楊仙九 楊仲森
王若谷 楊稷臣 杜茂林 秦 澍 楊雲鴻 陳華軒
李光瑚 劉復初 秦燦生 楊澤霖 陳黃卿 譚北海
參事員 王亮普 李世傑 李 雋 曾廣益 魯炳堃 劉小藩
高士傑 江 熙 譚維新 郎興福

大學或專門學校畢業者

曾濟賓 日本帝國大學　陶　仲 同上　曾濟寬 日本高農　曾永壽 日本高工
向致君 日本高師　黎文丞 成都優級師範　鄧紹數 成都高師　傅建侯 成都高工
秦樾士 北京大學　秦嵎士 同上　李正翰 同上　秦贊周 上海復旦大學
胡　維 上海大夏大學　魯瑞麟 北京農專　秦贊唐 北京通才商業學校　戴　禮 同上
鄢國棟 成都農專　鄧　濬 同上　李倬之 同上　甘大定 成都鐵道
王允元 成都華西大學　王貞常 四川國學院　李明生 四川高等蠶業　杜憲國 北京國民大學
徐昌慕 北京高等警官　秦銳文 同上　王德章 四川高等學校　李齡九 同上
胡禹昌 四川高等學校　譚　郁 同上　周正鵠 同上　許鴻圖 同上
王允懷 四川高等學校　佘隆恩 同上　王允迪 四川財政學校

法政學校畢業者

曾洪熙 國立法政　冉　鎮 同上　秦家璞 同上　陶祥煦 北洋法政
隆　中 北洋法政　蘇篤智 同上　湛心莊 四川法政　熊伯祥 成都公立法政
張建屏 成都公立法政　范寅亮 同上　劉麟桂 同上　李俊臣 重慶法政講習所
熊恩澤 四川法政別科　王允中 同上　曹先鵬 同上　郎錫五 同上
郎瑶昌 四川法政別科　秦禹謨 同上　盧景明 重慶法政別科　胡文華 同上
楊雲鵠 重慶法政別科　曾　恕 同上　許廷舉 同上　姚煥章 同上
劉麟統 重慶法政別科　劉麒星 同上　劉麟篤 同上　劉麟玉 同上
佘承澤 重慶法政別科　黎玉堂 同上　王靜一 成都紳班法政　王　傑 同上
佘　焯 成都紳班法政　曾洪猷 同上　佘耀垣 成都兩廣法政　佘隆德 同上
張文炳 成都兩廣法政

師範或中學畢業者

鄧　壽 川東師範　何光藻 同上　張希業 同上　陳其昌 同上
吴天福 川東師範　陶祥謨 同上　何鑄江 同上　萬朝沅 同上
周哲夫 川東師範　江文光 同上　劉麟凡 同上　何宗泰 同上
萬正洪 川東師範　萬正寅 同上　李受之 同上　曾學恭 同上
江澤基 川東師範　秦琇文 同上　何治宜 同上　萬朝縉 同上
譚廷謨 川東師範　王正禕 同上　譚言全 同上　楊小述 同上
秦君烈 四川省立第四師範　周正科 同上　譚言朗 同上　林榮鼎 同上
劉代武 四川省立第四師範　嚴壽齡 同上　王正熹 同上　李大綱 同上
蔣大常 四川省立第四師範　李　竹 同上　秦　穗 同上　朱澤滙 同上
徐汝言 四川省立第四師範　周邦才 同上　張爆然 同上　王正邦 同上
傅正堯 四川省立第四師範　向丹鳳 同上　易國杞 同上　李啟明 同上
秦開猷 四川省立第四師範　佘叙欽 同上　佘開第 同上　王貞紀 同上
劉叔芃 四川省立第四中學　李忠選 同上　吴世忠 同上　秦恩晉 同上
江志道 四川省立第四中學　張在茲 同上　李德光 同上　葉　琛 同上

周煥章	四川省立第四中學	隆準	同上	李偉之	同上	周正鵬	同上
代元勳	四川省立第四中學	殷培澤	同上	陳國義	同上	冉印文	同上
陳紹曾	四川省立第四中學	簡洪圖	同上	譚在寬	同上	譚德炬	同上
王繼曄	四川省立第四中學	張覓	同上	傅心義	同上	秦鏑	同上
李德榮	四川省立第四中學	秦槐士	同上	陳宜之	同上	蘇拯	湖北湖濱中學
林榮信	忠縣中學	董先庶	同上	鄧心培	同上	董本初	同上
楊樹發	忠縣中學	張榮椿	同上	曾永芬	同上	周湘	同上
張錫九	忠縣中學	李鳴卿	同上	鍾明福	同上	劉麟榮	同上
秦士傑	忠縣中學	梁受之	同上	董維嵩	同上	隆福闓	同上
譚朝璠	忠縣中學	李義生	同上	秦洪鈞	同上	隆致祥	同上
譚光續	忠縣中學	楊紹宸	同上	楊邦俊	同上	董維凡	同上
王勁成	本縣中學	佘隆遇	同上	何明德	同上	敖崇國	同上
譚成德	本縣中學	嚴翊宸	同上	魏有珩	同上	秦時銓	同上
譚長庚	本縣中學	彭俊良	同上	牟洪賓	同上	王德謨	同上
譚靜山	本縣中學	秦一臣	同上	蘇篤厚	同上	林榮鼎	同上
張利坤	本縣中學	陳宜倖	同上	張若星	同上	李楫之	同上
楊孟陶	本縣中學	嚴德鋆	同上	李振甲	同上	劉麟慶	同上
秦正燮	本縣中學	殷學勳	同上	黃壽祺	同上	杜詩觀	同上

敖正隆	本縣中學	敖崇高	同上	秦大祿	同上	敖文震	同上
敖崇州	本縣中學	李秀巖	同上	彭大沅	同上	蔣宗媛	同上
秦杞士	本縣中學	秦之樞	同上	秦家璽	同上	秦懋士	同上
曾敬輿	本縣中學	譚言清	同上	楊月海	同上	楊建祿	同上
彭全桂	本縣中學	秦功廣	同上	劉際曙	同上	陳鶴齡	同上
秦之瑛	本縣中學	代天星	同上	代天彰	同上	彭鳳翔	同上
夏建寅	涪陵中學	秦贊舜	重慶府中學	秦國士	同上	曾虎臣	同上
楊在鎡	重慶府中學	徐夢吉	同上	李光瑚	同上	傅永倖	同上
曾廣榮	重慶府中學	王志銘	同上	王覲光	同上	李樹芳	同上
劉麟蓄	重慶廣益中學	殷榮珍	同上	彭繼祖	同上	何士斌	同上
羅應興	重慶聯中	郎宗麒	同上	代德甫	同上	周敦祿	重慶中法中學
譚在勇	成都賓陽中學	代天翼	成都中學	何太明	江北治平中學	蹇相臣	成都敘屬中學
殷光璪	重慶体育中學	曾永康	四川省立甲種商業	蘇蕙祥	同上	余紹盤	同上
范紹淹	同上	李子雄	同上	魯開中	同上	楊瑞楨	同上
許宗禹	同上	殷光琛	同上	杜靜安	川東甲種工業	杜清光	同上
皮宜喬	同上	馬靈圃	同上	陳鍾魯	同上	孫貢三	同上
曾廣業	江蘇省立第一甲種農業	秦正廷	成都甲種工業	李學遠	巴縣甲種農業	甘雨疇	同上
秦光烈	通省師範	王芝甫	同上	王啟隆	同上	楊燧生	同上

出身別	朝別	氏名	職銜	氏名	職銜	氏名	職銜
知縣	清	余永修	湖南石門知縣	王治普	雲南廣西直隸州知州	曾洪德	貴州知縣
		曾溥	貴州都勻知府	楊正癸	貴州威寧州知州	蘇爲栻	湖南知縣
		王俊先	貴州清溪知縣	劉宇翔	貴州知縣	余爔	知縣
		蔣紹銘	新昌南昌分縣	王綽	貴州試用知縣	曾輝祖	廣西恩隆知縣
		曾維渠	開縣知縣	劉其驤	江蘇知縣	秦文珂	湖南知縣
		代天齡	貴州知縣	代洪達	江西同知	曾承基	貴州試用知縣
	民國	周正鵠	仁壽知事	傅永倖	安池西充知事	王芝甫	岳池知事
		王詩友	大寧鹽場知事	林嗣則	黔江知事	鄒家成	代理通江知事
		王偉	存記知事	陳炳勳	代理綦江知事	郎宗霖	石砫知事
		范致和	劍州知事	王貞常	潼關監督總務科長	敖建五	開江知事
		湛心莊	彭水知事	陳忠厚	潼南征收局長	余承澤	墊江征收局長
		王潼植	真隸保定知事	王允迪	城口征收局長	曾玉垡	通江威遠征收局長
雜職	清	李騰霄	廣東明州府通判	羅彌大	州同	羅彌倫	州同
		李如芝	貴州同知	陸廣海	貴州通判	高文藻	貴州通判
		彭雲淦	貴州通判	蔡集成	貴州州判	劉宇砫	雲南縣丞
		高錫璥	貴州縣丞	曾紀書	浙江通判	王正熙	湖北經歷

出身別	朝別	氏名	職銜	氏名	職銜	氏名	職銜
		代璨魁	貴州府經歷	向映奎	湖南縣丞	徐昌猷	湖北府經歷
京官	清	徐昌裔	光祿寺署正	王堯善	分部主事	代蔭南	戶部候補主事
		蘇篤義	戶部郎中	代紹韓	南城兵馬司	劉其煦	光祿寺署正
	民國	秦贊禹	教育部僉事				
椽階	明	楊盤	驛丞	楊一致	吏目	楊廷楚	貴州吏目
		楊壽慶	吏目	楊先容	吏目	湛光表	主簿
	清	李騰龍	廣東巡檢	楊映階	雲南巡檢	隆大炳	貴州巡檢
		曾文運	直隸元城典史	郎官臺	湖北典史	王任	吏目
		郎錦	湖北典史	余臨兆	江蘇蘇州府照磨	譚德俊	湖北巡檢
		蘇爲樾	雲南巡檢	范如潤	貴州巡檢	隆光明	貴州巡檢
		蔣聿修	江西典史	吳自修	巡檢	李登榮	從九
		王綸章	雲南試用典史	郎治淮	貴州龍里典史	秦瀛	典史
		曾紀椅	貴州巡檢	蘇季良	涪州分知事	許子穆	岳池警佐
		曾洪猷	城口典獄	蔣虞三	墊江典獄	殷紹聰	銅梁典獄
		曾先鵬	墊江警佐	彭建業	平武實業所長	楊瑞楹	忠縣實業所長
		郎瑤昌	酉陽閬陽警佐	鄧濬	璧山墊江閬縣實業局長	李經九	梁山勸業員

軍功

許廷舉 重慶地方典獄官　魯瑞麟 長壽實業所長　何炳揚 彭水典獄

秦贊堯 石砫典獄　范寅亮 彭水司法

元

楊德言 萬戶統軍

清

余祥國 廣東廣州營參將　秦應雄 廣東雷州營參將　李春槃 湖北宜昌鎮右哨千總

余名成 守備　胡星 千總見人物忠义　秦鑾 守備任石砫廳汛

余永倖 守禦千總　楊濂 龍安營都司　湛騰芳 把總

徐定國 任太平游擊保陞參將　蔡洪都 都司　曾武城 保奬五品銜

嚴濟寬 千總任本邑汛　譚國鈞 把總　秦昺 石砫汛

蘇嘉珥 本邑把總　羅成九 都閫府　胡保太 游擊

杜丙福 游擊　陳蹇三 都司　曾良貴 千總

郎健三 同知銜　郎立品 四品藍翎　郎立善 保補鹽茶大使

郎洪鈞 四品花翎　鄒世麒 游擊　徐遇隆 定遠把總重慶水道警察所長

民國

蔣宗嶷 上校參謀　秦克臣 中校營長　秦畢輝 上尉連長

蔣茂盛 上尉連長　彭海洲 騎軍團長　金耀廷 營長

鄭新開 營長　許協揆 右翼總司令　傅正堡 上尉連長

陳炳勳 參謀長　許顯臣 上尉連長　何德餘 連長

盧森楷 旅副長　王宇安 營長　甘大觀 團長

酆都縣通省志採訪册　卷四

酆都縣列女旌節表

節烈一門查先後志書記名頗多有事迹者甚少删之又恐没

人之美只得照志悉録聽其去取

姓氏	夫族或父族名氏	嫁年	孀年	已旌或未旌	貞節事蹟	義烈事蹟	現在存歿
羅氏	明光祿寺署丞楊節之妻			有坊曰貞節			歿
蔣氏	庠生徐茂卿妻	期年		御史郭君旌曰貞孝	生遺腹子貞甄守志撫孤刲股療姑疾		歿
熊山	生員代昌應祖母			有坊令懿			歿
古氏	養浩之女楊同春妻	祝髮為尼歷數十年		有司為之請旌古心有双節奇竹零菴記	生女夫歿奉舅姑及夫柩葬白鹿山下築室墓前親鄰字覩其面		歿
楊氏	黃洵妻			雲南巡撫劉世曾為之記有司旌其閭曰一門双節	兩世守節嵩其堂建世祀菴以祀父母翁姑		歿
朱氏	黃修之妻即洵之母						歿
楊氏	余化甫妻楊同春女	逾年夫歿					歿
余氏	楊漢堯妻			旌表節孝			歿
范氏	許成誥妻	年二十歲夫歿				夫溺死悲泣投環以殉	歿
戴氏	孫之永妻	十八歲夫歿		知縣王廷猷表其廬並旌其門曰節孝卿奇女		矢志守貞有強暴欲辱之氏度難與持自經死	歿
龐氏	蘇巨卿妻			已旌		夫死守志有陳元魁者糾眾強娶不從墜巖死	歿
張氏	范金文妻					夫弟金盈欲汙之不從號呼為所殺	歿
王氏	生員張汝琛妻				刲股療夫疾不愈悲悼死		歿
夏氏	生員張汝琠妻				刲股療夫疾夫愈氏因以死		歿
秦氏	余仁普妻			已旌	無子矢志守節	翁憫其無依欲嫁之令小姑許字疑為己憂鬱捐七歲女	歿
王氏	江津舉人王宝年妾即官劉妻	年二十六夫歿			夫病篤刲股七次卒不救守志奉姑以母病歸寧復刲股救母母愈而氏以劉重卒	投水死	歿
陳氏	徐世福妻					嘉慶教匪之亂遇賊于蒲池壩欲犯之罵賊死	歿
徐氏	仁士曾時太妻						歿
譚氏	熊學曾妻					嘉慶時畔賊綁子寨寨破賊賊刀殺賊傷其項為眾害	歿
戴余氏	曾天鈞秀妻					嘉慶間遇賊不辱同被害	歿
杜氏	張文妻			已旌建坊		嘉慶教匪之亂殉難死	歿
李氏	貢秀章妻			已旌建坊		嘉慶教匪之亂殉難死	歿
張氏	孫玉英妻			已旌建坊		嘉慶教匪之亂殉難死	歿
周氏	梁興華妻			同		同	同
李氏	向天喜妻						
向氏	張學全妻						
孫氏	向國臣妻						
周氏	向善祥妻						
王氏	徐自任妻						
董氏	黃聞任妻						
王氏	淦德芳妻			前		前	前

姓氏	夫	已旌建坊	嘉慶教匪之乱殉難死	歿
李氏	劉光文妻	已旌建坊	嘉慶教匪之乱殉難死	歿
伯氏	古國俊妻	同	同	同
余氏	李建之妻			
杜氏	古國相妻			
向氏	杜奇明嫂			
向氏	代倭瓊妻			
熊氏	張應岐妻			
周氏	代進達妻			
向氏	代進田妻	前	前	前

姓氏	夫	已旌建坊	嘉慶教匪之乱殉難死	歿
王氏	代奉文妻	已旌建坊	嘉慶教匪之乱殉難死	歿
向氏	代奉武妻	同	同	同
高氏	傅明珠妻			
秦氏	熊文才妻			
張氏	陳玉書妻			
余氏	陳思道妻			
秦氏	蔣恒順妻			
劉氏	陳棟妻			
蔡氏	李文遂妻	前	前	前

姓氏	夫	已旌建坊	嘉慶教匪之乱殉难死	歿
蔡氏	陳聖玉妻	已旌建坊	嘉慶教匪之乱殉难死	歿
何氏	萬呂仁妻	同	同	同
蔣氏	孫啟明妻			
江氏	李文貴妻			
王氏	黃道遠妻			
蔡氏	許文龍妻			
何氏	黃之禮妻			
周氏	舒連妻			
余氏	魯文遠妻	前	前	前

姓氏	夫	已旌建坊	嘉慶教匪之乱殉难死	歿
孫氏	熊成先妻	已旌建坊	嘉慶教匪之乱殉难死	歿
羅氏	秦世傑妻	同	同	同
余氏	熊天明妻			
李氏	陳廷魁妻			
宋氏	塗思堯妻			
李氏	余志岐妻			
張氏	楊文妻			
蔣氏	劉仕茂妻			
秦氏	王應祖妻	前	前	前

杜氏	張　柄妻			已旌建坊		嘉慶教匪之乱殉難死	殁
以上自張杜氏起均係教匪之乱節烈婦請旌建坊者計四十八人							
楊氏	秦人珊妻			乾隆二十三年旌			同
李氏	譚上珍妻			乾隆二十四年旌			
易氏	隆于麟妻			乾隆二十五年旌			
王氏	侯之紳妻			乾隆二十九年旌			
王氏	曾德裕妻			同前			
劉氏	曾道堅繼妻	二十八歲寡	守節五十九年	知縣表其門曰貞慈毓俊	生子先徽撫前妻子先覺如己出後子孫俱貴人謂苦節之報		
高氏	李若琦妻		守節五十二年	知縣柯支樹旌其門	孫存周中乾隆甲戌進士人謂苦節之報		前

湯氏	湛太合妻	二十八歲寡	守節四十八年	嘉慶十一年旌			殁
熊氏	余廷揚妻		守節四十三年	嘉慶二十一年旌			同
李氏	余廷遷妻	二十七歲寡	守節四十年	嘉慶十五年旌	撫遺腹子大智成立		
陳氏	李乾建妻			嘉慶十四年旌			
夏氏	湛在鐵妻	少寡			族人欲奪其志乃帶孺子依母家紡績課讀撫子及孫中庠人		
秦氏	付文瑞妻	二十五歲寡	守節三十七年	嘉慶十九年旌			
李氏	曾學文妻	二十二歲寡		嘉慶二十一年旌	矢志撫孤夫病刲股救之念		
劉氏	林昂妻	同前	守節三十六年	嘉慶二十四年旌			
郎氏	舉人楊瑛妻		守節三十年	道光三年旌			前

李氏	高永崑妻		守節三十八年	道光十年旌			殁
文氏	傅彬士妻		守節五十八年	道光十一年旌			同
鄭氏	孫崑妻		守節四十二年	同前			
舒氏	庠生郎文煥妻			同前			
李氏	許金偉妻	二十三歲寡	守節四十六年	道光十八年旌			
佘氏	凌祖興妻		同前	同前			
徐氏	孫貴棠妻	少寡		道光十九年旌	守節事姑最孝		
李氏	郎文煥妻拔貢官清之母		守節三十五年		以紡績養親撫子		
李氏	郎文蟜妻		守節三十五年		事姑以孝		前

譚氏	馮思皇妻	二十六歲寡	守節三十二年		子甫二歲翁姑憐其少且貧劝改適氏率勤堅守不渝		殁
湛氏	曾天錦妻	同前	守節二十五年		奉翁姑敬愛兼至撫子成立		同
馮氏	代鳳翥繼妻	少寡	守節三十年		撫前子如己出		
李氏	易行惠妻	二十四歲寡	守節三十三年				
朱氏	郎官智妻		守節三十年		子國彥甫數月撫之成立		
秦氏	杜慶妻	二十二歲寡	守節四十三年				
林氏	郎志誠妻	二十四歲寡	守節三十年		無子以侄嗣守		
秦氏	陳永常妻	十七歲寡	守節四十六年		夫死于虎僅一女兄劝改嫁誓不再適		
杜氏	冉文林妻	二十八歲寡	守節三十六年		撫子入武庠		前

氏	夫	寡年	守節	旌	事略	存殁
李氏	蔡顯宗妻		守節三十年		事翁姑至孝鄰舍火先一夕神示以夢遷移獲免人以為節孝之報	殁
鞠氏	彭世煜妻		同前		夫殁祖翁跌傷氏養之以孝稱	同
蔡氏	庠生陳見龍妻	二十六歲寡	守節四十一年			
李氏	馮輪妻	二十九歲寡	守節四十六年			
冉氏	馮逌驊妻	十八歲寡	苦節七十一年		僅一子夫病革自縊姑救免夫卒又求死姑諭以身老子幼氏隱忍以生事姑撫叔及子孝慈兼至	
林氏	古三登妻		守節三十年	知縣旌其門曰深閨大節		
熊氏	余大鵬妻	二十歲寡			刲股救夫矢志不二	
彭氏	武生胡星妻	二十六歲寡		已旌	星殉難家赤貧子幼姑病且瞽紡績奉姑撫孤終身不二	
向氏	趙天佑妻		守節三十三年			前

氏	夫	寡年	守節	旌	事略	存殁
易氏	郎官壐妻	二十五歲寡	守節二十年			殁
王氏	武生郎璠妻	十六歲寡	守節四十三年			同
王氏	曾嵩秀妻				夫病刲股和藥夫殁矢志奉姑	
李氏	廩生湛鑑妻		守節二十八年		夫没無子以侄太學嗣	
張氏	付世龍妻	二十五歲寡	守節三十三年			
林氏	孫文瑶妻	二十九歲寡	守節三十七年			
黄氏	付之性妻	二十五歲寡	守節三十六年			
朱氏	徐維綱妻	二十九歲寡	守節四十年		家赤貧寄尼庵紡績以生	
鄭氏	王聰妻	二十四歲寡	守節三十七年			前

氏	夫	寡年	守節	旌	事略	存殁
毛氏	孝子李嗣靖妻		守節三十四年			殁
馬氏	庠生郎書妻		守節三十八年			同
李氏	楊進孝妻		守節三十五年			
毛氏	郎本立妻		守節三十三年			
秦氏	曾元海妻		同前			
余氏	庠生林樹本妻		守節三十年			
曾氏	馮世武妻		守節三十二年			
余氏	雷春和妻		苦節五十六年			
楊氏	李松齡妻		守節五十年			前

氏	夫	寡年	守節	旌	事略	存殁
曾氏	雷春厚妻		守節三十六年			殁
孫氏	陳文妻		守節三十五年			同
石氏	張天啟妻		守節四十四年			
郎氏	秦先聲妻		守節四十六年			
郎氏	武生馮之瑞妻		守節四十三年			
向氏	武生甘良相妻		守節三十二年			
王氏	庠生徐天德妻		守節四十七年			
王氏	武生陳儀妻		守節五十六年			
龔氏	楊焯妻		守節三十三年			前

杜氏　增生郎文燦妻　守節三十四年　旌
余氏　冉通鑑妻　守節二十四年　同
王氏　郎官岐妻　守節三十五年
陳氏　雷秉鐸妻　守節三十八年
余氏　楊任妻　二十六歲寡　守節三十五年
郎氏　江文妻
楊氏　甘克典妻　守節三十六年
吳氏　杜天成妻
羅氏　曾世文妻　前

余氏　李維常妻　旌
龐氏　王讓妻　同
趙氏　曾萬倫妻
徐氏　庠生郎功五妻
余氏　曾尚賢妻
劉氏　杜昂妻
賴氏　譚○○妻　夫性多疑防有外遇氏寬無他而疑不釋因服毒死
易氏　曾永紀妻　新婚有惡少竊宿氏不知非夫去後始覺投岩死越日惡少亦隕岩死　前

以上皆自明以下迄清咸豐節烈之婦係前令張君紹齡志稿所載依次錄之

許氏　胡澤普妻　已旌
楊氏　黃鳳儀妻　同
曾氏　曾信之妻
孫氏　李秉之妻
吳氏　李天達妻
李氏　孫桂馥妻
鄧氏　孫思山妻
李氏　馮思純妻
陳氏　湛天瑞妻　前

張氏　秦先睿妻　已旌
黃氏　張洪烈妻　同
蔣氏　李如橋妻
鄒氏　余書賢妻
湛氏　郎官珍妻
徐氏　鄧邦本妻
楊氏　郎官倫妻
楊氏　王銘妻
冉氏　李如棟妻　前

李氏 余其崧妻 已旌
萬氏 曾元輔妻 同
陳氏 王銑妻
江氏 李鳳志妻
李氏 杜伯妻
張氏 曾先聲妻
王氏 魯元國妻
周氏 郎官坦妻
黃氏 張萬清妻 前

余氏 鄒承富妻 已旌
佘氏 冉天薇妻 同
嚴氏 毛翱妻
李氏 徐世庭妻
姚氏 楊知全妻
湛氏 曾上哲妻
李氏 劉時若妻
陳氏 付思正妻
張氏 白天星妻 前

蔣氏 程煥章妻 已旌
蔡氏 胡汝福妻 同
楊氏 孫桂林妻
譚氏 曾文煊妻
楊氏 袁世俊妻
曾氏 陳思伯妻
曾氏 付世榮妻
林氏 高文鎮妻
曾氏 康正榜妻 前

張氏 楊桂林妻 已旌
王氏 余大椿妻 同
郭氏 陳長渭妻
張氏 蘇華貴妻
殷氏 付宗賢妻
李氏 范聯標妻
胡氏 陳于友妻
付氏 張廷興妻
殷氏 徐其猷妻 前

黃氏　湯攜賢妻　已旌
劉氏　譚四華妻　同
余氏　李承啟妻
冉氏　張吉連妻
陶氏　胡正明妻
楊氏　張玉妻
葉氏　蔣正天妻
許氏　譚瑋妻
盧氏　吳漢臣妻　前

陳氏　陶桂元妻　已旌
李氏　冉之煌妻　同
何氏　嚴光爾妻
胡氏　蔣學書妻
余氏　湛永松妻
朱氏　李奇達妻
冉氏　郎廷椿妻
張氏　陶思璠妻
冉氏　李宗海妻　前

張氏　黃世祥妻　已旌
徐氏　黃廷福妻　同
胡氏　鍾金惠妻
徐氏　向洪元妻
楊氏　陸萬美妻
冉氏　秦家選妻
郎氏　馬文釗妻
曾氏　許正楷妻
蔡氏　秦文宗妻　前

沈氏　郎文瑫妻　已旌
余氏　王汝霖妻　同
許氏　胡世龍妻
馮氏　張金墨妻
李氏　蔡永林妻
余氏　彭宣華妻
楊氏　秦椿妻
曾氏　陳宗明妻
譚氏　陳永仲妻　前

陳氏 黎玉江妻 已旌
陳氏 冉天恩妻 同
王氏 李玉山妻
張氏 陳岱瑤妻
朱氏 陶人傑妻
彭氏 周世治妻
何氏 李維國妻
彭氏 程世興妻
朱氏 陸大鑑妻 前

楊氏 朱明宣妻 已旌
朱氏 曾昌傑妻 同
張氏 蔣洪興妻
李氏 陶文珠妻
楊氏 代文珖妻
朱氏 曾元相妻
冉氏 曾永明妻
孫氏 袁位顯妻
易氏 郎邦平妻 前

嚴氏 湛鈞妻 已旌
周氏 傅國瑚妻 同
周氏 前

按胡許氏以下凡一百一十人皆青年守志白首完貞始嘉慶中訖同治六年前旌者惟縣
案名册可稽而事蹟無考

項氏 冉娶垂妻歲 適冉逾月夫 育貞奎女 歿 已旌 夫歿後水漿不入口號泣以血 歿 危靜投環殉焉
李氏 林簡妻 未旌 夫歿氏縊以殉 同
李氏 增生林樹藩妻 未旌 夫歿自經
舒氏 李國棟妻 十九歲寡 未旌 叔姑欺試其节偽閩褻語 自盡毛 前

朱氏 萬〇〇妻 少寡 守節五十餘年 未旌 矢志守節 人勸之嫁忿然落髮爲尼 歿
李氏 林樹芬妻 少寡 未旌 家貧無伯叔紡績撫孤教子大雅忠孝繄逆 髮於高鎮力戰死撫先字入庠 同
易氏 李唐妻 二十九歲寡 守節六十六年 未旌 守節撫子文燦成立
羅氏 李文燦妻 二十七歲寡 守節三十七年 未旌 遺腹生子霖川休姑志守節成立以軍歷得軍功
鄧氏 許正榮妻 十八歲寡 守節五十年 已旌 無子劝翁置妾待叔生子以承夫祧
陸氏 曾成高妻 少寡 已旌 貧敬死後撫孤鬻奩具貲俾子讀書成名
黃氏 李文祿妻 二十一歲寡 守節三十一年 未旌 事翁姑至孝夫兄弟歿於外遣人覓柩歸葬
湛氏 李正緒妻 二十五歲寡 守節四十一年 未旌 孝事翁姑姑病刲股療之
陳范余氏 高國柱妻 樞 文煥 守節三十二年 三世守義而余無子視陳范尤苦撫侄成立且知書明大義課其女詩禮若子然 前

戴氏 田仁趁妻 二十四歲寡 守節六十一年 未旌 無子翁逼之嫁注誓不二以針黹自活 歿
楊氏 杜友裕妻 二十七歲寡 守節二十二年 未旌 家貧嫡姑勸之嫁不從嫡沒紡績營葬 同
杜氏 黄維表妻 十八歲寡 守節六十二年 未旌 子幼足跛劝嫁不從
鄭氏 魏淮奇妻 二十七歲寡 守節三十三年 未旌 無子僅一女夫兄嫂殁遺二子一女以紡績撫成
李氏 魏河奇妻 二十歲寡 守節三十一年 未旌 無子以侄承祧事翁姑甚孝
余氏 高文鑑妻 二十四歲寡 守節二十八年 已旌 無子以紡績貲為侄孫子明另娶續夫嗣
陳氏 譚其禮妻 二十四歲寡 守節三十年 未旌 事姑孝子將成立亦死甇獨守節
陳氏 楊天佑妻 十九歲寡 守節三十二年 未旌 赤貧無子矢志不二 翁瞽姑病石逆至負匿深箐之中潛出覓糧奉之翁姑驚死賊退負姑归葬
徐氏 夏仕朝妻 二十四歲寡 守節六十二年 未旌 前

陶氏 余大剛妻 二十九歲寡 守節五十一年 未旌 夫病刲股和藥不赴撫孤成名 歿
李氏 林大松妻 二十歲寡 守節三十二年 已旌 無子守節撫弟大樞子為己子 同
余氏 增生陳東曙妻 二十八歲寡 守節三十三年 已旌 無子以嫡堂侄承祧
曾氏 盛學楨妻 少寡 年八十二歲 未旌 赤貧苦節
冉氏 鄭翱鳳妻 二十六歲寡 守節五十一年 已旌 夫殁子殤撫侄承祧
秦氏 鄺天魁妻 二十四歲寡 守節三十四年 已旌 撫孤養親 石逆三亂惧辱投水賊追及刺以長矛氣絶復甦
鄧氏 熊明典妻 二十八歲寡 守節三十二年 未旌 子女繼殤紡績養姑
余氏 湛宸吳妻 二十二歲寡 守節三十年 未旌 家貧僅一女以紡績奉孀姑
張氏 雷丙元妻 二十歲寡 守節二十八年 未旌 無子以侄登俊嗣 前

雷氏 李鳳鳴妻 二十九歲寡 守節五十四年 未旌 無子以侄萬宗為子 歿
冉氏 秦世孝妻 少寡 已旌 同
杜氏 吳方珩妻 少寡 苦節三十三年 已旌
楊氏 余騰雲妻 二十三歲寡 守節三十年 未旌 夫沒僅遺一女
馮氏 冉昭衢妻 少寡 無子僅一女矢志不二 前
以上係奇烈苦貞之婦自道光訖同治無論已否請旌僅據採訪所進者錄之
何氏 王榮極妻 二十八歲寡 守節四十一年 未旌
代氏 田大榮妻 二十三歲寡 守節三十年 未旌
郎氏 監生譚鵬妻 二十二歲寡 守節三十年 未旌

秦氏 徐天相妻 二十四歲寡 守節三十七年 未旌
湛氏 徐其鑑妻 二十七歲寡 守節三十七年 同
李氏 詹必祿妻 三十歲寡 守節三十九年
李氏 付義忠妻 二十八歲寡 守節三十九年
譚氏 貢生雷丙思母雷先正妻 守節廿六年 歿
譚氏 余全榮妻 二十四歲寡 守節四十二年
余氏 刘壽剛妻 二十八歲寡 守節三十年
張氏 楊明元妻 二十二歲寡 守節三十年
代氏 田大明妻 二十五歲寡 守節三十年 前

馮氏	李光棫妻	二十七歲寡	守節三十三年	已旌		
廖氏	毛文詩妻	二十六歲寡	守節三十八年	已旌		
王氏	秦仕書妻	二十九歲寡	守節五十三年	未旌		
李氏	曾永魁妻	十八歲寡	守節五十五年	未旌		
曾氏	廪生操祿妻	二十七歲寡	守節二十六年	未旌		歿
江氏	李鳳書妻	二十八歲寡	守節六十三年	未旌		
毛氏	彭鎔妻	十九歲寡	守節三十七年	已旌		
張氏	楊宗德妻	二十四歲寡	守節四十年	已旌		
冉氏	文生李晴川妻	二十三歲寡	守節三十二年	已旌		

馮氏	王用樞妻	二十六歲寡	守節三十四年	未旌		
高氏	周元祿妻	少寡	守節四十三年	同		
蘇氏	隆正懷妻	二十八歲寡	守節十三年			歿
彭氏	周世太母	十七歲寡	守節六十三年			
謝氏	付良國妻	二十九歲寡	守節三十一年			
高氏	周元慶母	二十歲寡	守節五十九年	前		
熊氏	徐在先妻	二十九歲寡	守節四十二年	已旌		
楊氏	蔡靜安妻	二十三歲寡	守節二十四年	未旌		歿
王氏	張光先妻	二十九歲寡	守節三十年	未旌		

徐氏	張体誠妻	二十三歲寡	守節六十一年	未旌		歿
林氏	徐正倫妻	二十三歲寡	守節四十三年	同		
彭氏	楊芝芳妻	二十四歲寡	守節三十年			
陳氏	彭永固妻	二十三歲寡	守節三十年	前		
秦氏	范啟佑妻	十九歲寡	守節三十二年	已旌		
譚氏	魯大綬妻	十九歲寡	守節三十八年	已旌		
楊氏	刘三龍妻	二十九歲寡	守節三十一年	未旌		
楊氏	張廷元妻	二十九歲寡	守節五十一年	同		
易氏	石國緒妻	二十三歲寡	守節六十三年	前		

易氏	向國祠妻	二十歲寡	守節五十六年	未旌		
江氏	伍飛鵬妻	二十五歲寡	守節四十年	已旌		
刘氏	彭朝宣妻	二十六歲寡	守節五十八年	未旌		歿
熊氏	蔣朝銀妻	二十二歲寡	同前	同		
蔣氏	文法順妻	二十九歲寡	同前			
蔣氏	刘明德妻增生鴻唱祖母	二十二歲寡	同前		教孫成名歷年熱心教育裁成頗多	
覃氏	楊家升妻	二十三歲寡	守節四十八年			
楊氏	周盛祿妻	二十九歲寡	守節三十二年			
湛氏	周盛禮妻	二十七歲寡	守節三十一年	前		

楊氏　湛全華妻　二十一歲寡　守節三十六年　未旌
張氏　湛仕貴妻　二十八歲寡　守節四十年　同
覃氏　湛松妻　二十七歲寡　守節四十五年
彭氏　李冠賢妻　十九歲寡　守節三十一年
李氏　鄭榮宣妻　二十一歲寡　守節四十六年
李氏　許全保妻　二十六歲寡　守節三十六年
唐氏　秦文提妻　二十歲寡　守節五十二年
王氏　曾永高妻　二十三歲寡　守節五十五年
范氏　鄧學超妻　二十二歲寡　守節四十二年　前

王氏　李朝富妻　二十九歲寡　守節三十三年　未旌
余氏　蔣鳳瑞妻　同前　守節四十一年　同
陶氏　李正玉妻　同前　守節三十三年
馮氏　余○○妻　二十七歲寡　守節三十五年
陶氏　羅世昊妻　二十六歲寡　守節二十年
蘇氏　甘存珍妻　二十八歲寡　守節二十一年
熊氏　卯文周妻　二十一歲寡　守節三十九年
李氏　雷癸青妻　二十四歲寡　守節二十五年
楊氏　冉文洋妻　二十二歲寡　守節五十六年　前

郎氏　黃正興妻　十七歲寡　守節三十年　已旌
彭氏　譚文舉妻　二十四歲寡　同前　已旌
余氏　彭朝才妻　二十九歲寡　同前　未旌
高氏　甘家伍妻　二十六歲寡　同前　同
蕭氏　劉廣鋐妻　二十八歲寡　守節四十年
陳氏　李瑞妻　二十一歲寡　守節五十三年
曾氏　趙永茂妻　二十五歲寡　守節三十年
譲氏　楊作超妻　二十七歲寡　守節四十五年
譚氏　許全楹妻　二十九歲寡　守節三十二年　前

成氏　文生向國久妻　二十六歲寡　守節四十六年　已旌
王氏　廩生張廷相妻　二十八歲寡　守節三十二年　未旌
付氏　蘇永壽妻　二十九歲寡　守節三十年　同
熊氏　庠生李苑芳妻　三十歲寡　守節四十七年
余氏　李永江妻　二十九歲寡　守節三十八年
湛氏　許正斗妻　二十一歲寡　守節二十四年
孫氏　高座麟妻　三十歲寡　守節六十九年
湛氏　郎煌妻　二十二歲寡　守節三十年
楊氏　高正培妻　十八歲寡　守節三十年　前

付氏 鄭廷鑑妻 二十八歲寡 守節四十七年 未旌

李氏 徐世榮妻 二十八歲寡 守節三十二年 同

張氏 徐昌清妻 二十九歲寡 守節二十一年

鄧氏 刘先裕妻 二十二歲寡 守節四十六年 前

以上自王何氏起皆清咸豐迄同治年間採訪符例未旌及已旌節孝婦者依次錄之

劉氏 鄭文富妻處士刘先桃女 已旌 石逆至投潭賊追及奮臂捽賊墮水氏死賊亦斃數日屍浮猶牢捽賊屍於邑人作詩挽之 歿

秦氏 楊鎣傑妻 同 賊至匿林被搜罵益厲賊磔之邑人争為詩挽焉 歿

鄭氏 秦文綬妻 賊至給請入內遣睛潛溺於塘被賊撈出已死面如生 歿

譚氏 秦愷妻 前 氏拉夫挈眷避賊賊來奪擄宰眾與鬬不勝恚被虜次及氏挽二女罵賊被殺 歿

蔣氏 文生刘宇翔妻 已旌 避石逆於蓮花洞遇賊氏拔刀斷髮賊欲剮行不屈自刎 歿

李氏 鄧家龍妻 同 攜女避賊於担子台先縊女後自經 同

教氏 陳和秉妻 賊至與子溺水元和東見孝友

譚氏 雷上霄妻 賊急抱二子溺文溪死

朱氏 余學元妻 賊入境負幼子投塘死

張氏 冉玉銘妻 聞賊近負幼女投江死

孫氏 李元開妻 前 賊至挈子文清及媳彭氏女三姑投江死

萬氏 孫昌燕妻 未旌 藍逆至夫被虜氏攜子女赴火死

秦氏 高國信妻 未旌 石逆警挈媳及女溺於塘 前

以上清同治年間滇匪擾縣北岸鄉民多渡江而南石逆擁眾忽至婦女節烈被殺者甚多茲據縣業及訪稿編次之

譚氏 甘葉桂妻 同治元年旌 遇賊不辱被殺 歿

王氏 甘廷級妻 同 同 同

陳氏 冉廷春妻

張氏 黃文玉妻

程氏 胡興順妻

蔣氏 鄒大貴妻

余氏 隆玢妻 前 前 前

楊氏 程時亨妻 同治元年旌 遇賊不辱被殺 歿

余氏 隆鳳鑑妻 同 同 同

嚴氏 付先鶴妻

朱氏 孫廷宣妻

龔氏 付國貴妻

余氏 孫泮然妻

王氏 朱啟亨妻

楊氏 孫秩然妻

教氏 冉永圖妻 前 前 前

匡氏 肖昭賢妻 同治元年旌 遇賊不辱被殺 歿
代氏 譚傳昌妻 同 同 同
代氏 付現瓊妻
楊氏 譚明孝妻
陳氏 梁世琭妻
譚氏 李在岑妻
譚氏 廖學岩妻
張氏 秦文祿妻
冉氏 秦家柳妻 前 前 前

秦氏 張世富妻 同治元年旌 同 歿
黄氏 秦之樸妻 同 前 前
秦氏 摫朝寬妻 同
任氏 甘文友妻
秦氏 陳繼相妻
張氏 梁世聰妻
朱氏 鄧光明妻
何氏 郎如冰妻
秦氏 陳繼明妻 前 前 前

陳氏 付武壽妻 同治元年旌 遇賊不辱被害 歿
冉氏 余正蓮妻 同 同 同
曾氏 付廿廷妻
田氏 付永昌妻
王氏 許正權妻
陳氏 胡朝瓊妻
徐氏 鄧成金妻
甘氏 張文福妻
江氏 李天元妻 前 前 前

刘氏 李正才妻 同治元年旌 遇賊不辱被殺 歿
秦氏 周盛友妻 同 同 同
譚氏 秦長生妻
陳氏 秦之茂妻
李氏 刘光佑妻
高氏 廖應柏妻
楊氏 廖應乾妻
刘氏 王紹文妻
代氏 陳永林妻 前 前 前

甘譚氏以下五十二人皆同治年間遇賊被殺烈婦貞節事蹟畧

張氏 秦壎妻	未旌	遇賊被殺	歿
敖氏 楊伍珍妻	同	同	同
秦氏 周盛友妻			
葉氏 程廷秀妻	前		
吴氏 程世才妻	已旌		
余氏 程發清妻	已旌		
余氏 陳文連妻	未旌		
孫氏 陳學浩妻	未旌	前	前
付氏 許○○妻	未旌	遇賊被殺	歿
秦氏 楊在科妻	同	同	同
徐氏 湯光成妻			
譚氏 陳世太妻			
張氏 李鳳桐妻	前	前	前

秦張氏以下十三人皆同治時遇賊被殺烈婦無事蹟可考

殷氏 胡明光妻	同治元年旌	遇賊投水死	歿
全氏 胡明光妻	同	同	同
向氏 楊學林妻	前	前	前

秦氏 胡明岐妻	同治元年旌	遇賊投水死	歿
毛氏 殷正敏妻	同	同	同
熊氏 殷仕璐妻			
秦氏 殷仕啟妻			
張氏 殷仕工妻			
張氏 殷仕品妻			
張氏 殷仕玥妻			
秦氏 殷仕興妻			
向氏 張奇從妻	前	前	前
陳氏 譚登甫妻	同治元年旌	遇賊投水死	歿
甘氏 夏元魁妻	同	同	同
李氏 夏元魁妻			
李氏 張占魁妻			
盧氏 付廷耀妻			
趙氏 付廿壽妻			
朱氏 甘子沛妻			
甘氏 秦國瑚妻			
冉氏 甘子禮妻	前	前	前

張氏　譚仕崇妻　同治元年旌　遇賊投水死　歿
秦氏　付廾相妻　同　同　同
陶氏　甘文潘妻
張氏　王仕元妻
刘氏　李文栢妻
李氏　陳國岐妻
孫氏　譚思禄妻
彭氏　李大妻
付氏　雷登東妻　前　前　前

鄧氏　張祥瑞妻　同治元年旌　遇賊投水死　歿
譚氏　張文元妻　同　同　同
何氏　秦德友妻
羅氏　余天啟妻
陳氏　譚思慶妻
刘氏　范先壽妻
楊氏　詹德獻妻
秦氏　曽春和妻
譚氏　曽春鵬妻　前　前　前

陳氏　張世華妻　同　同　同
譚氏　陳之祥妻
甘氏　馬宗玉妻
代氏　向文現妻
王氏　甘文鳳妻
譚氏　向學先妻
譚氏　楊地珊妻
向氏　曽正文妻
甘氏　秦之傑妻　前　前　前

陳氏　田洪廾妻　同治元年旌　遇賊投水死　歿
余氏　趙光倬妻　同　同　同
秦氏　胡鑑堂妻
秦氏　譚朝臣妻
徐氏　譚朝忠妻
高氏　彭芝瑞妻
彭氏　李樹發妻
余氏　楊德川妻
敖氏　楊維林妻　前　前　前

姓氏	夫	年	事	殁
秦氏	楊維林妻	同	同	同
徐氏	曾國禄妻			
張氏	楊在仁妻			
彭氏	張永順妻			
廖氏	張珀妻			
張氏	高正國妻			
蔡氏	徐長福妻			
刘氏	李紹元妻			
王氏	秦鶴妻	前	前	前
陳氏	曾永貴妻	同治元年殉	遇賊投水死	殁
張氏	秦家生妻	同	同	同
熊氏	姚盛福妻			
杜氏	馬洪元妻			
陳氏	黃天祥妻			
張氏	冉友生妻			
譚氏	張永康妻			
秦氏	向永登妻			
張氏	向東興妻	前	前	前

姓氏	夫	年	事	殁
譚氏	高正元妻	同	同	同
向氏	張元亨妻			
廖氏	高大厚妻			
楊氏	譚仕相妻			
秦氏	熊宗保妻			
譚氏	張奇釗妻			
李氏	徐其修妻			
孫氏	黃天科妻			
李氏	刘朝選妻	前	前	前
周氏	李金淳妻	同治元年殉	遇賊投水死	殁
李氏	廖慶元妻	同	同	同
秦氏	陳宗福妻			
秦氏	陳宗友妻			
任氏	陳宗標妻			
譚氏	秦少祖妻			
秦氏	梁永景妻			
楊氏	江天發妻			
秦氏	譚朝耀妻	前	前	前

涂氏 楊景堂妻	同	同	同
肖氏 孫開瑞妻			
付氏 秦先登妻			
張氏 楊星貴妻			
張氏 肖朝元妻			
林氏 李宗傳妻			
全氏 陳思禄妻			
江氏 徐永顯妻			
殷氏 田太元妻	前	前	前

陳氏 楊維樹妻	同治元年旌	遇賊投水死	殁
曾氏 譚執田妻	同	同	同
譚氏 黄正漢妻			
陳氏 周良麟妻			
彭氏 譚執休妻			
楊氏 譚光福妻			
譚氏 楊地烟妻			
陳氏 秦家政妻			
向氏 肖一魁妻	前	前	前

王氏 向國友妻	同治元年旌	遇賊投水死	殁
鄭氏 秦文重妻	同	同	同
譚氏 劉朝登妻	前	前	前
自胡殷氏以下均同治年間烈婦			
甘氏 敖克勝妻	待旌	遇賊不屈死	殁
譚氏 劉春台妻	同	同	同
李氏 劉鍾軒妻			
陳氏 曾永貴妻			
周氏 郎發科妻	前	前	前

王氏 甘文彝妻	待旌	投菜园池死	殁
鄭氏 黄光鏡妻	同	投江死	同
朱氏 鄭光明妻	前	投塘死	
冉氏 甘廷芝妻	同治元年旌	遇賊投岩死	
熊氏 陳永棟妻	同	同	
趙氏 付卅瑚妻			
曾氏 秦联妻			
張氏 秦家儒妻			
廖氏 余國太妻	前	前	前

李氏 熊志昆妻 未旌 同 歿
熊氏 李朝梁妻 未旌 前 同
刘氏 林文光妻 同治元年旌 賊讐自焚
譚氏 付國俊妻 同 同
李氏 張金惠妻 前
張氏 李鳳舉妻 未旌
曹氏 郭玉妻 同
刘氏 吴其太妻
陳氏 嚴以發妻 前 前 前

鄭氏 程發達妻 已旌 賊讐自焚 歿
董氏 程廷揚妻 未旌 同 同
茉氏 程時萬妻 已旌
蔣氏 程閎戴妻 未旌
吴氏 梅金海妻 同
黄氏 萬宗海妻
楊氏 程閎順妻
周氏 程閎炉妻
文氏 程閎昭妻 前 前 前

熊氏 程定太妻 已旌 同 同
周氏 程廷彩妻 未旌
周氏 程閎榮妻 未旌
何氏 李金倫妻 未旌 前
譚氏 李在玉妻 同治元年旌 賊讐自縊死
崔氏 李正開妻 同 同
陳氏 李正廷妻
秦氏 余清明妻
鄧氏 余太洪妻 前 前 前

白氏 秦德春妻 同治元年旌 賊讐自縊死 歿
代氏 徐世官妻 同 同 同
譚氏 姚盛發妻
姚氏 譚先第妻 前
江氏 張國彥妻 未旌 前 前
以上皆同治年間自焚及自縊烈婦
楊氏 文生譚炳元妻 同治元年旌 遇賊自刎死 歿
以上遇賊自刎僅此一人
胡氏 張朝位妻 年二十七夫歿 守節二十四年 未旌 守義撫遺腹子成立 歿

胡氏	張正榜妻	少寡		同	体姑教不二		殁
古氏	黄碧鑑妻	二十九歲寡					同
儲氏	黄承祥妻	三十歲寡	守節四十五年			夫歿子幼氏矢志不二嘉慶教匪之乱奉姑携子辟賊備歷辛苦	
蔡氏	黄現俊妻	二十八歲寡	守節五十年		亦貧傭紉撫孤		
陳氏 黄氏	李倖妻 陳和春妻	二十四歲寡	均守節五十餘年		氏家貧紡績活子媳黄氏茹苦守節		
張氏	李正义妻	少寡	守節三十年		亦貧丐食人劝嫁輒厲色呵之含耆衣草而志不渝		
錢氏	黄國梁妻	少寡	守節四十年				
谷氏	黄玉昆妻						
冉氏	黄文相妻	二十歲寡		前			前

余氏	何謨妻	少寡	守節二十九年	未旌			殁
萬氏	徐天錫妻	二十三歲寡		同			同
古氏	監生蒋継列妻	二十一歲寡					
張氏	蒋朝珍妻	二十歲寡					
雷氏	熊文学妻	二十七歲寡	守節三十年				
熊氏	譚明道妻	二十五歲寡	守節三十七年	前			
秦氏	孫啟麟妻	二十四歲寡	守節七十年	已旌			
肖氏	余國学妻	二十六歲寡	守節六十年	未旌			
熊氏	余為义妻	二十九歲寡	守節五十一年	同前	家貧子幼孫幕撫孤		前

陸氏	甘文品妻			未旌		辟髮匿於木頭塘洞中賊董之出撞石死	殁
甘氏	秦家成妻 甘文品女			同		賊急攜両幼女投水死	殁
譚氏		二十九歲寡	守節三十年				
沈氏	雷風鳴妻	二十九歲寡					殁
朱氏	秦应元妻			前			
萬氏	楊全貴妻			未旌		石逆之乱全貴没於賊負女投河死	殁
褚氏	范朕枝妻	二十六歲寡	守節三十一年	未旌	無子撫侄榮伝承祧		
陳氏	刘順安妻	二十四歲寡	守節三十六年	已旌			
刘氏	張元昊妻	二十八歲寡	守節二十五年	未旌			

全氏	蔡芝蘭妻	二十八歲寡	守節二十二年	未旌			
王氏	范学乾妻	二十三歲寡	守節三十一年	未旌			
黄氏	蔡永固妻	二十九歲寡	守節十二年	已旌			
羅氏	高太融妻	同	守節四十年	未旌			
王氏	曾偉妻	前	守節六十五年	已旌	夫没喪数窟恆事親茹苦撫孤成名		
鍾氏	王炳元妻	二十五歲寡	守節至六十八歲	已旌	夫没失明撫孤養親媳李氏亦矢志不二両世守節尤人所难		
張氏	庠生曾學成妻	二十八歲寡	守節三十年	已旌	紡績奉姑撫孤成立		
楊氏	文生李端本妻	同前	守節二十八年	同	翁病癱無知先意承顔飲食衣服而親奉之		
王氏	庠生學賢妻	一年而寡	守節二十二年	前	學賢父子被賊脅去死氏奉姑孝謹		

鄭氏 楊正發妻 守節三十年 已旌 夫病刲股以療

以上皆同治年間烈婦據縣案及採訪所進者敘之

高氏 刘壽庚妻 守節三十年 光緒二年旌

刘氏 熊汝賢妻 二十八歲寡 守節三十六年 同

佘氏 付天桂妻 二十歲寡 守節三十二年

周氏 楊光銛妻 二十七歲寡 守節三十三年

楊氏 萬洪翼妻 二十二歲寡 守節三十二年

萬氏 林正圓妻 二十五歲寡 守節三十年

王氏 曾天樞妻 二十五歲寡 守節三十年 前

刘氏 舒志乾妻 二十歲寡 守節三十二年 光緒二年旌

陳氏 許敦本妻 二十八歲寡 守節四十年 同

張氏 高文燮妻 二十七歲寡 守節三十一年

高氏 曾天柱妻 二十七歲寡 守節三十六年

熊氏 譚廷猷妻 二十五歲寡 守節三十一年 前

馮氏 曾元魁妻 夫出兵陣亡早寡 守節三十年 光緒三年旌

刘氏 孫伯奇妻 二十六歲寡 守節三十一年 同

鄧氏 李元本妻 二十六歲寡 守節三十年

黄氏 李崇本妻 守節三十年 前

郎氏 熊永壽妻 二十八歲寡 守節五十年 同

冉氏 許正柄妻 二十六歲寡 守節三十二年 前

馬氏 陳汝修妻 二十九歲寡 守節三十九年 光緒四年旌

向氏 陳先民妻 二十九歲寡 守節五十四年 同

聶氏 何正清妻 二十九歲寡 守節三十一年

周氏 譚正權妻 十九歲寡 守節三十一年

田氏 陳啟朕妻 三十二歲寡 守節四十年

熊氏 曾先知妻 二十五歲寡 守節三十六年

羅氏 高國昌妻 二十八歲寡 守節四十年 前

秦氏 余國榮妻 二十六歲寡 守節三十三年 光緒四年旌

甘氏 高仕棟妻 二十九歲寡 守節三十三年 同

楊氏 程祖倫妻 二十二歲寡 守節四十二年

田氏 郎玉祿妻 二十九歲寡 守節三十七年

沈氏 許正楊妻 二十九歲寡 守節四十二年

許氏 余銘妻 二十七歲寡 守節五十二年

周氏 江文彬妻 二十九歲寡 守節三十年

李氏 楊正妻 二十九歲寡 守節三十六年

劉氏 陳孝代妻 二十八歲寡 守節二十三年 前

冉氏　曾昌全妻　二十歲寡　守節三十年　同
高氏　秦家英妻　二十六歲寡　守節三十年
郭氏　謝永貴妻　二十九歲寡　守節三十九年
代氏　郎通達妻　二十七歲寡　守節三十年
廖氏　郎學增妻　二十八歲寡　守節三十年
彭氏　王官堂妻　二十八歲寡　守節二十六年
蔣氏　盧有年妻　十九歲寡　守節三十一年
周氏　秦文學妻　二十八歲寡　守節五十五年
何氏　秦仕堯妻　二十九歲寡　守節四十二年　前

陳氏　范仕虞妻　三十歲寡　守節四十八年　光緒四年旌
譚氏　秦文椿妻　二十九歲寡　守節二十二年　同
秦氏　曾天錫妻　二十九歲寡　守節二十九年
易氏　李天綱妻　三十歲寡　守節四十一年
隆氏　郎廷楊妻　二十九歲寡　守節四十二年
張氏　林代賢妻　二十九歲寡　守節五十年
余氏　李志田妻　二十二歲寡　守節二十六年
秦氏　曾正智妻　二十八歲寡　守節二十四年
何氏　江國樑妻　二十五歲寡　守節三十三年　前

董氏　劉宇心妻　二十二歲寡　守節四十年　同
金氏　蘇方蘭妻　二十七歲寡　守節四十二年
陳氏　楊星壽妻　三十歲寡　守節三十三年
張氏　陳有貴妻　二十七歲寡　守節三十二年
肖氏　陳和潤妻　二十六歲寡　守節三十八年
陳氏　隆大科妻　二十九歲寡　同
高氏　張先爵妻　二十五歲寡
何氏　梁正明妻　二十九歲寡　前
秦氏　李崇元妻　二十五歲寡　守節三十七年　前

彭氏　李如珍妻　十九歲寡　守節二十三年　光緒四年旌
陳氏　王紹榮妻　二十歲寡　守節三十一年　同
李氏　曾文漢妻　十九歲寡　守節三十年
冉氏　曾文澡妻　十七歲寡　守節三十年
代氏　秦先知妻　二十八歲寡　守節五十年
秦氏　蔡方桂妻　二十九歲寡　守節十一年
余氏　劉光遠妻　二十四歲寡　守節十七年
熊氏　何金瓊妻　二十八歲寡　守節五十五年
曾氏　譚嗣金妻　二十歲寡　守節五十五年　光緒五年以前旌

范氏 江天元妻 二十歲寡 守節四十五年 同
羅氏 向國連妻 二十一歲寡 守節三十年
刘氏 向國連妻 二十三歲寡 守節三十年
朱氏 熊思爵妻 同 守節三十七年
何氏 陳元龍妻 前 守節十一年
徐氏 秦三彦妻 二十四歲寡 守節三十八年
張氏 許仲貞妻 二十三歲寡 守節二十六年
曾氏 余克連妻 二十四歲寡 守節三十五年
蔡氏 程祖恩妻 二十九歲寡 守節三十七年 前
梁氏 秦時龍妻 二十一歲寡 守節五十一年 光緒四年旌
譚氏 孫必才妻 二十四歲寡 守節三十四年 光緒六年旌
刘氏 范啟蘭妻 二十七歲寡 守節二十三年 同
廖氏 熊廷桂妻 二十六歲寡 守節三十八年
高氏 黎中道妻 二十一歲寡 守節三十三年
刘氏 譚必桂妻 三十歲寡 守節三十九年
殷氏 秦仕方妻 二十八歲寡 守節三十年
譚氏 秦仕元妻 二十九歲寡 守節三十六年
鄒氏 甘文玉妻 二十九歲寡 守節三十年 前

徐氏 陳月樓妻 二十七歲寡 守節三十八年 同
李氏 熊紹臣妻 同 守節三十二年
何氏 王永貴妻 守節三十年
甘氏 湛學妻 前 守節五十四年
刘氏 江文源妻 二十八歲寡 守節二十七年
林氏 李元春妻 二十九歲寡 守節三十八年
李氏 郎光祿妻 二十九歲寡 守節三十一年
梁氏 郎正才妻 十九歲寡 守節二十年
羅氏 胡世銘妻 二十六歲寡 守節三十四年 前
劉氏 張元興妻 二十六歲寡 守節三十八年 光緒六年旌
李氏 代蓮堂妻 二十三歲寡 守節二十八年 同
唐氏 周順馭妻 二十四歲寡 守節二十九年
林氏 李宗程妻 同 守節三十九年
梁氏 付文貴妻 前 守節三十八年
廖氏 徐昌齡妻 二十歲寡 守節六年
范氏 李致孔妻 二十六歲寡 守節二十五年
刘氏 李正隆妻 二十歲寡 守節三十九年
高氏 李宗禮妻 二十五歲寡 守節三十五年 前

氏	夫	歲	守節	旌表
隆氏	許正興妻	十九歲寡	守節三十一年	同
嚴氏	湛渠堂妻	二十二歲寡	守節二十八年	
孫氏	隆正維妻	二十五歲寡	守節三十年	
許氏	王懋祖妻	二十四歲寡	守節四十年	
湛氏	周盛禮妻	同	守節四十年	前
魏氏	孫啟賢妻	前	守節三十一年	光緒九年旌
彭氏	藍雲開妻	二十八歲寡	守節二十五年	同
高氏	王富祖妻	同	守節二十四年	
萬氏	陳文選妻	前	守節二十六年	前

氏	夫	歲	守節	旌表
蘇氏	李鳳振妻	二十六歲寡	守節三十七年	光緒九年旌
彭氏	向大槐妻	同前	同	同
朱氏	冉顯祖妻	二十九歲寡	前	
曾氏	冉廷楠妻	二十七歲寡	守節四十年	
全氏	楊宇壽妻	二十九歲寡	守節三十一年	
梁氏	全以桂妻	同	守節二十四年	
彭氏	譚文純妻		守節二十一年	
汪氏	陳朝清妻		守節三十九年	
雷氏	陳一德妻	前	守節五十九年	前

氏	夫	歲	守節	旌表
陳氏	楊朝純妻	二十四歲寡	守節二十一年	同
鄧氏	王之浩妻	二十八歲寡	守節五十九年	
廖氏	李學謙妻	二十九歲寡	守節三十四年	
趙氏	李登文妻	二十八歲寡	守節四十九年	
隆氏	余向裕妻	同	守節三十年	
陳氏	向步雲妻	前	守節四十五年	
胡氏	陳德風妻	三十歲寡	守節四十四年	
楊氏	余世元妻	二十九歲寡	守節二十二年	
冉氏	蘇庠興妻	二十二歲寡	守節十年	前

氏	夫	歲	守節	旌表
秦氏	徐開太妻	二十五歲寡	守節三十七年	歷年請旌
鄒氏	胡永銘妻	二十四歲寡	同前	同
胡氏	孫耀然妻	二十七歲寡	守節三十三年	
楊氏	姚增直妻	二十四歲寡	同	
李氏	陳永雙妻	同前		
秦氏	敖克德妻	二十五歲寡	前	
梁氏	李玉路妻	二十六歲寡	守節四十年	
付氏	譚正紀妻	二十歲寡	守節三十一年	
高氏	楊文太妻	二十二歲寡	守節三十四年	前

吳氏	林歸堂妻	二十二歲寡	守節二十九年	同			
許氏	冉永華妻	二十二歲寡	守節二十九年				
高氏	陸國俊妻	二十七歲寡	守節二十五年				
陳氏	譚朝福妻	二十四歲寡	守節三十七年				
張氏	余燁松妻	二十九歲寡	守節五十年	前			

以上皆清光緒歷年請旌之節婦事蹟闕

蔡氏	程時若妻			光緒四年旌		遇賊被殺	歿
熊氏	程時太妻			同		同	歿
彭氏	程開和妻			前		前	歿
李氏	程發源妻			光緒四年旌		遇賊被殺	歿
周氏	程開朗妻			同		同	同
霍氏	程有銘妻						
鄒氏	朱啟鳳妻						
舒氏	江風德妻						
陳氏	姚發妻						
王氏	朱啟憲妻					二前	
周氏	程開源妻					遇賊撲火自焚	
邱氏	程廷坤妻			前		同前	前

曾氏	程廷曾妻			光緒四年旌		同	同
孫氏	程廷才妻			同			
楊氏	程開喜妻						
李氏	程開榮妻						
吳氏	程世乾妻						
李氏	程世寬妻						
汪氏	李世榮妻						
李氏	江朝舉妻						
李氏	湛仕啟妻			前		前	前
徐氏	鄧正禮妻			光緒四年旌		遇賊撲火死	歿
楊氏	殷宗語妻			同		同	同
熊氏	曾世喜妻			前		前	前

以上皆同治歷年被殺及撲火烈婦茲續錄之

付氏	夏本乾妻			未旌		遇賊被脅不辱自刎	歿
蔡氏	郎永茂妻			同		賊逼自刎	同
陳氏	李安宇妻					辟賊偕子女逃出縊死	
曾氏	楊在方妻					賊逼恨辱自縊	
徐氏	楊在祿妻			前		同	前

刘氏	楊在庠妻			同		同	同
王氏	楊在潤妻						
黃氏	楊春芳妻						
張氏	楊春榮妻			前		前	前

以上皆續採同治年間潔身殉義之婦依次編之

鍾氏	陳光貴妻	八年而寡	現年六十二歲	未旌	針黹撫孤守節		
刘氏	余向忠妻	二十八歲寡	現年五十歲	同	撫孤以針黹紡績為婚嫁資		
唐氏	彭榮壑妻	十月而寡	現年四十九歲	前	赤貧叔歷水火以針黹孝奉翁姑		

以上皆歷年採訪節孝之婦

余氏	李民山妻	二十六歲寡	守節五十八年	未旌			殁
黃氏	陳子璽妻	二十九歲寡	同	同			同
王氏	康生曾洪鍾妻	同	前				
甘氏	張兆鸞妻	前	守節三十年				
鄧氏	王天順妻	二十四歲寡	守節四十六年				
郎氏	秦載陽妻	二十八歲寡	守節三十年				
彭氏	曾洪鍾妻	二十三歲寡	守節三十六年				
余氏	孫德祖妻	二十五歲寡	守節三十二年				
許氏	朱先貴妻	二十七歲寡	守節二十六年	前			前

許氏	李述孔妻	二十六歲寡	同	未旌			殁
陳氏	曾時亨妻	同	前	同			同
陳氏	許仲蕃妻		守節三十一年				
江氏	鄧其發妻	前	同				
郎氏	張金詔妻	十九歲寡					
譚氏	李文川妻	二十歲寡	前				
李氏	甘培祖妻	二十九歲寡	守節三十年				
王氏	甘家成妻	同	守節三十年				
張氏	楊金玉妻	前	守節三十三年	前			前
秦氏	毛陳魁妻	二十七歲寡	守節三十年	未旌			殁
譚氏	陳永恰妻	二十九歲寡	同	同			同
向氏	蔣鍾[illegible]妻	二十六歲寡					
譚氏	雷文樓妻	十九歲寡	前				
曾氏	趙永茂妻	二十九歲寡	守節五十年				
謝氏	魏恆仁妻	二十八歲寡	守節二十年				
許氏	陳伯瓊妻	二十四歲寡	同				
李氏	向朝芳妻	二十歲寡					
陳氏	聶仕應妻	二十六歲寡	前	前			前

曾氏	魏槐堂妻	二十歲寡	守節三十一年	同	同
刘氏	郎鎰妻	二十一歲寡	同前		
甘氏	沈富玉妻	二十歲寡	守節三十三年		
秦氏	沈獻成妻	十九歲寡	同		
譚氏	秦家嶽妻	二十二歲寡	前		
余氏	鄧家相妻	二十七歲寡	守節二十七年		
冉氏	秦家雍妻	二十二歲寡	同		
譚氏	秦仕度妻	二十八歲寡	前		
易氏	秦文淵妻	二十五歲寡	守節三十年	前	前

冉氏	秦士燧妻	二十六歲寡	守節三十一年	未旌	歿
胡氏	冉廣梅妻	同	守節四十一年	同	同
秦氏	楊永興妻	前	守節三十三年		
黄氏	楊永煃妻	二十七歲寡	守節二十年		
秦氏	范國樾妻	同	同		
李氏	蔡永升妻	前			
蔣氏	華正比妻	十八歲寡	前		
杜氏	華正傑妻	十九歲寡	守節三十一年		
胡氏	梁悦直妻	二十八歲寡	守節五十一年	前	前

陳氏	張春林妻	二十四歲寡	守節三十一年	同	同
馮氏	王有極妻	二十六歲寡	同前		
嚴氏	陸萬善妻	同	守節二十三年		
王氏	高錫侯妻	前	守節二十年		
楊氏	陸遇春妻	二十四歲寡	守節四十七年		
譚氏	王章普妻	二十歲寡	守節三十三年		
曾氏	付升堂妻	二十九歲寡	守節二十年		
范氏	高錫麟妻	同	守節六年		
秦氏	甘存琪妻	前	守節三十年	前	前

曾氏	蘇爲楷妻	十九歲寡	守節四十一年	未旌	歿
梁氏	范士華妻	二十六歲寡	守節五十年	同	同
李氏	陳文同妻	二十七歲寡	守節三十年		
陳氏	江天亨妻	二十八歲寡	守節五十年		
姚氏	秦永寬妻	二十一歲寡	守節二十六年		
刘氏	江文品妻	二十一歲寡	同		
馬氏	向〇妻	二十三歲寡			
田氏	廖倫英妻	二十六歲寡			
梁氏	冉光誥妻	十七歲寡	前	前	前

秦氏 左新春妻 二十八歲寡 守節三十三年 未旌 歿
李氏 曾明高妻 二十八歲寡 守節三十年 同 同
譚氏 曾承周妻 二十九歲寡 同
曾氏 周維鐸妻 二十九歲寡
刘氏 馬光輝妻 二十歲寡 前
李氏 蔡登高妻 二十七歲寡 守節二十四年
譚氏 李在任妻 夫遇石硤死 守節三十年
秦氏 譚朝義妻 二十六歲寡 同
覃氏 陳邦濟妻 二十八歲寡 前 前 前

陳氏 刘壽旭妻 十九歲寡 守節二十二年 未旌 歿
蔡氏 雷春瑶妻 二十八歲寡 守節三十六年 同 同
文氏 刘壽礽妻 二十二歲寡 守節四十八年
李氏 刘宇謨妻 二十二歲寡 守節三十一年
張氏 刘宇鏗妻 十九歲寡 守節三十二年
尉氏 李世德妻 二十三歲寡 守節二十三年
譚氏 陳必簡妻 二十八歲寡 守節三十二年
胡氏 陳家和妻 二十七歲寡 守節三十年
岳氏 刘洪達妻 二十四歲寡 守節四十八年 前 前

王氏 譚先禄妻 二十九歲寡 守節三十一年 同 同
向氏 譚祥瑞妻 二十二歲寡 守節五十五年
刘氏 譚禎釗妻 二十八歲寡
楊氏 譚正北妻 十九歲寡 守節二十九年
譚氏 向天颺妻 十九歲寡 守節三十二年
張氏 向弟德妻 二十四歲寡 守節二十一年
李氏 余樹切妻 二十八歲寡 守節四十四年
范氏 彭朝達妻 同 守節三十年
譚氏 辛炳田妻 前 守節四十六年 前 前

凌氏 姚貞政妻 二十二歲寡 守節十六年 未旌 歿
湛氏 吴長珠妻 三十歲寡 守節二十四年 同 同
彭氏 李联弟妻 二十五歲寡 守節三十八年
周氏 曾德明妻 二十八歲寡 守節三十年
李氏 蔡志倫妻 二十二歲寡 守節三十四年
譚氏 秦家壽妻 二十九歲寡 守節三十二年
何氏 王瑞喜妻 二十三歲寡 守節三十六年
鄭氏 王仁喜妻 二十八歲寡 守節二十五年
郎氏 王紡妻 二十三歲寡 守節二十二年 前 前

鄒氏 郎沿瀛妻 二十歲寡 守節三十年 同 同
黃氏 郎登庸妻 同 同
賈氏 郎相臣妻 前 前
王氏 曾洪德妻 二十七歲寡 守節十六年
王氏 高子鎬妻 二十四歲寡 守節十一年
彭氏 曾玉倫妻 二十八歲寡 守節四十五年
冉氏 殷文太妻 同 守節二十六年
汪氏 毛琦琳妻 前 守節四十五年
范氏 田宗仁妻 十九歲寡 守節二十年 前 前

王氏 朱玉桂妻 二十八歲寡 守節二十九年 未旌 殁
李氏 熊李禮妻 二十七歲寡 守節四十四年 同 同
湛氏 朱盛貴妻 二十八歲寡 守節四十四年
龍氏 熊正全妻 十八歲寡 守節二十二年
譚氏 熊朝萬妻 二十七歲寡 守節四十八年
張氏 熊廣益妻 二十歲寡 守節二十四年
熊氏 陳明鍾妻 二十五歲寡 守節二十六年
蔡氏 蔣世榮妻 二十六歲寡 守節六十年 前 前

以上皆光緒歷年採訪所進之節婦再編次之

陳氏 彭賡颺妻 二十歲寡 守節三十五年 未旌
徐氏 蔣啟俊妻 十九歲寡 守節三十二年 同
鄭氏 秦漢卿妻 二十一歲寡 守節二十五年
孫氏 李全楹妻 二十七歲寡 守節三十六年
李氏 秦仕傑妻 二十一歲寡 守節二十五年
周氏 陳翰章妻 二十四歲寡 守節三十年 前

家貧翁姑俱故有叔他適者數[illegible]
自誓撫三歲叔教之成立
家貧無子紡績耕
種奉姑撫侄成立
家貧以紡績耕種
撫子成立
事姑以孝撫子以慈

以上係照舊志補遺之節婦依次錄之

列女旌節表

夫婦姓氏	翁姑及父兄名氏	嫁年	孀年	已旌或未旌	年齡	有無子女財產	貞烈事蹟	現在存歿
郎瑛菴妻陳氏	翁國亭姑何氏父卓兄冕	二十二歲寡	守節三十四年	未旌	現年五十六歲	子一產二十畝		存
周啟祿妻李氏		二十二歲寡	守節五十九年	未旌	現年八十一歲	子一財產無	耕績撫孤辛苦不渝	存
劉瑞義妻楊氏	翁才柱姑孫氏父人朋兄和曙	二十四歲寡	守節三十六年	未旌	卒年六十歲	子無田三十畝		歿
劉洪秀妻熊氏	翁應方姑羅氏父正術兄朝喜	二十一歲寡	守節六十五年	未旌	卒年八十歲	子一田三十畝		歿
郎宗鍔妻陳氏	翁先修姑周氏父世祿	二十八歲寡	守節二十九年	未旌	卒年五十七歲	子一田十八畝		歿
郎宗熹妻刘氏	翁先冥姑王氏兄丹林	二十七歲寡	守節六十年	未旌	卒年八十七歲	子一田二十畝		歿
羅世禮妻劉氏	翁永燦姑張氏父中朝兄成章	三十歲寡	守節三十年	未旌	卒年六十歲	子三田十五畝		歿
熊文慶妻向氏	翁永福姑陳氏父繼宗兄良仁	二十五歲寡	守節六十五年	未旌	卒年九十歲	子二田無		歿
張應欽妻谷氏	翁文燦姑蔣氏父啟達兄啟鳳	二十七歲寡	守節四十五年	未旌	卒年七十二歲	子啟智田八畝		歿
羅永佑妻劉氏	翁天友姑張氏父洪清兄宗秀	二十五歲寡	守節三十三年	未旌	卒年五十八歲	無		歿
熊文宗妻杜氏	翁鑑長姑陳氏父杜景兄鳳琳	二十九歲寡	守節三十五年	未旌	卒年六十四歲	無子田四畝		歿
張在崇妻陳氏		二十二歲寡	守節五十五年	未旌	現年七十七歲	無		存
黃廷良妻徐氏		二十五歲寡	守節二十七年	未旌	現年五十二歲	子二無產	佃耕撫孤	存
張仕坤妻秦氏		二十六歲寡	守節二十五年	未旌	現年五十一歲	子二無產	和睦妯娌遇事任勞	存
歆克德妻秦氏		十七歲寡	守節四十六年	未旌	卒年六十三歲	子一無產		歿
林國良妻王氏		二十八歲寡	守節二十三年	未旌	現年五十一歲	子一財產無		存
張歆文妻廖氏		二十歲寡	守節三十二年	已旌	現年五十二歲			存
馬瑜昭妻郎氏	翁光傑姑歆氏父光庭	二十七歲寡	守節二十八年	未旌	現年五十五歲	子二		存
李永興妻楊氏	翁光燦姑馬氏父人松兄和墉	二十四歲寡	守節二十六年	未旌	現年五十歲	田十畝		存
郎裕倫妻朱氏	翁昌銀姑馬氏父學河	二十二歲寡	守節二十八年	未旌	現年五十歲	女二田十畝		存
余葉堂妻許氏		十五歲寡	守節四十年	已旌	五十五歲卒	無		歿
秦治先妻許氏		二十一歲寡	守節三十二年	未旌	現年五十三歲	遺腹子	撫孫成立	存
秦漢卿妻鄭氏		二十一歲寡	守節四十八年	未旌	六十九歲卒			歿
許樹霞妻周氏		二十二歲寡	守節三十八年	未旌	現年六十歲			存
鄭德揚妻鄒氏		二十二歲寡	守節五十四年	未旌	七十六歲卒			歿
廖氏秦茂芳妻		二十四歲寡	守節五十年	未旌	七十四歲卒		家貧營工生活撫孤成立	歿
黃氏陳必奎妻		二十六歲寡	守節四十六年	未旌	現年七十二歲			存
余氏朱思其妻		二十六歲寡	守節四十六年	未旌	現年七十二歲			存
孫氏李全妻		二十八歲寡	守節三十五年	未旌	六十三歲卒	女一男四	撫孤成立	歿
鍾氏李金鈞妻		二十八歲寡	守節五十年	未旌	現年七十八歲			存
鄧氏秦之德妻		二十六歲寡	守節四十六年	未旌	七十二歲卒			歿
刘氏許嘯霞妻		二十七歲寡	守節三十二年	未旌	現年五十九歲			存
鄭氏冉子林妻		三十歲寡	守節三十八年	未旌	六十八歲卒			歿
張氏王搜泉妻		三十歲寡	守節五十一年	未旌	八十一歲卒		家貧傭工自給	歿

敖氏陳星才妻		三十歲寡	守節二十九年	未旌	現年五十九歲			存
李孫氏		三十歲寡	守節四十五年	未旌				歿
吴氏敖錫卿妻		十八歲寡	守節四十六年	未旌	現年六十四歲		矢守不貳	存
譚氏張興發妻		二十六歲寡	守節三十九年	未旌	現年六十五歲			存
張氏杜敬德妻		二十九歲寡	守節三十九年	未旌	現年六十八歲			存
朱氏陳貴發妻		二十六歲寡	守節三十年	未旌	現年五十六歲			存
張氏鄭德孝妻		二十八歲寡	守節四十二年	未旌	七十歲卒			歿
徐氏孫國倫妻		三十歲寡	守節五十三年	已旌	八十三歲卒		撫孫成立	歿
朱氏孫國之妻		二十二歲寡	守節五十三年	已旌	七十五歲卒		經舉人湛墨春作頌稱爲女中丈夫	歿
黄氏孫九如妻	姑朱氏	歸孫年餘夫歿		未旌			姑劝嫁誓不再適	存
蕭氏孫純吉妻		二十六歲寡	守節五十四年	未旌	八十歲卒			歿
王氏鍾萬明妻		三十歲寡	守節三十一年	未旌	六十一歲卒			歿
彭氏刘其交妻	父朝發兄廷崗	二十八歲寡	守節四十六年	未旌	現年七十五歲	孫一 無産	寡言笑事翁姑極孝親族罕見其面	存
廖氏汪光瓚妻	翁大吉 父成元	二十四歲寡	守節五十五年	未旌	現年七十九歲	子一 家小康		存
彭氏張觀才妻	翁大貴 姑廖氏	二十歲寡	守節六十二年	未旌	八十二歲卒	子一		歿
刘氏傅正道妻	翁綱目 姑朱氏	二十九歲寡	守節四十九年	未旌	七十八歲卒	子一	同治元年石逆過境夫被害矢志撫孤	歿
鄭氏秦漢卿妻	父維周	十八歲寡	守節五十一年	未旌	六十九歲卒		撫姪成立	歿
杜氏毛朝元妻	父明魁	二十五歲寡	守節三十四年	未旌	現年五十九歲	子二女一 無産		存

陳氏王世遠妻		二十七歲寡	守節三十三年	未旌	現年六十歲	子二 無産	守貧撫孤言笑不苟劝之改嫁者唾其面	存
羅氏黄擺相妻	翁宗恕 姑毛氏 父書運	二十二歲寡	守節六十一年	未旌	現年八十三歲	子二 無産		存
石氏蹇萬福妻	翁華相 姑張氏 父崇林	二十七歲寡	守節五十一年	未旌	七十八歲卒	子二 家小康	氏父母早逝穎伯母成立事伯母如姑	歿
雷氏譚先覺妻		二十九歲寡	守節四十年	未旌	六十九歲卒	子二	相夫教子不悖于禮	歿
付氏王滄普妻		二十七歲寡	守節五十一年	已旌		子二		歿
譚氏熊昌鑾妻		二十八歲寡	守節三十年	未旌	五十八歲卒	有子		歿
鄧氏朱克明妻		二十九歲寡	守節三十五年	未旌	現年六十四歲	無子		存
熊氏向守業妻		二十九歲寡	守節四十年	未旌	現年六十九歲	有子		存
周氏陳常元妻		二十七歲寡	守節四十六年	已旌	七十三歲卒	子一 有産		歿
張氏曾世權妻		二十二歲寡	守節二十九年	未旌	現年五十一歲	子一 薄有田産		存
趙氏李正賓妻		一年夫歿	守節三十二年	已旌			割股療親	存
杜氏華登庸妻		十八歲寡	守節四十二年	已旌	六十歲卒	無子		歿
況氏張復廷妻		二十二歲寡	守節三十四年	未旌	五十六歲卒	子二		歿
李氏蔡光霞妻	父文進	二十三歲寡	守節五十三年	已旌	七十六歲卒			歿
李氏蔡顯中妻	父宏才	二十四歲寡	守節五十六年	已旌	現年七十歲			存
張氏曾月白妻		二十四歲寡	守節三十二年	未旌	五十六歲卒	有産		歿
付氏夏仲節妻	翁本才 姑周氏 父玉銀	二十八歲寡	守節五十年	未旌	七十八歲卒	子一女二 有産		歿
蔡氏夏宗凡妻	翁仲庸 姑王氏 父光犁	二十五歲寡	守節三十一年	未旌	現年五十六歲	無子女二 無産		存

夏氏熙級三妻	翁正發姑周氏父玉山	二十二歲寡	守節二十九年	未旌	現年五十一歲			存
杜氏張國渠妻	翁玉鈞姑毛氏	三十歲寡	守節五十二年	未旌	八十二歲卒	女二薄有箐地		歿
黄氏余學洪妻	翁在海姑陳氏父登崇	二十四歲寡	守節五十二年	已旌	七十六歲卒	男二女四		歿
胡氏陳丙章妻	翁云奎姑張氏父科帐	三十歲寡	守節五十年	未旌	現年八十歲	男一女三		存
曾氏陳少文妻	翁吉臣姑蔡氏父興才	二十九歲寡	守節五十一年	未旌	現年八十歲	男三女二		存
刘氏黄國榮妻	翁崇高姑李氏父成章	二十六歲寡	守節五十七年	未旌	八十三歲卒			歿
陳氏蔡代宗妻	翁才印姑秦氏	三十歲寡	守節三十九年	未旌	六十九歲卒	男三女一有產		歿
梅氏譚啟科妻		二十一歲寡	守節五十三年	未旌	七十四歲卒	無子		歿
周氏楊學譜妻		二十五歲寡	守節五十八年	未旌	七十九歲卒	無子	母劝再醮以惡言拒之	歿
周建廷妻張氏		二十五歲寡	守節三十五年	未旌	現年六十歲	子女各一	夫病刲臂和葯以進	存
王常紀妻代氏		十九歲寡	守節三十一年	未旌	五十歲卒			歿
何興明妻王氏		十九歲寡	守節三十一年	未旌	現年五十歲	子一	家貧以針黹撫孤	存
孫志培妻余氏		二十四歲寡	守節四十一年	未旌	現年六十五歲			存
蔣在廷妻陳氏		二十一歲寡	守節二十九年	未旌	五十歲卒			歿
潘廷幹妻楊氏		二十一歲寡	守節二十九年	未旌	現年五十歲	子二女一		存
隆閏之妻陳氏		二十一歲寡	守節三十年	未旌	現年五十三歲	有子		存
孫心友妻李氏		二十一歲寡	守節三十二年	未旌	現年五十三歲			存
周德茂妻楊氏		二十一歲寡	守節五十二年	未旌	七十三歲卒	子二	撫孤成立	歿

胡應涵妻姜氏		二十二歲寡	守節三十五年	未旌	現年五十七歲			存
殷祖榮妻覃氏		二十六歲寡	守節三十四年	未旌	現年六十歲			存
刘廷楨妻柯氏	翁思仁姑王氏父國玢	二十三歲寡	守節三十四年	未旌	現年五十七歲	女一		存
刘廷璧妻蔣氏	翁思仁姑王氏父定山	二十五歲寡	守節三十年	未旌	現年五十五歲	女一		存
林贊裕妻李氏	翁樹凡姑李氏	二十二歲寡	守節三十年	已旌		子三	石逆入境夫研臣卒於滇氏賣衣履歸葬如禮課子紡績度日	歿
張文德妻冉氏	翁祥恩姑黄氏	二十四歲寡	守節五十年	已旌		子三女一		存
林煥如妻蔣氏		二十一歲寡	守節五十二年	已旌		子一		存
林光晟妻廿氏		二十二歲寡	守節五十年	未旌		子一		存
馬瑞昭妻魏氏		二十九歲寡	守節四十年	未旌	六十九歲卒	子一		歿
王信豐妻鄧氏				已旌				歿
王旦香妻鍾氏				已旌				歿
鄭世惠妻易氏				已旌				歿
高永坤妻李氏				已旌				歿
胡鑑修妻蘇氏				已旌				歿
鄒孝信妻余氏		二十八歲寡	守節二十五年	已旌		子一		歿
牟天太妻敖氏		三十歲寡	守節三十二年	未旌	現年六十二歲			存
牟天銀妻沈氏		三十歲寡	守節三十七年	未旌	現年六十七歲			存
何其樾妻鄧氏		二十九歲寡	守節三十五年	未旌	現年六十四歲	子一		存

徐忠陞妻甘氏			守節四十年	未旌		遺腹子名惠	事姑孝撫子成人	存
孫海珊妻張氏		二十四歲寡	守節四十九年	已旌	現年七十三歲			存
鄧良東妻熊氏		二十二歲寡	守節四十九年	已旌	現年七十一歲			存
綦銀妻代氏		二十二歲寡	守節六十年	未旌	現年八十二歲			存
馮永義妻譚氏		三月而寡	守節五十二年	未旌				
蔣朝甫妻古氏		二十五歲寡	守節五十五年	已旌	子一			
蔣紹基妻楊氏		二十六歲寡	守節四十二年	未旌	現年六十八歲			存
項本覺妻潘氏		二十一歲寡	守節四十一年	未旌	現年六十二歲			存
陳傑生妻曾氏		二十二歲寡	守節五十一年	未旌	現年七十三歲			存

許樸斋妻李氏		二十二歲寡	守節三十四年	未旌	現年五十六歲			存
王綺之妻張氏	父章普	二十歲寡	守節四十年	已旌	現年五十六歲			歿
蘇忠恕妻譚氏	父貢生朝模	二十二歲寡	守節五十二年	已旌	現年七十四歲			存
殷學訓妻馬氏		二十二歲寡	守節三十二年	未旌	現年五十四歲			存
余天元妻曾氏		二十四歲寡	守節六十九年	未旌	九十三歲卒			没
余維拳妻蔣氏		二十一歲寡	守節五十二年	未旌	七十三歲卒			没
孫貴林妻李氏		二十五歲寡	守節五十年	未旌	現年七十五歲	無子		存
李時雍妻余氏		二十七歲寡	守節二十六年	未旌	現年五十三歲			存
蔣朝晏妻代氏		二十二歲寡	守節六十年	未旌	八十二歲卒			歿

何永吉妻秦氏		二十七歲寡	守節三十年	未旌	現年五十七歲			存
何學奉妻吳氏		三十歲寡	守節四十八年	未旌	七十八歲卒			歿
周盛祿妻李氏		二十二歲寡	守節五十九年	未旌	現年八十一歲	子一		存
陳輝山妻袁氏	翁品之姑吳氏	二十四歲寡	守節四十一年	未旌	六十五歲卒	子三田四十畝	藍逆入境引避重岩翁姑賴以全活	歿
綦文玉妻付氏	翁朝品	二十歲寡	守節六十年	未旌	八十歲卒	無子		歿
秦如卓妻彭氏		二十五歲夫不知所終	守節五十五年	未旌	八十歲卒	撫姪一		歿
江鶴樓妻況氏	父道基	二十九歲寡	守節三十年	未旌		子二		歿
晏丙章妻彭氏		二十歲寡	守節三十二年	未旌	現年五十二歲	子一田八十畝		存
余帝臣妻譚氏	翁合盛姑何氏	二十一歲寡	守節三十三年	未旌	現年五十四歲	子一少有田產		存

秦永仁妻余氏		二十八歲寡	守節四十年	未旌	六十八歲卒			歿
余海峯妻譚氏	翁合盛姑何氏	二十四歲寡	守節四十年	未旌	六十四歲卒	子一		歿
余龍門妻雷氏	翁合盛姑何氏	二十八歲寡	守節三十九年	未旌	現年六十七歲	子一		存
雷冉氏		二十四歲寡	守節六十八年	未旌	九十二歲卒	有子家有積蓄		歿
余汝舟妻彭氏		二十九歲寡	守節二十一年	未旌	五十歲卒	女一家貧		歿
陳家心妻劉氏		二十三歲寡	守節四十年	未旌	現年六十三歲	女一家貧	營工度日守節甚苦	存
余大松妻李氏		二十八歲寡	守節四十五年	未旌	現年七十三歲	遺腹子	家甚寒立志撫孤	存
何治文妻黄氏		二十八歲寡	守節三十年	未旌	現年五十八歲	子四女一		存
陳美珂妻郎氏		二十九歲寡	守節三十年	未旌	現五十九歲	子一		存

秦官保妻朱氏		二十二歲寡	守節三十年	未旌	現年五十二歲	子一	撫孤吃素下髮不願他適	存
秦家显妻許氏		二十歲寡	守節三十年	未旌	現年五十歲	遺腹子		存
朱聖宮妻湯氏		二十四歲寡	守節四十四年	未旌		子二	恒閱燃榕葉紡棉撫孤成立	存
朱云圃妻許氏		二十二歲寡	守節三十六年	未旌	現年五十八歲		夫病割股暈絕數次	存
朱人壽妻田氏		二十二歲寡	守節四十三年	未旌	現年六十五歲			存
朱方鐸妻孫氏		二十六歲寡	守節三十八年	未旌	現年六十四歲			存
黃文連妻朱氏		二十五歲寡	守節三十八年	未旌	現年六十三歲	有子 家貧	撫孤成立	存
朱人宰妻張氏		二十六歲寡	守節二十四年	未旌		子一		殁
朱先傑妻付氏		二十六歲寡	守節二十九年	未旌				殁

劉宇偉妻代氏		二十四歲寡	守節三十六年	未旌	現年六十歲			存
馮旦生妻譚氏	翁伯繩 姑崔氏 父樸山	十六歲寡 五月而夫歿	守節三十二年	未旌	現年四十九歲	無子過繼馮太生	以針黹積累交父朴山買祖田數石	存
范紹陵妻秦氏		二十二歲寡	守節四十一年	未旌	六十三歲卒	無子有租十餘石	過繼范宗位	殁
皮第學妻甘氏		二十七歲寡	守節三十年	未旌	五十七歲卒	無子 有產		殁
崔世林妻梁氏	翁永清 姑李氏 父文玉	二十六歲寡	守節五十五年	未旌	現年八十一歲	無子 有產		殁
崔中英妻秦氏		二十八歲寡	守節六十一年	未旌	現年八十九歲	無子 少有產		存
唐國綸妻崔氏		二十二歲寡	守節五十四年	未旌	七十六歲卒	無子 家貧		殁
陳宗秀妻雷氏		十八歲寡	守節三十九年	未旌	現年五十七歲	子有 產無多		存
曾雨鐸妻譚氏		二十三歲寡	守節五十年	已旌	七十三歲卒	無子		殁

郎通達妻代氏	翁心廷 姑田氏 父啟元	二十八歲寡	守節五十二年	已旌	現年八十歲	無子		存
秦立品妻馮氏	翁紹堂 父先楻	二十五歲寡	守節四十一年	未旌	現六十六歲	子二		存
郎昌衡妻陳氏	翁先傳 姑范氏 父世國	十八歲寡	守節三十八年	已旌	現年五十六歲	無子 家貧		存
鄧恒斎妻梁氏	翁可貴 姑周氏	二十歲寡	守節三十六年	未旌	現年五十六歲	子無女一 家小康		存
劉宗良妻陳氏	翁世壽 姑隆氏 父學庸	二十三歲寡	守節三十九年	未旌	現年六十二歲	子二女一 家小康		存
秦文賢妻向氏	翁家言 姑嚴氏 父宜用	二十六歲寡	守節四十四年	未旌	現年七十歲	子一女二 家貧		存
周朝林妻向氏	翁文慶 姑秦氏 父守榮	二十七歲寡	守節四十六年	未旌	現年七十三歲	子四 家裕		存
郎宗儒妻劉氏	翁先安 姑劉氏 兄丹林	三十二歲寡	守節三十六年	已旌	現年六十八歲	子一 家小康		存
馬于昭妻郎氏	翁先友 姑王氏 父先應	二十四歲寡	守節三十三年	未旌	五十七歲卒	子二 家小康		殁

郎洪鈞妻李氏	翁立品 姑譚氏	二十五歲寡	守節四十三年	未旌	現年六十八歲	子女各一 家富		存
李元坤妻廖氏	翁世友 姑高氏 父先同	二十歲寡	守節三十五年	未旌	現年五十五歲	子一 家小康		存
廖人偉妻郎氏	翁集喬 姑付氏 父伯達	二十歲寡	守節三十年	未旌	現年五十歲	無子撫姪 家小康		存
范啟蘭妻劉氏		二十三歲寡	守節五十年	未旌	七十三歲卒			殁
隆復堂妻許氏		二十一歲寡	守節三十一年	未旌	現年五十二歲			存
許耀三妻鄭氏		二十八歲寡	守節三十二年	未旌	現年六十歲			存
范應棠妻孫氏		二十七歲寡	守節三十年	未旌	現年五十七歲			存
彭棠域妻付氏		二十八歲寡	守節四十五年	未旌	七十三歲卒			殁
何永吉妻秦氏		二十六歲寡	守節二十三年	未旌	四十九歲卒			殁

逮永皃妻付氏		二十八歲寡	守節五十四年	未旌	八十二歲卒			歿
余國林妻彭氏		二十八歲寡	守節四十八年	未旌	現年七十六歲			存
孫興文妻李氏		二十四歲寡	守節三十年	未旌	現年五十四歲			存
何步成妻曾氏		十七歲寡	守節四十一年	未旌	五十八歲卒			歿
熊裕祿妻黃氏	翁心萬姑董氏	十八歲寡	守節四十三年	未旌	現六十一歲	無子女		存
蕭永順妻姚氏		十九歲寡	守節四十三年	未旌	現年六十二歲	子一 家小康		存
王鏡妻董氏		二十一歲寡	守節四十一年	未旌	現年六十二歲	家貧		存
秦學修妻李氏		二十四歲寡	守節三十八年	未旌	現年六十二歲	子二 女一		存
甘家鼎妻楊氏		二十四歲寡	守節六十二年	未旌	八十六歲卒	子一		歿
鍾應合妻刘氏		二十三歲寡	守節三十七年	未旌	現年六十歲			存
薛盛明妻刘氏		二十四歲寡	守節四十三年	未旌	六十七歲卒	女二 家貧		歿
萬支方妻刘氏		二十二歲寡	守節四十五年	已旌	現年六十七歲	無子	樂善好施	存
萬譽山妻譚氏		二十八歲寡	守節三十四年	未旌	現年六十二歲			存
胡承綏妻郎氏	翁又巷姑王氏	二十二歲寡	守節二十九年	未旌	五十一歲卒	子一 家小康	撫子成立尤能提攜親戚之貧者	歿
綦文斂妻郎氏	翁家禹姑范氏 父甫之兄永讓	二十四歲寡	守節二十五年	未旌		立繼堂弟之子為嗣		歿
劉寶和妻杜氏	翁四凡姑陳氏	二十四歲寡	守節四十七年	已旌	七十一歲卒	遺腹子	教子成名舉邑孝康	歿
代李氏		十九歲寡	守節六十五年	已旌	八十四歲卒	孫一		歿
雷春霄妻李氏		二十八歲寡	守節四十七年	未旌	七十五歲卒			歿

雷丙忠妻王氏		二十七歲寡	守節五十一年	未旌	七十八歲卒	子二	紡績佐讀教子成名	歿
刘其栗妻彭氏	父漢昭	十七歲寡	守節三十年	未旌		無子抱姪	保全祖業失棠二	存
萬煥奎妻譚氏	翁枚碧 父譚昆	二十八歲寡	守節二十四年	未旌		子三 女二	教子入武庠	歿
許正華妻陳氏		二十八歲寡	守節三十六年	已旌	現年六十四歲			存
曾嘯仙妻鄧氏	父開第	二十六歲寡	守節二十七年卒	未旌		子一 家小康		歿
項甘氏	父問之	二十三歲寡	守節二十九年	未旌	五十二歲卒			歿
范步典妻秦氏		二十五歲寡	守節四十七年	未旌	七十二歲卒			歿
張奇昭妻甘氏				已旌			髮逆之亂以姑目瞽不去匪迫不辱死	歿
張祥騤妻秦氏		二十七歲寡	守節三十四年	未旌	六十一歲卒			歿
吳大安妻陳氏		二十五歲寡	守節三十六年	未旌	現年六十一歲	無子有女 家小康		存
付羽仙妻何氏		二十三歲寡	守節二十八年	未旌	現年五十一歲	無子女 家貧		存
周盛禮妻湛氏	翁長倖姑棠氏 父福田	二十四歲寡	守節五十二年	曾請立神道碑	七十六歲卒	子四	教子成名	歿
鄒大燊妻黃氏	翁和姑周氏	二十九歲寡	守節四十四年	未旌	七十三歲卒	子三		歿
湛文瑞妻蔡氏		二十二歲寡	守節六十三年	已旌	八十五歲卒	有子 有薄產		歿
趙仲舉妻向氏	翁德堂姑甘氏 父國品兄大佑	二十五歲寡	守節三十六年	未旌	現年六十一歲	子三 無產		存
付可昭妻鄧氏	翁天祥姑陳氏 父文玉	三十歲寡	守節二十六年	未旌	現年五十六歲			存
謝天富妻楊氏	翁正坤姑余氏 父時珍	二十四歲寡	守節三十三年	未旌	現年五十七歲	子三 女二		存
陳葆元妻楊氏		二十六歲寡	守節四十年	未旌	六十六歲卒	子三		歿

彭明馨妻譚氏		十九歲寡	守節六十六年	未旌	八十五歲卒	子二		歿
高宗具妻廖氏	翁仕九 姑秦氏 父羽山	二十六歲寡	守節二十六年	未旌	現年五十二歲	子一 家貧		存
馬隆明妻秦氏		二十八歲寡	守節三十年	未旌	現五十八歲	子一		存
李正甯妻趙氏		一年夫沒而寡	守節三十二年	未旌			割股療親	存
王國清妻范氏		二十三歲寡	守節三十一年	未旌	現年五十四歲	子三女一 家貧		存
秦家尚妻楊氏		二十一歲寡	守節六十二年	未旌	現年八十三歲	五世同堂 田百二十石		存
秦文治妻楊氏	翁時賡	二十歲寡	守節三十五年	未旌	現年五十五歲	女二 有產		存
付世熙妻李氏		二十四歲寡	守節五十四年	未旌	七十八歲卒	有子 有產		歿
付國珩妻李氏		二十歲寡	守節二十八年	已旌		女一	族人圖產茹苦含辛抱侄以全產業	歿

曾緝堂妻高氏		二十歲寡	守節四十八年卒	已旌				歿
曾復堂妻王氏		二十二歲寡	守節四十四年	已旌	現年六十六歲			存
曾斗山妻徐氏		二十四歲寡	守節四十年	已旌	現年六十四歲			存
曾天渠妻秦氏		二十一歲寡	守節四十一年	已旌	六十二歲卒			歿
彭達三妻周氏		二十一歲寡	守節三十三年	未旌	現五十四歲	子耳年		存
付松柏妻張氏	翁敬修 姑楊氏 父友斋	二十三歲寡	守節三十五年	未旌	現年五十八歲	子本餘		存
蘇譚氏		二十二歲寡	守節五十六年	未旌	現年七十八歲			存
蘇仲山妻楊氏		二十四歲寡	守節四十年	未旌	六十四歲卒			歿
熊天寬妻代氏	翁仲心 姑代氏 父大朋	二十七歲寡	守節三十年	未旌	現年五十七歲	子一 有薄產		存

代大義妻陳氏	翁光閣 姑彭氏	三十歲寡	守節五十七年	未旌				存
楊再清妻易氏	翁大貴 父萬林	二十八歲寡	守節二十年卒	未旌		子一 有薄產		歿
陳國庸妻李氏		二十五歲寡	守節四十九年	已旌	七十四歲卒	子女各一	夫兄逼嫁堅不他適教子成人	歿
楊德才妻隆氏		二十八歲寡	守節五十三年	未旌				歿
譚秦氏		二十九歲寡	守節四十三年	未旌				歿
張能千妻代氏	翁煥堂 姑顏氏 父永漢	二十六歲寡	守節三十年	未旌	現年五十六歲	子二 家貧	事翁姑無間言	存
王芳谷妻張氏	父益三	十九歲寡	守節三十三年	未旌	現五十二歲	子一 家貧	親戚劝嫁願甘藜藿誓不再適	存
張學鏡妻李氏	姑曾氏	二十二歲寡	守節三十三年	未旌	現年五十五歲	遺子撫侄	針黹養姑撫侄成立	存
陳思九妻凌氏	父績	二十七歲寡	守節四十三年	未旌	現年七十歲	子一 家貧	立志撫孤躬操井臼	存

付世華妻到氏	父宇泰	二十七歲寡	守節四十年	未旌	現六十七歲	子三 家貧	事姑撫子節孝可嘉	存
付世祿妻高氏	父文彬	二十五歲寡	守節四十六年卒	未旌				歿
余大極妻隆氏		二十八歲寡	守節三十年	未旌	現五十八歲	女一	立志守貞事翁姑能得欢心	存
冉裕謨妻余氏		二十三歲寡	守節三十年	未旌	現五十三歲	女一		存
雷昌亨妻冉氏		二十六歲寡	守節六十八年	未旌	九十四歲卒	子一	家祠貧欲嫁因子啼哭遂立志撫子	歿
秦文玉妻付氏		二十歲寡	守節六十年	未旌	現八十歲			存
張紹孟妻黃氏	翁輝廷 姑舒氏 父天榮 兄其林	二十六歲寡	守節四十一年	已旌	六十七歲卒	子榮九		歿
付世榮妻張氏		十九歲寡	守節四十六年	未旌	六十五歲卒	子一	夫被匪擄撫孤奉姑不二	歿
張吉英妻陳氏		二十四歲寡	守節五十三年	未旌	七十七歲卒			歿

姓氏	親屬	寡年	守節	旌表	年歲	子女	事略	存殁
彭朝賢妻周氏		二十二歲寡	守節五十八年	未旌	現八十歲			存
譚方英妻甘氏		二十一歲寡	守節六十年	已旌	現八十一歲			存
譚甘氏		二十八歲寡	守節五十年	已旌	現年七十八歲		族人欲奪其志不從撫孤成立	存
許秀若妻曾氏		二十九歲寡		已旌		子一		存
孫月澤妻劉氏	翁慎齋姑林氏 父博齋母余氏	二十六歲寡	守節三十四年卒	已旌		子一 女一		殁
劉覲廷妻許氏	翁博齋姑余氏 父元發兄香廷	三十歲寡	守節二十六年卒	已旌		子二 女三		殁
郎治沂妻張氏		二十四歲寡	守節四十三年	已旌	現六十七歲			存
范正清妻曾氏		二十五歲寡	守節三十五年	未旌	六十歲卒			殁
余述祖妻鄭氏		二十六歲寡	守節六十四年	未旌	九十歲卒			殁
吳其禮妻胡氏		二十四歲寡	守節五十八年	未旌	八十二歲卒	子一		殁
杜書妻楊氏		二十一歲寡	守節七十三年	未旌	九十四歲卒			殁
羅玉武妻吳氏		二十歲寡	守節三十年	已旌	五十歲卒			殁
劉焉言妻楊氏	翁健菴	二十五歲寡	守節三十五年	未旌	六十歲卒	子二		殁
楊笏君妻魏氏	翁春浦 父信齋	二十八歲寡	守節三十九年	未旌	現六十七歲	子鼎臣		存
李永培妻鄭氏		二十七歲寡	守節三十一年	未旌	五十八歲卒			殁
李啟聰妻楊氏		二十九歲寡	守節三十一年	未旌	現年六十歲			存
張兆鰲妻甘氏	父文方	二十歲寡	守節五十四年	已旌	七十四歲卒		立志守節	殁